新编

季世昌 主编

[足本]

诗词鉴赏大全

XINBIAN

MAOZEDONG

SHICI JIANSHANG

DAQUAN

江苏文艺出版社

JIANGSU LITERATURE AND ART
PUBLISHING HOUSE

图书在版编目(CIP)数据

新编毛泽东诗词鉴赏大全 / 季世昌主编.—南京：
江苏文艺出版社，2013.11（2025.1重印）

ISBN 978-7-5399-6665-6

Ⅰ.①新… Ⅱ.①季… Ⅲ.①毛主席诗词－鉴赏
Ⅳ.①A841.4

中国版本图书馆CIP数据核字(2013)第243105号

新编毛泽东诗词鉴赏大全

季世昌 主编

出 版 人	张在健
策 划	黄小初　汪修荣
责 任 编 辑	查品才
装 帧 设 计	姜 嵩
出 版 发 行	江苏凤凰文艺出版社
	南京中央路165号，邮编：210009
网 址	http://www.jswenyi.com
照 排	南京紫藤制版印务中心
印 刷	苏州市越洋印刷有限公司
开 本	787毫米×1092毫米　1/16
插 页	8
印 张	84.5
字 数	1500千字
版 次	2013年11月第1版
印 次	2025年1月第8次印刷
标 准 书 号	ISBN 978-7-5399-6665-6
定 价	260.00元

江苏凤凰文艺版图书凡印刷、装订错误，可向出版社调换，联系电话025-83280257

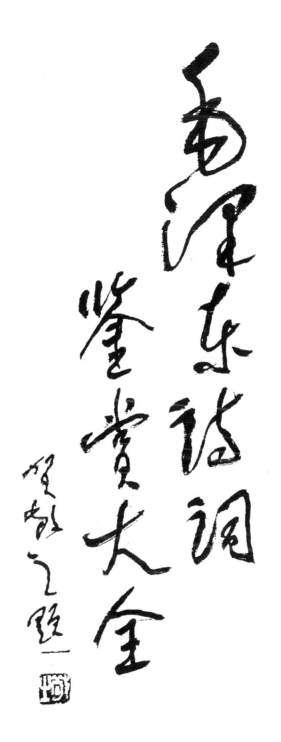

著名诗人贺敬之为本书题写书名

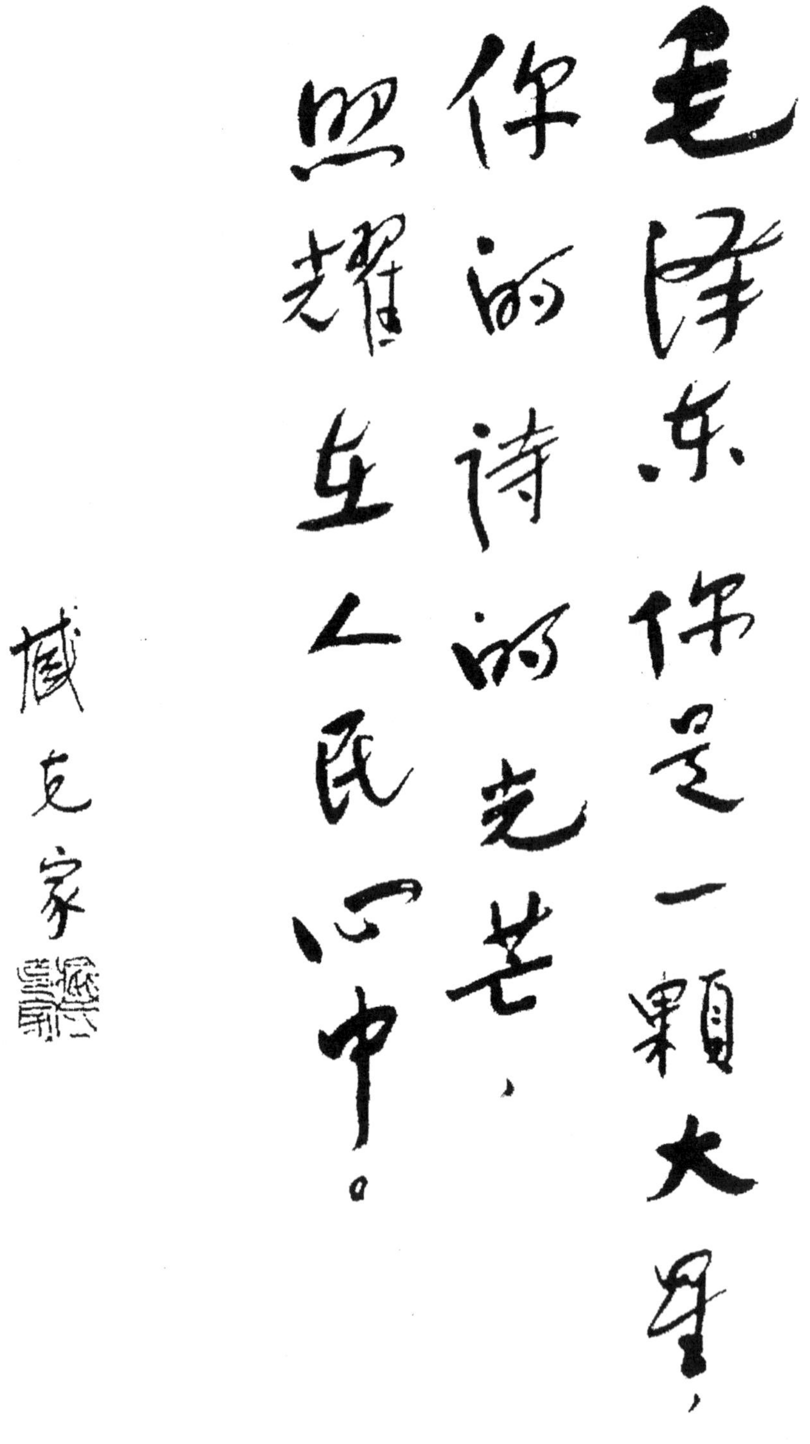

毛泽东，你是一颗大星，
你的诗的光芒，
照耀在人民心中。

臧克家题

著名诗人臧克家题词

学习和研究毛泽东诗词书法，走毛泽东诗词书法创作的道路。

逄先知 二〇〇七年十二月

中共中央文献研究室原主任、中国毛泽东诗词研究会名誉会长逄先知题词

毛泽东在长沙（1919 年）

毛泽东在广州(1925 年)

毛泽东在保安（1936 年）

毛泽东登杭州北高峰(1954年)

84

毛泽东畅游长江(1961 年)

毛泽东在西柏坡（1948 年）

毛泽东在庐山查阅图书（1961 年）

毛泽东在北戴河（1954 年）

序/陈 晋

季世昌同志和我相识多年，是毛泽东诗词使我们结下了这个缘分。因策议中国毛泽东诗词研究会的事，近年来，我们每年都有一两次聚会的机会。去年邀我去江苏讲学，又多了一次接触和交谈的机会，使我对他更增加了了解。他是一位勤奋严谨的学者，虽年已古稀，仍笔耕不辍。每有新作问世，都要送我一本。这本《新编毛泽东诗词鉴赏大全》，是他从上个世纪六十年代以来潜心研究毛泽东诗词最重要的成果。近半个世纪的不懈追求，方形成洋洋百万言的大著，这在毛泽东诗词研究史上也是很值得称道的。

1957年毛泽东第一次将自己创作的旧体诗词集中发表以来，注家蜂起，至今，研究毛泽东诗词的文章、著述，可谓是汗牛充栋。广大读者迫切需要一本在总结以往研究成果的基础上，比较全面系统地介绍毛泽东诗词的基本读物。这本书要能做到雅俗共赏、兼顾各种不同层次读者的需要，供人们学习、研究毛泽东诗词时的参考和应用。季世昌同志的《新编毛泽东诗词鉴赏大全》，正是适应这种需要撰写的，并体现出以下几个特点：

首先，作者从读者的需要出发，比较系统全面地提供了学习研究毛泽东诗词基本必需、丰富翔实的资料。毛泽东诗词被人们公认为是中国革命和建设的史诗，要真正懂得这部史诗，需要对党的历史和中国革命、建设史，对毛泽东生平思想和著作，对我国优秀文化传统和古典诗词有较多较深入的了解，要把毛泽东诗词放在广阔的时代背景和中国古典诗歌发展的历史长河中去考察。同时，还必须考虑到一般读者最需要了解哪些方面的情况和知识，研究者最需要提供哪些线索和资料。由此，这本书从整体上设计四大部分：毛泽东诗词概述、毛泽东诗词鉴赏、毛泽东楹联鉴赏、毛泽东论诗词，并附录了毛泽东诗词重要参考文献。在毛泽东诗词概述中，从毛泽东诗词的出版和传播、毛泽东诗词的创作分期、毛泽东诗词的思想内容和艺术成就，毛泽东对待诗词严肃认真的创作态度和精益求精的精神等方面作了概括的评价。毛泽东诗词楹联鉴赏部分，对每首诗词楹联，都从时代背景、写作缘起、修改过程、社会影响、艺术评价等各方面一一详加论列。在注解部分，对诗词中所涉及的词语都作出了深入浅出、简明扼要的解释，对所有事典、语典，都一一交代出处，注出原文。在必要时，对难解的诗句和段落进行了串讲。同时，收录了现在所见的几乎全部诗词手书和有关的历史地图。特别是收录了毛泽东关于自己所作诗词的文章、批注、谈话、书信，帮助我们更好地了解诗词的创作意图和作者对自己诗词所作的解释。本书作者为读者设想得这样周到，收集的资料全面而丰富，这是很难能可贵的。

第二，吸取和反映了毛泽东诗词的最新研究成果。新时期以来，新发表了一批毛泽东诗词和许多手书，以及毛泽东关于自作诗词的文章、批注、谈话、书信等，出版了大量的革命历史回忆录，这对我们弄清历史史实，正确理解毛泽东诗词的原意，解决毛泽东诗词研究中遇到的疑难问题和分歧意见，有着很大的帮助。毛泽东诗词研究，在许多方面有了新的突破和进展，取得了新的成果。但是由于各种原因，这些新的史料、观点和研究成果，未得到广泛的宣传，引起人们足够的重视，以致有些人对毛泽东诗词的了解还停留在以前的印象，有的研究著述不能很好地运用这些新史料、新论点。季世昌同志这本书，充分注意到吸取和引用了毛泽东诗词研究上的这些新成果。

第三，书中表现了作者经过深入思考的真知灼见。对毛泽东诗词研究中一些有争议的问题，该书采取了比较客观公正的态度，列举出各家主要的观点及其理由，加以分析并提出自己的见解。例如《清平乐·六盘山》一词，有论者认为是由《长征谣》改编而成的。季世昌同志在阅读中发现1938年李公朴伉俪访问延安时，毛泽东多次会见了他们，并在李公朴夫人张曼筠所画的《长城图》上题赠了这首"旧作"，从而证实了《清平乐·六盘山》写作在前，而阿英《敌后日记》中抄录的1942年《淮海报》附刊上所登载的《长征谣》则是根据这首词改编成的，而决非相反。从手迹中还可看出毛泽东这首词的创作，从一开始就比较成熟，后来的定稿只是将"旄头"改为"红旗"，只有两字之差，是毛泽东诗词中改动最少的作品之一，而决非某些论者所说，多次作了重大修改。季世昌同志这本书中还有一个特别珍贵之处，就是收录了现在公开披露的所有的毛泽东诗词手书，并一一作了具体的鉴别和分析。计47首诗词144幅，并指出其中11幅是被他人改动过的。

综上所述，可以看出，季世昌同志的这部《新编毛泽东诗词鉴赏大全》是一部很有特色、切合广大读者需要的书。希望这部书的出版，能够对大家学习、宣传、研究毛泽东诗词有所裨益，并通过大家共同的努力，逐步建立起具有完整体系的"毛泽东诗词学"来。

（本文作者是著名的毛泽东研究专家、中共中央文献研究室副主任、中国毛泽东诗词研究会常务副会长、中共文献研究会副会长，研究员）

目 录

毛泽东诗词　第一辑(正编)

　　本辑收录诗词共四十二首。其中毛泽东生前发表、并经本人亲自审定的诗词三十九首,收入《毛主席诗词》;毛泽东逝世后,经中共中央审定发表的诗词三首,增加收入《毛泽东诗词选》、《毛泽东诗词集》,均列入正编。

毛泽东诗词　第二辑（副编）

　　本辑收录诗词共二十五首。毛泽东逝世后，经中共中央有关部门审定，分两批正式发表的诗词，共二十八首。先后增加收入人民文学出版社 1986 年出版的《毛泽东诗词选》和中央文献出版社 1996 年出版的《毛泽东诗词集》。均列入副编。

毛泽东诗词　第三辑(外编)

　　本辑收录诗词共九首。系散见于书籍、报刊,有当年文献可据、确是毛泽东所作的诗词。除《祭母文》、《祭黄陵文》外,有五首已收入中央文献出版社出版的《毛泽东诗词全编鉴赏》,另有两首也已收入即将付梓的该书修订本。

毛泽东诗词 附录一(考辨)

本辑收录诗词共四首。系散见于书籍、报刊,经编者考证,认定为毛泽东作品,供研究者参考。

毛泽东诗词 附录二(考辨)

本辑收录诗词共十七首。系散见于书籍、报刊,为毛泽东作或与他人合作的古体诗、近体诗以及诗篇残句,绝大部分源于知情人日后的回忆,无当年文献可据;有几首是联句,不能看作毛泽东一人作品。因此,辑录这些诗篇,仅为毛泽东诗词研究者提供资料。

毛泽东韵语

　　本辑收录韵语共二十首。系散见于书籍、报刊中毛泽东作的韵语。这些韵语在一些毛泽东诗词研究著作中，作为古体诗收入，是不符合毛泽东关于诗要用形象思维的诗论的。因此称为韵语为宜。

毛泽东楹联　第一辑

本辑收录楹联共九十二副。系毛泽东的创作联和改编联。

毛泽东楹联　第二辑

　　本辑收录楹联共十四副。系毛泽东所作的应对联。

毛泽东楹联　附录二

本辑收录楹联共二十八副。系从毛泽东书信、文章、题词、批语、谈话中摘出的对偶句，亦可视同对联。

毛泽东楹联　附录三

本辑收录楹联共三十一副。系毛泽东在文章、谈话中引用的成语、谚语、俗语或骈句，以及在练习书法中所写的诗词联句，亦可视同对联。

本辑收录楹联共三十一副。系他人集毛泽东诗词或题词所成的对联。

毛泽东楹联　附录五

本辑收录楹联共两副。系他人代毛泽东所撰楹联作品。

毛泽东论诗词、楹联

本辑收录有关诗词、楹联的文章、书信、谈话共八十三篇。系毛泽东关于诗词的题词、自作诗词的序、跋，和论及自己诗词楹联创作的批注、书信和谈话等。并附录他人关于发表、出版、编选、注释、翻译、修改、订正毛泽东诗词的书信、记录，共三十一篇。

分　论

词六首

七律·长征

清平乐·六盘山

毛泽东诗词　第一辑（正编）

　　本辑收录诗词共四十二首。其中毛泽东生前发表、并经本人亲自审定的诗词三十九首，收入《毛主席诗词》；毛泽东逝世后，经中共中央审定发表的诗词三首，增加收入《毛泽东诗词选》《毛泽东诗词集》，均列入正编。

贺新郎

别友

一九二三年

挥手从兹去，

更那堪凄然相向，

苦情重诉。

眼角眉梢都似恨，

热泪欲零还住。

知误会前番书语。

过眼滔滔云共雾，

算人间知己吾和汝。

人有病，

天知否？

今朝霜重东门路，

照横塘半天残月，

凄清如许。

汽笛一声肠已断，

从此天涯孤旅。

凭割断愁丝恨缕。

要似昆仑崩绝壁，

又恰像台风扫寰宇。

重比翼，

和云翥。

　　贺新郎，词牌名。双调一百一十六字，仄韵，用入声韵者音节尤高亢。始见苏轼词，原名《贺新凉》，因词中有"乳燕飞华屋，悄无人，桐阴转午，晚凉新浴"句，故名。后来将"凉"字误作"郎"字。上片五十七字，下片五十九字，各十句六仄韵。此调声情沉郁苍凉，

新编毛泽东诗词鉴赏大全　　　　0　0　0　2

宜抒发激越情感，历来为词家所习用。又名《金缕曲》、《金缕词》、《金缕歌》、《金缕衣》、《唱金缕》、《乳燕飞》、《乳燕曲》、《雪梅曲》、《风敲竹》、《雪月江山夜》等。

　　这首词最早发表于1978年9月9日《人民日报》，标题为《贺新郎》。《中国风》1992年12月创刊号发表的毛泽东手书作《贺新凉》。"贺新凉"是"贺新郎"的别名。1996年9月中央文献出版社出版《毛泽东诗词集》时改为《贺新郎·别友》。据该书注释说："本词最近发现作者有一件手迹，标题为《别友》。"《毛泽东诗词选》和《毛泽东诗词集》均收入"正编。"

　　1923年6月，毛泽东出席在广州召开的中国共产党第三次全国代表大会，当选为中央执行委员。同年9月至12月，毛泽东在湖南从事党的工作。11月，第二个儿子毛岸青出生。12月底，毛泽东接中央通知由长沙去上海转广州，准备参加国民党第一次全国代表大会。其时，共产党决定同国民党合作，建立革命统一战线，革命形势已开始好转，这是毛泽东和夫人杨开慧婚后第一次离别，就在这期间，毛泽东给夫人杨开慧写了这首词。据此，本词当作于"一九二三年十二月"。

　　当时，毛泽东和杨开慧之间可能的确产生了不小的"误会"，但最终得到了消解。1982年修缮杨开慧板仓故居时，人们从一座墙壁的泥缝中发现了杨开慧的遗墨。其中一篇"一九二九年六月三十日写成"的遗墨中说："他的心盖，我的心盖，都被揭开了。我看见了他的心，他也完全看见了我的心。""我们觉得更亲密了。"

　　据曾维东、严帆《毛泽东的足迹——旧居、革命活动遗址史话》一书说，1927年9月初，湖南省委会议刚结束，毛泽东护送夫人杨开慧回到板仓。天刚破晓，毛泽东便悄悄起来，换上一身农民衣装，轻轻地出了门，床头留下一封信，信中说，"我亲爱的霞：我去了，不管去的有多远，有多久，我总是要回来的，我们不久就会团聚。要坚信这两句话：前途是光明的，道路是曲折的。大家团结努力，革命一定会成功！润之留笔。"下面又抄录了1923年告别杨开慧去上海时写的这首词。杨开慧醒来后，看完信和诗，急忙追到后山，可是毛泽东早已踪影全无。他们这一别竟成永诀。

　　1927年夏，武汉国民党政府公开反共，杨开慧回到长沙郊外的老家。因关山远隔，音信不通，三年间杨开慧只能从国民党的报纸上看到屡"剿""朱毛"却总不成功的消息，既受鼓舞又忧心牵挂。1930年10月，杨开慧在长沙板仓被军阀何键派人搜捕到。她带着毛岸英坐牢，坚贞不屈，同年11月14日在长沙被杀害，年仅二十九岁。

　　杨开慧也喜欢赋诗作词，可惜岁月动荡，难以留存。1982年修缮板仓老家故居时，其诗作才得发现。1928年10月杨开慧曾写《偶感》诗一首，诗中虽有别字漏字（特用括号标出），对丈夫的思念却跃然纸上："天阴起溯（朔）风，浓寒入肌骨。念兹远行人，平波突起伏。足疾可否痊？寒衣是否备？孤眠（谁）爱护，是否亦凄苦？书信不可通，欲问无（人语）。恨无双飞翮，飞去见兹人。兹人不得（见），（惆）怅无已时。"

毛泽东的副卫士长张仙朋说，1961年春，一次，毛泽东一连写了近二十首古诗、古词、古曲，送给张仙朋。又拿起两首写好的词，一首是《贺新郎》，一首是《虞美人》，交给了张仙朋说："这是我早年写的，没有发表。你替我保存吧。"（张仙朋《为了人民……》）《毛泽东诗词全编鉴赏》中，毛泽东这两句话作："这两首词还没有发表，由你保存。"

几十年来，毛泽东对这首词不断修改，数易其稿，最后一次是1973年左右（陈晋《文人毛泽东》）。足见他的珍惜之情。

1996年9月《毛泽东诗词集》根据毛泽东有一件手迹上所写，将词题确定为《别友》后，读者和毛诗研究者提出了问题和不同看法。"别友"是何涵义？到底是别何人？这首词是写给扬开慧还是写给别的什么友人的？彭学道《毛泽东的〈贺新郎·别友〉是赠给谁的？》一文，最早提出这一问题。他认为这首词并非给杨开慧的，而是给女友陶毅的。其理由是：1923年12月底毛、杨都不在长沙，无所谓"分别"。词中描述的情境，不像是和已经结婚四年、有了两个孩子的妻子告别，而像是和一位亲密的女友告别。又说，他曾于八十年代见过当年在长沙和毛泽东一起搞新民学会、办文化书社的易礼容。易说，这首词可能是赠给毛当时的一位女友的。

对于这一问题，萧永义在《毛泽东诗词史话》（甲申新本）中说，他认为，解读一篇作品，最根本的是要着眼于作品的内容。从这首词的内容看，毛、杨是生死之交，"重比翼，和云翥"，只有杨能当之。"过眼滔滔云共雾"，是已经消解或必将消解之喻，不是和别人分手之语。"知误会前番书语"，明白无误是作者对杨说，与别人无"误会"一说。"我自欲为江海客，再不为昵昵儿女语"，也只能是对妻子说的话。他又说，"但隐约感到从中也许可以'读出'陶毅的影子"。"当年毛、陶关系属客观存在，今人对《贺新郎》之作与陶有无某种关系进行学术性探讨也不足为怪。"周笃文于1978年访问李淑一时，李曾告诉周说：关于"知误会前番书语"，她知道的是，当年毛、杨住在长沙清水塘时，有一次杨开慧在为毛泽东洗衣服时，在毛衣服口袋里翻出了一位女士给毛的信，信中有亲密言词，由是与毛发生了一场感情纠葛。萧认为，这首词的触发点，是毛泽东与杨开慧的一场感情风波，这首词就是因此而生发出来的。对于毛、杨、陶之间的关系，后人毋须惊诧，毋须为尊者讳。伟大人物生活中出现某些浪花，应当说也属正常。无论毛也好，杨也好，陶也好，都表现了大家风范，他们之间的感情纠葛最终得到了从容而正确的处理，毛与陶"友好的分了手"。他还说，毛词《贺新郎·别友》确非一览无余的作品，作者本来就不想把词作的底蕴亮出来，"但他似乎又不甘愿永远尘封自己这一段哀婉而美好的心路历程"，"也许正是在这种矛盾心态下,他选择了'别友'的标题"。

陶毅(1896—1931),字斯咏,湖南湘潭人。1916年考入长沙周南女子中学师范二班,1919年加入新民学会,1920年和毛泽东等创办文化书社,积极参加毛泽东领导的驱张(敬尧)运动。当时他们友谊很深,后因各持不同的政治观点,友好地分了手。1922年赴上海,经曾任湖南省立第一师范教务主任的匡互生介绍,与匡的挚友沈仲九结婚,1931年因怀孕吃错药去世。

这首词,主要有三种文本,按照写作时间先后为:

第一种:

贺新凉

挥手从兹去,

更那堪凄然相向,

惨然无绪。

瞑(眼)角眉梢都似恨,

热泪欲零还住。

知误会前番书语。

过眼滔滔云共雾,

算人间知己吾和汝。

曾不记:

倚楼处?

今朝霜重东门路,

照横塘半天残月,

凄清如许。

汽笛一声肠已断,

从此天涯孤旅。

凭割断愁丝恨缕。

我自精禽填恨海,

愿君为翠鸟巢珠树。

重感慨,

泪如雨!

毛泽东诗词

第二种:

贺新郎 别友

一九二三年

挥手从兹去,

更那堪凄然相向,

满怀酸楚。

眼角眉梢都似恨,

热泪欲零还住。

知误会前番诗句。

过眼滔滔云共雾,

算人间知己吾和汝。

重感慨,

泪如雨。

今朝霜重东门路。

照横塘半天残月,

凄清如许。

汽笛一声肠已断,

从此天涯孤旅。

凭割断愁丝恨缕。

我自欲为江海客,

再不为呢呢(昵昵)儿女语(另有一手稿作"不愿为昵昵小儿女")

山欲堕,

云横翥。

第三种:

挥手从兹去〔,〕

更那堪凄然相向〔,〕

苦情重诉。(有一手迹先写作"满怀酸楚",后改为"苦情重诉")

眼角眠(眉)梢都似恨,

热泪欲零还住。

知误会前翻(番)书语。(有一手迹先写作"诗句",后改为"书语")

过眼滔滔云共雾，

算人间知己吾和汝。

人有病，

天知否？（以上两句有一手迹先写作"重感慨，泪如雨"，后改为"人有病，
天知否"）

今朝霜重东门路。〔，〕

照横塘半天残月，

凄清如许。

汽笛一声肠已断，

从此天涯孤旅。

凭割断愁丝恨缕。

要似昆仑崩绝壁，

又恰像台风扫环（寰）宇。（以上两句有一手迹先写作"我自欲为江海客，
再不为昵昵儿女语"，后改为"我自欲为江海
客，愧不作人间小儿女"，再改为"要似昆仑崩
绝壁，又恰像台风扫环宇"。）

重比翼，

和云翥。（以上两句，有一手迹先写作"山欲堕，云横翥"，后改为"天欲
堕，云横翥"，再改为"重比翼，和云翥"。）

注：1."（　）"，为订正误写的字或误写的标点符号。

2."〔　〕"，为漏写的标点符号。

这首词现在所见有四件手书：（一）无标题。竖写，有标点符号。最早发表于中共中央文献研究室毛泽东研究组、新华出版社编《毛泽东画册》（新华出版社1993年8月第一版）。（二）无标题。竖写，有标点符号。系由他人将手书（一）中"眠梢"的"眠"字改正为"眉"而成。这件手书最早发表于1978年9月9日《人民日报》。（三）标题为《贺新凉》。横写，有标点符号。发表于《中国风》1992年12月创刊号刊载的《毛泽东手迹三幅》（除《贺新郎·别友》外，另两件为黄兴《临江仙》、毛泽东《归国谣》）。这件手书即为毛泽东1937年在延安书赠丁玲的手迹。（详见本书《临江仙·给丁玲同志》）（四）标题为《贺新郎　别友》。署明写作时间为"一九二三年"。竖写，有标点符号。这件手书即为毛泽东1961年在中南海书屋书赠副卫士长张仙朋的手迹。（详见《虞美人　枕上》）

毛泽东诗词

据吴正裕主编,李捷、陈晋副主编《毛泽东诗词全编鉴赏》(中央文献出版社,2003年12月第1版)说:"这首词作者留存的手迹,现在所见有六件,大体上可分为三个稿本。第一个稿本见于作者1937年在延安书赠杨开慧在周南女校的同学、作家丁玲的手迹(即刊载于《中国风》1992年12月创刊号那幅),题为《贺新凉》。'贺新凉'是'贺新郎'的别名。这个稿本同正式发表的那个稿本相比,异文如下:'惨然无绪','曾不记:倚楼处','我自精禽填恨海,愿君为翠鸟巢珠树。重感慨,泪如雨'。估计这个稿本是原稿,至少接近原稿。第二个稿本,见于作者1961年在中南海书屋书赠副卫士长张仙朋的手迹(同时书赠的还有《虞美人·枕上》的手迹),当时嘱咐他说:'这两首词还没有发表,由你保存。'这个稿本题为《贺新郎·别友》,并标明写作时间为'一九二三年',同第一稿本相比,有四处异文:把'惨然无绪'改为'满怀酸楚',把'书语'改为'诗句',把'曾不记:倚楼处'改为'重感慨,泪如雨',把'我自精禽填恨海,愿君为翠鸟巢珠树。重感慨,泪如雨'改为'我自欲为江海客,再不为呢呢儿女语。山欲堕,云横翥'。另外留存的两个手迹,基本上属于这一稿本,略有文字出入。第三个稿本,见于作者六十年代前期在第二个稿本基础上的修改件,在这一手迹上可明显地看到,先将"诗句''改为'书语',将'重感慨,泪如雨'改为'人有病,天知否',将'再不为呢呢儿女语'改为'愧不作人间小儿女',将'山欲堕'改为'天欲堕';后划去'满怀酸楚',改为'苦情重诉',划去'我自欲为江海客,愧不作人间小儿女。天欲堕,云横翥',改为'要似昆仑崩绝壁,又恰像台风扫寰宇。重比翼,和云翥'。这个稿本作者留有抄正的手迹,见本书插图。但在这个手迹上有三处笔误,即'眠梢'、'前翻'、'环宇'。"[本书编著者按:由此可见,本书收录的手书(一)、(二)、(三)、(四)是其中的三件(手书(二)为手书(一)由他人改动而成),手书(一)是作者抄正的第三个稿本,手书(三)是作者书赠丁玲的第一个稿本,手书(四)是作者书赠张仙朋的第二个稿本。还有三件至今未见发表。]

"眼角眉梢都似恨",手书(三)将"眼角"误写作"暗角",六十年代前期修改稿的抄正稿即手书(一)将"眉梢"误写作"眠梢"。

"苦情重诉",《中国风》1992年12月创刊号载的毛泽东手书作"惨然无绪"。手书(四)作"满怀酸楚"。六十年代前期的修改稿,后划去"满怀酸楚"改为"苦情重诉"。

"知误会前番书语",这句作者手书(一)和《人民日报》初次发表时均为"前翻",《毛泽东诗词选》和《毛泽东诗词集》改为"前番"。手书(三)作"知误会前番诗句"。又据刘玉宏《彩笔三绘惜别词——〈贺新郎·别友〉的故事》说:这句词原稿作"知误会前番书旨"。(郭永文主编《毛泽东诗词故事》)

"知误会前番书语",这句一般解释为,意识到对方误解了自己前一封信中的某些言辞。但据谢柳青编著《毛泽东家书》、林克《我所知道的毛泽东》等书说，杨开慧对毛泽东产生爱恋后，一方面对他很钦佩，另一方面又由钦佩变成了依恋，特别是杨昌济去世后，这种依恋又衍敷为依附。毛泽东从杨开慧的温存中感受到幸福，但也从她依恋里觉到了拖累，甚至烦躁。毛泽东将唐代元稹《菟丝》抄给了她："人生莫依倚，依倚事不成。君看菟丝蔓，依倚榛与荆。下有狐兔穴，奔走亦纵横。樵童砍将去，柔蔓与之并。"杨开慧受不了这样的伤害，产生了误会。毛泽东有时借外出的机会，写信向杨开慧解释，但杨开慧却难于消除这心中的委屈。因而，本书编著者认为，这里的"书语"，即指作者手书（三）中的"诗句"。

"人有病，天知否"，《中国风》1992年12月创刊号刊载的毛泽东手书作"曾不记，倚楼处？"毛泽东手书（四）作"重感慨，泪如雨"。陈晋《毛泽东与文艺传统》也说，这两句曾先后改为"山欲坠，云横诗"（本书编著者按："诗"疑为"翥"字之笔误），"重感慨，泪如雨。"手书（一）作"人有病，天知否"。

"照横塘半天残月"，据刘玉宏《彩笔三绘惜别词——〈贺新郎·别友〉的故事》说：这句词原稿作"照横塘半天斜月"（郭永文主编《毛泽东诗词故事》）。

"要似昆仑崩绝壁，又恰像台风扫寰宇。重比翼，和云翥"，这四句，《中国风》1992年12月创刊号刊载的毛泽东手书作"我自精禽填恨海，愿君为翠鸟巢珠树。重感慨，泪如雨！""精禽填恨海"，用精卫填海的典故。"翠鸟巢珠树"，化用唐代张九龄《感遇十二首》其四："孤鸿海上来，池潢不敢顾。侧见双翠鸟，巢在三珠树。""三珠树"，神话中树名。《山海经·海外南经》："三珠树在厌火北，生赤水上，其为树如柏，叶皆为珠"。"三株树"，亦作"三珠树"。

这四句，原稿中曾作"我自欲为江海客，再不为昵昵儿女语。（另一稿为'不愿作昵昵小儿女'）山欲坠，云横翥"（张贻玖《毛泽东和诗》，春秋出版社1987年10月第一版）。

陈晋《文人毛泽东》和刘玉宏《彩笔三绘惜别词——〈贺新郎·别友〉的故事》都说，这几句原作"我自欲为江海客，更不为昵昵儿女语。山欲堕，云横翥"。刘玉宏文中还说，第二稿将"山欲堕"改为"天欲堕"。

又有的说，还曾写为"不要作昵昵小儿女，重感慨，泪如雨"。

毛泽东手书（四）这几句作"我自欲为江海客，再不为昵昵儿女语。山欲堕，云横翥"。六十年代前期的修改稿改作"我自欲为江海客，愧不作人间小儿女，山欲堕，云横翥"，后将这几句划去，改为"要似昆仑崩绝壁，又恰像台风扫寰宇。重比翼，和云翥。"（抄正的手迹即手书（一），"寰宇"写作"环宇"。）"江海客"，语出杜甫给张镐的诗："张公一生江海客，身长九尺须眉苍。征起适值风云会，扶颠始知筹策良。"谢灵运也曾有"本自江海人，忠义感君子"的诗句。"昵昵儿女语",语出唐代韩愈《听颖师弹琴》："昵昵儿女语,恩怨相尔汝。划然变轩昂,勇士赴战场。"

【注释】

〔1〕贺新郎:词牌名。 《贺新郎·别友》:见本词解说部分。

〔2〕挥手:挥动手臂,表示告别。 兹:此。从兹:从此。唐代杜甫《为农》诗有"卜宅从兹老,为农去国赊"之句。 去:离开。 挥手从兹去:挥手告别,从这里去向远方。唐代李白《送友人》:"青山横北郭,白水绕东城。此地一为别,孤蓬万里征。浮云游子意,落日故人情。挥手自兹去,萧萧斑马鸣。"宋代张孝祥《水调歌头·金山观月》词:"挥手从此去,翳凤更骖鸾。"南朝宋南平王铄《拟行行重行行》有句:"眇眇陵长道,遥遥行远之。回车背京里,挥手从此辞。"

〔3〕堪:能忍受。 那堪:本义哪能忍受,这里作"兼之"解。宋代柳永《雨霖铃》词:"多情自古伤离别,更那堪冷落清秋节。" 凄然:悲伤难过的样子。三国魏国曹丕《与吴季重书》:"乐往哀来,凄然伤怀。" 相向:相对,面对面。 更那堪凄然相向:张相《诗词曲语辞汇释》:"那堪,犹云兼之也。与本义之解作不堪者异。""更那堪,则犹云更兼之也。""均用于两项或数项平列时。"这首词中,"挥手从兹去"与"凄然相向,苦情重诉"平列,意思是说离别本来就是难堪的事,更兼之互相间还闹了误会,就更难忍受面对面的悲伤难过。宋代辛弃疾《贺新郎·别茂嘉十二弟》中有"绿树听鹈鸠,更那堪鹧鸪声住,杜鹃声切"之句。

〔4〕苦情:酸楚的心情或困苦的境况,这里指

相爱的人离别时产生的痛苦的心情。 这三句与柳永《雨霖铃》:"多情自古伤离别,更那堪冷落清秋节"有某种相近之处。

〔5〕眼角眉梢:以眼睛和眉毛指代整个面庞的表情。 恨:愁恨,这里兼有怨意。

〔6〕欲:将要。 零:落。 住:止,忍住。热泪欲零还住:眼泪将要落下来又止住。"欲……还"为宋词特定句式。史达祖《绮罗香·咏春雨》:"尽日冥迷。愁里欲飞还住。"苏轼《水龙吟·次韵章质夫杨花词》:"因酲娇眼,欲开还闭。"辛弃疾《水龙吟》:"停箸不御,欲歌还止。"李清照《凤凰台上忆吹箫》:"多少事,欲说还休。" 眼角眉梢都似恨,热泪欲零还住:这几句与宋代柳永《雨霖铃》:"执手相看泪眼,竟无语凝噎"有某种相近之处。

以上几句,写毛泽东、杨开慧分别时杨开慧的情态。

〔7〕番:将,回。 前番:指上次。 书:信。书语:信中的话。 知误会前番书语:这句是说意识到对方误解了自己前一封信中的某些言辞,详见本词解说部分。

〔8〕过眼:经过眼前,喻迅疾短暂。宋代苏轼《吉祥寺僧求阁名》诗有"过眼荣枯电与风,久长那得似花红"之句。宋代夏竦亦有"年光过眼如车毂"之句。 滔滔:一说,水流的样子,也形容水势盛大。《论语·微子》:"滔滔者天下皆是。"另一说,形容时间的流逝。《楚辞·七谏·谬谏》:"年滔滔而自远。"笔者倾向于后

说。　云共雾:即云雾,比喻误会。一说,云雾本来很大,比喻误会相当深。另一说,"过眼云雾"犹"过眼云烟",即"烟云过眼",稍纵即逝。笔者倾向后说,比喻很快就消失的事物。宋代苏轼《宝绘堂记》:"见可喜者,犹时复蓄之,然为人取去,亦不复惜也。譬之烟云之过眼,百鸟之感耳,岂不欣然接之,去而不复念也。"赵蕃《观祝少林所藏画》诗:"烟云过眼还收去,怯似凭阑久立时。"清代洪亮吉《北江诗话》六:"盖胜地,园林,亦如名人书画,过眼云烟,未有百年不易主者。"过眼滔滔云共雾:意谓发生的误会犹如过眼即逝的云雾,不必放在心上。

〔9〕算:点数,细想。　人间:世间,人类所生存的社会。　吾:我。　汝:你。　这句意思是说,细想在这个世界上相互最了解,志同道合,情意相投,还是你和我。

〔10〕病:这里指内心的隐痛,夫妻因离别产生的痛楚之情。《广雅·释诂》:"病,苦也。"

〔11〕知否:知道不知道。　人有病,天知否:人内心的痛苦,天是无从知道的,无从理解的。

〔12〕今朝:今天早晨,见《菩萨蛮·大柏地》注。　霜重:霜结得厚。唐代李贺《雁门太守行》:"角声满天秋色里,塞上燕脂凝夜紫。半卷红旗临易水,霜重鼓寒声不起。"　东门:古诗词中常以此指送别的地点。唐代白居易《秦中吟·不致仕》诗有句:"贤哉汉二疏,彼独是何人?寂寞东门路,无人继后尘。"宋代周邦彦《浪淘沙》词:"晓阴重,霜凋岸草,雾隐城堞。南陌脂车待发,东门帐饮乍阕。"这里指长沙火车站,在城东的小吴门。

〔13〕横塘:本义指三国时吴国都城建邺沿秦淮河至长江口修筑的长堤,在今南京市西南。因东西横亘,故称横塘。当时,这个地方是个繁华帝都,横塘便成了古代人远行来去,交往

接送的一个主要集散地,不免会生发出许多悲欢离合、情意缱绻的情爱故事,因而横塘从原来指"大堤"、"长堤"的本义,转而成为"爱恋"、"别绪"的意象,以及可以用来表达这些意境、情绪的借代词。诗词中多指妇女所居的地方或情人送别的地方,也可泛指水塘。唐代崔颢《长干曲》:"君家住何处?妾住在横塘。停舟暂借问,或恐是同乡。家临九江水,来去九江侧。同是长干人,生小不相识。"宋代范成大《横塘》:"年年送客横塘路,细雨垂杨系画船。"唐代温庭筠:"百舌问花花不语,低回似恨横塘雨。"这里指长沙城东小吴门外的清水塘,因塘东西长,南北窄,故作者特称横塘。1921年10月至1923年4月,毛泽东与杨开慧住在这里的一所平房中,当时的中共湘区委员会机关就设在这里。　照横塘:南朝梁萧纲《药名诗》:"落日照横塘。"　半天:半空中。《西游记》第九十二回:"此时约有三更时候,半天中月明如昼。"　残:快完的,剩下的。　残月:指快要落下的月亮。宋代柳永《雨霖铃》词有"杨柳岸,晓风残月"之句。唐代白居易《客中月》有"晓随残月行,夕与新月宿"之句。　半天残月:指清晨时斜挂半空中行将隐没的弦月。　照横塘半天残月:就是"半天残月照横塘"。

〔14〕凄清:凄凉,清冷,含有天气寒冷之意。晋代潘岳《秋兴赋》:"月朦胧以含光兮,露凄清以凝冷。"　如许:如此,像这样。《后汉书·方术传·左慈》:"忽有一老羝屈前两膝,人立而言曰:'遽如许。'"李贤注:"言何遽如许为事。"卢祖皋《卜算子》词有"瘦骨从来不耐秋,一夜秋如许"之句。柳永《临江仙》有"问怎生禁得,如许无聊"之句。　今朝霜重东门路,照横塘半天残月,凄清如许:这几句与柳永《雨霖铃》:"今朝酒醒何处,杨柳岸晓风残月"有某种相近

之处。

〔15〕汽笛:火车开动前蒸汽机发出的鸣叫信号。　肠已断:喻极度伤心。南朝梁代江淹《别赋》:"是以行子肠断,百感凄恻。"唐代白居易《长恨歌》:"夜雨闻铃肠断声。"元代马致远《天净沙·秋思》:"枯藤老树昏鸦,小桥流水人家。古道西风瘦马。夕阳西下,断肠人在天涯。"

〔16〕涯:指水边,泛指边际。　天涯:犹天边,极远的地方。《古诗十九首》:"相去万余里,各在天一涯。"唐代王勃《杜少府之任蜀州》:"海内存知己,天涯若比邻。"　孤旅:孤单的旅行者。　天涯孤旅:谓自己从此以后便孤身一人浪迹天涯。

〔17〕凭:张相《诗词曲语辞汇释》:"凭,犹仗也,亦犹烦也,请也。"唐代杜牧《赠猎骑》诗有"凭君莫射南来雁,恐有家书寄远人"之句。这里是愿的意思。　缕:丝线。　愁丝恨缕:愁如丝,恨如缕。丝、缕皆细微、绵长,易纠缠、牵扯,形容两情深重,不忍离别。

〔18〕昆仑:见《念奴娇·昆仑》注。　崩:崩裂,倒塌。　绝壁:峭壁。　要似昆仑崩绝壁:就像昆仑山崩掉万丈绝壁。

〔19〕寰:通"环",范围以内的意思。　寰宇:宇内,天下,这里指全世界。　台风扫寰宇:台风扫荡整个世界。　要似昆仑崩绝壁,又恰像台风扫寰宇:对于这两句有几种理解:一种认为"是写作者割断愁丝恨缕的坚强决心。"(蔡清富、黄辉映《毛泽东诗词大观(增订本)》)第二种认为,是"用两个比喻来比革命风暴的猛烈。"(周振甫《毛泽东诗词欣赏》)第三种认为,是"抒写革命的壮志"。(陈一琴主编《毛泽东

诗词笺析》)第四种认为,"这两种大自然中石破天惊的现象作比,充分表现出诗人要割断同妻子的'愁丝恨缕',需要多么巨大的决心和毅力","又寓意深刻地表明,只有投身于像大自然里'昆仑崩绝壁'、'台风扫寰宇'那样改天换地式的时代革命风潮之中,才能割断他们之间的'愁丝恨缕'。"(马连礼主编《毛泽东诗词美学论》)第五种认为,是"用来表示'割断愁丝恨缕',参加革命斗争的强大决心,同时也烘托了未来的大革命的声威。"(中共中央文献研究室编《毛泽东诗词集》)以上几说,有同有异,或同中有异,异中有同,都有一定道理。正由于诗的含蓄和多义性,本书编著者倾向于第四、五两说,可能更能表现这首诗作丰富而深刻的含义。

〔20〕重:重新。　比翼:翅膀挨着翅膀飞翔。《楚辞·卜居》:"宁与黄鹄比翼乎? 将与鸡鹜争食乎?"又据《尔雅·释地》说:"南方有比翼鸟焉,不比不飞。"比喻恩爱夫妻,相伴不离。唐代白居易《长恨歌》有句:"在天愿为比翼鸟,在地愿为连理枝。天长地久有时尽,此恨绵绵无绝期。"也用来比喻朋友。三国魏阮籍《咏怀诗八十二首》其十二有"愿为双飞鸟,比翼共翱翔"之句。曹植诗亦有"愿为比翼鸟,施翮起高翔"之句。　重比翼:指希望这次离别后重逢。

〔21〕和云:挟带云朵。　翥:鸟向上飞的样子。《楚辞·远游》:"鸾鸟轩翥而翔飞。"　和云翥:随同彩云一起飞翔,比喻夫妇二人比翼双飞,直上云霄,这里指再在一起进行革命斗争活动。唐代李白《大鹏赋》:"欻翳景以横翥,送高天而下垂。"唐代韩愈《石鼓歌》有"鸾翔凤翥众仙下,珊瑚碧树交枝柯"之句。

毛泽东手书《贺新郎·别友》（一）

毛泽东手书《贺新郎·别友》（二）

贺新郎

挥手从兹去。
更那堪凄然相向，
苦情重诉。
眼角眉梢都似恨，
热泪欲零还住。
知误会前番书语。
过眼滔滔云共雾，
算人间知己吾和汝。
人有病，
天知否？

今朝霜重东门路，
照横塘半天残月，
凄清如许。
汽笛一声肠已断，
从此天涯孤旅。
凭割断愁丝恨缕。
我自精禽填恨海，
愿君为翠鸟巢珠树。
重感慨，
泪如雨！

毛泽东手书《贺新郎·别友》（三）

毛泽东手书《贺新郎·别友》（四）

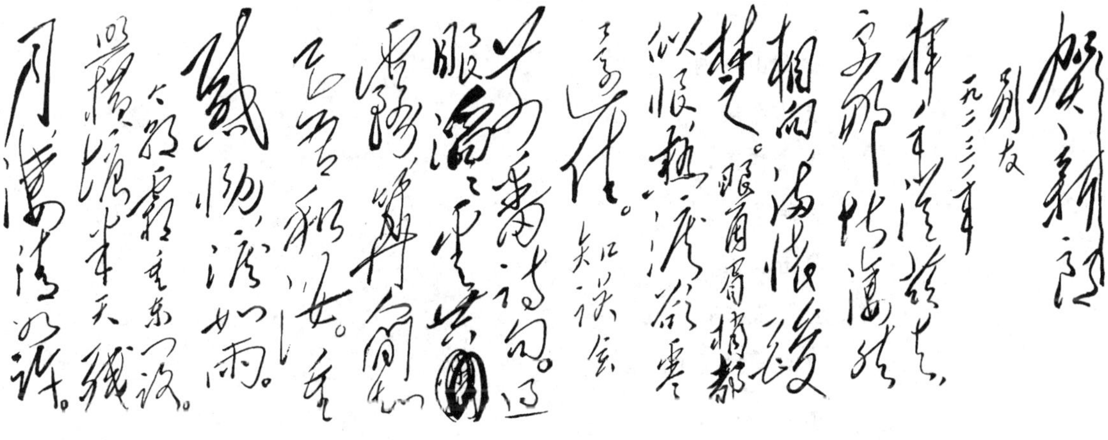

贺新郎

别友

一九二三年

挥手从兹去。
更那堪凄然相向，
苦情重诉。
眼角眉梢都似恨，
热泪欲零还住。
知误会前番书语。
过眼滔滔云共雾，
算人间知己吾和汝。
人有病，天知否？
今朝霜重东门路，
照横塘半天残月，
凄清如许。
汽笛一声肠已断，
从此天涯孤旅。
凭割断愁丝恨缕。
要似昆仑崩绝壁，
又恰像台风扫寰宇。
重比翼，和云翥。

沁园春

长沙

一九二五年

独立寒秋，
湘江北去，
橘子洲头。
看万山红遍，
层林尽染；
漫江碧透，
百舸争流。
鹰击长空，
鱼翔浅底，
万类霜天竞自由。
怅寥廓，
问苍茫大地，
谁主沉浮？

携来百侣曾游。
忆往昔峥嵘岁月稠。
恰同学少年，
风华正茂；
书生意气，
挥斥方遒。
指点江山，
激扬文字，
粪土当年万户侯。
曾记否，
到中流击水，
浪遏飞舟？

沁园春，词牌名。双调一百十四字，平韵。"沁园"二字出自东汉沁水公主园林。"沁园"是东汉时期汉明帝的女儿沁水公主的园林，因其奢华为当时园林之最，外戚窦宪心怀艳羡，遂凭借权势强取豪夺，将沁园占为己有。后有人作诗以咏其事，《沁园春》词牌因此得名。上片四平韵，下片五平韵。

此调最初见于北宋张先词。格调开张，韵位较疏，宜抒发激越壮阔之豪情，苏辛一派最喜用之。又名《寿星明》、《东仙》、《洞庭春色》、《念离群》等。

这首词最早见于萧三《毛泽东同志的青少年时代》（北京新华书店1949年8月发行），后经毛泽东亲自审定，正式发表于《诗刊》1957年1月号（即创刊号，1月25日出版），总题为《旧体诗词十八首》。1957年1月25日《人民日报》转载。这十八首旧体诗词是：《沁园春·长沙》、《菩萨蛮·黄鹤楼》、《西江月·井冈山》、《如梦令·元旦》、《菩萨蛮·大柏地》、《清平乐·会昌》、《忆秦娥·娄山关》、《十六字令三首》、《七律·长征》、《念奴娇·昆仑》、《清平乐·六盘山》、《沁园春·雪》、《七律·和柳亚子先生》、《浣溪沙·和柳亚子先生》、《浪淘沙·北戴河》、《水调歌头·游泳》。这十八首诗词均未标明写作时间。1963年12月人民文学出版社出版《毛主席诗词》时署明写作时间。本词为"一九二五年"。（本书编著者按：有一件手书所署时间为"一九二六年"，当系作者误记。）《诗刊》1957年1月号发表时未分上、下半阕。

《诗刊》创刊号同时发表了1957年1月12日毛泽东致《诗刊》主编臧克家和《诗刊》编辑部的一封信，信中说：

遵嘱将记得起来的旧体诗词，连同你们寄来的八首，一共十八首，抄寄如另纸，请加审处。这些东西，我历来不愿意正式发表，因为是旧体，怕谬种流传，遗（贻）误青年；再则诗味不多，没有什么特色。既然你们以为可以刊载，又可为已传抄的几首改正错字，那末，就照你们的意见办吧。

"长沙"，湖南省省会，是毛泽东早年读书和从事革命活动的地方。自1911年起，到1923年4月去中共中央工作止，毛泽东在长沙学习和工作达十年之久。1911年春，毛泽东考入湘乡驻省中学读书。同年10月辛亥革命爆发后，毛泽东参加长沙的起义新军。1912年3月清帝退位，袁世凯就任临时大总统后，毛泽东退伍，先考入公立高级商业学校，一个月后又考入湖南全省高等中学校（后改名省立第一中学）。秋，毛泽东退学寄居湘乡会馆自学，每天到湖南省立图书馆读书。1913年春，毛泽东考入湖南省立第四师范校预科。1914年2月省立第四师范学校合并于省立第一师范学校。因为一师是秋季招生,3月毛泽东编入预科第三班重读了半年预科,秋季编入本科第八班,直到1918年6月毕业。在读书期间,毛泽东常和同学们攀登岳麓山,到橘子洲游览,畅游湘江,一起研究学问,讨论国家大事,寻求革命真理,以后又在长沙工作和从事革命活动,多次领导反对军阀政府的斗争。

1915年9月,毛泽东印发反袁世凯称帝的小册子,开展反对袁世凯的斗争。1915年上半年学期末,一师学生反对由校长张干提议、省议会作出要学生缴十元杂费的新规定,毛泽东参与领导了驱逐张干的学潮,张干被迫辞职。1917年,发起组织新民学会,1918年4月正式成立。1917年,开办了中国第一所革命的工人夜学。1919年,主编《湘江评论》,下半年积极领导了湖南人民驱逐北洋军阀张敬尧的运动。1920年,创办"文化书社"、"马克思主义研究会"、"俄罗斯研究会"。1921年8月,与何叔衡创办"湖南自修大学"。1923年4月,与李达等创办湖南自修大学校刊《新时代》。特别是1920年,与何叔衡等组织湖南共产主义小组和社会主义青年团。1921年,代表湖南共产主义小组到上海出席中国共产党第一次全国代表大会。回湖南后,建立了党的第一个省委中共湘区委员会,毛泽东任书记。1922年10月,领导了长沙六千多泥木工人罢工,经过二十天英勇斗争,获得完全胜利。

1925年2月,毛泽东与夫人杨开慧,携带长子毛岸英、次子毛岸青回家乡韶山养病,并领导农民运动。同年8月28日,由于韶山大恶霸地主成胥生告密,湖南军阀省长赵恒惕电令湘潭县团防局逮捕毛泽东,就地正法。毛泽东得到消息后,立即趁着月色,扮着乡下郎中,用轿子抬出了韶山,经宁乡道林到九江庙,然后坐小船,秘密来到赵恒惕的眼皮底下——长沙。在长沙逗留一些日子后,9月上旬,毛泽东与准备到农民运动讲习所第五期学习的庞叔侃、周振岳由长沙动身赴广州。1926年,《湖南全省第一次工农代表大会日刊》载:"毛先生泽东⋯⋯去岁回乡养疴,曾于湘潭衡山一带,从事农民运动,⋯⋯后为赵恒惕所知,谋置先生于死地。先生闻讯,间道入粤。"就在毛泽东回到长沙,即将离开湖南去广州办农民运动讲习所期间,他重访橘子洲,抚今追昔,激情澎湃,写下了这首词。这年立秋是农历六月十九日,即公历8月8日。据此,本书编著者确定这首词写作时间为"一九二五年秋"。

另有一说,认为此词作于1925年毛泽东自上海返湘之初。1924年底,毛泽东经中共中央同意自上海回湖南养病。1925年1月11日至22日,中共四大在上海举行,他未参加。1月中旬,他同杨开慧携毛岸英、毛岸青到长沙板仓岳父家过春节。2月6日,他们一同回到韶山。

萧永义《毛泽东诗词史话》认为,"其实具体写于何时并不十分重要,确切地说,是写于时代和个人事业的一个转折点上。"该书引用《毛泽东与莫斯科的恩恩怨怨》一书说,毛泽东当时是中共中央九名执行委员之一,而且是中央局唯一负责文书和会议的秘书,还是组织部部长。1924年12月底,毛泽东为何在半个月后即将召开中共四大时,断然离开上海,举家迁回湖南老家韶山冲去休养?这与当时的政治背景有关。有资料表明,毛泽东他在1924年间对国民党上海执行部的工作投注了极大的热情。1924年5月,共产国际代表维经斯基来到中国后,中共中央的整个方针开始左转,维经斯基批评了国民党上海执行部中"我们同志"的工作,身为上海执行部中中共最高负责人的毛泽东受到很大的冲击。在中共四大上,当年支持马林的毛泽东被免去了在中央的一切职务。正是在中国的前途、作者个人的前途未卜的情况下,毛泽东作出此词,把个人的命运和祖国人民的命运更紧密地联系在一起,发出了"怅寥廓,问苍茫大地,谁主沉浮"这一时代的最强音。

毛泽东的秘书田家英收藏的、现存中央档案馆内的毛泽东诗词手稿,共有十首诗词:《沁园春·长沙》《菩萨蛮·黄鹤楼》《清平乐·会昌》《忆秦娥·娄山关》《沁园春·雪》《七律·人民解放军占领南京》《浣溪沙·和柳亚子先生》《五律·看山》《七律·莫干山》和《七绝·为李进同志题所摄庐山仙人洞照》。

毛泽东身边工作人员张景芳回忆说,1964年4月中旬,毛泽东在长沙陈家山招待所书赠他一幅《沁园春·长沙》,写满三大张三尺长二尺宽的宣纸,写了两个多小时才写完,落款是"毛泽东 一九六四年四月十六日",后又在"沁园春长沙"几个字下加上"书给张景芳同志"七个字。

这首词,现在所见有七件手书:(一)标题为《沁园春 长沙》。署明写作时间"一九二六年作",词末写有"一九六一年十月十六日,毛泽东"字样。竖写,有标点符号。(二)标题为《沁园春》。横写,有标点符号。(三)、(四)无标题。竖写,无标点符号。两者除个别文字不同外,其余完全一样。手书(三)为原作。手书(四)系由他人将手书(三)中"层峦尽染"改为"层林尽染","向中流击水"改为"到中流击水"而成。(五)标题为《沁园春》。横写,无标点符号。(六)词末写有"右沁园春一首"字样。竖写,有标点符号。(七)无标题。竖写,有标点符号。

"层林尽染",手书(三)、(五)、(六)、(七)四件作"层峦尽染"。

"怅寥廓,问苍茫大地,谁主沉浮?"1960年前后,毛泽东诗词要翻译成外文,袁水拍找臧克家,叶君健把大家意见纷纭的字句,凑了十七题,请毛泽东亲自回答。毛泽东约袁水拍谈话时一一作了回答。臧克家回忆当时听袁水拍传达时所作的记录说:"'问苍茫大地,谁主沉浮?'第一说,对。我立即用铅笔在'由谁来统治中国'上面,划了一个'〇',将第二说打上个'×'。"（臧克家《珍贵的孤纸》）1964 年 1 月 27 日,毛泽东口头答复外国文书籍出版局《毛主席诗词》英译者说:"这句是指:在北伐以前,军阀统治,中国的命运究竟由哪一个阶级做主?"

"怅",萧三《毛泽东同志的青少年时代》误作"张"。"廓",同上书误作"阁"。

"携来百侣曾游",《诗刊》1957 年 1 月号发表时句末作逗号。1963 年 12 月人民文学出版社出版《毛主席诗词》时改为句号。萧三《毛泽东同志的青少年时代》作"携来百侣重游"。

"挥斥方遒",萧三《毛泽东同志的青少年时代》一书中"方"字误作"芳"。

"曾记否",手书(一)、(二)两件句末作冒号。手书(七)作"还记否",句末作逗号。正式发表时句末作逗号。

"到中流击水",1958 年 12 月 21 日,毛泽东在文物出版社同年 9 月刻印的线装大字本《毛主席诗词十九首》第一页《沁园春·长沙》这首词的天头、地脚和标题下空隙处写的注释说明是:

我的几首歪诗,发表以后,注家锋(蜂)起,全是好心。一部分说对了,一部分说得不对,我有说明的责任。一九五八年十二月,在广州,见文物出版社一九五八年九月刊本,天头甚宽,因而写了下面的一些字,谢注意,兼谢读者。

在这里又批注说:

击水:游泳。那时初学,盛夏水涨,几死者数,一群人终于坚持,直到隆冬,犹在江中。当时有一篇诗,都忘记了,只记得两句:自信人生二百年,会当水击三千里。

据臧克家回忆,1960 年前后听袁水拍传达毛泽东亲自回答说:"'到中流击水'——指'游泳'。"1964 年 1 月 27 日,毛泽东口头答复外国文书籍出版局《毛主席诗词》英译者说:"'击水'指在湘江中游泳。当时我写的诗有两句还记得:'自信人生二百年,会当水击三千里。'那时有个因是子(蒋维乔),提倡一种静坐法。"手书(二)、(三)两件,这句作"向中流击水"。

"浪遏飞舟",手书(一)、(二)、(六)三件句末均作句号。

"到中流击水,浪遏飞舟",萧三《毛泽东同志的青少年时代》误作"到中流急水,浪过飞舟"。

【注释】

〔1〕沁园春:词牌名。 长沙:题目。 一九二五年:写作时间。以下各词同此例。词也可以以词牌为题,不另标题目。

词:是一种文体,属于韵文的一种。古代的词,都是按照歌谱来填写,配合音乐歌唱的。词起源于南朝,形成于唐代,盛行于宋代。词的句子长短不一。词牌:是填词用的曲调的名称。最初的词,都是配合音乐来歌唱的,有的按词制调,有的依调填词,曲调的名称即词牌,一般根据词的内容而定。后来主要是依调填词,所以曲调的名称和词的内容就不一定联系,每个调名只标志某种固定的文字、音韵结构的格式,大都不再有标志音乐曲调的作用。南宋何士信所编《草堂诗余》开始根据字数多少为标准把词区分为小令、中调、长调。以五十八字以内者为小令;五十九字到九十字者为中调;九十一字以上者为长调。小令即短小的词,中、长调是较长的词。中长调按照音节一般分为两部分,因为词本来是配合音乐的诗歌,所以一般称这两部分为前半阕和后半阕。阕:是音乐终止的意思,分前半阕和后半阕表示奏乐时在中间要停一下,文字上则用空一格或隔一行表示。 长沙:见本词解说部分。

〔2〕独立:单独站立。宋代晏几道《临江仙》:"落花人独立,微雨燕双飞。"同时还有卓然特立,有所思虑的意思。唐代柳宗元《笼鹰词》:"独立四顾时激昂。"唐代杜甫《乐游园歌》:"此身饮罢无归处,独立苍茫自咏诗。"杜甫《独立》:"天机近人事,独立万端忧。" 寒秋:即深秋,因深秋气候较寒,所以说"寒秋"。

〔3〕湘江:源出广西灵川东海洋山西麓,流贯湖南东部,经长沙北去,于湘阴芦林潭入洞庭湖,全长八百十七公里,是湖南境内最大的河流。

〔4〕橘子洲:简称橘洲,通称水陆洲,俗名下洲,是长沙城西湘江中一个狭长的洲,西面靠近岳麓山,南北大约十一里,东西最宽处约一里。宋代祝穆《方舆胜览》说,洲上多产美橘,故名。

〔5〕看:领起字,根据词律,领起"万山"至"百舸"四句,根据文义,领起"万山"至"万类"七句。 万山:指长沙市湘江西岸连绵起伏的岳麓山和湘江两岸的其他一些山。毛泽东在湖南第一师范读书时,常和同学们到这一带游览。 红遍:因为山上有很多枫树(枫叶秋天变红)和其他秋天的红叶植物。看万山红遍:清代周之琦《好事近·舆中杂书所见》词四首其二有"看万山红叶"之句。

〔6〕层林:从江边遥望群山,重重叠叠的树林,随着山势一层层高上去,所以说"层林"。尽:都,全部。 染:染色,指染上了红色。

〔7〕漫:满,遍。 漫江:满江。 碧:青绿色。透:此处指达到饱满的、充分的程度。 碧透:指清澄的江水碧绿至极。

〔8〕百:形容多。 舸:大船。汉代扬雄《方言》:"南楚江湘,凡船大者谓之舸。"后也指小船和一般的船。 百舸:许多船只。 争流:三国时代魏国嵇康《琴赋》:"尔乃颠波奔突,狂赴争流。"刘义庆《世说新语·言语》篇载,晋代顾恺之赞会稽山水说:"千岩竞秀,万壑争流,草木蒙笼其上,若云兴霞蔚。"指群波竞逐而涌流。这里形容许多船只争着在水上行驶。

〔9〕击:搏击。 长空:辽阔的天空。 鹰击长空:《汉书·五行志》:"故立秋而鹰隼击。"意思是说,雄鹰展翅搏击长空,迅猛矫健。

〔10〕翔:盘旋飞行。《淮南子·览冥》:翱翔四海之外。高诱注:"翼一上一下曰翱,不摇曰翔。"这里指鱼在水中自由自在地游动。 浅底:湘江水深,清澈见底;由于水的清澄,所以有浅的感觉。郦道元《水经注·湘水》引《湘中记》:"湘川清照五六丈,下见底。"唐代储光羲《钓鱼湾》诗中有"潭清疑水浅,荷动知鱼散"之

句。　　鹰击长空,鱼翔浅底:《诗·大雅·旱麓》:"鸢飞戾天,鱼跃于渊。"

〔11〕万类:晋代张华《答何劭》:"洪钧陶万类,大块禀群生。"指天地间的一切生灵,这里如同说万物,统指宇宙的一切事物。　霜天:下霜的天气,这里指深秋。《月令七十二候集解》:"九月中,气肃而凝,露结为霜矣。"　竞:竞争,竞赛。　自由:不受拘束,自在适意。　竞自由:竞相自由自在地生长活动。

〔12〕怅:惆怅。这里指沉入一种深远的思索感慨之中。　寥廓:空阔。《楚辞·远游》:"下峥嵘而无地兮,上寥廓而无天。"洪兴祖补注引颜师古曰:"寥廓,广远也。"这里指广阔的宇宙。　怅寥廓:唐代杜甫《桔柏渡》:"孤光隐顾盼,游子怅寂寥。"

〔13〕苍茫:旷远迷茫的样子。唐代李白《关山月》诗有"明月出天山,苍茫云海间"之句。

〔14〕主:主宰,支配。　沉浮:本指物体在水面上沉没和升起,后来用以比喻事物的盛衰、消长。《庄子·知北游》:"天下莫不沈浮,终身不故。""沈浮",同"沉浮"。这里指国家和人民的命运。　问苍茫大地,谁主沉浮:宋代辛弃疾《木兰花慢》有"虾蟆故堪浴水,问云何玉兔解沉浮"之句。

〔15〕携:带。　侣:伴侣,朋友。

〔16〕忆:回想。　往昔:从前。　峥嵘:本来形容山势高峻突出,引申为不平常的意思。峥嵘岁月:南朝宋代鲍照《舞鹤赋》:"岁峥嵘而愁暮。"宋代陆游《十二月二十九日夜半雨雪作披衣起听》诗:"岁月惊峥嵘。"这里指不平常的斗争岁月。　稠:多。

〔17〕恰:正当,正好,这里是领起字,领起以下四句。　少年:就是"年少",年轻。　同学少年:唐代杜甫《秋兴八首》其三:"同学少年多不贱,五陵衣马自轻肥。"指少年时代一同学习的同学。杜甫这两句诗是说,小时同学之辈,一个个都不简单,他们正孜孜追求豪侠们所过的乘肥马、衣轻裘的奢侈生活,含有讥刺之意,这里指毛泽东在湖南第一师范学校读书时的革命友好,还其本来用意。

〔18〕风华:风采,才华。唐代温庭筠《中书令裴公挽歌词》:"王俭风华首,萧何社稷臣。"正:正好。　茂:丰盛。　风华正茂:风采才华正当旺盛之时。

〔19〕书生:读书人,指作者和蔡和森等同学。唐代高适《酬贺兰大夫》:"鲁连真义士,陆逊岂书生。"　意气:意态,气概。《史记·管晏列传》:"拥大盖,策驷马,意气洋洋,甚自得也。"唐代杜甫《赠王二十四侍御》:"由来意气合,直取性情真。"

〔20〕挥斥:这里如同说奔放。《庄子·田子方》:"夫至人者,上窥青天,下潜黄泉,挥斥八极,神气不变。"西晋郭象注:"挥斥,犹纵放也。"　方:正在,正当。　遒:强劲。鲍照《还都道中作》:"鳞鳞夕云起,猎猎晚风遒。"　挥斥方遒:这里指热情奔放,劲头正足。

〔21〕指点:唐代杜甫《咏怀古迹》其二:"最是楚宫俱泯灭,舟人指点到今疑。"本意是指示比画,这里是评论之意。　江山:江河和山岭。这里指国家和国家的统治权。　指点江山:指着河山,这里是评论国事之意。

〔22〕激扬:慷慨激昂之意。《后汉书·臧洪传》:"洪辞气慷慨,闻其言者,无不激扬。"　激扬文字:写作慷慨激昂的文章。另一说,激:冲激。扬:掀起;发扬,表扬。　激扬:激浊扬清,掀起清水去冲击污浊的东西,后来引申

为攻击恶浊的,表扬善良的。 激扬文字:发表文章批判恶浊旧势力,宣扬革命的新思想。

〔23〕粪土:秽浊的泥土,比喻恶劣下贱的东西。《后汉书·李固传论》:"其顾视胡广、赵戒,犹粪土也。"这里作动词用,是"把……看作粪土"的意思,表示极度的蔑视和憎恨。 万户侯:统治万户的诸侯,后泛指有高爵显位的人。《史记·高祖功臣侯年表》:"是以大侯不过万家,小者五六百户。"意思是说,汉代封建等级制度,封侯大的统治一万户,小的五六百户。封地内的人家所交赋税供其享用。《史记·李将军列传》:"惜乎,子不遇时。如令子当高帝时,万户侯岂足道哉!"元代白朴《双调沉醉东风·渔夫》:"傲杀人间万户侯,不识字烟波钓叟。"1916年,湖南省反动督军汤芗铭也曾被北洋军阀首领袁世凯册封为"一等侯"、"靖武将军"。这里指当时的反动统治者袁世凯、段祺瑞、汤芗铭、张敬尧、赵恒惕之流。

〔24〕曾:犹,尚。 曾否:还记得不记得。

〔25〕中流:水流的中央。《史记·周本纪》:"武王渡河,中流,白鱼跃入王舟中。"这里指湘江江心。 击水:拍打着水,指游泳。 到中流击水:这里暗用晋代祖逖中流击楫的典故(详见《七律·洪都》注),表达了作者救国救民的豪情壮志。

〔26〕遏:阻止。 飞舟:飞一般前进的船。浪遏飞舟:指游泳时激起的浪花,阻挡住飞快行驶的船只,表现了青年毛泽东和他的战友们的豪情壮志。 曾记否:到中流击水,浪遏飞舟:宋代辛弃疾《沁园春·带湖新居初成》有"秋江上,看惊弦雁避,骇浪船回"之句。

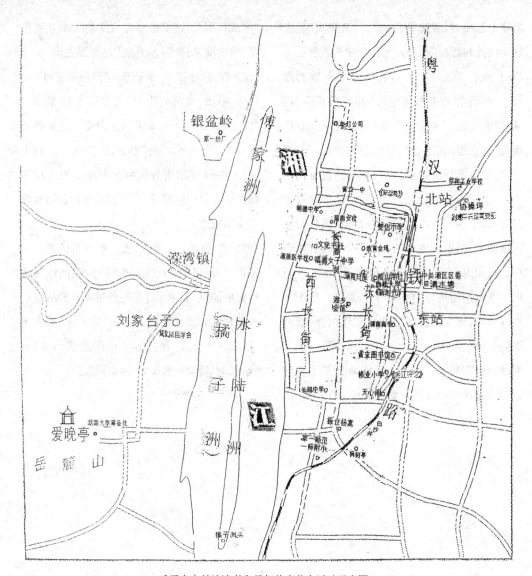

毛泽东在长沙读书和早年从事革命活动示意图

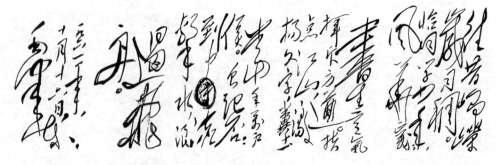

毛泽东手书《沁园春·长沙》（一）

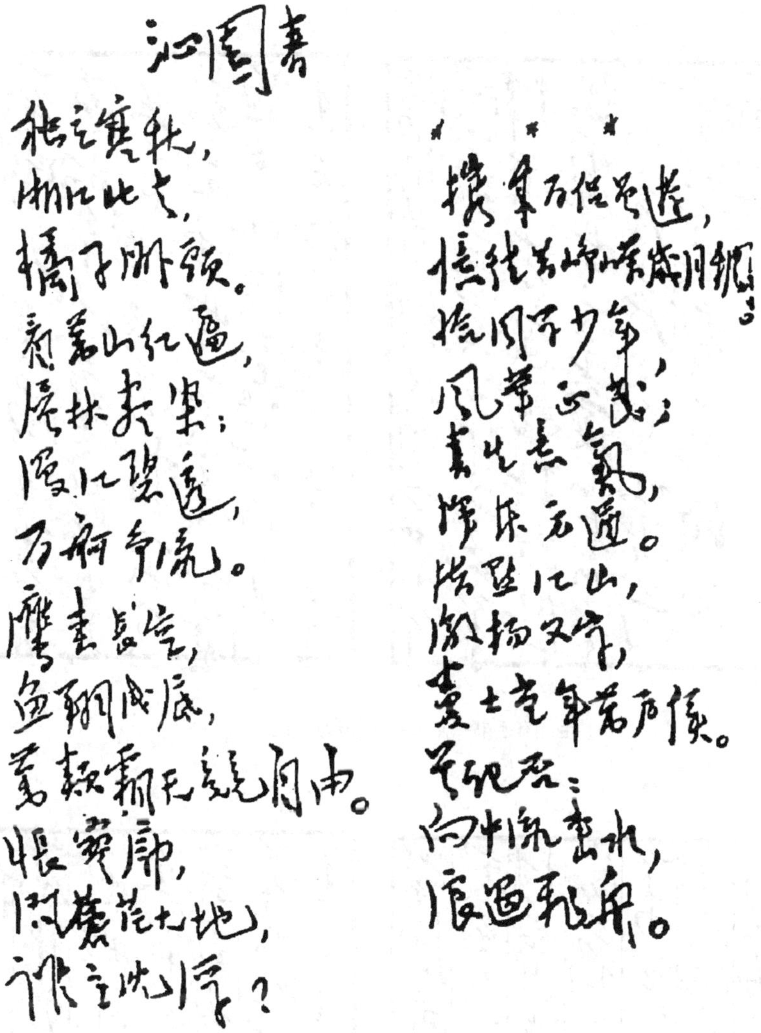

毛泽东手书《沁园春·长沙》（二）

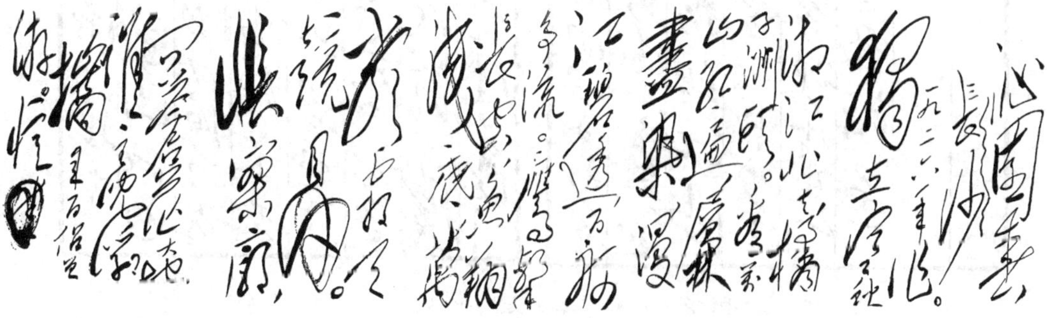

毛泽东诗词

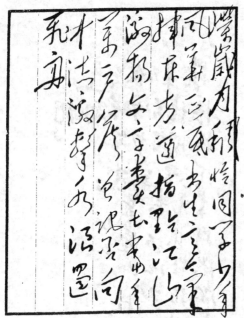
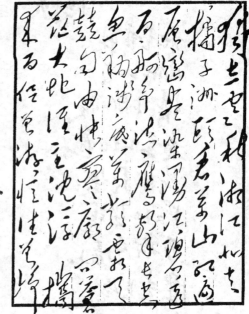

毛泽东手书《沁园春·长沙》（三）

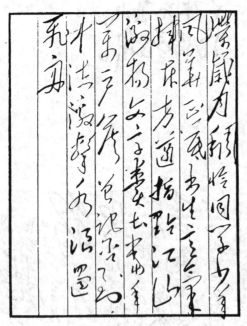
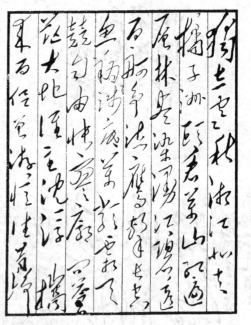

毛泽东手书《沁园春·长沙》（四）

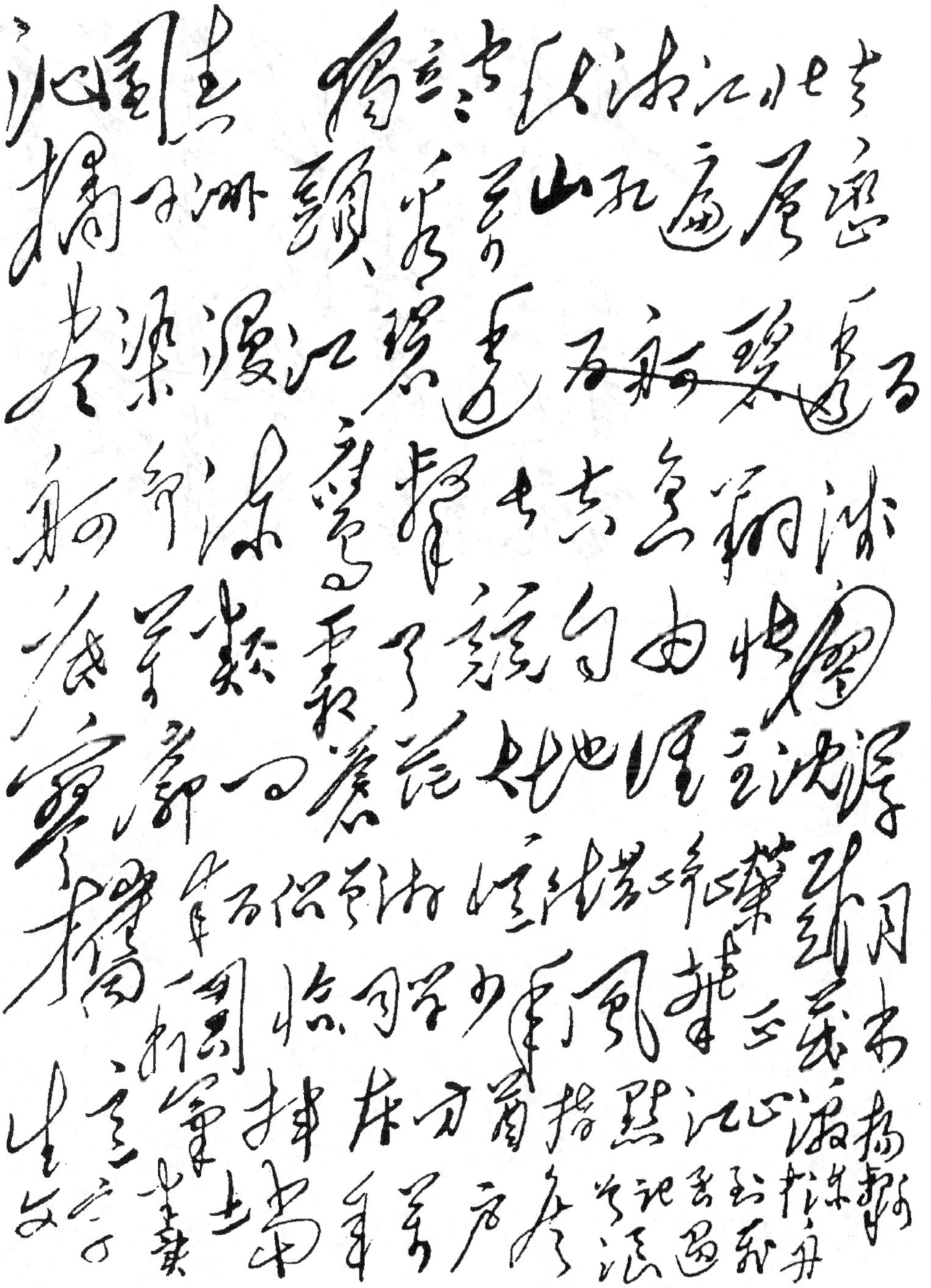

毛泽东手书《沁园春·长沙》（五）

毛泽东诗词

第 一 辑

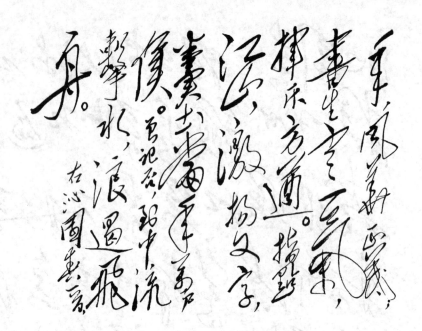

毛泽东手书《沁园春·长沙》（六）

毛泽东手书《沁园春·长沙》（七）

菩萨蛮

黄鹤楼

一九二七年春

茫茫九派流中国，

沉沉一线穿南北。

烟雨莽苍苍，

龟蛇锁大江。

黄鹤知何去？

剩有游人处。

把酒酹滔滔，

心潮逐浪高！

　　菩萨蛮，词牌名。双调四十四字，上下片均两仄韵转两平韵。原为唐教坊曲名。《菩萨蛮》原是今缅甸境内古代罗摩国的乐曲，后经汉族乐工改制而来的，与佛教语中"菩萨"无关。另有一说，唐苏鹗《杜阳杂编》说："大中（唐宣宗年号，850 年前后）初，女蛮国入贡，危髻金冠，璎珞被体，号'菩萨蛮队'。当时倡优遂制《菩萨蛮》曲；文士亦往往声其词"。

　　此说不可信。据《教坊记》载，开元年间已有《菩萨蛮》曲名。上下片各四句。《词谱》定李白《菩萨蛮》词为正体。又名《子夜歌》、《重叠金》等。

　　这首词最早发表于《诗刊》1957 年 1 月号。毛泽东有一件手书有"调寄菩萨蛮·登黄鹤楼"字样。正式发表时题为《菩萨蛮·黄鹤楼》。

　　"黄鹤楼"，古亦名黄鹄楼，故址在湖北省武汉市武昌城西蛇山上的黄鹄矶北端，紧靠江边，即今武汉长江大桥南端西侧，是长江汉水一带著名的古迹。始建于三国孙吴时，南朝以后就很著名，有"天下绝景"之称。楼在历史上曾几经毁坏修复，最后一次焚毁是在光绪十年（1884 年）八月。光绪末年，在黄鹤楼旧址建筑了警钟楼，是西式楼房。由于黄鹤楼久负盛名，警钟楼又建在黄鹤楼旧址上，所以有人习惯上把警钟楼叫做黄鹤楼。1955 年修建武汉长江大桥时拆去遗留建筑物，1985 年 6 月在蛇山顶上重建新的黄鹤楼。

黄鹤楼因矶得名。《元和郡县图志·江南道三·鄂州》说:"城西临大江,西南角因矶为楼,名黄鹤楼。"但也有人说起源于神话。神话有两种不同说法:《南齐书·州郡志》:"黄鹤楼在黄鹤矶上,仙人子安乘黄鹤过此。"宋代乐史《太平寰宇记》:"昔费祎登仙,每乘黄鹤于此憩驾,故号为黄鹤楼。"意思是说,蜀汉时费祎,字文祎,成了仙,曾经骑着黄鹤飞行,在这里休息过。由于那里风景壮丽,又流传着这样的神话,因此,引起不少作者的歌咏。唐代诗人崔颢曾写过有名的《黄鹤楼》诗。黄鹤楼因而声名更大。

1926年7月,国民革命军从广东出师北伐,分三路进军:第一路7月攻入长沙,10月攻克武昌;第二路11月占领南昌、九江;第三路12月占领福建、浙江两省。同时,冯玉祥部国民军9月从绥远五原挥师南下,11月控制了陕西、甘肃等省。1927年春,汉口、九江工人驱逐英帝国主义者,收回两地租界。上海工人武装起义,占领了上海。以湖南为中心的全国农民运动猛烈开展起来。革命势力迅速发展到长江、黄河流域。这时,以蒋介石为首的国民党右派和帝国主义勾结起来,积极准备叛变革命。中国共产党内以陈独秀为代表的右倾思想错误逐步发展为机会主义,1927年初在党的领导机关中占了统治地位。他们拒绝以毛泽东为代表的正确路线,放弃无产阶级领导权,对国民党右派的反革命行动采取妥协退让政策,对工农群众运动进行压制和阻挠,并在革命的紧要关头交出工农武装。

1927年4月12日,蒋介石在上海发动反革命武装政变,解除上海工人纠察队的武装,捕杀中国共产党人。同年7月15日,汪精卫也公开叛变革命,蒋汪合流,更加疯狂地镇压革命。轰轰烈烈的第一次国内革命遭到失败。

1926年11月底或12月初,毛泽东自上海来到武汉建立中共中央农委办事处,领导全国农民运动。1927年3月,他在董必武等同志的支持和帮助下,于武昌创办了中央农民运动讲习所。他的住地武昌都府堤41号和主要办公地点,都距黄鹤楼遗址不远(住地距黄鹤楼仅一华里多)。1927年春,大革命失败前夕,毛泽东与杨开慧一起登上武昌蛇山,徘徊于黄鹤楼遗址,触景生情,写下了这首词。

杨开慧读了这首词后说:"润之,这首词真好,前几句太苍凉了,后几句一变而显得昂扬、激动,我读了心绪也难平。"(易孟醇《毛泽东诗词笺析》)

这首词《诗刊》1957年1月号发表时,未署明写作时间。1963年12月人民文学出版社出版《毛主席诗词》时署明写作时间为"一九二七年春"。这年立春是2月5日,立夏是5月6日。这首词当作于这 期间。

这首词现在所见有六件手书:(一)、(二)词末写有"调寄菩萨蛮 登黄鹤楼 一九二七"字样。竖写,无标点符号。手书(一)为原件,手书(二)系由他人将手书(一)中"把酒酹滔滔"的"酹"字改为"酜"而成。(三)、(四)、(五)均无标题。竖写,无标点符号。(六)标题为《菩萨蛮》。竖写,无标点符号。

"黄鹤知何去? 剩有游人处",《诗刊》1957年1月号发表时"黄鹤知何去"句末为逗号。1963年12月人民文学出版社出版《毛主席诗词》时改为问号。

"把酒酹滔滔,心潮逐浪高",1958年12月21日毛泽东在文物出版社同年9月刻印的大字本《毛主席诗词十九首》上对这首词中的"心潮"注道:

心潮:一九二七年,大革命失败的前夕,心情苍凉,一时不知如何是好,这是那年的春季。夏季,八月七日,党的紧急会议,决定武装反斗(击),从此找到了出路。

毛泽东对这首词还有一个批注,见本书后面《清平乐·会昌》的解说。1957年5月21日,毛泽东在学英语休息时,也曾说过同样内容的话,他说:"《菩萨蛮·黄鹤楼》是描述大革命失败前夕,心潮起伏的苍凉心境。"(林克《忆毛泽东学英语》,见《毛泽东的读书生活》,生活·读书·新知三联书店1986年9月第1版)

"把酒酹滔滔",第(一)、(三)、(四)、(五)、(六)五件手书均作"把酒酹滔滔"。据萧关《毛泽东同志改错字》(1985年2月11日《北京晚报》)等文说,1957年初,毛泽东十八首旧体诗词发表后,收到复旦大学一学生、江苏泰县一小学校长、福建南平陈治等人给他的信,提出《菩萨蛮》词中"把酒酹滔滔"的"酹"字是"酜"字之误,毛泽东看完后,让中央办公厅秘书室给来信人复信,告诉他们意见是对的。北京大学一位同学给毛泽东写信,指出毛泽东写给臧克家的复信中"遗误青年"的"遗"字应为"贻"字。毛泽东又告诉《诗刊》编辑部负责人,照来信人意见将错字改过来(张贻玖《毛泽东和诗》)。

"心潮逐浪高",《诗刊》1957年1月号发表时句末作句号,1963年12月人民文学出版社出版《毛主席诗词》时改为叹号。

【注释】

〔1〕菩萨蛮:词牌名。 黄鹤楼:见本词解说部分。

〔2〕茫茫:辽阔,深远,这里形容长江的水势广大。明代林章《登黄鹤楼作》:"望里山川是梦乡,美人何处水茫茫。" 派:水的支流。 九派:古代地理书说长江流入荆州(今湖北一带)分为九条支流,称为"九派"。汉代刘向《说苑·君道》:"禹凿江以通于九派,洒五湖而定东海。"但这个"九"不一定是确数,因为"九"也可泛指多数,从前诗人差不多把"九派"当作长江中游的代称。鲍照《登黄鹤矶》有"三崖稳丹磴,九派引沧流"之句。 茫茫九派:清代王士祯《分甘余话》卷引王士祯《赠樊襐》:"苦竹黄芦满目愁,嘈嘈切切似江州。茫茫九派多风雷,忆泊寻阳旧酒楼。" 中国:《庄子·田子方》:"吾闻中国之君子,明乎礼义而陋于知人

心。"《孟子·梁惠王上》："莅中国而抚四夷。"本义是指上古时代,我国华夏民族建国于黄河流域一带,以为居天下之中,故称中国。这里"中国"就是"国中",国家的中部。 茫茫九派流中国:唐代李白《金陵望汉江》:"汉江四万里,派作九龙盘。横溃豁中国,崔嵬飞迅湍。"这里是说有着许多支流的浩渺的长江流贯我国的中部。

〔3〕沉沉:如同说"深沉",这里是深远的意思。

一线:有两说,一说指当时的平(北平)汉(武汉,实际到达汉口)铁路和粤(广东,实际到达广州)汉(武汉,实际到达武昌)铁路(当时尚无武汉长江大桥,今已为京广铁路)在那里衔接,从黄鹤楼上俯视,细长如一条线。另一说,霍玉厚《毛泽东诗词讲解斛补》手稿解"一线"指横在眼前的长江。并引郭诚《四楼堂集外诗辑》中《和张尧峰登金山》诗中"大江一线青潮落"作证。又谓"穿南北,当指横穿南北而言,并非指纵贯南北而言"。公木《毛泽东诗词鉴赏》认为"全词是写登楼望江,由远而近,不得于此句另指铁路,霍说甚是。"而易孟醇、易维《诗人毛泽东》则不同意此说,认为:"仔细推敲,'沉沉'是由联想铁轨、火车的沉重而引发的感觉,似不能用以形容长江流水。"

〔4〕烟雨:指迷蒙如烟的雨势。 莽苍苍:指草木的浓盛,这里指烟雨迷茫,远望不甚分明。《庄子·逍遥游》:"适莽苍者,三餐而返。"成玄英疏:"莽苍,郊野之色,遥望不甚分明也。"宋代陆游《哀郢》:"云梦风烟归莽苍。"

〔5〕龟:即龟山,在汉阳城东北,东面靠近长江,北面靠着汉水,和武昌蛇山隔江对峙,古代是扼守长江、汉水的要塞。 蛇:即蛇山,横亘在武昌城中,因为山的形状蜿蜒像一条蛇,所

以得名。 大江:指长江。《楚辞·九歌·湘君》:"望涔阳兮极浦,横大江兮扬灵。" 龟蛇锁大江:指龟山蛇山隔江对峙,这里又是长江较狭的地方,龟蛇二山好像锁一样锁住了长江。

〔6〕游人处:指黄鹤楼。 黄鹤知何去? 剩有游人处:唐代诗人崔颢《黄鹤楼》:"昔人已乘黄鹤去,此地空余黄鹤楼。黄鹤一去不复返,白云千载空悠悠。晴川历历汉阳树,芳草萋萋鹦鹉洲。日暮乡关何处是? 烟波江上使人愁。"宋代严羽《沧浪诗话》说:"唐人七言律诗,当以崔颢《黄鹤楼》为第一。"《唐才子传》卷一说:"(颢)后游武昌登黄鹤楼,感慨赋诗,及李白来,曰:'眼前有景道不得,崔颢题诗在上头。'无作而去,为哲匠敛手云。"后常用来比喻一去不复返的事物。这两句说,从前传说中的黄鹤不知道到哪里去了呢? 现在只剩下一座供人游览的处所。意思是说大革命即将失败,这一片曾经燃烧过革命烽火的土地,将变成历史的遗迹,表现诗人苍凉的心境。

〔7〕把:动词,拿。 把酒:端着酒杯。宋代苏轼《水调歌头》词中有"明月几时有,把酒问青天"之句。 酹:古人把酒浇在地上,以祭奠鬼神或对自然界设誓的一种习俗叫"酹"。《汉书·外戚传·孝元傅昭仪》:"饮酒酹地,皆祝延之。" 《注》:"酹,以酒沃地也。"《后汉书·张奂传》:"(奂)召主簿于诸羌前,以酒酹地,曰:'使马如羊,不以入厩;使金如粟,不以入怀。'"后有以酒酹江等。《隋书·贺若弼传》:"将渡江,酹酒而咒曰:'弼亲承庙略,伐罪吊民,上天长江,鉴其若此。'"宋代苏轼《念奴娇·赤壁怀古》:"人生如梦,一樽还酹江月。"

滔滔:水流的样子,也用来形容水势很大的

样子。《诗经·四月》："滔滔江汉,南国之纪。"

酹滔滔:就是把酒浇到滚滚滔滔的江水里,这里未必是实写,而是借古人洒酒设誓的习俗表示自己的决心。　把酒酹滔滔:宋代陆游《登灌口庙东大桥观岷江雪山》有"白发萧条吹北风,手持巵酒酹江中"之句。

〔8〕心潮:潮水般激荡着的思想情绪。　逐:跟着。　逐浪高:跟着浪涛翻腾起伏,越来越高,表现了毛泽东忧党忧国忧民的沉重心情和将革命进行到底的坚强决心。

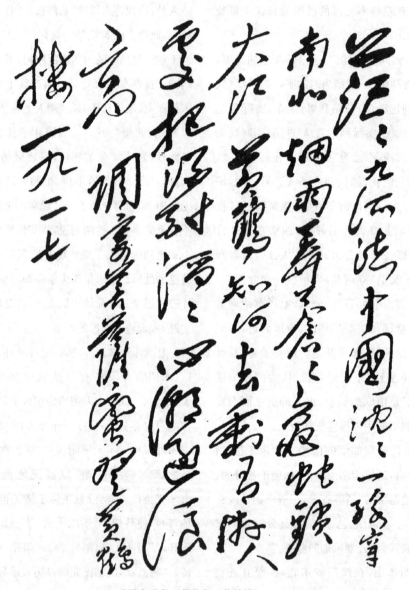

毛泽东手书《菩萨蛮·黄鹤楼》(一)

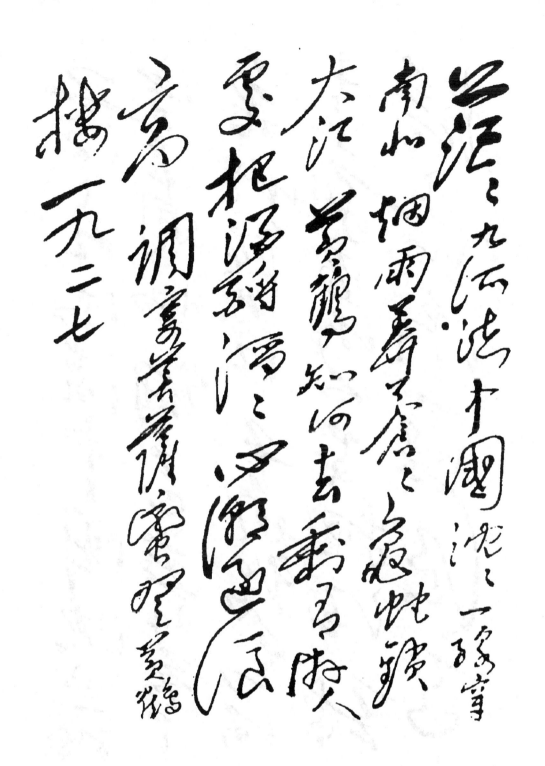

毛泽东手书《菩萨蛮·黄鹤楼》（二）

毛泽东诗词

第 一 辑

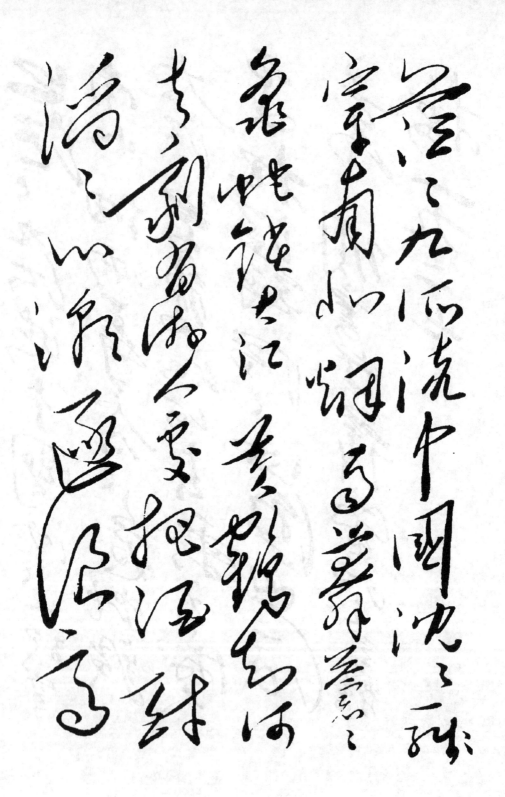

毛泽东手书《菩萨蛮·黄鹤楼》（三）

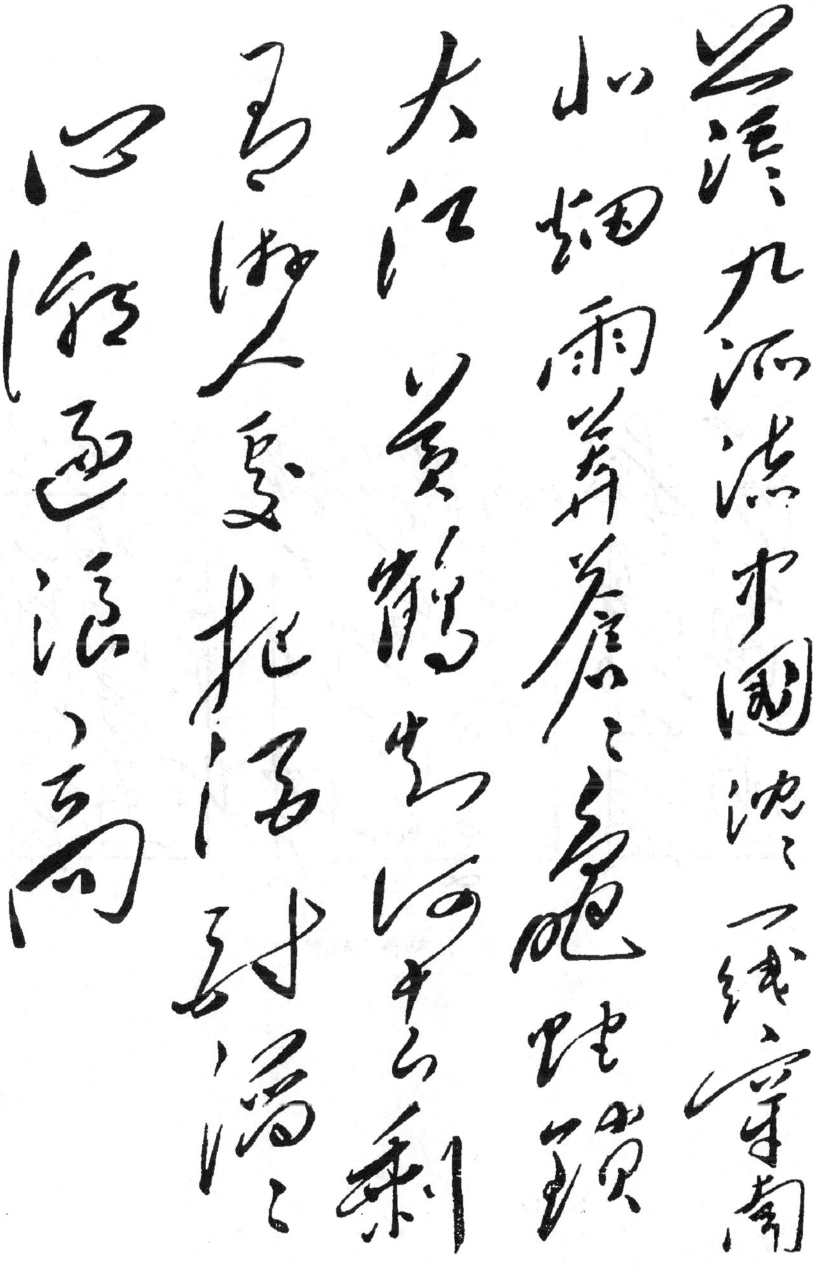

茫茫九派流中国，沉沉一线穿南北。

烟雨莽苍苍，龟蛇锁大江。

黄鹤知何去，剩有游人处。

把酒酹滔滔，心潮逐浪高。

毛泽东手书《菩萨蛮·黄鹤楼》（四）

毛泽东诗词

0 0 3 9

第 一 辑

毛泽东手书《菩萨蛮·黄鹤楼》（五）

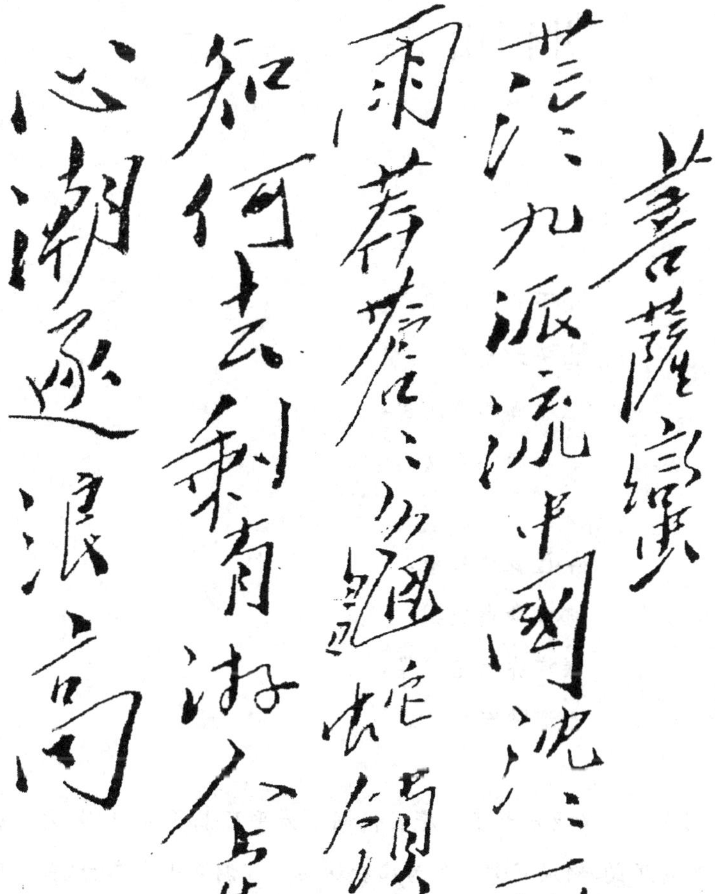

菩萨蛮

茫茫九派流中国，沉沉一线穿南北。烟雨莽苍苍，龟蛇锁大江。黄鹤知何去，剩有游人处。把酒酹滔滔，心潮逐浪高。

毛泽东手书《菩萨蛮·黄鹤楼》（六）

毛泽东诗词

第 一 辑

西江月

井冈山

一九二八年秋

山下旌旗在望，

山头鼓角相闻。

敌军围困万千重，

我自岿然不动。

早已森严壁垒，

更加众志成城。

黄洋界上炮声隆，

报道敌军宵遁。

　　西江月，词牌名。双调五十字。唐五代词本为平仄韵异部间协，宋以后词则上下片各用两平韵，末转仄韵，例须同部。原为唐教坊曲名。调名出自李白《苏台览古》诗"只今惟有西江月，曾照吴王宫里人"。

　　此调始于后蜀欧阳炯。八句，上下片相同，各二十五字，上下片首二句宜用对仗。又名《玉炉三涧雪》、《白苹香》、《江月令》、《步虚词》、《晚香时候》、《壶天晓》、《双锦瑟》等。

　　这首词最早发表于1948年7月1日出版的由中共东北局宣传部主持出版、东北书店发行的《知识》杂志第七卷第六期（总第四十二期）纪念党生日特刊上刊载的锡金《毛主席诗词四首臆释》一文中。这首词题为《西江月　井冈山》，其余三首诗词分别题为：《长征》（即《七律·长征》、《清平乐》（即《清平乐·六盘山》）和《沁园春　咏雪》（即《沁园春·雪》）。建国后又发表于1956年8月出版的《中学生》杂志刊登的谢觉哉《关于红军的几首词和歌》一文（其中毛泽东诗词有：《西江月·井冈山》、《如梦令·元旦》、《清平乐·六盘山》、《西江月·秋收起义》四首），本词题为《井冈山〔西江月〕》。后又经毛泽东亲自审定，正式发表于《诗刊》1957年1月号。

　　这首词《诗刊》1957年1月号发表时未署明写作时间，1963年12月人民文学出版社出版时署明写作时间为"一九二八年秋"。这年立秋 8 月 8 日,立冬 11 月 7 日。这首词当写于这一期间。

"井冈山",在江西省西部,跨宁冈、永新、遂川三县及湖南省东部酃县,属罗霄山脉中段,亦即万洋山北段。外部环绕着高山,山势险峻陡峭,中间多盆地。海拔近千米。"井冈山"的"井",指天然泉水,井冈山有"五井",即上井、中井、下井、大井、小井等地。山民依水而居,形成五个小村庄,均以井命名。山上有一条小溪,叫"井江",于是得名"井江山"。又因当地土语"江"、"冈"音近,故人称"井冈山"。

井冈山以茨坪为中心,东西相距八十里,南北相距九十里,周围五百五十里。山上共有五条出入的小路,人们称它为五大哨口,即南面的朱砂冲,东面的桐森岭,西面的双马石,北面的八面山,西北面的黄洋界。这五个哨口都是悬崖绝壁间开出来的小路。这首词中讲到的黄洋界,是五大哨口中的主要哨口,又名汪洋界、望洋界,最高点海拔一千三百四十二米。站在黄洋界,数百里群山起伏,如汪洋大海,故名,是由茨坪到茅坪的必经之路。距井冈山的中心茨坪十七里,上下十五里,只有一条羊肠小道通往宁冈。左右两侧都是峭壁深谷,为五大哨口中最险要者。有"一夫当关,万夫莫开"之势。红军曾在此处设瞭望哨一处,作战工事三处。瞭望哨设在黄洋界的最高点。红军在此屡次痛歼国民党军队。

1927 年 10 月,毛泽东率领秋收起义的部队到达井冈山区,建立了全国第一个农村革命根据地。1928 年 4 月,朱德、陈毅率南昌起义留下的一部分部队和湘南起义中组织的农军,到达井冈山,与毛泽东的部队会合,成立工农革命军第四军。不久,根据中共中央指示改称中国工农红军第四军。朱德任军长,毛泽东任党代表和军委书记。

1928 年 8 月 30 日,敌湘军吴尚部、赣军王均部,共四个团,乘红军主力还在赣西南欲归未归之际,攻击井冈山。红军守军红三十一团第一营会同袁文才、王佐两部,不足一营,面对十倍于我之敌,凭险抵抗。红军弹药不多,就削了许多尖利的竹签,埋在半山上的草丛里,敌人尽管穿着布鞋,也能扎进脚心。再就是搬大石块,拴上绳子作炸弹,绳子一放手,大石块就滚滚落下,敌人碰到这石块也就没命了。这一仗从早晨一直打到下午,敌人几次冲锋都给红军打退。8 月 31 日中午,红军从茨坪把从南昌带来的一门迫击炮抬来,安放在山顶瞭望哨工事边。下午四点钟左右,敌人又开始进攻。红军的迫击炮只有三发炮弹,因放置很久,前两发未打响,第三发打响了,而且打到敌军密集的地方(一说,正落在敌人的指挥所——腰子坑。见刘型《黄洋界保卫战回忆》,载《回忆井冈山斗争时期》,江西人民出版社 1979 年 12 月版),敌军死伤了很多。敌人大哗,以为毛泽东率领的红军主力回来了,于是逃回湘南酃县。红军胜利地完成了黄洋界保卫战。

关于这次战斗,毛泽东在《井冈山的斗争》一文中说:

毛泽东诗词

八月三十日敌湘赣两军各一部乘我军欲归未归之际,攻击井冈山。我守军不足一营,凭险抵抗,将敌击溃,保存了这个根据地……八月三十日井冈山一战,湘敌始退往酃县,赣敌仍盘踞各县城及大部乡村。然而山区是敌人始终无法夺取的……边界的红旗子,业已打了一年,虽然一方面引起了湘鄂赣三省乃至全国豪绅阶级的痛恨,另一方面却渐渐引起了附近省份工农士兵群众的希望。……边界的红旗子始终不倒,不但表示了共产党的力量,而且表示了统治阶级的破产,在全国政治上有重大意义。

9月8日,毛泽东率南征红军返回井冈山麓黄坳,便听到这一消息。26日,南征红军回到井冈山,大约在这前后,毛泽东感奋不已,写了这首词来赞扬这次战斗的胜利。

1960年新春,陈毅跋《西江月·井冈山》云:

录毛主席所作井冈山词,寄调西江月。此词作于一九二八年夏。当时我军主力赴湘南。敌军企图袭取井冈山。毛主席亲率一个营将敌击退。此词表现出我军以少胜众不可震撼的英雄气概。是役井冈山根据地赖以保全,有扭转战局的作用。读此词令人增长志气,可视敌军如土芥。我认为新中国人民应有此气概,而且已经有此气概。真可喜可贺。至此词选调之当,遣辞之工,描绘之切,乃其余事。例如在战争中尝有炮声雷鸣而敌已开始逃跑。此敌之起身炮也,此我之送行炮也,不可不知。

这里"此词作于一九二八年夏"和"毛主席亲率一个营将敌击退"的说法有误。黄洋界保卫战发生在1928年8月,敌军攻击井冈山时,毛泽东率兵一部前往桂东迎还大队,黄洋界保卫战的胜利是回井冈山后知道的。

1933年底,在上海任中共江苏省委宣传部长的冯雪峰来到瑞金中央苏区,任中共中央党校副校长。冯雪峰告诉毛泽东:"有一个日本人说,全中国只有两个半人懂得中国,鲁迅是两个中的一个,半个是毛泽东。"毛泽东听后不觉笑了起来,说这个日本人不简单,认为鲁迅懂得中国,是对的。冯雪峰又说,鲁迅读到过他(指毛泽东)的诗词,戏言说有"山大王"气概。这大概说的《西江月·井冈山》等。

据王廷芳《半个世纪的友谊——毛泽东与郭沫若》(冯彩章主编《毛泽东和他的友人》,中国青年出版社1996年12月第1版)说,1965年初夏,郭沫若到井冈山,参观访问。当地的负责人对郭沫若讲,他们计划在黄洋界这里立一块纪念碑,把毛泽东《西江月·井冈山》词的手迹刻在上面。但现在苦于找不到毛泽东这首词的手迹,希望郭沫若帮助设法找找。郭沫若回到北京后,经过多方查询,始终未找到毛泽东这首词的手迹。在没有办法的情况下,郭沫若给毛泽东写信,提出他自己希望得到《西江月·井冈山》的手迹。因为当时考虑如果提出立碑,毛泽东是不会同意写的。

1966年7月中旬,郭沫若到武汉。7月16日下午,毛泽东派秘书给郭沫若送来一封亲笔信。除了给郭沫若一封简单的信外,附来《西江月·井冈山》手书,是写在八开大小的宣纸上,连信共十多张。郭沫若看后十分高兴和激动,对毛泽东秘书说:"请你回去代我谢谢毛主席。"送走毛泽东的秘书,郭沫若让秘书王廷芳和新华社摄影记者,把题词拍成了照片,洗好后,在武汉就寄给了井冈山管理局。原件由王廷芳负责加意保管,带回北京后,马上送到荣宝斋装裱加框,悬挂在郭沫若办公室正中的墙壁上。

这首词现在所见有一件手书:标题为《西江月　井冈山》。词末有署名"毛泽东"。竖写,有标点符号。

"山下旌旗在望,山头鼓角相闻",蒋锡金《毛主席诗词四首臆释》"相"字后夹注:"一作遥。"臧克家回忆,1960年前后听袁水拍传达毛泽东亲自回答问题所作的记录说:"'山下旌旗在望,山头鼓角相闻'二句中,'在望'与'相闻'均指我方。"1964年1月27日,毛泽东口头答复外国文书籍出版局《毛主席诗词》英译者说:"'旌旗'和'鼓角'都是指我军。黄洋界很陡,阵地在山腰,指挥在山头,敌人仰攻。山下并没有都被敌人占领,没有严重到这个程度。'旌旗在望',其实没有飘扬的旗子,都是卷起的。"

郭沫若和《毛主席诗词》朝鲜翻译组部分同志谈话说:"'山下旌旗在望,山头鼓角相闻',主席说,山上山下都是我们自己的人。我到过井冈山,黄洋界在很高的地方,井冈山里头也分山上山下,有上井、中井、下井。'旌旗',一般用于自己方面的多。"

1957年1月初出版的《解放军文艺》第1期载该词(1957年1月15日《新湖南报》转载)"闻"字误作"鸣"。

"敌军围困万千重",1949年8月2日上海《解放日报》载《毛主席诗词三首》(一、井冈山,二、长征词,三、长征诗)(注明:"转载东北哈尔滨日报")"重"字误作"里"。

"我自岿然不动",蒋锡金《毛主席诗词四首臆释》、谢觉哉《关于红军的几首词和歌》作"我自巍然不动"。

"早已森严壁垒",蒋锡金《毛主席诗词四首臆释》、谢觉哉《关于红军的几首词和歌》和《解放军文艺》1957年第一期刊载的毛泽东《井冈山　西江月》,其中的"早",均作"久"。

"黄洋界上炮声隆",以上两文中"黄洋界"均作"望洋界"。(本书编著者按:"黄洋界"亦称"望洋界"。)

"报道敌军逍遁",谢觉哉《关于红军的几首词和歌》作"报道敌人宵遁"。

【注释】

〔1〕西江月:词牌名。　井冈山:见本词解说部分。　〔2〕山下:井冈山一般习惯把茨坪、大小五井称为山上,其他称为山下,这里指山下的部分

红军和井冈山一带的赤卫队、暴动队等地方武装。 旌:古代用羽毛装饰的旗子。 旌旗:旗帜的通称。 在望:在视线内。 山下旌旗在望:毛泽东说,其实没有飘扬的旗子,都是卷起的。这里用"旌旗",是为了增加诗的鲜明的形象感。

〔3〕山头:指山上。 角:指号角,军号以牛角为之。 鼓角:战鼓和号角,古代军中用来发号施令。《孙子·军争》:"言不相闻,故为鼓铎;视不相见,故为旌旗。"《太平御览·兵部·训兵》引唐代李靖《卫公兵法》:"使士卒目见旌旗、耳闻鼓角,心存号令。"这里指军号。 山下旌旗在望,山头鼓角相闻:元好问《江月晃重山·初到嵩山作》有类似句法:"塞上秋风鼓角,城头落日旌旗。"

〔4〕重:层的意思。

〔5〕我:本义称自己,引申指我们或我方。自:本的意思。赵长卿《浣溪沙》:"我自愁多魂已断,不禁楚雨带湘云。" 岿然:形容山高高地耸立的样子。不动:《孙子·军争》:"不动如山。"旧题三国时代曹操注曰:"守也。"唐代杜牧注曰:"闭壁屹然,不可动摇也。" 岿然不动:宋代曾慥《类说》引胡纳《见闻录》:"李尊懿仕伪蜀,谈论妍媚有妇人女子之态。蜀平,太祖见曰:'有此态耶?'以毡头箭射之,正中其腹,尊懿岿然不动。"意思是说屹立而不动摇,这里指红军稳如泰山。

〔6〕森严:整饬而严肃,这里形容工事的周密坚固,不可侵犯。唐代杜牧《朱坡》:"偃蹇松公老,森严竹阵齐。" 壁垒:古时军营的围墙,是战守的工事,这里指堡垒等防御工事。《六韬·王翼》:"修沟堑,治壁垒。" 早已森严壁垒:宋代范成大《次韵郊祀庆成》:"百神森壁垒。"这里是说,我方军民早已作好充分准备,使防御工事严整不可侵犯。

〔7〕众志成城:《国语·周语下》:"故谚曰:'众心成城,众口铄金。'"三国吴韦昭注:众心所好,莫之能败,其固如城也。"意思是说,万众一心,就坚固如城堡,比喻大家团结一致,力量无比强大。

〔8〕报道:报告说。 宵:夜。 遁:逃跑。宵遁:乘夜逃跑。《左传·成公十六年》:"王曰:'天败楚也夫!余不可以待。'乃宵遁。"

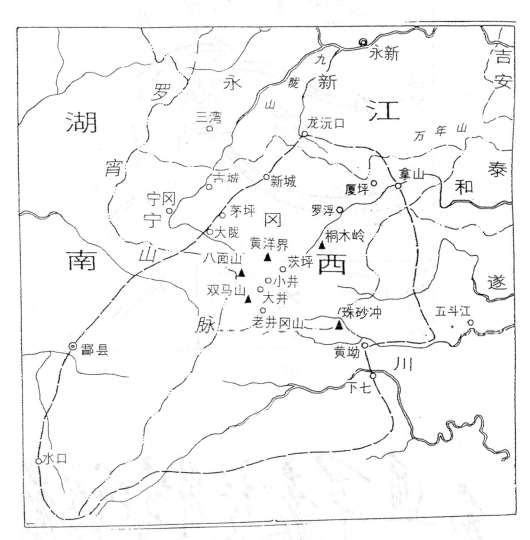

井冈山革命根据地略图

毛泽东诗词

第 一 辑

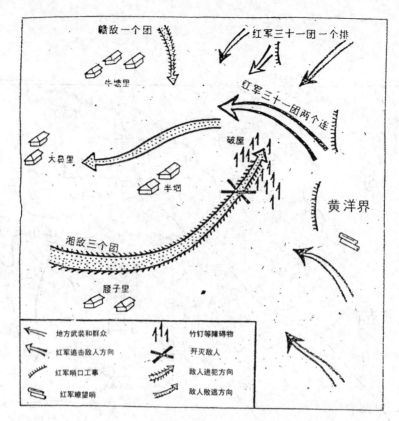

黄洋界保卫战示意图

毛泽东手书《西江月·井冈山》

陈毅手书毛泽东《西江月·井冈山》并跋

毛泽东诗词

第 一 辑

清平乐

蒋桂战争

一九二九年秋

风云突变，

军阀重开战。

洒向人间都是怨，

一枕黄粱再现。

红旗跃过汀江，

直下龙岩上杭。

收拾金瓯一片，

分田分地真忙。

　　清平乐，词牌名。双调四十六字。上片押仄韵，下片押平韵。亦有全押仄韵者。原为唐教坊曲名。其本意为"祈求海内清平之乐曲"，而不是指曲子的清调平调。最早见于《尊前集》中记载的李白《清平乐》词四首。上片四句二十二字，下片四句二十四字。又名《清平乐令》、《醉东风》、《忆萝月》。

　　这首词最早发表于《人民文学》1962年5月号，总题为《词六首》。1962年5月12日《人民日报》转载。这六首词指：《清平乐·蒋桂战争》、《采桑子·重阳》、《减字木兰花·广昌路上》、《蝶恋花·从汀州向长沙》、《渔家傲·反第一次大"围剿"》和《渔家傲·反第二次大"围剿"》。

　　这六首词均以词牌为词题，未标明写作时间。1963年12月出版《毛主席诗词》时增加了词题，并标明有写作时间。这首词词题为《清平乐·蒋桂战争》，写作时间为"一九二九年秋"。这年立秋是农历七月初四日（公历8月8日），立冬是农历十月初八日（公历11月8日）。这首词当写于这一期间。

　　1927年大革命失败后，新旧军阀之间频繁地混战，中国人民处在水深火热之中。"蒋桂战争"即指蒋介石和桂系军阀李宗仁、白崇禧之间在1929年2月至4月为控制两湖地区而进行的战争。4月桂系放弃武汉,败入广西,蒋桂战争结束。

1929年3月红四军由江西进入福建西部,占领长汀。五六月三次占领长汀东南的龙岩。9月下旬,红四军攻克长汀以南、龙岩以西的上杭县城。当时闽西新革命根据地正在开展"分田分地"的土地革命。1929年7月底,毛泽东在上杭县蛟洋参加中共闽西第一次代表大会后,即到上杭的苏家坡、大洋坝和永定的太平里、金丰里、歧岭等农村养病,同时指导地方革命斗争。大约在八九月之交,有感于闽西工农武装割据的一片大好形势,填写了这一首词。

这六首词发表时,前面有一篇小序,说:

这六首词,是一九二九——一九三一年在马背上哼成的,通忘记了。《人民文学》编辑部的同志们搜集起来,寄给了我,要求发表。略加修改,因以付之。

毛泽东

一九六二年四月廿七日

毛泽东为词六首在《人民文学》1962年5月号上发表,1962年4月还曾写过另一篇序言:

这六首词,年深日久,通忘记了。《人民文学》编辑部搜集起来,要求发表,因以付之。回忆了一下,这些词是在一九二九——一九三一年在马背上哼成的。文采不佳,却反映了那个时期革命人民群众和革命战士们的心情舒快状态,作为史料,是可以的。

后来,这篇序言未发,改刊了前面所述一则较短的。

1958年春,《人民文学》编辑部从邓拓等老干部处搜集到毛泽东近二十首诗词,由主编代表全体编辑上书毛泽东,由擅长书法的张兆和用毛笔恭楷在宣纸上,推选两名编辑作代表,亲自送到中南海,请求毛泽东订正发表。1962年4月22日,毛泽东亲笔书写的特大信封送到《人民文学》编辑部,内装毛泽东改定的六首词,标题为《词六首》,用铅字排印在道林纸上,1962年纪念毛泽东《在延安文艺座谈会上的讲话》发表二十周年时,在《人民文学》5月号上发表。

逄先知在《毛泽东和他的秘书田家英》(1990年3月1日《人民日报》)一文中说,1961年4月24日,毛泽东要田家英将他在1929年前后写的六首词填上词牌,并查出"共工怒触不周山"的典故。田家英很快就完成了任务。这六首词,当时毛泽东已答应《人民文学》编辑部发表。

4月中旬,《人民文学》副主编陈白尘,拿着这六首词的稿子,亲自来拜访郭沫若,热切地希望郭能写一篇对这六首词的体会、理解及诠释性的文章,以帮助广大读者,尤其是青年读者学习和理解。郭沫若很高兴地接受了这个任务。陈白尘交来的稿子,每首都没有写作时间,也没有起迄时间,词的排列次序也和最后发表时不一样。

4月20日后,就在郭沫若准备写作时,毛泽东又转来臧克家写给他的信,要郭斟酌。臧克家信中,对《词六首》也提了些意见。对有些问题,郭还没有十分把握,他就写信向毛泽东请教。郭将《词六首》每首词根据他查找的资料,拟定了写作时间,请毛泽东核定。如他拟定的时间是对的,《人民文学》送来的稿子最后一首《蝶恋花》似应放在两首《渔家傲》之前,作为第四首。郭还对几个词句提出了具体修改意见,供毛泽东参考。

4月27日,毛泽东给郭沫若送来《词六首》的改正稿(即定稿),并告诉郭沫若,他拟定的每首词的写作时间都是对的,词的排列也是对的。六首词是作于1929年至1931年。并说:"'七百里驱十五日',改得好。"他还告诉郭沫若,这一时期打胜仗多,军民欢腾,心意开阔,故这几首词反映了这种斗争气氛。

接着,郭沫若就开始写文章,5月1日脱稿,即送《人民文学》发排。5月9日收到《人民文学》送来的文章小样,他马上给毛泽东写信,将小样附上,请毛泽东予以审改。

同年4月27日,毛泽东致臧克家信中说:"数信都收到,深为感谢!应当修改之处,都照尊意改了。唯此次只拟在《人民文学》发表那六首旧词,不在《诗刊》再发表东西了;在诗刊发表的,待将来再说。违命之处,乞谅为荷!"

又据说,毛泽东的《词六首》序,原来写作:"这六首词,于一九二九——一九三一年,于马背上哼成的……"臧克家看了,便把前面的一个"于"字勾掉了,并把自己的修改意见告诉了毛泽东。毛泽东看了臧克家的修改意见,非常高兴,他在1962年4月24日给臧克家的一封信中说:"你细心给我修改的几处,改得好,完全同意。还有什么可改之处没有,请费心斟酌赐教为盼!"(臧克家《毛泽东同志与诗》)

1955年法国总理佛尔访问中国时,毛泽东接见他并进行了亲切友好的谈话。后来佛尔在《毛泽东会见记》一书中回忆说:"我们在离开以前,和主席谈起他的诗。'这是以前的事了。我的确曾经写诗,那时我过着戎马生活,骑在马背上有了时间就可以思索,推敲诗的押韵。马背上的生活真有意思。有时我回想那些日子,还觉得留恋。'"(转引自孙宝义编著《毛泽东的读书生涯》,知识出版社1993年1月第1版)

陈晋《文人毛泽东》(上海人民出版社1997年12月第1版)说,1929年11月在长汀,毛泽东和朱德、陈毅会合。陈毅还同毛泽东切磋了一番诗词。陈毅将自己写的四句诗"闽赣路千里,春花笑吐红。败军气犹壮,一鼓下汀龙。"(本书编著者按:此诗即《反攻连下长汀龙岩》)请毛泽东"斧正"。毛泽东用铅笔在"败"字上划了一个圈。后来,陈毅将这句改为"铁军真是铁"。毛泽东也将新写的《清平乐·蒋桂战争》和《采桑子·重阳》送给陈毅"雅正"。

这首词主要有三种文本,按照写作时间先后,为:

第一种:

进军福建

清平乐

风云突变,

宁桂大开战,

××××××,

军阀好混蛋。

红旗插向汀江,

直指龙岩上杭,

收拾张卢残部,

分田分地真忙。

注:字下加着重号的,为和现在正式发表的毛泽东诗词不同的异文或标点符号。下同此例。

此种即《人民文学》编辑部送呈毛泽东审定的传抄稿。

第二种:

清平乐

风云突变,

军阀重开战,

洒向人间都是怨,

一枕黄粱再现。

红旗跃过汀江,

直下龙岩上杭。

收拾金瓯一片,

分田分地真忙。

第三种:即毛泽东最后定稿的文本。

这首词现在所见有三种手书:(一)、(二)、(三)均无标题。竖写,有标点符号。

据宋垒《千锤百炼　满眼辉煌——毛主席对〈词六首〉的改定》(《中流》1993年7月号)说,《人民文学》编辑部寄呈毛泽东审定的传抄稿,这首词的词题是《进军福建·清平乐》。

"军阀重开战",《人民文学》编辑部寄呈毛泽东审定的传抄稿,这句作"宁桂大开战",句末为逗号。正式发表时改为"军阀重开战",句末为句号。

"洒向人间都是怨,一枕黄粱再现",宋垒文章中所录《人民文学》编辑部寄呈毛泽东审定的传抄稿作"×××××××,军阀好混蛋。"其中"×××××××"不知表示何意。宋垒文中说:"'×××××××,军阀好混蛋',仅是对军阀的诅咒,也不合词牌格律;改成'洒向人间都是怨,一枕黄粱再现',不仅对口语作了艺术的提炼,符合了词牌格律,更以浪漫主义的手法深化了现实主义题旨,形象地揭露了新旧军阀们的罪行,并借助《枕中记》的典故,批判、讽刺得更加入木三分。"另有一说,此处脱漏一句。(本书编著者按:根据宋垒文中所说,当指是一句斥责和诅咒军阀的话,而不是脱漏了一句。)

"一枕黄粱再现",1964年1月27日,毛泽东口头答复外国文书书籍出版局《毛主席诗词》英译者说:"指军阀的黄粱梦。"手书(一)"粱"误作"梁"。手书(二)作"一枕黄粮再现"。《人民文学》编辑部寄呈毛泽东审定的传抄稿,这句作"军阀好混蛋"。

"红旗跃过汀江,直下龙岩上杭",《人民文学》编辑部寄呈毛泽东审定的传抄稿,作"红旗插向汀江,直指龙岩上杭",句末为逗号,正式发表时改为现句,句末为句号。手书(一),重复一个"龙"字。手书(三),脱"下"字。

"收拾金瓯一片",《人民文学》编辑部寄呈毛泽东审定的传抄稿,这句作"收拾张卢残部"。张,指福建国民党军暂编第一师师长张贞。"卢",指福建著名的土匪头目卢兴铭,他的部队1926年被国民党政府收编。

【注释】

〔1〕清平乐的"乐":读 yuè。　蒋:指蒋介石。　桂:广西简称,这里指盘踞在广西的桂系军阀李宗仁、白崇禧。　蒋桂战争:见本词解说部分。

〔2〕风云:风起云涌,形态多变。《后汉书·皇甫嵩传》:"将军权重于淮阴,指足以振风云。"北周庾信《入彭城馆》:"年代殊氓俗,风云更盛衰。"这里比喻变幻莫测的局势。　突变:突然急剧的变化。

〔3〕重:又。

〔4〕怨:怨恨。　洒向人间都是怨:军阀混战给人民带来灾难,如同恶风苦雨,向人间洒下的都是怨恨。

〔5〕一枕:"枕"在这里是表示动作数量的量词,一枕等于"睡一觉"的意思。　黄粱:黄色的小米。　一枕黄粱:指黄粱梦的故事。　唐

人沈既济的小说《枕中记》说:唐开元年间,成仙后的道士吕洞宾在邯郸道上的一家客店里遇到了一位进京赶考的穷书生卢生。卢向道人感叹自己命运不济,屡考不中。边谈边昏昏欲睡,吕洞宾正在煮黄粱米饭,见状便从行囊里取出一个两端有窍的青瓷瓷枕递给他,说:"你先枕上此枕睡一下,会使你感到荣耀舒适、称心如意的。"卢生一枕而觉,一觉而梦,梦见自己考中进士,连连升官,但又历经宦海浮沉,几遭诬陷,亏得皇帝圣明为其平反冤狱,后又出将入相,封燕国公。生五子俱进士及第,官居显位,全家享尽荣华富贵,高寿八十一病而终。梦到这里卢生猛地醒来,见吕洞宾黄米饭还没有煮熟呢。卢生惊讶不已,道人却眯着眼对他说:人生之道,不就是这样吗?卢生茅塞顿开,扔下诗书跟道人学道去了。金代诗人元好问曾特意写了一首《题卢生庙》:"死去生来一一身,定知谁妄复谁真,邯郸今日题诗者,犹是黄粱梦里人。"后用来比喻虚幻的梦想。这里是说军阀混战,妄想统治人民,他们这种作恶的盛衰史在历史上不过是倏忽即逝,像黄粱梦一样。

〔6〕红旗:象征革命,这里比喻革命的武装力量,指中国共产党领导下的工农红军。 跃过:跳跃而过,越过,这里形容红军势如破竹,神速进展。 汀江:在福建省西南部,韩江上游。

〔7〕下:攻克,占领。 直下:一直攻克。 龙岩、上杭:县名,都在福建省西南部。 红旗跃过汀江,直下龙岩上杭:1929 年的军阀战争,给红军发展造成了有利条件。同年 3 月红四军由江西进入福建西部占领长汀,五六月三次占领长汀东南的龙岩,9 月占领长汀以南、龙岩以西的上杭。

〔8〕收拾:收取。唐代李山甫《上元怀古》诗二首之一:"南朝天子爱风流,尽守江山不到头。总是战争收拾得,却因歌舞破除休。" 金瓯:金子制造的盆、盂之类的器皿,后来用来称国土或比喻疆土的完整坚固。《南史·朱异传》:梁武帝言:"我国家犹若金瓯,无一伤缺。" 收拾金瓯一片:祖国在军阀割据下四分五裂,犹如金瓯被打成碎片,红军收复了其中一片,指建立了革命根据地。宋代岳飞《满江红》有"待从头收拾旧山河,朝天阙"之句。毛泽东在延安书赠丁玲的三首词中黄兴《临江仙》有"收拾金瓯还汉胤,何殊舜日尧天"之句。

〔9〕分田分地:指将地主的土地分配给无地或少地的农民。1929 年 4 月,毛泽东主持制订了江西兴国县《土地法》,根据党的"六大"决议,将井冈山《土地法》中规定的"没收一切土地",改为"没收一切公共土地及地主阶级土地"。同年 7 月,中共闽西第一次代表大会在上杭召开,根据井冈山《土地法》、兴国县《土地法》精神,于 27 日通过了《土地问题决议案》。会后,在长汀、连城、上杭、龙岩、永定等县纵横三百多里的地区内进行了分田分地,约六十多万的贫苦农民分得了土地。

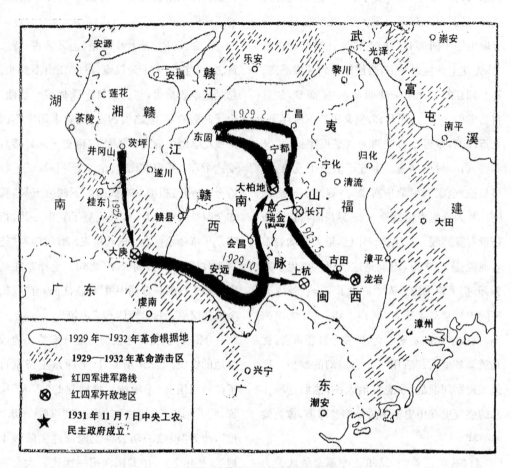

红四军开辟赣南闽西革命根据地略图

毛泽东手书《清平乐·蒋桂战争》（一）

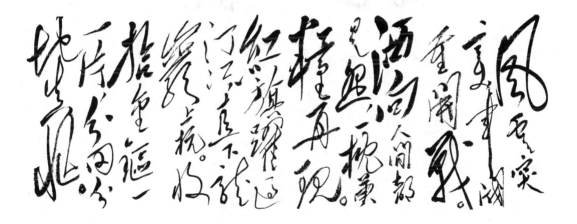

毛泽东手书《清平乐·蒋桂战争》（二）

毛泽东诗词

第 一 辑

毛泽东手书《清平乐·蒋桂战争》（三）

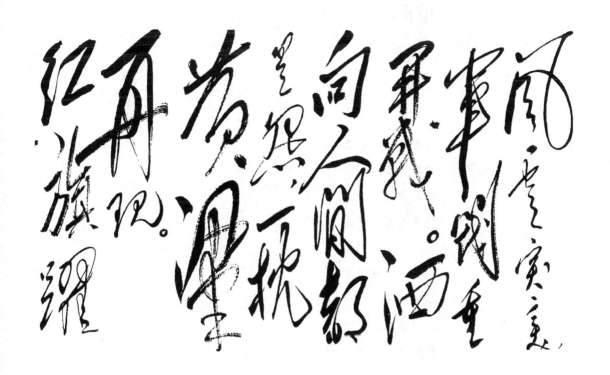

采桑子

重阳

一九二九年十月

人生易老天难老,
岁岁重阳。
今又重阳,
战地黄花分外香。

一年一度秋风劲,
不似春光。
胜似春光,
寥廓江天万里霜。

采桑子,词牌名。双调四十四字,平韵。唐教坊大曲有《杨下采桑》,《采桑子》可能是从大曲截取一遍而成独立的一个词牌。又名《丑奴儿令》、《罗敷艳歌》、《罗敷媚》。八句。

这首词最早发表于《人民文学》1962 年 5 月号,总题为《词六首》,以词牌为词题,没有标明写作时间。1963 年 12 月人民文学出版社出版的《毛主席诗词》增加了词题,并标明了写作时间。这首词词题《采桑子 重阳》,写作时间为"一九二九年十月"。

"重阳",节令名,阴历九月初九日叫重阳,又叫重九。古人把单数叫做阳数,双数叫做阴数。因为九是阳数,日月都逢九,所以叫"重阳"。我国古代即有重阳登高、赏菊的习俗。这年的重阳是公历 10 月 11 日。

1929 年 6 月 22 日,中共红四军第七次代表大会在龙岩城内召开,大会由陈毅主持,他号召"大家努力来争论"。代表们围绕从井冈山斗争以来的各方面问题进行讨论。会议所作的决议对许多具体问题的结论是正确的或比较正确的,但错误地否定了毛泽东提出的党对红军领导必须实行集权制(当时对民主集中制的称谓)和必须反对不要根据地的流寇思想的正确意见。通过的决议说"流寇思想与反流寇思想的斗争,也不是事实",还把"集权制领导原则"视为"形成家长制度的倾向"。会议认为,毛泽东是前委书记,对争论应多负些责任,给予党内"严重警告"处分。大会改选了红四军党的前敌委员会,在选举前委书记时,由中共中央指定的前委书记毛泽东没有当选,陈毅被选为前委书记。

1964年3月,毛泽东在与外国友人的一次谈话中说,他曾"三次被赶出红军,十几次受到严重警告、'开除党籍'、调动工作、撤销职务之类的处分"。(胡哲峰等《毛泽东谈毛泽东》)1929年6月22日,在红四军第七次党代会上,他担任的前敌委员会书记在新的选举中落选,是他一生唯一的一次被下级把自己的职务选掉。正如1966年6月,毛泽东在与外宾谈话时所说:"我自己秋收暴动的队伍,却撤换了我。"当时,毛泽东的心情较为低落,此后被迫离开部队。这时又患上了重病,只得一边养病,一边到地方做些调查研究工作。1965年5月,他在接见一个外国代表团时讲到当时的情况说:"他们把我这个木菩萨浸到粪坑里,再拿出来,搞得臭得很。那时候,不但一个人不上门,连一个鬼也不上门。"(吴晓梅《倾听毛泽东》)毛泽东在离开部队那一天,甚至连马也被人扣下了,他和妻子贺子珍只能步行出发。

7月,毛泽东离开红四军主要领导岗位,到闽西农村一面休息养病,一面指导地方工作。10月,毛泽东因身体不好,不得不坐担架,从永定县湖雷的塘下辗转到堂堡的合溪就医,10月11日重阳节前后,从合溪沿汀江赴上杭县城。抵达上杭县城后住广福楼(后称临江楼)。10月22日,红四军前委收到党中央9月28日的指示信,指出毛泽东应仍为前委书记。11月26日,毛泽东回到前委。可能就是这一段期间,毛泽东看到临江楼庭院中黄菊盛开,汀江两岸霜花一片,触景生情,填写了这首词。

词中流露了作者受到挫折和久病后对人生如白驹过隙的感慨以及对刚刚取得的上杭战斗的胜利的喜悦,抒发了革命的人生观和广阔的胸怀。

何为《临江楼记》(1977年1月31日《人民日报》)说:"许多人这样猜测:毛主席在1929年10月间写下的《采桑子·重阳》,就是在这江天万里秋风劲吹的临江楼头构思成篇的。"临江楼,在上杭县城南门即浮桥门之东汀江岸边,现为上杭县革命纪念馆。据老红军回忆,那时临江楼的楼上楼下,确实种了许多菊花。站在三层楼上,四顾江天空阔,汀江岸边盛开的菊花,黄灿灿的如同遍地耀眼的碎金。但毛泽东住临江楼的具体时间,是否真在重阳节还有待进一步考证。也许本词是毛泽东在重阳节后在临江楼追写的感怀之作。

崔向华、世一《舒同与毛泽东》(1966年1月28日《文汇报》)说,1932年春漳州战役结束,毛泽东与舒同第一次会面。打扫战场时,毛泽东握着舒同的手说:"早就知道你了,看过你的文章,见过你的字。"毛泽东边走边从弹痕遍地的地上捡起一颗弹壳,轻轻地说:"战地黄花啊!"舒同会心地一笑,他为毛泽东如此丰富的情感世界和如此神妙的结句所触动。

宋垒《千锤百炼 满眼辉煌——毛主席对〈词六首〉的改定》(《中流》1993年7月号)

说，《人民文学》编辑部寄呈毛泽东审定的传抄稿，这首词题为《有赠·采桑子》。

毛泽东主持编辑的《毛主席诗词》清样稿上，此词开始题为《江西广昌县路上作》，接着改为《广昌路上作》，最后改定为《重阳》。《毛泽东诗词全编鉴赏》说，"广昌路上作"恐是记忆所误。1929年八九月间，毛泽东一直在闽西永定养病，重阳节前夕并未去过广昌，而是从永昌合溪由地方武装护送到上杭县城的。据此推断，此词应是"上杭路上作"。

这首词上、下阕的次序，据说原先是相反的，毛泽东修改时，把它调整为现在的顺序。（见蔡清富、李捷《新诗改罢自长吟——谈毛泽东对自己诗的修改》，又见臧克家主编《毛泽东诗词鉴赏》，河北人民出版社1990年8月第1版）

但是何时做了这样的改动，又有不同的说法。一种是舒龙、凌步机著《岁岁重阳》说：1934年长征前的重阳夜，毛泽东重写此词时，将原词的上下阕颠倒过来。（毛岸英、邵华主编《中国出了个毛泽东》）另一种说法是，冯锡刚《也谈毛泽东的七言律诗》一文说，"《采桑子》上下阕调换"，"出自郭沫若的建议"。看来原先的一稿，是作者向郭沫若征求意见稿。（载《党的文献》2003年第三期）

本书编著者按：查宋垒《千锤百炼　满眼辉煌——毛主席对〈词六首〉的改定》一文，《人民文学》编辑部寄呈毛泽东审定的传抄稿，这首词上下半阕的次序为："人生易老天无老……一年一度秋风劲……"这样看来，人们所说"这首词上下半阕的次序原先是相反的"，指从传抄稿送审到正式发表过程中，曾经将上下半阕颠倒过来，后经郭沫若建议，又改了回来，正如萧永义在《毛泽东诗词史话》中所说"经历了一个否定之否定"。

这首词，主要有三种文本，按照写作时间先后为：

第一种：

　　有　赠

　　采桑子

　　人生易老天无老，

　　岁岁重阳，

　　今又重阳，

　　但看黄花不用伤。

　　一年一度秋风劲，

　　不似春光，

　　胜似春光，

　　寥廓江天万里霜。

此种即《人民文学》编辑部送呈毛泽东审定的传抄稿。

第二种：

采桑子

人生易老天难老，

岁岁重阳。

今又重阳，

战地黄花分外香。

一年一度秋风劲，

不似春光。

胜似春光，

寥廓江天万里霜。

第三种：即毛泽东最后定稿的文本。

这首词现在所见有两件手书：均无标题。竖写，有标点符号。两者文字、标点符号完全一样。手书（一）为原作。手书（二）系由他人将手书（一）中"寥廓江天万里霜"的"霜"字缩小而成。

"人生易老天难老，岁岁重阳"，《人民文学》编辑部寄呈毛泽东审定的传抄稿，第一句作"人生易老天无老"，"岁岁重阳"后为逗号。正式发表时，第一句改为"人生易老天难老"，"岁岁重阳"后改为句号。

"战地黄花分外香"，《人民文学》编辑部寄呈毛泽东审定的传抄稿，这句作"但看黄花不用伤"，后改为"大地黄花分外香"和"野地黄花分外香"（《毛泽东诗词全编鉴赏》）。陈晋《文人毛泽东》说，1962年《人民文学》发表前，毛泽东曾改为"大地黄花突有香"，最后定稿为"战地黄花分外香"。

"一年一度秋风劲，不似春光"，《人民文学》编辑部寄呈毛泽东审定的传抄稿，"不似春光"后为逗号，正式发表时改为句号。

【注释】

〔1〕采桑子：词牌名。　重阳：见本词解说部分。

〔2〕人生易老天难老：一个人的生理年龄短，变化快，容易老，而自然界的持续时间长，变化慢，好像很难"老"一样。

〔3〕岁岁：每岁，即每年。　岁岁重阳：每年都

有一个重阳节。

〔4〕战地：战场。《孙子·虚实》："凡先处战地而待敌者佚，后处战地而趋战者劳。" 黄花：即菊花，因我国古代菊花主要品种是黄色，故名。《礼记·月令》："鞠有黄华。"鞠，古菊字。黄华，就是黄花。又，《吕氏春秋·季秋纪》："季秋之月……菊有黄华。"后因称菊为黄花。我国古代即有重阳赏菊的习俗。唐代李白《九日龙山歌》："九日龙山饮，黄花笑逐臣。"这里指野菊。秋天，闽西一带黄色的小野菊沿路皆是。 分外：超过平常，特别。 战地黄花分外香：表现了作者对革命战争的赞美和革命乐观主义精神。1929 年秋，红四军在福建西部汀江一带歼灭土著军阀，攻克上杭。唐代岑参《九日行军思长安故园》有"强欲登高去，无人送酒来。遥怜故人菊，应傍战场开"之句。宋代杨万里《九日郡中送白菊》有"若言佳节如常日，为底寒花分外香"之句。

〔5〕一度：一次。 一年一度：每年一次。宋代王安石《送吴显道》诗之五："唯有春风应最惜，一年一度一归业。" 劲：有力，猛烈。 一年一度秋风劲：重阳正是季秋，所以这时更加感到一年一次的秋风刮得非常有力。

〔6〕不似：不像。 春光：春天的景致。 不

似春光：宋代苏轼词中有："春庭月午，摇荡春醪光欲舞。步转回廊，半落梅花婉婉香。轻风薄雾，都是少年行乐处。不似秋光，只与离人照断肠。"

〔7〕胜：指一种事物比另一种事物优越，超过。 胜似的"似"，表示比较。张相《诗词曲语辞汇释》："似，犹于也，意则犹过也。" 胜似：超过。清代陈维崧《风流子·月夜感忆》："今宵月，胜似昨宵圆。" 不似春光，胜似春光：唐代刘禹锡《秋词》："自古逢秋悲寂寥，我言秋日胜春朝。"

〔8〕寥廓：这里指空阔辽远。参见《沁园春·长沙》注。 江天：江和江上的天空，这里是在靠近江河的地方看到江天相接，江天空阔的景象。南朝梁代范云《之零陵郡次新亭》："江天自如合，烟树还相似。"唐代杜甫《游修觉寺》："野寺江天豁，山扉花竹幽。" 万里：极言广阔。 霜：这里不是普通的霜雪之霜，而是秋色的代词，古典文学中有丹霜、紫霜、青霜的说法，因此这里的霜，不是一片霜白，而是五彩斑斓，包括黄花、红叶和各色草树，还包括各种秋实，包括天高气爽的寥廓景象等等，一片美妙的秋色。

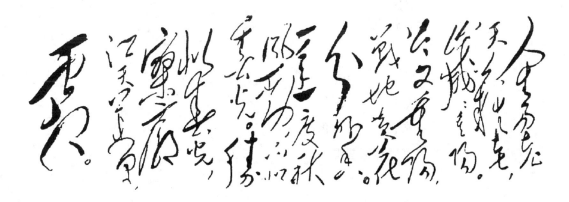

毛泽东手书《采桑子·重阳》（一）

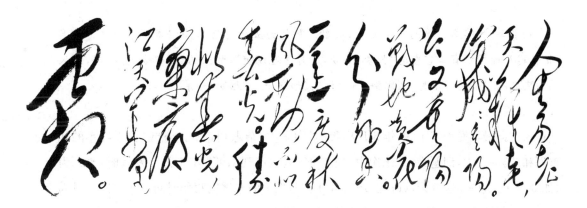

毛泽东手书《采桑子·重阳》（二）

毛泽东诗词

第 一 辑

元旦

一九三〇年一月三十日

宁化、清流、归化，
路隘林深苔滑。
今日向何方，
直指武夷山下。
山下山下，
风展红旗如画。

如梦令，词牌名。单调三十三字，仄韵。相传为五代时后唐庄宗李存勖创作。原名
《忆仙姿》，因词中有二言叠句"如梦，如梦，残月落花烟重"，故改为《如梦令》。七句，五仄
韵。又名《宴桃源》、《不见》、《比梅》、《古记》、《如意令》、《无梦令》等。

这首词最早发表于1956年8月出版的《中学生》杂志刊登的谢觉哉《关于红军的几
首词和歌》一文中，词题为《宁化途中〔如梦令〕》。《诗刊》1957年1月号发表时，改题为
《如梦令·元旦》。这首词，《诗刊》1957年1月号发表时未署明写作时间，1963年12月人
民文学出版社出版《毛主席诗词》时署明写作时间为"一九三〇年一月"。

"元旦"，这里指阴历正月初一。这年的正月初一是公历1930年1月30日。

《毛泽东年谱》载："1930年1月，同朱德一起指挥红四军打破闽、粤、赣三省敌军对闽
西革命根据地的第二次会剿，并连克江西的宁都、乐安、永丰等县。三十日（阴历正月初
一），将由闽西进入赣南的一路情景吟成一首《如梦令·元旦》。"据此，本书编著者将这
首词的写作时间确定为"一九三〇年一月三十日"。

1929年，红四军在毛泽东领导下三次进入福建，在闽西开辟革命根据地。根据中共
中央"九月来信"，毛泽东应仍为前委书记的指示，11月26日，毛泽东从上杭蛟洋抵达长
汀，回到红四军。

12月28日、29日，毛泽东亲自主持在上杭县的古田村召开了红四军第九次党代表
大会。会上，毛泽东、朱德作了报告，陈毅传达了中央九月指示信的精神。会议总结了红

四军建军以来的经验教训,批判了红四军党内存在的各种错误思想,提出要以无产阶级思想建设人民军队。会议通过了毛泽东主持起草的《中国共产党红军第四军第九次代表大会决议案》,即《古田会议决议》。

《决议案》指出了红四军党内各种非无产阶级思想的表现、来源及纠正方法;强调要把党的思想建设放在首位,同时加强党的组织建设;阐明红军是一个"执行革命的政治任务的武装集团",党对军队的绝对领导决定着军队的性质和面貌,这是红军建设的根本原则;规定红军除了要进行打仗消灭敌人的军事活动之外,还要担负起宣传群众、组织群众、武装群众、帮助群众建立革命政权以至于建立共产党的组织等项重大任务。这个《决议案》是中国共产党和红军建设的纲领性文件,对党的军队的建设与发展起了重大指导作用。

毛泽东在古田会议上重新当选前委书记,回到红四军主要领导岗位。古田会议后,红四军指战员的思想、纪律以及战斗力大大提高了一步。红军主力来到了闽西,大大震动了国民党的统治,蒋介石便组织了对闽西革命根据地的第二次"会剿",动员了江西的金汉鼎部、福建的刘和鼎部、广东的陈维远部向闽西苏区进攻。古田会议期间,闽敌占领龙岩,先头部队已抵达小池(距古田仅十五公里),粤敌进到武平、大埔、上杭、永定,先头部队到达白沙(距古田三十五公里)。赣敌占领长汀,先头部队到达朋口(距古田四十五公里)。

为了粉碎敌人的"会剿",古田会议结合后,红四军便决定兵分两路,转移到敌人的后方去。1930年1月5日,由朱德率红四军第一、二、三、四纵队先行出发,经福建连城、宁化等县境,进入江西广昌,毛泽东率领的红四军的第二纵队1月3日到龙岩大池、小池阻击迷惑敌人,掩护主力转移,任务完成后又返回古田,直到1月7日才离开古田。从古田出发,向北经连城、清流、归化(1933年改为明溪县,1956年与三元县合并为三明县,现改为市)、宁化,1月19日西越武夷山,入广昌。24日与朱德率领的一、三、四纵队在广昌以西的东韶会合,于江西开展游击战争。毛泽东在向江西进军途中,写下了这首词。

陈晋《文人毛泽东》(上海人民出版社1997年12月第1版)说,1930年2月,毛泽东将《如梦令·元旦》和《减字木兰花·广昌路上》抄给陈毅,陈连声叫好。这两首词也就在红军里传开,有的人还抄在自己的本子上。

陈毅对毛泽东这首词吟咏体味,熟记在心。1947年率华东野战军与国民党主力周旋于沂蒙山时,作《如梦令·临沂蒙阴道中》。词为:

毛泽东诗词

临沂、蒙阴、新泰，

路转峰回石怪。

一片好风光，

七十二崮堪爱。

堪爱，堪爱，

蒋贼进攻必败。

起首两句连用三个地名和三个词组，构成排比式列锦和并列式互文的修辞方式，以及第五、六两句叠句，叠上一句末二字，均与毛泽东这首词相同。

这首词，主要有三种文本，按照写作时间先后为：

第一种：

> 宁化清流归化
>
> 路隘林深苔滑
>
> 众志已成城
>
> 风卷红旗如画
>
> 如画如画
>
> 直指武夷山下

此种见手书。

第二种：

> ### 宁化途中〔如梦令〕
>
> 宁化清流归化，
>
> 路隘林深苔滑。
>
> 今日向何方？
>
> 直指武夷山下。
>
> 山下，山下，
>
> 风卷红旗如画。

第三种：即毛泽东最后定稿的文本。

现在所见有一件手书：无标题。竖写，无标点符号。

"路隘林深苔滑"，其中头两字先写作"路滑"，后改为"路隘"。

"今日向何方？直指武夷山下。山下山下，风卷红旗如画"，手书作"众志已成城，风卷红旗如画。如画如画，直指武夷山下"。其中前两句，先写作"众志尽成城，风转红旗如画"，后改为"众志已成城，风卷红旗如画。"

"今日向何方"，谢觉哉《关于红军的几首词和歌》和《诗刊》1957年1月号发表时，句末均作问号。1963年12月人民文学出版社出版《毛主席诗词》时改为逗号。

"山下山下"，谢觉哉《关于红军的几首词和歌》分为两句作"山下，山下"。（本书编著者按：按词谱，前一个"山下"，下字与前一句压韵；后一个"山下"，为叠句，中间应用标点分开。）

"风展红旗如画"，谢觉哉《关于红军的几首词和歌》作"风卷红旗如画"。

【注释】

〔1〕如梦令：词牌名。　元旦：见本词解说部分。

〔2〕宁化、清流：县名，都在福建省西部，九龙溪上游，宁化邻接江西省。　归化：旧县名，在福建省中部偏西，今改名为明溪县。　宁化、清流、归化：这三个县的位置，清流居中，宁化在清流西北，归化在清流东北，而武夷山位于闽赣两省交界处，又在宁化的西面。这次进军的方向是从清流到归化，再到宁化。本词作"宁化、清流、归化"是按照这个词牌的格律对音韵的要求而改动的。

〔3〕路隘林深苔滑：是说红军在急迫的形势下，要抛掉敌人取得战略转移的胜利，走人迹罕至的山间小路。元代马致远《天净沙·秋思》有类似句式。马致远小令云："枯藤老树昏鸦，小桥流水人家，古道西风瘦马。夕阳西下，断肠人在天涯。"

〔4〕直指：直接指向。　武夷山：在江西、福建两省边境，东北——西南走向，北接仙霞岭，南接九连山，是赣江、闽江分水岭，海拔一千米左右。　武夷山下：指红四军第二纵队和第一、三、四纵队会合的武夷山麓江西广昌一带，标志了战略转移取得了胜利。

〔5〕展：有吹动使其开展之意。　风展红旗如画：显示了革命胜利的喜悦心情。

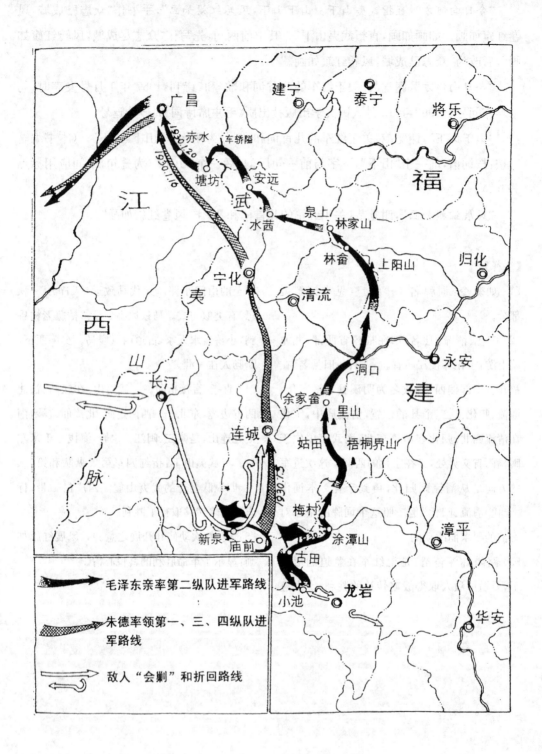

图例：

毛泽东亲率第二纵队进军路线

朱德率领第一、三、四纵队进军路线

敌人"会剿"和折回路线

红四军向江西进军示意图（陈一琴《毛泽东诗词笺析》）

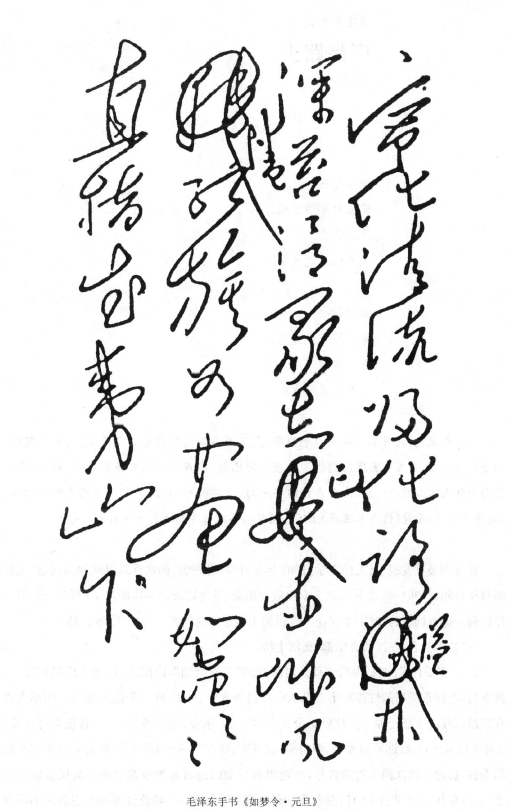

毛泽东手书《如梦令·元旦》

毛泽东诗词

第一辑

减字木兰花

广昌路上

一九三〇年二月

漫天皆白,

雪里行军情更迫。

头上高山,

风卷红旗过大关。

此行何去?

赣江风雪迷漫处。

命令昨颁,

十万工农下吉安。

减字木兰花,词牌名。双调四十四字,上下片各二句仄韵转二句平韵。《木兰花令》始于唐末韦庄,是五十五字仄韵体。南唐冯延巳制《偷声木兰花》,五十字,八句,前后片起句仍作七言仄韵,结处乃偷平声作四字一句、七字一句,自此才有两仄两平四换韵体。《减字木兰花》是就《偷声木兰花》上下片两起句各减三字而成。上下片各四句。

这首词最早发表于《人民文学》1962年5月号,总题为《词六首》,以词牌为词题,未标明写作时间。1963年12月人民文学出版社出版《毛主席诗词》时,增加了词题,并标明写作时间。这首词题为《减字木兰花·广昌路上》,写作时间为"一九三〇年二月"。

"广昌",县名,在江西省中部,抚河上游。

1930年1月,红四军为粉碎敌人对闽西的"三省会剿",由闽入赣,进入广昌地区。1月下旬,毛泽东所率的红四军第二纵队由广昌进入宁都,24日与朱德所率的红四军主力在广昌以西的东韶会师。会师后又分兵占领宁都、乐安、永丰等县,并未直接去打吉安。2月6日至9日,红四军前委、赣西特委、红五军、红六军两军军委在江西吉安陂头召开联席会议,提出夺取江西全省的口号,确定当前行动的总目标为攻取吉安。会议组成新前委,毛泽东任书记,2月14日,总前委发布攻打吉安的通告。各路红军和赤卫队从不同方向进逼吉安。红四军由藤田地区经水南向吉安推进,首先夺取吉水,后因当时国民党军调集七个旅十二个团,开始对赣西南革命根据地和红军进行"会剿",毛泽东、朱德等遂决定不攻打吉安,改在吉水县水南、吉安县值夏一带,打孤军进犯的国民党军唐云山旅。根据以上所述,这首词中所写的冒雪行军,既不是从广昌出发,也不是经过广昌。因而"广昌路上"应理解为指红军自闽入赣,进入广昌,到决定攻打赣江西岸、江西省中部重镇吉安这一整个军事行动。然而,《毛泽东诗词选》和《毛泽东诗词集》,均说1930年2月,红军准备攻打赣江西岸江西中部重镇吉安时经过广昌。《毛泽东诗词集》还特别指明时间是2月"中旬",由"毛泽东率"红军经过广昌,说"一九三〇年二月中旬,毛泽东率红军准备攻打赣江西岸江西省中部重镇吉安时经过这里",不知有何根据。

毛泽东对广昌那一段革命经历,特别是对于"争取江西"的计划,特别引以自豪。1936年他在保安与斯诺谈话中几次提到过,认为古田会议"为在江西建立苏维埃政权铺平了道路。第二年取得了一些光辉的胜利。几乎整个江西都落入红军之手。中央苏区的根据地建立起来了。"(斯诺《西行漫记》)

有资料说,1930年2月,毛泽东率部转战赣南,因没有傅柏翠随行,不无遗憾地在马背上吟咏:"漫天皆白,雪里行军无翠柏。"后来,此句改为"漫天皆白,雪里行军情更迫。"傅柏翠(1896～1993),福建上杭人。早年留学日本,参加了同盟会。1927年加入中国共产党。翌年领导了福建上杭农民起义。曾仕闽西暴动副总指挥,红四军第四纵队纵队长、党代表、红二十一军军长,参加了闽西苏区的创建和反"会剿"斗争。1930年因与闽西特委领导人发生意见分歧,被开除党籍。此后在永定县建立地方武装,继续与红军保持联系。1949年率部起义加入中国人民解放军。建国后曾任福建省人民法院院长、省人大常委会副主任等。1986年重新加入中国共产党。1993年病逝。(本书编著者按:"无翠柏",指傅柏翠说,尚缺乏充分依据,谨录以备考。)

毛泽东的诗词不仅在国内受到广大人民群众的喜爱,而且早已飞向了全世界。1971年11月15日,联合国第二十六届大会通过决议,正式恢复中华人民共和国在联合国的一切权利。我国代表团首次出席大会,使这天的大会几乎成了欢迎中国代表团的大会。会上,五十多个国家的代表致词热烈欢迎中国代表团。智利驻联合国代表温伯托·迪亚斯·卡萨努埃瓦,在会上热情而激动地朗诵了毛泽东的一首诗,就是这首《减字木兰花·广昌路上》,他朗诵了全词,会场上爆发出各国代表们热烈的长时间的掌声。大概包括毛泽东,谁也没有想到,毛泽东四十年前在中国南方群山中漫天风雪行军时,在马背上哼成的一首小诗,竟会在一次庄严的国际大会上受到全世界不同肤色和语言的人们这样热烈的欢迎,甚至成了对中国代表们、同时也是送给大会的友谊与和平的最良好的祝愿。

这首词,主要有三种文本,按照写作时间先后为:

第一种:

攻吉安

减字木兰花

满天皆白,

雪里行军情更切,

头上高山,

风卷红旗冻不翻。

此行何去?

赣江云雾迷漫处。

命令昨颁,

十万工农下吉安。

此种即《人民文学》编辑部送呈毛泽东审定的传抄稿。

第二种:

减字木兰花

漫天皆白,

雪里行军无翠柏。

头上高山,

风卷红旗过大关。

此行何去?

赣江风雪迷漫处。

命令昨颁,

十万工农下吉安。

第三种:即毛泽东最后定稿的文本。

这首词现在所见有一件手书:无标题。竖写,有标点符号。

宋垒《千锤百炼 满眼辉煌——毛主席对〈词六首〉的改定》(《中流》1993 年 7 月号)

说,《人民文学》编辑部寄呈毛泽东审定的传抄稿,这首词题为《攻吉安·减字木兰花》。

毛泽东在 1963 年主持编辑《毛主席诗词》时,此词开始题为《广昌县路上作》,接着改

为《广昌路上作》，最后定稿为《广昌路上》。（《毛泽东诗词全编鉴赏》）

"漫天皆白"，《人民文学》编辑部寄呈毛泽东审定的传抄稿作"满天皆白"。

"雪里行军情更迫"，《人民文学》编辑部寄呈毛泽东审定的传抄稿和毛泽东手书，均作"雪里行军情更切"，传抄稿句末为分号，手书句末作句号。正式发表时，这句词作"雪里行军无翠柏"，句末作句号。1963年12月人民文学出版社出版《毛主席诗词》时，改为"雪里行军情更迫"，句末作句号。

"此行何去"，《人民文学》1962年5月号发表时句末作逗号。1963年12月人民文学出版社出版《毛主席诗词》时改为问号。

"赣江风雪迷漫处"，《人民文学》寄呈毛泽东审定的传抄稿作"赣江云雾迷漫处"。

"风卷红旗过大关"，这句词中末三字，《人民文字》编辑部寄呈毛泽东审定的传抄稿和现在所见手书均作"冻不翻"。正式发表时改为"过大关"。

【注释】

〔1〕减字木兰花：词牌名。 广昌路上：见本词解说部分。

〔2〕漫：满。 漫天：满天。宋代范成大《碧瓦》："无风杨柳漫天絮，不雨棠梨满地花。"唐代韩愈《晚春》诗有"杨花榆荚无才思，惟解漫天作雪飞"之句。 皆：都。

〔3〕情：情势，即事情在一定阶段上的状况和发展的趋势、形势，这里也同时指红军战士的心情。 迫：急促，急切。

〔4〕高山：江西多山，全省大部分地区是山地和丘陵，这里指江西广昌一带的山。 头上高山：指山势高峻，在山腰或山脚下的山道上行军时，高山就好像在头顶上一样。

〔5〕红旗：指代红军。 大关：雄壮的关隘。广昌一带有很多关，都以险峻著称。 风卷红旗过大关：唐代岑参《白雪送武判官归京》诗有"纷纷暮雪下辕门，风掣红旗冻不翻"之句。

〔6〕赣江：江西省最大的河。东源贡水出武夷山，西源章水出大庾岭，在赣州市汇合后称赣江。 风雪迷漫：刮着大风，下着大雪，到处都是看不清楚的样子。 赣江风雪迷漫处：指位于赣江西岸，红军即将攻打的吉安市。

〔7〕颁：颁布，颁发。

〔8〕工农：指工农红军及工农群众武装。下：攻打。 吉安：市名，在江西省中部，是江西省中部的政治、经济、文化中心。

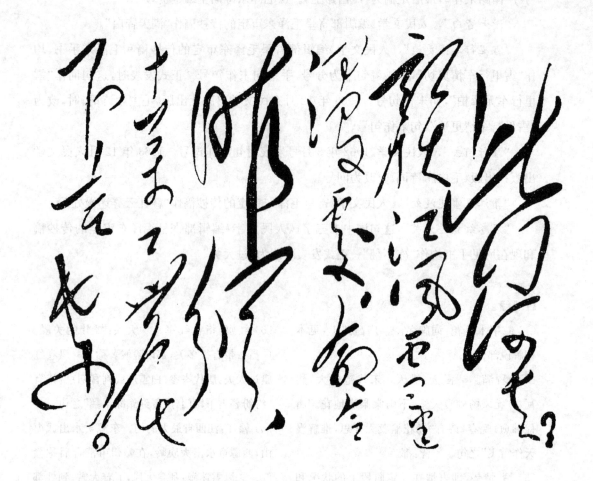

毛泽东手书《减字木兰花·广昌路上》

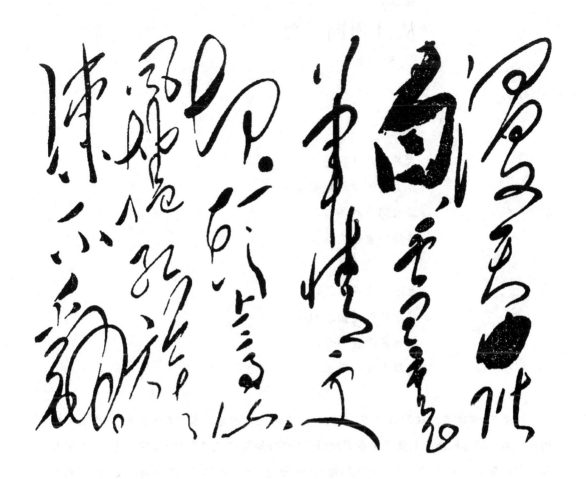

毛泽东诗词

第 一 辑

蝶恋花

从汀州向长沙

一九三〇年七月

六月天兵征腐恶，

万丈长缨要把鲲鹏缚。

赣水那边红一角，

偏师借重黄公略。

百万工农齐踊跃，

席卷江西直捣湘和鄂。

国际悲歌歌一曲，

狂飙为我从天落。

蝶恋花，词牌名。双调六十字，仄韵。原为唐教坊曲名。本名《鹊踏枝》。北宋晏殊词改今名。调名取南北朝梁简文帝萧纲诗句"翻阶蛱蝶恋花情"中的三字。十句，上下片各五句四仄韵。又名《黄金缕》、《凤栖梧》、《一箩金》、《鱼水同欢》、《细雨吹池沼》、《明月生南浦》、《卷珠帘》、《江如练》等。

这首词最早发表于《人民文学》1962年5月号，总题为《词六首》，以词牌为词题，未标明写作时间。1963年12月人民文学出版社出版《毛主席诗词》时，增加了词题，并标明写作时间。这首词题为《蝶恋花·从汀州向长沙》，写作时间是"一九三〇年七月"。

"汀州"，旧地名，即今长汀县，在福建省西部、汀江上游。这是沿用旧称。

1930年4月，蒋介石和冯玉祥、阎锡山之间又爆发了第二次战争，形势有利于革命。但是，这年6月中国共产党中央在李立三领导下，形成了新的"左"倾错误，他们错误地制定了组织全国中心城市总起义和全国红军向中心城市总进攻的冒险计划，当时决定向江西进军，并以南昌为主攻目标。

同年6月25日，毛泽东、朱德率第一军团（开始称第一路军）所属红四军和红十二军从汀州出发开向南昌，这是进攻南昌的主力。赣南地方武装于1930年3月成立红三军（2

月前称红六军）。黄公略当时任红三军军长，也奉命率部由湘赣接壤处的根据地东进，作为进攻南昌的右路军。

1930年7月20日，红四军和红三军在永丰会师，同日发布"向南昌推进"的命令。7月下旬，进抵南昌城外的牛行车站。其时红军第三军团攻入长沙，不久退出。于是第一军团改变计划，由南昌赶往湖南增援。8月，两个军团在浏阳会师，成立了中国工农红军第一方面军。9月再攻长沙。但因敌人兵力已加强，久攻不克。毛泽东说服了红一方面军的干部，撤退围攻长沙的队伍，又说服他们放弃夺取中心城市的意见，改变方针，转入江西，分兵攻取茶陵、攸县、醴陵、萍乡、吉安、峡江、新喻（今新余）等地，在赣江两岸更加深入地发动土地革命，使江西革命根据地在这个时期中没有受到损失，反而利用了当时蒋、冯、阎战争的有利形势而得到了发展。1930年9月，党的六届三中全会纠正了第二次"左"倾错误。这首词写于当年7月从汀州向长沙的进军途中。

宋垒《千锤百炼　满眼辉煌——毛主席对〈词六首〉的改定》（《中流》1993年7月号）说，《人民文学》编辑部寄呈毛泽东的传抄稿，这首词题为《进军南昌·蝶恋花》。

1963年毛泽东主持编辑《毛主席诗词》时，此词在清样稿上开始题为《从福建到湖南路上作》，接着改为《从汀州向长沙路上作》，最后改定为《从汀州向长沙》。（《毛泽东诗词全编鉴赏》）

这是毛泽东诗词中最难解释的一首。一种认为毛泽东"执行了立三路线"，词中"六月天兵征腐恶"，"席卷江西直捣湘和鄂"，与当时中央《新的革命高潮与一省或几省的首先胜利》的决议精神是一致的。另一种认为，毛泽东是"抵制了立三路线"的，词中"赣水那边红一角，偏师借重黄公略"，"国际悲歌歌一曲，狂飙为我从天落"，含蓄地表示了对立三路线的怀疑和慨叹。

其实，这两种看法都带有片面性，将复杂的问题简单化了。事实是，1928年中共在莫斯科召开的六大，最早提出了"一省或数省首先胜利"的战略方针，指出："反动的统治各区域巩固的程度是不平衡的，因此在总的高潮之下，可以使革命先在一省或数省重要省区之内胜利。"1930年2月，中共中央向全党发出第十七号通告，确立了全党准备武装起义，建立全国政权的总路线和总任务。4月，中共中央致信红四军前委，具体地指示："目前先胜利的前途，最显著的地区是湘、鄂、赣省，而以武汉为中心，红四军应该成为争取湘、鄂、赣先胜利的主要力量。"同年6月，李立三主持召开中共中央政治局会议，通过了由他起草的《新的革命高潮与一省或几省的首先胜利》的决议。随后，他制订了以武汉为中心的全国暴动和集中红军进攻中心城市的计划，规定赣西南、赣东北及闽西地区的红军"以主力侧击南浔路"，"取南昌，攻九江，夺取整个江西，以切断长江"，各路红军向武汉进迫,"会师武汉,饮马长江。"

　　毛泽东作为下级组织和个人,对党中央的决议必须贯彻执行,同时又由于当时对形势的认识有一定的局限性,因而既有执行的一面,也有抵制的一面。1929年4月,毛泽东任书记的红四军前委给中共中央信中认为,"六次大会指示的政治路线和组织路线是对的",并建议中央,"在国民党军阀长期战争期间,我们要和蒋桂两派争取江西,同时兼及浙西、闽西。在三省扩大红军的数量,造成群众的割据,以一年为期完成此计划。"1930年2月,在陂头毛泽东主持红四军前委、红五军军委、红六军军委和赣南特委、赣西特委联席会议,认为江西有"首先胜利夺取全省政权之可能",并确定"争取江西全省政权的第一步是攻打吉安"。6月,红四军前委和闽西特委召开联席会议,中央特派员余振农指出,党的迫切任务是争取以武汉为中心的一省或数省首先胜利,红四军则应先打下吉安,作为进攻南昌、九江的根据地。6月22日,朱德、毛泽东签发的新由红四军、红六军、红十二军整编成立的红军第一路军(不久改称红军第一军团)第一号命令,说:"本路军有配合江西工农群众夺取九江、南昌,以建设江西政权的任务",并决定"于七月五日以前全路军开赴广昌集中"。同月,毛泽东分别以中央革命军事委员会主席和工农革命委员会主席的名义和其他领导人联合发布的《为进攻武汉扩大斗争的通电》,均说:"全国革命胜利客观主观条件均十分成熟,革命高潮来到我们面前。"同时指出:"红军第一方面军向南昌、九江、岳州各地区进发,与红军第二、第四军团会师武汉,夺取湘、鄂、赣数省首先胜利,以推动全国革命高潮。"

　　另一方面,毛泽东一贯坚持发展红军力量,建立革命根据地和以农村包围城市的正确思想,对立三路线又有抵制的一面。1930年2月,中共中央第十七号通告中就指责"朱毛与鄂西的红军中还保存有过去躲避和分散的观念。"4月,李立三在中共中央机关刊物《布尔什维克》上发表《怎样准备夺取一省与几省政权的胜利的条件》中,又指责毛泽东"想以'乡村来包围城市'、'单凭红军来夺取城市'都只是一种幻想,一种绝对错误的观念。"

　　此外,还有一件重要材料,很能说明毛泽东对这一问题所持态度的是,1966年4月,正在编辑毛泽东诗词注释本的胡乔木,为此词作了一条注。这条注讲了毛泽东对立三路线的抵制,肯定了毛的正确主张对发展红军力量和革命根据地所起的巨大作用。胡将注送给毛泽东审改,毛泽东作了较多的修改。注文说:

　　一九三〇年六月,中央红军由福建汀州(长汀)进军江西。七月,又从江西向湖南进军,准备第二次攻取长沙,结果未能攻入,在当时敌我力量对比的条件下,敌人已有准备,进攻长沙是不正确的。但当时由于蒋、冯、阎在河南大混战,南方湘赣诸省在半年之内,除南昌、长江诸城之外，其余地方都无强敌。所以红军乘此机会，攻取了大片地区，扩大了部队，为粉碎第一次敌人的围剿准备了条件。由于毛泽东同志的说服，中央红军的干部终于改变作战方针，分兵攻取茶陵、攸县、醴陵、萍乡、吉安、峡江、新喻等地，使红军力量和农民土地革命斗争得到了很大的发展。这首词是写红军在进军中的豪情壮志的。（毛泽东《〈对毛主席诗词〉（注释本）中几个问题处理意见的修改和批语》，见《建国以来毛泽东文稿》）

以上引文中用黑体字体排印的字句是毛泽东增加的。从这一段注文中，可见当时红一军团开始是执行了中央决定的，后来由于接受毛泽东的正确意见，使红军和革命根据地有了很大发展。这样，就使我们对这首词中一些难解的问题迎刃而解了。

同时，必须指出，这首词初稿末句为"统治阶级馀魂落"，与全词"从汀州向长沙"进军的精神和情绪是一致的。而"狂飙为我从天落"为正式发表前新修改的句子，反映了作者后来的认识，正如有的论者所说："对立三路线的推行表现了内心的忧虑"。（萧永义《毛泽东诗词史话》）这句化用杜甫《乾元中寓居同谷县作歌七首》"悲风为我从天来"的诗句，"把出典融化在词里，也把出典中某些意味融化在词里。"（周振甫语，见《诗词例话》）

这首词，主要有三种文本，按照写作时间先后为：

第一种：

进军南昌
蝶恋花

六月红军征腐恶，

欲打南昌必定汀州过。

赣水那边红一角，

偏师借重黄公略。

十万工农齐会合，

席卷江西，直捣湘和鄂。

国际悲歌歌一曲，

统治阶级馀魂落。

此种即《人民文学》编辑部送呈毛泽东审定的传抄稿。

第二种：

毛泽东诗词

蝶恋花

六月天兵征腐恶，

万丈长缨要把鲲鹏缚。

赣水那边红一角，

偏师借重黄公略。

百万工农齐踊跃，

席卷江西直捣湘和鄂。

国际悲歌歌一曲，

狂飙为我从天落。

第三种：即毛泽东最后定稿的文本。

"六月天兵征腐恶，万丈长缨要把鲲鹏缚"，《人民文学》编辑部寄呈毛泽东审定的传抄稿，作"六月红军征腐恶，欲打南昌必定汀州过"。陈晋《文人毛泽东》说，这两句原作"六月红军征腐恶，欲打南昌必走汀州过"。1962 年《人民文学》发表前，毛泽东曾改为"六月天兵临鼠雀，欲扫南昌必走汀州过"，最后定稿为"六月天兵征腐恶，万丈长缨要把鲲鹏缚"。两者说法略有不同。

"百万工农齐踊跃，席卷江西直捣湘和鄂"，《人民文学》编辑部寄呈毛泽东审定的传抄稿，作"十万工农齐会合，席卷江西，直捣湘和鄂"，"席卷江西"后有逗号。正式发表时改为"百万工农齐踊跃，席卷江西直捣湘和鄂"，将"席卷江西"后的逗号删去，两句变成一句。

"国际悲歌歌一曲"，臧克家回忆 1960 年前后听袁水拍传达毛泽东亲自回答问题时所作的记录说："'国际悲歌歌一曲'——'悲壮'。"1964 年 1 月 27 日，毛泽东口头答复外国文书籍出版局《毛主席诗词》英译者说："'悲'是悲壮之意。"

何其芳《毛泽东思想之歌》一文中说：1961 年 1 月 23 日下午，何其芳到毛泽东那里去，毛泽东在谈话中说："史沫特莱说，听中国人唱《国际歌》，和欧洲不同。中国人唱得悲哀一些。我们的社会经历是受压迫，所以喜欢古典文学中悲怆的东西。"这句话，透露出了毛泽东认为《国际歌》是悲壮的看法。

"狂飙为我从天落"，《人民文学》编辑部寄呈毛泽东审定的传抄稿，这句作"统治阶级馀魂落"。陈晋《文人毛泽东》说，这句原作"统治阶级拿魂落"（本书编著者按："拿"字疑为"余"字之误。）1962 年《人民文学》发表前，曾改为"苍天死了红天跃"，最后定稿为"狂飙为我从天落"。

【注释】

〔1〕蝶恋花:词牌名。　从汀州向长沙:见本词解说部分。

〔2〕六月:1930年农历闰六月。这年农历六月初一是公历6月26日,农历六月三十日是公历7月25日,农历闰六月初一是公历7月26日,农历闰六月二十九日是公历8月23日。这里"六月"指农历。从汀州向长沙进军这一军事行动主要发生在这一时期。　天兵:形容红军英勇机智,如同神兵天将。古代又称正义之师为天兵。《文选》汉代扬雄《长杨赋》中有"夫天兵四临,幽都先加"之句,李善注:"天兵,言兵威之盛如天也。"这里借指红军。　征:讨伐。　腐恶:腐败丑恶的事物。这里指国民党反动派。

〔3〕缨:绳子。《左传·桓公二年》:"鞶、厉、游、缨,昭其数也。"杨伯峻注:"缨,即马鞅,马颈上之革用以驾车者。"引申为捆绑人的绳子。　长缨:长绳子。《汉书·终军传》说,汉武帝时,"南越与汉和亲。乃遣军使南越,说其王,欲令入朝,比内诸侯。军自请,愿受长缨,必羁南越王而致之阙下"。意思是说,终军年二十余,被派遣去说服南越王来朝见。终军自己请求汉武帝给他一根长绳子,说一定可以把南越王赵兴捆着带回来见汉武帝,后来就把自愿请求带兵杀敌叫做请缨,这里长缨指红军。　万丈长缨:形容红军力量无比强大。　鲲鹏:古代神话传说中的极大的鱼和由它变成的极大的鸟。《庄子·逍遥游》:"北冥有鱼,其名为鲲。鲲之大,不知其几千里也;化而为鸟,其名

为鹏。鹏之背,不知其几千里也,怒而飞,其翼若垂天之云。"意思是说,北海有一条鱼,大得不知有几千里,叫做鲲;鲲能变化成一种鸟,它的背不知大得有几千里,奋起而飞,它的翅膀像遮盖天的云气,叫作鹏,这里用来指一时还相当强大的敌人。

〔4〕赣水:即赣江,见《减字木兰花·广昌路上》注。　赣水那边:指赣江西边。毛泽东写作此词时,红一军团主力红四军和红十二军由福建汀州向江西进军,红六军尚在赣南的赣江流域,因此说赣水那边。　红:象征革命,这里指革命军队、革命政权、革命区域等。　红一角:在一小块地区建立了红色政权。这里指赣江西边以平江、浏阳、修水、铜鼓等地为中心的湘鄂赣革命根据地,当时这一根据地红军的领导人是黄公略。

〔5〕偏师:即不是主力军,而只是军队中担任侧翼的一部分。潘岳《关中》:"旗盖相望,偏师作援。"　借重:敬重的说法,借助、倚重的意思。宋代王洋《贺郑侍郎知镇江府启》:"方北道有往来之便,而南徐实控扼之区,为其当冲,聊以借重。"这里是说多由于黄公略出力。

黄公略(1898—1931):中国工农红军指挥员。1898年1月24日出生于湖南省湘乡县兴让乡桂花树高模冲(今桂花乡朝阳村)一个私塾家庭。曾在黄埔军官学校高级班学习。1927年加入中国共产党。1928年夏领导平江起义,他留在湘鄂赣边区坚持游击战争。1930年任红三军军长。红三军是赣西南的主力红军。6

月,红军第一军团成立,红三军编入第一军团。在一、二、三次反"围剿"战争中,红三军在他领导下,起过极大的作用。后面一首《渔家傲·反第一次大"围剿"》中"前头捉了张辉瓒"就是红三军捉到的。1931年9月15日,途经东固六渡坳时,遭敌机袭击,黄公略亲自指挥部队掩蔽,并组织机枪打飞机,敌机的飞弹穿进黄的左腋下,黄负重伤,抬往黄陂背田塅村,抢救无效,不幸牺牲。

〔6〕百万:极言其多。 踊跃:《诗·邶风·击鼓》:"击鼓其镗,踊跃用兵。"本义为跳跃;又形容热烈积极,争先恐后的样子。《晋书·李矩传》:"将士闻之,皆踊跃争进。"

〔7〕席卷:汉代贾谊《过秦论》:"有席卷天下,包举宇内,囊括四海之意,并吞八荒之心。"南朝陈代徐陵《檄周文》:"席卷江淮"。意谓像卷席子一样地包括无余,形容迅速全部地占有。

直捣:一直攻打。宋代岳飞《送紫岩张先生北伐》:"长驱渡河洛,直捣向燕幽。"这里形容革命力量强大,迅猛。 鄂:湖北省的简称。

〔8〕国际悲歌:慷慨悲壮的《国际歌》。 悲:悲壮。 国际歌:是国际无产阶级的革命歌曲。歌词出自巴黎公社社员鲍狄埃(1816—1887)手笔,法国的狄盖特(1884—1932)作曲。

悲歌:三国魏曹植《七启》:"长裙随风,悲歌入云。" 歌一曲的"歌":是唱的意思。

〔9〕狂飙:急剧的暴风。晋代陆云《南郊赋》:"狂飙起而妄骇,行云蔼而芊眠。"这里是象征蓬勃发展的革命运动。 我:指"大我",代表被压迫、被剥削的无产阶级。 狂飙为我从天落:唐代杜甫《乾元中寓居同谷县作歌七首》,其中一首中有"呜呼一歌兮歌已哀,悲风为我从天来"之句。

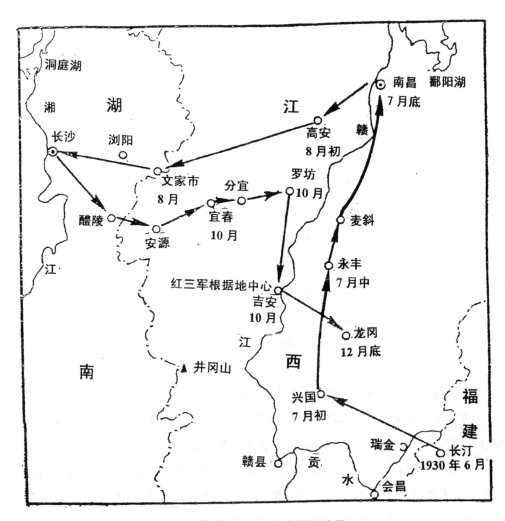

洞庭湖

湘　湖　　　江

长沙　浏阳　　　　高安
　　　　　　　　8月初　　赣

醴陵　　文家市
　　　　8月　　　分宜　罗坊
　　　宜春　　　10月
江　　安源　10月

南　　　　　▲井冈山

红三军根据地中心
吉安
10月

南昌　鄱阳湖
7月底

麦斜

永丰
7月中

龙冈
12月底

兴国
7月初

赣县　　贡
　　　水

西

瑞金
会昌

福
建
长汀
1930年6月

红一军团从汀州向长沙进军示意图

毛泽东诗词

渔家傲

反第一次大"围剿"

一九三一年春

万木霜天红烂漫，

天兵怒气冲霄汉。

雾满龙冈千嶂暗，

齐声唤，

前头捉了张辉瓒。

二十万军重入赣，

风烟滚滚来天半。

唤起工农千百万，

同心干，

不周山下红旗乱。

〔作者原注〕关于共工头触不周山的故事：

《淮南子·天文训》："昔者共工与颛顼争为帝，怒而触不周之山，天柱折，地维绝。天倾西北，故日月星辰移焉；地不满东南，故水潦尘埃归焉。"

《国语·周语》："昔共工弃此道也，虞于湛乐，淫失其身，欲壅防百川，堕高堙庳，以害天下。皇天弗福，庶民弗助，祸乱并兴，共工用灭。"（韦昭注："贾侍中〔按指后汉贾逵〕云：共工，诸侯，炎帝之后，姜姓也。颛顼氏衰，共工氏侵陵诸侯，与高辛氏争而王也。"）

《史记》司马贞补《三皇本纪》："当其（按指女娲）末年也，诸侯有共工氏，任智刑以强，霸而不王，以水乘木，乃与祝融战，不胜而怒，乃头触不周山崩，天柱折，地维缺。"

毛按："诸说不同。我取《淮南子·天文训》，共工是胜利的英雄。你看，"怒而触不周之山，天柱折，地维绝。天倾西北，故日月星辰移焉；地不满东南，故水潦尘埃归焉。"他死了没有呢？没有说。看来是没有死，共工是确实胜利了。

渔家傲，词牌名。双调六十二字，仄韵。亦有上下片各用二平韵三仄韵之作。原为北宋年间流行歌曲。此调始见于北宋晏殊，因词中有"神仙一曲渔家傲"句，便取"渔家傲"三字作调名。仄韵双调。上下片各四个七字句、一个三字句，每句用韵。句句用韵，声律谐婉，可用于一般抒情，更可以用于表达悲凉情感，如范仲淹词作《渔家傲》堪作代表。又名《吴门柳》、《忍辱仙人》、《荆溪咏》、《游仙咏》。

这首词最早发表于《人民文学》1962 年 5 月号，总题为《词六首》，以词牌为词题，未标明写作时间。1963 年 12 月人民文学出版社出版《毛主席诗词》时，增加了词题，并标明写作时间。这首词题为《渔家傲·反第一次大"围剿"》，写作时间为"一九三一年春"。这年立春是 2 月 5 日，立夏是 5 月 6 日。这首词当完成于这一期间。

这首诗的上、下两半阕，不是写于同一时间的。上半阕写于反第一次大"围剿"活捉张辉瓒的当晚，即 1930 年 12 月 30 日，下半阕写于准备进行反第二次大"围剿"之时，即 1931 年三四月之际。故《毛主席诗词》所署写作时间当为全词完成时间。郭化若回忆说，前半阕写于黄陂（舒龙、凌步机《岁岁重阳》说为小布），后半阕写于青塘。

在第二次国内革命战争中，蒋介石把他的军队对革命根据地的大进攻叫做"围剿"。这首词和后面的《渔家傲·反第二次大"围剿"》写的就是第一、二次反"围剿"战役。

关于这两次战役，其经过大致是这样的：1930 年初，革命形势有了很大发展，中国共产党在赣、闽、湘、鄂、皖、豫、粤、桂等省已经建立了许多大小不一的革命根据地。蒋介石大为恐慌，于是在 1930 年 10 月结束与冯玉祥、阎锡山的第二次战争后，即于 12 月到南昌布置第一次反革命"围剿"，由当时的江西省政府主席鲁涤平兼任海陆空军总司令南昌行营主任，以约十万人之众，采取"长驱直入，分进合击"的战略，向赣西南革命根据地进攻。红一方面军总前委书记毛泽东提出："撒开两手，诱敌深入，待机歼敌"的作战方针。12 月 1 日，红军主力全部集中于宁都县的黄陂小布地区。当时的红军约四万人，第一仗就决定打而且打着了第十八师师长张辉瓒的主力两个旅和一个师部。1930 年 12 月下旬毛泽东、朱德等派红十二军对张辉瓒部边佯打边退却，张得寸进尺，步步尾追。12 月 29 日，张部陷入红军包围圈。30 日凌晨下起了蒙蒙细雨，漫天昏暗，雾锁群峰，正是伏击的好天气。毛泽东、朱德登上龙冈黄竹岭后面的小别山指挥战斗，毛泽东对朱德说："总司令，你看，真是天助我也！三国时，诸葛亮借东风大破敌兵，今天，我们乘雾全歼顽敌啊！"上午 9 时许张辉瓒率十八师在龙冈以东，小别山以西开始登山，突遭乘雾预伏在龙冈附近的红军迎头痛击，红三军打正面，四军打右翼，三军团打左翼，十二军包抄敌人后路。下午四时左右，红军发起总攻，歼敌两个旅和一个师部，连师长在内九千人全部俘获。起初，在清点俘虏时，没有找到张辉瓒。红军士兵在附近山上发现一件狐皮大衣，有张的名字，便

毛泽东诗词

仔细搜索,终于在尼姑庵大门外的茹窖里将穿上士兵棉袄、哆嗦不止的张辉瓒抓了出来。"捉住张辉瓒了!"红军战士的欢呼声响彻山谷。毛泽东从指挥所赶来。张辉瓒在北伐战争时曾与毛泽东相识,连忙敬礼,打拱作揖,口称:"润之先生! 久仰,久仰……"毛泽东打断他说:"总指挥先生,你是怎样指挥的呀? 你气势汹汹要围攻我们,你可没有想到红军的厉害吧! 你的围剿反而被我们围剿了。你在龙冈墙壁上到处写标语要剃朱、毛的头,现在到底是你剃了朱、毛的头,还是朱、毛剃了你的头!"张辉瓒后来被愤怒的红军和群众杀掉了。毛泽东不同意这种作法。1965 年 8 月 25 日,他会见刚果代表团时,他说:"杀俘虏不好。我们也杀过,杀过敌人的将军。如张辉瓒,他是指挥几万人的将军。从这以后我们就不杀。这没有好处,不能瓦解敌人。"接着,红军又追击谭道源第五十师,消灭了一半。从 1930 年 12 月 30 日至 1931 年 1 月 3 日,五天内打两仗,共歼一万五千余人,缴枪一万两千余支,于是诸敌纷纷撤退,第一次"围剿"就结束了。

　　第一次"围剿"失败后,蒋介石并不死心,准备了四个月后,调集了二十万兵力,以其嫡系何应钦为总司令,驻南昌指挥进攻。当时敌人鉴于第一次冒进深入的失败,便采取了"步步为营,稳扎稳打"的办法,筑成一道八百里战线,向赣西南革命根据地进犯。红军三万多人,仍然采取集中兵力,各个击破的方针,于 5 月 16 日首先攻击驻在吉安附近富田而实力较弱的王金钰部,一举歼灭了王金钰和公秉藩两个师。然后回师东向,屡战屡胜,一直打到闽赣交界的福建省建宁地区,战役于 5 月 31 日胜利结束。十六天中,横扫七百里,连打五个胜仗,共歼敌三万余人,缴枪两万余支,彻底粉碎了第二次"围剿"。这首词写于 1931 年春,上半阕写反第一次大"围剿",下半阕已写到反第二次大"围剿"的序幕。

　　据回忆录说,反第一次大"围剿"取得胜利后,大大触发了毛泽东的诗兴。当晚,在黄竹岭指挥所的小屋里,毛泽东写下了这首词的上半阕:

　　　　雾满龙冈千嶂暗,

　　　　红军怒气冲霄汉。

　　　　唤起工农千百万,

　　　　齐声唤,

　　　　前头捉了张辉瓒。

　　上半阕刚刚写完,总前委秘书长古柏进来了。毛泽东放下笔,起身抽烟,中断了写作。又据舒龙、凌步机著《岁岁重阳》说,红军取得反第一次大"围剿"的胜利后,毛泽东和总部机关回到宁都小布,住在"龚氏祠堂"。毛泽东格外兴奋,一天,在屋子里踱了一阵步,便拿起"鸡公牌"铅笔,俯身急急写了起来。毛泽东将写好的词稿递给郭化若,说:"词牌《渔家傲》,只有上半阕,下半阕还未想好呢!"郭化若和古柏接过一看,第二句为"红军怒气冲霄汉",末句是"前头活捉了张辉瓒"。稿子被郭化若要去。郭化若刚出门,又被毛泽东叫了回来:"张辉瓒已经掉了脑壳,改一字吧!"毛泽东在手稿上圈去了"活"字,在"捉"后加上一个"了"字。(毛岸青、邵华主编《中国出了个毛泽东》丛书)

1931年2月,蒋介石派军政部长何应钦到南昌兼任海陆空军总司令南昌行营主任,代行总司令职权,陆续纠集二十多万军队,向中央苏区发动第二次大"围剿",3月下旬"围剿"军主力分别集结完毕,构成一条四百公里长的弧形阵线,压向江西红色区域,他们狂妄叫嚣"三个月消灭红军",气焰十分嚣张。红军在江西宁都县青塘召开苏区中央局会议,就如何粉碎敌人"围剿"展开了激烈的争论。多数人主张"分兵退敌"。几天后,开苏区中央局扩大会议,吸收各军长、政委参加,毛泽东在会上深刻地分析了敌我形势和利弊得失,说服大家放弃"分兵退敌"的主张。会议作出了"坚决的进攻,艰苦的奋斗,长期的作战,以消灭敌人"的决定,并制定了由西向东猛打,首战后连续向敌人发起攻击的作战方针。

毛泽东见到自己的军事意图被广大干部理解和接受,心情分外兴奋。于是,在一个晚上,提起笔来,填写了这首诗的下半阕:

二十万军重入赣,

风烟滚滚来天斗。

唤起工农千百万,

同心干,

不周山下红旗乱。

写好后,毛泽东将上半阕词拿来对照,发现"唤起工农千百万"一句重复了,便进行反复斟酌修改。最后,在开头增加了"万木霜天红烂漫"一句,以描写龙冈的自然风貌和苏区的政治气氛,并根据敌人报纸有关红军是突如其来的,犹如天兵从天而降,实在无法招架的报道,将原"红军怒气冲霄汉"改为"天兵怒气冲霄汉"。经过一番精心修改,便形成了后来广为流传的著名词作。

郭化若也说,这首词上半阕是1931年1月写的。下半阕写于四个月后,蒋介石发动第二次大"围剿",毛泽东胸有成竹,严阵以待。他挥笔对上半阕的词句进行了修改、调整和补充,写成了完整的词。

本书编著者按:"天兵"一词,毛泽东传抄稿中除这首词"红军怒气冲霄汉"外,尚有《蝶恋花·从汀州向长沙》"六月红军征腐恶",其中的"红军"在正式发表时都改成了"天兵",含有"正义之师"的意思。

毛泽东诗词

第 一 辑

逄先知在《毛泽东和他的秘书田家英》一文中说,1961 年 4 月 24 日,毛泽东要田将他在 1929 年前后写的六首词填上词牌,并查出"共工怒触不周山"的典故。田很快就完成了任务。

宋垒在《千锤百炼 满眼辉煌——毛主席对〈词六首〉的改定》(《中流》1993 年 7 月号)中说,这一首词,《人民文学》编辑部寄呈毛泽东审定的传抄稿,原排在《渔家傲·反第二次大"围剿"》之后,词题仅着一"又"字,意即又一首《反"围剿"·渔家傲》,未分上、下半阕。《人民文学》发表时,把它提到前面,并分上、下半阕。

这首词,主要有三种文本,按照写作时间先后为:

第一种:

又

万木参天红烂熳,
红军怒气冲霄汉。
雾满龙岗千嶂暗,
齐声唤,
前头捉了张辉瓒。

十万大兵重入赣,
飞机大炮知何限,
唤起工农千百万,
同心干,
教他片甲都不还。

注:标题"又":指与前面一首《反"围剿" 渔家傲》题目相同。

此种即《人民文学》编辑部送呈毛泽东审定的传抄稿。

第二种:

渔家傲

万木霜天红烂漫,
天兵怒气冲霄汉。
雾满龙岗千嶂暗,
齐声唤,
前头捉了张辉瓒。

二十万军重入赣，

风烟滚滚来天半。

唤起工农千百万，

同心干，

不周山下红旗乱。

第三种：即毛泽东最后定稿的文本。

"万木霜天红烂熳"，《人民文学》编辑部寄呈毛泽东审定的传抄稿，这句作"万木参天红烂熳"。

"天兵怒气冲霄汉"，《人民文学》编辑部寄呈毛泽东审定的传抄稿，作"红军怒气冲霄汉"。陈晋《文人毛泽东》说，1962年《人民文学》发表前，毛泽东曾将这句改为"秋来一派风流态"，最后定稿为"天兵怒气冲霄汉"。

"二十万军重入赣，风烟滚滚来天半"，《人民文学》编辑部寄呈毛泽东审定的传抄稿，这两句作"十万大兵重入赣，飞机大炮知何限"，第二句句末为逗号。正式发表时，改为"二十万军重入赣，风烟滚滚来天半"，第二句句末为句号。

"不周山下红旗乱"，《人民文学》编辑部寄呈毛泽东审定的传抄稿，作"教他片甲都不还"。陈晋《文人毛泽东》说，1962年《人民文学》发表前，毛泽东曾将这句改为"牵来后羿看朝饭"，最后定稿为"不周山下红旗乱"。

"作者原注　关于共工头触不周山的故事：……他死了没有呢？没有说。看来是没有死，共工是确实胜利了"，其中后面几句，初发表时作"他死了没有呢？没有说，因而没有死，共工是确实胜利了。"1963年12月人民文学出版社出版《毛主席诗词》时，改为"他死了没有呢？没有说。看来是没有死，共工是确实胜利了。"

【注释】

〔1〕渔家傲：词牌名。　反第一次"围剿"：见本词解说部分。

〔2〕万木：极言树木之多。唐代刘禹锡《酬乐天扬州初逢席上见赠》："沉舟侧畔千帆过，病树前头万木春。"这里特指秋天的枫树和其他红叶植物。　霜天：下霜的天气，这里指冬天。

秋冬都有霜，所以统可说是"霜天"。　烂漫：色彩鲜艳美丽。冯延巳《抛球乐》："霜积秋山万树红。"

〔3〕天兵：指红军。见《蝶恋花·从汀洲向长沙》注。　霄：云气。　汉：天河，银河。　霄汉：《后汉书·仲长统传》："如是则可以陵霄

汉,出宇宙之外矣。"唐代杜甫《巴西驿亭观江涨》诗:"霄汉愁高鸟,泥沙困老龙。"云气和天河都在高空。霄汉即表示很高的天空。

〔4〕雾满:指拂晓时有浓雾。　龙冈:在江西省永丰县的南端,宁都、吉水、吉安、泰和、兴国诸县之间,山峦重叠,形势险要,是一个小镇,有五六百户人家,镇子后面是座大山,对面是个坡度不大的小山。这是个易攻难守的地形。　嶂:高险的山。　千嶂:形容险峰峻岭之多。宋代范仲淹《渔家傲》有"千嶂里,长烟落日孤城闭"之句。

〔5〕张辉瓒(1886—1931):字石侯。湖南长沙人。湖南兵目学堂毕业,留学日本士官学校。辛亥革命后,历任湘军游击司令、兵站总监;第二区司令、第四混成旅旅长、湘军总司令部参谋长、第九师师长、第二军第四师师长、第二军副军长、南昌卫戌司令兼第十八师师长、湖南省政府委员。1930年参加国民党军对中央革命根据地发动的第一次"围剿",任前敌总指挥,在江西龙冈被红军俘获。

〔6〕风烟:如同说"风尘",战乱的烟尘。唐代杜甫《秋兴八首》其六:"万里风烟接素秋"。《桃花扇》第六折:"不管风烟家万里,五更怀里唱歌喉。"这里指国民党发动第二次大"围剿"气势汹汹。　滚滚:本指大水奔流的样子,也用来形容物体急速地翻腾。　天半:半空。《艺文类聚》卷三九引南朝梁代王僧孺《侍宴》:"蔓草亘岩垂,高枝起天半。"唐代李白《莹禅师房观山海图》:"征帆飘空中,瀑水洒天半。"风烟滚滚来天半:这里指风尘滚滚,着地而来,将半个天空都遮蔽住了。

〔7〕唤起:号召,使得人民觉醒起来。　千百万:形容很多。

〔8〕不周山:古代传说中的一座山,相传在昆仑西北,因为它缺坏而不周圆,所以叫"不周山"。《山海经·大荒西经》:"大荒之隅,有山而不合,名曰不周。"《水经注》说,不周是葱岭、于阗二水的界限,即当今之昆仑山脉。萧永义《毛泽东诗词史话》认为,所指位置当为今之帕米尔高原和喀喇昆仑山脉西部诸山的总称,因其不足一圆周,而以不周山名之。　红旗:象征革命运动的声威和战士旺盛的士气。　乱:缭乱,缠绕纷乱,形容红旗遮天蔽日,滚滚翻卷,革命军容之盛,预示反第二次大"围剿"必将取得胜利。

(以下为对作者原注的注释)

〔9〕共工:古代神话人物。　头触不周山:用头去撞不周山。

〔10〕《淮南子》:又称《淮南鸿烈》,西汉淮南王刘安及其门客所著。《天文训》,为其中的一篇。

〔11〕昔者:古时,从前。　颛顼:传说中古代部族首领。　为:做。

〔12〕不周之山的"之":是语中助词,没有实际意义。　不周之山:就是不周山。

〔13〕天柱:古代神话中支天的柱子。古人以为天圆地方,天有九个柱子支撑着,大地由四根绳子拴着四角。　折:折断。

〔14〕维:系东西的大绳。　地维:拴住大地的绳子。　绝:断。

〔15〕倾:东汉高诱注"倾,高也。"　天倾西北:天的西北角高了起来。另一说,倾:倒塌。天倾西北:天的西北角倒塌了。

〔16〕星辰:星的通称。　焉:如同说"于此",在那里,往那里的意思。　移焉:往那里移动。那里指西边,也就是说日月星辰向西运行。

〔17〕地不满东南:东南角的地陷下去。

〔18〕潦:雨后地面积水。 归:归并,合并。

以上第一段是说,古时共工和颛顼争着做帝王,共工发了怒用头去撞不周山,因而震撼了整个天地,西北方的天柱断了,东南角拴住大地的绳子断了。因为天柱折断了,西北方的天高了起来,因此太阳、月亮和星星就往西移动;因为东南角拴住地的绳子断了,东南角的地陷下去,所以江河、积水、尘土就往那里聚集。这个神话是古人为了解释我国西北高、东南低和日月星辰向西运行而虚构的。

〔19〕《国语·周语》:《国语》传为春秋时左丘明著,以记西周末年和春秋时期各国贵族的言论为主。《周语》为其中的一部分。

〔20〕昔:从前。 弃:舍弃,抛开。 道:道理。 此道:指原书上文所说"古之长民者,不堕山,不崇薮,不防川,不窦泽"等语。意思是说,古代的帝王所谓不毁坏山,不填高薮,不阻隔河流,不溃决池泽,也就是不违逆"天性",因此"国富民强"。 弃此道:抛弃了古之为民谋利者不毁坏山陵河流的正道。

〔21〕虞:通"娱",安的意思。 湛乐:过度的欢乐。 虞于湛乐:沉迷于享乐。

〔22〕失:通"泆",淫失:同"淫泆",放荡;纵欲。 其身:他的身体。这里也就是指他的生活。

〔23〕壅:堵塞。 防:阻隔。 百:形容多。 川:水道,河流。

〔24〕堕:同"隳",毁坏。 高:指山陵。 埋:填塞。 庳:低下,指洼地、低处、池泽。

〔25〕以:介词,用的意思,这里后面省略宾语。 天下:天下的人。

〔26〕皇天:即天。 弗:不。 福:降福。

〔27〕庶民:众民。旧时指不在官的一般人民。

〔28〕并:一齐。 兴:起来。

〔29〕用:因,由。

〔30〕韦昭:三国时代吴国人,著有《国语注》等书。

〔31〕侍中:官名。旧时于原有的官职之外还可加领其他官衔,侍中是汉朝列侯将军的加官,职责是侍从皇帝左右,出入宫廷,应对顾问。 贾逵:东汉人,著有《国语解诂》等书。

〔32〕诸侯:古代帝王统辖下的列国国君的统称。

〔33〕炎帝:传说中中国上古姜姓部族首领。

〔34〕姜姓:姓姜。 也:语气词。没有实际意义。

〔35〕氏:远古标志氏族系统的名词。 颛顼氏:就是颛顼。

〔36〕侵陵:同"侵凌",侵犯欺侮。

〔37〕高辛氏:即帝喾,传说中古代部族首领。 而:连接词,没有实际意义,这里是连接两个动词。 王:动词,做帝王。 以上第二段是说从前共工违背了这个道理,沉浸在过度的享乐之中,他的生活纵欲放荡,他要阻塞所有的河流,铲削山陵,填平湖沼,用这些来坑害天下的人。因此天不保佑他,人民不帮助他,灾祸变乱一齐发生了,共工因此灭亡。三国时代吴人韦昭注解道:贾侍中(毛泽东按:指后汉人贾逵)说:共工是诸侯,炎帝的后代,姓姜。当时的统治者颛顼衰败,共工侵犯欺侮诸侯,与高辛竞争做了帝王。

〔38〕《史记》:汉代司马迁著,为我国第一部通史。 司马贞:唐代人,曾作《史记索引》,并于《史记》末补充《三皇本纪》一篇。 补:指补写。

〔39〕其:她,指中国古代传说中人类的始祖女娲。

〔40〕任:凭借。 智刑:智谋刑罚。

〔41〕霸:动词,用霸道。霸道就是凭借威势,利用权术、刑法的统治政策。 王:动词,用王道。王道就是做帝王的人治理天下的所谓"正道"。

〔42〕水:指共工。 乘:战胜。 木:指女娲。中国古代思想家用日常生活中习见的水、火、木、金、土五种物质来说明世界万物的起源和多样性的统一,叫做五行。五行又有"相生相克"的说法。"相生"即相互促进,如木生火、火生土、土生金、金生水、水生木。"相克"即相互排斥,如水克火、火克金、金克木、木克土、土克水。古代也用五行来说明朝代的更替,认为女娲属"木"德,共工属"水"德。 以水乘木:就是用水德战胜木德,也就是共工想要代替女娲统治天下。

〔43〕祝融:传说中的古帝,一说是帝喾时的火官,后人尊为火神。

〔44〕地维:这里引申为地之四角。 缺:残破,残缺。

以上第三段是说,当女娲末年的时候,诸侯中有个共工,他凭借智力和刑罚强盛起来,用霸道而不用王道,想代替女娲统治天下,于是就和祝融打仗,没有取得胜利就发怒,用头撞不周山,不周山崩塌了,天柱折断,大地东南的一角也残缺了。

〔45〕毛:毛泽东自称。 按:作者或编者对有关文章或词句所作的考证或说明。

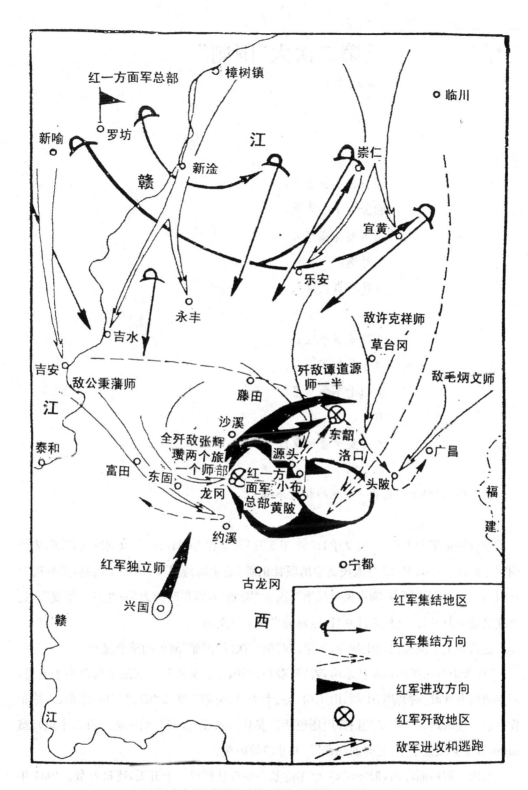

中央革命根据地反第二次大"围剿"示意图

图例：
- 红军集结地区
- 红军集结方向
- 红军进攻方向
- 红军歼敌地区
- 敌军进攻和逃跑

毛泽东诗词

第 一 辑

渔家傲

反第二次大"围剿"

一九三一年夏

白云山头云欲立，

白云山下呼声急，

枯木朽株齐努力。

枪林逼，

飞将军自重霄入。

七百里驱十五日，

赣水苍茫闽山碧，

横扫千军如卷席。

有人泣，

为营步步嗟何及！

渔家傲，词牌名。见前一首词的相关介绍。

　　这首词最早发表于《人民文学》1962 年 5 月号，总题为《词六首》，以词牌为词题，未标明写作时间。1963 年 12 月人民文学出版社出版《毛主席诗词》时增加了词题，并标明写作时间。这首词词题为《渔家傲·反第二次大"围剿"》，写作时间为"一九三一年夏"。这年立夏是 5 月 6 日，立秋 8 月 8 日，这首词当作于这期间。

　　这首词上半阕写白云山战斗，下半阕写第二次反"围剿"战役的整个过程。

　　"白云山"，在江西吉安县东南，吉安、泰和、兴国三县交界处。它距东固西南十七里，距主战场九寸岭、观音崖、中洞、山坑均二三十华里，是第二次反"围剿"中毛泽东、朱德指挥打第一仗的地方。广义的白云山还包括吉安县东固（距吉安县城东南一百二十里）、富田（距吉安县城九十里）之间的观音岩、九寸岭等山头。

　　东固一带四面环山，形势险要，红军隐蔽在深谷丛林里二十五天，待机歼敌。1931 年 5 月 15 日，敌军由富田向东固进犯。红军从蔡廷锴、郭华宗两师之间二十五公里的空隙中隐藏西进,钻过这个"牛角尖",突然以两翼包抄的方式攻击王金钰部的后背。5月16日拂晓前,毛泽东、朱德率领红军总部打算登上白云山红军总部指挥所指挥战斗。在由敖上沿通向中洞的大路西进时,前卫特务连同沿中洞至东固大路东犯之敌第二十八师先头部队遭遇,发生了一场险恶的战斗。红军总部直属队及特务连抢占白云山,敌军则猛攻不舍。双方从山下打到山上,敌人以为遭遇到红军总司令,发洋财的机会到了,口中还狂呼乱叫。

朱德指挥部队,且战且退,以掩护毛泽东带电台上白云山。毛泽东不见朱德,极为担心,令身边的警卫排将敌人打下去,无论如何要把朱德找到。毛泽东又指示红三军按照向老百姓了解到的荆棘丛生的从东固通向中洞大路南侧的崎岖小道直插中洞。近午时分,黄公略所率之红三军主力,由小道秘密前进到中洞的南侧,处在居高临下的地形,待公秉藩二十八师后尾全部离开中洞时,突然从山上猛攻下来,好像神兵天降,直朝山下敌人压去,敌人遭此突如其来的侧面攻击,顿时陷入混乱,激战到下午五时许,红军将该师大部歼灭。一个被俘敌军官惊疑地说:"娘呀!你们是从天上掉下来的?"红军总部之危亦遂得解除。红军在追击中歼灭王金钰部第四十七师一个旅大部。红三军团当夜占领富田,取得第二次反"围剿"第一仗的胜利,史称"富田战斗"。第二次大"围剿"失败后,蒋介石曾在南昌召开高级军事会议,气急败坏地大骂部属无能,以至痛哭失声。他哀叹:"我们十个人不能当一个人用,我们三十万人,打不过他们三万兵。"

据宋垒《千锤百炼 满眼辉煌——毛泽东对〈词六首〉的改定》(《中流》1993年7月号)说,《人民文学》编辑部寄呈毛泽东审定的传抄稿,这首词的词题是《反"围剿"渔家傲》。未分上、下半阕。

这首词,主要有三种文本,按照写作时间先后,为:

第一种:

反"围剿"

渔家傲

白云山头云欲立,

白云山下呼声急。

三路大军齐进逼,

包抄疾,

拉朽摧枯如霹雳。

八百里趋十四日，

赣水苍茫闽山碧。

横扫敌军如卷席，

蒋何泣，

步步为营嗟何及？

此种即《人民文学》编辑部送呈毛泽东审定的传抄稿。

第二种：

渔家傲

白云山头云欲立，

白云山下呼声急。

枯木朽株齐努力，

枪林逼，

飞将军自重霄入。

七百里驱十五日，

赣水苍茫闽山碧。

横扫千军如卷席，

有人泣，

为营步步嗟何及！

第三种：即毛泽东最后定稿的文本。

"白云山头云欲立，白云山下呼声急，枯木朽株齐努力。枪林逼，飞将军自重霄入"，《人民文学》编辑部寄呈毛泽东审定的传抄稿，这几句作"白云山头云欲立，白云山下呼声急。三路大军齐进逼，包抄疾，拉朽摧枯如霹雳"。（陈晋《文人毛泽东》中第四句作"包抄急"。）第二句句末作句号，第三句句末用逗号。正式发表时改为："白云山头云欲立，白云山下呼声急。枯木朽株齐努力，枪林逼，飞将军自重霄入"，也是第二句句末为句号，第三句句末为逗号。1963年12月《毛主席诗词》出版时，第二句句末标定为逗号，第三句句末标定为句号。

臧克家回忆1960年前后听袁水拍传达毛泽东亲自回答问题时所作的记录说："'枯木朽株齐努力，枪林逼……'。……有位跟随毛主席很久的老同志来，……他答：我的意思，当然是指敌人。我笑了。接下去说，……主席本人的意见可以供我们参考。我到内室，从放重要文件的皮包里拿来了这三张绿字的纸，交给了这位老同志，他看完了没说一句话。"1964 年 1 月 17 日，毛泽东口头答复外国文书籍出版局《毛主席诗词》英译者说："'枯木朽株'，不是指敌方，是指自己这边，草木也可帮我们忙。'枪林逼'也是指自己这边。'枪林逼，飞将军自重霄入'是倒装笔法，就是：'飞将军自重霄入，枪林逼。'"

　　1967 年 6 月 13 日，郭沫若在致北京大学《毛主席诗词注解》编写者的一封信中说："《渔家傲·反第二次"围剿"》中，'枯木朽株齐努力'句……，有人请示过主席，主席说那样的解释是错误的（指认为"枯木朽株"是指敌人）。因为'努力'是好字眼，不能属诸'腐恶'的敌人。"萧永义《毛泽东诗词对联辑注》说："《古代兵略·天地》云：'金城汤地，不得其人以守之，曾不及培塿之丘，泛滥之水；得其人，即枯木朽株皆可以为敌难。'因此，这里'枯木朽株齐努力'就含有'枯木朽株皆可以为敌难'之意。"这种解释，把"枯木朽株"拟人化，正如郭沫若在《喜读毛主席〈词六首〉》一文首次对"枯木朽株"解释时所说："一方面是说调动了所有的力量，动员了广大的工农群众，'斩木为兵，揭杆为旗'。另一方面也可以说是敌人在败逃中'风声鹤唳，草木皆兵'。"也就是说，"枯木朽株"都在帮助红军，有力地表现了反"围剿"的革命军民同仇敌忾的奋战场面。

　　"七百里驱十五日"，《人民文学》编辑部寄呈毛泽东审定的传抄稿，这句作"八百里趋十四日"。吴正裕《从毛泽东为郭沫若改文章谈起》（1991 年 12 月 26 日《人民日报》）也说，这句原作"八百里趋十四日"，改为"七百里驱十五日"，是采纳了郭沫若的意见。郭沫若参阅了毛泽东《中国革命战争的战略问题》关于这一仗的记述："十五天中（一九三一年五月十六日至三十一日），走七百里，打五个仗，缴枪二万余，痛快淋漓地打破了'围剿'。"1962 年 4 月底，毛泽东复信给郭沫若，说，"'七百里驱十五日'，改得好"。（本书编著者按：十五天应为十六天，即五月十六日至三十一日。五个仗，指富田战斗、白沙战斗、中村战斗、广昌战斗和建宁战斗。）

　　"赣水苍茫闽山碧"，《人民文学》编辑部寄呈毛泽东审定的传抄稿，句末作逗号。正式发表时改为句号。1962 年 12 月出版《毛主席诗词》时，又改为逗号。

　　"横扫千军如卷席"，《人民文学》编辑部寄呈毛泽东审定的传抄稿，作"横扫敌军如卷席"，句末作句号。正式发表时改为"横扫千军如卷席"，句末作逗号。1962 年 12 月出版《毛主席诗词》时又改为句号。

　　"有人泣，为营步步嗟何及！"《人民文学》编辑部寄呈毛泽东审定的传抄稿，这句作"蒋何泣，步步为营嗟何及？"第二句句末作问号。"蒋"，指蒋介石，"何"，指何应钦。正式发表时改为"有人泣，为营步步嗟何及！"，第二句句末为叹号。

【注释】

〔1〕渔家傲:词牌名。反第二次大"围剿":见本词解说部分。

〔2〕白云山:见本词解说部分。 山头:山顶。

云欲立:山上的云凌空挺立,好像愤怒得要同人一样站起来,表现了根据地军民义愤填膺,同仇敌忾,要和敌人进行坚决斗争的革命精神。《史记·天官书》:"阵云如立垣。"

〔3〕呼声急:英勇的红军杀声震天,奋勇歼灭敌人。

〔4〕枯木朽株:枯萎的树木和腐烂的树桩。《史记·鲁仲连邹阳列传》载汉代邹阳《在狱中上梁孝王自明书》:"故有人先谈,则以枯木朽株树功而不忘。"枯木朽株是指可以作皇帝车辇的极其坚实的千年古老木材,事实上并非枯朽,只是邹阳要以此自比,故在修辞上客气一番,加上"枯"、"朽"的字样。另又见之于《史记·司马相如列传》:"枯木朽株尽为害矣。"则是指枯朽的树木。《古代兵略·天地》中还有"得其人,即枯木朽株皆可以为敌难"之句。这里是说根据地全体军民,男女老少、老弱病残,都在齐心努力打击敌人。

〔5〕枪林:形容枪多,像树林一样。

〔6〕飞将军:《史记·李将军列传》:"(李)广居右北平,匈奴闻之,号曰'汉之飞将军'。"意思是说,汉朝将军李广英勇善战,匈奴称他为飞将军。后用以指矫捷勇猛的将军。 重霄:《楚辞·天问》说天有九重,重霄指天的高处。

飞将军自重霄入:《汉书·周勃传》载赵涉说周亚夫语曰:"诸侯闻之,以为将军从天而下也。"这里形容红军英勇机智,高踞白云山上,以高屋建瓴之势,雷霆万钧之力,从天而降,歼

灭敌人。

〔7〕七百里:指当时红军从吉安附近的富田打起,一直打到闽赣交界的福建省建宁地区,东西约七百里。 驱:快跑,这里指快速行军。

七百里驱十五日:就是"十五日驱七百里",因押韵关系而调动词序。反第二次大"围剿",从1931年5月16日至31日,十五天(本书编著者按:应为十六天)中走七百里,打了五仗,共歼敌三万余人,缴枪两万余支,痛快淋漓地粉碎了"围剿"。

〔8〕赣水:赣江。 苍茫:旷远迷茫,这里是形容从远处看赣水。 闽山:指建宁一带闽赣的界山武夷山。

〔9〕横扫:形容从西到东迅速有力地击溃敌人,好像用扫帚左右一挥,把污物扫除掉一样。

横扫千军:气势很大地扫荡,向敌人发动进攻,千军万马尽皆披靡。唐代杜甫《醉歌行》:"笔阵横扫千人军。" 卷席:见《蝶恋花·从汀州向长沙》注。

〔10〕有人的"人":指国民党,特别是指蒋介石。第二次大"围剿"失败后,蒋介石曾在南昌召开高级军事会议,气急败坏地大骂部属无能,以致痛哭失声。(樊昊《毛泽东和他的军事顾问》,人民出版社1993年1月版)

〔11〕为营步步:军垒叫营。古代安营之法,每一大营,有四十子营,营与营之间距离若干步,均有规定。 为营步步,就是步步为营,是说军队前进一段就设下一道营垒,层层设防,部署周密。《三国演义》第七十一回:"可激劝士卒,拔寨前进,步步为营,诱渊来战而擒之。"当时蒋介石"进剿"的战略就是"步步为营,稳扎

稳打"，实行碉堡政策。　嗟：感叹,悲叹。何及：怎样来得及呢!　嗟何及：语出《诗·王风·中谷有蓷》："啜其泣矣,何嗟及矣。"宋代朱熹《诗集传》说："何嗟及矣,言事已至此,未如之何,穷之甚。"意思是说穷途末路,悲叹无及。宋代辛弃疾《水龙吟》结句为："但啜其泣矣,啜其泣矣,又何嗟及。"清代胡承珙《毛诗后笺》："经文当作嗟何及矣。"这里是说敌军本来想步步为营取得"围剿"胜利,哪知落得如此下场,悲叹又有什么用呢!

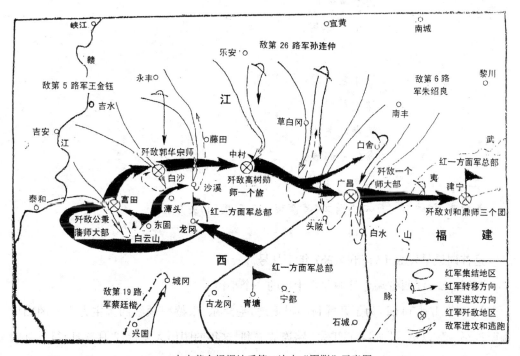

中央革命根据地反第二次大"围剿"示意图

菩萨蛮

大柏地

一九三三年夏

赤橙黄绿青蓝紫，

谁持彩练当空舞？

雨后复斜阳，

关山阵阵苍。

当年鏖战急，

弹洞前村壁。

装点此关山，

今朝更好看。

菩萨蛮，词牌名。见本书前文《菩萨蛮·黄鹤楼》相关介绍。

这首词最早发表于《诗刊》1957 年 1 月号。

"大柏地"，江西省瑞金县城北六十里的一个小镇。

1929 年 1 月 14 日，为了开辟新的根据地，毛泽东、朱德率领红四军主力由井冈山向赣南进军。敌以重兵围追，红四军沿路连战失利，这年的阴历大年夜（2 月 9 日）行进到大柏地时，被国民党赣军独立第七师刘士毅部尾追到瑞金，第二天年初一（2 月 10 日），又被气势汹汹地尾追到大柏地南部。这时，毛泽东命令一支小部队边打边退，逐步将其主力诱入大柏地南北走向的十余里长的狭谷。10 日下午，早已隐蔽在瑞金通往宁都道路两侧山林中的红四军主力，突然向敌主力发动攻击，敌人顽强抵抗，战斗异常艰苦，一般不用枪的毛泽东也提起一支手枪，亲自带着警卫排向敌人冲锋。鏖战至 11 日下午，红军即获全胜，共歼敌近两个团，俘虏敌团长萧致平、钟桓以下八百余人，并缴获步枪八百余支，水旱机关枪六架，刘士毅残部溃退赣州。大柏地战斗是毛泽东、朱德、陈毅在井冈山会师后，离开井冈山协同挥师出战打的第一个大胜仗。经这一仗，红四军及根据地形势大为改观。

陈毅当年9月向中共中央所作《关于朱毛红军的历史及其现状的报告》曾描述这次战斗说：

二月中旬(阴历正月初一)复与刘士毅师全部鏖战于江西宁都、瑞金交界之大柏地，从是日下午三时起，相持到次日正午始将刘部完全击溃，其团长萧致平、钟桓被活捉，因不认识被逃去，得计枪械八百余支，俘虏数略同。是役我军以屡败之余作最后一掷击破强敌，官兵在弹尽援绝之时，用树枝石块空枪与敌在血泊中挣扎始获最后胜利，为红军成立以来最有荣誉的战争。

刘白羽《巍巍太行山》说，1939年朱德亲口向他回忆说："那是一场激烈的生死搏斗，一个报告从火线上送来：'子弹打完了，敌人又在增援了！'这是胜败关键时刻，朱总司令屹立不动，坚毅如钢，他命令：'子弹光了，等敌人靠拢来，拿刺刀杀！'下完命令，总司令就亲自跑上火线，从这一端走到那一端，一路走一路讲：'同志们！一定打！没有子弹，用枪托砸，用拳头打，谁也不准退，死也死在这里！'整个部队像一个人一样跳跃起来，用枪托砸败了敌人，把敌人消灭在大柏地，由危局变成胜局，大柏地遍地是枪支弹药。"

由于"左"倾冒险主义在中央苏区占了统治地位，1932年10月，苏区中央局宁都会议后不久，毛泽东被调离军事领导岗位，改做政府工作。1933年1月，来到瑞金，主持中央政府工作，搞调查研究，领导查田运动。这年夏天，当时正是国民党将要发动空前规模的第五次大"围剿"，斗争形势处于极度艰难阶段。毛泽东到宁都视察工作，在返回瑞金县城时，路过大柏地，曾健步登上附近的山岭，当时适逢雨后放晴，极目远眺，回想起当年取得胜利的大柏地战斗，不禁触景生情，抚今追昔，写下了这首词。

这首词，《诗刊》1957年1月号发表时未署明写作时间，1963年12月人民文学出版社出版《毛泽东诗词》时署明为"一九三三年夏"。这年立夏是公历5月6日，立秋是公历8月8日。这首词当作于这一期间。

1958年12月21日，毛泽东在文物出版社同年9月刻印的线装大字本《毛主席诗词十九首》上对《清平乐·令昌》词有一条批注：

踏遍青山人未老：一九三四年，形势危急，准备长征，心情又是郁闷的。这一首清平乐，如前面那首菩萨蛮一样，表露了同一的心境。

这里所说的"菩萨蛮"，就是指这首《菩萨蛮·大柏地》。

以往对这首词的研究，很少有人对毛泽东批注中指出的"心情又是郁闷的"作出解释。近年来，研究者开始注意到毛泽东这一批注，试图作出合理的解释。笔者以为，毛泽东在这首词中郁闷心情的流露比较含蓄蕴藉，因而单从字面上不完全容易看出来。正如古人所说："诗人之词微以婉"。只有把它放到当时的历史背景下，才能仔细地咀嚼出味道。第二次国内革命战争时期,毛泽东最擅长和最重要的革命实践活动就是作为红军统帅同国民党军作战。可是这时,他已被王明"左"倾机会主义者褫夺了"帅印",不能不有一种失落感。同时,中央红军第四次反"围剿"后,蒋介石又在部署对红军的第五次"围剿",在"左"倾路线统治下,眼看中央革命根据地日益缩小,形势日益危急,毛泽东因而产生了忧心忡忡的郁闷心情。重过大柏地,抚今追昔,感慨万千,不能不流露于词中。虽然写的是当年取得的一场大的胜利,全词充满了豪情,是对革命战争最热烈的颂歌,然而我们却可以从"赤橙黄绿青蓝紫,谁持彩练当空舞"中隐隐地感到几分寂寞,从"雨后复斜阳,关山阵阵苍"感到几分凄清的意境,从"当年鏖战急,弹洞前村壁"感受到几分苍凉的心境,从"装点此关山,今朝更好看"中感到诗人的几分无奈。正如清代王夫之《姜斋诗话》中所说"以乐景写哀,以哀景写乐,一倍增其哀乐。"

现在所见有一件手书:无标题。竖写,无标点符号。

"弹洞前村壁","前村",本谓村前之意。据陈一琴《毛泽东诗词笺析》说,"前村",当年并非实在村名,泛指战场附近的小村庄。今大柏地有一村庄叫前村,原名杏坑,土话读"邓坑",1967年后因有人在此村墙壁上挖出弹头,才依毛泽东词句改称。

"关山阵阵苍",据《毛泽东诗词全编鉴赏》说:"关山,指大柏地周围险要的群山和隘口,是当时的战场。""现已因本词将大柏地的山改名为关山"。

【注释】

〔1〕菩萨蛮:词牌名。 大柏地:见本词解说部分。

〔2〕赤橙黄绿青蓝紫:夏天雨后常常出现彩虹,虹呈现出各种美丽的颜色。古人亦有这样七字并举的句式。相传汉武帝时的《柏梁台》诗有"枇梨橘栗桃李梅"之句,唐代韩偓《陆浑山火和皇甫湜用其韵》诗有"鸦鸱雕鹰雉鹄鹍"之句,宋代苏轼《书韩干牧马图》有"雅驵骊骆骊骝骟",清代文太青有"漆栗笔蜜乎柳酒"等,都不过游戏为之,柳亚子1951年所作《赠姜长林老友一首》首句"朱张侯宛李黄刘",以七字代表七烈士姓氏,颇具匠心,但毛泽东这句却真实地再现了七彩之虹的自然美,从而使读者获得美的娱悦。

〔3〕练:白色的生丝织品。南朝齐代谢朓《晚登三山还望京邑》:"余霞散成绮,澄江静如练。" 彩练:彩色的丝带,指虹呈现出各种美丽的颜色,像一条彩带。 谁持彩练当空舞:是谁拿着这样彩色的丝带在天空中翩翩起舞呢? 表现了毛泽东丰富的想象和战斗胜利后的欢乐心情。

〔4〕复:又,更,再。 斜阳:西斜的太阳,指将要落山的太阳。 雨后复斜阳:唐代温庭筠《菩萨蛮》:"雨后却斜阳,杏花零落香。"张相《诗词曲语辞汇释》说:"却,又也,复也。"

〔15〕关:古代在交通险要或边境出入的地方设置的守卫处所。 关山:关隘山岳。《乐府诗集·横吹曲辞·木兰诗》:"万里赴戎机,关

山度若飞。"这里主要指山。 苍:深绿色。

阵阵苍:雨后的黄昏,斜阳或强或弱,或射到或射不到,光线忽明忽暗,所以关山的颜色也忽明忽暗,变化不定,呈现出一阵阵苍翠的颜色。

〔6〕当年:这里指 1929 年。晋代陶潜《岁暮和张常侍》:"屡阙清沽至,无以乐当年。" 鏖战:紧张激烈而艰苦持久的战斗。《新唐书·王翃传》:"引兵三千,与贼鏖战。"

〔7〕洞:本来是名词,这里作动词用,穿透的意思。 前村:见本词解说部分。 壁:墙壁。

唐代杜甫《绝句》之五:"舍下笋穿壁,庭中藤刺檐。"

〔8〕装点:装饰点缀。 装点此关山:宋代华岳《登楼晚望》有"展开风月添诗料,装点江山归画图"之句。

〔9〕今朝:《诗·小雅·白驹》:"皎皎白驹,食我场苗。絷之维之,以永今朝。"本义指今天早晨,这里引申为指今天。 看:这里读 kān,与"山"押韵。

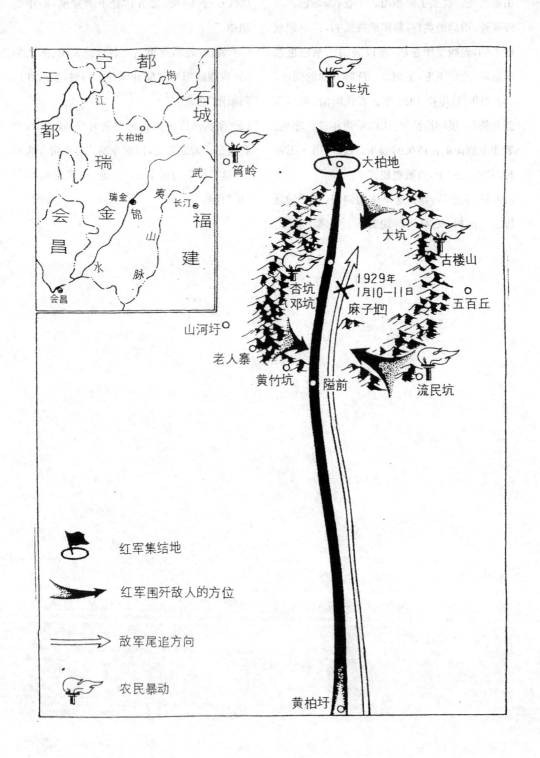

大柏地战斗示意图（陈一琴《毛泽东诗词笺析》）

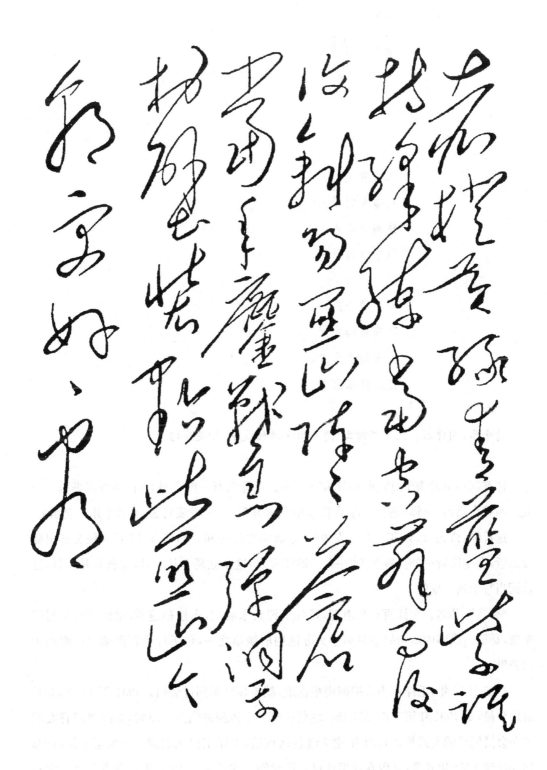

毛泽东手书《菩萨蛮·大柏地》

毛泽东诗词

清平乐

会　昌

一九三四年夏

东方欲晓，
莫道君行早。
踏遍青山人未老，
风景这边独好。

会昌城外高峰，
颠连直接东溟。
战士指看南粤，
更加郁郁葱葱。

清平乐，词牌名。见本书前文《清平乐·蒋桂战争》相关介绍。

这首词最早发表于《诗刊》1957年1月号。毛泽东有一件手书上有"调寄清平乐　一九三四登会昌山"字样，还有一件手书题为《清平乐》。正式发表时题为《清平乐·会昌》。

这首词《诗刊》1957年1月号发表时，未署明写作时间。1963年12月人民文学出版社出版《毛主席诗词》时，署明为"一九三四年夏"。这年立夏5月6日，立秋8月8日，这首词当写于这一期间。

"会昌"，县名。在江西省东南部，赣江上源贡水流域，东接福建省，南经寻乌县通广东省，是第一次国内革命战争时期中央苏区内的城市之一，位于红色首都瑞金南面四十六公里。

早在1929年，毛泽东为开辟赣南根据地，就率领红军到过会昌。1931年10月26日解放会昌，是1931年第三次反"围剿"胜利后第一个拔掉的白点。以后，苏区粤赣省委就设在会昌城外的文武坝。1931年建立红色政权后，毛泽东曾几次到会昌视察工作，1933年3月到1934年6月，又曾在这里住过一段时间。这首词是1934年夏作者在会昌调查研究和指导工作时所作。

1933 年 10 月,蒋介石调集了一百万军队,两百架飞机,对中央根据地开始了空前规模的第五次大"围剿"。他们采用步步为营、碉堡推进的"堡垒政策",从四面八方向根据地压缩。那时,中央红军只有十万人,由于当时党的临时中央局全面推行"左"倾机会主义路线,排斥了以毛泽东代表的正确主张,采取所谓"正规战争"的战略方针,企图"御敌于国门之外",结果打了一年,反"围剿"战争仍不能取胜,相反,革命根据地被压缩得越来越小。到 1934 年夏,形势已十分危急,毛泽东在这种形势之下来到会昌。

　　这一年 7 月 23 日左右,天未亮,毛泽东携同战友粤赣省委书记刘晓、省军区司令员何长工等干部和警卫人员等十多人,吃过早饭后,从文武坝出发,渡过绵水,过五里排和黄坊,从小路登上会昌城外的岚山峰,即景赋词,归来后,毛泽东在文武坝写成这首词。当时曾在省委常委中传阅。(本书编著者按:据陈一琴《毛泽东诗词笺析》说,毛泽东只登过一次会昌山,但 7 月 23 日之说依据尚不充分。录以备考。)

　　又据陈一琴《毛泽东诗词笺析》说,"会昌山",当地通称岚山岭,位于会昌城西北贡水北岸,距文武坝七公里,海拔四百多米。建国后,见毛泽东手书,才竖碑命名,改称会昌山。

　　以前人们在解释这首词时,多从积极方面,认为毛泽东虽处于逆境中,仍洋溢着革命乐观主义精神,对未来的革命前途充满必胜的信心。近年来的研究,有了进一步深入,注意到毛泽东的这一批注,提出了一些新的见解。有论者认为,词中反映了毛泽东为根据地大局的忧心不已,及在会昌工作一段时间,打开局面,又感到暂时的欣慰畅快(陈东林《毛泽东诗史》)。也有的进一步指出,任何事物都有两重性。《会昌》词的基调是昂扬的,语言是雄奇的,但是字里行间也隐约表露了词人的忧虑和愤懑。试想,在军情那样紧迫的日子里,毛泽东不能参与运筹帷幄,却要天不亮就去爬山,其内心的郁闷可见一斑。毛泽东也是有愁有感的人,"踏遍青山人未老",难道就没有词人在逆境中艰难跋涉的孤寂身影吗?在爬山时,战士们饶有兴味地在那里指点风景,这怎能不更加衬托出作者的无奈心情?这只是毛泽东在极端困难面前,挺得住,提得起,放得下,能够做到"君子坦荡荡",而非"小人常戚戚"罢了。又正如陈建焜《白雨斋词话》中所说:"以无知儿女之乐,反衬有心人之苦,最为入妙;用笔亦别有神味,难以言传。"此时作者虽心忧如焚,然却"转作旷达,弥见沉痛矣。"(清代沈德潜语,见《说诗晬语》)(萧永义《毛泽东诗词史话》)

　　二十世纪五十年代,毛泽东在和苏联汉学家费德林谈话时说:"现在连我自己也搞不明白,当一个人处于极度考验,身心交瘁之时,当他不知道自己还能活几个小时甚至几分钟的时候,居然还有诗兴来表达这种严峻的现实。"他又说:"恐怕谁也无法解释这种现象……当时处在生死存亡的关头,我倒写了几首歪诗,尽管写得不好,却是一片真诚的。

现在条件好了,生活安定了,反倒一行也写不出来。""现在改写'文件'体了,什么决议啦,宣言啦,声明啦……只有政治口号没有诗意。"(尼·费德林《我所接触的中苏领导人》)

1964年8月18日,毛泽东在北戴河同哲学工作者谈话中,又曾说到"司马迁对《诗经》评价很高,说'诗三百篇,皆古圣贤发愤之所为作也'。'发愤之所为作',心里没有气,他写诗?"

毛泽东的这些话,对于我们理解为什么毛泽东越是在艰苦的环境中,越是在斗争激烈的时刻,越是处于人生的逆境中,诗兴就越浓,作品就越多,这些作品的思想性和艺术性就越高,是很有帮助的。

这首词现在所见有六件手书:(一)词末写有"调寄清平乐 一九三四登会昌山"字样。竖写,无标点符号。(二)标题为《清平乐》。竖写,无标点符号。(三)、(四)、(五)、(六)无标题。竖写,无标点符号。

"莫道君行早",臧克家回忆,1960年前后听袁水拍传达毛泽东亲自回答问题时所作的记录说:"'莫道君行早':君字指作者一人,还是多数? 水拍说指作者。我在上半句上划个'○',下半句上打个'×'。"1964年1月27日,毛泽东口头答复外国文书籍出版局《毛主席诗词》英译者说:"'君行早'中的'君',是我自己,不是复数,要照单数译。会昌有高山,天不亮我就去爬山。"

"踏遍青山人未老",1958年12月21日,毛泽东在文物出版社同年9月刻印的线装大字本《毛主席诗词十九首》上对这首词注道:

踏遍青山人未老:一九三四年,形势危急,准备长征,心情又是郁闷的。这一首清平乐,如前面那首菩萨蛮一样,表露了同一的心境。

"战士指看南粤",(三)、(四)、(五)三件手书作"从者指看南粤"。

"更加郁郁葱葱",《诗刊》1957年1月号发表时句末作叹号。1962年12月人民文学出版社出版《毛主席诗词》时改为句号。

【注释】

〔1〕清平乐:词牌名。 会昌:见本词解说部分。

〔2〕欲:这里指将要。 晓:天亮。

〔3〕道:说。 莫道:不要说。 君:旧时对男子的尊称。这里仍作"你"讲,实际上是指作者自己。意思是说,不要说我们动身很早。行:走,动身。 莫道君行早:清代李渔《觉世名言十二楼·夏宜楼》第三回引古语曰:"莫道君行早,更有早行人。"清代《增广贤文》亦有"莫道君行早,更有早行人"之句。

〔4〕人未老:人没有衰老,依然年富力强。人:指作者自己。 踏遍青山人未老:宋代陆游《渔家傲·寄仲高》有"行遍天涯真老矣,愁无寐,鬓丝几缕茶烟里"之句。唐彦谦《道中逢故人》有"愁牵白发三千丈,踏入青山几千重"之句。

〔5〕风景:风光,景色。南朝宋代刘义庆《世说新语·言语》:"过江诸人,每至美日,辄相邀新亭,藉卉饮宴。周侯中坐而叹曰:'风景不殊,正自有山河之异',皆相视流泪。" 这边:指会昌一带中央革命根据地南线。 独:唯独。

〔6〕峰:山峰。 会昌城外高峰:据《江西通志·山川略》记载:会昌城周围有许多高山,像明山、芙山、羊山、龙归山、白云山、紫云山、四望山、盘固山、君山等等。白云山以下都在会昌东南两面,有的与福建武平相接,有的与赣粤之间的著名界山九连山和大庾岭毗连。这些山都是峰峦起伏,草木葱茏的。

〔7〕颠:通"巅",山峰。 颠连:山峰和山峰相连接。 溟:海。 东溟:东海,唐代李白《古风五十九首》其十一:"黄河走东溟,白日落西海。"南朝宋代颜延之《与驾幸京口侍游蒜山作》有"元天高北列,日观临东溟"之句。这里主要指福建地区。 颠连直接东溟:李白《当涂赵炎少府粉图山水歌》中有"峨眉高出西极天,罗浮直与南溟连"之句。

〔8〕粤:广东的简称。毛泽东当时在江西,所以称在江西南方的广东为南粤。另一说,南粤,又作"南越",古地名和国名,今广东广西一带。这里偏指广东,笔者倾向于后说。

〔9〕郁郁葱葱:本指草木苍翠茂盛的样子。汉代王充《论衡·恢国》:"初者,苏伯阿望春陵气郁郁葱葱。"东汉刘珍《东观汉纪·光武帝纪》:"在春陵时,望气者言春陵城中有喜气,曰:'美者,王气!郁郁葱葱。'"含有气象很好的意思,这里指广东、江西接界地方的山树木茂盛,自然景色佳丽,预示革命前景仍将是广阔、远大、光明、美好的。

毛泽东手书《清平乐·会昌》（一）

毛泽东手书《清平乐·会昌》（二）

毛泽东诗词

毛泽东手书《清平乐·会昌》（三）

毛泽东手书《清平乐·会昌》（四）

毛泽东诗词

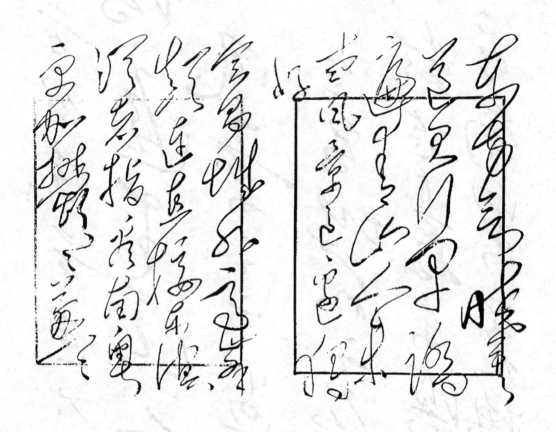

毛泽东手书《清平乐·会昌》（五）

東方欲曉，莫道君行早。踏遍青山人未老，風景這邊獨好。

會昌城外高峰，顛連直接東溟。戰士指看南粵，更加鬱鬱蔥蔥。

毛泽东手书《清平乐·会昌》（六）

毛泽东诗词

第 一 辑

十六字令三首

一九三四年至一九三五年

山,
快马加鞭未下鞍。
惊回首,
离天三尺三。

其 二

山,
倒海翻江卷巨澜。
奔腾急,
万马战犹酣。

其 三

山,
刺破青天锷未残。
天欲堕,
赖以拄其间。

[作者原注] 湖南民谣:"上有骷髅山,下有八面山,离天三尺三。人过要低头,马过要下鞍。"

十六字令,词牌名。单调十六字,平韵。以全篇之字数为调名。又名《苍梧谣》、《归字谣》等。

这三首词最早发表于《诗刊》1957年1月号,未署明写作时间。1963年12月人民文学出版社出版《毛主席诗词》时,署明"一九三四年到一九三五年"。毛泽东生前亲自审定的《毛主席诗词》,这三首词排列在《忆秦娥·娄山关》之后,1986年9月人民文学出版社出版的《毛泽东诗词选》和1996年9月中央文献出版社出版的《毛泽东诗词集》，根据一般编辑体例，将这三首词改排在《忆秦娥·娄山关》之前。

　　山，是红军在二万五千里长征中所遇到的自然环境造成的主要困难之一。当时红军曾越过许许多多大山，其中尤其重要的五岭山脉的越城岭，云贵高原的苗岭、娄山，横断山脉中的夹金山、梦笔山、仓德山、打鼓山、拖罗冈等雪山，以及岷山、六盘山等，都以奇险著称。随红一军团行进的毛泽东先后翻越了二十多座大山。这首词除在第一首原注引用的一首湖南民谣中提到骷髅山和八面山外，并未注明地点，写作时间注明为"一九三四年到一九三五年"，可见三首小令不是一次写成，也不是写的一座山，而是不同时间，从不同角度，概括了长征时红军所越过的许多崇山峻岭。

　　这三首词现在所见有两件手书：（一）无标题。竖写，有标点符号。（二）无标题。有夹注："湖南民谣：上有骷髅山，下有八面山，离天三尺三，人过要低头，马过要下鞍。"竖写，词的正文无标点符号。

　　"山"，在每一首的第一句后，手书（一）均作句号。《诗刊》1957年1月号发表时，均作叹号。1962年12月人民文学出版社出版《毛主席诗词》时改为逗号。

　　"离天三尺三"，1964年1月27日，毛泽东口头答复外国文书籍出版局《毛主席诗词》英译者提问，"离天三尺三"是哪里的民谣时说："这是湖南常德的民谣。"

　　"倒海翻江卷巨澜"，手书（一），这句词中"卷巨澜"作"搅巨澜"。"倒海翻江"手书（二）作"搅海翻江"。《诗刊》1957年1月号发表时已改为"倒海翻江卷巨澜"。（"搅海翻江"，《元曲选》马致远《荐福碑》其三："他那里撼岭巴山，搅海翻江，倒树摧崖。"）

　　〔作者原注〕湖南民谣：……下有八面山……"，其中注文，《诗刊》1957年1月号发表时和以后各种《毛主席诗词》版本均作"民谣：……下有八宝山……"。1996年9月出版《毛泽东诗词集》时据毛泽东手书（二）改为"湖南民谣：……下有八面山……"

【注释】

〔1〕十六字令：词牌的名称。这首词即以词牌　　广东：苗山、大小王山、大盈山（均为五岭山脉
为词题，不再另加标题。　　　　　　　　　　　　支脉）。

这三首小令都是咏山，是毛泽东于长征途中在　　广西：永安关（湘桂间要隘）、白茅隘（瑶区要
崇山峻岭中行军时写的。随红一军团行进的　　　隘）。

毛泽东先后翻越了二十多座大山。这些山是：　　贵州：紫金关（五岭山脉支脉）、娄山关。

江西：雷岭（大庾山脉支脉）；　　　　　　　　四川：小相岭（入川的主要隘口）、冕山（彝人扼

守要口)、大相岭(属甘竹山)、夹金山(邛崃山脉雪山)、梦笔山(邛崃山脉雪山)、长板山(雪山)、打鼓山(仓德与打鼓山之间的大雪山)、拖罗岗(百里无人烟的雪山)、腊子山(无人烟)、分水岭(高原草地)。

甘肃:朵扎里(大山荒林)、岷山(属大剌山)、六盘山。

〔2〕快马加鞭:对快跑的马再打上几鞭子,使之跑得更快,比喻快上加快。明代徐㘉《杀狗记》第十七出:"何不快马加鞭"。

〔3〕惊:惊讶。 回首:回头。 惊回首:表现了红军征服高山险阻的自豪心情。

〔4〕离天三尺三:极言山的高峻。

〔5〕巨澜:巨大的波浪。 倒海翻江卷巨澜:峰峦叠嶂的山一个接着一个,高低起伏,就像倒海翻江所卷起的巨大波浪,滚滚翻腾。唐代岑参《登慈恩寺塔》有"连山若波涛,奔走似朝东"之句。宋代王安石《泊姚江》诗二首其一有"山如碧浪翻江去"之句。宋代陆游《夜宿阳山矶,将晓,大雨北风甚劲,俄顷,行三百余里,遂抵雁翅浦》:"五更颠风吹急雨,倒海翻江洗残暑。"元曲无名氏《梧桐叶》其二:"翻江倒海惊涛怒,摇脱秋林木。"清代钱彩《说岳全传》第七十五回亦有"直杀得……倒海翻江波浪滚"之句。

〔6〕奔腾急,万马战犹酣:峰峦叠嶂的山绵延起伏,曲折回旋,像万匹战马奔腾得非常急骤,正在进行紧张激烈的战斗,形容山的气势磅礴。 奔腾:金国王特起《绝句》有"山势奔腾如骏马"之句。 万马:宋代范成大《谒南岳》有"湘中固多山,夹岸万马屯"之句,宋代辛弃疾《沁园春·灵山齐阉赋》有"叠嶂西驰;万马回旋,众山欲东"之句。 犹:还的意思。酣:本义是酒兴正浓,这里形容战斗正激烈紧张。 战犹酣:唐代杜甫《丹青引赠曹将军霸》有"英姿飒爽来酣战"之句。

〔7〕青天:晴朗的天空。 刺破青天:谓山势极高。《水经注·河水》:"连山刺天"。唐代杜甫《夔州歌十绝句》之四:"赤甲白盐俱刺天,闾阎缭绕接山巅。"仇兆鳌注:"刺天,言山势之高。" 锷:剑刃。 残:残缺,毁坏。 刺破青天锷未残:《庄子·说剑》:"天子之剑,以燕溪石城为锋,齐岱为锷。"唐代王建有"早入温门山,群峰乱如戟"之句。唐代柳宗元《与浩初上人看山寄京华亲故》有"海畔尖山似剑铓,秋来处处割愁肠;若为化得身千亿,散上峰头望故乡"之句。陡峭险峻的山像一把宝剑刺向天空,刺破了青天,坚韧的剑锋还没有半点残缺。

〔8〕堕:掉。 赖:依赖,依靠。 挂:支撑。其间:指天地之间。 天欲堕,赖以拄其间:天要掉下来,靠它来支撑在天中间,使天掉不下来。以上几句极言山的峭拔,坚韧。

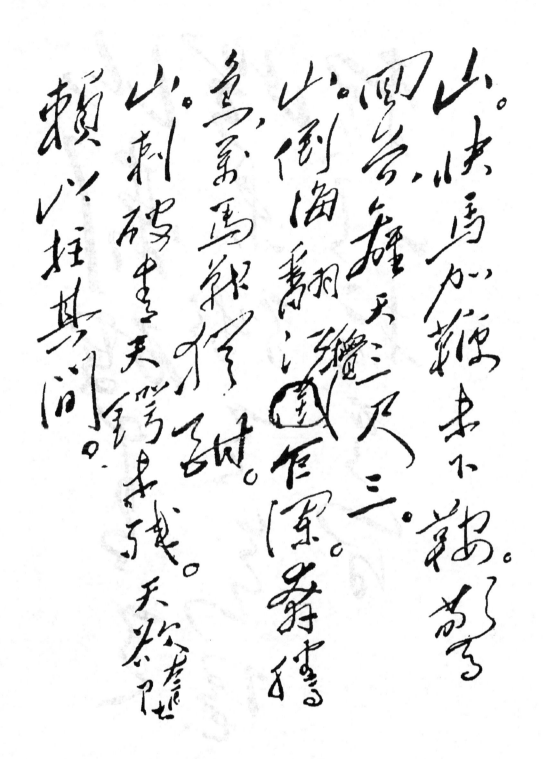

毛泽东手书《十六字令三首》（一）

毛泽东诗词

毛泽东手书《十六字令三首》（二）

毛泽东诗词

第 一 辑

娄山关

一九三五年二月

西风烈，

长空雁叫霜晨月。

霜晨月，

马蹄声碎，

喇叭声咽。

雄关漫道真如铁，

而今迈步从头越。

从头越，

苍山如海，

残阳如血。

忆秦娥，词牌名。双调四十六字，分仄韵、平韵两体，仄韵体多用入声韵，上下片各一叠韵。始见宋黄升编《唐宋诸贤绝妙词选》，题李白作，因此词中有"秦娥梦断秦楼月"句，故名《忆秦娥》。十句。上下片各四句，其中的三字句是叠韵，为上句末三字的重复。又名《秦楼月》、《双荷叶》、《蓬莱阁》、《子夜歌》、《花深深》、《碧云深》等。

这首词最早发表于《诗刊》1957年1月号，未署明写作时间。1963年12月人民文学出版社出版《毛主席诗词》时，署明为"一九三五年二月"。

1958年12月21日，毛泽东在文物出版社同年9月刻印的线装大字本《毛主席诗词十九首》对这首词批注道：

万里长征，千回百折，顺利少于困难不知有多少倍，心情是沉郁的。过了岷山，豁然开朗，转化到了反面，柳暗花明又一村了。以下诸篇，反映了这一种心情。

该书将《忆秦娥·娄山关》排在《十六字令三首》之前。"以下诸篇"指《十六字令三首》、《七律·长征》、《念奴娇·昆仑》和《清平乐·六盘山》。

以往研究者,对毛泽东的这一批注注意不够,对于毛泽东写作这首词时的心情有不同的理解:一种认为情绪不高,因为前此土城战役失利,未能北渡长江;另一种认为,反映了娄山关胜利后的喜悦。其实这两者完全可以统一起来。正如有的论者所说,词的上半阕词人选取、剪接了极富启发性的意象,同时也寄寓着词人作为感受主体的主观情感。因为这次行军,是未能实现渡江部署后的一次退却,所以作为指挥者的词人,心境自然低沉。下半阕头两句是战斗胜利之后的豪迈心情的抒发,但词人并未长久地沉浸在喜悦之中,而是想到了万里长征的艰辛,想到革命的前途未卜,他的心情又回到了沉郁之中。正如清代王夫之《姜斋诗话》中所说:"哀乐之触,荣悴之迎,互藏其宅。"(李壮鹰《沉郁中的壮思——读〈忆秦娥·娄山关〉》)萧永义在《毛泽东诗词史话》中也正确地指出了郭沫若在《喜读毛泽东〈词六首〉》一文中认为的"当和遵义会议联系起来考虑"的观点,与毛泽东自己的批注是可以统一起来的。上半阕表达了敌人势力猖狂的气氛,马蹄声短促,喇叭声低哑,气氛是悲壮的。下半阕写遵义会议后,革命走上了正确的路线,但斗争还是艰苦的,我们终将取得最后的胜利。同时,我们从中也可看出,毛泽东在这首词中所反映的"沉郁"的心情,与遵义会议之前《菩萨蛮·大柏地》和《清平乐·会昌》两首词中所反映的"沉郁"的心情有所区别;又与过了岷山之后《七律·长征》写诗词中所反映的"豁然开朗""柳暗花明"的心情形成了鲜明的对照。

　　"娄山关",在贵州省第二大城市遵义城北娄山的最高峰上,建立在峻拔的山峰之间,是进入四川的重要隘口和贵州北部的险要的地方,离遵义约六十公里。川黔公路从娄山关北面的峡谷中弯弯曲曲通向关口,又弯弯曲曲沿着南面的峡谷通向遵义。关上树立一块石碑,上面写着"娄山关"三个大字。关的周围有三个山峰,都像剑那样矗立云霄,无法通行。只有娄山关的一路可以通过,那里是十步一弯,八步一拐的汽车路,形势极为险要。《贵州通志》说,娄山关"万峰插天,中通一线",真有所谓"一夫当关,万夫莫开"之势。

　　红军在长征中的 1935 年 1 月 7 日占领了遵义城。1 月 10 日,红军第一次攻克娄山关。1 月 15 日至 17 日,中共中央在遵义召开了中央政治局扩大会议,实际上确立了以毛泽东为首的新的党中央的正确领导,从此中国革命从胜利走向胜利。1 月 19 日,红军离开遵义,1 月 20 日翻越娄山关,向四川南部前进,打算在泸州和宜宾之间渡过长江,与川西北的红四方面军会师北上。蒋介石发现了红军的行动意图,在长江沿岸集结重兵,处处设防,红军便改变计划,突然抛开四川敌军,转头东进。2 月 25 日第二次攻克娄山关,2 月 28 日重占遵义,歼灭王家烈部两个师,击溃国民党中央军两师增援部队,获得了遵义会议以后第一个大胜利,同时也是长征以来的第一次伟大胜利。同日,毛泽东同军委纵队过娄山关。随后,有感于娄山关战斗的胜利,他作《忆秦娥·娄山关》词。

毛泽东诗词

第　一　辑

这次重占娄山关的战役大致情况是这样的:在红军回师东进时,遵义已被贵州军阀王家烈的部队占领了,王还派了四个团守住娄山关一带。当决定回师的时候,红军离娄山关还有一千多里,天天要急行军,甚至要跑步,战士很疲劳,但情绪很高。当时敌人薛岳部的周浑元、吴奇伟两个纵队正在向遵义进军,摆在红军面前的问题,是要赶在薛岳部队到达以前,解决王家烈的部队,打下娄山关,占领遵义。

　　抢夺娄山关的光荣而严重的任务由十三团担任。十三团以勇敢坚强著名,在1935年2月25日赶到离娄山关十里路处,就和敌人发生遭遇战。在冲锋号中,团的主力跑步前进。那里右翼的山全是悬崖绝壁,中间的路被敌人火力封锁住了,左翼的山虽然无路,还可以爬上去。十三团派一个机动连由左翼迂回到娄山关的侧右背,主力便去夺取可以俯瞰娄山关的点金山。点金山又尖又陡,敌人认为红军是无法攀登的。在激烈的冲锋号声里,主力抢占了点金山。黄昏时,主力从点金山冲下来抢夺娄山关。经过四次的激烈争夺战,敌人溃败,十三团胜利地占领了娄山关。次日拂晓,敌人又组织两次密集队伍进攻,都被红军打退。红军乘胜追击,重占遵义。上半阕写拂晓时出发行军的情景,下半阕写红军傍晚越过娄山关天险的壮丽景象。

　　1962年《人民文学》编辑部发表毛泽东词六首前抄送郭沫若,请他写些注释性的文字,以便于青年读者们了解。郭沫若欣然答应《人民文学》编辑部的约稿,于5月1日写成《喜读毛主席〈词六首〉》一文。5月9日,郭沫若收到《人民文学》编辑部送去的清样,当天写信送请毛泽东"加以删正"。郭沫若在《喜读》一文中说:

　　我对于《娄山关》这首词作过一番研究,我起初也觉得是一天的事,曾经把新旧《遵义府志》拿来翻阅过,查出了遵义城至娄山关是七十里,恰好是一天的路程。清早由遵义城动身,晚上到达娄山关,那是合情合理的。然而进一步考虑,却发现了问题。红军长征第一次由遵义经过娄山关,是在1935年1月,第二次又经过娄山关回遵义,是在当年2月。就时令说都是冬天。为什么词的上阕写的却是秋天?"西风","雁叫","霜晨",都是秋天的景物。这怎么解,要说主席写词不顾时令,那是说不过去的。因此,我才进一步知道:《娄山关》所写的不是一天的事。上阕所写的是红军长征的初期,那是1934年的秋天;下阕所写的是遵义会议之后,继续长征,第一次跨过娄山关。想到了这一层,全词才好像豁然贯通了。"西风烈"不仅是自然界的西风,也隐喻着帝国主义支持的敌军力量的相当强大。在这时,拂晓的长空中,有下弦的残月,天上有南飞的归雁,地上有长征的红军。马蹄声零碎,喇叭声呜咽,气氛是悲壮的。但到遵义会议以后,在党和红军中树立了毛主席的正确领导,中国革命便来了一个转折点。《娄山关》这一首词就是遵义会议前后的革命气势的生动反映。在遵义会议以后,红军又以百倍勇气重新迈上征途,不管眼前有多少铁门关,也要雄赳赳气昂昂地超越出去。前途的障碍是很多的——"苍山如海"。流血的斗争是要继续的——"残阳如血"。但尽管这样,必然有胜利的明天! 我对于《娄山关》一词作了这样的解释,我虽然没有当面问过主席,不知道我的解释究竟是否正确,但是广州的诗歌座谈会上,我很高兴同志们是同意了我的见解的……

毛泽东在看《喜读》一文的清样时,将郭沫若关于《娄山关》的解释部分全部删去(共二十五行将近七百字),在清样的边旁空白处,以郭沫若的口吻改写了一段文字,其中写道:

我对于《娄山关》这首词作过一番研究,初以为是写一天的,后来又觉得不对,是在写两次的事,头一阕一次,第二阕一次。我曾在广州文艺座谈会上发表了意见,主张后者(写两次的事),而否定了前者(写一天),可是我错了。这是作者告诉我的。

一九三五年一月党的遵义会议以后,红军第一次打娄山关,胜利了,企图经过川南,渡江北上,进入川西,直取成都,击灭刘湘,在川西建立根据地。但事与愿违,遇到了川军的重重阻力。红军由娄山关一直向西,经过古蔺古宋诸县打到了川滇黔三省交界的一个地方,叫做"鸡鸣三省",突然遇到了云南军队的强大阻力,无法前进。中央政治局开了一个会,立即决定循原路反攻遵义,出敌不意打回马枪,这是当年二月。在接近娄山关几十华里的地点,清晨出发,还有月亮,午后二三时到达娄山关,一战攻克,消灭敌军一个师,这时已近黄昏了。乘胜直追,夜战遵义,又消灭敌军一个师。此役共消灭敌军两个师,重占遵义。词是后来追写的,那天走了一百多华里,指挥作战,哪有时间和精力去哼词呢?南方有好多个省,冬天无雪,或多年无雪,而只下霜,长空有雁,晓月不甚寒,正像北方的深秋,云贵川诸省,就是这样。"苍山如海,残阳如血"两句,据作者说,是在战争中积累了多年的景物观察,一到娄山关这种战争胜利和自然景物的突然遇合,就造成了作者自以为颇为成功的这两句话。由此看来,我在广州座谈会上所说的一段话,竟是错了。解诗之难,由此可见。

毛泽东的改文长达五百多字。

毛泽东这里说,遵义会议以后,红军第一次打娄山关,记忆有误。应为第二次攻克娄山关。中央红军 1935 年 1 月 10 日第一次攻克娄山关,1 月 15 日至 17 日召开遵义会议。1 月 19 日离开遵义,1 月 20 日翻越娄山关向四川南部前进,没有发生战斗,因为第一次攻克娄山关后,娄山关已在红军控制之下。

1964 年 1 月,外国文书籍出版局组织翻译出版英译本《毛泽东诗词》时,英译者请毛泽东解释这首词写的是一次的事还是两次的事,毛泽东再次答复:"这首词上下两阕不是分写两次攻打娄山关,而是写一次。"

毛泽东诗词

0 1 2 7

第 一 辑

还值得指出的是，毛泽东这段改文主要是纠正了郭沫若所说的"是在写两次的事"的错误。而郭文中还有一个重要观点，即对这首词所作出的深层次的含义的解释。在"文革"中郭沫若在给北师大《毛泽东诗词试解》编写者的回信中坚持了他的观点，即认为"如从象征的意义来说，上半段是写遵义会议以前，下半段写以后。注意'而今迈步从头越'句。"

笔者以为，郭的这一说法虽有一定道理，但我们如将整首词置于遵义会议背景下，上半阕写进军，表现了红军在惨酷险恶中，背水一战、杀出一条血路的壮烈意味和抢关夺隘、志在必得、绝处逢生、志在必胜的英雄气概，下半阕写战斗胜利之后，正如郭沫若所指出的："前途的障碍是很多的——'苍山如海'。流血的斗争是要继续的——'残阳如血'。但仅管这样，必然有胜利的明天！"以这样的手法和意境来写长征以来取得的最大的一次胜利，遵义会议之后才能取得的第一个大捷，同样是思想深刻、意境高远的。同时，笔者也赞同郭沫若所说，"而今迈步从头越"是全词的关键诗句，突出了遵义会议的重要作用，是词中的"点睛"之笔，具有浓厚的象征意义。但似乎不必说成"上段写遵义会议之前，下段是写以后。"

据陈昌奉《跟随毛主席长征》回忆录说，1935年毛泽东在长征途中两次跨越娄山关。第一次过娄山关没有打仗，毛泽东曾在关口从容观看刻有"娄山关"三字的石碑，观望西南方向的天上红霞、苍茫群峰和滔滔林海。第二次过娄山关，于上午从桐梓出发，毛泽东在娄山关除了和红军战士及几个俘虏兵谈话外，却没有伫立远望自然景色的细节。词里所写，当是作者运用超妙的形象思维，概括战争中多年的景物观察和过娄山关时与自然景物突然遇合的艺术结晶。

又据成仿吾说，攻克娄山关、二占遵义的情景是："我军猛攻娄山关高地点金山，经过肉搏，占领了这个制高点。然后连续冲锋，把敌人全部击溃，傍晚占领了娄山关关口。"又据说，毛泽东在这次娄山关战役结束时，于傍晚登上娄山关。这时迎面碰上抬下来的一个伤员，一条腿被打断了。毛泽东问他叫什么名字。回答说叫钟赤兵，是红三军团的一个团长（他就是后来新中国的独腿将军）。当时太阳还未落山，战场也未来得及打扫，硝烟笼罩着血迹和尸首。很多年后，毛泽东还没有忘记这血与火的一幕。1958年12月在《毛主席诗词十九首》上对此词创作心境作了"万里长征，千回百折，顺利少于困难不知多少倍，心情是沉郁的"批注。

郭沫若的《喜读》一文发表在1962年5月12日出版的《人民文学》，同日的《人民日报》、《光明日报》作了转载。经查上述报刊，郭沫若《喜读》一文没有按毛泽东的改文排印。翻阅郭沫若著作集如《郭沫若文集》、《郭沫若全集》等，都未见收入该文。据郭沫若的女儿郭平英说,六十年代在父亲的书房里,看到过毛主席改文的复制件,可能是这个复制件送给父亲时,未能赶上《人民文学》的出版时间。郭沫若的文艺评论文集,生前没来得及编辑成书,因此那篇文章未能按毛泽东的修改出版。

照理说,遵义会议毛泽东当选中央政治局常委,协助周恩来主持军事,红军重新采用了毛泽东机动、灵活的运动战术,因此取得长征以来最大一次胜利,全军上下欢欣鼓舞,士气高涨。毛泽东本人应该是兴奋乐观的,为什么在《娄山关》里却看不出来呢? 毛泽东自己诠释该词时也说"心情是沉郁的"。

本书编著者认为,这是因为:毛泽东重新回到领导岗位以后,整个红军的前途命运压在他的肩头,一种强烈的使命感和责任感,使他对暂时的胜利乐观不起来。

当时的形势,也不容乐观。娄山关战斗之前,红军刚刚经历了一场土城失利。毛泽东为摆脱国民党中央军、黔军、川军和滇军的围追堵截,根据遵义会议的决定,率领中央红军由遵义地区出发北上,拟从习水、赤水城直插泸州与宜宾之间渡过长江,向川西进军,与红四方面军会合,粉碎敌军的围攻,创建新的革命根据地。为了打破敌军的堵截企图,我军在土城向敌人发起攻击。可是由于对敌情侦察和判断失误,敌军兵力过大,增援迅速,我军红一军团已沿赤水河右岸北上,奔袭赤水城,因而后力分散,土城战斗形成对峙局面,打了一场拉锯战、消耗战。因而毛泽东决定撤出战斗,西渡赤水河,才有了"一渡赤水",化被动为主动,转败为胜。土城战斗,用毛泽东的话来说,是打了一个"败仗"。在这一战斗中,红军受到较大损失,红一军团团政委赵云龙、红三军团团长欧阳鑫不幸壮烈牺牲。就是这次娄山关战斗,虽然取得了长征以来的第一个大胜利,但打得也很激烈、艰苦,红军也蒙受了损失。在打下娄山关后,红军迅速向遵义推进,占领了遵义新城,红三军团参谋长邓萍亲自指挥攻打遵义老城,不幸在战斗中牺牲。红军今后还要继续对付蒋介石几十万大军的围追堵截,遵义的胜利仅仅是才开始。中国革命的命运如何,还是一个未知数。毛泽东是带着一种战战兢兢、如履薄冰的心情坐到领导集体的位子上去的,因此该诗充满悲壮而苍凉的情绪。

这首词,主要有两种文本,按照写作时间先后为:

第一种:

西风烈,

梧桐叶下黄花发。(另一件手书作"黄花节")

黄花发,(另一件手书作"黄花节")

马蹄声碎,

毛泽东诗词

0 1 2 9

喇叭声咽。

　　雄关漫道真如铁，

　　而今迈步从头越。

　　从头越，

　　苍山如海，

　　残阳如血。

　　调寄菩萨蛮　　一九三四

　　此种见手书（五）。另一件见手书（六），无落款。

　　第二种：毛泽东最后定稿的文本。

　　这首词现在所见有六件手书：（一）无标题。词末署名"毛泽东"。竖写，有标点符号。
（二）无标题。竖写，无标点符号。（三）标题为《忆秦娥》。词末写有"毛泽东书致叶大夫"
字样。竖写，有标点符号。（四）词末写有"长征词一首"字样。竖写，有标点符号。（五）
词末写有"调寄菩萨蛮　　一九三四"字样。（本书编著者按："菩萨蛮"当为"忆秦娥"之笔
误。）竖写，有标点符号。（六）标题为《忆秦娥》。竖写，无标点符号。

　　据吴正裕主编，李捷、陈晋副主编《毛泽东诗词全编鉴赏》（中央文献出版社，2003 年
12 月第 1 版）说："此词作者留存的手迹，现在见到的有七件。"可见另外还有一件至今未
见发表。

　　"西风烈，长空雁叫霜晨月。……雄关漫道真如铁，而今迈步从头越"，臧克家回忆，
1960 年前后听袁水拍传达毛泽东亲自回答问题时所作的记录说："《娄山关》说的是'一天
的事。'"1964 年 1 月 27 日，毛泽东口头答复外国文书籍出版局《毛主席诗词》英译者说：
"这首词上下两阕不是分写两次攻打娄山关，而是写一次。这里北有大巴山，长江、乌江
之间也有山脉挡风，所以一二月也不太冷。'雁叫'、'霜晨'，是写当时景象。云贵地区就
是这样，昆明更是四季如春。遵义会议后，红军北上，准备过长江，但是遇到强大阻力。
为了甩开敌军，出敌不意，杀回马枪，红军又回头走，决心回遵义，结果第二次打下了娄山
关，重占遵义。过娄山关时，太阳还没有落山。"

　　"长空雁叫霜晨月，霜晨月"，手书（五）作"梧桐叶下黄花发。黄花发"。手书（六）作
"梧桐叶下黄花节。黄花节"。（本书编著者按：原作无标点符号。）正式发表时改为"长空
雁叫霜晨月。霜晨月"。

　　据《毛泽东诗词全编鉴赏》说，还有一件手迹，其中"长空雁叫霜晨月"也作"梧桐叶下

黄花节"。

【注释】

〔1〕忆秦娥:词牌名。　娄山关:见本词解说部分。

〔2〕烈:剧烈,猛烈。　霜晨:有霜的早晨。西风烈,长空雁叫霜晨月:《书·舜典》:"纳于大麓,烈风雷雨弗迷。"唐代杜牧《登乐游原》:"长空澹澹孤鸟没。"唐代武元衡《送韦秀才赴滑州》有"长亭叫月新秋雁"之句。唐代温庭筠《商山早行》:"鸡声茅店月,人迹板桥霜。"《菩萨蛮》:"江上柳如烟,雁飞残月天。"宋代蒋捷《虞美人·听雨》有"江阔云低,断雁叫西风"之句。这里是说,娄山关地势很高,当时又值农历早春季节。所以西风吹得很猛烈,大雁在辽阔的天空中凄厉地叫着,这时正是寒霜满地的清晨,残月还挂在天空。

〔3〕碎:碎乱,碎杂。　声碎:形容马蹄落地的声音错落、繁杂。唐代岑参《卫节度赤骠马歌》:"扬鞭骤急白汗流,弄影行骄碧蹄碎"。唐代刘言史《春游曲》二首其二:"喷沫团香小桂条,玉鞭兼赐霍嫖姚。弄影便从天禁出,碧蹄声碎五门桥。"

〔4〕喇叭:这里指军号。　咽:呜咽,幽咽;声音因阻塞而低沉、断续,强弱不定。唐代李白《忆秦娥》:"箫声咽,秦娥梦断秦楼月。"唐代韦庄《江城子》:"角声呜咽,星斗渐微茫。"　马蹄声碎,喇叭声咽:骑兵的马蹄在山石上发出急促、零乱的声音,军号在寒风中从远处传来,发

出低沉而悲壮的声音。郭沫若认为,这是行军的气氛。

〔5〕雄关:地势险要故而显得雄壮的关隘,即指娄山关。　漫道:这里指别说,不要说,表示不在话下的意思。　铁:形容坚固。　雄关漫道如铁:就是漫道雄关真如铁。

〔6〕而今:如今。　迈步:跨步,大踏步。越:超过。　从头越:从山头上跨过去。据赵朴初说,当年红军过娄山关不是走正面那条狭窄的小道,而是从没有路的地方爬上山头的。知道这个事实对我们理解这首词很有帮助。

雄关漫道真如铁,而今迈步从头越:不要说雄伟的娄山关像铁打的那样坚固,如今红军大踏步地从山顶上跨过。　另有一说认为,从头:重新开始。宋代岳飞《满江红》:"待从头,收拾旧山河,朝天阙。"这两句既是说红军再次跨越娄山关,又喻指遵义会议后,中国革命重新开始起步向前。笔者倾向于后说。

〔7〕苍山:青山。　如海:这里指无边无际的山,高低起伏得像海的波涛似的。

〔8〕残:剩余,将尽。　残阳:将要落下去的太阳。　残阳如血:唐代杜甫《喜雨》:"春旱天地昏,日色赤如血"。　苍山如海,残阳如血:这时看到深绿色的山峦一座接一座,像奔腾的大海中的浪头一个接着一个,落下去的太阳红得像鲜血一般。

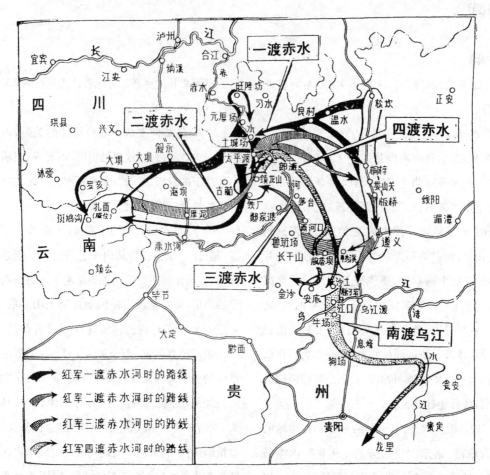

中央工农红军四渡赤水战斗示意图

毛泽东手书《忆秦娥·娄山关》（一）

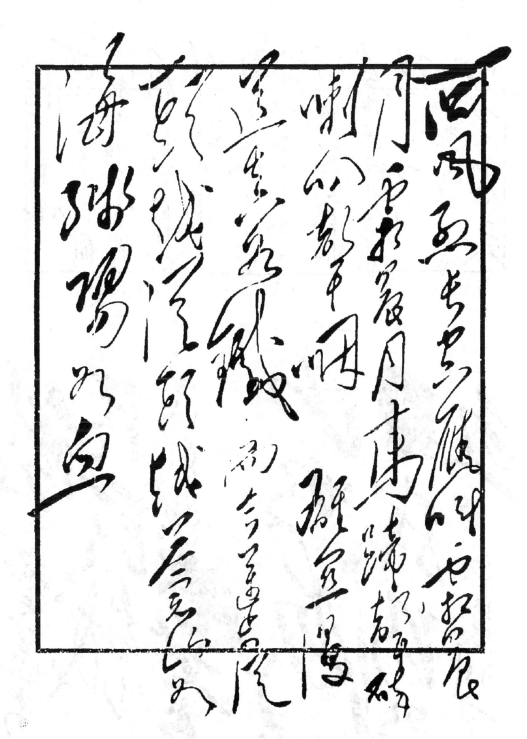

毛泽东手书《忆秦娥·娄山关》（二）

毛泽东诗词

第 一 辑

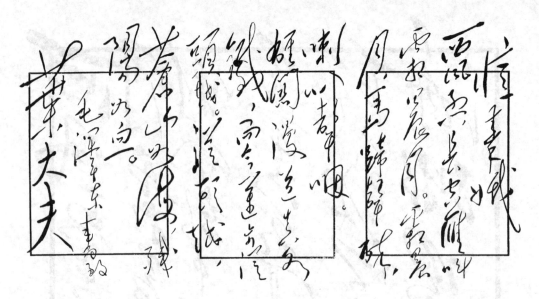

毛泽东手书《忆秦娥·娄山关》（三）

毛泽东手书《忆秦娥·娄山关》（四）

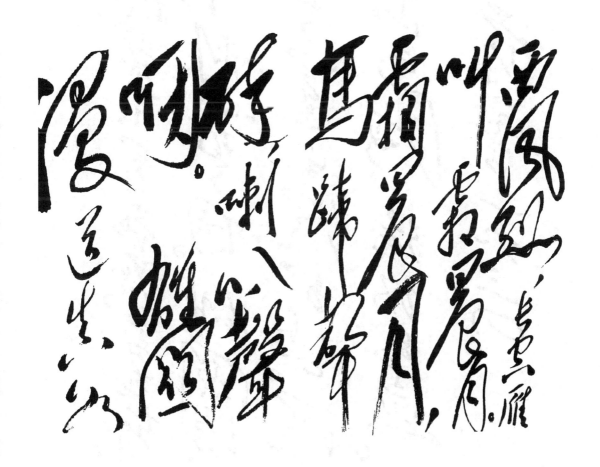

毛泽东诗词

第 一 辑

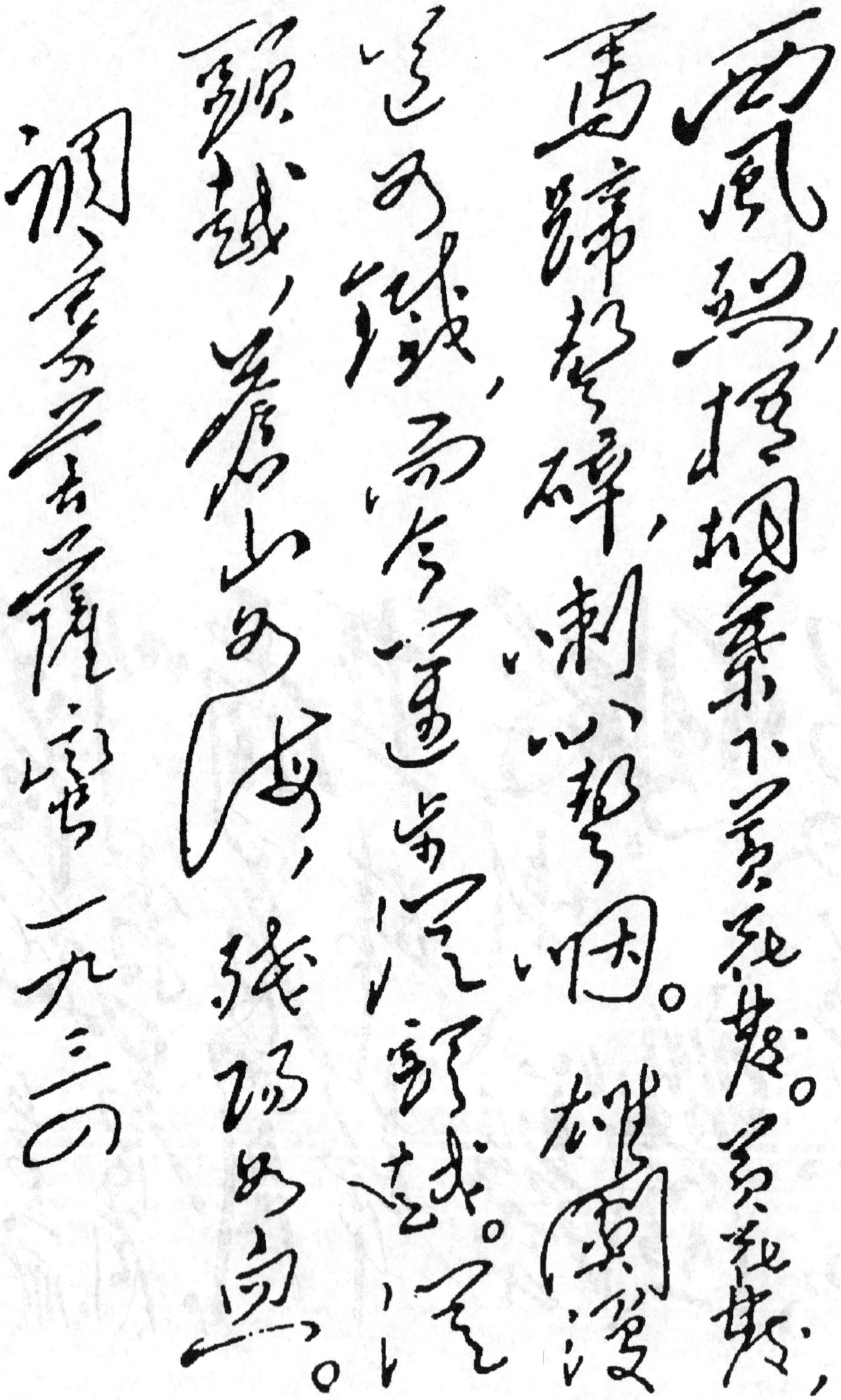

西风烈，长空雁叫霜晨月。霜晨月，马蹄声碎，喇叭声咽。

雄关漫道真如铁，而今迈步从头越。从头越，苍山如海，残阳如血。

一九三五

毛泽东手书《忆秦娥·娄山关》（五）

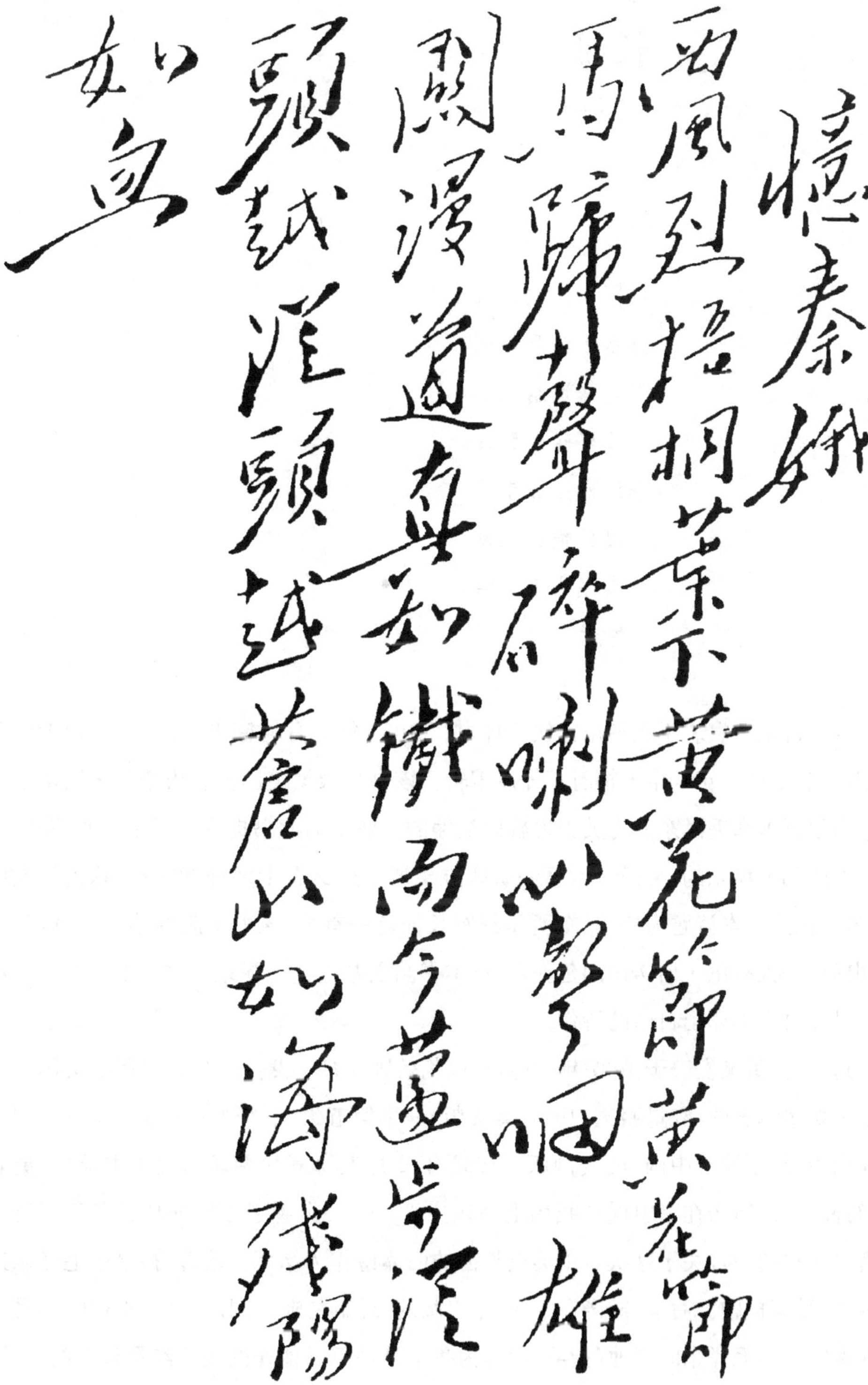

忆秦娥

西风烈，长空雁叫霜晨月。霜晨月，马蹄声碎，喇叭声咽。

雄关漫道真如铁，而今迈步从头越。从头越，苍山如海，残阳如血。

毛泽东手书《忆秦娥·娄山关》（六）

毛泽东诗词

0 1 3 7

七律

长征

一九三五年十月

红军不怕远征难，

万水千山只等闲。

五岭逶迤腾细浪，

乌蒙磅礴走泥丸。

金沙水拍云崖暖，

大渡桥横铁索寒。

更喜岷山千里雪，

三军过后尽开颜。

　　这首诗最早发表于北平东方快报印刷厂 1937 年 3 月秘密出版的《外国记者西北印象记》。北平的青年学生王福时担任总编辑。该书是根据美国记者埃德加·斯诺采访陕北革命根据地和毛泽东的有关报道翻译汇编的。斯诺为此书提供了三十二幅照片，十首红军歌曲和毛泽东的《长征》诗，第一版印五千册。后又有十多种翻印本，总销量数以万计，流传很广。本诗题为《毛泽东所作红军长征诗一首》。该书出版的第二个月，王福时陪同斯诺夫人海伦·斯诺访问延安，将这本书当面赠送给毛泽东。这是毛泽东平生第一次看见在书刊上印出自己的诗作。

　　这首诗，后又发表于 1937 年 10 月英国伦敦维克多·戈兰茨公司出版的美国记者埃德加·斯诺编著的《红星照耀中国》（英文版）一书第五编《长征》。1938 年 1 月美国兰登书屋出版《红星照耀中国》的美国版。1938 年 2 月上海复社翻译出版了中译本，更名为《西行漫记》。斯诺在书中说："我用毛泽东主席——一个善于领导征战又善于写诗的叛逆者——写的一首关于这次六千英里长征的旧体诗作为结尾。"接着，抄录了毛泽东这首长征诗，没有标题。后来，斯诺在 1958 年出版的《复始之旅》一书中说，1936 年 10 月他在陕西保安采访毛泽东时，"他（指毛泽东）为我亲笔抄下了他作的关于红军长征的一首诗。在他的译员的帮助下，我当场用英文意译了出来。"

　　再后又发表于 1942 年 8 月 1 日《淮海报》附刊所登载的昌平《两首诗》、蒋锡金《毛主席诗词四首臆释》(中共东北局宣传部主持出版的《知识》杂志第7卷第6期〔总第42期〕纪念党生日特刊,1948年7月1日出版),其余三首为《西江月·井冈山》、《清平乐·六盘山》和《沁园春·雪》。1949年8月2日上海的《解放日报》发表时,题作《长征诗》,并注明转载自东北《哈尔滨日报》。

建国后又发表于1955年5月人民出版社编辑出版的《中国工农红军第一方面军长征记》一书,题为《毛泽东同志长征诗》。无标点符号,个别文字有异。后正式发表于《诗刊》1957年1月号,题为《七律·长征》。未署明写作时间。1963年12月人民文学出版社出版《毛主席诗词》时署明为"一九三五年十月"。1961年1月14日、1962年4月20日手书,仍题为"长征诗一首",1962年1月12日手书,题为"长征"。

据胡安吉《毛主席给我们朗诵诗》(《解放军文艺》1959年2月号)一文说:1935年9月,红军北上到甘南通渭时,毛泽东在红军副排长以上干部会上讲话,"最后,毛主席说:'我写了首诗读给你们听听,不知行不行。'"接着,毛泽东便朗诵了这首诗。中共中央文献研究室编《毛泽东年谱》载,1935年9月27日,毛泽东率陕甘支队到达通渭县榜罗镇。28日,出席陕甘支队连以上干部会议。年谱未提及毛泽东朗诵《长征》诗。萧永义在《毛泽东诗词史话》中说,当时部队缩编,排级相当于原来的连级或连级以上级别。蒋建农、郑光瑾在《长征途中的毛泽东》(红旗出版社1993年第1版)中说,这首诗是9月29日,毛泽东在红军到达通渭时,在干部会上讲话中即兴朗诵的。另外还有的材料说,9月29日晚,在通渭县文庙街小学,毛泽东接见一纵队第一大队先锋连全体指战员时,首次公开朗诵了这首诗。在随后的联欢晚会上,毛泽东又一次充满激情地朗诵了这首七律。2000年9月29日,由上海电视台与通渭县人民政府共建的主体造型为"V"形的《七律·长征》诗碑在毛泽东当年首次公开吟诵《长征》诗的所在地——文庙街小学落成。以上说法虽有小异,但大致上相同。根据这一资料,《长征》当作于"九月"。

成仿吾在《长征回忆录》中说,这首七律是作者在1935年冬写的。当时他还以第一批读者的身份聆听了朗诵。亦录以备考。

刘华清、张震在《长征精神永放光辉——纪念中国工农红军长征胜利六十周年》(1996年10月23日《文汇报》)中说,1934年8月,红军第六军团奉命西征,拉开了长征的序幕。10月,中央红军开始长征。随后,红军第二十五军、红军第四方面军和红军第二方面军(原第二、第六军团)也分别离开原来的根据地进行长征。在两年时间里,各路红军以无与伦比的英雄气概,粉碎了国民党上百万军队的围追堵截,战胜了自然界无数的艰难险阻,纵横十四个省,跨越万水千山,终于相继到达陕甘革命根据地。1935年9月初,红二十五军先期到达陕甘苏区,9月16日于延川与陕甘红二十六军、红二十七军胜利会师,并成立红十五军团。1935年10月,毛泽东率领的中央红军主力(由红一、三军团和军委纵队合编为中国工农红军陕甘支队)到达陕甘苏区,与红十五军团会师并重建红一方面军。1936年10月,中国工农红军第一、二、四方面军会师会宁城(在甘肃省中部,是古丝绸之路上的一座重镇),宣告了长征胜利结束。

最新研究成果表明,关于中央红军长征开始的时间,学术界多数认为应从中共中央、中华苏维埃共和国临时中央政府、中央革命军事委员会1934年10月10日从瑞金出发、率领中央红军实施战略转移开始计算。中央红军长征的出发地,应为瑞金,其他部队从当地出发长征,该地可称红军某军团长征出发地或中央红军长征出发地之一。1936年10月9日红一方面军和红四方面军在甘肃会宁地区会师。同月22日,红一方面军和红二方面军在将台堡地区(今属宁夏西吉县)会师。党史界将这两次会师联系在一起称之为红军三军大会师。(王新生《红军长征研究若干争议问题》,《百年潮》2006年第9期)。

又据最新统计,红军参加长征的部队人数,中央红军(红一方面军)1934年10月离开中央苏区开始长征时兵力八万六千余人,1935年10月陕甘支队到达陕北时兵力七千余人;红二、六军团(红二方面军)1935年11月离开湖南桑植开始长征时兵力一万七千余人,1936年参加红军三大主力会师时兵力一万三千三百余人;红四方面军1935年5月嘉陵战役后离开川陕苏区开始长征时兵力八万余人,1936年10月参加红军三大主力会师时兵力三万三千余人;红二十五军1934年11月离开鄂豫皖苏区开始长征时兵力两千九百余人,1935年9月到达陕甘苏区时兵力三千四百余人。(《红军参加长征的部队》,2006年11月1日《党史信息报》第749期)

红军长征经过的地方,有十五个省、市、自治区,二百四十七个市、县、区。

这十五个省、市、自治区是:江西、福建、广东、湖南、广西、贵州、重庆、云南、四川、青海、河南、湖北、甘肃、宁夏、陕西。(《今日长征路》,中共党史出版社)

据不完全统计,红军长征中,经历了大约一百二十次主要战役、战斗,共歼敌四十个团,击溃敌军数百个团,击落敌机四架,缴获长短枪三万多枝、轻重机枪三百三十多挺、火炮二十多门,骡马约两千匹。

红一方面军长征历时一年,长驱两万五千里,纵横十一个省,平均每天行军三十五公里;红二方面军长征历时一年,行程两万余里,转战八个省;红四方面军长征历时十九个月,曲折转战四个省;红二十五军长征历时十个月,途径四省,转战近万里。

又据统计,诗中主要写到的红军第一方面军,长征共三百六十八天,几乎每天都有一次遭遇战,有十五天整天用在打大决战上,有二百三十五天用在白天行军上,在路上只休息了四十四天,平均走三百六十五华里才休息一次,日平均行军七十四华里。红军第一方面军,共爬过十八条山脉,渡过二十四条河流,经过十一个省,占领过大小六十二座城市,突破了十个地方军阀的封锁包围,打败了追击的国民党中央军,开进和通过了六个不同的少数民族地区。红一方面军由出发时的八万余人,到达陕北时只剩下七千多人,但这一战略大转移终于取得了伟大的胜利。

"长征",石仲泉《"长征"一说之来历》说,1935年5月,红军渡过金沙江,进入四川大凉山彝族聚居地后,由总政治部宣传部宣传干事陆定一起草,以红军总司令朱德名义发布的《中国工农红军布告》,第一次使用"红军万里长征"这个词语。布告六字一句,共二十六句,一韵到底,一百五十六字,揭露四川军阀的罪行,准确扼要地表述了中国共产党和中国工农红军的宗旨、任务、政策、纪律。"红军万里长征,所向势如破竹。今已来到川西,尊重彝人风俗。真正平等自由,再不受人欺辱。希望努力宣传,将此广播西蜀。"6月,中央红军与红四方面军先头部队会合时,红四方面军向中共中央的报告亦称,西征军万里长征。8月,中共中央在毛儿盖召开的政治局会议通过的决议指出:一方面军的一万八千里的长征,是中国历史上空前伟大的事业。9月,中央俄界会议说,中央红军经过了"两万余里的长征"。10月,中央红军到达陕北,在吴起镇召开政治局会议宣告,中央红军的长征任务已经完成。这时,毛泽东写下了《七律·长征》。11月中下旬,以中国共产党中央委员会、中华苏维埃共和国中央政府、中国工农红军革命军事委员会名义发表的两个宣言,宣布中国工农红军主力"经过两万五千里长征",胜利到达中国西北地区。12月,毛泽东在《论反对日本帝国主义的策略》报告中,进一步精辟地论述了长征的伟大意义。这样,"长征"一词便广泛流传开来,成了有特定内涵的历史词语。

"红军",郭润生《"红军"一词的由来》说,1927年8月1日,周恩来、朱德、贺龙、叶剑英、刘伯承等领导的南昌起义部队沿用北伐战争时期国民革命军这一番号。"八七"会议后毛泽东领导了秋收起义。部队称为工农革命军。同年11月13日,湖北黄麻起义,部队称农民自卫军。14日,农民自卫军攻克黄安县城,建立工农民主政权——黄安县政府。当地书法家吴兰阶写了一副对联:"痛恨绿林,假称白日青天,黑夜沉沉埋赤子;光复黄安,试看碧云紫气,苍生济济拥红军。"这副对联贴在县政府大门两旁。从此,"红军"的称号开始使用。1927年12月11日,张太雷、叶挺、叶剑英等领导的广州起义,部队打出了工农红军的旗号。1928年朱德和毛泽东在井冈山会师,组成中国工农革命军第四军。5月25日中央发布《中央通告第五一号——军事工作大纲》,明确规定:"可正式命名为红军,取消以前工农革命军的名义。"不久,毛泽东、朱德正式将工农革命军第四军改称"中国工农红军第四军。"接着,全国各地的工农革命军先后改称为红军。1930年中共中央发出《关于全国红军指挥问题》,统一了各地红军的序列和番号。

长征时,红军入贵州后,国民党军在贵州北面和东面布置重兵,准备堵截。红军避开敌人的主力,向南进军,突入云南,再折向西北,于1935年5月1日决定,红五军团和军委纵队以一天一百二十里的急行军,占领会理县南边的皎平渡(皎平渡位于云南省禄劝县皎西乡,与四川省会理县隔江相望)的金沙江渡口。5月3日,刘伯承率军委纵队干部团抢占皎平渡,捉到两只敌人侦察用的木船,奇袭对岸守敌一个正规连和一个保安队。5月3日晚,毛泽东、朱德、周恩来等率领军委纵队赶到皎平渡过江,在北岸组成渡江指挥部。以后红军又依靠七只木船,至5月9日,奋战七天七夜,中央红军第一、第三、第五军团三万多人全部渡过金沙江,摆脱了国民党几十万大军的围追堵截。国民党追兵在薛岳率领下赶到金沙江边时,已是红军过江后的第七天,船只已经烧毁,只能隔江兴叹。在滇黔边单独行动的红九军团也在东川(今会泽)以西的树节、盐井坪地区渡过金沙江。至此,国民党数十万"追剿"部队被甩在金沙江以南,中央红军取得战略转移的决定性胜利。红军到达金沙江边是5月上旬,这一带气候,春夏间常是昼暖夜寒(早晚有时也很凉),红军渡金沙江在白天,当时天气极炎热,红军战士莫不痛饮冷水。

　　在中国近代史上,1863年,在大渡河南岸安顺场渡口一带,太平天国翼王石达开率领的太平军被洪流所阻,七千大军惨死在清军刀下。在中国工农红军长征中,1935年5月,当蒋介石做着"红军将蹈石达开覆辙"美梦的时候,24日晚,中央红军先遣部队占领石棉县安顺场,随即控制了安顺场渡口。25日,十七勇士组成突击队,驾一只从敌人手中夺回的小船,强渡大渡河安顺场渡口,取得了胜利。26日,毛泽东同周恩来、朱德到达安顺场,因安顺场水深流急,船少人多,几万人马难以迅速过河,遂决定中央红军主力火速抢占距离安顺场三百二十里的泸定桥,由林彪率红一军团第二师和红五军团为左纵队,沿大渡河右岸前进;由刘伯承、聂荣臻率红一军团第一师为右纵队,继续从安顺场渡河,沿大渡河左岸前进,互相策应,限期夺取泸定桥;命令左路军先遣队一天追敌二百四十里,去夺取泸定桥。

　　29日拂晓,先遣队到达泸定桥时,桥上木板已经被敌人拆掉。桥东是泸定城,城周围是两丈高的城墙,西城门正堵住桥头。城里有几个团敌人,在山坡上修着严密的工事。敌人用机关枪和迫击炮封锁着桥头。下午,红一军团第一师第四团二十二名英雄组成突击队,准备抢渡。下午四时,冲锋号响了,枪声、炮声、口号声震动山谷。战士们热血沸腾,怒火千丈,冒着浓密的弹雨,沿着铁索攀援过去。刚接近桥头,敌人就放起冲天大火,把桥头城门封住。二十二名勇士奋不顾身,从火海中冲进城内。接着,大队人马渡过泸定桥,经过两小时激战,消灭敌人两个团,控制了泸定桥,战斗取得了胜利。左路军过河后与右路军会合。红军主力从泸定桥渡过大渡河天险,继续北上。5月31日,毛泽东通过铁索桥至泸定县。至 6 月 2 日,中央红军全部渡过大渡河,粉碎了蒋介石使中央红军成为"石达开第二"的企图。

红军长征于 1935 年 6 月中旬从四川的夹金山开始,翻越五个大雪山,行军三十一天,共两千七百余里。诗中用岷山来概括了长征中越过的这许多千里积雪的山峦(像红军 1935 年 6 月过的夹金山、梦笔山,7 月过的长板山、打鼓山、拖罗岗)。岷山,同时还特指甘肃境内的岷山(大刺山),有名的天险腊子口即在其上。红军越过岷山,就最后地脱离了雪山草地地区。9 月 17 日,陕甘支队突破天险腊子口。9 月 18 日,毛泽东同陕甘支队第一纵队翻越岷山(指大刺山),到达鹿原里。

《毛泽东年谱》载:1935 年 9 月 20 日,"在宕昌县哈达铺出席中共中央政治局常委会。""在哈达铺期间,毛泽东从国民党报纸上了解到陕北有相当大的一片苏区和相当数量的红军。"9 月 27 日,"率陕甘支队到达通渭县榜罗镇。出席中共中央政治局常委会议。根据最近了解的情况,会议改变俄界会议关于接近苏联建立根据地的决定,确定把中共中央和陕甘支队的落脚点放在陕北,'在陕北保卫和扩大苏区'。"

攻克腊子口后,通过红军侦察连在军阀鲁大昌的一个少校行李中缴获的几份报纸,聂荣臻看到了徐海东红军与陕北刘志丹红军汇合的消息,立即把报纸送到毛泽东手中,毛泽东高兴地说:"好了!好了!我们快到陕北根据地了。"毛泽东、周恩来、博古决定率领陕甘支队昼夜兼程向陕北进发。(陈东林《毛泽东诗史》)

红军在长征途中渡过了二十四条大河,其中有红军遭到失败的湘江之战和毛泽东重新回到领导岗位以后取得胜利的四渡赤水,为什么毛泽东在《七律·长征》中都没有表现,而描写了金沙江和大渡河?有论者认为,这是因为:除了地理上的著名之外,金沙江在历史上又称作泸水,诸葛亮在《出师表》中所说的"五月渡泸,深入不毛",就是指的金沙江。诸葛亮率军渡泸时间和红军渡金沙江相差无几,而诸葛亮渡泸却被瘴气夺走了一千多名士兵的性命。与之相比,红一、红三与红九军团在 1935 年 5 月 4 日至 9 月巧渡金沙江,终于摆脱了数十万国民党军的围追堵截,取得了战略转移的决定性的胜利。而大渡河更是使人们想起了太平天国的将领石达开,就是大渡河紫打地(安顺场)的失败,十几万大军全军覆没。石达开留下了"只觉苍天方聩聩,欲凭赤手拯元元"的诗句,在成都被凌迟处死。当红军到达大渡河时,蒋介石就发出了"让朱毛成为石达开第二"的叫嚣,然而红军却险处逢生,十八勇士冒着敌人的炮火,从空荡荡、光溜溜的铁索上攀爬过去,勇夺泸定桥,遇到的危险和困难都是难以想象的。

1965 年冬,郭沫若为夫人于立群 1963 年 7 月 1 日所书毛泽东《七律·长征》条幅题跋,云:"毛主席长征诗,写于一九三五年十月,富有战略上貌视困难,战术上重视困难之深意。视五岭之逶迤如腾细浪,视乌蒙之磅礴如走泥丸,此藐视困难也。忆及金沙江之巧渡,大渡河之抢渡,则是重视困难也。跋立群所书长征诗,以赠黄　同志,不知以此解为如何。"郭沫若这段话,别具慧眼,见解独到而深刻,对于我们如何理解诗中的"腾细浪"、"走泥丸",特别是难解的"冷"与"暖",以及全诗主旨,都很有启发,使我们领悟到,诗人将五岭、乌蒙视为"细浪"、"泥丸"、对金沙江水、泸定铁索感到一"暖"一"寒",既是从当时的实景实物出发,同时更是诗人在特定环境中的特定感受。全诗的主旨,就在于"红军不怕远征难",整首诗是以叙事表抒情,"更喜岷山千里雪"而达于情感的高潮。

　　发表于《外国记者西北印象记》封三上的毛泽东《七律·长征》为现在所见最早的文本。竖排,每排两句,无标点符号。

毛泽东所作红军长征诗一首

红军不怕远征难　　万水千山只等闲

五岭逶迤腾细浪　　乌蒙磅礴走泥丸

金沙浪拍悬岩暖　　大渡桥横铁索寒

更喜岷山千里雪　　三军过后尽开颜

　　《西行漫记》中这首诗没有标题,文字与《外国记者西北印象记》完全相同,标点符号与正式发表的文字相同。

　　手书(六)为现在所见最早的手书,看来是三十年代手迹,除第五句作"金沙浪拍悬岩暖"外,第七句作"最喜岷山千里雪",其余与正式发表的文字相同,无标点符号。可作为这首诗的第二种文本。

　　据周允中《毛泽东〈长征〉诗作原稿》(上海《世纪》1999年第4期)说:1937年12月21日上海出版的、由林憾庐、林语堂、陶亢德主编的《宇宙风》第五十五期,刊有任天马撰写的报告文学《从游击战到朱德煮饭》,该文内容是介绍他于1936年春去延安参观游历和采访的新闻报道。提及毛泽东当时曾将自己创作的七言律诗《长征》的原稿,抄录给他看过,他记录了下来。全诗为:

红军不畏远征难,

万水千山似等闲。

五岭参差翻细浪,

乌梁磅礴走泥丸。

金沙浪迫悬崖暖,

大渡桥横铁索寒。

更喜岷山万重雪,

三军过后尽开颜。

1982年9月江苏人民出版社出版的阿英《敌后日记》,作者抄录自1942年8月1日中共淮海区委(后淮海地委)机关报《淮海报》附刊所载的昌平《两首诗》一文,"介绍毛泽东同志长征诗"。"其一,系抗战初期在沪上所见者"(指《七律·长征》,无标题。另一首题为《长征谣》,即《清平乐·六盘山》)。全诗为:

红军不怕远征难,

万水千山似等闲。

五岭苍茫翻细浪,

乌梁滂沱走泥丸。

金沙拍岸悬崖暖,

大渡桥横铁锁寒。

更喜岷山千里雪,

三军过后尽开颜。

另一件比较早的文本是1947年10月冀南书店出版的《二万五千里》一书中所刊载的。该书是选辑红军总政治部1937年2月编成(当时名为《二万五千里》)、1942年11月八路军总政治部宣传部印行的《红军长征记》的一些篇章而成的。在该书的最前面,用一个单页刊出了毛泽东的长征诗和六盘山词,总题目为《毛主席咏红军长征》,其中前一首为长征诗,全文如下:

红军不怕远征难,

万水千山只等闲。

五岭逶迤翻细浪,

乌梁磅礴走泥丸。

金沙浪翻悬崖暖,

大渡桥横铁索寒。

更堪岷山千重雪,

三军过后尽开颜。

最早唱和毛泽东这首诗的是袁国平。袁国平回忆说:"长征时,我任三军团政治部主任。当我军胜利完成长征后,毛主席写了一首长征诗,我也和了一首。"袁国平《和毛主席长征诗》是:

万里长征有何难?

中原百战也等闲。

毛泽东诗词

驰骋潇湘翻浊浪，

纵横云贵等弹丸。

金沙大渡征云暖，

草地雪山杀气寒。

最喜腊子口外月，

夜辞茫荒笑开颜。

后来，袁国平任新四军政治部主任，1941年皖南事变中牺牲。

关于毛泽东手书《七律·长征》，有如下记载：1936年10月斯诺访问延安时，多次请求毛泽东谈自己的革命经历，毛泽东考虑了很久，总算答应了，于是开始了"一个共产党员的经历"的著名谈话。一连十几个晚上，从九点多钟到凌晨两点多钟左右。斯诺在吴亮平的翻译下，一边记录一边不断地提出一些问题。旁听者有贺子珍和马海德医生。当毛泽东讲完长征的故事后，提笔书录了《七律·长征》，送给斯诺。斯诺接过墨迹，一边欣赏对西方人来说相当陌生的书法，一边听吴亮平对诗句的翻译，不禁脱口说道："你真是一位书法家！"毛泽东笑着摇摇手说："我哪里称得上书法家。"这是毛泽东第一次将自己的诗词书法送给外国人。

索尔兹伯里《长征——前所未闻的故事》一书中也曾说，在瓦窑堡的新窑洞里，毛泽东用驼毛小楷笔在宣纸上写《七律·长征》。

又有一次在延安时，毛泽东接见王炳南的妻子、德国人王安娜，谈话到深夜十二点多钟结束时，毛泽东书赠给她一幅《长征》墨迹。

1962年4月，李银桥调离毛泽东身边到天津工作，他特地用一个月的薪水在紫宝斋买了个最大最长的书法折子，请毛泽东题诗留念。

4月21日晚饭后，李银桥和妻子韩桂馨、两个孩子到毛泽东住地中南海游泳池与毛泽东话别。李银桥回忆说："我曾请毛泽东为我写字，老人家已经事先写好，写在一个很长的折子里。老人家说：'近来没作新诗，抄了一首旧诗送给你吧。'打开看时，是毛泽东1935年10月所作的七律诗《长征》。我很满意，收好折子坐回沙发上。这时，吕厚民同志给我们全家同毛泽东一道又合了一张影。照片中我手中拿的就是毛泽东赠我的折子。后来，我请许多中央首长在折子上题了词，还有许多著名画家画的画。可惜，到天津后，被河北省委书记林铁和他的夫人弓彤轩借去看，说是'文革'期间丢了。再不曾要回来。"这件书迹当时曾拍成照片，刊发在1965年7月31日《解放军报》、《光明日报》上。李银桥《在毛泽东身边十五年》一书的附图中有"毛泽东亲笔书赠李银桥的《长征》诗墨迹照"。

邸延生著《历史的真言——李银桥在毛泽东身边工作纪实》说，毛泽东书赠李银桥的

《七律·长征》诗是写在荣宝斋精制的折子上的。又说，回去以后，当天晚上，李银桥一家人争抢着看毛泽东写的《长征》诗，忽然，李银桥发现，"大渡桥横铁索寒"的诗句中少写了一个"索"字，便说："明天我去请毛主席再给写上。"第二天，李银桥拿着诗折去见毛泽东，毛泽东笑了笑，提笔在"铁"字旁面加了一个"索"字。离开毛泽东，李银桥又去请刘少奇、周恩来、朱德、邓颖超在毛泽东写诗的折子后面题写了赠言。郭沫若知道后，看了毛泽东写的《长征》诗，赞不绝口，并说"索"字加写的就如神来之笔，巧夺天工，即兴在折子后面写了一首律诗。经郭沫若推荐，多位著名画家依次在折子后面画了画。《光明日报》社的记者知道后，特意找上门来，为毛泽东手书的《长征》诗拍了照，不久刊出在《光明日报》上。

　　1961年8月，中共中央工作会议在庐山召开。为了活跃会议生活，负责生活、保卫的公安部副部长兼江西省副省长汪东兴，把南昌市的几个剧团调上山，陪首长跳舞，并且指定了四个女孩子专陪毛泽东，农垦文工团邢韵声就是其中之一。有一次，猛然间，她看见毛泽东手上带的那块表又老又旧，表壳上的镀铬都快脱光了，表盘上的刻度模糊不清。

　　9月中旬，毛泽东就要离开庐山了。他知道邢韵声很想送送他，一天早晨，毛泽东派人把她接去。当她知道毛泽东即将离开的消息时，不知如何是好，也不知说什么话来表达对毛泽东的感情。她想送个什么东西给毛泽东留念，突然想起毛泽东那块老掉牙的手表。心想，主席日理万机，年龄越来越大，眼睛越来越不好使，需要一块好表。她看了看自己手腕上那块英纳格手表，这是她参加工作时，母亲用多年积蓄花了二百多元钱给她买的。她平时非常珍爱它，一般时候都不大戴。她毅然将表从手腕上脱下来，双手递给毛泽东。毛泽东略一迟疑，便郑重地收下了那块表。

　　毛泽东说："小邢啊，你是个大方人咯，我也不能小气哟。"毛泽东站了起来，想了想，走到桌前，拿起一叠昨晚练笔写下的诗稿，其中有一首是"红军不怕远征难"，毛泽东说："就送几首诗给你吧。"邢韵声接过诗稿，小心翼翼地将它放进西装裙的口袋里。口袋浅小，诗稿有大半截露在外面。毛泽东说："噢，这样不行。"又拿过诗稿，从自己口袋掏出一块丝手帕，把诗稿包了起来。毛泽东又说："要放好，不要让人家看见。我是作为朋友送你的。大家都没有，你有，人家会妒嫉。"1962年3月，毛泽东视察工作到南昌，繁忙的工作之余，还没有忘记见见小邢。在握手时，毛泽东发现小邢还没有买表。到了5月份，毛泽东又约她到上海见面，毛泽东离开上海时，又想起表的事，特意打电话到北京瑞士大使馆，定购了一块表来，然后又叫吴旭君专门送到她家里。这块表现在她一直珍贵地保存着。

　　张铁民《〈七律·长征〉轶事》一文中说，1939年四五月间，延安开展一系列活动，纪念鲁迅艺术学院成立一周年。有音乐会，正式公演了后来唱遍全国的《黄河大合唱》；有大型展览，展出鲁艺师生的作品。毛泽东为鲁艺一周年纪念题词"抗日的现实主义，革命的浪漫主义"，还特地书写了《七律·长征》、《清平乐·六盘山》两件诗词书法，送去和鲁艺师生的作品一同展出。这大概是毛泽东一生中唯一的一次将自作诗词书法作品送展。(2006年9月27日《党史信息报》第744期)。

还有资料表明，毛泽东曾将《长征》诗手书多次赠送给外国友人，除斯诺、王炳南夫人、德国人王安娜外，还有美国记者、作家史沫特莱。

又据陈志昂《论毛泽东诗词歌曲》(《音乐研究》1996年12月第4期)说，"抗日战争时期，在敌后根据地流传的，似乎只有七律《长征》，可能这也是最早被谱成歌曲的毛泽东诗词。大约从1940年起，这首由王承骏(久鸣)谱曲的《长征》，在敌后根据地开始为人传唱。"

这首诗现在所见有八件手书：(一)、(二)标题为《长征诗一首》。诗末写有"毛泽东一九六二年四月二十日"字样。竖写，有标点符号。两者除个别文字不同外，格式、标点符号完全相同。手书(一)为原件，即毛泽东书赠李银桥的那件。手书(二)系由他人将手书(一)中"金沙浪拍云岩暖"的"浪"字改为"水"字而成。(三)诗末写有"长征诗一首，一九六一年二月十四日写。"字样。竖写，有标点符号。(四)诗末有"右长征诗一首 毛泽东"字样。竖写，有标点符号。(五)标题为《长征》。诗末写有"毛泽东 一九六二年一月十二日为孩子书"字样。竖写，有标点符号。(六)无标题。诗末署名"毛泽东"。竖写，无标点符号。为毛泽东三十年代的手迹。(七)无标题。竖写，无标点符号。(八)无标题。诗末写有"毛泽东 九月一日"字样。竖写，有标点符号。

"五岭逶迤腾细浪，乌蒙磅礴走泥丸"，臧克家回忆1960年前后听袁水拍传达毛泽东亲自回答问题时所作的记录说："五岭逶迤腾细浪，乌蒙磅礴走泥丸。我的草草铅笔记录是'两说均可'，也就是说：队伍在高山峻岭中如细浪，如走泥丸；或说山岭本身像细浪，似泥丸。"1964年1月27日，毛泽东口头答复外国文书籍出版局《毛主席诗词》英译者说："把山比作'细浪'、'泥丸'，是'等闲'之意。"手书(七)中，"磅礴"作"磅薄"。

"金沙水拍云崖暖"，这句诗中"水拍"原作"浪拍"，"云崖"原作"悬崖"。(见《外国记者西北印象记》、《中国工农红军第一方面军长征记》)《诗刊》1957年创刊号发表时已改。

1958年12月21日，毛泽东在文物出版社同年9月刻印的大字本《毛主席诗词十九首》书眉上批注说：

水拍：改浪拍。这是一位不相识的朋友建议如此改的。他说：不要一篇内有两个浪字。是可以的。

《诗刊》1957年1月号发表时已改为"水拍"。（毛泽东同时又将这句的"悬崖"改为"云崖"。）多年来，不少报刊发表文章说，这位不相识的朋友，指山西大学历史系教授罗元贞。

罗元贞解放初期在东北大学历史系任教。1951年，他决定调往山西大学任教，可是直到1952年元旦，仍未启程。那时，毛泽东《七律·长征》一诗已有传阅。他读了此诗，感到律诗中的颔联、颈联应特别考究，而毛泽东这首七律的第三句和第五句中都出现"浪"字，且含义相同，总似欠妥，觉得将第五句的"浪拍"改为"水拍"较为合适，这样虽然与第二句中的"万水千山"中的"水"字重复，但总比与第三句中的"浪"字重复为好，于是他就在元旦给毛泽东写信，在给毛泽东贺年的同时，并建议将该诗第五句中的"浪拍"改为"水拍"。过了半个月，罗元贞收到毛泽东这年1月9日的复信，信中说："一月一日来信收到，感谢你的好意。"于是罗元贞是"一字师"之说不胫而走。后来毛泽东又把"悬"改作"云"。

《毛泽东诗词全编鉴赏》说，当年罗元贞确实曾致信毛泽东，毛随即给罗复信，但两人信中都未提到《长征》诗中"浪拍"改"水拍"的问题。罗元贞的同乡罗亚辉等到中央档案馆也只查到上述两封信，没有查到其他来往信件。为此，他们曾发表文章质疑"一字师"的说法。罗元贞在1990年给广东兴宁老人会的信上说，他在1952年之前买了中华书局周振甫注释的《毛主席诗词选》（二十五首）。此说也受到他的兴宁同乡的质疑，因为根本不存在那本书。

手书（一）、（五）、（七）、（八）中，这句作"金沙浪拍云岩暖"。手书（二）这句作"金沙水拍云岩暖"。手书（三）、（四）中，这句均作"金沙浪拍云崖暖"。手书（六）中这句作"金沙浪拍悬岩暖"。

"大渡桥横铁索寒"，笔者所见朱德手书毛泽东《七律·长征》诗，这句写作"大渡桥横铁锁寒"。

"更喜岷山千里雪"，手书（六）作"最喜岷山千里雪"。手书（七）作"更有岷山千里雪"。

"三军过后尽开颜"，锡金《毛主席诗词四首臆释》这句"开"字下夹注"一作欢"。1958年12月21日，毛泽东在文物出版社同年9月刻印的大字本《毛主席诗词十九首》的书眉上批注说：

三军：红军一方面军，二方面军，四方面军。不是海、陆、空三军，也不是古代晋国所作上军、中军、下军的三军。

《毛主席诗词选》和1996年9月《毛泽东诗词集》初版均注为："三军：古时军队曾有分

中、上、下或中、左、右三军的,以后泛指整个军队。"2003 年 12 月新版《毛泽东诗词集》改用作者自注。笔者以为,作者自注这一说法应视为作者后来的解释。本书编著者认为"三军"在这里是军队总体的通称。因为毛泽东《七律·长征》通篇都是写的红一方面军长征的战斗历程。毛泽东写作这首诗时,红四方面军(及一方面军一部)由于张国焘推行错误路线,已南下川康边境;红二方面军尚未成立,其前身红二、六军团(1936 年 7 月组建为二方面军)仍在湘鄂川黔根据地,尚未开始长征。红四方面军、红二方面军 1936 年 7 月方越过岷山山脉,1936 年 10 月,三个方面军才胜利会师,长征结束。但也有的认为,毛泽东具有革命浪漫主义情怀,《长征》诗结句寓有作者对红军三个方面军通过长征达到胜利会师的期盼。当时虽然没有红二方面军的番号,实际上早已把红军二、六军团内定为二方面军了。谨录以备考。

【注释】

〔1〕七律:七言律诗的简称。 律诗:诗体名,旧体诗的一种,格律严密,故名。起源于南北朝,成熟于唐初。八句,四韵或五韵,句内和句间要讲平仄,中间两联必须对仗,第二、四、六、八句押韵,首句可押可不押,通常押平声,必须一韵到底。分五言、七言两体,简称五律、七律,亦偶有六律,有每首十句以上者,则称排律。 长征:指中国工农红军二万五千里长征。1934 年 10 月间中央红军主力从中央革命根据地出发作战略大转移,经过福建、江西、广东、湖南、广西、贵州、四川、云南、西康、甘肃、陕西十一个省,击溃敌人的多次围追堵截,战胜了军事上、政治上和自然界的无数艰险,行军两万五千华里,终于在 1935 年 10 月到达陕西北部的革命根据地。

〔2〕红军不怕远征难:见本诗解说部分。

〔3〕万千:极言其多。 万水千山:形容路途遥远艰险。唐代贾岛《送耿处士》有"万水千山路,孤舟几月程"之句。 等闲:看得平常,不在意。唐代孟郊《送淡公十二首》:"兹焉激切

句,非是等闲歌。"宋代朱熹《春日》:"等闲识得春风面,万紫千红总是春。"

〔4〕五岭:是大庾岭、骑田岭、都庞岭、萌渚岭、越城岭的总称,绵延在江西、湖南、广东、广西四省区边境。《史记·张耳陈余列传》:"北有长城之役,南有五岭之戍。" 逶迤:道路、山脉、河流弯弯曲曲,延续不断的样子。汉代王粲《登楼赋》:"路逶迤而修迥兮,川既漾而济深。" 腾:上升或跳跃,这里是泛起的意思。

腾细浪:指从高处看山势的高低起伏,像大海中腾起的微细的波浪。

〔5〕乌蒙:即乌蒙山,绵延在云南省东北部和贵州省西部,东北——西南走向,海拔二千三百米左右。 磅礴:也作"旁薄"、"旁礴"、"旁魄",广博,宏伟。《荀子·性恶》:"齐给便敏而无类,杂能旁礴而无用。"晋代陆士衡(机)《挽歌诗》之二:"旁礴立四极,穹隆放苍天。"宋代文天祥《文山集》十四《指南后录·正气歌》:"是气所磅薄,凛烈万古存。"这里指广大无边的样子,形容山的气势雄伟。 走:指疾趋,即

跑,这里指滚动。 泥丸:泥做的小球。 走泥丸:在斜坡上滚下泥丸来。《汉书·蒯通传》:"犹号坂上走丸也。"这里意思是说,泥丸在斜坡上滚动时,跳动得快,成一条起伏的线,正像山势的起伏。清代林则徐诗:"谁道崤谷千古险,回首只看一泥丸。"

这两句是互文,也就是五岭山脉绵延起伏而气势磅礴,乌蒙山脉气势磅礴而绵延起伏。走泥丸和腾细浪也是交错着用的。由于站得高,视线跟着山峰的起伏奔跑,所以有动的感觉。红军把那样绵延起伏、气势磅礴的大山看作像细浪腾涌、泥丸跳动,正显出了红军形象的高大和革命的英雄气概,把越过崇山峻岭看作平常的事。

〔6〕金沙:即金沙江,指长江上游自青海省玉树县至四川省宜宾市的一段,因为产金沙,所以得名,这里指的是云南省元谋县北与四川省交界处的一段,江面宽阔,两岸相距约二百米,水流湍急,江的两岸除几个渡口外,均为悬崖绝壁,形势非常险要。 拍:拍打。 云崖:高入云霄的悬崖峭壁。 金沙水拍云崖暖:中央红军取得战略转移的决定性胜利,给战士带来一种温暖的感觉。同时,暖也指气候,金沙江水拍击着岸边暖和的悬崖峭壁。

〔7〕大渡:即大渡河,在四川省西部,是岷江的支流,这里指在泸定附近的一段,河水异常湍急,船只不能行驶。 泸定:是一座位于川西北深山峡谷中的高原小城。 桥:指泸定桥,在四川省泸定县城西,跨大渡河上,是四川通往西藏的重要桥梁,清代康熙四十四年(1705年)建。《四川通志》说,桥净跨"东西长三十一丈,宽九尺,施索九条,覆板其上,栏柱皆熔铁

为之。"也就是说约一百米长,三米多宽,桥面由九条碗口粗的铁链构成,上面铺着木板。又据其他资料说,两面各有同样粗的两条铁链作为栏杆,共用十三根铁索组成,每条重约二点五吨,皆碗口粗细。桥面高悬于水面上约三十丈。桥头碑上刻着两行诗:"泸定桥边万重山,高峰入云千里长。"桥下怒涛奔腾,形势险要。

横:指铁索桥横跨在大渡河上。 大渡桥横铁索寒:寒,写出了铁索是裸露的,接触时有一种寒的感觉,也写出了英雄的红军战士手攀裸露的铁索,桥下万丈怒涛,桥的对面敌人扫射,但他们却迎着枪林弹雨,冒着冲天大火,英勇地冲了上去,使凶恶的敌人为之魂飞魄散,这是何等的惊心动魄!

〔8〕岷山:在四川省北部,绵延川甘两省边境。高原状山地,海拔四千米左右,南北走向,长五百多公里,有"千里岷山"之称。岷山的南支和北支,有几十座山峰,海拔超过四千五百米,山顶终年积雪,称为大雪山。 更喜岷山千里雪:显得红军不怕过雪山的艰苦,还特别喜爱雪山壮丽的景色,写出红军的乐观精神。

〔9〕三军:《周礼·夏官·司马》:"凡制军,万有二千五百人为军。王六军,大国三军,次国二军,小国一军。"古时军队分中上下或中左右,后多用为军队的总体通称。 颜:面容。

开颜:现出笑容,欢欣喜悦的样子。唐代杜甫《宴王使君宅》:"自吟诗送老,相劝酒开颜。"

三军过后尽开颜:一方面写出了当时红军的心情,他们过岷山历尽艰难困苦,击溃敌人的围追堵截,终于取得了胜利而感到高兴;另一方面写出了红军过了岷山,长征已经接近尾声,目的地在望,长征即将取得伟大胜利的喜悦。

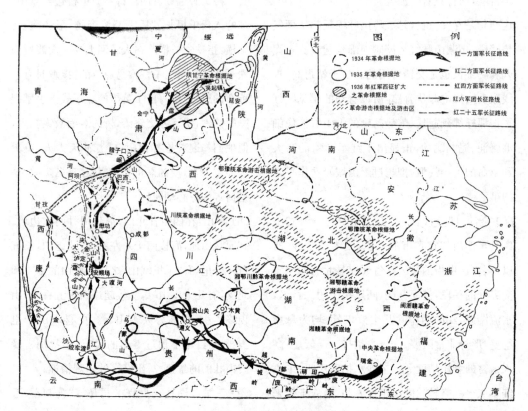

中国工农红军长征示意图

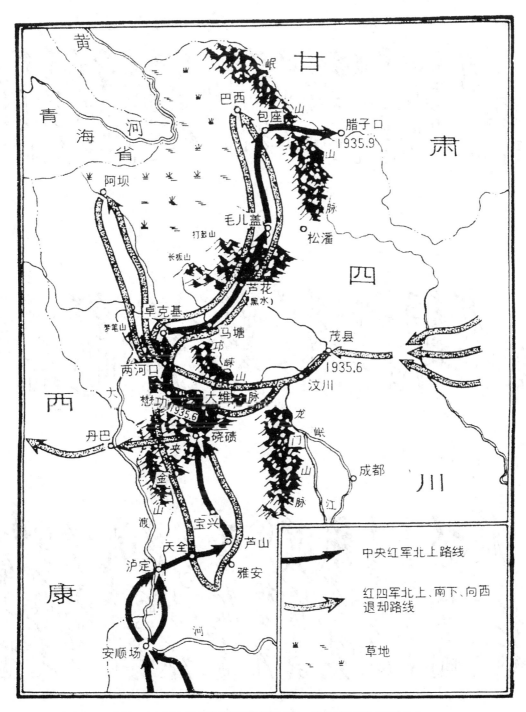

中国工农红军在雪山地带行军路线图(陈一琴《毛泽东诗词笺析》)

毛泽东诗词

第 一 辑

毛泽东手书《七律·长征》（一）

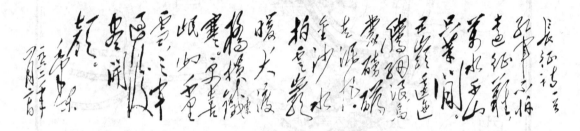

毛泽东手书《七律·长征》（二）

毛泽东手书《七律·长征》（三）

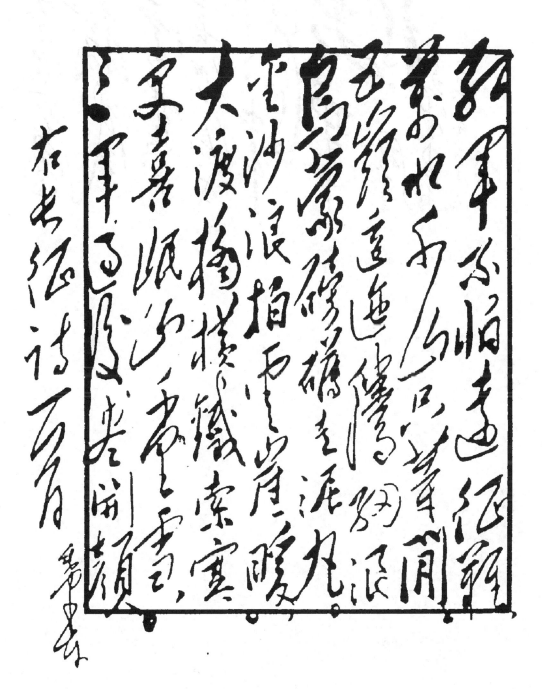

毛泽东手书《七律·长征》（四）

毛泽东诗词

第 一 辑

毛泽东手书《七律·长征》（五）

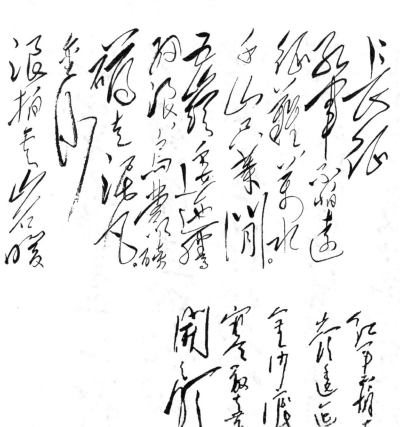

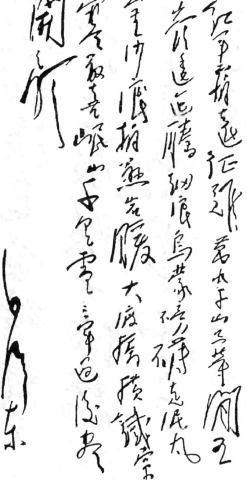

毛泽东手书《七律·长征》（六）

毛泽东诗词

红军不怕远征难，
万水千山只等闲。
五岭逶迤腾细浪，
乌蒙磅礴走泥丸。
金沙水拍云崖暖，
大渡桥横铁索寒。
更喜岷山千里雪，
三军过后尽开颜。

毛泽东手书《七律·长征》（七）

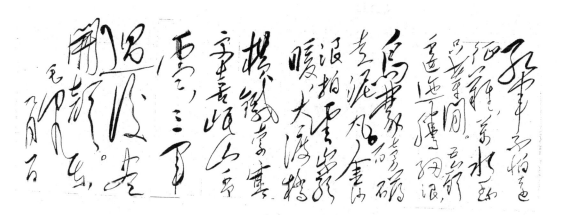

毛泽东手书《七律·长征》（八）

毛泽东诗词

念奴娇

昆仑

一九三五年十月

横空出世，

莽昆仑，

阅尽人间春色。

飞起玉龙三百万，

搅得周天寒彻。

夏日消溶，

江河横溢，

人或为鱼鳖。

千秋功罪，

谁人曾与评说？

而今我谓昆仑：

不要这高，

不要这多雪。

安得倚天抽宝剑，

把汝裁为三截？

一截遗欧，

一截赠美，

一截还东国。

太平世界，

环球同此凉热。

[作者原注] 前人所谓"战罢玉龙三百万，败鳞残甲满天飞"，说的是飞雪。这里借用一句，说的是雪山。夏日登岷山远望，群山飞舞，一片皆白。老百姓说，当年孙行者过此，都是火焰山，就是他借了芭蕉扇扇灭了火，所以变白了。

念奴娇,词牌名。双调一百字,仄韵,亦有用平韵者。原为唐教坊曲名。念奴是唐天宝年间(742—765 年)著名歌伎,元稹《连昌宫词》说"力士传呼觅念奴,念奴潜伴诸郎宿……春娇满眼睡红绡,掠削云鬟旋妆束",调名由此而得。上片四十九字,下片五十一字,各十句四韵。此调音节高亢,英雄豪杰之士多喜用之,宜于抒写豪情壮志。又名《大江东去》、《千秋岁》、《酹江月》、《杏花天》、《赤壁谣》、《壶中天》、《大江西上曲》、《百字令》等。

这首词最早发表于《诗刊》1957 年 1 月号,未署明写作时间。1963 年 12 月人民文学出版社出版《毛主席诗词》时署明为"一九三五年十月"。这首词,《诗刊》1957 年 1 月号发表时,排在《清平乐·六盘山》之后,1963 年 12 月人民文学出版社出版《毛主席诗词》时改排在《清平乐·六盘山》之前。

"昆仑",即昆仑山,是我国最大的山脉,同时也是亚洲最大的山脉之一,其主脉在新疆维吾尔自治区和西藏自治区交界处,西接帕米尔高原,东延入青海境内,分北、中、南三支伸展。东西长约两千五百公里,海拔六千米左右,多雪峰。最高峰是木孜塔格山,海拔七千七百二十三米。其南支向东延伸后与岷山相接,因而红军长征时所经过的岷山,也可以看作昆仑山的一个支脉(《毛泽东诗词集》注)。1935 年 9 月红军长征队伍进入岷山,毛泽东曾登山远望昆仑群山,嗣后,根据亲身经历,写成这首以反对帝国主义为主题的词篇。

1958 年 12 月 21 日,毛泽东在文物出版社同年 9 月刻印的线装大字本《毛主席诗词十九首》书眉上批注说:

昆仑:主题思想是反对帝国主义,不是别的。

1957 年 5 月 21 日毛泽东学英语时也曾说过同样内容的话:"《念奴娇·昆仑》这首词的主题思想是反帝的。"(林克《忆毛泽东学英语》,见《毛泽东的读书生活》,生活·读书·新知三联书店 1986 年 9 月第 1 版)

长征没有经过昆仑山脉,而且毛泽东也根本没有见过昆仑山脉,那么,毛泽东为什么写这首词? 有论者认为,毛泽东的灵感来自红军长征时经过的昆仑山支脉岷山的千里雪,或者来自于 6 月 15 日,毛泽东等联名发表的《为反对日本并吞华北和蒋介石卖国宣言》和中共中央发表的《八一宣言》,已经明确提出要打倒日本帝国主义,以及 6 月 16 日毛泽东与朱德、周恩来、张闻天联名发表《应在川陕甘三省建立苏维埃政权给四方面军电》,其中提到"今后我一、四两方面军总的方针应是占领川、陕、甘三省,建立三省苏维埃政权,并于适当时期,以一部组织远征军占领新疆。"占领新疆的目的是打通与苏联的国际路线,这里已经把中国革命与抵抗日本侵略和打通国际路线联系到一起,因此毛泽东

毛泽东诗词

想到了世界大同及共产主义理想，正因为此，毛泽东才创作出《念奴娇·昆仑》一词。这一看法可供参考。

这首词，主要有四种文本，按照写作时间先后，为：

第一种：

念奴娇

横空出世

莽昆仑

阅尽人间春色

飞起玉龙三百万

都是此君馀脉

夏日销融

江河横溢

人或为鱼鳖

千秋功罪

谁人曾与评说

而今我谓昆仑

不要这高

不要这多雪

安得倚天抽宝剑

姑且裁为三截

一截抛洋

一截填海

一截留中国

太平世界

环球同此凉热

此种见手书(五)。

第二种：

横空绝世，

莽昆仑，

揽尽人间春色。

飞起玉龙三百万，

都是此君馀脉。

夏日销融，

江河横溢，

人或为鱼鳖。

千秋功罪，

谁人曾与评说？

而今我谓昆仑：

不要这高，

不要这多雪。

安得倚天抽宝剑，

把汝挥为三截。

一截遗欧，

一截赠美，

一截留中国。

太平世界，

环球同此凉热。

调寄念奴娇　登岷山　一九三五

此种见手书（二）。

第三种：

念奴娇

横空出世，

有昆仑

阅尽人间春色。

飞起玉龙三百万，

都是此君馀脉。

夏日销融，

江河横溢，

人或为鱼鳖。

毛泽东诗词

千秋功罪，

谁人曾与评说？

而今我谓昆仑：

不要这高，

不要这多雪。

安得倚天抽宝剑，

姑且截为三截？

一截遗欧，

一截赠美，

一截留中国。

太平世界，

环球同此凉热。

〈注〉宋人咏雪诗云："飞起玉龙三百万，败鳞残甲满天飞"。昆仑各脉之雪，积世不减，白龙万千，纵横飞舞，并非败鳞残甲。夏日部分销融，为害中国，好看不好吃，试为评之。

此种见手书（三）。

第四种：即毛泽东最后定稿的文本。此种见手书（一）。手稿无标题，有落款为："右反帝念奴娇一首"。

这首词现在所见有五件手书：（一）词末写有"右反帝念奴娇一首"字样。竖写，无标点符号。（二）词末写有"调寄念奴娇　登岷山　一九三五"字样。竖写，有标点符号。（三）标题为《念奴娇》。词末写有："〈注〉宋人咏雪诗云：'飞起玉龙三百万，败鳞残甲满天飞。'昆仑各脉之雪，积世不减，白龙万千，纵横飞舞，并非败鳞残甲。夏日部分消融，为害中国，好看不好吃，试为评之。"横写，有标点符号。"有昆仑"后漏写标点符号。（四）无标题。竖写，无标点符号。（五）标题为《念奴娇》。横写，无标点符号。

据吴正裕主编，李捷、陈晋副主编《毛泽东诗词全编鉴赏》（中央文献出版社，2003年12月第1版）说："此词作者留存的手迹，现在所见有七件，发现多处异文：'横空出世'句，有两件作'横空绝世'；'莽昆仑'句，有一件作'有昆仑'，有一件作'挺奇姿'；'阅尽人间春色'句，有一件作'揽尽人间春色'，有一件作'俯视人间无物'；'搅得周天寒彻'句，有六件均作'都是此君余脉'；'把汝裁为三截'句，有一件作'把尔挥为三截'，有两件作'把汝挥为三截',有三件作'姑且裁为三截';'一截遗欧,一截留中国',有四件作'一截遗欧,一截赠美,一截留中国'。这些手迹的词尾,一件写有'右反帝念奴娇一首',一件写有'调寄念奴娇登岷山一九三五',两件写有作者自注(注文见此词的注释)。"本书编著者所见五件手书中有四件作"都是此君余脉",由此可见还有两件至今未见发表。

"横空出世",手书(二)、(四)作"横空绝世"。

"莽昆仑",手书(三)作"有昆仑"。据《毛泽东诗词全编鉴赏》说,另外还有一件手书作"挺奇姿"。

"阅尽人间春色",手书(二)作"揽尽人间春色"。据《毛泽东诗词全编鉴赏》说,另外还有一件手书作"俯视人间无物"。

"搅得周天寒彻",在手书(二)、(三)、(四)、(五)中,均作"都是此君馀脉"。

据《毛泽东诗词全编鉴赏》说,另外还有两件手书也作"都是此君馀脉"。

"把汝裁为三截",手书(二)中作"把汝挥为三截",句末作句号。手书(三)中这句作"姑且裁为三截",句末作冒号。手书(四)作"把汝挥为三截",全词均无标点符号。手书(五)作"姑且裁为三截",全词均无标点符号。

《诗刊》1957年1月号发表时句末作句号。1963年12月出版的《毛主席诗词》改为问号。

据《毛泽东诗词全编鉴赏》说,另外还有两件手书,一件作"把尔挥为三截",一件作"姑且裁为三截"。

"一截遗欧,一截赠美,一截还东国",在手书(二)、(三)、(四)和《诗刊》1957年1月号发表时,"还东国"作"留中国"。手书(五)这几句作"一截抛洋,一截填海,一截留中国"。据《毛泽东诗词鉴赏》说,另外还有两件手书,一件作"一截抛洋,一截填海,一截留中国",一件作"一截遗欧,一截赠美,一截留中国"。

1958年12月21日,毛泽东在文物出版社同年9月刻印的线装大字本《毛主席诗词十九首》书眉上批注云:

改一句:一截留中国,改为一截还东国。忘记了日本人是不对的。这样,英、美、日都涉及了。别的解释不合实际。

1963年12月人民文学出版社、文物出版社出版《毛主席诗词》时,照毛泽东的意见,作了修改。

【注释】

〔1〕念奴娇:词牌名。 昆仑:见本词解说部分。

〔2〕横空:横在空中。宋代周紫芝《水龙吟·天申艺祝寿词》:"黄金双阙横空,望中隐约三

山眇。" 出世:超出人世,谓昆仑山高出于人世间。 横空出世:昆仑山遮天蔽日,横亘在空中,突出于世界之上,极言山的雄伟高大。

〔3〕莽:本来形容草木茂盛的样子,后来用来形容事物无边无际的样子,这里用来形容昆仑山,包含有巍峨、庞大、厚重等意思。唐代杜甫《秦州杂诗》:"莽莽万重山。"

〔4〕阅:看。 阅尽:看尽,看足,这里是说看得多,看得久,表示昆仑经历年代久远。这是拟人化的手法。 春色:春天的景色。 人间春色:这里不仅指大地的春光,而且包括世界上一切盛衰兴废。

〔5〕玉龙:纯白色的龙,比喻经夏积雪不消的雪山。 飞起玉龙:形容雪山像白色的龙在高空中飞舞。 三百万:极言其多,说明昆仑山积雪面积之广大、雪峰之多。 飞起玉龙三百万:夏日登岷山远望,昆仑山好像许多白色的龙在高空中满天飞舞。

〔6〕搅得:闹得,搞得。 周天:整个天空。 彻:透。 寒彻:冷透了,意思是说,昆仑山雪峰众多,使得整个天空都冷透了。

〔7〕消溶:消融,溶化。

〔8〕江:指长江。 河:指黄河。 江河:指长江和黄河。《墨子·亲士》"江河之水,非一源之水也,千镒之裘,非一狐之白也。" 横:不由正道。 溢:充满而流出来。 横溢:宋代曾巩《与孙司封书》"皇祐三年,邕有白气起廷中,江水横溢",渭水大而溢出河岸,这里是说水行不由河道而流出来,也就是说洪水泛滥。

〔9〕或:有的,有些,实际上是很多,这里是文学作品中委婉的说法。 为鱼鳖:成为鱼和鳖。本于《左传·昭公元年》,刘定公说:"微禹,吾其鱼乎!"后来人因称被水淹死为"化为

鱼",也就是葬身鱼腹的意思。《后汉书·光武帝纪》:"决水灌之,百万之众可使为鱼。"唐代杜甫《潼关吏》诗:"哀哉桃林战,百万化为鱼。"南朝宋代刘峻《辩命论》中亦有"空桑之里,变成洪川。历阳之都,化为鱼鳖"之句。宋代陆游《入瞿唐登白帝庙》诗:"禹功何巍巍,尚睹镌凿痕。天不生斯人,人皆化鱼鼋。"

〔10〕千秋:一年有一秋,千秋即千年,形容岁月长久。《文选》汉代李少卿(陵)《与苏武》诗:"嘉会难再遇,三载为千秋。"这里指从古到今。 功罪:功劳和罪过。 千秋功罪:指昆仑山的历史功过。几千年昆仑山积雪融解,给长江、黄河输送水源,给人民带来好处,孕育了中华民族的文化,这是功;冰雪融化造成洪水泛滥,给人民带来灾祸,这是罪。

〔11〕谁人:何人。 与:介词,如同"为"。《战国策·秦策》:"或与中期说秦王曰"。《孟子·离娄篇》:"所欲与之聚之。" 评说:评论。

〔12〕而今:如今。 谓:告诉,对……说。

〔13〕这:等于说这么。

〔14〕安得:怎能。 倚:靠着。 倚天抽宝剑:相传战国楚国宋玉所作《大言赋》:"方地为舆,圆天为盖。长剑耿耿,倚天之外。"唐代李白《大猎赋》:"于是擢倚天之剑。"李白《临江王节士歌》:"安得倚天剑,跨海斩长鲸。"都是指抽出一头搁在天上的极长的宝剑;这里作"倚天抽宝剑",这就突出了无产阶级革命者的高大形象。另一说,"倚天抽宝剑",即"抽倚天宝剑",结构同宋代苏轼《南歌子·杭州端午》:"谁家水调唱歌头。"辛弃疾《水龙吟·过南剑双溪楼》:"举头西北浮云,倚天万里须长剑。"

〔15〕汝:你。 裁:剪裁;割裂。 截:段。表现了毛泽东奇特丰富的想象和无产阶级改造

世界的伟大气魄。　把汝裁为三截:唐代杜甫:"吾将罪真宰,意欲划叠嶂。"李白:"划却君山好,平铺湘水流。"划,通铲,铲除。

〔16〕遗:赠送。　欧:欧洲,包括英国。

〔17〕美:美洲,包括美国。

〔18〕还:还给。　东国:东方国家,包括日本。

〔19〕世界:本为佛教语,犹言宇宙。《楞严经》卷四:"何名为众生世界? 世为迁流,界为方位。"这里指世上,人间社会。

〔20〕环:周围以内。　环球:地球周围以内,整个地球,即全世界之意。　太平世界,环球同此凉热:创立一个真正太平的世界,使全世界都像这样一样的冷暖。

(以下为对"作者原注"的注释)

〔21〕前人:指北宋仁宗天圣年间华州士人张元。宋代洪迈《容斋三笔·记张元事》说,元负气倜傥,有纵横才,因宋西北边帅未予擢用,乃投西夏。夏人倚为谋主,与宋交兵十余年。前人所谓"战罢玉龙三百万,败鳞残甲满天飞",说的是飞雪:宋代吴曾《能改斋漫录》卷十一《记诗》、宋代洪迈《容斋三笔》卷十一《记张元事》引张元《雪》诗作:"战死玉龙三十万,败鳞风卷满天飞。"宋代胡仔《苕溪渔隐丛话》前集卷五十四《宋朝杂记》引宋代蔡绦《西清诗话》卷十一《记事》作:"战退玉龙三百万,败鳞残甲满空飞。"宋代魏庆之辑《诗人玉屑》"知音"姚嗣宗条作"战退(旧时通行本作'战罢'、玉龙三百万,败鳞残甲满天飞"。宋代俞文豹的《清夜录》、清代袁枚《随园诗话》卷十四所引字句,与毛泽东原注全同,似为毛泽东原注所据。本来,张元是用玉龙三百万的败鳞残甲满天飞来形容飞雪的。

〔22〕这里借用一句,说的是雪山:毛泽东则借用一句,来形容雪山。昆仑山经夏积雪不消,故有雪山之称。

〔23〕当年孙行者过此,都是火焰山,就是他借了芭蕉扇扇灭了火:故事见《西游记》第五十九、六十、六十一回。

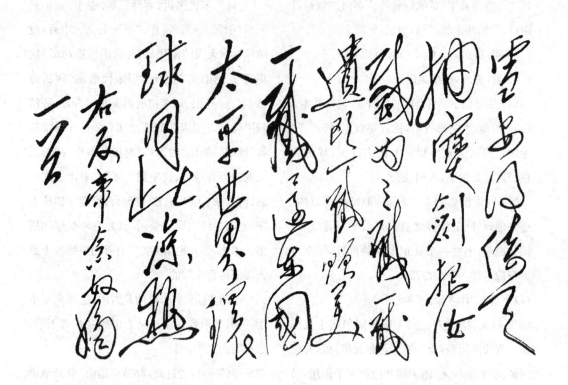

毛泽东手书《念奴娇·昆仑》（一）

横空出世，莽昆仑，阅尽人间春色。飞起玉龙三百万，搅得周天寒彻。夏日消溶，江河横溢，人或为鱼鳖。千秋功罪，谁人曾与评说？

而今我谓昆仑……

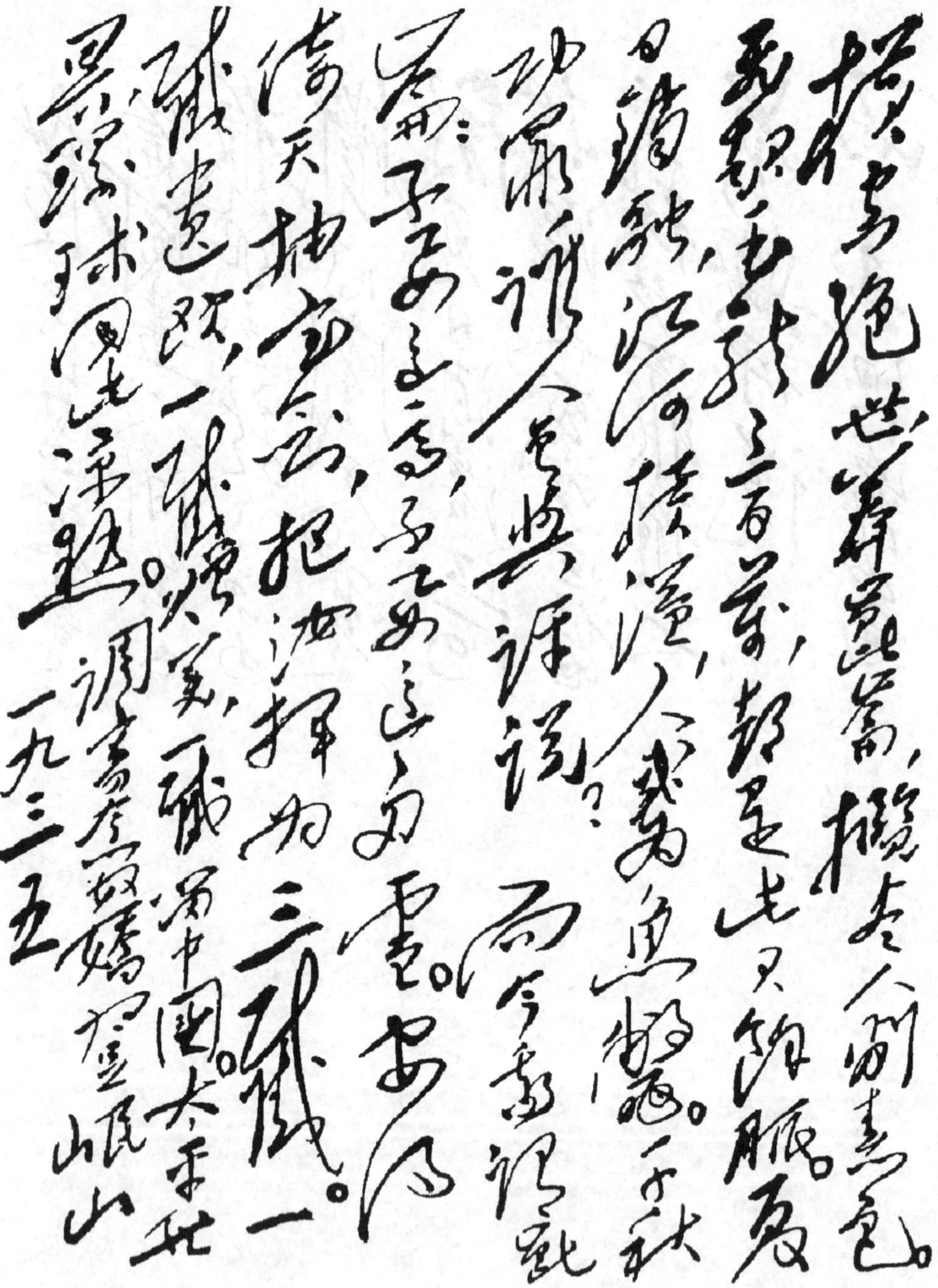

横空出世，莽昆仑，阅尽人间春色。飞起玉龙三百万，搅得周天寒彻。夏日消溶，江河横溢，人或为鱼鳖。千秋功罪，谁人曾与评说？

而今我谓昆仑：不要这高，不要这多雪。安得倚天抽宝剑，把汝裁为三截？一截遗欧，一截赠美，一截还东国。太平世界，环球同此凉热。

一九三五

毛泽东手书《念奴娇·昆仑》（二）

念奴娇

横空出世，莽昆仑，阅尽人间春色。飞起玉龙三百万，搅得周天寒彻。夏日消溶，江河横溢，人或为鱼鳖。千秋功罪，谁人曾与评说？而今我谓昆仑：不要这高，不要这多雪。安得倚天抽宝剑，把汝裁为三截？一截遗欧，一截赠美，一截还东国。太平世界，环球同此凉热。

（注）宋人咏雪诗云："飞起玉龙三百万，搅得周天寒彻。"这里借用一句，写昆仑。夏日大雪消溶，江河横溢，人或为鱼鳖，说的就是这个。一截留中国，改为一截还东国，忘记了日本人民是不对的，这样改了。

毛泽东手书《念奴娇·昆仑》（三）

毛泽东诗词

第 一 辑

毛泽东手书《念奴娇·昆仑》（四）

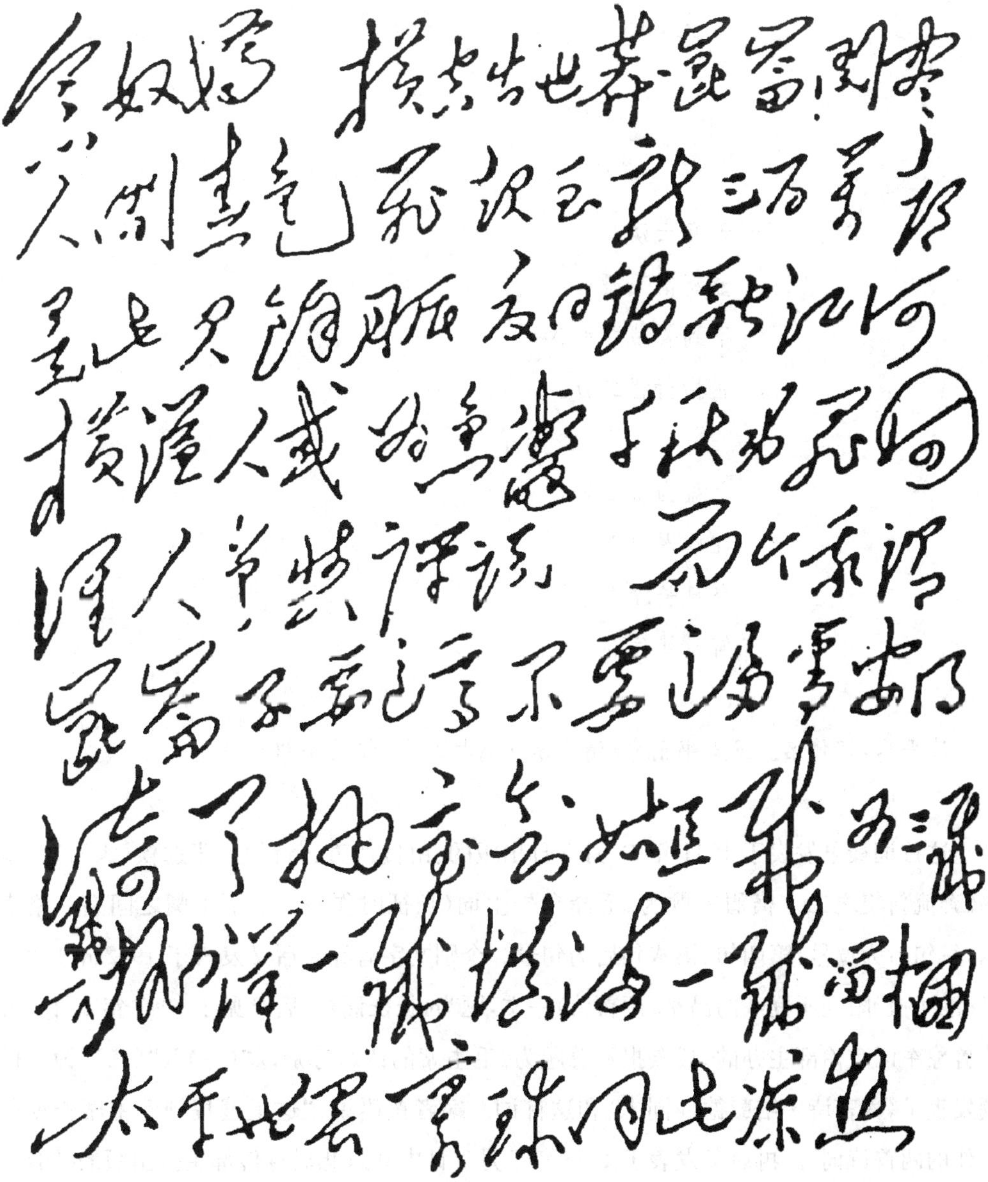

毛泽东手书《念奴娇·昆仑》（五）

毛泽东诗词

第 一 辑

清平乐

六盘山

一九三五年十月

天高云淡，

望断南飞雁。

不到长城非好汉，

屈指行程二万。

六盘山上高峰，

红旗漫卷西风。

今日长缨在手，

何时缚住苍龙？

清平乐，词牌名。见本书前文《清平乐·蒋桂战争》相关介绍。

这首词最早发表于 1941 年 12 月 5 日出版的、由楼适夷、蒋锡金、张逸侯（满涛）合编的《奔流新集之二·横眉》，题为《毛泽东先生词（长征时作）》。上下半阕之间空一格表示，每句后为逗号，第四句、第八句后为句号。个别文字有异。后又发表于 1942 年 8 月 1 日《淮海报》附刊所登载的昌平《两首诗》一文，题为《长征谣》。后又见于 1947 年 8 月 1 日冀鲁豫军区政治部主办的《战友报》，总题为《毛主席的诗》，分别以"（一）"、"（二）"为小标题发表了《六言诗·给彭德怀同志》和这首词。编者按语说："这里搜集到毛主席长征中所作的两首诗词"。再后又发表于 1948 年 7 月 1 日中共东北局宣传部主持出版的《知识》杂志第七卷第六期（总第四十二期）纪念党生日特刊，刊载的锡金《毛主席诗词四首臆释》一文（毛泽东其余三首诗词为：《西江月·井冈山》、《七律·长征》、《沁园春·雪》）。1949 年 6 月再版的（天津）知识书店印行的关青编著的《二万五千里长征》一书，题为《咏红军长征》，分上下半阕，通篇无标点符号。后又发表于 1949 年 8 月 2 日上海《解放日报》。总题为《毛主席诗词三首》，这首词题为"二、长征词"，其余两首题为："一、井冈山"（即《西江月·井冈山》）"三、长征诗"（即《七律·长征》）。文末注明"（转载东北《哈尔滨日报》）"。

建国后,这首词又发表于 1955 年 5 月人民出版社编辑出版的《中国工农红军第一方面军长征记》一书,题为《毛泽东同志长征词　清平乐》。分上下两半阕,无标点符号,个别文字有异。再后又发表于 1956 年 8 月出版的《中学生》杂志刊登的谢觉哉《关于红军的几首词和歌》一文,标题为《六盘山〔清平乐〕》。正式发表于《诗刊》1957 年 1 月号。未署明写作时间。1963 年 12 月人民文学出版社出版《毛主席诗词》时,署明为"一九三五年十月"。这首词,《诗刊》1957 年 1 月号发表时,排在《念奴娇·昆仑》之前,1963 年 12 月人民文学出版社出版《毛主席诗词》时改排在《念奴娇·昆仑》之后。

"六盘山",在宁夏回族自治区南部和甘肃省东部,南段又称陇山,南北走向,长约二百四十公里,是陕北和陇西两高原界山,主峰也叫六盘山(当地习称大关山),在宁夏南部固原县西南。山路曲折盘旋,上下约六十里,险窄的山路经过盘道多重才能达到峰顶。据当地人说,此山过去有鹿,人们上山顺着鹿的足迹走,故名"鹿盘山",后取"鹿"的谐音"陆",为"陆盘山",为书写方便,又改成"六盘山"。六盘山是甘肃省仅次于祁连山的一座大山,也是中央红军长征途中翻越的最后一座高山。

1935 年 9 月,红军长征进入了最后阶段。10 月初,经甘肃东部回民区,连续突破了会宁、静宁之间及平凉、固原之间的封锁线,击败了敌人第七师四个骑兵团的追击。为了摆脱从平凉、固原大路上追来的敌人,继续东进,10 月 7 日,毛泽东到达乃家河,途经甘肃固原县青石嘴(今属宁县),在一个山头上直接指挥陕甘支队第一纵队的一、四、五大队,采取两侧迂回兜击,正面突击的战法,歼灭何柱国骑兵军两个连,缴获战马百余匹。那天下午,红军一鼓作气地登上了六盘山主峰。山上长满绿草,进山有较宽的路,山很高,红军走到黄昏,就翻过了六盘山峰,于是长征的终点——陕北根据地、抗日前线已近在眼前了。

关于这首词的写作时间,1963 年 12 月出版的《毛主席诗词》、1986 年 9 月出版的《毛泽东诗词选》、1996 年 9 月出版的《毛泽东诗词集》,均标明为"一九三五年十月"(即过六盘山的时间)。1993 年 12 月出版的《毛泽东年谱》说,1935 年 10 月 7 日"率陕甘支队顺利地越过六盘山主峰,继续向环县与庆阳之间前进。随后,作《清平乐·六盘山》词"。

另一说,1986 年 12 月 28 日《解放军报》刊载的李敏杰的文章《清平乐·六盘山》写于瓦窑堡》说,八十年代中,兰州军区党史资料征集人员曾到武汉访问了毛泽东当年的警卫员陈昌奉。陈说:"翻过六盘山,我们到达陕北吴起镇,与陕北红军和红二十五军胜利会师了。1935 年 12 月的一天,也就是党中央驻在瓦窑堡期间,毛主席没有开会,也没有看书,静静地坐在桌前,反复吟诵,挥笔写出了《清平乐·六盘山》。"《读书》1993 年第 8 期刊载的郁之《大书小识之十五》说:"杨静仁曾当面问过毛主席,《清平乐·六盘山》这首词是否长征途中所写的。毛主席说,长征时千难万险,哪里有时间写!这是延安感怀长征的情景时写的。"

还有回忆录说,1935年9月的一天,毛泽东率领工农红军过六盘山时,在越过一道山卡之后,他转过身挥手招呼同志们说:"休息一会儿吧!"他习惯地坐在一块大石头上,用右手摘下帽子,伸开双腿,一边歇息,一边眺望远方,高兴地说:"这里真是个好地方,以后可以好好地写一写,你们看,天高云淡,红旗漫卷,大雁南飞,六盘山的景色多好啊⋯⋯"(本书编著者按:这里所说的一番话,与这首词所描写的意境相似,很可能作者就在这时开始构思了这一首词。)

1995年8月4日,《人民日报》刊载的记者报道《"塞上江南"在延伸》一文说,毛泽东著名的词《清平乐·六盘山》就是在山上(指六盘山)一个叫和尚铺的地方挥毫写下的。

《毛泽东诗词全编鉴赏》认为,说《六盘山》词写于六盘山上,缺乏可信的依据。陈昌奉的回忆可能是把修改的时间当成初写的时间了。杨静仁当面问过作者,此事自然可信。不过是否听得准确,会不会把"保安"误听成"延安"?1935年10月19日,毛泽东率红军抵达保安县吴起镇,10月30日毛泽东才离开,此词可能作于保安县吴起镇。这样,此词可说成作于保安,即作于保安县而非作于保安城。因为毛泽东1936年7月12日才到保安城。不可能过六盘山后隔了九个月才作这首词。再说,毛泽东到延安是在1937年1月13日,离过六盘山已十五个月,不可能还会有诗兴写这首词。因而,《六盘山》词同《长征》诗、《昆仑》词都是毛泽东编辑《毛主席诗词》时所判定的1935年10月,即长征取得胜利时所作,并举出彭德怀的秘书王亚志在《关于毛主席给彭德怀同志的诗》一文中所说的一段话作为有力的旁证:1954年8月,彭德怀回忆了毛主席写给他那首诗的情况,同时还说:"那时(指1935年10月)毛主席除抓紧时间读书外,经常挥笔写诗、写词或写别的什么,一有空就总是写呀!写呀!写个不停。"(见1979年2月8日《人民日报》)

1961年9月8日,毛泽东致董必武的信说:"遵嘱写了六盘山一词,如以为可用,请转付宁夏同志。如不可用,可以再写。"(《毛泽东书信选集》)同年9月30日《宁夏日报》将这首词的手迹影印发表。

1962年4月19日,毛泽东的卫士长李银桥,将新华社摄影记者侯波生病的消息告诉了毛泽东。第二天,毛泽东就挥笔写了一幅《清平乐·六盘山》词,叫李银桥送到侯波家里。李银桥代表毛泽东,向侯波表示问候,鼓励他战胜病魔,恢复健康。侯波1924年生,女,山西夏县人。1938年到延安,同年加入中国共产党,建国后曾在中央专门为领导人拍照,为毛泽东拍摄了许多珍贵的镜头。1961年4月,调回新华社工作。

又据孙琴安、李师贞《毛泽东与名人》(江苏人民出版社1993年2月第1版)、孙彩霞

《李公朴两访延安》(《炎黄春秋》2002年第5期)说：

延安，自从中国工农红军经过二万五千里长征后，在这里建立了陕甘宁革命根据地，便成了革命圣地，成了全国人民向往的地方。李公朴是我国著名的教育家，文化界爱国"七君子"之一。1937年"七七"事变后，他从国民党监狱被释放出来。1938年10月，李公朴偕同夫人张曼筠及姨侄张则孙从重庆出发，经成都，到达西安。11月24日终于来到了仰慕已久的延安。李公朴的岳父张筱楼是名画家，其女儿张曼筠也能画。1937年春雪夜，她作了一幅长城图。

到达延安的第三天，即11月27日，李公朴去拜见了毛泽东。第二天晚上，毛泽东来到交际科招待所看望李公朴夫妇。李公朴夫妇急忙到窑洞外迎接，同毛泽东热情握手，相互笑语寒暄。走进窑洞，大家围火盆而坐，亲切交谈起来。

夜渐渐深了，毛泽东该回去休息了。李公朴拿出一本画册请毛泽东题字。毛泽东欣然用毛笔在张曼筠所作的《长城》画幅上题写了旧作《清平乐·六盘山》。这使李公朴夫妇非常高兴。毛泽东的题字至今仍保存着，成为珍贵的历史文物。

毛泽东书赠李公朴的这件手书为现在所见最早的文本，无标题，无标点符号，文字除第六句作"旄头漫卷西风"外，其余与今正式发表的文字完全相同。

1941年12月5日《奔流新集之二·横眉》刊载的《毛泽东先生词(长征时作)》为这首词在书籍、报刊上最早发表的文本，也是现在所见这首词的第二个文本。有多处异文，上半阕第四句作"屈指行程两万"。下半阕第一句作"六盖山上烽火"。第二句作"红旗漫卷西风"，与1938年11月书赠李公朴的不同，而与后来的最后定稿相同。

1982年9月江苏人民出版社出版的阿英《敌后日记》，作者抄录1942年8月1日中共淮海区委(后淮海地委)机关报《淮海报》附刊所载的昌平《两首诗》一文，介绍毛泽东的两首长征诗。其一即前述《长征诗》，其二为《长征谣》，乃"抵达甘肃六盘山时所作《长征谣》一首"，并说"此一首则前所未见者"。全词是：

天高云淡，
望断南归雁。
不到长城非好汉！
同志们，
屈指行程已二万！
同志们，
屈指行程已二万！
六盘山呀山高峰！

毛泽东诗词

0177

赤旗漫卷西风。

今日得着长缨,

同志们,

何时缚住苍龙?

同志们,

何时缚住苍龙?

阿英所记内容,与香港刘济昆《毛泽东诗词全集》所录基本相同,唯个别字和几个标点符号有异。刘本上半阕第二句为"望断南飞雁",句末为逗号,下半阕首句"六盘山呀山高峰",句末为逗号。据李安葆《长征诗话》(中国青年出版社1996年12月第1版)说,《长征谣》曾在新四军、八路军中广为流传。

钟敬文在《新文学史料》1982年第2期上撰文说,他在1939年5月见到毛泽东的《长征诗》、《六盘山》词的手迹。王政明著《萧三传》也记述道:1939年5月4日延安为纪念"五·四"运动二十周年、纪念第一次的"中国青年节"而举办的一个青年展览会,刚从苏联回延安不几天的萧三,在展览会上看到毛泽东手书的词作《清平乐·六盘山》。(《萧三传》,四川文艺出版社1992年8月出版,转引自安吉《关于毛泽东词〈清平乐·六盘山〉的一件珍贵史料》)

对于《长征谣》和《清平乐·六盘山》的关系,有人认为《长征谣》是《清平乐·六盘山》的初稿,也有人认为是《清平乐·六盘山》的改作。我们认为,由以上资料可以证明,毛泽东《清平乐·六盘山》创作不久后,就在革命根据地流传开了。毛泽东为张曼筠《长城》图题写《清平乐·六盘山》和萧三看到毛泽东手书《清平乐·六盘山》在延安青年展览会上展出,时间都在阿英记载的《淮海报》上发表《长征谣》之前,因而可以推断,《长征谣》不是《清平乐·六盘山》的初稿,而很可能是后来改成的易于谱曲的歌词。

1947年3月,在国民党军队占领延安的日子里,有一支向北转移的解放军部队,在途中被国民党军包围,他们隐蔽在一个小山洼里,经过五天五夜苦战,精疲力竭,弹尽粮绝。最后,支队长下令:把剩下的手榴弹分给战士们,准备天明后与敌人同归于尽。这时,支队长为向党告别,很想再听一听党中央的声音。于是他打开一架即将毁掉的收音机,正巧听到一位播音员以饱满的情绪、铿锵的声音,朗诵毛泽东的《清平乐·六盘山》这首词,那充满乐观精神和战斗力量的豪迈词句,给人以生的信念,鼓舞人们要顽强地战斗,争取胜利。支队长听后抑制不住内心的激动,大声地宣布:"同志们,前令撤销,刚才毛主席说了,枪在我们手中,我们能够战胜敌人,不回到纵队就不算好汉。"战士们顿时精神振奋,他们力克艰险,终于突破了敌人的封锁线,胜利地走向目的地。

这首词现在所见有九件手书：（一）标题为《清平乐　六盘山》。词末有署名"毛泽东"。竖写，有标点符号。（二）词末写有"一九六一年九月应宁夏同志嘱书　清平乐　六盘山　毛泽东"字样。竖写，有标点符号。（三）无标题。竖写，无标点符号。（四）标题为《清平乐　六盘山》，词末写有"毛泽东　一九六一年四月二十日"字样。竖写，有标点符号。（五）标题为《清平乐》。横写，有标点符号。（六）、（七）无标题。竖写，无标点符号。（八）无标题。词末有署名"毛泽东"。竖写，无标点符号。（九）无标题。落款为"小册有长城图　索书旧作一首　以应　公朴先生之嘱　毛泽东"。竖写，无标点符号。

"不到长城非好汉"，1935 年 9 月 18 号，中共中央率领红一、三军（即红一、三军团，中央红军与红四方面军会师后对两个方面军的组织番号进行了统一）和中央纵队到达甘肃岷县以南的哈达铺，并作出进军陕北、把长征目的地放在陕北的重大决策。至此，万里长征终于有了明确的目的地。军事科学院长征史专家徐占权说，"毛泽东是从当地找到的报纸上获悉陕北有红军和根据地的消息，并作出这一决定的。""长征中，中央曾多次改变转移目标，在走了十一个月，行程两万多里后，才确定下了长征的终点。"

红军长征就是一个不断寻找可靠落脚点的过程。1934 年 10 月 16 日，当中央红军从江西瑞金于都河畔踏上征途，除了"北上抗日"的大方向外，对于要转移到哪里、要走多远，当时的中央领导人并没有明确的目标。长征开始时，称为战略转移，中央最初的计划是到湘西去同红二、六军团会合，建立新的根据地。惨烈的湘江之战后，因敌强我弱，在湖南通道，中央决定转兵去敌人防守薄弱的贵州。随后，在 1934 年 12 月召开的黎平会议上，中央决定"新的根据地区应该是川黔边区地区，在最初应以遵义为中心地区，在不利的条件下应该转移至遵义西北地区"。在 1935 年 1 月中旬召开的遵义会议上，中央决定同红四方面军会合，在川西或川西北建立根据地。直到 1935 年 5 月初，渡过金沙江召开会理会议时，中央仍决定去同红四方面军会合，在川西或川西北创建根据地。1935 年 6 月，中央红军与红四方面军在四川懋功（今小金县）会师，在随后召开的两河口会议上，中央认为川西北的松（潘）理（县）茂（县）地域狭窄，利于敌人封锁，不利于红军反攻，又是少数民族地区，粮食、衣被、武器等都缺乏，不利于补充。因此，中央决定红军继续北上，在川、陕、甘建立根据地。但掌握着红四方面军指挥大权的张国焘却反对中央北上方针，坚持南下。9 月，中共中央率红一方面军主力部队先行北上。在 9 月 12 日召开的俄界会议上，党中央认为当前的基本方针是"首先在与苏联接近的地方创造一个根据地，将来向东发展"。一直到这个时候，究竟到哪里落脚还没有确定下来，因此，党中央在哈达铺决定把长征目的地放在陕北，意义重大。10 月 22 日，到达陕北吴起镇的第三天，中央政治局

毛泽东诗词

召开会议,宣告中央红军历时一年的长途行军已经结束,今后将以陕甘宁为主要发展区域。

1936年7月,南下受挫的红四方面军不得不同红二、六军团一道共同北上,并于10月完成了红军三大主力的大会师。至此,长征全部胜利结束,陕甘宁根据地成为中国共产党领导全国人民争取抗日战争胜利的战略基地和总后方。(樊永强、吴杰《长征目的地是如何确定的》)

"屈指行程二万",《奔流新集之二·横眉》、《战友报》和《中国工农红军第一方面军长征记》均作"屈指行程两万"。手书(一)至(九)和谢觉哉《关于红军的几首词和歌》以及《诗刊》1957年1月号发表时,均作"屈指行程二万"。手书有标点符号的和谢文句末均作句号。《诗刊》发表时句末作叹号。1963年12月《毛主席诗词》出版时,又改为句号。

据萧永义《毛泽东诗词史话》说,毛泽东屈指算出长征走了二万五千里路程确有其事。当年由陕甘交界的铁边城护送毛泽东、周恩来等去陕北吴起镇的萧锋(原名萧忠渭)曾回忆说:1935年10月19日,他奉一军团首长命令带领警卫部队护送毛泽东、周恩来等党中央领导人安全抵达吴起镇。当晚,他来到毛泽东住的简陋窑洞前,洞内亮着灯光。他在窑洞前徘徊,舍不得离去。一会儿,毛泽东走了出来,叫萧锋进"屋"坐坐。毛泽东一边招呼萧坐下,一边说:"忠渭,你算过没有,我们离开中央苏区已经走了多少天了?"萧锋挠了挠头,一时答不出来。毛泽东边抽烟,边看地图,说:"到今天为止,我们共走了十二个月零两天,算起来战斗不超过三十三天,休息不超过六十五天,行军约二百六十七天……我们走过了闽、赣、粤、湘、黔、桂、滇、川、康、甘、陕共十一个省。根据一军团司令部的阵中日记计算,我们已经走了二万五千里路程……"

"六盘山上高峰",1941年12月5日上海出版的《奔流新集之二·横眉》刊载的《毛泽东先生词(长征时作)》,这句为:"六盖山上烽火"。"盖"字当为"盘"字之误。"烽火"不一定是误字,可能是初文。谢觉哉《关于红军的几首词和歌》和《诗刊》1957年1月号发表时均作"六盘山上高峰"。

"红旗漫卷西风",1938年11月28日毛泽东书赠李公朴夫妇手迹——即本书手迹(九),作"旄头漫卷西风"。1941年12月5日出版的楼适夷、蒋锡金、张逸侯(满涛)合编的《奔流新集之二·横眉》丛刊中的《毛泽东先生词(长征时作)》作"红旗漫卷西风"。1942年8月1日《淮海报》作"赤旗漫卷西风"。1947年8月1日《战友报》、1949年8月2日《解放日报》、1949年6月再版的(天津)知识书店印行的、关青编著的《二万五千里长征》和1955年5月人民出版社编辑出版的《中国工农红军第一方面军长征记》一书刊载的《毛泽东同志长征词　清平乐》和谢觉哉《关于红军的几首词和歌》均作"红旗漫卷西风"。后来《诗刊》1957年创刊号发表时的和1958年9月文物出版社刻印的《毛主席诗词二十一首》均作"旄头漫卷西风"。毛泽东于1961年9月应宁夏同志嘱书此词时，又改为"红旗漫卷西风"。人民文学出版社1963年12月出版《毛主席诗词》时正式改为"红旗漫卷西风"。现在所见第（一）、（二）、（四）、（五）件手书，作"红旗漫卷西风"，第（三）、（六）、（七）、（八）、（九）件手书作"旄头漫卷西风"。

据吴正裕主编，李捷、陈晋副主编《毛泽东诗词全编鉴赏》（中央文献出版社，2003年12月第1版）说："现在所见有十件手书，其中'红旗漫卷西风'有七件作'旄头漫卷西风'。"本书编著者所见九件手书中有五件作"旄头漫卷西风"，由此可见，至少还有两件手迹至今未见发表。

"何时缚住苍龙"，锡金《毛主席诗词四首臆释》这句"住"作"往"，显然是笔误。1958年12月21日，毛泽东在文物出版社同年9月刻印的线装大字本《毛主席诗词十九首》书眉上批注说：

苍龙：蒋介石，不是日本人。因为当前全副精神要对付的是蒋不是日。

俄罗斯汉学家尼·费德林回忆说："毛泽东说，'苍龙是泛指敌人……无论说是日本侵略者还是国民党反动派，都没错。'"（《费德林回忆录：我所接触的中苏领导人》）

在（一）、（二）、（四）、（九）四件手书中，这句作"何时缚住苍龙"，其中手书（一）、（二）句末作句号，手书（四）句末作问号，手书（九）全词无标点符号。在手书（三）、（六）、（七）、（八）四件中，作"何时缚取苍龙"，这四件手书全词无标点符号。在手书（五）中作"他年缚住苍龙"，句末作句号。《毛泽东先生词（长征时作）》和谢觉哉《关于红军的几首词和歌》均作"何时缚住苍龙"，句末作句号。《诗刊》1957年1月号正式发表时句末作问号。

【注释】

〔1〕清平乐：词牌名。　六盘山：见本词解说部分。

〔2〕天高云淡：秋天的天空显得特别高朗，天空中点缀着淡淡的云。宋代柳永《佳人醉》："春景潇潇雨霁，云淡天高风细。"宋代僧仲殊《减字木兰花》词有"云淡天高秋夜月"之句。（见宋代胡仔《苕溪渔隐丛话后集》卷三十七引宋代吴曾《能改斋漫录》）

〔3〕望断：极目远望，一直望到看不见要看的东西。《南齐书·苏侃传》："青天望断，白日西斜。"宋代陈深《济南赵君成南使羁留三纪得还其犹子录其遗事求诗为赋一绝》："年年望断雁南征"。表示望得久，望得远。　南飞雁：古代有雁足传书的说法。《汉书·苏武传》："昭帝即位数年，匈奴与汉和亲，汉求武等，匈奴诡言武死。后汉使复至匈奴，常惠请其守者与俱，得夜见汉使，具自陈道，教使者谓单于言'天子射上林中得雁，足有系帛书，言武等某泽中。'使者大喜，如惠语以让单于，单于视左右而惊，谢汉使曰：'武等实在。'"晋代潘岳《秋兴

赋》:"雁飘飘而南飞"。唐代王维《寄荆门张丞相》中有"目尽南飞雁,何由寄一言"之句。

望断南飞雁:望着一行行南飞的大雁,一直望到看不见,这里寄寓了红军对老根据地人民和留在那里的战友的怀念。

〔4〕长城:万里长城有一段在陕北境内,因此这里用以指代长征的目的地——陕北根据地,亦指当时的抗日前线。 好汉:勇敢有为的人。唐代刘肃《大唐新语·举贤》:"(武)则天问狄仁杰曰:'朕要一好汉使,有乎?'……仁杰曰:'荆州长史张柬之,其人虽老,真宰相才也。'"宋代苏轼《诸公饯子敦轼以病不往复次前韵》诗:"人间一好汉,谁似张长史。"

〔5〕屈指:弯着指头计算。宋代陈造《赤口滩》有"路可屈指计"之句。 程:路途。 行程:走过的路程。 二万:是二万五千里的省称。

　屈指行程二万:见本词解说部分

〔6〕高峰:六盘山主峰在宁夏南部隆德县东北和固原县西南部。这里的"高峰",并非指主峰,而是指在宁夏境内的六盘山主峰附近地区的山峦。

〔7〕漫:随意,不受拘束。 漫卷:唐代杜甫《闻官军收河南河北》:"却看妻子愁何在,漫卷诗书喜欲狂。"意思是胡乱地卷起,这里指随风翻卷。 红旗漫卷西风:"西风漫卷红旗"的倒装,红旗在西风中随意翻卷。

〔8〕长缨:长绳子。《汉书·终军传》:"军自请愿受长缨,必羁南越王而致之阙下。"这里比喻强大的革命武装。参见《蝶恋花·从汀州向长沙》注。 长缨在手:掌握了革命的武装,具有强大的力量。

〔9〕苍龙:即青色的龙。古代谓龙与蛇同类,俱为人害。又,《汉书·王莽传》:"仓龙癸酉"。唐代颜师古注引汉代服虔曰:"仓龙,太岁也"。仓龙,同"苍龙"。太岁星,别称木星,位于东方。古代阴阳家有"东方属木,其色为青(苍)"之说,旧时以为凶神恶煞。这里指蒋介石。因为当时全副精神要对付的是蒋介石。 缚住苍龙:就是降龙的意思,如同《蝶恋花·答李淑一》词中的伏虎一样,这里指打倒蒋介石。南宋刘克庄《贺新郎·实之三和有忧边之语,走笔答之》有"问长缨何时入手,缚将戎主"之句。表现毛泽东对革命胜利充满信心,迫切希望这一天早日到来。

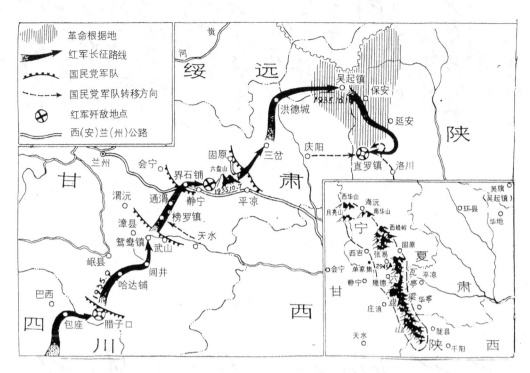

中央工农红军长征最后一段行程示意图（陈一琴《毛泽东诗词笺析》）

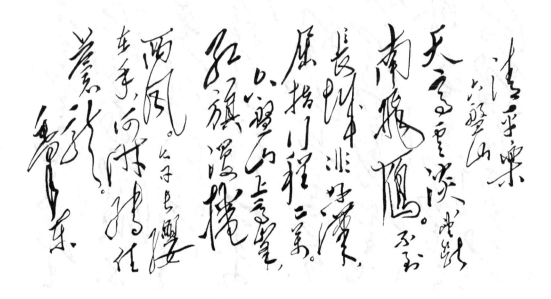

毛泽东手书《清平乐·六盘山》（一）

毛泽东手书《清平乐·六盘山》（二）

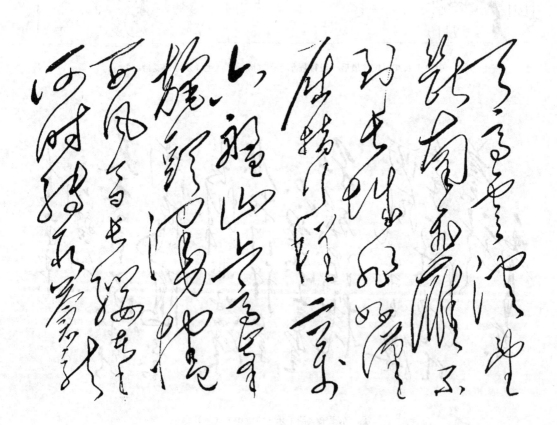

毛泽东手书《清平乐·六盘山》（三）

毛泽东手书《清平乐·六盘山》（四）

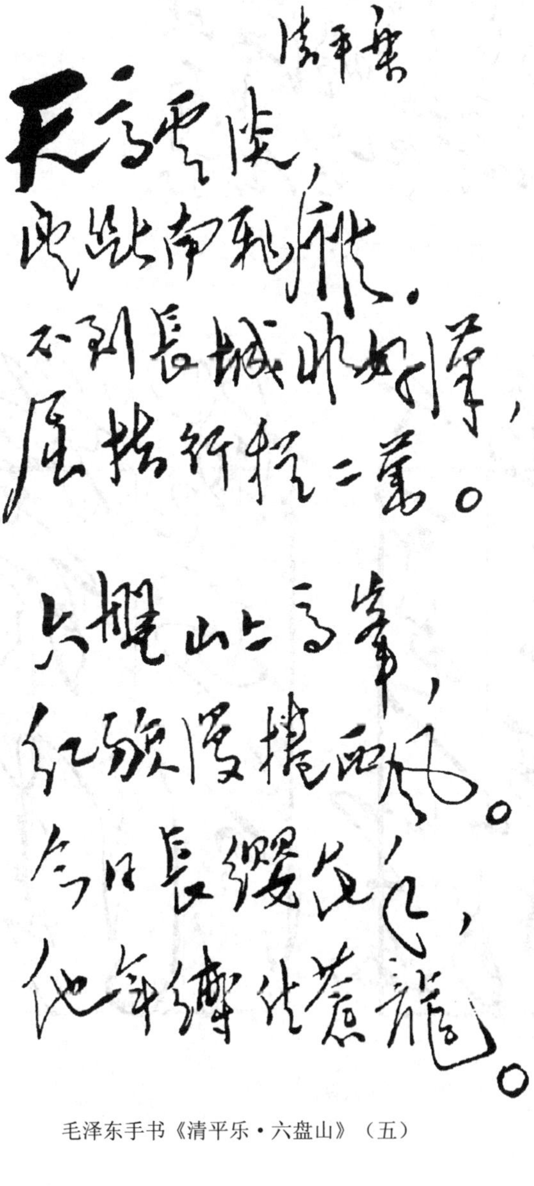

毛泽东手书《清平乐·六盘山》（五）

毛泽东诗词

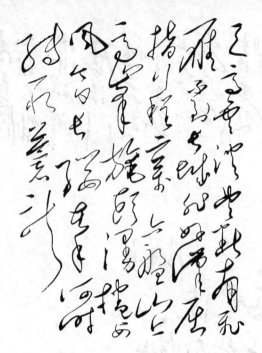

毛泽东手书《清平乐·六盘山》（六）

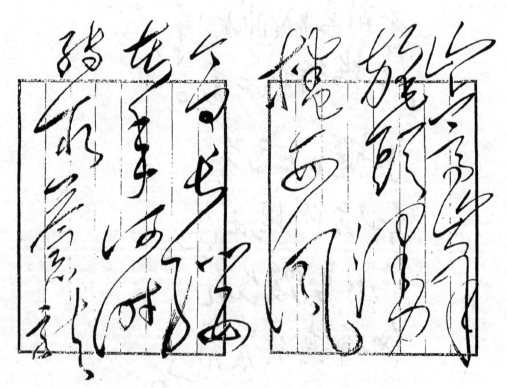

毛泽东手书《清平乐·六盘山》（七）

毛泽东诗词

第 一 辑

毛泽东手书《清平乐·六盘山》（八）

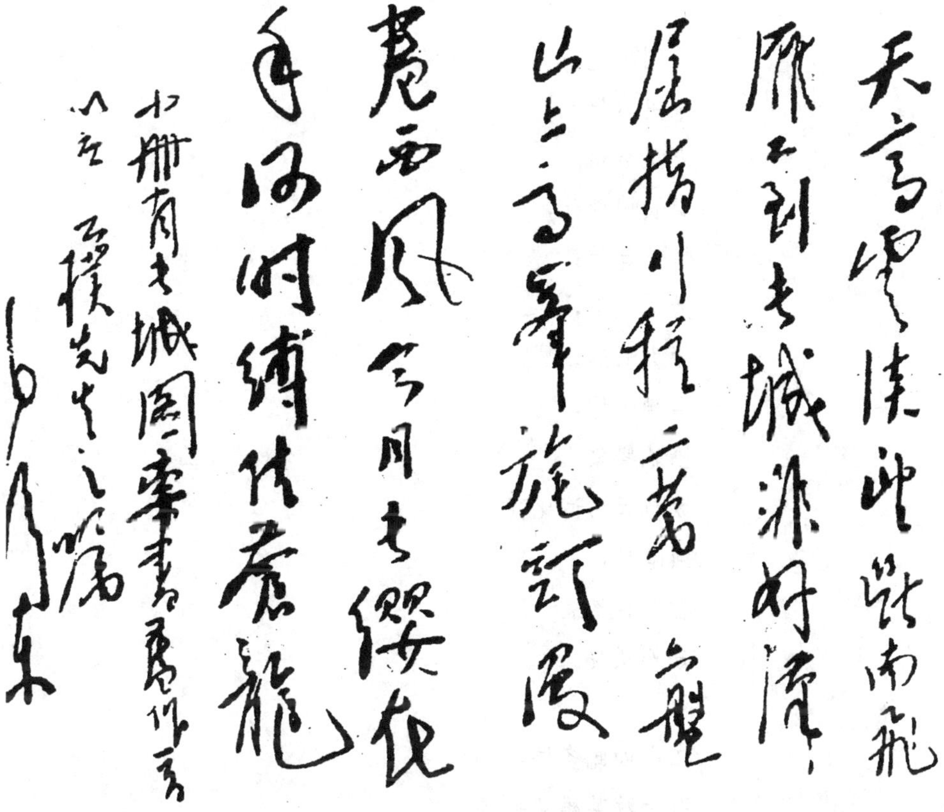

毛泽东手书《清平乐·六盘山》（九）

毛泽东诗词

沁园春

雪

一九三六年二月

北国风光，

千里冰封，

万里雪飘。

望长城内外，

惟馀莽莽；

大河上下，

顿失滔滔。

山舞银蛇，

原驰蜡象，

欲与天公试比高。

须晴日，

看红装素裹，

分外妖娆。

江山如此多娇，

引无数英雄竞折腰。

惜秦皇汉武，

略输文采；

唐宗宋祖，

稍逊风骚。

一代天骄，

成吉思汗，

只识弯弓射大雕。

俱往矣，

数风流人物，

还看今朝。

［作者原注］原指高原，即秦晋高原。

沁园春，词牌名。见本书前《沁园春·长沙》相关介绍。

这首词最早发表于 1945 年 11 月 14 日重庆《新民报晚刊》。同年 11 月 28 日，重庆《大公报》将毛泽东咏雪词和柳亚子和词一起刊出。1948 年 7 月 1 日中共东北局宣传部主持出版的《知识》杂志第七卷第六期（总第四十二期）纪念党生日特刊刊载的蒋锡金《毛主席诗词四首臆释》一文，收录毛泽东《西江月·井冈山》、《七律·长征》、《清平乐·六盘山》和《沁园春·雪》四首诗词。

据陈安吉《〈毛泽东诗词集〉所注若干诗词最早发表时间质疑》一文说：1950 年 2 月新华书店印行、萧三编著的《毛泽东同志的青少年时代》第二版（即修订本），内中插页之一是毛泽东的词《沁园春·雪》的墨迹。该墨迹是 1945 年 10 月 7 日毛泽东在重庆书赠给柳亚子的，柳将它转赠给了画家尹瘦石。

后来，邓拓从尹处看到了这幅手迹，并且拍了照片。当萧三的著作印行第二版时，邓拓把这幅手迹影印作为书的插页发表。这幅墨迹，使得世人首次看到了这首词的真面目（在此之前，这首词的传抄多有讹误）。（本书编著者按：这件手书即写在"第十八集团军重庆办事处"信笺上的那一种）1951 年 1 月 8 日，上海《文汇报附刊》将作者书赠柳亚子的这首词的另一件墨迹（本书编著按：即写在纪念册上，盖有两枚印章的那一种）制版刊出。题为《毛主席〈沁园春〉手迹》，同时发表了柳亚子和词手书。这两首词的释文题为《〈沁园春〉和"前调"》。《诗刊》1957 年 1 月号首次发表了经作者亲自审订的这首词，未分上下半阕。

这首词历次发表时，均未标明写作时间。1963 年 12 月人民文学出版社出版《毛主席诗词》时，署明写作时间"一九三六年二月"。

《毛泽东年谱》说，1936 年 2 月 8 日，毛泽东在清涧县袁家沟侦察渡口情况，督促渡河准备。2 月上旬，遇大雪，毛泽东作《沁园春·雪》词。

据延安革命纪念馆陈列组工作人员讲，1936 年红军组织东征部队，准备东渡黄河对日军作战，由子长县出发挺进至清涧县高杰村的袁家沟一带，部队在这里休整十六天。2 月 5 日至 20 日，"毛主席在这里居住期间，曾下过一场大雪，可看到长城内外，白雪皑皑，隆起的秦晋高原，冰封雪盖。那平日奔腾咆哮的黄河，一经冰封，顿失滔滔。这情景和主席词中所写完全相符，因此，我们初步认定这首词是毛主席 1936 年 2 月 7 日在陕北袁家沟写的。"（见黄中模《沁园春词话》）又据《毛泽东文艺思想全书·毛泽东论文艺家及文艺作品》中说："《沁园春·雪》是毛泽东经过长征胜利到达陕北后，于清涧袁家沟窑洞里深夜写成的。"有的材料则进一步说，这首词是毛泽东在东征途中驻节清涧县袁家沟（今属高杰乡），住在白治民家里，于 2 月 7 日深夜写的。延安革命纪念馆还提供有一幅毛泽东在白治民家创作《沁园春·雪》时用的炕桌（见周永林编著《沁园春·雪》论丛，重庆出版社 2003 年 12 月第一版）。这里东距黄河二十多里。毛泽东是 2 月 21 日东渡的。但渡过河的红军却遭到阎锡山晋绥军的阻挡，打了几仗。后来，蒋介石调集二十万人马增援围逼，红军于 5 月初撤回了河西。

1945 年 8 月 28 日，毛泽东赴重庆与国民党举行和平谈判。8 月 30 日，柳亚子到毛泽东住地重庆"桂园"探望毛泽东。9 月 6 日，毛泽东偕周恩来、王若飞去沙坪坝南开学校的南津村柳亚子寓所回拜。在毛泽东赴重庆谈判的四十多天中，二人时有诗信往返，晤谈欢畅。柳亚子有一个亡友林庚白，生前想编一本《民国诗选》，不幸书未编成，人已去世。柳亚子为了完成他的遗愿，便继续进行这项工作，并想把选诗的范围扩大一点，于是便想到把自己从斯诺的书中看到的毛泽东的《七律·长征》收入其中。他根据当时流传的版本抄了一份。10 月 2 日，应约到红岩见面，请毛泽东校正一下《长征》诗。毛泽东不但订正了在传抄过程中出现的错字，而且在 10 月 7 日将自己 1936 年 2 月在陕北作的这首《沁园春·雪》写赠给他，并附有一信。信中说："初到陕北看见大雪时，填过一首词，似与先生诗格略近，录呈审正。"词用中楷狼毫毛笔写在"第十八集团军重庆办事处"的八行信笺上，满满一页，写了词牌名，已没有落款的空白。

另据《毛泽东传》说："9 月 6 日，毛泽东和周恩来、王若飞一起到柳亚子寓所去拜访他。毛泽东把手书的旧作《沁园春·咏雪》赠给柳亚子。"《毛泽东年谱》也说：1945 年 9 月 6 日，"下午访晤居正，往中正学校、中央大学访问故旧，到沙坪坝南开中学访柳亚子、张伯苓。以《沁园春·雪》词书赠柳亚子。"毛泽东以《沁园春·雪》手书赠柳亚子时间与通常所说 10 月 7 日不同，当以毛信为准。

柳亚子接到毛泽东派人送来的词和短束后，发现书写的词没有上款、下款和印章。第二天，他挟着一本册页去见毛泽东。毛泽东在册页上又重新写了这首词，包括完整的落款。柳亚子提出请毛泽东盖章，毛对柳亚子说："我没有带印章。"柳亚子慨然许诺说："我送你一枚吧。"柳亚子本人不擅金石，回来请青年篆刻家曹立庵挑选了两块珍藏的寿山石，连夜构思奏刀，为毛泽东刻了两方印章，一方为白文"毛泽东印"，一方为朱文"润之"。曹立庵将两方印章送交给柳，柳亚子用八宝朱红印泥在"毛泽东"三字的落款处钤上。柳亚子将两方印章送到红岩村去时，未遇见毛泽东。直到 1946 年 1 月 28 日，毛泽东写信给柳亚子时还特别提到这两枚印章。信中说:"很久以前接读大示,一病数月,未能奉复,甚以为歉。阅报知先生已迁沪……印章二方,先生的和词及孙女士的和词,均拜受了"。这为中国书法史平添了一段佳话。

至于何时毛泽东在柳亚子的纪念册上再次书写该词,陈晋《文人毛泽东》认为,可能是 10 月 10 日,这天毛写信给柳说:"新诗拜读,何见爱之深! 日内返延,未能续晤,期以异日。纪念册遵命涂呈,不成样子。弟于诗文一窍不通,辱承奖借,惟有自励。"看来是柳亚子收到毛《沁园春·雪》词后,立刻写了和词,并将和词给毛泽东看了,所以毛泽东信中写了这一番话。又因为时间太紧,毛泽东还在信封上写了"专送柳亚子先生"的字样。

在此之前,柳亚子接到这首词后,随即就毛泽东《沁园春》作了一首和词,题为《沁园春·次韵和毛润之初行陕北看大雪之作,不能尽如原意也》。词云:

廿载重逢,一阕新词,意共云飘。叹青梅酒滞,余怀惘惘;黄河流浊,举世滔滔。邻笛山阳,伯仁由我,拔剑难平块垒高。伤心甚,哭无双国士,绝代妖娆。

才华信美多娇,看千古词人共折腰。算黄州太守,犹输气概;稼轩居士,只解牢骚。更笑胡儿,纳兰容若,艳想秾情着意雕。君与我,要上天下地,把握今朝。

(本书编著者按:柳亚子和词,《新华日报》发表时小序为:"次韵和润之咏雪之作不尽依原题意也"。)

柳亚子 10 月 23 日将和词正式誊写在纪念册上毛泽东题写的咏雪词之后,并写了跋文:

余识润之,在一九二六年五月广州中国国民党第二届二中全会会议席上,时润之方任国民党中央宣传部部长也。及一九四五年重晤渝州,握手惘然,不胜陵谷沧桑之感。余索润之写长征诗见惠,乃得其初到陕北看大雪《沁园春》一阕。展读之余,叹为中国有词以来第一作手,虽苏、辛犹未能抗耳,况馀子乎? 效颦技痒,辄复成此。并写入纪念册上,附润之骥尾,润之倘不嫌唐突欤?

一九四五年十月二十三日,亚子写于津南村庑下。

柳亚子跋文原无标点符号。柳亚子手书素以潦草难以辨识著称,加之文照制版不甚清晰,所见释文个别文字多有不同。其中"叹为中国有词以来第一作手,虽苏、辛犹未能抗耳,况馀子乎?"徐文烈笺、刘斯翰注《柳亚子诗选》引作"叹为中国有词以来第一作手,虽苏、辛犹未能抗手,况馀子乎"。福建师范大学毛主席诗词教研组《毛主席诗词学习参考资料》释文作:"叹为中国有词以来第一作,高如苏、辛犹未能抗耳,况馀子乎?"

后来,柳亚子把毛泽东的原词与自己的和词一并录交《新华日报》,要求发表。此时,毛泽东已回延安。好多天,未曾刊出。《新华日报》是中共在重庆公开发行的报纸,如要发表毛泽东的词,一定要征得毛泽东本人同意。同时,毛泽东本人不愿意教人知道他能写旧体诗词,他认为旧体诗词太重格律,束缚人的性灵,不宜提倡。毛泽东在离开重庆时,留下了"公开发表著作(包括诗词)要向延安请示,在没得到同意前不得发表"的话。柳亚子去查询时,周恩来代表《新华日报》答复,说是毛先生的文章,不得到他本人同意是不能发表的。如果必须将原词刊出,必须打电报去征询。柳亚子也未执意要发表原唱,结果在毛泽东 10 月 11 日离开重庆的一个月后的 11 月 11 日,只发表了柳亚子的和词。

10 月 24 日,柳亚子和青年画家尹瘦石合办的《柳诗尹画联展》在重庆黄桷垭口的中苏文化协会预展。大厅正中悬挂了柳亚子的三件手书诗作。一幅中堂,是歌颂共产党和毛泽东的《七律·三十四年五月二十日夜后示同座诸子》。两边各挂一件条幅,分别写了《赠毛润之老友》诗及和毛泽东《沁园春》词。展厅的桌子上陈列着柳亚子的诗词手稿。其中有一本册页,上面有毛泽东书写给柳亚子的《沁园春·雪》手迹和柳亚子的和词稿。毛泽东咏雪词,很快就在重庆传开。10 月 25 日至 28 日,"柳诗尹画联展"正式展出。《新华日报》发了 24 日预展的消息,并辟"柳诗尹画特刊",专栏题名由毛泽东亲笔题写。专栏刊发了郭沫若、茅盾的贺词和柳亚子的两篇文章。展出结束后,柳亚子应尹瘦石的请求,把毛泽东写在信笺上的《沁园春·雪》手迹和自己的和词书轴送给了尹瘦石。

几天前,10 月 21 日,尹瘦石对柳亚子说:"柳老,你手上有两件毛主席的《沁园春·雪》墨迹,送一件给我吧。我还想求你一件墨宝,就是写唱和毛主席的那首词"。

"怎么,你想和我分享毛主席的墨宝?"柳亚子说。"我喜欢收集名人书画,现在有了不少。如果能得到毛主席和你老的,那才算不徒虚名。"尹瘦石说。"好,成全你一片苦心。"柳亚子答应了。

尹瘦石从柳亚子手中接过两件翰墨,小心翼翼地放在包内,说:"我三生有幸,得以拥有这一唱一和的两件咏雪词。我要把自己的书斋名改为'仰雪词馆',再刻一枚'仰雪馆主'的印章。""妙,太妙了!"柳亚子拊手大声称赞道。"不过,还得有劳柳老写一段跋文,对这一唱一和的墨宝说明一下。"尹瘦石话音刚落,柳亚子当即慷慨允诺,把手一伸,说"拿笔来!"

柳亚子写了一篇长长的跋文:

毛润之沁园春一阕,余推为千古绝唱,虽东坡、幼安,犹瞠乎其后,更无论南唐小令,南宋慢词矣。中共诸子,禁余流播,讳莫如深,殆以词中类似帝王口吻,虑为意者攻讦之资;实则小节出入,何伤日月之明,固哉高叟,暇日当与润之详论之。余意润之豁达大度,决不以此自歉,否则又何必写与余哉?情与天道,不可得而闻,恩来殆犹不免自郐以下之讥欤!余词坛跋扈,不自讳其狂,技痒效颦,以视润之,终逊一筹,殊自愧汗耳!瘦石既为润之绘像，以志崇拜英雄之概；更爱此词，欲乞其无路以去，余忍痛诺之，并写和作，庶几词坛双璧欤？瘦石其永宝之！

一九四五年十月二十一日亚子记于渝州津南村寓庐

其中释文"虽东坡、幼安，犹瞠乎其后"中的"乎"，陈晋《文人毛泽东》作"于"，"殆以词中类似帝王口吻"中的"以"字，陈晋《文人毛泽东》作"从"。"决不以此自歉"中的"歉"字，陈晋《文人毛泽东》作"谦"。"否则又何必写与余哉"，陈晋《文人毛泽东》作"否则又何必写与于我哉"，句末为句号。"恩来殆犹不免自郐以下之讥欤"，陈晋《文人毛泽东》句末作问号。

这篇跋文1987年5月16日影印发表在《文艺报》上。1960年，尹瘦石将柳亚子赠给他的毛泽东的《沁园春·雪》、柳亚子的和词和跋文，捐献给了中央档案馆。

1951年1月31日《文汇报》刊载的柳亚子《关于毛主席咏雪词的考证》一文说，毛泽东手书《沁园春·雪》词，"真正的古本，却有两份，一份是毛主席写在信笺上给我的，另一份是替我写在纪念册上，字句完全相同。"

邹晓明《毛泽东和他的书法教师》(1994年1月4日《光华时报》)说，1945年8月，毛泽东和周恩来、王若飞一起，来到重庆郊区小龙坎孙俍工的寓所。望着惊喜万分的孙先生，毛泽东笑吟吟地从包里取出一个纸卷，递与他说："这是俚词一首，送与先生。信笔涂鸦，还望先生看看，这字有无长进？二十年来，先生教给我的书法要领，一直不敢忘记呢。"孙俍工双手接过纸卷，展示开来，略一端详，忘情地说道："太好了，仿古而不拘于古，尽得古人神髓，而又能以己意出之！非基础厚实者莫能如此。况您由行而草，竟能卓然自成一格，真不简单！主席，你自由了！"说着眯起双眼，看得如痴如醉。这首词，就是后来人们所熟知的《沁园春·雪》。

孙俍工，湖南隆回县人，我国有影响的教育家、文学家、语言学家和翻译家。1918年，北京高师国文部毕业后，任湖南一师教师。毛泽东比他长一岁。他是毛泽东的老师，也是毛泽东的挚友。常在一起探讨书理。他向毛泽东传授了疏密、大小、长短、粗细、浓淡、干湿、远近、虚实、顾盼、错落、肥瘦、首尾、偃仰、起伏，"行书二十八字诀"。1944年，孙俍工寓居重庆。

孙琴安、李师贞《毛泽东与名人》(江苏人民出版社1993年2月第1版)说，在重庆担任《新民报》记者的浦熙修，是一位十分活跃、知名度很高的新闻记者。毛泽东《沁园春·雪》，据说最初就是通过她的手转到张恨水那儿的。又据徐铸成说，毛泽东在重庆谈判时，曾邀请浦熙修去曾家岩聚谈，并抄给她这首词。此说录以备考。至于与《沁园春·雪》在《新民报晚刊》发表的关系有待进一步考证。

毛泽东诗词

0 1 9 5

1945年10月,在重庆的一次聚会上,诗人徐迟见到毛泽东。他已从流传中得知毛泽东的《沁园春·雪》,就大胆地向毛泽东请教诗该怎样写,并通过乔冠华得到毛泽东的题词,作为留念。毛泽东提起毛笔,写了"诗言志"三个大字。在题词的左边郭沫若又抄录了自己唱和《沁园春·雪》的词一首。《长江文艺》1962年第5期发表毛泽东给徐迟的这则题词时,删去了郭沫若加写的和词的墨迹。

又据上书说,1959年,有一次,毛泽东在案边忽然问林克:"你喜欢我的哪一首诗词?"林克想了一想,说:"我最爱读的要数《沁园春·雪》。"毛泽东听罢,立刻挥毫,将《沁园春·雪》这首词一气抄下,送给了林克。林克自然十分欢喜。可是,这幅字被田家英看见了。田家英是爱字爱书的人,他曾自写诗谓"十年京兆一书生,爱书爱字不爱名。"他见到林克的这幅字,非常喜欢,一再索要,林克只好送给了他。

1959年建国十周年大典之前,北京十大建筑之一的人民大会堂以其特有的意义屹立在天安门广场。在经常接见贵宾的大厅正中,横挂着由江苏画家傅抱石和广东画家关山月合作数月完成的一幅中国山水画。画题叫"江山如此多娇",取自毛泽东《沁园春·雪》。两位画家也都擅长书法,但认为这幅画题之书非毛泽东莫属。

周恩来对此画非常关心和重视,提出了不少重要意见,后来又提请毛泽东在这幅画上题字。毛泽东听闻后,欣然命笔,连写了三幅"江山如此多娇"六个大字。画家接到手迹后,精心摹放数倍,移写到画面左上角。擅长篆刻的齐燕铭又刻了一方"江山如此多娇"的大印章,盖在题画字的旁边。书法家毛泽东和画家、篆刻家共同完成了这件具有国宝价值的巨幅山水画。毛泽东手书见1959年10月30日《人民日报》。

据戈宝权《"黑暗是暂时的,光明一定会到来"——回忆〈新华日报〉工作期间我所见到的周总理》(《红旗飘飘》第十七集)说,这年中秋节(9月20日)晚,中共中央南方局、十八集团军办事处和《新华日报》社在红岩村礼堂举行晚会欢迎毛泽东,他们在会上,初次读到《沁园春·雪》,而且大家很快就能背诵出那些豪迈的句子。可见毛泽东还在重庆时,这首词就已在一定范围内传开了。

在国共重庆谈判期间,国民党元老于右任曾在监察院设宴为毛泽东洗尘,又在自己官邸宴请毛泽东。酒宴间漫谈诗文时,于右任盛赞毛泽东《沁园春·雪》结句:"数风流人物,还看今朝",认为这是激励后进的佳句。毛泽东笑着答道:"何若'大王问我,几时收复山河'启发人之深也。"(刘永平编《于右任年谱》)

《毛泽东年谱》载:1945年9月6日,"同周恩来、王若飞赴于右任的午宴,在座的还有陈立夫、叶楚伧等。""大王若问,几时收复山河"为于右任诗句。于右任于1941年在兰州游览兴隆山,在谒成吉思汗陵及其西征戈矛等遗物时曾赋小令《越调·天净沙》曲云:"兴隆山畔高歌,曾瞻无敌金戈。遗诏焚香读过,大王问我:'几时收复山河?'"

那么,毛泽东《沁园春·雪》又是怎样在《新民晚报刊》上发表的呢?这也一向是人们津津乐道的话题。

原来,毛泽东的这首《沁园春》书赠柳亚子后,很快就在重庆传开,被许多爱好者传抄。当时代替画家黄苗子的妻子郁风在重庆担任《新民晚报刊》副刊《西方夜谭》的编辑吴祖光,在毛泽东离开重庆(10月11日)不久得到了一首《沁园春·雪》的词作,是传抄的,从画家黄苗子处抄来的,黄则是从王昆仑处抄来的。据黄苗子回忆,是11月初,他到一家产科医院探望即将临产的妻子郁风时,途中遇到王昆仑,王交给黄,并说可以发表,但不要写明来源。黄到医院交给妻子郁风,郁风则嘱黄转交给代她编辑《西方夜谭》的吴祖光。但此稿也不全,抄稿中遗漏了两三个短句,但大致还能理解它的意思,吴祖光深深地被这首词的宏大气势所震动,并深深喜爱上这首词。为了补充词中遗漏的几句,他跑了好几个地方,找了好几个人,他把三个传抄本凑在一块,无意中得到了完整的《沁园春·雪》一词,萌生了要把这首词在《西方夜谭》上发表的念头。这时,吴祖光也受到"一位可尊敬的友人"(《毛词〈沁园春·雪〉研究》作者尹凌注:指周恩来)的劝阻。理由是毛泽东本人不愿意教人知道他能写旧体诗词。他认为旧体诗词太重格律,束缚人的性灵,不宜提倡。并举出《新华日报》为例,说柳亚子写了"咏雪"的"和词",要求《新华日报》把他的和词和毛泽东的原词一并发表。但是由于上述原因,《新华日报》不得不拒绝了柳先生的请求。可是,就在这时,《新华日报》单独发表了柳亚子的和词。而毛泽东的原词却未发表。吴祖光想,《新华日报》是党报,当然应该受党主席的约束,而《新民报晚刊》是民营报纸,发表"咏雪"词又有何妨呢?于是在吴祖光决定下,11月14日重庆《新民报晚刊》第二版副刊《西方夜谭》上发表了毛泽东的这首《咏雪》词。标题是《毛词 沁园春》。并且还特意在该词的后面加写了一段按语:

毛润之氏能诗词,似鲜为人知。客有抄得其沁园春咏雪一词者,风调独绝,文情并茂,而气魄之大乃不可及。据氏自称则游戏之作,殊不足为青年法,尤不足为外人道也。

有资料说,这个编者按,是黄苗子所写的。开始,他只写了前面几句(毛润之……乃不可及),他写出后先拿给王昆仑看过。王昆仑看后,建议他又补充了后面几句。

《新民报晚刊》发表毛泽东咏雪词,顿时轰动了整个山城,并及于全国。两周之后,11月28日重庆《大公报》又将柳的"和词"(题为《沁园春》)与毛词(题为《沁园春 咏雪》)集中在一起,以醒目地位刊出,题为《转载两首新词》。1945年11月29日,重庆出版的进步刊物《客观》周刊第八期,鉴于各报登载的毛词有错字,郑重刊出了经过订正的毛词。题为《沁园春(吟雪)》,署名作者"毛泽东"。这是第一个没有错字的版本。(标点符号与现在的略有不同）。《沁园春·雪》传抄稿在重庆刊载后，从 1945 年 11 月至次年 1 月短时间内，仅重庆一地就有十余种报刊（几乎所有报纸）都相继发表了对该词的步韵、唱和之作与评论文章。

12 月 8 日至 12 日，《大公报》用五天时间连载主笔王芸生早已写好的、自称为"斥复古破迷信，反帝王思想的文章"——《我对中国历史的一种看法》，攻击毛泽东《沁园春·雪》有"帝王思想"，引起了进步人士的反击。

人心所向，舆论沸腾，使国民党当局惊恐万状。国民党中宣部召见《新民报》主管人大加申斥和警告了一通，认为这是为共产党"张目"。

在蒋介石授意下，重庆报界掀起了疯狂的"扫荡战"。12 月 1 日"老酸丁"在《合川日报》上首先抛出《沁园春·读新词和新词》，《中央日报》、《和平日报》（原名《扫荡报》）、《益世报》从 12 月 4 日抛出东鲁词人、耘实、易君左、张宿恢等四人词作，正式开场。到 1946 年 1 月 25 日易君左抛出《再谱〈沁园春〉》，历时一个月又二十五天的"扫荡战"，总共抛出词二十一首"和词"、十余篇文章、两封"读者来信"，攻击毛泽东和中国共产党人。

国民党中央图书杂志审查委员会审查专员易君左，时任《时事与政治》杂志社社长。他相继于 1945 年 12 月 4 日和 1946 年 1 月 25 日在《和平日报》上抛出《沁园春》和《再谱沁园春》词，充当了"围剿"毛泽东《沁园春·雪》的急先锋。其《沁园春·步毛泽东（雪）原韵》如下：

国脉如丝，叶落花飞，梗断蓬飘。痛纷纷万象，徒呼负负；茫茫百感，对此滔滔。杀吏黄巢，坑兵白起，几见降魔道愈高。明神胄，忍支离破碎，葬送妖娆。

黄金难贮阿娇，任冶态妖容学细腰。看大漠孤烟，生擒颉利；美人香草，死剩离骚。一念参差，千秋功罪，青史无私细细雕。才天亮，又漫漫长夜，更待明朝。

《再谱沁园春》：

异说纷纭，民命仍悬，国本仍飘。痛青春不再，人生落落；黄流已决，天下滔滔。邀得邻翁，重联杯酒，斗角钩心意气高。刚停战，任开诚布信，难制妖娆。

朱门绣户藏娇，令瘦影婆娑弄舞腰。欲乍长羽毛，便思扑蹴；久贪廪粟，犹肆牢骚。放下屠刀，归还完璧，朽木何曾不可雕。吾老矣，祝诸君"前进"，一品当朝！

为了回答易君左等的挑战，以郭沫若为首的进步文化人奋起抗争，针锋相对，进行了有力的回击和驳斥。12 月 11 日《新民报晚刊》的《西方夜谈》副刊上发表了郭沫若的第一首和词。接着 1946 年 7 月 10 日又写了《摩登堂吉诃德的一种手法》，刊登于《萌芽》1946 年第七期，还发表了第二首和词。郭沫若的两首《沁园春·和毛主席韵》如下：

其一

国步艰难，寒暑相推，风雨所飘。念九夷入寇，神州鼎沸；八年抗战，血浪天滔。遍野哀鸿，排空鸣鹏，海样仇深日样高。和平到，望肃清敌伪，除解苛娆。

西方彼美多娇，振千仞金衣裹细腰。把残钢废铁，前输外寇；飞机大炮，后引中骚。一手遮天，神圣付托，[①]欲把生民力尽雕。堪笑甚，学狙公芧赋，四暮三朝。

其二

说甚帝王，道甚英雄，皮相轻飘。[②]看古今成败，片言狱折；恭宽信敏，无器民滔。岂等沛风？还殊易水，气度雍容格调高。开生面，是堂堂大雅，谢绝妖娆。

声传鹦鹉翻娇，又款摆扬州闲话腰。[③]说红船满载，王师大捷；黄巾再起，蛾贼群骚。叹尔能言，不离飞鸟，朽木之材不可雕。何足道！纵漫天迷雾，无损晴朝。

郭沫若自注：[①]杜鲁门曾言："美国有原子弹，乃上帝所付托"。[②]当时某报评毛主席《沁园春》词有"帝王思想"。[③]某无耻文人亦和韵，但反唇相讥，极端反动。

曾被康有为器重，与梁启超、谭嗣同等人比肩并提的著名爱国民主人士、王若飞的舅父黄齐生，也写了多首和词，于1945年12月18日六十七岁生日写的《沁园春·六十晋七感咏，盖读毛、柳、钱、谢诸公之作而学步也》，词曰：

竟夜思维，半世生涯，转类蓬飘。念圣似尼山，源称混混；隐如桀溺，乱避滔滔。教秉"津门"，师承"南海"，许以"梁"、"谭"比下高。羞怯甚，笑无盐嫫母，怎解妖娆。

不识作态装娇，更不惯轻盈舞秀腰。祗趣近南华，乐观秋水；才非湘累，却喜风骚。秋菊春兰，佳色各有，雕龙未是小虫雕。休言老，看月何其朗，气何其朝。

在另一首和词中，黄齐生先生勇敢地站出来，揭露国民党统治的黑暗。这首和词也写于1945年12月，题为《沁园春·和亚子》，词曰：

是有天缘，握别红岩，意气飘飘。忆郭舍联欢，君嗟负负；衡门痛饮，我慨滔滔。民主如船，民权如水，水涨奚愁船不高？分明甚，彼褒颦妲笑，只解妖娆。

何曾宋子真娇？偏作势装腔惯扭腰；看羊胃羊头，满坑满谷；密探密捕，横扰横骚。天道好还，物极必反，朽木凭他怎样雕！安排定，有居邠亶父，走马来朝。

还有一首和词中，黄老先生更是直言不讳，大声疾呼："休想独裁，还我民主，朽木之材不可雕；去你的，看人民胜利，定在今朝"，表现出一位爱国老人不畏强权，追求光明的铮铮铁骨。

国民党内的一些富有正义感的有识之士，也从爱国的立场出发，用对毛词的唱和表达自己的政治见解。

第一位起来唱和的是时任国民政府财政部直接税署副署长的崔敬伯先生，早年留学英国伦敦大学，是当时著名的财政学专家，新中国成立后，任中央人民政府财政部税务总局副局长。他的和词《沁园春》刊登在11月29日的《新民报晚刊》"本市新闻版"的显著位置上，影响很大。和词原题《蒋管区所谓的大后方——调寄〈沁园春〉》，《新民报晚刊》怕再惹出大祸，用"社会新闻"《一阕〈沁园春〉，词人寄感慨》的形式刊出，将标题改为《沁园春》，对部分词句也作了修改。词曰：

一夕风横，八年抗战〔报纸编辑改为"血浴"〕，万里萍飘。恨敌蹄〔改为"看旌旗"〕到处，惟馀榛莽；衣冠重睹，仍是滔滔。米共珠疏〔改为"殊"〕，薪同桂贵，欲与蟾宫〔改为"早与天公"〕试比高〔改为"共比高"〕。抬望眼，盼山河收复，忍见妖娆！

名城依旧多娇，引多少"接受"〔改为"无数雄儿"〕尽折腰。惜蒿里鹑衣，无情点缀；泥犁沟壑，未解兵骚〔改为"不解风骚"〕。天予〔改为"千载"〕良时，稍纵即逝。苦恨〔改为"岂是"〕颓梁不可雕。〔编辑改为"！"〕沧桑改〔改为"天醉也"〕，念〔改为"看"〕今朝如此，还看明朝。〔编辑改为"！"〕

次日，重庆《大公晚报》副刊"小公园"将其重新发表。崔敬伯为此还增写了一段小序以明志："顷者读报，见近人多作《沁园春》体，枨触衷怀，辄成短句，顶天立地之老百姓，亦当自有其立场也。"从此，在广大志士仁人中拉开了以《沁园春》为题，步韵唱和，针贬时弊的帷幕。

12 月 15 日，在《新民报晚刊》上北平故宫博物院创办人之一的吴景洲老先生的和词《沁园春·咏雾》，则借雾咏怀，亦道出了当时渴望和平，追求光明的知识分子的心声。词曰：

极目层峦，千里沙笼，万叠云飘。看风车上下，徒增惘惘；江流掩映，不尽滔滔。似实还虚，不竞不伐，无止无涯孰比高？尽舒卷，要气弥六合，涵盖妖娆！

浑莽不事妆娇，更不自矜持不折腰。对荡荡尧封，空怀缱绻；茫茫禹迹，何限离骚？飞絮漫天，哀鸿遍野，温暖斯民学大雕。思往昔，只天清雨过，昨日今朝。

据统计，到 1946 年 2 月 16 日在昆明的缪秋沉发表和词为止，这段时间，在重庆地区共刊出的和词有十首，外地刊出的三首（指在延安的黄齐生、在晋冀察解放区《晋冀察日报》工作的邓拓和昆明的缪秋沉的三首和词），总共十三首。

重庆反动报刊攻击毛泽东《沁园春·雪》词和柳亚子的和词的词文，时在重庆的王若飞曾收集起来，于 1945 年 12 月寄回延安，毛泽东看后，在 1945 年 12 月 29 日致黄齐生信中说："若飞寄来报载诸件付上一阅，阅后乞予退还。其中国民党骂人之作，鸦鸣蝉噪，可以喷饭，并付一观。"

重庆《新华日报》也没有另发词或刊载反驳文章，只在次年 5 月 23 日转载 1946 年 3 月 15 日淮阴《新华日报》（华中版）上刊载的蒋锡金于 1946 年 3 月 14 日写《咏雪词话》一文时的一篇编者按：

毛泽东同志《咏雪》一词首先在本刊刊出后，一时唱和甚多。然而也不乏好事之徒，任意曲解丑诋，强作解人，不惜颠倒黑白，诬为封建帝王思想。虽"蚍蜉撼大树，可笑不自量"，然而因是旧文字，却也有向大众作一通俗解说的必要，本刊华中版载锡金先生词话一篇，虽未必尽得原意，亦不失为一种可以共喻的解释，兹转载以供参考。

（本书编著者按："首先在本刊刊出"，此句有误，第二天《新华日报》给予了更正。）

陈毅1946年2月作"沁园春"词三首。题为《沁园春·山东春雪压境，读毛主席柳亚子咏雪唱和词有作》：

《和咏雪词》

两阕新词，毛唱柳和，诵之意飘。想豪情盖世，雄风浩浩；诗怀如海，怒浪滔滔。政暇论文，文馀问政，妙句拈来着眼高。倾心甚，看回天身手，绝代风骚。

山河齐鲁多娇，看霁雪初明泰岱腰。正辽东鹤舞，涤瑕荡垢；江淮斤运，砌玉浮雕。池冻铺银，麦苗露翠，冬尽春来兴倍饶。齐欢喜，待桃红柳绿，放眼明朝。

《斥国民党御用文人》

毛柳新词，投向吟坛，革命狂飙。看御用文人，谤言喋喋；权门食客，谵语滔滔。燕处危巢，鸿飞寥廓，方寸岑楼怎比高？叹尔辈，真根深奴性，玷辱风骚。

自来媚骨虚娇，为五斗纷纷竞折腰。尽阿谀独夫，颂扬暴政；流长飞短，作怪兴妖。革面洗心，迷途知返，大众仍将好意招。不如是，看所天倾覆，殉葬崇朝。

《慰柳亚老》

妙用斯文，鞭答权贵，南社风骚。历四番变革，独标文采；两番争战，抗日情高。傲骨峥嵘，彩毫雄健，总为大众着意雕。堪一笑，尽开除党籍，万古云霄。

服务人民最娇，是真正英雄应折腰。看新型政治，推翻封建；新型军队，杀敌腾骁。更有同仇，民主联合，屹立神州举世骄。抬望眼，料乾旋坤转，定在今朝。

（"流长飞短"，中山大学中文系1977年3月编印的《陈毅诗词选》作"流短飞长"。）

另据《朱德诗词集》载，1945年8月，朱德曾写了一首题为《沁园春·受降》的和词，前有小序："我依毛泽东韵写。"全词为：

红军入满，日寇溃逃，降旗尽飘。我八路健儿，收城屡屡；四军将士，平复滔滔。全为人民，解放自己，从不向人言功高。笑他人，向帝国主义，出卖妖娆。

人民面前撒娇，依靠日寇伪军撑腰。骗进入名城，行同强盗；招摇过市，臭甚狐骚。坚持独裁，伪装民主，竟把人民当虫雕。事急矣，须鸣鼓而攻，难待终朝。

这也许是现在所见毛泽东《沁园春·雪》最早的和词了。

1946年，著名历史家范文澜写了《〈沁园春·雪〉译文》，文章说：毛泽东这首词"气魄的雄伟,词句的深切精妙,不止使苏辛低头,定为词中第一首。"这是"因为毛泽东的气魄,表现了五千年历史的精华,四万万人民的力量。"这篇译文也许是毛泽东诗词翻译成现代汉语最早的一篇。

这场围绕毛泽东咏雪词的斗争内幕后来才揭开。据《海峡两岸》1992年第5期刊载的辛夫文说:当时国民党在内部发出通知,要求会作诗填词的国民党党员,每人写一首或数首《沁园春》,拟从中选出几首意境、气势和文笔超过毛泽东的,以国民党主要领导人的名义公开发表,将毛词比下去。但所征得的都是一些平庸之作。后来在南京、上海等地拉数位"高手"作了几首,仍是拿不出手。由于国民党的这次活动是在暗中进行的,又未成功,所以一直秘而不宣,高度保密。直到二十世纪八十年代中期才由当年参加过这项活动的一位国民党要员在台湾透露出来。

又据说,蒋介石看到毛泽东《沁园春·雪》词,起先是不信。后来,蒋介石派部下打听到毛泽东的词获众口称赞,大为光火,他向陈布雷征询看法,陈由衷钦佩,如实相告:"气势磅礴,气吞山河,可称盖世之精品。"这更加剧了蒋介石的焦躁。他大发雷霆,下令组织一批国民党御用文人对这首词群起围攻,大肆发难,连篇累牍地辱骂毛泽东野心勃勃,词中比拟帝王,"数风流人物还看今朝",是想当帝王称王称霸。

国民党"批"既不成又想出"比"的一招,企图组织人马写出比毛泽东更好的词,把共产党人的气势压下去。1984年台南神学院教授孟绝子在《狗头,狗头,狗头税》一书中发表评论说:"可惜,国民党钱虽多,但多的是只会抓人、关人、杀人、捞钱的特务贪官,是只会写党八股的腐儒酸丁级的奴才官和奴才学者。结果,一直到逃离大陆时,国民党连一首'毛泽东级'的《沁园春》都没有写出来。"

"比"又自取其辱,最后,国民党终于不得不使出他们惯用的招数——造谣。说毛泽东是"草寇","不学无术",他的《沁园春·雪》一词为柳亚子代笔云云。香港学人黄沾以歌词名世,1993年经过对毛词与柳词的反复比较,认真考证,1993年6月24日在香港出版的《东周》第三十五期上发表《毛泽东词绝非代笔》一文,认为柳亚子和词"气魄气韵,思想意境都大大不及毛泽东原词",因而断言:"毛泽东词,不可能由柳亚子代笔,柳亚子写不出毛的气魄,尽管柳先生自己的确自视甚高。"(转引自黄子云《"欲与天公试比高"——毛泽东〈沁园春·雪〉发表后引发的故事》《党史文汇》1996年第6期)

1950年8月21日,毛泽东在与周世钊讨论《沁园春·雪》这首词时解释道:"《沁园春》一词,只批评了秦皇汉武唐宗宋祖的不大行,或略输文采,或稍逊风骚,但并没有说明谁是行;至于'数风流人物,还看今朝',也并没有说明今朝谁行,指个人也好,指群众也好,指无产阶级更贴切。(《周世钊日记》1950年8月21日(未刊稿),《青年毛泽东与他的

湘籍师友》,湖南出版社 1993 年版)

1958 年 12 月 21 日,毛泽东在文物出版社同年 9 月刻印的线装大字本《毛主席诗词十九首》上对这首词的标题注道:

雪:反封建主义,批判二千年封建主义的一个反动侧面。文采、风骚、大雕,只能如是,须知这是写诗呵!难道可以谩骂这一些人们吗?别的解释是错的。末三句,是指无产阶级。

1957 年 5 月 21 日,毛泽东在学英语休息时,和他身边工作的同志讲到这首词时,说过同样内容的话,他说:《沁园春·雪》这首词是反封建的,"惜秦皇汉武,略输文采;唐宗宋祖,稍逊风骚",是从一个侧面来批判封建主义制度的,只能这样写,否则就不是写词,而是写历史了。毛泽东在这里所谓写诗词和写历史的区别,是指思维的文字表现形式。(林克《忆毛泽东学英语》,见《毛泽东的读书生活》,生活·读书·新知三联书店 1986 年 9 月第 1 版)

关于这首词的写作时间,曾有人认为写于 1945 年毛泽东自延安赴重庆谈判的飞机上的说法。1946 年在延安采访过毛泽东的美国作家罗伯特·佩恩在其《毛泽东》一书中也说:毛泽东回答佩恩关于这首词的问题时说:"啊,哪是一首好诗。在飞机里写的,那是我第一次坐飞机时候的事。我为从空中俯瞰我的国家的壮美而赞叹。——而且还有别的事。""其他事是指什么?""有很多呀!你想想看这首诗是何时写的?那时社会很有希望,我们信任大元帅。"停顿了一会儿,他又说:"我的诗很粗糙,你可别上当哟!"萧永义《毛泽东诗词史话》等认为,"毛泽东在重庆之行中想起了九年前的《沁园春》旧作,并加以修改,终于得到了自己的满意的定稿,这完全是可能的。"

1967 年夏,周恩来亲自审查创作演出的《毛主席诗词组歌》,对《沁园春·雪》,指出音乐要突出"数风流人物,还看今朝",特别是"还看今朝"四个字。

这首词现在所见有十一件手书:(一)标题为《沁园春》,词末有"毛泽东 二月七日"字样,盖有白文"毛泽东印"。竖写,无标点符号。(二)词末写"沁园春一首 亚子先生教正 毛泽东"字样,盖有白文"毛泽东印"和朱文"润之"两枚印章。竖写,无标点符号。(三)写在第十八集团军重庆办事处信笺上,词末写有词牌"(沁园春)"字样。竖写,有标点符号。(四)无标题。竖写,无标点符号。(五)词末写有"右反封建沁园春一首"字样。竖写,无标点符号。(六)无标题。竖写,无标点符号。"望长城内外"作"看长城内外","引无数英雄竞折腰"作"引多数英雄竞折腰"。(七)、(八)无标题。竖写,无标点符号。(九)标题为《沁园春》,横写,有标点符号。(十)无标题。竖写,无标点符号。

王禹时《今宵别梦寒》(载 1998 年 4 月 30 日《光明日报》)一文提到,1945 年(文章中

毛泽东诗词

误作 1946 年)毛泽东莅重庆与国民党谈判,画家尹瘦石为毛泽东画了一帧水墨像。毛泽东收到后很高兴,随即将《沁园春·雪》这首万人争咏的词,手书长幅,赠尹瘦石,以为谢仪。本书编著者从字迹推测,手书(一)很可能就是毛泽东赠尹瘦石的那幅字。

据 1951 年 1 月 31 日《文汇报》刊载的柳亚子《关于毛主席咏雪词的考证》一文说,有两件是 1945 年在重庆写赠给柳亚子的。其中一件写在印有"第十八集团军重庆办事处"字样的信笺上,词末有"(沁园春)"字样,没有署名;另一件写在柳亚子的纪念册上,有"沁心园春一首 亚子先生教正"字样,有"毛泽东"署名,并钤"毛泽东印"和"润之"两枚印章。这两件当指手书(二)、(三)两件。

手书(十一)是毛泽东为人民大会堂迎宾厅傅抱石、关山月所绘的巨幅国画《江山如此多娇》的题字。

"望长城内外",手书(六)和蒋锡金《咏雪词话》作"看长城内外"。

"惟馀莽莽",蒋锡金《咏雪词话》句末作逗号。

"顿失滔滔",重庆《新华日报》转载蒋锡金《咏雪词话》作"尽是滔滔"。次日,重庆《新华日报》更正为"顿失滔滔"。

"原驰蜡象",这句词中"驰"原作"驱","蜡"原作"腊"。《诗刊》1957 年 1 月号(1 月 25 日出版)发表时作"原驰腊象"。1957 年 1 月 14 日,毛泽东找臧克家等人谈诗,臧克家向作者询问这里的"腊"字该作何解?毛泽东和蔼地反问"你看应该怎样?"臧克家提议:"如果作'蜡'比较好讲。'蜡象'正可与上面的'银蛇'映对。"毛泽东点头同意:"好,你就替我改过来吧。"(见臧克家《伟大的教导,深沉的怀念》一文,1977 年 9 月 17 日《光明日报》;又见《人去诗情在》,《缅怀毛泽东(下)》中央文献出版社 1993 年 12 月第 1 版)1958 年 9 月文物出版社出版《毛主席诗词二十一首》时已改作"原驰蜡象"。毛泽东手书(一)至(六)、(八)至(十)件均作"原驱腊象",(七)和蒋锡金《咏雪词话》均作"原驰腊象"。

本书编著者认为,"蜡"写作"腊"很可能是毛泽东习惯性笔误。其证明是:毛泽东《七律二首·送瘟神》手书(二)"纸船明烛照天烧"作"纸船蜡烛满天烧",其中的"蜡"原写作"腊",后改为"蜡"。《致陈毅(一九六五年七月二十一日)》信的手迹"宋人多数不懂诗是要用形象思维的,一反唐人的规律,所以味同'嚼蜡',其中的'蜡'字就误写作'腊'"。

"欲与天公试比高",蒋锡金《咏雪词话》作"欲与天公共比高"。

"江山如此多娇",手书(三)句末作句号。《诗刊》1957 年 1 月号发表时作逗号。重庆《新华日报》转载蒋锡金《咏雪词话》作"江河如此多娇",句末作逗号。次日,重庆《新华日报》更正为"山河如此多娇"。

"引无数英雄竞折腰",手书(六)作"引多数英雄竞折腰"。蒋锡金《咏雪词话》作"引无数英雄尽折腰"。

"一代天骄",手书(九)作"绝代姿容"。

"成吉思汗",1945年11月29日《客观》周刊发表时作"成吉(平)思汗"。(本书编著者按:"平",指在这里读平声。)

"俱往矣",蒋锡金《咏雪词话》句末作叹号。《诗刊》1957年1月号正式发表时作逗号。

"数风流人物,还看今朝",1959年4月《诗刊》邀请几十位诗人和评论家举行座谈会,陈毅说:上海有人在毛主席诗中找战略思想,就有些穿凿附会。毛主席诗词有重大政治意义,但还是诗。有人问毛主席:"'数风流人物,还看今朝',是不是超过了历代所有的人?"毛主席回答:"作诗就是作诗,不要那么去解释。"(陈晋《毛泽东之魂》)

这句词,蒋锡金《咏雪词话》词末作叹号。《诗刊》1957年1月号正式发表时作句号。

【注释】

〔1〕沁园春:词牌名。 《沁园春·雪》:见本词解说部分。1945年8月28日,毛泽东从延安飞抵重庆,同国民党进行了四十多天的谈判。当时柳亚子也在重庆,他赠诗给毛泽东,并向毛泽东索诗,毛泽东就将这首《雪》词手书赠送给他。当时柳亚子又写了一首和词,和其他一些歌颂毛泽东的诗。(参见《七律·和柳亚子先生》注)这首词是毛泽东初到陕北看到大雪后写的。这首词主题思想是反对封建主义,批判了两千年来封建主义的一个反动侧面,同时热烈地赞美党领导的革命人民的斗争,增强和鼓舞了人民争取胜利的信心。

〔2〕北国:就是国北,国家的北部。宋代苏轼《韩维三代妻·曾祖处均燕国公制》:"是用因上公之旧秩,开北国之新封。" 风光:风景,景色。

〔3〕千里、万里:都是极言其广阔,这里是交错说的,即千里万里都是冰封,千里万里都是雪飘。 冰封:为冰所封盖。

〔4〕望:领起字,根据词律,领起以下四句,根据文义,领起以下七句。 内外:内部和外部,里面和外面。 望长城内外:毛泽东写作这首词时在陕北清涧,北距长城约一百五十公里。

〔5〕莽莽:本来形容草木茂盛的样子,后来用来形容事物无边无际的样子。唐代杜甫《对雨》:"莽莽天涯雨,江边独立时。" 惟馀莽莽:登高远视,看到长城内和长城外只剩下白茫茫的一片无边无际的原野。

〔6〕大河:指黄河。古代以河为黄河的专称,也称大河。《楚辞·九章·悲回风》:"望大河之洲渚兮,悲申徒之抗迹。"

〔7〕顿:顿时,立刻。 滔滔:水流的样子,也用来形容水势很大的样子。 顿失滔滔:黄河上游和下游,雪冻冰封,顿时失掉了滔滔滚滚的水势。

〔8〕银、蜡:这里都是形容雪的白。 原:指高原。 山舞银蛇,原驰蜡象:雪后绵延起伏的高山像一条条银白色的蛇在舞动,在陕西和山西一带的高原上许多覆盖着白雪的高低起伏的丘陵,像白蜡色的象群在奔跑。唐代韩愈

《咏雪赠张籍》中有"岸类长蛇搅,陵犹巨象豗"之句。

〔9〕天公:天,以天指人,故称。《尚书大传》卷五:"烟氛郊社,不修山川,不祝风雨,不时霜雪,不降责于天公。"宋代陆游《残雨》诗:"五更残雨滴檐头,探借天公一月秋。"清代龚自珍《己亥杂诗》有"我劝天公重抖擞,不拘一格降人才"之句。 欲与天公试比高:好像要跟天比高低了。

〔10〕须:待,等到。 须晴日:宋代刘过《沁园春》:"须晴去,访稼轩未晚,且此徘徊。"

〔11〕红装:同"红妆",指妇女浓妆,多用红色。这里指太阳的红光。 素:是白色的丝织品。
素裹:指穿着素色的丝绢,这里指雪覆盖着的大地。宋代蒲宗孟《望梅花》:"被天人,制巧妆素艳。"

〔12〕分外:格外。 妖娆:娇媚艳丽。三国时代魏国曹植《感甄赋》:"顾有怀兮妖娆,用搔首兮屏营。"
以上几句是说,天气晴朗的时候,红日与白雪相互映照,好像装饰艳丽的美女裹着白色的外衣,格外娇艳妖媚。

〔13〕江山:本指江河和山岭。《庄子·山木》:"彼其道远而险,又有江山,我无舟车,奈何?"又借指国家的疆土。《三国志·吴书·贺邵传》:"割据江山,拓土万里。"这里两种意思都有。 如此:这样。 娇:妩媚可爱。 多娇:十分娇美。唐代元稹《莺莺传》:"无力慵移腕,多娇爱敛躬。"

〔14〕引:招致。 竞:比赛,争逐。 折腰:弯腰行礼,拜揖。《晋书·陶潜传》:"吾不能为五斗米折腰"。唐代李白《梦游天姥吟留别》:"安能摧眉折腰事权贵,使我不得开心颜。"这里引

申为崇敬,倾倒,敬佩的意思。

〔15〕惜:可惜。这里是领起字。根据词律,领起以下四句;根据文义,领起以下七句。 秦皇:指秦始皇嬴政(公元前259—前210),秦王朝的建立者。 汉武:指汉武帝刘彻(公元前156—前87)是西汉的著名皇帝。 惜秦皇汉武:古代即有以"秦皇""汉武"对举的。北周庾信《温汤碑》:"秦皇馀石,仍为雁齿之阶,汉武旧陶,即用鱼鳞之瓦。"

〔16〕输:失败,这里是差的意思。 略输:略差一点儿。 文采:本指辞采、才华。《汉书·韦玄成传》:"玄成为相七年,守正持重不及父贤,而文采过之。"这里含有文治的意思。

〔17〕唐宗:指唐太宗李世民(599—649),是唐代著名的皇帝。 宋祖:指宋太祖赵匡胤(926—976),是宋王朝的建立者。

〔18〕逊:差,不如。 稍逊:稍次一等。 风骚:《宋书·谢灵运传》:"原其飙流所始,莫不同祖风骚。"本指《诗经》的《国风》和《楚辞》的《离骚》,都是诗歌,后来用以代表这两部书,引申用做文学作品的代称,这里指文章词藻,含有文治的意思。
以上"惜"、"略输"、"稍逊",在这里都是文学作品中委婉的说法,含有对历代封建统治者批判之意。

〔19〕一代:汉代王充《论衡·宣汉》:"周有三圣,文王、武王、周公并时猥出。汉亦一代也,何以少于周?"意谓一个朝代,一个历史时期。这里指整个一个时代。 天骄:天之骄子的略语。《汉书·匈奴传上》:"单于遣使遗汉书云:'南有大汉,北有强胡。胡者,天之骄子也。'"胡指匈奴。意思是说,匈奴被天所骄宠,所以非常强盛,后因称北方强盛的少数民族为天

骄。　一代天骄:称雄一个时代的人物。这里指成吉思汗。

〔20〕成吉思:蒙语,大的意思。　汗:是可汗的略语,是古代少数民族最高统治者的称号。

成吉思汗:即元太祖(1162—1227),姓乞颜特·博尔济锦,名铁木真,是古代蒙古族统治阶级的领袖和军事家。成吉思汗,意思是"强者之汗",是他的尊号。

〔21〕识:知道,懂得。　只识:和前面略输、稍逊一样,在这里也含有对历代封建统治者批判之意。　弯弓:引弓,拉满弓准备放箭。　雕:是一种比鹰更猛的鸟,多生活于北方沙漠地带,飞得又高又快,不容易射中,所以用射雕来比善射。《史记·李将军列传》:"生得一人,果匈奴射雕者也。"《北齐书·斛律光传》:斛律光尝随从高澄校猎,"见一大鸟,云表飞扬,光引弓射之,正中其颈。此鸟形如车轮,旋转而下,至地,乃大雕也。"　只识弯弓射大雕:含有只懂得武功的意思。

惜秦皇汉武,略输文采;唐宗宋祖,稍逊风骚。
一代天骄,成吉思汗,只识弯弓射大雕:宋代辛弃疾《沁园春·答杨世长》词中即有类似的句式:"看君才未数,曹刘敌手;风骚合受,屈宋降旗。谁识相如,平生自许,慷慨须乘骊马归。"

"曹"指曹植,"刘"指刘桢,"屈"指屈原,"宋"指宋玉,"相如"指司马相如。

〔22〕俱:都。　往:动词,过去。　矣:语气词,了的意思。

〔23〕数:点算。　风流:本指仪表,风度。《三国志·蜀书·刘琰传》:"(刘备)以其宗姓,有风流,善谈论,厚亲待之。"后指英俊,杰出。《世说新语·赏誉》:"范豫章谓王荆州:'卿风流俊望,真后来之秀。'"又指有才而不拘礼法的气派。《世说新语·品藻》:"(韩康伯)居然有名士风流。"《晋书·王羲之传》附王献之:"少有威名,而高迈不羁,……风流为一时之冠。"这里指英俊的、杰出的。　风流人物:宋代苏轼《念奴娇·赤壁怀古》词:"大江东去,浪淘尽,千古风流人物。"指才能出众、品格超群、对历史发展有巨大影响的杰出人物,这里指无产阶级革命者。

〔24〕今朝:今天早晨。这里引申为现在,当今。

(以下为对作者原注的注释)

〔25〕秦:指陕西。　晋:指山西。陕西省的北部和山西省的大部分都是高原地带(属黄土高原),地理上称为"秦晋高原"。

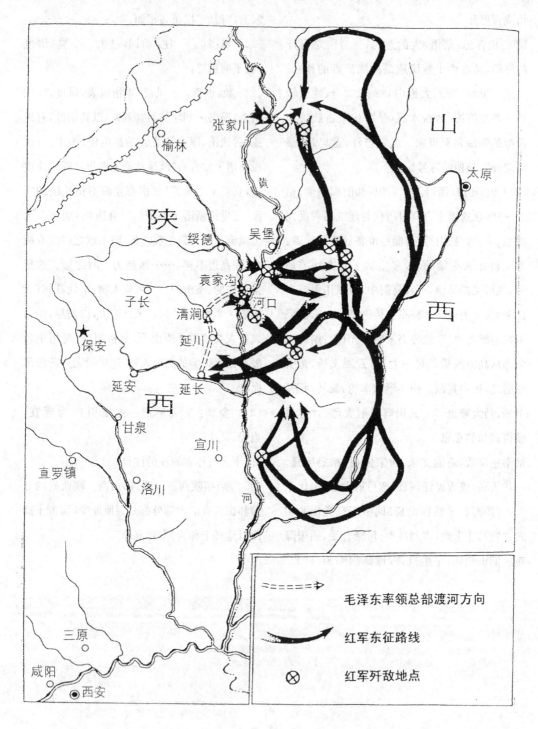

中国工农红军东征示意图（陈一琴《毛泽东诗词笺析》）

毛泽东手书《沁园春·雪》（一）

毛泽东手书《沁园春·雪》（二）

毛泽东诗词

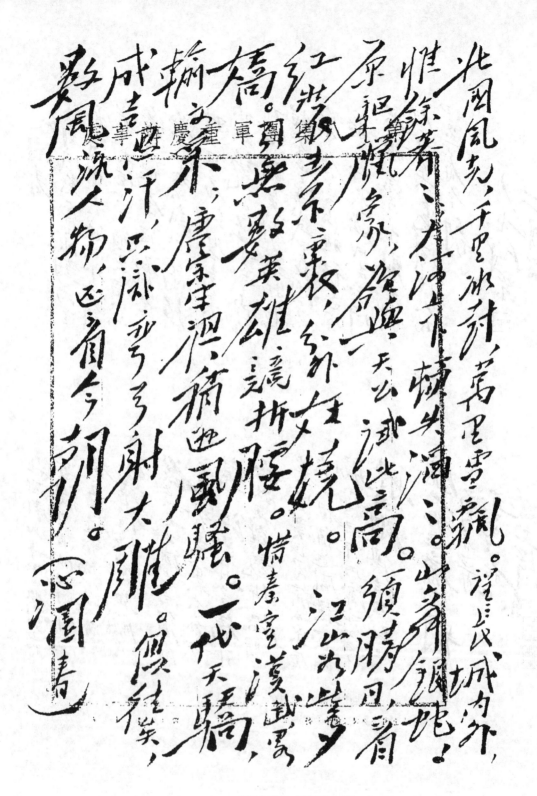

毛泽东手书《沁园春·雪》（三）

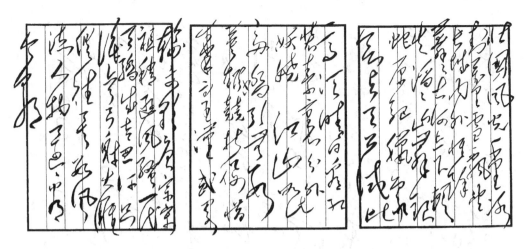

毛泽东手书《沁园春·雪》（四）

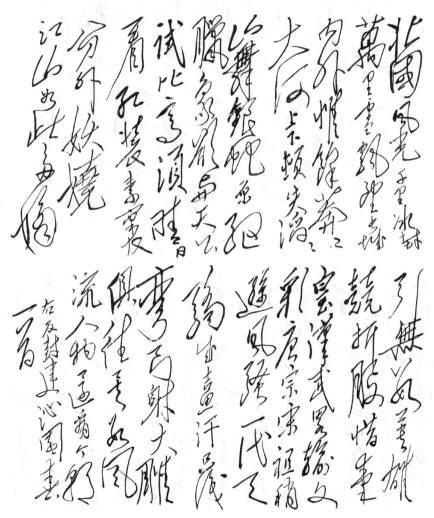

毛泽东手书《沁园春·雪》（五）

毛泽东诗词

第 一 辑

毛泽东手书《沁园春·雪》（六）

毛泽东手书《沁园春·雪》（七）

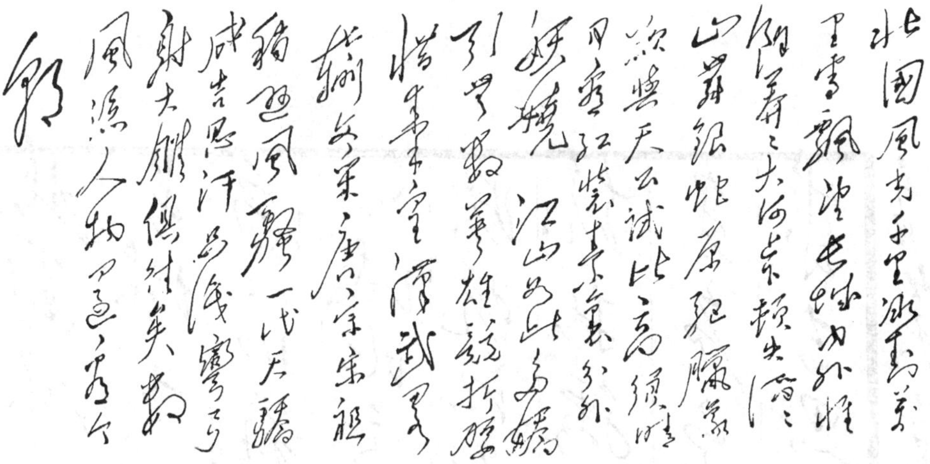

毛泽东手书《沁园春·雪》（八）

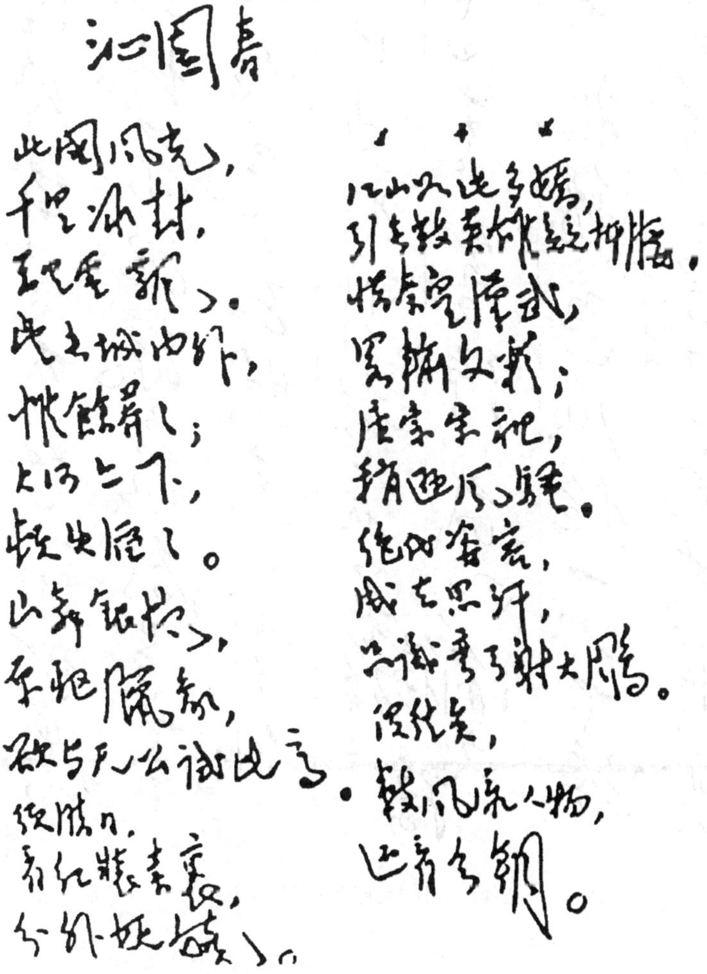

毛泽东手书《沁园春·雪》（九）

毛泽东诗词

北国风光，千里冰封，万里雪飘。望长城内外，惟余莽莽；大河上下，顿失滔滔。山舞银蛇，原驰蜡象，欲与天公试比高。须晴日，看红装素裹，分外妖娆。

江山如此多娇，引无数英雄竞折腰。惜秦皇汉武，略输文采；唐宗宋祖，稍逊风骚。一代天骄，成吉思汗，只识弯弓射大雕。俱往矣，数风流人物，还看今朝。

毛泽东手书《沁园春·雪》（十）

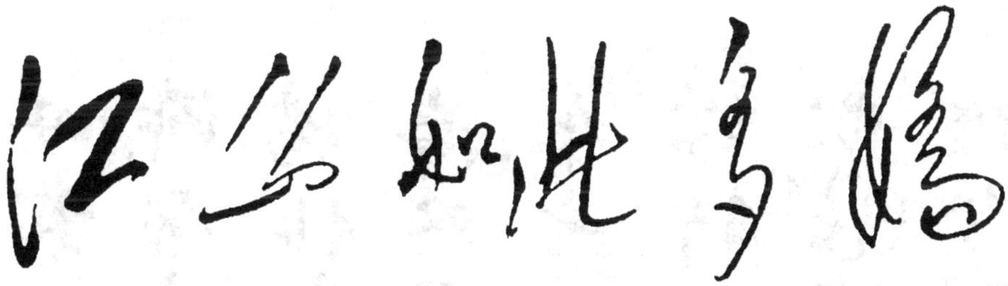

毛泽东手书《沁园春·雪》（十一）

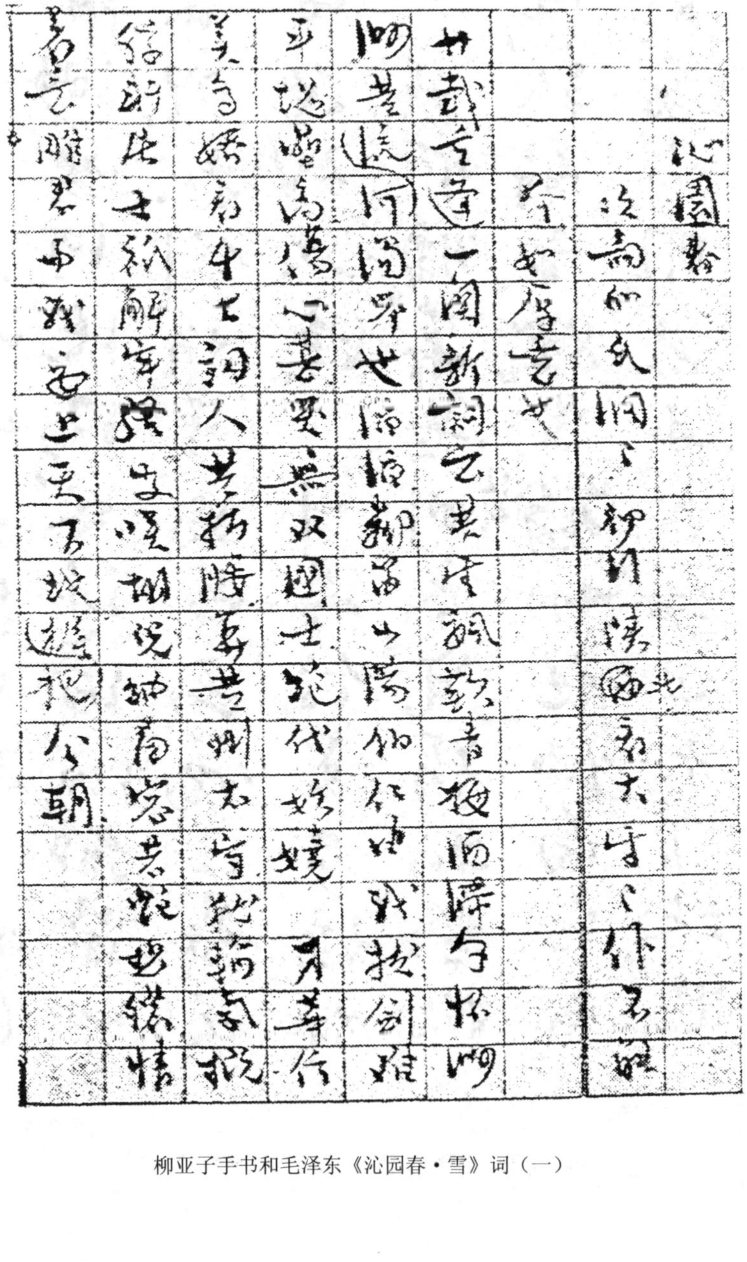

柳亚子手书和毛泽东《沁园春·雪》词（一）

毛泽东诗词

廿载重逢，一阕新词，意共云飘。叹青梅酒滞，余怀惘惘；黄河流浊，举世滔滔。邻笛山阳，伯仁由我，拚得微躯易一遭。千古词人共折腰。无双国士招妖娆。

才华信美多娇，千古词人共折腰。算黄州太守，犹输气概；稼轩居士，只解牢骚。更觉桐花，纷纷向尔，蜕尽繁情总可怜。君与我，要上天下补，把握今朝。

柳亚子手书和毛泽东《沁园春·雪》词（二）

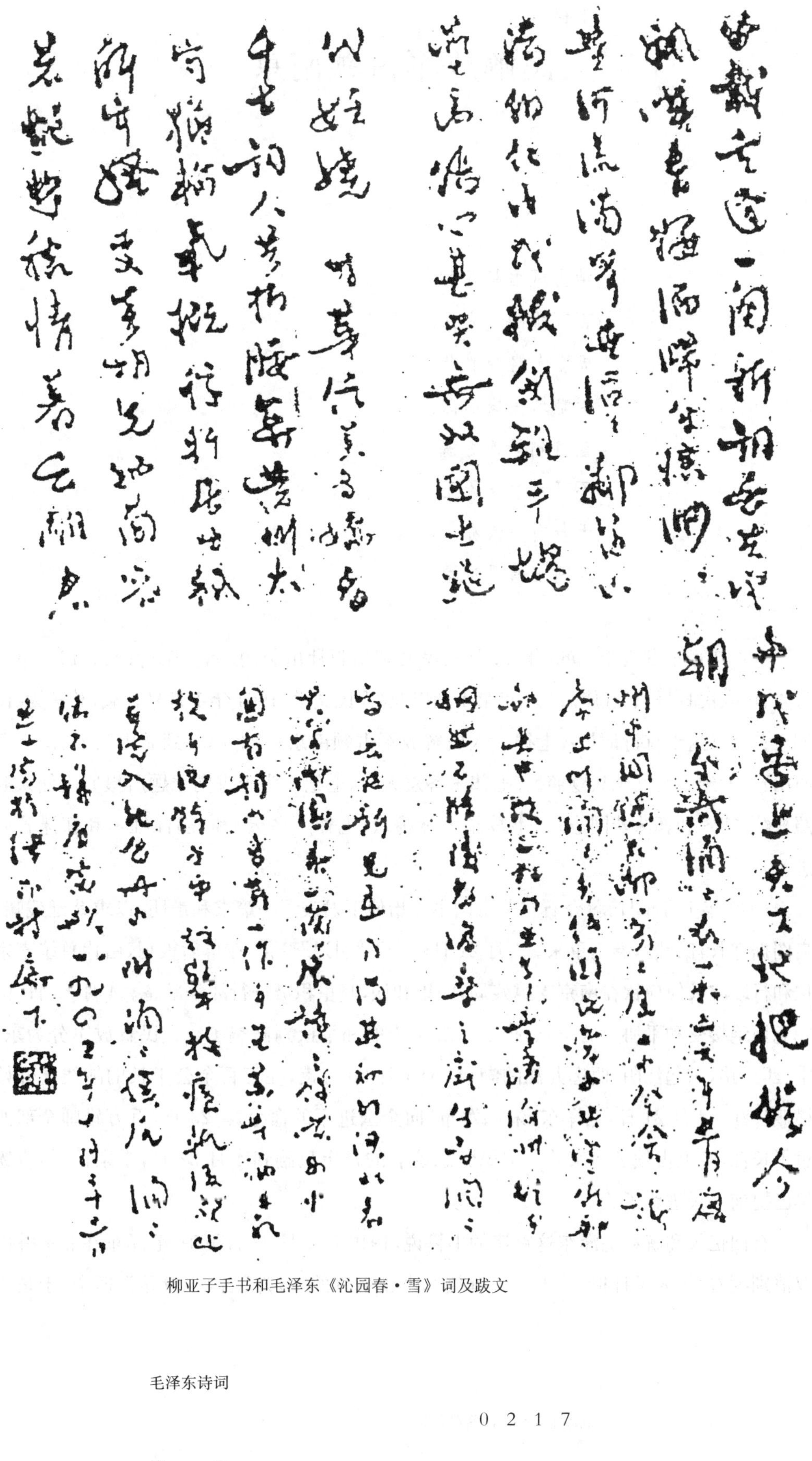

柳亚子手书和毛泽东《沁园春·雪》词及跋文

七律

人民解放军占领南京

一九四九年四月

钟山风雨起苍黄，

百万雄师过大江。

虎踞龙盘今胜昔，

天翻地覆慨而慷。

宜将剩勇追穷寇，

不可沽名学霸王。

天若有情天亦老，

人间正道是沧桑。

这首诗最早发表于 1963 年 12 月人民文学出版社出版的《毛主席诗词》。1964 年 1 月 4 日《人民日报》、《红旗》1964 年第 1 期以及《人民文学》1964 年 1 月号转载，总题为《诗词十首》。（这十首诗词是：《七律·人民解放军占领南京》、《七律·到韶山》、《七律·登庐山》、《七绝·为女民兵题照》、《七律·答友人》、《七绝·为李进同志题所摄庐山仙人洞照》、《七律·和郭沫若同志》、《卜算子·咏梅》、《七律·冬云》和《满江红·和郭沫若同志》。）

1949 年 1 月 1 日，蒋介石在美帝国主义指使下发表了一篇求和声明，以求苟延残喘，妄图据守长江天险，卷土重来。1 月 21 日蒋介石"引退"奉化，在幕后策划，由代总统李宗仁和行政院长何应钦在南京支撑残局，明里和谈，暗里积极进行战争准备。4 月 20 日，国民党拒绝接受和平协定的条款，拖延了二十天的和平谈判破裂了。人民解放军分为东、中、西三路，东起江阴，西迄九江的湖口，于 4 月 20 日夜，在五百余公里长的战线上开始横渡长江。4 月 21 日，毛泽东、朱德发布《向全国进军的命令》。23 日，百万雄师全部渡过了长江，晚上占领了南京城。国民党总统府的日历只翻到 4 月 22 日，李宗仁、何应钦等已提前一天逃跑了。

有回忆录和解释毛泽东这首诗的书籍说，1949 年 4 月 23 日下午，毛泽东在北平香山双清别墅看了《人民日报》关于人民解放军占领南京的"号外"后，心情异常振奋，于是创

作了这首诗。当年,中央军委曾用电报将它发到各路南下大军前线,极大地鼓舞了全军将士。(周振甫《毛泽东诗词欣赏》)

舒云《从西柏坡到中南海》说,人民解放军进了南京总统府,一位参谋抓起蒋介石使用的专线电话,问总机:"能不能给我接北平?接新华社?要快!我们要把南京解放的消息传过去。"南京长途总机清楚地说:"好的。请听好,来了。"很快,南京方面与在北平的新华社负责人范长江通了话。范长江立即通过新建立的香山电话局把这个好消息报告给了双清别墅。毛泽东按捺不住极度的兴奋,亲笔代新华社起草了一则电讯。

4月24日下午,毛泽东起床后,从屋里来到院里的六角凉亭,坐在藤椅上,打开《人民日报》的号外,一行又粗又大的字扑入他的眼帘:《人民解放军占领南京》。毛泽东看完报纸,径直回办公室去了。在办公室,他又仔细看了一遍报纸,边看边在报纸上画一些杠杠圈圈的标记。然后毛泽东给第二野战军的刘伯承和邓小平写了一封贺电。同时,他一气呵成创作了这首脍炙人口的《七律·人民解放军占领南京》。

对于毛泽东何时得知南京解放的消息,陈广相《毛泽东不可能在4月23日下午得知南京解放》(1998年4月17日《周末》报)提出质疑说,1949年4月24日早上六时,毛泽东为新华社写的消息《南京国民党反动派宣告灭亡》说,"人民解放军正在向南京急进,如果昨夜没有入城,则可能于今日入城。南京人民正等候着人民解放军。"可见,当时毛并不知道南京已经解放。

24日早晨,粟裕、张震致电总前委、军委:"三十五军已占南京。"上午,粟裕、张震致军委等电报:"三十五军二十三日七时占浦口,二十四时进驻南京。"二十四日十五时,新华社南京电云:"国民党二十二年的反革命中心南京,已于二十三日午夜为人民解放军解放。"

据此,毛泽东得到南京解放消息,最早应在24日凌晨。在双清别墅看到报道南京解放的《人民日报》号外,不可能是在23日下午。

另据田家英夫人董边说:1963年,田家英在为毛泽东编辑《毛主席诗词》一书时,拿出从字纸篓里捡回的《七律·人民解放军占领南京》,呈给毛泽东看。毛泽东看毕,哈哈大笑说:"嗬,我还写过这么一首诗!写得还可以,收进去吧。"

《毛泽东诗词全编鉴赏》说,这首诗毛泽东写成后已忘了,由田家英记起后让他的秘书逄先知用钢笔抄清后送给毛泽东。1963年11月29日,毛泽东在抄件上给田家英批示说:"此诗打清样两份,你 份,我一份。看看如何,再定。"

1963年12月5日,毛泽东致田家英的信中说:"'钟山风雨'一诗,似可加入诗词集,请你在会上谈一下,酌定。"

1964 年文艺界创作大型音乐舞蹈史诗《东方红》,当创作《七律·人民解放军占领南京》时,创作人员对这首诗的主题的理解,产生了分歧,有的认为诗眼应是"宜将剩勇追穷寇,不可沽名学霸王",有的则认为是"天若有情天亦老,人间正道是沧桑",以致为这首诗谱曲的作曲家沈亚威只好按不同的理解,分别写出了两份总谱。据说刘少奇在审看节目时,肯定了以"宜将剩勇追穷寇"为诗眼而创作的那个谱子。

这首诗现在所见有两件手书:均无标题。竖写,无标点符号。两者除个别文字不同外,其余完全一样。手书(一)为原件,即为田家英保存的毛泽东这首诗的唯一的手迹。手书(二)系由他人将手书(一)中"虎据龙盘今胜昔"误写的"据"改正为"踞",将"天未有情天亦老"的"未"字改为"若"而成。"踞"字的"足"旁,是由毛泽东《清平乐·娄山关》手书(一)"马蹄声碎"中"蹄"字的"足"旁移植而来。

据《毛泽东诗词全编鉴赏》说,另外还有一件作者修改审定的抄件,只改一字,即将首句"苍皇"改为"苍黄",并加上了标题《人民解放军占领南京》。

"虎踞龙盘今胜昔",1977 年 9 月 15 日《新华日报》编辑部文章《毛主席啊,我们江苏人民永远怀念您》说:"毛主席在一次亲临南京的讲话中,深刻而又风趣地说,南京这个地方,我看是个好地方,龙盘虎踞。但有一个先生,他叫章太炎,他说龙盘虎踞'古人之虚言',是古人说的假话。看起来,这在国民党是一个虚言,国民党在这里搞了二十年,就被人民赶走了,现在在人民手里,我看南京还是个好地方。"

"天若有情天亦老",1964 年 1 月 27 日,毛泽东口头答复外国文书籍出版局《毛主席诗词》英译者说:"这是借用李贺的句子。与人间比,天是不老的。其实天也有发生、发展、衰亡。天是自然界,包括有机界,如细菌、动物。自然界、人类社会,一样有发生和灭亡的过程。社会上的阶级,有兴起,有灭亡。"

笔者以为,毛泽东这段话的意思是说,自然界相对来讲,变化比较慢,而人类社会的变化则比较快,但仍然是有变化、发展的。而人类社会发展的客观规律,就是不断地发生沧海桑田的变化。

【注释】

〔1〕七律:七言律诗的简称。详见《七律·长征》注。 人民解放军占领南京:见本诗解说部分。

〔2〕钟山:即紫金山,在江苏省南京市东郊,这里用以代表南京。 风雨:指革命的暴风骤雨。 苍黄:同仓皇。《说文》:"仓,谷藏也。仓黄取而藏之,故谓之仓。"清代段玉裁注:"苍黄者,匆遽之意,刘获贵速也。"唐代杜甫《新婚

别》:"誓欲随君去,形势反苍黄。"宋代蔡梦弼注:"谓行役之急也。"本义是慌忙、匆忙之意,这里是突然、急遽的意思。

〔3〕雄师:强有力的军队,指英勇的人民解放军。 大江:指长江。见《菩萨蛮·黄鹤楼》注。

〔4〕踞:蹲的意思。 盘:盘绕。 虎踞龙盘:形容地形雄壮险要,特指南京。《太平御览·州郡部》引晋代张勃《吴录》说:"刘备曾使诸葛亮至京,因睹秣陵山阜,叹曰:'钟山龙盘,石头虎踞,此帝王之宅'。"唐代李白《永王东巡歌》其四:"龙盘虎踞帝王州,帝子金陵访古丘。春风试暖昭阳殿,明月不过鸦鹊楼。"宋代辛弃疾《念奴娇·登建康赏心亭呈史留守致道》:"虎踞龙蟠何处是?只有兴亡满目。"意思是说:钟山像龙一样盘着,石头山像虎一样蹲着。

胜:超过。 昔:从前。 今胜昔:《南史·李膺传》:"梁武帝问:'今李膺何如昔李膺?'膺对曰:'今胜昔。'"元代萨都剌《满江红·金陵怀古》:"六代豪华,春去也,更无消息。空怅望,山川形胜,已非畴昔。"这里是说,以虎踞龙盘的雄壮险要形势著称的南京回到人民手中之后,现在比过去更加雄伟壮丽。

〔5〕天翻地覆:唐代刘商《胡笳十八拍》诗之六:"天翻地覆谁得知,如今正南看北斗。"这里是形容形势发生了根本变化的意思,指人民解放军占领南京、蒋家王朝覆灭的重大胜利。

慨而慷:即"慷慨"。"而"是虚词,连接慨和慷。曹操《短歌行》中有"慨当以慷,忧思难忘"之句。这里是意气激昂的意思,指人民为之欢欣鼓舞。

〔6〕宜:应该。 剩勇:等于说余勇,富余的勇气。《左传·成公二年》说,春秋时齐晋鞌之

战,齐国大夫高固捉住了晋国的士兵,然后乘上晋国的兵车,拔下一棵桑树,系在车后,回到自己的营垒向军士们炫耀、示威说:"欲勇者贾余余勇。"意思是说:"谁需要勇气的,来买我富余的勇气吧!"余勇就是从这个故事来的。

穷寇:穷途末路的敌人,源出于《孙子兵法·军争》的"围师必阙,穷寇勿迫"。旧社会流行的"穷寇莫追"含有中途歇手,适可而止,不打到底,甚至怜悯敌人,不打落水狗的意思。 宜将剩勇追穷寇:据美国作家、记者哈里森·索尔兹伯里《长征——前所未闻的故事》说,1948年末,当毛抵达河北省的平山县,准备拿下北平并挥师南下时,斯大林派米高扬带来一个特别口信:不要南下长江,让蒋介石生存下去。毛不仅表示不予接受,相反,他还向米高扬提出了为什么要打过长江去的强有力的论据。1948年12月30日,毛泽东为新华社写了新年献词《将革命进行到底》。

〔7〕沽:买。 沽名:就是有意做作来赚取好的名声,有意要人赞扬。 霸王:本是古代霸主的称号,秦末项羽自立为西楚霸王,这里即指项羽。公元前206年,项羽攻破秦都咸阳,声势很大,当时他完全可以以绝对优势乘势消灭劲敌刘邦,但是他竟听了他叔父项伯的劝告,讲"仁义",放走刘邦,立刘邦为汉王,自己领兵东归,以楚霸王自居,结果终为刘邦击败,自刎于乌江。

〔8〕天若有情天亦老:传说三国时魏主曹叡想求长生不老之方,听说汉武帝建柏梁台,上立铜人,手捧承露盘,接三更北斗所降之水,名叫天浆,用美玉为屑,调和服用,可以返老还童。曹叡就派人到长安去拆铜人,移往洛阳,拆时只见铜人潸然泪下。唐代李贺根据这个故事

写出了《金铜仙人辞汉歌》。前有小序说："魏明帝青龙元年八月,诏宫官牵牛,西取汉孝武捧露盘仙人,欲立置前殿。宫官既拆盘,仙人临载,乃潸然泪下。"诗中有"衰兰送客咸阳道,天若有情天亦老"之句。本来是说天如果有感情,见着因辞别汉宫而哭泣的铜人,也要因感伤而衰老。对于这句,有三解:一、指对国民党反动统治的忿恨。蒋介石统治了二十二年,人民处在水深火热之中,天要是有感情的话,也不能忍受这样的痛苦,而要变得衰老。全国人民盼望人民解放军从速进攻,打倒蒋介石,解放全中国。二、指事物的发展变化。萧涤非等《笔谈毛主席诗词十首》(载《文史哲》1964年第1期):"这句虽全用李贺的诗句,但含义已大不相同。这里的'情',包括甚广,不专指感情;这里的'老'含有变化的意思,也不专指衰老。全句是说,自然界如果像人一样有感情、思想和理想,那它也一定会不断地起着变化。"三、指天人共庆。佛雏《风雷起大地,日月换新天》(载《江海学刊》1964年第2期):"天若有情,处此人民胜利、大喜悦之际,也会为之高兴动情,……两句的本意该是天人共庆。革命胜利本来是应'天'顺'人'的大喜事啊!"按毛泽东自解,当为第二说。本书编著者认为,第一

说更富有诗意。

〔9〕人间:人世间,即人类社会。　道:为中国古代哲学家的通用语,它的意义是道路或道理,可作法则或规律解说。　正道:也就是正常的规律。《礼记·中庸》:"中者天下之正道,庸者天下之正理。"　人间正道:人类社会发展的正常规律。　沧桑:是沧海桑田的简说。晋代葛洪《神仙传·麻姑》:"麻姑谓王方平曰:'接侍以来,已见东海三为桑田。向到蓬莱,水又浅于往者,会时略半也,岂将复还为陵陆乎?'方平答说:'东海行复扬尘耳。'"意思是说,东汉时,有个道士叫王方平,专会装神弄鬼。有一回,他召来了一个十八九岁的女人,说是神仙麻姑。大家觉得很奇怪,问这个女人:"你多大年纪了?"女人装模作样地说:"我记不清了。只记得我曾经看到大海三次变成桑田。方才我经过蓬莱仙岛,看见海水又浅了,差不多比从前浅了一半。"王方平马上在旁边把话接过去,说:"是呀,神仙早就预言,海底不久又要尘土飞扬了。"因此后来用"沧海桑田"或"沧桑"比喻世事发生巨大的变化。

人间正道是沧桑:意思是说,人类社会的正常规律是不断地变化,因此我们要遵循社会发展的必然规律,把革命进行到底。

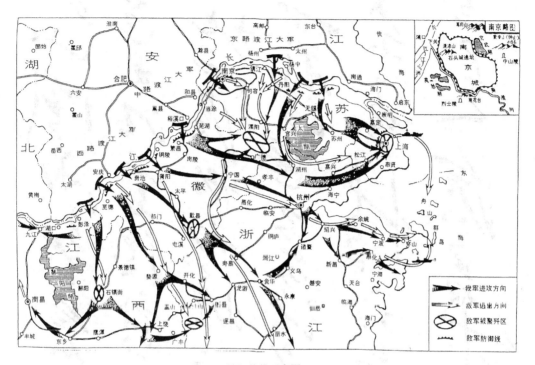

渡江战役示意图

毛泽东诗词

第 一 辑

钟山风雨起苍黄，百万雄师过大江。虎踞龙盘今胜昔，天翻地覆慨而慷。宜将剩勇追穷寇，不可沽名学霸王。天若有情天亦老，人间正道是沧桑。

毛泽东手书《七律·人民解放军占领南京》（一）

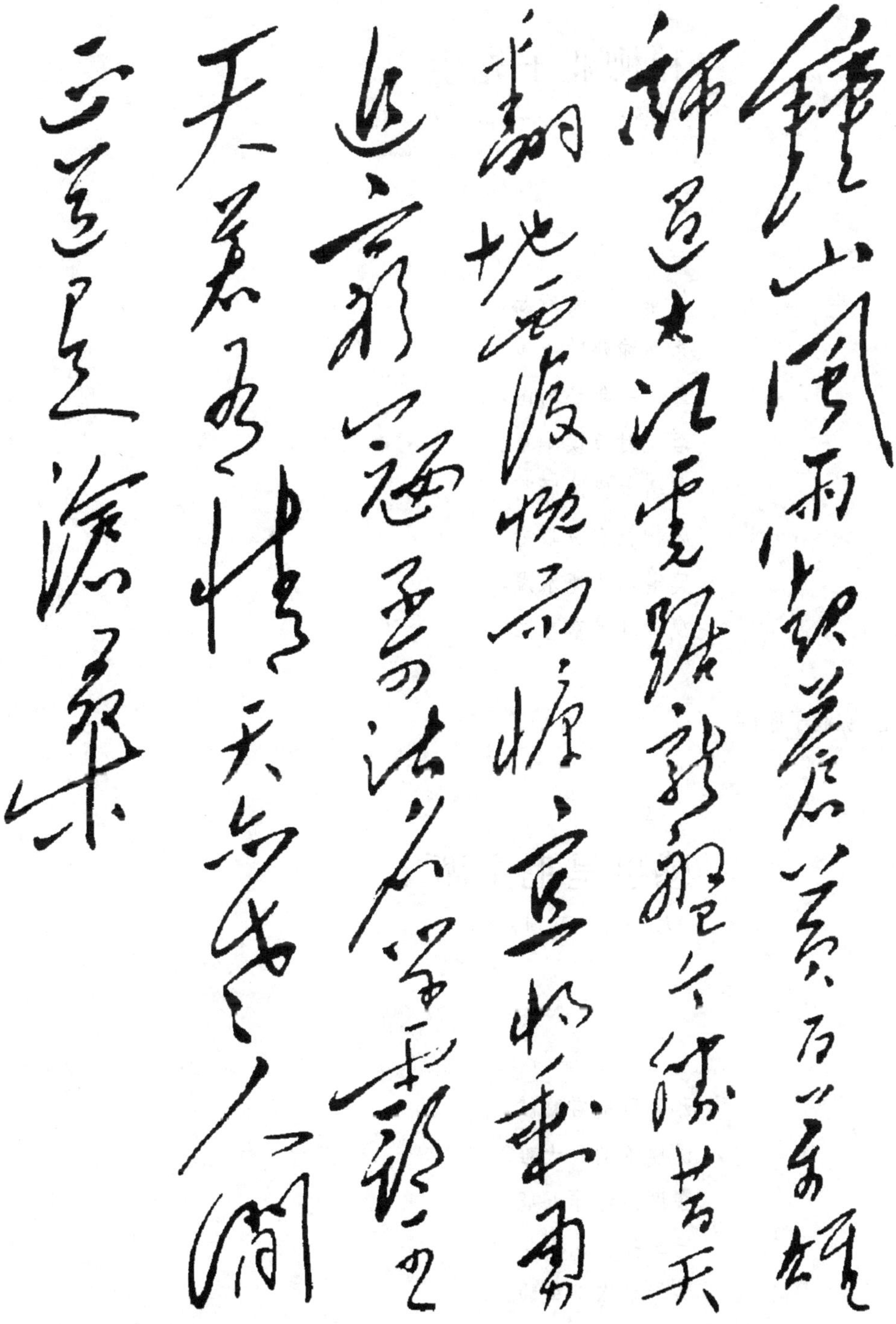

钟山风雨起苍黄，百万雄师过大江。虎踞龙盘今胜昔，天翻地覆慨而慷。宜将剩勇追穷寇，不可沽名学霸王。天若有情天亦老，人间正道是沧桑。

毛泽东手书《七律·人民解放军占领南京》（二）

毛泽东诗词

七律
和柳亚子先生
一九四九年四月二十九日

饮茶粤海未能忘,

索句渝州叶正黄。

三十一年还旧国,

落花时节读华章。

牢骚太盛防肠断,

风物长宜放眼量。

莫道昆明池水浅,

观鱼胜过富春江。

附:柳亚子原诗

七律
感事呈毛主席
一九四九年三月二十八日夜

开天辟地君真健,

说项依刘我大难。

夺席谈经非五鹿,

无车弹铗怨冯驩。

头颅早悔平生贱,

肝胆宁忘一寸丹!

安得南征驰捷报,

分湖便是子陵滩。^(原注)

[柳亚子原注] 分湖为吴越间巨浸,元季杨铁崖曾游其地,因以得名。余家世居分湖之北,名大胜村。第宅为倭寇所毁。先德旧畴,思之凄绝!

这首诗最早发表于《诗刊》1957年1月号。诗题为《七律　赠柳亚子先生》,未署写作时间。1963年12月人民文学出版社出版《毛泽东诗词》时,将诗题中的"赠"改为"和",并加上了写作时间"一九四九年夏"。1964年5月重印时,改为"一九四九年四月二十九日"。据《许昌师专学报》1990年第3期所载鲁歌《我和〈毛主席诗词〉的两处改动》一文说,这一改动是他最早向毛泽东写信,毛泽东采纳了他的意见,因为他在《处女地》1958年第七期见到毛泽东这首诗的影印墨迹插页。影印墨迹稿上有"奉和柳先生三月廿八日之作　敬祈教正"的字样,正式发表时删去了。

"柳亚子"(1887—1958),近代著名的爱国诗人。江苏吴江县人。早年积极参加旧民主主义革命,清末和陈去病在上海组织文学团体南社,以诗文鼓吹革命,又曾追随孙中山,早年加入同盟会,曾任国民党中央监察委员会委员。十月革命后,受过马克思主义的影响,后参加了新民主主义革命。1941年谴责蒋介石制造"皖南事变",被国民党开除党籍。1944年在重庆加入中国民主同盟。1948年1月,国民党革命委员会成立后,被选为中央常务委员兼秘书长。中华人民共和国成立后,当选为中央人民政府委员、全国人民代表大会常务委员会委员。著有《磨剑室诗词集》,有《柳亚子诗词选》行世。

柳亚子对毛泽东十分敬仰,二十余年中与毛泽东有过三次聚会。几次会晤中间一段时间,柳亚子又曾多次寄诗给毛泽东,毛泽东也有过回信。

1925年到1926年,毛泽东在广州主办农民运动讲习所。1926年5月,柳亚子作为国民党监察委员,自上海赴广州出席国民党二届二中全会,同毛泽东初次晤面。在这期间,柳亚子与毛时常来往,毛泽东给柳亚子留下了难忘的印象。

1944年9月,柳亚子携全家自桂林迁重庆,寓居津南村十一号。1945年8月到10月,毛泽东由陕北飞重庆与蒋介石谈判四十多天。柳亚子和毛泽东再次晤面。柳亚子曾赠诗给毛泽东,还向毛泽东索诗,毛泽东即以《沁园春·雪》词应之。柳得到毛泽东手书《沁园春·雪》词后又写了几首诗。毛泽东还曾约他到红岩村八路军办事处谈过话。

1949年2月底,毛泽东电邀柳亚子和其他民主人士由香港北上,3月18日到达北平,筹备人民政协的召开和中华人民共和国的成立。3月25日,毛泽东上午抵北平。下午在西苑机场同各界代表和民主人士一千多人见了面,并检阅部队。柳赴机场迎接,并参加了阅兵仪式,赋诗歌颂革命。这天夜里,毛泽东宴客于颐和园益寿堂,柳亚子也应邀参加,归后写了三首诗。3月28日即毛泽东抵北平宴客后三天,是夜,柳写了《感事呈毛主席》,叹老嗟卑,牢骚满腹,并欲归隐吴江,不参与政治。

　　毛泽东非常关心老友诗中所反映的情绪和身体健康,特地让柳亚子移住颐和园益寿堂静养休息,并于 4 月 29 日,即南京解放后的第六天,毛泽东于日理万机之中,写了这首诗赠他,劝他留在北平,关心国家大事,把革命进行到底。当天上午,毛泽东就派秘书田家英将这首《七律·和柳亚子先生》送到了颐和园益寿堂柳亚子住处,柳正好游颐和园去了,游园归来,读到毛泽东赠他的这首诗很受感动,于是写了一首和诗,以后又写了一些诗。从这些诗中可见他终于打消了退志,继续参加革命。

　　柳亚子非常喜爱毛泽东的《七律·和柳亚子先生》,认为该诗对他是知己之吟,从柳亚子诗词全集《磨剑室诗词集》可以看出,从 1949 年 4 月 29 日至 7 月 20 日不到三个月的八十余天中,柳亚子步毛泽东和诗的原韵写诗十五首;用毛主席韵,创作了各种不同主题的七言律诗六十一首。这种现象不仅在柳亚子创作历史上,就是在中外诗歌史上,恐怕也是绝无仅有的。

　　柳亚子《四月二十九日上午,偕鲍德作园游,归得毛主席惠诗,即次其韵》:

> 东道恩深敢淡忘,
> 中原龙战血玄黄。
> 名园容我添诗料,
> 野史凭人入短章。
> 汉彘唐猫原有恨①,
> 唐尧汉武讵能量②。
> 昆明湖水清如许,
> 未必严光忆富江。

　　柳亚子原注:① 谓那拉氏杀珍妃公案,汉彘用吕雉置戚夫人厕中,号曰:"人彘"故实;唐猫则武曌以生命属鼠,梦宫中鉴猫,虑王皇后、萧淑妃复仇事也。② 弘历铜牛铭有"人称汉武,我慕唐尧"句,余于十五年前曾撰诗,斥其无赖。

　　《叠韵寄呈毛主席一首》:

> 昌言吾拜心肝赤,
> 敖士君倾醴酒黄。
> 陈亮陆游饶感慨,
> 杜陵李白富篇章。
> 离骚屈子幽兰怨,
> 风度元戎海水量。

倘遣名园长属我,

躬耕原不恋吴江。

在这两首诗中,柳亚子表示接受毛泽东的劝说,留在北京参加新中国的建设。

5月1日下午,毛泽东和夫人江青、女儿李讷乘车前来颐和园拜访柳亚子。毛柳两人先到谐趣园,又回到益寿堂谈诗,甚为畅快。在乘船游湖时,柳亚子又提起渡江胜利的话题,说:"共产党的路线和政策,合乎民意,人民拥护支持,但是我们没有想到胜利会这么快,人民解放军很快渡江成功,并且占领了南京,我们不知道毛主席用的是什么妙计。"柳亚子说这番话,是对自己以前的"牢骚"婉转地表示歉意。登岸之后,毛泽东乘车返回香山。在这次长谈中,一个共同感兴趣的话题是诗词。毛泽东说:"柳先生既有清醒的政治头脑,是一位政治家,也是一位大诗人。你写的诗,我爱读,有趣味,有意义。有千百万读者喜欢你的大作,我就是这千百万读者中的一个。"柳亚子说:"我写的是老一套,我很想写与现实生活紧密结合的诗,但是很不成功,我自己也不满意。最近我拜读了毛主席写的诗词,心里真是痛快,这些诗词通俗易懂,而且寓意深长。"两人又约定5月5日,孙中山就任广州非常大总统二十八周年纪念日,前往香山卧佛寺拜谒了孙中山灵堂和衣冠冢。此后,毛泽东和柳亚子常有书信及诗词往来。

至于柳亚子的牢骚是什么,至今仍有不同看法。

有的说,柳亚子3月中旬到北平后,被安排在东交民巷六国饭店居住。到的当天他就写了一首诗,说"奠酒碧云应告慰",很急迫地要到香山碧云寺拜谒孙中山的衣冠冢。此后十来天时间里,他多次向中共的接待处要车去碧云寺,因为车辆不够使用,香山一带又不安全,再加上那里正在安排进京的中央机关,都没有如愿。有一次他在外面,打电话给接待处请派车去接他,因无车可派,回答让他等一下,结果他坐三轮车回到了六国饭店。到北平后,各界活动较多,柳亚子也很热心,特别倾心于文事,可出席了几次会议后颇为不快。

柳亚子《北行日记》1949年3月24日载:"又出席文协筹委会,未列名常委,从此可以卸肩了。"又4月7日载:"又为余量血压,较前增加至十度以外,颇有戒心。以后当决心请假一月,不出席任何会议,庶不至由发言而生气,由生气而骂人,由骂人而伤身耳!"(《自传·年谱·日记》)4月11日《致尹瘦石》信也说:"我到北平后","像《红楼梦》中的贾宝玉一样,是一个'无事忙'"。"关于全国文学艺术工作者代表大会,大概在五月底召开,我本来也是一个筹备委员,因为我看见不顺眼的事情太多,往往骂坐为快,弄得血压太高,现在,遵照医生的嘱咐,已请假一个月,不再去开会了。"《次韵和谢老,四月二十七日作》诗吟道:"纵酒自惭无益事,靡诗聊遣有涯生。"还有一事,柳亚子曾给周恩来写信,说要组织

毛泽东诗词

第 一 辑

"北平文献研究会"，以"维护坠绪，发扬光大为主旨"。此事华北人民政府主席董必武已经批准，柳亚子也开始张罗，后来可能是周恩来通知他把此项事情停了下来。因为毛泽东看了柳亚子的信后，认为"不加分别维护所谓'坠绪'"是"错误"的。凡此等等，都使坦诚直率、喜怒常常不免形之于色的柳亚子颇有牢骚，甚至萌生退隐之意。

冯锡刚《〈离骚〉屈子幽兰怨》(《党史文汇》1995年第11期)则认为，理解柳亚子的"牢骚"关键在"说项依刘我大难"，意谓我柳亚子不会说人好话，也难以如当年王粲依附刘表而丧失独立人格，既然因着自己的正道直行而受阻遭挫，那还不如去做一个隐士。牢骚不在或主要不在个人的出处。毛泽东赠诗不久，柳亚子写诗说："英雄惯作欺人语，未必牢骚便断肠。"在另一诗中又说："旭日中天防食昃，忠言逆耳费思量。"还有一首赠友人的绝句说："一唱雄鸡旭日中，危言无罪圣人聪。劝君莫作模棱语，领袖忧劳重整风。"都表露了他当时的心境。以上诸说，都有一定依据，本书编著者认为，由于当时主客观原因，柳亚子产生一些牢骚是可以理解的，但经过毛泽东等人的工作，打消退志，是值得人们学习和赞扬的。

"说项依刘我大难"，有两说：《毛泽东诗词选》认为，这句的意思是劝说项羽接受刘邦的领导。柳诗作时正值中共中央争取南京国民党政府接受和平解决方案，希望民主人士共同努力。柳在此处表示他虽也是国民党元老，自觉无能为力。《毛泽东诗词集》出版时，又增加了另一说，认为这句是用的杨敬之到处讲项斯的好话和王粲去荆州依附刘表的故事。柳表示说人好话，依附他人，他很难做到。两说都有一定根据，有待进一步考证。

《毛泽东诗词全编鉴赏》注释说："劝说项羽接受刘邦的领导。柳诗作时正值中共中央争取南京国民党政府接受和平解决方案，希望民主人士共同努力。"这条注，是由胡乔木亲自撰写的。当时参加该书编辑工作的同志曾提出意见：一是把"说项依刘"解释为"劝说项羽接受刘邦的领导"无出典，二是"说项依刘"用的是杨敬之到处说项斯的好话和王粲去荆州依附刘表的故事。对此，胡乔木作了详细的解说："解说说项依刘一须看当时政治背景(否则柳亚子不会写这样牢骚太盛的诗，至于表示希望回家，且亦必不至于写诗)。柳对党和毛泽东同志一向崇敬，但为人极为自负，颇不适于参加政治活动，故到京不久，遇到中央提出的国共和谈的问题，自己感觉政治地位不如他人，才会写出这样的诗。如分别解释说项和依刘，则了无意义，他当然不会认为到北京是依刘，笼统的说项，安在这里也很难说通。刘项之争本身就是出典。二须与上句相对看。上句的开天辟地是四字一贯的常用语，故下句这四字必须也是四字一贯和一目了然的，如分开再合用就不但没有前例，合起来也很难说明是什么意思。"胡乔木的这个意见值得重视。《毛泽东诗词集》注释时,采用了两说并存的方法,保留了这条注文,作为主要的一说,同时也增加了另一说,认为:"用的是杨敬之到处讲项斯的好话和王粲去荆州依附刘表的故事。……柳表示说人好话,依附他人,他很难做到。"

这首诗,主要有两种文本,按照写作时间先后,为:

第一种:

> 饮茶粤海未能忘
>
> 索句渝州叶正黄
>
> 三十一年还旧国
>
> 暮春时节读华章
>
> 牢愁太盛防肠断
>
> 风物长宜放眼量
>
> 莫道昆明池水浅
>
> 观鱼胜过富春江

此种见毛泽东手书(二)。

第二种:即毛泽东最后定稿的文本。

《七律·和柳亚子先生》这首诗现在所见有两件手书:(一)词末写有"奉和柳先生三月廿八日之作 敬祈教正 毛泽东 一九四九年四月廿九日"字样。横写,无标点符号。(二)无标题。竖写,无标点符号。

"饮茶粤海未能忘",1941年柳亚子作诗寄至延安,就曾回忆起在广州与毛泽东的交往,诗云:

> 弓剑桥陵寂不哗,
>
> 万年枝上挺奇花。
>
> 云天倘许同忧国,
>
> 粤海难忘共品茶。
>
> 杜断房谋劳午夜,
>
> 江毫丘锦各名家。
>
> 商山诸老欣能健,
>
> 头白相期莫夏华。

建国后,柳亚子仍不忘此事,在致冯伯恒信中,还曾询问:"广州是否有酒家名西园抑东园者? 请打听后告我。诗中所指,即北伐前弟偕毛主席吃饭或喝茶处,主席诗所谓'饮茶粤海未能忘'者是也。"

"三十一年还旧国",1958年12月21日,毛泽东在文物出版社同年9月刻印的线装大字本上批注说:

三十一年:一九一九年离开北京,一九四九年还到北京。旧国:国之都城,不是 State 也不是 Country。

从1919年至1949年,其间正好三十一年。自1912年4月至1927年6月,北京曾是北洋军阀政府统治下的中华民国的首都。后改称"北平",新中国成立后,又改称"北京"。

曾彦修《我所知道的柳毛赠答诗中"牢骚"问题的史实背景》(《中共党史研究》1994年第6期)说,当年田家英曾将柳毛的赠答诗背给他听,这句原来诗中似为"三十一年归故国"。

"落花时节读华章",两件手书中,这句诗均作"暮春时节读华章"。曾彦修《我所知道的柳毛赠答诗中"牢骚"问题的史实背景》说,原来诗中似为"落花时节诵华章"。

"牢骚太盛防肠断",手书(二)作"牢愁太盛防肠断"。

这首诗初发表时和1958年9月文物出版社刻印的《毛主席诗词二十一首》均未附录柳亚子原诗。1963年12月出版的《毛主席诗词》附录的柳亚子原诗是1949年马克思一百三十周年诞辰时柳亚子所作的一首诗,题为《七律》:

是日为马克思大师一百三十周年诞辰,余欲敬上尊号名曰"卡尔圣诞",而令耶苏避席者是也。适逢毛主席有赐宴,谈诗论政,言笑极欢。自揆出生六十三龄,平生未有此乐也。不可无诗,敬呈一律。

卡尔中山两未忘,

斯毛并世战玄黄。

生才西德推贤圣,

革命中华赖表章。

粤海咸京堪比例,

蒋凶托逆漫评量。

腾欢今日新天地,

澎湃潮流沸海江。

据鲁歌《我和〈毛主席诗词〉的两处改动》一文中说,鲁歌发现所选附录的原诗篇目有误。1964年5月《毛主席诗词》重印时,更换为《七律·感事呈毛主席》,是毛泽东采纳了他的意见之后改过来的。

1976年1月文物出版社出版的《毛泽东诗词三十九首》所附柳亚子原诗,题为《感事呈毛主席一首》无"七律"二字。

现在所见,柳亚子《感事呈毛主席》有一手稿,在手稿上有多处修改,可以看出柳亚子感事的某些原始思想,供进一步研究这首诗的参考。柳亚子原稿为:

感事呈毛主席一首

三月廿八夜作

开天辟地君大健,

俯仰依违我大难。

醉尉夜行呵李广,

无车弹铗怨冯驩。

周旋早悔平生拙,

生死宁忘一寸丹。

安得南征驰捷报,

分湖便是子陵滩。

(分湖为吴越间巨浸,元末杨铁崖曾游其地,因以得名。余家世居分湖之北,名大胜村,第宅弘大,抗战时为倭寇所毁,遂无复片瓦之遗留矣,先德旧畴,思之凄绝!)

柳亚子后将首句中的"大"改为"真",将第二句中的"俯仰依违"改为"说项依刘",将第二句改为"夺席谈经非五鹿",将第五句中的"周旋"改为"头颅",将"拙"改为"贱",将第六句中的"生死"改为"肝胆"。

柳亚子是一位老资格的革命家,爱国诗人,性格直爽,感情容易冲动。1912 年元旦,孙中山就任临时大总统时,柳亚子就曾写诗发牢骚,甚至标题、用典都与这一首《感事呈毛主席》有惊人的相似之处。那时柳任总统府秘书,因对酝酿中的南北议和与拟推袁世凯为大总统一事不满,遂拂袖离京去沪,并作《感事》诗云:

龙虎风云大地秋,

酸儒自判此生休。

功名自昔羞屠狗,

人物于今笑沐猴。

痛哭贾生愁赋鹏,

漂零王粲漫依刘。

不如归去分湖好,

烟水能容一钓舟。

【注释】

〔1〕七律：七言律诗的简称。详见《七律·长征》注。　和：唱和，和答。诗或词题目中有"和××"字样的就表明了这是一首和诗或和词。　和诗或和词：就是作诗或作词与别人相唱和，大致有两种方式：（一）和诗不限定和韵；（二）限定和韵。《七律·和柳亚子先生》：见本诗解说部分。

〔2〕饮茶：喝茶，这里是交往谈论的意思。粤海：指广州。广州，古粤地，又滨海，辛亥革命后又曾为粤海道道治，故称粤海。　饮茶粤海未能忘：1925年到1926年，毛泽东在广州主办农民运动讲习所。1926年5月柳亚子作为国民党监察委员，自上海赴广州出席国民党二届二中全会，同毛泽东初次晤面。在这期间，柳亚子与毛时常来往，毛泽东给柳亚子留下了难忘的印象。柳亚子1941年自香港《寄毛润之延安，兼柬林伯渠、吴玉章、徐特立、董必武、张曙时诸公》诗说："弓剑桥陵寂不哗，万年枝上挺奇花。云天倘许同忧国，粤海难忘共品茶。杜断房谋劳午夜，江毫丘锦各名家。商山诸老欣能健，头白相莫夏华。"所以毛泽东在这里写道："饮茶粤海未能忘。"

〔3〕索句：索取诗篇。南宋史祖达《东风第一枝·灯夕清坐》词："闭门月月关心，倚窗小梅索句"。　渝州：古代的州名，治所在巴县，因其在渝水之侧而得名，这里借指重庆市。　叶正黄：秋天。唐代杜甫《和裴迪登新津寺寄王侍郎》诗有"吟诗秋叶黄"之句。　索句渝州叶正黄：1945年8月到10月，毛泽东由陕北飞重庆与蒋介石谈判四十多天。1944年9月，柳亚子携全家自桂林迁重庆，寓居津南村十一

号。柳亚子和毛泽东再次晤面，柳亚子赠诗给毛泽东。《一九四五年八月三十日渝州曾家岩赠毛润之老友》诗说："阔别羊城十九秋，重逢握手喜渝州。弥天大勇诚能格，遍地劳民战尚休。霖雨苍生新建国，云雷青史旧同舟。中山卡尔双源合，一笑昆仑顶上头。"对毛泽东赤心为民为国，毅然来渝谈判的精神极为推崇。柳还向毛泽东索诗，毛泽东即以《沁园春·雪》词应之。柳得到毛泽东手书《沁园春·雪》词后又写了几首诗。毛泽东还曾约他到红岩村八路军办事处谈过话。可见，索句渝州句可以连带地引起许多回忆，有着丰富的内容，不仅指手书《沁园春·雪》词相赠一事。

〔4〕还：重又来到。　国：古时称都邑叫国。旧国：过去的国都。北京是明清等朝代的首都所在地，当时北京称北平，新中国还没有建都，所以说旧国。唐代杜甫《元日寄韦氏妹》诗有"京华旧国移"之句。　三十一年还旧国：1918年8月9日，毛泽东为组织一批新民学会会员及其他革命青年赴法勤工俭学，首次赴北京；1919年12月18日，率湖南驱张（敬尧）请愿团到达北京，1920年4月11日离北京，到1949年3月毛泽东率中共中央和解放军总部迁入北京，前后相距三十一年。

〔5〕落花时节：春末的季节。唐代杜甫《江南逢李龟年》诗："歧王宅里寻常见，崔九堂前几度闻。正是江南好风景，落花时节又逢君。"华章：华美的篇章，对别人作品的敬称，这里指柳亚子1949年3月28日写的《感事呈毛主席》诗。　三十一年还旧国，落花时节读华章：柳亚子《一九四九年三月二十五日，毛主席自

石家庄至北平，余从李锡老、沈衡老、陈叔老、黄任老、符宇老、俞寰老、马寅老之后赴机场迎迓。旋检阅军队，阵容雄壮，有凛乎不可犯之概！是夜宴集颐和园益寿堂，归而赋此》诗说："二十三年三握手，陵夷谷换到今兹。珠江粤海惊初见，巴县渝州别一时。延水鏖兵吾有泪，燕都定鼎汝休辞。推翻历史三千载，自铸雄奇瑰丽词。"恰好把三次会晤都写到了，毛泽东在这里也正是回答柳亚子的。

〔6〕盛：过多。　肠断：形容极度悲伤。曹操《蒿里行》："生民百遗一，念之断人肠。"南朝梁代江淹《别赋》："是以行子肠断，百感凄恻。"牢骚太盛防肠断：柳亚子在《感事呈毛主席》诗里发牢骚，因此毛泽东劝导他说，牢骚太多了，会有损于身心健康，应予提防。

〔7〕风物：晋代陶潜《游斜川》诗序："天气澄和，风物闲美。"指风光，景物，如同说风景，这里指一切事物，包括各种社会现象、人事动态等问题在内。　长：永远。　长宜：永远应该。

　　放眼量：放开眼界，放宽尺度去衡量。　风物长宜放眼量：是"长宜放眼量风物"的倒装，因平仄和对仗的关系而调动词序，"风物"与"牢骚"是宽对。

〔8〕莫道：不要说。　昆明：指昆明池，古昆明池在长安西南，汉武帝所凿，这里借指北京市西郊颐和园中的昆明湖。昆明湖的取名也就是从汉代昆明池得来的。昆明湖北倚万寿山，湖滨有石舫，湖中有长堤和十七孔桥等胜景。湖光山色，风景绮丽。这时柳亚子住在颐和园昆明湖边。　池水：唐代杜甫《秋兴八首》诗有"昆明池水汉时功，武帝旌旗在眼中"之句，这里用来借指昆明湖的水。

〔9〕观鱼：用《庄子·秋水》中庄子和惠施在安徽濠水桥上看水中游鱼的故事。《庄子·秋水》："庄子与惠子游于濠梁之上。庄子曰：'鱼出游从容，是鱼之乐也。'惠子曰：'子非鱼，安知鱼之乐？'庄子曰：'子非我，安知我不知鱼之乐？'"本意是别有会心，自得其乐。另一说，郭沫若认为，"观鱼"等于钓鱼。春秋左氏传隐公五年，经作"矢鱼"，传作"观鱼"。柳亚子说他要学东汉严光隐居浙江富春江边钓鱼，毛泽东说，在北京昆明湖钓鱼比回吴江去好。靳极苍《检评〈毛泽东诗词鉴赏〉》和《毛泽东诗词鉴赏辞典》说，"'观鱼'是个典故，意为军国大事，见《左传隐公五年》：'公将如棠观鱼者'。大臣臧僖伯以为隐公真的是观鱼，用大道理劝阻他。隐公没办法，才说出真心话：'吾将略地焉'。'略地'是开辟疆辟土，是军国大事。"又说，罗贯中《三国演义》第八十五回就使用了这一典故。后主见孔明独倚伏在小池边观鱼，问曰："今曹丕五路来犯境甚急，相父缘何不出府视事？"奏曰："臣非观鱼，有所思也。"这里的"有所思"，就是思如何退五路兵，也正是军国大事。还有一说，李文沛认为，"观鱼"暗用了北魏宇文泰与苏绰的一段故事。《通鉴》卷一五七载："北魏宇文泰用武功人苏绰为行台中郎……泰与公卿如昆明池观鱼，行至汉故仓地，顾问左右，莫有知者。泰台绰问之，具以状对。泰悦，因问天地造化之始，历代兴亡之迹，绰应对如流。泰与绰并马徐行，至池，竟不施网罟而返。"毛泽东暗用这个典故，表现了对柳亚子的推崇和期望。　富春江：江名，在浙江省中部，钱塘江自桐庐至闻家堰一段的别称。两岸连山，风景秀丽。东汉初，严光（子陵）不愿出来做官，隐居在富春山，前临富春江，常在江边钓鱼。这里借富春江影指柳亚子想归隐

的吴江分湖。 观鱼胜过富春江：是说在颐和园昆明湖欣赏游鱼的乐趣比在富春江钓鱼更好，意思是说，留在北京参与建国工作比回乡隐居要有意义得多。

（以下为对柳亚子原诗的注释）

〔10〕感事：感慨于某些事情。 呈：奉上。感事呈毛主席：萧永义《毛泽东诗词史话》说，1912 年元旦孙中山就任临时大总统时，柳亚子任总统府秘书，因对酝酿中的南北议和拟推袁世凯为大总统一事不满，遂拂袖而离京去沪，并作《感事》云："龙虎风云大地秋，儒酸自判此生休。功名自昔羞屠狗，人物于今笑沐猴。痛哭贾生愁赋鹏，漂零王粲漫依刘。不如归去分湖好，烟水能容一钓舟。"相隔三十七年的两首《感事》诗，有许多惊人的相似之处，甚至用典都相同。

〔11〕开天辟地：《太平御览》卷二引三国时代吴国徐整《三五历纪》说："天地混沌如鸡子，盘古生其中。万八千岁，天地开辟，阳清为天，阴浊为地，盘古在其中，一日九变。神于天，圣于地。天日高一丈，地日厚一丈，盘古日长一丈。如此万八千岁，天数极高，地数极深，盘古极长。……故天去地九万里。"古代传说盘古氏开天辟地，才开始了人类的历史，因用以表示以前从未有过，有史以来第一次。 君：柳亚子对毛泽东的尊称。 健：刚健。《易·乾象传》有"天行健"之句。柳亚子这里用来形容毛泽东才力强干，有天地那样的刚健之德，意思是说：毛泽东您像盘古氏开天辟地那样建立了新中国，真是伟大。

〔12〕说项：唐朝项斯被杨敬之所器重，杨敬之《赠项斯》诗说："几度见诗诗尽好，及观标格过于诗。平生不解藏人善，到处逢人说项斯。"后

来称替人家说好话叫说项。 刘：指汉末刘表。 依刘：《三国志·魏书·王粲传》："年十七，司徒辟，诏除黄门侍郎，以西京扰乱，皆不就，乃之荆州依刘表。表以粲貌寝而体弱通侻，不甚重也。"意思是说，王粲因西京扰乱，便到荆州去依附刘表，刘表见王粲貌丑体弱，不予理用。王粲很不得意，登楼想念家乡，乃作《登楼赋》等，抒写怀乡思归之情。后来比喻依附人家过活叫依刘。 说项依刘：明代张羽《寄刘仲鼎山长》："向人恐说项，何地可依刘"，将"说项"和"依刘"连用。 大难：太难，非常困难，意思是说，我无论讲人家好话，或是依靠人家过活，总之都非常困难。另有一说，这句是说，劝说项羽接受刘邦的领导。柳诗作对正值中共中央争取南京国民党政府接受和平解放方案，希望民主人士共同努力之时，柳在此处表示他虽也是国民党元老，自觉无能为力。曾彦修《也说"说项依刘"》（载《中共党史研究》1995 年第 5 期）说，1949 年 2 月，柳亚子接受毛泽东邀请，离开香港转赴北平。动身前，中共方面曾希望他到南京劝说主政的"某公"同中共合作。因那里形势复杂，柳亚子去不可能保密，让他感到为难，没有成行。《毛泽东诗词集》编者将两说并存。本书编著者倾向于前说。

〔13〕夺：占据。 席：草席，古人没有椅子，用草席铺在地上来坐，故有席地而坐一语。经：即"五经"。 夺席谈经：谈经胜利，夺取其他经师的坐席。《后汉书·戴凭传》说，后汉戴凭，习《京师易》，官至侍中。汉光武帝时，"正旦朝贺，百僚毕会，帝令群臣能说经者更相诘难，义有不通，辄夺其席，以益通者，凭遂重坐五十余席，故京师为之语曰：'解经不穷戴侍

中'。"意思是说有很高深的学问,驳倒了很多讲经的学者,夺取了他们的讲席。又《汉书·朱云传》说,前汉学者五鹿充宗汉元帝时为少府,习《梁丘易》,尝与诸《易》家论难,充宗乘贵行辩,"诸儒莫能与之抗,皆称疾不敢会。"意思是说,五鹿充宗善于谈《易经》,他依附宦官,乘势位谈经,折服了很多人。后来朱云和他辩论,把他驳倒。时语曰:"五鹿岳岳,朱云折其角。" 非:不是。意思是说,自己虽然像汉朝朱云那样富有才学,博学雄辩,但决不是五鹿充宗那样依附权势的人。另一说,非,作非难,驳倒解。这里不是用戴凭的故实,而是借用"夺席谈经"这一词语,运用朱云驳倒五鹿充宗的典故,以朱云自比,说自己博学多才。郭沫若则认为,这句是柳亚子把典故用错了。"夺席谈经"是东汉光武帝时戴凭的故事,柳亚子把它弄成西汉末年的五鹿充宗去了。这句是客气话,说自己没有学问,没有"夺席谈经"的本领。下句是牢骚,说自己像冯骧一样在埋怨出门没有车子坐。

〔14〕铗:剑。 怨:怨恨,责怪。 冯骧:一作谖,又作煖,战国时齐国人,在孟尝君门下作食客。 怨冯骧:冯骧之怨。 无车弹铗怨冯骧:《战国策·齐策》说:"齐人有冯骧者,贫乏不能自存,使人属孟尝君,愿寄食门下。……居有顷,倚柱弹其剑,歌曰:'长铗归来乎,食无鱼!'……居有顷,复弹其铗,歌曰:'长铗归来乎,出无车!'"意思是说,孟尝君接待门客分上中下三等,上等的有车子坐,中等的有鱼吃,下等的吃粗粮。冯骧先吃粗粮,他弹剑唱:"长铗归来乎,食无鱼!"后来有鱼吃了,又弹着剑唱:"长铗归来乎,出无车!"这是说自己

不被重视而感到不满。这里意思是说,自己不被重用,排在较低的等级,因此,只好像孟尝君的门客冯骧那样,唱起"长铗归来乎,出无车"的怨歌了。

〔15〕头颅贱:南朝齐陶弘景《与从兄书》:"仕宦期四十左右作尚书郎,即抽簪高迈。今三十六方作奉朝请,头颅可知。不如早去。"这里意思是说,早就悔恨自己生的是一副贱骨不能做大事。

〔16〕宁忘:岂忘,不失。 丹:丹心,如同说赤心,忠贞的心。 一寸丹:一片丹心。语出唐代杜甫《郑驸马池台喜遇郑广文同饮》:"白发千茎雪,丹心一寸灰。"这里意思是说,对革命却是披肝沥胆,唯有一片丹心,忠诚之至。

〔17〕安得:怎能。 安得南征驰捷报:是说怎么能够很快地得到南征解放大军传来胜利的捷报,解放了自己的家乡吴江。

〔18〕分湖:在江苏吴江县南部和浙江交界处,柳亚子的家乡。 子陵滩:即七里滩,起自浙江建德梅城,迄于桐庐钓台,因东汉初严子陵曾在此隐居游钓而得名。另一说,胡为雄《毛泽东诗赋一生》说,子陵滩是离富春江上段七里泷峡谷出口处约三公里远的地方的一处浅滩,附近有东西对峙的平台状的岩岸,高百余米,是谓钓台,上有石亭。又说,不过有关严光在富春江隐居垂钓处说法也不一,以致郭沫若在诗中写道:"由来胜迹流传久,半是存真半是猜。"明代袁宏道亦有诗曰:"溪深六七寻,山高四五里,纵有百尺钓,岂能到台底?"谨录以备考。 分湖便是子陵滩:意思是说,家乡解放了,那么我就好回乡隐居。吴江的分湖便是东汉严子陵隐居于富春江上的子陵滩。

(以下为对柳亚子原注的注释)

〔19〕吴:指江苏。　越:指浙江。　浸:大的河泽。　巨浸:大湖,这里指分湖。

〔20〕季:一个季节或一个朝代的末了。　元季:元末。　杨铁崖(1296—1370):名维桢,字廉夫,号铁崖,诸暨人,元末明初的诗人、书法家。元末率盐丁起义的张士诚招他出来做官,他屡招不赴。明太祖朱元璋召他纂修礼、乐书志,他作《客妇谣》以拒之。他喜游山水,晚年居于吴江。

〔21〕余:我。　世居:世代居住。

〔22〕第:上等房屋,因以为大住宅之称。　第宅:富贵人家、名门望族的府第住宅。　寇:古代称强盗。　倭寇:指日本侵略者。

〔23〕德:恩德,好处。　畴:田亩,已耕作的田地。　先德旧畴:祖先遗留下来的德业和田产。

〔24〕凄绝:极度伤感。

毛泽东手书《七律·和柳亚子先生》（一）

毛泽东手书《七律·和柳亚子先生》（二）

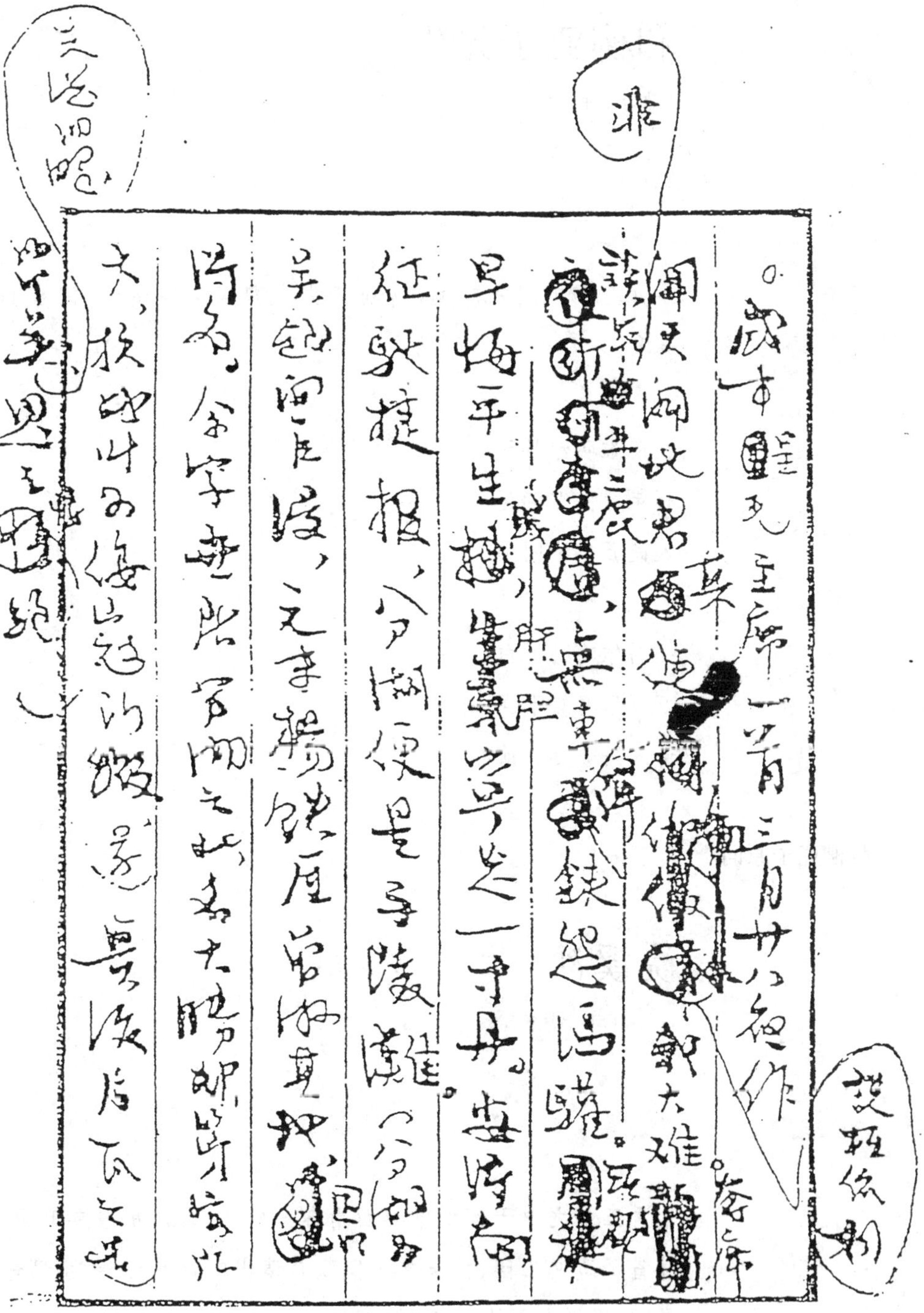

柳亚子手书《七律·感事呈毛主席》

毛泽东诗词

浣溪沙

和柳亚子先生

一九五〇年十月

一九五〇年国庆观剧,柳亚子先生即席赋浣溪沙,因步其韵
奉和。

长夜难明赤县天,
百年魔怪舞翩跹,
人民五亿不团圆。

一唱雄鸡天下白,
万方乐奏有于阗,
诗人兴会更无前。

附:柳亚子原词

浣溪沙

一九五〇年十月三日

十月三日之夕于怀仁堂观西南各民族文工团、新疆文工团、吉
林省延边文工团、内蒙文工团联合演出歌舞晚会,毛主席命填
是阕,用纪大团结之盛况云尔!

火树银花不夜天。
弟兄姊妹舞翩跹。

歌声唱彻月儿圆。^{（原注）}

不是一人能领导，

那容百族共骈阗？

良宵盛会喜空前！

[柳亚子原注] 新疆哈萨克族民间歌舞有《圆月》一歌云。

浣溪沙，词牌名。双调四十二字，平韵。南唐李煜有仄韵之作。本为唐代教坊曲名，因西施浣纱于若耶溪，故名《浣溪沙》或《浣纱溪》。上下片三个七字句。最早的是唐人韩偓《浣溪沙》词。上片三句全用韵，下片末二句用韵。此调音节明快，句式整齐，易于上口。为婉约、豪放两派词人所常用。又名《小庭花》、《减字浣溪沙》等。

这首词最早刊载于1951年1月23日《文汇报》一篇题为《毛主席新词》的报道中。该词题为《毛主席和词》。后正式发表于《诗刊》1957年1月号，发表时词句无差异，增加了一小序，以词牌为词题，未署明写作时间。1963年12月人民文学出版社出版《毛主席诗词》时作者增加了词题"和柳亚子先生"和写作时间"一九五〇年十月"。"十月四日"为本书编著者据《文汇报》报道中所说确定的。

1950年10月3日，来京参加国庆盛典的各民族代表，聚集在中南海怀仁堂举行隆重的向中央首长献礼大会，由西南各民族文工团、新疆文工团、吉林省延边文工团、内蒙古文工团联合演出，毛泽东和柳亚子都参加了晚会。毛泽东观看时心情很激动。他对坐在前排的柳亚子说："这样的盛况，亚子先生为什么不填词以志盛？我来和。"柳亚子遂即席赋《浣溪沙》词，呈献毛泽东。第二天，毛泽东用该词原韵写出《浣溪沙·和柳亚子先生》，并用宣纸抄好，致送柳亚子。（见1951年1月23日《文汇报》的一篇报道《毛主席新词》）柳亚子又和一首以呈。柳亚子把毛泽东的和词裱了起来，配上镜框，挂在自己的客厅里。

柳亚子原词，1951年1月23日《文汇报》发表时标题作《浣溪沙》。柳亚子和词题为《浣溪沙·叠韵呈毛主席》（1951年1月23日《文汇报》报道中标题作《柳亚子又和毛主席词》）：

落魄书生戴二天，

每吟佳句舞翩跹。

愿花长好月长圆。

毛泽东诗词

平等自由成合作,

匈奴南诏更于阗。

骅骝开道着鞭前。

《人民文学》原拟在 1957 年 2 月号以《毛主席词钞》为总标题,发表毛泽东三首词,其中之一为这首词。同年 1 月,《诗刊》发表毛泽东《旧体诗词十八首》后,撤销了这一计划。

这首词现在所见有两件手书:(一)词末写有"和柳先生词一首　毛泽东"字样。竖写,无标点符号。(二)先写柳亚子原词,词末写有"右调浣溪沙　柳亚子"字样,后写自己所作词,词末写有"和作"字样。竖写,有标点符号。

"万方乐奏有于阗",1957 年 1 月《人民文学》编辑部呈毛泽东审改的传抄稿,此句作"乐奏"。同年 1 月,《诗刊》发表时,"乐奏"误作"奏乐"。1958 年 12 月 21 日,毛泽东在文物出版社同年 9 月刻印的线装大字本《毛主席诗词十九首》的书眉上批注:

乐奏:这里误植为奏乐,应改。

1963 年 12 月出版《毛主席诗词》时照毛泽东的意见,作了修改。

"诗人兴会更无前",1957 年 1 月《人民文学》编辑部呈毛泽东审改的传抄稿,此句"无前"作"空前",毛泽东在这个抄件上改为"无前"。

"附:柳亚子原词",手书(二)中,"弟兄姊妹舞翩跹"作"兄弟姊妹舞翩跹"。"那容百族共骈阗"作"那容万族尽骈阗",句末句号作逗号。"良宵盛会喜空前"作"今宵良会盛空前"。

这首词,《诗刊》1957 年 1 月号发表时和 1958 号 9 月文物出版社刻印的《毛主席诗词二十一首》,均未附录柳亚子原词。从 1963 年 12 月出版《毛主席诗词》开始,附录了柳亚子原词。1976 年 1 月文物出版社出版的《毛主席诗词三十七首》所附柳亚子原词,未标词牌兼词题的"浣溪沙"三字。

【注释】

〔1〕浣溪沙:词牌名。　《浣溪沙·和柳亚子先生》:见本诗解说部分。

〔2〕即席:当场。　赋:是写作的意思。作诗填词,也有时叫赋。　柳亚子先生即席赋浣溪沙:是说毛泽东看了歌舞,请柳亚子写词来记

全国各民族大团结的盛况,柳亚子便当场写了《浣溪沙》词。

〔3〕因:于是。　步韵:又叫"次韵",是和韵的一种。和韵,就是用别人诗词中的原韵,分三种:(一)依韵,即与原作同在一韵中而不必用

原字;(二)次韵,即用原韵,连先后次序也相同;(三)用韵,即用原韵而不依照它的次序。步韵:就是次韵,因像人行步相随,故名。 奉和:奉是敬称,用于动词前。 和:指作和词。

因步其韵奉和:毛泽东因而就用柳亚子的词的原韵作了这首和词。

〔4〕长夜:漫长的黑夜。相传春秋卫国宁戚《饭牛歌》:"长夜曼曼何时旦?"这里指解放前几千年来黑暗的反动统治。 赤县:即赤县神州,中国的别称。《史记·孟子荀卿列传》:"中国名曰赤县神州,赤县神州内自有九州。"意思是说,战国时齐国邹衍创立一种"大九州"的地理学说,把中国叫做"赤县神州"亦简称"赤县"或"神州"。神州内又有九州。即传说禹所划分的九州。 长夜难明赤县天:即"赤县长夜天难明"。

〔5〕百年:从1840年鸦片战争算起到1950年已有一百多年,百年是举整数。 魔怪:妖魔鬼怪,这里指帝国主义及国内各色各样的反动统治者。 翩跹:晋代左思《蜀都赋》:"纡长袖而屡舞,翩跹跹以裔裔。"本指舞姿轻快。这里形容魔怪们的狂舞,指帝国主义、封建主义、官僚资本主义在中国大地恣意妄为,横行作恶。

〔6〕人民五亿:我国人口,当时一般估计数说是五亿。 不团圆:是说解放前在国内外反动势力的黑暗统治下,全国各族人民不能亲密地团结在一起,过幸福美好的生活。

〔7〕白:天明。 一唱雄鸡天下白:就是"雄鸡一唱天下白",因平仄关系,而调动词序。唐代李贺《致酒行》诗有句:"我有迷魂招不得,雄鸡一声天下白。少年心事当拿云,谁念幽寒坐呜呃。"这里比喻革命取得胜利。

〔8〕方:古人称国族为"方"。《尚书》中有"多方"。《易经》中有"鬼方"。 万方:本指万邦,各方诸侯,引申为天下各地,这里指全国各民族、各地区,四面八方。 于阗:古西域国名,在今新疆维吾尔自治区西南的和田一带,原有于阗县,1959年改于田,这里借指新疆的兄弟民族。那天歌舞晚会上,新疆文工团哈萨克族演员演唱了《圆月》歌,歌颂毛泽东,特别引起了柳亚子的注意,把它写进自己的词里,毛泽东这首词是和柳亚子的,因而也提到新疆文工团的演唱,借以表达全国各民族的大团结,这里有国庆佳节,万方来贺之意。

〔9〕兴会:兴致,意趣。北齐颜之推《颜氏家训·文章》:"标举兴会,发引性灵。" 无前:空前,前所未有,即达到极点之意。

(以下为对柳亚子原词的注释)

〔10〕柳亚子原诗前有一篇序。 怀仁堂:在北京中南海,原名仪鸾殿,解放后改建为会堂。

延边:在吉林省东部,1952年建立延边朝鲜族自治州,辖一市六县,州领导机关驻延吉市,居民有朝鲜、汉、满、回、蒙古等族。

〔11〕命:叫,吩咐。 是:这个。 阕:本指音乐终止,后来因此称一曲为"一阕",词本来是配合音乐歌唱的,所以一首也叫一阕。 命填是阕:指毛泽东请柳亚子填写了这一首《浣溪沙》词。

〔12〕用:以。 纪:记载。 用纪:用它来记述。 盛况:盛大的情况。 云尔:是两个语气词连用,没有实际意义。

〔13〕火树银花:比喻灯光焰火绚丽灿烂。唐代苏味道《正月十五夜》:"火树银花合,星桥铁锁开。" 夜:作动词,夜间降临的意思。 不夜天:夜间不降临的日子,形容这天怀仁堂像白天一样,灯火辉煌,一片欢腾。

〔14〕弟兄姊妹：指解放后各族人民团结得亲如家人，也指参加演出的各兄弟民族文工团。

舞翩跹：这里指各兄弟民族歌舞团演出的舞蹈节目。

〔15〕彻：贯通，深透。唱彻：宋代辛弃疾《鹧鸪天·送人》："唱彻阳关泪未干，功名余事且加餐。"唱得响彻云霄，指新疆哈萨克族民间歌舞《圆月》一歌唱出了全国各族人民热爱毛泽东的共同心声，唱的人热情奔放，听的人也更加兴奋激动，歌声显得更加清脆嘹亮，诗人也以此表达了自己对毛泽东的崇敬和热爱之情。

〔16〕一人：《尚书·商书·太甲下》："一人元良，万邦以贞。"旧题汉代孔安国传曰："一人，天子。"这里指国家元首，即指毛泽东。能：怎能，谁能。不是一人能领导：意思是称赞毛泽东领导中国人民革命取得了胜利。

〔17〕那：同哪。容：可，允许。百：举成数以言其多。百族：许多民族，指全国各族。

骈阗：罗布，连续。《晋书·夏统传》："士女骈阗，车服烛路。"这里含有欢聚一堂的意思。

〔18〕良宵：天色美好的夜晚。盛会：盛大的聚会。良宵盛会：唐代储光羲《同张侍御宴北楼》："良宵清净方高会。"喜空前：使人感到空前高兴。良宵盛会喜空前：元代周伯琦《诈马行》："良辰咸会喜云从。"

（以下为对柳亚子原注的注释）

〔19〕哈萨克族：我国少数民族，主要分布在新疆北部。云：语末助词，没有实际意义。

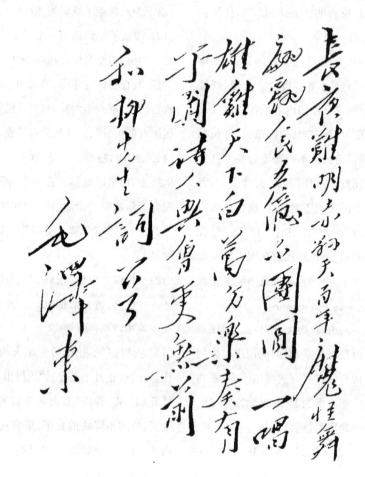

毛泽东手书《浣溪沙·和柳亚子先生》（一）

毛泽东手书《浣溪沙·和柳亚子先生》（二）

毛泽东诗词

0 2 4 7

浪淘沙

北戴河

一九五四年夏

大雨落幽燕，

白浪滔天，

秦皇岛外打鱼船。

一片汪洋都不见，

知向谁边？

往事越千年，

魏武挥鞭，

东临碣石有遗篇。

萧瑟秋风今又是，

换了人间。

浪淘沙，词牌名。双调五十四字，平韵。宋人也有于上片或上下片起句增减一二字的，也有稍变音节而用仄韵的。原为唐教坊曲名。原为七言绝句，白居易词有"却到帝都重富贵，请君莫忘浪淘沙"句；刘禹锡作的《浪淘沙》亦属此体。以后的双调小令《浪淘沙》，是南唐后主李煜创制。多作激越凄壮之音。又名《卖花声》、《曲入冥》、《过龙门》等。

这首词最早发表于《诗刊》1957 年 1 月号。未署明写作时间。1963 年 12 月人民文学出版社出版《毛主席诗词》时署明为"一九五四年夏"。这年立夏 5 月 6 日，立秋 8 月 8 日，这首词当写于这一期间。

1957 年 1 月 29 日《工人日报》影印发表了 1956 年 12 月 4 日毛泽东致黄炎培的信封、信文的最后一部分和《浪淘沙·北戴河》、《水调歌头·游泳》两首词的手迹。信文最后说："去年和今年各填了一首词，录陈审正，以答先生历次赠诗的雅意。"接着，书录上述两首词。《毛泽东书信选集》编者注："这里的'去年'应为前年，即 1954 年。这一年填的一首词是《浪淘沙·北戴河》。'今年'即 1956 年填的一首词是《水调歌头·长江》，公开

发表时题目改为《水调歌头·游泳》。"（《毛泽东书信选集》）

"北戴河"，在秦皇岛市西南十五公里处，南临渤海，背依联峰山，巉岩起伏，林木茂密，风光明媚，气候宜人，是著名避暑胜地。

1954年盛夏，毛泽东在北戴河边工作，边休养。有一天，适逢下雨，海滨风浪很大，毛泽东仍兴致勃勃要坚持下海游泳，卫士长李银桥劝他不要下海，他听后说：风浪越大越好，可以锻炼人的意志。于是不但下了海，而且在波浪翻涌的海滨畅游了一个多小时。这是他第一次去北戴河避暑办公，第一次畅游大海。后来，他曾说，七级台风，在大海里游泳很舒服。据《张耀祠回忆毛泽东》说，次日毛泽东面对海景，抚今追昔，吟成了这首词。

《毛泽东诗词全编鉴赏》说，1954年夏，毛泽东到北戴河办公和休息，他常下海游泳，有时吟诵《观沧海》诗，还游览了碣石山，就在这年夏，一说是7月，他在北戴河海滨写了《浪淘沙》词。此词当作于7月23日以后，那天他给李敏、李讷写信未附上这首词就是一个明证。词中说："萧瑟秋风今又是"，作者决非不顾时令那样写的，而是作词时已到了夏秋之交。1954年7月30日，阴历七月初一，已进入初秋。作者身临气温较低的北戴河，可能已经感到秋寒了。当年他在该地的留影，头戴帽子，身穿风衣，不像在夏天。（本书编著者按：这年立秋为七月初十日，即公历8月8日，故这首词如写于此前，仍当作于夏季。）

又据陈晋主编《毛泽东读书笔记解析》说，毛泽东的保健医生徐涛回忆，1954年夏天有些天，毛泽东在北戴河海岸沙滩漫步，嘴里总是念念有词地背诵曹操《观沧海》，在夜里工作疲劳后，稍作休息，出门观海，有时也低声吟诵这首诗。他还找来地图查证，说"曹操是来过这里的"，曹操"建安十二年（公元207年）五月出兵征乌桓，九月班师经过碣石山写出《观沧海》"。这年7月23日致李敏、李讷的信，专门谈曹操的"碣石诗"说："北戴河、秦皇岛、山海关一带是曹孟德（操）到过的地方。他不仅是政治家，也是诗人。他的碣石诗是有名的。"这封信就是在这种情况下写的。林克曾在一个抄件上写道：毛泽东"是因李讷喜李煜词，而李煜历来只能写婉约词，不能写豪放词，于是他写了一首豪放词给李讷"。也是在这个时候，毛泽东酝酿创作了《浪淘沙·北戴河》。

毛岸青、邵华《回忆爸爸勤奋读书和练书法》（《瞭望》1983年第12期）说，毛泽东曾说："曹操的文章、诗，极为本色，直抒胸臆，豁达通脱，应当学习。"

毛泽东在好几部诗集里都圈画过曹操《观沧海》诗，还手书了全诗，作为练习书法的内容。

1957年4月，毛泽东在一次谈话中，评价李煜说，他虽"多才多艺，但不抓政治，终于亡国"。1962年4月21日,毛泽东谈《浪淘沙·北戴河》一词写作缘由时说:"李煜写的《浪淘沙》都属于缠绵婉约一类,我就以这个词牌反其道行之,写了一首奔放豪迈的,也算是对古代诗坛靡弱之风的抨击吧。"(林克《忆毛泽东学英语》,载《毛泽东的读书生活》)徐涛回忆说:"他(指毛泽东)说,南唐后主李煜也写过《浪淘沙》。李煜的词意境和语言都好,但风格柔靡,情绪伤感,他不喜欢。他说他还是喜欢曹操的诗,气魄雄伟,慷慨悲凉,是真男子大手笔。"

李煜《浪淘沙》词是:

> 帘外雨潺潺,
> 春意阑珊。
> 罗衾不耐五更寒
> 梦里不知身是客,
> 一晌贪欢。
>
> 独自莫凭栏,
> 无限江山。
> 别时容易见时难。
> 落花流水春去也,
> 天上人间!

郭沫若1962年秋作《诵〈北戴河〉》诗:

> 毛主席《浪淘沙·北戴河》一词,在浴场中时闻人吟诵。
> 魏武东征此地过,
> 秦皇遗躅未应磨。
> 秋风拂岸翻银浪,
> 沧海连天泛碧波。
> 明月琼楼谁把酒?
> 青春高阁我闻歌。
> 解衣磅礴忘吾汝,
> 席地幕天诵戴河。

毛泽东的这首词现在所见有三件手书:(一)标题为《浪淘沙　北戴河》。竖写,有标点符号。（二）无标题。竖写，无标点符号。为硬笔书法。（三）标题为《浪淘沙·北戴河》。竖写，有标点符号。词末有"毛泽东一九六三年十一月十七日"字样。

"一片汪洋都不见，知向谁边"，1964年1月27日，毛泽东口头答复外国文书籍出版局《毛主席诗词》英译者说："是指渔船不见。"

"魏武挥鞭"，在手书（二）中作"孟德挥鞭"。

"换了人间"，《诗刊》1957年1月号发表时句末作叹号。1963年12月人民文学出版社出版《毛主席诗词》时和毛泽东手书（一）、（三），均作句号。

【注释】

〔1〕浪淘沙：词牌名。　北戴河：见本词解说部分。

〔2〕幽：即幽州，是古代九州之一。　燕：古代的国家。　幽燕：《尔雅·释地》："燕曰幽州。"幽州和燕国，大约都在今河北省北部和辽宁一带，这里指北戴河。

〔3〕滔：弥漫，水势盛大的样子。　滔天：如同说漫天、弥天，形容水势盛大，上与天接。《书·尧典》："汤汤洪水方割，荡荡怀山襄陵，浩浩滔天。"　白浪滔天：宋释普济《五灯会元》卷十二载潭州衡岳寺奉能禅师语录："须弥顶上，白浪滔天。大海波中，红尘满地。"宋代张炎《西子妆》词，其中有"白浪摇天，青阴涨地，一片野怀幽意"之句。

〔4〕秦皇岛：市名，在河北省东端，邻接辽宁省，靠着渤海，包括海港、山海关、北戴河三区。秦皇岛三面环海，冬季不冻，是渤海沿岸很好的商港和渔港，相传秦始皇曾因求仙来此，故名。　秦皇岛外打鱼船：在这大风雨中，秦皇岛外的海里还有打鱼船在作业。

〔5〕汪洋：水宽广无边际的样子。《楚辞·九怀·蓄英》："临渊兮汪洋，顾林兮忽荒。"　一片汪洋都不见：向海上望去，由于雨大，只看到白茫茫一片，别的什么也看不见。

〔6〕谁边：何处，哪里。　知向谁边：打鱼的船知道往哪里行驶呢？表现了毛泽东对渔民们深切的关心。唐代孟棨《本事诗·情感第一》："开元中，颁赐边军纩衣，制在宫中。有兵士于短袍中得诗曰：'沙场征戍客，寒苦若为眠。战袍经手作，知落阿谁边……'"

〔7〕越：超过。　越千年：超过一千年，即一千年以前。汉献帝建安十二年（公元207年），曹操北征乌桓，路过碣石，距写此词时已一千六百多年，千年是举整数。

〔8〕魏武：即魏武帝曹操（155—220），三国时代著名的政治家、军事家和诗人。　挥鞭：摇动马鞭，这里是说骑马经过。

〔9〕东临：向东登临。　碣石：山名，在河北昌黎西北，位于北戴河西面偏南，山南面离渤海约四五十里。一说，原在今河北乐亭县西南，北魏时沉入水中。《毛泽东诗词选》和《毛泽东诗词集》1996年9月第1版，均作："据近年来考古发现，碣石在今辽宁绥中县西南的海滨，西距山海关约三十里。"《毛泽东诗词集》2003年12月重印本，删去"近年来"三个字，将"海滨"改为"近海里"。　遗篇：传留下来的诗篇。

曹操在北伐乌桓时曾写了一组有名的组诗《步出夏门行》,其中第二首《观沧海》写北征乌桓,过碣石山登山望海所见当时景色说:"东临碣石,以观沧海。水何澹澹,山岛竦峙。树木丛生,百草丰茂。秋风萧瑟,洪波涌起。日月之行,若出其中。星汉灿烂,若出其里。幸甚至哉,歌以咏志。"因为诗中首句为"东临碣石,以观沧海",所以又称《碣石篇》。诗中说的是曹操在碣石山看渤海,称赞那里的风景很美,又看到秋风一吹,大波涌起,好像日月星辰都是从海里起来,极言海的广大,他认为看到这样壮丽的景象是幸运的。古代诗评家誉为"有吞吐宇宙气象"。

〔10〕萧瑟:树木被风吹拂所发出的声音。

萧瑟秋风今又是:曹操《步出夏门行》其二《观沧海》诗中有"秋风萧瑟,洪波涌起"的诗句,眼前恰好又好像是一片"秋风萧瑟"的景象。这里不是指时序的重现,而是指地望、景物和当年曹操东临碣石以观沧海所见到的情景多么相似。萧永义《毛泽东诗词史话》说:"时值盛夏,何来萧瑟秋风? 不知这正是此词关键。'萧瑟秋风'是从曹操《观沧海》'秋风萧瑟'句化来,并非实指眼前事。毛句着眼点并不在秋的时序本身,而是给古今对比提供一个自然的联结点,提供一个古今联想的桥梁。'今又是',不是指时序的重现,而是指地望、景物和主人公观海咏诗这一行动等等的某种类似。作者着重说明的是,自然界的现象和当年没有太大变化,东临碣石以观沧海的行动也相似,只是时光过去了一千七百多年,历史和社会已经发生巨变,'换了人间'了。作者的词情大致就是澎湃在往事与现实的似与不似之间。"

〔11〕人间:人世间,即人类社会。 换了人间:意思是说:社会已经发生巨大变化,人民翻身作了主人,和曹操那个时代完全不同了。

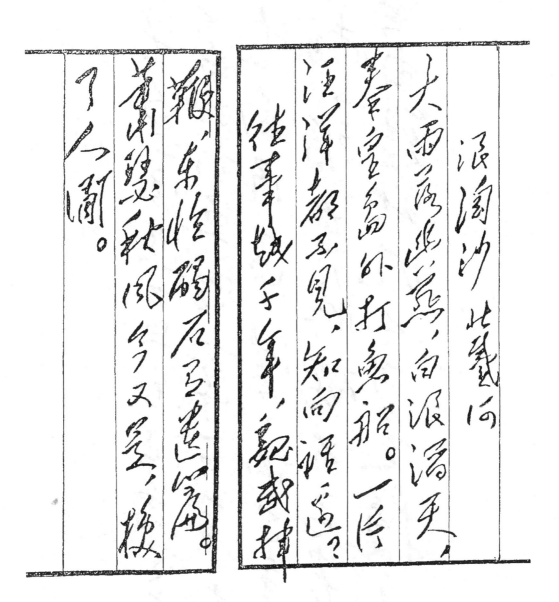

浪淘沙 北戴河

大雨落幽燕，白浪滔天，秦皇岛外打鱼船。一片汪洋都不见，知向谁边？

往事越千年，魏武挥鞭，东临碣石有遗篇。萧瑟秋风今又是，换了人间。

毛泽东手书《浪淘沙·北戴河》（一）

毛泽东诗词

毛泽东手书《浪淘沙·北戴河》（二）

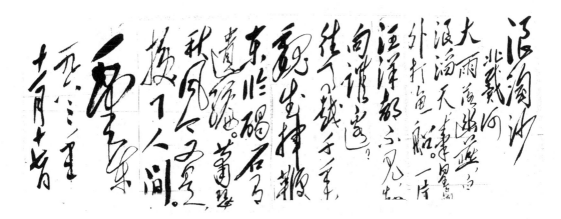

毛泽东手书《浪淘沙·北戴河》（三）

水调歌头

游泳

一九五六年六月

才饮长沙水，

又食武昌鱼。

万里长江横渡，

极目楚天舒。

不管风吹浪打，

胜似闲庭信步，

今日得宽馀。

子在川上曰：

逝者如斯夫！

风樯动，

龟蛇静，

起宏图。

一桥飞架南北，

天堑变通途。

更立西江石壁，

截断巫山云雨，

高峡出平湖。

神女应无恙，

当惊世界殊。

　　水调歌头，词牌名。双调九十五字，平韵。宋人于上下片中两个六字句，多兼押仄韵。也有句句通押同部平仄声韵的。唐代有大曲《水调歌》，为隋炀帝开凿汴河时所作，声韵悲切。凡大曲必有歌头，此词牌就是截取《水调歌》的开头一段另创的新调。上下各用四个韵。又名《元会曲》、《凯歌》、《台城游》、《花犯念奴》等。

这首词最早发表于《诗刊》1957年1月号,未署明写作时间。1963年12月人民文学出版社出版《毛泽东诗词》时,署明写作时间为"一九五六年六月"。1957年1月29日《工人日报》影印发表了毛泽东1956年12月4日致黄炎培信的信封、信文的最后一部分和《浪淘沙·北戴河》、《水调歌头·游泳》两首词的手迹。

1956年12月4日和5日,毛泽东的这首新作分别在致黄炎培、周世钊信中书赠给他们时均题为《水调歌头·长江》。《诗刊》1957年创刊号发表时改题为《水调歌头·游泳》。

这首词就是毛泽东横渡长江后写下的。

长江,自古被视为舟楫难渡的天堑,从1956年到1966年的十一年间,毛泽东曾先后十八次畅游长江,在奔腾不息的长江史上,谱写了壮丽的诗篇。1955年初夏,毛泽东在武汉听取省、市领导汇报后,就提出"我要游长江",因诸多条件不具备,未能如愿。当年12月,毛泽东再次到武汉,又提到想游长江。次年3月21日,公安部长罗瑞卿专程到武汉布置"主席可能游长江"的任务。武汉市公安局经调查了解,上呈一份"不宜游长江"的报告。1956年5月,毛泽东在广州再次提出要游长江。大家力谏毛泽东,不要游。于是毛泽东派副卫士长孙勇到武汉了解水情,经试游证明,只要掌握规律,可以在长江游泳。随后,毛泽东飞抵长沙,5月30日游湘江,以作游长江准备。

1956年5月31日早晨,毛泽东乘专机从长沙抵达武汉。毛泽东第一句话便是"先去游泳"。这天武汉阳光灿烂,微风吹拂。毛泽东稍事休息后,驱车至汉口江汉关军用码头,乘"武康"号轮船到正在施工中的武汉长江大桥察看工程情况。见工地热火朝天,竟一时忘了"先去游泳"。在船舱里,毛泽东听取大桥工程局局长彭敏的汇报,中午在船上就餐,其中有一道是武昌鱼。

下午二时左右,毛泽东在几名游泳健儿的陪伴下,从武昌蛇山长江大桥八号墩附近下水。杨尚昆、王任重等一起下水,在毛泽东左右随游。只见洪峰汹涌,波涛滚滚,气温只有20℃(一说22℃),寒气袭人。毛泽东安详地躺在江面,时处浪峰,时落波谷。只见他若无其事,坦荡自然。王任重因怕冷,上船时披着棉大衣。几个小伙子也上了船,有的冻得嘴唇发紫。有几个小伙子想学毛泽东"立正"、"稍息"、"坐板凳"的游泳姿式,结果全都没有成功。到汉水汇入长江处时,一个浪头打来,只见毛泽东吐出一口水,诙谐地说:"长江的水好甜啰!"游了约一个小时,过了粤汉码头,大家劝他休息一会儿。毛泽东看了看表,对身边的人说:"没关系,还早着呢!"有时,他上身露出水面,像坐在江面般,两脚互搓着。有时扎个猛子,再躺在江面上,右腿搭在左腿上,像坐在板凳上翘二郎腿一样。他安然地吸着烟,仰望艳阳楚天。毛泽东游了两小时零三分,大约游了二十八华里(一说约三

毛泽东诗词

第 一 辑

十多里）。毛泽东在汉口谌家矶登船休息。

6月2日上午，毛泽东提出下午游长江，要从大桥上游的鹦鹉洲下水，穿过桥墩，游过"龙王庙"。"龙王庙"位于长江、汉水汇合处，这里水流急，漩涡多，经常出事故。人们为了祈祷"龙王"来制服激流，给人们带来平安，所以修造了庙宇。

下午两点多，毛泽东乘船到汉阳鹦鹉洲附近下水。这时气温不到20℃，三四级东北风卷得激浪翻滚。下水不一会儿，眼见江水涌入八墩九孔间，每秒水流三米，临近一、二号桥墩时，突然湍急的江水将一只随游的小船冲走。毛泽东改仰游为侧游，神态安然。突然，毛泽东消失在波涛汹涌的桥墩间，几秒钟后毛泽东出现在桥墩下游十几米处的江面上，泰然自若。到"龙王庙"时，浪峰铺天盖地，毛泽东在浪下潜游十几秒后，又镇定自如地出现在江面上。毛泽东畅游了两个小时，游程三十多里。原打算游到青山武钢码头上岸，因风浪太大，没能如愿，他只游到徐家棚北边。

毛泽东在游到大桥上游水域时，一边踩水，一边观看正在紧张施工的大桥。临近桥墩时，毛泽东挥臂侧游，从大桥二、三号桥墩间游过。在游泳中，毛泽东对王任重说，这是多么好的游泳场所，应当号召人们到长江大河里去游水，可以锻炼人们的意志。有些人害怕大的东西，美国不是很大吗？我们碰了它一次（指抗美援朝），也没有什么了不起。

6月3日，毛泽东第三次游长江。下午二时出发，到武汉造船厂码头上船，三时半下水。这天只游了一个小时。这时长江两岸有几万群众观看毛泽东游泳，欢呼"毛主席万岁"之声不断。毛泽东在水中、船上频频向群众招手致意，并高呼"人民万岁"。

就是在这一期间（一说在第一次畅游长江之后，另有一说在第三次畅游长江之后），毛泽东在武汉写下了气势磅礴的《水调歌头·长江》（后来发表时题目改为《水调歌头·游泳》）。

1957年9月6日晚，毛泽东和王任重来到汉阳桥头堡，在武汉大桥工程局副局长杨在田等人的陪同下参观大桥，一直走到武昌桥头堡凉亭。这时，杨在田送给毛泽东一本《武汉长江大桥工程》画册和全体职工给毛泽东的一封信。然后，杨在田拿出笔和纸请毛泽东题词，毛泽东认真地说："这可要好好想一想。"王任重说："主席，你就把'一桥飞架南北，天堑变通途'写上吧。"毛泽东说："到东湖考虑考虑再写。"几天后，毛泽东派人送来了"一桥飞架南北，天堑变通途"的题词。

1950年10月1日，毛泽东在中南海书房里听取了邓子恢、薄一波关于长江中游的荆江分洪工程的汇报，指示"争取荆江分洪工程胜利"，由此开始了治理长江的序幕。早在1919年，孙中山就在他的《实业计划》中提出在三峡拦洪筑坝，既防洪水大患，又可引水发电。1953年2月，毛泽东乘"长江"号军舰（途中曾换乘"洛阳"号军舰）从武汉到南京，一路视察长江水情,同长江水利委员会主任林一山讨论了综合利用长江水利资源问题,开始酝酿在三峡修建引水工程的设想。1954 年夏天,长江发生百年不遇的大水,沿岸三万多人葬身鱼腹。随后,毛泽东正式提出三峡修建水库大坝的想法。这次来到武汉的目的之一,就是向有关专家了解修建三峡大坝的工程设计和经费预算。

1954 年,在广州开会,当李富春汇报第一个五年计划时,毛泽东曾向在场的人深情地说:"将来我死了,三峡修成后,不要忘记在祭文中提到我啊!"

武汉长江大桥,从汉阳龟山脚下开始,到武昌蛇山脚下终止,包括引桥在内总长一千六百七十米,高八十多米。1955 年 9 月动工,1957 年 10 月 15 日胜利通车。它是我国长江上第一座公路、铁路两用大桥,气势非常雄伟。毛泽东这次来到武汉,曾兴致勃勃地参观了正在修建的武汉长江大桥。

1957 年 5 月 21 日毛泽东学英语休息时说:"《水调歌头·游泳》这首词是反映社会主义建设的。'一桥飞架南北',只有我们今天才做到了。"(林克《忆毛泽东学英语》,见《毛泽东的读书生活》)

1956 年 12 月 4 日毛泽东致黄炎培信已见前《浪淘沙·北戴河》的介绍。1956 年 12 月 5 日毛泽东致周世钊信说:"……时常记得秋风过许昌之句,无以为答。今年游长江,填了一首水调歌头,录陈审正。"接着抄录了这首当时题为《水调歌头　长江》的词。"秋风过许昌之句",指周世钊曾将 1950 年 9 月下旬赴北京参加国庆观礼路过许昌时所作的《五律·过许昌》一首赠毛泽东。全诗如下:

> 野史闻曹操,
>
> 秋风过许昌。
>
> 荒城临旷野,
>
> 断碣卧斜阳。
>
> 满市烟香溢,
>
> 连畦豆叶长。
>
> 人民新世纪,
>
> 谁识邺中王!?

董保存《蒙哥马利和毛泽东的会见》(1988 年 12 月 26 日《人民日报(海外版)》)、张树德《红墙大事——共和国历史事件的来龙去脉》(中央文献出版社 2005 年 6 月第 1 版)等说,英国陆军元帅蒙哥马利 1958 年七十一岁时退出现役。1960 年 5 月,蒙哥马利第一次踏上中国的黄土地,访问五天,5 月 27 日蒙哥马利在上海会见了毛泽东。1961 年 9 月 5

日至 26 日,蒙哥马利再度访问中国。在武汉,毛泽东和蒙哥马利谈了两次话。9 月 23 日晚上六时半,毛泽东在他的住所东湖第一次会见蒙哥马利,并共进晚餐。饭后的谈话在客厅中举行。谈到九时三十分,蒙哥马利赠送给毛泽东一盒"三五牌"香烟。毛泽东随即也叫人送了一些中国的名茶给蒙哥马利。9 月 24 日下午,毛泽东和蒙哥马利再一次谈话。毛泽东第一次向外国人谈到接班人的问题。又邀请蒙哥马利去游长江,蒙哥马利因肠胃不适,未能陪毛泽东游泳。毛泽东请他观看游泳,他高兴地接受了。毛泽东游了近一个小时,上岸后,与蒙哥马利同乘一辆车把蒙哥马利送到汉口胜利饭店。

毛泽东工作了一夜没睡,天渐亮时,走到办公桌前,当时因没有墨汁,毛泽东就用毛笔蘸着蓝钢笔墨水,挥毫写下了《水调歌头·游泳》这首词。共写了八九张纸,其中"万里长江横渡"的"渡"字少了三点水。毛泽东写完后才上床睡觉。

下午,起床后,毛泽东去回访蒙哥马利。在汽车上,毛泽东的卫士张仙朋问毛泽东词里的"渡"字少了三点水,是不是需要添上? 毛泽东微笑着说:"不必了,这个字可以当渡字,是通用的。"

夜晚,蒙哥马利下榻的宾馆,工作人员忙忙碌碌地为他准备行装。第二天,他将启程返回英国。这时,毛泽东来了。毛泽东说:"为你送行,送给你一件礼物。"说着从口袋里掏出一张叠折的宣纸。毛泽东又说:"这是过去我写的一首词,已经发表过,赠给你留作纪念。"蒙哥马利如获至宝,连声说:"谢谢! 谢谢!"握着毛泽东的手久久没有放开。陪同蒙哥马利的中国人告诉他:"这是主席 1956 年写的一首诗,叫《水调歌头·游泳》,是当年第一次畅游长江后写的。"又说:"这是无价之宝,主席亲笔写下自己的诗词送给外国客人是极罕见的事情。"陪同毛泽东前来的中国人告诉他:"这是主席早晨四点钟起床后写的,上面还飘着墨香呢!"主席不但署了名,而且还写了'蒙哥马利元帅'。"蒙哥马利端详着遒劲有力的方块汉字,连声向毛泽东道谢。毛泽东说:"不要忘了,我们还将在长江进行游泳比赛呢!"

毛泽东书赠蒙哥马利的《水调歌头·游泳》,也许是英国迄今为止唯一的一件毛泽东书法。

这首词现在所见有四件手书:(一)标题为《水调歌头 长江》。竖写,有标点符号。(二)标题为《水调歌头 长江》,词末写有"毛泽东 一九五六年十二月五日"字样。竖写,有标点符号。(三)标题为《水调歌头 游泳》,词末有"毛泽东 一九五六年十二月五日"字样。竖写,有标点符号。除标题及个别文字与手书(二)不同外,其余完全一样。(四)标题为《水调歌头 游泳》,署名"毛泽东",并写有"右词一首,赠蒙哥马利元帅"字样。竖写,有标点符号。

手书(一)即致黄炎培信(1956年12月4日)中所书。手书(二)即为毛泽东致周世钊(1956年12月5日)信中所书。手书(三)系由他人将手书(二)中标题《水调歌头　长江》改为《水调歌头　游泳》,将"逝者如斯夫"误写的"乎"改为"夫"而成。手书(四)本书编著者只见标题和落款,未见正文。

据《毛泽东诗词全编鉴赏》说,"这首词作者存留的手迹,现在所见有四件"。其中第一件即为本书手书(一),第二件即为本书手书(二)。本书手书(三)系他人将手书(二)改动而成。第三件即为本书手书(四)。该书所说的第四件,"只写了此词的上半阕,标题写作《水调歌头·游泳》。"至今未见发表。

"才饮长沙水",1958年12月21日,毛泽东在文物出版社同年9月刻印的线装大字本《毛主席诗词十九首》书眉上批注说:

长沙水:民谣:常德德山山有德,长沙沙水水无沙。所谓无沙水,地在长沙城东,有一个有名的"白沙井"。

"又食武昌鱼",1958年12月21日,毛泽东在文物出版社同年9月刻印的大字本《毛主席诗词十九首》书眉上批注云:

武昌鱼:三国孙权一度从京口(镇江)迁都武昌,官僚、绅士、地主及其他富裕阶层不悦,反对迁都,造作口号云:宁饮扬州〔建业〕水,不食武昌鱼。那时的扬州人心情如此。现在改变了,武昌鱼是颇有味道的。

《三国志·吴书·陆凯传》说:吴主孙皓自建业(故城在今南京市南)迁都武昌(今鄂州),陆凯上书引用当时童谣说:"宁饮建业水,不食武昌鱼。宁还建业死,不止武昌居。"毛泽东所记有误。

1975年5月3日,毛泽东在中央政治局会议上顺口念了两副传世的名联,"无锡锡山山无锡,平湖湖水水平湖";"常德德山山有德,长沙沙水水无沙"。接着说:"我说'才饮长沙水',就是白沙井的水。'武昌鱼'不是今天的武昌,是古代的武昌,在现在的武昌到大冶之间,叫什么县我忘了,那个地方出鳊鱼。所以我说'才饮长沙水,又食武昌鱼……'"。

《诗刊》1957年1月号发表时,这句句末作逗号,1963年12月人民文学出版社出版《毛主席诗词》时改为句号。

"极目楚天舒",1957年2月11日毛泽东致黄炎培信中说:"游长江二小时漂三十多里才达彼岸,可见水流之急。都是仰游侧游,故用'极目楚天舒'为宜。"(《毛泽东书信选集》)

"逝者如斯夫",毛泽东书赠黄炎培和周世钊这首词时,这句词中的"夫"字误写作

"乎"。1956年12月5日,毛泽东致黄炎培信中说:"水调歌头:逝者如斯夫的'乎'错了,请改为'夫'字。"《诗刊》1957年1月号正式发表时已改。

"一桥飞架南北,天堑变通途",毛泽东致黄炎培(1956年12月4日)信中,这两句词的标点是:"一桥飞架,南北天堑变通途。"毛泽东致周世钊(1965年12月5日)信中,这两句词的标点是:"一桥飞架南北,天堑变通途。"《诗刊》1957年1月号发表时为:"一桥飞架南北,天堑变通途。"《新华半月刊》转载时又作:"一桥飞架,南北天堑变通途。"1958年出版《毛主席诗词十九首》和1963年12月出版《毛主席诗词》,作者根据别人的意见,将这两句词的标点又改为:"一桥飞架,南北天堑变通途。"1966年4月,胡乔木向毛泽东反映袁水拍的意见,提议将这两句标点仍作:"一桥飞架南北,天堑变通途。"毛泽东当即同意。1967年1月重印的《毛主席诗词》已改。

"更立西江石壁,截断巫山云雨,高峡出平湖",1957年5月11日毛泽东致李淑一信中说:"已指出'巫峡',读者已知所指何处,似不必再出现'三峡'字面。"(中共中央文献研究室编《毛泽东书信选集》)

1961年9月24日书赠英国蒙哥马利元帅的手迹,"截断巫山云雨"写作"切断巫山云雨"(《毛泽东诗词全编鉴赏》)

【注释】

〔1〕水调歌头:词牌名。 《水调歌头·游泳》:见本词解说部分。武汉那里长江的江面宽约两公里,五六月,经常吹过三级到五级的风,江水的流速一般是每秒一点三米到一点九米。1956年,毛泽东曾以六十多岁的高龄三次横渡长江。这首词就是毛泽东横渡长江后写下的。

〔2〕长沙水:长沙"白沙井"的井水,以水甘美而出名。白沙井位于长沙市天心阁下白沙街东隅。清代《一统志》说:白沙井"广仅尺许,最甘洌,汲久不竭"。明清以来,誉为长沙第一井。1950年以来,多次整修,现存井穴四个,各二尺见方,泉水从井底涌出,终年不断。

〔3〕武昌:武汉三镇之一。 武昌鱼:指古武昌(今鄂城)樊口的鳊鱼,称团头鳊或团头鲂。

才饮长沙水,又食武昌鱼:《三国志·吴书·陆凯传》说,三国吴嗣主孙皓要把都城从建业(故城在今南京市南)迁到武昌(今鄂城)。丞相陆凯进谏上疏说:"武昌土地,实危险而塉确,非王都安国养民之处,船泊则沉漂,陵居则峻危。且童谣言:'宁饮建业水,不食武昌鱼;宁还建业死,不止武昌居。'"武昌鱼即湖北鄂城的团头鲂。明代《永乐大典·寿昌乘》:"孙权于此取鱼,召群臣斫脍,味美于他处。"1955年,水产学家白伯鲁将武昌鱼从其他鱼类中鉴别出来,定名为团头鲂。 才饮长江水,又食武昌鱼:古代诗词中有类似的句法。唐代杜甫《发潭州一时谭之衡》有"夜醉长沙酒,晓行湘水春"之句。宋代辛弃疾《水调歌头》有"折尽武昌柳,挂席上潇湘"之句。这里是"才到长沙,又来到武昌"形象化的说法。

〔4〕横渡:《尔雅·释水》:"鬲津"。晋代郭璞注:"水多阨狭,可隔以为津而横渡。"这里指从江河湖海的此岸到达彼岸。

〔5〕极:尽。 极目:尽眼力望去,放眼远望。汉代王粲《登楼赋》:"平原远而极目兮,蔽荆山之高岑。" 楚:古国名。现在的湖南、湖北都是古代楚国的地方。楚天:楚地的天空,泛指中国南方的天空。宋代柳永《雨霖铃》:"念去去,千里烟波,暮霭沉沉楚天阔。"这里指武昌一带的上空。 舒:舒展,舒畅。另一说,开阔,宽阔。 极目楚天舒:宋代朱熹《濯足万里流》诗:"极目沧江晚,烟波殊未休。"朱熹《安仁晓行》:"归心还往路,极目向平芜。"朱熹《奉题张敬夫春风楼》:"凭栏俯江山,极目眇云汉。"宋代有位署名"幼卿"的女子题于陕府驿壁的《浪淘沙》词:"极目楚天空,云雨无踪。"(宋代吴曾《能改斋漫录》)

〔6〕胜似:胜于,比……好。清代陈维嵩《风流子·月夜感忆》词:"今宵月,胜似昨宵圆。"闲庭:清静的院子。 信:听凭,随意。 信步:漫步,随意行走。唐代齐己《游谷山寺》:"此生有底难抛事,时复携筇信步登。"

〔7〕得:得到,这里是感到的意思。 宽馀:空闲,宽裕。另 说,舒缓,畅快。

〔8〕子:指孔子。 川:水道,河流。 川上:河边上。 曰:说。

〔9〕逝:往,去。 逝者:消逝的事物。 斯:此,这里指流水。 夫:放在语句末尾表示感叹语气的助词。 子在川上曰:逝者如斯夫:《论语·子罕》:"子在川上曰:'逝者如斯夫,不舍昼夜!'" 舍:止,意思是说:孔子在河边发出感叹,流逝去了的就像这河里的水一样,

日夜不停! 这是毛泽东在长江里游泳,深切地感到时光的消逝就像流水一样,一去不回,所以必须珍惜光阴,搞好革命和建设,因而想起了孔子的这段话。

〔10〕樯:桅杆。 风樯:挂着风帆的桅杆,指帆船。宋代陆游《醉后草书歌诗戏作》:"宝刀出匣挥雪刃,大舸破浪驰风樯。"

〔11〕龟蛇:指长江两岸的龟山和蛇山,武汉长江大桥的两头就建筑在龟山和蛇山上。详见《菩萨蛮·黄鹤楼》注。

〔12〕起:产生。 宏图:汉代张衡《南都赋》:"非纯德之宏图,孰能揆而处旃?"这里指规模巨大的建设蓝图,也就是宏伟的建设规划。风樯动,龟蛇静,起宏图:这几句是说,作者在游泳时看到张篷的帆船在江中行驶,龟山和蛇山静峙在江边,心中由此而产生了规模巨大的建设规划。

〔13〕一桥:一座桥,即指武汉长江大桥。这座桥从汉阳龟山脚下开始,到武昌蛇山脚下终止,包括引桥在内总长一千六百七十米,高八十多米。1955 年 9 月动工,1957 年 10 月建成。飞跨长江,气势非常雄伟。 飞架:形容大桥像长虹腾空架起的雄伟气势和建设的神速。当时,武汉长江大桥正在大力兴建。毛泽东这次来到武汉,曾兴致勃勃地参观了正在修建的武汉长江大桥。

〔14〕堑:壕沟。 天堑:天然的壕沟,比喻地形的险要,这里指长江。《南史·孔范传》:"隋师将济江,群官请为备防。范奏曰:'长江天堑,古来限隔,虏军岂能飞度?'" 途:道路。通途:四通八达的大道。 一桥飞架南北,天堑变通途:作者想到,武汉长江大桥建成之后,腾空架在长江南边和北边,把长江天堑变

成交通大道。

〔15〕更：再。　立：建造。　西江：长江西部，指三峡一带的江面。一说，西江即长江。唐代诗人杜牧有《西江怀古》诗。旧注云："楚人指蜀江为西江，谓从西而下也。"　壁：墙。　石壁：坚如岩壁的拦江大坝。这里指三峡水利枢纽工程。

〔16〕巫山：在四川、湖北两省边境，北与大巴山相连，是巴山山脉的最高峰，因形如巫字，故名。东北—西南走向，海拔一千到一千五百米。长江穿流其中，成为三峡，即巫峡、瞿塘峡、西陵峡，长一百八十九公里。巫山有神女峰，巫峡有神女庙。　云雨：《文选》中相传战国时代楚国宋玉《〈高唐赋〉序》说："昔者先王尝游高唐，怠而昼寝，梦见一妇人，曰：'妾，巫山之女也，为高唐之客，闻君游高唐，愿荐枕席。'王因幸之。去而辞曰：'妾在巫山之阳，高丘之阴，旦为朝云，暮为行雨，朝朝暮暮，阳台之下。'旦朝视之，如言，故为之立庙，号曰朝云。"　巫山云雨：唐代李白《清平调》之二："一枝红艳露凝香，云雨巫山枉断肠。借问汉宫谁得似，可怜飞燕倚新妆。"旧时多用来形容或指代男女欢爱，这里指长江上游三峡一带的山洪雨水及三峡以上的江水。另一说，这里是指山高峡深，湿气蒸郁，云雾缭绕，常蒙"峡雨"。还有一说，指"石壁"高耸，巫山的流云行雨也为之阻隔了。（胡为雄《〈毛泽东诗词选〉注释中若干问题商榷》，《党的文献》1991年第6期）本书编著者倾向于后说。　截断巫山云雨：拦江坝很高，好像把巫山的云雨都截断了，这里

暗用了这个古代美丽的神话。

〔17〕高峡：地势很高的山峡。唐代李贺《巫山高》诗有"碧丛丛，高插天，大江翻澜神曳烟"之句。　平湖：水平如镜的湖泊，指三峡水利枢纽工程完成后山上的大水库。

更立西江石壁，截断巫山云雨，高峡出平湖：这几句是说，还要在长江西部筑起一道很高的拦江大坝，把巫山的云雨都截断了，在很高的三峡上出现一个水平如镜的湖泊。

〔18〕神女：指掌管巫山云水之神。战国宋玉《神女赋序》："楚襄王与宋玉游于云梦之浦，使玉赋高唐之事，其夜王寝，梦与神女遇。"《文选》李善注引《襄阳耆旧记》："赤帝女曰瑶姬，未行而卒，葬于巫山之阳，故曰巫山神女。"说神女自称是"巫山之女"，因协助大禹治水有功，所以人们在巫山飞凤峰为她修了庙，叫神女庙，也叫真人祠。宋代陆游《入蜀记》说，"祠正对巫山，峰峦上入霄汉，山脚直插江中。"
应：该当，引申为想当然。唐代李商隐《无题》："晓镜但愁云鬓改，夜吟应觉月光寒。"　恙：疾病；忧愁灾祸。　无恙：就是没有疾病、灾祸等可忧之事。《战国策·齐策四》："岁亦无恙耶？民亦无恙耶？王亦无恙耶？"这里指健在，安好。

〔19〕当：应该。　殊：改变，不同。
神女应无恙，当惊世界殊：这两句是说，料想神女还是好好的，仍然健在如故吧，她看到这人间奇迹，该惊叹世界变了样，和以前大大不同了吧！

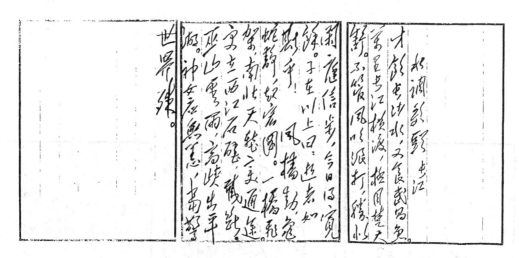

毛泽东手书《水调歌头·游泳》（一）

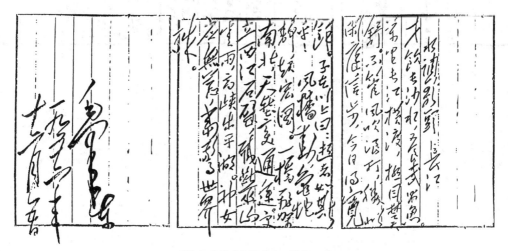

毛泽东手书《水调歌头·游泳》（二）

毛泽东诗词

0 2 6 5

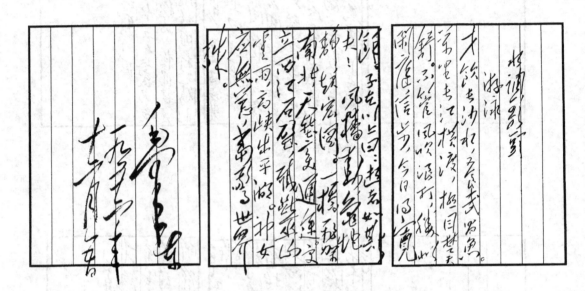

毛泽东手书《水调歌头·游泳》（三）

毛泽东手书《水调歌头·游泳》（四）

毛泽东诗词

第 一 辑

蝶恋花

答李淑一

一九五七年五月十一日

我失骄杨君失柳，

杨柳轻飏直上重霄九。

问讯吴刚何所有，

吴刚捧出桂花酒。

寂寞嫦娥舒广袖，

万里长空且为忠魂舞。

忽报人间曾伏虎，

泪飞顿作倾盆雨。

附：李淑一原词

菩萨蛮

惊梦

一九三三年夏

兰闺索寞翻身早，

夜来触动离愁了。

底事太难堪，

惊侬晓梦残。

征人何处觅？

六载无消息。

醒忆别伊时，

满衫清泪滋。

蝶恋花，词牌名。见本书前文《蝶恋花　从汀州向长沙》相关介绍。

这首词最早发表于 1958 年 1 月 1 日湖南师范学院院刊《湖南师院》。

"李淑一"（1901—1997），革命烈士柳直荀的夫人，毛泽东夫人杨开慧的好友。湖南长沙人。1924 年与湖南农民运动领导人之一、毛泽东早年的战友柳直荀结婚。曾掩护过郭亮、夏曦、李维汉等人从事革命活动。1932 年柳直荀在湖北洪湖革命根据地被害后，她以教书为业，独立抚育烈士遗孤长大。李淑一与杨开慧是 1920 年在长沙福湘女中时的同学。建国后，李淑一曾任湖南省政协委员，省文史研究馆馆员，中央文史研究馆馆员。毛泽东写这首词时，李在湖南长沙第十中学任语文教员。

词中的"杨"，指杨开慧（1901—1930），湖南长沙人，毛泽东的夫人，又名霞，字云锦。1920 年入长沙福湘女中读书，同年，在毛泽东的影响下参加了中国社会主义青年团。同年冬，在长沙与毛泽东结婚。1922 年 10 月生毛岸英，1923 年 11 月生毛岸青，1927 年 4 月生毛岸龙。1921 年秋加入中国共产党，在中共湘区委员会负责机要兼交通联络工作。入党后，杨开慧一直跟着毛泽东在上海、韶山、广州、长沙、武汉等地从事革命活动，创办农民运动讲习所。1925 年跟毛泽东在韶山开展农民运动，是农民夜校教员之一。毛泽东和杨开慧在韶山进行革命活动，住了半年。1927 年大革命失败后，毛泽东领导秋收起义，上了井冈山，杨开慧隐蔽在长沙东乡坚持地下工作，把周围农民组织起来。1930 年 10 月因叛徒出卖，与长子毛岸英一同被捕，押在长沙，曾三次受重刑，被打得遍体鳞伤，但她严守党的秘密。同时，敌人还逼迫她与毛泽东断绝夫妻关系，杨开慧严词拒绝声明"与毛泽东脱离夫妻关系"，毫不屈服。同年 11 月 14 日在长沙浏阳门外识字岭被军阀何键杀害，牺牲时仅二十九岁。她和李淑一是老同学、好朋友，曾同在长沙福湘女中（现在长沙第十中学的前身）读书，李淑一和柳直荀就是经过她的介绍才认识结婚的。

"柳"，指柳直荀（1898—1932），湖南长沙人，毛泽东早年的战友。1924 年加入中国共产党。1926 年任湖南省政府委员，并被选为农民协会秘书长。1927 年参加南昌起义。1930 年到湘鄂西革命根据地工作，曾任红军第二军团政治部主任、第三军政治部主任等职。后任中共鄂西北分特委书记。1932 年在肃反扩大化中因反对王明"左"倾冒险主义，被打成"改组派"，同年 9 月在湖北监利被错杀。1945 年 4 月中共中央正式予以平反，并追认为革命烈士。

1957年1月，毛泽东十八首诗词在《诗刊》创刊号发表，当时任长沙第十中学语文教员的李淑一拜读后，回想起毛泽东早年曾用"虞美人"词牌填过一首词赠与杨开慧，但除记得头两句外，余俱忘却了，于是1957年2月7日（春节期间）写信给毛泽东。在信中除谈自己读毛泽东诗词的感想外，附上了她在1933年悼念自己丈夫柳直荀的词《菩萨蛮·惊梦》，并说："一九三三年夏，道路传言直荀牺牲，我结想成梦，大哭而醒，和泪填《菩萨蛮》一首。"信中还请求毛泽东将过去赠杨开慧的《虞美人》全词抄赠给自己。

1957年5月11日，毛泽东复信给李淑一："大作读毕，感慨系之。开慧所述那一首不好，不要写了罢。有《游仙》一首为赠。这种游仙，作者自己不在内，别于古之游仙诗。但词里有之，如咏七夕之类。"接着抄录了这首词，见本书页手书（一）。由此可见，这首词最初题为《游仙》。5月11日是致信李淑一的时间，词的写作时间当在此时或此前。

李淑一收到毛泽东复信后，就把毛泽东这首词讲给学生们听。有的同学又把这首词抄在笔记本上。女同学薛守谆告诉了湖南师院中文系三年级学生、"十月诗社"社长张明霞，同年6月1日（一说5月28日），张明霞写信要求毛泽东同意在他们的"十月诗社"油印诗刊《鹰之歌》上首先发表。1957年11月25日，毛泽东给当时已升入四年级的张明霞复信："来信早收到，迟复为歉！《蝶恋花》一词，可以在你们的刊物上发表。《游仙》改《赠李淑一》。"毛泽东在"十月诗社"抄录并请求给予校正的词稿上，用黑铅笔将标题《蝶恋花·游仙》中的"游仙"二字涂掉，改为"赠李淑一"。还用红笔将抄错的"所处"二字改为"何所"，逐句打上标点符号；用毛笔在上、下半阕之间画了一道竖线，注上"空一行"三字；把抄得不好的"娥"字也重新写得端正、清晰，将简体字"泪飞"改成繁体"淚飛"。由于《鹰之歌》已在1957年秋反右斗争运动中被迫停刊，刊物编辑部中有几个学生被打成右派，因而改由1958年1月1日《湖南师院》校刊元旦专刊发表，《湖南师院》发表时题为《蝶恋花（赠李淑一）》。接着，1月5日上海《文汇报》转载了这首词，标题为《蝶恋花（赠李淑一）》。1月7日《人民日报》转载时题为《蝶恋花（赠李淑一）》。《诗刊》载于1958年1月号（1月25日出版），题为《蝶恋花　游仙（赠李淑一）》，未署明写作时间。1958年9月文物出版社刻印的《毛主席诗词二十一首》竖排繁体字，无标点符号。这首词题作《蝶恋花　游仙　赠李淑一》。1963年12月出版《毛主席诗词》时，删去"游仙"二字，并把"赠"改为"答"，题为《蝶恋花　答李淑一》，署明写作时间为"一九五七年五月十一日"。

1959年6月27日，毛泽东在长沙接见李淑一和杨开慧兄嫂杨开智、李崇德时，对在座的华国锋、柯庆施等说："她就是李淑一，是开慧的好朋友。前年她把悼念直荀的词寄给我看，我就写了《蝶恋花》这首词和她，完全是照她的意思和的。"

李淑一说:"我在抄给主席的《菩萨蛮》里写道:'征人何处觅?六载无消息。'主席向我回答了征人的去处:'杨柳轻飏直上重霄九。'我的《菩萨蛮》词的后两句是:'醒忆别伊时,满衫清泪滋。'毛主席答我的是:'忽报人间曾伏虎,泪飞顿作倾盆雨。'我是在想念传闻中牺牲了的亲人,主席答我烈士忠魂也因人民革命的胜利而高兴落泪。主席的词写出了烈士的高尚革命气节和伟大革命精神。主席是了解他们的。"(李淑一《两世情深,一阕惊天》,见《毛泽东与他的友人》)

对于这首词,1958年周恩来在中南海紫光阁教育座谈会上评论说:"《蝶恋花·答李淑一》是伟大领袖毛主席的光辉作品,表达了毛主席缅怀革命先烈,热情歌颂革命先烈的奋斗牺牲精神,受到了广大人民的喜爱。前赴后继的革命力量,已经把旧世界打得落花流水,建立了伟大的中华人民共和国。先烈的英灵得到了慰藉,同我们一起洒着激动的泪花,欢庆革命的胜利。毛主席革命的现实主义和革命的浪漫主义相结合的创作方法,在这首词中运用得非常好。对于我们的革命先烈寄予如此崇高的怀念之情,没有比这首词更深切,更激昂慷慨,因此也就更动人心弦的了。'泪飞顿作倾盆雨',是嫦娥之泪?是吴刚之泪?还是作者之泪?是普天下革命人民洒下的倾盆热泪。只有革命的现实主义和革命的浪漫主义相结合,文学艺术才能达到像这样高的境界。"

1971年8月10日,周恩来在广州接见《毛泽东同志主办农民运动讲习所颂歌》作者和演员时说:"主席的《蝶恋花》足从革命的现实主义到革命的浪漫主义。如'我失骄杨君失柳'、'吴刚捧出桂花酒'、'寂寞嫦娥舒广袖',这就是现实到浪漫。"

这首词现在所见有三件手书:(一)无标题。词末写有"毛泽东 一九五七年五月十一日"字样。竖写,有标点符号。(二)无标题。"我失骄杨"作"我失杨花"。词末写有"毛泽东 九月一日"字样。竖写,无标点符号。(三)词前有小序:"《蝶恋花》一首,为李淑一而作。淑一以一首《蝶恋花》赠我,是她怀念她的被国民党杀害的柳直荀同志——她的丈夫,而写的。无以为和,作蝶恋花。"词末写有"赠给胜利。一九六一年,十月十六日,毛泽东"字样。

手书(一)即致李淑一信中所录。手书(二)为毛泽东赠毛岸青、邵华所书。手书(三)为毛泽东赠李胜利所书。李胜利(1937—),又名李静,江苏邳州人。曾任中国人民解放军总参谋部文化部部长。毛泽东曾书赠《蝶恋花·答李淑一》、《卜算子·咏梅》、《七律·长征》等诗词给她。小序中所说"淑一以一首《蝶恋花》赠我",《蝶恋花》系《菩萨蛮》之误(即李淑一1933年所作怀念她的丈夫柳直荀的《菩萨蛮·惊梦》)。

"我失骄杨君失柳",李湘文编著《毛泽东家世》等书说,1962年,章士钊在一次登天安门城楼观礼时,曾当面问毛泽东"骄杨"作何解释,得到毛泽东的答复。1963年3月,章士钊在应杨开慧胞兄杨开智所请而作的《杨怀中别传》中说:"越二十余岁(指杨开慧牺牲后二十余年),毛公填词,有我失骄杨句。吾乃请益毛公,何谓骄? 公曰:女子革命而丧其元(头的意思),焉得不骄?"杨开慧对毛泽东是死生为一的。1982年3月,湖南修缮杨开慧烈士故居,拆掉杨家老屋旧墙时,在杨开慧住房后墙砖缝里发现杨开慧的一叠手稿中有1928年10月写的《偶感》五言诗一首,记录了她日夜怀念毛泽东的凄婉心情。全文如下:

> 天阴起朔风,
>
> 浓寒入肌骨。
>
> 念兹远行人,
>
> 平波突起伏。
>
> 足疾已否痊,
>
> 寒衣是否备?
>
> 孤眠〔谁〕爱护,
>
> 是否亦凄苦?
>
> 书信不可通,
>
> 欲问无〔人语〕。
>
> 恨无双飞翮,
>
> 飞去见兹人。
>
> 兹人不得〔见〕,
>
> 〔惆〕怅无已时。

(注:"〔 〕"为原稿残缺。)

毛泽东还曾称赞杨开慧烈士是积极主张武装斗争的,她是有小孩在身边英勇牺牲的,很难得。并且在给杨开智的信中说:开慧之死,百身莫赎。

"我失骄杨君失柳",1961年9月1日,毛泽东的次子毛岸青和儿媳邵华请求父亲书赠这首词以作永久纪念。毛泽东悬腕提笔,第一句的前四个字作"我失杨花"。岸青和邵华唯恐有误,提醒说:"不是'骄杨'吗?"毛沉思片刻,答道:"称'杨花'也很贴切。"(毛岸青、邵华《滚烫的回忆》)

"杨柳轻飏直上重霄九",《人民日报》《诗刊》1958年1月号发表时断句作"杨柳轻飏,直上重霄九"。毛泽东手书(一)、(三)、《湖南师院》、《毛主席诗词》作一句,中间不用标点符号。

"问讯吴刚何所有",《湖南师院》、《人民日报》句末用问号,毛泽东手书(一)、《诗刊》、

《毛主席诗词》用逗号。

"万里长空且为忠魂舞。忽报人间曾伏虎,泪飞顿作倾盆雨",1958 年 12 月 21 日,毛泽东在文物出版社同年 9 月刻印的线装大字本《毛主席诗词十九首》书眉上批注云:

上下两韵,不可改,只得仍之。

《毛泽东诗词选》和《毛泽东诗词集》编者注:"〔舞、虎、雨〕这三个韵脚字跟上文的'柳、九、有、酒、袖'不同韵。"

"万里长空且为忠魂舞",《人民日报》、《诗刊》1958 年 1 月号发表时断句作"万里长空,且为忠魂舞"。毛泽东手书(一)、(三)、《湖南师院》、《毛主席诗词》作为一句,中间不用标点符号。

"泪飞顿作倾盆雨",1964 年 1 月 27 日,毛泽东口头答复外国文书籍出版局《毛主席诗词》英译者说:"是指高兴得流泪。"在手书(二)、(三)两件中,这句作"泪挥顿作倾盆雨"。

"附:李淑一原词",这首词初发表时和以后各种毛泽东诗词版本均未附录李淑一原词。《毛泽东诗词选》和《毛泽东诗词集》只在注释中提到,1957 年 2 月,李淑一将她纪念柳直荀的一首《菩萨蛮》词寄给作者,作者写这首词答她。李淑一原词,最早见于 1959 年 4 月 27 日《新民晚报》刊载的《访李淑一》一文。

【注释】

〔1〕蝶恋花:词牌名。 《蝶恋花·答李淑一》:见本词解说部分。

〔2〕骄:壮健的样子。这里含有坚强的意思。 我失骄杨君失柳:见本词解说部分。

〔3〕杨柳:语意双关,从字面上,切合两位烈士的姓,因此用来代表两位烈士的忠魂,另一方面又指沾白的杨花柳絮,可以随风飘拂,因而毛泽东想象两位烈士的忠魂,轻轻飘扬,直上九重天。 飏:通"扬",飘扬。 杨柳轻飏:冯延巳《鹊踏枝》中有"杨柳风轻,尽展黄金缕"之句。晋代陶渊明《归去来辞》:"舟摇摇以轻飏,风飘飘而吹衣。"这里指烈士的忠魂轻轻地飘扬,旧时传说魂是可以飘扬的。 重霄:指高空。唐代王勃《滕王阁序》:"层峦耸翠,上出重霄。" 重霄九:即"九重霄",因平仄和押韵的关系而倒装,九重天的第九层。《楚辞·天问》:"圜则九重,孰营度之?"天有九重,意即九层,重霄九指天的极高处,形象地歌颂了革命者为人民献身,虽死犹荣。

〔4〕问讯:询问,问候。唐代杜甫《送孔巢父谢病归游江东兼呈李白》诗:"南寻禹穴见李白,道甫问讯今何如?" 吴刚:相传为月宫里的仙人。唐代段成式《酉阳杂俎·天咫》说:"旧言月中有桂,有蟾蜍,故异书言月桂高五百丈,下有一人常斫之,树创随合。人姓吴名刚,西河人,学仙有过,谪令伐树。" 所:助词,放在动词前面。 何所有:就是说有什么。古乐府《陇西行》有"天上何所有"之句。南朝齐代陶

弘景《诏问山中何所有赋诗以答》："山中何所有,岭上白云多。"

〔5〕桂花酒:酒名,以桂花酿成,取其芳香。《楚辞·九歌·东皇太一》:"奠桂酒兮椒浆。"王逸注:"桂酒,切桂置酒中也。"唐代刘宪《奉和韦嗣立山庄侍宴应制》诗有"桂华尧酒泛"之句。 华:同"花"。曹植《仙人篇》:"玉樽盈桂酒,河伯献神鱼。"由于吴刚跟桂树的关系,所以作者想像他用桂花酒待客。

〔6〕嫦娥:传说中的仙人。本作"姮娥",也作"恒娥",汉代避文帝(刘恒)讳,改为"嫦娥"。汉代刘安《淮南子·览冥训》说,"羿请不死之药于西王母,垣娥窃以奔月。"高诱注:"垣娥,羿妻。羿请不死之药于西王母,未及服之,垣娥盗食之,得仙,奔入月中,为月精也。"南朝宋代颜延之《为织女赠牵牛》诗中有"婺女俪经星,嫦娥栖飞月"之句。 寂寞嫦娥:唐代李商隐《嫦娥》诗有"嫦娥应悔偷灵药,碧海青天夜夜心"之句。说嫦娥在月宫里夜夜看到碧海青天的单调景物,不免感到寂寞,所以说"寂寞嫦娥"。 舒:伸展。 广袖:宽大的袖子。 舒广袖:形容舞蹈的姿势。《韩非子·五蠹》:"长袖善舞,多财善贾。"唐代李白《高句骊》:"金花折风貌,白马小迟回。翩翩舞广袖,似鸟海东来。"《乐府诗集》说,术士罗公远同唐明皇游月宫,看见仙女数百人,都穿着白色舞衣,跳霓裳羽衣舞。所以这里说"舒广袖"。

〔7〕长空:辽阔的天空。 且:等于说"于是就"。另一说,且为姑且、聊且之意。李白《将进酒》诗:"烹羊宰牛且为乐,会须一饮三百杯。"笔者倾向于后说。 忠魂:两位烈士对革命无限忠诚,为人民尽忠而死,所以称忠魂。

〔8〕曾:曾经,这里是已经的意思。唐代李白《经下邳圯桥怀张子房》诗:"我来圯桥上,怀古钦英风。唯见碧流水,曾无黄石公。""曾无"就是"已无"的意思。 伏:降伏。 伏虎:降伏猛虎。《封神演义》第八十二回:"伏虎降龙为第一,擒妖缚怪任纵横。"这里比喻中国人民在党的领导下,打垮反动派,取得了革命胜利。一般说降龙伏虎,都是指对凶狠残暴的敌人的征服。

〔9〕顿:顿时,立刻。 倾盆:大雨倾注,好像翻倒盆水一样。唐代韩鄂《岁华纪丽》卷二《雨》:"倾盆"注:"大雨。"唐代杜甫《白帝》:"白帝城下雨翻盆;"宋代苏轼《介亭饯杨杰次公》:"前朝欲上已蜡屐,黑云白雨如倾盆。" 忽报人间曾伏虎,泪飞顿作倾盆雨:这两句是说两位烈士的忠魂忽然听见革命胜利的消息,顿时激动得热泪盈眶,化作倾盆大雨,表现了烈士们对革命的无限忠诚,对祖国的无比热爱。宋代黄庭坚《鹊桥仙·席上赋七夕》词:"朱楼彩舫,浮瓜沉李,报答风光有处。一年尊酒暂时同,别泪作、人间晓雨。"

(以下为对李淑一原词的注释)

〔10〕《菩萨蛮·惊梦》:柳直荀是1927年大革命失败时与李淑一分别的。1933年夏天李淑一听到柳直荀已经不在人间的消息。一天夜里,梦见烈士归来,但才见面就惊醒了。她感极而泣,填了一首《菩萨蛮》词,这也就是李淑一1957年2月给毛泽东信中所说的:"一九三三年夏,道路传言直荀牺牲,我结想成梦,大哭而醒,和泪填《菩萨蛮》一首。"

〔11〕兰闺:如同说香闺,旧时女子居室的美称。 索寞:神色颓丧的样子。 兰闺索寞:金代董解元《西厢记》:"兰闺久寂寞,无事度芳春,料得行吟者,应怜长叹人。" 翻身:翻转身

米,睡不着觉。

〔12〕夜来:昨夜。　离愁:离别的愁苦。　以上两句是说,在房间里我感到自己神色非常颓丧,很早就翻身醒来了。昨天夜里梦见柳直荀归来,触动了我离别的愁苦。

〔13〕底:这,此。　底事:这件事情。一说,何事。　难堪:不易耐受的意思。

〔14〕侬:我。　晓:天亮。　晓梦:就是清晨的梦。　残:残破,毁坏。以上两句是说才见面我就惊醒了,清晨的一场好梦被打破,这件事实在太使人难以忍受了。

〔15〕征人:旧谓远行的人。　觅:寻找。

〔16〕载:如同说年。　以上两句是说,柳直荀为革命辗转南北各地,离家远行,到哪里去寻找呢?自从1927年和他分别,已经六年没有消息了。

〔17〕伊:他。这里指柳直荀。

〔18〕滋:润泽。　以上两句是说,做梦惊醒了,回忆和他分别的时候,整个衣服都被清净的泪水润湿了。

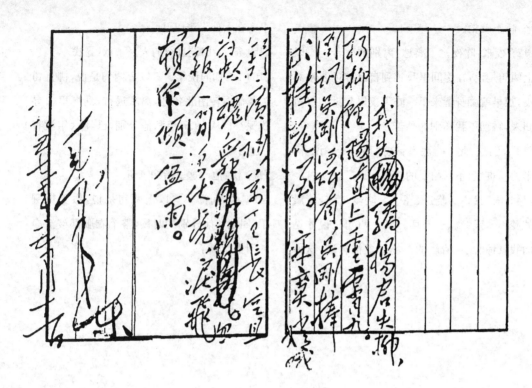

毛泽东手书《蝶恋花·答李淑一》（一）

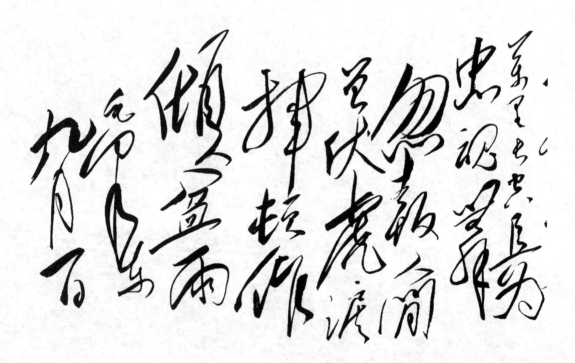

毛泽东手书《蝶恋花·答李淑一》（二）

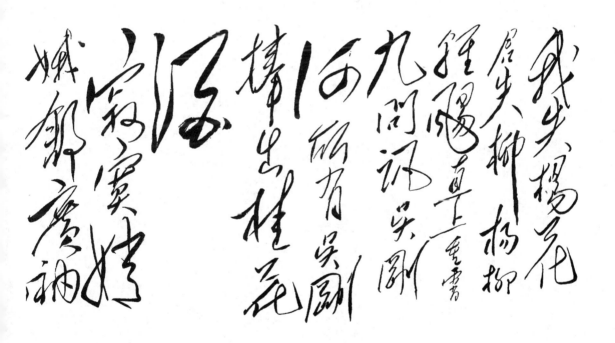

毛泽东诗词

第 一 辑

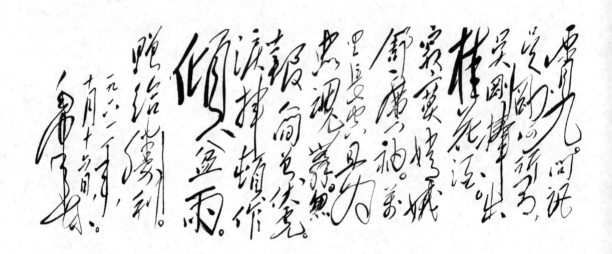

毛泽东手书《蝶恋花·答李淑一》（三）

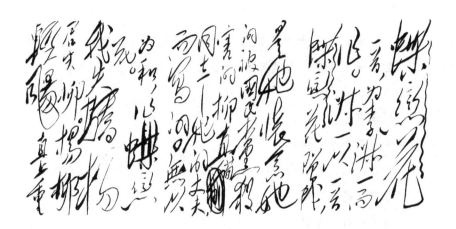

七律二首

送瘟神

一九五八年七月一日

读六月三十日人民日报，余江县消灭了血吸虫。浮想联翩。夜不能寐。微风拂煦，旭日临窗。遥望南天，欣然命笔。

绿水青山枉自多，
华佗无奈小虫何！
千村薜荔人遗矢，
万户萧疏鬼唱歌。
坐地日行八万里，
巡天遥看一千河。
牛郎欲问瘟神事，
一样悲欢逐逝波。

其　二

春风杨柳万千条，
六亿神州尽舜尧。
红雨随心翻作浪，
青山着意化为桥。
天连五岭银锄落，
地动三河铁臂摇。
借问瘟君欲何往，
纸船明烛照天烧。

这两首诗最早发表于《诗刊》1958 年 10 月号和 1958 年 10 月 3 日《人民日报》第一版。同日第八版发表毛泽东这两首诗的手稿。发表时，题为《送瘟神二首》。1963 年 12 月人民文学出版社出版《毛主席诗词》时，由作者对标题作了统一处理，这两首诗标题改作《七律二首·送瘟神》,并且在第二首正文前加了"其二"二字作小标题。

建国前,血吸虫病广泛流行于中国南部十二个省市,上千万的农民和渔民受到感染,上亿的人口受到威胁。血吸虫病猖狂的地方,人民大批死亡,没有死亡的也大都丧失了劳动力,许多村庄完全毁灭,许多良田变成荒野。《人民日报》1958年6月30日特写《第一面红旗》中就曾报道说:余江县的"蓝田坂方圆五十里。过去由于血吸虫为害,在近五十年内,蓝田坂有三千多人因患血吸虫病死亡,有二十多个村庄完全毁灭,有一万四千多亩田地变成了荒野。剩下的人也大多挺着大肚子,面黄肌瘦,能吃不能劳动。"血吸虫病的威胁在建国初期依然存在,成为旧中国遗留下来的历史包袱之一。党和人民政府一直非常重视血吸虫病的防治工作,南方各省刚一解放就把这一问题提到日程上来。1955年,毛泽东发出"一定要消灭血吸虫病"的号召。1956年起,在毛泽东的亲切关怀下,成立了中央防治血吸虫病领导小组。这年春天以后,更是大规模地开展了斗争。1957年4月,国务院发布《关于防治血吸虫病的指示》。1958年消灭血吸虫取得了巨大的成绩。

1958年6月30日《人民日报》发表社论《反复斗争,消灭血吸虫病》,同日该报发表了特写《第一面红旗——记江西余江县根本消灭血吸虫病的经过》。

李银桥《在毛泽东身边十五年》一书说,江西余江县是全国有名的血吸虫病流行区。仅建国前三十年,荒废的田地就达两万亩,死于此病的达三万人,毁灭村庄四十二个,许多地方成了"无人区"、"寡妇村"。毛泽东对此忧心如焚,极为关注。1951年3月,毛泽东派血防人员到余江调查,首次确认余江为血吸虫病流行县。1953年4月,毛泽东派去医生,驻马岗乡进行血吸虫病重点实验研究。1955年12月,该县成立了以县委书记为首的五人血防小组。次年2月和9月,中央血防九人小组和国务院卫生部根据毛泽东的指示,两次组织专家考察团去余江考察血防工作。这一年,江西省卫生厅就两次从省级医院抽调数十名医生到余江县,免费为疫区人民治病。经过多种试验,余江人民终于找到了填旧沟、开新沟,彻底消灭钉螺等根绝血吸虫病的措施。四年后的1958年6月30日,《人民日报》以《第一面红旗——记江西余江县根本消灭血吸虫病的经过》为题,向全世界宣告:余江县消灭了血吸虫病。毛泽东在北京万寿路新六所一号楼读到这条消息后,兴奋不已。他浮想联翩,夜不能寐,欣然命笔,写下了《送瘟神二首》。

另一说,1958年6月30日《人民日报》发表通讯《第一面红旗——记江西余江县根本消灭血吸虫病的经过》。当时,毛泽东正在杭州视察工作,住刘庄宾馆。他仔细地阅读了这篇通讯,高兴地对工作人员说:"好!好!全国都这样那该多好!这种小虫可害人哩,余江人民消灭了血吸虫病,我看了就高兴。"诗写成于7月1日,正是党的三十七周年诞辰纪念日。

毛泽东诗词

毛泽东《〈七律二首·送瘟神〉跋》(1958年7月1日)说:

六月三十日《人民日报》发表文章说:余江县基本消灭了血吸虫,十二省、市灭疫大有希望。我写了两首宣传诗,略等于近来的招贴画,聊为一臂之助。就血吸虫所毁灭我们的生命而言,远强于过去打过我们的任何一个或几个帝国主义。八国联军,抗日战争,就毁人一点来说,都不及血吸虫。除开历史上死掉的人以外,现在尚有一千万人患疫,一万万人受疫的威胁。是可忍,孰不可忍?然而今之华佗们在早几年大多数信心不足,近一二年干劲渐高,因而有了希望。主要是党抓起来了,群众大规模发动起来了。党组织,科学家,人民群众,三者结合起来,瘟神就只好走路了。

同日,毛泽东致胡乔木信说:"睡不着觉,写了两首宣传诗,为灭血吸虫而作。请你同人民日报文艺组同志商量一下,看可用否?如有修改,请告诉我。如可以用,请在明天或后天人民日报上发表,不使冷气。灭血吸虫是一场恶战。诗中坐地、巡天、红雨、三河之类,可能有些人看不懂,可以不要理他。过一会儿,或须作点解释。"《七律二首·送瘟神》没有如毛泽东所希望的在两三天后发表,而是在三个月后才见诸报端。根据徐及之《毛泽东与胡乔木的诗词交往》一文说,推迟的原因不是别的,而是作者自己反复修改所致。

毛泽东身边工作人员封耀松关于毛泽东创作《送瘟神》情况的一段回忆说:

这次来杭州,毛泽东住在刘庄宾馆。1958年6月30日这天,毛泽东坐在一张藤椅上,正在看当天的《人民日报》。卫士封耀松看到毛泽东全部精力都集中在那张报纸上,嘴唇蠕动着,像是念念有词,发出一串串绵长而抑扬顿挫的哼哼声,头不时地轻晃几下。他虽然用两手张开报纸,但眼睛并未在报上流连,那似乎沉思的目光始终对着一个位置。毛泽东将报纸精心折两折,起身踱到窗前,停步深吸一口气,又踱回桌旁在椅子上坐下,抬起手中的报纸看,很快又站起来,走到床边,躺下去,上身倚着靠枕,眼望天花板,接着又站起来踱步……他显得激动,且时时宽慰地舒口长气。他回到床上,半躺半坐,斜靠着靠枕。他又拿起那张报纸看,头也不抬地说:"小封,把笔和纸拿来。"

小封拿了一张白纸和一支铅笔给他。他将报纸垫在白纸下面,鼻子里唱歌似地哼哼两声,便落下笔去。不曾写得四五个字,立刻涂掉。摇晃着头又哼,哼过又落笔。小封从不曾见过毛泽东这种办公法,大为诧异,却无论如何听不出哼的什么。毛泽东就这样,写了涂,涂了哼,哼一下又写,涂涂写写,哼来哼去,精神劲儿越来越旺。终于,小封听清这样两句:"坐地日行八万里,巡天遥看一千河。"莫非是做诗?小封猜想着。毛泽东忽然欠起身,用手拍拍身后的靠枕。小封忙过去抱被子,将他的靠枕垫高些,扶他重新躺好。于是,小封才看清了那张涂抹成一团的纸,字很草,看不懂。

"主席,你哼哼啥呀?天快亮了,明天你还要开会呢。"小封借机提醒他老人家。"睡不着呀。"毛泽东挪开稿纸,指点着报纸,"江西余江县消灭了血吸虫。不容易呀!如果全国农村,都消灭了血吸虫,那该多好呀。"小封低下头去看,那条消息不长,不过一块"豆腐块"。就这样一条不怎么显眼的消息主席也没放过,他看到了,激动了,睡不着觉,做诗了!毛泽东继续哼着写,写了涂;涂了又哼,哼过又写。折腾有两个多小时,轻轻一拍大腿,说:"小封哪,你听听怎么样——绿水青山枉自多,华佗无奈小虫何!"小封真心诚意地说:"真好,太好了。"毛泽东又说:"告诉你吧,是我们的人民真好,太好了。"小封说:"人民好,诗也好。""嗯。"毛泽东欣然下床,转转腰,晃晃头,做几个扩胸动作……

小封说:"主席睡觉吧?下午还要开会呢。"毛主席不语,眼睛闪闪发亮,在房间走了走,走到窗前。哗啦!他拉开了窗帘,一边朝外张望,一边自言自语:"天是亮了么,亮了!"毛泽东没有睡,走到办公桌旁,坐下,抓起毛笔,蘸了墨,重写一遍那诗,并且再修改了一番。写完了,说:"去把秘书叫来。"小封叫来秘书,毛泽东指着诗稿交代:"你把这个拿去誊誊。"秘书拿走诗稿,毛泽东又拿起六月三十日《人民日报》,重又看那条豆腐块大的消息。他一上午没睡,接着便去参加下午的会议。

毛泽东写的诗就是著名的《七律二首·送瘟神》。

《党的文献》1996年第1期发表了毛泽东致袁水拍的信,信中说:"诗二首定稿,请照此发表。可以照我写的字照像刊出,以为如何?字不好,与诗相称,似乎适应。"写信日期,仅署叫"十月二日",未写年份。根据毛泽东建国后发表诗词的情况和信中所说"可以照我写的字照像刊出"判断,本书编著者以为可能是关于1958年10月3日在《人民日报》上发表《送瘟神二首》致袁水拍的信。

这首诗,主要有两种文本,按照写作时间先后,为:

第一种:

送瘟神二首

毛泽东

读六月三十日人民日报,余江县消灭了血吸虫。浮想联翩,夜不能寐。微风拂煦,旭日临窗,遥望南天,欣然命笔。

绿水青山枉自多,
华佗无奈小虫何。
千村薜荔人遗矢,
万户萧疏鬼唱歌。
坐地日行三万里,

毛泽东诗词

0 2 8 3

巡天遥渡一千河。

牛郎若问家中事，

一样悲欢逐逝波。

春风杨柳万千条，

六亿神州尽舜尧。

红雨随心翻作浪，

青山着意化为桥。

天连五岭银锄落，

地动三河铁臂摇。

借问瘟君欲何往，

纸船蜡烛满天烧。

此种见毛泽东手书(二)。

第二种：即毛泽东最后定稿的文本。

这两首诗现在所见有三件手书：(一)、(二)标题为《送瘟神二首》。署名"毛泽东"。诗前有小序。横写，有标点符号。(三)诗末写有"送瘟神诗一首"字样，内容为《七律二首·送瘟神》(其二)。竖写，有标点符号。

据吴凤君《在毛主席关怀下成长》(《缅怀毛泽东(下)》)说，1959年夏，毛泽东书赠吴凤君《七律二首·送瘟神》(其二)，题名《送瘟神》，不知是否即为现在所见到的手书(三)。

徐及之《如此江山如此人 千年不遇我逢君——毛泽东和胡乔木》(见曹应旺编《伟人诗交》)谈到，他查阅档案时发现，在毛泽东1958年7月1日写完《送瘟神》诗后，接着给秘书胡乔木写的一封信后面，附有经胡乔木誊清、毛泽东又作了修改的送瘟神手稿：

绿水青山枉自多，

华佗无奈小虫何。

千村薜荔人遗矢，

万户萧疏鬼唱歌。

坐地日行三万里，

巡天遥看一千河。

牛郎欲问家乡事，

一样悲欢逐逝波。

春风杨柳万千条，

六亿神州尽舜尧。

红雨随心翻作浪，

青山着意化为桥。

天连五岭银锄落，

地动三河铁臂摇。

借问瘟君欲何往，

纸船蜡烛满天烧。

　　毛泽东在誊清稿上作了两处修改：把"牛郎欲问家中事"中的"欲"改为"若"，"万户萧疏鬼唱歌"中的"万"改成繁体"萬"，而"薜荔"没有动。这说明毛泽东最初在诗中用的就是"薜荔"，而不是"薜苈"。

　　信后还附有毛泽东写的诗的小序。从原稿上看，小序有几处小的改动。如在"读六月三十日人民日报"后删去了"有作"二字；把"遐想联翩"改作"浮想联翩"；把"不能入睡"改为"夜不能寐"。

　　徐及之这里所说的胡乔木誊清、毛泽东又作了修改的送瘟神手稿与现在所见毛泽东手书（二）基本一致，但又稍不同。

　　毛泽东手书（二）标题原作"送瘟神"，后添上"二首"二字。小序中"读六月三十日人民日报"，后面原有"有作"二字，后删去。"浮想联翩，夜不能寐"，先写作"糊思乱想，睡不着觉"，后改为"遐想联翩，不能入睡"，再改为"浮想联翩，夜不能寐"。"遥望南天"，先写作"遥看南天"，后改作"遥望南天"，再改为"遥想南天"，最后又改为"遥望南天"。"欣然命笔"，先写作"欢然命笔"，后改为"欣然命笔"。

　　本书编著者认为，可以推想手书（二）即是胡乔木据以誊清的原稿，毛泽东在誊清稿上作了修改后，又在原稿上也改了一下。从吴旭君对毛修改《贺新郎·读史》的回忆看，是符合毛的习惯的。但为何仍有个别地方不同（"巡天遥看一千河"，手稿作"巡天遥渡一千河"；"牛郎欲问家乡事"，手稿作"牛郎欲问家中事"），有待进一步考证。

　　"绿水青山枉自多，华佗无奈小虫何！"毛泽东手书（一）和初发表时第二句句末作问号，1963年12月出版《毛主席诗词》时改为叹号。

　　"千村薜荔人遗矢"，现在所见的手书（一）、（二）和初发表时以及1958年9月文物出版社刻印的《毛主席诗词二十一首》，这句诗中的"薜荔"作"薜苈"。读者反映，"薜苈"二

毛泽东诗词

0 2 8 5

第　一　辑

字语义不明,不好理解。1966 年 4 月 5 日,胡乔木就毛泽东诗词注释中遇到的问题,写信向毛泽东请示。胡在信中说:"《七律·送瘟神》中的'千村薜苈人遗矢',据读者来信建议和查阅有关典籍结果,拟作'千村薜荔人遗矢'(苈只用于葶苈,系十字花科植物,即辣菜;苈字不与薜连用,亦不单用)。"毛泽东对胡乔木说,把"荔"写成"苈"是笔误,同意按读者建议改正。1966 年 9 月人民出版社出版袖珍本《毛主席诗词》时已改作"千村薜荔人遗矢"。

"坐地日行八万里,巡天遥看一千河。牛郎欲问瘟神事,一样悲欢逐逝波",1958 年 10 月 25 日,毛泽东致信周世钊解释说:

坐地日行八万里,蒋竹如讲得不对,是有数据的。地球直径约一万二千五百公里,以圆周率三点一四一六乘之,得约四万公里,即八万华里。这是地球的自转(即一天时间)里程。坐火车、轮船、汽车,要付代价,叫做旅行。坐地球,不付代价(即不买车票),日行八万华里,问人这是旅行么,答曰不是,我一动也没有动。真是岂有此理!囿于习俗,迷信未除。完全的日常生活,许多人却以为怪。巡天,即谓我们这个太阳系(地球在内)每日每时都在银河系里穿来穿去。银河一河也,河则无限,'一千'言其多而已。我们人类只是'巡'在一条河中,'看'则可以无数。牛郎晋人,血吸虫病,蛊病,俗名鼓胀病,周秦汉累见书传,牛郎自然关心他的乡人,要问瘟神情况如何了。大熊星座,俗名牛郎星(是否记错了?),属银河系。这些解释,请向竹如道之。有不同意思,可以辩论。

《毛泽东书信选集》编者注:"牛郎星不属大熊星座,它是天鹰星座中的 α 星。大熊星座中的星和牛郎星都属银河系。"

臧克家回忆,1960 年前后,听袁水拍传达毛泽东回答问题时所作的记录说:"'坐地日行八万里,巡天遥看一千河'——'地下看天。'"

1964 年 1 月 27 日,毛泽东口头答复外国文书籍出版局《毛主席诗词》英译者说:"人坐在地球这颗行星上,不要买票,在宇宙里旅行。地球自转的里数,就是人旅行的里数。地球直径为一万二千七百多公里,乘以圆周率,即赤道长,约四万公里,再折合成华里,约八万里。人在二十四小时内走了八万里。"又说:"牛郎织女是晋朝人的传说。"

这几句,手书(二)作"坐地日行三万里,巡天遥渡一千河。牛郎若问家中事,一样悲欢逐逝波"。其中"牛郎若问家中事",先写作"牛郎□(看不清为何字)问家中事",后改为"牛郎休问家中事",又改为"牛郎欲问家中事",然后再改为"牛郎若问家中事"。"一样悲欢逐逝波",先写作"那个瘟公尚在么",后改为"昔日瘟公尚在么",再改为"一样悲欢逐逝波"。

"红雨随心翻作浪，青山着意化为桥"，臧克家回忆，1960年前后，听袁水拍传达毛泽东回答问题时所作的记录说："'红雨随心翻作浪'，'红雨'指'桃花落'。"1964年1月27日，毛泽东口头答复外国文书籍出版局《毛主席诗词》英译者说："'红雨'指桃花。写这句是为下句创造条件。'青山着意化为桥'，指青山穿洞成为桥。这两句诗有水有桥。

　　臧克家《人去诗情在——追忆与毛主席谈诗及其他》一文说："主席每次发表诗句，各报刊总约我写点文章。对主席诗词中的某些字句，应该怎么理解好，我请求解答。田家英同志便在电话上告诉我。比如，他说：《送瘟神》第二首中的'红雨随心翻作浪，青山着意化为桥'这两句，不要讲得太死"。

　　毛泽东手书这两句其中第一句先写作"红雨有"，随即将"有"字圈去，继续写作"无心翻作浪"，后又将"无心"改为"有心"、"联翩"，再改为"无心"，最后改为"随心"。其中第二句先写作"青山有意化为桥"，后将"有意"改为"着意"。

　　《诗刊》1962年第3期刊载的《诗座谈纪盛》一文中也说，这两首诗未发表之前，郭沫若看到毛泽东原稿作"红雨无心翻作浪，青山有意化为桥"。《诗刊》1958年10月号发表时改作"红雨随心翻作浪，青山着意化为桥"。

　　"借问瘟君欲何往"，手书（一）和《诗刊》1958年10月号发表时，句末均作问号。手书（二）和1963年12月出版《毛主席诗词》时作逗号。手书（三）作"借问瘟君欲何去"，句末作问号。

　　"纸船明烛照天烧"，手书（二）作"纸船蜡烛满天烧"。

　　其中"蜡"字先笔误作"腊"，后改为"蜡"。"满天烧"，先想写作"照天烧"，后改写为"满天烧"。

【注释】

〔1〕七律：七言律诗的简称。详见《七律·长征》注。　瘟：瘟疫，这里指血吸虫病。　瘟神：旧时代瘟疫流行，人们无法控制，以为有"神"在作祟，于是把司瘟疫的神叫做"瘟神"，这里指血吸虫。

〔2〕读六月三十日人民日报：指1958年6月30日《人民日报》社论《反复斗争，消灭血吸虫病》和同日该报的一篇特写《第一面红旗——记江西余江县根本消灭血吸虫病的经过》。

〔3〕余江县：在江西省东北部，是血吸虫闹得很严重的地方，也是在党领导下最先消灭血吸虫的地方。　血吸虫：寄生在人体或家畜门静脉系统内的一种病虫，虫卵随粪便排出，入水后孵化为毛蚴，进入钉螺体内发育为尾蚴。在血吸虫病流行的地区，人在有钉螺的水中劳动，尾蚴就会钻入人的皮肤，引起血吸虫病。这种病严重损坏人的健康，病重可以致死。

〔4〕联翩：鸟飞的样子，常用来形容连续不断。晋代陆机《文赋》："浮藻联翩，若翰鸟缨缴而坠曾云之峻。"　浮想联翩：指浮泛在脑海里的意

念、想象，像鸟儿那样连续不断地飞来。

〔5〕寐：睡眠。 夜不能寐：夜里不能睡觉。汉代无名氏《古诗十九首》之十九："忧愁不能寐，揽衣起徘徊。"这里指因欢喜、激动而不能睡觉。

〔6〕拂：拂拭，掠过。 煦：温暖。 微风拂煦：微风吹拂，感到一股暖意。

〔7〕旭日：指初升的太阳。《诗·邶风·匏有苦叶》："雝雝鸣雁，旭日始旦。" 旭日临窗：早晨的太阳当窗照着。

〔8〕遥望南天：远望着南方的天空。因为余江县在北京南边，故称"南天"。

〔9〕欣然：喜悦的样子。《史记·吕太后本纪》："上有欢心以安百姓，百姓欣然以事其上，欢迎交通而天下治。" 命笔：使笔，用笔，指写作。 欣然命笔：很高兴地拿起笔来写字，这里指写作。南朝梁代刘勰《文心雕龙·养气》："意得则舒怀以命笔，理伏则投笔以卷怀。"

〔10〕绿水青山：指江南山清水秀，风景美丽。唐代薛用弱《集异记·蒋琛》中有"年年绿水青山色，不改重华南狩时"之句。元代马致远《拨不断》曲："九重天，二十年，龙楼凤阁都曾见，绿水青山任自然。" 枉：徒然。 自：自己，己身。 枉自多：唐代杜甫《征夫》："十室几人在，千山空自多。路衢唯见哭，城市不闻歌。"这里就是白白地拥有那么多，意思是说，在旧中国，祖国河山虽然美丽，然而血吸虫却蔓延其间。

〔11〕华佗：汉末名医，精通内、外、妇、儿、针灸各科，对外科尤为擅长，这里泛指名医。 小虫：指血吸虫。这句是说，不发动群众，纵使有像华佗那样的名医，对血吸虫也无能为力。华佗无奈小虫何：宋代辛弃疾《定风波·席上

送范廓之游建康》词："听我尊前醉后歌，人生无奈离别何。"

〔12〕薜荔：就是"木莲"，是蔓生的桑科灌木，一般蔓生在墙上，所以古人把它视为草类，这里泛指野草。 千村薜荔：五代谭用之《秋宿湘江遇雨》有"暮雨千家薜荔村"之句。这里是说，千村万落田地和房屋上都长满野草，遍地荒芜。 矢：通屎字。 遗矢：就是排泄粪便。《史记·廉颇蔺相如列传》："赵使还报王曰：'廉将军虽老，尚善饭。然与臣坐，顷之三遗矢矣。'赵王以为老，遂不召。"这里一方面说明血吸虫病患者腹泻，一方面暗用这个典故，说明了血吸虫病患者瘦弱无力。

〔13〕萧疏：稀稀落落。唐代杜甫《除架》："束薪已零落，瓠叶转萧疏。"这里指人家萧条冷落，人丁稀少。 万户萧疏：这里是说本来成千千万户人家却变得稀稀落落，很多血吸虫病患者死亡。 鬼：指死于血吸虫病的人。 歌：指冤死者的悲歌。 鬼唱歌：本于唐代李贺《秋来》诗："秋坟鬼唱鲍家诗，恨血千年土中碧。"《宋书·乐志一》："晋孝武太元中，琅琊王轲之家有鬼哥。"哥同歌。清代王士禛《戏题蒲生〈聊斋志异〉卷后》："爱听秋坟鬼唱时。"唐代杜甫《兵车行》也有"新鬼烦冤旧鬼哭，天阴雨湿声啾啾"之句。这里是说成了鬼的世界，即《人民日报》报道中所说的多少个村庄完全毁灭。

这两句是互文，意思是说，千村万户都是薜荔人遗矢、萧疏鬼唱歌。

〔14〕八万里：地球的赤道全长四万公里，即八万华里。地球自转一周，也就是地球整个圆周转了一圈，所以也是八万里。 坐地日行八万里：这句是说，人们坐在地面上不动，一天之间

被地球带着走了八万里。唐代李商隐《瑶池》诗云："瑶池阿母绮窗开，黄竹歌声动地哀。八骏日行三万里，穆王何事不重来？"宋代陆游《贫甚，作短歌排闷》诗云："闲何阔，逢诸葛，畏人常忧不得活。事不谐，问文开，不踏权门更可哀。即今白鬓如霜草，一饱茫然身已老。惟有躬耕差可为，卖剑卖牛悔不早。年丰米贱身独饥，今朝得米无薪炊。地上去天八万里，空自呼天天岂知。"

〔15〕巡天：巡视天上。　河：星河。　一千河：很多星河。在整个太阳系中可望见无数星云，像银河一样，其数众多，所以说一千河。这句是说地球在自转的同时也在公转。人们随着地球绕太阳公转，好像对着天巡行，在夜间可以远远地看到天上无数的星河。以上两句，表现了毛泽东丰富的想象，诗人幻想作太空游，以显现宇宙无穷，时间漫长，并由此而引出诗人与天上牛郎的谈话。

〔16〕牛郎：神话人物。我国民间广泛流传着从银河边的牵牛星衍化出来的牛郎织女的传说。《佩文韵府》卷二十六《牛》："天河之东有织女，天帝之子也，年年机杼劳役，织成云锦天衣。天帝怜其独处，许嫁河西牵牛郎。嫁后遂废织纴，天帝怒，责令归河东，但使其一年一度相会。"由此可见，牵牛星是地球上一位农民的化身。东汉民歌《古诗十九首·迢迢牵牛星》有"迢迢牵牛星，皎皎河汉女"之句。　瘟神事：关于瘟神的事情，也就是关于血吸虫病的情况。中国三千年来，创造了无数的神，只有牛郎、织女是劳动者，最好的两个劳动人民形象，这句是说，毛泽东由巡天联想到天上的牛郎自然关心人间的情况，惦记着农民的命运。

〔17〕悲欢：偏义复词，这里即是悲的意思。另一说，即悲伤和欢乐。　一样悲欢：意思是说，在旧中国漫长的岁月里，广大农民的命运并没有改变，仍然过着悲惨的生活。另一说，指传播血吸虫的瘟神肆虐如旧，人民仍然遭受血吸虫病的痛苦，悲者自悲，欢者自欢。郭沫若持此说。　逐：随着。　逝波：一去不回的流水。唐杜甫《少年行》诗："黄衫年少宜来数，不见堂前东逝波。"五代欧阳炯《江城子》："六代繁华，暗逐逝波声。"这里比喻过去的时间。参见《水调歌头·游泳》注。　逐逝波：随着时间流逝的意思。　一样悲欢逐逝波：意思是说，血吸虫病，在解放以前，在党没有发动群众加以扑灭以前，还是同牛郎在人间时一样，多少年就这样流水似的过去了。　另有一说，就是过去人民的悲苦和瘟神的得意同样随着时间流逝，一去不复返了。臧克家持此说。

〔18〕杨柳：指柳。　万千：形容数量多。条：枝。　春风杨柳万千条：万千条杨柳随着春风飘拂，婀娜多姿。唐代白居易《杨柳枝》有"一树春风千万枝，嫩于金色软于丝"之句。北宋王安石《壬辰寒食》诗有"客思似杨柳，春风万千条"之句。这里象征新中国欣欣向荣。

〔19〕六亿：1954年国家统计局公布，全国人口总数为六亿零一百九十三万余人。"六亿"是举其概数。　神州：中国的一种古称。汉代司马迁《史记·孟子荀卿列传》："中国名曰赤县神州，赤县神州内自有九州，禹之序九州是也，不得为州数。"晋代左思《魏都赋》："故将语子以神州之略，赤县之畿，魏都之卓荦，六合之枢机。"参见《浣溪沙·和柳亚子先生》注。　六亿神州：即"神州六亿"因为平仄而颠倒。　舜尧：即尧舜，因为押韵而颠倒。唐尧虞舜，是传说中我国原始部落联盟的两个领袖，也是旧时

所说的两个圣君。　　六亿神州尽舜尧:《孟子·告子下》:"曹交问曰:'人皆可以为舜尧,有诸?'孟子曰:'然。'"这里是说中国的六亿人都像尧舜一样是有才能、品德高尚的人。这两句表现新中国建立以后,到处呈现一片欣欣向荣的景象,中国六亿人民都成了有高度觉悟和杰出才干的人。

〔20〕红雨:唐代李贺《将进酒》诗有"况是青春日将暮,桃花乱落如红雨"之句。唐代刘禹锡《百舌吟》亦有"花树满空迷处所,摇动繁英坠红雨"之句。比喻落花。　　红雨随心翻作浪:春天的桃花纷纷落下,好似翻作波浪,表现春天的一片艳丽景象。

〔21〕着:动词,附着,粘着,也就是加上的意思。　　着意:加意,特意。　　青山着意化为桥:青翠的山峦又像有意作凌波之桥。另一说,周振甫认为,桥是连接两岸的。在大好形势下,青山不再成为交通的阻碍,即化崎岖为康庄大道的意思。还有一说,易孟醇、易维《诗人毛泽东》认为,言搭桥开路,青山已不似往昔一样交通阻塞了。毛泽东1964年1月27日对外国文书籍出版社《毛主席诗词》英译者的口头答复说,"指青山穿洞成为桥"。本书编著者认为,几说皆可通,不宜讲得太死。这句描写祖国的建设蓬勃发展。

这两句是把自然界拟人化,渲染"六亿神州尽舜尧"改造和征服大自然得心应手。

〔22〕五岭:见《七律·长征》注,这里用来概括全国所有的山区。　　天连五岭:就是五岭连天之意。　　银锄:光白如银的锄头,这里泛指人们劳动生产用的铁制的银光闪闪的工具。

〔23〕三河:《史记·货殖列传》:"昔唐人都河东,殷人都河内,周人都河南。夫三河,在天下之中,若鼎足,王者所更居也。"原指今山西西南,河南西部黄河两侧的一部分地方,这里指黄河、淮河、洛河,并以此来概括全国的河流。

地动三河:就是三河地动之意。　　铁臂:铁一样坚实的臂膀。一说,指兴建巨大水利工程时所用的钢铁机械,如掘土机、起重机之类。这两句是歌颂广大劳动人民战天斗地,改造河山的壮举。

〔24〕借问:习惯用语,设问之辞,犹言试问,用于向人打听事情。晋代陶潜《悲从弟仲德》:"借问为谁悲,怀人在九冥。"　　瘟君:即瘟神,对血吸虫病的谑称。古人迷信,认为人间的瘟疫是由瘟神主宰的。　　借问瘟君欲何往:在人民当家作主,改天换地的崭新形势下,瘟神没有立足之地了,请问瘟神打算到哪里去呢?

〔25〕纸船:纸扎的船。　　烛:友人周正举说,上古时代并没有蜡烛,"烛"指的是火炬。这种火炬是把各种各样的木材和柴草以及芦苇、麻秸之类,捆扎成一束,灌以膏油,晚上点燃起来照明用的。火炬有大有小,小的拿在手中,叫"烛";大的立在地上,叫"燎",也就是"火烛"或者"地烛"。至于用白蜡制成的圆柱形的"蜡烛",古时又叫"蜡炬",一般认为要到西晋时才有,到唐朝才普遍使用。"烛"在古代祭祀时用来照祭器内盛的食品。毛泽东这首诗中以江南地区"送瘟神"风俗入诗,用的是"烛"的本义,即火炬、火把。火炬也是祭祀用品。"明烛",就是明亮的火炬。《楚辞·招魂》:"兰膏明烛,华镫错些。"南朝宋谢惠连《雪赋》:"燎熏炉兮秉明烛,酌桂酒兮扬清曲。"烛,另一说,过去祭祀鬼神时点燃的蜡烛。明,表示祭品或祭器很洁净,不能作明亮解。《周礼·秋官·司烜氏》:"以共祭祀之明粢、明烛共明水。"注:

"明烛以照馔陈。" 照天:火光射到天空。

纸船明烛照天烧:这是民间祭送鬼神的仪式。古书中也有古人做船和烧火送瘟神的风俗记载。《后汉书·礼仪志》:"先腊一日,大傩,谓之逐疫……方相与十二兽,……持火炬,送疫出端门。"唐代文学家韩愈就曾在《送穷文》里写他准备了焚化用的车和船来送穷鬼,说:"主人使奴婢结柳作车,……缚草为船。"《岳州风土记》:"或为草船泛之,谓之送瘟。"毛泽东这里是说,许多危害人民最严重的疾病,例如血吸虫病等,过去人们认为没有办法对付的,现在也有办法对付。瘟神在六亿人民的奋进中无处存身,只有逃离人间。让我们焚化纸船,点起明亮的火炬,火光照耀天空,把瘟神送上天去吧!

毛泽东诗词

毛泽东手书《七律二首·送瘟神》（一）

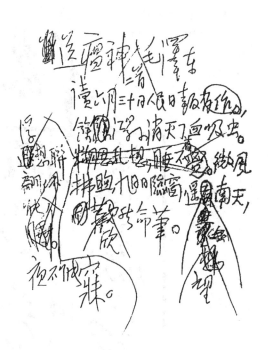

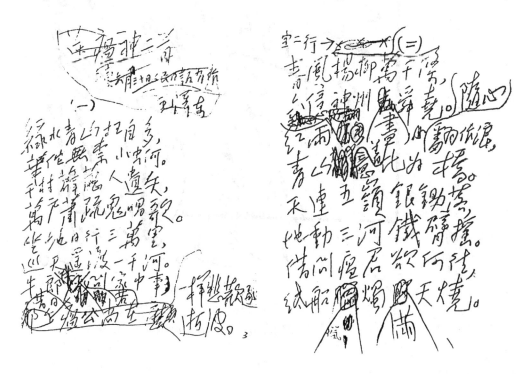

毛泽东手书《七律二首·送瘟神》（二）

毛泽东诗词

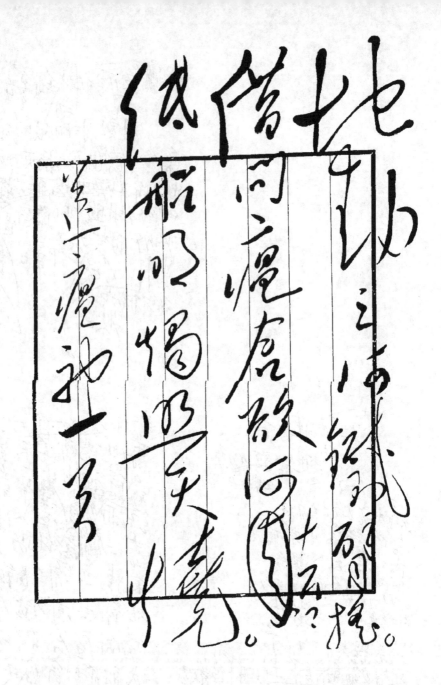

毛泽东手书《七律二首·送瘟神》（三）

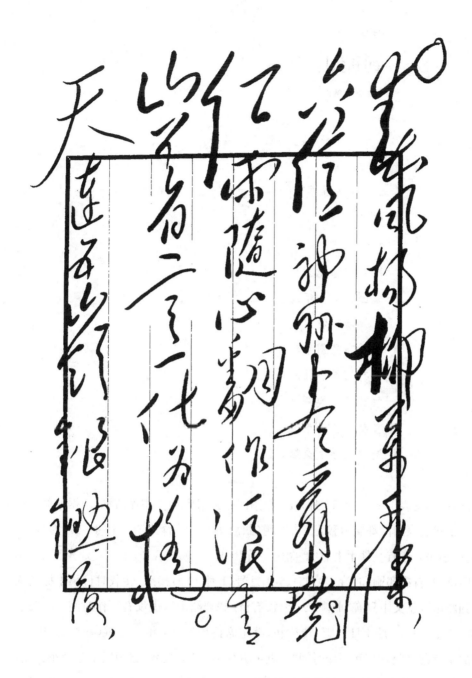

毛泽东诗词

0 2 9 5

第　一　辑

七律

到韶山

一九五九年六月

一九五九年六月二十五日到韶山。离别这个地方已有三十二周年了。

别梦依稀咒逝川，

故园三十二年前。

红旗卷起农奴戟，

黑手高悬霸主鞭。

为有牺牲多壮志，

敢教日月换新天。

喜看稻菽千重浪，

遍地英雄下夕烟。

这首诗最早发表于1963年12月人民文学出版社出版的《毛主席诗词》。据有关材料说，这首诗正式发表前内部交流稿题为《无题（归故里）》。毛泽东有一件手书题为"诗一首"，诗前有小序。还有一件手书有"登韶山一首"字样。1963年12月人民文学出版社出版《毛主席诗词》首次印刷和《诗刊》1964年1月号（1月10日出版）转载时目录中标题为《七律·到韶山》，正文中只有"七律"二字，没有诗题"到韶山"，也没有写作时间。《红旗》半月刊1964年1月（1月4日出版）转载和《毛主席诗词》1964年5月重印时正文中"七律"后面加了诗题"到韶山"和写作时间"一九五九年六月"。又载《建国以来毛泽东文稿》第八册，注明"有毛泽东手稿"。标明写作日期"一九五九年六月"。"六月二十七日"是本书编著者根据回忆录确定的。

"韶山"，即韶山冲，在湖南省湘潭县西北部，毛泽东的故乡。相传古代虞舜南巡时，奏韶乐于此，所以得名。

1927年1月间，毛泽东在湖南考察农民运动，曾回故乡去忙了三天三晚，向农民作了讲演，几次组织了从事农民运动工作的同志开座谈会，听取党支部（三年前他亲手建立起来的湖南农村中第一个党支部)的汇报。他特别指出要建立农民革命武装,随时准备粉碎反革命破坏农民运动的阴谋。这之后,韶山一带的农民运动便更加深入发展了。三个月后,国民党反动派发动了"四一二"反革命政变。随后,5月21日湖南反动军阀许克祥在长沙突然袭击省总工会、省农民协会等革命组织,逮捕屠杀共产党人,这就是血腥的"马日事变"。这个事变激起了广大工农群众的愤怒,各地立即组织起革命武装。当时,韶山也成立了农民自卫军湘宁边区司令部,集中一千多人的队伍,三百多枝枪,准备配合友军,夺取长沙。由于当时陈独秀右倾机会主义的错误领导,这个革命计划没有成功。农民运动力量反而被反动派各个击破。后来,反动军队分三路进攻韶山,农民自卫军英勇抵抗,终因众寡悬殊,失败了。接着是反动派的残酷镇压,许多农民领袖壮烈牺牲了。在战争年代,韶山共有一千五百九十八人献出了宝贵生命,其中一百四十六人被追认为烈士,毛泽东一家也牺牲了六人。

1959年6月25日,毛泽东在巡视大江南北之后,在罗瑞卿等的陪同下,回到阔别已久的故乡湖南湘潭韶山冲住了两天。26日上午看父母的墓,看旧屋,看旧邻居,看韶山学校,并与师生合影留念。下午四时左右到韶山水库游泳,沿途视察生产情况。晚上宴请韶山的老党员和当年的贫协会员、自卫队员、儿童团员、女子联合会员、烈士家属等革命老人。饭后,又同客人交谈了生产、生活情况,而后回到松山住房。他在房内抚今追昔,诗兴满怀,夜深不眠,吃过两次安眠药仍然不能入睡。他靠在被子上吩咐警卫员封耀松把纸和笔拿来。仍然是垫着报纸,用铅笔在白纸上写了涂,涂了写,不时哼哼出声。当哼声停止,凝神默想时,封耀松发现,毛泽东眼圈有些红,湿漉漉的。封耀松又扶他下床,在屋里时而来回踱步,时而坐在皮沙发椅上,在烛光下伏案用铅笔疾书,时而端坐沉吟,挥毫修改,或者将纸团扔进废纸篓内重写,反复多次,直到27日凌晨二时许(一说直到黎明四时)才吟成这首诗。毛泽东抓起毛笔,重新写好诗稿,交秘书拿走后,又服一次安眠药,然后才上床,三时才睡。27日下午三点左右,毛泽东离别韶山回到长沙。

1959年9月13日早上,毛泽东致胡乔木信中说:"通首写三十二年的历史。"(《毛泽东书信选集》)

1978年12月29日《光明日报》刊登的一则报道《在毛主席身边读书》中说:1975年的一段时间,北京大学中文系讲师芦荻曾被调到毛泽东身边,帮助患眼疾的毛泽东读书。一次,毛泽东让芦荻读王粲的《登楼赋》,当分析赋中表现的王粲怀念故土思想感情时,主席说,人对自己的童年,自己的故乡,过去的朋侣,感情总是很深的,很难忘记的。到老年就更容易回忆、怀念这些。随后又说,他写《七律·到韶山》的时候,就深切地想起三十二年前许多往事,对故乡是十分怀念的。

毛泽东诗词

李锐《庐山会议实录》说,毛泽东"乘船到九江,29日上庐山。小舟与我们同船来山。《到韶山》、《登庐山》两首诗,一上山毛泽东就写给小舟、乔木二人,附信征求意见。"1959年7月7日,毛泽东致胡乔木信中说,请"予斟酌,提意见,书面交我,以便修正"。9月7日致胡乔木信中说:"诗两首,请你送给郭沫若一阅,看有什么毛病没有?加以笔削,是为至要。"郭沫若遵嘱读诗后写信谈了意见。9月13日晨,毛泽东又致信胡乔木,在信中说:"沫若同志两信都读,给了我启发。两诗又改了一点字句,请再送陈沫若一观,请他再予审改,以其意见告我为盼!"

　　陈晋《文人毛泽东》说,大致从1959年起,毛泽东每有新作,常常寄给一些诗家,请他们帮助润色。这年六七月间写的《七律·到韶山》和《七律·登庐山》,在从庐山回到北京后,9月1日就寄给《诗刊》的臧克家和徐迟,说:"近日写了两首七律,录上呈政。如以为可,可上诗刊。"但没过几天,他又让人从《诗刊》取回了这两首诗和附信。陈晋认为,对这两首诗毛泽东生前始终是不大满意的。该书又说,这年九月间,毛泽东将这两首诗还送给了其他一些人,其中包括秘书胡乔木、田家英。

　　1966年6月,他在"西方山洞"(即韶山滴水洞)居住时,韶山的同志因为找不到他1959年回韶山写的这首诗手稿,请他再书写一次,他拒绝了,并说:"这首诗还写得不理想,不书写算了。"(陈晋《毛泽东之魂》)

　　1959年9月1日,毛泽东曾致信《诗刊》编辑部,讲到他的"两首七律",是针对国内外有些人对党的总路线、大跃进、人民公社的"猖狂进攻"而发的。实际上,他所称这两首诗即指《七律·到韶山》和《七律·登庐山》,分别写于1959年6月和1959年7月1日。庐山会议的召开,则在当年7月2日至8月1日。

　　庐山会议原定议题,是总结"大跃进"的经验教训,继续纠正"左"的错误,讨论今后经济工作的任务。毛主席开头讲话概括国内形势是,"成绩很大,问题不少,前途光明",要求大家敞开思想,畅所欲言,使会议形成一个"神仙会",直到7月13日,彭德怀起草给毛泽东的信,14日呈送毛泽东,16日毛泽东指示将信印发给与会同志讨论,23日毛泽东在讲话中批评这封信表现了"资产阶级的动摇性",是在"向党进攻",这才完全改变会议主题,转为批判彭德怀,反对"右倾机会主义",并于8月2日至16日的八届八中全会上,继续展开批判,作出了所谓粉碎"彭德怀为首的反党集团"等决议。由此可见,毛泽东写这两首诗在前,批判彭德怀在后。毛泽东的"两首七律"不是针对彭德怀而发的。1978年12月,中共十一届三中全会纠正了庐山会议的错误,并为彭德怀等人彻底平反,恢复名誉。

这首诗主要有两种文本,按照写作时间的先后为:

第一种:

诗一首

一九五九年六月二十五日到韶山。离开这个地方已有三十二周年了。

毛泽东

别梦依稀咒逝川,

故园三十二年前。

红旗飘起农奴戟,

黑手高悬霸主鞭。

为有牺牲多壮志,

敢教日月换新天。

喜看稻菽千重浪,

人物峥嵘变昔年。(初稿作"始使人民百万年")

第二种:即毛泽东最后定稿的文本。

这首诗现在所见有两件手书:(一)诗末写有"登韶山一首,一九五九年六月五日"字样。(本书编著者按:"六月五日"当为"六月二十五日"之误。)竖写,有标点符号。(二)题为《诗一首》,署明作者"毛泽东",诗前有小序:"一九五九年六月二十五日到韶山。离别这个地方已有三十二周年了。"竖写,有标点符号。

"别梦依稀咒逝川,故园三十二年前。……黑手高悬霸主鞭",1959 年 9 月 13 日早上,毛泽东致胡乔木信说:"'霸主'指蒋介石。这一联写那个时期的阶级斗争。"(《毛泽东书信选集》)

1961 年出版毛泽东诗词英文版时,郭沫若曾问毛泽东,《七律·到韶山》中"黑手高悬霸主鞭"的"黑手"指谁,因有人释为人民,有人释为反动派。毛泽东回答指反动派(陈晋《毛泽东之魂》)。

1964 年 1 月 27 日,毛泽东口头答复外国文书籍出版局《毛主席诗词》英译者说:"'咒逝川'、'三十二年前',指大革命失败,反动派镇压了革命。这里的'霸主',就是指蒋介石。"

"别梦依稀咒逝川",这句诗原作"梦里依稀别经年",后改为"别梦依稀咒逝川"。("咒逝川",语出唐代温庭筠《苏武庙》:"茂陵不见封侯印,空向秋波哭逝川。")完稿后,毛泽东虚心地就教于身边工作人员、湖北省委秘书长梅白,梅建议将其中的"哭"字改为

毛泽东诗词

"咒"字,毛泽东欣然同意,连连称赞说:"改得好,改得好!"还诙谐地说:"你是我的'半字之师'。"(《毛泽东与梅白谈诗》,1987年3月26日《每周文摘》)手书(二)作"别梦依稀哭逝川"。

"红旗卷起农奴戟",手书(二)作"红旗飘起农奴戟"。

"黑手高悬霸主鞭",郭沫若答海军指挥学校毛主席诗词学习小组问时,回答说:"翻成英文时,有的同志请示过主席,主席说:是指黑暗势力。有剧烈的对立斗争,故第五句言'有牺牲'。"

"喜看稻菽千重浪",高荣祥在《毛主席永远和我们在一起》一文中说:"1959年6月25日这天,毛主席来到韶山冲毛命军家中,把小命军抱在怀里,同家中老人亲切交谈。在往回走的路上,风吹着沉甸甸的稻穗一点头一点头的,主席同我们开玩笑说:'你们看,稻子在点头欢迎我们了。'"本书编著者认为,也许毛泽东就是因为当时有了这个感受,所以焕发出浓郁的诗兴,写下了"喜看稻菽千重浪"的诗句。

"遍地英雄下夕烟",手书(二)作"人物峥嵘变昔年"。这句诗还有的说原作"人物峥嵘胜昔年"。(鲁歌《毛泽东诗词论稿》)据周世钊《伟大的革命号角,光辉的艺术典范——读毛主席诗词十首的体会》一文说:"我们早几年看到传抄出来的这首诗的末句是'人物风流胜昔年'。主席经过几回修改,才定为'遍地英雄下夕烟'。"(《湖南文学》1964年第7期)又据梅白说,他看到的末句为:"始使人民百万年",梅白认为有口号之嫌,等于喊"人民万岁",建议修改,毛泽东便将此句改为"遍地英雄下夕烟"。(1990年1月11日《湖南日报》文摘版《文萃周报》)还有的说,毛泽东曾修改为"青年英雄下夕烟"(蔡清富、黄辉映《毛泽东诗词大观》)、"人物峥嵘变万年"(陈晋《毛泽东与文艺传统》)。陈晋《文人毛泽东》说,末句曾先后改为"始使人民万万年"、"人物峥嵘胜昔年",后几经修改,才定为现在这句。

【注释】

〔1〕七律:七言律诗的简称,详见《七律·长征》注。 《七律·到韶山》:见本诗解说部分。

〔2〕别:离别。 别梦:想到离别多年的故乡,往事好像梦一样浮现在眼前。 别梦依稀:唐代李商隐《春雨》诗有"残宵犹得梦依稀"之句。五代张泌《寄人》诗中有"别梦依依到谢家,小廊回合曲栏斜"之句。 依稀:隐约,仿佛。 咒:诅咒。 逝川:唐代李白《古风五十九首》之十一:"逝川与流光,飘忽不相待。"本指逝去的流水,后用来比喻流逝的岁月,这里指黑暗的反动统治年代。参见《水调歌头·游泳》注。

别梦依稀哭逝川:唐代温庭筠《苏武庙》:"茂陵不识封侯印,空向秋波哭逝川"。

〔3〕故园:故乡,家园。唐代杜甫《复愁》:"万国尚防寇,故园今若何?" 三十二年前:毛泽东从1927年1月9日离开韶山,到1959年6

月25日回韶山,已有三十二周年。

〔4〕红旗:指当时农民武装的旗帜,也象征了党的领导。 农奴:指封建时代隶属于农奴主,没有人身自由的农业劳动者,这里指旧中国受压迫受剥削的贫苦农民。 戟:古兵器的一种,长杆头上附有分枝的利刃,指当时农民革命时所用的梭标之类的武器,也指革命武装。 红旗卷起农奴戟:那时农民运动蓬勃兴起,到处打起红色的大旗,农民扛着梭标,红旗迎风飘扬,把梭标都卷起来了。

〔5〕黑手:指反动势力。 霸主:《管子·枢言》:"王主积于民,霸主积于将战士。"指称霸的君主,这里指蒋介石。 黑手高悬霸主鞭:反动势力罪恶的黑手,却高高地凌空举起霸主的鞭子,对农民进行残酷镇压。

〔6〕为:正因为。 为有:因为有。唐代李商隐《为有》诗:"为有云屏无限娇,凤城寒尽怕春宵。" 牺牲:指为革命事业的胜利而舍弃生命。 多:这里是富有的意思。 壮志:宏大的志向。 为有牺牲多壮志:因为革命志士们有着为革命不惜付出任何代价,乃至牺牲生命的精神,富有充塞天地之间的豪情壮志。郭沫若认为,这句是说,因为有先烈的牺牲,而促进了后死者的壮志。 在中国革命的过程中,有无数先烈为革命而流血牺牲。毛泽东一家就先后有六个亲人为革命献出了宝贵的生命:第二次国内革命战争时期,有毛泽东的小弟弟毛泽覃(1905—1935,同国民党军作战阵亡于江西瑞金和福建长汀交界的地区,年仅三十岁)、继妹毛泽建(1905—1928,牺牲于湖南衡山,年仅二十四岁)及毛泽东的夫人杨开慧(1901—1930,就义于长沙,年仅二十九岁);抗日战争时期,有毛泽东的大弟弟毛泽民(1896—1943,被军阀盛世才杀害于新疆,年四十七岁);解放战争时期,有毛泽东的侄儿、毛泽覃的儿子毛楚雄(1927—1946,牺牲于湖北、陕西交界的地区,年仅十八岁);抗美援朝时期,有毛泽东的大儿子毛岸英(1922—1950,殉难于抗美援朝的朝鲜前线,年仅二十八岁)。

〔7〕教:使,令。 日月:就是代表天。 日月换新天:就是把旧天换成新天,或者把旧日月换成新日月,这里也就是把旧社会变成新社会的意思。 敢教日月换新天:敢于推翻帝国主义、封建主义、官僚资本主义三座大山,把旧社会变成新社会。

〔8〕菽:本来是指大豆,引申为豆的总称。 稻菽:农作物的通称。 千:形容很多。 重:层。 千重:千层,宋代陆游《长相思》有"六千重浪,水千重浪,身在千重云水中"之句。这里形容大片庄稼随风吹拂而摇摆起伏的样子。 喜看稻菽千重浪:非常高兴地看到一望无际的稻菽像大海一般,迎风涌起千重碧浪。

〔9〕英雄:指新中国的农民。 夕烟:暮霭,傍晚的云雾。唐代李白《登黄山凌高台送族弟溧阳尉济充泛舟赴华阴》诗:"日入牛渚晦,苍然夕烟迷。"唐代谢偃《高松赋》:"霏夕烟而暖景,度神飙而流音。" 下夕烟:就是在暮霭中从工地上下来。 遍地英雄下夕烟:昔日过着牛马生活的农民,如今个个都是建设社会主义的英雄,他们在傍晚的云雾之中,怀着劳动后的喜悦,从工地返回家中。

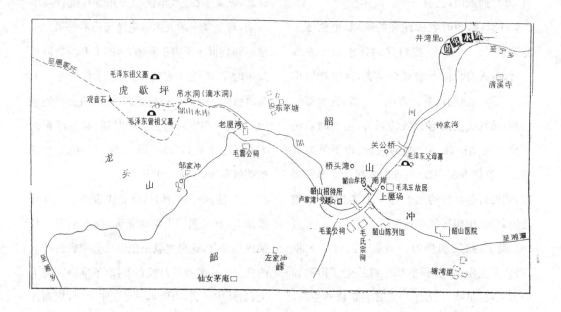

韶山略图

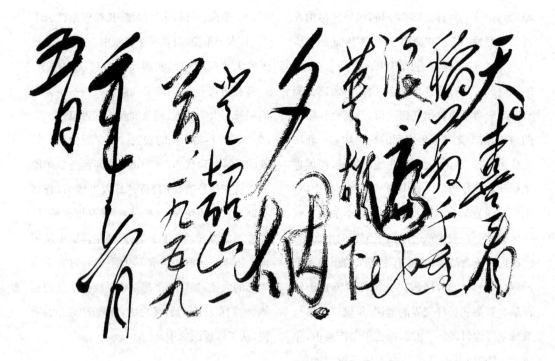

毛泽东手书《七律·到韶山》（一）

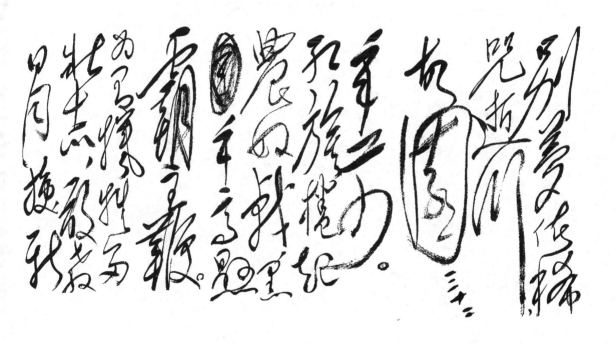

毛泽东诗词

第 一 辑

毛泽东手书《七律·到韶山》（二）

七律

登庐山

一九五九年七月一日

一山飞峙大江边，
跃上葱茏四百旋。
冷眼向洋看世界，
热风吹雨洒江天。
云横九派浮黄鹤，
浪下三吴起白烟。
陶令不知何处去，
桃花源里可耕田？

这首诗最早发表于1963年12月人民文学出版社出版的《毛主席诗词》。作者有一件手书标题作《夏日登庐山》。又载《建国以来毛泽东文稿》第八册，注明"有毛泽东手稿"。标明写作日期"一九五九年七月一日"。

"庐山"，又称匡庐，匡山，《后汉书·郡国志四·庐江郡》："寻阳南有九江，东合为大江。"刘昭注引南朝宋代慧远《庐山记略》："有匡俗先生者，出殷周之际，隐遁潜居其下，受道于仙人而共岭，时谓所止为仙人之庐而命焉。"意思是说，相传殷、周间有匡姓兄弟七人结庐隐此得名。在江西省北部，耸立鄱阳湖、长江之滨，江湖水气郁结，云海弥漫，多巉岩、峭壁、清泉、飞瀑之胜，林木葱茏，气候宜人，为休养、游览胜地。建国后还开辟了登山公路，直通山腰的牯岭。

1959年7月2日，即将在庐山召开中央政治局扩大会议。

6月29日午夜，毛泽东由武汉乘江峡轮，30日凌晨二时到达九江港。凌晨四时，乘车首次上庐山。从九江北路上山，车子经过庐山戚家村时，天刚破晓，田坂里笼罩着一层薄雾，上工的钟声四处回响，社员纷纷出工。毛泽东看到这种景象，非常高兴，说："这才是大跃进样子嘛!"毛泽东还很有兴趣地问陪同同志，公路究竟有多少弯子？陪同同志说，大概有三百九十多个弯子吧。车子开到九里，光景豁然开阔，站在山道上，向西北眺望长江，如飘玉带，向东南观看鄱阳，湖波混漾。毛泽东被景色所吸引，欣然下车步行。

步行两华里多,还不愿上车。直到陪同同志和司机再三催请,才上车继续向牯岭前进。七时,到达牯岭住地,住在180号房间。一到住地,他便向庐山党委书记楼韶明询问庐山的历史沿革和名胜古迹,随后又叫人到庐山图书馆借来《庐山志》阅读。这首诗就写于他上山的当天,即中国共产党诞生三十八周年纪念日,中央政治局扩大会议的前夕。

这首诗原有一则小序:

一九五九年六月二十九日登庐山,望鄱阳湖、扬子江,千峦竞秀,万壑争流,红日方升,成诗八句。

湖南省委第一书记周小舟看过此诗,建议删去小序,毛泽东采纳了他的建议。(蔡清富、李捷《新诗改罢自长吟——谈毛泽东对自己诗词的修改》,见臧克家主编《毛泽东诗词鉴赏》,河北人民出版社1990年8月第1版)"千峦竞秀,万壑争流",语出刘义庆《世说新语·言语》篇,晋代顾恺之赞会稽山水说:"千岩竞秀,万壑争流,草木蒙笼其上,若云兴霞蔚。"

又,毛泽东此诗,曾在庐山会议开始时传诵。当时,参加会议的同志,皆感炎夏盛暑,来此聚会,总结经验,畅谈体会。会余或登山涉水,观赏风景;或叙旧谈心,吟诗作词,确有如临桃源仙境之感。7月16日批判彭德怀后,"神仙会"无形中结束,但并非绝对没有人做诗。8月11日朱德还作了和诗《七律·和毛泽东同志〈登庐山〉原韵》:

> 庐山挺秀大江边,
> 牯岭乾坤看转旋①。
> 细雨和风经白鹿②,
> 拨开云雾见青天③。
> 园丘培植多桃李,
> 路线深通贯顶巅。
> 此地召开团结会,
> 交心献胆实空前。

[朱德自注] ①牯岭:在庐山上,为避暑胜地。一九五九年秋,党中央召开了庐山会议。这次会议,以毛主席为首的党中央,像旋转乾坤一样,取得了战胜彭德怀右倾机会主义路线的伟大胜利。②白鹿:庐山五老峰下有白鹿洞,唐李渤隐读于此,常蓄白鹿自娱,因名白鹿洞。宋置书院,朱熹讲学于此,故称"白鹿洞书院"。③经过和风细雨的讨论和学习,澄清了许多糊涂思想,如同拨开云雾一样,豁然开朗。

朱德这首诗沿袭了当时反右倾的错误提法,但也可见其抱有真诚团结、与人为善的愿望。

毛泽东诗词

1959 年 7 月 7 日,毛泽东将《七律·到韶山》和《七律·登庐山》两首诗抄送胡乔木,请"予斟酌,提意见,书面交我,以便修正"。1959 年 9 月 7 日,毛泽东致信胡乔木:"诗两首,请你送郭沫若同志一阅,看有什么毛病没有?加以笔削,是为至要。……主题虽好,诗意无多,只有几句较好一些的,例如'云横九派浮黄鹤'之类。诗难,不易写,经历者如鱼饮水,冷暖自知,不足为外人道也。"

郭沫若于 9 月 9 日和 10 日两次写信给胡乔木,直率地提出了修改意见。9 日信中说:"主席诗《登庐山》第二句'欲上逶迤'四字,读起来似有踟蹰不进之感。拟易为'坦道蜿蜒',不识如何。"10 日的信中说:"主席诗'热风吹雨洒南天'句,我也仔细反复吟味了多遍,觉得和上句'冷眼向洋观世界'不大谐协。如改为'热情挥雨洒山川'以表示大跃进,似较鲜明,不知如何。古有成语,曰'挥汗成雨'。"胡乔木将两信转呈毛泽东。

毛泽东阅后十分高兴,9 月 13 日早上又致信胡乔木说:"沫若同志两信都读,给了我启发。两诗又改了一点字句,请再送陈沫若一观,请他再予审改,以其意见告我为盼!"由此可知,这两首诗(指《七律·到韶山》、《七律·登庐山》)发表以前,至少送请郭沫若看过三次,郭修改过两次,毛泽东根据郭沫若等人的意见,将《七律·登庐山》中的两句作了修改。

庐山会议期间,毛泽东还将诗稿抄给臧克家等人征求修改意见。

1959 年 9 月 1 日,毛泽东致《诗刊》编辑部负责人信说:

臧克家徐迟二位同志:

信收到。近日写了两首七律,录上呈政。如以为可,可上诗刊。

近日右倾机会主义猖狂进攻,说人民事业这也不好,那也不好。全世界反华反共分子以及我国无产阶级内部,党的内部,过去混进来的资产阶级、小资产阶级投机分子,他们里应外合,一起猖狂进攻。好家伙,简直要把个昆仑山脉推下去了。同志,且慢。国内挂着"共产主义"招牌的一小撮机会主义分子,不过捡起几片鸡毛蒜皮,当着旗帜,向着党的总路线,大跃进,人民公社举行攻击,真是"蚍蜉撼大树,可笑不自量"了。全世界反动派从去年起,咒骂我们,狗血喷头。照我看,好得很。六亿五千万伟大人民的伟大事业,而不被帝国主义以及真在各国的走狗大骂而特骂,那就是不可理解的了。他们越骂得凶,我就越高兴。让他们骂上半个世纪吧!那时再看,究竟谁败谁胜?我这两首诗,也是答复那些忘八蛋的。

毛泽东

九月一日

在这封信中,毛泽东讲他的"两首七律",是针对国内外有些人对党的总路线、大跃进、人民公社的"猖狂进攻"而发的。实际上,这两首诗即《七律·到韶山》和《七律·登庐山》,分别写于1959年6月和同年7月1日。庐山会议的召开,则在当年7月2日至8月1日。会议原定议题,是总结大跃进的经验教训,继续纠正"左"的错误,讨论今后经济工作和任务。毛泽东开头讲话概括国内形势是:"成绩很大,问题不少,前途光明",要求大家敞开思想,畅所欲言,使会议形成一个"神仙会"。直到7月13日,彭德怀起草给毛泽东的信,14日呈送毛泽东,16日毛泽东指示将信印发给到会同志讨论,23日毛泽东在讲话中批判这封信表现了"资产阶级的动摇性",是在"向党进攻"。这才完全改变会议主题,转为批判彭德怀,反对"右倾机会主义",并于8月2日至16日的八届八中全会上,继续展开批判,作出了所谓粉碎"彭德怀为首的反党集团"等决议。由此可见,毛泽东写这两首诗在前,批判彭德怀在后。毛泽东的这"两首七律"不是针对有人反对"三面红旗"、向党"猖狂进攻"而发的。

对于这首诗中"云横九派浮黄鹤"的"黄鹤",一向人们往往把它理解为黄鹤楼,或借代武汉三镇。郭沫若《"桃花源里可耕田"》一文说:"'黄鹤',当然指武汉三镇一带,其中包含长江大桥。"赵朴初《学习毛主席诗词——略释毛主席诗词十首并试论毛主席诗词艺术》中也说:"'黄鹤'典故出自武昌,相传古代有仙人乘黄鹤到那里小憩,黄鹤楼因此得名。立身庐山向长江上游望去,隐隐约约,几乎可以望到武汉三镇,白云缥缈之中,仿佛有黄鹤在那边飞翔。"还有的说,指唐代诗人崔颢《黄鹤楼》诗中的黄鹤,说它又返回人间来了,所以仿佛有黄鹤在浮翔。这些说法大体近似,于理也说得通,但是我们从1964年1月27日毛泽东回答外国文书籍出版局《毛主席诗词》英译者的提问中可知,这些说法讲得不够到位,还不尽合作者原意。毛泽东在口头答复中说:"'黄鹤',不是指黄鹤楼。"本书编著者以为,这里是诗人展开想像的翅膀,向长江上游望去,云彩在空中不断变幻,仿佛有黄鹤在飞翔。正如《毛泽东诗词全编鉴赏》所指出的,是"状浮云的形态。"这里之所以用黄鹤"状浮云的形态",当然又与黄鹤楼的传说有关。又,毛泽东"云横九派浮黄鹤,浪下三吴起白烟"中将"云"和"浪"对举,与唐代李白诗中的"黄云万里动风色,白波九道流雪山"的构思相类,有异曲同工之妙。

对于"陶令不知何处去,桃花源里可耕田"这两句诗,历来有两种不同的理解。一种认为诗中对陶渊明是肯定的,或者说不是全盘否定,也不是全盘肯定。"'桃花源'是陶潜所假托的乌托邦,是他所理想的地上乐园。那种地上乐园,在今天来说,是遍地都是了。……如果他生在今天,他在这个现实的伟大的桃花源里,难道不会和无数的农业战线的劳动模范们一道,在努力地向地球开战吗?……主席在诗里是向着陶渊明发问,而在事实上是在向着我们发问。主席在问:'桃花源里可耕田?'我们就应该回答:'桃花源里可耕田!'(郭沫若:《"桃花源里可耕田"》)另一种认为,诗中对陶渊明是否定的。有的说:"'陶令'二句的意思是说,古代诗人陶渊明已经死去很久了,他的乌托邦实现没有呢?言外之意是:没有实现,也不可能实现。"(安旗《毛主席诗词十首浅释》)也有的说:"'陶令不知何处去,桃花源里可耕田'以幽默的反问句式,否定了没有阶级、没有压迫、没有斗争的桃花源的存在;要在桃花源里可心地耕田,当然是幻想。""只有今天的人民公社,才是真正的人民乐园;只有在这个乐园里,才能可心地耕田,才能没有压迫,共同富裕"。(易孟醇《毛泽东诗词笺析》)

笔者以为,两者均有一定道理。但是,前说可能更接近诗人原意。诗贵含蓄蕴藉。毛泽东诗词继承了我国古代诗词的这一优良传统,除晚年的一些诗词比较直白浅露外,大都做到了这一点。正如毛泽东在《毛主席诗词十九首》上对《雪》词的批注中所说:"文采、风骚、大雕,只能如是,须知这是写诗啊!难道可以谩骂这一些人们吗?"郭沫若1967年7月2日给北京大学《毛主席诗词》编写者的信中说:"陶渊明的《桃花源记》是属于空想的社会主义的范畴。……主席对陶潜当年能这样的空想,还是认为可取的,故在诗里还想到他。"在给北师大《毛主席诗词试解》编写者的信中,提毛泽东上述对《雪》词的批注时又说:"主席诗词中所提到的历史人物,大都多少包含着肯定的意思。他如魏武、陶令,同属此例。"

这首诗,主要有三种文本,按照写作时间先后为:

第一种:

〔一九五九年六月二十九日登庐山,望鄱阳湖、扬子江,千峦竞秀,万壑争流,红日方升,成诗八句。〕

一山飞峙大江边,

欲上逶迤四百盘。("盘",有一件手书作"旋"。)

冷眼向洋观世界,

热风吹雨洒江天。(有一件手书作"热风飞雨洒南天")

云横九派浮黄鹤,

浪下三吴起白烟。

陶潜不受元嘉禄,(陶令不知何处去,)

只为当年不向前。(桃花源里可耕田。)

注:1."〔 〕",为后来删去的字句。

2.“（ ）”,为后来改成的字句。

第二种:

> 一山飞峙大江边,
>
> 跃上葱茏四百旋。
>
> 冷眼望洋看世界,
>
> 热肤挥汗洒江天。
>
> 云横九派浮黄鹤,
>
> 浪下三吴起白烟。
>
> 陶令不知何处去,
>
> 桃花源里可耕里。

第三种:即毛泽东最后定稿的文本。

这首诗现在所见有五件手书:(一)标题为《诗一首 登庐山》,有署名“毛泽东”。竖写,有标点符号。(二)诗末写有“登庐山一首,一九五九年七月”字样。竖写,有标点符号。(三)无标题。竖写,无标点符号。(四)标题为《诗一首 夏日登庐山》,署明写作时间“一九五九年七月一日”。竖写,有标点符号。(五)标题为《登庐山》,署明写作时间“一九五九年”。诗后写有“右诗一首,为王汝梅、何理良二同志书。并祝你们两位身心健康,工作顺利。毛泽东一九六一年八月二十八日”。竖写,有标点符号。

“一山飞峙大江边,跃上葱茏四百旋。冷眼向洋看世界,热风吹雨洒江天”,1964年1月27日,毛泽东口头答复外国文书籍出版局《毛主席诗词》英译者说:“‘冷眼向洋’就是‘横眉冷对’。”这几句诗中“跃上葱茏四百旋”原作“欲上逶迤四百盘”。1959年9月9日,郭沫若曾写信给胡乔木提议将“欲上逶迤”改为“坦道蜿蜒”。后又将“四百盘”改为“四百旋”。“看世界”原作“观世界”。这两处改动情况,据蔡富清、李捷《新诗改罢自长吟——谈毛泽东对自己诗词的修改》,见臧克家主编《毛泽东诗词鉴赏》。“热风吹雨”原作“热肤挥汗”。“热风吹雨”这四个字是1963年《毛主席诗词》要正式出版征求意见时,臧克家提出请毛泽东改定的。1959年9月10日,郭沫若曾写信给胡乔木提议将“热风吹雨洒南天”改为“热情挥雨洒山川”。

在手书(一)中,“跃上葱茏四百旋”作“欲上逶迤四百旋”,“热风吹雨洒江天”作“热风飞雨洒南天”。在手书(二)中,“热风吹雨洒江天”作“热肤挥汗洒江天”。在手书(三)中,“冷眼向洋看世界,热风吹雨洒江天”作“冷眼望洋看世界,热肤挥汗洒江天”。在手书(四)中,“跃上葱茏四百旋”,先写作“跃上青葱四百旋”,后改为“跃上葱茏四百旋”。“热风吹雨洒江天"作"热肤挥汗洒江天。"

沈同著《在毛主席身边的日子》说，1959年6月末，毛泽东上庐山开会。有人告诉主席，庐山山路崎岖，要转几百个弯子才能到达山顶。这次随主席同行，沈同留心作了一下统计，共约四百多个。及到山顶，主席问上山一共转了多少个弯子。沈同告诉说，弯子实在太多，统计了一下，恐怕不够准确，总共四百多个。想不到主席在《登庐山》诗中，运用这一数字吟成了诗句。

"云横九派浮黄鹤，浪下三吴起白烟"，1964年1月27日，毛泽东口头答复外国文书籍出版局《毛主席诗词》英译者说："'黄鹤'不是指黄鹤楼。'九派'指这一带的河流，是长江的支流。明朝李攀龙有一首送朋友的诗《怀明卿》：'豫章西望彩云间，九派长江九叠山。高卧不须窥石镜，秋风憔悴侍臣颜。'李攀龙是'后七子'之一。明朝也有好诗，但《明诗综》不好，《明诗别裁》好。"又说："'白烟'为水。"1959年12月29日毛泽东致钟学坤信说："九派，湘、鄂、赣三省的九条大河。究竟那九条，其说不一，不必深究。三吴，古称苏州为东吴，常州为中吴，湖州为西吴。"（《毛泽东书信选集》）

"陶令不知何处去，桃花源里可耕田"，1964年1月27日，毛泽东口头答复外国文书籍出版局《毛主席诗词》英译者说："陶渊明设想了一个名为桃花源的理想世界，没有租税，没有压迫。"据李锐回忆，当时周小舟曾将毛泽东的原稿拿给他看，并将诗写在李的笔记本上。这两句原为："陶潜不受元嘉禄，只为当年不向前。"元嘉是南朝宋文帝的年号，"不受元嘉禄"，即指陶潜辞官不就，不为五斗米折腰之事。同时，毛泽东改定稿末句原来用叹号，后来毛泽东又将叹号改为问号。

【注释】

〔1〕七律：七言律诗的简称，详见《七律·长征》注。《七律·登庐山》：见本诗解说部分。

〔2〕峙：直立，耸立。黄遵宪《游半湖诗》："罗山崎其西，半湖绕其左。" 大江：长江，见《菩萨蛮·黄鹤楼》注。 大江边：庐山临着长江。

一山飞峙大江边：九江一带地势平衍，庐山突然拔地而起，真像一座大山从天外飞来，高高地耸立在长江之滨。

〔3〕跃上：跳跃而上，表现登山人意气飞扬，车子一下子就开到山上。 葱茏：形容草木苍翠而茂盛，这里说明山色的青苍。 旋：盘旋。

四百旋：庐山环山公路全长三十五公里，绕山盘旋，据说有将近四百处转折，四百旋，是举其概数。

〔4〕冷眼：用冷淡的目光看着的意思，表示蔑视。元代杨显之《潇湘雨》杂剧："常将冷眼观螃蟹，看尔横行得几时？"清代洪升《长生殿·献发》："冷眼静看真好笑。" 向洋：向着海洋。

冷眼向洋看世界：当时帝国主义和国外反动势力组成反华大合唱，这句是说在山上居高望远，用冷眼向着海洋观看世界，帝国主义和国外反华势力，他们究竟搞些什么名堂。

〔5〕热风:本于鲁迅一本杂文集的题名,他在《题记》中写道:"我觉得周围的空气太寒冽了,我自说我的话,所以反而称之曰《热风》。"毛泽东这里用"热风",一方面指夏风,另一方面寓指我国人民建设社会主义事业热情洋溢。

江天:江和江上的天空,多指江河上的广阔空际。南朝梁代范云《之零陵郡次新亭》诗:"江天自如合,烟树还相似。"这里指祖国广大区域。 热风吹雨洒江天:唐代王建《宫词》一百首其三十三中有"春风吹雨洒旗竿,得出深宫不怕寒"之句。这里指夏天的热风吹来雨滴洒在江面和江上的空中,既是眼前景物,也是说中国人民满怀热情,干劲冲天地进行伟大的社会主义革命和社会主义建设。

〔6〕云横:两眼看去,云总是横在天上。唐代韩愈《左迁至蓝关示侄孙湘》:"云横秦岭家何在?" 九派:这里指武汉一带,见《菩萨蛮·黄鹤楼》注。 浮:浮现。 黄鹤:见《菩萨蛮·黄鹤楼》注。

〔7〕三吴:古地区名,有种种说法。九江以下,古属吴地。此处泛指长沙下游江浙一带。

白烟:江河上面浮起的水气,远望如白烟。唐代刘禹锡《途中早发》诗:"水流白烟起。" 浪下三吴起白烟:再向下游望去,波涛滚滚,直奔三吴,江上迷迷漫漫,只见一片白烟。以上两句,祖国万里河山一派社会主义革命和建设的兴旺景象。

〔8〕陶令:即陶渊明(365或372或376—427),名潜,字元亮,浔阳柴桑(今江西九江)人。东晋诗人,曾仕晋为彭泽县(今江西湖口东)令,故称"陶令"。因不满士族地主把持政权的黑暗现实,"不愿为五斗米折腰",愤而辞官,躬耕田亩。归耕之地,离庐山不远,时或至庐山游观。有《陶渊明集》行世。 陶令不知何处去:陶渊明作过彭泽县令,辞官后躬耕柴桑,地点都在庐山附近。毛泽东于是设问道:"陶渊明不知哪里去了?"

〔9〕桃花源:陶渊明曾写过一首寄托他的社会理想的《桃花源诗》,描写"春蚕收长丝,秋熟靡王税"的人间乐园。诗前附有记文,记述一个与世隔绝的"理想社会",这篇记文通称《桃花源记》,说的是晋孝武帝太元年间,有一位武陵渔人误入桃花源,进入一个山洞,看见秦时避乱的人的后代居住在那里,非常安适,这里"土地平旷,屋舍俨然,有良田美池桑竹之属,阡陌交通,鸡犬相闻","黄发垂髫,并怡然自乐"。出来以后,便不再能找到了。这篇散文,表现了陶渊明对于美好幸福的社会十分向往,后世有"世外桃源"之称,但是这只是一种空想。

可:有三解:一、大都训为"可以"。如郭沫若认为:"主席在问:桃花源里可耕田? 我们就应该回答:'桃花源里可耕田!'"二、本书编著者认为,这里"可"是用在疑问句里加强疑问的语气,意思是说:今天祖国一片欣欣向荣的景象,我们正在实现古代人们梦寐以求的社会理想,陶渊明是不是还在桃花源里耕田呢? 三、陈一琴主编《毛泽东诗词笺析》谓:可:犹言称心如意。张相《诗词曲语辞汇释》卷一:'可,犹称也,合也。'北宋张先《南夕子》词:'何处可魂销? 京口终朝两信潮。'这里是说,"陶渊明要是还健在躬耕的话,今天的'桃花源'才教他称心如意呢!" 桃花源里可耕田:这句有多解:一说,这句是说,而如今,我们现在的祖国,正在建设新社会,实现人们梦寐以求的社会理想,陶渊明是不是还在他创造的人间乐园桃花源里耕田呢? 另一说,祖国已经变成了社会主义幸福的桃花源了。那么，陶渊明可以来耕田了吧！第三说，周振甫认为，这句是说陶渊明早已过去了，在当时他可以到桃花源里耕田吗？不行，因为那是空想。今天中国的农村跟桃花源不同，今天的知识分子自然也跟陶渊明不同了。还有一说，臧克家认为，这句是说文学史上著名的"桃花源"这理想国的创造者——彭泽县令陶渊明已经一去不复返了，他写的这个"不知有汉，无论魏晋"，"黄发垂髫，并怡然自乐"的人间乐园，在热气腾腾的社会主义建设的高歌声中，难道我们还能躲到里面作几千年前躬耕式的自乐吗？笔者倾向于第一说。　云横九派浮黄鹤，浪下三吴起白烟。陶令不知何处去，桃花源里可耕田：有人认为可能脱胎于宋代米芾《望海楼》诗三、四联："几番画角催红日，无事沧州起白烟。忽忆伤心何处是，春风秋月两茫然。"原因是："起白烟"、"何处"用得完全相同，而且处在同一位置上，句法也相似。周正举认为，毛诗与米诗，字句偶相同，立意不相近，境界不相仿，格调不相袭，不得谓毛诗脱胎于米诗。录以备考。

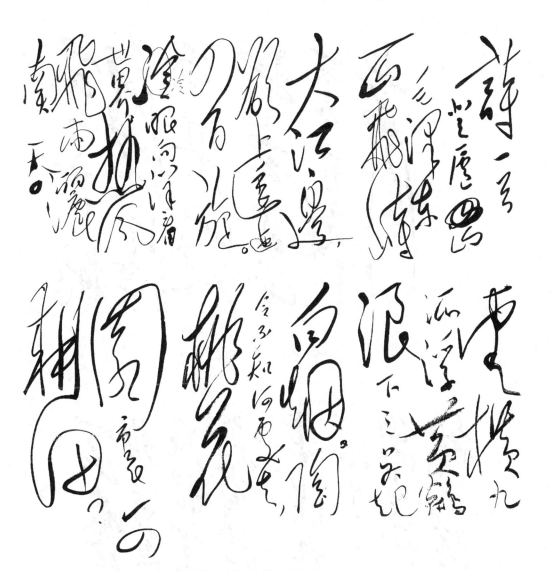

毛泽东手书《七律·登庐山》（一）

毛泽东诗词

0 3 1 5

毛泽东手书《七律·登庐山》（二）

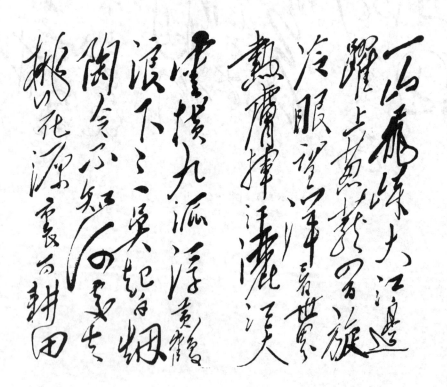

毛泽东手书《七律·登庐山》（三）

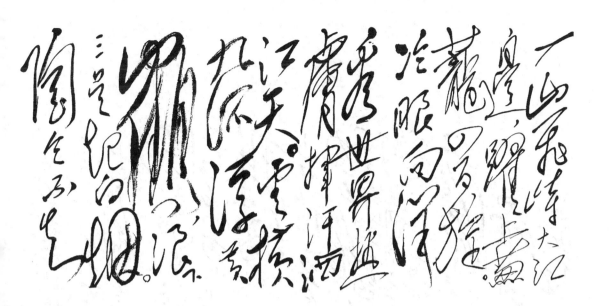

毛泽东手书《七律·登庐山》（四）

毛泽东诗词

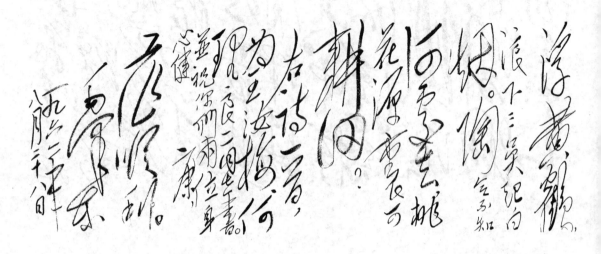

毛泽东手书《七律·登庐山》（五）

七绝

为女民兵题照

一九六〇年十二月

颯爽英姿五尺枪，

曙光初照演兵场。

中华儿女多奇志，

不爱红装爱武装。

这首诗最早发表于人民文学出版社 1963 年 12 月出版的《毛主席诗词》。写作时间署明为"一九六一年二月"。"一九六〇年十二月"是本书编著者根据回忆录和毛泽东手书确定的。

1958 年 8 月 29 日，毛泽东在北戴河中央政治局扩大会议上讲话，提出："必须在全国范围内把能拿起武器的男女公民武装起来，以民兵组织形式，实行全民皆兵。"

据包霄林、戚鸣《毛泽东一首诗的诞生》(《家庭》1991 年第 10 期)，又见《毛泽东〈为女民兵题照〉一诗诞生经过》(1991 年 10 月 8 日《报刊文摘》)说，1960 年的一天早上，毛泽东的机要员小李，送一些文件到菊香书屋。这时毛泽东正站在窗前沉思，忽然问："小李，你参加民兵了吗？""参加啦。"小李回答。"你为什么要参加民兵？"毛泽东又问。"这……"小李想了想说："响应主席的号召，全民皆兵呗。"小李为了证明自己确实参加过女民兵，从自己衣服口袋中的笔记本里，拿出了一张训练余暇摄的照片，交给毛泽东看，毛泽东竟然饶有兴趣地坐在椅子上端详起她的照片来，照片上小李穿着藏蓝色的西裤，白色棉布衬衣披进长裤里面，剪着短发，右手扶着步枪，昂首站在一棵树旁，背景是明净的蓝天和远山。"好英武的模样哟。"听见毛泽东的称赞，小李心里非常高兴，但却说："照得不好。""哎，我看蛮好嘛。"毛泽东放下照片，点燃一支烟，两眼望着窗外，又沉思起来，一会儿，毛泽东把手里的烟在烟灰缸里弹弹，对小李说："给我拿枝笔来。"小李递给他一枝铅笔，毛泽东顺手拿过一本他看过的地质常识书，翻到有半页空白的地方，龙飞凤舞地写下了几行字："颯爽英姿五尺枪 曙光初照演兵场 中华儿女多奇志 不重红装重武装"(本书编著者按：疑为草书"爱"字误认作"重"字)。

毛泽东放下笔，微笑着对小李说："小鬼，我把这首诗送给你，好不好？"小李又惊又喜,激动地说:"主席,您太夸奖我了,我哪配得上……""哎,你们年轻人就是要有志气,不要学林黛玉,要学花木兰、穆桂英噢!"毛泽东说完,爽朗地大笑起来。这时江青走了进来。当得知事情的原委后,她说:"主席,我看你这么好的诗,该拿出去发表,鼓励我们妇女同志么。"毛泽东又重新念了一遍这首诗,略作沉吟,说:"唔,发表时把'重'字改成'爱'字,就顺口多喽。"过了些日子,毛泽东题照诗发表,江青另配了一张照片。后来,毛泽东把那本写有原诗的小册子送给了小李。小李一直珍藏着。书中夹有毛泽东看过的小李的那张照片。据此,这首诗初稿当作于1960年。1961年2月为修改定稿的时间。

这首诗现在所见有七件手书:(一)、(二)诗末写着"为女民兵题照。一九六〇年十二月 毛泽东"字样。竖写,有标点符号。两者格式、文字完全一样。手书(一)为原件。手书(二)系由他人将手书(一)中"兵"字左上方墨点修去而成。(三)诗末写有"为女民兵题照 毛泽东"字样。竖写,有标点符号。(四)诗末写有"魏景梅同志 一九六四年九月三十日 毛泽东"字样。竖写,有标点符号。(五)诗末写有"(为女民兵题照片)"字样。横写,有标点符号。(六)诗末有署名"毛泽东",并写有"一九六六年九月二十四日为吴旭君同志书"的字样。竖写,有标点符号。(七)无标题。竖写,无标点符号。

据徐涛《毛泽东的保健养生之道》(《缅怀毛泽东(下)》)说,1966年9月29日,毛泽东又写了一件《七绝·为女民兵题照》赠送给吴旭君,后面也写了"为吴旭君同志书",并签了名,可惜未见。

"飒爽英姿五尺枪",这一句诗中"飒爽"原作"飙爽"。(蔡清富、李捷《新诗改罢自长吟——谈毛泽东对自己诗词的修改》,见臧克家主编《毛泽东诗词鉴赏》)(本书编著者按:疑为将草书"飒"字误认作"飙"字。)

"曙光初照演兵场",在手书(四)中,这句作"煦光初照演兵场"。

"不爱红装爱武装",这一句诗有回忆录说,原作"不重红装重武装"(本书编著者按:疑为草书"爱"字误认作"重"字),也曾写作"不爱红妆爱武妆"(蔡清富、李捷《新诗改罢自长吟》,见臧克家主编《毛泽东诗词鉴赏》)。"红妆",妇女鲜艳华美的服饰,多用红色,故名。《木兰辞》:"阿姊闻妹来,当户理红妆。"

【注释】

〔1〕七绝:七言绝句的简称。 绝句:即绝诗,是诗体的名称。每首固定的格式为四句,以五言、七言为主,也有六言的,平仄和押韵都有规定。 民兵:是不脱离生产的群众性的人民武装组织。 题:书写,署名。 题照:在照片上题字或题诗,这里指题诗。

〔2〕飒爽:神采飞动的样子,劲捷的样子。 英姿:英武的姿态。 飒爽英姿:唐代杜甫《丹

青引赠曹将军霸》诗:"褒公鄂公毛发动,英姿飒爽来酣战。"褒公段志元、鄂公尉迟恭,都是唐代开国名将。曹霸曾经画过功臣像。杜甫的诗句是称赞曹霸的艺术精妙,能够充分表现这些武将们的英雄气概。 飒爽英姿五尺枪:女民兵精神抖擞,英姿勃勃,手持五尺长枪。

〔3〕曙光:清晨的阳光。 初照:刚刚开始照射。 演兵:演习部队。 演兵场:练兵的场所,指进行军事训练的处所。 曙光初照演兵场:早晨的太阳光刚刚照射到练兵场上,她们就在这里进行操练。

〔4〕儿女:偏义复词,这里指女儿,女青年的意思。唐代白居易有"洛阳儿女面如花"之句。唐代李白《越女词》其一:"长干吴儿女,眉目艳星月。"友人周正举说,儿女,即女儿,以平仄而倒置,这在诗词中是允许的。宋代严有翼《艺苑雌黄》云:"古人诗押字,或有语颠倒而于理无害者。如韩退之以'参差'为'差参',以'玲珑'为'珑玲'是也。" 中华儿女:这里指女民兵。 奇:特殊的,罕见的,引申为不平常的。

奇志:奇特不同凡响的志向。

〔5〕红装:妇女鲜艳漂亮的装束打扮。 武装:战斗装束。 不爱红装爱武装:宋代朱熹《次韵秀野早梅》诗:"可爱红芳爱素芳,多情珍重老刘郎。"这里是赞颂我国女青年富有不平常的志向,不喜欢穿红戴绿,却喜欢持枪练武,保卫祖国。

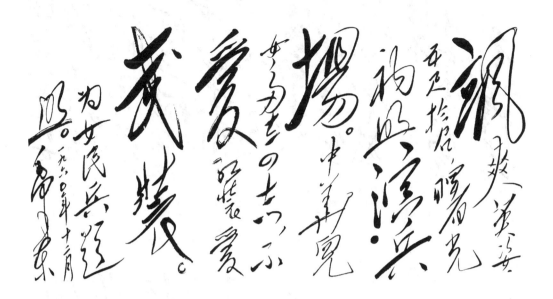

毛泽东手书《七绝·为女民兵题照》（一）

毛泽东手书《七绝·为女民兵题照》（二）

毛泽东诗词

０３２３

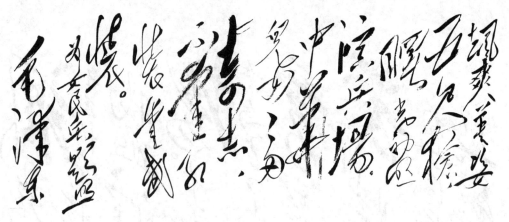

毛泽东手书《七绝·为女民兵题照》（三）

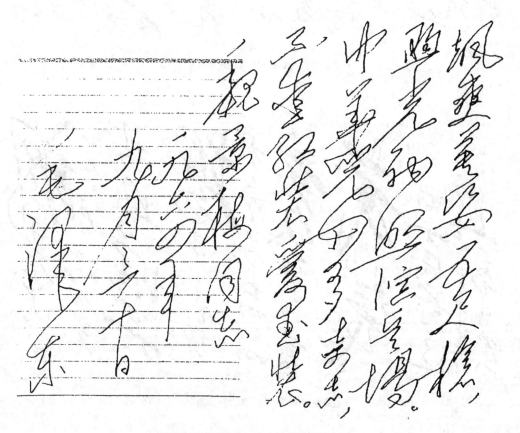

毛泽东手书《七绝·为女民兵题照》（四）

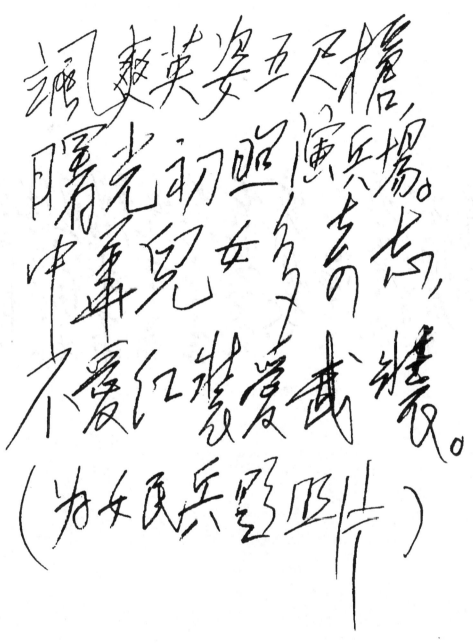

毛泽东手书《七绝·为女民兵题照》（五）

毛泽东诗词

第 一 辑

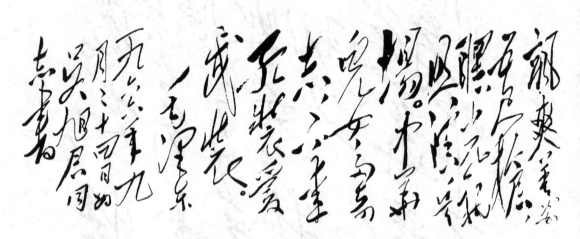

毛泽东手书《七绝·为女民兵题照》（六）

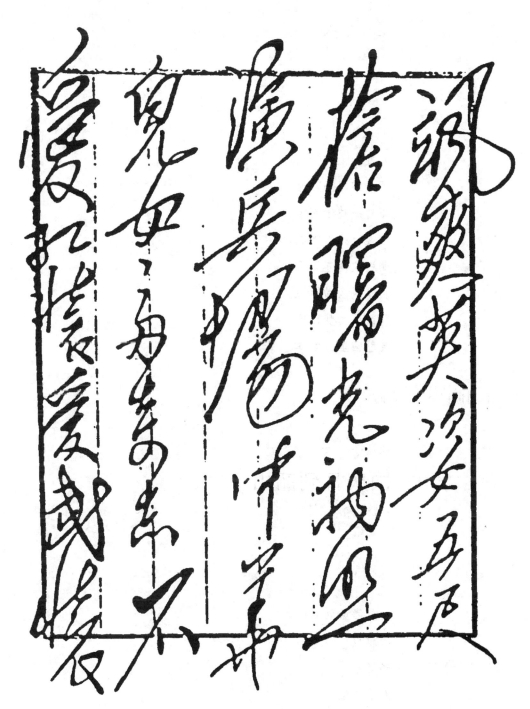

毛泽东手书《七绝·为女民兵题照》（七）

毛泽东诗词

第 一 辑

七律

答友人

一九六一年

九嶷山上白云飞，

帝子乘风下翠微。

斑竹一枝千滴泪，

红霞万朵百重衣。

洞庭波涌连天雪，

长岛人歌动地诗。

我欲因之梦寥廓，

芙蓉国里尽朝晖。

附:周世钊呈毛泽东词

江城子

国庆日到韶山

一九六〇年

良辰嘉庆到韶山。

赤旗边，

彩灯悬。

万朵红霞，

荡漾碧峰前。

似水人流流不尽，

腾语笑，

久留连。

夜来场上响丝弦。
鼓填填，
舞翩翩。
革命斗争，
唱出好诗篇。
唱到牺牲多壮志，
人感奋，
月婵娟。

附：乐天宇呈毛泽东诗

七古
九嶷山颂

三分石耸楚天极，
大气磅礴驱舞龙。
南接三千罗浮秀，
北压七二衡山雄。
东播都庞越城雨，
西嘘大庾骑田虹。
我来瞻仰钦虞德，
五风十雨惠无穷。
为谋山河添锦绣，
访松问柏谒石枞。
瑶汉同胞殷古谊，
长林共护紫霞红。

于今风雨更调顺,

大好景光盛世同。

这首诗最早发表于1963年12月人民文学出版社出版的《毛主席诗词》。1963年12月出版的《毛主席诗词》和以后的各种版本以及1986年9月出版的《毛泽东诗词选》和1996年9月出版的《毛泽东诗词集》,均未附原诗词。这里附录的周世钊呈毛泽东词和乐天宇呈毛泽东诗是本书编著者所加。

这首诗是毛泽东答赠湖南友人而作。所答友人,有两说:一说指周世钊。周世钊:见《七律·和周世钊同志》注。

1964年1月27日,外国文书籍出版局《毛主席诗词》英译者向毛泽东提出:《“七律·答友人》的'友人'是谁?”毛泽东向袁水拍等提问者当面口头答复说:“'友人'指周世钊。”后来出版的英译本'友人'译为单数(a friend)。又据周彦瑜、吴美潮《毛泽东与周世钊》一书说,毛泽东于1964年2月4日,答复袁水拍说:“友人,是一个长沙的老同学。”《毛泽东诗词集》注释说:“友人即周世钊。本诗作者手迹原题为'答周世钊同学',后改为'答友人'。”并说,1961年12月26日毛泽东致周世钊信云:“秋风万里芙蓉国,暮雨朝云薜荔村,西南云气来衡岳,日夜江声下洞庭。同志,你处在这样的环境中,岂不妙哉?”《毛泽东书信选集》)可以跟本诗印证。

1963年毛泽东亲自主持编辑《毛主席诗词》集子时,此诗在清样稿上标题原为《答周世钊》。(在林克留存的抄件上标题也是《答周世钊》,推断可能抄自此诗的初稿。)随后,毛泽东在这个标题的周世钊名字后加上了“同学”二字。最后他将“周世钊同学”五字圈掉,把标题改定为《答友人》。(《毛泽东诗词全编鉴赏》)

另一件有力的证据是:1968年7月16日,周世钊致吉林大学中文系毛主席诗词学习班的信中说:“自解放后,主席常在给我们信中嘱我寄诗。早些时候寄的不多,从1958年后,我差不多把所写的诗随时抄寄给主席,每每承他加以鼓励。”本书所附周世钊《江城子·国庆日到韶山》当在其列。从词中不难看出,这首词是他在读了毛泽东《七律·到韶山》之后,并受到毛的影响而创作的。(两诗词标题均有“到韶山”,周的“唱到牺牲多壮志”是化用毛的“为有牺牲多壮志”。)同时,毛泽东《七律·答友人》又不难看出,是在读了周世钊《江城子·国庆日到韶山》之后,并受到周的影响而创作的。(毛诗中“红霞万朵百重衣”,化用了周的“万朵红霞,荡漾碧峰前”。)笔者曾向友人、周世钊的女儿周彦瑜、女婿吴美潮指出这一点,他们甚为赞同,又给笔者来信,提出了新的旁证。1963年,《七律·答友人》发表后,胡愈之致函周世钊云:据北京人士称,毛主席诗中的友人就是你,请借原稿一阅。1964年,文物出版社也曾致函周世钊,要求借用《答友人》的原稿。

另一说,"友人"指周世钊、李达、乐天宇。

1962年秋,毛泽东的老友、林业专家乐天宇,带科研小组到湖南九嶷山区进行科学考察时,同不久前到湖南做社会调查的武汉大学校长李达以及毛泽东的湖南省立第一师范学校的同学、当时的湖南省副省长周世钊,同一时期都寄有九嶷山的纪念品给毛泽东,并附上有关诗词作品。乐天宇送了一枝得自家乡九嶷山区的墨竹,据乐的女儿乐开筠说,那枝墨竹比平常的要鲜明黑亮得多。乐天宇还送一条幅,上有东汉文学家、书法家蔡邕《九嶷山铭》的墨刻,此条幅的上额写有他自己作的七言古体诗《九嶷山颂》"赠呈毛泽东主席案右",署名"九嶷山人"(据乐天宇自述,"在延安时期,润之兄常呼我九嶷山人")。李达送一枝斑竹毛笔,又写了一首咏九嶷山的诗词。周世钊送一幅内有蔡邕文章的墨刻。毛泽东收到这些纪念品后,睹物思友,睹物思乡,写出了这首诗。

又据萧永义《毛泽东诗词史话》说:乐天宇曾当面告诉他,毛泽东的《七律·答友人》发表后,乐天宇曾给毛泽东写过一封短信,信中说,古人写九嶷山的"嶷"字,没有"山"字头。舜系天葬,到处望而疑焉。"九"者,言其多也。毛泽东曾叫中央办公厅工作人员告诉乐天宇,信收到了,谢谢他。《七律·答友人》中"九嶷山上白云飞","斑竹一枝千滴泪",为这首诗的缘起留下了鲜明的印记,萧还认为《答友人》发表时所署的写作时间"一九六一年"或恐有误。

《洞庭湖》1986年第5期载文说,六十年代初,乐天宇曾在毛泽东的秘书田家英那里,见到毛泽东的诗稿,题为《七律·答周世钊、李达、乐天宇》,乐要求田圈掉他的名字。乐说:"我这个人办事莽莽撞撞,弄得不好,以后可能会给毛主席添麻烦,不能用我的名字。"当时郭沫若在编注毛泽东诗词,田便把乐的意见转告郭。郭沫若说,那也好,不如改为《答友人》吧,"友人"是表示多数的意思(1983年11月1日《羊城晚报》)。(《毛泽东诗词史话》说,是乐接到郭沫若电话,说有事相告,乐依约去了郭家。)乐天宇在郭沫若家见到毛泽东的诗稿,乐、郭讲了上述一番话。陈晋《毛泽东之魂》也说,"友人指乐天宇等"。录以备考。

这首诗,又载于《建国以来毛泽东文稿》第九册,注明"有毛泽东手稿"。可惜这首诗毛泽东的手书至今未见发表。

"九嶷山上白云飞",1964年1月27日毛泽东口头答复外国文书籍出版局《毛主席诗词》英译者说:"'九嶷山'。即苍梧山,在湖南省南部。"

"斑竹一枝千滴泪,红霞万朵百重衣",1964年1月27日,毛泽东口头答复外国文书籍出版局《毛主席诗词》英译者说:"'红霞',指帝子衣服。"1978年12月29日《光明日报》刊载的杨建业《在毛主席身边读书——访北京大学中文系讲师芦荻》一文说:1975年,"主席说,人对自己的童年,自己的故乡,过去的朋侣,感情总是很深的,很难忘记的。到老年就更容易回忆,怀念这些。""并说他的七律《答友人》'斑竹一枝千滴泪,红霞万朵百重衣'就是怀念杨开慧的,杨开慧就是霞姑嘛! 可是现在有的解释却不是这样,不符合我的思想。"据萧永义《毛泽东诗词史话》说,周世钊、李达、乐天宇不仅是毛泽东的旧识,而且也都和杨开慧熟悉。怀念杨开慧,是可以有这层意思的。

　　"洞庭波涌连天雪",1964年1月27日,毛泽东口头答复外国文书籍出版局《毛主席诗词》英译者说:"'洞庭波',取自《楚辞》中的《九歌·湘夫人》:'洞庭波兮木叶下'。"

　　"长岛人歌动地诗",1964年1月27日,毛泽东口头答复外国文书籍出版局《毛主席诗词》英译者说:"'长岛'即水陆洲,也叫橘子洲,长沙因此得名,就象汉口因在汉水之口而得名一样。"

　　"芙蓉国里尽朝晖",郭沫若《芙蓉国里尽朝晖》一文中说:"主席告诉我们:'芙蓉国'是湖南的异称。"

　　1964年1月27日,毛泽东口头答复外国文书籍出版局《毛主席诗词》英译者说:"'芙蓉国',指湖南,见谭用之诗'秋风万里芙蓉国'。'芙蓉'是指木芙蓉,不是水芙蓉,水芙蓉是荷花。谭诗可查《全唐诗》。"

　　"附:周世钊呈毛泽东词　万朵红霞,荡漾碧峰前",此据《周世钊诗词选》(湖南人民出版社2000年3月第1版)。友人、周世钊亲属吴美潮、吴起英送给本书编著者《毛泽东九首答和诗词的诗友原作考证》一文,这两句词作一句,中间没有标点符号,其中"荡漾碧峰前"作"荡漾碧波前"。

　　"革命斗争,唱出好诗篇",吴美潮、吴起英上文这两句词作一句,中间没有标点符号。

　　"附:乐天宇呈毛泽东诗　我来瞻仰钦虞德",陈晋《毛泽东与文艺传统》作"我来瞻仰钦美德"。

　　"访松问柏谒石枞",陈晋《毛泽东与文艺传统》作"访松问柏谒古枞"。

【注释】

〔1〕七律:七言律诗的简称,详见《七律·长征》注。《七律·答友人》:这首诗是毛泽东答赠湖南友人而作。 所答友人,有两说:一说指周世钊,另一说指周世钊、李达、乐天宇。

周世钊(1897—1976):见《七律·和周世钊同志》注。 李达(1890—1966):湖南零陵人,中国共产党创始人之一,后脱党,1949 年重新加入中国共产党,马克思主义理论家。乐天宇(1900—1984):湖南宁远人,1916 年考入长沙第一中学,参加了毛泽东等领导的驱汤驱张运动。1920 年考入国立北平农业大学,参加了社会主义研究小组。1922 年加入中国社会主义青年团。1924 年转入中国共产党,曾任北平西郊区委书记。1927 年,受党组织委派到湖南宁远县领导农民运动,被选为农民协会委员长。"马日事变"中被捕。1930 年 7 月红军一度攻占长沙时被营救出狱。1937 年,通过八路军驻西安办事处与党组织取得联系,1939 年任延安自然科学研究院农科主任、边区林业局长等职。曾参与南泥湾垦区规划。1984 年,乐天宇在以自己全部平反补发工资和每月工资大部分创办的九嶷学院以身殉职。乐天宇在长沙求学时就认识毛泽东,长沙学生联合会经常组织一些活动,他们都是本校的代表。到延安后,与毛泽东常见面。因为他的家乡有一座九嶷山,毛泽东常称他"九嶷山人"。他们在向毛泽东赠送纪念品时,还各附上了自己的诗词作品。乐天宇的作品就是《九嶷山颂》。李达的作品不详。

〔2〕九嶷山:嶷一作疑,又叫苍梧山,在湖南宁远南,因山上有九个峰,形状都很相似,所以叫九嶷山。《水经·湘水注》:"九嶷山盘基苍梧之野,峰秀数郡之间,罗岩九举,各导一溪,岫壑负阻,异岭同势,游者疑焉,故曰九疑山。"这里指代湖南。《史记·五帝本纪》记,舜"践帝位三十九年,南巡狩,崩于苍梧之野,葬于江南九疑"。李白《远别离》:"九疑联绵皆相似,重瞳孤坟竟何是? 九嶷山上白云飞:汉武帝刘彻《秋风辞》有"秋风起兮白云飞"之句。唐代李颀《古意》有类似句式:"黄云陇底白云飞。"明代李氏《登楼》诗:"红栏六曲压银河,瑞雾霏霏湿翠罗。明月不知沧海暮,九嶷山下白云多。"

〔3〕子:古代称女儿也可称子。 帝子:指帝尧的两个女儿娥皇、女英,也就是舜的二妃。《楚辞·九歌·湘夫人》有"帝子降兮北渚"之句。传说舜死于九嶷山,二妃追到湘水边的君山,自投湘水,为湘水神,众称湘灵。《文选·谢朓〈新亭渚别范零陵〉诗》:"洞庭张乐池,潇湘帝子游。"李善注引王逸曰:"娥皇女英随舜不返,死于湘水。" 翠微:《尔雅·释山》:"山脊,冈。未及上,翠微。"指青翠掩映的山腰幽深处。唐代李白《下终南山过斛斯山人宿置酒》中有"却顾所来径,苍苍横翠微"之句。

帝子乘风下翠微:九嶷山有娥皇峰和女英峰,所以又认为湘水女神是居于山上的。

以上两句由友人的赠物和题诗联想起发生在湖南的古代神话传说。九嶷山上白云飞舞,尧的两个女儿驾着风从青翠掩映的山腰幽深的地方降落下来。

〔4〕斑竹:是一种有斑纹的竹子,又名"湘妃竹"。晋代张华《博物志》卷十:"尧之二女,舜之二妃,曰湘夫人。舜崩,二妃啼,以涕挥竹,竹尽斑。"相传舜南巡,死在苍梧,娥皇、女英追之未及,寻到湘水边,相思恸哭,眼泪洒在竹上,留下了斑纹,因而生成湖南特产的斑竹。

毛泽东诗词

第 一 辑

明代王象晋《群芳谱·竹谱》说:"斑竹,即吴地称湘妃竹者,其斑如泪痕。……世传二妃将沉湘水,望苍梧而泣,洒泪成斑。" 斑竹一枝千滴泪:清代洪升《黄式序出其祖母顾太君诗集见示》中有"斑竹一枝千点泪,湘江烟雨不知春"之句。这里是说,过去她们的热泪使斑竹上面洒满了千滴泪痕,象征旧社会的人民经历了无数的苦难。

〔5〕重:层。 红霞万朵百重衣:三国时代魏国曹植《五游咏》诗有"披我丹霞衣"之句。这里是说帝子。今天,她们身披万朵红霞所作的无限斑斓的百重彩衣,象征了新社会人民过着光明幸福的生活。

〔6〕洞庭:即洞庭湖,位于湖南北部、长江南岸,面积二千八百二十平方公里,是我国第二大淡水湖,湘、资、沅、澧四水从南、西两面流入湖内,湖在北面从岳阳城陵矶通长江。 洞庭波:《九歌湘夫人》:"嫋嫋兮秋风,洞庭波兮木叶下。" 连天:唐代刘长卿《自夏口至鹦鹉洲夕望岳阳寄元中丞》诗中说:"汀州无浪复无烟,楚客相思益渺然。汉口夕阳斜渡鸟,洞庭秋水远连天。"连天的意思是说,洞庭秋水烟波浩渺,看上去好像远达天际。 连天雪:形容白浪滔天。 洞庭波涌连天雪:洞庭湖波涛涌起,好似一片连天的白雪,象征故乡社会主义建设事业蓬勃发展的形势。唐代杜甫《秋兴八首》(其一)中有"江间波浪兼天涌,塞上风云接地阴"之句,韩愈《八月十五夜赠张功曹》中有"洞庭连天九疑高,蛟龙出没猩鼯号"之句。

〔7〕长岛:湖南长沙湘江中的橘子洲,见《沁园春·长沙》注,这里用以代表湖南长沙。 动

地诗:惊天动地的诗歌。"长岛人歌动地诗",这里是赞颂周世钊、李达、乐天宇等所写的讴歌故乡社会主义建设的豪迈诗篇。唐代李商隐《瑶池》诗:"瑶池阿母绮窗开,《黄竹》歌声动地哀。" 洞庭波涌连天雪,长岛人歌动地诗:庾阐《扬都赋》:"涛声动地,浪势粘天。""粘"俗本作"连"。张似诗也有类似的句式:"寒草连天暮,边风动地秋。"

〔8〕我:毛泽东自称。 欲:想要。 因之:凭借这些景象。 梦:想象。《荀子·解蔽》:"不以梦剧乱知,谓之静。"《注》:"梦,想象也。" 寥廓:空间,包括时间和空间,这里指辽远的地方。 我欲因之梦寥廓:唐代诗人李白《梦游天姥吟留别)诗有"我欲因之梦吴越"之句。这是把想象推广到广阔的范围。

〔9〕芙蓉:指木芙蓉,栽培供观赏的落叶灌木。 芙蓉国:是说木芙蓉到处盛开的地方。古时候湖南的异称,因湖南多木芙蓉。唐代谭用之《秋宿湘江遇雨》诗有"秋风万里芙蓉国,暮雨千家薜荔村"之句。这里代指湖南。 晖:日光。 朝晖:清晨的阳光。 芙蓉国里尽朝晖:那时清晨灿烂的阳光普照着整个湖南,那该是多么美好的景象啊!

(以下为对乐天宇原诗的注释)

〔10〕罗浮:罗浮山,在广东博罗县境内,东江之滨,亦称东樵山,与南海县的西樵山齐名,享有"南粤名山数二樵"的盛誉。

〔11〕衡山:古称南岳,是我国著名的"五岳"之一,在湖南省中部,山势雄伟,盘纡数百里,大小山峰七十二座,以祝融、天柱、芙蓉、紫盖、石廪五峰为最著。

〔12〕都庞:即都庞岭,五岭之一,亦称孔明岭,在湖南省和广西壮族自治区交界处。 越城:即越城岭,五岭之一,亦称始安岭,临源岭,全义岭,越岭,在广西壮族自治区东北部和湖南省边境。

〔13〕大庾:即大庾岭,五岭之一。古名塞上、台岭,又名东峤、梅岭,在今江西大余、广东南雄交界处,向为岭南、岭北的交通咽喉。 骑田:即骑田岭,五岭之一,在湖南省东南部宜章、郴县间。

毛泽东诗词

七绝

为李进同志题所摄庐山仙人洞照

一九六一年九月九日

暮色苍茫看劲松，

乱云飞渡仍从容。

天生一个仙人洞，

无限风光在险峰。

这首诗最早发表于1963年12月人民文学出版社出版的《毛主席诗词》。又载《建国以来毛泽东文稿》第九册，注明"有毛泽东手稿"。标明写作日期"一九六一年九月九日"。

"李进"，即江青。1951年在为批判电影《武训传》组成的调查团中就使用过这个名字。江青(1915—1991)，山东诸城人，1929年入山东省实验剧院。1931年在青岛大学任图书管理员。1933年加入中国共产党。后到上海入业余剧社等剧团和电影界当演员。1934年被捕脱党。1935年后加入上海电通影业公司、联华影片公司，以艺名"蓝苹"在上海从事演出活动。1937年到延安，改名江青，在马列学院学习。1938年与毛泽东结婚，担任毛泽东秘书工作。建国后，曾任中共中央宣传部电影处处长、全国电影事业指导委员会委员。"文化大革命"开始后，任中共中央文化革命领导小组第一副组长、代理组长，解放军文化革命领导小组顾问。是中共第九届、第十届中央委员、中央政治局委员。与张春桥、姚文元、王洪文组成以她为首的反革命集团，进行篡党夺权的阴谋活动。1976年10月中共中央粉碎了江青反革命集团。1977年被中共中央永远开除党籍，撤销其党内外一切职务。1981年被判处死刑，缓期两年执行。1983年依法减为无期徒刑。1991年5月4日，在保外就医期间于北京自杀。

"庐山"，见《七律·登庐山》注。"仙人洞"，位于庐山牯岭西约三华里佛手岩的悬崖峭壁处，是一深约十米的天然石洞。洞由砂岩中的松软岩层经风化侵蚀天然而成。古代长期当作禅观，为僧所居。1905年改作道观，供奉"八仙"之一吕洞宾，始称仙人洞。附近有御碑亭、蟾蜍石(东面刻有"纵览云飞"四字)、石松及观妙亭等景观，洞口一带是观赏庐山著名云景胜地之一。

毛泽东曾在1959年7月5日游过庐山的仙人洞。1961年8月下旬至9月中旬，中共中央在庐山召开工作会议,讨论进一步调整工业生产指标等重大问题。这首诗写于作者主持中央工作会议期间的 9 月 9 日,时值秋收起义三十四周年纪念日。也许是诗人受到江青所摄庐山仙人洞照片触发,唤起对前年畅游仙人洞印象,或此次会议余暇重游旧地有感而作。

另据中共江西省委党史研究室编《毛泽东在江西》说,1961 年 9 月 6 日傍晚,毛泽东外出散步。这一次,他一口气登上了牯岭西北面的仙人洞。夕阳西下,仙人洞周围被朦胧、迷离的暮色所笼罩。面对这绮丽的美景,毛泽东显得心情舒畅。情由景生,回来后他写出了铿锵有力的《七绝·为李进同志所摄庐山仙人洞照》。毛泽东以艺术的笔触,刻画了庐山的秀丽景色,抒发了他在逆境中卓然独立、泰然自若和要在困难的激励下争取更大胜利的豪情壮志。

据毛泽东卫士张仙朋《我在毛主席身边十三年》说:"1961 年 9 月,在庐山。主席临睡前,……他闭着眼,躺在床上,嘴里念念有词。突然,嘴里冒出一句诗来:'暮色苍茫看劲松',问'怎么样'? 我就对他笑笑。然后他又说一句,再问怎么样? 我还是对他笑笑。说完他翻身起床,提起笔写了下来:'暮色苍茫看劲松……'"(文字与正式发表的一样,故略。——本书编著者)

本诗是题一张庐山仙人洞附近风景照片的。照片曾发表于 1964 年《人民日报》,题为"庐山仙人洞",署明作者"李进同志摄影"。《新闻战线》1979 年第 1 期载文说,这张照片实际上是集体创作。照片的左下部所显出的是白鹿升仙台上的御碑亭,岩身浓黑。除碑亭之外,高处低处都有葱茏的树木。照片的上部,是苍劲的松枝。其余大部分天空是一片云海,在白色的曲折的云涛之中有几团黑色的稠云,像海中的洲岛。仙人洞在白鹿升仙台下,台上有御碑亭,石松离御碑亭与仙人洞都不很远,介在二者之间。照片估计是站在石松上照的,因而只看见御碑亭和石松苍劲的松枝,看不见仙人洞。

李湘文编著《毛泽东家世》一书说,事实上,江青拍照之前,已经了解到毛泽东的诗意,她专门召集了几位摄影家一起研究照片的构思,然后由摄影家们去选定实拍的地点,还安装了电话专线,一俟景物和气氛符合拍照的设想时,立即请江青前来拍摄。江青到现场,一切早已准备就绪,她瞧瞧取景,表示满意,便按动快门,拍几张彩色的,又拍几张黑白的,拍毕扬长而去,由摄影家们收拾冲洗,印放了许多张之后,再请她去选定认为最标准的一张。1963 年毛泽东这首诗公开发表,被江青当作了粉墨登场的政治资本。

据李彪《〈庐山仙人洞〉主题思想之管见》一文说,"早在 1959 年 7 月 5 日,毛泽东曾偕同陆定一、胡乔木、田家英等畅游仙人洞,并于此接见在庐山休养的部分武汉教师。黄润祥回忆说:这一天,毛泽东与胡乔木等从花径步行到仙人洞的园门,走下台阶,就看到了

‘石松’。随即问道：松树是长在石头上的吗？陪游的同志说：是长在石缝里的。毛主席又问：有土吗？答：有土。走到佛手岩（即仙人洞），看见纯阳殿上吕洞宾的塑像。他坐在石凳子上休息片刻，起身向前，凭栏眺望，千岩竞秀，万壑争流，翠竹摇曳，山泉奔泻，奇峰簇拥，流云飞动……毛泽东赞不绝口地说：很好！很好！风景好，地势也险要。他与陪游的同志一道谈笑风生，观赏风光。”

这首诗发表后，人们一向以为，全诗的主旨是赞扬“劲松”，而“暮色”、“乱云”都是反面形象。比较有代表性的看法是：“乱云飞渡仍从容”，“是指一片云海中波涛汹涌，而挺劲的松枝却泰然自若，从容不迫。”“‘暮色’和‘乱云’也不单指气象上的现象，而是象征乌烟暗淡的局面。”（郭沫若《“无限风光在险峰”》）“文化大革命”中，毛泽东“是云从容，不是松从容”，“我喜欢乱云”的意见传出后，人们才开始重新理解这首诗。比较有代表性的看法是：“‘乱云飞渡仍从容’，……奔腾的云涛急速飞过，仍旧是那样沉着、镇定。这是毛泽东观看‘庐山仙人洞照’上实有景物的独特感受。毛泽东是在想像中描写‘云’的一种飘逝状态，而读者则可以想见毛泽东一贯的非凡气度。”郭进而指出：这首题照诗，“是一句题一景，四句之间既有联系，又有相对的独立性。……全诗是赞叹仙人洞附近的无限风光，同时寄托了毛泽东的特定情怀，是毛泽东借题照以抒怀言志之诗。”（蔡清富、黄辉映《毛泽东诗词大观》）本书编著者按：这首诗所采用的一句一景的艺术手法，古已有之，最著名的如唐代杜甫《绝句》：“两个黄鹂鸣翠柳，一行白鹭上青天。窗含西岭千秋雪，门泊东吴万里船。”毛泽东这首诗的构思确实出人意想而又符合传统，它的高妙之处，还在于全诗结合得更加紧密，巧夺天工。

这首诗现在所见有五件手书：（一）无标题。诗末写有“一九六一年九月九日”字样。竖写，有标点符号。（二）无标题。诗末写有“一九六一年九月九日　毛泽东”字样。竖写，有标点符号。这两件手书除个别文字和标点符号不同外，其余完全一样。手书（一）为原件。手书（二）系由他人将手书（一）中“乱云飞渡仍纵容”误写的“纵”改为“从”，“一九六一年九月九日”后的逗号删去，添上署名“毛泽东”而成。（三）、（四）无标题。诗末写有“一九六一年九月九日　毛泽东”字样。竖写无标点符号。（五）无标题。诗末写有“为李云鹤所摄照片而作。毛泽东　一九六一年九月，在庐山。”字样。竖写，有标点符号。

“暮色苍茫看劲松，乱云飞渡仍从容”，1964年1月27日，毛泽东当面口头答复外国文书籍出版局《毛主席诗词》英译者袁水拍等说：“是云从容，不是松从容。”1974年10月27日，袁水拍致江青的信中谈及对毛泽东“暮色苍茫看劲松，乱云飞渡仍从容”诗句的理解，问：“是松从容还是云从容？”江青在袁水拍来信上批道：“我忘了是云从容还是松从容，请主席告我。”第二天，毛泽东的秘书张玉凤给江青写了一张便条：“关于‘乱云飞渡仍从容'一句,主席说是指云从容,他喜欢'乱云'。"

徐涛《毛泽东诗词全编》附录《外文出版社关于〈毛主席诗词〉中几个难点的调查、讨论结果》一文说,1964年赵朴初将有关诗词的解释由田家英转呈毛泽东看过,其中关于"乱云"的解释,当时认为"乱云"是指反面形象,即帝修反,"劲松"是指正面形象,毛泽东对此没有提出意见。录以备考。

"乱云飞渡仍从容"的"从",毛泽东手书(一)笔误作"纵"。手书(五)作"乱云飞度仍从容"。

【注释】

〔1〕七绝:七言绝句的简称,详见《七绝·为女民兵题照》注。 《七绝·为李进同志题所摄庐山仙人洞照》:见本诗解说部分。

〔2〕暮色:傍晚昏暗的天空。 苍茫:旷远迷茫的样子。唐代李白《关山月》:"明月出天山,苍茫云海间。"见《沁园春·长沙》注。 劲:刚劲,有力。 暮色苍茫看劲松:在暮色苍茫中看到一棵刚劲挺拔的松树。

〔3〕乱云:纷纷扰扰的云,象征各方面的包括来自自然灾害、国际上敌对势力的破坏和我们工作中的失误所造成的各种困难。 飞渡:飞快地渡过,表示这些困难纷至沓来。 从容:不慌不忙,镇静,沉着,指松树在乱云飞渡中仍岿然不动,从容自若。

〔4〕天生:天然生成。 天生一个仙人洞:这真是一个天生的仙人洞啊,热烈地赞叹仙人洞附近的风景非常美妙。

〔5〕风光:风景,景色。李益《行舟》诗:"闻道风光满扬子,天晴共上望乡楼。" 无限风光:

唐罗隐《蜂》:"不论平地与山尖,无限风光尽被占。采得百花成蜜后,为谁辛苦为谁甜?" 险峰:地势险峻,不容易攀登的山峰。 无限风光在险峰:无限美妙的风光是在险峻的山峰上,意思是说只有登上险峻的山峰,才能享受到这样无限美妙的风光。这首诗还有一种解释,认为是一句题一景,仙人洞在庐山牯岭西北侧佛手岩下,在海拔一千多米的高入云海的悬崖陡壁处,洞附近岩隙间卓立古松一株,乱云飞渡是仙人洞外常能看到的景象,在照片上虽然不能看到仙人洞本身,但照片上所拍的苍松、云海都是仙人洞附近的景物,因而,油然想象到牯岭西侧的仙人洞。在这首诗里,刚劲挺拔的苍松,从容飞渡的乱云,天然生成的仙人洞,都是作者歌颂的美好事物。但是,作者最后进一步说,只有攀登到峰顶,才能领略到无限美好的风光。这一说与毛泽东自己所说喜欢乱云相吻合。谨录以备考。

毛泽东诗词

庐山仙人洞（李进摄）

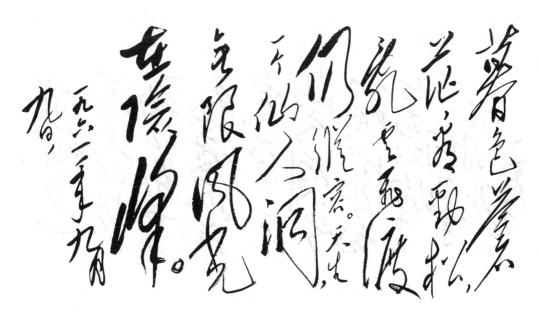

毛泽东手书《七绝·为李进同志题所摄庐山仙人洞照》（一）

毛泽东手书《七绝·为李进同志题所摄庐山仙人洞照》（二）

毛泽东诗词

第　一　辑

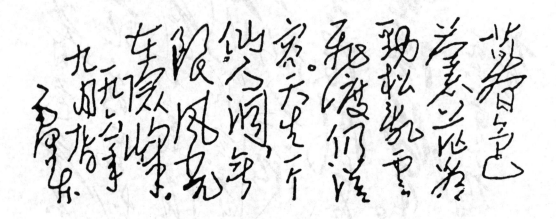

毛泽东手书《七绝·为李进同志题所摄庐山仙人洞照》（三）

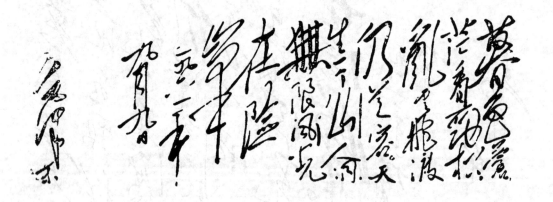

毛泽东手书《七绝·为李进同志题所摄庐山仙人洞照》（四）

毛泽东手书《七绝·为李进同志题所摄庐山仙人洞照》（五）

毛泽东诗词

七律

和郭沫若同志

一九六一年十一月十七日

一从大地起风雷，

便有精生白骨堆。

僧是愚氓犹可训，

妖为鬼蜮必成灾。

金猴奋起千钧棒，

玉宇澄清万里埃。

今日欢呼孙大圣，

只缘妖雾又重来。

附：郭沫若原诗

七律

看《孙悟空三打白骨精》

一九六一年十月二十五日夜

人妖颠倒是非淆，

对敌慈悲对友刁。

咒念金箍闻万遍，

精逃白骨累三遭。

千刀当剐唐僧肉，

一拔何亏大圣毛。

教育及时堪赞赏，

猪犹智慧胜愚曹。

这首诗最早发表于 1963 年 12 月人民文学出版社出版的《毛主席诗词》。毛泽东 1962 年 1 月 30 日手书这首诗题为《三打白骨精·和郭》,1963 年 12 月出版《毛主席诗词》时改为《七律·和郭沫若同志》。又载《建国以来毛泽东文稿》第九册,注明"有毛泽东手稿"。标明写作日期为"一九六一年十一月十七日"。

　　"郭沫若"(1892—1978),四川乐山人,早年赴日本学医,回国后从事文艺活动。"五四"时期积极从事反帝反封建的革命文化运动。1921 年,出版新体白话诗集《女神》,并与郁达夫、成仿吾等组织创造社。1924 年后,逐步接受马克思主义思想并倡导革命文学。1926 年,参加北伐战争,任国民革命军总政治部副主任。1927 年 8 月,参加南昌起义,在随起义军南下途中加入中国共产党。1928 年,旅居日本,从事中国古代史和甲骨文、金文研究。1930 年加入左联。抗战爆发后回国,从事抗敌救亡工作,曾任国民政府军事委员会政治部第三厅厅长和文化工作委员会主任。1949 年北平解放后,被选为全国文联主席。建国后,任中央人民政府委员、政务院副总理、中国科学院院长、中国人民保卫世界和平委员会主席、全国人大常委会副委员长、全国政协副主席、中共九届、十届、十一届中央委员。有《沫若文集》、《郭沫若全集》行世。

　　诗中所说"孙悟空三打白骨精"的故事,讲的是唐僧到西天取经,路上遇到白骨精,白骨精想吃唐僧肉,便三次变形来欺骗唐僧。第一次变做送斋饭给唐僧吃的善良的村姑;第二次变成来寻找送斋饭的儿媳的老妇人;第三次变做来寻找老妻和儿媳的老公公,都被孙悟空一一识破,抢起金箍棒当头就打,但却被白骨精使个解身法弃下假尸逃跑了。唐僧误认为孙悟空乱打死好人,十分气愤,不仅屡念紧箍咒使孙悟空痛得难受,而且一气之下和孙悟空断绝了师徒之谊,写了谪贬书,把孙悟空赶回花果山。在孙悟空被赶回花果山后,唐僧终于被白骨精捉住。逃走了的猪八戒去请回孙悟空。孙悟空趁白骨精请其母(老妖)来吃唐僧肉的机会,路上将老妖杀死,拔出几根毫毛变作抬轿的小妖,自己变成老妖,坐着轿子,去见白骨精,以后又骗白骨精自己揭露自己三次变形的经过。唐僧在旁听了非常悔恨,这时,孙悟空就奋起千钧棒,将白骨精打死,把唐僧搭救出来。

　　1961 年 10 月苏共二十二大前夕,中共中央决定由周恩来率代表团出席,周恩来亲自指示浙江绍剧团在京演出《孙悟空三打白骨精》,并多次指示专场招待外宾。周恩来向毛泽东推荐了这出绍剧。10 月 10 日,毛泽东在董必武陪同下在中南海怀仁堂观看了此剧,并兴致勃勃地多次热情鼓掌。演出结束后,毛泽东走到舞台前向演员们频频招手致意,祝贺演出成功。

　　郭沫若看过此剧演出六次。首次是同年 10 月 18 日在北京民族文化宫,演出结束后,绍剧团请郭沫若提意见。10 月 25 日郭沫若便挥笔写成一首七律赠与绍剧团。并将

毛泽东诗词

0 3 4 5

这首诗抄呈毛泽东。

　　11月，毛泽东在南方视察途中看到了郭沫若的诗。到达杭州后，毛泽东在百忙中询问了浙江绍剧团的情况，准备接见剧团全体演员。浙江省委负责人汇报说剧团正在金华演出。毛泽东立即指示："不要影响他们演出。"11月17日，毛泽东在杭州写了这首《七律·和郭沫若同志》。毛泽东在诗中不同意把被白骨精欺骗的唐僧作为打击对象的偏激看法。

　　1962年1月6日，郭沫若在广州看到由康生抄示的毛泽东的和诗后，当天立即步毛泽东和诗的原韵又和了一首七律《再赞〈三打白骨精〉》：

　　　　赖有晴空霹雾雷，

　　　　不教白骨聚成堆。

　　　　九天四海澄迷雾，

　　　　八十一番弭大灾。

　　　　僧受折磨知悔恨，

　　　　猪期振奋报涓埃。

　　　　金睛火眼无容赦，

　　　　哪怕妖精亿次来。

　　这首和诗经康生送给了毛泽东。毛泽东看过郭沫若送上的这首和诗后，回信给郭沫若说："和诗好，不要'千刀万剐唐僧肉'了，对中间派采取了统一战线政策，这就好了。"（1964年5月30日《人民日报》刊载的郭沫若《玉宇澄清万里埃——读毛主席有关〈孙悟空三打白骨精〉的一首七律》）并且说，他（指毛泽东）最近作了咏梅词一首，也是反对国际机会主义的。毛泽东对郭沫若和诗的评语及附来的咏梅词，是1月12日写的，送给了在广州的康生，康生1月20日转抄给在海南岛的郭沫若，郭沫若1月30日在海南岛的三亚鹿回头收到康生的抄件的。

　　郭沫若在《玉宇澄清万里埃》（1964年5月30日《人民日报》）一文中说："同是一个白骨精，在我的诗里面是指帝国主义而言，而在主席的和诗里则指的是投降了帝国主义的机会主义者。"唐僧的形象，郭沫若诗中指的是背叛了马列主义的修正主义者，毛泽东和诗中则喻指中间派，郭沫若说："主席的和诗，事实上是改正了我对于唐僧的偏激看法。"郭沫若还说，他诗中的"'大圣毛'是有用意的"。

　　从以上一段话可见，毛泽东和诗与郭沫若原唱的区别有两个：一是剧中的这几个艺术形象在现实生活中各是代表了谁，二是对这几种人应当各采取什么态度。毛泽东在和诗中对这几个艺术形象重新划分了在现实生活中所代表的敌我友的关系，认为白骨精是指苏联为首的现代修正主义者,是我们应当坚决打击的对象;唐僧是指立场不坚定或犯了错误的中间派,是我们应当团结的对象;而孙悟空则是代表了高举革命大旗、坚持马列主义的真正的无产阶级政党和人民,中国共产党和中国人民,是我们应当热烈歌颂和赞美的对象。郭沫若原唱和毛泽东和诗代表了当时各自对《三打白骨精》的理解和看法,其实并没有原则的分歧。当然,后来则是统一到毛泽东和诗上来了。

董必武1961年12月29日作《读郭沫若咏〈孙悟空三打白骨精〉诗及毛主席和作赓赋一首》:

> 骨精现世隐原形,
>
> 火眼金睛认得清。
>
> 三打纵能装假死,
>
> 一呵何遽背前盟。
>
> 是非颠倒孤僧相,
>
> 贪婪纠缠八戒情。
>
> 毕竟心猿持正气,
>
> 神针高举尊妖平。

[董必武自注] 布加勒斯特会上一打,莫斯科两党会谈二打,莫斯科八十一国党的会议上三打。

美国记者安娜·路易斯·斯特朗回忆说:"'与修正主义斗争的转折点',他(指毛泽东)说,是1963年7月14日,苏联共产党的'公开信'对中国和马克思列宁主义的全面攻击。'从那时起,我们就像孙悟空大闹天宫。'毛笑了一下,然后严肃地说:'我们抛弃了天条,切记对天条不要太认真。必须走自己的革命道路。'"(于俊道、李捷《毛泽东交往录·难忘的三次长谈》,人民出版社1991年6月第1版)

这首诗现在所见有两件手书:(一)标题为《三打白骨精　和郭》,诗末写有"毛泽东一九六二年一月三十日"字样。竖写,有标点符号。(二)毛泽东亲笔修改的《七律·和郭沫若同志》"只缘妖雾又重来"诗句清样。横排,诗句不完整,无标点符号。

"僧是愚氓犹可训,妖为鬼蜮必成灾",1964年1月27日,毛泽东口头答复外国文书籍出版局《毛主席诗词》英译者说:"郭沫若原诗针对唐僧,应针对白骨精。唐僧是不觉悟的人,被欺骗了。我的和诗是驳郭老的。""妖为鬼蜮必成灾",毛泽东手书作"妖为鬼魅必成灾"。

"只缘妖雾又重来",毛泽东手书(一)和清样作"只为妖雾又重来"。毛泽东在清样上亲笔修改为"只缘妖雾又重来"。

毛泽东诗词

0 3 4 7

"附:郭沫若原诗",在《沫若诗词选》中,注明写作时间是"一九六一年十月二十五日夜"。

1976年1月文物出版社出版的《毛主席诗词三十九首》所附郭沫若原诗,未标"七律"二字。

"教育及时堪赞赏",郭沫若1968年4月2日对《毛主席诗词》民族文学版翻译中的几个疑难问题的答复中说:这句"是说该戏有反修的教育意义。"也就是说,《三打白骨精》这出戏起了及时教育的作用,因郭诗是看了《三打白骨精》后写的,有表扬戏的意思。

【注释】

〔1〕七律:七言律诗的简称,详见《七律·长征》注。 《七律·和郭沫若同志》:见本诗解说部分。

〔2〕一从:自从,刚刚从。唐代王昌龄《寄穆侍御出幽州》诗有"一从恩遣渡潇湘,塞北江南万里长"之句。 大地:广大的地面上,指全世界。 起:掀起。 风雷:风吹和雷鸣。《易·说卦》:"动万物者,莫疾乎雷,挠万物者,莫疾乎风。"清代龚自珍《己亥杂诗》:"九州生气恃风雷,万马齐暗究可哀。"这里比喻无产阶级革命运动。

〔3〕便有:就有,与上句"一从"相应,说明必然性。 精:妖精,这里指各种机会主义和修正主义者。 生:产生。 白骨堆:原指故事中产生白骨精的一堆粉骷髅,这里比喻反动腐朽的势力。

〔4〕僧:指唐僧,即玄奘。 氓:就是民。 愚氓:愚笨的人,这里指政治上受骗上当的糊涂人。 犹:还。 训:教导,这里是教育争取的意思。

〔5〕妖:妖怪。 为:做。 蜮:相传为栖息在南方水中的一种怪物,形如鳖,三足,惯于暗中含沙射人或人影。人被射中即发疮,人的影子被射中也会害病,以至死亡。成语"含沙射影"即来源于此。孔颖达疏引陆机云:"一名射影,江淮水皆有之,人在岸上,影在水中,投人影则杀之,故曰射影。南人将入水,先以瓦石投水中,令水浊,然后人。或曰含沙射人皮肤,其疮如疥是也。" 鬼蜮:比喻用心险恶,暗中伤人的坏人。 为鬼蜮:做鬼做蜮。《诗·小雅·何人斯》:"为鬼为蜮,则不可得。有靦面目,视人罔极。" 成灾:意思是说那些修正主义者像白骨精一样做鬼做蜮,他们必定要给革命事业造成灾难和危害。

〔6〕金猴:孙悟空的美称。据说,猴在五行中属金,《西游记》中称孙悟空金公。一说,《西游记》中写孙悟空在老君炼丹炉中炼成火眼金睛,能识别各种妖怪,所以称为金猴,这里指坚持马列主义的无产阶级革命者。 奋起:鼓起劲来举起。 钧:是古代的重量单位,合三十斤。 千钧:表示极重。 千钧棒:极重的棒,指孙悟空用的金箍棒,据《西游记》说有一万三千五百斤重,这里喻指战无不胜的马克思列宁主义。 金猴奋起千钧棒:意思是说,坚强的无产阶级革命者拿起马列主义的锐利武器,迎头痛击当时所说的现代修正主义者。

〔7〕宇:房屋。 玉宇:古代传说中天帝居住的地方,谓以玉为殿,形容其光洁壮丽,这里指天空,引申为美好光洁的世界。宋代张君房《云笈七签》:"太微之所馆,天帝之玉宇也。"宋代陆游《十月十四日夜月终夜如昼》:"西行到峨眉,玉宇万里宽。" 澄清:把液体里的杂质沉淀下去,使液体变清,比喻消除混乱的局面、疑问等。《后汉书·党锢传》载范滂"慨然有澄清天下之志"。 万里:形容天空的广阔。埃:尘埃。 万里埃:满天飞舞的尘埃,喻指当时所说的修正主义者到处散布的谬论。 玉宇澄清万里埃:意思是说这样就扫除了修正主义到处散布的邪说谬论,而使广阔的天空变得一片清亮。

〔8〕孙大圣:孙悟空,号齐天大圣,故名。 今日欢呼孙大圣:意思是说,今天全世界人民,热烈地欢呼坚持马克思列宁主义的无产阶级革命者。

〔9〕缘:因为。 只缘妖雾又重来:意思是说,只因为今天现代修正主义的妖雾又重来了,无产阶级革命者要坚决勇敢地去担当起这一场降魔任务。

(以下为对郭沫若原诗的注释)

〔10〕人:指孙悟空。 妖:指白骨精。 淆:混淆。

〔11〕刁:苛刻,刁难。

〔12〕咒念金箍:就是念金箍咒。《西游记》第十四、四十二等回说,如来佛赠给观音菩萨"金、紧、禁"三个箍儿和《金箍儿咒》、《紧箍儿咒》、《禁箍儿咒》三个咒语。金箍儿和《金箍儿咒》是制服红孩儿的;紧箍儿和《紧箍儿咒》是制服孙悟空的;禁箍儿和《禁箍儿咒》是制服守山大神的。观音菩萨为了制服孙悟空,使其保护唐僧往西天取经,把紧箍儿和《紧箍儿咒》赠授唐僧,并让唐僧引诱孙悟空把紧箍儿套在他的头上,并传给唐僧念紧箍儿经(即紧箍咒),亦叫空心真言。如果他不听唐僧的话,只要念起紧箍咒,他就头痛难忍。紧箍咒是唐僧制约孙悟空的绝招。一般人都把制服孙悟空的紧箍咒,说成是金箍咒,这大约由于孙悟空头上带着金箍,手上拿着金箍棒的原故。郭沫若因为"金箍"和上句的"白骨"在对仗上和声调上都更好,也就存心从众。 咒念紧箍闻万遍:我们听到唐僧对孙悟空念紧箍咒念了千万遍。

〔13〕精逃白骨:就是白骨精逃。 累:累积,连续。 遭:量词,回,次。 精逃白骨累三遭:却让白骨精逃掉三次。

〔14〕当:该。 剐:古代的一种酷刑,用刀遍割人的全身。 唐僧肉:《西游记》中说,吃了唐僧肉,可以长生不老,因此妖精都想捉拿唐僧,吃他的肉。 千刀当剐唐僧肉:就是"唐僧肉当千刀剐",意思是说唐僧敌我不分,真是可恨,应当千刀万剐。

〔15〕何:什么。 亏:亏耗,损失的意思。大圣毛:《西游记》中说,孙悟空在必要时,有拔自己身上的毫毛吹气变成猴兵猴将及各种人或物的神通,或用于战斗中助阵,或用于智斗帮助,用后仍可复原收回于身。这出戏也有孙悟空用计变出小妖抬着轿子,自己装做老妖,去战胜白骨精,搭救了唐僧的情节。 一拔何亏大圣毛:就是"大圣毛一拔何亏",意思是说对于孙悟空拔一根汗毛,有什么损耗呢?受害的唯有唐僧而已。郭沫若在给北京师范大学关于毛泽东诗词解释中的疑难问题的书面答复中说,"大圣毛"是有用意的。本书编著者按:"大圣毛"颠倒词序,即为"毛大圣",喻指毛

泽东,这里运用语意双关的修辞手法。

〔16〕堪:可,也就是值得的意思。
堪赞赏:戏中白骨精第三次逃掉,等孙悟空被唐僧赶走之后,终于把唐僧和沙僧捉住,逃走了的猪八戒接受教训醒悟得早,请回孙悟空除妖值得称赞。另有一说,郭沫若认为,这句是

赞扬这出戏具有现实教育意义。

教育及时

〔17〕猪:指猪八戒。　犹:还。　智慧:聪明。

曹:辈,表示人的复数。　愚曹:愚蠢的人们,指唐僧一类的人。　猪犹智慧胜愚曹:意思是说猪八戒还很聪明,胜过唐僧这些愚蠢的人。

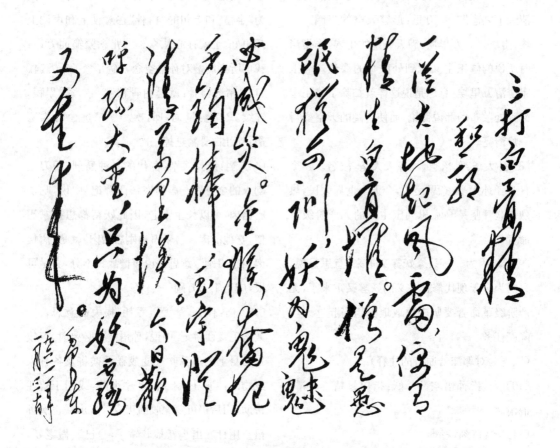

毛泽东手书《七律·和郭沫若同志》(一)

毛泽东手书《七律·和郭沫若同志》诗句清样（二）

毛泽东诗词

第 一 辑

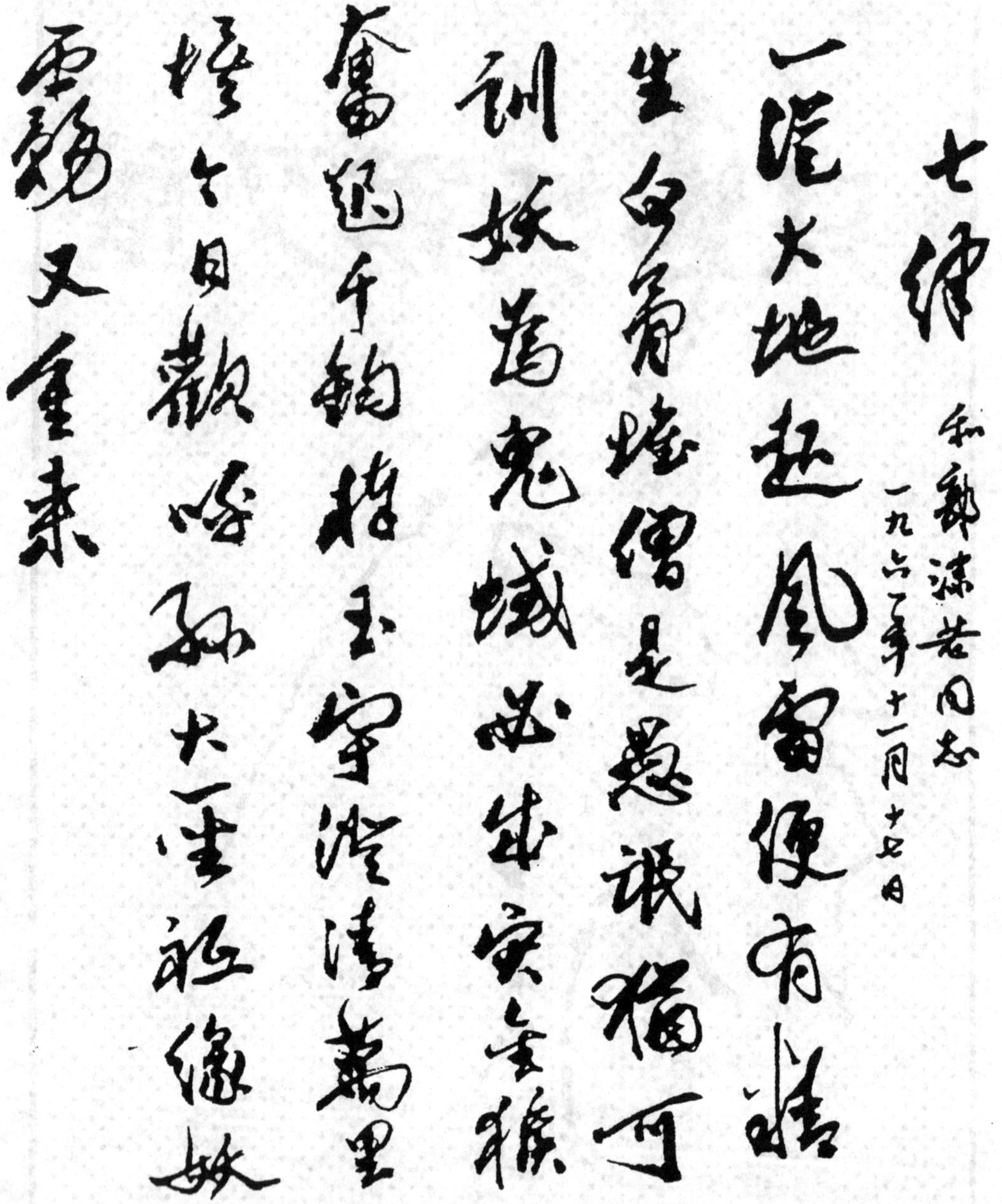

七律 和郭沫若同志

一九六二年十一月十七日

一从大地起风雷，便有精生白骨堆。僧是愚氓犹可训，妖为鬼蜮必成灾。金猴奋起千钧棒，玉宇澄清万里埃。今日欢呼孙大圣，只缘妖雾又重来。

郭沫若手书毛泽东《七律·和郭沫若同志》

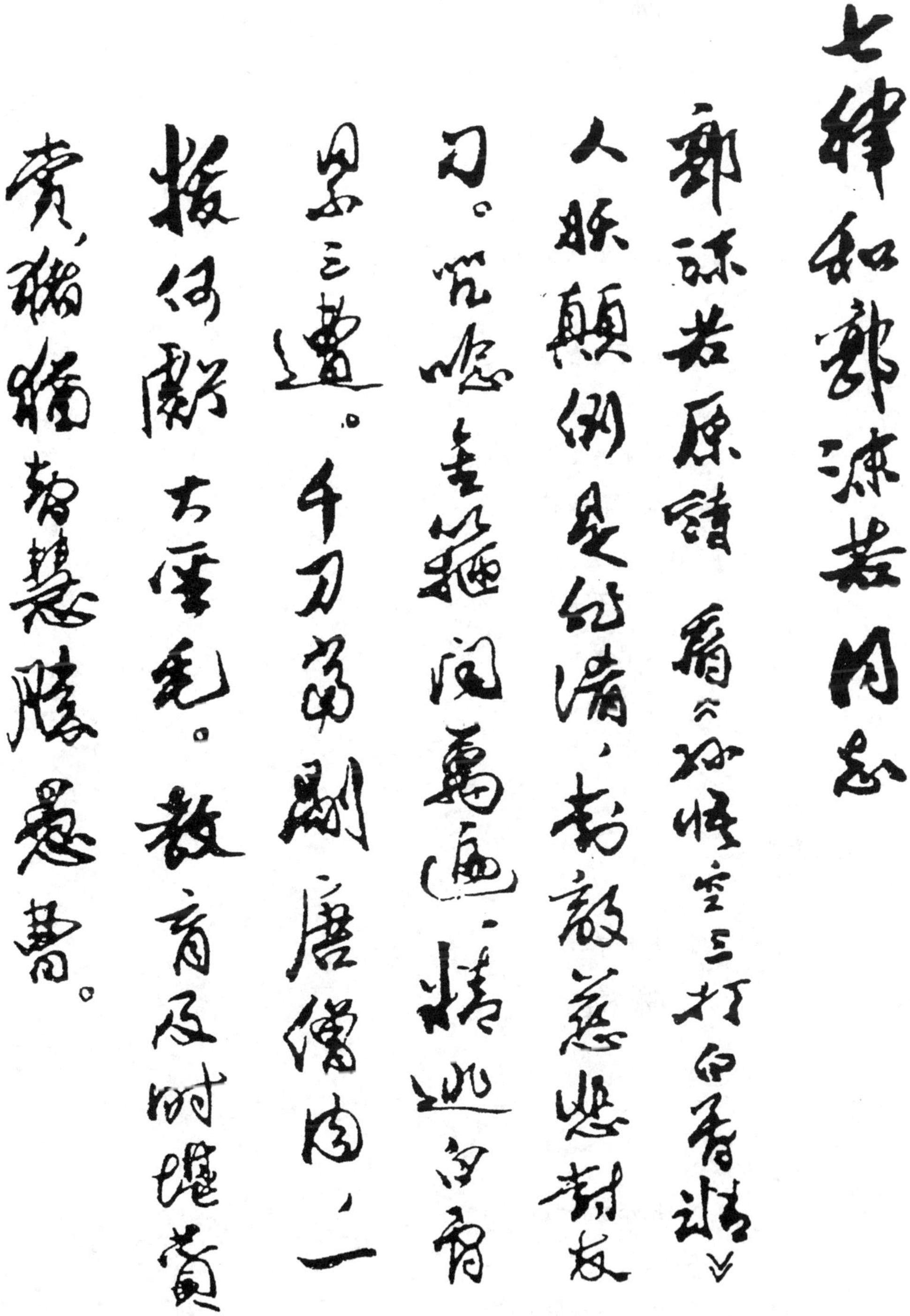

七律　和郭沫若同志

郭沫若原韵　看《孙悟空三打白骨精》

人妖颠倒是非淆，对敌慈悲对友刁。
咒念金箍闻万遍，精逃白骨累三遭。
千刀当剐唐僧肉，一拔何亏大圣毛。
教育及时堪赞赏，猪犹智慧胜愚曹。

郭沫若手书《七律·看〈孙悟空三打白骨精〉》

毛泽东诗词

0 3 5 3

卜算子

咏梅

一九六一年十二月二十七日

读陆游咏梅词，反其意而用之。

风雨送春归，
飞雪迎春到。
已是悬崖百丈冰，
犹有花枝俏。

俏也不争春，
只把春来报。
待到山花烂漫时，
她在丛中笑。

附:陆游原词

卜算子

咏梅

驿外断桥边，
寂寞开无主。
已是黄昏独自愁，
更著风和雨。
无意苦争春，

一任群芳妒。

零落成泥碾作尘，

只有香如故。

卜算子，词牌名。双调四十四字，仄韵。北宋时盛行此曲，《词谱》以为此词取义于"卖卜算命之人"。上下片各四句，在偶数句用仄韵，奇数末字须用平声。又名《百尺楼》、《眉峰碧》、《缺月挂疏桐》、《黄鹤洞中仙》、《楚天遥》等。

这首词最早发表于1963年12月人民文学出版社出版的《毛主席诗词》。又载《建国以来毛泽东文稿》第九册，注明"有毛泽东手稿"。标明写作时间"一九六一年十二月"。

1963年12月人民文学出版社出版《毛主席诗词》时，这首词的写作时间误作"一九六二年十二月"，1964年9月再印刷时改为"一九六一年十二月"。本书编著者根据毛泽东手稿和亲自校改的清样，确定为"一九六一年十二月二十七日"。

"陆游"（1125—1210），是南宋的著名的爱国诗人，字务观，号放翁，山阴（今浙江绍兴）人。他生于北宋亡国之际，少年时受家庭中爱国思想的影响，中年投军，此后流转四川，前后九年。由于坚决主张抗敌，在政治上受到投降集团的压制，晚年退居家乡，但报国的信念始终不渝。一生留有九千多首诗歌，抒发政治抱负，关怀社会命运，风格豪迈，气象雄浑，表现出强烈的爱国感情。抒写日常生活的，也多清新之作。其词也有名，被前人评为既"纤丽"又"雄概"。但诗词中很多作品，表现了悲观消极情绪。他的诗词中有一百来首咏梅的，《卜算子·咏梅》就是其中的名篇。陆游写这首词时，正是他主张北伐抗金，受到投降派打击，消极颓丧、无可奈何的时候。

1961年11月6日上午，毛泽东接连三次写信给秘书田家英，请他找写梅的诗词。一次是上午六时，信中说："请找宋人林逋的诗文给我为盼，如能在本日下午找到，则更好。"林逋素有"梅妻鹤子"之称，他的咏梅名句"疏影横斜水清浅，暗香浮动月黄昏"，为读书人所共知。毛泽东要读咏梅的作品，自然会首先想到他。田家英很快将林和靖的诗文集找给了毛泽东，毛泽东立即翻阅了与咏梅有关的诗。上午八时半，他又给田家英一信："有一首七言律诗，其中两句是：雪满山中高士卧，月明林下美人来，是咏梅的，请找出全诗八句给我，能于今日下午交来则更好。何时何人写的，记不起来，似是林逋的，但查林集没有，请你再查一下。"信转出之后，毛泽东仍搜索记忆，想想是"何时何人写的"。很快，他又追加一信："家英同志：又记起来，是否清人高士奇的，前四句是：琼枝只合在瑶台，谁向江南处处栽。雪里山中高士卧，月明林下美人来。下四句忘了。请问一下文史馆老先生,便知。"末署时间是"六日八时"。这"八时"可能是"九时"的笔误,因上一信署的时间是"八时半"。

就在这一天,毛泽东挥毫作书,写下了信中说的这首诗。《毛泽东手书古诗词选》影印了毛泽东书写这首诗的墨迹:"高启,字季迪,明朝最伟大的诗人。《梅花》九首之一:琼姿只合在瑶台,谁向江南处处栽。雪满山中高士卧,月明林下美人来。寒依疏影萧萧竹,春掩残香漠漠台。自去何郎无好咏,东风愁寂几回开。"落款是"毛泽东一九六一年十一月六日"。大约就在这个时间前后的一些日子里,毛泽东较为集中地读了一些咏梅的诗词,其中便有陆游的那首颇为有名的《卜算子·咏梅》。读了陆词,毛泽东萌发了"反其意而用之"的写作构思,于12月写出了著名的《卜算子·咏梅》。

1961年12月,毛泽东在广州筹划即将召开的中共中央扩大的工作会议。闲暇时,他读了陆游的《卜算子·咏梅》词,受到启发,联系国际政治斗争风云,"反其意而用之",即借用陆游原词,仍以卜算子为词牌,梅花为题材,反陆游原词的消极悲观,音调低沉,而为积极乐观,充满希望和信心,敢于斗争,敢于胜利;反陆游原词的孤芳自赏,自鸣清高,而为谦逊虚心,不计名利,完全彻底为人民,为革命的精神,从而塑造出全新的梅花形象,创作出这首词。

郭沫若说:"主席的词写成于一九六一年十一月,当时是美帝国主义和他的伙伴们进行反华大合唱最嚣张的时候。""主席写出了这首词来鼓励大家,首先是在党内传阅的,意思就是希望党员同志们要擎得住,首先成为毫不动摇、毫不害怕寒冷的梅花,为中国人民做出好榜样。斗争了两年,情况逐渐好转了,冰雪的威严逐渐减弱了,主席的诗词才公布了出来。不用说还是希望我们继续奋斗,使冰雪彻底解冻,使山花遍地烂漫,使地上永远都是春天。"(《待到山花烂漫时》,1964年3月15日《人民日报》)

梅维良在《促使毛泽东写〈咏梅〉词的一个原因》(1997年4月25日《周末》)中说:"不久前曾在一刊物上看到一位曾为毛主席服务了二十余年的工作人员回忆说,促使毛主席填《卜算子·咏梅》词的一个原因是:1961年有一天,曾在主席身边服务过的一位工作人员送给主席一封信,信中抄录有陆游的《卜算子·咏梅》词一首,以表示他对主席的崇敬和怀念。毛主席'反其意而用之',填了一首《卜算子·咏梅》词,送给这位工作人员作纪念。陆游的《卜算子·咏梅》如下:驿外断桥边,⋯⋯。"

陈晋《文人毛泽东》说,这首词刚一完成,在六十八岁生日的第二天,即12月27日,毛泽东就把它作为文件批给在北京参加中央工作会议的人们阅看,还特意把陆游原词附在后面,写了一个说明。〔文字见毛泽东手书(四)〕半个月后,1962年1月12日又写信给康生说:"近作咏梅词一首,是反对修正主义的,寄上请一阅。并请送沫若一阅。外附陆游咏梅词一首,末尾的说明是我作的,我想是这样的。究竟此词何年所作,主题是什么,尚有待于考证,我不过望文生义说几句罢了。"

郭沫若1962年1月30日在海南岛的三亚鹿回头收到康生于1月20日转抄的1月12日毛泽东对郭和诗("赖有晴空霹雳雷")的评语及附来的新作《卜算子·咏梅》词。郭读到毛泽东的词以后,当天就和了一首《卜算子·咏梅》:

> 曩见梅花愁,
>
> 今见梅花笑。
>
> 本有东风孕满怀,
>
> 春伴梅花到。
>
> 风雨任疯狂,
>
> 冰雪随骄傲。
>
> 万紫千红结队来,
>
> 遍地吹军号。

郭沫若认为陆游的词和《城南王氏庄寻梅》诗写作时间相近,意境相同。

陆游的这首诗是:"涸池积槁叶,茆屋围疏篱。可怜庭中梅,开尽无人知。寂寞终自香,孤贞见幽姿。雪点满绿苔,零落尚尔奇。我来不须晴,微雨正相宜。临风两愁绝,日暮倚筇枝。"(《剑南诗稿》卷九)

董必武1962年1月16日作《读放翁〈卜算子〉词〈咏梅〉得二绝》:

> 不管风和雨,
>
> 寒梅自著花。
>
> 冰肌历寂寞,
>
> 春动冷生涯。
>
> 腊报春将到,
>
> 冲寒早放梅。
>
> 群芳虽欲妒,
>
> 莫阻暗香来。

1972年,周恩来与尼克松会谈时,周恩来曾引述了毛泽东的《卜算子·咏梅》,评论说:"首创的人,没有等到事业的成功,也就是看到别的花开的时候就谢了","我们要有这样的精神,你首创,但不一定能自己享受,'待到山花烂漫时,她在丛中笑'。"

毛泽东诗词

第 一 辑

有一年秋天,毛泽东对专列服务员王爱梅说:"秋天过后冬天马上就要来了,冬天是寒冷的,漫天大雪覆盖着大地,几乎所有的花都凋零了,都睡觉了,只有梅花,独自盛开不败,给人以春天的气息。这些梅花有白的,有红的,还有粉的,样子很好看。你知道吗,它还有最可贵的一点,就是有不畏严寒的傲骨。"(王爱梅《流动的中南海》,李敏、高风、叶利亚主编《真实的毛泽东》)

这首词,主要有两种文本,按照写作时间先后为:

第一种:

词一首

卜算子,咏梅,仿陆游,反其意而用之。

(暂不发表)

毛泽东

一九六一年十二月二十七日

风雨送春归,

飞雪迎春到。

已是悬岩百丈冰,

犹有花枝俏。

俏也不争春,

只把春来报。

待到山花烂漫时,

她在丛中笑。

附陆游咏梅词一首

卜算子

驿外断桥边,

寂寞开无主。

已是黄昏独自愁,

更着风和雨。

无意苦争春,

一任群芳妒。

零落成泥碾作尘，

只有香如故。

（作者北伐主张失败，皇帝不信任他，自己陷于孤立，感到苍凉寂寞，因作此词）

此种见毛泽东手书（四）。

第二种：即毛泽东最后定稿的文本。

这首词现在所见有四件手书：（一）标题为《卜算子》。词前有说明："咏梅，仿陆游，反其意而用之。"词末署明"一九六二年一月作"，并"附陆游，卜算子，咏梅词一首"。词末写有"（伤北伐不成而作）"字样。竖写，有标点符号。（二）标题为《卜算子 咏梅》。署明写作日期和作者："一九六二年十二月 毛泽东"。词前有说明："（读陆游咏梅词，反其意而用之。）"并"附陆游词：卜算子 咏梅"。横写，有标点符号。（三）标题为《词一首》。词前有说明："卜算子，咏梅，仿陆游，反其意而用之。（暂不发表）"。署明作者和写作日期："毛泽东 一九六一年，十二月二十七日"，并"附陆游咏梅词一首 卜算子"，词末写有："作者北伐主张失败，自己陷于孤立，而作此词）"字样。横写，有标点符号。（四）为毛泽东亲自校改的清样稿，标题为《词一首》，前有说明："卜算子，咏梅，仿陆游，反其意而用之"，并注明："（暂不发表）"；署明作者和写作日期是"毛泽东 一九六一年十二月二十七日"，并"附陆游咏梅词一首 卜算子"，词末写有："（作者北伐主张失败，皇帝不信任他，卖国分子打击他，自己陷于孤立，感到苍凉寂寞，因作此词）"字样。横写，有标点符号。

"《卜算子·咏梅》"，这首词和附陆游原词中"咏梅"的"咏"字，1963年至1966年人民文学出版社出版的《毛主席诗词》均作"詠"，是"咏"的异体字。1967年以后，均改为"咏"。

"已是悬崖百丈冰"，手书（一）、（二）、（三）均作"已是悬岩百丈冰"。手书（四）清样，原作"已是悬岩万丈冰"，后改为"已是悬岩百丈冰"。

"犹有花枝俏"，原作"独有花枝俏"。（张贻玖《毛泽东和诗》）手书（四）清样，原排印的似为"独"字，毛泽东亲笔修改为"犹"字。

"俏也不争春"，原作"梅亦不争春"。（张贻玖《毛泽东和诗》）手书（三）先写作"梅亦不争春"，后改为"俏也不争春"。

"待到山花烂漫时"，毛泽东的三件手书和一件清样以及1963年12月人民文学出版社出版的《毛主席诗词》，这句词中"烂漫"均作"烂熳"，1964年9月印刷时改作"烂漫"。

"她在丛中笑"，原作"她在旁边笑"。（张贻玖《毛泽东和诗》）手书（四）校样原排印作"她在旁边笑"，毛泽东亲笔修改为"她在丛中笑"。崔向华、世一《舒同与毛泽东》（1996年1月28日《文汇报》）说，舒同终生乐此不疲地书写毛泽东诗词。在舒同书毛诗词中，有几

毛泽东诗词

处与公开发表的不同,如"要(她)在丛中笑","雪里行军无翠柏(情更迫)"、"旄头(红旗)漫卷西风"。

"附:陆游原词《卜算子·咏梅》",毛泽东在初次发表《卜算子·咏梅》时,对陆游和他的《卜算子·咏梅》曾有这样的评论:"陆游北伐主张失败,投降派打击他,他消极颓废,无可奈何,因作此词。"此说与现在所见毛泽东手书和清样内容基本相同。

1963年12月人民文学出版社出版的《毛主席诗词》"附:陆游原词"后有标题《卜算子·咏梅》。据何联华《毛泽东诗词新探》一书说,1967年5月人民文学出版社出版的《毛主席诗词》五十开袖珍本及1969年人民出版社出版的《毛主席语录、毛主席五篇著作、毛主席诗词》六十四开合刊本中,附陆游原词,都将标题《卜算子·咏梅》删去。1976年以后《毛主席诗词》三十二开本,才重新补上标题《卜算子·咏梅》。但笔者所见1976年1月文物出版社出版的《毛主席诗词三十九首》所附陆游原词,仍无标题《卜算子·咏梅》。

【注释】

〔1〕卜算子:词牌名。 咏:本指曼声长吟,歌唱,也特指歌颂。 咏梅:就是歌颂梅花。

〔2〕陆游:见本词解说部分。

〔3〕反其意:就是反陆游原词的消极悲观,音调低沉,而为积极乐观,充满希望和信心,敢于斗争,敢于胜利,反陆游原词的孤芳自赏,自鸣清高,而为谦逊虚心,不计名利,完全彻底为人民,为革命的精神,从而塑造出全新的梅花形象。 反其意而用之:宋代胡仔《苕溪渔隐丛话后集·王黄州》引严有冀《艺苑雌黄》说:"文人用故事,有直用其事者,有反其意而用之者。"这里是借用陆游原词,仍以卜算子为词牌,梅花为题材,写出新的《卜算子·咏梅》词。

〔4〕风雨:风和雨。 风雨送春归:春末风雨特多,所以人们感到好像是风风雨雨把春天从人间送了回去。宋代苏轼《和秦太虚梅花》诗有"不如风雨卷春归,收拾余香还界昊"之句。辛弃疾《摸鱼儿》词:"更能消,几番风雨,匆匆春又归去。"又,《谒金门》词有"归去未,风雨送

春行李"之句。宋代陈德武《蝶恋花·送春》词亦有"昨夜狂风今日雨,风雨相摧,断送春归去"之句。宋代蔡伸《卜算子》词起首二句为"风雨送春归,寂寞花空委。"《警世通言·唐解元一笑姻缘》述,明代唐寅《黄莺调》开头亦有"风雨送春归,杜鹃愁,花乱飞"之句。

〔5〕飞雪迎春到:冬天和初春常有雪,所以又使人们感到好像是满天的飞雪把春天迎回到人间。这两句说的是时令变化,说明春天去了还会来到。

〔6〕悬崖:高而陡的山崖。 百丈冰:在悬崖上都挂下了百丈长的冰柱,极言其寒冷。唐代岑参《白雪歌送武判官归京》有"瀚海阑干百丈冰,愁云惨淡万里凝"之句。

〔7〕犹有:还有。 花枝:指冬梅。 俏:俏丽,美好的样子。 花枝俏:在这里比喻中国共产党和全世界真正的马克思主义者坚贞不屈的高贵品质。

〔8〕不争春:不与百花在春天争奇斗妍。 冬

梅开在冬天,春天花谢而结成梅子,所以说它不争春。春天是在和严寒的斗争中到来的,因此这里"春"比喻革命斗争取得的胜利果实和荣誉。 俏也不争春:梅花虽然俏丽,但是却也不同谁去争夺春天。苏轼《杜沂游武昌以荼蘼花见饷》:"荼蘼不争春,寂寞开最晚。"清代叶申芗《霜天晓角·梅花》中有"开向花头上,又岂为、占春忙"之句。

〔9〕只把春来报:梅花的职责只是把春天到来的消息普告人间。宋代欧阳修《蝶恋花》词有"雪里香梅,先报春来早"之句。陈亮《梅花》诗有"一朵忽先变,百花皆后香。欲传春消息,不怕雪埋藏"之句。这里是说,真正的马克思主义者以解放全人类为己任,他们全心全意为中国和世界的绝大多数人服务,而不是为了争夺荣誉,居功自傲,只是为了迎来革命的胜利,向人民报道革命胜利的消息。

〔10〕待到:等到。 烂漫:色彩鲜艳美丽。山花烂漫时:指春光普照大地、山花灿烂盛开的时候。南宋严蕊《卜算子》中有"若得山花插满头,莫问奴归处"之句。唐代杜甫《十二月一日》诗三首其二中有"春花不愁不烂漫,楚客唯听棹相将"之句。唐代韩愈《山石》诗有"山红涧碧纷烂漫"之句。

〔11〕丛中:花丛之中,即许多花中。 她在丛中笑:梅花在万紫千红中享受一份春光,与大众共同欢乐愉快地笑了。杜甫"浣花溪里花饶笑",崔护"桃花依旧笑春风",苏轼"嫣然一笑竹篱间",朱熹"心期已误梅花笑",都是写花开之时"春葩含口似笑"之意。 这两句是说,当革命斗争取得胜利的时候,无产阶级革命者自

然感到异常高兴,和大家同享革命胜利的欢欣。

(以下为对陆游原词的注释)

〔12〕驿:驿站,古代供应递送公文的人或来往官员暂住、换马的处所。

〔13〕主:主人。 无主:没有主人。 开无主:唐代杜甫《江畔独步寻花七绝句》其五有"桃花一簇开无主,可爱深红爱浅红"之句。唐代李群玉《山驿梅花》诗有"生在幽崖独无主"之句。

〔14〕已是黄昏独自愁:已经是到了黄昏时分,梅花正在独自悲愁。

〔15〕更:再,加上。 著:同"着",受到。这句是说更受到风和雨的打击。

〔16〕无意:不愿。 苦:竭力。 无意苦争春:冬梅到了春天花儿就凋谢,结出果实。这句是说梅花不愿意竭力地和谁在春天争奇斗妍。

〔17〕一:副词,完全。 一任:完全听凭。芳:花卉、草的总称,这里主要指花。 群芳妒:宋代杨无咎《蓦山溪·和婺州晏悴酴醿》词中有"天姿雅素,不管群芳妒"之句。这句是说,只听凭许多花儿妒忌。

〔18〕零落:凋谢,脱落。 碾:压碎。 碾作尘:宋代王安石《北陂杏花》诗有"纵被春风吹作雪,绝胜南陌碾作尘"之句。这句意思是说,梅花凋谢、脱落变成泥土,或被踩碎碾为尘土。

〔19〕如故:像以前一样。 零落成泥碾作尘,只有香如故:陆游《言怀》诗有"兰碎作香尘"之句。这句是说,只有它的芳香还和以前一样,终不消散。

毛泽东手书《卜算子·咏梅》（一）

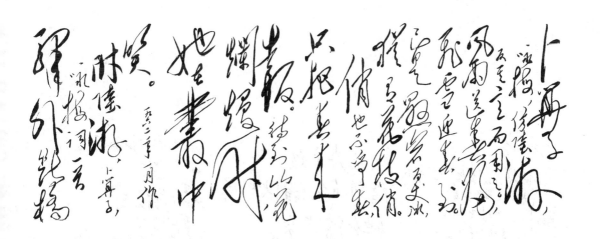

卜算子
咏梅
一九六一年十二月在广州寄
（读陆游咏梅词，反其意
而用之。）词！
风雨送春归，
飞雪迎春到。
已是悬崖百丈冰，
犹有花枝俏。
俏也不争春，
只把春来报。
待到山花烂熳时，
她在丛中笑。

陆昌游词：
卜算子 咏梅
驿外断桥边，
寂寞开无主。
已是黄昏独自愁，
更著风和雨。

无意苦争春，
一任群芳妒。
零落成泥碾作尘，
只有香如故。

毛泽东手书《卜算子·咏梅》（二）

毛泽东诗词

毛泽东手书《卜算子·咏梅》（三）

詞 一 首

卜算子，咏梅，仿陆游，反其意而用之。

（暂不发表）

毛 泽 东

一九六一年十二月二十七日

風雨送春归，
飞雪迎春到。
已是悬岩百丈冰，
犹有花枝俏。

× × ×

俏也不争春，
只把春来报。
待到山花烂熳时，
她在丛中笑。

附陆游咏梅詞一首

卜 算 子

驿外断桥边，
寂寞开无主。
已是黄昏独自愁，
更着風和雨。

× × ×

无意苦争春，
一任群芳妬。
零落成泥碾作塵，
只有香如故。

（作者北伐主張失败，自己陷于孤立，遂作此词）

毛泽东手书《卜算子·咏梅》（四）

0 3 6 5

第 一 辑

七律

冬云

一九六二年十二月二十六日

雪压冬云白絮飞，

万花纷谢一时稀。

高天滚滚寒流急，

大地微微暖气吹。

独有英雄驱虎豹，

更无豪杰怕熊罴。

梅花欢喜漫天雪，

冻死苍蝇未足奇。

这首诗最早发表于 1963 年 12 月人民文学出版社出版的《毛主席诗词》。

这首诗写于 1962 年 12 月，正是大雪的时候，国际、国内政治、经济形势和当时的天气一样，十分复杂和尖锐。在国内，连续三年严重的自然灾害和苏联修正主义的背信弃义，撕毁合同，撤走专家，给我国造成经济困难；在台湾的蒋介石妄图窜犯大陆。国际上也掀起了一股反共反华反人民的浪潮。中国共产党和中国人民坚定不移地高举马列主义的大旗，同自然灾害和国内外敌人进行英勇顽强、艰苦卓绝的斗争，终于取得了胜利。

这首诗写于 12 月 26 日，是当年冬至节后的第四天，也是作者诞辰六十九周年纪念日，按照我国民间习俗"做九不做十"，是作者七十寿辰。

中央文献出版社 1996 年 8 月出版的《建国以来毛泽东文稿》第十册《〈冬云〉诗一首和给林克的信》，这首诗题为《冬云诗一首》，并说，"这首诗根据中央档案馆保存的原件刊印"。《毛泽东诗词全编鉴赏》说，这里所说的原件，"并不是手稿，而是作者审阅过的铅印件。"可惜本书编著者未见。同日，毛泽东致林克信说："请将诗一首付印，于今天下午印成五十份，于下午六时前交我为盼。"

"高天滚滚寒流急"，原件作"高天滚滚寒流泄"。（《建国以来毛泽东文稿》第十册）

【注释】

〔1〕七律:七言律诗的简称。 《七律·冬云》:见本诗解说部分。

〔2〕絮:《世说新语·言语》说,东晋女诗人谢道韫曾以"柳絮因风起"比拟雪飞,后遂以飞絮喻飞雪。 白絮:这里比喻雪花。 雪压冬云白絮飞:下雪天彤云密布,云层很低,好像上面还有漫天大雪压顶似的,雪片在空中飘飘扬扬,满天飞舞。

〔3〕纷谢:纷纷凋谢。 一时:顿时,短时间,暂时。宋代文天祥《南安军》:"江山千古在,城郭一时非。" 万花纷谢一时稀:许多花纷纷凋谢,一时变得非常稀少。

〔4〕滚滚:形容大水奔流的样子,也用来形容别的事物急速地翻腾,这里形容寒流。 急:很快而且猛烈,急促。 高天滚滚寒流急:这时很高的天空中的寒流滚滚而来,非常急骤。

〔5〕大地微微暖气吹:广大的地面上却有微微的暖气不断地吹来,这里意思是说,地气已开始微有暖意。1962年12月22日冬至,毛泽东作此诗时是26日,冬至已过。旧谓冬至阳气初生,故云。这句是说在冰雪漫天中,我们看

见了春天的来临,比喻革命力量正在生长。

〔6〕独:唯独。 英雄:指中国共产党和全世界马列主义政党以及全世界革命人民。 驱:赶。 虎豹:这里指貌似强大的敌人。

〔7〕更:更加。 豪杰:和上句英雄的含义一样。 罴:熊的一种,又叫人熊。 熊罴:喻指貌似强大的敌人。 独有英雄驱虎豹,更无豪杰怕熊罴:古代诗歌中即有以"虎豹""熊罴"对举的诗句。曹操《苦寒行》:"熊罴对我蹲,虎豹夹路啼。"唐代杜甫《石龛》诗:"熊罴咆我东,虎豹号我西。我后鬼长啸,我前狨又啼。"唐代李商隐《重有感》中有"岂有蛟龙愁失水,更无鹰隼击高秋"。张贻玖《毛泽东和诗》说:李商隐的《有感二首》和《重有感》毛泽东多次圈阅过。

〔8〕漫天:满天,见《减字木兰花·广昌路上》注。 梅花欢喜漫天雪:梅花喜欢满天的大雪,在严寒中开得特别精神。

〔9〕苍蝇:喻指混进无产阶级革命队伍的投机分子,以及经受不住艰苦斗争考验的人。 未足奇:不值得大惊小怪。 冻死苍蝇未足奇:苍蝇遇寒被冻死,毫不足怪。

毛泽东诗词

0 3 6 7

第 一 辑

满江红

和郭沫若同志

一九六三年一月九日

小小寰球，

有几个苍蝇碰壁。

嗡嗡叫，

几声凄厉，

几声抽泣。

蚂蚁缘槐夸大国，

蚍蜉撼树谈何易。

正西风落叶下长安，

飞鸣镝。

多少事，

从来急；

天地转，

光阴迫。

一万年太久，

只争朝夕。

四海翻腾云水怒，

五洲震荡风雷激。

要扫除一切害人虫，

全无敌。

附:郭沫若原词

满江红

领袖颂——一九六三年元旦书怀

沧海横流，
方显出英雄本色。
人六亿，
加强团结，
坚持原则。
天垮下来擎得起，
世披靡矣扶之直。
听雄鸡一唱遍寰中，
东方白。

太阳出，
冰山滴；
真金在，
岂销铄？
有雄文四卷，
为民立极。
桀犬吠尧堪笑止，
泥牛入海无消息。
迎东风革命展红旗，
乾坤赤。

　　满江红,词牌名。双调九十三字,仄韵,一般用入声韵。唐时便有此调,原名《上江虹》,以后改今名。上片四十七字,八句,四韵;下片四十六字,十句,五韵。格调沉郁激

毛泽东诗词

0 3 6 9

第 一 辑

昂,宜用以发抒怀抱,佳作颇多,如岳飞之《满江红》。又名《念良游》《伤春曲》等。

这首词最早发表于 1963 年 12 月人民文学出版社出版的《毛主席诗词》。1964 年 1 月 4 日《人民日报》、《红旗》1964 年第 1 期、《人民文学》1964 年 1 月号转载。1966 年 12 月 31 日《人民日报》、《解放军报》、《光明日报》第一版,以整版篇幅刊登了毛泽东 1963 年 2 月 5 日手书《满江红》(和郭沫若)。中央文献出版社 1996 年 8 月出版的《建国以来毛泽东文稿》第十册《书赠周恩来〈满江红〉词一首》,这首词题为《满江红·和郭沫若》,署名"毛泽东",注明:"根据手稿刊印"。毛泽东 1963 年 1 月 9 日和同年 2 月 5 日两件手书,均题为《满江红·和郭沫若》,1963 年 12 月出版《毛主席诗词》时,改为《满江红·和郭沫若同志》。

毛泽东这首词写于《七律·冬云》一诗后十来天,时代背景同前。

1962 年中国人民抗住外来压力,顺利渡过国内困难时期,郭沫若感受良多,心情振奋,因此在辞旧迎新之际,填《满江红》词一首送呈毛泽东,同时发表在 1963 年 1 月 1 日《光明日报》上,题为《满江红·领袖颂——一九六三年元旦书怀》。当时正在广州的毛泽东,(此据李捷、闻郁《毛泽东诗词五十首写作背景介绍》,载臧克家主编《毛泽东诗词鉴赏》;另据陈晋《文人毛泽东》一书说,毛泽东这时住在杭州西湖侧畔的汪庄)从《光明日报》上读到郭沫若的《满江红》词后,非常感动,激荡起久蓄胸间的诗情,填成这首词。

据毛泽东身边工作人员回忆,当晚毛泽东在屋里踱来踱去,时而凝眉沉思,时而昂首吟哦。忽然,他停住脚步,坐在桌前写上几句,又摇摇头,把纸揉成一团,扔进纸篓。在不断的吟哦、写作中,这首词诞生了。次日清晨,工作人员发现纸篓已装满大半。

当晚写成后,毛泽东第一个想到的是周恩来。1962 年年末,毛泽东一住进杭州汪庄宾馆,就让人催因公务繁忙导致痔疮发作的周恩来也来杭州疗养。1963 年 1 月 9 日,毛泽东在汪庄见到陪同周恩来来杭州治病的国家卫生部保健局局长黄树则时,迫不及待地问:"恩来的痔疮治疗得怎样啦?"当听到"炎症得到了控制"的回答后,他脸上露出了笑容。是夜,毛泽东展纸挥毫,飞龙走蛇地写这首词的全文,题写了"书赠恩来同志"几个字,并细心地附笔告诉他:"郭词见一月一日《光明日报》"。写好后,毛泽东就用中式大信封装好,上写"送交周总理　毛寄",让周福明送到杭州饭店五楼周恩来的住处。

据说,当时也书写了一帖给当时的上海市委负责人魏文伯。此词后经反复修改,并曾被多次书写。这年 12 月人民文学出版社出版《毛主席诗词》时又对其中若干地方作了进一步修改。

郭沫若 1965 年 2 月 1 日作《猢狲散带过破葫芦》曲:

猴儿戏巧乎？只博得全场倒彩。戏未演完滚下台，一个倒栽葱摔破了天灵盖。像一窝兔子堕胎，像一篮鸡蛋打坏，像一缸粪便倒尘埃，像一头泥牛入沧海。真个是西风落叶下长安，树倒猢狲散裙带，看后台又怎样安排。呜呼哀哉！

正跪倒阿马阿猪，正哭坏女夫妹夫，正停敲大锣大鼓，正罢舞子徒孙徒，轰隆一声，新蘑菇飞上天去。行船却遇大台风，屋漏又遭倾盆雨，惊呆了约翰牛，骇坏了洋记驴。眼看着四海翻腾云水怒，核霸图成了个破葫芦。哀哉呜呼！

写给黎丁同志

鼎　堂

一九六五年二月一日春节

《光明日报》编者注："鼎堂即郭沫若同志。一九六四年十月十六日报载赫鲁晓夫下台，同一天我国第一颗原子弹爆炸成功。根据郭老日记，这支散曲作于十月二十三日。几经修改。这里刊登的墨迹，是一九六五年二月一日春节写给本报记者的。"(载 1978 年 6 月 23 日《光明日报》)

1963 年 3 月 20 日，毛泽东的英文秘书林克致臧克家的信中说："主席嘱将他这首《满江红》词送诗刊发表。词内用了三个典即：'蚂蚁缘槐夸大国'、'蚍蜉撼树谈何易'、'正西风落叶卜长安'。请诗刊作注后，再送主席阅。"。

据穆欣文章(载《炎黄春秋》1994 年第 12 期)说，文革初期，"当时决定在报刊上发表毛泽东的《满江红·和郭沫若同志》后，找到的是他'一九六三年二月五日上午七时为江青书'的手迹"，"在原件中有一句是'蚂蚁聚槐夸大国'，当收入《毛主席诗词》(人民文学出版社 1963 年 12 月版)前，其中的'聚'字已经改成了'缘'字。当时正在'文化大革命'初期，毛泽东同志真正是'日理万机'，十分繁忙，不宜为此事去烦扰他，同时他年事已高，医生劝他少用毛笔写字，他在这时书写、批示文件早已改用铅笔。于是便请中央办公厅的同志查找他的手迹，始终没有找到他用毛笔字写的'缘'字，最后找到《七律·和郭沫若同志》的排印清样上，其中一句'今日欢呼孙大圣，只为妖雾又重来'中的'为'字，他用铅笔改成了'缘'字。便把这个字拍摄下来。""因铅笔字笔划较细，与毛笔字不好搭配，不能直接嵌进去换掉原先的'聚'字；又不能请别人'代笔'，'另起炉灶'，便请人用毛笔在这个铅笔写的'缘'字基础上，仿照毛泽东同志的笔迹'加工'而成。"

据徐涛《毛泽东的保健养生之道》(《缅怀毛泽东(下)》)说，1963 年初，毛泽东在杭州，将送给徐涛的一件《满江红·和郭沫若》的手书交给徐涛的妻子吴旭君。词后毛泽东签了字，时间是 1963 年 1 月 8 日。

这首词,主要有三种文本,按照写作时间先后为:

第一种:

满江红

和郭沫若

毛泽东

小小寰球,

有几个苍蝇碰壁。

嗡嗡叫,

几声凄厉,

几声抽泣。

欲学鲲鹏无大翼,

蚍蜉撼树谈何易。

正西风落叶下长安,

飞鸣镝。

千万事,

从来急;

天地转,

光阴迫。

一万年太久,

只争朝夕。

革命精神翻四海,

工农踊跃抽长戟。

要扫除一切害人虫,

全无敌。

此种见毛泽东手书(四)。

第二种:

满江红

和郭沫若

小小寰球,

有几个苍蝇碰壁。

嗡嗡叫，

几声凄厉，

几声抽泣。

蚂蚁聚槐夸大国，

蚍蜉撼树谈何易。

正西风落叶下长安，

飞鸣镝。

千万事，

从来急；

天地转，

光阴迫。

一万年太久，

只争朝夕。

四海翻腾云水怒，

五州震荡风雷激。

要扫除一切害人虫，

全无敌。

此种见毛泽东手书(二)。手稿有落款："一九六三年二月五日上午七时"。

第三种：即毛泽东最后定稿的文本。

这首词现在所见有七件手书（赠徐涛的一件不在其内）：（一）词前写有"书赠恩来同志，一九六三年一月九日　郭词见一月一日光明日报"字样。题为《满江红　和郭沫若》。署名"毛泽东"。竖写，有标点符号。（二）标题为《满江红　和郭沫若》。词末写有"毛泽东　一九六三年二月五日上午七时"字样。竖写，有标点符号。（三）题为《满江红　和郭沫若》。词末写有"毛泽东　一九六三年二月五日"字样。竖写，有标点符号。除个别文字与手书(二)不同外，其余完全一样。（四）标题为《满江红　和郭沫若》。有署名"毛泽东"。词末署明写作时间："一九六三年一月九日"。竖写，有标点符号。（五）标题为《满江红　和郭沫若》。词末写有"一九六三年一月廿四日　郭词见一九六三年一月一日光明日报"字样。竖写，有标点符号。（六）正文与（一）、（四）、（五）全同。词末写有"一九六

三年一月九日　满江红　和郭沫若　毛泽东"字样。(七)书写该词词句"四海翻腾云水怒,五洲震荡风雷激。要扫除一切害人虫,全无敌。"词句后写有"毛泽东　一九六四年十月十日"字样。词句横写,落款竖写。有标点符号。

手书(一)即毛泽东赠周恩来所书。手书(二)为"一九六三年二月五日上午为江青书"的原件,删去"为江青书"四字。手书(三)系由他人将手书(二)中"蚂蚁聚槐夸大国"的"聚"字改为"缘"字,"千万事"的"千万"改为"多少",删去"上午七时"而成。手书(四)字句与日期与手书(一)相同,可能即为赠魏文伯的那件。手书(七)是1964年毛泽东为瑞典出版《毛泽东选集》的题词。

"蚂蚁缘槐夸大国",1964年1月27日,毛泽东口头答复外国文书籍出版局《毛主席诗词》英译者说:"'大槐安国'是汤显祖《南柯记》里的故事。"1963年1月9日作者书赠周恩来时,即手书(一),和手书(四)、(五)、(六),这句均作"欲学鲲鹏无大翼"。手书(二)作"蚂蚁聚槐夸大国"。据说,又曾改作"蚂蚁缘槐称大国"。(蔡清富、李捷《新诗改罢长自吟》)正式发表时改为"蚂蚁缘槐夸大国"。

"正西风落叶下长安,飞鸣镝",1964年1月27日,毛泽东口头答复外国文书籍出版局《毛主席诗词》英译者说:"'飞鸣镝'指我们的进攻。'正西风落叶下长安',虫子怕秋冬。形势变得很快,那时是'百丈冰',而现在正是'四海翻腾云水怒,五洲震荡风雷激'了。从去年起,我们进攻,九月开始写文章,一评苏共中央的公开信。"

又臧克家回忆,1960年前后听袁水拍传达毛泽东亲自回答问题时所作的记录也说:"'飞鸣镝'——指革命力量。"

"文革"中,海军指挥学校毛主席诗词学习小组问郭沫若:"'正西风落叶下长安,飞鸣镝',你解释为形势正好,枯枝败叶被吹折了,苍蝇蚊子也被扫荡了,我们应乘着这大好形势再向前进攻。有人却与你解释意见相反。不知你意见如何,有无修改?"郭沫若答:"翻成英文时,有同志向主席请示过。我是按主席的意见解的。"

"多少事",1963年1月9日书赠周恩来时,即手书(一),和手书(二)、(四)、(五)、(六),这句均作"千万事"。正式发表时改为"多少事"。

"天地转,光阴迫。一万年太久,只争朝夕",1964年1月27日,毛泽东口头答复外国文书籍出版局《毛主席诗词》英译者说:"你要慢,我就要快,反其道而行之。你想活一万年? 没有那么长。我要马上见高低,争个明白,不容许搪塞。但其实时间在我们这边,'只争朝夕',我们也没有那么急。"

毛泽东在和苏联等国领导人谈到中苏两党公开论争时,多次谈到"一万年太久,只争朝夕"的问题。

中苏两党公开论战后,苏联领导人曾托罗马尼亚领导人向中国转达,要求停止公开论战,"各自不支持对方的派别活动"。毛泽东断然予以拒绝。他的态度是,"因为许多问题大概要用公开论战的方式来搞清楚",论战一旦由你们挑起,要想停战就由不得你们了。他说:"停止论战要到一万年以后,少了不行。他认为,一万年以后的团结是遥远的事情,现在我们就要将原则问题争个清楚。

1964年10月,赫鲁晓夫下台。次年2月,苏联部长会议主席柯西金访华,与毛泽东会谈,又提出停止公开论争的问题。柯西金说:"你说的让我们团结起来的局势,可能要一万年以后,这没法解释。"毛泽东坚决地回答:"有些人要我们停止争论,但我们还没有答复完,就要停止公开争论,那不行。至于帝国主义发动战争时,我们站在一起,那是另一回事。"最后,毛泽东笑着表示,"看在你的面子上,减去一千年。"

1970年,毛泽东在与为苏联说项的罗马尼亚领导人波德纳拉希会谈时,又诙谐地说:"为了你的任务,再减去一千年,不能再让了,一减就是一千年呀!"(陈东林《毛泽东诗史》)

1972年2月21日,美国总统尼克松访华,当天晚上周恩来总理在人民大会堂举行宴会,欢迎尼克松总统。尼克松访华前,基辛格曾介绍他读毛泽东的诗词,并在准备好的宴会讲话稿中加进了"一万年太久,只争朝夕"。

尼克松在答词中说:"过去的一些时候,我们曾是敌人。今天我们有巨大的分歧,使我们走到一起的,是我们有超过这些分歧的共同利益。……虽然我们不能弥合我们之间的鸿沟,我们却能够设法搭一座桥,以便我们能够超过它进入会谈。"又说:"让我们在今后的五天里在一起开始一次长征吧。不是在一起迈步,而是在不同的道路上向同一个目标前进。"他直接引用毛泽东的诗句说:"'多少事,从来急;天地转,光阴迫。一万年太久,只争朝夕',是我们两国人民攀登可以缔造一个更新、更美好的世界的伟大境界高峰的时候了。"

在中美会谈时,毛泽东曾笑着指基辛格说:"只争朝夕"就是他。称赞基辛格能抓住中美缓和的机遇。

"四海翻腾云水怒,五洲震荡风雷激",作者书赠周恩来时,即手书(一),和手书(四)、(五)、(六)这两句词作"革命精神翻四海,工农踊跃抽长戟"[其中第一句,手书(四)原作"革命精神飞四海",后将"飞"字改为"翻"字]。手书(五)这两句作"革命精神翻四海,工农踊跃挥长戟"。正式发表时改为"四海翻腾云水怒,五洲震荡风雷激"。

"附:郭沫若原词《满江红》",在《沫若诗词选》中题为《领袖颂——一九六三年元旦书怀》。

毛泽东诗词

1963 年 12 月人民文学出版社出版的《毛主席诗词》"附：郭沫若原词"后有词牌兼作词题《满江红》。据何联华《毛泽东诗词新探》一书说，1967 年 5 月人民文学出版社出版的《毛主席诗词》五十开袖珍本和 1969 年人民出版社出版的《毛主席语录、毛主席五篇著作、毛主席诗词》六十四开合刊本附郭沫若原词将词题《满江红》删去。1976 年以后，人民文学出版社的《毛主席诗词》三十二开本才重新补上词题《满江红》。但笔者所见，1976 年 1 月文物出版社出版的《毛主席诗词三十九首》所附郭沫若原词，仍未标词牌和词题。这里的词题《满江红·领袖颂——一九六三年元旦书怀》是本书编著者根据有关资料补上的。

【注释】

〔1〕满江红：词牌名。　和郭沫若同志：指后面所附的郭沫若《满江红》词。毛泽东这首词和上一首诗写的时间很近，时代背景同前。

〔2〕寰：通"环"，周围以内的意思。　寰球：地球周围以内，引申为全地球，全世界。　小小寰球：在广阔无际的宇宙中，地球不过是一个非常微小的物体。

〔3〕苍蝇：这里喻指掀起反共反华反人民浪潮的丑恶的敌人。　有几个苍蝇碰壁：有几个渺小丑恶的苍蝇走投无路，在墙壁上乱撞乱碰，这里含有地球在宇宙中已属很小，几只苍蝇就更加微不足道的意思。　小小寰球，有几个苍蝇碰壁：秋瑾《满江红》有"肮脏尘寰，问几个男儿英哲"之句。

〔4〕嗡嗡：苍蝇的叫声。　嗡嗡叫：比喻国内外敌对势力声嘶力竭的叫嚷，不过像苍蝇那样嗡嗡地叫罢了。

〔5〕凄厉：凄惨尖厉。　几声凄厉：叫了几声，声音非常凄厉。

〔6〕抽泣：抽搐地哭泣。　几声抽泣：又叫了几声，好像是在抽搐地哭泣。这几句表示国内外反共反华反人民势力只不过做垂死挣扎，但终究挽救不了他们失败的命运。

〔7〕缘：攀，沿着爬，顺着爬；一说，依附着，倚仗着。两说均可通。　槐：槐树。　蚂蚁缘槐夸大国：用唐代李公佐所著传奇小说《南柯太守记》中的故事。故事说的是：唐德宗贞元年间，有一个名叫淳于棼的人在槐树下睡觉，做了一个梦，梦见被人引进槐树下一个洞里，内有城池宫殿，原来是一个国家，名叫大槐安国。他受国王召为驸马，做南柯太守二十年。显赫一时，享尽富贵荣华。后来敌人入侵，他抗战失败，同时妻子也死了，于是受到国王疑忌，被送回人间。那时他的梦醒了。他便在槐树下寻视发掘，原来所谓大槐安国是一个蚁穴，南柯郡是槐树南枝下的一个小蚁穴。杨文思在《"南柯梦"中的古槐》(1996 年 4 月 22 日《扬子晚报》)中说，李公佐《南柯太守传》说："淳于棼家住广陵郡东十里，所居宅南有大古槐一株，枝干修密，清荫数亩。"文中所说"广陵郡"即今日之扬州。大槐树就是指扬州驼铃巷内原古槐道院内的一株古槐树。古槐道院现已荡然无存，但这株古槐依然屹立在驼铃巷内。　蚂蚁缘槐夸大国：喻指反共反华反人民势力自以

为很强大,其实不过像一群沿着槐树往上爬的可怜的蚂蚁那样,把自己小小的蚁穴夸耀成大槐安国。

〔8〕蚍蜉:蚂蚁的一种,身体较大,黑褐色而发亮,生活在树林里。 撼:摇,摇动。 蚍蜉撼树:比喻力量小而妄想动摇很大的事物,出自唐代韩愈《调张籍》诗。韩愈在诗中斥责当时一些诽谤唐代大诗人李白、杜甫的人说:"李杜文章在,光焰万丈长。不知群儿愚,那用故谤伤。蚍蜉撼大树,可笑不自量。" 谈何容易:谈何容易:语本《汉书·东方朔传》,东方朔假设非有先生之论:"谈何容易!"意思是不可能做到。 蚍蜉撼树谈何易:喻指国内外反共反华反人民敌对势力,像蚍蜉妄图摇撼大树一样,谈何容易。

〔9〕西风:秋风。 长安:唐代京城,今陕西西安市。 下长安:落到长安。 西风落叶下长安:唐代贾岛《忆江上吴处士》诗有"秋风生渭水,落叶满长安"的诗句,表示秋风已起,虫子不好过了。这里是说国内外敌人如落叶飘零,正面临着日趋衰亡的命运。

〔10〕镝:箭头。 鸣镝:是一种响箭,射出时箭头上发出响声,是汉代匈奴创制的一种武器。 飞鸣镝:三国时代吴国韦昭《吴鼓吹曲》十二篇其二《汉之季》有"飞鸣镝,接白刃。轻骑发,介士奋。"之句。南朝梁代丘迟《与陈伯之书》有:"如何一旦为奔亡之虏,闻鸣镝而股战,对穹庐以屈膝"之句。这里意思是说,全世界真正的马克思主义者和革命人民乘这大好形势,奋起反击。中国开始连续发表一系列批判当时所说的现代修正主义的文章,如同鸣镝一般锐利地向敌人飞去。1962年12月15日、31日和1963年1月5日,《人民日报》《红旗》杂志连续发表《全世界无产者联合起来,反对我们的共同敌人》等三篇文章,揭开了关于国际共产主义运动大论战的序幕。

〔11〕多少:偏义复词,许多。 多少事:宋代李清照《凤凰台上忆吹箫》词:"多少事,欲说还休"。

〔12〕急:急迫,紧急。 从来急:从来就是非常紧急的。

〔13〕天地:天和地。 转:旋转。 天地转:天地在不停地运行。

〔14〕迫:急促。 光阴迫:南朝梁代刘孝胜《冬日家园别阳羡始兴》诗有"弥惜光阴遽"之句。这里是说光阴很快地过去,显得很急迫。

〔15〕一万年:形容时间长久。 一万年太久:许多事情不能等待一万年以后再来做,一万年太长了。

〔16〕朝夕:犹言一朝一夕,一个早晨和一个晚上,形容时间非常短。 争朝夕:就是不能等待,要抓紧时间,争取早上或是晚上就把事情干完。意思是说,要争分夺秒努力地去做。

〔17〕四海:古代认为中国四面都有海环绕着,四海等于说天下,指全国各处,也指全世界各处,这里泛指全世界的海洋,也就是指全世界各处。 云水:云、水可以相互转化,因此常常连用,这里是偏义复词,等于说"水",指海水。 怒:形容气势很盛。 四海翻腾云水怒:喻指全世界被压迫民族和被压迫人民掀起了革命的怒潮。

〔18〕五洲:指世界上亚洲、非洲、欧洲、美洲、大洋洲五大洲,这里用来概括全世界。 震荡:受震而动荡。 激:急剧,强烈。 五洲震荡风雷激:革命的风雷已经震荡着五大洲,民族解放运动、人民革命运动已经在各地蓬勃地

开展起来了。

〔19〕害人虫:伤害人民的虫子,喻指剥削、压迫人民的反动势力。 要扫除一切害人虫:要坚决、彻底地消灭世界上害人的东西。

〔20〕无敌:没有对手,形容力量强大无比。《孟子·公孙丑上》:"如此,则无敌于天下。无敌于天下者,天吏也。然而不王者,未之有也。" 全无敌:意思是说,用马列主义武装起来的革命人民所向无敌。

(以下为对郭沫若原词的注释)

〔21〕沧:同苍,青绿色。 沧海:大海,因为大海水深呈青绿色,故名。 横:不由正道。横流:水行不由河道。 沧海横流:海水四处奔流。晋代范宁《春秋谷梁传集解序》:"孔子睹沧海之横流,乃喟然而叹……"唐代杨士勋疏:"沧海横流,喻害万物之大。"《晋书·王尼传》:"常叹曰:'沧海横流,处处不安也。'"这里比喻政治斗争激烈,社会动荡不定。当时国内外敌对势力掀起一股反共反华反人民的逆流,斗争极为尖锐、激烈、复杂,全世界正处在大动荡、大分化、大改组之中。

〔22〕方:才。 方显出英雄本色:才更显出无产阶级革命者的英雄本色。

〔23〕六亿:1954年1月国家统计局公布,全国人口总数为六亿零一百九十三万余人,六亿是举其概数。

〔24〕加强团结:意思是加强全国各民族人民的团结。

〔25〕坚持原则:指坚持马列主义和毛泽东思想的原则。

〔26〕擎:举,向上托住。 擎得起:指再多的困难也能克服,再大的压力也能顶得住。 天垮下来擎得起:元代陈基《送谢参军》诗有"赤手欲擎天"之句。

〔27〕世:世道。 披靡:本指草木随风偃倒,后用来形容军队溃败不能立足。 世披靡:世道衰败,社会混乱。 矣:语气词,了的意思。 之:代词,它。 世披靡矣扶之直:世道衰败了也能扶直。

〔28〕唱:指雄鸡啼。 寰:称广大的区域。寰中:如同说天下。

〔29〕东方白:东方发白,也就是天亮了,见《贺新郎·读史》注。 听雄鸡一唱遍寰中,东方白:唐代李贺《致酒行》诗有"我有迷魂招不得,雄鸡一声天下白"之句。

〔30〕太阳:喻指毛泽东思想的光辉。

〔31〕冰山:飘浮在海中的巨大冰块,比喻不可长久依傍的势力。五代王仁裕《开元天宝遗事》卷上《天宝》上《依冰山》条载:唐玄宗时,杨国忠权倾天下,有人劝进士张彖谒以图显荣,张彖曰"尔辈以谓杨公之势,倚靠如太山;以吾所见,乃冰山也。或皎日大明之际,则此山当误人尔。"后果如其言。又见《通鉴唐纪·天宝十一年》。这里也就是帝国主义和一切反动派都是纸老虎的意思。 滴:滴水,也就是冰山融化。

〔32〕真金:指马列主义、毛泽东思想的伟大真理。 真金在:指马列主义、毛泽东思想的真理掌握在人民手中。

〔33〕岂:表示反诘的语气词,怎么,哪能。销铄:熔化,消除。 真金在,岂销铄:也就是"真金不怕火来烧"的意思。这里是说马列主义、毛泽东思想的真理是颠扑不破、战无不胜的,相反地却在斗争中越战越强,日益发展。

〔34〕雄文四卷:赞称《毛泽东选集》第一至四卷。

〔35〕立:树立。 极:古代神话传说中大地四角支撑天宇的栋梁,这里指正确的标准。 立极:《淮南子·览冥》:"往古之时,四极废,九州裂,天不兼覆,地不周载,……于是女娲炼五色石以补苍天,断鳌足以立四极。"南朝梁元帝萧绎《言志赋》:"差立极而补天。"这里的意思是指树立标准,也就是说毛泽东著作是我们革命斗争的行动指南,为革命人民指出了正确的斗争方向。

〔36〕桀:是夏代的暴君。 吠:狗叫。 尧:是传说中远古时代的圣君。 桀犬吠尧:一般比喻恶狗乱咬好人。这里是指国内外敌对势力反共反华反人民的攻击和叫嚣。语出汉代邹阳《狱中上书自明》:"今人主诚能去骄傲之心,怀可报之意,披心腹,隳肝胆,施厚德,终与之穷达,无爱于士,则桀之犬可使吠尧,而跖之客可使刺由。"《晋书·康帝纪》:"桀犬吠尧,封狐嗣乱,方诸后羿,曷若斯之甚也。" 堪笑:可笑。 止:表示确定的语气词,没有实际意思。

〔37〕泥牛入海:本于宋释道原《景德传灯录·潭州龙山和尚》:"洞山问和尚:'见个什么道理,便住此山?'师云:'我见两个泥牛斗入海,直至如今无消息。'"元代尹廷高《送无外僧弟归奉庐墓》有"泥牛入海无消息"之句。后人以此比喻一去不返,杳无音信。 泥牛入海无消息:这里是说,喧嚣一时的反共反华反人民浪潮,被革命人民击败,偃旗息鼓,销声匿迹了。

〔38〕迎东风,革命展红旗:就是"革命红旗迎东风展",革命红旗在东风中随风招展。

〔39〕乾坤:《周易》中的两个卦,指阴阳两种势力,阳的势力叫乾,乾之象为天;阴的势力叫坤,坤之象为地,引申为天地、日月、男女、父母、世界等的代称,这里指全世界。 赤:红色。 乾坤赤:全世界一片通红,到处是光辉灿烂的景象,也就是无产阶级革命在全世界取得胜利。

毛泽东手书《满江红·和郭沫若同志》（一）

毛泽东手书《满江红·和郭沫若同志》（二）

毛泽东手书《满江红·和郭沫若同志》（三）

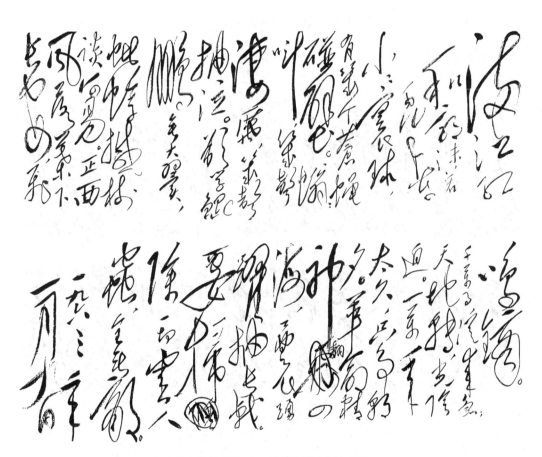

毛泽东手书《满江红·和郭沫若同志》（四）

毛泽东诗词

第 一 辑

毛泽东手书《满江红·和郭沫若同志》（五）

毛泽东手书《满江红·和郭沫若同志》（六）

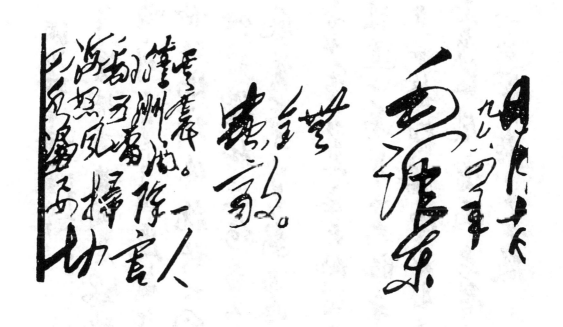

毛泽东手书《满江红·和郭沫若同志》（七）

毛泽东诗词

第 一 辑

满江红　和郭沫若同志
一九六三年一月九日

小小寰球，有几个苍蝇碰壁。嗡嗡叫，几声凄厉，几声抽泣。蚂蚁缘槐夸大国，蚍蜉撼树谈何易。正西风落叶下长安，飞鸣镝。

多少事，从来急；天地转，光阴迫。一万年太久，只争朝夕。四海翻腾云水怒，五洲震荡风雷激。要扫除一切害人虫，全无敌。

郭沫若手书《满江红·和郭沫若同志》

郭沫若手书《满江红》原词

七律

吊罗荣桓同志

一九六三年十二月

记得当年草上飞，

红军队里每相违。

长征不是难堪日，

战锦方为大问题。

斥鷃每闻欺大鸟，

昆鸡长笑老鹰非。

君今不幸离人世，

国有疑难可问谁？

这首诗最早发表于 1978 年 9 月 9 日《人民日报》。这首诗所署写作时间是根据原在毛泽东身边做医护工作，并帮他保存诗稿的吴旭君回忆的。1986 年 9 月人民文学出版社出版的《毛泽东诗词选》和 1996 年 9 月中央文献出版社出版的《毛泽东诗词集》均收入"正编"。又载《建国以来毛泽东文稿》第十册，注明"有毛泽东手稿"。标明写作日期"一九六三年十二月"。

"罗荣桓"(1902—1963)，湖南衡山人。1927 年加入中国共产主义青年团，同年转为中共党员。8 月，参加领导鄂南秋收暴动。9 月，参加毛泽东领导的湘赣边界秋收起义。历任红军连、营、纵队党代表。1930 年任红四军政委。1932 年任红一军团政治部主任。1933 年起，先后调任江西军区政治部主任、红军总政治部巡视员等。长征后期于 1935 年 9 月任红一军团政治部副主任。1937 年任红军后方政治部主任。抗日战争时期，历任八路军一一五师政治部主任、政委兼代理师长，山东军区司令员兼政委，中共中央山东分局书记。解放战争时期，历任东北民主联军副政委、东北人民解放军政委、第四野战军第一政委。建国后，历任中央人民政府委员、最高人民检察署检察长、解放军总政治部主任、国防委员会副主席、军委副主席等。1955 年被授予中华人民共和国元帅军衔。在第一、二届全国人大会议上当选为人大常委会副委员长，在党的七大、八大上当选为中央委员，在党的八届一中全会上当选为中央政治局委员。

1963年12月16日,罗荣桓不幸在北京病逝。这天晚间,毛泽东在中南海颐年堂召集中共中央政治局常委开会,听取聂荣臻汇报十年科学技术规划,毛泽东提议与会者起立默哀。默哀后,他说:"罗荣桓是1902年生的。这个同志有一个优点,很有原则性,对敌人狠,对同志有意见,背后少说,当面多说,不背地议论人,一生始终如一。一个人几十年如一日不容易。原则性强,对党忠诚,对党的团结起了很大作用。"次日,会议结束后,毛泽东亲莅医院向罗荣桓遗体告别。连续几天,毛泽东沉浸在对战友的哀思之中。

据原在毛泽东身边做医护工作,并帮助他保存诗稿的吴旭君回忆说:"毛泽东到北京医院向罗荣桓遗体告别后的几天中,很少说话,像若有所思。12月下半月的一天,主席服了大量的安眠药后仍睡不着觉,躺在床上写东西。那时已是半夜了,我怕他的安眠药过劲,让他睡觉,起床后再写,他说现在正在劲头上,放不下笔,并叫我去休息一会儿,有事叫我。吴旭君回到办公室,靠在沙发上闭着眼睛休息。当感到身上冷而惊醒时,立刻跑到毛泽东的卧室,这时,她看到毛泽东仍旧在写。她问毛泽东:"写什么,怎么还没写完?"毛泽东说:"在做诗咯!"天亮以后,毛泽东说:"写完了。我不睡了,去游泳池。"这一天,毛泽东在游泳池休息办公。在服过第二次安眠药后,他靠在沙发上闭着眼睛不停地独自吟着诗句,只听到什么"草上飞"。吴旭君问:"谁能在草上飞?"毛泽东没有回答,叫吴马上回丰泽园卧室去取他的诗稿。诗稿取来后,毛泽东打开他存放诗稿的卷宗,取出一首诗,叫吴旭君念给他听。就是这首诗。当读到"国有疑难可问谁"这句话时,吴旭君说:"主席,您这么谦虚!"毛泽东说:"为人还是谦虚点好。"吴旭君又问:"是谁能使阁下这般敬佩?"毛泽东从吴手中接过诗稿,在稿纸上半截空白处写了个题目——"吊罗荣桓同志"。这时吴才明白。

这首诗现在所见有一件手书:标题为《吊罗荣桓同志》。横写,有标点符号。为硬笔书法。

"红军队里每相违",有两说,一种认为,"每相违"是常有不同意见的争执。另一种认为,"相违"是分离,不在一起,由于战争频繁,行踪不定,彼此却难得相聚,表示惋惜和深挚之情。

据吴正裕主编,李捷、陈晋副主编《毛泽东诗词全编鉴赏》(中央文献出版社,2003年12月第1版)说:"诗中'红军队里每相违'句……从此诗手迹上发现,'每相违'原作'有非违'"。

本书编著者按:从现在所见手迹中,已无原作字迹,可见这件手书是被他人改动过的。另一方面,仍可以看出'每相'二字与其他字迹不同,可见是后来修改的。

"长征不是难堪日,战锦方为大问题",也有两说,《毛泽东诗词选》《毛泽东诗词集》注释说,1935 年 1 月,遵义会议后,毛泽东在贵州、四川境内率领中央红军迂回作战,四渡赤水,出敌不意地威逼贵阳转入云南,胜利地渡过金沙江,从而摆脱追堵的几十万敌军。在迂回过程中,部队经常需要急行军。林彪曾在同年 5 月在四川南部会理城郊召集的中共中央政治局会议前夜写信给中央革命军事委员会,认为这样"走弓背路"要"拖垮军队",要求改变军委领导。林的这个要求被政治局会议完全拒绝。这个问题的解决没有遇到什么困难。"战锦"是指 1948 年九十月间攻打锦州,即辽沈战役的第一个和关键性的大仗。毛泽东在 9 月 7 日为中央军委写的给林彪、罗荣桓等的电报早已详细说明攻打锦州的重大意义和同先打长春的利害得失的比较,但林彪仍然找出种种理由来一再反对。罗荣桓是主张执行中央军委和毛泽东的战略决策的,所以诗中特意提到。另一说认为,"战锦"是用李白《越中怀古》诗"越王勾践破吴归,义士还乡尽锦衣"和《史记·项羽本纪》项羽"富贵不归故乡,如衣锦夜行,谁知之者"的典故,意思是说,夺取政权算不了什么困难,胜利后巩固政权、防止和平演变才是大问题啊。

　　友人、毛泽东书法研究专家李树庭告诉本书编著者,他认为,这首诗从内容看,是一首怀念罗荣桓、抨击林彪的感怀诗,从作者手迹风格看,不是书写于 1963 年 12 月。1971 年"九·一三"事件后,毛泽东对林彪面目彻底看清,毛泽东在许多场合,公开讲林彪是反对我的,在这种情况下,毛泽东追怀罗,抨击林,才是合情合理,顺理成章的。毛泽东吊罗荣桓同志一诗的创作及书写时间应定为 1972 年罗荣桓诞生七十寿辰或 1973 年 12 月罗荣桓逝世十周年时为宜。这一说,联系作者手迹提出了自己的见解,可供进一步探讨。

　　笔者以为,这首诗初稿写于 1963 年罗荣桓逝世时,而修改则于 1971 年"九一三"林彪事件之后。这样,对于"每相违""长征""战锦"是指批判林彪才可以作出合理的解释。否则,1963 年,林彪正受到党中央和毛泽东的重用,就在罗荣桓逝世这一天,毛泽东还有信给林彪、贺龙、聂荣臻、罗瑞卿等人,赞扬"解放军的思想政治工作,经林彪同志提出四个第一、三八作风之后,比过去有了一个很大的发展,更具体化又更理论化了"就不可理解了。当然,作为诗艺来讲,由于作者并未明确地指出诗中的含意,读者产生不同的理解,是很自然的。另一种见解,从更宽泛的意义上来理解,也是有一定道理的。

　　陈东林《毛泽东诗史》一书中,从毛泽东的心理性格的特点,对这首诗中争议的问题,提出了一种新的解释。他说,毛泽东是一个很重感情的人,凡是对他有过帮助的人,他总是不会忘记,但是,如果在重大政治问题上,即他认为路线问题上,同他发生了分歧,他也是不会忘记的。他一方面欣赏林彪六十年代的表现,一方面又对会理会议、锦州之战的"前科",甚至更早在井冈山时林彪对红色政权究竟能存在多久的怀疑,不能释怀。他需要对林彪作出一个最后的证实，而最合适的证实者，莫过于罗荣恒。所以 1963 年 12 月，罗去世时，他一面称赞林彪，一面又在诗中存有疑难，正代表了毛泽东的性格。谨录以备考。

《毛泽东诗词全编鉴赏》认为，此诗作于 1963 年 12 月罗荣桓逝世后，修改于 1973 年。现在仅存的一份手稿，从笔迹鉴定，当是毛泽东在 1973 年据原作的回忆而改写的。

【注释】

〔1〕七律：是七言律诗的简称，详见《七律·长征》注。 罗荣桓同志：见本诗解说部分。

〔2〕当年：指第二次国内革命战争时期，即 1927 年 8 月到 1937 年 7 月，井冈山的土地革命和红军的长征都在内。 草上飞：指在野草丛生的大地上奔跑如飞，是旧时"流寇"的代称，表示起义造反的生涯，这里指在当年战争年代中纵横驰骋、飘忽不定的战斗生活。 记得当年草上飞：见旧题唐代黄巢《自题像》诗。《全唐诗》在题下注道："陶谷《五代乱离纪》云：'巢败后为僧，依张全义于洛阳，曾给像题诗。人见像，识其为巢云。'"全诗为："记得当年草上飞，铁衣着尽着僧衣。天津桥上无人识，独坐栏干看落晖。" 据考证，此诗系后人伪托。唐代元稹《智度师》诗二首云："四十年前马上飞，功名藏尽拥禅衣。石榴园下擒生处，独自闲行独自归。""三陷思明三突围，铁衣抛尽衲禅衣。天津桥上无人识，独凭栏干望落晖。"所谓黄巢自题像诗，是割裂缀合元诗并稍加修改而成。巢兵败后自刎于泰山虎狼谷，为僧一事盖出传闻，诗亦后人伪托，均不可信。这里作为典故引用，取其诗句的意思而已。

〔3〕每：每每，往往。 违：离别，分别。唐代王维《送綦毋潜落第还乡》："置酒长安道，同心与我违。"《唐诗三百首》注说："同心，犹知己。违，分离。意谓心虽同而行踪却相违。" 每相违：常常不能相见。 红军队里每相违：指在红军队伍里相见甚稀。另一说，"违"，违背违抗之意。"每相违"，常有不同意见的争执。宋代苏轼《八声甘州》："约他年东还海道，愿射公雅志莫相违。"本书编著者认为，两说皆可通，也都可找到事实根据。毛泽东和罗荣桓在红军时期曾有两次因为党内军内发生意见分歧或路线斗争而暂时离别。自秋收起义上井冈山时起，罗荣桓就在毛泽东的直接领导下从事革命斗争。在 1929 年 6 月下旬于闽西龙岩召开的红四军第七次党代表大会上，毛泽东与另一些负责人就建军和作战等一系列重大问题进行了激烈的争论。当时任二纵队九支队党代表的罗荣桓支持毛泽东的正确意见。在选举前委书记时，原由中共中央指定的前委书记毛泽东没有当选。会后，毛泽东离开了红四军前委书记的领导岗位，到闽西养病并指导地方工作。这是两人的第一次分离。8 月，红四军出击闽中失利。在 9 月下旬于闽西上杭召开的红四军第八次党代表大会上，罗荣桓竭力主张将毛泽东请回。10 月，红四军冒进粤东，遭到较大损失。11 月，毛泽东终于重返红四军前委主持工作。1932 年 10 月中共苏区中央局宁都会议后，王明"左"倾机会主义者撤销了

毛泽东红一方面军总政委的职务,改派他做政府工作。1933年春,罗荣桓亦遭"左"倾机会主义者排挤,被调离红一方面军。这是两人的第二次分离。直至长征中,罗荣桓才又重新回到毛泽东的身边。

〔4〕难堪:难以忍受。 难堪日:难以忍受的日子。 长征不是难堪日:指长征并不是什么了不起的困难时日。

〔5〕战锦:有两说:一说锦指锦州,战锦就是打锦州。1948年即解放战争的第三年,中共中央军委和毛泽东决定首先在东北战场与国民党军进行战略决战。9月至11月,东北野战军组织了辽沈战役。战役开始前,敌军分别据守在长春、沈阳、锦州等三个孤立的地区。毛泽东的作战方针是先打锦州,切断敌军逃入山海关的通道,将其关在东北就地歼灭。但东北野战军司令员林彪主张先打长春。罗荣桓当时是东北野战军政委,他与林彪产生意见分歧。 另一说是,防止胜利后骄傲享乐。战锦的"锦"指锦衣,精美华丽的衣服,旧指显贵者的服装。"锦衣玉食"或"锦衣肉食",形容生活优裕。战锦是用唐代李白《越中览古》诗"越王勾践破吴归,义士还家尽锦衣",胜利后骄傲享乐,终于招致衰亡的典故。 方为:才是。
战锦方为大问题:由于对"战锦"不同理解,因而也有两说:一说是,在对于全中国的解放具有决定意义的三大战役中,辽沈战役是首战;而在辽沈战役中,锦州之战又是关键的一仗,敢不敢打锦州,直接关系到解放战争的前途,故毛泽东称之为"大问题"。另一说认为,这句的意思是说,革命胜利了,要巩固无产阶级专政,这才是大问题。笔者以为后说较为符合本诗实际。当时林彪正受到毛泽东的信任和重用。1959年,林彪取代彭德怀任国防部长。就在罗荣桓逝世这天,毛泽东还在致党内一些领导人信中说:"解放军的思想政治工作,经林彪同志提出四个第一、三八作风之后,比过去有了一个很大的发展,更具体化又更理论化了。"因而不可能在这首挽诗中去数罪林彪。

〔6〕斥鷃:也叫尺鷃。 蓬间雀,在蓬蒿间飞,只能飞几尺高。 每闻:往往听说。 欺:侮辱。 大鸟:指鹏鸟,即鲲鹏,它能展翅九万里,见《念奴娇·鸟儿问答》注。 斥鷃每闻欺大鸟:即"每闻斥鷃欺大鸟"。指《庄子·逍遥游》中大鹏鸟因高飞远举而遭到斥鷃小雀的讥笑的寓言故事。《庄子·逍遥游》中说:"穷发之北有冥海者,天池也。有鱼焉,其广数千里,未有知其修者,其名为鲲。有鸟焉,其名为鹏,背若太山,翼若垂天之云,抟扶摇羊角而上者九万里,绝云气,负青天,然后图南,且适南冥也。斥鷃笑之曰:'而彼且奚适?我腾跃而上,不过数仞而下,翱翔蓬蒿之间,此亦飞之至也。而彼且奚适也?'"唐代成玄英疏:"鷃,雀也。""斥鷃,同斥鷃"。斥鷃说这番话的意思是,鲲鹏的飞,斥鷃的飞都是飞,都要凭借风力,不能绝对自由,从而宣扬相对主义,事物无所谓大小。这里是借用这个故事,歌颂大鹏而贬斥斥鷃。

〔7〕昆鸡:古代传说的一种大鸡,又叫军鸟鸡。《尔雅·释畜》:"鸡三尺为军鸟。"战国时代楚国宋玉《楚辞·九辩》:"雁廱廱而南游兮,昆鸡啁哳而悲鸣。"《汉书·司马相如传》载汉代司马相如《上林赋》:"蹴玄鹤,乱昆鸡。"唐代颜师古注引三国魏张揖曰:"昆鸡似鹤,黄白色。"这里只当一"鸡"字用。 长笑:常讥笑。 昆鸡

长笑老鹰非:这句是借用俄国克雷洛夫寓言《鹰和鸡的故事》。 故事说:鹰因为低飞而受到鸡的耻笑,认为鹰跟鸡飞得一样低。鹰答道:鹰有时比鸡飞得还低,但鸡永远不能飞得像鹰那样高。列宁曾用这个寓言赞扬马克思主义者卢森堡"始终是一只鹰",斥责考茨基一类叛徒只是工人运动后院粪堆里的一群鸡。

斥鷃、昆鸡:有论者认为,指错误路线的代表和

党内某些散布贬损、中伤、攻击罗荣桓言论的人。

〔8〕君:指罗荣桓。

〔9〕国有疑难堪问谁:国家有疑难问题,让我找谁去商量呢? 表现了对罗荣桓的倚重和失去罗荣桓的沉痛心情。南京文及翁《贺新郎·游西湖有感》词:"国事如今谁倚仗? 衣带一江而已。"

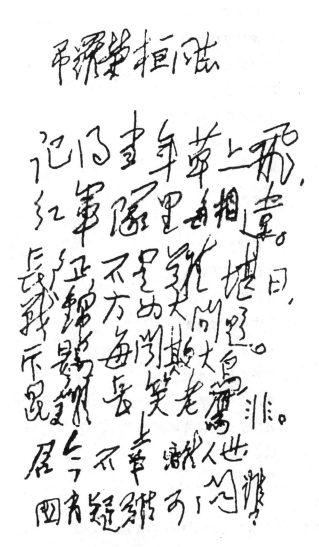

毛泽东手书《七律·吊罗荣桓同志》

毛泽东诗词

第 一 辑

贺新郎

读史

一九六四年春

人猿相揖别。

只几个石头磨过，

小儿时节。

铜铁炉中翻火焰，

为问何时猜得，

不过几千寒热。

人世难逢开口笑，

上疆场彼此弯弓月。

流遍了，

郊原血。

一篇读罢头飞雪，

但记得斑斑点点，

几行陈迹。

五帝三皇神圣事，

骗了无涯过客。

有多少风流人物？

盗跖庄屩流誉后，

更陈王奋起挥黄钺。

歌未竟，

东方白。

贺新郎，词牌名。见本书前文《贺新郎·别友》相关介绍。

这首词最早发表于《红旗》1978 年第九期，同年 9 月 9 日《人民日报》转载。同时刊载了这首词的影印手迹。

　　这首词原来未署明写作时间,所署写作时间是根据原在毛泽东身边做医护工作并帮他保存诗稿的吴旭君回忆的。吴说:"在那一段时间里,毛主席办公之余,全是看《史记》和范文澜著的《中国通史简编》。"此词1964年春写于丰泽园。1986年9月人民文学出版社出版的《毛泽东诗词选》和1996年9月中央文献出版社出版的《毛泽东诗词集》,均收入"正编"。署明写作日期"一九六四年春"。又载《建国以来毛泽东手稿》第十一册,注明"有毛泽东手稿"。标明写作日期"一九六四年春"。这年立春是农历癸卯年十二月二十二日(1964年2月5日),立夏是甲辰年三月二十四日(5月5日),这首词当写于这一期间。

　　这首词现在所见有一件手书:标题为《贺新郎·读史》。横写,有标点符号。

　　"为问何时猜得",毛泽东手书,这句句末作问号。《毛泽东诗词选》《毛泽东诗词集》出版时,改为逗号。据吴旭君说,1973年冬,吴与毛泽东核对《贺新郎·读史》词,当念到"为问何时猜得"时,吴特意问:是"为"字还是"如"字? 毛说是"如"不是"为"。吴请毛在手稿上改一改,毛泽东说:"不要改了,随它去。"吴抄完第二遍时,又特地问毛泽东:"是'如问何时猜得'?"毛泽东点头同意。(见1986年9月28日《光明日报》刊载的吴旭君《毛泽东两首诗词的写作时间及其他》文)

　　"流遍了",这句词手稿原作"泗遍了",后改为"流遍了"。

　　"一篇读罢头飞雪",这句词中"一篇",手稿原作"一遍",后改为"一篇"。

　　"但记得斑斑点点",这句词中"但记得",手稿原作"但忆得",后改为"但记得"。

　　"骗了无涯过客",这句词中"无涯"手稿原作"无穷",后改为"无涯",然后又改为"无穷",最后定稿为"无涯"。

　　"盗跖庄屩流誉后",据吴旭君说,毛泽东叫她在抄件上给"盗"字加上引号,她请毛泽东在手稿上也改一下,毛泽东说:"不要麻烦了,就这样。"(同上)"屩"字,初发表时和《毛泽东诗词选》均作"跻"。"跻"为"屩"的异体字。《毛泽东诗词集》改为"屩"。据《毛泽东诗词全编鉴赏》说,毛泽东手迹和吴旭君用毛笔写的誊抄件,"跻"均误作"硚"。(本书编著者按:从现在所见手书看,"硚"已改正为"跻"。)

　　"歌未竟",这句词手稿原作"歌未尽",后改为"歌未竟"。

【注释】

〔1〕贺新郎:词牌名。　读史:阅读史书。1964年春,正是中国度过三年自然灾害后不久,国民经济经过调整有所好转的时期,国家在政治、思想、文化、科技和军事等方面也取得

毛泽东诗词

举世公认的成就。面对大好形势,翻阅史书,毛泽东写就了这首词。

〔2〕揖:拱手行礼。 相揖别:互相拱手作揖告别。 人猿相揖别:科学证明,人类是从猿进化而来的。在远古时代,人、猿本来同祖,有一部分类人猿因自然条件的变化,迫使它们来到地面上生活,改变原来的生活习惯,并且通过劳动使手、脑不断发达,从而在距今约三百万年以前至五六十万年以前进化成为能够制造和使用简单生产工具的原始人类,完成了从猿到人的历史性转变。从此,人与猿分道扬镳,开始有了人类社会的历史。

〔3〕石头磨过:指原始人类把石头磨成石器。人类历史最初的阶段是,石器时代约经历了二三百万年。当时,人类的主要生产工具是石器。石器时代又经历了两个阶段。起初,石器为打制而成,比较粗糙,称为旧石器时代。后来,随着生产的进步,人们开始将石器磨制得精巧锋利,被称之为新石器时代。 只几个石头磨过:这句概括了整个石器时代,意思是说那时的生产工具十分简陋,生产力水平非常低下。

〔4〕时节:时候。 小儿时节:指漫长的石器时代只不过是人类的幼儿时期。恩格斯《家庭、私有制和国家的起源》一书中曾援引美国民族学家和原始社会历史学家摩尔根《古代社会》中的论述,以新石器时代以前为"蒙昧时代",并称为"人类的童年"。

〔5〕铜铁炉:炼铜炼铁的火炉。 翻火焰:指青铜器和铁器都要用炉火来冶炼,翻铸。 铜铁炉中翻火焰:这句指石器时代之后的青铜时代和铁器时代。

〔6〕为问何时猜得:据曾为毛泽东保存诗稿的

吴旭君说,这里"为"字应为"如"字。 为问:即如问,若问,假如问。唐代刘禹锡《赠日本僧智藏》诗:"为问中华学道者,几人雄猛得宁馨。" 猜得:推测出。 为问何时猜得:如问什么时候发现人类开始使用青铜器和铁器。

〔7〕寒热:寒暑,代指一年。 不过几千寒热:只不过几千年罢了。我国殷商时代已使用青铜器,距今约三千六百年至三千一百年左右。春秋初年已使用铁器,距今约两千七百六十年至两千四百六十年左右。估计中国及世界人类使用铜器和铁器的历史也只有数千年。这句含有石器时代的时间长,经过了几十万年,青铜器、铁器时代短,才不过几千年的意思,说明人类的进化越来越快。"是"字,赵朴初认为,按照词律,这句应为上三下四的七字句,可能在"不过"二字下脱落了一个"是"字,是无心的笔误,建议加个"是"字。萧涤非认为,"这不是无心的笔误,而是有意的精简,不必加"。因为《贺新郎》一调原有一一四字、一一五字和一一六字三体。写于一九二三年的《贺新郎》便是一一六字体。这一首虽少一字,仍自成一体,在词谱上是允许的,不必添字"。"从艺术角度看,'不过几千寒热',语健而气足,作'不过是'便显得不那么紧凑。"还有的研究者进一步指出,《词谱》《贺新郎》以叶梦得词订谱,为一一六字。但前人填词,字有增减,句有小变的情形是存在的。据查,《贺新郎》有少到一一二字而多到一二○字的。《毛泽东诗词选》曾根据赵朴初意见,在正文中作"不过(是)几千寒热",《毛泽东诗词集》采纳萧涤非等人的意见,在正文中用毛泽东原句,但同时仍介绍了赵朴初的看法。本书编著者按:《贺新郎》有多体,字有增减,句有小变,但各体均是根据前人

作品总结出来的。而一一五字之体,未见此句为六字者。故赵朴初说疑为漏一字是可能的,而萧涤非说尚缺乏前人作品作例证。

〔8〕人世难逢开口笑:《庄子·盗跖》假托盗跖的话说:"人上寿百岁,中寿八十,下寿六十,除病瘦死丧忧患,其中开口而笑者,一月之中不过四五日而已矣。"意思是说人生悲哀多而欢愉少。唐代杜牧《九日齐山登高》诗中有句:"江涵秋影雁初飞,与客携壶上翠微。尘世难逢开口笑,菊花须插满头归。"宋代洪适《满江红》词有"人世难逢开口笑,老年更觉流年迫"之句。说的是个人失意,感时伤怀。毛泽东借用古人诗句,拓展到整个人类社会,意思是说,自从产生私有制和阶级社会以来,人们很少欢乐,人们之间也很少有笑脸相向的日子。

〔9〕疆场:战场。 彼此:相互。 弓月:形容弓的形状,未开的弓如半月,开满的弓如满月。唐代李贺《南园》诗:"晓月当帘挂玉弓。"宋代苏轼《江城子·密州出猎》词:"会挽雕弓如满月。西北望,射天狼。" 弯弓月:拉开弓箭,谓刀兵相向,大动干戈。

〔10〕郊原:郊野。唐代李贺《勉爱行二首送小季之庐山》之二:"郊原晚吹悲号号。"这里指战场。 流遍了,郊原血:就是"郊原流遍了血"。这两句是说人类进入阶级社会以后,人们为维护本阶级或社会集团的利益,彼此之间总在进行斗争,斗争最激烈时,即以战争的形式出现。特别是剥削阶级为了剥削和压迫人民,为了掠夺和占有社会财富而进行的战争,给人民带来了深重的、巨大的灾难,"血流漂杵"、"杀人盈野"一类的记载向来史不绝书。

〔11〕一篇:这里指一部中国古代史,也可代指一部分人类社会发展的历史。 罢:停止。这

里引申为"完"的意思。 读罢:读完。 头飞雪:头发花白,形容时间过得很快,白发转眼之间就上了头。唐代李白《将进酒》:"君不见高堂明镜悲白发,朝如青丝暮成雪。" 一篇读罢头飞雪:史书浩如烟海,驳杂纷繁,难以穷尽,尽管只读了一篇,也能够把头发读白了。清末周实《拟决绝词》有"一曲歌成鬓飞雪"之句。

〔12〕但:只。 斑斑点点:模糊、零星、点滴的印象。

〔13〕陈迹:陈旧的历史事迹。东晋王羲之《兰亭集序》:"向之欣欣,俯仰之间,已为陈迹。"但记得斑斑点点,几行陈迹:这两句是说,所读史书不能尽行记忆,只能在脑子里留下一些印象,记得一些历史事迹,这里只是一种形象的说法,而并非真的记不得。

〔14〕帝、皇:帝王。 五帝三皇:即"三皇五帝",中国古代历史传说中八位最"贤明"的远古时代的统治者。语出《周礼·春官·外史》:"〔外史〕掌三皇五帝之事。"具体所指,众说不一。五帝,有的说指黄帝、颛顼、帝喾、唐尧、虞舜,见《世本·五帝谱》;有的说指东方之神太昊、南方之神炎帝、西方之神少昊、北方之神颛顼、中央之神黄帝,见《礼记·月令》;有的说指少昊(少皞)、颛顼、高辛(帝喾)、唐尧、虞舜,见旧题汉代孔安国《尚书序》。 三皇:有的说指伏羲、神农、黄帝,见《尚书序》;有的说指天皇、地皇、泰皇,见《史记·秦始皇本纪》;有的说指伏羲、神农、祝融,见汉代班固《白虎通义·号》;有的说指伏羲、女娲、神农,见汉代应劭《风俗通义·皇霸》引《春秋运斗枢》;有的说指虑戏(伏羲)、燧人、神农,见同上引《礼含文嘉》;还有的说指天皇、地皇、人皇,见《艺文类聚·帝王部·天皇氏》引《春秋纬》。 神圣:

圣明。　神圣事：指三皇五帝之类被旧史家说得神圣无比。《汉书·晁错传》载晁错语："臣闻五帝神圣。"　五帝三皇神圣事：五代贯休《公子行》："锦衣鲜花手擎鹘，闲行气貌多轻忽。稼穑艰难总不知，五帝三皇为何物？"原意是说，纨袴子弟不知人间苦、不学无术，这里化用后，语带贬意。

〔15〕无涯：无边。《庄子·养生主》："吾生也有涯，而知也无涯。"这里指人类在历史长河中一代接一代延续下去，无穷无尽。　过客：路过的客人。唐代李白《春夜宴桃李园序》："夫天地者，人生之逆旅；光阴者，百代之过客。"又李白《拟古十二首》其九："生者为过客，死者为归人。"指人生在迁流不息的历史长河中如匆匆而过的旅客。　以上两句是说，旧史书上所说的三皇五帝的"神圣"事迹，不过是剥削阶级编造出来的谎言，古往今来不知骗了多少人。

〔16〕风流人物：见《沁园春·雪》注。　有多少风流人物：历史上有多少真正值得人们称道的在历史发展中发挥巨大作用的杰出人物呢？这句的意思是说旧史书上所标榜的帝王将相俱不足道，只有被剥削阶级中的英雄人物才是真正值得人们称颂的。

〔17〕盗跖：相传为春秋末期奴隶起义的领袖，名"跖"，"盗"是剥削阶级加给他的诬蔑之称，因而后来人们袭称"盗跖"。他是齐国和鲁国之间的柳下（今山东西部）人。所以又称"柳下跖"。《庄子·盗跖》中说他"从卒九千人，横行天下，侵暴诸侯"，"所过之邑，大国守城，小国入（堡）"。　庄蹻：战国时楚国的起义军领袖。楚怀王二十八年（公元前 301），齐、韩、魏三国大败楚军于垂沙时，他即率众起义，展开了激烈的战斗，并占领了若干地区。《韩非子·喻老》中说楚庄王时"庄蹻为盗于境内"。汉代王充《论衡·命义》："盗跖、庄蹻横行天下聚党数千。"　流誉：美名流传。《荀子·不苟》称："盗跖吟口，名声若日月，与舜禹俱传而不息。"同书《议兵》篇称："庄蹻起，楚分而为三四。"

〔18〕更：更有。　陈王：即陈胜（？—前 208），字涉，阳城人，秦末农民起义领袖。初为人佣耕。秦二世元年（公元前 209），被征戍边，途中于蕲县大泽乡率同行戍卒九百人揭竿起义。起义军迅速发展至数万人，并在陈县建立张楚政权，胜为王。后秦军优势兵力围攻陈县，胜率军奋战，失利后退至下城父，被叛徒庄贾杀害。（见《史记·陈涉世家》）陈胜起义是中国历史上的第一次农民大起义，虽不久即告失败，但对于摧毁秦王朝的统治有发难之功。

挥：挥动。　黄钺：以黄金为饰的长柄斧形兵器，为古代帝王所专用，或特赐给专主征伐的重臣。《书·周书·牧誓》中说："王左仗黄钺，右秉白旄以麾，斩纣王。""王"指周武王，记载周武王率义师伐商纣王之事。《史记·周本纪》也曾有同样的记载。　盗跖庄蹻流誉后，更陈王奋起挥黄钺：这两句是用来概括中国几千年历史上，劳动人民不断地进行反抗压迫和剥削的斗争。

〔19〕歌：吟咏。这里指吟咏词章。　竟：终了，完毕。　未竟：没有结束。

〔20〕东方白：东方发白，这里指天亮。唐代杜甫《东屯月夜》诗有"日转东方白，风来北斗昏"之句。　唐代李贺《酒罢，张大彻索赠诗。时张初效潞幕》诗有"葛衣断碎赵城秋，吟诗一夜东方白"之句。宋代苏轼《前赤壁赋》有"相与枕藉乎舟中，不知东方之既白"之句。　这两句意思是说，作者深夜读史，浮想联翩，发为歌

吟,陈胜以后的许多起义英雄尚未来得及一一歌颂,不觉天已破晓,这里喻示人类社会发展迅速,被剥削阶级的英雄人物代有人出,广大人民群众的斗争,推动着历史的前进,历代被剥削阶级英雄的颂歌还没有唱完,人类的黎明已经出现了,中国革命已告胜利,人类社会进入了一个新的发展阶段。

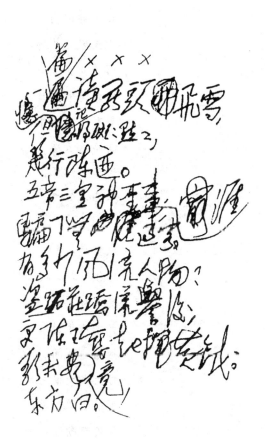

毛泽东手书《贺新郎·读史》

毛泽东诗词

第 一 辑

水调歌头

重上井冈山

一九六五年五月

久有凌云志，
重上井冈山。
千里来寻故地，
旧貌变新颜。
到处莺歌燕舞，
更有潺潺流水，
高路入云端。
过了黄洋界，
险处不须看。

风雷动，
旌旗奋，
是人寰。
三十八年过去，
弹指一挥间。
可上九天揽月，
可下五洋捉鳖，
谈笑凯歌还。
世上无难事，
只要肯登攀。

水调歌头，词牌名。见本书前文《水调歌头·游泳》相关介绍。

这首词中"可上九天揽月，可下五洋捉鳖"两句最早发表于 1967 年 8 月 21 日《解放军报》刊载的《伟大的毛泽东思想敲响了帝修反的丧钟》一文中。全词最早发表在《诗刊》

1976年1月号(即复刊后的第一期),总题为《词二首》。(这两首词指《水调歌头·重上井冈山》和《念奴娇·鸟儿问答》)署明写作时间为"一九六五年五月"。《毛泽东诗词选》注释说:"二十五日写了这首词。"又载《建国以来毛泽东文稿》第十一册,标明写作日期"一九六五年五月二十五日"。据此,本书编著者确定本词写作时间为"一九六五年五月二十五日"。

另据冯蕙《谈谈毛泽东〈词二首〉的写作时间及其他》考证,毛泽东1965年5月22日至29日,重上井冈山期间,写了《念奴娇·井冈山》,感到不大满意,后来又写了《水调歌头·重上井冈山》。《水调歌头·重上井冈上》和《念奴娇·鸟儿问答》是同一时段写的。1965年秋是基本定稿时间,最后定稿的时间是1965年11月下半月或12月初。

井冈山位于湘赣边界的罗霄山脉中段,山势高大,主要山峰海拔都在千米以上。井冈山地区包括宁冈、永新、莲花、遂川和湖南的酃县、茶陵等县,周围五百余里。这里山高林密,地势险峻。1927年秋,毛泽东、朱德等共产党人率领中国工农红军,在这里创建了第一个农村革命根据地,为中国革命开辟了一条农村包围城市的道路,因而井冈山被称为"革命摇篮"。山中现存有三十多处革命遗址,其中属国家级保护的遗址有十处。

1927年10月毛泽东率领工农革命军上井冈山,创建第一个农村革命根据地(当时的根据地还包括江西省宁冈、永新、莲花和湖南省酃县四县交界的九陇山区)。全国革命胜利后,1965年5月毛泽东重上井冈山视察社会主义革命和建设情况,写下了这首词。

1965年5月毛泽东巡视大江南北后,于5月21日从湖南长沙登车,沿着途经韶山、安源、三湾、宁冈和直达茨坪的公路上山。当日到达后,来到茅坪,他举目凝视着当年的谢氏慎公祠和附近的八角楼旧址。毛泽东还清晰地记得,他当年不仅在谢氏慎公祠主持召开过中共湘赣边区第一、第二次代表大会,而且在此当选为第一任湘赣边区特委书记;而在那幢他居住过的名叫八角楼的砖房里,他于1928年10月5日还为湘赣边区党的第二次代表大会写下了题为《政治问题和边界党的任务》的决议(《毛泽东选集》收入此决议的一部分,改题为《中国的红色政权为什么能够存在?》)。

同日,当驱车经过黄洋界哨口时,他下车仔细察看了已经修复的当年红军放哨住过的营房,还站在哨口举目瞭望。大约下午六时,他才到达当年根据地党政军首脑机关所在地茨坪。当晚在井冈山宾馆三所115号房间住下,共住七晚。在井冈山居住期间,他的生活很简朴:床是木板床,写字台是一张方桌和一张条桌。每顿一小碗红米饭,主要吃素菜,有时还把素菜分出一小碟留着下顿吃。每日还坚持工作到凌晨两三点。他广泛地了解了井冈山地区水利、公路建设和人民生活等情况,分别会见了当年的老红军、烈士家属,以及当地机关干部、群众,同他们座谈,安慰和鼓励他们。通过视察和交谈,他感慨良多，诗兴勃发，于是 5 月 25 日写下了这首词。一说此词初稿是用钢笔写在一张报纸上的。29 日下山。

又据《汪东兴日记》说，1965 年 5 月 27 日（小雨），下午三时，汪东兴将中央文件送到毛泽东处时，看到毛泽东正在聚精会神地写《水调歌头·重上井冈山》词稿。录以备考。

另外，有的回忆录说：1965 年 5 月毛泽东巡视大江南北后，于 21 日上午十时，乘车从长沙启程，当天至茶陵，住茶陵县委会。22 日上午，毛泽东离开茶陵，十一时左右到了永新，休息了一会儿，便向井冈山攀登了。沿途，毛泽东兴致勃勃，谈笑风生，拉开窗帘，观看沿路景色。汽车在龙源口附近徐徐停了下来，毛泽东下车，拿起望远镜环视这当年"活捉江西两只'羊'"的旧地，脸上露出微微笑容。一会儿，开车继续前进，经三湾，古城、茅坪等地，这正是当年毛泽东率领秋收起义部队上井冈山的道路。汽车开到黄洋界时，毛泽东下车登上了哨口的险峰，巡视了当年红军的防御工事和当年挑粮上山的小路。他还在"黄洋界保卫战胜利纪念碑"前摄影留念。大约下午六时，到达茨坪。毛泽东在茨坪。住了七晚，接见了好多干部，群众和老赤卫队员。5 月 27 日上午，毛泽东在井冈山宾馆后山坡散步，拄着井冈山的青竹枝，向新盖在高处的楼房走去，从后山坡回到大厅休息片刻，又在宾馆右侧转了一圈。他一边走，一边思考着，并不时地凝望着远处的高山，眺望着茨坪的新貌，俯看着清清的流水……他正在酝酿诗篇。5 月 29 日，毛泽东告别井冈山，车抵吉安，汪东兴给随行的刘俊秀展示出毛泽东刚写好的《水调歌头·重上井冈山》。

毛泽东对井冈山怀有深厚的炽烈的革命感情，他曾对身边工作人员讲："井冈山不愧是革命的山，战斗的山，没有井冈山过去艰苦卓绝的奋斗，就不会有今天的胜利。"这次重上井冈山，毛泽东曾激动地对随行人员说："我离开井冈山已经三十八年了。这次旧地重游，回忆起三十八年这段历史，心情总是非常激动。为了创建这块革命根据地，不少革命先烈牺牲了自己的生命。我早想回井冈山看看，一别就是三十八年啊！我的心情和你们一样高兴、激动。"（《汪东兴日记》）

毛泽东重上井冈山的另一个重要原因，还与当时党内的斗争有关。建国以来，毛泽东曾几次激愤地提到井冈山和在井冈山创建的军队。1959 年，庐山会议上彭德怀的意见书得到张闻天等人的赞同，毛泽东 7 月 23 日在会上讲话，感情冲动地说："假如办十件事，九件是坏的，都登在报上，一定灭亡，应当灭亡。那我就走，到农村去，率领农民推翻政府。你解放军不跟我走，我就找红军去。我看解放军会跟我走的。""看来我只好上井冈山了。"1967 年 2 月，陈毅、谭震林、李先念等人猛烈抨击"文化大革命"。毛泽东听到张春桥、姚文元的汇报后，18 日晚，在中央政治局会议上，他极为震怒地说："这次文化大革命失败了，我和他（指林彪）就撤出北京，再上井冈山打游击。……我也下台，你们把王明请回来当主席嘛!"说完,愤然退场。

这次重上井冈山,5月25日,他对汪东兴、张平化、刘俊秀三人谈到上井冈山前党内的斗争,自己受到排挤打击,把他的政治局候补委员、中央委员给撤了,甚至误传把他的党籍也开除了,井冈山人不服气,为他打抱不平,要向中央写报告恢复他的党籍和名誉。随后,他又谈起了井冈山的战斗生活,滔滔不绝地讲了两个多小时。第二天晚上,又将汪东兴叫去,对他说:"这次重上井冈山,往事都想起来了。……我们军队也不那么纯,军队里也有派哟!军队里有要闹事的,历史上也经常有闹事的。不知你们信不信?你们不信我信。我们军队几十年经常有人闹乱子,闹就闹吧,闹一下不要紧,闹一下就不闹了吧。"接着,他又说起张国焘和路线问题。"最大的闹乱子的是张国焘。张国焘说他的人多,队伍要听他的。其实人多人少不是关键问题,要紧的是问题的本质,是你的路线正确不正确。"最后他说:"大大小小的事没有断过,井冈山闹过,闽西闹过,赣东北闹过,中央苏区也闹过。他要闹,你有什么办法?"(《汪东兴日记》)

这些都有助于我们对这首词的分析和理解。

《向毛泽东推荐井冈山的人》(1996年1月26日《扬子晚报》)说,最初向毛泽东推荐井冈山的是秋收起义部队第二团的王兴亚。王兴亚,江西安福人,早年参加共产党,当过北伐军营长,大革命失败后,潜回家乡组织农民武装,与井冈山的王佐、袁文才是拜把兄弟,互相支援。有 天,他接到江西省委的信,指示他速到安源开会。会议由中央特派员毛泽东主持。在部署完秋收起义工作后,毛泽东郑重地对众人说,还要考虑一个问题,敌强我弱,倘若暴动失利,退路在哪里?众人七嘴八舌地议论着。王兴亚把大腿一拍,说:"要是咱们输了的话,就退到我的两个老庚(袁、王)那里去。那里高山大岭,险要得很,进可攻,退可守,而且连绵好几百里,安得下千军万马呢!"大家忙问是哪?他说:"井冈山嘛!"毛泽东听后,要他把井冈山和袁、王的情况再讲清楚些。从此"井冈山"便在毛泽东的心里扎下了根。

井冈山过去曾是个只有丨多家住杉皮棚农户的穷山寨,如今是个美丽的新兴旅游山城。

董必武、谢觉哉、林伯渠、郭沫若曾各用一句话联成一首诗赞美井冈山:"革命摇篮地,中国第一山,井冈竖旗帜,革命母胎盘。"

朱德1976年2月作《喜读主席词二首》:

毛主席词二首发表,聆、读再三,欣然不寐。吟咏有感,草成二首。《诗刊》索句,因以付之。

一

昔上井冈山，革命得摇篮。

千流归大海，奔腾涌巨澜。

罗霄大旗举，红透半边天。

路线成众志，工农有政权。

无产者必胜，领袖砥柱坚。

几度危难急，赖之转为安。

布下星星火，南北东西燃。

而今势更旺，能不忆当年。

风雷兴未艾，快马再加鞭。

全党团结紧，险峰敢登攀。

二

鲲鹏九万里，直上云海颠。

伟哉大宇宙，壮志充其间。

可笑蓬间雀，称霸欲吞天。

倏尔控于地，仙阁化为烟。

文革号炮响，帝修心胆寒。

春风化红雨，新枝壮且繁。

老中青一体，路线共瞻前。

阶级斗争纲，纲举目豁然。

掌握辩证法，统一宇宙观。

真心搞马列，地覆又天翻。

朱德诗成，邓颖超曾建议在《人民日报》上转载，遭到姚文元蛮横拒绝。粉碎"四人帮"后，《人民日报》于1977年12月26日特地刊登了朱德这两首诗，以表达对毛泽东、朱德两位革命领导人的纪念和对"四人帮"的批判。

1976年元旦前夕，周恩来病情危重时，邓颖超给周恩来带来了次日即将在报刊上发表的毛泽东两首词——《水调歌头·重上井冈山》和《念奴娇·鸟儿问答》，周恩来非常高兴，就请工作人员给他反复朗读。他一面聆听，一面背诵，接着又戴起眼镜，一遍又一遍地看，直到很疲倦时，才把词珍惜地放在枕边。第二天又叫工作人员念给他听。当读到"不须放屁，试看天地翻覆"时，他会心地笑了。1月8日周恩来逝世时，放在枕边的，正是他十分珍爱的线装本《毛主席诗词三十九首》和毛泽东词二首:《水调歌头·重上井冈山》、《念奴娇·鸟儿问答》。

这首词,主要有四种文本,按照写作时间先后为:

第一种:

水调歌头

一九六五年五月

久有凌云志,

重上井冈山。

千里来寻故地,

旧貌变新颜。

到处莺歌燕舞,

更有潺潺流水,

高树入云端。

过了黄洋界,

险处不须看。

风雷动,

旌旗奋,

是尘寰。(后来第一次铅印修改稿将"尘寰"改为"人寰")

三十八年过去,

今日人人能道,(后来第一次铅印修改稿将此句删去)

弹指一挥间。(后来第一次铅印修改稿在此句后加写"可上九天揽月,可

下五湖捉鳖,风发更心闲。")

世上无难事,

只要肯登攀。

注:"三十八年过去,……弹指一挥间",按照词谱,这里应为五句,中间漏写两句。

此种见毛泽东手稿。

第二种:

水调歌头

一九六五年五月

久有凌云志，

重上井冈山。

千里来寻故地，

旧貌变新颜。

到处莺歌燕舞，

更有潺潺流水，

高树入云端。

过了黄洋界，

险处不须看。

风雷动，

旌旗奋，

是人寰。

三十八年过去，

弹指一挥间。

可上九天揽月，

可下五湖捉鳖，

谈笑凯歌还。

世上无难事，

只要肯登攀。

第三种：

水调歌头

一九六五年五月

久有凌云志，

重上井冈山。

千里来寻故地，

早已变新颜。

到处男红女绿，

更有飞流激电，

高路入云端。

过了黄洋界，

险处不须看。

风雷动，

旌旗奋，

是人寰。

三十八年过去，

抛出几泥丸！

可上九天揽月，

可下五湖捉鳖，

谈笑凯歌还。

世上无难事，

只要肯登攀。

此种见毛泽东送邓颖超清样。

第四种：即毛泽东最后定稿的文本。

毛泽东的这首词现在所见有一件毛泽东送邓颖超的清样和一件手稿：（一）清样。总标题为《词二首》，署名"毛泽东"。这首词的标题为《水调歌头》，署明写作时间为"一九六五年五月"。横写，有标点符号。清样天头上，写有致邓颖超的信：

邓大姐：

自从你压迫我写诗以后，没有办法，只得从命，花了两夜未睡，写了两首词。改了几次，还未改好，现在送上请教。如有不妥，请予痛改为盼！

毛泽东

九月廿五日

两首词的清样下写有邓颖超的附记：

一九六五年夏毛主席接见女外宾时，我作为陪见人，曾问主席是否作有新的诗词？我说很久未读到主席的新作品，很希望能读到主席的新作品。故在主席批送他的词二首的批语中用"压迫"二字。

这两首词，在今年正式发表，有几处主席作了核改。

邓颖超注

一九七六年十月

（二）中央档案馆、中共中央文献研究室编《毛泽东诗词手迹》有一件手稿，题为《水调歌头》，署明写作时间和作者："一九六五年五月　毛泽东"。横写，有标点符号。

又据《毛泽东诗词全编鉴赏》说，此词写出初稿后，曾印发征求意思，留下了三件铅印修改稿。可知此词在发表前作过多次多处修改。第一次修改，删去"今日人人能道"，改"尘寰"为"人寰"，加写"可上九天揽月，可下五洋捉鳖，风发更心闲"。第二次修改，"可下五洋捉鳖"改为"可下五湖捉鳖"，"风发更心闲"改为"谈笑凯歌还"。第三次修改，"旧貌变新颜"改为"早已变新颜"，"到处莺歌燕舞，更有潺潺流水"改为"到处男红女绿，更有飞流激电"，"弹指一挥间"改为"抛出几泥丸"，"高树入云端"改为"高路入云端"。最后定稿时，又恢复了初稿中作者满意的句子。

1975 年 11 月 15 日，《诗刊》编辑部写信给毛泽东，请求批准在复刊第一期（1976 年 1 月号）上发表《水调歌头·重上井冈山》和《念奴娇·鸟儿问答》，并送上两词的抄件。其中这首词毛泽东只改了标题中的一个字，将"重归井冈山"的"归"改为"上"。

"久有凌云志"，毛泽东手稿先写作"一日复一日"，后改为"久有凌云志"。

"重上井冈山"，毛泽东手稿和 1965 年 9 月 25 日毛泽东送邓颖超清样中，这句句末作句号。正式发表时，这句句末为逗号。1986 年 9 月人民文学出版社出版的《毛泽东诗词选》又改为句号。

"旧貌变新颜"，1965 年 9 月 25 日毛泽东送邓颖超清样中，这句作"早已变新颜"。

"到处莺歌燕舞，更有潺潺流水"，1965 年 9 月 25 日毛泽东送邓颖超清样中，这两句作"到处男红女绿，更有飞流激电"。

"高路入云端"，毛泽东手稿先写作"高树入云端"，后将"高"字改作"芳"，最后又将"芳"改作"高"，全句仍作"高树入云端"。

"风雷动"，毛泽东手稿，这句先想写作"风雷震"，后改写作"风雷动"。

"是人寰"，毛泽东手稿，这句词先写作"是人间"，后改为"是尘间"，最后改为"尘寰"。1965 年 9 月 25 日毛泽东送邓颖超清样作"是尘寰"。

"三十八年过去，弹指一挥间。可上九天揽月，可下五洋捉鳖，谈笑凯歌还"，1965 年 9 月 25 日毛泽东送邓颖超清样中，这几句作"三十八年过去，抛出几泥丸！可上九天揽月，可下五湖捉鳖，谈笑凯歌还"。毛泽东手稿中，这几句作"三十八年过去，今日人人能道，弹指一挥间"，句子有脱漏。其中"三十八年过去"，先写作"三十七年前事"，后改为"三十八年过去"。"今日人人能道"，先写作"今日何须记起"，后改为"今日何须记得"，再改为"今日人人能道"。

"只要肯登攀"，毛泽东手稿，先写作"只要用心钻"，后改为"只要肯登攀"。

【注释】

〔1〕水调歌头:词牌名。　重上井冈山:见本词解说部分。

〔2〕凌云:直上云霄,比喻志向高大。　凌云志:《后汉书·冯衍传》说,冯衍自谓"常有陵云之志"。"陵"同"凌"。《水浒传》第三十九回:"他时若遂凌云志,敢笑黄巢不丈夫。"本指高远的志向,这里兼指重上井冈山的心愿,含有实现共产主义崇高理想和一往无前的革命精神的意思。

〔3〕千里:指从北京到井冈山,千里迢迢。　寻:寻访。　故地:曾经生活、战斗过的地方。

〔4〕旧貌变新颜:指井冈山建设事业迅速发展,面貌发生了巨大的变化。

〔5〕莺歌燕舞:黄莺歌唱,燕子飞舞,形容春光美好。宋代苏轼《披锦亭》诗中有"烟红露绿晓风香,燕舞莺啼春日长"之句。元代杨景贤《西游记》杂剧第二本第九出有"山光明媚,柳色妖妖,莺歌巧韵,燕舞纤腰"之句。陈子龙《二郎神·清明感旧》有"韶光有几?催遍莺歌燕舞"之句。　到处莺歌燕舞:解放后,井冈山的自然生态受到特别保护,各种鸟儿在绿树丛中欢唱,在空中飞旋嬉戏。

〔6〕潺潺:水缓缓流动的样子,也形容流水声响。

〔7〕高路入云端:环山公路盘旋而上,伸入云际。

〔8〕黄洋界:见《西江月·井冈山》注。

〔9〕不须:不必。《汉书·冯奉世传》:"不须复烦大将。"

以上两句意思是说,黄洋界在井冈山五大哨口中形势最为险要,过了黄洋界,其余的就不必看了,含有我们经历了黄洋界战斗这样严峻的考验,就不会为任何艰难险阻所吓倒,一定能

够取得革命斗争胜利的意思。

〔10〕风雷:风吹和雷鸣,比喻无产阶级革命运动。　风雷动:无产阶级革命斗争的风暴气势磅礴,万里激荡。

〔11〕旌旗:旗帜的通称。　旌旗奋:指火红的战旗迎风飘扬。

〔12〕寰:指广大的地域。　人寰:即人世间。鲍照《舞鹤赋》:"去帝乡之岑寂,归人寰之喧卑。"　是人寰:这正是人间的景象。

〔13〕三十八年:1927年第一次上井冈山到1965年再上井冈山,其间相隔三十八年。

〔14〕弹指:唐代王维《六祖能禅师碑铭》:"饭食讫而敷坐,沐浴毕而更衣,弹指不流,水流灯焰,金身永谢,薪尽火灭。"《翻译名义集·时分》:"《僧祇》云:'二十念为一瞬,二十瞬名一弹指。'"本为佛家语,指勾指弹一下的功夫,形容时间短暂。　一挥:挥一挥手,也是形容时间短暂。

〔15〕九天:指天的极高处,古代以为天有九重。屈原《离骚》中有"指九天以为正兮"的诗句。段成式《酉阳杂俎》中说:"又有九天,此所谓天上天也。"李白《望庐山瀑布》诗中有"飞流直下三千尺,疑是银河落九天"之句。　揽:摘取。　九天揽月:到天的极高处去摘取月亮。《孙子·形篇》:"善攻者,动于九天揽月之上。"宋代梅尧臣注:"九天揽月,言高不可测。"唐代李白在《宣州谢朓楼饯别校书叔云》诗中有"俱怀逸兴壮思飞,欲上青天览明月"之句。抒发作者的理想和豪放气魄,这里指无产阶级革命者的凌云壮志。

〔16〕五洋:指太平洋、大西洋、印度洋、北冰洋和南冰洋。南冰洋即南极洲,过去人们以为它是海洋,现已探明,实为冰川覆盖的大高原。

鳖：甲鱼。西晋潘尼《鳖赋》曾把鳖描绘成"骇人而可恶"的丑类。"若乃秋水暴骇，百川沸流，有东海之巨鳖，乃负山而吞舟。" 捉鳖：成语有"瓮中捉鳖"，形容手到擒来，极其容易。元代康进之《李逵负荆》第四折："管教他瓮中捉鳖，手到拿来。"这里指擒拿敌人。这句是说，无产阶级革命者一定能够打倒国内外一切敌人，取得革命胜利。

〔17〕谈笑：笑语言谈，形容十分轻松，不费气力。晋代左思《咏史》："吾慕鲁仲连，谈笑却秦军。" 凯歌：胜利的歌。宋代陆游《出塞四首借用秦少游韵》："壮士凯歌归。"元代关汉卿《哭存孝》第一折："人唱着凯歌回。" 还：归来。 谈笑凯歌还：在谈笑声中高奏凯歌，胜利归来，表现了无产阶级革命者的乐观主义精神。

〔18〕世上无难事：俗语中有"世上无难事，只怕有心人"之句。

〔19〕登攀：即"攀登"。 只要肯登攀：社会主义革命和建设事业就如同爬山一样，只要不畏艰险，努力攀登，就一定能到达光辉的顶点，取得胜利。

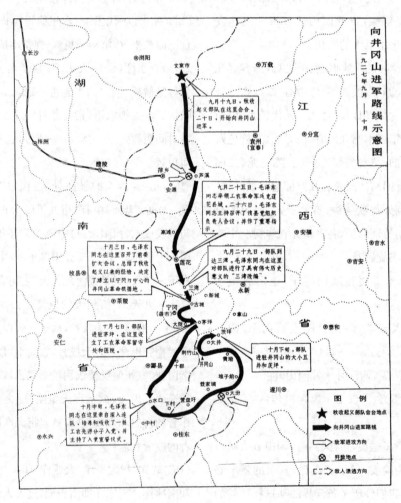

向井冈山进军路线示意图

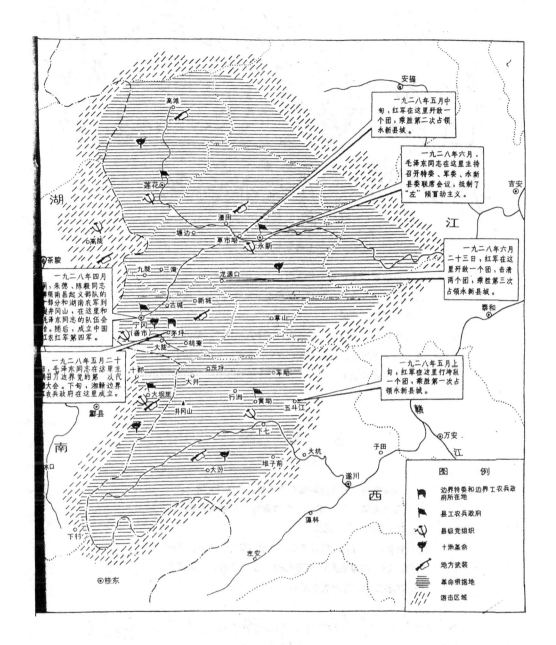

井冈山革命根据地全盛时期示意图

毛泽东诗词

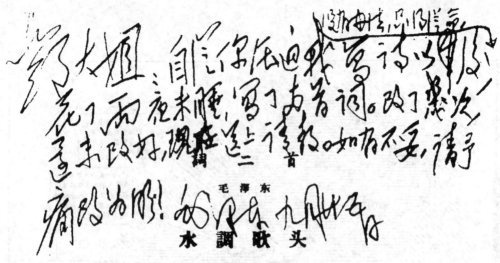

水调歌头

一九六五年五月

久有凌云志，重上井冈山。千里来寻故地，早已变新颜。到处莺歌燕舞，更有飞流激电，高路入云端。过了黄洋界，险处不须看。

风雷动，旌旗奋，是人寰。三十八年过去，弹指一挥间。可上九天揽月，可下五洋捉鳖，谈笑凯歌还。世上无难事，只要肯登攀。

念 奴 娇

一九六五年五月

鲲鹏展翅，九万里翻动扶摇羊角。背负青天朝下看，都是人民城郭。炮火连天，弹痕遍地，吓倒蓬间雀。怎么得了，哎呀我要飞跃。

借问你去何方，雀儿答道，有仙山琼阁。不见前年秋月朗，订了三家条约？还有吃的，土豆烧熟了，再添牛肉。不须放屁，看君充彼鬣膜。

毛泽东《水调歌头·重上井冈山》和《念奴娇·鸟儿问答》清样

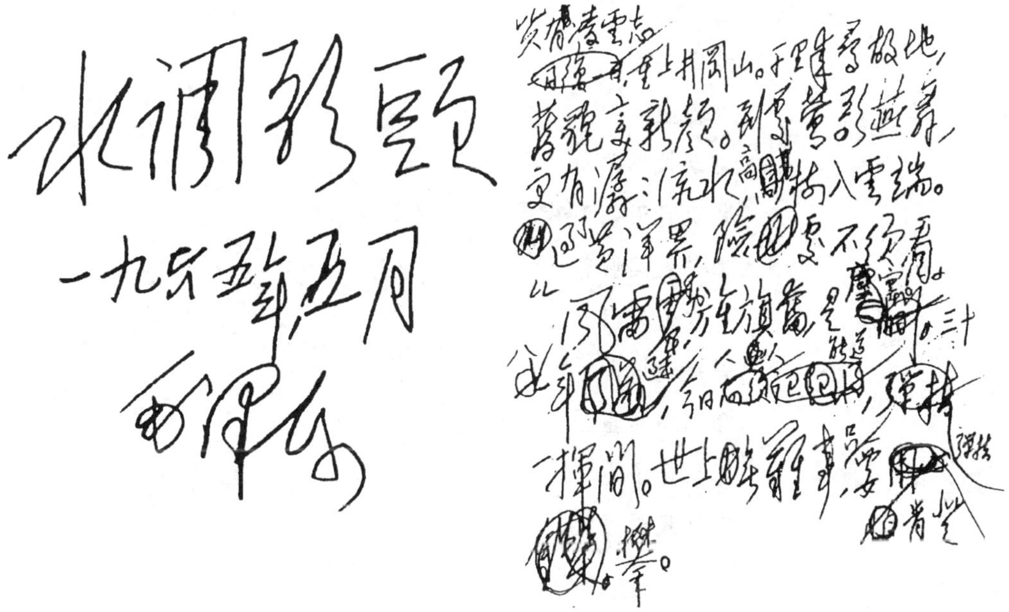

毛泽东手书《水调歌头·重上井冈山》

毛泽东诗词

0411

念奴娇

鸟儿问答

一九六五年秋

鲲鹏展翅，
九万里，
翻动扶摇羊角。
背负青天朝下看，
都是人间城郭。
炮火连天，
弹痕遍地，
吓倒蓬间雀。
怎么得了，
哎呀我要飞跃。

借问君去何方，
雀儿答道：
有仙山琼阁。
不见前年秋月朗，
订了三家条约。
还有吃的，
土豆烧熟了，
再加牛肉。
不须放屁，
试看天地翻覆。

念奴娇，词牌名。见本书前文《念奴娇·昆仑》相关介绍。

这首词最早发表于《诗刊》1976 年 1 月号（即复刊后第一期），总题为《词二首》。（另一首词为《水调歌头·重上井冈山》)署明写作时间为"一九六五年秋"。又载《建国以来毛泽东文稿》第十一册，注明"有毛泽东手稿"。标明写作时间"一九六五年秋"。这首词毛泽东有一件手稿和清样，署明写作时间为"一九六五年五月"。从手稿中可以看出，"五"字显系"七"字所改，再加上其他考证，本书编著者推断，"一九六五年七月"为初稿写作时间，与"一九六五年秋"基本相吻合是一致的。

这首词是采用寓言的方式，借用鲲鹏和雀儿的对话、问答的形式，艺术地概括了当代马克思主义者和当时所说的苏联现代修正主义者的大论战。

二十世纪六十年代初，在国际共产主义运动中曾经出现过围绕马列主义一系列原则问题的大论战。论战的一方，是以毛泽东为代表的坚持和捍卫马列主义的中国共产党人；另一方，是以赫鲁晓夫为头目的背叛马列主义的当时所说的"现代修正主义者"。

1963 年 7 月 14 日，苏方发表苏共中央《给苏联各级党组织和全体共产党员的公开信》，对中国共产党进行攻击，并把中苏两党的争论扩大到国家之间，使之公开于全世界。并企图把他们"三和"、"两全"的修正主义路线强加给国际共产主义运动。

1963 年 9 月 6 日至 1964 年 7 月 14 日，《人民日报》编辑部和《红旗》杂志编辑部陆续发表了九篇评论苏共中央公开信的重要文章，对当时所说的苏联现代修正主义集团进行系统的揭露和批判。

《红旗》杂志创刊于 1958 年 6 月 1 日，半月刊，每月 1 日、16 日出版，陈伯达为首任总编辑。长期以来，《红旗》杂志一直是中国共产党党内的权威理论刊物。

1988 年 5 月 30 日，中共中央作出决定：为适应改革开放新形势的要求，根据马克思主义的原理和原则，结合我国经济和社会发展的具体情况，开展理论上的探索和研究，促进马克思主义理论的新发展，中共中央决定委托中共中央党校创办全党的理论刊物《求是》杂志，取代《红旗》杂志。《求是》杂志于 1988 年 7 月 1 日创刊，邓小平为《求是》杂志题写刊名。而中共中央原来的理论刊物《红旗》则在 1988 年 6 月 16 日出版最后一期后停刊，红旗杂志社也改为求是杂志社了。

中共中央的"九评"发表刚三个月后，即 1964 年 10 月 14 日、15 日，赫鲁晓夫被先后解除苏共中央第一书记、苏联部长会议主席的职务。

1964 年 10 月 6 日，中国成功地爆炸了第一颗原子弹。

赫鲁晓夫的继承者勃列日涅夫，继续推行赫鲁晓夫的修正主义路线。

1965 年 3 月，中国共产党反对修正主义的重要文献《关于国际共产主义运动路线的论战》一书出版。

中国共产党对勃列日涅夫修正主义集团展开了严正的批判。

当时,国际上正处在大动荡、大分化、大改组之中。国家要独立,民族要解放,人民要革命,已经成为不可阻挡的历史潮流。

毛泽东为了进一步批判现代修正主义,鼓舞各国人民的革命斗志,防止中国也出现"修正主义",写下了这首反对现代修正主义的《念奴娇·鸟儿问答》。

又据毛泽东的护士长并帮助毛泽东保管诗稿的吴旭君回忆,毛泽东在六十年代中期,常读元曲。毛泽东这个时期常读元曲,是由于1965年2月1日,赵朴初发表了散曲《某公三哭》颇受他的赞赏,并激发了他读元曲的兴趣。此后,他还创作过元曲小令,只是没有发表而已。另外,那个时候,他为了反击当时所说的现代修正主义逆流,正在写政治讽刺诗词,以作投枪和匕首。他读元曲正是想吸收它的讽刺手法,以及汲取它的生动而幽默的俚语,来探索和丰富他的反修诗词创作。(《毛泽东诗词全编鉴赏》)

毛泽东曾请胡乔木就《水调歌头·重上井冈山》和《念奴娇·鸟儿问答》两首词征求郭沫若的修改意见。郭沫若写信给胡乔木说:"词两首,以后忙着别的事,不曾再考虑。六月卅日我去过井冈山根据地,在那儿住了两天。井冈山主峰和远处的罗霄山脉耸立云端。同志们告诉我:那些地方有原始森林。又黄洋界老地,当年战场犹在。'飞跃'我觉得可不改,因为是麻雀吹牛。如换为'逃脱',倒显得麻雀十分老实了。'土豆烧牛肉'句,点穿了很好,改过后,合乎四、四、五,为句也较妥贴。唯'土豆烧牛肉'是普通的菜,与'座满嘉宾,盘兼美味'似少相称。可否换为'有酒盈樽,高朋满座,土豆烧牛肉'?'牛皮葱炸,从此不知下落',我觉得太露了。麻雀是有下落还露过两次面。"从这封信中,也可看出毛泽东这首词初稿的一些情况。

1975年12月31日,尼克松的女儿朱莉·尼克松·艾森豪威尔、女婿戴维·艾森豪威尔(美国前总统艾森豪威尔的儿子)访问中国,受到毛泽东的接见。三个小时前,他们刚从中国中央人民广播电台的新闻节目中,听到了毛泽东的两首词《水调歌头·重上井冈山》和《念奴娇·鸟儿问答》。谈话围绕着诗词展开了,毛泽东告诉他们:"有一首是批评赫鲁晓夫的。"

1976年元旦,毛泽东的《重上井冈山》和《鸟儿问答》两首词在广播里发表,周恩来恰好从昏迷中醒来听到了。1月2日,服务人员又为他读这两首词,当读到"不须放屁,试看天地翻覆"时,他嘴角露出几丝笑纹,甚至可以听到隐隐的笑声。

非常巧合,赫鲁晓夫也曾讲过山鹬与鹌鹑的故事,并以鹌鹑自喻。1959年9月21日,他在美国圣约瑟市计算机工厂举行的宴会上发表讲话说:"山鹬约请鹌鹑到它那里去作客。他们之间进行了这样的谈话。山鹬说:'唉,你在田野里生活得怎么样,那里很干燥,没有水,而我住在沼泽里,我们这里很好。'鹌鹑回答说:'你在沼泽里都快腐烂了,你不了解陆地,你看,我们这里多好——阳光普照,鲜花遍野。'山鹞和鹌鹑谁也不了解谁,都认为自己正确。……你们认为你们的生活方式最好,而我们认为我们的生活方式最好。时间会证明,谁坐在沼泽里,谁在天空里飞翔。"

这首词,主要有两种文本,按照写作时间先后,为:

第一种:

念奴娇

鸟儿问答

一九六五年五月

鲲鹏展翅,

九万里翻起扶摇羊角。

背负青天朝下看,

都是人民城郭。

炮火连天,

弹痕遍地,

吓倒蓬间雀。

怎么得了,

哎呀我想飞跃。

借问你去何方,

雀儿答道,

有仙山琼阁。

不见前年秋月白,

订了三家条约?

还有吃的,

土豆烧熟了,

再添牛肉。

不须放屁,

看君充我荒腹。

此种见毛泽东手稿。

第二种:

毛泽东诗词

念奴娇

一九六五年五月

鲲鹏展翅，

九万里翻动扶摇羊角。

背负青天朝下看，

都是人民城郭。

炮火连天，

弹痕遍地，

吓倒蓬间雀。

怎么得了，

哎呀我想飞跃。

借问你去何方，

雀儿答道，

有仙山琼阁。

不见前年秋月白，

订了三家条约？

还有吃的，

土豆烧熟了，

再添牛肉。

不须放屁，

请君充彼鹩腹。

此种见毛泽东送邓颖超清样。

第三种：即毛泽东最后定稿的文本。

这首词现在所见有一件毛泽东送邓颖超的清样和一件手书：（一）送邓颖超的清样。总标题为《词二首》，署名"毛泽东"。这首词署明写作时间为"一九六五年五月"。横写，有标点符号。（二）手稿。标题为《念奴娇 鸟儿问答》，署明写作日期"一九六五年五月"。（先写作"七月"，后改为"五月"）横写，有标点符号。

冯惠《谈谈毛泽东〈词二首〉的写作时间及其他》（《毛泽东书法艺术》2008 年第四期）说，1975 年 11 月 15 日《诗刊》编辑部写信给毛泽东，请求批准在复刊第一期（1976 年 1 月号）上发表《水调歌头·重上井冈山》和《念奴娇·鸟儿问答》并选上两首词的抄件。毛泽东将这首词抄件标题"雀儿问答"的"雀"改为"鸟"，"尽是人间城郭"的"尽"改为"都"，"不见前年秋月白"的"白"改为"朗"，"请君充我枵腹"改为"试看天地翻覆"。

写作时间，1986 年 9 月人民文学出版社出版的《毛泽东诗词选》和 1996 年 9 月中央文献出版社出版的《毛泽东诗词集》，均作"一九六五年秋"。

"九万里，翻动扶摇羊角"，1965 年 9 月 25 日毛泽东送邓颖超清样中，这两句中间没有标点符号。现在所见手稿原作"九万里翻遍扶摇羊角"，后又改为"九万里翻起扶摇羊角"，中间也没有标点符号。正式发表时改为"九万里，翻动扶摇羊角"。"九万里"后加了逗号。

"都是人间城郭"，1965 年 9 月 25 日毛泽东送邓颖超稿清样和上述手稿中，这句作"都是人民城郭"。

"哎呀我要飞跃"，上述手稿中，这句原作"哎呀我想逃去"，后改为"哎呀我想逃却"，后又改为"哎呀我想逃脱"，再改为"哎呀我想飞跃"。郭沫若致胡乔木信中也提到这句中的"飞跃"曾作"逃脱"。

"借问君去何方"，1965 年 9 月 25 日毛泽东送邓颖超清样和上件手稿中，这句作"借问你去何方"，句末为逗号。正式发表时和 1976 年 1 月出版的《毛主席诗词选》改为"借问君去何方"，句末为问号。1986 年 9 月出版的《毛泽东诗词选》和 1996 年 9 月出版的《毛泽东诗词集》均改为逗号。

"雀儿答道"，1965 年 9 月 25 日毛泽东送邓颖超清样和上述手稿中，这句句末作逗号，正式发表时改为冒号。

"有仙山琼阁"，上述手稿中，这句原作"去西方欢乐"，后改为"有神……"随即将"神"字圈去，改为"有仙山楼阁"，再改为"有仙山琼阁"。

"不见前年秋月朗"，上述手稿中，这句原作"不见前年八月间"，后改为"不见前年九月间"，再改为"不见前年秋月明"，后又改为"不见前年秋月白"。1965 年 9 月 25 日毛泽东送邓颖超清样中，作"不见前年秋月白"。

"订了三家条约"，在上述手稿中，原作"订了三强条约"，后又改为"订了三家条约"，句末作问号。1965 年 9 月 25 日毛泽东送邓颖超清样中，作"订了三强条约"，句末也作问号。正式发表时改为句号。

"再加牛肉"，上述手稿中原作"再加牛肉"，后改为"再添牛肉"。1965 年 9 月 25 日毛泽东送邓颖超清样中，这句作"再添牛肉"。正式发表时又改为"再加牛肉"。

毛泽东和赫鲁晓夫的交往中有一件争论土豆烧牛肉的趣事。1957 年 11 月，毛泽东率中共代表团赴莫斯科参加十二个社会主义国家党的代表会议。在赫鲁晓夫陪同的一次进餐时,毛泽东津津有味地嚼着克里姆林宫厨师长伊万·伊万诺维奇做的土豆烧牛肉。"要是每个劳动者的碗里都有土豆烧牛肉,"赫鲁晓夫幽默地说,"我看就到共产主义了。""我只吃土豆。"毛泽东微笑着回答说:"共产主义如果是烧牛肉,那么我宁愿要红烧猪肉。"

"试看天地翻覆",在上述手稿中,这句作"请君充我荒腹"。1965年9月25日毛泽东送邓颖超清样中,这句作"看君充彼鹄腹"。

【注释】

〔1〕念奴娇:词牌名。 鸟儿问答:见本词解说部分。

〔2〕鲲鹏:古代传说中的一种由大鱼变成的大鸟。《庄子·逍遥游》中记载:"北冥有鱼,其名为鲲。鲲之大,不知其几千里也。化而为鸟,其名为鹏;鹏之背,不知其几千里也。怒而飞,其翼若垂天之云。是鸟也,海运则将徙于南冥。南冥者,天池也。《齐谐》者,志怪者也。《谐》之言曰:'鹏之徙于南冥也,水击三千里,抟扶摇而上者九万里,去以六月息者也。'"下文又说:"有鸟焉,其名为鹏,背若泰山,翼若垂天之云,抟扶摇羊角而上者九万里,绝云气,负青天,然后图南,且适南冥也。"这里鲲鹏象征马克思列宁主义者和世界革命人民。

〔3〕九万里:极言其高。

〔4〕扶摇:一作动词解,形容迅猛回旋上升的样子;一作名词解,旋风的一种。 羊角:一种旋风的名称,因这种旋风弯曲向上,状如羊角,故名。 翻动扶摇羊角:写鲲鹏乘着盘旋而上的飓风往上奋飞的样子。

〔5〕背负青天:《庄子·逍遥游》中形容鲲鹏飞翔的姿势时说:"而后乃今培风背负青天",意思就是,鲲鹏飞到九万里的高空,然后才凭藉巨大的风力负托着鹏翼,背贴着蓝天自在地翱翔。朝下看:指俯视人间。

〔6〕城:指内城的墙。 郭:指外城的墙。城郭:概指城市。 都是人间城郭:指人世间的情景,历历在目。

〔7〕炮火连天,弹痕遍地:这里描写人间城廓的真实图景。第二次世界大战后,新的世界大战没有爆发,但局部战争却连绵不断。

〔8〕蓬:蓬蒿,随风飘荡的乱草。蓬间雀:《庄子·逍遥游》中写到几种讥笑鲲鹏的古代传说中的小鸟,如学鸠、斥鷃之类,都属蓬间雀。唐代成玄英疏曰:"鷃,雀也。"如斥鷃曾很得意地自称:"我腾跃而上,不过数仞而下,翱翔蓬蒿之间,此亦飞之至也。"这里象征当时所说的渺小卑怯、虚弱丑恶的现代修正主义者。 吓倒蓬间雀:马列主义者和当时所说的现代修正主义者对当时的革命形势有两种看法,而又集中地表现在战争与和平问题上。马列主义者认为战争有正义和非正义之分,对于被压迫民族、被压迫人民的正义战争,应当坚决支持和赞成;而对于反动势力发动的非正义战争,一是反对,二是不怕,用革命战争去消灭反革命战争。而当时所说的现代修正主义者,对战争不作分析,反对一切战争。1960年9月,赫鲁晓夫在联合国大会的演讲中说:"任何民族解

放的局部战争都会蔓延成世界大战。"同年7月,他在维也纳的讲话中又说:"当代的'区域性战争'是很可怕的事,因为任何'区域性战争'的星星之火都会蔓延成世界大战火焰。"同年4月在苏联巴库的讲话中还说:"要是让战争爆发,那么,许多国家简直将从地球上消灭。"

〔9〕跃:跳跃。 怎么得了,哎呀我要飞跃:这是雀儿害怕战争,要想逃避所说的话。

〔10〕借问:请问,设问之辞,见《七律二首·送瘟神》注。 君:先生,阁下,讽刺蓬间雀的称呼。 借问君去何方:这又是鲲鹏向雀儿发出的问话。

〔11〕雀儿答道:以下从"有仙山琼阁",直到"再加牛肉",都是雀儿回答鲲鹏问话所鼓吹的一套谬论。

〔12〕琼:美玉。 阁:楼阁。琼阁:玉砌的楼阁。 仙山琼阁:古代神话中的理想世界,神仙居住的地方。唐代白居易《长恨歌》中句:"忽闻海上有仙山,山在虚无缥缈间。楼阁玲珑五云起,其中绰约多仙子"。宋代苏轼《水调歌头》有"我欲乘风归去,又恐琼楼玉宇,高处不胜寒"之句。这里指当时所说的现代修正主义者在国际上兜售的所谓"没有武器,没有军队,没有战争"的"三无世界";在国内推行的"土豆烧牛肉"的假共产主义。

〔13〕前年:这里指1963年。 朗:明亮。秋月朗:指秋月明亮的时节。

〔14〕三家条约:当时苏、美、英三国于1963年7月25日草签,并于8月5日在莫斯科正式签订了《禁止在大气层、外层空间和水下进行核试验条约》。它把停止核试验同全面禁止核武器完全分开,企图使苏、美、英三国继续制造、储存和使用核武器合法化,并把禁止地下核试验排除在外,旨在剥夺其他国家为抗拒核讹诈而试验核武器的权利,维护几个核大国的核垄断地位,以利于他们对全世界实行霸权主义统治。

〔15〕土豆烧熟了,再加牛肉:"土豆烧牛肉的共产主义"是当时所说的现代修正主义的谬论。赫鲁晓夫于1964年4月1日在匈牙利的布达佩斯电机厂讲话,曾将其所谓的"福利共产主义"归结为"需要有一盘土豆烧牛肉的好菜"。《人民日报》、《红旗》杂志编辑部《关于赫鲁晓夫的假共产主义及其在世界历史上的教训》一文说:"赫鲁晓夫的'共产主义',实质上是资产阶级社会主义的一种变种。他不是把共产主义看作是彻底消灭阶级和阶级差别,而是把它说成是什么'所有人都可以得到的、盛满了体力劳动和精神劳动产品的一盘餐'。他不是把工人阶级争取共产主义的斗争,看作是争取自身和全人类的彻底解放的斗争,而是把它说成是什么为'一盘土豆烧牛肉的好菜'而斗争。在赫鲁晓夫的心目中,科学共产主义连影子都没有了,有的只是资产阶级的庸人社会。"

〔16〕不须放屁,试看天地翻覆:这是鲲鹏听到雀儿的胡言乱语后,义正词严地厉声斥责雀儿的话,表达了作者对当时所说的"现代修正主义者"极大的义愤,要把无产阶级革命进行到底的坚强信心和决心。1962年1月30日,毛泽东在"七千人大会"上的讲话中说:"从现在起,五十年内外到一百年内外,是世界上社会制度彻底变化的伟大时代,是一个翻天覆地的时代,是过去任何一个历史时代都不能比拟的。"

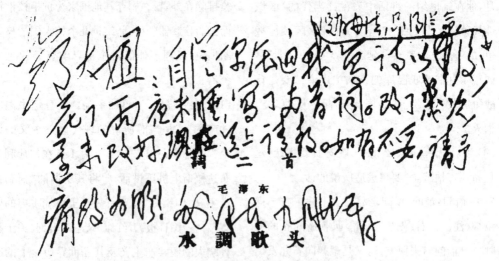

水調歌头
一九六五年五月

久有凌云志，重上井冈山。千里来寻故地，早巳变新颜。到处莺歌燕舞，更有飞流激电，高路入云端。过了黄洋界，险处不须看。

风雷动，旌旗奋，是人寰。三十八年过去，弹指一挥间。可上九天揽月，可下五洋捉鳖，谈笑凯歌还。世上无难事，只要肯登攀。

念 奴 娇
一九六五年五月

鲲鹏展翅，九万里翻动扶摇羊角。背负青天朝下看，都是人民城郭。炮火连天，弹痕遍地，吓倒蓬间雀。怎么得了，哎呀我要飞跃。

借问你去何方，雀儿答道，有仙山琼阁。不见前年秋月白，订了三家条约，还有吃的，土豆烧熟了，再添牛肉。不须放屁，看君充彼鹊腹。

毛泽东《水调歌头·重上井冈山》和《念奴娇·鸟儿问答》清样

毛泽东手书《念奴娇·鸟儿问答》

毛泽东诗词 第二辑（副编）

　　本辑收录诗词共二十五首。毛泽东逝世后，经中共中央有关部门审定，分两批正式发表的诗词，共二十八首。先后增加收入人民文学出版社 1986 年出版的《毛泽东诗词选》和中央文献出版社 1996 年出版的《毛泽东诗词集》。均列入副编。

　　这些诗词远不是毛泽东诗词的全部，有的可能是未定稿，也有的可能是毛泽东生前不愿发表的，但其中不乏精品佳构。同时这些作品在题材、体裁、创作时期、艺术风格等方面，弥补了毛泽东生前所发表诗词的不足，因而也是颇为珍贵的。

挽易昌陶

一九一五年五月

去去思君深，
思君君不来。

愁杀芳年友，
悲叹有馀哀。

衡阳雁声彻，
湘滨春溜回。

感物念所欢，
踯躅南城隈。

城隈草萋萋，
涔泪侵双题。

采采馀孤景，
日落衡云西。

方期沆漾游，
零落匪所思。

永诀从今始，
午夜惊鸣鸡。

鸣鸡一声唱，
汗漫东皋上。

冉冉望君来，
握手珠眶涨。

关山蹇骥足，
飞飙拂灵帐。

我怀郁如焚，
放歌倚列嶂。

列嶂青且茜，

原言试长剑。

东海有岛夷，

北山尽仇怨。

荡涤谁氏子，

安得辞浮贱。

子期竟早亡，

牙琴从此绝。

琴绝最伤情，

朱华春不荣。

后来有千日，

谁与共平生？

望灵荐杯酒，

惨淡看铭旌。

惆怅中何寄，

江天水一泓。

　　这首诗最早发表于湖南第一师范学校编印的《易君咏畦追悼录》。《诗人毛泽东》（中共江苏省委党史工作办公室编，当代中国出版社 2006 年 7 月第 1 版）有一图片为该书封面和该诗的第一页，均为宋体字。该诗题为《悼友人易咏畦》，无标点符号。后见于萧三《毛泽东同志的青少年时代》。1987 年 4 月出版的《中央档案馆丛刊》第 2 期《毛泽东学生时代诗文三篇》，其中有一篇题为《挽同学易昌陶君诗》即为这首诗。编者特地说明，这首诗是抄自保存下来的毛泽东 1915 年 6 月 25 日致湘生的一封信。1990 年 3 月中共中央党史资料出版社出版高菊村等编著的《青年毛泽东》，也全文引录。后又见于《毛泽东早期文稿》中的《致湘生信（1915 年 6 月 25 日）》。1996 年 9 月中央文献出版社出版的《毛泽东诗词集》收入"副编"。

　　"易昌陶"，字咏畦，湖南衡山人，毛泽东在湖南第一师范学校第八班的同学和挚友。1915 年 3 月，易昌陶因病去世，由校长张干、学监王季范、教员杨昌济发起，学校于 5 月 23 日开追悼会。师生共送挽诗、挽联二百五十六首（副），并编印成册，题为《易君咏畦追悼录》。毛泽东致送的这首挽诗和一副挽联均录册中。当时正值袁世凯接受日本帝国主义旨在灭亡中国的"二十一条"，国势危急。毛泽东此诗表达了对良友早逝的悲痛心情，抒发了忧国忧民的情怀和改造旧世界的志向。

毛泽东 1915 年 6 月 25 日给湘生的信中说："读君诗，调高意厚，非我所能。同学易昌陶君病死，君工书善文，与弟甚厚，死殊可惜。校中追悼，吾挽以诗，乞为斧正。"

《易君咏畦追悼录》和《毛泽东早期文稿》又都收入了毛泽东同时所写的一副悼念易昌陶的挽联：

> 胡虏多反复，千里度龙山，腥秽待湔，独令我来何济世；
>
> 生死安足论，百年会有殁，奇花初苗，特因君去尚非时。

这首诗现在所见有一件手书：无标题。竖写，无标点符号。这件手书即《致湘生（1915 年 6 月 25 日）》信中所录。

"方期沉潃游"，《易君咏畦追悼录》误作"方期沉潃游"。

"子期竟早亡"，《易君咏畦追悼录》误作"子渊竟早亡"。

"后来有千日"，《易君咏畦追悼录》误作"后来有千里"。

"飞飙拂灵帐"，《易君咏畦追悼录》误作"飞飙拂云帐"。

【注释】

〔1〕五古：五言古体诗的简称。古体诗是别于唐代兴起的近体格律诗而言，不讲求对仗、平仄，用韵比较自由。句式有四言、五言、六言、七言、杂言等。 挽易昌陶：见本诗解说部分。

〔2〕去去：越去越远。旧题汉代苏武《别诗》四首其三："参辰皆已没，去去从此辞。"宋代柳永《雨霖铃》词："念去去千里烟波，暮霭沉沉楚天阔。" 去去思君深，思君君不来：宋代李元仪《卜算子》词："我住长江头，君住长江尾。日日思君不见君，共饮长江水。此水几时休，此恨何时已？只愿君心似我心，定不负相思。"

〔3〕愁杀：极言悲愁之甚。《古诗源·古源》："秋风萧瑟愁杀人。" 芳年：少年青春。南朝宋代刘铄《拟行行重行行》："芳年有华月，佳人无还期。" 芳年友：青年朋友。

〔4〕馀：多。 馀哀：未尽的哀伤。旧题汉代苏武《别诗》四首其二有"慷慨有馀哀"之句。汉代无名氏《古诗十九首·西北有高楼》诗有句："一弹再三叹，慷慨有馀哀。不惜歌者苦，但伤知音稀。"曹植《七哀》诗："明月照高楼，流光正徘徊。上有愁妇思，悲叹有馀哀。"

〔5〕雁声彻：雁声响彻天空。这里比喻思友悲叹之深切。 衡阳雁声彻：相传衡阳有回雁峰，秋天北雁南来到此，春天返回北方。唐代王勃《秋日登洪府滕王阁饯别序并诗》："渔舟唱晚，响穷彭蠡之滨；雁阵惊寒，声断衡阳之浦。"

〔6〕滨：水边，近水的地方。 湘滨：湘水之滨。 溜：迅速的水流。 春溜：指春水。衡阳雁声彻，湘滨春溜回："衡阳"、"湘滨"，一方面点明了亡友易昌陶的故乡和悼者毛泽东之所在，另一方面，"雁声彻"、"春溜回"又点明了易昌陶去世和师友悼念的时间，令人感物伤怀，无限悲痛。同时，这两句化用古曲语，寄寓生死契阔，心伤肠断之情。元代高则诚《琵琶记·官邸忧思》中有"湘浦鱼沉，衡阳雁断，音

讯要奇无方便"之语。

〔7〕物:事物。 感物:因接触外界事物引起的思想情绪。三国时代魏国曹植《赠白马王彪》诗七章其四有"感物伤我怀"之句。 所欢:亲密的人,这里指易昌陶。汉代刘桢《赠五官中郎将》诗四首其三有"涕泣洒衣裳,能不怀所欢"之句。

〔8〕踟蹰:徘徊不进的样子。 南城:即城南,湖南第一师范学校在长沙南门外的书院坪。 隈:弯曲的地方。 南城隈:南城墙弯曲处。

全诗分五段。以上第一段,写好友去世,心中充满悲哀,不禁回念起昔日的友谊。

〔9〕萋萋:草茂盛的样子。《楚辞·招隐士》:"王孙游兮不归,春草生兮萋萋。"唐代崔颢《黄鹤楼》诗:"芳草萋萋鹦鹉洲。"

〔10〕涔:形容汗、泪、雨水等不断地流下。 侵:同浸。 双题:双颊。南朝宋代谢惠连《捣衣诗》:"微芳起两袖,轻汗染双题。"

〔11〕采采:众多的样子。《诗·蒹葭》"蒹葭采采,白露未已。" 馀:剩下。 景:影的本字。 孤景:即孤影,这里是作者自指。

〔12〕衡云:衡山上的云烟。 日落衡云西:衡山在长沙南,这里"衡"指长沙之西属衡山七十二峰的岳麓山,故云。

〔13〕沆瀁:水深广的样子,犹汪洋。西晋左思《吴都赋》:"泓澄奫潫,渟溶沆瀁,莫测其深,莫究其广。" 方期沆瀁游:意思是说,还有过一道远游的计划,正准备到广阔天地去遨游。一说"游"为交游,此句意谓期望与好友进行又深又广的交游。亦可通。

〔14〕零落:草木凋谢,这里比喻人的死亡。 匪:非。 匪所思:《易·涣卦》:"匪夷所思",即不是所想到的。

〔15〕永诀:永别。西晋潘岳《杨仲武诔》"临穴永诀,抚榇尽哀。"

〔16〕午夜:半夜。

以上第二段,叙失友后的孤零悲痛,自己与亡友还有一番宏大的游览计划也不能实现了。

〔17〕鸣鸡一声唱:唐代李贺《致酒行》诗:"我有迷魂招不得,雄鸡一声天下白。少年心事当拿云,谁念幽寒坐呜呃。"

〔18〕汗漫:水势浩瀚的样子,形容无边无际,这里指漫步。 皋:水边高地。 东皋:田野或高地的泛称。东晋陶渊明《归去来辞》:"登东皋以舒啸,临清流而赋诗。" 汗漫东皋上:唐代李白《庐山谣寄卢侍御虚舟》诗有句:"遥见仙人彩云里,手把芙蓉朝玉京。先期汗漫九垓上,愿接卢敖游太清。"

〔19〕冉冉:慢慢地。 冉冉望君来:即"望君冉冉来",意谓飘渺间看见你缓缓走来。

〔20〕握手:《后汉书·李通传》:"及相见,共语移日,握手极欢。" 珠眶:眼眶。 涨:扩大。指涨满泪水。

〔21〕关山:关和山,见《菩萨蛮·大柏地》注。 蹇:行走艰难,不顺遂,原意为跛足,这里指阻碍。 骥足:比喻俊逸之才。《晋书·王接传》:"王接才调秀出,见赏知音,惜其夭枉,未申骥足,嗟夫!" 关山蹇骥足:比喻命运的险阻困苦。

〔22〕飙:疾风。 灵帐:张挂在死者灵前的帐幔。 飞飙拂灵帐:意谓急风超度亡灵,吹拂死者的灵帐。

〔23〕放歌:尽情地放声歌唱。唐代杜甫《闻官军收复河南河北》:"白日放歌须纵饮,青春作伴好还乡。" 倚:靠着。 列嶂:群峰耸立,有如屏嶂。唐代李益诗:"列嶂高峰举,当空太

白低。"

以上第三段,因思念而希望死者复生,恍惚与亡友在田野上漫游,然好友终于离世,只得倚嶂高歌。

〔24〕茜:草茂盛的样子。 列嶂青且茜:句式同《古诗十九首》其十:"河汉清且浅",及其十二"东城高且长。"

〔25〕言:助词,无义,多见于《诗经》等上古作品。如《诗·卫风·氓》:"静言思之,躬自悼矣。"《左传·僖公九年》:"既盟之后,言归于好。" 试长剑:汉代王符《潜夫论·考绩》:"剑不试则利钝暗,弓不试则劲挠诬。"元代虞集诗:"试剑丹崖秋隼疾。"此处寓愿为国效力之意。

〔26〕岛夷:原指我国古代东部沿海一带居民。《书·禹贡》:"冀州岛夷皮服,扬州岛夷卉服。"《后汉书·度尚传》注:"书曰岛夷皮服,原本作鸟夷。今作岛夷。后人所改。"唐代孟浩然诗:"廛宇邻鲛室,人烟接岛夷。"鸦片战争前后的诗文中,常称外国侵略者为岛夷。如清代黄遵宪《冯将军歌》,"何物岛夷横割地,更索黄金要岁币",岛夷即指法国侵略者。 东海有岛夷:这里指日本帝国主义。

〔27〕北山:这里泛指我国北方一带。 北山尽仇怨:北方群山尽是仇视我们的国家,这里指俄国帝国主义。另一说,易孟醇、易维《诗人毛泽东》认为,这里的"北山"既不是特指的山名或地名,也不是泛指"北方群山"或"东北一带",而是用典。《诗经·小雅》有《北山》篇。毛泽东这里"北山尽怨仇"与上句"东海有岛夷"上下两句,一以贯之,反映全国人民对日本侵略者同仇敌忾的激情。

〔28〕谁氏子:谁家子。 荡涤谁氏子:澄清祖国大地,到底由谁来主宰。

〔29〕安得:怎能。 辞:推辞。 浮:浮浅。 贱:卑微。 浮贱:自谦之词,犹言我们这些分量轻微的人。 安得辞浮贱:我辈怎能以浮浅贫贱为由来推卸匹夫之责呢?

〔30〕子期:钟子期,春秋时代楚国人,精于音律。他的朋友俞伯牙善于弹琴。伯牙鼓琴,志在高山流水,子期听而知之。子期死,伯牙谓世无知音者,乃绝弦破琴,终身不复鼓琴。

〔31〕牙琴:伯牙的琴,这里作者将易昌陶比作钟子期,将自己比作伯牙,意思是说,易是自己的知音。

以上第四段,写二人原本有共同理想,挽救危难国势,然而好友英年早逝,自己失去了知音。

〔32〕朱华:红花。

〔33〕后来有千日:未来的时间很漫长。

〔34〕荐:献。

〔35〕惨淡:阴沉、暗淡无光的样子。宋代欧阳修《秋声赋》:"夫秋之为状也,其色惨淡,烟霏云敛。" 铭旌:竖在灵柩前以表识死者姓名的旗幡,又称明旌。 惨淡看铭旌:即"看铭旌惨淡"。

〔36〕泓:水深,这里作量词。 一泓:唐代李贺《梦天》诗有"遥望齐州九点烟,一泓海水杯中泻"之句。 江水天一泓:长天江水无限地飘向远方,比喻深情。

以上第五段,写未来的日子漫长,谁能与我共度一生,唯有对亡友的灵位献酒,以表深情。

去去思君深，思君君不来。愁杀芳年友，悲叹有余哀。衡阳雁声彻，湘滨春溜回。感物念所欢，踯躅南城隈。城隈草萋萋，涔泪侵双题。采采余孤景，日落衡云西。方期沆瀁游，零落匪所思。永诀从今始，午夜惊鸣鸡。鸣鸡一声唱，汗漫东皋上。冉冉望君来，握手珠眶涨。关山蹇骥足，飞飚拂灵帐。我怀郁如焚，放歌倚列嶂。列嶂青且倩，愿言试长剑。东海有岛夷，北山尽仇怨。荡涤谁氏子，安得辞浮贱。子期竟早亡，牙琴从此绝。琴绝最伤情，朱华春不荣。后来有千日，谁与共平生。望灵荐杯酒，惨淡看铭旌。惆怅中何寄，江天水一泓。

毛泽东手书《五古·挽易昌陶》

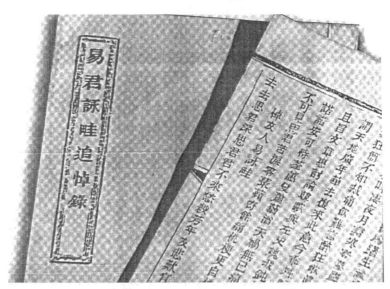

《易君咏畦追悼录》封面和毛泽东《悼友人易咏畦》首页

毛泽东诗词

送纵宇一郎东行

一九一八年八月

云开衡岳积阴止，
天马凤凰春树里。
年少峥嵘屈贾才，
山川奇气曾钟此。
君行吾为发浩歌，
鲲鹏击浪从兹始。
洞庭湘水涨连天，
艨艟巨舰直东指。
无端散出一天愁，
幸被东风吹万里。
丈夫何事足萦怀，
要将宇宙看稊米。
沧海横流安足虑，
世事纷纭从君理。
管却自家身与心，
胸中日月常新美。
名世于今五百年，
诸公碌碌皆余子。
平浪宫前友谊多，
崇明对马衣带水。
东瀛濯剑有书还，
我返自崖君去矣。

这首诗最早发表于罗章龙《回忆新民学会（由湖南到北京）》（中国革命历史博物馆党史研究室编《党史研究资料》1979 年第十期）一文，又见于罗章龙《椿园载记》、《椿园诗草》。《椿园诗草》题为《二十八划生诗简》。1986年9月人民文学出版社出版的《毛泽东诗词选》、1996年9月中央文献出版社出版的《毛泽东诗词集》均收入"副编"。写作时间，《毛泽东诗词选》作"一九一八年"，《毛泽东诗词集》改为"一九一八年四月"。

"纵宇一郎"，是罗章龙在1915年同毛泽东初次通信时，就已用过的化名。据罗章龙《椿园载记》说：一九一五年五月中旬某日，罗赴司马里第一中学访友，于该校会客室门外墙端，偶见署名"二十八划生"征友启事一则，内容为求志同道合的朋友，返校后，立作一书应之，署名"纵宇一郎"。"二十八划生"，即毛泽东，"毛澤東"三字繁体共二十八画。

罗章龙《椿园诗草》一书中这首《二十八划生诗简》，诗前有小序说："一九一八年，余决定赴日本留学，新民学会同仁均赞襄其事。乃从长沙乘轮船直航上海，轮船启碇前，二十八划生到埠头送行，面交一函，内题'为纵宇东渡，有诗一首为赠'。"接着抄录了这首诗。

《毛泽东诗词全编鉴赏》说，罗章龙健在时，曾访问过他，请他回忆了有关这首诗的一些情况。他说："毛泽东这首诗写于1918年春，是写在一张纸上的，用信封套着，当面交给我，并说'有诗一首为赠'。我看诗写得很好，就抄在本子上，后来原件和抄件都没有保存下来，现在是凭记忆追记的。"又说，他和爱好文学的妹妹都能背诵这首诗，所以保存下来了。他妹妹去世前，他同她核对过这首诗。

1918年春，新民学会大部分会员面临着毕业后的出路问题。他们都是有理想、有抱负的青年，因深感旧中国在科学方面十分落后，故要求学习的愿望比较强烈。毛泽东暨新民学会干事会派罗等去日本。

1918年初夏，罗章龙临行前，新民学会在轮船停泊处的长沙北门外的平浪宫聚餐，新民学会会员和同窗好友四五十人，都来为罗饯行。大家情绪很高，不少人赋诗惜别。罗到上海之后不久恰好碰上5月7日（1915年日本政府向袁世凯政府提出二十一条最后通牒的日子），当时日本政府殴打中国的爱国留学生，一些人被迫回国。罗遂中止赴日本。罗未能东去日本后，就参加了上海各界人士发起的抗议活动。后重返湖南，征得毛泽东等的同意，改赴北京，进了北京大学。

罗章龙在《回忆新民学会》中，谈到这首诗的"本事"说："当时留学最流行的是到日本，因为那时有种看法，认为日本是辛亥革命的策源地，孙中山先生组织兴中会、同盟会和武昌起义都受到日本的影响；其次日本是东方和西方科学文化的桥梁地带，维新早，接受西方的科学技术早。当时在日本留学的有上万人，湖南人就不少，因此新民学会干事会开会决定派人到日本去，并决定傅昌钰、周晓三、罗章龙等三人去日本（傅昌钰是先一年去的）。我是愿意去的，但家庭经济条件困难，而又不好当着大家的面说，会后我同何叔衡和润之谈了。润之说：这不是你个人的事，有困难大家想办法。何先生说：你有困难是实情，我们几个人一定设法送你去。其他同志也从道义上、经济上支援我，我自己也筹集了一些钱，会员们帮了一半，就决定动身了，在作准备时，我说我有个老师周频卿，到过日本。润之说那我们去见见他吧！于是我们一块去见周，他是同盟会的第一批会员。他说日本搞革命的人很多，他去那里深受影响，他是反袁的，是湖南派去炸袁世凯的几个人中的一个，只是由于他们投弹技术不熟练，没有把袁炸死。润之听了这些很感动。在我临行前，他说，相信前面会有困难，但如果有充分的准备就会好些。为了送我远行，学会在长沙北门外的平浪宫举行聚餐，大家鼓励我，消除顾虑，润之还用'二十八划生'的笔名为我写了一首诗相赠。"（《新民学会资料》第508—509页）事后毛告诉罗，这首诗费了三四个夜晚，才脱稿的。

罗章龙有一件手书《七古·送纵宇一郎东行》，诗末写有"一九一八年春 毛润之在长沙平浪宫新民学会同仁为余赴日举行之话别会上 出示古风一首相赠 纵宇一郎为余当时笔名 罗章龙 一九八六年国庆节于北京椿园"字样，署名下盖有两枚印章，一枚为白文"罗章龙"，一枚为一半白文"纵宇"，一半朱文"一郎"。

"世事纷纭从君理"，据罗章龙说，作者原诗如此。1979年罗章龙在《回忆新民学会（由湖南到北京）》一文中第一次提供本诗时，觉得有负故人愿望，改作"世事纷纭何足理"。后来他曾表示恢复原诗句。1996年9月中央文献出版社出版的《毛泽东诗词集》根据罗章龙意见，恢复原句。

友人邓伍文赠给本书编著者的1986年国庆节罗章龙手书的这首诗中，这句即作"世事纷纭从君理"。

"艨艟巨舰直指东"，1986年9月人民文学出版社出版的《毛泽东诗词选》和1996年9月中央文献出版社出版的《毛泽东诗词集》均作"艟艨巨舰直指东"。后来发现1989年6月东方出版社出版的罗章龙《椿园载记》已改作"艨艟巨舰直指东"。为此，中央文献出版社2003年12月重印《毛泽东诗词集》时作了改正。

"诸公碌碌皆馀子"，其中的"馀"字，《毛泽东诗词选》作"余"，《毛泽东诗词集》改为"馀"。

【注释】

〔1〕七古：七言古体诗的简称。七言古体诗：全篇每句七字或以七字为主。古体，见《五古·挽易昌陶》注。 送纵宇一郎东行：见本诗解说部分。 纵宇一郎：是罗章龙在1915年同毛泽东初次通信时，就已用过的化名。罗章龙（1896—1995）：湖南浏阳人。1915年在长沙第一联合中学读书时与毛泽东相识。1918年4月毛泽东等创建新民学会，他是最

早的会员之一。1920 年 10 月李大钊等创建北京共产主义小组,他是主要成员之一。在 1923 年 6 月中共三大,1927 年 4 月至 5 月中共五大上,当选为中央委员。在中共第三届中央委员会上,当选为五人中央局成员。在 1925 年 1 月中共四大、1928 年 6 月至 7 月中共六大上,当选为候补中央委员。1931 年 1 月,被开除党籍。后历任河南大学、西北联合大学、湖南大学等校教授,中国人民政治协商会议全国委员会委员,中国革命历史博物馆顾问。1995 年 2 月 3 日在北京病逝。

〔2〕衡岳:即衡山,中国五大名山之一,位于湖南省中部衡山县西,山势雄伟,盘回数百里,有七十二峰,主峰祝融峰海拔一千二百九十米,风景美丽,古木参天,终年翠绿,奇花异草,四时飘香,与泰山、华山、嵩山和恒山并称“五岳”,它为南岳。此处指其余脉岳麓山。南北朝刘宋时《南岳记》载:“南岳周围八百里,回雁为首,岳麓为足。”唐代元和郡县志载:“麓山在长沙县西南,隔湘水六里。盖衡山之足也,故以麓名。” 云开衡岳:元代刘因《登镇州阳和门》诗:“北望云开岳。”清代黄道让《重登岳麓》诗:“西南云气开衡岳。” 积阴:指连日阴雨。

云开衡岳积阴止:罗章龙《椿园载记》注云:“我东行前,连日阴雨,轮船起碇时,积阴转晴。‘云开衡岳’句,见唐代韩愈《岳庙》诗。”韩愈《岳庙》诗,即《谒衡岳庙遂宿岳寺题门楼》,是韩愈由湖南郴州往湖北江陵任所,途中游衡山所作。诗中有句:“我来正逢秋雨节,阴气晦昧无清风。潜心默祷若有应,岂非正直能感通?须臾静扫众峰出,仰见突兀撑青空。”罗章龙《椿园载记》说,韩愈的诗镌刻在南岳的石板上,1917 年毛泽东游览南岳时曾见到过。苏轼曾根据韩诗,在《韩文公庙碑》中赞扬韩愈“能开衡山之云。”毛泽东这句寓心诚所至,金石为开之意。毛泽东还寄给罗一首游南岳的诗。

〔3〕天马、凤凰:是古代传说中的灵异动物,历史上以它们的出现预示圣贤的降世,这里指岳麓山东南、湘江之西的两座毗邻的小山。据《长沙地名录》云:“在岳麓山下的湖南大学和湖南师范大学东面的湘江岸边,有两座并列的小山,南边的叫天马山,高约一百一十二米,此山位于湘江西岸,与岳麓山脱脉而崛起一峰,有天马行空之势,故名;北边的叫凤凰山,高约八十八米,因山形似凤凰得名。 春树:唐代杜甫《春日忆李白》诗有句:“渭北春天树,江东日暮云。何时一樽酒,重与细论文。”后遂以“暮云春树”为怀念友人之辞,这里表达惜别之情,同时言明相别时的季节。

〔4〕年少:年轻。 峥嵘:见《沁园春·长沙》注,这里形容才能杰出。唐代杜荀鹤《送李镡游新安》诗有“邯郸李镡才峥嵘,酒狂诗逸难干名”之句。 屈:指屈原(约公元前 340—约公元前 278),名平,字原,战国楚人,初事怀王,为左徒、三闾大夫,学识渊博,才华出众,在政治上,主张彰明法度,举贤授能,联齐抗秦,因遭反动贵族谗毁而去职,顷襄王时被放逐,长期流浪于沅、湘流域。楚都郢被秦军攻破后,他忧愤于无力挽救国家的危亡,无法实现自己的政治理想,乃投汨罗江而死。他是中国历史上第一个伟大的爱国诗人,代表作有《离骚》、《九章》、《九歌》、《天问》等。 贾:指贾谊(公元前 200—公元前 168),西汉洛阳人,十八岁时,以能诵书、善文章为郡人所称誉,号为“洛阳才子”,文帝时召为博士。其初颇得信

任，一岁中超迁为太中大夫；后遭众大臣排挤，被贬为长沙王太傅。他曾多次上疏批评时政，是历史上著名的政论家、文学家，有《贾谊集》。

屈贾：屈原和贾谊都极有才华，司马迁《史记》将他们合为一传《屈原贾生列传》，后人称之为"屈贾"，二人又都擅长辞赋，又都遭谗，不受信用，还都与长沙地望有关，这里借以称赞罗章龙等有才华的爱国青年。罗章龙在其《定王台晤二十八划生》诗中也有句云："策喜长沙傅，骚怀楚屈平。风流期共赏，同证此时情。"

毛泽东这句寓和罗诗之意。年少屈贾：屈原不以"年少"称，这里因贾谊事而混言之。《史记·屈原贾生列传》云："廷尉乃言，贾生年少，颇通诸子百家之书。""是时贾生年二十余，最为少。每诏令议下，诸老先生不能言，贾生尽为之对。"

〔5〕奇气：灵异之气。 钟：聚集。 此：指湖南一带。 钟此：汇聚于此。古人有"钟灵毓秀"、"人杰地灵"的说法。 山川奇气曾钟此：山川灵秀之气曾经都聚集在这里，古人认为这种地方容易产生人才。 以上两句是说本地人杰地灵，历史上有过屈原、贾谊等英才，借以指代今日新民学会会员，当不负湘楚山川之奇秀，成为卓荦超群的人物。易孟醇、易维《诗人毛泽东》说，"湘乡东皋书院悬有曾国藩题书的一副对联：'涟水东山俱有灵，其秀气必钟英哲；圣贤豪杰都无种，在儒生自识指归。'这是毛泽东在东山读书时经常看到的。'山川奇气曾钟此'句，可能是从这里得到的启发。"

〔6〕君：旧时对人的尊称，相当于您。 行：走，这里指罗章龙即将远行。 吾：文言代词，相当于"我"或"我的"，这里是我。 为：后面省略了宾语"此"或"君"。 浩歌：即高歌。

《楚辞·九歌·少司命》有"望美人兮未来，临风悦兮浩歌"之句。唐代杜甫《自京赴奉先县咏怀五百字》诗中有"取笑同学翁，浩歌弥激烈"之句。 发浩歌：放声高歌，写作这首诗。

〔7〕鲲鹏：古代传说中的大鱼大鸟，见《念奴娇·鸟儿问答》注。 击浪：即击水。 鲲鹏击浪：表示有远大的志向，这里喻指罗章龙东渡日本。

〔8〕洞庭：即洞庭湖。 湘水：即湘江。 连天：见《七律·答友人》注。 洞庭湘水涨连天：唐代刘长卿《自夏口至鹦鹉洲望岳阳寄元中丞》诗中有句："汀洲无浪复无烟，楚客相思益渺然。汉口夕阳斜渡鸟，洞庭秋水远连天。"贾至《洞庭送李十二赴零陵》诗，亦云："今日相逢落叶前，洞庭秋水远连天。共说金华旧游处，回看北斗欲潸然。"这里化用"洞庭秋水远连天"之句。

〔9〕艨艟：同"蒙冲"，指又长又窄的大战舰，也泛指船。宋代朱熹《观书有感》诗二首其二有"昨夜江边春水生，蒙冲巨舰一毛轻"的句子。 艨艟巨舰：借指轮船。 直东指：朝着正东方向前进。 以上两句设想罗章龙此行循湘江北上，由洞庭湖入长江，而后乘轮船沿江东下。

〔10〕无端：无缘无故，没有来由，不知怎的。唐代李商隐《锦瑟》："锦瑟无端五十弦，一弦一柱思华年。" 一天：满天。元代张国宾《合汗衫》第一折："时遇冬初，纷纷扬扬，下着这一天大雪。" 一天愁：满天愁云。 无端散出一天愁：据罗章龙回忆，当时他很想去日本留学，但因家庭经济困难，感到很苦恼。

〔11〕幸：幸亏。 东风：喻指友人的关心和帮助。 吹万里：犹言吹得无影无踪。 幸被东

风吹万里:幸而由于朋友们的帮助、鼓励,(愁绪)被吹得无影无踪。

〔12〕丈夫:古汉语中指成年男子。 足:值得。 萦怀:牵挂于心。宋代周邦彦《氏州第一》:"座上琴心,机中锦字,觉最萦怀抱。" 丈夫何事足萦怀:男子汉大丈夫要胸怀宽广,有什么事值得牵挂在心呢?

〔13〕宇:指无限空间。 宙:指无限时间。宇宙:指包括地球及一切天体的无限空间。稊:一种形似稗了的草。 稊米:结实如小米,'故名'形容很小。《庄子·秋水》:"计四海之在天地之间也,不似礨空之在大泽乎?计中国之在海内,不似稊米之在大仓乎?"宋代辛弃疾《哨遍·秋水观》:"何言泰山毫末,从来天地一稊米。" 要将宇宙看稊米:要把宇宙之大看成像稊米一样小。

〔14〕沧海:大海。 沧海横流:大海里的水到处奔流,比喻社会政局动荡不安,见《满江红·和郭沫若同志》注。 安足虑:哪里值得顾虑。

沧海横流安足虑:金元好问《壬辰十二月车驾东狩后即事》诗云:"乔木他年怀故国,野烟何处望行人?秋风不用吹华发,沧海横流要此身。"

〔15〕纷纭:多而杂乱。《后汉书·冯衍传》:"心怫忆而纷纭。" 世事纷纭从君理:唐代杜甫《剑南兵马使太常卿赵公大食刀歌》中有"得君乱丝与君理"之句。

〔16〕却:动词后常用的语助词,无实义。 管却:管住,引申为注意。 自家:自己。 管却自家身与心:意思是说,要注意自己的身心修养。《礼记·大学》:"古之欲明明德于天下者,先治其国;欲治其国者,先齐其家;欲齐其家者,先修其身;欲修其身者,先正其心。"

〔17〕胸中日月:宋代黄庭坚《答友求学书》云:"古人之学问高明,胸中如日月。"又有《颐轩诗》云:"泾流不浊渭,种桃无李实,养心去尘缘,光明生虚室。"虚室,见于《庄子·人间世》:"瞻彼阕者,虚室生白,吉祥止止。"陆德明《经典释文》引司马彪云:"室,喻心,心能空虚,则纯白独生也。"后常用以形容清静的心境。"光明生虚室"即"胸中如日月"之意。这里指胸怀远大的理想和抱负,高尚的情操和境界。 胸中日月常新美:意思是说要经常保持内心世界的清新美好。

〔18〕名世:著名于世。 于今:如今。《孟子·公孙丑下》:"五百年必有王者兴,其间必有名世者。……如欲平治天下,当今之世,舍我其谁也?" 名世于今五百年:这里"名世"为"名世者"之省。名世者,指辅助君王兴邦,平治国家的人物,这里指本时代有大作为,大影响的人物。这句的意思是说,要做当今的在历史上五百年才出现一次的著名人物。

〔19〕诸公:指当时的当权者。另一说,胡为雄认为,诸公既可统括五百年间不能名世的碌碌古今人物,又可泛论同时代人及同学中的平庸者。 碌碌:平庸的样子。 皆:都。 馀子:其余的人。 碌碌馀子:《史记·平原君虞卿列传》载,战国时,秦围赵都邯郸,赵公子平原君求救于楚,欲选门下食客文武具备者二十人同行。毛遂素无名声而自荐,馀十九人皆相与目笑之。至楚,楚王不允。毛遂乃按剑胁迫楚王,晓以利害。终使楚王与赵结盟。歃血定盟之时,毛遂招十九人曰:"公等碌碌,所谓因人成事者也。"《后汉书》卷八十《文苑传》载,祢衡年少有才辩,而尚气刚傲,常称曰:"大儿孔文举,小儿杨德祖。馀子碌碌,莫足数也。"刘克

庄《沁园春·梦孚若》有"天下英雄，使君与操，馀子谁堪共酒杯"之句。 诸公碌碌皆馀子：即"诸公皆碌碌馀子"，意思是说，其余的人都是平庸之辈。

〔20〕平浪宫：在长沙北门外，是一道教宫观，是当时新民学会会员为罗章龙远行聚餐饯别处，附近有轮船停泊。

〔21〕崇明：指上海市崇明岛，在上海以北、长江入海口处。 对马：指日本长崎县对马岛。在对马海峡和朝鲜海峡之间。 衣带水：一衣带宽的水。《南史·陈后主纪》说，隋文帝将发兵伐陈，有人提出异议，认为陈有长江天然屏障，隋文帝谓仆射高颎曰："我为百姓父母，岂可限一衣带水，不拯之乎？"比喻长江狭窄如一条衣带。唐代唐彦谦《汉代》诗有"不因衣带水，谁觉路迢迢"之句。 崇明对马衣带水：长江口的崇明岛和日本的对马岛，相隔只有一衣带宽的水，意思是说，中、日两国是近邻，路途不远。

〔22〕瀛：大海。 东瀛：本指东海，因日本在中国之东的大海中，故也用来指代日本。南朝齐代王融《净行颂·回向佛道篇颂》有"咄嗟失道尔回驾，沔彼流水趣东瀛"之句。 濯：洗，引申为磨。 剑：当时有志青年常以剑自比。 濯剑：磨剑，意思是说，到日本留学，有如磨淬剑锋，待时而用。唐代贾岛《侠客》诗："十年磨一剑，霜刃未曾试。今日把示君，谁有不平事？"另一说，钟振振谓："濯剑，洗剑，代指到达目的地后洗刷征途上所沾惹的尘埃。古代士子远游，随身带剑。此处用故事，非写实。"录以备考。 有书还：有书信寄回。 东瀛濯剑有书还：意思是说，您到日本可要来信，免得大家挂念。邓伍文告诉笔者，罗章龙说，这句毛泽东自谓取程颂万句意。程颂万，湖南宁乡人，清末民初诗人。见《致周世钊（1955 年 10 月 4 日）》注。现查出与"东瀛濯剑"有关的有两首诗。一首是《得叔由江陵书将航海入都还入吴门却寄》中有"海国波涛双濯剑，楚天风雨独登台"之句。另一首是描写岳麓山风物的五律中有"寻碑遗北海，濯剑想东瀛"之句。

〔23〕崖：涯，岸。 我返自崖君去矣：《庄子·山木》：市南宜僚对鲁侯说："君其涉于江而浮于海，望之而不见其崖，愈往而不知其所穷。送君者皆自崖而反，君自此远矣！"《渔洋诗话》评论说，"读至此，令人萧寥有遗世之意。"毛泽东这里表达送别时无限依恋之情。

雲開衡嶽積陰止
天馬鳳凰春樹裏
年少崢嶸屈賈才
山川奇氣曾鍾此
君行吾為發浩歌
鯤鵬擊浪從茲始
洞庭湘水漲連天
艟艨巨艦直東指
無端散出一天愁
幸被東風吹萬里
丈夫何事足縈懷
要將宇宙看稊米
滄海橫流安足慮
世事紛紜從君理
管卻自家身與心
胸中日月常新美
名世於今五百年
諸公碌碌皆餘子
平浪宮前友誼多
崇明對馬衣帶水
東瀛濯劍有書還
我返自崖君去矣

一九一八年春毛潤之在長沙平浪
宮為七律古風一首但留縱宇一郎先余
東矣

羅章龍
一九八六年國慶於北京槐園

罗章龙手书《七古·送纵字一郎东行》

毛泽东诗词

0 4 3 7

第 二 辑

虞美人

枕上

一九二一年

堆来枕上愁何状，
江海翻波浪。
夜长天色总难明，
寂寞披衣起坐数寒星。

晓来百念都灰尽，
剩有离人影。
一钩残月向西流，
对此不抛眼泪也无由。

虞美人，词牌名。双调五十六字或五十八字，上下片均两仄韵转两平韵。原为唐教坊曲名。《碧鸡漫志》卷四："《脞说》称起于项籍之'虞兮'之歌，予谓后世以此命名可也，曲起于当时，非也。"项籍之"虞兮"之歌即项羽的《垓下歌》，因歌中有"虞兮虞兮奈若何"之句，而被后世称为"虞兮"之歌。另有一说，虞美人曲即源自"虞兮"之歌，最初是咏项羽所宠的虞姬，以后又作词牌使用。上下片各四句，都是两仄韵转两平韵。又名《一江春水》、《玉壶冰》、《巫山十二峰》、《宣州竹》、《虞美人令》、《忆柳曲》等。

这首词最早见之于王瑾《从〈虞美人〉到〈蝶恋花〉》(1983 年 5 月 22 日《解放军报》)、1989 年 9 月 19 日《湖南广播电视报》，后又见之于陈晋《毛泽东与文艺传统》和《中国出了个毛泽东》，标题均为《虞美人》。

1994 年 12 月 26 日《人民日报》发表《毛泽东诗词二首》，其中有一首词即为这首词，题为《虞美人·枕上》；另一首为《七律·洪都》诗。《人民日报》讯说："为纪念毛泽东延辰一百零一周年，由中共中央文献研究室编辑校定的毛泽东诗词二首《虞美人·枕上》、《七律·洪都》今日在本报八版首次正式发表。"该版同时刊登了毛泽东同志的诗稿《虞美人·枕上》的手迹。《人民日报》在这一首词后注明："根据作者审定的抄件刊印，手迹是未经修改的原稿,有几处与发表的文字不同。"1996 年 9 月中央文献出版社出版的《毛泽东诗词集》收入"副编"。

1920 年,杨昌济在北京逝世后,杨开慧随母回到长沙,进入私立福湘女中读书。李淑一当时也在该校就读,她们结成了莫逆之交。李淑一回忆说:"一九二〇年开慧和毛泽东正在谈恋爱,共同的志向,共同的斗争生活,使他们之间产生了真挚爱情。开慧经常向我谈起毛泽东的为人品质,连恋爱中的'秘密'也告诉我。有一天,我们在流芳岭下散步。开慧告诉我她收到毛泽东赠给她的一首词。我问什么内容,她毫无保留地念给我听,并让我看了词稿。"

1957 年 1 月《诗刊》创刊号发表了毛泽东旧体诗词十八首,李淑一又记起了毛泽东当年赠给杨开慧的《虞美人》,于是写信给毛泽东,想请他写出全词。5 月 11 日,毛泽东回信说:"大作读毕,感慨系之。开慧所述那首不好,不要写了吧。有游仙一首(即《蝶恋花·答李淑一》)为赠。"李淑一为了不使《虞美人》这首词失传,根据记忆,让她的儿子把这首词记录下来。

据吴正裕《偏于豪放　不废婉约——读新发表的毛泽东诗词二首》一文(1964 年 12 月 26 日《人民日报》)说,他们(指毛泽东和杨开慧)是在 1920 年冬结婚的。第二年的这次分别,据初步考证可能是在春夏间,毛泽东曾到沿洞庭湖的岳阳、华容、南县、常德、湘阴等地,考察学校教育,进行社会调查。这时他们新婚不久,依然在热恋之中,因此一旦长别,就产生了特别强烈的离情别绪。

萧永义《毛泽东诗词史话》(甲申新本)认为,在我国古典诗词中,"离人"的"离"字,有时更带有"相思"的情韵义,对"离人影"的理解,可以理解为指作者思念的人,也可以理解为指作者自己(孤寂的身影)。因而认为作于 1921 年的说法是"将写作时间推后一年,似乎是为了与'离人影'提法相吻合"。

以上两说,写作时间不同,有待进一步考证。

1961 年春,有一次,毛泽东看书累了,就下床到办公桌前练书法。他一连写了近二十首古诗、古词、古曲,写完后递给副卫士长张仙朋说:"这些送给你吧。"又拿出写好的两首词,一首是《贺新郎》,一首是《虞美人》,交给张仙朋说:"这是我早年写的,没有发表。你替我保存吧。"(张仙朋《为了人民……》,载《当代》1979 年第二期,又见于《怀念毛泽东同志》一书)《毛泽东诗词全编鉴赏》中毛泽东这两句话作:"这两首词尚未发表,由你保存。"后来,毛泽东对这首词又作了几处修改,于 1973 年冬交保健护士长并曾帮助毛泽东保存诗稿的吴旭君用毛笔抄清。

这首词,主要有三种文本,按照写作时间先后为:

毛泽东诗词

第一种：

虞美人

一九二〇年

堆来枕上愁何状？

江海翻波浪。

夜长天色，怎（总）难明，

无奈披衣起坐薄寒中。

晓来百念皆灰烬（尽），

倦极身无恁（凭）

一勾（钩）残月向西流，

对此不抛眼泪也无由。

第二种：

虞美人　枕上

一九二一年

堆来枕上愁何状，

江海翻江（波）浪。

夜长天色总难明，

无奈披衣起坐薄寒中。

晓来百念皆灰尽，

剩有离人影。

一钩残月向西流，

对此不抛眼泪也无由。

第三种：即现在正式发表的文本。

注：1. 第一种写作时间，有论者提出质疑，有待进一步考证。

　　2.“（　）”，为订正误写的字。

　　这首词现在所见有两件手书：标题均为《虞美人　枕上》，标明写作时间为“一九二一年”，竖写，有标点符号。文字、标点符号完全一样。手书（一）系原件。手书（二）系由他人将手书（一）中多处墨点修去而成。

"堆来枕上愁何状"，毛泽东手书句末为问号。《人民日报》发表时作逗号。

"江海翻波浪"，手书误写作："江海翻江浪"。

"夜长天色总难明"，刘济昆《毛泽东诗词全集》误作"夜来天色怎难明"。（系打字时所误。见马连礼主编、董正春副主编《毛泽东诗词美学论》所载刘济昆《毛泽东〈虞美人〉》一文。）王瑾《从〈虞美人〉到〈蝶恋花〉》一文中作"夜长天色怎难明"。《人民日报》发表时作"夜长天色总难明"。

"寂寞披衣起坐数寒星"，王瑾《从〈虞美人〉到〈蝶恋花〉》一文和毛泽东手书作"无奈披衣起坐薄寒中"。《人民日报》发表时作"寂寞披衣起坐数寒星"。《毛泽东诗词全编鉴赏》认为，手迹上韵脚字"明"与"中"是按湖南方音押韵的。

"晓来百念都灰尽"，毛泽东手书作"晓来百念皆灰尽"。王瑾《从〈虞美人〉到〈蝶恋花〉》一文、陈晋《毛泽东与文艺传统》、刘济昆《毛泽东诗词全集》均作"晓来百念皆灰烬"。《人民日报》发表时作"晓来百念都灰尽"。

"剩有离人影"，王瑾《从〈虞美人〉到〈蝶恋花〉》作"倦极身无凭"。（本书编著者按：疑为"凭"字之误。）毛泽东手书和《人民日报》发表时作"剩有离人影"。

"**一钩残月向西流**"，王瑾《从〈虞美人〉到〈蝶恋花〉》作"一勾残月向西流"。毛泽东手书和《人民日报》发表时作"一钩残月向西流"。

【注释】

〔1〕虞美人：词牌名。 《虞美人·枕上》：见本词解说部分。

〔2〕堆：指物体堆积起来，形容愁苦之多。来：语助词，无实义。 状：形状。 何状：什么样子。 堆来枕上愁何状：意思是说，自己因相思而愁苦，愁苦堆积在枕头上像什么呢？

〔3〕江海翻波浪：比喻愁肠百结，忧思重重，好像江海波浪翻滚。

〔4〕夜长天色总难明：形容夜不成眠，更觉夜长。

〔5〕寂寞披衣起坐数寒星：感到寂寞孤独，披衣起床而坐，点数夜空中的寒星。

〔6〕晓：天亮。 来：语助词，无实义。 百念

都灰尽：即万念俱灰，一切想法都化作了灰烬，极言失望。

〔7〕离人：指杨开慧。 剩有离人影：只剩下离别之人的身影，犹浮现在眼前。

〔8〕一钩：形容月亮像一弯钩。 残月：清晨行将隐没的月亮。宋代梅尧臣《梦后寄欧阳永叔》："五更千里梦，残月一城鸡。" 一钩残月：宋代秦观《南歌子》："天外一钩残月带三星。"

流：指月亮在空中移动。李煜《乌夜啼》词："无言独上西楼，月如钩。"

〔9〕此：指上述凄清景象。 由：从。 无由：无从，意思是说不由自主，不能自制。 对此不抛眼也无由：面对此情此景，不由得凄然落泪。

毛泽东诗词

0 4 4 1

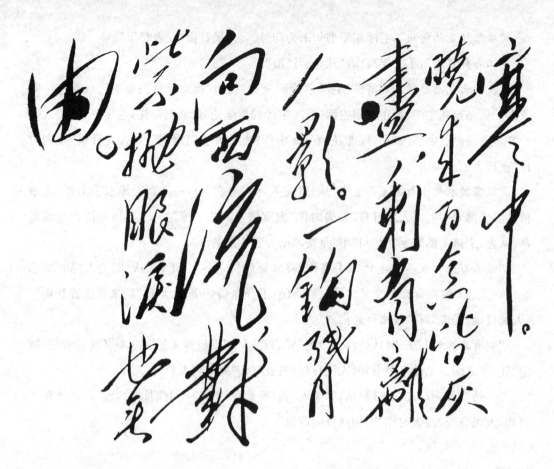

毛泽东手书《虞美人·枕上》（一）

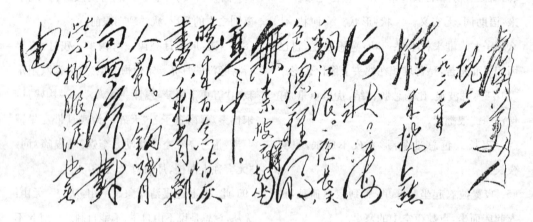

毛泽东手书《虞美人·枕上》（二）

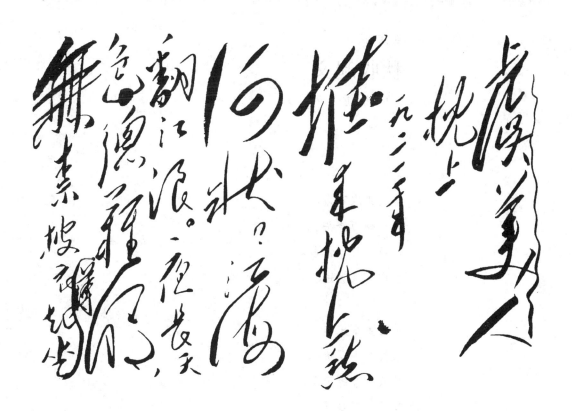

杨开慧手书《偶感》

毛泽东诗词

第 二 辑

西江月

秋收起义

一九二七年秋

军叫工农革命，

旗号镰刀斧头。

匡庐一带不停留，

要向潇湘直进。

地主重重压迫，

农民个个同仇。

秋收时节暮云愁，

霹雳一声暴动。

西江月，词牌名。见本书前文《西江月·井冈山》相关介绍。

　　这首词最早发表于 1956 年 8 月出版的《中学生》杂志刊登的谢觉哉《关于红军的几首词和歌》一文，题为《秋收暴动〔西江月〕》。后又见之于《解放军文艺》1957 年 7 月号刊载的邓叙萍《读毛主席诗词的一点感受——为庆祝中国人民解放军三十周年作》一文，题为《秋收暴动》。《革命文物》1977 年第 5 期刊载的《毛主席领导秋收起义》一文中再次引述了这首词。1986 年 9 月人民文学出版社出版的《毛泽东诗词选》和 1996 年 9 月中央文献出版社出版的《毛泽东诗词集》，均题为《西江月·秋收起义》，收入"副编"。署明写作时间为"一九二七年"。另据《何长工回忆录》说，这首词最初题为"调寄《西江月》"。写作时间《毛泽东年谱》作"一九二七年秋"。据此，本书编著者确定为"一九二七年秋"。

　　1927 年大革命失败，中国共产党中央于 8 月 7 日在汉口召开紧急会议，总结了大革命失败的经验教训，纠正了陈独秀的错误路线，确定了土地革命和武装反抗国民党反动派的总方针，并决定发动湘鄂粤赣农民在秋收季节举行武装起义。会后，中共临时中央政治局候补委员毛泽东以中央特派员的身份，到湖南东北部和江西西北部组织领导农民、工人和一部分北伐军组成中国工农革命军第一军第一师，下辖三个团，9 月 9 日开始起义。师部及第一团从江西修水向湖南平江进攻，第二团从安源向江西萍乡、湖南醴陵进攻,第三团从江西铜鼓向湖南浏阳进攻。毛泽东亲自率领第三团起义。得手之后三路会攻长沙。长沙城内的地下党力量于16日举行暴动,来个里应外合。

不料毛泽东9月6日离开驻扎安源的第二团,赶往驻在铜鼓的第三团,途经浏阳时,被团防局的清乡队抓住。在被押送团防局处死的路上,毛泽东设法逃跑,翻山越岭,彻夜赶路,没有穿鞋,脚底擦伤很厉害。9月10日,到达铜鼓第三团团部。这时整个起义已于9月9日爆发了。9月11日,毛泽东同团长苏先俊率领全团从铜鼓出发,向浏阳进发,挺进到白沙附近一个小村庄待命。根据毛泽东指示,团部领导决定集中兵力在白沙打个歼灭战,并向全团官兵作了简短动员:这是三团出师后的第一仗,一定要打好。下午四时许,部队到达离白沙八华里的濠溪,接着团部领导按照毛泽东的部署,兵分三路向白沙进击。

这时,敌军还蒙在鼓里,当三团右翼发起试探性进攻时,他们以为这只是少数工农义勇队的"骚扰"。不料三团正面攻势狠猛,一下子打到团防局大门口,团丁们这才慌忙逃窜。由地下党组成的农民支援队突然从凤山屋场后的松林里,用松树炮、鸟铳向他们开火,一时间军号四起,杀声震天。仅一个小时左右,白沙之战就结束了,共击毙敌军连长一人,士兵多人,生擒反动团丁一百余人,缴获了大批枪支弹药。毛泽东称赞道:"白沙之战是旗开得胜。"当天夜晚,毛泽东即率三团进驻白沙。第二天,第三团又继续向距离白沙约二十公里的东门市进发。后来,各团的进攻很快受挫,损失不小。9月14日,毛泽东决定,放弃合围攻打长沙的计划,让各团暂向江西萍乡转移。从词的初稿中所写"修铜一带不停留,便向平浏直进",正是起义计划一、二两团的进军路线,可见这首词当写于9月9日开始暴动,至9月14日决定改变计划向萍乡转移之前的几天里。可以想见,一路上看到自己的部队雄赳赳、气昂昂的挺进,毛泽东不禁诗兴大发,因而吟出这首词。

这首词,有两种文本,按照写作时间先后为:
第一种:

调寄西江月(一作秋收暴动)

一九二七年

军叫工农革命,
旗号镰刀斧头。
修铜一带不停留,
便向平浏直进。

地主重重压迫,
农民个个同仇。
秋收时节暮云沉,
霹雳一声暴动。

第二种：即现在正式发表的文本。

　　"匡庐一带不停留"，谢觉哉文章和邓叙萍文章中发表时，以及何长工《何长工回忆录》和陈士榘《从井冈山走进中南海》，"匡庐"原作"修铜"，《毛泽东诗词选》根据作者修改的抄件改为"匡庐"。

　　"要向潇湘直进"，谢觉哉文章和邓叙萍文章中发表时和何长工《何长工回忆录》，原作"便向平浏直进"。陈士榘《从井冈山走进中南海》作"要向平浏直进"。《毛泽东诗词选》根据作者修改的抄件，改为"要向潇湘直进"。

　　"秋收时节暮云愁"，原作"秋收时节暮云沉"。《毛泽东诗词选》根据作者修改的抄件，改为"秋收时节暮云愁"。

　　《毛泽东诗词选》和《毛泽东诗词集》注释均说，本词依湖南方音用"进"、"动"二字隔阂押韵。毛诗研究者萧永义是湖南韶山人，他在《毛泽东诗词史话》（甲申新本）中说，"进""动"二字"也难说是依湖南方言隔阂押韵"，他认为主要是作者为了准确表达词意，不欲因韵伤意，"暴动"、"直进"这样的词语已不可改，因而"只得仍之"。

【注释】

〔1〕西江月：词牌名。　秋收起义：见本词解说部分。

〔2〕号：记号，标志。　旗号：旗上标志。据胡为雄《诗国盟主毛泽东》一书说，1927年9月9日秋收暴动之前，何长工和师参谋兼一团团长钟文璋等三人奉命设计军旗。他们设计的样式和制好的军旗是：旗底为红色，象征着革命；旗中央有一五角星，内有镰刀斧头图案，分别代表中国共产党和工人农民；旗面左侧靠旗杆的一条白布上，竖写着"工农革命军第一军第一师"字样。整个军旗的含义是，工农革命军第一军第一师是中国共产党领导的工农革命武装。　镰刀斧头：当时中国工农革命军军旗上的图案。

〔3〕匡庐：即庐山。《后汉书·郡国志四·庐江郡》："浔阳南有九江，东合为大江。"刘昭注引南朝宋代慧远《庐山记略》："有匡俗先生者，出殷周之际，隐遁潜居其下，受道于仙人而共岭，时谓所止为仙人之庐而命焉。"这里代指江西。

〔4〕潇：潇水，是湘江支流，在湖南省的南部。源出蓝山县南九嶷山，北流到零陵县苹州入湘江，长三百三十六公里，水流清澈，滩多水急，自江华瑶族自治县码市以下可通航。　湘：指湘水，见《沁园春·长沙》注。　潇湘：这里用来代指湖南。《山海经·中山经》："帝之二女居之，是常游于江渊。澧沅之风交潇湘之渊。"

　直：径直。　进：进军。　直进：挺进。　以上四句是说，秋收起义部队组成工农革命军第一军第一师，下辖三个团，分别暴动。9月10日，毛泽东亲自领导第三团在铜鼓地区起义，尔后向第一团和第二团所在的平江、浏阳方向运动。

〔5〕地主：这里是指旧社会农村中占有土地而靠剥削农民为生的人。他们自己不劳动或只做点附带的劳动，是旧社会统治阶级之一，是封建剥削制度的基础，其压迫剥削的直接对象是农民。　重重：层层，含有繁多、深重的

意思。

〔6〕同仇：同心协力对付敌人。《诗·秦风·无衣》："岂曰无衣？与子同袍。王于兴师，修我戈矛，与子同仇。"

〔7〕时节：季节。　暮：日落之时，傍晚时分。

愁：指忧愁，这里是形容暮云惨淡、昏暗、阴沉的景象。　暮云愁：晚云暗淡。宋代欧阳修《珠帘卷》："珠帘卷，暮云愁，垂杨暗锁青楼。"萧永义《毛泽东诗词史话》(甲申新本)说，前人

诗中有"故井梧桐寒露落，废宫和黍暮云愁"之句。

〔8〕霹雳：巨大的雷声。唐代杜甫《热》："雷霆空霹雳，云雨意虚无。"宋代辛弃疾《破阵子·为陈同甫赋壮词以寄之》："马作的卢飞快，弓如霹雳弦惊。"这里用来形容起义猛烈暴发的巨大声势。　秋收时节暮云愁，霹雳一声暴动：这两句诗中前句之首与后句之尾正好藏题"秋收暴动"四字。

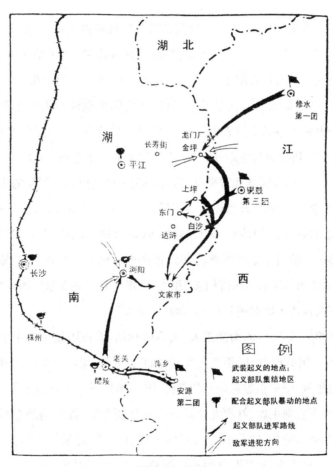

秋收起义示意图

毛泽东诗词

第 二 辑

六言诗

给彭德怀同志

一九三五年十月

山高路远坑深，

大军纵横驰奔。

谁敢横刀立马？

唯我彭大将军！

　　这首诗最早发表于 1947 年 8 月 1 日冀鲁豫军区政治部主办的《战友》，总题为《毛主席的诗》。分别以"（一）"、"（二）"为小标题发表了这首诗和《清平乐·六盘山》。编者在注释中将这首诗误写为出自在腊子口毛泽东发给彭德怀的一份电报。1954 年"八一"建军节，在一个大军区的报纸上又刊登了这首诗，在说明中也误写为毛泽东在腊子口战斗后发给彭德怀的电报。后又由读者根据该报刊载的这首诗，以来信形式发表于《解放军文艺》1957 年 4 月号刊载的马雪魁《腊子口之战留下的一个电报》一文。

　　1978 年 12 月，彭德怀冤案获得平反，这首诗在黄克诚悼念彭德怀的文章中重新见诸报端，但仍误作打腊子口赠给彭德怀的。嗣后，1979 年 2 月 8 日《人民日报》发表王亚志《关于毛主席给彭德怀同志的诗》。该诗题为《电复彭德怀同志》。1981 年 12 月出版的《彭德怀自述》第一次披露了毛泽东赠诗和彭德怀改诗的真实情况和详细经过。1986 年 9 月人民文学出版社出版《毛泽东诗词选》和 1996 年 9 月中央文献出版社出版的《毛泽东诗词集》均题为《六言诗·给彭德怀同志》，收入"副编"。

　　"彭德怀"（1898—1974），湖南湘潭人，大革命时期，曾在国民革命军中任营长、团长。1928 年 4 月加入中国共产党，同年 7 月领导平江起义，创建红五军，开辟湘鄂赣根据地。参加过井冈山的斗争，中央根据地的反"围剿"作战和长征。历任红五军军长、红三军团总指挥、中共中央军委副主席、红军北上抗日先遣队司令员、红军前敌总指挥等。抗日战争时期，任八路军副总司令、中共中央北方局代理书记，协助朱德率军挺进敌后，开辟了华北抗日根据地。解放战争时期，任解放军副总司令、第一野战军司令员兼政委，率部解放大西北。建国后，历任中共中央西北局第一书记、西北军政委员会主席、中共中央军委副主席、中央人民政府革命军事委员会副主席、中国人民志愿军司令员兼政委、国防委员会副主席、国务院副总理兼国防部长。率志愿军抗美援朝,直至胜利。当选党的第六、七、八届中央委员、中央政治局委员。在 1959 年庐山会议上,因反对"左"倾错误而受到不公正的批判和组织处理。"文化大革命"中,遭林彪、"四人帮"严重迫害,于 1974 年 11 月 29 日在北京含冤病逝。1978 年中共十一届三中全会为他平反昭雪,恢复名誉。

长征后期,中央红军主力进入陕甘,1935 年 9 月 12 日,在甘肃迭部县俄界召开中共中央政治局扩大会议。会议决定,红一军、红三军、军委纵队编为中国工农红军北上抗日先遣队,又称陕甘支队,彭德怀任司令员,毛泽东兼政委。1935 年 10 月 19 日中央红军主力到达陕北保安的吴起镇(今陕西吴旗县城)。20 日宁夏军阀马鸿逵、马鸿宾的骑兵跟了上来,为了不把敌人带进陕北根据地,毛泽东、周恩来、彭德怀、叶剑英等决定给马家骑兵一个致命的打击,并拟定一份电文,由毛泽东、彭德怀、林彪签署向第一、二、三纵队发出战斗命令。彭德怀连夜返回前线指挥作战。电文中提到陕甘地形有"山高路险沟深"的句子。10 月 21 日由彭德怀指挥,在吴起镇附近的大峁梁打响了"切尾巴"的伏击战,歼灭敌军一个骑兵团,击溃了三个团,俘获敌军约七百人,缴获战马约一百匹,打胜了中央红军到达陕北后的第一仗,也是结束二万五千里长征的最后一仗,为红军陕北会师扫清了障碍。

毛泽东那天上午亲自来到前线,进入阵地,频频举起望远镜观察战场情况,直到敌人溃退,才离开前线回到驻地。毛泽东非常高兴,挥毫成诗。首句即借用电文中的成句,仅把"险"改为"远"字,把"沟"改作"坑"字。在战斗结束后,彭德怀回到毛泽东住处,看到桌上放着毛泽东写的这首诗:

> 山高路险沟深,
>
> 骑兵任你纵横。
>
> 谁敢横枪勒马,
>
> 唯我彭大将军。
>
> 《彭德怀自述》

彭德怀当即拿起笔来,将诗最末一句的"彭大将军"改成"英勇红军",然后将诗放回原处。标点还是彭德怀加的(彭德怀《彭德怀自述》)。1983 年 6 月 15 日,彭德怀传记编写组访问王震时,王震说:1947 年 8 月,彭德怀指挥西北野战军攻打沙家店歼灭国民党三十六师取得胜利后,在前东原召开旅以上干部会。毛泽东、周恩来、任弼时等中央领导人亲临会场向大家祝贺胜利。毛泽东在会上讲话,高度赞扬彭德怀的指挥才能。会议休息时,毛泽东再次即席挥毫书写了这首诗。

据张爱萍回忆:1947 年 8 月中旬,彭德怀指挥沙家店战役。一个黄昏就歼灭胡宗南集团三大主力之一的整编第三十六师部及两个旅,获得歼敌六千余人的重大战果,彻底粉碎了敌军企图将我军歼灭于陕北,或赶过黄河以东的计划,成为我西北野战军转入战略反攻的转折点。毛泽东得知这一胜利,当即又将这首诗写给彭德怀,最后一句依然是"唯我彭大将军"。

这首诗1947年8月1日冀鲁豫部队《战友报》发表时,文字与现在发表的完全相同,只是没有标点符号。编者注说:1935年彭德怀率红一军团强攻腊子口,侦察完地形后发一电报给毛泽东,毛泽东即以此诗作为复电。这与事实不符。

1957年2月6日,《东海》杂志给毛泽东写信,要求发表这首诗,但因信中把写诗的地点、背景弄错了(即:不是"腊子口之战,而是红军到达陕北吴起镇击败敌骑兵之后),毛泽东当时回忆不起这首诗,所以1957年2月15日毛泽东复信《东海》编辑部不同意发表。

据令狐安《彭德怀故里行》(1995年11月20日《人民日报》)说,彭德怀故居西屋"东墙上有一幅龙飞凤舞的毛泽东手迹:'山高路险沟深,骑兵任你纵横。谁敢横刀立马,唯我彭大将军。'"可惜笔者未见。

"山高路远坑深",《彭德怀自述》一书中作"山高路险沟深"。

"大军纵横驰奔",《彭德怀自述》一书中作"骑兵任你纵横"。

"谁敢横刀立马",《彭德怀自述》一书中作"谁敢横枪勒马"。

【注释】

〔1〕六言诗:中国古代诗体的一种,全篇每句六个字。偶句押韵,首句可押可不押。句数和平仄都不像律诗那样严格。它分古体和近体,不怎么流行。相传始于西汉谷永,一说东方朔已有"六言"。今所见以汉末孔融的六言诗为最早。在唐代,有的近体六言绝句曾经入乐,成为词的一调,有《三台》、《塞姑》等词牌。这首诗不拘平仄,属于古体。 给彭德怀同志:见本诗解说部分。

〔2〕坑:指黄土高原地区特多的沟壑。 坑深:张爱萍《形神交融,言简意远》(《毛泽东诗词鉴赏》,河北人民出版社1990年8月版)说:"陕甘地区地处高原,这一带村与村之间隔着一条条深沟,有的深达几十米,长几十里。虽然彼此可以听到鸡鸣犬吠,但要到对面的村里去,却需爬上爬下曲折迂回几个小时。毛泽东把'沟'改为'坑',或许是'坑'较之'沟'更险,地区更广之故吧。" 山高路远坑深:元代马致远《天净沙·秋思》有类似句式。马致远小令云:"枯藤老树昏鸦,小桥流水人家,古道西风瘦马。夕阳西下,断肠人在天涯。"

〔3〕大军:指红军。 纵:竖、直,与横相对。 纵横:从空间的平面上来说,南北的方向为纵,东西的方向为横。纵横在这里是交错的样子,用来形容红军用兵自如。 驰:驰骋,指车马行的快。 奔:奔跑,快走。 驰奔:即"奔

驰",跑得很快,这里用来形容红军的行动神速。

〔4〕谁敢:有谁敢,哪个敢。 横刀:即横拿着刀。《三国志·魏志·袁绍传》:"卓曰:'刘氏种不足遗。'绍不应,横刀长揖而去。" 立马:即骑在马背上,勒着马站着。 横刀立马:形容英武的战将雄姿。

〔5〕唯:唯有,只有。 彭大将军:指彭德怀。

给丁玲同志

一九三六年十二月

壁上红旗飘落照，
西风漫卷孤城。
保安人物一时新。
洞中开宴会，
招待出牢人。

纤笔一枝谁与似？
三千毛瑟精兵。
阵图开向陇山东。
昨天文小姐，
今日武将军。

临江仙，词牌名。双调五十八字或六十字，平韵。原为唐教坊曲名。最初是咏水仙的，调见《花间集》，以后作一般词牌用。上下片各五句，三平韵。常见的有三体，一是六十字，如苏轼词；一是五十八字，上下片第四句较苏轼词少一字，如李煜词；还有一体也是五十八字，上下片起句较苏轼词少一字，如晏几道词。又名《谢新恩》、《雁后归》、《画屏春》、《庭院深深》等。

这首词最早发表于萧军创办并主编的 1947 年 6 月 1 日《文化报》上，题为《毛泽东先生底一首词》，后又发表于羽宏《毛泽东同志一九三六年写给丁玲的一首词》（1980 年 10 月《新观察》第七期），词题为《临江仙》。同时刊登了手迹照片，没有词牌和词题。1986 年 9 月人民文学出版社出版的《毛泽东诗词选》和 1996 年 9 月中央文献出版社出版的《毛泽东诗词集》，均收入"副编"，题为《临江仙·给丁玲同志》。写作时间，《毛泽东诗词选》作"一九三六年"，《毛泽东诗词集》作"一九三六年十二月"。《毛泽东诗词全编鉴赏》说，这首词中有"阵图开向陇山东"句，估计此词作于西安事变不久，因为决定红军主力开向陇东的西峰镇,是在 12 月 14 日之后。

"丁玲"(1904—1986),原名蒋伟,字冰之,湖南临澧人,著名左翼女作家。1932 年参加中国共产党。1931 年包括丁玲的丈夫胡也频在内的左联五位青年作家被国民党反动派秘密杀害后,1933 年 5 月 14 日,丁玲也因从事革命文学运动在上海遭国民党特务秘密绑架。后在曹靖华、张天翼等人的帮助下,与党组织联系上了。由于她的社会声望,加上鲁迅、宋庆龄等及国内外进步人士的大力营救,故国民党当局未敢对她下毒手,但秘密地将她押赴南京,软禁达三年之久。

1936 年 9 月 18 日,在冯雪峰的安排下,丁玲逃离南京,潜回上海。临离沪前,宋庆龄特地送她三百五十元作路费。后经北平,10 月中旬,乔装赴西安。11 月初,赴陕北。11 月 10 日,顺利到达保安(当时中共中央驻地)。随即,由中共中央宣传部主持,在一座四五十平方米的大窑洞里专门为丁玲召开了欢迎宴会。毛泽东、周恩来、张闻天、博古等中共领导人出席了欢迎宴会。宴会由宣传部长吴亮平主持,洞内共设四席,各界代表济济一堂。丁玲被邀坐在首席,并作了即席讲话。她像一个从远方回到父母身边的孩子,激动地述说着她在狱中的生活。接着是生动活泼、别具一格的文艺表演,李克农、邓颖超站在炕上清唱《武家坡》,全场热烈气氛倍增。

据王一心《领袖与女作家丁玲》一文说:丁玲到达保安后,有一次当毛泽东问她今后有什么打算时,丁玲说:"当红军。我要上前线去当红军。去打仗。"毛泽东回答说:"好,马上就可以去。正好还有与胡宗南的最后一仗,现在去还赶得上。"随后丁玲即打点行装,跟着前方总政治部领导杨尚昆等北上定边,参加广州暴动纪念大会。西安事变后,她又随彭德怀、任弼时领导的一方面军从定边南下,经甘肃前往三原前方司令部。毛泽东在发给陇东前线指挥作战的一军团政委聂荣臻的电报中,附上了这首《临江仙》转赠给丁玲。12 月 30 日,丁玲在陇东前线庆阳收到毛泽东用电报发来的这首词。据丁玲回忆,收到毛泽东赠的《临江仙》词时,那是 1936 年 12 月 30 日,当时她正在随军经甘肃赴三原前方司令部的途中,部队交给她一封电报,电文即是这首《临江仙》。

1937 年春,丁玲陪史沫特莱从前线回延安。丁玲向毛泽东讲了一路的见闻和自己的感受,也讲到自己在什么地方收到"电报诗"的。话题从"电报诗"展开,毛泽东以欣慰的情趣,说李白、李商隐、韩愈和宋词,说《红楼梦》,一边说着,一边用毛笔随手抄了几首他自己喜欢的词。毛泽东随后写了《忆秦娥·娄山关》,又做了解释。夜已经深了,丁玲离开毛泽东的窑洞时,毛泽东又用毛笔在一张巴掌大的白色油光纸上以横书款式书写了《临江仙·给丁玲同志》,连同《忆秦娥·娄山关》和若干谈话时随手写下的古诗词句墨迹赠给了丁玲。

毛泽东赠丁玲词的手稿初由丁玲珍藏,1939年初陕甘宁边区河防一度紧张,丁玲担心在动荡的生活中遗失,她把手稿装进一个中式信封内,托人带到大后方重庆,委交胡风保管。胡风在信封上写了"毛笔"二字,意即毛泽东的笔迹。1955年胡风被打成"胡风反革命集团"首领后遭逮捕,抄家时,公安人员搜到了这个信封,但未引起注意,没有收走。"文革"中,胡风家再次被抄,信封藏在一只皮包的夹层中,结果虽然皮包中的东西被一抄而空,但信封却没被抄走。"文革"结束后,作家羽宏在研究丁玲创作生涯的过程中,从一本外文刊物《今日中国》上看到一篇美国人里夫写的题为《丁玲在西北》的文章。文中说,毛泽东有词一首赠丁玲,于是多方搜寻。1980年4月,胡风的夫人梅志偶然在一个皮夹的里层发现了这首词的手稿,从而这首词的手稿又完好无损地回到丁玲手中。

　　这首词现在所见有四件手书:(一)无标题。横写,无标点符号。(二)、(三)无标题。竖写,无标点符号。文字完全相同。手书(二)为原件。手书(三)系由他人将手书(二)中"今日武将军"的"将军"二字缩小而成。(四)标题为《临江仙》。竖写,无标点符号。

　　据吴正裕主编,李捷、陈晋副主编《毛泽东诗词全编鉴赏》(中央文献出版社,2003年12月第1版)说:"此词作者留存的手迹,现在所见有五件。词中'今日武将军'句,有三件作'今日女将军'。其中有一件手迹,从字迹辨认,可判定用铅笔写于1973年下半年,所署写作时间为'一九五二年',显系笔误。"

　　本书编著者所见手书有四件,其中手书(三)系他人将手书(二)改动而成,故实际所见为三件。其中仅有一件作"今日女将军"。《全编》说:"有三件作"今日女将军",可见另外还有两件至今未见发表。

　　"招待出牢人",朱正明《关于〈长征记〉和毛主席赠丁玲词的情况》说,"词中'招待出牢人'一句,我记得原为'欢迎出牢人',可能是作者后来改了。

　　"阵图开向陇山东",1947年6月1日《文化报》作"阵头开向陇山东"。

　　"今日武将军",手书(四)作"今日女将军"。据《毛泽东诗词全编鉴赏》说,另外还有两件手书也作"今日女将军"。

　　"纤笔一枝谁与似? 三千毛瑟精兵",1939年12月9日,毛泽东《一二九运动的伟大意义》一文中说:"如果知识分子跟八路军、新四军、游击队结合起来,就是说,笔杆子跟枪杆子结合起来,那末,事情就好办了。拿破仑说,一枝笔可以当得过三千毛瑟枪。但是,要是没有铁做的毛瑟枪,这个笔杆子也是无用的。"(《毛泽东文集》第二卷)

【注释】

〔1〕临江仙:词牌名。　给丁玲同志:见本词解说部分。

〔2〕壁:军垒。《史记·项羽本纪》:"诸侯军救巨鹿下者十余壁,莫敢纵兵。及楚击秦,诸将皆从壁上观。"这里引申指城墙。　落照:落日的余晖,即指夕阳。梁代简文帝《和徐录事见内人作卧具》诗:"密房寒日晚,落照度窗边。"唐代卢纶《长安春望》:"川原缭绕浮云外,宫阙参差落照间。"　壁上红旗飘落照:就是"壁上红旗飘于落照",意思是说,城头红旗在夕阳中飘扬。

〔3〕西风:秋风。　漫卷:见《清平乐·六盘山》注。　孤城:边远的孤立城镇,一般指边塞重镇。唐代王之涣《凉州词》:"黄河远上白云间,一片孤城万仞山。羌笛何须怨杨柳,春风不度玉门关。"唐代王昌龄《从军行》其四:"青海长云暗雪山,孤城遥望玉门关。"唐代高适《燕歌行》:"大漠穷秋塞草衰,孤城落日斗兵稀。"唐代杜甫《秋兴八首》其二:"夔府孤城落日斜,每依北斗望京华。"宋代范仲淹《渔家傲》:"塞下秋来风景异,衡阳雁去无留意。四面边声连角起,千嶂里,长烟落日孤城闭。"这里指保安县城,因其独立于陕西省西北部众多的村庄之中。

〔4〕保安:旧县名,位于陕西省西北部,邻接甘肃。1936 年 7 月至 1937 年 1 月,中共中央、中华苏维埃共和国中央政府曾驻于此。1936 年为纪念同年 4 月与国民党军作战中光荣牺牲的红二十八军军长刘志丹,改名志丹县。　人物:有一定声誉,在某一方面才能出众的人。《后汉书·许劭传》:"劭与靖俱有高名,好共论乡党人物。"　一时:顿时。　一时新:宋代朱熹《春日》诗:"胜日寻芳泗水滨,无边光景一时新。"　保安人物一时新:意思是说,当时全国投奔革命的进步人士多汇集于保安,现又加上了丁玲。

〔5〕洞:指窑洞。　出牢人:指丁玲。　洞中开宴会,欢迎出牢人:见本词解说部分。

〔6〕纤笔:纤细的笔,这里指丁玲的刻画入微的文笔。　谁:疑问代词,何,什么。《说文》三篇上言部云:"谁,何也。"　谁与似:谁与之相似,意即什么能与之相比。

〔7〕毛瑟:德文 Mauser 的音译,枪支名。德国威廉·毛瑟、彼得·毛瑟兄弟所设计,毛瑟工厂所制造的步枪、手枪,在当时很有名。　三千毛瑟精兵:孙中山 1922 年 8 月 24 日《与报界的谈话》中说:"常言谓:一枝笔胜于三千毛瑟枪。"这里是盛赞丁玲文笔的作用和威力。

〔8〕阵图:古代军队作战的队列图。唐代杜甫《八阵图》诗:"功盖三分国,名成八阵图。江流石不转,遗恨失吞吴。"这里借指作战战场。陇山:六盘山南段的别称。在陕西陇县西北,延伸于陕、甘边境。南北走向,长约一百公里,海拔两千米左右,山势陡峻,为渭河平原与陇西高原的分界。　阵图开向陇山东:意思是说:部队正向作战的战场陇山以东开进。

〔9〕昨天文小姐,今日武将军:金代周昂《北行》诗二首其二有类似句式的诗句:"竞夸新战士,谁识旧书生。"这里两句是赞扬丁玲从上海亭子间到革命根据地,以一文弱女性而投身于艰苦的军旅战斗生活。

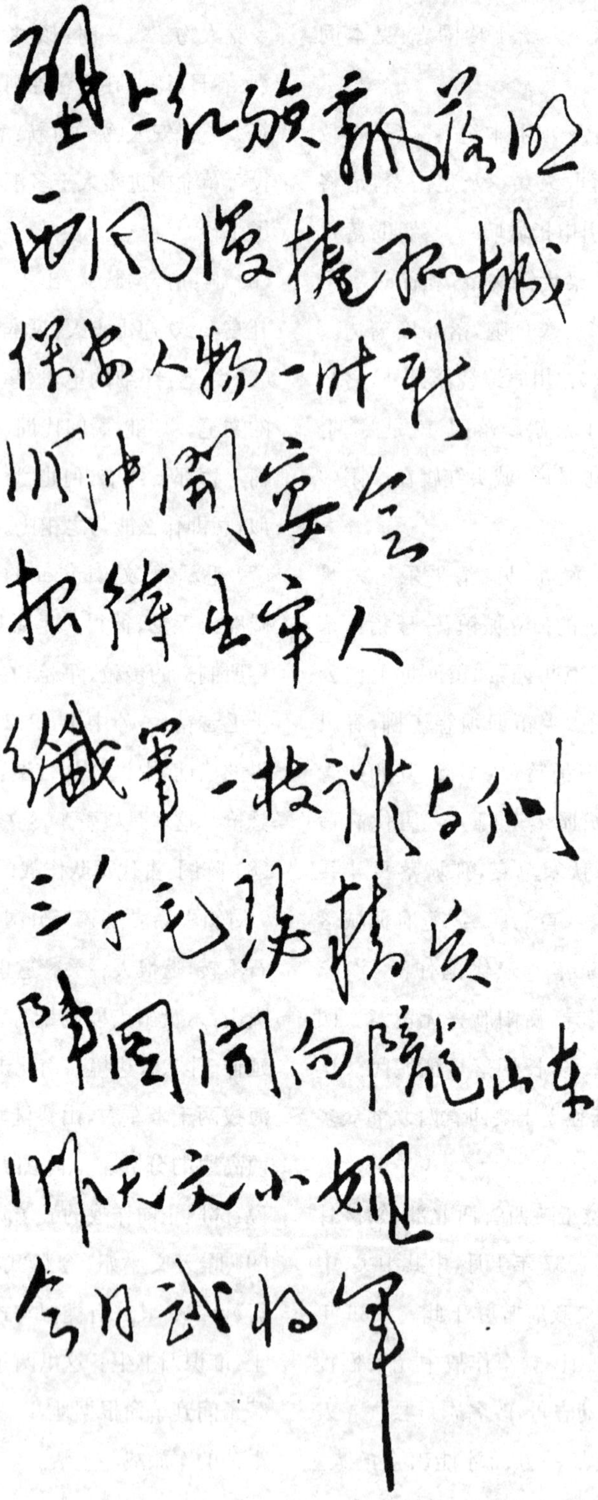

壁上红旗飘落照
西风漫卷孤城
保安人物一时新
洞中开宴会
招待出牢人

纤笔一枝谁与似
三千毛瑟精兵
阵图开向陇山东
昨天文小姐
今日武将军

毛泽东手书《临江仙·给丁玲同志》（一）

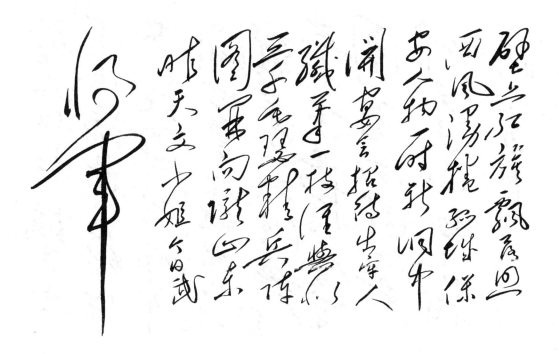

毛泽东手书《临江仙·给丁玲同志》（二）

毛泽东诗词

第 二 辑

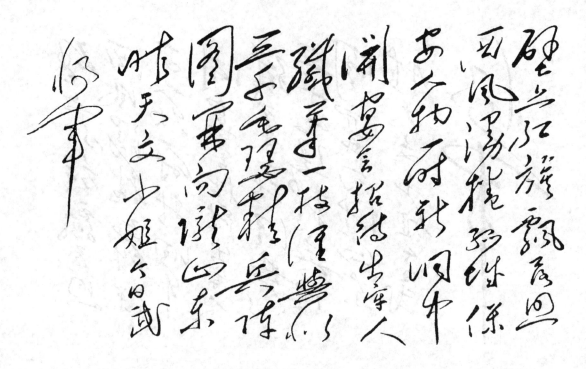

毛泽东手书《临江仙·给丁玲同志》（三）

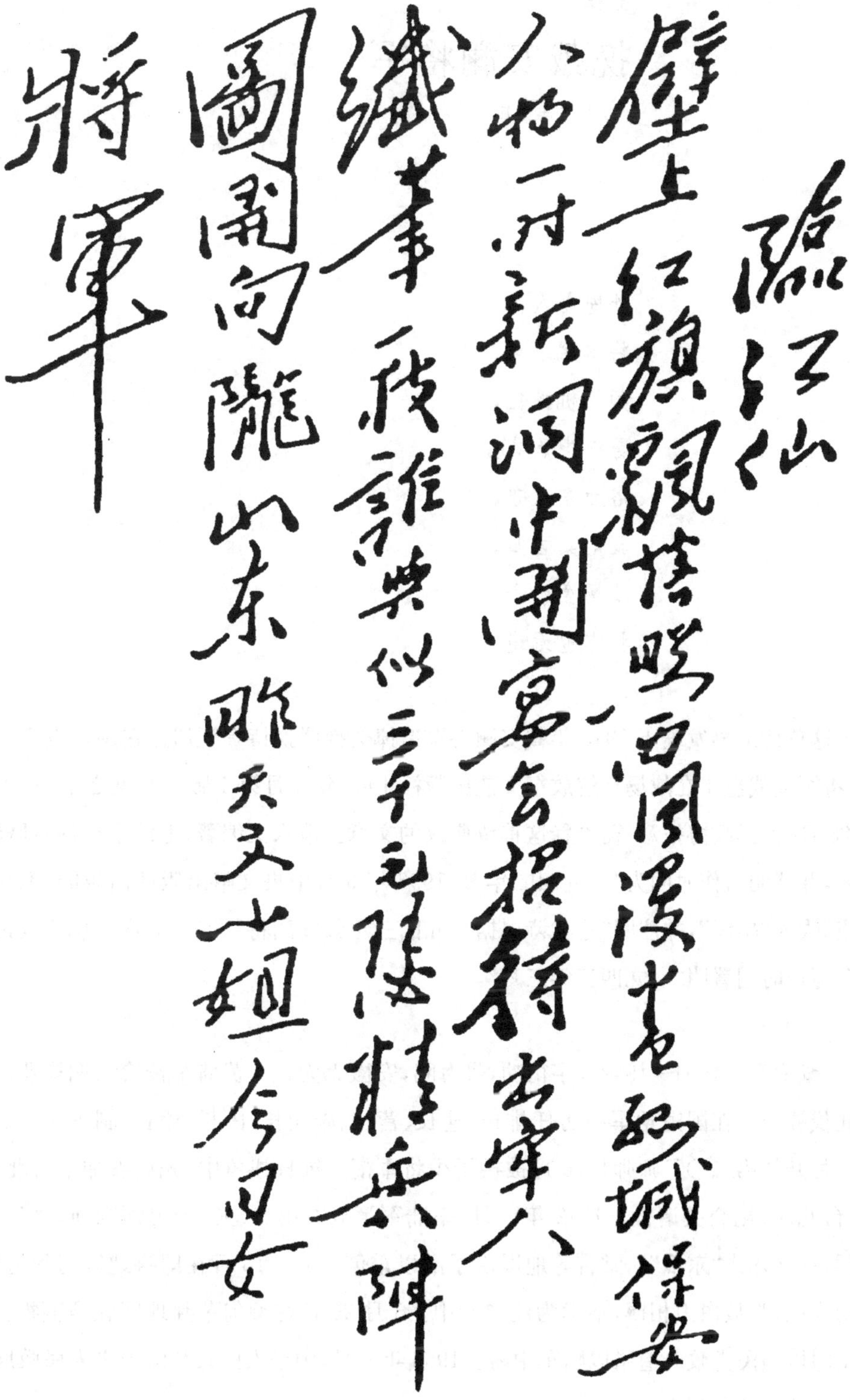

临江仙

壁上红旗飘落照，西风漫卷孤城。保安人物一时新。洞中开宴会，招待出牢人。

纤笔一枝谁与似，三千毛瑟精兵。阵图开向陇山东。昨天文小姐，今日武将军。

毛泽东手书《临江仙·给丁玲同志》（四）

毛泽东诗词

五律

挽戴安澜将军

一九四三年三月

外侮需人御，

将军赋采薇。

师称机械化，

勇夺虎罴威。

浴血东瓜守，

驱倭棠吉归。

沙场竟殒命，

壮志也无违。

　　这首诗最早发表于 1943 年戴安澜将军追悼会挽联挽诗登记册。建国后发表于黄济人《将军决战岂止在战场》(解放军文艺出版社 1982 年 4 月第 1 版)，又见之于 1983 年 12 月 28 日《人民政协报》一篇诠释这首诗典故的文章。萧永义编著《毛泽东诗词对联辑注》收入，并署明写作时间为"一九四二年"。1996 年 9 月中央文献出版社出版的《毛泽东诗词集》收入"副编"，并注明"这首诗根据一九四三年戴安澜将军追悼会挽联挽诗登记册刊印"，写作时间署明"一九四三年三月"。

　　"戴安澜"(1904—1942)，字衍功，号海鸥，安徽无为人。黄埔军校第三期毕业。曾参加北伐战争。在国民党军中历任排长、连长、营长、副团长、团长、旅长、副师长等。1939 年 1 月升任第二〇〇师师长，6 月被授予少将军衔。抗日战争中，先后参加了古北口、漳河、台儿庄、昆仑关诸役。1942 年 3 月，率陆军第五军第二〇〇师出师缅甸，对日作战。在同古(又译作"东瓜")、棠吉等地屡次予敌以重创。5 月 18 日在郎科地区与敌遭遇，冒密切炮火，与敌白刃相搏，不幸为流弹所中。5 月 26 日在缅甸茅邦地区壮烈牺牲。1942 年 12 月，国民党政府追赠以陆军中将。1956 年 9 月，中华人民共和国中央人民政府内务部追认他为革命烈士。

　　1941 年 12 月，太平洋战争爆发。次年 2 月，日本侵略军为了切断盟国援华抗战物资的重要运输线——滇缅公路,以泰国、越南为基地,向当时为英国殖民地的缅甸大举进攻。应英国政府的请求,国民党政府派遣了远征军共三个军约十万人赴缅参战。自3月中旬至4月,远征军先后在同古、仁安羌、腊戍等地与日本侵略军进行了激烈的战斗。4月底至5月,因作战失利而实行总退却,一部撤至印度,大部撤回国内。在这次远征作战中,戴安澜任远征军主力第五军第二〇〇师师长,率所部奋勇搏杀,后因撤退途中遭到日军伏击,身负重伤,不幸于5月26日殉国。享年三十八岁。1943年4月1日,国民党政府在广西全州香山寺大雄宝殿隆重举行戴安澜将军追悼会。全国各地均派代表前往致奠。由李济深主祭,参加追悼大会的有广西省主席黄旭初,驻扎在全州的第五军全体官兵一万余人。国共两党领导人都送了奠挽品。远在延安的毛泽东特为撰写了这首挽诗。

诗中的"东瓜",即同古,缅甸南部重镇。"浴血东瓜守",1942年3月8日,作为中国远征军的先头部队,第二〇〇师抵达东瓜,从英军手中接防。因前方英军弃守仰光,日军重兵直趋同古。3月19日,第二〇〇师小试锋芒,在城外与日军打了一场遭遇战,歼敌三百余人。3月21日和22日,日军出动三百五十架飞机摧毁了驻缅的英军空军,掌握了制空权。同时,又以四倍于我的优势兵力,将同古合围。戴安澜将军孤军浴血奋战,坚守十日,予敌以重大杀伤,使日军那铃木联队几乎全部覆灭。全师一万二千余众亦阵亡三分之一。由于友军受阻,后援不继,于3月30日放弃同古,杀出重围。这一仗在国际上打出了中国远征军的声威。"棠吉",缅甸中部地名。"驱倭棠吉归",第二〇〇师撤出同古后,退至棠吉。后因中英联军连战失利,远征军总司令部下令总退却,乃撤离棠吉,夺路回国。

毛泽东这首挽诗前写有挽词"海鸥将军千古"。诗后落款"毛泽东敬挽"。"海鸥",是戴安澜将军的号。

1955年,中共中央文献研究室曾向戴安澜将军的子女发函,请他们提供毛泽东挽戴安澜将军诗的原件。戴安澜将军子覆东、靖东、澄东及女藩篱联名来信并附上挽诗抄文照片。信中说:"家父戴安澜将军于1942年3月率第五军二百师入缅对日作战。在不到两个月的时间里重创日军,解救英军,给世人以极大鼓舞。但由于指挥多头,英军不合作,战斗由胜利转向退却。二百师在撤退回国途中层层遭到阻击,在通过最后一道封锁线时,家父亲临第一线指挥,不幸中弹负伤。因缺少医药,不幸于1942年5月26日在缅甸茅邦村牺牲。父亲牺牲后国共两党高度评价其英雄业绩,盟国也给了高度赞扬。1943年4月1日,国共两党商定在广西全州为戴安澜将军公祭,由李济深先生主持。其时国共两党的最高领导都送了挽联。1976年9月9日,毛主席逝世。中央决定建纪念堂,并发出通知,搜集毛主席在民间的手稿遗文。我们全家认为,毛主席写给家父的挽诗应是

一份珍贵的资料,决定将有抄写毛主席挽诗的挽联登记册寄给中共中央办公厅。"(《毛泽东诗词全编鉴赏》)

据有关史料记载,周恩来送的挽联是:

> 黄埔之英;
>
> 民族之雄。

朱德、彭德怀送的挽联是:

> 将军冠军门,草寇几回遭重创;
>
> 英雄羁缅境,国人无处不哀思。

邓颖超送的挽词是:

> 海鸥将军千古
>
> 气壮山河。

据牛立志《董必武抗战诗抄(纪念抗日战争胜利六十周年)》一文载:1942 年董必武作《代毛泽东同志挽戴安澜将军殉国》诗,全诗如下:

> 外侮需人御,
>
> 将军赋采薇。
>
> 师称机械化,
>
> 勇夺虎罴威。
>
> 今誉东瓜著,
>
> 驱倭棠吉归。
>
> 沙场竟捐命,
>
> 壮志也无违。

其中与《毛泽东诗词选》、《毛泽东诗词集》所载该诗相对照,题目多"殉国"二字,正文第五句"今誉东瓜著"改为"浴血东瓜守",第七句"沙场竟捐命"改为"沙场竟殒命"。牛立志在"附记"中说:"董老一生写过一千三百多首诗。'九一八'事变,东北沦为日寇殖民地到抗战最终胜利,在经历了无数先烈前仆后继为坚决打败敌人、争取民族解放而奋不顾身,战死沙场,壮烈牺牲之后,他即时写了不少诗篇,讴歌这些先烈们的英雄气概和不朽精神,同时也抒发了自己的满腹哀思。"又说:"我曾长期在董老身边工作。今年 7 月底,我受邀编选董老的诗稿墨迹。在翻阅着这些情感深沉的诗篇时,我受到强烈的感染。现在,我恭谨地将董老几十年前写下的对九位英烈的悼亡诗抄录给大家,其中有几首是初次发表。"(2005 年 8 月 20 日《人民日报》)。

【注释】

〔1〕五律:五言律诗的简称,详见《七律·长征》注。 挽戴安澜将军:见本诗解说部分。

〔2〕侮:欺负。 外侮:指来自外国的侵略或压迫。这里指日本帝国主义的侵略。 御:抵抗。

〔3〕赋:朗诵。 采薇:《诗·小雅》篇名,《诗小序》说:"《采薇》,遣戍役也。文王之时,西有昆夷之患,北有猃狁之难,以天子之命,命将率,遣戍役,以守卫中国,故歌《采薇》以遣之。"《采薇》就是派遣戍边的士兵时所唱的歌:"靡室靡家,猃狁之故。不遑启居,猃狁之故。"表现士兵们为了抗击异族侵略者,不顾个人、家庭的利益而服从于民族国家利益的崇高精神。

赋采薇:《左传·文公十三年》:"文子赋《采薇》之四章。"将军赋采薇:唐代王绩《野望》诗:"相顾无相识,长歌赋采薇。"本句谓戴安澜将

军毅然从征,远赴国难。

〔4〕师称机械化:戴安澜所率二〇〇师为机械化部队。

〔5〕夺:夺取。 虎罴:比喻凶猛的敌人,见《七律·冬云》注。 勇夺虎罴威:意思是说,戴安澜将军所率将士勇武非凡,在他们面前,就连虎豹熊罴之类的猛兽也丧失了威风。

〔6〕浴血东瓜守:见本诗解说部分。

〔7〕倭:古代对日本的称呼。《汉书,地理志》已有记载,后世一直沿用。 驱倭:驱逐倭寇。
驱倭棠吉归:见本诗解说部分。

〔8〕沙场:战场。 竟:表示出于意料之外。 殒:死。 殒命:丧命。

〔9〕无违:没有背离。 壮志也无违:意思是说实现了他的报国壮志。

海鸥将军 千古

外侮需人御
将军赋采薇
师称机械化
策勋已唾手

浴血东瓜守
驱倭棠吉辞
沙场竟殒命
壮志也无违

身经百战
毛泽东未登枢

毛泽东未登枢

追悼戴安澜将军大会挽联、挽诗、挽词登记册收录的毛泽东《五律·挽戴安澜将军》

五律

张冠道中

一九四七年

朝雾弥琼宇,

征马嘶北风。

露湿尘难染,

霜笼鸦不惊。

戎衣犹铁甲,

须眉等银冰。

踟蹰张冠道,

恍若塞上行。

　　这首诗最早发表于 1996 年中共中央文献研究室编《毛泽东词集》,收入"副编",并注明"这首诗根据抄件刊印"。

　　"张冠道",陕北的一条道路。1947 年 3 月 13 日拂晓,胡宗南指挥国民党军十五个旅十四万余人,分兵两路,同时从宜川、洛川一线向中共中央所在地延安进攻。国民党空军出动飞机四十五架对延安实施轰炸。3 月 18 日晚,毛泽东同周恩来率领中共中央机关撤离延安。随后,他在陕北延川、清涧、子长、子洲、靖边等县转战。一年后,1948 年 4 月 21日,西北野战军收复延安。

　　这首诗当写于 1947 年转战陕北的行军路上。

　　这首诗是根据作者晚年整理诗稿时,身边的工作人员林克留下的抄件公布出来的。

　　邸延生著《历史的真言——李银桥在毛泽东身边工作纪实》说:"1949 年 1 月 11 日晚上,也就是人们在得到淮海战役捷报的第二天,毛泽东将他去年(指 1947 年)在转战陕北途中写下的两首五言诗抄给了李银桥和韩桂馨,令夫妻两个捧在手上连夜看了好多遍:第一首《五律·张冠道中》——写的是毛泽东于 1947 年转战在陕北的延川、清涧一带时的情景:朝雾弥琼宇……恍若塞上行。第二首《五律·喜闻捷报》……"

　　本诗在《毛泽东诗词集》发表后,有论者怀疑抄件的可靠性,甚至怀疑此诗是伪作,对其他"根据抄件刊印"的诗也提出了真伪问题。为此,由吴正裕任主编,李捷、陈晋任副主编的《毛泽东诗词全编鉴赏》(中央文献出版社2003年12月第一版)对这些问题作了详细的考辨，提供了不少鲜为人知、有研究价值的材料，这里特作简要的介绍。

《毛泽东诗词全编鉴赏》说，"此诗的写作日期，抄件标明是1947年。根据诗中的内容和作者转战陕北的经历，可以判定作于这年的四月初。"又说："作者在转战陕北之初，为避敌机侦察、扫射和轰炸，一直是夜行军。即自3月18日撤离延安，到3月31日傍晚转移至绥德县田庄，是坐吉普车夜行军；从田庄向子洲县邱家坪转移开始，到4月5日转移至靖边县青阳岔为止，是骑马夜行军。自4月12日由青阳岔向靖边县王家湾转移起，他结束了夜行军，开始白天行军。从《张冠道中》诗描绘寒夜行军和提及'征马'嘶鸣，可以判定这首诗是写作者4月初骑马夜行军。具体地说，是写作者4月2日晚上至4月3日清晨，由子洲县高家塔转移至子长县涧峪岔乡庄果坪途中的所见、所闻和所感。'庄果'即'张冠'，因读音相近而产生的异文。据考，作者向农民询问村名，并未得知如何写，仅是记音；作者是南方人，'庄'、'张'二字读音不分。"本书编著者按：据此，本诗写作时间可确定为"一九四七年四月"，标题中"张冠"为"庄果"之误。

该书又说："抄件是毛泽东的秘书林克提供的。""他在1996年6月7日给我们写的《关于毛泽东几首诗的说明》，摘录如下：1962年4月24日，我在日记上抄录了几首诗。"（下面省略了他抄的《张冠道中》、《喜闻捷报》、《纪念鲁迅八十寿辰》、《贾谊》、《咏贾谊》等诗）"记得毛泽东这几首诗的手稿，是他让我清退看过的文件时，我从文件中发现的。我先从文件中把诗稿手迹拿了出来。当我将文件清理完毕之后，我把诗稿翻看了一遍，其中有发表过的诗，也有未发表过的诗，在未发表过的诗中有的过去我看过，但以上几首诗，我从未见到过。由于我非常喜爱毛泽东的诗词，我便把这几首诗抄录下来，回办公室后，我先记在一个小本子上，由于怕遗失了，接着又抄录在1962年2月24日我的日记本上。胡乔木同志在编辑毛泽东诗词五十首时，他委托李慎之同志问我有无毛泽东未发表过的诗词，我便请李慎之同志将我抄录毛主席诗词的小本子带交胡乔木同志，我希望他能鉴别或选用。"

该书还说："此诗是通过描写陕北春天昼夜间特有的气象变化，反映作者转战陕北初期夜行昼宿的一段特殊经历"。"据1993年出版的《子洲县志》记载，子洲县春季多风，盛行偏北风；晚霜终于5月28日，春季温度很不稳定，西伯利亚极地干冷气团仍不断南下侵袭，4月下旬亦可骤然下雪。跟随毛泽东转战陕北的高智，曾在《东方红诗刊》1997年第4期发表的《读五律〈张冠道中〉》一文中说：撤离延安'此后的近二十天里，为避敌诱敌，多在晚上和清晨行军。这时的陕北，仍较寒冷，西北风一刮，昼夜温差很大，有时可达零度，一些深山背阴处还有结冰，早晚常有霜露浓雾。'"

毛泽东诗词

【注释】

〔1〕五律:五言律诗的简称,详见《七律·长征》注。 张冠道中:见本诗解说部分。

〔2〕弥:遍,满。 琼宇:即玉宇,指天空。

〔3〕征马:这里指战马。 嘶:马鸣。 征马嘶北风:战马在怒号的北风中嘶鸣。

〔4〕露湿尘难染:寒露打湿了黄土地,尘土难以沾染衣物。

〔5〕笼:笼罩。 霜笼鸦不惊:大地一片霜白,鸦雀无声。这句诗是化用民间诗谜"山水花鸟画"而成。该诗谜云:"远看山有色,近听水无声。春去花常在,人来鸦不惊(亦作:春去花犹在,人来鸟不惊)"。

〔6〕戎衣:军服。 犹:如。 铁甲:古时战士的护身衣,多用金属制成。 戎衣犹铁甲:军服因雾沾露湿而结冰,像铁甲一样又硬又重。

〔7〕须眉:胡须和眉毛。 等:等同,如同。银:白色。 须眉等银冰:胡须和眉毛上结满了白色的冰碴。

〔8〕踟蹰:徘徊不进,缓行。《诗·邶风·静女》:"爱而不见,搔首踟蹰。"李陵与苏武诗:"屏营衢路侧,执手野踟蹰。"唐代高适诗:"圣代即今多雨露,暂时分手莫踟蹰。"李华《吊古战场文》有句:"积雪没胫,坚冰在须。鸷鸟休巢,征马踟蹰。缯纩无温,堕指裂肤。"

〔9〕恍:隐约模糊,不易捉摸。 塞上:边远地区,这里指我国北方长城内外。 这两句是说,有如游山观水,不胜悠然。

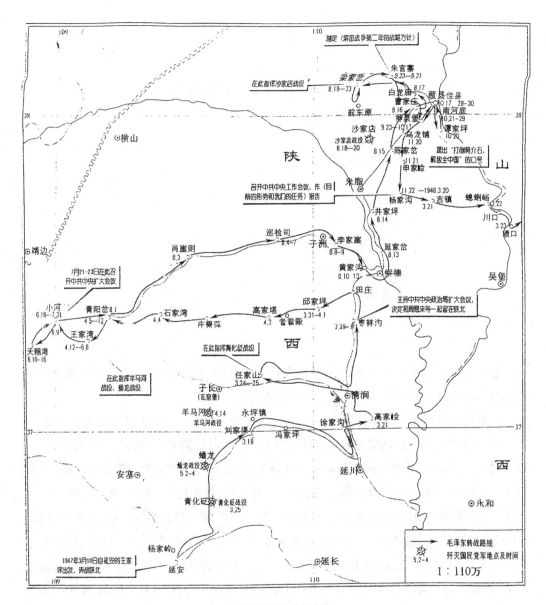

毛泽东转战陕北示意图

毛泽东诗词

第 二 辑

喜闻捷报

一九四七年

中秋步运河上,闻西北野战军收复蟠龙作。

秋风度河上,

大野入苍穹。

佳令随人至,

明月傍云生。

故里鸿音绝,

妻儿信未通。

满宇频翘望,

凯歌奏边城。

这首诗最早发表于 1996 年中共中央文献研究室编《毛泽东诗词集》,收入"副编",并注明"这首诗根据抄件刊印"。题目为该书编者所加。

这首诗是根据作者晚年整理诗稿时,身边的工作人员林克留下的抄件公布出来的。

1947 年 8 月 20 日,西北野战军在陕北取得沙家店战役胜利,从而粉碎了国民党军对陕北的重点进攻,开始转入内线反攻。9 月中旬,接连收复了青化砭、蟠龙等城镇。9 月 24 日,发起延(延长、延川)、清(清涧)战役。10 月 1 日,攻克延长、延川,全歼守敌。10 月 11 日,攻克清涧,全歼守敌整编第十六师师部及一个旅,师长廖昂被俘。据《汪东兴日记》(中国社会科学出版社 1993 年 9 月第 1 版)说,毛泽东 1947 年 9 月 23 日到达佳县神泉堡,11 月 14 日离开神泉堡,在这里住了五十二天。这首诗是这一期间毛泽东闻讯收复蟠龙后,欣喜万分写就的。这年中秋节即八月十五日,为公历 9 月 29 日。据此,本书编著者将这首诗的写作时间确定为"一九四七年九月"。

萧永义《毛泽东诗词史话》说,延清战役期间,毛泽东一直住在佳县神泉堡,其地并无运河。神泉堡西有无定河。"步运河"三字,疑为"无定河"之误。(本书编著者按:据《汪东兴日记》说,神泉堡坐落在佳泸河以南,依山傍水,东南是一条大川,村子外貌宁静而秀丽。这里的"运河",疑指神泉堡东南的大川。)

邸延生著《历史的真言——李银桥在毛泽东身边工作纪实》说:"1949 年 1 月 11 日的晚上,也就是人们在得到淮海战役捷报的第二天,毛泽东将他去年(指 1947 年)在转战陕北途中写下的两首五言诗抄给了李银桥和韩桂馨,令夫妻两个捧在手上连夜看了好多遍:第一首《五律·张冠道中》……第二首《五律·喜闻捷报》——是毛泽东于 1947 年在转战陕北时得到青化砭、羊马河、蟠龙战役三战三捷的胜利消息后写的一首诗,后来坐镇梁家岔得到彭德怀在沙店战役中围歼了国民党的第三十六师、彻底粉碎了胡宗南对陕甘宁解放区的'重点进攻'后,又改写了首联和尾联:秋风度河上……凯歌奏边城。"

《毛泽东诗词全编鉴赏》说,这首诗的小序原是此诗的标题,因同全书其他标题体例不一致,故将其作了小序,另拟题《喜闻捷报》。"步运",按辞书可解释为徒步运输、徒步运行,引申为步行、散步。古人专称黄河为"河",称黄河边、黄河附近为"河上"。1947 年中秋节前后,毛泽东住在佳县神泉堡,那里距黄河约十华里,可称之谓"河上",他在那里无论徒步运输或者散步、漫步,都可说成"步运河上"。据《汪东兴日记·随毛主席转战陕北》记载,中共中央机关转战陕北时,在河东的中央后委常运来粮食、草料和其他物品。《杨尚昆回忆录》说,1947 年 9 月,后委向中央纵队送棉衣(包括棉鞋、棉帽)八百套,土布一千零三十六丈,棉花一千四百七十公斤。其他如电台的摇手,保健药品和医疗器械,骡马的蹄铁、肚带、鞭梢等,也都根据前方的需要随时运送。跟随毛泽东转战陕北的指战员回忆,毛泽东常和战士一起帮住地农民干农活,如推磨、打场、掰玉米、刨山药蛋等等。在中秋节那天,周恩来给远在河北平山的妻子邓颖超写了一封长信,说那天吃了月饼和葡萄等食品,可以推断,这些过节物品是从晋西后委运来的。由此可见,毛泽东有可能随身边工作人员在中秋节到黄河边,或者就在神泉堡参加运输补给品包括过节物品等。同周恩来一起过节的毛泽东,在赏月时想到延安故里的乡亲,想到在晋西后委的妻子女儿,想到解放战争的各个战场,于是拿起诗笔写下了这首具有历史价值的诗篇。

【注释】

〔1〕步运河:见本诗解说部分。

〔2〕蟠龙:延川县城之西、延安城东北的一个古镇,距延安城七十多里。

〔3〕度:通"渡",过的意思。　河上:这里指运河。

〔4〕大野:一望无际的原野。　入:溶进。苍穹,即苍天。　大野入苍穹:极目望去,望无际的原野与天仿佛溶成了一体。

〔5〕佳令:美好的节令,这里指中秋节,这年的中秋节是 9 月 29 日。

〔6〕故里:即故乡,指毛泽东的家乡湖南韶山。　鸿:即大雁。鸿音绝:音信已断绝。

〔7〕满宇:这里指全国。　频:屡次。　翘:举起。　翘望:翘着而望,表示心情迫切。　满宇频翘望:全国人民都在殷切地期待着。

浣溪沙

和柳亚子先生

一九五○年十一月

颜蠋齐王各命前，

多年矛盾廓无边，

而今一扫纪新元。

最喜诗人高唱至，

正和前线捷音联，

妙香山上战旗妍。

附：柳亚子原词

浣溪沙

一九五○年十月

中央戏剧学院舞蹈团演出《和平鸽》舞剧，欧阳予倩编剧，

戴爱莲女士导演兼饰主角，四夕至五夕，连续在怀仁堂奏技。

再成短调，欣赏赞美之不尽矣！

白鸽连翩奋舞前，

工农大众力无边。

推翻原子更金圆。

战贩集团仇美帝，

和平堡垒拥苏联。

天安门上万红妍！

浣溪沙，词牌名。见本书前文《浣溪沙·和柳亚子先生》相关介绍。

这首词最早发表于 1986 年 9 月人民文学出版社出版的《毛泽东诗词选》，题为《浣溪沙·和柳〔亚子〕先生》，收入"副编"，并注明："这首词根据手稿刊印。"1996 年 9 月中央文献出版社出版的《毛泽东诗词集》为使全书标题的体例统一，将题目改为《浣溪沙·和柳亚子先生》。

《毛泽东诗词选》和《毛泽东诗词集》均附录了柳亚子原词。

1950 年 10 月 4 日晚和 5 日晚，柳亚子接连两次在中南海怀仁堂观看中央戏剧学院舞蹈团演出的《和平鸽》舞剧，欣赏赞美之余，填写了《浣溪沙》一词。

建国之初，毛泽东和柳亚子多次唱和，柳亚子视为殊荣，曾步毛泽东《七律·和柳亚子先生》韵写了六十一首诗，又曾步毛泽东《浣溪沙·和柳亚子先生》（长夜难明赤县天）韵写了五首词。这首词仍用其韵。

对于这首词中"颜斶齐王各命前"，有多种不同的理解。一种认为，"这是比喻蒋介石要柳亚子听他的反革命主张，柳亚子要蒋介石听他的革命主张。"《毛泽东诗词选》、《毛泽东诗词集》）这是胡乔木在主持编辑《毛泽东诗词选》时，亲自所作的注。《毛泽东诗词全编鉴赏》认为，这一理解既抓住了和词同赠词在某些意念和题旨上的联系，又抓住了"最喜诗人高唱至"诗句这个有助于理解全词的关键，并且进一步指出，"多年矛盾廓无边"，指蒋介石当权时，柳亚子始终不与蒋合作，公然反蒋；而蒋把柳看作眼中钉，长期进行迫害，曾悬赏通缉柳。"而今一扫新纪元"，指祖国的解放开创了新纪元，将蒋、柳矛盾一扫而光。当然，也可以联想和引申到蒋介石毛泽东之间、国共两党之间的矛盾一扫而光。

另一种解释则认为，毛泽东借用"颜斶齐王各命前"这一历史典故，高度概括了国共两党长期存在的政治分歧，即中国共产党的纲领是推翻压在中国人民头上的帝国主义、封建主义和官僚资本主义三座大山，建立人民民主共和国；而蒋介石政权却无时不在梦想消灭中国共产党，以维护其反动统治。"而今一扫新纪元"，就是彻底推翻了三座大山，解决了新民主主义革命中的主要矛盾，实现了人民民主革命的最终结局。建国前，蒋介石是"君"，中国人民是"臣民"，"各命前"正准确地表达了国共两党二十二年的斗争的历史。国共两党的矛盾，在时间上是"多年"，在程度上是"廓无边"。（易孟醇《毛泽东诗词

笺析》、易孟醇、易维《诗人毛泽东》）

　　第三种解释，认为：作者在和词中，借《齐策四》中的典故，主要是为了说明历史上的执政者无法处理好与自己属下士大夫阶层的关系，因为执政者往往倚势怠士，士则恃才傲主，这便造成“多年矛盾廓无边”的现象。接着的“而今一扫新纪元”句则表明，作者认为自己能够善于处理诸如与柳亚子这样的文士骚人的关系，开创一个尊重人才的新时代。（胡为雄《〈毛泽东诗词〉注释中若干问题的商榷》）

　　笔者认为，第二说与毛泽东赠词给柳亚子关系不太密切，第三说又未能指出柳亚子不是一般的“士大夫”知识分子。而第一说，结合当时毛泽东写作此词时的背景，可能更符合作者的原意。

　　诗中“前线捷音”，指当时朝鲜战争前方的捷报。为抗美援朝、保家卫国，1950年10月8日，中央发布出兵朝鲜的命令，抗美援朝战争正式开始。中国人民志愿军于1950年10月19日跨过鸭绿江，与朝鲜人民军并肩作战，抗击美国侵略军。自10月25日至11月5日，毛泽东致电彭德怀等，接连四次指示派兵占领和控制妙香山等制高点，收复了妙香山地区，歼敌一万三千余人，将战线从鸭绿江推进到清川江以南，取得了第一次战役的胜利。也有人认为，当指抗美援朝第二次战役中的捷报。在这次战役中，志愿军采取诱敌深入的方针，将敌诱至定州、香积山、新兴洞、妙香山等预定作战地域，尔后，突然实施战略反击，收复了“三八线”以北的大部失地，扭转了朝鲜战局。谨录以备考。

　　此词手稿未署写作时间。柳亚子原词作于10月上旬，估计毛泽东不久就接到柳亚子赠词。毛泽东读了柳词后，深为柳亚子的爱国主义精神所感动。此时，又恰值中国人民志愿军取得第一次战役胜利的捷报频传。于是在十分喜悦的心情下，毛泽东挥笔写下了这首词。时间当不超出11月。这也许就是《毛泽东诗词集》判定作于“一九五〇年十一月”的依据。

　　这首词现在所见有一件手书：词末写有“和柳先生浣溪沙小调一首　毛泽东”字样。竖写，无标点符号。

【注释】

〔1〕浣溪沙：词牌名。　柳亚子：见《七律·和柳亚子先生》注。

〔2〕颜斶：战国时代齐国人，隐居不愿做官。传说他“晚食以当肉，安步以当车，无罪以当贵，清静贞正以自虞。”　前：这里用作动词，即

往前。　各命前：各自要求对方向前，意即到自己面前来。　颜斶齐王各命前：《战国策·齐策》四载："齐宣王见颜斶曰：'斶前！'斶亦曰：'王前！'宣王不悦。左右曰：'王，人君也。斶，人臣也。王曰'斶前'，斶亦曰'王前'，可

乎'？阁对曰：'夫阁前为慕势。王前为趋士，与使阁为慕势，不如使王为趋士。'王忿然作色，曰：'王者贵乎？士贵乎？'对曰：'士贵耳！王者不贵！'"这里以齐宣王喻指蒋介石，以颜阁喻指柳亚子。这句意思是说蒋介石不肯礼贤下士，要柳亚子听他的反革命主张，柳亚子则又刚正不阿，要蒋介石接受他的革命主张。另一说，胡为雄认为，毛泽东在和词中借这个典故，主要是为了说明历史上的执政者无法处理好与自己属下士大夫阶层的关系，因为执政者往往倚势急士，士则恃才傲主，这便造成"多年矛盾廓无边"的现象。接着的"而今一扫新纪元"句则表明，毛泽东认为自己能够并善于处理与诸如柳亚子这样的文士骚人的关系，自己会开创一个尊重人才的新时代。录以备考。

〔3〕矛盾：本义指矛和盾，这里指对立的事物相互排斥。意思是说，柳亚子主张革命而蒋介石则主张反革命，政见不同，发生矛盾。　　多年矛盾：早在 1926 年，柳亚子先生为国民党中央监察委员时，就曾公开骂蒋介石是新军阀。此后，他始终反对蒋介石暨国民党当局。廓：廓清。另有两说，马连礼主编《毛泽东诗词史诗论》认为，"廓"，边缘。"廓无边"，没有边缘，即说不尽道不完的意思。钟振振认为，廓，广大。录以备考。

〔4〕而今：如今。　　一扫：一扫而空，一扫而光。形容很快地全部消除。意思是说新中国建立后，共产党执政，和柳亚子等民主人士在政治上亲密合作，对柳亚子等民主人士尊重和关怀，因而柳亚子与共产党之间不再有像他与蒋介石之间的那种矛盾冲突了。　　纪：记载。

元：指纪元，即历史上纪年的起算年代。我国自汉武帝建元元年（公元前 140 年）以后，历

朝皇帝都立年号纪元，即以皇帝即位或中途改换年号的第一年为元年。现在世界上多数国家采用的公元纪年，即以传说耶稣诞生年为元年。　　纪新元：意思是说，新中国的诞生，中国共产党领导无产阶级及广大人民群众推翻三座大山，人民当家作了主人，开创了人类历史的新纪元。也就是比喻新的历史阶段。

〔5〕高唱：高妙的词作。指柳亚子的原词《浣溪沙》。

〔6〕前线捷音：前方的捷报。　　正和前线捷音联：见本词解说部分。以上二句是说，最令人高兴的是，您的高妙的诗作正好和志愿军的前线捷音联袂而至。

〔7〕妙香山：朝鲜西北部的山脉，东北——西南走向，海拔约一千米。妙香山主峰，海拔一千零九米，景色优美。　　妍：美丽。　　战旗妍：指战斗取得胜利。

（以下为对柳亚子原词的注释）

〔8〕欧阳予倩（1889—1962）：湖南浏阳人。著名戏剧家兼演员，中国话剧的开拓者和戏剧运动倡导人之一。解放后，曾任中央戏剧学院院长，并曾当选为中国文学艺术界联合会副主席、中国戏剧家协会副主席及中国舞蹈工作者协会主席。著有话剧剧本二十余部。

〔9〕戴爱莲：著名舞蹈表演艺术家。　　饰：扮演。

〔10〕四夕至五夕：据柳亚子《北平日记》记载，1950 年 10 月 4 日晚和 5 日晚，在中南海怀仁堂观看《和平鸽》舞剧。

〔11〕怀仁堂：见《浣溪沙·和柳亚子先生》注。　　奏技：献艺。

〔12〕短调：篇幅短小的词作。　　再成短调：1950 年 10 月 3 日晚，柳亚子在怀仁堂观看各

少数民族文工团歌舞演出,已作有一首《浣溪沙·火树银花不夜天》词,故这里说再成短调。

〔13〕连翩:连续的样子。　奋:鸟振翅而飞。白鸽奋舞:指现代舞剧《和平鸽》中一些演员扮演群鸽在舞台上飞舞。该剧最后一场,"和平鸽们"飞到了北京,同时出现了斯大林和毛泽东握手的大幅图画。　前:这里用作动词,往前,指演员向观众迎面向前舞来。

〔14〕原子:这里是原子弹的省称。　更:再,再加上的意思。　金圆:这里指美元,喻指美帝国主义以金钱统治世界的政策。　推翻原子更金圆:意思是说,第二次世界大战后,美国帝国主义者一方面用原子弹恫吓全世界,一方面用美元引诱一些国家任其摆布,但新中国不惧怕原子弹,也不为美元所动。

〔15〕战贩:战争贩子。　战贩集团:第二次世界大战后,以美国为首的帝国主义集团竭力煽动新的世界战争,故称之为战贩集团。　仇美帝:1950年9月,美帝国主义者纠集十五国军队,打着联合国军的旗号侵入朝鲜北部,威胁我国东北,气焰十分嚣张。因此,中国人民在抗美援朝斗争中开展了仇视、鄙视、蔑视美帝的宣传活动。　战贩集团仇美帝:即"仇美帝战贩集团",意思是说仇视以美帝国主义为首的战贩集团。

〔16〕和平堡垒:指当时的苏联、中国等社会主义国家是保卫世界和平的坚强堡垒。　拥:拥护。　和平堡垒拥苏联:即"拥和平堡垒苏联",意思是说拥护以苏联为首的社会主义国家成为世界和平的坚强堡垒。

〔17〕万红:万朵红花。　万红妍:万紫千红,十分美丽。　天安门上万红妍:象征新中国一片欣欣向荣景象。

颜斶齐王各命前多年矛盾廓无边而今一扫纪新元最喜诗人高唱至正和前线捷音联妙香山上战旗妍
和柳先生浣溪纱小词
毛泽东

毛泽东手书《浣溪沙·和柳亚子先生》

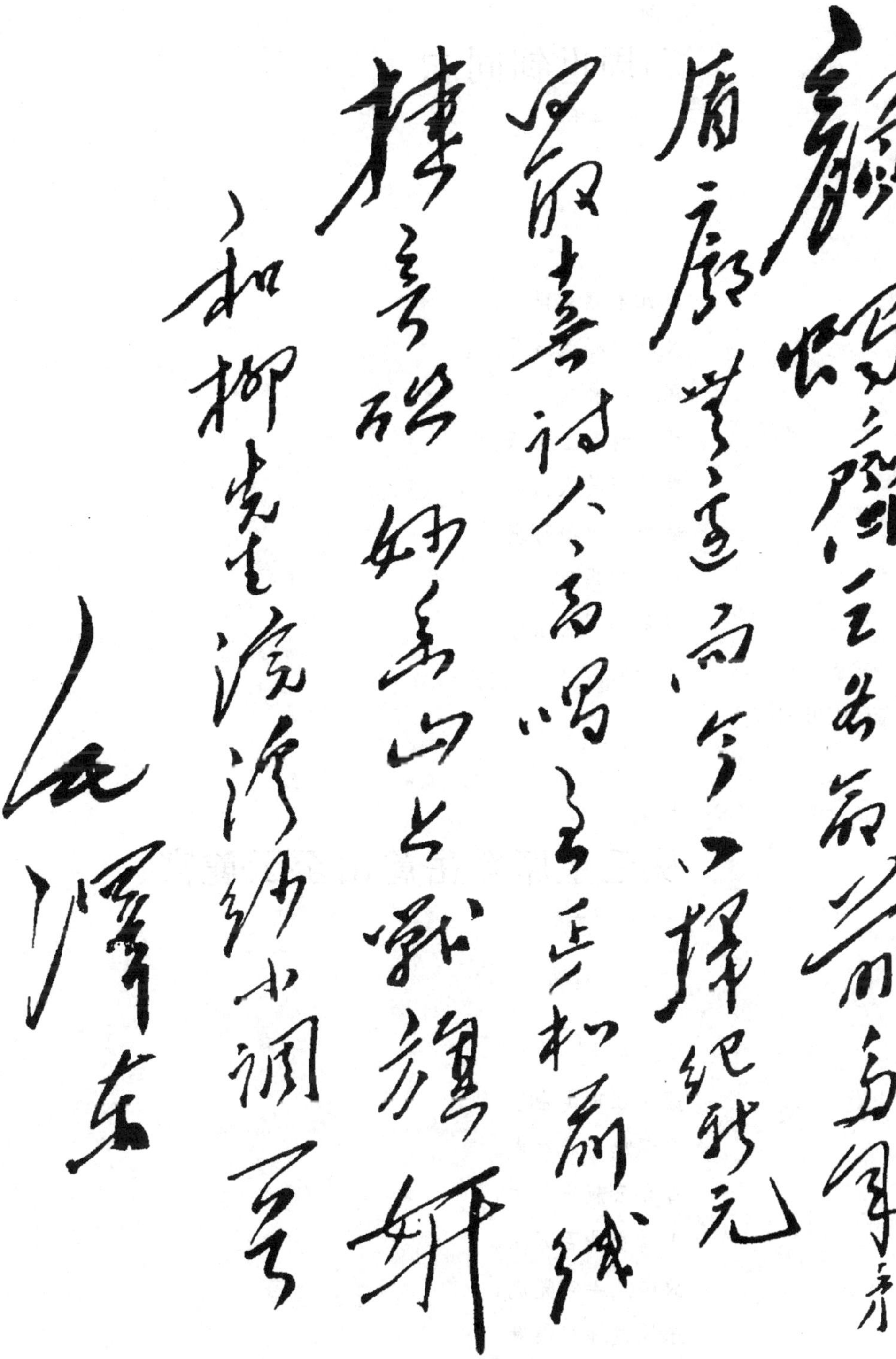

七律

和周世钊同志

一九五五年十月

春江浩荡暂徘徊，
又踏层峰望眼开。
风起绿洲吹浪去，
雨从青野上山来。
尊前谈笑人依旧，
域外鸡虫事可哀。
莫叹韶华容易逝，
卅年仍到赫曦台。

附：周世钊原诗

七律

从毛主席登岳麓山至云麓宫

一九五五年六月

滚滚江声走白沙，
飘飘旗影卷红霞。
直登云麓三千丈，
来看长沙百万家。
故国几年空兕虎，
东风遍地绿桑麻。
南巡喜见升平乐，
何用书生颂物华。

这首诗最早随毛泽东《致周世钊(1955 年 10 月 4 日)》的信发表于 1983 年 12 月人民出版社出版的《毛泽东书信选集》,该诗无标题。《学习与研究》1983 年第 12 期和同年 12 月 26 日《湖南日报》发表了全信的手书照片,这首诗题为《七律·和周世钊先生》。1986 年 9 月人民文学出版社出版的《毛泽东诗词选》和 1996 年 9 月中央文献出版社出版的《毛泽东诗词集》,均题为《七律·和周世钊同志》,收入"副编"。

《毛泽东诗词选》和《毛泽东诗词集》,均未附录周世钊原诗。这里附录的原诗是本书编著者加的。

"周世钊"(1889—1976),字惇元,别号敦元、东园。湖南省宁乡县人。1913 年春考入湖南省立第四师范,后并入湖南省立第一师范,1918 年秋毕业。与毛泽东同窗五载,情谊甚笃。

1918 年夏,周世钊加入毛泽东发起并领导的新民学会,兼工人夜校管理员,积极支持和协助毛泽东从事革命活动。一师毕业后任长沙修业小学国文教员。1919 年应毛泽东之邀,担任毛创办的《湘江评论》顾问。毛泽东发起湖南各界人士"驱张运动",周世钊带领学生参加示威游行。"驱张"胜利后,毛泽东与周世钊等创办了"文化书社",向青年传播新思想、新文化。不久,何叔衡主办《湖南通俗报》,周世钊应邀任编辑,为该报撰写了一些抨击时弊,宣扬新文化的文章。

1921 年,周世钊抱定"教育救国"的宗旨,谢绝参加毛泽东、蔡和森创建的社会主义青年团的组建发展工作,赴南京考入国立东南大学教育学院教育系研究教育,1922 年转入该校文学院研究中国文学,埋首故纸堆中。1925 年春应徐特立聘,在湖南省立第一女子师范执教国文。翌年,返东南大学复学,1927 年毕业。

1927 年初居长沙。国共合作时,经徐特立介绍加入国民党,任《南岳日报》编辑兼一女教员。长沙马日事变后,先后执教长沙明德中学、稻田中学、长郡中学、周南女中、第一师范、妙高峰中学等学校,任国文教员,并任周南女中教导主任多年。抗战八年,周世钊持节自守,热心实施其"教育救国"的主张。抗战胜利后,1946 年正式与国民党脱离关系。1947 年 7 月先后任湖南第一师范、长沙妙高峰中学教员、教导主任。1949 年 7 月,任第一师范代理校长,积极支持学生护校迎解放等进步活动。

长沙解放后,周世钊任湖南第一师范校长,领衔与一些老新民学会会员和教师联名向毛泽东致贺电,毛回函曰:"过去虽未参加革命斗争,教书就是有益于人民的。""兄为一师校长,深庆得人,可见骏骨未凋,尚有生气。"周世钊受到莫大鼓舞,更致力于教育事业。1950 年 9 月,应毛泽东邀赴北京,与毛作数次长谈。1951 年 2 月,加入民盟,任湖南省支部委员。1953 年选为民盟中央委员。1955 年出任湖南省教育厅副厅长,兼湖南第一师范校长。1957年担任民盟湖南省委领导小组第一召集人。1958年出任湖南省副省长，并选为民盟湖南省委主委。

周世钊为人襟怀坦荡，正直无私，实事求是，反映下情民意，言人之不敢言。主持科教界工作期间，亲自为一些受冤屈的知识分子奔波平反。对于"左"倾错误，他多次在人大、政协会议上发言，并上书毛泽东主席，坦陈己见。

周世钊先后当选为第二届、三届全国人大代表，第四届全国人大常委会委员，第一届、二届、三届湖南省人大代表和省人民委员，第一届湖南省政协常委，第二届、三届湖南省政协副主席，民盟中央委员，第三届、四届、五届民盟湖南省委主委，长沙市人民政府委员，民进长沙筹委主委。1976年4月20日在长沙病逝，享年八十岁。生平雅好诗词，造诣颇高，由亲友结集成册。

1955年10月4日毛泽东复函周世钊信中说，"……读大作各首甚有兴趣，奉和一律，尚祈指政"，接着抄录了这首诗。

1955年6月中旬，毛泽东来到长沙。6月20日，他提出要到青年时代常去的湘江游泳。因天雨不断，时值水涨，江宽流急，还夹带泥沙，有人劝阻。毛泽东还是下了水，一游就是一个多小时。到对面上岸后，游兴仍然不减。毛泽东又提出到岳麓山，去追寻他青年时代去过的岳麓书院、爱晚亭、白鹤亭、云麓宫、望湘亭这些地方。他在岳麓书院里传说为朱熹讲学的赫曦台前盘桓一阵，便沿着生满苍苔的石子小路，登上矗立岳麓峰巅的云麓宫和望湘亭，凭栏远眺橘洲湘水，指点飞烟缭绕的长沙市区。回头一看，他发现过去挂在云麓宫壁间的一副对联不见了，那是他青年时代特别欣赏的对联："西南云气开衡岳，日夜江声下洞庭。"身旁的人告诉他被战火毁掉后，还没有来得及重新镶嵌在上面。这天，游泳、爬山，毛泽东很高兴。陪同他登临的一师老同学、时任湖南省教育厅副厅长的周世钊也很兴奋，他们一路谈笑风生，忆及故人旧事，颇多风物依旧、人事悬隔的感慨。

这天夜晚，周世钊夜不能寐，赋诗一首《从毛主席登岳麓山至云麓宫》，借纪行而颂世事升平。稍后，周世钊将这首诗及其他几首诗寄给了毛泽东。

据萧永义《毛泽东诗词对联辑注》说："每年六七月间，也就是农历五月端阳节前后，湘江的中下游照例要涨一次到几次大水，湖南人叫做端阳水。1955年6月20日，毛泽东在湘江中游泳，正遇上这样的大水。"又据周世钊《难忘的一天》记载：当天下午二时，毛泽东、周世钊等在望湘亭午餐。饭后，下了一阵小雨。后来，周世钊写了《七律·从毛主席登岳麓山至云麓宫》，连同其他诗词寄给毛泽东。

周世钊女儿周彦瑜、女婿吴美潮著文（《毛泽东思想研究》1985年第3期）说，当时随行的还有毛泽东的英文秘书林克，林在日记中写道："随主席游岳麓山和云麓宫、望湘亭。"

这首诗现在所见有一件手书:无标题。竖写,有标点符号。这件手书即 1955 年 10 月 4 日毛泽东致周世钊信中所录。

"域外鸡虫事可哀",《毛泽东诗词集》注释说:"国际间的某些事件象鸡虫得失一样渺小,人们为这些小事而勾心斗角是可悲的。这里所指的具体内容待考。"《毛泽东诗词全编鉴赏》认为,从诗中"尊前谈笑人依旧"句,可见毛泽东和周世钊等友好在席间所谈,有一个主要话题是忆旧怀友,很自然地会想起他们青年时代的好友萧子升。萧子升曾一同创建新民学会,后与毛泽东分道扬镳,曾任国民党政府农矿部政务次长等职。全国解放后,逃往海外,发表过许多攻击毛泽东的言论和文章。但毛泽东气度宽宏,对早年同萧子升的友谊却未能忘却,曾嘱新民学会老同学写信,要他回国工作,遭萧回绝。这句诗很像是写的萧子升在海外的逸闻。另一说,认为这句是指国际上超级大国之间以及各国内部的矛盾斗争,不知具体何指。这句的意思可以笼统地理解为,为了一些小事、细微得失而去争斗、计较是可悲的,不值得的。马连礼主编《毛泽东诗词史诗论》说,清人卢元昌说:"天下皆可作虫鸡观,我心何必存鸡虫见也。"这个观点值得重视。如果用"鸡虫之争"来比喻世界上发生的某些事件和纷争,则不论是苏联领导集团内部的权力之争也好,还是西方军事和经济集团当中的勾心斗角也好,我们既不能大惊小怪、惶恐不安,也不能庸人自扰,感到无穷忧虑和担心,更不能参与其中纠缠不休,而应该保持清醒头脑和采取正确的态度,这就是冷静观察,泰然处之,不受干扰,集中精力,做好工作。陈晋《文人毛泽东》认为,前四句讲 6 月 20 日这天的所游所见,后四句记这次游览的所思所感。有解诗者从中找出农业合作化运动的大含义,我看未必,包括"域外鸡虫事可哀"一句,说的也未必是国际上的政治大事,倒很可能是指那天同周世钊谈到他们青年时代的好朋友也是新民学会重要骨干的萧子升。这几种说法我们认为均有一定道理,有待进一步考证。

【注释】

〔1〕七律:七言律诗的简称,详见《七律·长征》注。 和周世钊同志:见本诗解说部分。

〔2〕江:指湘江,见《沁园春·长沙》注。 春江:唐代张若虚《春江花月夜》诗:"春江潮水连海平,海上明月共潮生。"这里指春天时节的湘江。 浩荡:水势广大的样子。晋代潘岳《河阳县作》诗之二:"洪流何浩荡,脩芒郁若嶕。"唐代杜甫《奉赠韦左丞丈二十二韵》诗:"白鸥波浩荡,万里谁能驯?" 春江浩荡:每年端阳节前后,湘江的中下游照例要涨一次到几次大水,湖南人叫做端阳水。1955 年 6 月 20 日,毛泽东在湘江中游泳,正遇上这样的大水,故说春江浩荡。 暂徘徊:指短时间的逗留。唐代骆宾王《同辛簿简仰酬恩玄上人林泉》诗四首之三有"林泉恣探历,风景暂徘徊"之句。 春江浩荡暂徘徊:据说 1955 年 6 月 20 日毛泽东

曾在湘江中畅游许久，从长沙南郊猴子石下水一直到岳麓山下的牌楼口才登岸。

〔3〕峰：指湘江西岸的岳麓山峰。　层峰：指重叠的峰峦。　踏层峰：指拾级登山。　望眼：远眺的眼睛。宋代岳飞《满江红》："抬望眼，仰天长啸，壮怀激烈。"　望眼开：意思是说登高望远，视野为之开阔。　又踏层峰望眼开：指游罢湘江又健步登上岳麓山云麓宫。

〔4〕绿洲：原指沙漠中有水、草的地方，这里指春天草树皆呈绿色的橘子洲。　橘子洲：见《沁园春·长沙》注。　风起绿洲：相传战国时代楚国宋玉《风赋》有"夫风生于地，起于青苹之末"之句。　吹浪：唐代包佶《对酒赠故人》诗中有"月送人无尽，风吹浪不回"之句。谓风吹江水荡起波浪。

〔5〕青野：碧绿的原野，春天原野上长满绿色的庄稼和草、树。　雨从青野上山来：据周世钊《难忘的一天》记载：当天下午二时，毛泽东、周世钊等在望湘亭午餐。饭后，下了一阵小雨。

〔6〕尊：同樽，酒杯。　尊前：在酒樽之前，指筵席上。唐代马戴《赠友人边游回》诗云："尊前语尽北风起，秋色萧条胡雁来。"宋代欧阳修《玉楼春》："尊前拟把归期说，未语春容先惨咽。人生自是有情痴，此恨不关风与月。"　人依旧：指人的性格、友情等依旧如故。唐代白居易《长恨歌》："东望都门信马归，归来池苑皆依旧。"唐代韦应物《淮上喜会梁川故人》诗："欢笑情如旧。"毛泽东年轻时曾与周世钊等谈宴，数十年后重新相聚，言谈甚欢，这里还有称赞周世钊"骏骨未凋"（毛泽东1949年10月15日致周世钊信中语）之意。

〔7〕域外：某处的地域之外。南朝梁代简文帝《大爱敬寺刹下铭》："思所以功超域外，道迈寰中。"这里指境外、国外，可引申为天下，世界上。　鸡虫事：比喻小事情。唐代杜甫《缚鸡行》："小奴缚鸡向市卖，鸡被缚急相喧争。家中厌鸡食虫蚁，不知鸡卖还遭烹。虫鸡于人何厚薄？吾叱奴人解其缚。鸡虫得失无了时，注目寒江倚山阁。"明代王嗣奭《杜臆》："鸡得则虫失，虫得则鸡失，世间类此者甚多，故云'无了时'。"清代卢元昌《杜诗阐》："叱奴解缚，使虫鸡得失自还虫鸡，于虫不任怨，于鸡不任德。……天下皆可作虫鸡观，我心何必存虫鸡见也。"　域外鸡虫事：有人疑指外国领导层内部的权力斗争。

〔8〕韶：美好。　韶华：美好的青春年华。唐代白居易《香山居士写真》诗有"勿叹韶华子，俄成幡曳仙"之句。宋代秦观《江城子》词："韶华不为少年留，恨悠悠，几时休？"。

〔9〕卅：三十。　卅年：毛泽东年轻时在长沙读书和从事革命活动，常与友人游岳麓山，这次重登岳麓，时光已过去三十年了。　赫：盛大的意思。　曦：早晨的阳光。　赫曦：指太阳喷薄而出光明盛大的样子。南朝梁代江淹《为萧鸾拜太尉扬州牧表》："名爵赫曦，倔俛优丞。"　赫曦台：在湖南长沙岳麓书院，朱熹曾称岳麓山顶为赫曦，后因而称山上的台为赫曦台。《乾隆长沙府志》卷一二《古迹》载：赫曦台，在岳麓山上。文公（宋代朱熹）《云谷山记》曰："予名岳麓山顶曰'赫曦'，张伯和父为大书台上。悬岩有古篆字数十，隐见不明。嘉靖戊子知府孙存建亭。"岳麓山顶的赫曦台早已圮废。清代乾隆五十五年（1790年），岳麓书院山长罗典在岳麓书院内建前台。清代道光元年（1821年），岳麓书院山长欧阳厚均为保存

朱熹遗迹,将原"赫曦台"匾额悬于岳麓书院前台,改前台名赫曦台。岳麓书院:在岳麓山东面山下。北宋开宝九年(公元976年),潭州太守朱洞创建,天禧二年(1018年)真宗赐以"岳麓书院"匾额,为宋代四大书院之一。南宋理学家张栻、朱熹在此讲学,从学者千余人。千年以来,书院历经兵火,屡废屡建,现存建筑为清代所建。 卅年又到赫曦台:明代王守仁《望赫曦台》诗有句:"隔江岳麓悬情久,雷雨潇湘日夜来。安得轻风扫微霭,振衣直上赫曦台。"以上二句意思是说,不要感叹青春逝去得太快,三十年后的今天,我们又登上了岳麓山顶的赫曦台,仿佛又回到了青年时代。

(以下为对周世钊原诗的注释)

〔10〕岳麓山:在湖南长沙市湘江西岸。古人将其列入南岳七十二峰之一。南朝宋代《南岳记》:"南岳周围八百里,回雁为首,岳麓为足。"总面积八平方公里,最高峰海拔二百九十七米。自西汉以来,历代都有遗迹可觅,以爱晚亭、岳麓书院、麓山寺、望湘亭、唐代李邕麓山寺碑、宋代刻禹王碑最为有名。 云麓宫:在岳麓山右顶峰上,道家称为"洞真虚福地"。宫殿屡毁屡建。宫右有望湘亭,俯瞰湘江与长沙市区,历历在目。清代黄道让撰对联:"西南云气来衡岳,日夜江声下洞庭。"

〔11〕直登云麓三千丈,来看长沙百万家:岳麓山联成句,借以咏眼前之事。

〔12〕空:作动词,一扫而空。 兕:古代像犀牛一样的野兽。 兕虎:《诗·小雅·何草不黄》:"匪兕匪虎,率彼旷野。"这里比喻国民党反动派。

〔13〕物华:美好的景物、事物。

毛泽东手书《七律·和周世钊同志》

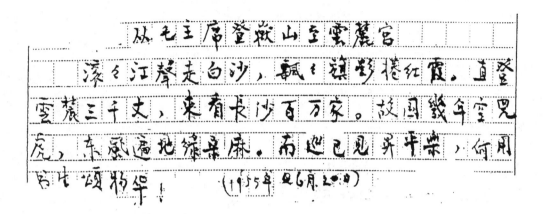

周世钊手书《七律·从毛主席登岳麓山至云麓宫》

五律

看山

一九五五年

三上北高峰，

杭州一望空。

飞凤亭边树，

桃花岭上风。

热来寻扇子，

冷去对佳人。

一片飘飘下，

欢迎有晚莺。

  这首诗最初见之于林克《忆毛泽东学英语》(《毛泽东的读书生活》)，无标题。后又见之于陈晋《毛泽东的文化性格》(中国青年出版社1991年12月第1版)，胡忆肖、胡兴武、畅清编著《毛泽东诗词白话全译》，题为《三上北高峰》。中国人民大学出版社出版，高凯、于玲主编的《毛泽东大观》，题为《游北高峰》。以上四书，写作日期均作"一九五九年十一月"。1993年9月9日《浙江日报》以《北高峰寻胜》发表了这一首诗的一件手书。《党的文献》1993年第6期(中共中央文献研究室、中央档案馆主办)发表毛泽东四首旧体诗，总题为《诗四首》。另外三首诗是《七绝·莫干山》、《七绝·五云山》、《七绝·观潮》，均首次根据毛泽东手稿或修改件刊印。这首诗题作《看山》，署明写作时间为"一九五五年"，并注明"根据手稿刊印"。1993年12月27日《人民日报》、12月30日《光明日报》转载。1996年9月中央文献出版社出版的《毛泽东诗词集》收入"副编"。

  "杭州"，是毛泽东建国后外出到过次数最多的地方。大约从1953年到"文化大革命"初期，几乎每年都来一次，有时甚至两次，停留的时间最长达七个月。有资料说，建国后，毛泽东去过浙江四十多次，加起来住了八百多天，被毛泽东称作第二故乡。

  毛泽东非常喜爱杭州的环境。有一次他曾说起，他1921年在上海参加中国共产党第一次代表大会，由于国民党破坏，转移到浙江嘉兴，后到杭州，浏览一天，没有住。从那时起就感到杭州环境好，不嘈杂，适合工作，适合休息。到了杭州就到了家，到杭州就安静下来。毛泽东极爱登山，杭州的名山都留有他的足迹。毛泽东来杭州，爬过五次北高峰。

诗中的"北高峰"，在杭州灵隐寺后，与南高峰相对峙，为西湖群山之一。海拔只有三百一十四米，却山奇石秀，林泉幽美，有石磴数百级，盘旋三十六弯通山顶，为环湖第一高峰。北高峰附近有飞凤亭、桃花岭、扇子岭、美人峰等名胜。

"飞凤亭"，指北高峰东面、西湖北岸宝石山上的来凤亭。清雍正九年（1731年）浙江总督李卫建。宝石山远望去像一只凤凰，山顶的保俶塔则像凤凰头上的冠毛，故名来凤亭。"宝石凤亭"为"西湖十八景"之一。

"桃花岭"，指北高峰东面、西湖西北角岳飞墓后的栖霞岭。古时岭上多桃树。春暖花开，如红霞栖止于此，故名。现在山中桃树已不多，然林木森森，甘泉清冽，岭前后左右有黄龙洞、紫云洞、栖霞洞等奇洞胜景。

1993年12月30日《光明日报》载孙东升《毛泽东在杭州登山赋诗——读新发表的毛泽东〈诗四首〉》一文说："1955年夏秋之交，毛泽东来到杭州工作、休养，当时他六十二岁，已是花甲老人了。医生根据他的年龄和身体状况，提出要他多安排一些游泳、爬山、跳舞等活动，以增加运动量，达到健身的目的。游泳是毛泽东一生的爱好，在杭州时，游钱塘江便成了他主要的户外活动。除此之外，他还多次登临西湖附近名山，一览西湖美景，并留下数首即兴之作。《党的文献》发表的这四首诗，均根据作者手稿或作者修改稿整理发表。由于作者对同一首诗，曾留下过词句各有不同的手稿，发表时对以前错误的流传（如写作时间）亦作了订正。"又说："诗中的'佳人'，有的手稿作'美人'，现发表的诗是作者最后定稿（作者自注云：佳人，指美人峰）。"孙东升曾参加辑校这首诗。

据林克《忆毛泽东学英语》说："1959年11月，他（指毛泽东）在杭州休息时，游兴很高，接连攀登了南高峰、北高峰、玉皇峰、莫干山等处。在攀登途中，他常要停下来略作歇息，这时往往坐下来学习英语。在多次攀登北高峰之后，他曾诵诗一首：'三上北高峰，杭州一望空。飞凤亭边树，桃花岭上风。热来寻扇子，冷去对美人。一片飘飘下，欢迎有晚莺'。"

后来，林克在《我所知道的毛泽东——林克谈话录》中，对这段回忆作了订正，说："1955年夏秋之交，他（指毛泽东）来到杭州，连日攀登南高峰、北高峰、玉皇顶等山峰。一日，他登上北高峰，心情极佳，即兴吟诗一首：'三上北高峰，杭州一望空。飞凤亭边树，桃花岭上风。热来寻扇子，冷去对美人。一片飘飘下，欢迎有晚鹰。'吟罢，他说，现在不冷也不热，正好学英语……"

1993年为纪念毛泽东诞辰一百周年，中共中央文献研究室编辑发表了毛泽东作于杭州的《看山》等四首诗。在编辑过程中,编者曾走访林克,他回忆说,他陪毛泽东在 1955 年 4 月、6 月、11 月,1959 年 11 月,曾四次去杭州,还一起爬过山。他又从 1956 年 11 月 26 日的日记中查到了抄录的《看山》、《莫干山》、《五云山》等三首诗。于是,林克肯定地判断这三首诗作于 1955 年,并说他在《忆毛泽东学英语》文章中,对《看山》(标题有误,即《莫干山》)等两首诗写作时间的回忆是不准确的。(《毛泽东诗词全编鉴赏》)

据张仙朋《我在毛主席身边十三年》说:"主席在杭州登山曾即兴吟诗:'三上北高峰,杭州一望空。'……这首诗当时没有写完,1955 年,主席还是把它完成了:'三上北高峰……'"(文字与正式发表的相同,故略——本书编著者)"同年,主席还写了《莫干山》、《五云山》等诗……""毛主席说:'爬山是全身运动,既能增强体质,又能观赏风景,还可以使人心胸开阔,只有这样才能看得远,这是一举三得。"(山东档案馆编《毛泽东与山东》)

曹应旺编《伟人诗交》(中共中央党校出版社 1994 年版)说,毛泽东的秘书田家英保存的《五律·看山》原稿手迹为:

五律 看山

三上北高峰,

杭州一望空。

飞凤亭上看,

桃花岭上闻。

冷来寻扇子,

热去唱东风。

韬光庵畔树,

一片是苍鹰。

据《毛泽东诗词全编鉴赏》说,这首诗第三句作"飞凤亭(边)看,"第六句作"热去喝东风"。《毛泽东诗词史话》(甲申新本)第三句作"飞凤亭(边)看",第六句作"热去唱东风"。

"韬光庵",是杭州名胜古迹。"苍鹰",隐喻灵鹫峰(飞来峰)。

《毛泽东诗词史话》(甲申新本)认为,"唱东风"指唱《借东风》。而唱《借东风》则是为了点出"南屏山"。京剧《借东风》中有"南屏山设坛台足踏魁罡"的唱词,剧中诸葛亮借东风登的坛台即设在南屏山上。作者爱好京剧,对《借东风》这出戏应当是熟悉的,甚至能够哼几句。诗中写了"桃花岭"、"扇子岭",又想到"南屏山",原是极自然的。

又据说,田家英收藏的现存中央档案馆内的毛泽东诗词手稿,共有十首诗词,即:《沁园春·长沙》、《菩萨蛮·黄鹤楼》、《清平乐·会昌》、《忆秦娥·娄山关》、《沁园春·雪》、

《七律·人民解放军占领南京》、《浣溪沙·和柳亚子先生》、《五律·看山》、《七绝·莫干山》和《七绝·为李进同志题所摄庐山仙人洞照》。

这首诗现在所见的有四件手书:均无标题。竖写,无标点符号。

据吴正裕主编,李捷、陈晋副主编《毛泽东诗词全编鉴赏》(中央文献出版社,2003年12月第1版)说:"此诗作者留存的手迹,现在所见有四件。其中有一件手迹第六句作'冷去对美人';有两件手迹第六句作'冷去对佳人';另有一件手迹异文较多,现全文照录于下:'三上北高峰,杭州一望空。飞凤亭(边)看,桃花岭上闻。冷来寻扇子,热去喝东风。韬光庵畔树,一片是苍鹰。'此外,作者还留下一件修改审定的抄件。"

由此可见,第一、二、三、四件,即本书收录的手书(一)、(二)、(三)、(四),还有一件修改审定的抄件至今未见发表。

"热来寻扇子,冷去对佳人",《党的文献》发表时和收入《毛泽东诗词集》时,注释中均说:"根据作者自注,诗中的'扇子'指扇子岭,'佳人'指美人峰。"

"冷去对佳人",手书(一)作"冷去对美人"。

《毛泽东诗词全编鉴赏》认为,本诗首联和颔联之间平仄失粘,是古风式的律诗,并且是用湖南方音押韵。

【注释】

〔1〕五律:见《五律·登云麓宫联句》注。　看山:指看北高峰及附近的群山。

〔2〕北高峰:见本词解说部分。

〔3〕望空:一览无余。　杭州一望空:指登上北高峰顶,极目远眺,杭州城景尽收眼底。

〔4〕飞凤亭:见本词解说部分。

〔5〕桃花岭:见本词解说部分。

〔6〕扇子:《党的文献》发表时和收入《毛泽东诗词集》时,注释中均说:"根据作者自注,诗中的'扇子'指扇子岭。"在北高峰附近,为杭州名胜之一,这里语意双关,意思是说,从扇子可以去热,热来就想到扇子岭。

〔7〕佳人:即美人,指美人峰,在北高峰南面,为杭州名胜之一,这里语意双关,意思是说,从美人富有热情,故想到消除冷气,就要找美人峰。宋代欧阳修《三桥诗》有"何处偏宜望? 清涟对女郎"之句。"清涟"指颍州清涟阁,"女郎"指颍州女郎台。

〔8〕一片:鹰翱翔时,双翅平展不动,其状扁平如"片"。飘飘:即飘摇,飘荡,飞扬的样子,这里指鹰翔。

〔9〕鹰:指灵鹫峰,即飞来峰。

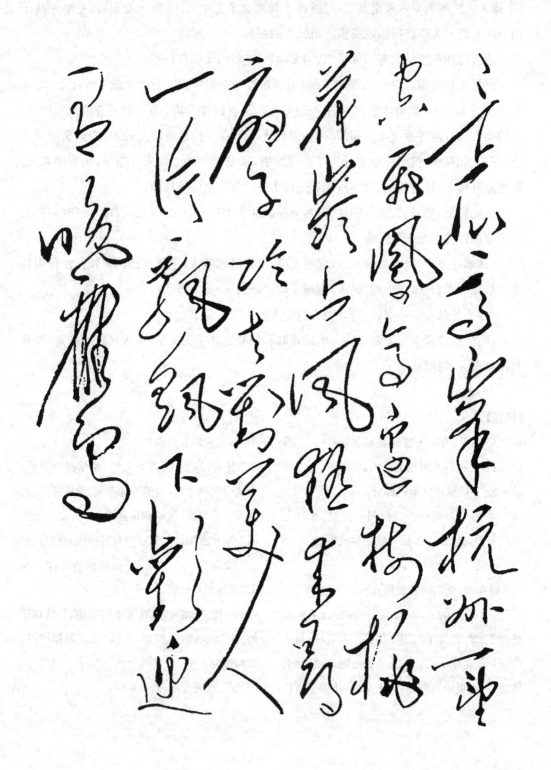

毛泽东手书《五律·看山》（一）

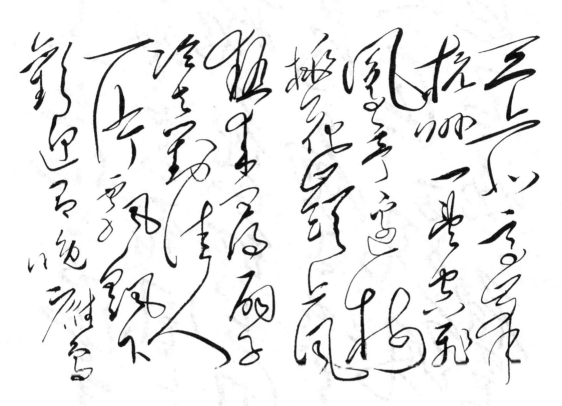

毛泽东手书《五律·看山》（二）

毛泽东手书《五律·看山》（三）

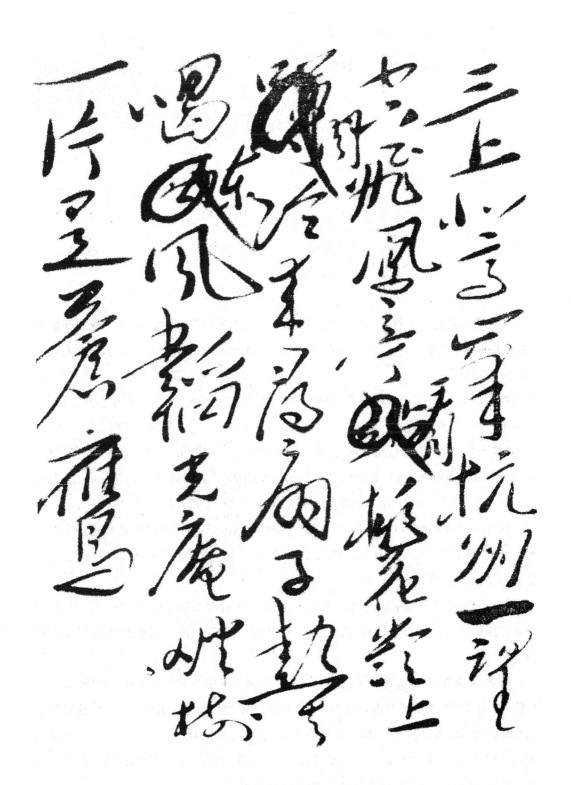

毛泽东手书《五律·看山》（四）

毛泽东诗词

第 二 辑

七绝

莫干山

一九五五年

翻身复进七人房，

回首峰峦入莽苍。

四十八盘才走过，

风驰又已到钱塘。

这首诗最初见之于林克《忆毛泽东学英语》(《毛泽东的读书生活》)，后又见之于陈晋《毛泽东的文化性格》，胡忆肖、胡兴武、畅清编著《毛泽东诗词白话全译》，均题作《看山》。写作时间均作"一九五九年十一月"。《党的文献》1993 年第六期(中共中央文献研究室、中央档案馆主办)正式发表时题作《莫干山》，署明写作时间为"一九五五年"，并注明"根据手稿刊印"。1996 年 9 月中央文献出版社出版的《毛泽东诗词集》收入"副编"。

"莫干山"，在浙江省德清县西北，为天目山的分支。相传春秋末期，吴国干将、莫邪夫妇，为吴王阖闾所召，在此铸"干将"、"莫邪"二剑，因而得名。其山周长百里，主峰塔山海拔七百一十九米。山中多修竹、清泉，云雾出没，风景幽胜，为浙江北部避暑、休养胜地。

这首诗的创作情况，参见《五律·看山》的解说。孙东升文中说："1955 年毛泽东来杭州时，经常乘车攀登此山。"还说："作者手稿第一、二句有的作'翻身跃入(或复入)七人房，回首烟云是上苍'。"

据毛泽东的秘书林克回忆说："1959 年 11 月……在攀登莫干山时，他口诵《看山》诗一首：'翻身跃入七人房(七人房，指汽车)，回首峰峦入莽苍。四十八盘才走过，风驰又已到钱塘'。"

后来，林克在《我所知道的毛泽东——林克谈话录》(中央文献出版社 2000 年 2 月第 1 版)中，对这段回忆作了修改，说："1955 年春夏之交，他(指毛泽东)来到杭州，连日攀登南高峰、北高峰、玉皇顶等山峰，一日他登上北高峰，心情极佳，即兴吟诗一首：……又一天，他攀上莫干山，归途中他余兴未尽，口占《看山》诗一首：'翻身复进七人房(指汽车)，回首峰峦入莽苍。四十八盘才走过，风驰又已到钱塘。'"

据说，田家英搜集的毛泽东《七绝·莫干山》全诗为：

翻身复入七人房，

回首峰峦入莽苍。

四十八盘才走过，

风驰又已到钱塘。

又据当年陪同毛泽东游览莫干山的人回忆，毛泽东曾在传说为莫邪、干将用过的磨剑石旁停下脚步，磨剑石四周的石崖有多处石刻，毛泽东喃喃自语："十年磨一剑，霜刃未曾试"，仿佛是在吟那上面的题刻。在山道上，毛泽东还情不自禁、边走边吟起古人描绘莫干山的诗句："参差楼阁起高岗，半为烟遮半树藏。百道泉源飞瀑布，四周山色蘸幽篁。"离开莫干山，他游兴未尽，又到观瀑亭观瀑布，然后顺芦花荡西行，在一处山上远眺一阵。

这首诗现在所见有三件手书：无标题。竖写，无标点符号。

据吴正裕主编，李捷、陈晋副主编《毛泽东诗词全编鉴赏》（中央文献出版社，2003年12月第1版）说："此诗留存的手迹，现在所见有五件。其中有三件首句作'翻身复进七人房'；有一件首句作'翻身复入七人房'；另有一件铅笔字手迹，标题为《天目山》，首句作'翻身跃入七人房'，次句作'回首烟云是上苍'。"

本书编著者按：由此可见，还有两件手书全今没有发表。

"翻身复进七人房"，手书（一）作"翻身复入七人房"。手书（二）、（三）作"翻身复进七人房"。据《毛泽东诗词全编鉴赏》说，另外还有一件也作"翻身复入七人房"。还有一件铅笔字手迹作"翻身跃入七人房"。

"回首峰峦入莽苍"，据《毛泽东诗词全编鉴赏》说，有一件铅笔字手迹作"回首烟云是上苍"。

【注释】

〔1〕七绝：七言绝句的简称，详见《七绝·为女民兵题照》注。 莫干山：见本诗解说部分。

〔2〕翻身：转身。 复：再，又。 七人房：指毛泽东使用的卧车，可坐七人。唐代杜甫《哀江头》有"翻身向天仰射云，一笑正坠双飞翼"之句。

〔3〕回首：回头，这里有一瞬间的意思，表示车行之速。 峰：山的尖顶。 峦：连绵的山。

莽苍：苍茫，空阔，辽远，没有边际，或广阔而看不清的样子。 回首峰峦入莽苍：唐代李白《下终南山过斛斯山人宿置酒》诗有句："暮从碧山下，山月随人归。却顾所来径，苍苍横翠微。"

〔4〕四十八盘：泛指莫干山区山间公路曲折盘旋。

〔5〕风驰：形容车行像急风奔驰，极言其快。

钱塘：旧县名，秦代置钱唐县，治所在今杭州市西灵隐山麓，隋代移至今杭州市，唐时因县名与国名相犯，改为"钱塘县"，这里即指杭州市。

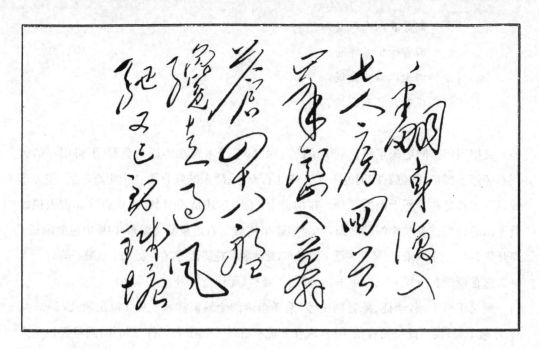

毛泽东手书《七绝·莫干山》（一）

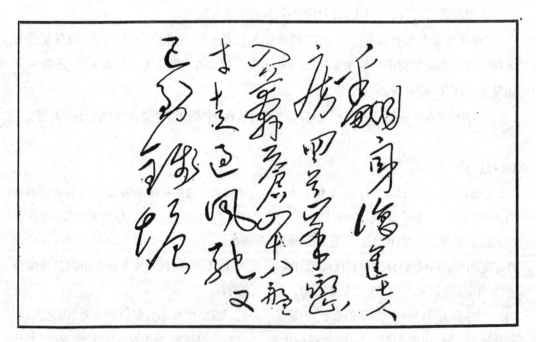

毛泽东手书《七绝·莫干山》（二）

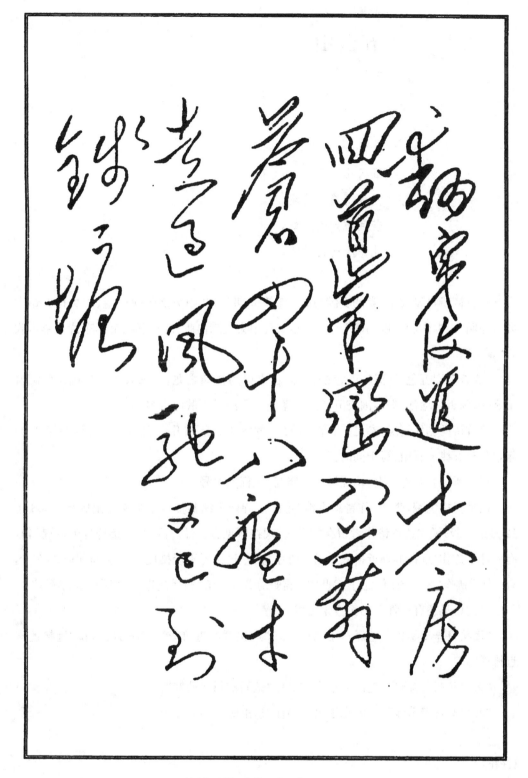

毛泽东手书《七绝·莫干山》（三）

毛泽东诗词

0 4 9 7

第 二 辑

七绝

五云山

一九五五年

五云山上五云飞，

远接群峰近拂堤。

若问杭州何处好，

此中听得野莺啼。

这首诗最早发表于《党的文献》1993年第6期（中共中央文献研究室、中央档案馆主办），注明"根据作者手稿刊印"。1996年9月中央文献出版社出版的《毛泽东诗词集》，收入"副编"。

"五云"，即五色云，五种颜色的云彩，古人以为祥瑞之兆。"五云山"，是杭州西湖群山之一，邻近钱塘江，据传因有五色彩云萦绕山顶经时不散而得名。

这首诗的创作情况，参见《五律·看山》的解说。孙东升一文中说："此诗写于1955年，当与《五律·看山》写于同时。"

现在所见有两件手书：均无标题。竖写，无标点符号。

据吴正裕主编，李捷、陈晋副主编《毛泽东诗词全编鉴赏》（中央文献出版社，2003年12月第1版）说："这首诗作者留存的手迹，现在所见有三件。诗中'远接群峰近拂堤'句，有一件手迹作'远接群峰近拂衣'，另一件手迹作'远接遥岑近拂堤'；'若问杭州何处好'句，有一件手迹作'试问杭州何处好'；'此中听得野莺啼'句，有一件手迹作'这里听得鹧鸪啼'。"

由此可见还有一件手书至今未见发表。

"远接群峰近拂堤"，毛泽东手书（一）作"远接群峰近拂衣"。手书（二）作"远接遥岑近拂堤"。

"若问杭州何处好"，毛泽东手书（二）作"试问杭州何处好"。

"此中听得野莺啼"，毛泽东手书（二）作"这里听得鹧鸪啼"。

【注释】

〔1〕七绝：七言绝句的简称，详见《七绝·为女 民兵题照》注。 五云山：见本诗解说部分。

〔2〕五云山上五云飞:唐代李颀《古意》有类似句式:"黄云陇底白云飞"。唐代李白《登金陵凤凰台》有"凤凰台上凤凰游"之句。

〔3〕拂:轻轻擦过。 远接群峰近拂堤:形容云彩之盛,上挨着天,下连着地。

〔4〕若问杭州何处好:唐代白居易《忆江南》词三首有"江南好,最忆是杭州"之句。毛泽东在这里进一步设问"若问杭州何处好",下句再作答。

〔5〕莺:黄莺,鸣叫声非常悦耳。 野莺:指自然环境中的黄莺。 野莺啼:宋代徐元杰《湖上》诗有"花开江树乱莺啼,草长平湖白鹭飞"之句。

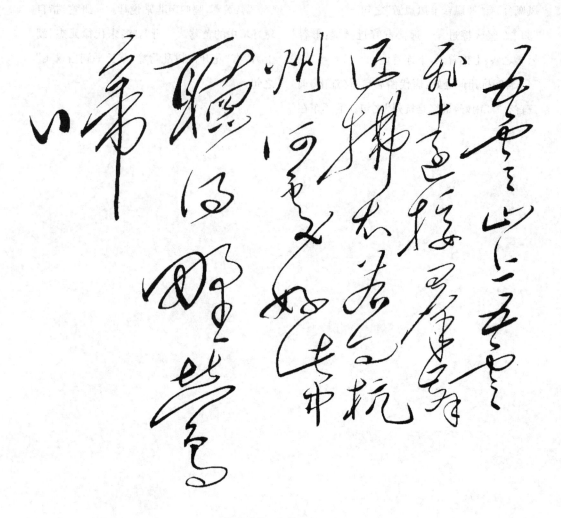

毛泽东手书《七绝·五云山》（一）

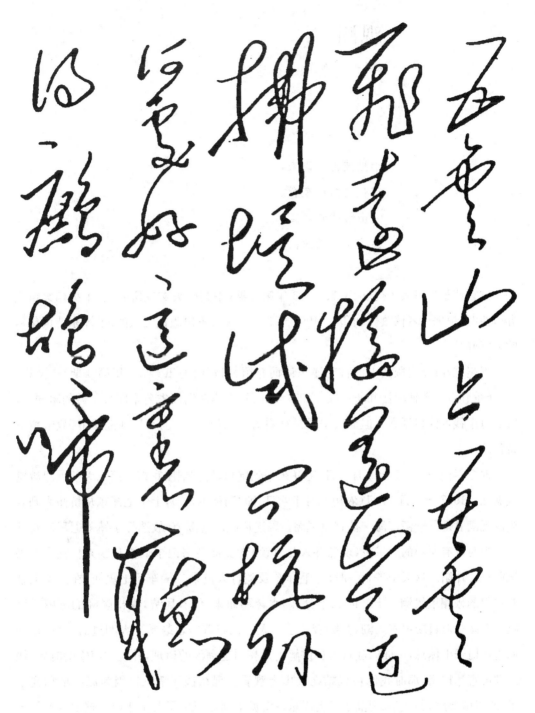

毛泽东手书《七绝·五云山》（二）

毛泽东诗词

七绝

观潮

一九五七年九月

千里波涛滚滚来，

雪花飞向钓鱼台。

人山纷赞阵容阔，

铁马从容杀敌回。

这首诗最早发表于《党的文献》1993 年第 6 期（中共中央文献研究室、中央档案馆主办），注明"根据作者修改件刊印"。1996 年 9 月中央文献出版社出版的《毛泽东诗词集》，收入"副编"。

据赵维江《新出版的十四首毛泽东诗词介绍》（《资料通讯》1994 年第 3 期）一文说："毛泽东赴海宁看钱塘江并非一次。1954 年 1 月，在当时浙江省公安厅长王芳的陪同下，曾到海宁钱塘江口视察。但那次主要是察看海堤情况，而且也不是观潮季节，故未留下诗作。"

据史料记载，1957 年 9 月 9 日，毛泽东来到杭州，住在刘庄宾馆。第二天便乘船游览钱塘江。1957 年 9 月 11 日（农历八月十八日，即"潮神生日"），上午毛泽东从杭州来到著名的观潮胜地——浙江海宁盐官镇观潮。因逢传统的观潮节，故选择了镇郊七里庙观潮地。当时仅有所辖的三星乡（现已并入盐官镇）党支部副书记李炳松和联兴村党支部书记张利丰作陪。这天中午十一时许，毛泽东及随行人员乘三辆车到七里庙，在海塘上临时搭起的帐棚里候潮。十二时二十分，潮水奔涌而来，借着风势，发出隆隆的沉闷的巨响。毛泽东双目凝视着大潮，微笑着拍手。大家也跟着一道鼓掌。大潮过后，毛泽东一面坐在椅子上休息，一面向随行人员讲解由月亮引起潮汐的道理，并说："南宋的时候，钱江潮可直达杭州，那时我们可以站在吴山上观看。现在钱江喇叭口因为泥沙堆积变小了，所以就要跑到海宁来观潮了。"毛泽东在海塘上前后逗留了两个小时。据说，《七绝·观潮》就是回到杭州后在刘庄宾馆写的。

毛泽东曾到海宁观潮在民间传闻已久。1993 年，三十六年后这首诗的发表，公开了这一秘闻。1995 年 9 月 9 日，在海宁县盐官镇建"毛泽东观潮诗碑亭"。

1993 年中共中央文献研究室拟在《党的文献》发表此诗,特地访问了林克,他凭回忆并查了自己的日记后说:1957 年 9 月 11 日,农历八月十八日,是"潮神生日",那天钱塘潮最为壮观,他曾陪毛泽东从杭州去海宁七里庙观潮。毛泽东回来后不久就写了这首诗,写作时间可定为"一九五七年九月"。

这首诗现在未见毛泽东手书,毛泽东修改件亦未影印发表。

据吴正裕主编,李捷、陈晋副主编《毛泽东诗词全编鉴赏》(中央文献出版社,2003 年 12 月第 1 版)说:"此诗留存作者修改过的林克的抄件,第二句将'雪花冲向钓鱼台'改为'雪花飞向钓鱼台'。第三句将'人山争看阵云阔'改为'人山纷说阵容阔'。同时,还留存作者审定过的吴旭君用毛笔誊清的抄件,第三句作'人山纷 阵容阔'。此诗发表时是根据作者审定的抄件刊印的。"

【注释】

〔1〕七绝:七言绝句的简称,详见《七绝·为女民兵题照》注。 观潮:指观赏钱塘江口的涌潮。

〔2〕波涛:大的波浪。 滚滚:急速地翻腾。

〔3〕雪花:这里指白色的浪花,因风急浪高激起的浪花其色白如雪。唐代李白《横江词》六首其四:"浙江八月何如此,涛似连山喷雪来。"宋代柳永《望海潮》:"怒涛卷霜雪,天堑无涯。"宋代苏轼《望海楼晚景》:"海上涛头一线来,楼前指顾雪成堆。"《念奴娇·赤壁怀古》:"乱石穿空,惊涛拍岸,卷起千堆雪。" 钓鱼台:即钓台,在钱塘江中段的富春江滨,相传为东汉严光隐居垂钓处,这里"雪花飞向钓鱼台"是一种夸张的说法。清代曹镕《满江红·钱塘见闻》:"江妃笑,堆成雪;鲛人舞,圆如月。正危楼湍

转,晚来愁绝。城上吴山遮不住,乱涛穿到严滩歇。是英雄,未死报仇心,秋时节。"严滩,即七里滩。清代《一统志》说:"七里滩在钓鱼台之西,一名严陵滩。"也是讲江涛飞向了钓鱼台一带。

〔4〕人山:形容聚集的人很多。

〔5〕铁马:配有铁甲的战马,比喻雄师劲旅。宋代陆游《十一月四日风雨大作》:"夜阑卧听风吹雨,铁马冰河入梦来。"这里是形容钱塘江潮涌来时,波涛汹涌,气势非常雄伟壮观,如闻"十万军声"。唐代赵嘏《钱塘》诗有"一千里色中秋月,十万军声夜半潮"之句。清代施闰章《钱塘观潮》亦有"声如千骑疾,气卷万里来"之句。

七绝

刘蕡

一九五八年

千载长天起大云，

中唐俊伟有刘蕡。

孤鸿铩羽悲鸣镝，

万马齐喑叫一声。

这首诗最早见于 1992 年陈晋《毛泽东与文艺传统》，引用了其中的前两句。后正式发表于 1996 年中共中央文献研究室编《毛泽东诗词集》，收入"副编"，并注明"这首诗根据作者审定的抄件刊印"。这首七绝原题为《咏史一首》，晚年审定诗稿时改为《刘蕡》。

"刘蕡"(？—842 年)，字去华，幽州昌平(今北京市昌平)人。宝历二年擢进士第。文宗大和二年(828 年)，应贤良方正直言极谏科考试，刘蕡在策论中指出"陛下宜先忧者，宫闱将变，社稷将危，天下将倾，海内将乱"，"忠贤无腹心之寄，阉寺持废立之权"，痛斥宦官专权，能废立君主，危害国家，要求"揭国柄以归于相，持兵柄以归于将"，"四凶在朝，虽强必诛"，劝皇帝诛灭他们。考官左散骑常侍冯宿等对刘蕡的文章颇为赞赏，但惧怕宦官专横，不敢录取他。同考的李邰说："刘蕡不第，我辈登科实厚颜矣！"上奏章给文宗，愿意把自己的名额、官位让给刘蕡。地方长官令狐楚、牛僧儒都曾征召他为幕府从事，后授秘书郎。终因宦官诬陷，贬为柳州司户参军，客死浔阳。李商隐一连写了四首诗哭吊他。《哭刘司户蕡》说："路有论冤谪，言皆在中兴"，其他诗中亦有"上帝深宫哭九阊，巫咸不下问衔冤"，"平生风义兼师友，不敢同君哭寝门"之句。毛泽东在读《旧唐书·刘蕡传》时，对刘蕡的策论很赞赏，旁批"起特奇"，意谓他在中唐起来说话，特别奇特。

这首诗现在未见毛泽东手书，作者审定的抄件亦未影印发表。

据吴正裕主编，李捷、陈晋副主编《毛泽东诗词全编鉴赏》(中央文献出版社，2003 年 12 月第 1 版)说："这首诗留存作者修改过的林克的抄件。抄件标题为《咏史一首》，作者改为《刘蕡》；抄件首句为'千载天空起大云'，作者改为'千载长天起大云'；抄件末句为'胜过贪生怕死人'，作者改为'万马皆喑叫一声'。"

"此诗留存作者审定过的吴旭君用毛笔誊清的抄件,末句作'万马齐喑叫一声'。首次发表这首诗时,就是根据作者审定的吴旭君的抄件刊印的。"

【注释】

〔1〕七绝:七言绝句的简称,详见《七绝·为女民兵题照》注。 刘蕡:见本诗解说部分。

〔2〕大云:大的卿云。卿云,即庆云,一种彩云,古人视为祥瑞。《尚书大传》说,舜将禅位给禹,同臣僚一起唱《卿云歌》:"卿云烂兮,纠缦缦兮,日月光华,旦复旦兮。"古人用日月比帝和后。日月光华,日照白天,月照夜晚,即帝和后都是光明的。这里喻指刘蕡。 起大云:喻指刘蕡的对策可以使唐代再光明起来。 千载长空起大云:千年以前长空升起了一片大云。

〔3〕中唐:后世将唐代分为初、盛、中、晚四期。从大历(766年)至太和(835年)称为中唐。

〔4〕孤鸿:孤单失群的雁,这里喻指刘蕡,谓其孤身奋战,冒死陈言,稀世忠贞。 铩羽:羽毛摧落,这里比喻受挫、失意。 鸣镝:响箭,这里比喻宦官对刘蕡的中伤和打击。

〔5〕喑:哑。 万马齐喑:亦作"万马皆喑"。苏轼《三马图赞引》:"振鬣长鸣,万马皆喑。"意谓骏马振动颈上的鬣毛嘶叫时,其他的马都寂然无声。后用以比喻一种沉闷的局面。清代龚自珍《已亥杂诗》之一:"九州生气恃风雷,万马齐喑究可哀。我劝天公重抖擞,不拘一格降人才。" 叫一声:这里指刘蕡不顾个人安危,大胆攻击宦官,在暗无天日的时代发出振人心魄的呐喊,名动一时。

七绝

屈原

一九六一年秋

屈子当年赋楚骚，

手中握有杀人刀。

艾萧太盛椒兰少，

一跃冲向万里涛。

　　这首诗最早见于 1992 年陈晋《毛泽东与文艺传统》。该书说，毛泽东"数量不多的以封建社会历史为题材的作品"，"还有两首咏历史人物屈原、刘蒉的七绝"。后正式发表于1996 年中共中央文献研究室编《毛泽东诗词集》，收入"副编"，并注明"这首诗根据作者审定的抄件刊印"。署明写作日期"一九六一年秋"。这年立秋 8 月 8 日，立冬 11 月 7 日，这首诗当作于这一期间。

　　"屈原"（约前 340—约前 278 年），名平，字原，战国楚人，是我国最早的大诗人。曾辅佐楚怀王，官至左徒，三闾大夫。"入则与王图议国事，出则应对诸侯，接待宾客"。他学识渊博，主张彰明法度，举贤授能，东联齐国，西抗强秦，后遭到守旧贵族子兰、靳尚的谗害而去职。顷襄王时被放逐，长期流浪沅、湘流域，接近人民生活，对黑暗现实日益不满。后因楚国的政治更加腐败，首都郢亦为秦兵攻破，他既无力挽救楚国的危亡，又深感自己的政治理想无法实现，遂投汨罗江而死。所作《离骚》、《九章》等篇，陈述他的政治主张，揭露反动贵族昏庸腐朽，排斥贤能的种种罪行，表现了他对楚国国事的深切忧虑和为理想献身的精神。

　　"手中握有杀人刀"，丁毅《读〈毛泽东诗词集〉札记》（载孙成坤主编《毛泽东的诗词世界》）说，此诗在"文革"初期即流传，这一句原作"手中没有杀人刀"。京剧《击鼓骂曹》祢衡唱词有"手中缺少杀人的刀"之句。

　　《毛泽东诗词全编鉴赏》说，此诗有林克保存的抄件和经毛泽东审定的吴旭君 1973年冬用毛笔誊抄的定稿。林克在"文革"时已离开毛泽东身边，他只能在"文革"前从毛泽东那里抄到这首诗。林克的抄件与吴旭君的誊抄件字句完全一样。因而推断，这首诗早在"文革"前就已定稿。其中第三句均作"手中握有杀人刀"。

【注释】

〔1〕七绝:七言绝句的简称,详见《七绝为女民兵题照》注。　屈原:见本诗解说部分。

〔2〕屈子:指屈原。　楚骚:楚辞本来是楚地文学形式,汉成帝时刘向整理古籍,将屈原等人的作品汇编成集,定名《楚辞》。全书以屈原作品为主,收录《离骚》等篇,其余诸篇皆承袭屈赋形式。故"楚骚"可指《离骚》或泛指《楚辞》,这里指屈原所作《离骚》等作品。

〔3〕杀人刀:意思是说,真理在屈原手中,他的言行、作品,像利刃,直指腐朽的贵族统治集团,具有强大的战斗作用。

〔4〕艾萧:即"萧艾"。出自屈原《离骚》,这里为照顾平仄关系,词序作了调整。《离骚》:"何昔日之芳草兮,今直为此萧艾也。岂其有他故

兮,莫好脩之害也。""固时俗之流从兮,又孰能无变化。览椒兰其若兹兮,又况揭车与江离。"陆玑《诗草木鸟兽疏》说,萧、艾本为二物。《诗·王风·采葛》诗:"彼采萧兮,一日不见,如三秋兮。彼采艾兮,一日不见,如三岁兮。"洪兴祖《楚辞补注》说,萧是香蒿,艾可作药用。吴仁杰《离骚草木疏》说:"祭用鬯酒,诸侯以熏,大夫以兰芝,士以萧,庶人以艾,谓萧艾为贱草固有自来。"由此可见萧艾为古代下层人祭祀所用,人则视之为贱草,这里比喻奸佞小人。　椒兰:申椒和兰草,皆为芳香植物,这里比喻贤德之士。

〔5〕一跃冲向万里涛:指屈原和黑暗势力奋勇拼斗,在悲愤和绝望中投汨罗江而死。

七绝二首

纪念鲁迅八十寿辰

一九六一年

博大胆识铁石坚，

刀光剑影任翔旋。

龙华喋血不眠夜，

犹制小诗赋管弦。

其二

鉴湖越台名士乡，

忧忡为国痛断肠。

剑南歌接秋风吟，

一例氤氲入诗囊。

  这两首诗最早发表于 1996 年中共中央文献研究室编《毛泽东诗词集》，收入"副编"，并注明"这两首诗根据抄件刊印"。

  "鲁迅"(1881—1936)，原名周树人，字豫才，浙江绍兴人。生于 1881 年 9 月 25 日(清光绪七年农历辛巳年八月三日)。1936 年 10 月 19 日病逝于上海。中国现代伟大的文学家、思想家和革命家。出身于破落封建家庭，青年时代受进化论思想影响。1902 年去日本留学，原学医，后从事文艺工作。1918 年 5 月，首次用"鲁迅"的笔名，发表白话小说《狂人日记》。"五四"运动中成为新文化运动的伟大旗手。后开始接触马列主义，成为共产主义者。在反动派的文化"围剿"中，成了中国文化革命的伟人。他一生对中国文化事业作出了巨大的贡献。

  鲁迅与毛泽东之间并没有直接交往。有回忆录说，毛泽东在"五四"运动后曾到八道湾拜访，但那天鲁迅不在家，只见到鲁迅的弟弟周作人。谨录以备考。鲁迅逝世后，以毛泽东为首的党中央通电全国表示哀悼，并致电国民党政府，要求实行国葬。毛泽东还列名于治丧委员会。在他倡导下，延安成立了鲁迅艺术文学院。

  毛泽东非常喜爱读鲁迅的文字。在江西中央苏区和延安根据地他多次同鲁迅的学生冯雪峰交换阅读鲁迅著作的心得。他购置的一套《鲁迅全集》经常摆在案头,即使是在敌军兵临城下、机关撤离延安时,也舍不得丢掉。他在多篇报告和演讲中引用过鲁迅的文字。1937年,在延安陕北公学举行的纪念鲁迅逝世一周年大会上,毛泽东说:"鲁迅在中国的价值,据我看要算是中国的第一等圣人,孔夫子是封建社会的圣人,鲁迅则是现代中国的圣人。"在《新民主主义论》中,他一连用了五个"最"字论定了鲁迅在中国现代文化史上的地位:"鲁迅是中国文化革命的主将,他不但是伟大的文学家,而且是伟大的思想家和伟大的革命家。鲁迅的骨头是最硬的,他没有丝毫的奴颜和媚骨,这是殖民地半殖民地人民最可宝贵的性格。鲁迅是在文化战线上,代表全民族的大多数,向着敌人冲锋陷阵的最正确、最勇敢、最坚决、最忠实、最热忱的空前的民族英雄。鲁迅的方向,就是中华民族新文化的方向。"

毛泽东非常熟悉鲁迅的著作,能背诵好多首鲁迅的诗。当得知为他治疗眼疾的主治医生唐由之的名字叫"由之"时,他立即吟诵起鲁迅的《悼杨铨》:"岂有豪情似旧时,花开花落两由之。何期泪洒江南雨,又为斯民哭健儿。"并在双目失明的状态下,默写出来,赠送给这位医生。直到逝世前不久,他还在读鲁迅的杂文。他晚年曾说,他的心和鲁迅的心是相通的。

《毛泽东诗词全编鉴赏》说,这两首诗是根据毛泽东办公室秘书林克提供的抄件刊印的。这两首诗是作者的未定稿,在格律上未加推敲和修改,有古句即非律句,是可以理解的。又说,这首诗有多处不合律,不能排除毛泽东写的就是古绝。

【注释】

〔1〕七绝:七言绝句的简称,详见《七绝·为女民兵题照》注。 纪念鲁迅八十寿辰:见本诗解说部分。

〔2〕博大胆识:胆量大,见识广。 铁石坚:坚如铁石,这里喻指鲁迅斗志坚定。

〔3〕刀光剑影:形容激烈的厮杀、搏斗或杀气腾腾的气势。 任:不拘束,任意。 任翔旋:这里意思是鲁迅斗争艺术高超,与敌人巧妙周旋,游刃有余。

〔4〕喋血:血流遍地。 龙华喋血:1931年2月7日深夜,国民党反动派在上海龙华秘密杀害包括"左联"作家柔石、胡也频、李伟森、白莽、冯铿在内的革命青年共二十三人。

〔5〕犹制小诗:指鲁迅作《七律·无题》诗。鲁迅在《为了忘却的纪念》一文中说:"在一个深夜里,……我沉重地感到失掉了很好的朋友,中国失掉了很好的青年。我在悲愤中沉静了下去,然而积习却从沉静中抬起头来,凑成了这样的几句:'惯于长夜过春时,挈妇将雏鬓有丝。梦里依稀慈母泪,城头变幻大王旗。忍看朋辈成新鬼,怒向刀丛觅小诗。吟罢低眉无写处,月光如水照缁衣。'" 赋管弦:指配上音乐,这里是虚写,并非实指。

〔6〕鉴湖:在浙江绍兴城西南两公里处,附近有

山阴人陆游吟诗处的快阁。清末女革命家秋瑾(1875—1907),亦是山阴人,号鉴湖女侠。　越台:即越王台,春秋时越王勾践在会稽(今绍兴)为招纳贤士而建。　鉴湖越台名士乡:意思是说,绍兴是名人辈出之地。

〔7〕忧忡:忧虑不安。　痛断肠:形容悲痛到极点。

〔8〕剑南歌:指陆游的诗集《剑南诗稿》所收诗作。　秋风吟:指秋瑾所作《秋风曲》诗和遇害前书写的唯一供词"秋风秋雨愁煞人"。　接:连续。　剑南歌接秋风吟:意思是说,陆游、秋瑾等人的爱国诗篇连续不断。

〔9〕一例:一律,一样。　氤氲:形容烟或云气很盛,这里比喻陆游、秋瑾与鲁迅的诗篇富有诗味和爱国热忱。　诗囊:装诗稿的袋子。李商隐《李长吉小传》说,李贺"背一古破锦囊,遇有所得,即书投囊中"。

鲁迅手书《七律·无题》(一)

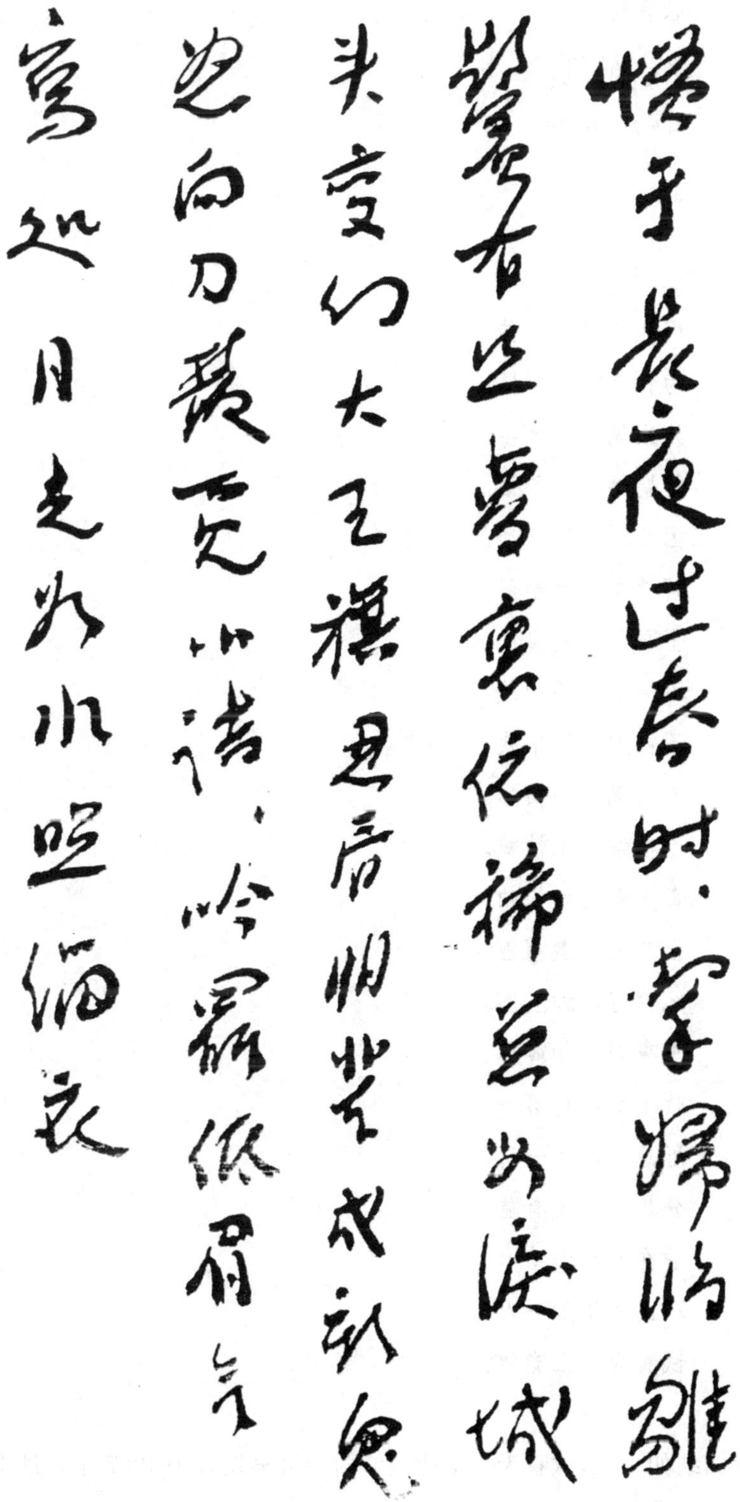

惯于长夜过春时，挈妇将雏鬓有丝。
梦里依稀慈母泪，城头变幻大王旗。
忍看朋辈成新鬼，怒向刀丛觅小诗。
吟罢低眉无写处，月光如水照缁衣。

鲁迅手书《七律·无题》（二）

毛泽东诗词

杂言诗

八连颂

一九六三年八月一日

好八连，天下传。

为什么？意志坚。

为人民，几十年。

拒腐蚀，永不沾。

因此叫，好八连。

解放军，要学习。

全军民，要自立。

不怕压，不怕迫。

不怕刀，不怕戟。

不怕鬼，不怕魅。

不怕帝，不怕贼。

奇儿女，如松柏。

上参天，傲霜雪。

纪律好，如坚壁。

军事好，如霹雳。

政治好，称第一。

思想好，能分析。

分析好，大有益。

益在哪？团结力。

军民团结如一人，

试看天下谁能敌？

　　这首诗中"军民团结如一人，试看天下谁能敌？"两句最早发表于 1967 年 5 月 12 日《人民日报》社论《进一步加强军民团结》。全诗最早发表于 1982 年 8 月出版的、中共中央文献研究室主办的内部刊物《文献和研究》第五期。后又发表于 1982 年 12 月 26 日《解放军报》,题为《八连颂》。1986 年 9 月人民文学出版社出版的《毛泽东诗词选》、1996 年 9 月中央文献出版社出版的《毛泽东诗词集》,均收入"副编",题为《杂言诗·八连颂》。又载《建国以来毛泽东文稿》第十册,标明写作日期"一九六三年八月一日"。

上海在解放前是帝国主义和买办资产阶级势力集中的地方,存在着严重的资产阶级思想和作风,是个"大染缸"。有的帝国主义分子断言:共产党将在这个"大染缸"中变黑、烂掉。1949 年 5 月,人民解放军某部八连进驻上海最繁华的地段南京路。十四年来,这个连队的一批批干部、战士身居闹市,一尘不染,勤俭节约,克己奉公,热爱人民,助人为乐,受到了群众的高度赞扬。

1963 年 4 月 25 日,国防部发布命令,授予驻上海最繁华的地段——南京路的中国人民解放军某部八连"南京路上好八连"的光荣称号,号召全军官兵学习"好八连"。毛泽东看到"好八连"的事迹,受到很大鼓舞,在这年"八一"建军节之际,他挥笔写下了这首诗。

据《翰墨春秋》一书说,1963 年 8 月间的一天,毛泽东的秘书田家英的大女儿看电影回家,田家英拿出一张用铅笔写满诗行的纸给大女儿看,并说:这是毛主席亲笔手书的《八连颂》,赞扬南京路上好八连,采用古代三字经的形式和民歌风格,是一种新的尝试,还没有发表,只是给几个熟悉的人传阅。可见《杂言诗·八连颂》当有毛泽东铅笔手书,可惜未见。

毛泽东在 1963 年主持编辑《毛主席诗词》时原拟将此诗收入集中,并已排出清样。在付梓前夕,于 12 月 5 日致田家英信中说:"《八连颂》另印,在内部流传,不入集中。"

"军民团结如一人,试看天下谁能敌",1967 年 5 月 12 日《人民日报》社论引用这两句时,句末作问号。1982 年 12 月 26 日《解放军报》发表这首诗时,句末作句号。《毛泽东诗词选》、《毛泽东诗词集》又改作问号。

【注释】

〔1〕杂言诗:中国古代诗体的一种,全篇字数不拘,每句字数不固定,可一言、三言、五言、七言、多言间杂。形式自由,无需调平仄,押韵方式也较自由,属古体诗,为历代诗人采用。颂:文体之一种,以赞扬为目的的诗文。 八连颂:赞扬"八连"的颂文。见本诗解说部分。

〔2〕天下:指中国或世界。 天下传:这里是到处传颂的意思。

〔3〕拒:抵御。 腐蚀:指资产阶级及其他非无产阶级思想的侵蚀。

〔4〕沾:因接触而附着上,侵染。 不沾:这里指不沾染资产阶级及其他非无产阶级的思想作风。

〔5〕解放军,要学习:意思是说,全军都要学习好八连。

〔6〕戟:古兵器名,合戈矛于一体,可以直刺和

横击。

〔7〕魅:指古代传说中住在深山老林里的鬼怪,这里的"魅"与"鬼",都是指当时所说的现代修正主义。

〔8〕帝:指帝国主义。

〔9〕贼:指国内阶级敌人,包括台湾蒋介石势力。

以上八句意思是说全国军民要不怕各方面的压力和各种武力威胁,不怕帝国主义、当时所说的现代修正主义、国内阶级敌人以及世界上的一切妖魔鬼怪。

〔10〕奇:杰出。

〔11〕参天:(树木等)高耸到天空。汉代曹植《升天行》:"兰桂上参天。"

〔12〕傲霜雪:傲视霜雪。

〔13〕壁:营垒的围墙。《史记·项羽本纪》:"诸侯军救巨鹿下者十余壁。" 坚壁:坚固的营垒围墙。唐代许天正《和陈元光平潮寇》中有"四野无坚壁,群生未化融"之句。

〔14〕霹雳:巨大的雷声。 如霹雳:这里指用兵神速,如雷一样迅捷威猛。唐代王维《老将行》有"汉兵奋迅如霹雳,虏骑奔腾畏蒺藜"之句。

〔15〕分析:指用马克思主义的立场、观点和方法分析问题,解决问题。

〔16〕试看:请看。

〔17〕敌:抵挡。

井冈山

一九六五年五月

参天万木，

千百里，

飞上南天奇岳。

故地重来何所见，

多了楼台亭阁。

五井碑前，

黄洋界上，

车子飞如跃。

江山如画，

古代曾云海绿。

弹指三十八年，

人间变了，

似天渊翻覆。

犹记当时烽火里，

九死一生如昨。

独有豪情，

天际悬明月，

风雷磅礴。

一声鸡唱，

万怪烟消云落。

念奴娇，词牌名。

这首词最早发表于 1986 的 9 月人民文学出版社出版的《毛泽东诗词选》。注明："这首词根据手稿刊印"。《毛泽东诗词选》和1996年9月中央文献出版社出版的《毛泽东诗词集》,均收入"副编"。又载《建国以来毛泽东文稿》第十一册,注明"有毛泽东手稿"。标明写作日期为"一九六五年五月"。

《毛泽东诗词全编鉴赏》说,这首词和《水调歌头·重上井冈山》写于同时,是姊妹篇,但作者生前一直没有发表。此词作者还留存吴旭君用毛笔誊清的抄稿,经毛泽东修改审定过。

这首词中"古代曾云海绿",有两解。一种认为,意谓"这里古代曾经是海。"(《毛泽东诗词选》《毛泽东诗词集》)主张此说的论者,有的进一步发挥说:毛泽东"从曾经是古代'海绿'的、当前如画的江山中,体验到'人间正道是沧桑'的真理。"也有的认为,由于对"曾云"可作另一种理解,使该句成为一个歧义句。"曾"通"层"。杜甫《望岳》:"荡胸生曾云,决眦入归鸟。"这句可解释为:在古时,这带群山仅是云雾缠绕,海样碧绿。作者从眼前的"多了楼台亭阁",进而推想井冈山荒无人烟的时代。笔者认为,仅从字面来讲,这两说都可通。要弄清作者原意,一是"曾云"是否即是"层云"?《毛泽东诗词选》《毛泽东诗词集》均注明:这首词"根据手稿刊印"。只要查到手稿中"云"字是写作"云"还是"雲",即可知"曾云"二字当作何解释。二是要了解井冈山在古代是否"曾是绿色的大海",此说有否地质变化的依据,如果确有根据,"海绿"就可作"绿色的大海"解释,如果无根据,则可作"绿林如海","海样碧绿"之类的解释。因而这一问题尚待进一步探讨。

这首词,主要有两种文本,按照写作时间先后为:

第一种:

念奴娇

一九六五年五月 井冈山

参天万木,

千百里飞上南天奇岳。

故地重来何所见,

多了楼台亭阁。

五井碑前,

黄洋界上,

大道通如蛐。

江山如画,

遍地嫣红翠绿。

毛泽东诗词

弹指三十八年，

人间变了，

似天渊翻覆。

犹记当时烽火里，

九死一生☐☐。（留有两字空白）

独有豪情，

天际悬明月，

风雷磅礴，

一声鸡唱，

万怪烟消雾落。

第二种：即《毛泽东诗词集》收录的文本。

现在所见有一件手稿：标题为《念奴娇 井冈山》。据吴正裕主编，李捷、陈晋副主编《毛泽东诗词全编鉴赏》（中央文献出版社，2003年12月第1版）说："此词作者还留存吴旭君用毛笔誊清的抄件，经作者修改审定过，抄件原为'车子能飞跃'句，作者改为'车子飞如跃'。首次发表就是根据作者修改审定的抄件刊印的。"

作者审定的抄件至今未见影印发表。

"千百里，飞上南天奇岳"，手稿中"千百里"后无标点符号，"飞上"先写作"翻上"，后改为"飞上"。

"车子飞如跃"，手稿中先写作"风物☐？摇（看不清为何字）如昨"，后改为"风物都如昨"，再改为"大道通如蛐"。

吴旭君用毛笔誊清的抄稿，原为"车子能飞跃"，毛泽东改为"车子飞如跃"。

"古代曾云海绿"，手稿原作"遍地嫣红翠绿"，后改为"遍地男红女绿"，再改回为"遍地嫣红翠绿"。

"九死一生如昨"，手稿中"九死一生"后空两字未写。

"一声鸡唱"，手稿中先写作"一声狮吼"，后改为"一声鸡唱"。

"万怪烟消云落"，手稿中"万怪"先想写"妖魔"后改写"妖气"，再改为"鬼怪"，最后改定为"万怪"。"烟消云落"，先写作"烟消雾散"，后改为"烟消雾落"。

【注释】

〔1〕念奴娇:词牌名。 井冈山:地名,见《西江月·井冈山》注。 《念奴娇·井冈山》:这首词的写作背景见《水调歌头·重上井冈山》注。

〔2〕参天:指高入云天。唐代杜甫《古柏行》:"霜皮溜雨四十围,黛色参天二千尺。"王维《送梓州李使君》:"万壑树参天,千山响杜鹃。"参天万木:形容井冈山林木郁郁葱葱,树密林深。

〔3〕千百:极言其多。 千百里:井冈山跨江西省西部宁冈、永新、遂川三县及湖南省东部酃县交界地区,方圆五百五十里。

〔4〕南天:南方的天空,这里指南方。 奇:奇异,罕见,险奇。 岳:高大的山,这里指井冈山。 奇岳:雄伟险奇的山峰。飞上南天奇岳:指毛泽东驱车登上井冈山,迅速如飞。

〔5〕故地重来:即重来故地。 何所见:见到了什么。

〔6〕楼台亭阁:指井冈山兴建的宾馆和各种纪念建筑物。 多了楼台亭阁:井冈山被誉为革命摇篮,革命遗迹被列为全国重点保护单位,陆续新建了现代化的宾馆,修复保存了许多革命旧居和旧址。

〔7〕五井:井冈山有大井、小井、上井、中井、下井等地,合称五井。 五井碑:明清以来立有五井碑,现已毁。

〔8〕黄洋界:见《西江月·井冈山》注。

〔9〕跃:跳跃。 车子飞如跃:指汽车飞快地行驶。 以上三句是说,毛泽东重上井冈山时,到五井、黄洋界等地视察,井冈山地区的公路四通八达,畅通无阻。

〔10〕江山:江河和山岭,这里指井冈山地区的景物。 如:似,像。 如画:像图画一样美丽。 江山如画:意思是说井冈山风景美丽如画。宋代苏轼《念奴娇·赤壁怀古》:"江山如画,一时多少豪杰";《念奴娇·中秋》:"江山如画,望中烟树历历。"

〔11〕云:说。 海绿:即"绿海",为押韵而倒置。 古代曾云海绿:传说远古时代,这里曾经是碧绿的海洋。此说也符合井冈山一带地质、地貌的变迁。在晚古生代(约四亿年前)早泥盆世末,海侵由西南推至湘东赣西,除少数山脉隆起成为海岛外,广大地区均为海域。晚泥盆世末海水略为退却,至印支运动(二亿年前左右)除湘东南局部地区外,海水几乎全部退出,海相沉积的历史基本结束。这句是写井冈山的历史变迁。另一说,"曾云",云雾层叠。"曾",通"层"。唐代杜甫《望岳》:"荡胸生曾云,决眦入归鸟。""海绿",为绿林如海。认为这首词中,作者的意思是,"参天万木"、"南天奇岳"、"江山如画"、"曾云海绿",是井冈山过去和现在的共同景色,"多了楼台亭阁",则是诗人三十八年后重上井冈山所见到的变化。此说见易孟醇、易维《诗人毛泽东》。谨录以备考。

〔12〕弹指:唐代王维《六祖能禅师碑铭》:"饭食讫而敷坐,沐浴毕而更衣,弹指不流,水流灯焰,全身永谢,薪尽火灭。"《翻译名义集·时分》:"《僧祇》云:二十念为一瞬,二十瞬名一弹指。"本为佛家语,指勾指弹一下的功夫,形容时间短暂。 三十八年:指毛泽东从1927年第一次上井冈山,到1965年再上井冈山,其间相隔三十八年。

〔13〕人间:世间,人类生存的社会。 人间变了:这里指社会制度发生了根本的变化,推翻了旧社会,建立了新中国。

〔14〕渊:深潭。 天渊:指高天和深渊。《诗·大雅·旱麓》:"鸢飞戾天,鱼跃于渊。"这里指相隔极远,差别极大。 天渊翻覆:天地翻覆的意思,极言变化之大。

〔15〕犹:还,尚且。 犹记:还记得。 烽火:原指古时边境在高台上烧柴或烧狼粪用以报警的信号,如发生战争,夜间点火,白天烧烟,后来人们用来指战火、战争。 犹记当时烽火里:宋代辛弃疾《永遇乐·京口北固亭怀古》词中有"四十三年,望中犹记,烽火扬州路"之句。这里指当年的游击战争和反"围剿"战争等。

〔16〕九死一生:屈原《离骚》:"虽九死其犹未悔。"《文选五臣注》唐代刘良注:"虽九死无一生,未足悔恨。"元代王仲文《救孝子》杂剧第一出:"您哥哥剑洞枪林快厮杀,九死一生不当个耍。"后用来指历尽艰险,死里逃生,或用以形

容身处极其危险的境地。 如昨:事情就像发生在昨天。

〔17〕独有:唯有,只有。 豪:气魄大。 豪情:豪迈的情感。这里指革命的豪情壮志。

〔18〕天际:天边。指眼睛所能看到的天与地相连的地方。 悬:挂。 天际悬明月:意思是说革命者的心胸光明磊落,如同悬挂在天边的明月。唐代杜甫《后出塞》五首其二有"中天悬明月"之句。

〔19〕风雷:指革命运动。 磅礴:广大无边的样子,参见《七律·长征》注。 风雷磅礴:指革命运动气势雄壮如同疾风迅雷。

〔20〕一声鸡唱:即鸡唱一声,雄鸡报晓,表示革命斗争取得胜利。语出唐代李贺《致酒行》诗:"我有迷魂招不得,雄鸡一声天下白。"

〔21〕万怪:形形色色的妖魔鬼怪,指各种敌人。 烟消云落:烟消云散的意思。 以上两句是说,雄鸡一声鸣唱,各色各样的妖魔鬼怪立即销声匿迹。

毛泽东手书《念奴娇·井冈山》

七律

洪都

一九六五年十二月

到得洪都又一年，

祖生击楫至今传。

闻鸡久听南天雨，

立马曾挥北地鞭。

鬓雪飞来成废料，

彩云长在有新天。

年年后浪推前浪，

江草江花处处鲜。

这首诗最早见于 1994 年 12 月 26 日《人民日报》刊载的《毛泽东诗词二首》（另一首是词《虞美人·枕上》）。在这一首诗后，注明"根据作者修改的抄件刊印"。《建国以来毛泽东文稿》第十一册，在该诗后注明："根据一九九四年十二月二十六日《人民日报》刊印。（有毛泽东手稿）"。标明写作时间为"一九六五年"。1996 年 9 月中央文献出版社出版的《毛泽东诗词集》，收入"副编"。

"洪都"，旧南昌府的别称。隋、唐置洪州，以南昌为治所，唐初曾在这里设大都督府，又为东南都会，因而得名。唐代王勃《滕王阁序》："南昌故郡，洪都新府。"1362 年明太祖朱元璋在这里置洪都府，次年改为南昌府。这里指南昌市。

"祖生击楫至今传"，此处的"祖生"是指祖逖。祖逖（266—321），字士稚，晋朝范阳郡遒县（今河北涞水县北）。著名北伐大将，勤奋好学，留有闻鸡起舞的佳话。当时晋室大乱，遂率领跟随自己南下的流人队伍百余家渡江，中流击楫而誓言："祖逖不能清中原而复济者，有如大江！"晋元帝时，为豫州刺史，自请统兵北伐，征为奋威将军，连战连胜，最后攻破石勒，收复黄河以南全为晋土。在豫州刺史任内，勤政爱民，死时，豫州人民痛哭流涕，如丧父母。

毛泽东 1964 年到过南昌。1965 年 12 月初，毛泽东离开北京到杭州，不久即去上海主持中共中央政治局常委会，在这次会议上，中央书记处书记、军委总参谋长罗瑞卿大将受到批判。12月21日,从上海回到杭州。24日去南昌,下榻赣江之滨的赣江宾馆。在南昌住了几天又回到杭州,接着在那里讲了姚文元批《海瑞罢官》的文章还没有"打中要害"之类的话。1965年是毛泽东晚年政治生活中极为重要的一年,当时"文化大革命",已如箭在弦上不得不发。就在这一期间,毛泽东写下了这首并非吟咏洪都之事的《七律·洪都》。

1994年12月26日《人民日报》发表中共中央文献研究室编辑校定的《毛泽东诗词二首》和收入《毛泽东诗词集》时,将这首诗的写作时间均署为"一九六五年",《毛泽东诗词全编鉴赏》判定为"一九六五年十二月下旬"。据此,本书编著者,将这首诗的写作时间确定为"一九六五年十二月"。

这首诗毛泽东手书现在未见发表,作者修改审定的抄件至今亦未影印发表。

据吴正裕主编,李捷、陈晋副主编《毛泽东诗词全编鉴赏》(中央文献出版社,2003年12月第1版)说:"这首诗作者留存一件手迹和一件修改审定的抄件,首次发表在1994年12月26日《人民日报》,是根据这个抄件即定稿刊印的。"

"祖生击楫至今传",毛泽东手迹作"手中尚有祖生鞭"。抄件原作"祖生击楫古今传",毛泽东将"古"字改为"至"。

"立马曾挥北地鞭",毛泽东手迹作"立马曾敲北地镫"。

【注释】

〔1〕七律:七言律诗的简称,详见《七律·长征》注。 洪都:见本诗解说部分。

〔2〕到得洪都又一年:指毛泽东1964年到过南昌。

〔3〕祖生:指祖逖,见本诗解说部分。 击楫:敲打船桨,后用以形容立志报国的抱负和豪迈气概。

〔4〕闻鸡:这里化用闻鸡起舞的典故。《晋书·祖逖传》:"与司空刘琨俱为司州主簿,情好绸缪、共被同寝。中夜闻荒鸡鸣,蹴琨觉曰:'此非恶声也。'因起舞。"后以"闻鸡起舞"比喻有志之士及时奋发。元代张昱《看剑亭为曹将军赋》诗:"闻鸡起舞非今日,对酒闲看忆往年。"

久听南天雨:南宋蒋捷《虞美人·听雨》:"少年听雨歌楼上,红烛昏罗帐。壮年听雨客舟中,江阔云低,断雁叫西风。 而今听雨僧庐下,鬓已星星也。悲欢离合总无情,一任阶前,点滴到天明。"南宋陆游《临安春雨初霁》:"小楼一夜听春雨,深巷明朝卖杏花。"《十一月四日风雨大作》:"夜阑卧听风吹雨,铁马金戈入梦来。"这里指作者曾经长期生活、战斗在我国南方,经历了种种革命斗争的风雨。

〔5〕立马:义同《六言诗·给彭德怀同志》诗中的"横刀立马"。 挥鞭:义同《浪淘沙·北戴河》词中的"挥鞭"。 北地:我国北方。 立马曾挥北地鞭:指作者在我国北方曾经度过的

毛泽东诗词

革命战争的戎马生涯,这里暗用了曹操北征乌桓,路过碣石山曾写下《步出夏门行》的著名诗篇,表达了诗人的豪情壮志。 闻鸡久听南天雨,立马曾挥北地鞭:古代诗词中有类似句式。唐代白居易《寄殷协律》有"几度听鸡歌白日,亦曾骑马咏红裙。"毛泽东对白居易这首诗颇欣赏,曾默写全诗。这里两句,又可理解为互文见义,即闻鸡、立马、听雨、挥鞭于祖国南北大地。

〔6〕后浪推前浪:俗谚说:"长江后浪推前浪,世上新人换旧人"。宋代文珦《过苕溪》诗:"只看后浪催前浪,当悟新人换旧人。"这里寓有新陈代谢,一代胜过一代的意思。

〔7〕江草江花处处鲜:唐代白居易《忆江南》:"日出江花红胜火,春来江水绿如蓝,能不忆江南?"这里描绘了祖国大地一片欣欣向荣的景象。

七律

有所思

一九六六年六月

正是神都有事时，

又来南国踏芳枝。

青松怒向苍天发，

败叶纷随碧水驰。

一阵风雷惊世界，

满街红绿走旌旗。

凭阑静听潇潇雨，

故国人民有所思。

　　这首诗中的两句："青松怒向苍天发"、"凭栏静听潇潇雨"，最早见之于陈晋《毛泽东与文艺传统》、陈晋《毛泽东之魂》。全诗见之于董学文《毛泽东和中国文学》。后正式发表于 1996 年中共中央文献研究室编《毛泽东诗词集》，收入"副编"，并注明"这首诗根据作者审定的抄件刊印"。又载《建国以来毛泽东文稿》第十二册，注明"有毛泽东手稿"。标明写作时间"一九六六年六月"。

　　1966 年 6 月，正是"文化大革命"初起的时候。《毛泽东诗词集》注释中说，毛泽东写这首诗的时候，正在南方各地巡视。1966 年 5 月 15 日至 6 月 15 日在杭州，途经长沙于17 日到韶山滴水洞，在这里住了十一天；28 日赴武汉。这首诗作于韶山滴水洞。

　　陈东林《毛泽东诗史》说，这是毛泽东关于"文革"的第一首诗作。又说："据了解，毛泽东在文革中还写过几首诗词，但因为特定环境下的所指，不宜公开了。"

　　董学文《毛泽东和中国文学》说："在忧患与搏击的复杂心境中，毛泽东发动了'文化大革命'；在虎气和猴气的相俱相伴下，他写下了这首《七律·正是神都》诗。这时，毛泽东已是七十三岁的老人。然而，执着的理想追求和激越的挑战性格，使他晚年又演出了一场充满悲剧气氛的活剧。他担心'党变修'、'国变色'，感到目前国际上一百多个共产党，真正搞马列主义的不多，他甚至感到中国党内已着实滋生出一个走资本主义道路的当权派。无数先烈用生命换来的红色江山有毁于一旦的危险。他要'破字当头'，要'打倒阎王,解放小鬼';他要'孙悟空闹天宫',要揪出睡在身边的'赫鲁晓夫';他感到现实进程同他气质、抱负之间的强烈反差,陷入了理性和实践心态的严重分裂;他承认自己是'自信而有些不自信','阳春白雪,和者盖寡,盛名之下,其实难副'。他也意识到'凭栏静听潇潇雨,故国人民有所思'。"

这首诗,主要有两种文本,按照写作时间先后为:

第一种:

有所思

一九六六年

正是神都有事时,
又来南国踏丛枝。
青松怒向苍天发,
败叶纷随碧水之。
一阵风雷惊宇宙,
满街红绿走旌旗。
凭栏静听潇潇雨,
七亿人民有所思。

第二种:
即毛泽东审定的抄件。

现在所见有两件手书:(一) 标题原为《颂大字报》,后改为《有所思》。署明写作时间"一九六六年六月"。横写,有标点符号。硬笔书法。(二) 标题为《有所思》。署明写作时间"一九六六年六月"。横写有标点符号,硬笔书法。此件系他人将手书(一)修改后的标题移到居中位置而成。

"又来南国踏芳枝",现在所见手稿,先写作"独来南国看花枝",后改为"又来南国踏丛枝"。

"败叶纷随碧水驰",现在所见手稿,先写作"败叶纷随碧水驰",后将"碧"改为"绿",再改回为"碧"。"驰"先改为"栖",再改为"之"。全句作"败叶纷随碧水之"。

"一阵风雷惊世界",现在所见手稿,作"一阵风雷惊宇宙"。

"满街红绿走旌旗",现在所见手稿原作"满街红绿竖旌旗",后改为"满街红绿走旌旗"。

"凭栏静听潇潇雨",现在所见手稿中"潇潇雨"作"萧萧雨"。

"故国人民有所思",现在所见手稿作"七亿人民有所思"。

【注释】

〔1〕七律:七言律诗的简称,见《七律·长征》注。《有所思》:为汉乐府鼓吹曲辞,为《汉铙歌十八曲》篇名,以首句"有所思"为名,写男女爱情,见《乐府诗集》。后人多有沿用此题的,如南朝陈叔宝有乐府《有所思》,唐李贺有古风《有所思》,唐韦应物有五古《有所思》,唐李白有乐府《古有所思》,宋叶茵有五绝《有所思》等,均借旧题吟新诗。

〔2〕神都:古谓京城,这里指首都北京。 有事时:指发动"文化大革命"的时候。

〔3〕南国:中国南方的泛称。 踏芳枝:指毛泽东巡视南方各省,点明时间为落花时节。

〔4〕青松怒向苍天发:青松昂首挺立地向空中生长。

〔5〕败叶纷随碧水驰:枯枝败叶随着流水被冲去。

〔6〕风雷:指当时的"文化大革命"运动。

〔7〕红:指红卫兵所戴的红袖章、造反派打着的红旗、墙壁上所写的红色标语。 绿:指红卫兵所穿的草绿色军装。 旌旗:指造反派的旗帜。 满街红绿走旌旗:意思是说,当时红卫兵运动正在全国兴起。

〔8〕阑:同栏。 潇潇:骤急的雨势,这里比喻时局的急剧变化。 凭阑静听潇潇雨:化用岳飞《满江红》词"凭阑处潇潇雨歇"句。

〔9〕故国:即祖国。 故国人民有所思:唐代杜甫《秋兴八首》其四:"鱼龙寂寞秋江冷,故国平居有所思。"

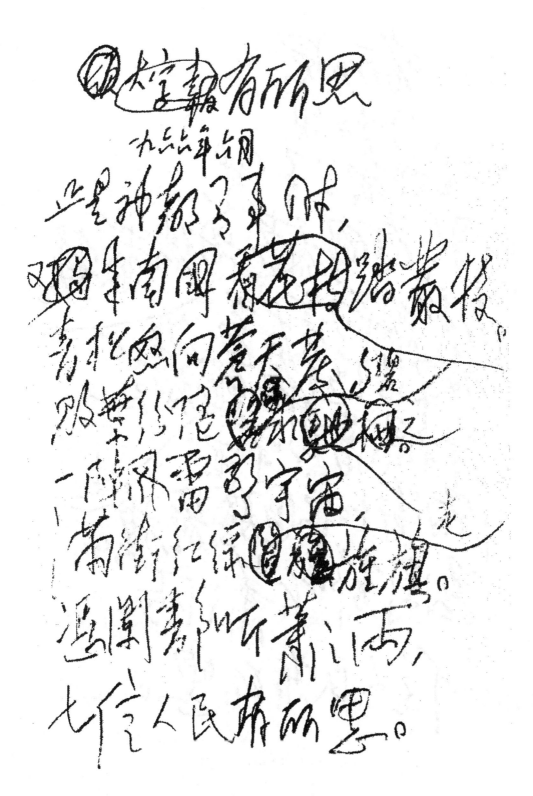

毛泽东手书《七律·有所思》（一）

有所思

一九六六年六月

正是神都有事时，
又来南国踏芳枝。
青松怒向苍天发，
败叶纷随碧水驰。
一阵风雷惊宇宙，
满街红绿走旌旗。
凭阑静听潇潇雨，
故国人民有所思。

毛泽东手书《七律·有所思》（二）

贾谊

贾生才调世无伦,

哭泣情怀吊屈文。

梁王堕马寻常事,

何用哀伤付一生。

这首诗最早发表于张贻玖《毛泽东读史》(中国友谊出版公司 1991 年 10 月第 1 版),引用了其中的后两句。全诗发表于 1996 年中共中央文献研究室编《毛泽东诗词集》,收入"副编",并注明"这首诗根据抄件刊印"。这首诗和《七律·咏贾谊》,是《毛泽东诗词集》中没有署明写作时间的两首诗。

"贾谊"(公元前 200—前 168),洛阳(今河南洛阳东)人,时称贾生,西汉政论家、文学家。少有博学能文之誉,初被汉文帝召为博士,不久迁为太中大夫,好议国家大事。他曾多次上疏,批评时政,建议用"众建诸侯而少其力"的办法削弱诸侯王势力,巩固中央集权;主张重农抑商,"驱民而归之农",并力主抗击匈奴的攻掠。其政论文有《过秦论》、《陈政事书》(亦称《治安策》)、《论积贮疏》等。因政治抱负无从施展,甚不得意,过湘水时曾作《吊屈原赋》,借悼屈原不幸遭遇,抒发自己怀才不遇的感慨。文帝想任命他为公卿,因遭大臣周勃、灌婴等排挤,贬为长沙王太傅。后为梁怀王太傅。梁怀王堕马而死,作为梁王太傅的贾谊深为哀伤和自责,说自己"为傅无状",以致忧郁自伤,不久去世。

这首诗现在未见毛泽东手书。

据吴正裕主编,李捷、陈晋副主编《毛泽东诗词全编鉴赏》(中央文献出版社,2003 年 12 月第 1 版)说:"这首诗是根据毛泽东办公室秘书林克保存的抄件刊印的。从林克保存的抄件看,此诗末句原为'何用轻容付一生',后圈掉'轻容'二字,改为'哀伤'。可见,林克关注他抄录的诗词,当发现作者有了新的改动,会在抄件上立即进行改正。"

"贾生才调世无伦",这句是用唐代李商隐《贾生》诗"贾生才调更无伦"句。中央档案馆编《毛泽东手书选集》中收录的毛泽东两次书写的李商隐《贾生》诗,这句均凭记忆写作"贾生才调世无伦"。

"梁王堕马寻常事，何用哀伤付一生"，张贻玖《毛泽东读史》和陈晋《毛泽东读书笔记》引用这两句时，作"梁王堕马寻常事，何必哀伤付一生"。《史记·贾谊传》说，梁王"堕马而死"，《前汉书·贾谊传》说，"梁王胜堕马死"。

"何用哀伤付一生"，林克保存的抄件，原作"何用轻容付一生"，后圈掉"轻容"二字，改为"哀伤"。

【注释】

〔1〕七绝：七言绝句的简称，见《七绝·为李进同志题所摄庐山仙人洞照》注。　贾谊：见本诗解说部分。

〔2〕贾生：即贾谊。　才调：指才气、才能。无伦：无比，没有人可以比得上。　贾生才调世无伦：语出唐代李商隐《贾生》："宣室求贤访逐臣，贾生才调更无伦。可怜夜半虚前席，不问苍生问鬼神。"

〔3〕情怀：心境，心情。　吊屈文：贾谊贬为长沙王太傅后，渡湘江时有感于屈原忠而见疏，作《吊屈原赋》，因以自喻。

〔4〕何用哀伤付一生：毛泽东非常赞赏贾谊的才华，但认为他因哀伤梁王而死颇不值得，并感到很惋惜。　梁王堕马寻常事，何用哀伤付一生：《汉书·贾谊传》："梁王胜坠马死，谊自伤为傅无状，常哭泣，后岁余，亦死。贾生之死，年三十三矣。""无状"，无功劳，无成绩。"为傅无状"，没有尽到作太傅的责任。

咏贾谊

少年倜傥廊庙才，

壮志未酬事堪哀。

胸罗文章兵百万，

胆照华国树千台。

雄英无计倾圣主，

高节终竟受疑猜。

千古同惜长沙傅，

空白汨罗步尘埃。

这首诗最早发表于 1996 年中共中央文献研究室编《毛泽东诗词集》，收入"副编"，并注明"这首诗根据抄件刊印"。这首诗和《七绝·贾谊》，是《毛泽东诗词集》中没有署明写作时间的两首诗。

这首诗现在未见毛泽东手书。

据吴正裕主编，李捷、陈晋副主编《毛泽东诗词全编鉴赏》（中央文献出版社，2003 年 12 月第 1 版）说："这首诗根据毛泽东办公室秘书林克的抄件刊印。"

【注释】

〔1〕七律：七言律诗的简称，详见《七律·长征》注。　咏贾谊：见本诗解说部分。

〔2〕少年倜傥：贾谊年少有才，豪爽洒脱。据史书记载，贾谊十八岁时，已能诵读诗书，善文章，为郡人所称道。二十多岁任博士，一年内超迁为太中大夫。　倜傥：亦作"俶傥"，卓异，豪爽，洒脱不拘。　廊庙：指朝廷。　廊庙才：才能和才气可任朝廷要职的人才。

〔3〕壮志：伟大的志向。　酬：愿望实现。　未酬：愿望未能实现。　哀：悲伤、伤心。　堪哀：可哀。　壮志未酬事堪哀：化用唐代李频《春日思归》诗句而成。诗云："春情不断若连环，一夕思归鬓欲斑。壮志未酬三尺剑，故乡空隔万重山。音书断绝干戈后，亲友相逢梦寐间。却羡浮云与飞鸟，因风吹去又吹还。"

〔4〕胸罗文章：指贾谊胸有锦绣文章，他的政论

文如《过秦论》、《治安策》、《论积贮疏》等，陈述了一系列治国策略和改革制度的主张，表现出卓越的政治远见和才能。　兵百万：比喻贾谊的治国策略，好像统军韬略，能指挥百万军队。

〔5〕胆照：肝胆相照之略语，比喻赤诚相见。华国：即华夏，这里指汉王朝。　树千台：指建立众多的诸侯国。汉制设立"三台"，即尚书为中台，御史为宪台，谒者为外台。建立众多的诸侯国则势将设立"千台"。贾谊主张加强中央集权，削弱诸侯势力。他在《治安策》中指出："欲天下之治安，莫若众建诸侯而少其力。"

〔6〕雄英：出类拔萃的人才。　倾：倾倒，折服，钦佩。　圣主：古代称颂帝王的惯用语，这里指汉文帝。　倾圣主：使汉文帝折服贾谊的主张。

〔7〕高节：高尚的节操。

〔8〕长沙傅：指贾谊。贾谊曾任长沙王太傅。

　　千古同惜长沙傅：唐代刘长卿《自夏口至鹦鹉洲望岳阳寄阮中丞》："贾谊上书忧汉室，长沙谪去古今怜。"这里意谓，屈原、贾谊的政治命运相同，都是因谗遭贬，壮志未酬，因而"千古同惜"。

〔9〕空白：徒然说。　汨罗：即汨罗江，在湖南省东北部。　空白汨罗：贾谊在《吊屈原赋》中对屈原投江殉国，颇不以为然，提出"所贵圣之神德兮，远浊世而自藏"。　步尘埃：即步后尘。意思是说，贾谊虽没有投江而死，但因梁怀王堕马死后而忧伤死去，同于屈原的投江，还是步了屈原的后尘。

毛泽东诗词　第三辑(外编)

　　本辑收录诗词共九首。系散见于书籍、报刊,有当年文献可据、确是毛泽东所作的诗词。除《祭母文》、《祭黄陵文》外,有五首已收入中央文献出版社出版的《毛泽东诗词全编鉴赏》,另有两首也已收入即将付梓的该书修订本。

四言诗

祭母文

一九一九年十月八日

呜呼吾母,遽然而死。寿五十三,生有七子。
七子馀三,即东民覃。其他不育,二女二男。
育吾兄弟,艰辛备历。摧折作磨,因此遘疾。
中间万万,皆伤心史。不忍卒书,待徐温吐。
今则欲言,只有两端:一则盛德,一则恨偏。
吾母高风,首推博爱。远近亲疏,一皆覆载。
恺恻慈祥,感动庶汇。爱力所及,原本真诚。
不作诳言,不存欺心。整饬成性,一丝不诡。
手泽所经,皆有条理。头脑精密,劈理分情。
事无遗算,物无遁形。洁净之风,传遍戚里。
不染一尘,身心表里。五德荦荦,乃其大端。
合其人格,如在上焉。恨偏所在,三纲之末。
有志未伸,有求不获。精神痛苦,以此为卓。
天乎人欤?倾地一角。次则儿辈,育之成行。
如果未熟,介在青黄。病时揽手,酸心结肠。
但呼儿辈,各务为良。又次所怀,好亲至爱。
或属素恩,或多劳瘁。小大亲疏,均待报赉。
总兹所述,盛德所辉。必秉悃忱,则效不违。
致于所恨,必补遗缺。念兹在兹,此心不越。
养育深恩,春晖朝霭。报之何时?精禽大海。
呜呼吾母!母终未死。躯壳虽隳,灵则万古。
有生一日,皆报恩时。有生一日,皆伴亲时。
今也言长,时则苦短。惟挈大端,置其粗浅。
此时家奠,尽此一觞。后有言陈,与日俱长。
尚飨!

这首祭文,张贻玖《毛泽东和诗》(春秋出版社,1987年10月版)引用了其中部分诗句。1989年8月湖南省韶山管理局立《毛泽东祭母文》碑(影印件见文热心著《毛泽东与故乡》,警官教育出版社,1991年1月版),文字又见于《毛泽东早期文稿》(湖南出版社,1990年7月版),题为《祭母文》,文中后半部分为《又灵联》两副。标明写作日期为1919年10月8日,并注明"根据毛泽东的表兄文咏昌手抄件刊印"。还见于李湘文编著《毛泽东家世(增订本)》(人民出版社,1996年11月第2版),插页有文运昌手录《毛泽东祭母文》和《毛泽东泣母灵联》。

据李湘文编著《毛泽东家世》(增订本)(人民出版社,1993年2月版)说,毛泽东的母亲文七妹,1867年2月12日(清代同治六年十月初八日)生于湖南湘乡县四都唐家坨(后改称棠佳阁,今属湖南省韶山市大坪乡)一个农民的家庭,家境小康。唐家坨与韶山冲隔一座云盘大山,相距十多华里。因祖先埋葬在韶山冲,后代每年要来扫墓拜坟,需在当地找个落脚点,故将七妹嫁到这里。1880年,七妹到毛家时只有十三岁,1885年,十八岁时同毛泽东的父亲毛顺生结婚,后来生下两个儿子,均夭亡。1893年12月26日,生下第三个儿子毛泽东。不久,又生了四子泽民,五子泽覃,还生了两个女儿,但都早殇。后来又收养了一个女儿毛泽建。

文七妹长得中等身材,清秀、端正、圆脸庞,宽前额,有一双聪慧的眼睛。自小勤奋、聪慧、性情温厚。抚养儿辈,操持家务,养鸡喂猪,锄园种菜,样样活都干,事事都安排得有条有理,治家节俭。信佛教,吃斋念佛十分虔诚。文七妹待人宽容恭让,不满丈夫过于自私的处世态度,总是以劝说来化解矛盾。贤明善良,富有同情心,怜惜穷苦人,肯予人以帮助,每逢荒年灾月,经常背着丈夫,送米送粮接济贫苦的乡亲们。毛泽东深爱着他的母亲。母亲逝世不久,他曾给同学、好友邹蕴真写信说:世界上共有三种人:损人利己的人;利己而不损人的人,可以损己而利人的人。他说母亲正是这最后一种人。

1919年初,文七妹患淋巴腺炎,毛泽东正在北京大学担任图书管理员,得知母亲病重后,曾回乡服侍过一段时间。毛泽东在同年4月28日给七、八舅父母的信中说:"家母久寓尊府,备蒙照拂,至深感激。病状现已有转机,喉蛾十愈七八;瘰子尚未见效,来源本甚深远,固非多日不能奏效也。甥在京中北京大学担任职员一席,闻家母病势危重,不得不赶回服侍,于阳〔历〕三月十二号动身,十四号到上海,因事勾留二十天,四月六号始由沪到省。亲侍汤药,未尝废离,足纾〔纾〕廑念。"后毛泽东把母亲接到长沙医治。文七妹在长沙治病期间,毛泽东和弟弟毛泽民、毛泽覃与母亲一起,留下了他们一生最后的也是唯一的一张合影。这年10月,正当毛泽东在长沙忙于驱张运动的时候,得到母亲病危的特急家信,马上带着小弟泽覃,奔回韶山。岂料母亲已于 10 月 5 日(民国八年农历八月十二日)去世。当他们赶到上屋场时,母亲已入棺两天。二弟泽民告诉毛泽东,母亲临终时还在呼喊着他们兄弟的名字。那几天,毛泽东内心经历着极大的悲痛,一直守在灵前。10 月 8 日,他席地而坐,对着孤灯,写出了这篇《祭母文》。出殡上祭那天读了,大家听了莫不流泪。毛泽东同时写了两副挽联。一副是:"疾革尚呼儿,无限关怀,万端遗恨皆须补;长生新学佛,不能住世,一掬慈容何处寻。"另一副是:"春风南岸留晖远;秋雨韶山洒泪多。"

建国初,毛泽东的表兄文咏昌向档案部门提供了他代录的一个抄件。题目是《毛泽东祭母文》。题下有一段说明:"民国八年八月十五日,他在灵位前执笔成之,我代录正的,稿存我家。"原稿后遗失。毛泽东的塾师、族兄毛宇居同时也向档案部门提供了另一个抄件。毛宇居在《祭母文》的抄件后边写道:"此文脱尽凡俗,语句沉着,笔力矫健,皆是至性流露,故为之留存,以为吾宗后辈法。"两份抄件基本相同,仅个别字有异。1978 年12 月,当地政府将毛泽东父母合葬墓修缮一新,后来并将挽联和《祭母文》刊于墓地右侧。

对于此篇是否属诗,有两种不同意见。易孟醇、易维《诗人毛泽东》认为:毛泽东的《祭母文》、《红四军司令部布告》、《祭黄陵文》等,字句整齐,且大体上押韵,但把这些文章列入毛泽东诗词,颇不伦类。另一种意见,萧永义《毛泽东诗词史话》认为:我国古代的祭文,大多为有韵之文。但又分两类,一类为散文体,一类为诗体。毛泽东这篇祭母文为四言诗体。名曰祭文,实质也是一篇诗。《围炉诗话》卷二中说:"有韵无韵皆可谓之文,缘情之作则曰诗。诗者,思也。情动于中而形乎言,言之不足故长言之,长言之不足故咏歌之。有美有刺,所谓诗也。"这篇祭文正是这种"缘情之作"的诗。本书编著者同意后一看法。

现在所见文运昌抄件,前半部分标题为《毛泽东祭母文》,竖写,每四字后为一顿号,"与日俱长"、"尚飨"后各为一句号。后半部分标题为《泣母灵联》为两副挽母联。

"均待报赍",此据文运昌抄件、《毛泽东早期文稿》。湖南省韶山管理局《毛泽东祭母文》碑刻作"均待报赍"。

"必秉悃忱",刘济昆《毛泽东诗词全集》作"以秉悃忱",另一本又作"心秉悃忱"。

【注释】

〔1〕四言诗:我国古代诗歌中最早形成的一种诗体,全篇都由四字句,或主要由四字句构成,故称。春秋时期及此前的诗歌,如《诗经》中的作品,大多就是四言。汉代以后,格调稍变。南朝宋齐以后,作者渐少。　祭:祭奠,为死去的人举行仪式,表示追念。　母:指毛泽东的母亲文七妹。　祭文:祭祀或祭奠时对神佛或死者诵读的文章,这里指祭奠时对死者诵读的文章,内容一般是对死者的一生给予评说并表示哀悼之情,体裁可以是韵文,也可以是散文,

还可以是散文加韵文。韵文中,又以四言最为常见。毛泽东的这篇祭母文,即是用四言韵文的形式写的,故列入四言诗。

〔2〕呜呼:旧时祭文中常用的悲叹之辞,表示悲悼。 吾:我。

〔3〕遽:匆忙,急。 遽然:突然。

〔4〕寿:寿命,生存的年限。

〔5〕子:古代指儿女。

〔6〕馀:剩下。

〔7〕即:就是。 东、民、覃:即毛泽东、毛泽民、毛泽覃。毛泽民(1896—1943):毛泽东的大弟,1921年春开始参加革命。1922年加入中国共产党。1923年至1924年在安源煤矿从事工人运动,任矿工合作社总经理。1925年调上海任中共中央出版发行部经理。1931年7月到闽粤赣革命根据地,任军区经理部部长。1932年任中央工农民主政府国家银行行长。1934年10月,参加长征。到达陕北后,任中央工农民主政府国民经济部部长。抗日战争爆发后,受中共中央派遣,到新疆从事民族统一战线工作,任新疆省政府财政厅代理厅长、民政厅厅长。1942年被新疆军阀盛世才逮捕,1943年9月27日在迪化(今乌鲁木齐)被杀害。毛泽覃(1905—1935):毛泽东的二弟。1921年加入中国社会主义青年团,1923年加入中国共产党,任中国社会主义青年团长沙地委书记处书记。1925年秋到广州,曾在黄埔军校、中共两广区委、广东省农民协会、省港罢工委员会工作。1927年参加南昌起义,失败后被派往井冈山与毛泽东联络。1928年率部队与朱德、陈毅取得联系,促成两军会师。中国工农红军第四军成立之后,任三十一团三营党代表。1927年第一次国内革命战争失败

后,参加秋收起义,上井冈山。1929年参加赣西南革命根据地的开辟工作,任中共赣西南特委委员、东固区委书记、江西永(丰)吉(安)泰(和)中心县委书记、中国工农红军第五军政治部主任、红军独立第五师师长和政委。1932年后,任中共苏区中央局秘书长、中共福建省委书记、闽粤赣军区司令员。1934年红军主力长征后,留在中央革命根据地坚持斗争,任中共中央苏区分局委员、独立师师长。1935年4月25日,在江西瑞金与敌军作战时牺牲。

〔8〕育:这里是养活的意思。 不育:指不能养活。

〔9〕育:抚育。 吾:这里是我们的意思。

〔10〕艰辛:艰苦。 备:表示应有尽有。 历:经历,经过。 艰辛备历:历尽艰苦。

〔11〕摧:折断。 磨:磨难。 摧折作磨:就是折磨的意思,指抚育子女,操持家务,损害了身体健康。

〔12〕遘:遇,遭遇。 遘疾:得病。《梁书·张稷传》:"稷所生母遘疾历时。"明代归有光《抚州府学训导唐君墓志铭》曰:"母方遘危疾。"

〔13〕中间:其中,其间。 万万:极言其多,指毛泽东的母亲抚育子女、操持家务等无数的事情。

〔14〕皆:都,全部。 伤心:由于遭受不幸或不如意的事而心里痛苦。 皆伤心史:都是令人伤心的历史。

〔15〕不忍:心里忍受不了,不忍心。 卒:完毕。 卒书:全部写出来。

〔16〕待:等。 徐:慢慢。 温:不热不冷,这里指和缓地。 吐:说出来。 待徐温吐:意思是说让我慢慢地讲述。

〔17〕今:现在。 欲:想。 言:说。 欲言:想说的。

〔18〕端：东西的头，引申为事物的一个方面。

两端：两个方面，这里指两件荦荦大者。

〔19〕德：德行。　盛：大，多。

〔20〕恨：遗憾。　偏：特别。　恨偏：即偏恨，特别遗憾的事。

〔21〕风：作风，风度。　高风：高尚的品格，操守。夏侯湛《东方朔画赞序》："睹先生之邑县，想先生之高风。"

〔22〕首：第一。　推：推崇。　博：多，丰富。

博爱：对人们普遍的爱。唐代韩愈《原道》："博爱之为仁。"

〔23〕远近：指亲缘关系的远近。　亲疏：指交情的密切与否。

〔24〕一：全部。　皆：都。　覆载：古人认为天圆地方，天像穹庐覆盖大地，地像大车承载万物。《庄子·德充符》："夫天无不覆，地无不载。"《礼记·中庸》："天之所覆，地之所载。"引申为包容庇护、关怀爱护之意。

〔25〕恺：快乐，和乐。　侧：恻隐。　恺侧：和乐恻隐。清代黄六鸿《福惠全书·刑名·问拟》："古人制律之心，原存恺侧。"　慈祥：和蔼善良。

〔26〕庶：古代指老百姓。　汇：本义为众水会合，这里引申为众多之义。　庶汇：众人。恺侧慈祥，感动庶汇：这两句用清代曾国藩家书中成语。

〔27〕爱力：爱的力量。　所及：所能够达到之处。

〔28〕原：根本。　原本真诚：根本出于真诚。

〔29〕诳：欺骗，迷惑。　诳言：骗人的话。

〔30〕欺心：欺骗自己的心。

〔31〕整饬：严正。《新唐书·吕湮传》："少力于学，志行整饬"这里指严肃和正直的天性。

〔32〕一丝：极言其少。　诡：违反。《吕氏春秋·淫辞》："言行相诡，不祥莫大焉。"这里指没有一点违反。

〔33〕手泽：手汗所沾润。　手泽所经：指经手操办的事情。

〔34〕有条理：有条不紊。

〔35〕头脑精密：意思是说思维精细严密。

〔36〕劈：开辟。　劈理：剖析事理。　分：区分。　分情：区分情况。

〔37〕遗：遗失，遗漏。　遗算：失算。　事无遗算：晋代陆机《辩亡论》："谋无遗算。"意思是说，没有什么事情是事先所未计划周详的。

〔38〕遁：逃。　遁形：逃其形体。　物无遁形：晋代陆机《汉高祖功臣颂》："鬼无隐谋，物无遁形。"意思是说，没有什么能逃过其敏锐的观察力。

〔39〕洁净：清白纯洁。　风：风范。

〔40〕戚：亲戚。　里：邻里。

〔41〕尘：佛家谓外界的色、声、香、味、触、法为"六尘"。　不染一尘：即一尘不染，原为佛家语，指佛教徒修行达到很高的境界，不沾染任何世俗的嗜欲，心底十分洁净，后来也用以形容非常纯净，丝毫不受周围环境坏习气、坏风气的影响。宋代张耒《腊初小雪后圃梅开》诗："一尘不染香到骨，姑射仙人风露身。"

〔42〕表：外。　里：内。　表里：内外。　身心表里：意谓从身到心，从表至里。

〔43〕五德：儒家以温、良、恭、俭、让为修身的五种美好的品德。或谓"仁智礼义信"为五德。

荦荦：明显。

〔44〕其：代指毛泽东母亲。　大端：《礼记·礼运》："故礼义也者，人之大端也。"指做人的大节。

〔45〕合：汇总。　合其人格：另有一说，合为符

合之意,意谓母亲五德俱全,鲜明突出地与其人格相合,亦即具有伟大的人品。

〔46〕如在上焉:就像上面所说的这样。另有一说,《礼记·中庸》载孔子语:"鬼神之为德,其盛矣乎!视之而弗见,听之而弗闻,体物而不可遗,使天下之人,齐明盛服,以承祭祀,洋洋乎如在其上,如在其左右。"这里是说,母亲的亡灵如在家中祭堂上方一般,也就是说,母亲是神明的化身。

〔47〕纲:本义是提网的总绳。 三纲:封建社会中三种主要的道德关系,是由汉代儒家董仲舒提出,后经封建统治阶级系统化的一套封建教条。汉代班固等《白虎通义·三纲六纪》:"三纲者何谓也?谓君臣、父子、夫妇也。……故《含文嘉》曰:'君为臣纲,父为子纲,夫为妻纲。'" 三纲之末:在三纲的最后,即社会地位、家庭地位最低。 这两句是说毛泽东母亲的憾恨在于自己身为女性和妻子,处在三纲之末的地位,受到沉重的压制。

〔48〕伸:展。 有志未伸:有志向却未能展扬。

〔49〕获:得。 有求不获:有希求却得不到满足。

〔50〕卓:突出。 精神痛苦,以此为卓,意思是说,母亲的精神痛苦,以这个最为突出。

〔51〕乎、欤:都是表示诘问的语气。 天乎人欤:究竟是天命呢,还是人事的原因呢?这里指毛泽东母亲的死。

〔52〕倾:塌。 倾地一角:这里意思是说,母亲的死犹如大地塌陷了一角。

〔53〕次:其次,指毛泽东母亲的第二桩憾恨。 儿辈:指自己兄弟三人。

〔54〕之:代指儿辈。 成行:形容众多。唐代杜甫《赠卫八处士》:"昔别君未婚,儿女忽成行。"这里引申指抚育成人。

〔55〕如果未熟:像果子没有成熟,指自己弟兄三人尚未全部成年。

〔56〕介:处在二者之间。 青、黄:指农作物将要成熟而尚未成熟的时候。 介在青黄:处在青黄之间。当时毛泽民年仅二十三岁,泽覃年仅十四岁。

〔57〕揽手:拉住手,指母亲病中自知将不久于人世,拉着亲人的手。

〔58〕酸:悲痛。 酸心:心酸,心里悲痛。 结肠:肠扭成结,形容极度的悲痛。

〔59〕但:只。 但呼儿辈:指母亲病重时记挂着儿子,只是呼唤儿子的名字。

〔60〕务:必须。 各务为良:吩咐他们各人务必作好人、行好事。

〔61〕又次:又其次。指母亲的第三桩憾恨。所怀:心中所念的。

〔62〕好亲至爱:即至爱亲朋。

〔63〕或:有的人。 属:属于。 素:一向。素恩:一向有恩于我们家。

〔64〕瘁:劳累。 劳瘁:指家境艰难,劳累困顿。 或多劳瘁:另有一说,意谓有的曾为毛家辛劳,帮助过毛家。

〔65〕小大:指年龄不分大小。另有一说,指对自家恩惠大小。 亲疏:指关系不论亲疏。另一说,指对自己家关系或亲或疏的人。

〔66〕报:报答,指一向有恩于自己家的。 赍:毛泽东祭母文有两种文本,《毛泽东早期文稿》据文运昌手抄件作"均待报赍",《毛泽东祭母文》碑刻作"均待报赍"。赍,赏赐,赐予;赠送。赍,持;带;送。赍或赍两者意义均可通。从音韵上来说,如作"赍",与前面的"爱"同属去声十一队,可押韵;如作"赍",属上平声八齐,与前面的"瘁"(属去声四寘)、后面的辉、违(均属

上平声五微)可押韵。赍或赉,都可作赠送、给予钱物的意思,既可以是报答,也可以是接济的意思。指家境困难的。 均待报赍:意谓都有待于——给以应有的报答酬谢或接济帮助。

〔67〕总:总括,汇集。 兹:此。 所述:指上面所说的。

〔68〕辉:照耀辉映。 盛德所辉:指无不为母亲的崇高的德性所照耀。

〔69〕秉:本着,另一说,禀受,指禀受上述母亲的"盛德所辉"。 悃:真心诚意。 忱:情意。 悃忱:真实的情意。 必秉悃忱:我们一定要本着真诚;另有一说,意思是说一定要继承母亲诚恳待人的品德。

〔70〕则:效法。《诗·小雅·鹿鸣》:"君子是则是效。" 效:仿效,照着别人的样子去做。 不违:不违背。

〔71〕致于:即"至于"。 所恨:指上述母亲憾恨的事。

〔72〕补:补救。 遗缺:指母亲的憾恨所没有实现或达到的事。

〔73〕念:怀念。 兹:此,这个。 念兹在兹:《尚书·虞书·大禹谟》:"念兹在兹,释兹在兹。"本意说念爱此人,在此功劳。后来多用以指念念不忘某一件事。

〔74〕越:坠失;一说,逾越,超出。 此心不越:此心不变。

〔75〕养育深恩:母亲养育我们的深深恩情。

〔76〕春晖:春天的阳光。唐代孟郊《游子吟》:"谁言寸草心,报得三春晖?"后用以比喻母爱的温暖。 朝:早晨。 霭:云气。 朝霭:早晨的云气。

〔77〕报之何时:什么时候才能报答得了?

〔78〕精禽:即精卫鸟。《山海经》卷三《北山经·北次三经》说:炎帝之少女女娃游于东海,溺死不返,化为精卫鸟,衔西山的木石,以填东海。晋代陶潜《谈山海经》:"精卫衔微木,将以填大海。刑天舞干戚,猛志故常在。"这里用来表示要以精卫填海的精神来报答母亲的深恩。另有一说,这句意谓以小鸟精卫衔石填不平大海,比喻子女永远报答不尽母亲的深恩。

〔79〕母终未死:母亲终究是没有死。

〔80〕躯壳:人的身体。 隳:毁坏。 躯壳虽隳:母亲的肉体虽然死了。

〔81〕灵:灵魂;精神。 灵则万古:精神却是万古长存的。

〔82〕有生一日:只要我还活着一天。

〔83〕皆报恩时:都是报答母恩的时候。

〔84〕皆伴亲时:都是我陪伴母亲的时候。

〔85〕今也言长:现在我要对母亲说的话很多。

〔86〕苦短:恨时间短。 时则苦短:无奈诵读祭文的时间太短暂了。

〔87〕惟:仅。 挈:举出。

〔88〕置:指置辞陈说。 粗浅:谦称自己的文辞。 置其粗浅:聊为粗浅之辞。

〔89〕家奠:家祭,家中对先人的祭祀。

〔90〕觞:酒杯。 一觞:一杯酒。 尽此一觞:意思是说,请母亲干了这杯酒。

〔91〕言陈:陈说。 后有言陈:意思是说,往后还有许多话要向母亲倾诉。

〔92〕与日俱长:意思是说,往后的日子有多长,想要跟母亲说的话就有多长。

〔93〕尚:表示劝勉的语气词。 尚飨:意思是希望死者来享用祭品的意思。旧时祭文常用作结语。

文运昌代为录正的毛泽东《四言诗·祭母文》和《挽母联（两副）》

毛澤東祭母文

民國八年八月十五日

嗚呼吾母，遽然而死。壽五十三，生有七子。七子余三，即東民覃。其他不育，二女二男。育吾兄弟，艱辛備歷。摧折作磨，因此遘疾。中間萬萬，皆傳於史。不忍卒書，待徐溫吐。

今則欲言，只有兩端：一則盛德，一則恨偏。吾母高風，首推博愛。遠近親疏，一皆覆載。愷惻慈祥，感動庶匯。愛力所及，原本真誠。不作誑言，不存欺心。整飭成性，一絲不詭。手澤所經，皆有條理。頭腦精密，劈理分情。事無遺算，物無遁形。潔淨之風，傳遍戚里。不染一塵，身心表裏。

五德犖犖，乃其大端。合其人格，如在上焉。恨偏所在，三綱之末。有志未伸，有求不獲。精神痛苦，以此為卒。天乎人歟，傾地一角。次則兒輩，育之成行。如果未熟，介在青黃。病時攬手，酸心結腸。但呼兒輩，各務為良。又次所懷，好親至愛。或屬素恩，或多勞瘁。大小親疏，均待報賚。總茲所述，盛德所輔。必補貼之，念茲在茲。此心不越，養育深恩，春暉朝靄。報之何時，精禽大海。此恩此德，虧欠太多。衷悃所至，必補貼之。念茲在茲，此心不越。此時家奠，盡此一觴。

嗚呼吾母，母終未死。軀殼雖隳，靈則萬古。有生一日，皆報恩時。有生一日，皆伴親時。今也言長，時則苦短。惟挈大端，置其粗淺。後有言陳，與日俱長。

尚饗

湖南省韶山管理局 一九八九年八月十五日

毛泽东《四言诗·祭母文》碑刻

四言诗

祭黄陵文

一九三七年三月

　　维中华民国二十六年四月五日,苏维埃政府主席毛泽东、人民抗日红军总司令朱德,恭遣代表林祖涵,以鲜花束帛之仪致祭于我中华民族始祖黄帝之陵:

赫赫始祖,吾华肇造。胄衍祀绵,岳峨河浩。
聪明睿知,光被遐荒。建此伟业,雄立东方。
世变沧桑,中更蹉跌。越数千年,强邻蔑德。
琉台不守,三韩为墟。辽海燕冀,汉奸何多!
以地事敌,敌欲岂足?人执笞绳,我为奴辱。
懿维我祖,命世之英。涿鹿奋战,区宇以宁。
岂其苗裔,不武如斯!泱泱大国,让其沦胥?
东等不才,剑屦俱奋。万里崎岖,为国效命。
频年苦斗,备历险夷。匈奴未灭,何以家为?
各党各界,团结坚固。不论军民,不分贫富。
民族阵线,求国良方,四万万众,坚决抵抗。
民主共和,改革内政。亿兆一心,战则必胜。
还我河山,卫我国权。此物此志,永矢勿谖。
经武整军,昭告列祖。实鉴临之,皇天后土。
尚飨!

　　这篇《祭黄陵文》最早发表于 1937 年 4 月 6 日延安《新中华报》,标题是《苏维埃代表林伯渠参加民族扫墓典礼》,前有小序。后又见于《诗刊》1992 年 7 月号,略去小序,署明作于 1937 年。

　　1937 年 3 月 29 日,毛泽东致范长江信中说:"寄上谈话一份,祭黄陵文一纸,借供参考,可能时祈为发布。"据此,写作日期当在此时或此前。

这首诗现在所见有两件手书:均无标题。竖写,有标点符号。前有序文,诗末手书(一)无署名,手书(二)有署名"毛泽东"。手书(一)为原件,手书(二)为他人将手书(一)中的"毛泽东"三字复制移植到诗末而成。小序中"致祭于我中华民族始祖轩辕黄帝之陵"后为句号,"而致词曰"后为冒号。正文每四字后一顿号。每四句及"尚飨"后为一句号。唯"汉奸何多"后为感叹号。

"维中华民国二十六年四月五日",此据《新中华报》。毛泽东手书无"维"字。

"恭遣代表林祖涵",此据《新中华报》。毛泽东手书和陈晋《文人毛泽东》作"敬派代表林祖涵"。

"以鲜花束帛之仪致祭于我中华民族始祖轩辕黄帝之陵",此据《新中华报》。毛泽东手书作"以鲜花时果之仪致祭于我中华民族始祖轩辕黄帝之陵。而致词曰:"。陈晋《文人毛泽东》作:"以鲜花时果之仪祭于我中华民族始祖轩辕皇帝之陵。"

"聪明睿知,光被遐荒",此据毛泽东手书、《新中华报》。《诗刊》作"聪明睿知,光被遐荒"。

"越数千年",此据毛泽东手书、《新中华报》《诗刊》。有的作"越数千载"。

"何以家为",此据毛泽东手书、《新中华报》,句末均作句号。《诗刊》误作"何以为家"。

【注释】

〔1〕四言诗:见《四言诗·祭黄陵文》注。 祭:祭祀,旧俗备供品向神佛或祖先致祭行礼,表示崇敬并求保佑,这里是表示崇敬之意。 黄帝:为传说中的中国上古时代的部落领袖,本姓公孙,因曾居轩辕之丘,号轩辕氏,后居姬水,改姓姬,建国于有熊,也称有熊氏。先居于陕西北部,后沿洛水南下,定居于河北涿鹿,炎帝与蚩尤战,为蚩尤所败,求助于黄帝,黄帝与蚩尤大战于涿鹿,击杀蚩尤。后炎黄两族又发生冲突,双方激战于坂泉,炎帝败服黄帝。两部落结成联盟,黄帝被推为部落联盟首领,号称天子,代神农氏掌管天下,以有土德,故号黄帝。炎、黄于是被后世尊为中华民族始祖。黄帝一生率部落开发中原,相传,这时发明了蚕桑、医药、舟车、律吕、算数等。 黄帝陵:轩辕黄帝的陵墓,简称黄陵,在陕西省黄陵县城北约一公里的桥山上,史书称桥陵。陵高三点六米,周围四十八米。传说黄帝升天后,人们将他的衣冠葬在这里。陵前有台,传为汉武帝所筑的祈仙台,周围有千年古柏数万株,黄帝庙中残存北宋以来的碑石五十多块,刻有汉族及满、蒙古等少数民族的祭文。 祭黄帝陵:这是一篇祭祀黄帝时朗读的文字,属韵文,每句四字,故列入四言诗。

〔2〕中华民国:见《四言诗·题〈明耻篇〉》注。自民国十六年(1927年)以来,中华民国由蒋

介石为首的国民党政府统治。　中华民国二十六年四月五日：即 1937 年 4 月 5 日。这一天是清明节,我国人民自古以来就有清明节扫墓祭祖的风俗。

〔3〕苏维埃政府：即中华苏维埃共和国临时中央工农民主政府,是第二次国内革命战争时期中国共产党在中央革命根据地领导建立的中央政权,1931 年 11 月在江西瑞金由第一次全国工农兵代表大会宣布成立,毛泽东当选为主席。毛泽东、周恩来、朱德等六十三人当选为中央执行委员。　人民抗日红军：即中国工农红军,因当时中国共产党主张建立全国抗日民族统一战线,故改用这一称号。　朱德(1886—1976)：字玉阶,1886 年生于四川仪陇一个贫苦佃农家庭。早年加入同盟会,参加辛亥革命。1915 年在云南参加反对袁世凯称帝的起义。俄国十月革命后,逐渐接受马列主义,随后去德国留学,1922 年加入中国共产党,因从事革命活动,被德国政府逮捕并驱逐出境。1925 年到苏联学习军事,次年回国。1927 年参加领导南昌起义。1928 年初率南昌起义余部举行湘南起义,同年 4 月率起义军上井冈山,与毛泽东的部队会师,任红四军军长。1930 年起,历任红一军团军团长、红一方面军总司令、红军总司令、中华苏维埃军事委员会主席,参加领导了中央根据地的反“围剿”战争。1934 年 10 月参加长征,1937 年抗日战争爆发后,任八路军总司令。解放战争时期,任人民解放军总司令。建国后,历任中央人民政府副主席、中共中央军委副主席、中华人民共和国副主席、国防委员会副主席、人大常委会委员长、中共中央副主席等职。1955 年被授予元帅军衔。1976 年 7 月 6 日在北京因病逝世。

〔4〕遣：派。　林祖涵(1885—1960)：即林伯渠。湖南临澧人。1904 年留学日本。1905 年加入中国同盟会。1921 年加入中国共产党,帮助孙中山确定联俄、联共、扶助农工的三大政策和改组国民党。北伐战争时期,在北伐军第六军中主持政治工作。1927 年参加南昌起义。1928 年赴苏联学习,1932 年回国,1933 年到中央根据地任中央工农民主政府国民经济部部长和财政部部长。参加了长征。1937 年任陕甘宁边区政府主席。中共六届六中全会起当选为中央委员,中共七大起当选为中央政治局委员。建国后,任中央人民政府秘书长,1954 年当选为人大常委会副委员长。1960 年病逝于北京。

〔5〕束：捆,系。　帛：丝织品。　束帛：帛五匹为一束,每匹从两端卷起,共为十端。　仪：礼物。　致祭：献祭。

〔6〕赫赫：显著,盛大的样子,形容显耀盛大。　始祖：指黄帝。

〔7〕吾华：我们中华民族。　肇：开始。　造：建造。　吾华肇造：即肇造吾华,建造了我们中华民族。《尚书·周书·康诰》：“用肇造我区夏。”

〔8〕胄：古代称帝王或贵族的子孙,这里指黄帝的子孙。　衍：繁衍,繁殖。　祀：祭祀。绵：绵延,延续不断。　祀绵：对黄帝的祭祀累世不绝。

〔9〕岳：五岳,即东岳泰山、南岳衡山、西岳华山、北岳恒山、中岳嵩山。　峨：高大。　河：指黄河。　浩：浩荡,水势很大的样子。　岳峨河浩：五岳高大,黄河浩荡。

〔10〕睿：通达,明智。　知：通“智”。　睿知：

英明有远见。　　聪明睿知:《礼记·中庸》曰:"唯天下至圣为能聪明睿知。"

〔11〕光:通"广"。《书·尧典》:"光被四表。"被:覆盖,加及。　　遐:远。　　荒:偏僻。　　遐荒:偏僻遥远的地方。

〔12〕建:建树。　　伟业:伟大的功业,指缔造了中华民族。

〔13〕雄:有气魄的。　　立:站立。　　东方:指地球的东部。

〔14〕世:世间,社会上,人间。　　变:变化。沧桑:沧海桑田的略语,比喻世事变迁很大。《神仙传·麻姑》:"麻姑自说云,接侍以来,已见东海三为桑田。"

〔15〕中:中间,其间。　　更:经历,经过。　　蹉:跌跤。　　蹉跌:失足跌倒,比喻挫折。

〔16〕越:经过。

〔17〕强邻:强悍的邻国,这里指日本帝国主义。蔑:无。　　蔑德:无德行,这里指不讲道义。

〔18〕琉:指琉球群岛,本属清朝版图,光绪五年(1879年)被日本侵占。　　台:指台湾,本属清朝版图,光绪二十五年(1899年)被日本侵占。不守:失守,为敌人所攻占。

〔19〕三韩:指朝鲜。汉时,朝鲜南部分为马韩(西)、辰韩(东)、弁韩(南),合称"三韩"。后用为朝鲜的代称。　　为:变为。　　墟:废墟,原来有很多人家聚居而现在已经荒废的地方。琉台不守,三韩为墟:清代光绪二十年(1894年),朝鲜东学党起义,日本内阁决定出兵侵略朝鲜。朝鲜政府致书清政府,要求派兵援助。清政府即遣直隶提督率军入朝。日本侵朝后,劫持朝鲜国王,组织傀儡政府。日舰击沉击伤清军运兵船,中日甲午战争爆发。年内清军在朝鲜、黄海与日军激战,陆、海战皆失利。日本

占领朝鲜,并侵入中国东北边境。光绪二十一年(1895年)清北洋水师全军覆没,清政府与日本签订了屈辱的《马关条约》,将台湾割让给日本,甲午战争结束。

〔20〕辽:指辽河。　　海:指渤海。　　辽海:指我国东北地区,因其境内有辽河,东南濒临渤海。燕:旧时河北省的别称。　　冀:河北省的简称。　　燕冀:即指河北地区。

〔21〕汉奸:原指汉族的败类,现泛指中华民族中投靠外国、出卖国家民族利益的败类。何:多么,带有不以为然的口气。　　何多:多么多。

1931年日本帝国主义侵占中国东北后,1932年3月在吉林长春扶植成立了以溥仪为执政的伪满洲国汉奸傀儡政权。1934年3月称"满洲帝国","执政"改称"皇帝"。1935年6月,国民党察哈尔省政府代理上席秦德纯与日本沈阳特务机关长土肥原达成了"秦土协定"。7月,国民党在华北的代表何应钦与日本华北驻屯军司令官梅津美治郎达成"何梅协定"。11月,日本侵略者唆使国民党河北省政府滦榆、蓟密两区行政督察专员殷汝耕在通县成立名为"冀东防共自治委员会",后改称"冀东防共自治政府"。12月,国民党政府指派宋哲元等成立"冀察政务委员会",以适应日本侵略者"华北政权特殊化"的需要。

〔22〕以:用。　　事:侍奉,服侍。　　以地事敌:把国土去侍奉敌人。

〔23〕欲:欲望。　　岂:哪里。　　足:满足。　　敌欲岂足:敌人的侵略野心哪里能够满足。

〔24〕人:这里指敌人,即日本帝国主义。　　执:拿,手持。　　笞:本义是鞭打、杖击,这里作名词用,指打人的器具。　　绳:绳索。

〔25〕为:被。 奴:奴役。 辱:侮辱。 奴辱:受奴役受欺凌。

〔26〕懿:通"噫",古汉语叹词,表示悲痛或叹息。《诗·大雅·瞻仰》:"懿厥哲妇,为枭为鸱。"维:语助词,无实义。 我祖:指轩辕黄帝。

〔27〕命世:同名世,闻名于世。 英:杰出的人物。

〔28〕涿鹿:古山名,在今河北省涿鹿县东南。 涿鹿奋战:相传黄帝与蚩尤曾在涿鹿进行大决战,蚩尤全军覆没,为黄帝击毙。《山海经·大荒北经》说,蚩尤伐黄帝,请风伯雨师,纵大风雨,黄帝则请天女"魃"止雨,遂杀蚩尤。《史记·五帝本纪》唐代张守节《正义》引《龙鱼河图》说,蚩尤兄弟八十一人,兽身人语,铜头铁额,食沙石,造刀、戟、大弩,威振天下,诛杀无辜,不仁不慈。天遣玄女下凡,授黄帝兵信神符,制伏了蚩尤。晋代虞喜《志林》说,黄帝与蚩尤战于涿鹿之野,蚩尤布大雾三日,军人皆迷惑不知方向。黄帝令臣子风后仿北斗星作指南车,遂擒蚩尤。

〔29〕区宇:区域,疆域,天下。 以:因此。 宁:平安,安定。 区宇以宁:汉代张衡《东京赋》有"区宇又宁"之句。

〔30〕岂:副词,表示反问,难道。 其:指黄帝的。 苗裔:后代子孙。

〔31〕不武:不勇武,犹言懦弱无能。《左传·襄公二年》:"君师不武,执事不敬,罪莫大焉。" 如斯:如此,像这样。

〔32〕泱泱:气魄宏大。《韩非子·外储说右上》:"美哉!泱泱乎,堂堂乎!" 大国:这里指中国。

〔33〕其:指代中国。 沦:沉没,没落。 胥:

语气助词,用于句末,无实义。 沦胥:沦丧衰落。《诗·小雅·雨无正》:"若此,无罪,沦胥以辅。"

〔34〕东:毛泽东自称。 不才:没有才能,这里是自谦之词。

〔35〕剑:这里指武器。 屦:鞋子。 俱:全,都。 奋:奋发,振作兴起。 剑屦俱奋:《左传·宣公十四年》说,春秋时,楚庄王派遣使臣申舟出使齐国,中途经过宋国,被宋人杀害。"楚子闻之,投袂而起,屦及于室里,剑及于寝门之外,车及于蒲胥之市。"这里是说,精神振作,斗志旺盛。

〔36〕崎岖:山路高低不平。 万里崎岖:指红军二万五千里长征,长途跋涉,道路艰难曲折。

〔37〕效:献出。 效命:奋身以赴,贡献出自己的生命。《三国志·魏书·陈思王植传》:"窃不自量,志在效命,庶立毛发之功,以报所受之恩。"

〔38〕频:连续多次。 频年:连年,许多年。 苦斗:困苦地斗争。

〔39〕备:全,尽。 历:经过。 备历:历尽。 险:危险。 夷:平安。 险夷:这里是偏义复词,偏指险。

〔40〕匈奴:我国古代北方少数民族之一。 匈奴未灭,何以家为:《史记·卫将军骠骑列传》说,霍去病征匈奴有大功,汉武帝给他建造华丽的府第,让他去看。他回答说:"匈奴未灭,无以为家也。"这里的意思是说,日本帝国主义不消灭哪里顾得上家?表示一心救国,将个人的小家置之度外。

〔41〕民族阵线:指中国共产党提出的建立全国抗日民族统一战线。

〔42〕方:药方。 良方:好的药方。

〔43〕四万万众：即四万万人民，当时全国人口约四亿，这里即全国人民之意。

〔44〕民主共和：1935年12月，中共中央政治局会议通过《关于目前政治形势与党的任务决议》和毛泽东《论反对日本帝国主义的策略》的报告，提出了人民共和国的口号。后来，中国共产党根据情况的发展，采取了迫蒋抗日的政策，1936年8月致国民党的信中，改用了民主共和国的口号。

〔45〕改革内政：1937年2月10日，中共中央致电国民党五届三中全会，提出五项要求：一、停止一切内战，集中国力，一致对外；二、保障言论、集会、结社之自由，释放一切政治犯；三、召集各党各派各界各军的代表会议，集中全国人材，共同救国；四、迅速完成对日抗战之一切准备工作；五、改善人民的生活。

〔46〕亿：万万。　兆：古代指一万亿。　亿兆：犹言广大人民。　一心：团结一致。

〔47〕战则必胜：与日本帝国主义作战就一定能取得胜利。

〔48〕还：归还。　河山：江河与山岭，犹言国土、领土。

〔49〕卫：保卫。　国权：国家主权。

〔50〕此物此志：指还我河山，卫我国权。

〔51〕矢：誓，发誓。　勿：不。　谖：忘记。

永矢勿谖：犹言永志不忘。《诗·卫风·考槃》："独寐寤言，永矢弗谖。"

〔52〕经武整军：即整军经武，整顿军队，经营武备。《左传·宣公十二年》："子姑整军而经武乎？"《晋书·文帝纪》："潜谋独断，整军经武。"

〔53〕昭：明显。　告：告诉。　昭告：明白地告诉。　列：各位。　列祖：各位祖先。

〔54〕实：语气词，含有希望和请求的意思。

鉴：明察，细看。　临：居高处朝向低处。

之：此，这，指示代词，这里指昭告的内容。

实鉴临之：敬请明察昭告的一切。

〔55〕皇、后：盛大。　皇天：即天，是对天的尊称。汉代许慎《五经音义》引《尚书》说："天有王号，尊而君之，则曰皇天。"　后土：即地。

实鉴临之，皇天后土：即皇天后土，实鉴临之。《左传·禧公十五年》："召昊后土而戴皇大，皇天后土，实闻君之言。"晋代李密《陈情表》："皇天后土，实所共鉴。"这里意思是说，我们决心整军备战，抗日救国，昭告于黄帝等列祖列宗，有天地照察，可以作证。

〔56〕尚飨：旧时祭文结束语，意即请享用祭品吧！

中華民國二十六年民族掃墓之期，蘇維埃政府主席毛澤東、人民抗日紅軍總司令朱德，敬派代表林祖涵，以鮮花時果之儀致祭於我中華民族始祖軒轅黃帝之陵，而致詞曰：

赫赫始祖，吾華肇造。胄衍祀綿，嶽峨河浩。聰明睿知，光被遐荒。建此偉業，雄立東方。世變滄桑，中更蹉跌。越數千年，強鄰蔑德。琉臺不守，三韓為墟。遼海燕冀，漢奸何多。以地事敵，敵欲豈足。人執笞繩，我為奴辱。懿維我祖，命世之英。涿鹿奮戰，區宇以寧。豈其苗裔，不武如斯。泱泱大國，讓其淪胥。東等不才，劍屨俱奮。萬里崎嶇，為國效命。頻年苦鬥，備歷險夷。匈奴未滅，何以家為。各黨各界，團結堅固。不論軍民，不分貧富。民族陣線，救國良方。四萬萬眾，堅決抵抗。民主共和，改革內政。億兆一心，戰則必勝。還我河山，衛我國權。此物此志，永矢勿諼。經武整軍，昭告列祖。實鑒臨之，皇天后土。尚饗。

毛泽东手书《四言诗·祭黄陵文》（一）

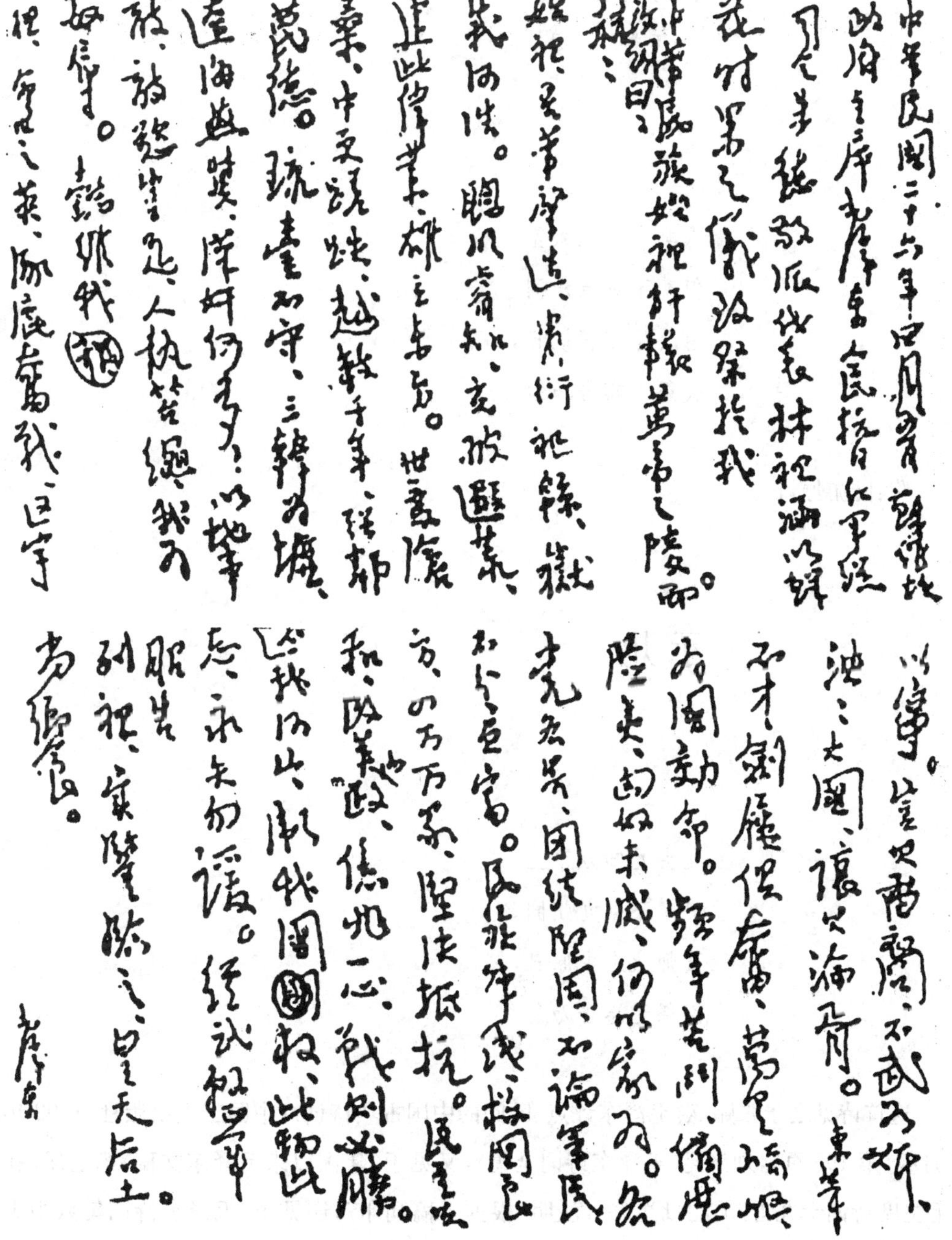

中华民国二十六年民族扫墓之期，苏维埃政府主席毛泽东、人民抗日红军总司令朱德，敬派代表林祖涵，以鲜花时果之仪，致祭于我中华民族始祖轩辕黄帝之陵。而致词曰：

赫赫始祖，吾华肇造。胄衍祀绵，岳峨河浩。聪明睿知，光被遐荒。建此伟业，雄立东方。世变沧桑，中更蹉跌。越数千年，强邻蔑德。琉台不守，三韩为墟。辽海燕冀，汉奸何多。以地事敌，敌欲岂足。人执笞绳，我为奴辱。懿维我祖，命世之英。涿鹿奋战，区宇以宁。岂其苗裔，不武如斯。泱泱大国，让其沦胥。东等不才，剑屦俱奋。万里崎岖，为国效命。频年苦斗，备历险夷。匈奴未灭，何以家为。各党各界，团结坚固。不论军民，不分贫富。民族阵线，救国良方。四万万众，坚决抵抗。民主共和，改革内政。亿兆一心，战则必胜。还我河山，卫我国权。此物此志，永矢勿谖。经武整军，昭告列祖。实鉴临之，皇天后土。尚飨。

毛泽东

毛泽东手书《四言诗·祭黄陵文》（二）

毛泽东诗词

0555

七绝

仿陆游诗

一九五八年十二月二十一日

人类今娴上太空，
但悲不见五洲同。
愚公尽扫饕蚊日，
公祭无忘告马翁。

附：陆游原诗

七绝

示儿

死去元知万事空，
但悲不见九州同。
王师北定中原日，
家祭无忘告乃翁。

这首诗见之于张贻玖《毛泽东评点、圈阅的中国古典诗词》（中国工人出版社，1992年5月版，第195页），刘济昆《毛泽东诗词全集》，又见于《建国以来毛泽东文稿》第七册《在〈毛主席诗词十九首〉上的批注》一，注明"根据手稿刊印"，还见于《毛泽东诗词集》（中央文献出版社，1996年9月版）附录的《在〈毛主席诗词十九首〉上的批语》一文中。

1958年12月21日，毛泽东在文物出版社同年9月刻印的线装大字本《毛主席诗词十九首》上对自己所作的部分诗词作了批注。毛泽东在题记中说："鲁迅一九二七年在广州，修改他的《古小说钩沉》，然后说道：于时云海沉沉，星月澄碧，饕〔饕〕蚊遥叹，予在广州。从那时到今天,三十一年了,大陆上的蚊子灭得差不多了,当然,革命尚未全成,同志仍须努力。港台一带,饕〔饕〕蚊尚多;西方世界,饕〔饕〕蚊成阵。安得起全世界各民族千百万愚公,用他们自己的移山办法,把蚊阵一扫而空,岂不伟哉!试仿陆放翁曰:人类今闲〔娴〕上太空,但悲不见九州同。愚公尽扫饕〔饕〕蚊日,公祭无忘告马翁。 毛泽东一九五八年十二月二十一日上时〔午〕十时。"据考:其中所说《古小说钩沉》应为《〈唐宋传奇集〉序例》。鲁迅《〈唐宋传奇集〉序例》中原文是:"时大夜弥天,璧月澄照,饕蚊遥叹,余在广州"。《唐宋传奇集》上册于 1927 年 12 月由北新书局出版,下册于 1928 年 2 月出版。

《党的文献》1993 年第六期秦九凤的文章说,周恩来少年时也仿陆游《示儿》写过一首绝句:"战火洗劫万家空,吾侪争见九州同。华师尽扫列强日,捷书飞传告鳌翁。"鳌翁,指何鳌峰,周恩来当时结识的一位爱国人士。个别词句和毛泽东这首诗有相同之处。

"人类今娴上太空",《建国以来毛泽东文稿》作"人类今闲上太空",此据《毛泽东诗词集》附录中所刊文稿改。

【注释】

〔1〕七绝:七言绝句的简称,见《七绝·为女民兵题照》注。 翁:对年长者的尊称。 马翁:指马克思主义的创始人、全世界无产阶级的革命导师马克思。

〔2〕今:如今,现在。 娴:熟练。太空:很高的天空。 人类今娴上太空:1957 年 10 月 4 日,原苏联成功地发射了世界上第一颗人造地球卫星("人造卫星一号")。11 月 3 日,又发射了第二颗人造地球卫星("人造卫星二号"),卫星带着一只活狗进入外层空间。1958 年 2 月 1 日,美国也成功地发射了一颗人造地球卫星("探险者一号")。

〔3〕但:只是。 悲:哀痛,伤心。《文选·古诗十九首》之五:"上有弦歌声,音响一何悲。"五洲:指全世界,见《满江红·和郭沫若同志》注。 同:大同,原指儒家宣扬的理想社会。《礼记·礼运》:"大道之行也,天下为公。"这里指建立一个没有阶级,没有剥削,人人自由平

等的共产主义社会。

〔4〕愚公:《列子·汤问》说:古代有位老人叫"北山愚公",年近九十,屋前太行、王屋二山挡住了出路,决心把山铲平,另一位老人"河曲智叟"笑他愚蠢。愚公回答:我死有子,子又有孙,子子孙孙是没有穷尽的。而山不增高,何愁挖不平呢。上帝为之感动,派了两个神仙夸娥氏二子把山背走了。比喻做事只要有毅力,不怕困难,就一定能取得成功,在这里"愚公"喻指革命人民。 尽,全部;都。 扫:用扫帚去除尘土,引申为清除,消灭。汉代张衡《东京赋》:"扫项军于垓下。" 饕:即饕餮,贪(财食),贪得无厌。《汉书·礼乐志》:"贪饕险诐。"颜师古注:"贪甚曰饕。" 饕蚊:贪嗜人血的蚊虫。这里指帝国主义和各国反动派。

〔5〕公祭:公共团体或社会人士举行祭奠,向死者表示哀悼。 无:不要。

(以下为对陆游原诗的注释)

〔6〕陆游:见陆游原诗《卜算子·咏梅》注。示:给人看。 示儿:给儿子看。这首诗作于宋代宁宗嘉定二年十二月(1210年),是陆游临终前的绝笔,当时陆游已八十五岁。

〔7〕元:原先,本来。

〔8〕但悲:唯独可悲的。 九州:传说中的我国上古时的行政区划,具体说法不一。《书·禹贡》以冀、兖、青、徐、扬、荆、豫、梁、雍为九州,《吕氏春秋·有始览》有幽州而无梁州,《周礼·职方》有幽、并而无徐、梁,《尔雅·释地》有幽、营而无青、梁。后来泛指中国。 同:指

国家的统一。公元1127年,金攻灭北宋,中国南北分裂,北方被金人占领,南方由南宋统治。

〔9〕王师:帝王的军队。 定:平定。 中原:指黄河中下游地区北方,古代为全国的中心地带,北宋的都城东京(今开封)亦在中原地区,故这里指代被金人占领的中国北方。 北定中原:原是诸葛亮《出师表》中的用语,意谓收复北方失地。

〔10〕家祭:旧俗备供品向祖先致祭行礼,表示崇敬并求保佑。 无:不要。 乃:你的或你们的。 翁:父亲。

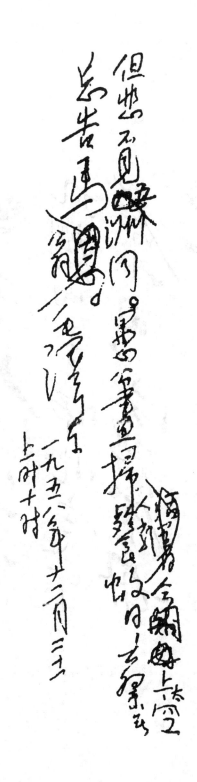

毛泽东手书《七绝·仿陆游诗》

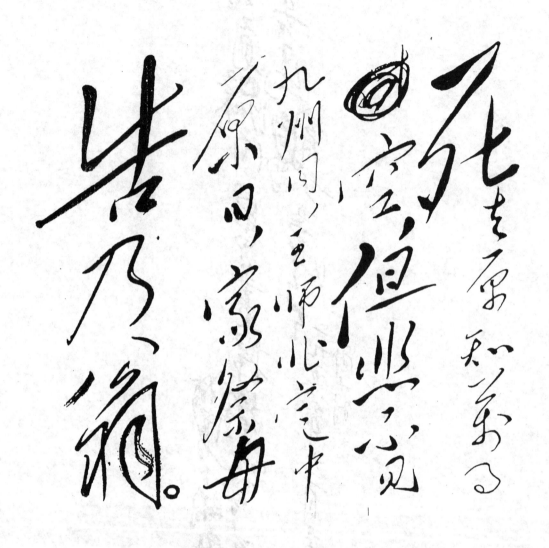

毛泽东手书陆游《五绝·示儿》

七律

读报

一九五九年十一月

反苏昔忆闹群蛙，

今日重看大反华。

恶熬腐心兴鼓吹，

凶神张口吐烟霞。

神州岂止千重恶，

赤县原藏万种邪。

遍找全球侵略者，

仅馀中国一孤家。

　　这首诗较早见于陈晋《毛泽东与文艺传统》(中央文献出版社,1992 年 3 月版),引用了其中的颔联、颈联,后又见于陈晋《毛泽东之魂》(吉林人民出版社,1993 年 10 月版),引用了其中前三联,又见之于刘济昆《毛泽东诗词全集》和苏桂主编《毛泽东诗词大典》,邓力群《序:毛泽东与诗》(陈东林著《毛泽东诗史》,中共中央党校出版社,1997 年 3 月版)中也引用了前三联。吴正裕主编、李捷、陈晋副主编《毛泽东诗词全编鉴赏》(中央文献出版社 2003 年 12 月第一版)收入"附录",并注明"这首诗根据作者审定的抄件刊印"。

　　毛泽东一生喜爱读报。在延安时期,党内就流传毛泽东所说"一天不读报是缺点,三天不读报是错误"的名言。刚进北京不久,有几次秘书未将当天收到的报纸及时送阅,他不高兴地说:"我是要看新闻,不是要看旧闻。"可见他对报纸的重视。中央文献出版社出版的《毛泽东诗词集》收录的六十七首诗词中,与读报直接有关的有三首:一首是 1949 年 4 月 24 日下午,毛泽东在北平香山双清别墅看了《人民日报》关于解放南京的"号外"后,心情异常激动,于是创作了著名的《七律·人民解放军占领南京》;还有两首是 1958 年 6 月 30 日,《人民日报》发表了《第一面红旗——记余江县根本消灭血吸虫病的经过》的长篇报道,当时毛泽东正在杭州视察工作,他仔细地阅读了这篇通讯,高兴地对工作人员说:"好! 好! 全国都这样那该多好!"于是他浮想联翩,彻夜未眠,于 7 月 1 日凌晨党的三十七周年诞辰纪念日,写下了光辉的诗篇《七律二首·送瘟神》。

2003年毛泽东诞辰一百一十周年之际,由中共中央文献研究室吴正裕主编、李捷、陈晋副主编的《毛泽东诗词全编鉴赏》"附录"中又新披露了早已在群众中流传的毛泽东1959年到1960年创作的三首《七律·读报》诗。据吴正裕、陈晋说,1959年到1960年毛泽东创作的读报诗共有四首。该书未收录的一首,也早已见诸其他书刊。

《毛泽东诗词全编鉴赏》说:"这首诗写于1959年12月,当时作者住在杭州。这年12月4日至6日,作者在杭州召开了政治局常委会议,讨论国际形势和中共的对策。会议期间,作者曾指示将此诗打印发给与会者征求意见。后来作者对此诗又作过一些修改。"

鉴于1996中央文献出版社出版《毛泽东诗词集》后,不少研究者对其中新收录的《五律·张冠道中》、《五律·喜闻捷报》等提出争议,认为有可能是误收入他人的作品。因而,这次《全编》交代了这三首读报诗的出处,第一首《读报》诗系"根据作者审定的抄件刊印",后两首系"根据作者审定的铅印件刊印"。吴正裕在文章中还指出:上述四首读报诗,初稿题为《读报有感》。1963年毛泽东主持编辑《毛主席诗词》时,原来拟收入其中三首,在清样稿上已将《读报有感》改题为《读报》,同年12月5日,即在该书付梓的前夕,毛泽东给田家英作批示:"'小小环球'一词似可收入集中,亦请同志们一议。其余反修诗词,除个别可收入外,都宜缓发。"这里所说的"同志们"指中央政治局常委,"其余反修诗词"就包括这三首读报诗。1973年冬,毛泽东对这些诗词定稿后,曾请他的保健护士长吴旭君用毛笔抄清保存。

这几首诗之所以可以确认是毛泽东所作,还可从回忆录及他人的和诗中得到证明。

李林达《情满西湖——毛泽东在浙江纪实》(中央文献出版社1993年12月第一版)说,1959年12月"毛泽东组织读书小组(笔者按:读书小组成员为陈伯达、胡绳、田家英、邓力群)在杭州南屏开读,采取边读边议的办法,逐章逐节学习讨论苏联《政治经济学》(教科书),从而开始了对中国社会主义经济建设道路的艰苦探索。……在书声朗朗的氛围中,迎来了毛泽东六十岁生日。(笔者按:当为六十六岁生日之误)……毛泽东从椅子上缓缓地站起来,说:'大家都留下来,在这里吃饭吧,今天是我生日。'……宴会将要开始的时候,毛泽东拿出这期间写的两首诗《读报》、《改鲁迅诗》印成的小册子分别赠给江华、吴仲廉(笔者按:江华夫人)及读书组的成员作纪念。"邓力群《毛泽东读社会主义政治经济学批注和谈话》(清样本)后记也说,1959年12月26日晚,"饭后,毛主席赠给每人一册线装本《毛泽东诗词集》(笔者按:应为《毛主席诗词十九首》)和他当时写的两首词作为纪念。"(转引自《毛泽东传(1949—1976)》,中央文献出版社2003年12月第1版)

陈晋《文人毛泽东》又说,为了配合人们理解国际形势,毛泽东在小范围里让传看过这几首诗。他当时的机要秘书罗光禄,保存着1959年12月写的两张便条。一张说:"罗秘书:诗一首,今日上午送交到会各同志每人一张。何伟、浦寿昌及军委来的那个同志(忘其名),也各送一张。共送二十一张。另送江青一张。毛泽东三十日早晨"。另一张说:"罗光禄同志:两首诗,每首各五份,请于今日分送陈、田、胡、邓、林克同志为盼!毛泽东三十一日早"。据推测,分送给与会者和秘书们的,只可能是这年年底写的几首读报诗。"陈、田、胡、邓",指陈伯达、田家英、胡绳、邓力群。

另外,从与毛泽东有着深厚友谊和诗交的党中央"五老"中董必武、谢觉哉的和诗也可以得到证明。

董必武的和诗是:《奉和毛主席读报有感七律一首》(一九五九年十二月十日):

> 垂危阶级乱鸣蛙,
>
> 既反列斯又反华。
>
> 覆辙欲寻希特勒,
>
> 来车曾遇卡秋霞。
>
> 恶风纵使推千浪,
>
> 正气终能慑百邪。
>
> 可鄙叛徒多助虐,
>
> 觍颜求宠作专家。

《再为长句奉和毛主席诗韵》小序云:"前在广州读毛主席读报蛙字韵诗已奉二律,近读其继作,语长心重,感慨万端,兴婉而微,发人深省。再为二长句和之,词拙意浅不像诗。一九六〇年一月十三日夜。"

其一为:

> 阵营思想判鸿沟,
>
> 一入迷途未肯休。
>
> 越陷越深难拔足,
>
> 胡天胡帝怎回头。
>
> 缓和局势宜争取,
>
> 迁就西方大可忧。
>
> 革命红旗要擎紧,
>
> 责无旁贷是神州。

其二为:

> 倒绷儿臂事非鲜,
>
> 吞却糖衣锭欲仙。

投鼠必须思忌器，

得鱼切莫喜忘筌。

自居右首嫌人左，

身立中间蔽己偏。

如此逆流须抗拒，

坚持原则党能肩。

《奉和毛主席一九六○年六月十三日读报有感韵》（一九六○年六月十四日夜）：

岁月徒令叹不居，

徘徊歧路愿难如。

总思铸戟为农器，

无怪临渊羡庶鱼。

幻术使青能变白，

色盲看碧亦成朱。

列宁遗教谁违背？

阿Q精神又岂殊。

《八月二日夜大风雨仍次居韵》：

风狂雨骤逼爰居，

黑夜涛声汹汹如。

吠影反华惊百犬，

投机似柏喜双鱼。

天下是非将大白，

面前醒醉现微朱。

谁持马列维真理，

群众心中判别殊。

（《董必武诗选》，人民文学出版社1977年10月第一版）

谢觉哉的和诗是：《迭韵诗（十二首选二）》（一九六○年六月二十八日至十二月九日）：

改编史传意何居，

王莽当年愧不如。

换日偷天今作古，

断章取义鲁为鱼。

毛泽东诗词

第三辑

祖龙掌运色从黑，

和尚称尊姓同朱。

谁当政该谁作史，

马恩列'赫'太悬殊。

海市蜃楼不可居，

纷然响应意何如。

深山藏有惊弓鸟，

隔海欣呼落网鱼。

捉月清波悲李白，

亡羊歧路泣杨朱。

东风吹醒华胥梦，

事理昭昭匪特殊。

（《谢老诗选》，中国青年出版社 1980 年 6 月第一版）

以上和诗有的用原韵，有的未用原韵，但有和作必有原作，都可证明了这几首读报诗确系毛泽东所作。

这几首《读报》诗有着大体相同的写作背景。1958 年以来，帝国主义、各国反动派和当时所说"现代修正主义者"在全世界范围掀起了一次次"反华大合唱"，妄图破坏我国的社会主义革命和建设。1958 年 8 月至 10 月，中国人民解放军对金门的炮击，1959 年 3 月人民解放军平息西藏反动农奴主集团武装叛乱的斗争，1959 年 8 月和 10 月我国在中印边界两次武装冲突中维护我国主权的正义立场，这一切都遭到了以美帝国主义为首的西方国家及各国反动派的大肆攻击。

而在国际共产主义运动内部，1956 年 2 月苏联共产党第二十次全国代表大会以来，赫鲁晓夫集团背叛马克思主义，与美帝国主义勾结，妄图实现由美苏两个超级大国主宰世界的霸权主义美梦。1959 年 7 月，在赫鲁晓夫一再主动表示下，美国总统艾森豪威尔邀请他访问美国。9 月 15 日至 27 日，赫鲁晓夫访问了美国，最后三天，与美国总统艾森豪威尔在美国总统别墅戴维营举行会谈，两国领导人就德国柏林、裁军、苏美关系等问题进行了一系列交易。会后，赫鲁晓夫大肆宣扬所谓"戴维营精神"，鼓吹说苏美两国首脑坐在一起，人类历史就进入了"新的转折点"。同年 9 月 30 日，赫鲁晓夫访美回国刚一天，就匆匆赶到中国，参加中国国庆。10 月 2 日举行中苏会议，内容包括台湾问题、释放在押美国人问题、西藏问题、中印边界问题和印度支那问题。除印度支那问题双方有一些共同点外，在其他问题上双方的观点针锋相对。赫鲁晓夫试图压中国向美国让步，以利于他改善苏美关系，中国则加重了对赫鲁晓夫对美政策的疑虑。10 月 4 日，赫鲁晓夫离开北京回国,刚到苏联远东的海参崴就发表演讲,影射中国"向往着战争,像一只公鸡一样准备打架",到莫斯科后,10月31日又在最高苏维埃会议上发表演讲,把中国的政策比做"不战不和的托洛茨基主义"。而此后,1960年5月1日发生了美国U-2高空侦察机侵入苏联领空被苏军击落,5月16日在巴黎召开的美、英、法、苏四国首脑会议流产等一系列的事件,都宣告了赫鲁晓夫集团机会主义路线和政策的彻底破产。

以美国为首的帝国主义和各国反动派亡我之心不死。1957年美国总统艾森豪威尔提出"和平取胜战略",国务卿杜勒斯特别起劲地鼓吹这个政策。1959年11月毛泽东在杭州召开了一个小型会议,讨论国际形势。毛泽东指出:"美国在标榜希望和平的同时,正在加紧利用渗透、腐蚀、颠覆种种手段⋯⋯实现它的侵略野心的目的","就是要转变我们这些国家,搞颠覆活动。"但毛泽东始终坚信:堡垒是最容易从内部攻破的。1956年苏共二十大以来,赫鲁晓夫集团背叛马克思主义的一系列言论和行动,社会主义国家之间,特别是中苏之间日益显露出来的分歧,使毛泽东不得不格外忧心。我国国内大跃进、人民公社化也带来了消极后果。1959年召开的庐山会议,毛泽东发起了反对彭德怀所谓"右倾机会主义"的斗争。这年12月4日,毛泽东在杭州召集中央政治局常委,举行了国际形势及对策问题讨论会,在讲话提纲中,他第一次提出了在国际上反对修正主义的问题。

同时,还必须指出,毛泽东一向具有挑战的性格,他在青年时代,就立志"改造中国和世界",在日记中就曾经写下:"与天奋斗,其乐无穷;与地奋斗,其乐无穷;与人奋斗,其乐无穷。"他越是在艰难困苦时,越是表现出坚决顽强的斗志。同时,他又是一个幽默风趣的人。斯诺在1937年3月11日英国《前驱日报》上发表的1936年在延安访问毛泽东的通讯中就曾提到:"他是一个非常有趣、深奥的人物。他很质朴自然,诙谐善谑","听别人讲,当着他有两三次发怒的时候,他的讥刺和切责就是非常严厉和锋利的"。二十世纪五十年代后期和六十年代初期,我国和国际共产主义运动所面临的严峻形势,都使毛泽东产生一个感觉:中国的命运、社会主义事业的前途,正处于生死攸关的关头。中国共产党人必须坚持马列主义原则,高举革命的大旗,起而对帝国主义、修正主义和各国反动派迎头痛击,而在这一场斗争中,他个人化的行为,就是拿起他所擅长的、与众不同的利器——写诗,勇猛地投入了这一伟大的斗争。

就是在这样的历史条件、个人心境和独特的思想文化性格背景下,毛泽东写下了这一组独具一格的反帝、反修、反霸诗。

1917年俄国十月革命后,英、法、美、日、德等帝国主义国家武装干涉苏联,国内的反革命武装发动叛乱,妄图将新生的苏维埃政权扼杀在摇篮中。英勇的苏联人民,在以列宁为首的布尔什维克党的领导下,粉碎了国内外敌人的进攻,终于取得了胜利。五十年后,帝国主义和各国反动派又故伎重演,老调重弹,大张旗鼓地掀起反华浪潮,只不过是枉费心机,重蹈历史的覆辙,必将遭到可耻的失败。毛泽东在1959年9月1日致臧克家、徐迟信中说:"全世界反动派从去年起,咒骂我们,狗血喷头。照我看,好得很。六亿五千万伟大人民的伟大事业,而不被帝国主义及其在各国的走狗大骂而特骂,那就是不可理解的了。他们越骂得凶,我就越高兴。"毛泽东在这首诗中通过对历史的回顾,显示了对貌似强大的敌人的蔑视和我们必将取得最后胜利的坚强信心、决心。

毛泽东还以调侃、揶揄的口气,辛辣地讽刺了帝国主义和反动派,深刻地揭露了他们贼喊捉贼、倒打一耙的惯用伎俩,显示了作者以坚持革命原则,高举马列主义大旗为光荣和自豪,我们不怕孤立,真理有时掌握在少数人手中,最终必将取得胜利! 这对那些骑墙派和软骨头的动摇变节分子,也是无情的批判。

这首诗是一首政治讽刺诗,是毛泽东晚年诗词中新增加的品种,在毛泽东诗词中虽然在艺术性上不算上乘之作,但在表现他的心路历程和对诗词艺术不断追求和创新上,对全面地了解和评价毛泽东诗词来讲,却是不可或缺的。应当说,它在毛泽东一生中所流传下来的不太多的诗词中,无论从思想内容,还是从艺术特色,都是别具一格的,有着一定的价值。

这首诗诙谐幽默,冷嘲热讽,嬉笑怒骂,皆成文章。作者无意于作诗,只是运用自己所熟悉的传统诗歌的形式作为政治斗争的武器,无情地讽刺和打击敌人。毛泽东曾经讲过,他和鲁迅的心是相通的,并曾多次赞扬鲁迅犀利的文笔。我们同样也可以说,这首诗是诗中"杂文",毛泽东是以鲁迅笔法在写诗,如匕首投枪,给敌人致命的一击。这首诗尽管是直抒胸臆,不加雕琢,但也注意了形象的运用,以比喻等方式,揭露敌人的丑态活灵活现,入木三分;用历史和现实的对比手法,给人以丰富的联想;还运用极度夸张的手法,讽刺挖苦敌人,写得沉着痛快、淋漓酣畅。

这首诗的题目和写作时间,刘济昆《毛泽东诗词全集详注》(香港昆仑制作公司1993年8月第6版)作《七律·读报有感》(一九五九年),徐涛《毛泽东诗词全编》(湖北教育出版社1993年11月第1版1994年6月第2次印刷)作《七律·读报有感(其二)》(一九六一年)。

"反苏昔忆闹群蛙",刘济昆《毛泽东诗词全集详注》、徐涛《毛泽东诗词全编》均作"反苏忆昔闹群蛙"。

"今日重看大反华",刘济昆《毛泽东诗词全集详注》、罗炽主编《毛泽东诗词鉴赏辞典》作"喜看今天大反华"。徐涛《毛泽东诗词全编》作"欣看今日大反华"。据《毛泽东诗词全编鉴赏》说,还有的误作"喜看今日大反华"、"今日欣看大反华"。

"恶煞腐心兴鼓吹,凶神张口吐烟霞",刘济昆《毛泽东诗词全集详注》和苏桂主编《毛泽东诗词大典》说,又一稿作"铁托腐心兴鼓吹,艾森张口吐烟霞"。铁托:当时任南斯拉夫总统。艾森:即艾森豪威尔,当时任美国总统。

"神州岂止千重恶",刘济昆《毛泽东诗词全集详注》、罗炽主编《毛泽东诗词鉴赏辞典》误作"神州岂止千里恶"。

"遍找全球侵略者,仅馀中国一孤家",陈晋《毛泽东之魂》一书缺尾联。陈晋《文人毛泽东》和吴正裕主编、李捷、陈晋副主编《毛泽东诗词全编鉴赏》、《毛泽东诗词全集译注》、《毛泽东诗词大典》、《毛泽东诗词全编》作"遍寻全球侵略者,唯馀此处一孤家"。徐涛书"侵略者"三字加引号。罗炽主编《毛泽东诗词鉴赏辞典》作"遍访全球侵略者,惟余此处一孤家"。

【注释】

〔1〕七律:七言律诗的简称,详见《七律·长征》注。 读报:作者以"读报"为题,意谓这些诗为读了一些报纸新闻后随兴偶感之作。二十世纪五十年代末至六十年初,毛泽东写过不少读报诗,内容都是反对帝国主义、修正主义和霸权主义的。吴正裕主编、李捷、陈晋副主编《毛泽东诗词全编鉴赏》中附录了三首读报诗,这一首是其中的第一首,其余二首见后。

〔2〕反苏:反对苏联。有两说:一种认为指1917年俄国十月革命后,各帝国主义国家和国内反革命武装勾结起来,反对社会主义苏联和新生的苏维埃政权;还有一种认为,指1956年苏共二十大以来,由于赫鲁晓夫集团推行机会主义路线大反斯大林,帝国主义和各国反动派在全世界掀起了一股反苏、反共、反人民的浪潮。两说虽都可通,但笔者以为前说较好。将五十年前帝国主义和各国反动派反对世界上第一个社会主义国家苏联,与五十年后帝国主义、各国反动派和当时所说的"修正主义"联合起来反对坚持马列主义原则、高举革命大旗的社会主义中国和中国共产党人,加以联想、对比,更加贴切自然。 闹:形容群蛙鼓噪的样子。 反苏昔忆闹群蛙:即"忆昔反苏群蛙闹"的倒装句。

〔3〕重:又。 今日重看大反华:即"重看今日大反华"的倒装句。1958年来,帝国主义、修正主义和各国反动派掀起了一次又一次的反华大合唱。

〔4〕恶煞:凶神。 腐心:形容痛恨之极。《史记·刺客列传》:"此臣之日夜切齿腐心也。"唐代司马贞索隐曰:"切齿,齿相磨切也……腐,亦烂也,犹今人事不可忍云腐烂,然皆奋怒之意。" 兴:发动。 鼓吹:鼓动,宣传。

〔5〕张口吐烟霞:中国古代神怪小说中常描写妖魔鬼怪口吐烟雾,放出霞光,借以迷惑、杀伤对方,这里指帝国主义、修正主义和各国反动派的各种反动宣传伎俩。

〔6〕神州、赤县:中国的古称。《史记·孟子荀卿列传》:"中国名曰赤县神州,赤县神州内有九州。" 岂:哪里。 止:仅,只。 重:层。 千重:形容许多。 恶:坏行为。

〔7〕原:本来。 藏:隐藏。 万种:与"千重"同义,形容许多。 邪:坏东西。

〔8〕侵略者:帝国主义、修正主义和各国反动派攻击中国"好战",是"侵略者"。

〔9〕孤家:古代君主自己谦称为"孤"或"寡人",后指孤立者为"孤家寡人"。

七律

改鲁迅诗

一九五九年十二月

曾警秋肃临天下，

竟遣春温上舌端。

尘海苍茫沉百感，

金风萧瑟走高官。

喜攀飞翼通身暖，

苦坠空云半截寒。

悚听自吹皆圣绩，

起看敌焰正阑干。

附：鲁迅原诗

亥年残秋偶作

曾惊秋肃临天下，

敢遣春温上笔端。

尘海苍茫沉百感，

金风萧瑟走千官。

老归大泽菰蒲尽，

梦坠空云齿发寒。

竦听荒鸡偏阒寂，

起看星斗正阑干。

这首诗较早见于陈晋《毛泽东与文艺传统》(中央文献出版社,1992年3月版),该书引用了其中的颔联"老归大泽菰蒲尽,梦坠空云齿发寒"。全诗见于徐涛《毛泽东诗词全编》(湖北教育出版社,1993年11月版),后又见于《鲁迅研究月刊》1996年第10期和蔡清富《毛泽东与鲁迅——两颗相通的诗心》(1996年11月8日《文艺报》)。吴正裕主编、李捷、陈晋副主编《毛泽东诗词全编鉴赏》(中央文献出版社2003年12月第一版)收入"附录",并注明:"这首诗根据作者审定的铅印件刊印"。

旧体诗词是我国民族文化的奇葩,世界文化的瑰宝,不仅诗人辈出,佳作如林,而且题材广阔,风格各异,音韵和谐,体式繁多;不仅可以用来歌颂,也可以用来讽刺;不仅有认识、教育功能,而且也有审美、娱乐功能;不仅有大量的"正体"诗,也有不少的"杂体"诗,"剥体诗"就是其中之一。

毛泽东和鲁迅同为我国当代伟大的思想家和诗人,毛泽东多次说,他和鲁迅的心是相通的。他们也有着相同的情趣和爱好,热爱我国的古典文学,同为文章大家、书法家,擅长旧体诗词,而在旧体诗词中他又都同样喜爱和写作过通常人们认为"不登大雅之堂"的"剥体诗",而且非常巧的是,毛泽东还有一首诗正是改鲁迅诗的剥体诗。

鲁迅所写的"剥体诗"有四首:一首是1924年写的仿东汉张衡《四愁诗》的《我的失恋——拟古的新打油诗》:"我所思兮在山腰;想去寻她山太高,低头无法泪沾袍。爱人赠我百蝶巾,回她什么:猫头鹰。从此翻脸不理我,不知何故兮使我心惊。……"讽刺当时盛行的"啊呀呀唷,我要死了"之类的失恋诗。另一首是1925年写的仿相传三国魏曹植《七步诗》"替豆萁伸冤":"煮豆燃豆萁,萁在釜下泣——我烬你熟了,正好办教席!"鲁迅将原诗反其意而用之,抨击北京女师大校长杨荫榆办酒席网罗党羽镇压学生运动。再有一首是1928年写的仿清代王士禛《咏史小乐府》二十四首中的"长揖横刀出,将军盖代雄,头颅行万里,失计杀田丰。"吊卢骚:"脱帽怀铅出,先生盖代穷。头颅行万里,失计造儿童。"讽刺国民党及其御用文人。还有一首1933年写的仿唐代崔颢《黄鹤楼》吊大学生:"阔人已骑文化去,此地空余文化城。文化一去不复返,古城千载冷清清。青年队队前门站,晦气重重大学生。日薄榆关何处抗,烟花场上没人惊。"讽刺国民党政府将北平古文物"南迁",却不准大学生逃难,爱"物"不爱"人"的腐败行径。

毛泽东所写的"剥体诗",现在所见形式比较完整,对原诗词句改动比较多的有两首:一是1958年12月21日在《毛主席诗词十九首》上的批注中所写的仿宋代陆游《示儿》诗:"人类今娴上太空,但悲不见五洲同。黑公尽扫饕蚊日,公祭无忘告马翁。"另外一首就是改鲁迅《亥年残秋偶作》的《七律·改鲁迅诗》(一九五九年十二月)。

这首诗据中共中央文献研究室吴正裕主编、李捷、陈晋副主编的《毛泽东诗词全编鉴赏》说,系"根据作者审定的铅印件刊印"。吴正裕在文章中指出,此诗原题《改鲁迅》,毛泽东主持编辑《毛主席诗词》集子时原拟收入,在清样稿上已将《改鲁迅》改题为《改鲁迅诗》,后来根据毛泽东同年 12 月 5 日给田家英的批示:"反修诗词,除个别可收入外,都宜缓发。"于是该书在出版时删除了这首诗。1973 年冬,作者对这些诗修改定稿,曾请他的保健护士长吴旭君用毛笔抄清保存。

1959 年 12 月 26 日,是毛泽东六十六岁生日。当时毛泽东在杭州组织读书小组,学习讨论苏联《政治经济学》(教科书)。吃晚饭时,毛泽东曾将一首《读报》诗和这首《改鲁迅》诗印成的线装本赠送给读书小组成员陈伯达、胡绳、田家英、邓力群和浙江省委书记江华及其夫人吴仲廉。"文化大革命"中,这首诗不胫而走,在群众中广泛流传。这次《毛泽东诗词全编鉴赏》订正了传抄中的一些错字。

鲁迅原诗是他逝世前写的最后一首诗。现在所见有一件手书,系 1935 年 12 月 5 日应老友许寿裳之请而书。《鲁迅日记》1935 年 12 月 5 日:"为季市书一小幅云:'曾惊秋肃临天下……'"。手书后题:"亥年残秋偶作录应季市吾兄教正。"("季市"即季黻,是许寿裳的字。)许寿裳在《我所认识的鲁迅·〈鲁迅旧体诗集〉跋》也说:"去年(指 1935 年)我备了一张宣纸,请他(指鲁迅)写些旧作,不拘文言和白话,到今年七月一日,我们见面,他说去年的纸已经写就,时正卧病床,便命景宋(鲁迅夫人许广平)检出给我,是一首《亥年残秋偶作》。"由此可见这首诗是鲁迅旧作,1935 年 12 月 5 日是书写日期。题中"残秋"当指1935 年 10 月。许寿裳评论这首诗说:"此诗哀民生之憔悴,状心事之浩茫,感慨百端,俯视一切,栖身无地,苦斗益坚,于悲凉孤寂中,寓熹微之希望焉。"可见这首诗是抒写当时鲁迅对于现实的感慨。

1935 年,日本帝国主义为进一步侵略我国华北,以种种借口向国民党政府提出无理要求,并从东北调遣日军入关,进行武力威胁。7 月 6 日,国民党政府军事委员会北平军分会代理委员长何应钦与日本天津驻屯军司令官梅津美治郎签订丧权辱国的《何梅协定》,民族危机空前严重。在中华民族生死存亡的危机关头,鲁迅极为沉痛和忧虑。正如鲁迅在《摩罗诗力说》中所说:"人有读古国文化史者,循代而下,至于卷末,必凄以有所觉,如脱春温而入于秋肃。"

《何梅协定》签订后,国民党政府取消了国民党在河北的党政机关,撤退驻河北的国民党中央军和东北军,撤换日方指定的中国军政人员,禁止一切抗日活动。于是,大批的国民党官员纷纷向南方逃跑。鲁迅这首诗中将国民党政府官员在日寇侵略面前仓皇南逃的丑态,描写得淋漓尽致,尖锐地揭露了国民党反动派向日本帝国主义屈膝投降、卖国求荣的本质。同时写出了作者个人的境遇和心情,反映了广大人民群众在国民党反动派黑暗统治下处于饥寒交迫、水深火热之中。

关于这首诗中的"星斗",有两说:一说指北斗七星;另一说,泛指天上的星星。"阑干",横斜的样子。亦有两说:一说为北斗横斜,指天快亮了。《古乐府·善哉行》:"月落参横,北斗阑干。"唐代李贺《河南府试十二月乐词·七月》:"晓风何拂拂,北斗光阑干。"另一说指满天星斗纵横交错,正是夜未央时。如按许寿裳的评论,当指前说。这两句是说在祖国处于危急之际,鲁迅夜不能寐,凝神倾听半夜雄鸡的啼鸣,以便闻鸡起舞,但偏偏一片沉寂,起来看看北斗星,正横斜在天际,天快亮了。这两句抒发了作者炽烈深厚的爱国情怀和对未来光明前途急切的期盼。

首联毛泽东改了三个字:"惊"改为"警","敢"改为"竟","笔"改为"舌"。1959年9月赫鲁晓夫访问美国,并且在美国总统别墅戴维营同美国总统艾森豪威尔举行了会谈。会谈后,赫鲁晓夫大肆鼓吹所谓"戴维营精神"。吹捧美帝国主义的头子艾森豪威尔是所谓"明智"派,"真诚希望和平",并宣称两国首脑会晤"在国际关系的气氛中引起了转暖的某种开端",使"'冷战'的冰块在开始融化"。而实际上"冷战"不断,美苏两个超级大国仍在激烈地进行着争夺世界霸权的斗争,"警"字表达了作者对于当时尖锐复杂的国际形势高度的警觉,同时也唤起人们必须密切关注,提高警惕。"竟"字是对赫鲁晓夫之流侈谈和平的严厉斥责和蔑视。"舌"字则揭露了赫鲁晓夫之流巧舌如簧的丑态。

颔联只改了一个字:"千"改为"高"。毛泽东和鲁迅所处的时代虽然不同,当时所面临的事件也不同,但他们这时的心情却相同:在复杂多变的世事中百感交集,特别是赫鲁晓夫访美,向美帝国主义献媚求宠,妄图合作主宰世界,更令人无限愤慨和焦虑。诗中既点出赫鲁晓夫访美的时间,也暗喻了当时严峻的国际形势。讽刺赫鲁晓夫之流,其实是一小撮脱离人民群众、背叛马克思列宁主义原则的叛徒。

颈联前一句是毛泽东新创作的诗句,后一句将鲁迅诗句改动了三个字:"梦"改为"苦","齿发"改为"半截"。赫鲁晓夫满心欢喜地乘坐专机访问美国,浑身感到暖洋洋的,可是他们这种讨好帝国主义,出卖全世界无产阶级和人民利益的行为,必将遭到可耻的失败,如同悲惨地坠入空中云间,半身凉透。毛泽东这里将"梦"改为"苦",一方面是强调赫鲁晓夫之流必将自食其恶果;另一方面,也是为了与出句的"喜"字相对仗,形成鲜明的对比。至于"齿发寒"改为"半截寒",实际上意思一样,但与出句的"通身"对仗得更加工稳。

尾联前一句保留了前面两个字,新写了后半句五个字。后一句改了两个字:将"星斗"改为"敌焰"。"竦"本来有多种意义,其中有一种通"悚",恐惧、害怕的意思。这里毛泽东将其写作"悚",其实就是"竦"的另一种意义,因而可以认为并没有改变鲁迅原来的字,而只是在这里运用了它的另外一种意义。这里之所以改写作"悚",可能是毛泽东运用这一意义时的书写习惯所致。正如"飏"同"扬",但毛泽东在写"杨柳轻飏"时习惯于写作"飏"。赫鲁晓夫在访美期间,大肆鼓吹苏联在各方面所取得的所谓辉煌成就,说什么"苏联发展国民经济的七年计划完成以后,不折不扣地将使苏联达到美国的经济发展水平。"他还大讲苏联向月球发射的宇宙火箭和原子破冰船对世界和平的决定意义,"我们的原子破冰船'列宁号',不仅要划破海洋中的冰层,并且要划破'冷战'的冰层。""阑干",本身是横斜的样子,但这里是表现敌人气焰嚣张呢,还是表现敌人气势衰落呢? 按照本诗写作时的形势来看,国际上的斗争正处于十分尖锐激烈的时期,因而这里"阑干"应当引申为放肆、嚣张,表现了敌人气势汹汹、张牙舞爪。赫鲁晓夫之流自吹自擂,把他的那些所作所为吹得天花乱坠,简直是伟大的业绩,令人听了不禁毛骨悚然;而让我们看看现实,却是冷战不断,美苏争霸世界激烈,宣告了赫鲁晓夫所谓国际关系有些转暖了,"冷战"的冰块开始溶化的谬论的彻底破产。

所谓"剥体诗",又叫"仿拟诗"或"剥皮诗",就是借用古诗特别是名诗的结构形式和其中的一些词句,以及某种风格、意境,根据作者的需要,创造出一首新诗。过去民间不少剥体诗带有游戏性质,颇为令人发谑。如有的书中曾经提到,有人问书塾中的童子,老师哪里去了,仿唐代贾岛《访隐者不遇》诗说:"书塾问童子,言师喝茶去。只在此城中,巷深不知处。"此诗虽无深意,但却很风趣,表现了童子的聪明伶俐,十分逗人喜爱,娱乐性很强。然而,毛泽东和鲁迅却用"剥体诗"来抒写现实生活中的重大主题,作为政治讽刺诗的一种形式,不能不说是一个很大的创造。

毛泽东这首诗,借用鲁迅诗的平仄、意境和战斗性来表达自己的现实情怀,思想深刻,艺术精湛,体现了他运用旧体诗词形式,"带着镣铐的跳舞"的娴熟的技巧。这首诗从平仄来讲,除第一句第二字为了不以音害意当平而仄以外,其余全部合律。全诗韵脚字均用原唱。中间两联也全用对仗。特别是颈联"喜攀"对"苦坠","通身暖"对"半截寒",甚至比原诗的对仗还要工稳。因而这首诗无论从思想内容,还是艺术形式上来说,都堪称佳构。

"曾警秋肃临天下",徐涛《毛泽东诗词全编》作"曾惊秋肃临天下"。

"尘海苍茫沉百感",徐涛《毛泽东诗词全编》第一版作"尘海苍茫沉百志",第二版作"尘海苍茫沉百感"。

"悚听自吹皆圣绩",徐涛《毛泽东诗词全编》第一版作"惊听自吹皆圣迹",第二版作"惊听自吹皆圣绩"。

【注释】

〔1〕七律：七言律诗的简称，详见《七律·长征》注。 鲁迅诗：指鲁迅 1935 年 10 月所作《七律·亥年残秋偶作》。鲁迅有感于当时的政治局势写作了这首诗。 改鲁迅诗：1959 年 9 月，赫鲁晓夫访问美国，赞扬艾森豪威尔是"明智"派，"真诚希望和平"，并宣称他同美国总统艾森豪威尔两国首脑会晤，"在国际关系的气氛中引起了转暖的某种开端"，使"'冷战'的冰块在开始融化"。而实际上，美苏两个超级大国正在争夺世界霸权，"冷战"仍在不断加剧。毛泽东有感于当时的国际形势，借用鲁迅诗作的意境和词句，写作了这首诗，抒发自己对现实的感慨。

〔2〕曾：曾经。 警：戒备，使人注意情况严重，这里兼有这两重意义。 秋肃：秋天的肃杀景象。 临天下：犹言"降临人间"。

〔3〕竟：竟然。 遣：令，使。 春温：春天的温暖。 上舌端：指说话。

〔4〕尘海：尘世如海，指广大的人间。 苍茫：旷远迷茫的样子。 沉：沉积，隐伏。 百感：许多感慨。 沉百感：许多感慨郁积心中而又无法表达。

〔5〕金风：秋风，古代以阴阳五行来解释季节变化，秋属金，故称秋风为金风。 萧瑟：秋风吹过草木发出的声音。 走：跑。 高官：大官。 走高官：指 1959 年 9 月赫鲁晓夫奔走访问美国。

〔6〕喜攀飞翼：指赫鲁晓夫乘坐专机访问美国。 通身：全身。

〔7〕坠：坠落。 空云：空中云间。指高空。

〔8〕悚：害怕，恐惧。 悚听：这里是听了使人感到毛骨悚然的意思。 圣绩：神圣的业绩。

〔9〕敌焰：敌人的气焰，这里指帝国主义扩充军备和鼓吹冷战的气焰。 阑干：纵横交错，参差错落，这里引申为放肆、嚣张。

（以下为对鲁迅原诗的注释）

〔10〕亥年：指农历己亥年，即公元 1935 年。 残秋：深秋，约当公历 10 月。 偶作：偶有所感而作。

〔11〕惊：惊心。

〔12〕上笔端：犹言"流露于笔下"。

〔13〕走：跑，这里指逃跑。 千官：许多官吏。 走千官：指 1935 年 7 月国民党政府和日本帝国主义签订"何梅协定"后，国民党政府官员纷纷南逃。

〔14〕老归大泽：年老回到水乡泽国。 菰：多年生草本植物，生长在池沼里，花单性，紫红色，嫩茎的基部经某种菌寄生后，膨大，叫"茭白"，可作蔬菜，果实叫"菰米"，亦可食用。 蒲：浅水植物，蒲叶可编席，嫩蒲可食。

〔15〕齿发：牙齿和头发。 齿发寒：饥寒交迫，冷得浑身打颤。

〔16〕竦：恭敬。 竦听：静心倾听。 荒鸡：在半夜不按时叫的鸡，古时迷信以为恶声不祥。《晋书·祖逖传》："（逖）中夜闻荒鸡鸣，蹴琨觉，曰：'此非恶声也！'因起舞。" 偏：偏偏。 阒寂：寂静无声。

〔17〕北斗：北斗星。

曾惊秋肃临天下，敢遣春温上笔端。尘海苍茫沉百感，金风萧瑟走千官。老归大泽菰蒲尽，梦坠空云齿发寒。竦听荒鸡偏阒寂，起看星斗正阑干。

亥年残秋偶作朵庐

季市吾兄教正 鲁迅

鲁迅手书《七律·亥年残秋偶作》

七律

读报

一九五九年十二月

西海如今出圣人，

涂脂抹粉上豪门。

不知说了啥些事，

但记西方是友朋。

举世芬尼尊匪盗，

万年宇宙灭纷争。

列宁火焰成灰烬，

人类从此入大同。

　　这首诗最早见于吴冷西《十年论战——1956—1966 中苏关系回忆录》（上）（中央文献
出版社 1999 年 5 月版）。后又见于陈晋《"突围"心路——毛泽东晚年诗词解析》（《党的文
献》2003 年第 3 期）。

　　吴冷西《十年论战》第四章"戴维营会谈前后"第五节"在中南海的激烈辩论"中说：
"毛主席写了一首打油诗，讽刺赫鲁晓夫访美。这首打油诗是这样的：'西海如今出圣人，
涂脂抹粉上豪门。一辆汽车几间屋，三头黄犊半盘银。举世劳民同主子，万年宇宙绝纷
争。列宁火焰成灰烬，人类从此入大同。'这首打油诗是主席的警卫员 1959 年 12 月杭州
会议时给田家英看的，田家英告诉我的，没有广为流传，当然也没有公开发表，写作时间
大概是在毛主席同赫鲁晓夫会谈后不久。"

　　陈晋《"突围"心路——毛泽东晚年诗词解析》一文说："一九五九年十二月三十日和
三十一日，毛泽东两次写信给机要秘书罗光禄，要求把他新近写就的几首《读报诗》即发
给即将参加一个会议的各同志。"其中有这首读报诗。这个会议就是毛泽东在杭州召开
的国际形势讨论会。

　　陈晋文章中又说："吴冷西在回忆录里引述这首诗时，中间两句为：'一辆汽车几间
屋，三头黄犊半盘银。举世劳民同主子，万年宇宙绝纷争。'可能是过程稿中的句子。"

　　1959 年 9 月 15 日，赫鲁晓夫到美国访问，28 日离美返苏，30 日，率代表团来北京，参

加我建国十年大庆。10月2日,在中南海颐年堂举行的中苏两党领导人的会谈中,赫鲁晓夫大讲他的美国之行,吹捧美国总统艾森豪威尔"热爱和平",需要缓和,说美国如何富有,差不多每个家庭都有汽车,一家都有几间房子。还说一位农场主送他三头良种牛,一位资本家送他半盘古银币。他讲得眉飞色舞,还吹嘘他提出的没有武器,没有军队,没有战争的"三无世界"如何美妙等。事后,毛泽东写了这首诗讽刺赫鲁晓夫。

【注释】

〔1〕西海:西方之海及其濒临地,指苏联,因苏联位于我国西部,故称。 圣人:旧时称具有最高智慧和道德的人,这里是讽刺赫鲁晓夫的反话。

〔2〕豪门:指美国。 上豪门:指赫鲁晓夫1959年9月15日访美,后在戴维营与当时的美国总统艾森豪威尔会谈。

〔3〕不知说了啥些事……万年宇宙灭纷争:1959年10月,赫鲁晓夫来中国参加中华人民共和国十年大庆,在中苏两党正式会谈时,赫鲁晓夫称他访美时,"所到之处受到热烈的欢迎,一位农场主还送给他三头良种牛,有位资本家还送给他半盘古银币。"他还说:"美国差不多每个家庭都有汽车,一家都有几间房子,住得很好,吃的也很好,生活水平很高。"《十年论战》一书中说:"1957年莫斯科会议之后……赫鲁晓夫认为中国对他是一个威胁。开始他想控制中国,没有得逞,以后就想依靠美国来解决世界问题,不惜牺牲中国的利益。"该书还说:"赫鲁晓夫把和平共处作为路线,他相信苏联跟美国、社会主义跟帝国主义可以永久和平相处下去。""芬尼":疑为"劳民"二字之误。

〔4〕列宁火焰成灰烬:意谓列宁遗训在火焰中化为灰烬。 大同:指天下为公,没有阶级压迫和剥削,人人自由平等,这里是讽刺赫鲁晓夫的反话。

七律

读报

托洛茨基到远东，

不和不战逞英雄。

列宁竟撇头颅后，

叶督该拘大鹫峰。

敢向邻居试螳臂，

只缘自己是狂蜂。

人人尽说西方好，

独惜神州出蠢虫。

　　这首诗较早见于徐涛《毛泽东诗词全编》(湖北教育出版社,1995 年 10 月第 2 版),吴正裕主编、李捷、陈晋副主编《毛泽东诗词全编鉴赏》(中央文献出版社 2003 年 12 月第一版)收入"附录",并注明:"这首诗根据作者审定的铅印件刊印"

　　"托洛茨基"(1879—1940),1903 年起与孟什维克合伙反对布尔什维克党,1912 年组织反党的八月联盟。1917 年 8 月加入布尔什维克党,并任中央委员。十月革命后,曾任革命军事委员会主席等职。曾多次对抗列宁关于社会主义革命和社会主义建设的路线。列宁逝世后,他于 1926 年组织反党联盟,阴谋推翻以斯大林为首的苏联党和国家的领导。1927 年 11 月被开除出党。1929 年 1 月被驱逐出苏联。1932 年被开除国籍。1938 年 9 月,在他的策划下,欧美一些国家的托派分子在巴黎成立所谓"世界社会主义革命党",又称"第四国际",与"第三国际"对抗。1940 年 8 月在墨西哥被苏联特工暗杀。"远东",原来是西方国家向东方扩张时对亚洲东部地区的称呼,后泛指亚洲东部地区。一般指中国东部、朝鲜、韩国、日本、菲律宾和俄罗斯太平洋沿岸区。这里指当时苏联的东部地区。赫鲁晓夫 1959 年 10 月访华回到苏联后,立即在海参崴等地发表演讲,大肆反华。诗贵含蓄蕴藉,因而这里毛泽东没有明说赫鲁晓夫,而以当年背叛马克思列宁主义的托洛茨基喻之,使诗句更加耐人寻味。

　　十月革命初期,1918 年,托洛茨基反对列宁同德国签订布列斯特和约,提出"既不签

新编毛泽东诗词鉴赏大全　　　0 5 8 0

订和约,也不推行战争"的口号。赫鲁晓夫 1959 年 10 月 31 日在苏联最高苏维埃会议上发表演讲,指责中国在台湾问题上是"不战不和的托洛茨基主义"。毛泽东严厉地批判赫鲁晓夫集团在战争与和平问题上,既不敢支持各被压迫民族和人民反对帝国主义、殖民主义的革命战争,唯恐得罪了帝国主义,导致第三次世界大战;又不真心诚意维护世界和平,而是利用自己手中掌握的核武器,与美帝国主义争夺世界霸权。因而"不战不和"这顶帽子应当奉还给赫鲁晓夫集团,他们所推行的机会主义路线和政策,才真正是"不战不和",同时揭露他们装腔作势、色厉内荏,摆出一副"英雄好汉"的架势。

早在 1956 年 11 月,毛泽东就曾尖锐地指出:"关于苏共二十次代表大会,我想讲一点。我看有两把'刀子':一把是列宁,一把是斯大林。现在,斯大林这把刀子,俄国人丢了。哥穆尔卡、匈牙利的一些人就拿起这把刀子杀苏联,反所谓斯大林主义。欧洲许多国家的共产党也批评苏联,这个领袖就是陶里亚蒂。帝国主义也拿这把刀子杀人,杜勒斯就拿起来耍了一顿。这把刀子不是借出的,是丢出去的。我们中国没有丢。我们第一条是保护斯大林,第二条也批评斯大林的错误,写了《关于无产阶级专政的历史经验》那篇文章。我们不像有些人那样,丑化斯大林,毁灭斯大林,而是按实际情况办事。列宁这把刀子现在是不是也被苏联 些领导人丢掉一些呢?我看也丢掉相当多了。十月革命还灵不灵?还可不可以作为各国的模范?苏共二十次代表大会赫鲁晓夫的报告说,可以经过议会道路去取得政权,这就是说,各国可以不学十月革命了。这个门一开,列宁主义就基本上丢掉了。"

"叶督",指叶名琛(1807—1859),字昆臣,湖北汉阳人。1852 年任两广总督兼通商大臣。1857 年 12 月,英法联军发动第二次鸦片战争,进攻广州,他既不积极备战,又拒绝同敌军议和,临战还不许部下官兵抵抗,致使广州沦陷,他躲在左都统署花园八角亭内被搜出。清末外交官、政论家薛福成在《书汉阳叶相广州之变》中讥之为"不战不和不守,不死不降不走"。他被英军俘虏后,押解到印度加尔各答,拘禁在大鹫峰下的镇海楼,1859 年 3 月吞石自尽,客死他乡。对侵略者采取"不战不和"对策的叶名琛,活该被俘而死,喻指赫鲁晓夫集团对帝国主义采取"不战不和"方针,必将步叶名琛后尘,遭到可耻的下场。

由于诗句的含蓄,"敢向邻居试螳臂,只缘自己是狂蜂"这两句有多种不同解释,第一种认为"邻居"指中国,"狂蜂"指印度扩张主义者。这句是讽刺和斥责印度扩张主义者 1959 年 8 月和 10 月在中印边境挑起武装冲突,侵入我国领土。第二种认为"邻居"指印度,"狂蜂"是赫鲁晓夫集团诬蔑和攻击中国在中印边境冲突中所采取的正义立场。第三种认为"邻居"是中国,而"狂蜂"则是指赫鲁晓夫集团。1958 年 7 月 31 日至 8 月 3 日,赫鲁晓夫来中国访问,他企图在军事上控制中国,提出要在中国建立一个所谓"联合舰队"

的潜艇基地和长波电台,遭到毛泽东坚决抵制和严厉斥责,后又和帝国主义、各国反动组织反华大合唱。1959年6月,苏联单方面撕毁中苏双方签订的国防新技术协议,拒绝向中国提供原子弹样品和生产原子弹的技术资料;9月9日,苏联塔斯社在关于中印边境事件的声明中偏袒印度当局,从而将中苏分歧公开暴露在全世界面前;10月,赫鲁晓夫在中苏会谈中和回国后对中国政策横加指责和批评,等等。这句是讽刺赫鲁晓夫集团推行大国沙文主义,向中国挑衅和攻击,是螳臂当车,自不量力,他们不过是一群狂嗡乱蜇的马蜂。

笔者认为,如果按照第一种理解,全诗就形成了两个主题,既讥刺赫鲁晓夫集团,又嘲讽印度扩张主义者,恐与原诗的主旨不合;同时,将一首诗前四句和后两句割裂成为两段,脉络气韵也不贯通流畅了。而后两种理解,于此诗本身来讲都可通。古人讲"诗无达诂",在解读时,只要符合事理和作诗的规律,应当都是允许的,故两说并存之。

这首诗最后说,赫鲁晓夫之流都说西方帝国主义的好话,只可惜中国出了不明事理的糊涂人。赫鲁晓夫特别是访美后,百般称赞美国的富裕,美化美帝国主义头子艾森豪威尔是"明智"派,"真诚希望和平",和我们一样"热爱和平"等。这首诗以轻松的笔调作结,充分显示了作者高屋建瓴,举重若轻,诙谐风趣,充满了乐观主义精神和胜利信心。

这一首诗,除了具有政治讽刺诗共同的诙谐幽默、冷嘲热讽的特点以外,突出的是词约义丰,轻快流畅。短短的五十六字,包含了好几个典故,"不和不战"四字,既有清代人讽刺叶铭琛"不战不和不守,不死不降不走"这一中国的"旧典";又有苏联托洛茨基1918年反对列宁关于同德国签订布列斯特和约的主张,提出"既不签订和约,也不进行战争"的口号的外国的"旧典";还有赫鲁晓夫集团既不支持压迫民族的革命斗争,怕得罪帝国主义,引起世界大战(不战),又不敢真心维护世界和平,而妄图利用手中的核武器,同美国讨价还价,争夺世界霸权(不和)的外国的"新典"。这些中国的、外国的"新典"、"旧典",有的正用,有的反用。既痛骂赫鲁晓夫将来活该得到叶铭琛一样悲惨的结局,又尖锐地揭露了赫鲁晓夫与当年的托洛茨基如出一辙,彻底背叛了马列主义的实质;还将赫鲁晓夫污蔑我们是"不战不和的托洛茨基主义"的帽子,"以其人之道还治其人之身",奉还给赫鲁晓夫之流,指出他们才是真正的"不和不战"的马列主义叛徒。这首诗通俗浅显,形象生动,既义正辞严,讽刺辛辣,犹如匕首、投枪。同时又轻松幽默,明白如话,别具艺术魅力。关于旧体诗词,如何继承和发扬我国古代诗词的优良传统,以反映现代生活,以及如何吸收古典诗词和民歌的营养,走出一条我国诗歌发展的新路来,是我们当前诗歌创作中面临的新的课题,我们是不是也可以从毛泽东的这些读报诗中得到启发和借鉴,或者引起我们某些思考呢?

这首诗的题目和写作时间,刘济昆《毛泽东诗词全集详注》作《七律·读报有感》"一九五九年冬"。

"托洛茨基到远东",刘济昆《毛泽东诗词全集详注》作"托洛斯基到远东"。

"不和不战逞英雄",刘济昆《毛泽东诗词全集详注》作"不战不和逞英雄"。

"列宁竟撇头颅后",刘济昆《毛泽东诗词全集详注》作"列宁竟抛头颅后"。

"独惜神州出蠢虫",刘济昆《毛泽东诗词全集详注》作"独有神州出蠢虫"。

【注释】

〔1〕七律:七言律诗的简称,详见《七律·长征》注。 读报:见《七律·读报(反苏昔忆群蛙)》注,以及本诗解说部分。

〔2〕托洛茨基到远东:见本诗解说部分。

〔3〕不和不战:见本诗解说部分。 逞:显示;夸耀。

〔4〕列宁:这里指代列宁主义的基本原则。 撇头颅后:丢到了脑后,比喻赫鲁晓夫集团背叛了马列主义的原则、立场。

〔5〕叶督:见本诗解说部分。 该:活该。 拘:关押。 大鹫峰:印度灵鹫山,或称鹫峰,为佛说法之地。

〔6〕敢:这里是竟敢的意思。 邻居:这里指苏联的邻国中国。 试:试验;尝试,这里是较量的意思。 螳臂:螳螂的前腿。成语有"螳臂当车",比喻自不量力。

〔7〕缘:因为。 自己:指赫鲁晓夫。 狂蜂:疯狂的带有毒刺、能蜇人的马蜂。

〔8〕西方:指西方帝国主义和资本主义国家。

〔9〕独:只。 惜:可惜。 神州:中国的古称。 蠢虫:愚笨的人。这里是反话。

七律

读报

一九六〇年六月十三日

托洛茨基返故居，

不和不战欲何如？

青空飘落能言鸟，

黑海翻腾愤怒鱼。

爱丽舍宫唇发紫，

戴维营里面施朱。

新闻岁岁寻常出，

独有今年出得殊。

  这首诗较早见于刘济昆《毛泽东诗词全集》（香港昆仑制作公司，1990 年 7 月版）、陈晋《毛泽东与文艺传统》（中央文献出版社，1992 年 3 月版）和苏桂主编《毛泽东诗词大典》（广西人民出版社，1993 年 8 月版）。据董必武《七律·奉和毛主席一九六〇年六月十三日读报有感》用韵推断，这首诗当为毛泽东原诗。吴正裕主编、李捷、陈晋副主编《毛泽东诗词全编鉴赏》（中央文献出版社 2003 年 12 月第 1 版）收入"附录"，并注明："这首诗根据作者审定的铅印件刊印"。

  赫鲁晓夫集团背叛马克思列宁主义，继承了托洛茨基的衣钵，干着与托洛茨基一样的勾当，好象托洛茨基的阴魂，又回到了老家。作者严厉地责问他们：你们在战争与和平的问题上，既不支持被压迫民族和人民反对帝国主义、殖民主义的革命战争，又不真心诚意地维护世界和平，到底想干什么？全诗一开头就开宗明义，一针见血地深刻地揭露了赫鲁晓夫之流现代修正主义的本质，和他们"不战不和"的险恶用心以及在外交上所处的尴尬境地。

  就在赫鲁晓夫集团陶醉于向美帝国主义频送秋波，企图美苏合作主宰世界的喜悦之际，发生了美国 U−2 型高空侦察机入侵苏联领空，进行间谍活动被苏军击落的事件。1956 年开始，美国即使用一种具有特种性能的"U−2"侦察飞机，多次侵入苏联领空，从事间谍活动，这种飞机能在两万米以上的高空飞行，并拍摄出分辨率很高的地面图片。苏联秋拉塔姆导弹试验场、车里亚宾斯克郊外的核中心等处都被它一一拍摄了下来。1960年5月1日清晨,一架U-2飞机从美国设在土耳其阿达纳的基地起飞,侵入苏联领空约两千一百公里,在斯维尔德洛夫斯克(今叶卡捷琳堡)郊外,被苏联地对空导弹击落,驾驶员鲍威尔被俘。当天上午,赫鲁晓夫在红场举行五一阅兵式时,得到防空兵司令比留佐夫的秘密报告,说U-2机已被击落,飞行员被俘,正在审讯。美国中央情报局却以为飞行员必定死亡,可以抵赖。于是次日通过报道说一架飞机在土耳其境内失踪。可是,被俘的飞行员却一五一十交代了他从事间谍工作的侦察任务。毛泽东在这首诗中捕捉了这一极富戏剧性的事件,以我国古代已有的词语"能言鸟",来形容被俘并开口交代了间谍罪行的美国U-2侦察机驾驶员鲍威尔,真是妙语天成,令人拍案叫绝。用"飘落"形容美国U-2飞机被击落坠下的样子,既形象生动,又含蓄蕴藉,也是对美帝国主义侵略行径的极大的讽刺。

"黑海",欧洲东部和小亚细亚的内海,其北岸、东岸属当时的苏联,西岸属罗马尼亚和保加利亚,南岸属土耳其。U-2事件发生后,苏联军队和人民极大愤怒,苏联各界纷纷举行抗议集会,苏联军队更是义愤填膺,摩拳擦掌。诗中之所以举黑海舰队以概其余,是因为这架被击落的美国间谍飞机是从黑海南岸土耳其起飞的,保卫国家安全是军队义不容辞的责任;而黑海舰队拥有舰艇五百四十多艘,飞机三百八十多架,有着举足轻重的作用。"翻腾"既形容苏联举国上下,一片鼎沸,同时也暗指赫鲁晓夫集团仍在炫兵耀武,以图与美国争夺世界霸权。

"爱丽舍宫",法国总统的官邸,建于1718年,当时名戴佛罗大厦,1848年前为法国王宫,从1873年起成为法国总统官邸。鉴于赫鲁晓夫向帝国主义频送秋波,1959年12月,美、英、法、西德四国首脑巴黎会议宣布,邀请赫鲁晓夫出席拟于1960年5月中旬在巴黎召开的美、英、法、苏四国首脑会议,赫鲁晓夫接受了邀请。1960年5月1日,发生美国U-2高空侦察机入侵苏联的事件,这对一厢情愿、侈谈所谓"戴维营精神"的赫鲁晓夫集团来说,不啻是被当众打了一记耳光。赫鲁晓夫不得不发表了抗议声明,同时为了不破坏即将在巴黎举行的四国首脑会议,他只谴责杜勒斯和美国中央情报局。没料到艾森豪威尔并不买账,傲慢地宣布他事先知道并批准了U-2的飞行计划,并说:美国有权为保证自身的安全而不顾及其他国家利益,今后仍将采取这类的做法。这无疑使赫鲁晓夫集团处于更加尴尬的境地。5月16日,在巴黎爱丽舍宫举行美、英、法、苏四国首脑会议第一次会谈。据艾森豪威尔回忆录《白宫岁月·没有开成的最高级会议》记述,1960年5月16日上午在爱丽舍宫出席四国首脑会议第一次会谈时,"担任主席的戴高乐还没有正式宣布开会,赫鲁晓夫就脸红脖子粗地站起来,大声要求给他发言权",他"按预先准备好的稿子发出了长时间的恶骂"，提出美国总统必须严办应对 U-2 事件直接负责的人，并保证今后不再继续类似的行动，否则他将退出这次最高级会谈，并取消前一年发出的对艾森豪威尔回访苏联的邀请。一阵沉默之后，艾森豪威尔拒不道歉，立起身来，率领美国代表团扬长而去。赫鲁晓夫也气急败坏地退出会场。第二天，四国首脑巴黎会议宣告流产，艾森豪威尔回访苏联一事也化为泡影。美苏关系重新趋于紧张，两国展开新的争夺霸权的斗争。诗中无情地讽刺和揭露了赫鲁晓夫在帝国主义的挑衅面前，那种气急败坏、无可奈何的丑态。

"戴维营"，美国总统别墅，在美国首都华盛顿西北一百多公里、马里兰州一座海拔四百多米的山上。1939 年修建为罗斯福总统的避暑别墅，称"香格里拉"，意为世外桃源。1953 年艾森豪威尔总统以其孙"戴维"名字命名为"戴维营"。1959 年 9 月，赫鲁晓夫访美，9 月 25 日至 27 日，与艾森豪威尔在戴维营举行会谈。会谈时，那种胁肩谄笑，献媚取宠的样子，那种媚态十足的样子，与现在的恼羞成怒，形成鲜明的对照。

这首诗的最后，毛泽东以对比的方式作结，又以这样轻松的语言出之，言有尽而意无穷，实在是耐人寻味。

这首诗，是毛泽东三首读报诗中写得最好的一首诗。首先，新闻性强，写作及时，从美国 U-2 高空侦察机入侵苏联被击落，到作者创作这首诗不到一个半月，而从美、英、法、苏四国首脑会议流产，到创作这首诗仅一个月。作为诗中"杂文"的读报诗具有极强的时效性，这首诗及时地投入战斗，发挥了鼓舞人民，打击敌人的作用。其次，事件比较集中，富有戏剧性。诗人敏感地捕捉了这一系列新闻事件，用文艺的手法加以描绘，形象生动，为群众所喜闻乐见，发挥了一般的政论文和时事述评所不能代替的作用。再次，在艺术表现手法上，"起承转合"运用纯熟自如，中间两联对仗工稳，"青空"对"黑海"，"能言鸟"对"愤怒鱼"，"唇发紫"对"面施朱"，不仅词性相同，而且词语的内部结构也大体一致。特别值得称道的是，在传统诗词的形式中，诗人大胆运用了许多多音节的新词语入诗，如"托洛茨基"、"爱丽舍宫"、"戴维营"等等，反映了新的现实生活，富有强烈的时代感，而且用得贴切而自然。而有的旧词语也翻出新意，如"能言鸟"，用来形容开口交代间谍任务的美国 U-2 高空侦察机飞行员，真是妙不可言，与下句中的"愤怒鱼"相对仗，巧夺天工。同时，即使不了解"能言鸟"在古书中曾经用来表示鹦鹉鸟，也能看懂它在诗中的意思，做到"用典而不隔"。其他如对比、映衬等修辞手法的运用，也都有独到之处。

这首诗的题目和写作时间，徐涛《毛泽东诗词全编》作《七律·读报有感（其一）》（一九六一年）。刘济昆《毛泽东诗词全集详注》作《七律·读报有感》"一九六○年六月十三日"。

"托洛茨基返故居",刘济昆《毛泽东诗词全集详注》作"托洛斯基返故居"。

"青空飘落能言鸟",刘济昆《毛泽东诗词全集详注》、徐涛《毛泽东诗词全编》均作"青云飘下能言鸟"。

"不和不战欲何如",刘济昆《毛泽东诗词全集详注》、徐涛《毛泽东诗词全编》均作"不战不和欲何如"。

"黑海翻腾愤怒鱼",刘济昆《毛泽东诗词全集详注》作"黑海翻起愤怒鱼"。

"爱丽舍宫唇发紫",徐涛《毛泽东诗词全编》、刘济昆《毛泽东诗词全集详注》均作"爱丽舍宫唇发黑"。

"新闻岁岁寻常出",徐涛《毛泽东诗词全编》作"新闻岁岁寻常有"。陈晋《文人毛泽东》作"新闻多多寻常出","多多"恐系"岁岁"之笔误。

"独有今年出得殊",徐涛《毛泽东诗词全编》作"唯有今年出得殊"。

【注释】

〔1〕七律:七言律诗的简称,详见《七律·长征》注。 读报:见《七律·读报》(反苏昔忆闹群蛙)注,以及本诗解说部分。

〔2〕托洛茨基:见《七律·读报》(托洛茨基到远东)注。 返:回到。 故居:从前曾经居住过的房子,这里指托洛茨基的故国苏联。 托洛茨基返故居:意谓托洛茨基阴魂不散,又回到了苏联,喻指赫鲁晓夫继承了托洛茨基的衣钵。

〔3〕不和不战:见《七律·读报》(托洛茨基到远东)注。 欲:想要。 何如:即"如何",怎么,怎么样。

〔4〕青空:指高空。 飘落:飘摇坠落。 能言鸟:会说话的鸟。《汉书·武帝纪·元狩二年》:"南越献驯象、能言鸟。"唐代颜师古注:"能言鸟,即鹦鹉也。今陇西及南海并有之。"

这里喻指美国U-2型高空侦察机及其驾驶员鲍尔斯。

〔5〕黑海:见本诗解说部分。 翻腾:波浪上下滚动的样子。 愤怒鱼:喻指苏联黑海舰队。

〔6〕爱丽舍宫:见本诗解说部分。 唇发紫:指气急败坏,说话时嘴唇发紫。

〔7〕戴维营:见本诗解说部分。 面:脸。施:在物体上加某种东西。 朱:这里指胭脂。

面施朱:指女人往脸上搽胭脂,以取悦于男人,这里指赫鲁晓夫在同艾森豪威尔会谈期间,向美帝国主义献媚取宠。

〔8〕新闻:报社、通讯社、广播电台、电视台等报道的消息,泛指社会上最近发生的新事情,这里两者皆可通。 岁岁:年年。 寻常:平常。

〔9〕独有:只有。 今年:指 1960 年。 殊:特别。

七律

读《封建论》呈郭老

一九七三年八月五日

劝君少骂秦始皇，

焚坑事业要商量。

祖龙魂死秦犹在，

孔学名高实秕糠。

百代都行秦政法，

十批不是好文章。

熟读唐人封建论，

莫从子厚返文王。

　　这首诗较早见于王年一《大动乱年代》（河南人民出版社，1988 年 12 月版），又见于陈晋《毛泽东与文艺传统》（中央文献出版社，1992 年 3 月版）、陈晋《毛泽东之魂》（吉林人民出版社，1993 年 10 月版），还见于高凯、于玲主编《毛泽东大观》（中国人民大学出版社，1993 年 4 月版）和《毛泽东晚年过眼诗文录》（王守稼、吴乾兑、许道勋、董进泉、刘修明校点注释，花山文艺出版社，1993 年 5 月版），后编入《建国以来毛泽东文稿》第十三册，并注明"根据中央档案馆保存的铅印件刊印"。标明写作时间为"一九七三年八月五日"。吴正裕主编、李捷、陈晋副主编《毛泽东诗词全编鉴赏》（中央文献出版社 2003 年 12 月第一版）收入"附录"，也注明："这首诗根据作者审定的铅印件刊印。"

　　毛泽东一生有很多诗友，有青少年时代读书时的老师和同窗好友，有在革命战争中患难与共的战友，有肝胆相照的民主党派和无党派人士，也有诗词文化界的学者名流。然而，与毛泽东诗词关系最为密切的当推郭沫若。从 1926 在广州相识，直到 1976 年毛泽东逝世，他们之间有着整整半个世纪的友谊，在政治上相互支持，在学术上相互探讨，在生活上相互关心，在诗词上相互唱和。特别是建国以后，毛泽东和郭沫若诗词的交往更为密切，在毛泽东正式发表的诗词中就有与郭沫若唱和的两首：《七律·和郭沫若同志》和《满江红·和郭沫若同志》，还有一些探讨诗词的书信；而郭沫若与毛泽东唱和的诗词和探讨诗词的书信则更多。毛泽东建国后每新创作诗词,常常先送给郭沫若,请郭沫若帮助修改或提意见。毛泽东生前正式发表了三十九首诗词,郭沫若就写了二十多篇文章加以解释,涉及的毛泽东诗词竟达三十五首,是毛泽东诗词最早的、最具权威性和影响的解释者。郭沫若还通过文章和谈话,传达毛泽东本人对自作诗词的意见,毛泽东甚至亲自为郭沫若所写讲解文章作大段文字的修改。由此可见,毛泽东和郭沫若友谊和诗交之深。

可是两位政治家和诗人之间也曾有过激烈的碰撞,这就不能不提到这次《毛泽东诗词全编鉴赏》"附录"中收录的《七律·读〈封建论〉呈郭老》。

这首诗是根据作者审定的铅印件刊印。《毛泽东诗词全编鉴赏》收入"附录"以前,已编入《建国以来毛泽东文稿》。1973年8月7日,周恩来曾写给毛泽东一封亲笔信,信中说:"江青同志在昨晚政治局会议上已将主席谈柳子厚的封建论和呈郭老的诗以及有关问题给我们传达了,我们也议论了一下。"毛泽东圈阅了这封信。1974年1月31日,周恩来与张春桥一起看望郭沫若,将毛泽东所写的《读〈封建论〉呈郭老》、柳宗元《封建论》及注释等书送给郭老。由此可见,这首诗确是毛泽东所作。

儒家和法家,是中国封建社会政治思想和实践的两大流派。儒家重礼治,重怀柔,求王道;而法家重法制,重刑典,求霸道。孔子是儒家思想的创始人,而秦始皇则是法家思想最早的成功的实践者。历代的政治家思想家,对儒家和法家思想总是要表现出自己的倾向,以寄托对社会的政治理想和人生追求。这种倾向则突出地表现在对孔子和秦始皇这两个历史人物的评价上。由于在历史上,儒家在政治上是保守的,而法家是主张革新的,因而对孔子和秦始皇的评价,特别是在近现代,往往就成为一个敏感的政治问题。其实对这一问题也不能绝对化。孙中山就十分推崇孔子政治上的大同理想、哲学思想和道德观,但孙中山是一个伟大的革命先行者;郭沫若、范文澜等也肯定孔子,但他们都是马克思主义者。

毛泽东和郭沫若在对儒、法问题和孔子、秦始皇两个历史人物的评价上,有着不同的看法。毛泽东少年时代相信孔夫子,成为革命民主主义者以后批判孔夫子,转变为共产主义者以后一分为二地对待孔夫子,到了"文化大革命"以后则彻底否定孔夫子。从总体上来讲,是扬法抑儒,褒秦始皇而贬孔夫子的。郭沫若总的态度是扬儒抑法,褒孔夫子而贬秦始皇。在对待这一问题上,他们之间从五四运动到"文化大革命",经历了一个"学术思想分歧—政治思想相互交融—政治思想产生严重冲突"的过程。

在"五四"新文化运动中,毛泽东开始鲜明地表示出反孔的态度,他提出:"像我们反对孔子,有很多别的理由。单就这独霸中国,使我们思想界不能自由,郁郁做了二千年偶象的奴隶,也是不能不反对的。"而"五四"时期的郭沫若却发表了与众不同的"尊孔"的议论。他说:"孔子这位大天才要说他是政治家,他也有他的'大同'底主义;要说他是哲学家,他也有他的'泛神论'底思想;要说他是教育家,他也有他的'有教无类'、'因材施教'底动态的教育原则;要说他是科学家,他本是个博物学者,数理的通人;要说他是艺术家,他本是精通音乐的;要说他是文学家,他也有他简切精辟的文学,便单就他文学上的功绩而言,孔子的存在,是断难推倒的:他删《诗》、《书》,笔削《春秋》,使我国古代的文化有系统的存在,我看他这种事业,非是有绝伦的精力,审美的情操,艺术批评的妙腕,那是不能企冀得到的。……可是要说孔子是个'宗教家'、'大教主',定要说孔子是个中国的'罪魁'、'盗丘',那是未免太厚诬古人而欺示来者。"

到了抗日战争时期,郭沫若的尊孔反法思想有了进一步的发展。这一时期所写的《十批判书》,集中反映了他对孔子和秦始皇两个历史人物的评价。而毛泽东对孔子则是采取了一分为二的态度,正确地指出了:"从孔夫子到孙中山,我们应当给以总结,承继这一份珍贵的遗产。这对于指导当前的伟大的运动,是有重要的帮助的。"

解放战争以及建国初期,毛泽东对孔子的态度还是一分为二的。1943 年,他曾针对那种认为孔孟之道是中国文化不良传统的观点,指出:"孔孟有一部分真理,全部否定是非历史的看法。"

特别值得指出的是,这一时期,他还吸收了郭沫若《十批判书》研究的成果,部分接受了郭沫若的观点。1954 年 9 月 14 日,毛泽东在中央人民政府委员会临时会议上的谈话中,他曾谈到:郭沫若曾经用很多材料证明,孔夫子是"革命党","所以此人不可一笔抹杀,不能简单地就是'打倒孔家店'。"

可是 1957 年前后,毛泽东对孔子的观点开始发生了变化。1957 年 1 月 27 日,他在省市自治区党委书记会议上说:"禁止人们跟谬误、丑恶、敌对的东西见面,跟唯心主义、形而上学的东西见面,跟孔子、老子、蒋介石的东西见面,这样的政策是危险的政策",又说:"康德和黑格尔的书,孔子和蒋介石的书,这些反面的东西,需要读一读。"1958 年,进一步提出:"秦始皇是个厚今薄古的专家"。但直到"文化大革命"前,他对孔子也不是全盘否定。在 1964 年 2 月的春节座谈会上,毛泽东还说:"孔夫子教学生的课程只有六门:礼、乐、射、御、书、数","还教出了颜回、曾子……四大贤人。"又说:"孔夫子的教学方法也有问题,没有工业、农业,他的学生四体不勤、五谷不分,这不行。"

与此同时,毛泽东对于秦始皇则一直采取推崇的态度。1964 年 6 月 24 日,在接见外宾的谈话中，他说："孔夫子有些好处，但也不是很好的。我们认为应该讲公道话，秦始皇比孔夫子伟大得多。孔夫子是讲空话的。秦始皇是第一个把中国统一起来的人物。不但政治上统一中国，而且统一了中国的文字，中国各种制度，如度量衡。有些制度后来一直沿用下来。中国过去的封建君主还没有第二个人超过他的。"

"文化大革命"开始以后，毛泽东对孔子越来越反感，对秦始皇的功业越来越称赞。并且多次把郭沫若的《十批判书》说作尊孔反法的学术代表作，并鲜明地表示不同意该书的观点。

1966年12月，毛泽东同外宾的谈话说："无产阶级文化大革命的重要任务之一，就是消除孔夫子在各方面的影响。"1968年10月31日，在扩大的八届十二中全会闭幕会上的讲话中，毛泽东当面说："拥护孔夫子的，我们在座的有郭老……我这个人比较有点偏向，就不那么高兴孔夫子。看了说孔夫子是代表奴隶主、旧贵族，我偏向这一方面，而不赞成孔夫子是代表那个时候新兴地主阶级。因此，我跟郭老在这一点上不那么对。你那个《十批判书》崇儒反法，在这一点上我也不那么赞成。"这里毛泽东第一次对郭沫若的《十批判书》作了否定的评价。

1971年林彪事件之后，在其住处查出一些肯定孔孟言论（如"克己复礼"之类）的条幅和材料，林彪之子林立果炮制的《571工程纪要》又攻击毛泽东是"当代秦始皇"，毛泽东便越来越感到林彪的极右实质和社会上否定文化大革命的"右倾思潮"同孔子、儒家思想有必然联系。1973年5月，在中央政治局会议上，毛泽东提出要批判孔子。又说，郭老的《十批判书》有尊孔思想，要批判，但郭老的功大过小，他在中国历史的分期上，为殷纣王、曹操翻案，为李白的籍贯作考证，是有贡献的。

1973年5月，江青在毛泽东住处，看到桌子上放着郭沫若的《十批判书》大字本。毛泽东给了江青一本，并说：我的目的是为了批判用的。7月4日，毛泽东召见王洪文、张春桥时，又特地谈起："郭老在《十批判书》里头自称是人本主义，即人民本位主义，孔夫子也是人本主义，跟他一样。郭老不仅是尊孔，而且还反法。尊孔反法，国民党也是一样啊！林彪也是啊！我赞成郭老的历史分期，奴隶制以春秋战国之间为界。但是不能大骂秦始皇。"

1973年7月17日，会见美籍华裔科学家杨振宁博士时，毛泽东又说："有人骂我，说我是秦始皇。秦始皇焚书坑儒，坑的是一派，只有四百六十多人，他崇尚法家。郭老对历史分期的看法是对的，但是他的《十批判书》有错误，是崇儒反法。法家的道理就是厚今薄古，主张社会要向前发展，反对倒退的路线，要前进。……秦始皇是统一中国的第一人。坑儒也不过坑了四百六十人。"

8月5日,毛泽东召见江青,给江青念了自己刚写就的《读〈封建论〉呈郭老》一诗,要她当场手记。接着又说:"历代政治家,有成就的,在封建社会前期有建树的,都是法家。这些人主张法治,犯了法就杀头,主张厚今薄古。儒家满口仁义道德,一肚子男盗女娼,都是主张厚古薄今的。"9月23日,毛泽东会见埃及副总统沙菲时,又说:"秦始皇是中国封建社会的第一个有名的皇帝,我也是秦始皇,林彪骂我是秦始皇,中国历来分两派,一派讲秦始皇好,一派讲秦始皇坏。我赞成秦始皇,不赞成孔夫子。因为秦始皇是第一个统一中国,统一文字,修筑宽广的道路,不搞国中有国,而用集权制,由中央政府派人去各地方,几年一换,不用世袭制度。"

毛泽东批评郭沫若的诗传出去之后,成了江青一伙迫害郭沫若的"圣旨"。江青等人在1974年1月25日批林批孔运动动员大会上,对周恩来搞突然袭击,并点名批判郭沫若,两次让这位八十二岁的老人站起来蒙受耻辱。由于"四人帮"的威逼和迫害,郭沫若突发肺炎,被送进了医院。毛泽东得知郭沫若住院后,特地派专人前往医院探视,给郭沫若送去温暖和支持,并特意向郭沫若索要《读〈随园诗话〉札记》。

郭沫若为了表达他对毛泽东的知遇之恩和感激之情,并对由毛泽东发动的批林批孔运动表态,1974年2月7日,以《春雷》为题,赋七律一首呈毛泽东:"春雷动地布昭苏,沧海群龙竞吐珠。肯定秦皇功百代,判宣孔二有余辜。'十批'大错如明火,柳论高瞻灿若珠。愿与工农齐步伐,涤除污浊绘新图。"诗中表示了他完全接受毛泽东的批评,并愿跟随人民群众一道前进。

这就是毛泽东和郭沫若,由学术观点的分歧而发展为政治冲突以及这首诗写作前前后后的全过程。这首诗是毛泽东写作的最后一首诗,无疑地,对研究毛泽东晚年的思想和诗词创作,有着十分重要的意义。

"秦始皇",是战国时代秦国国君,于公元前221年统一中国,建立了中国历史上第一个中央集权的封建王朝。他改变了夏、商、周以来"封国土,建诸侯"的分封制,确立了郡县制,将全国分为三十六郡,郡下设县,最高统治者称为"皇帝",中央和地方的重要官吏由皇帝任免;统一了法律、度量衡、货币和文字,并修建驰道,以加强全国陆路交通;又派兵北击匈奴,筑长城,南定百越,扩大了疆域;为了加强统治,销毁了民间兵器,焚烧过去各国的史书和民间所藏的儒家经典及诸子书籍,坑死以古非今的方士和儒生四百六十多名。由于实行专制主义,严刑苛法,租役繁重,加以连年用兵,广大人民痛苦不堪。他死后不久,即爆发大规模农民起义。公元前206年,秦王朝灭亡。"焚坑",指秦始皇焚书坑儒的事件。公元前213年,博士淳于越反对封建主义中央集权的郡县制,要求根据古制,分封子弟。丞相李斯加以驳斥,主张禁止儒生以古非今,以私学诽谤朝政。秦始皇采纳了李斯的建议,下令焚烧除《秦记》及"医药、卜筮、种树之书"以外的列国史记,对不属于博士官的私藏《诗》、《书》、诸子书籍,亦限期烧毁。有敢谈论《诗》、《书》者处死,以古非今者灭族;禁止私学,"欲学法令,以吏为师"。次年,卢生、侯生等方士、儒生攻击秦始皇,秦始皇派御史查究,将四百六十多名方士和儒生坑死在咸阳。史称"焚书坑儒"。郭沫若在《十批判书》中抨击秦始皇说:"自春秋中叶以来,奴隶逐渐得到自由,向来的奴隶主大多数失掉了他们的优越地位,零落了下来……秦始皇则依然站在奴隶主的立场。秦始皇把六国兼并了之后,是把六国的奴隶主和已经解放了的人民,又整个化为了奴隶。因此,秦始皇时代,看来是奴隶制的大逆转。"又说:"这真是一位空前的大独裁者"。郭沫若在书中严厉地批评秦始皇焚书坑儒说:"他是极端专制,不让人民有说话的余地的。就连学者们'偶语诗书'都要'弃市','以古非今者'要夷三族。他的钳民之口,比他的前辈周厉王不知道还要厉害多少倍。""天下是一面大型狱网。""在普天四海大烧其书","秦始皇亲自圈了'为犯禁者四百六十余人',把他们活活埋了。"

这首诗毛泽东鲜明地表示了自己不同意郭沫若的观点,实际上就是要推翻历史上早有定论的"焚书坑儒"的案。

诗中还表明了毛泽东对秦始皇和孔夫子两个历史人物截然不同的评价。极力推崇秦始皇在历史上的巨大功绩,而对孔子则采取批判的态度。

诗中的"政法"有两解:一是指政治和法律的合称;一是指治国的方法。两者皆可通。"秦政法",秦始皇统一天下、治理国家的一套制度和方法。柳宗元在《封建论》中说:"秦制之得,亦以明矣。继汉而帝者,虽百代可知也。"毛泽东指出自秦始皇创立郡县制后,历代历世的统治者,绝大多数都遵用这种政治体制。正如1965年6月13日,毛泽东在会见胡志明时所说:"几千年来,形式上是孔夫子,实际上是按秦始皇办事。""十批",指郭沫若所著《十批判书》。该书是郭沫若研究先秦诸子思想的专著,汇集了1943年至1945年初写的十篇论文:《古代研究的自我批判》、《孔墨的批判》、《儒家八派的批判》、《稷下黄老学派的批判》、《庄子的批判》、《荀子的批判》、《名辩思潮的批判》、《前期法家的批判》、《韩非子的批判》、《吕不韦与秦王政的批判》,于1945年9月作为《文化研究院丛书》之一,由重庆群益出版社出版。建国后曾多次再版。该书认为孔子的基本立场"是顺应着当时社会变革的潮流的,因而他的思想和言论也就可以获得清算的标准。大体上他是站在代表人民利益的方面的,他很想积极地利用文化的力量来增进人民的幸福。对于过去的文化于部分地整理接受之外,也部分地批判改造,企图建立一个新的体系以为新来的封建社会的韧带。"

毛泽东认为郭沫若所写的《十批判书》,尊孔反法,不是好文章。

"《封建论》",柳宗元所写的著名的政论文。在中国历史上,周以前实行"封国土,建诸侯"的分封制,秦始皇第一次用郡县制取代了封建制。秦以后,汉代两种制度并存,魏承汉制,"封建"犹存,西晋承魏,因循不革。直到唐兴,李世民还曾一度想恢复"封建制",只是由于魏征、李百药切谏,方作罢论。历史上关于封建制与郡县制的争论也此起彼伏。到了中唐,藩镇割据日甚一日,军阀拥兵自重,搞国中之国,于是一些人又出来鼓吹封建制优于郡县制的谬论。柳宗元针对这一现实问题,据古验今,探寻根本,阐述封建制的产生和存在并非圣人之意,而是由客观形势决定的。实行封建制必然会出现尾大不掉的局面,只会加速封建王朝的衰落以至灭亡;封建制实行世袭,不可能"使贤者居上,不肖者居下",难以把政治搞好,得到人民拥护。从而得出结论:郡县制远较封建制优越,郡县制代替封建制乃历史之必然趋势,表明了作者维护国家统一、反对藩镇割据的立场。这篇论文,对自汉至唐郡县制和分封制之争作出了划时代的总结,论据充分,逻辑严密,极富战斗力,被人们誉为可与贾谊《过秦论》媲美的"古今至文",在历史上有很大影响。

毛泽东规劝郭沫若要反复多读《封建论》,纠正过去的错误看法。

笔者认为,这首诗无论是从思想内容还是艺术技巧上,都有着明显的缺陷。

首先,对我国历史上的儒、法问题和对孔子、秦始皇两个历史人物的评价,应当采取辩证唯物主义和历史唯物主义的态度,采取一分为二的方法,既不应绝对肯定,也不应全盘否定。这也是毛泽东一贯坚持和教导我们这样做的。可是在这一首诗中,他却违背了自己所提出的这一方针。"孔学名高实秕糠",将孔子说得一无是处,这既不符合历史事实,也和他在大多数文章和讲话中肯定孔孟有部分真理的说法不相一致。"十批不是好文章",对郭沫若的批评也不够实事求是,有失公允。郭沫若在《十批判书》中对秦始皇并没有全盘否定,而是肯定了他统一中国等历史功绩,只是彻底否定和严厉批判了他钳民之口、焚书坑儒、乐以刑杀等极权主义以及穷奢极乐的纵欲主义。而诗中对郭沫若的这部研究先秦诸子思想的专著全面否定,未免有些武断。况且,郭沫若当时在重庆写这些文章时,中国正处于国民党反动派的黑暗统治时期,郭沫若有意用秦始皇来影射蒋介石,故而对其独裁暴政大加挞伐,称秦始皇"是一位空前的大独裁者",是有其革命意义和进步作用的。三十年后,拿这一学术著作来进行政治批判,混淆了学术问题和政治问题的界限,是完全错误的。

其次,以这首诗作为推动批林批孔运动的突破口,被"四人帮"所利用,产生了严重的不良的政治影响,对郭沫若也是极大的伤害。尽管毛泽东在这首诗中以恭敬的态度,商量的口吻,坦诚直率地批评郭沫若尊孔反法的思想,诚恳地规劝他改正过去错误的看法,可是由于毛泽东崇高的政治领袖地位,而且写这首诗本意就是要用来推动批林批孔运动的,因而就不可避免地被人们当作"最高指示",把原本应是学术探讨的问题当成了政治批判。尽管毛泽东并不是想从政治上打倒郭沫若,在批林批孔中又多次明确提出"不能批判郭沫若"、"别批郭老啊",可是,"四人帮"出于篡党夺权和企图打倒周恩来等老一辈无产阶级革命家的目的,以这首诗大做文章,因而还是不可避免地使郭沫若和一些老一辈无产阶级革命家蒙受羞辱和遭到了厄运。可以说,这决不是毛泽东的初衷,然而却是这首诗所带来的"始料所不及"的严重后果。

再次,这首诗从诗艺上讲,纯以议论入诗,缺乏生动的艺术形象;以文人诗,缺乏诗意和诗味;以意为主,然而缺乏必要的加工和文采。笔者以为,诗不是不可以议论,而是要寓于形象,或富有哲理性。本诗首联虽然观点鲜明,但却过分直白;颔联爱憎分明,但却有些直似斥骂;颈联虽然批评尖锐,但却显得不留余地;尾联作者用意是亲切劝勉,但却令人感到像大锣重锤似的敲击。

此外,本诗若以律诗严格的规定来看,有多处平仄不合以及失对、失粘现象,因而可以把它看作是古风式的律诗。但是,在短短的五十六字中,却出现了三个"秦"字,而且是在每句诗中的同一位置,这就不能不说是一个缺点了。当然,从作者的立场来说,可能当时并无意于作诗,只是用诗的形式来表达自己的思想,如果我们并不完全把它作为诗来对待,而是当作作者晚年的重要的思想资料来看,那我们在"诗艺"上就不必苛求了。

关于这首诗,还有一件趣事。相传1974年,郭沫若为了对毛泽东对自己的批评作出回应,并对毛泽东亲自发动的批林批孔运动表个态,除了写作了前面提到的《春雷》一诗以外,在各种书刊中还盛传有另一首诗:"读书卅载探龙穴,云水茫茫未得珠。知有神方疗俗骨,难排蛊毒困穷隅。岂甘樗栎逃绳墨,思竭驽骀效策驱。犹幸春雷动天地,寸心初觉识归趋。"这首诗后来经1996年10月中国社会科学出版社出版的《胡绳诗存》证实,是1972年7月胡绳所作。题为《七律·偶感》。该书还收录了当时胡绳听到被误传为郭沫若的诗后,1974年5月还写了一首《七律·两年前作一诗误传出于某大家手笔答友人问》:"拙句吟成偶自娱,恂诚稍借短章输。此身不是诗人种,鱼目何曾敢混珠。"可是,直到现在仍有不少著作中将这首诗当作郭沫若所作,故特附记于此,以免继续以讹传讹。

"劝君少骂秦始皇",本诗全文据《建国以来毛泽东文稿》第十三册、陈晋《文人毛泽东》、《毛泽东之魂》和吴正裕主编、李捷、陈晋副主编《毛泽东诗词全编鉴赏》。此句《毛泽东晚年过眼诗文录·前言》说,这是根据当时传达的抄件记录下来的;后来传闻的小有区别,"少骂"作"莫骂"。

"焚坑事业要商量",《毛泽东晚年过眼诗文录·前言》根据当时传达记录作"焚坑事件须商量",并说后来传闻的小有区别,"须商量"作"要商量"。

"祖龙魂死秦犹在",《毛泽东晚年过眼诗文录·前言》说,原传达记录作"祖龙虽死秦犹在",听说后来传闻的小有区别,"秦犹在"作"业犹在"。刘济昆《毛泽东诗词全集》作"祖龙虽死魂犹在"。

"百代都行秦政法",《毛泽东晚年过眼诗文录·前言》说,原传达记录作"百代犹行秦政法",听说后来传闻的小有区别,"犹行"作"多行","秦政法"作"秦政治"。

"莫从子厚返文王",《毛泽东晚年过眼诗文录·前言》说,原传达记录作"不从子厚返文王",听说后来传闻的小有区别,"不从"作"莫从"。刘济昆《毛泽东诗词全集》作"莫将子厚返文王"。

【注释】

〔1〕七律:七言律诗的简称,详见《七律·长征》注。 《封建论》:唐代政治家、思想家、文学家柳宗元的政论文。 封建:即封建制,指我国夏、商、周奴隶社会实行的"封国土、建诸侯"的贵族领土制度,亦称"分封制"。在这种制度下,中国被分割成许多诸侯国家,这些诸侯国家名义上从属于中央王朝,实际上却由世袭贵族统治,各自为政,形成各自的独立王国。秦始皇统一中国后,用郡县制取代了分封制,将天下分为三十六郡,郡下设县,郡县长官由中央政府任免。 呈:恭敬地送上。 郭老:对郭沫若的尊称。 读《封建论》呈郭老:见本诗解说部分。

〔2〕君:对人的尊称,这里指郭沫若。

〔3〕焚坑:指秦始皇焚书坑儒的事件。 商量:这里是商榷的意思。

〔4〕祖龙:指秦始皇。《史记·秦始皇本纪》:"三十六年……秋,使者从关东夜过华阴平舒道,有人持璧遮使者曰:'为吾遗滈池君。'因言曰:'今年祖龙死。'"宋代裴骃集解引苏林曰:"祖,始也。龙,人君象。谓始皇也。" 魂:灵魂,这里指生命。 秦:这里指秦始皇推行的制度。

〔5〕孔学:指孔子创立的儒家学说。 名高:名声高,名气大。 实:实际。 秕:空的或不饱满的子粒。 糠:稻、谷子等作物脱下的皮或壳。 秕糠:秕子和糠,比喻没有价值的东西。

〔6〕百代:许多代。 政法:一说政治和法律的合称,一说治国的方法,两者皆可通。

〔7〕十批:指郭沫若所写的研究先秦诸子思想

的学术专著《十批判书》。1945 年由重庆群益出版社出版,建国后多次再版。　不是好文章:指郭沫若在该书中所持尊孔反法思想。

〔8〕熟读:这里指仔细、周详地阅读、研究的意思。　唐人:指唐代杰出的政治家、思想家、文学家柳宗元。

〔9〕莫:不要。　子厚:柳宗元的字。　返:回到,这里是开历史倒车的意思。　文王:即周文王,商末周族领袖,姬姓,名昌,商纣时为西伯,亦称伯昌,曾被纣王囚禁于羑里。其统治期间,国势强盛,使虞、芮两国归附,攻灭黎、邗、崇等国,并建立丰邑作为国都,在位五十年。

毛泽东诗词

第 三 辑

毛泽东诗词　附录一（考辨）

　　本辑收录诗词共四首。系散见于书籍、报刊，经编者考证，认定为毛泽东作品，供研究者参考。

今宵月

一九一九年

今宵月，

直把天涯都照彻。

清光不令青山失。

清溪却向青滩泄。

鸡声歇，

马嘶人语长亭白。

　　这首词见之于《毛泽东手迹三幅》(《中国风》1992 年 12 月创刊号)，又见之于罗炽主编《毛泽东诗词鉴赏辞典》(华夏出版社，1993 年 12 月版)。

　　丁玲《延安文艺座谈会的前前后后》一文说，"他(指毛泽东)同我谈话，有几次都是一边谈，一边用毛笔随手抄他自己作的词，或者他喜欢的词，有的随抄随丢，有几首却给了我，至今还在我这里。"《中国风》1992 年 12 月创刊号所载三件毛泽东手书，《贺新凉》，即为《贺新郎·别友》，题下无注，为毛泽东自作词。《临江仙》，题下注有"黄兴·北京"，系黄兴到北京之作。《归国谣》，题下亦无注，即为这首词，也当为毛泽东自作词。

　　臧克家《读毛泽东同志手迹三幅》(《中国风》1992 年 12 月创刊号)说，"我个人倾向它是毛主席之作。这是从字句上，表现手法上，和其他诗词比较之下得出的这个看法。"萧永义《毛泽东诗词史话》(东方出版社 2004 年 12 月第 2 版)进一步论证说：毛泽东诗词喜用"直"字，喜用"都"字，喜用"白"字。词中"把"字，"彻"字也近乎毛词口气。"鸡声歇，马嘶人语长亭白"与他的"西风烈，长空雁叫霜晨月"、"枪林逼，飞将军自重霄入"等，在句式、节奏乃至音律上也非常接近。又，毛泽东故乡韶山旧属清溪乡，今名清溪镇，有清溪流经。《归国谣》中的"清溪"是否有可能指此而言？至于"长亭"，韶山附近即有"如意亭"、"永义亭"、"郭家亭"等地名。毛早年诗作"骤雨东风过远湾"中还有"坐眺长亭意转闲"之句，他如将"长亭"写入词中也是非常自然的。又说：如果不是毛泽东的作品，则至少可以肯定是毛所喜爱、词风与毛相近的作家的作品。这对于研究毛泽东诗词也是有意义的。

本书编著者,在本词注〔1〕中指出,田家英曾告诉臧克家说,毛泽东有一首词的开头是有意仿照辛弃疾词的,很可能指的就是这一首词。毛泽东在阅读《词综》时,圈得较多的是辛稼轩、张元干这样一些爱国主义诗人的豪放作品。毛泽东在《今宵月》这首词开头所仿照的辛弃疾《木兰花慢》词的标题前连画了三个大圈,足见毛泽东是很喜爱辛弃疾这首词的,因而《今宵月》受到辛词《木兰花慢》的影响是很自然的。这就从另一方面证明了《今宵月》这首词是毛泽东所作。至于臧说,田告诉他是辛词《永遇乐·京口北固亭怀古》,本书编著者疑为记忆有误。

这首词写作时间和思想内容,一直有几种不同的看法。一种是臧克家所说,"毛主席一九一八年为了呼吁反湖南军阀赵恒惕,来过北京。后来,一九一九年他重来北京,在北大图书馆工作。他选用了《归国谣》这个词牌子,是否他第二次来北京与亲友分手话别之作?"张仲举在《毛泽东诗词全集译注》中则进一步说,"就这首词的意境看,似写一对恋人于农历某月十五前后月圆时在夜间相会的情景。1919年正是作者与杨开慧热恋时期,这很可能是写给杨开慧的一首爱情词。1918年6月,杨昌济(杨开慧之父)应北京大学校长蔡元培聘请,出任北京大学文科伦理学教授,举家迁往北京。这时,毛泽东也于湖南省立第一师范学校毕业了。6月下旬,毛泽东收到杨昌济的北京来信,得知吴玉章、蔡元培等正在倡导青年赴法国勤工俭学。此后,毛泽东、张昆弟、罗学瓒、李维汉、罗章龙、萧子升(萧瑜)等二十多名准备赴法青年于8月19日抵京。后经杨昌济推荐,毛泽东被北京大学图书馆主任李大钊安排到图书馆任助理员。其间,毛杨双方交往不断。当时,杨开慧已经是十七岁的少女,她身处异地,得遇父亲的高才生少年英发的同乡毛泽东,情愫暗生。当毛泽东即将离京赴上海时,两人彼此心照不宣,相约分别后互通信息。1919年4月,毛泽东转道上海回到湖南。杨开慧给毛泽东写信的称呼,已是一个字'润'。毛泽东回信也是一个字'霞'。1919年12月18日,毛泽东率驱张代表团第二次来到北京。其间,有时就住在杨家,并公开了他与杨开慧的关系。由此推断,本词很可能是写赠给热恋者杨开慧的。"

另一种看法认为,这首词写于1918年春。刘汉民、舒欣在《毛泽东诗词对联书法集观》(长江文艺出版社2000年4月第2版)一书中说,"一九一八年春三四月间,毛泽东和蔡和森一道,沿洞庭湖东岸和南岸,经湘阴、岳阳、平江、浏阳几县,游历了二十天,进行社会调查。毛泽东还将沿途见闻、感想,用通俗生动、幽默风趣的文字,写成一篇篇通讯,寄给《湖南通俗教育报》。""《归国谣·今宵月》大约写于这次游历中。"

第三种意见认为,这首词与毛泽东1917年多次露宿野外的其他时间有关。1917年7月中旬至8月中旬,毛泽东同萧子升步行漫游长沙、宁乡、安化、益阳、沅江五县,历时一个月,行程九百余里。他们这次长途旅行,用游学的方法或写些对联送人以解决食宿。由于他们未带一文钱,在急难之时,只好"沙滩为床","明月为灯"了。同年9月16日,毛泽东与同学张昆弟等到湘潭昭山游览,曾夜宿昭山寺。9月22日,又与张昆弟到湘江游泳,当晚同宿蔡和森家,夜谈很久。23日清晨,毛泽东同蔡和森、张昆弟游岳麓山,沿山脊而行,至岳麓书院下山。时值"凉风大发,空气清爽","胸襟洞澈,旷然有远俗之慨"。9月30日,毛泽东再次与同学罗学瓒、李端纶、张超、邹蕴真、彭道良等十六人,租两条小船,环游长沙水陆洲一周。至夜,清风明月,醉酒歌诗,等等。此说则又将本词写作时间提前到1917年。

还有一说,从毛泽东书赠丁玲的《临江仙》词题之下注明"黄兴,北京"来推断,认为这首词与黄兴逝世后、1917年3月在长沙举行葬礼这段时间有关。当时毛泽东同萧植蕃(萧三)联名写信给来长沙参加黄兴葬礼的日本友人白浪滔天(即宫崎寅藏)说:"先生之于黄公,生以精神助之,死以涕泪吊之,今将葬矣,波涛万里,又复临穴送棺。高谊贯于日月,精诚动乎鬼神"。"植蕃、泽东,湘之学生,尝读诗书,颇立志气。今者愿一望见丰采,聆取宏教。"

本书编著者认为,前几说较有依据,后一说似乎依据不足,这首词到底所指者何,留待进一步研究。但是有一点必须肯定的,从写景抒情上来讲,这是一首语言优雅、格调清新,意境深远的绝妙好词。

这首词现在所见有一件手书:标题为《归国谣》。横写,有标点符号。即毛泽东在延安书赠丁玲的那首。

"清光不令青山失",毛泽东手书作"清光不今青山失","今"字疑为"令"字之误。萧永义《毛泽东诗词史话》(东方出版社,1996年12月版)认为,在排印出的文字中,"合"字误为"今",应为"合"字。

【注释】

〔1〕今宵月:臧克家在《毛泽东同志与诗》(《红旗》1984年第2期)中曾说:"田家英同志曾在电话中告诉我:毛泽东同志的某首词的开头,是有意仿照稼轩《永遇乐·京口北固亭怀古》的。"本书编著者,一直想找出毛泽东到底是哪一首词的开头模仿辛弃疾词的。不经意中发现辛弃疾《木兰花慢》首句为"可怜今夕月","今夕月"不就是"今宵月"吗?臧克家文中所

说辛弃疾篇目很可能是记忆有误。以此推断,更可证明了这首词为毛泽东所作。辛弃疾《木兰花慢》词前有小序:"中秋饮酒将旦,客谓前人诗词有赋待月,无送月者,因用《天问》体赋。"词曰:"可怜今夕月,向何处,去悠悠?是别有人间,那边才见,光影东头?是天外空汗漫,但长风浩浩送中秋?飞镜无根谁系?姮娥不嫁谁留?谓经海底问无由,恍惚使人愁。怕

万里长鲸,纵横触破,玉殿琼楼。虾蟆故堪浴水,问云何玉兔解沉浮?若道都齐无恙,云何渐渐如钩?"

〔2〕天涯:极远之处。　彻:这里有清楚的意思。

〔3〕清光:指月光。　清光不令青山失:古诗中有类似句式和意境。如宋代赵汝愚有"江月不随流水去,天风常送海涛来。"

〔4〕清溪:萧永义《毛泽东诗词史话》(东方出版社,1996 年 12 月版)认为,毛泽东故乡韶山旧属清溪乡,今建清溪镇,有清溪流经。清溪可

能是指此而言。萧永义《毛泽东手书〈归国谣〉著作权归属之我见》(《党的文献》2008 年第 5 期)认为,1992 年《中国风》《归》词释文排成"清光不今青山失",后又改作"清光不令青山失",均非原词,当以"清光不合青山失"为正。'合'者,闭合也,吻合也。《庄子·齐物论》:"奚旁日月,挟宇宙,为其吻合。'吻合',亦即泯合。《史记》:'天下之士云合雾集'。"

〔5〕长亭:古时路上十里设亭,谓之长亭,为人们送别之处。　长亭白:指天已大亮。

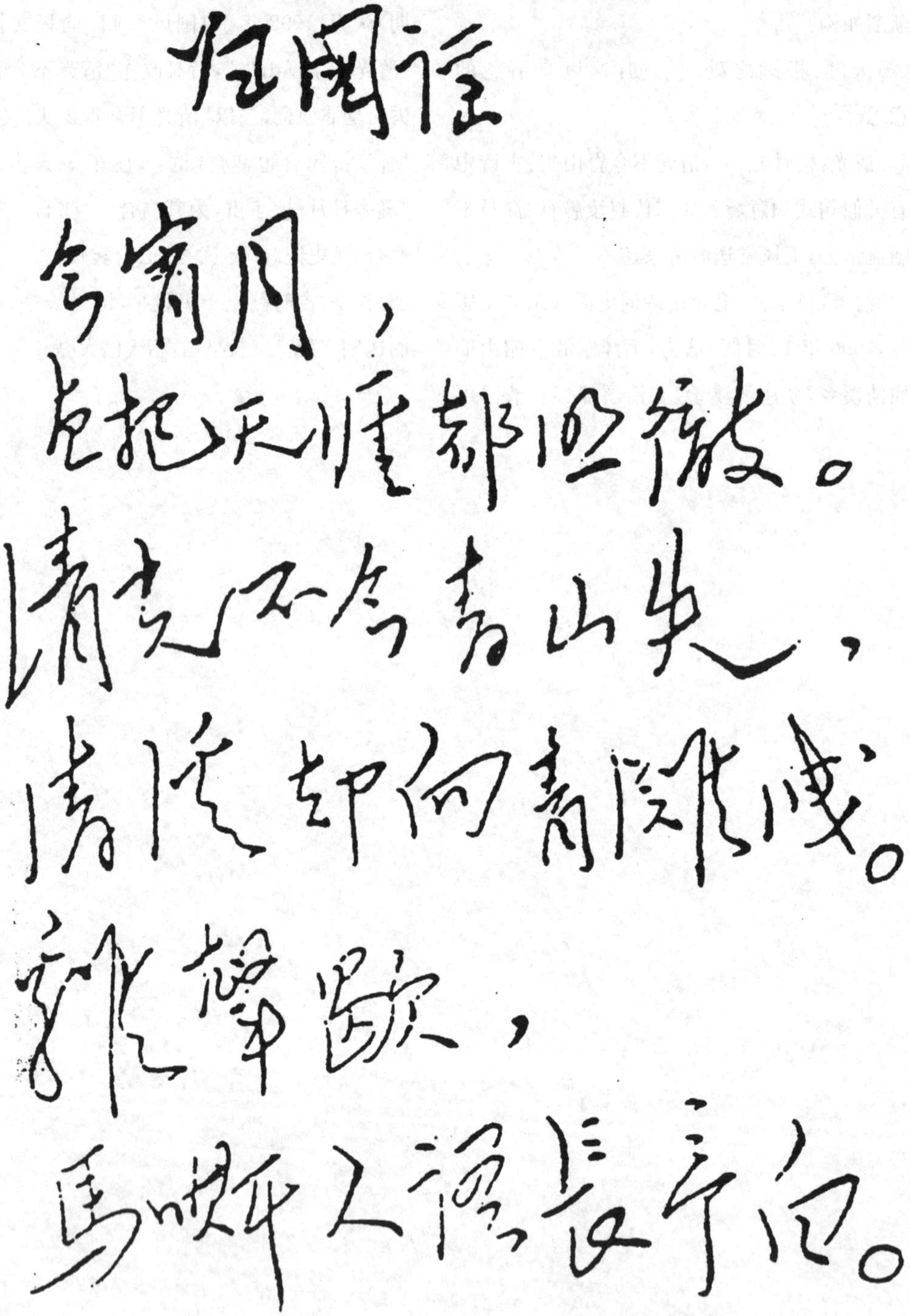

归国谣

今宵月，
直把天涯都照彻。
清光不令青山失，
清辉却向青眸泄。
飞鸿歇，
马嘶人语长亭白。

毛泽东手书《归国谣·今宵月》

渔家傲

反第三次大"围剿"

一九三一年

并进长驱夸战略，

醒风久欲昏河岳。

三十万人齐呈虐，

情更恶，

三门主义烧夺掠！

英勇红军凭肉搏，

红旗翻处白旗没。

地动天摇风雨跃，

雷霆落，

今日渠魁应活捉！

这首词见于曾德林《红旗翻处白旗没——坚决和资产阶级教育方针作斗争》(《中国青年》1958 年 14 期,7 月 16 日出版)。

该文说:"毛主席在二十九年前所作的一首名叫《渔家傲》的词里这样写道:'英勇红军凭肉搏,红旗翻处白旗没。地动天摇风雨跃,雷霆落,今日渠魁应活捉!'长自己之志气,灭敌人的威风,这是何等伟大的英雄主义的气势!"

据宋苍松《一首鲜为人知的毛泽东词》(未刊稿)说,他所搜集到的文革初期毛诗版本中,北京某中学油印本和哈尔滨某单位刻印的一个版本有《渔家傲·三次战争》,全词为:"并进长驱夸伟略,腥风久欲昏河岳。三十万人齐呈虐,情更恶,三门主义烧杀掠! 英勇红军凭肉搏,红旗翻动白云没。地动天摇风雨跃,雷霆落,渠魁今日应活捉!"

这里有几处异文,当以曾德林正式发表的文章中引用的为准。"三次战争",当即指反第三次大"围剿"。

据丁毅《毛泽东的第三首〈渔家傲〉词的发现与解读》一文考证,这是毛泽东第三次反大"围剿"战役中之作,时间是 1931 年 8 月。

中央红军第三次反大"围剿"始于 1931 年 7 月。7 月 1 日,蒋介石在南昌发布命令,调集二十三个师又三个旅共三十万人,采取"长驱直入"的战略,发起对中央红军的第三次大"围剿"。毛泽东、朱德本着"避敌主力,打其虚弱,乘胜追歼"的方针,率领广大红军指战员,英勇战斗,前后总计歼敌三万余人。从此,赣南和闽西根据地连成一片,形成了中央革命根据地。

"呈",通"逞"。

【注释】

〔1〕曾德林,四川自贡人,1920 年生。早年曾入泸县川南师范学校读书,1938 年加入中国共产党,曾任江北县委书记、四川省委青委委员、《新华日报》社记者等职。建国后,曾任共青团中央常委和候补书记、重庆大学党委书记和校长、教育部副部长、中共中央宣传部副部长等职。

七律

重庆谈判

一九四五年

有田有地吾为主，

无法无天是为民。

重庆有官皆墨吏，

延安无屎不黄金。

炸桥挖路为团结，

夺地争城是斗争。

遍地哀鸿满城血，

无非一念救苍生。

这首诗最初见之于上海 1949 年 3 月 13 日上海《亚报》，同年《新民报》又发表"更正"。王奇《重庆，一道冲破浓雾的闪电！——记四十年前中国政坛的一件怪事，并以悼念王昆仑同志》（《新观察》1985 年第 18 期），引用了其中"重庆有官皆墨吏，延安无土不黄金"一联。盛巽昌《毛泽东诗词二首》（《文教资料简报》1983 年第 12 期）据《亚报》和《新民报》"更正"，抄录出全诗。马连礼主编《毛泽东诗词史诗论》（山东人民出版社，1991 年 12 月版）、苏桂主编《毛泽东诗词大典》（广西人民出版社，1993 年 8 月版）亦收入此诗。

盛巽昌文中说："1945 年 8 月，毛泽东同志从延安到重庆，与周恩来、王若飞等同志共同与国民党进行和平谈判。""在重庆期间，毛泽东同志一首七律传抄甚广。"七律，即指这首诗。

"重庆谈判"，罗炽《毛泽东诗词鉴赏辞典》标题作《无法无天是为民》，付建舟《毛泽东诗词全集详注》、易孟醇《毛泽东诗词笺析》（湖南文学出版社 1996 年 12 月第 2 版）标题作《有田有地吾为主》。

"有田有地吾为主"，此据盛巽昌《毛泽东诗词二首》。苏桂《毛泽东诗词大典》作"有田有地皆吾主。"

"无法无天是为民",此据盛巽昌《毛泽东诗词二首》。苏桂作"无法无天是尔民"。

"重庆有官皆墨吏",此据盛巽昌《毛泽东诗词二首》。一本作"重庆有官尽墨吏"。

"延安无屎不黄金",此据盛巽昌《毛泽东诗词二首》。苏桂作"延安无土不黄金"。

"遍地哀鸿满城血",此据盛巽昌《毛泽东诗词二首》。苏桂作"遍地哀鸿遍地血"。

【注释】

〔1〕七律:见《七律·长征》注。 重庆谈判:抗日战争胜利后,国民党蒋介石集团为了篡夺胜利果实,在美帝国主义的支持下,积极准备全面发动反人民的内战。中国共产党与国民党蒋介石集团进行针锋相对的斗争。蒋介石集团慑于中共领导下人民力量的强大和民主舆论的反对,特别是国民党还没有完成战争的准备,因而一时还未能贸然发动全面内战,于是伪装和平,于1945年8月三次电邀毛泽东到重庆进行和平谈判。中国共产党为了争取和平并揭露美帝国主义和国民党的政治欺骗,用事实教育人民群众和争取中间势力,遂派毛泽东、周恩来、王若飞等三人于8月28日从延安飞抵重庆参加谈判。谈判共进行了四十多天,最终于10月10日签订了《国共双方代表会谈纪要》即"双十协定"。在这个纪要中,蒋介石集团表面上承认接受中国共产党提出的和平建国的基本方针和召开政治协商会议的建议,承认各党派的平等合法地位,保证人民的某些权利,但是拒不承认人民军队和解放区的人民政权,企图在"统一军令""统一政令"的借口下,根本取消中共领导的人民军队和解放区,以致在这些问题上双方没有达成协议。10月11日,毛泽东返回延安,周恩来等仍留重庆继续谈判。"双十协定"签订后,中共将长江以南的军队北撤,而蒋介石却背信弃义地撕毁协议,向解放区发动全面的军事进攻,彻底暴露了其假和平、真内战的阴谋,使全国人民更加紧密地团结在中国共产党周围,积极参加反对美帝国主义和蒋介石集团的革命斗争。

〔2〕有田有地:指革命根据地。 吾为主:我们作主。

〔3〕无法无天:指共产党不听蒋介石国民党政府的指挥,不遵守蒋介石所谓的"法"。在重庆谈判期间,蒋介石说:共产党要交出军队,否则就是无法无天。还说:天无二日,国无二主。

〔4〕重庆:1938年至1946年,国民党政府迁驻陪都重庆。 墨:脏污。 墨吏:贪官污吏。《左传·昭公十四年》:"贪以败官为墨。"

〔5〕延安:1937年至1947年为中共中央所在地。 黄金:有多重含意,既是说,延安位于秦晋黄土高原,又表现那里是祖国的大好河山,一片大好形势。

〔6〕炸桥挖路:指破坏敌人的交通。

〔7〕夺地争城:指从敌人手中夺取城市和土地。

〔8〕哀鸿:鸿雁哀鸣。《诗·小雅·鸿雁》:"鸿雁于飞,哀鸣嗷嗷。"这里比喻流离失所的难民。

〔9〕一念:一个想法。 苍生:本指生长草木之处,后多借指百姓。《书经·益稷》:"帝光天之下,至于海隅苍生。"《晋书·谢安传》:"安石不肯出,将如苍生何?"

赞秘密工作者

一九五○年一月上旬

惊涛拍孤岛，

碧波映天晓。

虎穴藏忠魂，

曙光迎春早。

　　这首诗最早见之于《名人传记》1999 年第四期，后又见于 2006 年 3 月 4 日《人力资源报》"旧闻"版《第一位中共台湾省委书记》一文（原载《青年参考》）。胡为雄《毛泽东诗赋人生》（中共中央党校出版社 2007 年 5 月第 1 版）收录。该书作为"经过考证而收入"的毛泽东诗词收入"附编"（附编共收录十九首）。

　　2006 年 3 月 4 日《人力资源报》"旧闻"版《第一位中共台湾省委书记》一文（原载自《青年参考》）说：1948 年中国共产党准备解放台湾时，时任华东局社会部部长的舒同，是中央和华东局内定的台湾第一任省委书记，刘格平为副书记。虽然没有正式上任，但舒同以华东局社会部部长的身份，直接参与了对台的敌工工作。1949 年 10 月到 11 月间，中共打入国民党内最大的内线是被称为"密使一号"的台湾国民党"国防部参谋次长"吴石。为取得吴石掌握的重要军事情报，舒同决定派长期在上海、香港从事情报工作的女共产党员朱谌之赴台与吴联系。朱谌之从香港抵台，吴石在寓所秘密会见朱谌之，提供了一批绝密军事情报资料。这批情报通过秘密渠道很快从香港送到华东局，由舒同递送北京。当年，毛泽东听说这些情报是经一位女共产党员秘密赴台从一位国民党高层的"密使一号"那里取回时，当即嘱咐："一定要给他们记上一功哟！"还在红线格信纸上写下这首诗。后来，国民党保密局抓获共产党台湾工委委员陈泽民及工委书记蔡孝干。蔡变节，导致岛内四百多名共产党员被捕，吴石、朱谌之也未能幸免并被国民党杀害。

　　这首诗，胡为雄《毛泽东诗赋人生》一书中标题作《五言·赞"密使 1 号"》，写作时间作"一九五○年一月上旬"。"密使 1 号"即中国共产党情报英雄吴石将军。吴石（1894—1950 年），闽侯螺洲吴厝村（今福州仓山区螺洲镇）人。1911 年辛亥革命爆发后曾参加学生北伐军。1924 年起先后任南苑干部学校上校教官、第四师参谋长、北伐军总部作战科长等职。1936 年获少将军衔。抗日战争中受命起草《对日第三次会战计划》和《昆仑关大战计划》，此两战使日军为之胆寒。1942 年升中将衔，入军政部任主任参谋兼部长办公室主任。抗战胜利后改任中央军事机构改组委员会秘书组组长，1946 年任国防部史料局局长。

吴石曾认真研读过毛泽东的《论持久战》等著作，认为真正抗日救国的是中国共产党。后来，吴石直接受中共地下党员何遂（建国后任华东军政委员会司法部门）领导，以其中将的特殊身份为掩护，为解放战争的胜利做出了巨大的贡献。1949 年 8 月 15 日，福州解放在即。蒋介石手谕电召吴石速赴台湾，吴石赴台湾前，中央地下组织给他的代号为"密使 1 号"。吴石赴台湾后，就任国民党国防部参谋次长。1950 年 6 月 10 日，他被叛徒出卖在台北从容就义。临刑前，吴石望着大陆方向说："台湾大陆都是一家人。这是血脉民心。"1973 年，在毛泽东主席的支持下，周恩来总理为表彰吴石将军为祖国统一大业作出的特殊贡献，由国务院追认他为革命烈士。

毛泽东的这首诗，是随着中共"密使 1 号"即吴石将军的资料公开而公之于世的。1950 年 1 月上旬的某一天，军委作战部部长李涛将几份绝密军事情报送到毛泽东主席手中。对其中一份《关于组织全国性游击武装的应变计划》，毛泽东边看边在上面用红蓝铅笔标上不同的记号，并感兴趣地问李涛："这样机密的情报，你们是怎么搞来的哟？"李涛答道："是华东局情报部专程派人送来的。他们最近派去一位秘密特派员，而且还是个女同志，与国民党军队的一位上层人士'密使 1 号'接上了头。这情报就是那位上层人士提供的。""哦，"毛泽东听了显得很高兴，"这位秘密特派员，还有那位国民党军队中的'密使 1 号'，都很能干哟！我建议，一定要给他们记上一功哟！""是，主席！我马上向总参传达您的指示。"当李涛正要转身离去时，毛泽东叫住了他："慢走，我要亲自写几句话给你带去。"说着，毛泽东沉吟片刻，来到办公桌前，挥笔在红竖格信纸上写下了几行诗句。写毕，毛泽东将它交给李涛，说："你回去，别忘了给他们记功哟！"

以上两说，所述史实完全一致，但这首诗文字上有一个字的差异，即：第四句《人力资源报》刊载的《第一位中共台湾省委书记》一文作"曙光迎春早"，胡为雄《毛泽东诗赋人生》一书作"曙光迎来早"。这首诗既可说是赞"密使 1 号"，也可说是赞秘密特派员的，他们都是为了中国人民的解放事业，战斗在看不见的战线上的真正的无名英雄。

毛泽东诗词　附录二（考辨）

　　本辑收录诗词共十七首。系散见于书籍、报刊,为毛泽东作或与他人合作的古体诗、近体诗以及诗篇残句,绝大部分源于知情人日后的回忆,无当年文献可据;有几首是联句,不能看作毛泽东一人作品。因此,辑录这些诗篇,仅为毛泽东诗词研究者提供资料。

迎春

一九〇一年

狮子眼鼓鼓，

擦菜子煮豆腐。

酒放热气烧，

肉放烂些煮。

这首诗见于《楚风》1984年第四期，又见于汪澍白《毛泽东思想与中国传统文化》（厦门大学出版社，1984年12月版），后为陈晋《毛泽东与文艺传统》（中央文献出版社，1992年3月版）转引。题目是本书编者所加。

1901年毛泽东满八岁那年春节，随母亲到外婆家去拜年，正遇锣鼓鞭炮昼夜不停，龙灯狮舞接连不断，外公指着狮子笑着说："润之，你若能赞狮子，外公再把你一块压岁钱。"毛泽东听了，立即爬上桌子，不慌不忙地唱了起来。这首顺口溜反映了当地农民过年的习俗和毛泽东幼年时欢快的心情。

盛巽昌编著《毛泽东与民俗文化》（广西人民出版社1998年4月第1版）中引述汪澍白这段话时说：毛泽东"他原来见识过大人赞狮子，心里一高兴，就脱口而出，赞了四句：……"在"〔附注〕"中又说："江西萍乡和湘东地区民间儿歌有'狮子眼鼓鼓，擦菜子煮豆腐'句。"

易孟醇、易维《诗人毛泽东》认为，这首诗是湘潭、湘乡一带，每到正月初七八便开场、正月十五才收场，玩龙灯、舞狮子时，看热闹的小孩子唱出的民间流传的顺口溜。并说，个别词语也许有些变动，但几十年都挂在小孩们的口头上。还认为，少年毛泽东也曾唱过是可能的，不过说这首顺口溜是毛泽东的口头创作，未必符合事实。

"擦菜子煮豆腐"，刘汉民、舒欣编著《毛泽东诗词·对联·书法集观》（长江文艺出版社2000年4月第2版）、刘汉民《诗人毛泽东》（长江文艺出版社2001年1月第1版）均注明本诗引自陈晋《毛泽东与文艺传统》（中央文献出版社1992年3月出版），但不知缘何这一句却写作"茶菜子，煮豆腐，"《诗人毛泽东》并注释说："'茶菜子'，湖南山乡的一种茶食。"易孟醇、易维《诗人毛泽东》作"擦菜煮豆腐"。

"酒放热气烧",高珊珊编《毛泽东的传说》(河南人民出版社,1993 年 11 月版)作"酒放热点烧"。刘汉民、舒欣编著《毛泽东诗词、对联、书法集观》、刘汉民《诗人毛泽东》转引自陈晋《毛泽东与文艺传统》,不知缘何这一句却作"酒放热些烧"。易孟醇、易维《诗人毛泽东》也作"酒放热些烧"。

井赞

一九〇六年

天井四四方，

周围是高墙。

清清见卵石，

小鱼围中央。

只喝井里水，

永远养不长。

这首诗见于韶山陈列馆陈列室，文见于李锐《毛泽东的早期革命活动》（湖南人民出版社，1980 年 2 月版），萧三《毛泽东同志的青少年时代和初期革命活动》（中国青年出版社，1980 年 7 月版），江建高、文辉杭、刘珍斌编《韶山导游》（湖南地图出版社，1991 年版）等书，又见于 1987 年 12 月 26 日香港《文汇报》赵志超所撰一文，香港刘济昆所编《毛泽东诗词全集》，胡忆肖、胡兴武、畅清编著《毛泽东诗词白话全译》、陈晋《文人毛泽东》。这首诗的写作时间，以上诸书、诸文都说作于 1906 年。董学文《毛泽东和中国文学》（春风文艺出版社，1994 年 6 月版）说，此诗作于 1905 年（十二岁），不确。

少年毛泽东不满私塾的陈规陋习和古板的教学方法，敢于抨击老师教学的弊端。1906 年秋，毛泽东到韶山井湾里私塾读书，老师是他的堂兄毛宇居。一次，毛宇居外出，临行前规定学生要在屋里背书，不准出私塾。先生刚走，毛泽东就背着书包爬到屋后山上去了。他一边背书，一边摘毛栗子，书背熟了，毛栗子也摘了一书包。回到私塾，给每个同学送上几颗毛栗子，也孝敬先生一份，毛宇居却不领情，责问道："谁叫你到处乱跑？"毛泽东回答说："闷在屋里头昏脑胀，死背硬读也是空的。"毛宇居听了十分恼怒，毛泽东遂说："那你叫我背书好了。"毛宇居知道背书难不倒这个学生，心生一计，来到院中央，指着天井说："我要你赞井！"毛泽东沿着天井转了两圈，便写了这首诗。

《毛泽东的亲情、乡情、友情》说，1950 年，毛泽东在北京会见他的塾师毛宇居时，谈起这件赞井的往事，笑着说："这也是你老师逼出来的呀。"

【注释】

〔1〕五言诗:中国古代诗体一种。每句五字,包括五古、五律、五绝、五排。《诗经》《楚辞》和其他古歌谣中已有五言句式,到汉代才出现整首是五言的诗体,唐代以来有五言律体。这首诗首句押韵,不拘平仄,格律比较自由。

据吴直雄《毛泽东妙用诗词》(京华出版社1998年12月第一版)说,在民间的儿歌中,以"××四四方"打头的不少,诸如"豆腐四四方"、"砚台四四方"、"桌面四四方"之类。有一首儿歌谜语写道:"花园四四方,里面真荒凉,只有一棵树,种在园中央。"("困"字)形式上与本诗相似。

〔2〕天井:宅院中房子与房子,或房子与围墙所围成的露天空地,形状似井,故名。

〔3〕清清:指水清。 卵石:卵形、圆形或椭圆形的石块,铺于井底有助于防止井底泥土上泛,保持井水澄清。

〔4〕囿:局限。 中央:中间,这里指小鱼局限在井中活动。

〔5〕长:指长大。 养不长:指只能生存,不会长大。

五言诗

咏指甲花

一九〇七年夏

百花皆竞放，

指甲独静眠。

春季叶始生，

炎夏花正鲜。

叶小枝又弱，

种类多且妍。

万草被日出，

惟婢傲火天。

渊明爱逸菊，

敦颐好青莲。

我独爱指甲，

取其志更坚。

这首诗见于高菊村、龙剑宇、陈高举、刘建国、蒲苇著《毛泽东故土家族探秘》（西苑出版社，1993年9月版）。该书说：有一次，少年毛泽东在外婆家唐家圫，到附近的保安寺游玩、赏花时，吟得此诗。这首诗咏花言志，显露出毛泽东坚韧非凡的志趣和精神境界。

【注释】

〔1〕指甲花：学名凤仙花，凤仙花科，一年生草木。夏季开花，花两三朵同生叶腋，不整齐，萼有一矩，呈角状，向下弯曲，花色不一。果实椭圆形，以弹力裂开，裂片旋卷。品种颇多，可供观赏，花与种子均可入药，花捣碎可染指甲，故名指甲花。

〔2〕竞春：在春天竞放。

〔3〕妍：美。

〔4〕被：同"披"。　日出：太阳初升。

〔5〕惟：只有。　婢：女仆或古代女子的谦称，这里指指甲花，因为指甲花"叶小枝又弱"，对百花而言处于从属地位。

〔6〕渊明：即陶渊明，详见《七律·登庐山》注。

渊明爱逸菊：陶渊明诗中一再写到菊，《饮

酒》(其五):"采菊东篱下,悠然见南山",即为其名句。北宋周敦颐《爱莲说》中也说:"晋陶渊明独爱菊。"又说:"菊,花之隐逸者也。"菊花在许多花草枯萎之时独吐幽芳,如同隐逸之士不愿与统治者同流合污,隐居避世。

〔7〕敦颐:即周敦颐(1017—1073),北宋哲学家,字茂叔,道州营道人,曾官大理寺丞、国子博士。因筑室庐山莲花峰下的小溪上,取营道故居濂溪以名之,后人遂称濂溪先生。他提出的太极、理、气、性、命等,成为明理学的基本范畴,他本人成为理学的创始人之一。著有《太极图说》和《通书》等,后人编为《周子全书》。

敦颐好青莲:周敦颐著有《爱莲说》一文,文中赞美莲:"予独爱莲之出淤泥而不染,濯清涟而不妖,中通外直,不蔓不枝,香远益清,亭亭净植,可远观而不可亵玩焉。"又说"莲,花之君子者也。"

耕田乐

一九〇八年

耕田乐，

天天有事做。

近冲一墩田，

近水一墩望，

多年副产积满仓。

农事毕，

读书甚馨香，

坐待时机自主张。

这首诗见于杨亲华、吴少京主编《毛泽东大系》（吉林人民出版社1994年11月版）。

此诗大约作于1906年冬至1908年夏，毛泽东十三岁至十五岁的时候。

1906年秋天，毛泽东到韶山井湾里私塾读书，内容是四书五经。1907年至1908年辍学在家务农，白天同成人一起在田间劳动，晚上帮助父亲记账，同时，他还坚持读书。这期间，他喜欢中国古代传奇小说，特别喜欢读反抗统治阶级压迫和斗争的故事，曾读过《精忠传》、《水浒传》、《三国演义》、《西游记》、《隋唐演义》等，还读些当时能找到的一切书籍。这些书，使他开阔了视野，萌发了爱国思想。此时，便写作了这首《耕田歌》。这首如顺口溜式的诗作，生动地记录了当时处于一个自足但有追求的自耕农家少年的心态。

【注释】

〔1〕冲：湖南方言，指山间的平地。　　〔2〕馨香：芳香远播。

五言排律

湘江漫游联句

一九一四年

晚霭峰间起，

归人江上行。

云流千里远，（以上萧瑜）

人对一帆轻。

落日荒林暗，（以上毛泽东）

寒钟古寺生。

深林归倦鸟，（以上萧瑜）

高阁倚佳人。（毛泽东）

　　这首诗见之于萧瑜著、陈重、张雯、金翊、梁燕编译的《我和毛泽东的一段曲折经历》（昆仑出版社，1989年6月版，该书原名《毛泽东和我曾经是乞丐》）。作于1914年。原诗无标题。

　　这首诗现在所见已不完全，这是存留的诗句。

　　据萧瑜说：毛泽东在湖南第一师范读书时，和萧瑜同学，他们时常到湘江边散步。他说："湘江沿岸风光秀美，让人不禁诗兴大发。我在日记本中写了许多诗句。至今我仍记得我和毛在一块漫步湘江边作的一首诗的前几句。"接着记下了以上的诗句。

【注释】

〔1〕排律：是律诗的一种，因就律诗的定格加以铺排延长而得名。每首至少十句五韵，有多至百韵者。限押同一部平声韵，除首、末两联外，其余各联均须对仗。也有隔句相对的，称扇对。　五言排律：每句五个字的排律。萧瑜：见《赠萧瑜同学联》注。

〔2〕霭：云气。　晚霭：傍晚时的云气。

〔3〕归人：回家的人。唐代王建《送丘为下第归江东》："五湖三亩宅，万里一归人"。　江上行：指乘船而行。一说，"上"，侧畔。　江上：江边。　江上行，指在江边行走。

〔4〕云流：指云在天空中不断地随风飘动。一说此处指行云流水。

〔5〕人：作者自指。　帆：指船。　轻：轻便，指

船在江中行驶非常轻捷。

〔6〕荒林:人迹罕至的树林。

〔7〕寒钟:听了令人产生寒意的钟声。 古寺:古庙。 生:发生,这里指敲钟发出声音。

〔8〕深林:茂密的树林。 深林归倦鸟:即倦鸟归深林。宋代陈造《三月初晚晴寄高缙之》诗三首其三有"森木倦鸟归"之句。晋代陶渊明《归去来辞》中亦有"鸟倦飞而知还"之句。

〔9〕阁:旧时女子的住房。 高阁:犹言高楼。 倚:依靠,指身体靠在物体上。 佳人:美人。 高阁倚佳人:即佳人倚高阁。这里指少妇倚楼盼望远行的丈夫归来。

七绝

呈刘翰林联句

一九一七年夏

翻山渡水之名郡,（毛泽东）

竹杖草履谒学尊。

途见白云如晶海。（以上萧瑜）

沾衣晨露浸饿身。（毛泽东）

这首诗见之于萧瑜《我和毛泽东的一段曲折经历》（昆仑出版社,1989 年 6 月版）,作于 1917 年夏。

毛泽东在一师读书期间,十分重视对实际社会的认识。他常对同学们讲,不仅要读"有字之书",还要读"无字之书"。毛泽东在校期间曾数次"游学"。一些同学说他是"身无分文,心忧天下"。1917 年 7 月中旬至 8 月 16 日,毛泽东邀集在长沙楚怡小学教书的老同学萧瑜和准备回安化老家度暑假的同学萧蔚然,从长沙动身,徒步经历了长沙、宁乡、安化、益阳、沅江等五个县,到沅江后遇洞庭湖涨水,道路被淹,便乘船返回长沙,历时一个月,行程九百余里,进行了广泛的社会调查,接触了各方面的人士,了解风土人情,获得许多新鲜知识。他们扮作乞丐,分文不带,采用旧时代读书人游学的办法解决旅途中的食宿等问题。

毛泽东一行渡过湘江之后,走了一天山路,来到一个山庄,一天都没吃东西,脚底打满了泡,饥肠辘辘,但没有钱买东西吃。毛泽东和同学们打听到山坡上住着一位姓刘的绅士,清朝时作过翰林,后来告老还家。他对诗文很有造诣,家中生活也很富裕。毛泽东和同学们便决定去拜访他。萧瑜说:"润之,刘先生就是我们今天的主人了。……我想最好的办法是写一首诗送给他,用象征的语言表示我们拜访他的目的。"毛泽东十分赞同,于是他们便作了这首诗。萧瑜又说:"诗中第三句的'白云',暗指刘氏能摆脱俗事纠缠,在山中别墅过隐居生活。'翻山渡水'和'浸饿身'的含义是一目了然的。"由萧瑜把诗写下来,并签上他们的真名,装在写着"刘翰林亲启"的信封里,通过门房送到刘家。七十多岁的刘先生读了他们的诗,非常高兴,在书房里亲切接见了他们,称赞他们:"你们的诗很好,书法也很不错。"同他们谈论古曲经籍注疏问题,并赠送给他们一个包着四十个铜板的红纸包。他们拿出其中的八枚铜板饱饱地吃了一顿晚饭。据萧瑜记述，自己联二、三句，毛泽东作一、四句。李锐《毛泽东早年的读书生活》一书说："从平仄而言，'草履'出格，应为平声（如'芒鞋'为妥），'饿'字平仄亦不合，当是译文之误。"

【注释】

〔1〕七绝：见《七绝·为女民兵题照》注。 刘翰林：指毛泽东和萧瑜等同学 1917 年夏游学时所拜见的清末湖南宁乡一刘姓翰林，名字不详。 联句：见《五言排律·登云麓宫联句》注。 萧瑜：见《赠萧瑜同学联》注。

〔2〕之：往，到。 郡：我国古代划分的行政区域名。 名郡：有名的城邑，这里指刘翰林所在的宁乡县。

〔3〕学尊：尊敬的学者，指刘翰林。

〔4〕竹杖：竹子所制的手杖。 草履：草鞋。竹杖草履：形容贫苦学生的样子。 谒：晋见

地位或辈份比较高的人。 学尊：学术界的尊长，这里是对刘翰的尊称。

〔5〕晶海：水晶般的海洋，形容白云纯洁无边。

白云如晶海：指山上洁白的云飘拂在如水晶般海洋似的广阔的天空中，这里是赞誉刘翰林隐居在高山云海，操行高洁脱俗。南朝齐代陶弘景《诏问山中何所有赋诗以答》："山中何所有，岭上白云多。只可自怡悦，不堪持赠君。"

〔6〕沾衣晨露浸饿身：即晨露沾衣浸饿身，早晨的露水浸湿了衣服和饥饿的身躯，这里写他们求学的艰辛，含有向刘翰林求助的意思。

五言诗

玉潭即景联句

一九一七年夏

云封狮固楼，
桥锁玉潭舟。

这首诗见之于萧瑜著、陈重、张雯、金翊、梁燕编译《我和毛泽东的一段曲折经历》（昆仑出版社，1989 年 6 月版）。

萧瑜在该书中说，1917 年暑假，毛泽东和萧瑜二人徒步游历途中经过宁乡县，宁乡县城里并无什么特别之处。城郊那里有一条较宽的名为玉潭的河。河上横跨着一座精巧的小桥。桥附近聚集着许多小船。站在河边远远望去，能看见一座小山岗，那就是狮固山，山坡上种满了松树。我和毛泽东坐在河岸上，观赏着玉潭河和周围美丽的景色。我们写了一首小诗，当时对其中两句挺得意："云封狮固楼，桥锁玉潭舟。"

"云封狮固楼"，何泽中辑注《毛泽东对联笺析》作"云封狮顾楼"。

【注释】

〔1〕五言诗：见《五言诗·井赞》注。这首诗的两个残句，讲求平仄，对仗工整，因而这首诗可能是律诗。但尚不能断定是五律还是五言排律。 玉潭：即玉潭河，在湖南宁乡县城郊。

即景：眼前景物，后因称以眼前景物为题材的诗为即景诗。

〔2〕云封：指云气遮蔽。 狮固：即狮固山，是宁乡县东北三里的一座小山。

〔3〕桥：指宁乡县城郊玉潭河上的一座小桥。

桥锁玉潭舟：意思是说，玉潭河中，许多船只停泊在桥边，像是被桥锁住一样。

四言诗

露宿梅城堤上

一九一七年夏

沙地当床，

石头当枕。

蓝天为帐，

月光为灯。

　　这首诗最早见于萧三《毛泽东青少年时代》，后又见于《新湘评论》编辑部编《毛泽东同志的青少年时代》（中国青年出版社，1979 年 10 月版）、高菊村、陈峰、唐振南、田余粮著《青年毛泽东》（中共党史资料出版社，1990 年 3 月版）、曹志为《伟人之初：毛泽东》（浙江人民出版社，1991 年 5 月版）、陈晋《毛泽东之魂》（吉林人民出版社，1993 年 10 月版）、何联华著《毛泽东诗词新探》（武汉出版社，1995 年 12 月版）。

　　1917 年 7 月，毛泽东在长沙求学期间，利用暑假与萧瑜一道"游学"远足，搞社会调查，沿途风餐露宿。他们从长沙出发，先到宁乡县，然后到安化县，在经清塘铺、太平段去县城梅城路上，夜深人静，不名分文，曾露宿河堤。毛泽东指着河床说："咱们今晚在这里过夜如何？那床不是很舒适的吗？"躺下后，毛泽东风趣地说了上面四句话。

　　这首诗，各种版本文字各异。此据陈晋《毛泽东之魂》。萧三《毛泽东青少年时代和初期革命活动》作"沙滩为床，石头当枕。蓝天作帐，明月为灯。"有材料说：萧瑜《毛泽东和我曾经是乞丐》作"沙滩是床，蓝天做帐，月亮当灯，星星伴睡。"笔者所见《我和毛泽东的一段曲折经历》译文为散文，未作诗句译出。《新湘评论》编辑部编《毛泽东同志的青少年时代》作"沙滩是床，蓝天是帐，月亮当灯，星星作伴"。录以备考。

七律

游学即景

一九一七年夏

骤雨东风过远湾，

滂然遥接石龙关。

□□□□□□□，

□□□□□□□。

野渡苍松横古木，

断桥流水动连环。

客行此去遵何路，

坐眺长亭意转闲。

　　这首诗见之于萧三《毛泽东同志的青少年时代和初期革命活动》(中国青年出版社，1980 年 7 月版)。据此，1983 年 9 月 6 日《解放日报》社出版的《报刊文摘》刊载的《毛泽东早期的几首旧体诗词》一文，作了介绍。陈晋在《毛泽东的文化性格》(中国青年出版社，1991 年 12 月版)中说，此诗作于 1917 年，原诗无标题。原诗现在所见已不全，缺颈联两句。

　　1917 年夏，毛泽东与同学萧瑜步行游了湖南五个县。游到安化县城梅城，拜访了安化县劝学所长夏默庵。夏先生写了一副对联的上联，"绿杨枝头鸟声声，春到也，春去也"，放在桌上，想试试他们的学问根基。毛泽东随即书写了下联："清水池中蛙句句，为公乎，为私乎。"他们还游览了梅城的孔圣庙、北宝塔等名胜古迹，观看了祭孔用的"铜壶滴漏"，还在北宝塔第七层壁上写了这首诗和另一首诗《四言诗·题安化北宝塔壁》。陈晋《文人毛泽东》说，毛泽东还把途中写的笔记拿给一些同学看。据萧三回忆，他曾见到毛泽东在途中写的这首诗。

【注释】

〔1〕七律：见《七律·长征》注。　游学：指远游异地，从师求学。　即景：见《五言诗·玉潭即景联句》注。

〔2〕骤：迅速，急行。　骤雨：急雨。　过：指骤

雨、东风扫过。　　远湾:远处的港湾。

〔3〕滂然:滂沱,下大雨的样子。　　遥:远。遥接:指大雨一直往远处连接到。　　石龙关:毛泽东和萧瑜等同学1917年游学经过的湖南某地名,具体不详。

〔4〕野渡:野外河流的渡口。唐代韦应物《滁州西涧》:"春潮带雨晚来急,野渡无人舟自横。"　　苍:青。　　苍松:青松。　　横:指苍松横斜地生长着。　　古木:即苍松。　　野渡苍松横古木:即野渡横苍松古木,意思是说,野外的渡口旁,古老的青松枝柯横斜地生长着。

〔5〕动:指河水流动。　　连环:指水大流急,又遇到断桥的阻隔,流水湍急,波纹圈圈相连,呈连环状。

〔6〕客:旅行在外的人,这里指作者自己、行人。

遵:循,沿着。《诗·豳风·七月》:"遵彼微行,爰求柔桑。"　　何路:哪一条路。

〔7〕坐:因为。　　眺:远视,远望。　　坐眺:因看。唐代王维《桃源行》:"坐看红树不知远,行近青溪忽值人。"　　长亭:古时道路上设有长亭、短亭,供行人休息,一般是十里一长亭,五里一短亭。宋代柳永《雨霖铃》:"寒蝉凄切,对长亭晚,骤雨初歇。"　　意:心情,心境。　　闲:安静,闲适。这句是说,起先不知走哪条路,心情有些着急,后因看到长亭——大路上识别的标志,而心情变得悠闲、舒适起来。

四言诗

题安化北宝塔壁

一九一七年夏

沇水拖蓝，

紫云反照；

铜钟滴水，

梅岭寒泉。

　　这首诗见之于萧瑜著，陈重、张雯、金翊、梁燕编译《我和毛泽东的一段曲折经历》
（昆仑出版社，1989 年 6 月版），萧三《毛泽东同志的青少年时代和初期革命活动》（中国
青年出版社，1980 年 7 月版），安化县党史办《毛泽东同志两次到安化的情况概述》（《益
阳党史通讯》1983 年第 1 期），又见于高菊村、陈峰、唐振南、田余粮著《青年毛泽东》
（中共党史资料出版社，1990 年 3 月版）、陈晋《毛泽东的文化性格》（中国青年出版社，
1991 年 12 月版）。罗炽主编《毛泽东诗词鉴赏辞典》（华夏出版社，1993 年 12 月版）收
入"对联评点"。

　　1917 年夏毛泽东同萧瑜游学至安化时，在县城梅城游览了孔圣庙、培英堂、东华阁、
北宝塔等名胜古迹，观赏了祭孔用的"铜壶滴漏"（又叫"铜壶滴水"），并在北宝塔第七层
塔壁上，用墨笔题写了这首诗。现这首诗刻在塔壁上。

　　据《情系骄杨》一书说，毛泽东曾说："这写的是安化梅城四景啊！"

　　"梅岭寒泉"，陈晋《文人毛泽东》作"梅岭含泉"。

【注释】

〔1〕安化北宝塔：建于明清时代，高七层，雄踞
山头，巍然壮观，因建在环绕县城的沇水之北，
故称北宝塔。　题安化北宝塔壁：这首诗四句
指安化四景：每逢雨后，沇水清如蓝带；紫云山
有巨石如镜，阳光可反射照到县城；劝学所的
铜壶滴漏计时器，滴水有声；梅子岭下有泉水，

清爽可口。

〔2〕沇水：发源于湖南省安化县西鳌字岩，东南
流经安化县南折流向北，后注于资水。　沇水
拖蓝：唐代白居易《忆江南》词有"日出江花红
胜火，春来江水绿如蓝，能不忆江南"句。

〔3〕紫云：指安化县城附近的紫云山。山上有

巨石如镜,据说阳光可反射到县城。

〔4〕铜钟滴水:又名铜壶滴漏、铜壶刻漏,是我国古代一种计时的仪器。唐代温庭筠《鸡鸣埭歌》:"铜壶漏断梦初觉,宝马尘高人未知。"

〔5〕梅岭:指安化县城附近的梅子岭,安化县城就叫梅城。 寒:这里是清凉之意。梅子岭的泉水清凉,故称寒泉。

七古

游泳

一九一七年

自信人生二百年，

会当水击三千里。

这两句诗见之于李准、丁振海主编《毛泽东思想全书》（吉林人民出版社，1992 年 5 月版）。写作时间，罗炽主编《毛泽东诗词鉴赏辞典》所载陈敦源《毛泽东生平暨诗词创作年表》，作 1918 年。

毛泽东 1958 年 12 月 21 日在文物出版社同年 9 月出版的线装大字本《毛主席诗词十九首》第一页《沁园春·长沙》词的天头批注说："击水：游泳。那时初学，盛夏水涨，几死者数。一群人终于坚持，直到隆冬，犹在江中。当时有一篇诗，都忘记了，只记得两句：自信人生二百年，会当水击三千里。"

1964 年 1 月 27 日，毛泽东口头答复外国文书籍出版局《毛主席诗词》英译者说："'击水'指在湘江中游泳。当时我写的诗有两句还记得：'自信人生二百年，会当水击三千里。'那时有个'因是子（蒋维乔），提倡一种静坐法。"

毛泽东 1966 年 7 月 8 日致江青的信中也说，"晋朝人阮籍反对刘邦，他从洛阳走到成皋，叹道：世无英雄，遂使竖子成名。鲁迅也曾对于他的杂文说过同样的话。我跟鲁迅的心是相通的。我喜欢他那样坦率。他说，解剖自己，往往严于解剖别人。在跌了几跤之后，我亦往往如此。可是同志们往往不信。我是自信而有些不自信。我少年时曾经说过：自信人生二百年，会当水击三千里。可见神气十足了。但又不很自信，总觉得山中无老虎，猴子称大王，我就变成这样的大王了。但也不是折中主义，在我身上有些虎气，是为主，也有些猴气，是为次。我曾举了后汉人李固写给黄琼信中的几句话：峣峣者易折，皎皎者易污。阳春白雪，和者盖寡。盛名之下，其实难副。这后两句，正是指我。我曾在政治局常委会上读过这几句。人贵有自知之明。""峣峣者易折，皎皎者易污，阳春白雪，和者盖寡。盛名之下，其实难副"：语出《后汉书·黄琼传》：李固遗黄琼书，"常闻语曰：'峣峣者易折，皎皎者易污'。《阳春》之曲，和者必寡，盛名之下，其实难副。'"

这首诗有一件手书，即毛泽东 1958 年 12 月 21 日在文物出版社同年 9 月出版的《毛主席诗词十九首》上所写的批注中引用的两句诗。无标题。竖写,有标点符号。

【注释】

〔1〕七古:七言古诗的简称,见《七古·送纵宇一郎东行》注。

〔2〕自信:自己相信自己。 人生二百年:据蒋维乔《废止朝食论》说,人可以活两百岁。蒋维乔(1837—1958):江苏武进人,字竹庄,号因是子,前清廪生,肄业于南菁书院。早年留学日本。回国后为商务印书馆编写新式教科书。1902年参加中国教育会,并任爱国女校校长。1912年参加南京临时政府教育部的筹组工作,1921年任江苏教育厅长。1924年任东南大学校长。后创办上海诚明文学院。建国前移居香港。1951年回家乡。任武进文献社副社长、江苏省人民政府委员。后任上海文史馆副馆长。研究文学、历史、哲学,尤精气功养生之学。著有《因是子静坐法》、《中国近三百年哲学史》。

〔3〕会当:定当。唐代杜甫《望岳》:"会当凌绝顶,一览众山小。" 击:拍打。 水击:即击水,拍打着水。这里指游泳。 水击三千里:《庄子·逍遥游》:"北冥有鱼,其名为鲲。鲲之大,不知其几千里也,化而为鸟,其名为鹏。"《齐谐》者,志怪者也。《谐》之言曰:'鹏之徙于南冥也,水击三千里,抟扶摇而上者九万里,去以六月息者也。'"这里比喻远大的志向,见《念奴娇·鸟儿问答》注。

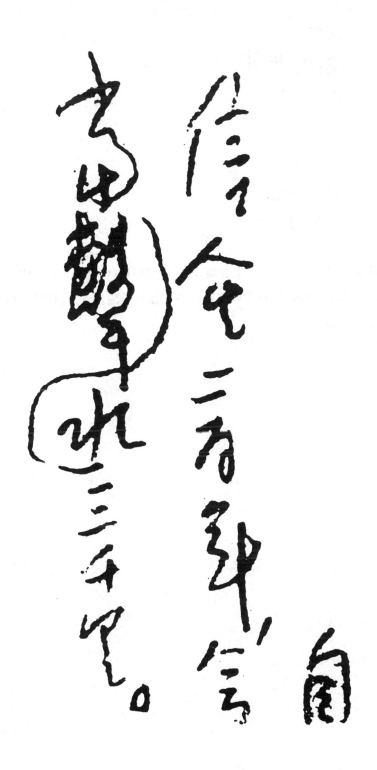

毛泽东手书《七古·游泳》

毛泽东诗词

附 录 二

五律

赠周世钊

约一九一七年

侯季多肝胆，

刘卢自辛苦。

　　这两句诗见于《嘤鸣集》1989 年第四十五期，收入唐意诚编著《毛泽东楹联辑注》。

　　在湖南省立第一师范读书时，毛泽东曾写过一首五律赠给周世钊。这是周世钊生前回忆其中的一联，其余的都忘了。

七绝

过魏都联句

一九一八年八月十八日

横槊赋诗意飞扬，（罗章龙）

自明本志好文章。

萧条异代西田墓。（以上毛泽东）

铜雀荒沦落夕阳。（罗章龙）

　　这首诗见于沈世昌、沈长胜《毛泽东凭吊魏都史考与浅析》（《毛泽东思想研究》1994年第4期）。又见于陈晋《文人毛泽东》（上海人民出版社1997年12月版）。

　　为了组织爱国进步青年赴法国勤工俭学，1918年8月15日，毛泽东偕萧瑜、李维汉以及因故未能赴日的罗章龙等二十四名青年，离长沙去北京。在乘火车北上时，因遇大雨，铁路被洪水冲断，只好在许昌车站滞留。18日，毛泽东同罗章龙等同去了距车站约三十华里的许昌老城，老城是三国时的魏国都城。他们在魏都废墟徘徊了好久，"作诗纪行"（见罗章龙《椿园载记》一书和《回忆新民学会》一文）。可惜今已不见他们各自的诗作，现在流传的只是毛泽东与罗章龙写下的这首《七绝·过魏都联句》。

　　这首七绝的前两句叙述评议曹操，赞赏他的功业与文章；后两句抒发历史的感慨，西田的曹操墓萧条冷落，昔日曹操所建盛极一时的铜雀台如今在夕阳的残照下，荒凉凄冷，其中的意味颇耐人们深思。

　　1952年11月上旬，毛泽东到南方视察工作，在许昌至驻马店的列车上，毛对纪登奎说："许昌我早就来过。那是建党前两三年时，我和湖南一些青年去北京，到这里因铁路坏了，临时停下，住在车站附近一个小旅店里。曾上城墙上转了一圈儿，记得许昌有很多荷花，开得很好。"

　　1977年，韶山毛泽东同志纪念馆工作人员访问罗章龙，罗回忆道："毛主席和我们到（许昌）附近农村去考察了大约半天时间。毛主席对大家说，你们在这里等等，我们三人（指毛泽东、陈绍林、罗章龙）到许昌老城去看看。老城离许昌一二十里（实际有三十多华里），是三国时的魏都。曹操是毛主席心目中最喜欢的，认为最有才能的人，诗文俱佳。魏都还有一些遗迹，我们在那里徘徊很久，并作了几首诗。在游览魏都废墟时，我们诵曹

毛泽东诗词

附　录　二

操的《短歌行》及《让县自明本志令》。观眼前景物,抚怀古今,萧条异代,激情慷慨,不能自已,乃作《过魏都》联诗一首:'横槊赋诗意飞扬(宇),《自明本志》好文章(润)。萧条异代西田墓(润),铜雀荒沦落夕阳(宇)。'回来后,在许昌上车前往北京。"

《毛泽东诗词〈水调歌头·游泳〉写作背景考》(《中共党史资料》第 51 辑,中共党史出版社 1994 年 10 月出版)一文认为,周世钊《过许昌》与毛泽东、罗章龙《过魏都》联诗有惊人的相似之处,诗中所表达的人物、情调、韵律何其相近相通:两首诗所称颂的人物,都是雄才大略,文武兼备,横槊赋诗的曹操;两首诗所流露出的感情都十分丰富,带有浓厚的苍凉悲壮的情调;两首诗不仅合拍押韵,而且还有"落夕阳"与"卧斜阳"等字词的重复。这说明,青年毛泽东和罗章龙的联诗《过魏都》很可能在新民学会会员中早已传诵。周世钊早已知道《过魏都》这首诗。周世钊《过许昌》首先是对毛泽东、罗章龙《过魏都》联诗的奉和,然后才有毛泽东《水调歌头·游泳》对周世钊《过许昌》的酬和。

【注释】

〔1〕槊:长矛。 横槊赋诗:于行军途中马上横戈吟诗。《旧唐书·杜甫传》:"曹氏父子鞍马间为文,往往横槊赋诗。"

〔2〕自明本志:即曹操的《让县自明本志令》。这篇政治文告发布于建安十五年十二月,主要针对朝廷内外及曹氏政敌皆怀疑曹操欲篡汉自立而发布。他在文告中说:"江湖未静,不可让位;至于邑土,可得而辞。"又说:"设使国家无有孤,不知当几人称帝,几人称王。"反复申明没有代汉自立的意图,并表示奉让大部分食邑,以表达对汉室的忠诚,同时也宣布,为了天下安宁,决不交出政权兵权。

〔3〕异代:后代,不同的时代。 萧条异代西田墓:杜甫《咏怀古迹五首》其二,诗云:"摇落深知宋玉悲,风流儒雅亦吾师。怅望千秋一洒泪,萧条异代不同时。江山故宅空文藻,云雨荒台岂梦思。最是楚宫俱泯灭,舟人指点到今疑。"

〔4〕铜雀:即铜雀台。建安十五年曹操所建,故址在今河北省临漳县西南。因铜雀台殿屋楼顶置大铜雀,展翅若飞,因以为名。曹操曾有遗命,死后葬于邺之西岗(西田),众妾与乐人皆聚铜雀台,台上置床帐,每月初一、十五向帐前乐奏。

五言诗

大沽观海

一九一九年

苍山辞祖国，

弱水望邻封。

这两句诗见于罗章龙《亢斋汗漫游诗话(三)》(《湘江文艺》1980年第2期)，又见于天津市文史研究馆编《津门史缀》(上海书店，1992年版)一书中张东甲《毛泽东观海》一文。罗章龙《亢斋汗漫游诗话(三)》："1919年冬季，吉安所夹道(本书编著者按：指湖南同学赴京后所住地点嵩祝寺后三眼井吉安所夹道七号)诸人送同学首次出国赴法，顺便到太沽口观海。一行人到达海边时，在海滨一小饭馆聚餐。""登轮前诸人分韵赋诗，作临别赠言。润之、赞周、文虎等各即席成诗，诗联有'苍山辞祖国，弱水望邻封'之句，颇有沉雄傲睨之思。""太沽野餐为北京新民学会会员中心组织最后一次集会，自此以后，各人呈散，天各一方，分道扬镳。最后复统一于中共阵营。"

据张东甲《毛泽东观海》说，1979年7月25日上午，为了了解罗章龙和毛泽东年轻时来大沽口观海的情况，他专程来到北京前三门罗章龙的家，罗章龙向他介绍了当时的情景："1919年3月，我和毛泽东同送赴法勤工俭学的留学生去上海。由北京出发，乘坐火车路过天津时下了车。有人提议到塘沽看看大海结不结冰，一呼百应，大家都赞成。……我们十几个青年人步行来到大沽口。时河口结冰，春寒风冷，我们特地选了背风朝阳的地方围坐在一起，讨论祖国的未来、个人的理想。有人提议以海为题，每人作诗一首，我们十几个人都即兴作了诗。我还记得毛泽东诗中头两句是：'苍山辞祖国，溺水投邻村。'"罗文和张文所见第二句文字有异，罗是当事人，当以罗文为准。写作时间也不同，谨录以备考。罗文中"太沽"当为"大沽"之误。

"弱水望邻封"，陈晋《文人毛泽东》作"溺水投邻村"。

【注释】

〔1〕五言诗：见《五言诗·井赞》注。这首诗的两个残句，讲求平仄，对仗工整，因而这首诗可能是律诗，但尚不能断定是五律还是五言排律。　大沽口：即塘沽，天津市的海港。　观

海:看海。

〔2〕苍:青。 苍山:青山。 辞:告别。 苍山辞祖国:即辞祖国苍山,指赴法勤工俭学的留学生辞别祖国的河山。

〔3〕弱水:有二说,一说是古水名。凡水道由于水浅或当地人民不习惯造船而不通舟楫,只用皮筏交通的,古人往往认为是水弱不能胜舟,因称"弱水"。辗转传闻,遂有力不胜芥或不胜鸿毛之说。古籍所载弱水甚多。最早见于《尚书·禹贡》:雍州"弱水既西",导水"导弱水至于合黎,馀波入于流沙。"上源指今甘肃山丹河,下游即山丹河与甘州河合流后的黑河,汇北大河后,称额济纳河。其后见《山海经》、《汉书》、《后汉书》、《晋书》、《新唐书》、《资治通鉴》等,所指地点不一。(详见《辞海》)另一说,为小说戏曲中水名。旧题汉代东方朔《海内十州记·凤麟洲》:"凤麟洲在西海之中央,地方一千五百里,洲四面有弱水绕之,鸿毛不浮,不可越也。"《元曲选》李好古《张生煮海》二:"小生曾闻这仙境有弱水三千丈,可怎生去的?"后人以"弱水"比拟水浅地僻之处,毛泽东将弱水引申为远隔重洋,交通艰难的外国,这里弱水指辽阔的大海。 望:向远处看。 封:疆界。 邻封:邻国。 弱水望邻封:即"望弱水邻封",指站在海滨眺望大海彼岸的邻国。

七绝二首

饮酒联句（两首）

一九四五年七月

其 一

延安重逢喝茅台，（毛泽东）

为有佳宾陕北来。（周恩来）

是真是假我不管，（黄炎培）

天寒且饮两三杯。（陈毅）

其 二

赤水河畔青泉水，（毛泽东）

琼浆玉液酒之最。（周恩来）

天涯此时共举杯，（黄炎培）

惟有茅台喜相随。（陈毅）

这两首诗见于小方辑《毛泽东、陈毅、黄炎培饮酒联句》（中共河南省委党史研究室主办《党史博览》2001 年第 6 期）。

1945 年 7 月 1 日至 5 日，黄炎培、冷遹、褚辅成、章伯钧、左舜生、傅斯年等六位参政员应毛泽东之邀到延安商谈国是。有一次，毛泽东请黄炎培喝茅台酒，周恩来、陈毅作陪。席间，大家相谈甚欢，陈毅一时兴起提议饮酒联句，大家赞同。毛泽东起首句："延安重逢喝茅台。"周恩来接句道："为有佳宾陕北来。"黄炎培念了自己过去诗中的一句："是真是假我不管。"陈毅接着念了黄炎培过去诗中的最后一句："天寒且饮两三杯。"毛泽东听了连说："不算，不算！从头再来。"他又起首句："赤水河畔青泉水。"周恩来续道："琼浆玉液酒之最。"黄炎培接句道："天涯此时共举杯。"陈毅道："惟有茅台喜相随。"四人饮酒联句，一时在延安传为佳话。

原来，黄炎培等六人，访问延安之前，曾听传闻说，红军在长征中过茅台镇时，在茅台酒池里洗脚。1943年,在抗战中的重庆,反共高潮迭起,沈钧儒次子沈叔羊以此为题材,画了一把酒壶、几只杯子,上写"茅台"的漫画。沈钧儒邀请黄炎培参观有其子沈叔羊画作的画展,并请黄炎培题句。黄炎培便题七绝一首反讽以辟谣。诗云:"喧传有客(一作"人")过茅台,酿酒池中洗脚来。是真是假我不管,天寒且饮两三杯。"沈叔羊自己称此画仅为其父"画以娱之"。然而由于黄题上这首诗,这幅画作陡然升值,被呈送到毛泽东手中,最后挂在延安杨家岭接待宾客的中共会客堂里。1952年,陈毅在南京设茅台酒宴接待赴南方视察的黄,还提起这首茅台诗,动情地说:"当年在延安读任之先生茅台诗,十分感动。在那艰难的年代,能为共产党人说话的空谷足音,能有几人!"陈当场作诗答谢。

至于红军在长征中过茅台镇时,在茅台酒池里洗脚的事,曾在国民党统治区广泛流传。(当然是不确的)。1937年7月5日、21日上海人间书屋出版的《逸经》杂志第33、34期发表的署名"幽谷"所写的《红军二万五千里西引记》,是国民党统治区最早发表的介绍红军长征的文章,也是国内最早详细介绍长征全程的文章,被人们认为是宣传红军长征的一篇力作。该文虽然篇幅不长,但却是长征全过程的记录,时间、地点都交代得比较清楚准确,其中还有许多细致的情节描写。在讲到红军经过茅台时在酿酒作坊"义成老烧房"用美酒洗脚的故事时说:他们在茅台时,有一件趣事可以顺笔写出,就是找到了一家永远不会忘记的酿酒作坊"义成老烧房"。这是一座很阔绰的西式房子,里面摆着百余口大缸,每口可装二十担水,缸内都装满了异香扑鼻的真正茅台美酒。开始发现这酒坊的士兵,以为"沧浪之水可以濯我足",及酒池生浪,异香四溢,方知为酒。可惜数缸美酒,已成为脚汤。事为军事顾问李德所闻,(李德素嗜酒)即偕数人同往酒坊,一尝名闻寰球的茅台美酒。他们择其中最为年远的一缸,痛饮了一场,至于醉,才相扶而出。临行时,他们又将是类佳酿带走不少,继续经过茅台的部队,都前往该坊痛饮一杯,及最后一部经过时,数缸脚汤也涓滴不留了。

半个月后,夏丐尊、叶圣陶主编、开明书店发行的《月刊》第一卷第七期(1937年7月15日出版)全文转载了这篇文章,改名为《二万五千里西行记》。大众出版社在1937年出版了单行本《二万五千里西行记》,作者署名化名为"赵文华"。

成仿吾《长征回忆录》、张爱萍给全国政协委员、中国社会科学院学术委员喻权域的信(见《党的文献》2002年第1期《关于红军长征中的一则史实的通信》一文)都证实了红军部队经过茅台镇时,用茅台酒搓脚,缓解长途行军的疲劳的事,而说红军战士"在茅台酒厂的酿酒厂的酿酒池里洗脏脚",以及国民党《申报》说"红军的苏联顾问李德跳进茅台酒池里洗澡"的奇闻则是没有的事。喻权域的信中也证实了"把烈酒倒来'洗脚',是川南、黔北一带的常事",而"酿酒池里并无酒,不可能在酿酒池里洗脏脚"。"酿酒缸、酿酒池里的原料虽然是潮湿的,但那缸里、池里并没有酒,也极少积水,所以人不可能到酿酒缸、酿酒池里去洗脏脚。至于酒窖里或成品酒的酒坛、酒罐,那坛口、罐口很小,人也不可能把脚伸进去洗"。而对于国民党加以歪曲夸大,造谣污蔑,当然应当予以驳斥。

外交家风采联句

一九七三年四月

八重樱下廖公子，

五月花中韩大哥。（乔冠华）

莫道敝人功业小，

北京卖报赚钱多。（毛泽东）

　　这首诗见于章含之《十年风雨情——我与乔冠华（续）》（1994 年 1 月 27 日《文汇报》）。题目是本书编者加的。

　　1972 年 2 月，尼克松访华后，中美双方决定互建联络处。当年 9 月，日本田中首相访华，中日建立邦交。与美、日外交关系的打开，改变了当时整个世界战略格局。中国外交出现了空前繁花似锦的时期。这年 4 月，廖承志应邀率庞大友好代表团访问日本。同时，韩叙奉命赴华盛顿组建中国驻美联络处，相应地，美国政府派助理国务卿詹金斯来北京商谈建立美国驻华联络处。乔冠华与美方詹金斯谈判比较顺利，他高兴之余，写了一首打油诗的前三句，念给章含之和其他参加谈判的同志听，征求第四句。当时中、日已经建交，廖承志正率领建交后最大的代表团访问日本，而日本的 4 月又正值八重樱盛开的季节。在地球的另一端，韩叙恰好正在华盛顿商谈建立联络处的事情，他下榻的旅馆名为"五月花"（May Flower，1620 年，英国约一百余名受宗教迫害的教徒乘名为"五月花"的船飘洋过海，来到北美大陆，在普茨茅斯登陆，成为最早的英国在北美新英格兰地区的殖民者）。所以乔冠华的头三句打油诗是这样的，"八重樱下廖公子，五月花中韩大哥。欢欢喜喜詹金斯……"他问谁能想出佳句填最后一行。当时大家七嘴八舌，有的说："喜上眉梢乔老爷"，有的又说是"洋洋得意乔老爷"，乔冠华都说不好。一时就搁下了。

　　没想到过了一天，毛泽东召集会议听取中美谈判情况，那天毛泽东兴致很高，大家也很放松。有人说外交形势大好，乔老爷诗兴大发，写了三句打油诗，可惜还缺第四句。毛泽东立即说："我来给乔老爷填后两句！"大家齐声说好。毛泽东笑着说：乔老爷，你的前两句是：'八重樱下廖公子，五月花中韩大哥。'我来给你填后两句：'莫道敝人功业小，北京卖报赚钱多！'你看如何？"在场的都懂得这段故事，于是大家开怀大笑，说主席这两句真高明!

　　原来毛泽东讲的是乔冠华"文化大革命"高潮时的一段遭遇。1967年,外事口造反派掀起了"打倒陈(毅)、姬(鹏飞)、乔(冠华)"的高潮。他们逼迫姬鹏飞和乔冠华到热闹的市中心去卖造反派的小报。内容是打倒自己。乔冠华分配的卖报地点是王府井百货大楼前。开头两天有造反派押着去卖。后来"造反战士"嫌麻烦,就把一摞小报分配给乔冠华,命令他卖完后回去报告并交款。开始时,乔冠华曾好言与造反派相商说他还是个代表中国政府的外交部副部长,这样抛头露面在王府井叫卖打倒自己的小报有失国体。造反派当然不会接受。因此,当"造反战士"不再监督时,乔冠华马上想出了好办法。他点了一下小报的份数,并按两分钱一张算出总价,即他应当交付的钱数。待到押送他的造反派刚刚走出视线,他就找一个街角落,把整摞小报往地上一放,自己溜之大吉,找了一家僻静的小酒馆喝啤酒去了。两个小时之后他慢慢踱回部里,把他从小酒馆用整票子换来的零钱上交造反派,说是卖报所得,而且每次都要多交几角钱。于是造反派讽刺地说:"你这个修正主义分子倒会卖报赚钱!"后来,这个"乔老爷王府井卖报赚钱"的笑话在外交部流传很广,连毛泽东都知道了。毛泽东幽默地把它填进了乔冠华的打油诗。

【注释】

〔1〕乔冠华(1913—1983):江苏盐城人。早年留学日本、德国。1939年加入中国共产党。长期从事新闻、文化工作。曾任新华社华南分社社长。建国后,任外交部政策委员会副主任、新闻总署国际新闻局长、外交部部长助理、外交部副部长和部长、中国人民对外友好协会顾问,中国共产党第十一次代表大会上当选为中央委员,1983年9月22日病逝于北京。著有《国际评论集》等。

〔2〕廖公子:指廖承志(1908—1983),国民党元老廖仲恺之子。广东惠阳人。1925年加入中国国民党。1928年加入中国共产党。1933年8月,参加中国工农红军。参加了红四方面军长征。1937年冬去香港,主持抗日民族统一战线工作。1946年5月,参加南京中共代表团,协助周恩来工作。建国后,历任中共中央对外联络部副部长、中共中央统战部副部长、共青团中央书记处书记、全国青联主席、国务院华侨事务委员会主任、国务院外事办公室副主任、外交部党组第二书记、国务院办公室主任、中国人民保卫世界和平委员会副主席、中华全国归国华侨联合会名誉主席、全国人民代表大会常务委员会副委员长等职。中共十二届一中全会当选为中央政治局委员。1983年6月10日在北京病逝。

〔3〕韩大哥:指韩叙。1973年5月至1977年11月任中国驻美国联络处副主任(大使),1985年5月任中国驻美国大使。

〔4〕敌人:对自己的谦称。

毛泽东韵语

本辑收录韵语共二十首。系散见于书籍、报刊中毛泽东作的韵语。这些韵语在一些毛泽东诗词研究著作中,作为古体诗收入,是不符合毛泽东关于诗要用形象思维的诗论的。因此称为韵语为宜。

富不富

一九一一年春

富不富，

卖豆腐。

沉不沉，

大火轮。

穷不穷，

毛泽东。

君不君，

程咬金。

这首韵语见于潘洪声、穆兆勇、程举林编著《毛泽东幽默趣谈》（山东人民出版社 2004年 1 月版）。该书说，1910 年秋，有一天，湘乡县东山高等小学堂，正在吵闹间，学堂的堂长闻声赶来。他和一位姓胡的教员接待了毛泽东，只经过简短的交谈和考核，就发现毛泽东虽然穷，但很有才华，比富家子弟有出息。他们俩被毛泽东的气质和求知欲望所感动，把毛泽东留了下来。

半年后，不满现状的毛泽东离开了东山小学，还是挑着那扁担，心里燃着到更广阔的地方去求学求知的欲望和对于进步思想的追求，由湘潭搭上行驶在湘江里的小火轮，驶向湖南最大的城市长沙。

这位来自偏僻山乡的穷少年毫无自卑感，望着滔滔江水讲了四句话："富不富，卖豆腐；沉不沉，大火轮；穷不穷，毛泽东；君不君，程咬金！"这是他对生活和命运的誓言。

新中国诞生后，毛泽东曾多次对身边工作的青年们解释这四句话的含义：农村里卖豆腐的，过得清贫，但手里有钱；大火轮很沉，没人搬得动，却能漂浮在水面上；我毛泽东当时身上一文不名，但我的精神世界非常富有；程咬金是隋朝末年瓦岗寨的起义军首领之一，封建统治者骂他是强盗响马，但他却敢当君王，向封建统治者挑战！

当时既贫穷、又富有的毛泽东，就是带着向命运挑战，向旧制度挑战的精神，走上了新的人生旅途。

题《明耻篇》

一九一五年五月

五月七日，
民国奇耻。
何以报仇？
在我学子！

这首韵语见之于杨开智《粪土当年万户侯——毛主席青年时期革命实践的片断》（1977 年 5 月 7 日《文汇报》）、《怀念毛主席》（山西人民出版社，1978 年版），又收入廖盖隆、胡富国、卢功勋主编《毛泽东百科全书》（光明日报出版社，1993 年 10 月版），又见之于《毛泽东成长的道路》（陕西人民教育出版社，1986 年版）。

《毛泽东早期文稿》（湖南出版社，1990 年 7 月版），收录有《〈明耻篇〉题志》一文，其（一）即为本韵语，其（二）为毛泽东读《明耻篇》卷首石润山《感言》后所写的跋语。标明写作日期为"一九一五年夏"。

这首韵语现在所见有一件手书：写在《明耻篇》封面上，有"毛泽东"的署名，无标题。竖写，无标点符号。

1915 年 1 月，日本帝国主义命令日本驻华公使日置益当面向中华民国总统袁世凯提出签订旨在灭亡中国的"二十一条"秘密条款。当时，袁世凯正阴谋称帝，急欲取得日本帝国主义者的支持，乃派外交部长陆征祥、次长曹汝霖与日本代表秘密进行谈判。5 月 7 日，日本提出最后通牒，限袁世凯政府于两天内作出答复。5 月 9 日，袁世凯除对条款第五号的一部分声明"容日后协商"外，公然承诺日本的要求。日本帝国主义者的侵略行径和袁世凯政府的卖国罪行，激起了中国人民大规模的反日爱国运动的浪潮。在这股爱国浪潮中，湖南省立第一师范学校的教习石广权，集录日本帝国主义者在数十年中，祸我中国的大量事实，以及朝鲜、越南亡国后的悲惨状况，编成《明耻篇》一书，意在教育、激励学生和民众勿忘国耻。毛泽东读后，十分激动，在封面上题写了这首韵语。在书后写了跋语："此文为第一师范教习石润山先生作。先生名广权，宝庆人。当中日交涉解决之顷，举校愤激,先生尤痛慨,至辍寝忘食。同学等爱集资刊印此篇,先生则为序其端而编次之,云云。《救国留言》亦先生作。"6月25日,毛泽东寄了一本给友人湘生,信中说:"又《明耻篇》一本,本校辑发,于中日交涉,颇得其概。阅之终篇,亦可得新知于万一也。"

【注释】

〔1〕四言韵语:全篇都由四字句,或主要由四字句构成的韵文,故称。

〔2〕五月七日:指1915年5月7日,这天下午三时日本向袁世凯政府提出签订"二十一条"的最后通谍,限袁世凯政府两天内即9日下午六时前作出答复。

〔3〕民国:中华民国的简称。1911年武昌起义后,各省纷纷响应。1912年1月1日,宣布独立的各省在南京建立了资产阶级政权,称中华民国,选举孙中山为临时大总统,并组成临时政府。2月12日,清宣统帝退位。孙中山将临时大总统的职位让给袁世凯。3月10日,袁世凯在北京就职。毛泽东写这首诗时,民国是由袁世凯的北洋军阀政府统治着。 奇耻:极大的耻辱。

〔4〕何以:如何。 报仇:指洗雪国耻。

〔5〕我:这里指我们。 学子:学生。

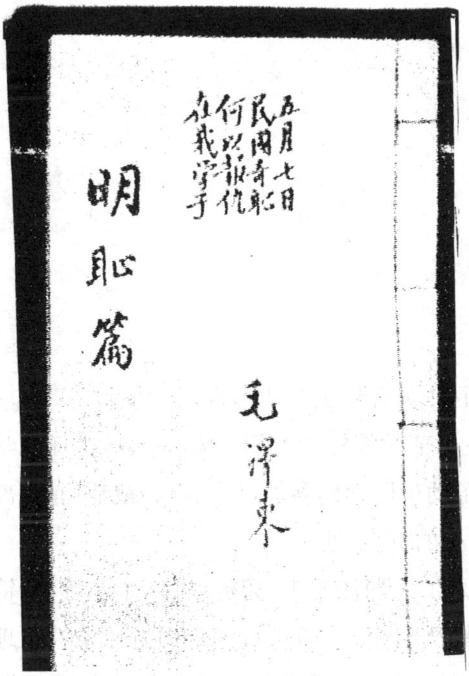

五月七日
民国奇耻
何以报仇
在我学子

明耻篇

毛泽东

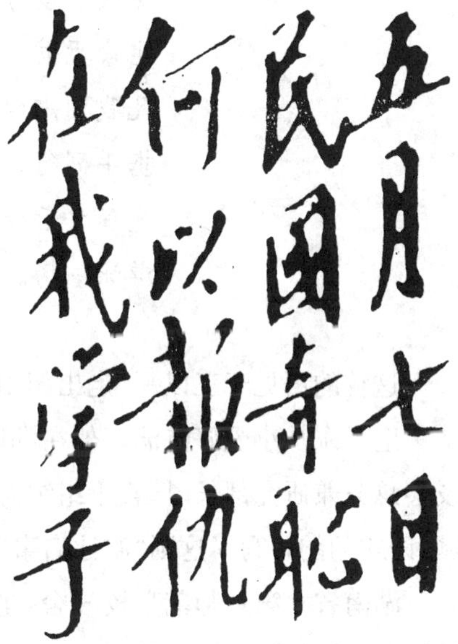

五月七日
民国奇耻
何以报仇
在我学子

《明耻篇》封面和毛泽东手书《四言韵语·题〈明耻篇〉》

杂言韵语

游泳启事

一九一五年夏

铁路之旁兮，

水面汪洋；

深浅合度兮，

生命无妨。

凡我同志兮，

携手同行；

晚餐之后兮，

游泳一场。

　　这首韵语见于王以平《走出韶山冲》（中共中央党校出版社1993年11月版）。

　　毛泽东从小爱好游泳。他在湖南省立第一师范学校求学期间，1915年夏，担任校学友会总务兼研究部长时，着手组织游泳组。为了动员同学们参加，他别出心裁地用仿《离骚》语式的韵语写了这则"游泳启事"，张贴在学校的"揭示处"。

　　湖南省立第一师范学校校舍，坐落在湘江之滨。湘江北去，碧波浩渺，岸芷汀兰，锦鳞浮沉，是天然的游泳去处。这首"仿骚体"的韵语启事，前四句写湘江的游泳条件很理想：水面宽阔，深浅适宜，既安全又便于游泳；后四句意在动员那些对游泳有兴趣，爱好游泳或想游泳的同学组织起来，参加游泳组一起去游泳。最后一句，写明"启事"的宗旨、目的。整首韵语词句畅达、轻快，透着轻松愉悦之情。

　　"启事"贴出之后，同学们纷纷报名，很快就组成一支百余人的游泳大队。从5月到10月，他们几乎每天都要下水。大家互教互学，很快都学会了游泳。许多人能横渡湘江，有的人甚至能从猴子石游到十华里远的牌楼口。隆冬时节，人们都穿上了棉衣，江水清凉透骨，游泳队大多数人不敢下水了，毛泽东和少数勇敢分子还在坚持冬泳。

【注释】

〔1〕兮：语气词，相当于现代汉语的"啊"。　汪洋：水宽广无边的样子。

〔2〕合度：合宜，合适。

〔3〕同行：一同前往。　行，因为押韵，应念háng，但字义不作行（háng）解。

筹军饷布告

一九二七年秋

共产党军，

打富济贫，

要筹军饷，

只问豪绅。

限他三日，

筹好洋银，

贰千元款，

送到本军。

减少军款，

倾屋烧焚。

这首韵语见于吴振录、邱恒聪《山帅》（解放军文艺出版社 1992 年 1 月版），题目为本书编著者所拟。

1927 年 9 月 9 日秋收起义之后，毛泽东将部分起义部队带上了井冈山，在那里安营扎寨，建立革命根据地。不久，为了筹措军饷，毛泽东用四言韵语写了这个《布告》。

他在起草时，没有最后两句，罗荣桓看了说："要是他们不肯交呢？"

宛希先说："不交？不交就砍他脑壳！"

毛泽东说："砍脑壳？要不得。"他握着笔想了想，说："嗯，还是照此办理。"说着便加了最后那两句。

红军纪律歌

一九二八年四月

上门板，捆铺草，

房子扫干净，

说话要和气，

买卖要公平。

损坏东西要赔偿，

借人东西要还清。

    这首韵语见于叶永烈《历史选择了毛泽东》（上海人民出版社 1992 年版），胡忆肖、鲍晓敏、胡兴武《毛泽东诗词白话全译》（湖北教育出版社 2001 年 5 月第 1 版）收入该书第三辑。

    《历史选择了毛泽东》一书说：毛泽东十分注意军队的纪律，在上井冈山时拟出"三大纪律"。1928 年初，毛泽东又补充了"六项注意"。为了容易记住，开始教唱《红军纪律歌》。这首韵语就是"最初的歌词"。

    又据陈士榘《从井冈山走进中南海——陈士榘老将军回忆毛泽东》（中共中央党校出版社 1993 年 10 月第 1 版）说：

    在创建一支新型军队的构想中，毛泽东及时总结经验，不断丰富和发展红军建设的新内容。他最早提出的三项纪律、六项注意，就是他的建军思想的重要标志之一。

    1927 年 10 月，毛泽东率队沿湘赣边向南行动，途经大汾遭到敌人伏击，担任前卫的第三营被隔断，继续南下桂东。一营和团直属队重新集合起来，在荆竹山下的一个小村子里宿营，准备上井冈山。

    第二天清晨，部队在村边一块平地上集合，毛委员来到队前说道："今天，我们就要上井冈山了，要在那里建立根据地，大家一定要和山上的群众搞好关系，要和王佐的部队搞好关系，做好群众工作。没有群众的支持，根据地是建立不起来的。"于是，他当场郑重地宣布了三项纪律：第一，一切行动听指挥；第二，不拿工人农民一点东西；第三，打土豪要归公。

1928 年初,红军从茶陵撤回井冈山,一个月后进军遂川县城。过了农历春节,不几天,毛泽东在遂川城里又宣布了六项注意:一、上门板,二、捆稻草,三、说话和气,四、买卖公平,五、借东西要还,六、损坏东西要赔。

1929 年初,工农红军第四军离开井冈山向赣南、闽西进军。在开辟新根据地的过程中,他根据当地群众的风俗习惯,将"六项注意"改为"八项注意"。新添两条是:洗澡避女人,大便挖厕所。以后又改为:缸满院净,挖卫生坑(厕所)。

从 1929 年以后,战斗更加频繁,胜利一个接着一个,俘虏大量增加,毛泽东的"八项注意"中又增加了两项新内容,即优待俘虏和进出要做宣传工作。最后改定的"八项注意",其内容更为丰富与概括。如"打土豪要归公"改为"一切缴获要归公","不拿工人农民一点东西"改为"不拿群众一针一线"。"三大纪律、八项注意"经著名音乐家郑律成把它谱上节奏明快、威武雄壮、优美上口的曲子后,成为中国人民解放军的军歌,流传至今。

《毛泽东年谱》(中共文献出版社 1993 年 12 月第 1 版)也说:"1928 年 1 月",毛泽东"布置部队再次从遂川县城分兵下乡,并向部队进行纪律教育。根据部队第一次下乡的经验和教训,宣布工农革命军最早的'六项注意':还门板,捆铺草,说话和气,买卖公平,不拉伕、请来伕子要给钱,不打人不骂人。要求部队每到一处,都要检查'六项注意'的执行情况。"

"1928 年 4 月 3 日",毛泽东"针对部队'左'倾盲动主义影响发生违犯纪律的情况,在沙田集合部队进行纪律教育,宣布和解释工农革命军的'三大纪律,六项注意'。'三大纪律'是:第一、行动听指挥;第二,不拿工人农民一点东西;第三,打土豪要归公。'六项注意'是:一、上门板;二、捆铺草;三、说话和气;四、买卖公平;五、借东西要还;六、损坏东西要赔。"沙田,指桂东县沙田圩。

红军第四军司令部布告

一九二九年一月

红军宗旨，民权革命，赣西一军，声威远震。

此番计划，分兵前进，官佐兵伕，服从命令。

平买平卖，事实为证，乱烧乱杀，在所必禁。

全国各地，压迫太甚，工人农人，十分苦痛。

土豪劣绅，横行乡镇，重息重租，人人怨愤。

白军士兵，饥寒交并，小资产者，税捐极重。

洋货越多，国货受困，帝国主义，哪个不恨。

国民匪党，完全反动，口是心非，不能过硬。

蒋桂冯阎，同床异梦，冲突已起，军阀倒运。

饭可充饥，药能医病，共党主张，极为公正。

地主田地，农民收种，债不要还，租不要送。

增加工钱，老板担任，八时工作，恰好相称。

军队待遇，亟须改订，发给田地，士兵有份。

敌方官兵，准其投顺，以前行为，可以不问。

累进税法，最为适用，苛税苛捐，扫除干净。

城市商人，积铢累寸，只要服从，馀皆不论。

对待外人，必须严峻，工厂银行，没收归并。

外资外债，概不承认，外兵外舰，不准入境。

打倒列强，人人高兴，打倒军阀，除恶务尽。

统一中华，举国称庆，满蒙回藏，章程自定。

国民政府，一群恶棍，合力铲除，肃清乱政。

全国工农，风发雷奋，夺取政权，为期日近。

革命成功，尽在民众，布告四方，大家起劲。

这首韵语见之于《文物》1961年第7期、《革命文物》1977年第3期，后又见于《毛泽东文集》第一卷(人民出版社,1994年12月版),注明"根据中央档案馆保存的石印件刊印",又见之于马玉卿、张万禄《毛泽东革命的道路》(陕西人民教育出版社,1991年版)一书。

　　为了打破敌人对井冈山革命根据地发动的第三次"会剿"和解决红军给养问题,1929年1月4日至7日,毛泽东在宁冈县柏路村主持召开了前委、特委、军委及地方党负责人联席会议,即柏路会议。会议决定,红五军和王佐的红四军三十二团留守井冈山,由红四军向敌人后方出击,开辟新的根据地,把打破敌人"会剿"和开辟新的革命根据地结合起来。1929年1月14日,毛泽东、朱德、陈毅等率领红四军主力三千六百余人离开井冈山,向赣南闽西出击。在进军途中,红四军司令部发布了毛泽东所写的这篇布告。

　　现在所见有一石印件,题为《红军新四军司令部布告》,布告后署明:"军长 朱德 党代表 毛泽东 公历一千九百二十九年一月 日"。左旁有毛泽东亲笔批注:"这是红军一九二九年一月从井冈山下山向赣南闽西途中的布告。"石印布告,竖写,每四字后均为一句号。

【注释】

〔1〕四言韵语:见《四言韵语·题〈明耻篇〉》注。
　　红军:中国工农红军的简称,见《七律·长征》注。

〔2〕宗旨:主要的目的和意图。

〔3〕民权革命:孙中山创立三民主义,提出中国资产阶级革命的纲领。民权主义起初只是主张推翻清朝封建专制制度,建立一个欧美式的资产阶级共和国。后来在俄国十月革命的影响和中国共产党的帮助下,孙中山对民权主义作了新的解释。1924年中国国民党第一次全国代表大会宣言中,称民权为 般平民所共有,非少数人所得而私,一切自由和权利只给予真正反对帝国主义的个人及团体,凡效忠于帝国主义和军阀者均不得享有。中国共产党在新民主主义革命阶段的纲领与孙中山的新三民主义有许多共同之处,故这里沿用了孙中山关于民权的提法。

〔4〕赣:江西省的简称,因赣江纵贯省境而得名。　赣西:江西的西部地区,这里指井冈山革命根据地。　一军:一支军队,这里指红四军。

〔5〕声威远震:谓声势、威名使远方也为之震动。唐代权德舆《贺破吐蕃表》:"天威远震。"

〔6〕此:这。　番:次。

〔7〕官:旧称担任国家或政府职务的人员,这里指军队中的干部。　佐:副职。　兵:战士。
　　伕:即夫,旧指从事体力劳动或被役使的人,这里指军队中从事后勤工作的一般人员。
官佐兵伕:泛指全军干部、战士。

〔8〕平:公平。　平买平卖:偏义复词,此指"平买",即军队购买商品按市价付款。

〔9〕在:属于。　所:代词。　所必禁:必须禁止的事。　压迫:依仗权力或势力,压制、强迫对方。

〔10〕甚:很,极。　压迫太甚:指军阀、地主、资本家对人民的压迫太厉害。

〔11〕土:本地的。　豪:豪富,旧时称有钱有势的人。　劣:恶。　绅:绅士,旧称地方上有势

力的地主或退职的官僚。 土豪劣绅：指作恶多端的地主、乡绅。

〔12〕横行：不循正道而行，指倚仗暴力做坏事。

〔13〕息：利息。 租：地租。 重息重租：指高利贷和高额地租。

〔14〕怨：怨恨。 愤：愤慨。

〔15〕白：与红相对，象征反动。 白军：指反动军队，这里指国民党军队。

〔16〕交：一齐，两种事物同时发生。 饥寒交并：即饥寒交迫，既饿又冷。

〔17〕小资产者：占有一定生产资料或少量财产，一般不受别人剥削，也不剥削别人（或仅有轻微剥削），主要依靠自己劳动谋生的人。

〔18〕税捐极重：指各种苛捐杂税，负担很重。

〔19〕洋：旧时称外国为洋。 洋货：旧时称外国生产的商品。

〔20〕国货：指本国生产的商品。

〔21〕帝国主义：也称"垄断资本主义"，是资本主义发展的最高阶段和最后阶段。

〔22〕匪：强盗。这里是对国民党反动派的蔑称。

〔23〕反动：指思想上或行动上维护旧制度，反对革命的行为、人或阶级。

〔24〕口是心非：嘴里说的是一套，心里想的又是一套，即心口不一的意思。晋代葛洪《抱朴子·微旨》："若乃憎善好杀，口是心非……凡有一事，辄是一罪。"

〔25〕蒋桂冯阎：蒋，指蒋介石；桂，广西的简称，这里指广西军阀李宗仁、白崇禧等；冯，指冯玉祥；阎，指阎锡山。他们是国民党军阀的四大派系的首脑人物。

〔26〕同床异梦：宋代陈亮《与朱元晦秘书书》："同床各做梦。"比喻共做一事而打算各不

相同。

〔27〕冲突：矛盾表面化，发生激烈争斗。

〔28〕倒运：倒霉，交坏运。

〔29〕饭可充饥，药能医病：比喻共产党的主张能疗救人民的疾苦。

〔30〕共党：共产党的简称，指中国共产党。

〔31〕地主田地，农民收种：指将地主的田地没收，分给无地或少地的农民耕种。

〔32〕债不要还：指农民欠地主的旧债不要再还。

〔33〕租不要送：指农民不再要向地主交租。

〔34〕工钱：即工资。 工钱增加：指要增加工人的工资。

〔35〕担任：担负承当。 老板担任：这项开支由雇工者也就是老板负担。

〔36〕八时：八个小时。 八时工作：指实行每天八小时工作制。

〔37〕称：适合。 相称：所得的工资和他的工作量恰好相称。

〔38〕亟：急，迫切。 亟须改订：迫切需要改变修订。

〔39〕准：允许。 投：投奔。 顺：依顺。 准其投顺：允许他们投诚归顺。

〔40〕问：审讯，追究。 不问：不予追究。

〔41〕累进税法：税的一种形式，税率随纳税人应课税的收入或财产价值的递增而递增。

〔42〕最为适用：累进税法，随着纳税人应课税的收入或财产价值越高，税率也越高。当时，有权势的大资本家、大地主与官僚、军阀相勾结，往往不缴税或按较低的税率缴税，而小资产者和一般百姓却被课以重税，因而是不合理的。实行累进税法，改变旧社会不合理的现象，有利于贫苦人民。

〔43〕苛:苛刻,繁细。 苛税苛捐:指反动统治下捐税名目繁多,税额过高,劳苦人民不胜其负担。

〔44〕铢:古代重量单位,一两的二十四分之一。 累:积聚。 积铢累寸:即铢积寸累,意思是说一铢一寸地积累。宋代赵令畤《侯鲭录》卷四:"寒女之线,铢积寸累。"这里指商人经商赚钱,积累财富。

〔45〕只要服从:指只要服从共产党和红军的经济政策,规规矩矩地经营、纳税。

〔46〕馀:其他的事情、情况。 皆:都。 论:讨论,这里有干涉、过问的意思。

〔47〕外人:外国人,这里指帝国主义者。

〔48〕峻:严厉。 严峻:严厉。

〔49〕工厂银行:指外国帝国主义者为剥削、压迫中国人民在中国开办的工厂和银行。

〔50〕外资外债:指帝国主义者在中国的资产及中国欠外国帝国主义者的债务。

〔51〕外兵外舰:指帝国主义国家的军队和军舰。

〔52〕列:各。 列强:指侵略中国的帝国主义国家。

〔53〕军阀:拥兵自重,割据一方的军人或军人集团。

〔54〕除恶务尽:扫除恶势力一定要做到干净彻底。《尚书·周书·泰誓下》:"除恶务本。"

〔55〕举:全。 举国:全国。 称:称道,说。

庆:庆幸。 称庆:表示庆幸。 举国称庆:全国人民为之庆贺。

〔56〕满蒙回藏:即满族、蒙古族、回族和藏族,我国主要的少数民族中的四个,这里泛指我国的少数民族。

〔57〕章程:法规的一种名称,这里泛指各种制度。 章程自定:指各少数民族实行民族自治制度。

〔58〕国民政府:指当时在南京的国民党中央政府。

〔59〕恶棍:品行恶劣的坏人。

〔60〕合力:一起出力。 铲除:连根除去,消灭干净。 合力铲除:全国人民要齐心合力,推翻国民党政府的反动统治。

〔61〕肃清:彻底清除。 乱政:混乱的政治。

〔62〕风发:像风一样的迅速。 雷奋:像雷一样的威力巨大。 风发雷奋:形容全国工农起来革命,如飚风发作,如雷霆震动。

〔63〕为期:从时间、期限长短上看。 为期日近:时间一天天接近。

〔64〕尽:全部,都。 在:在于,决定于。 尽在民众:完全取决于全国人民,即全靠人民群众。

〔65〕布:宣布,宣告。 四方:即东、南、西、北,泛指全国各地。 布告四方:向全国各地宣告。

红军第四军司令部佈告

红军宗旨。民权革命。赞成这事。
此番计划。分兵前进。官吏兵伕。服从命令。
平买平卖。事实为证。乱烧乱杀。在所必禁。
全国各地。压迫太甚。工人农人。十分苦痛。
蒋桂冯阎。同床异梦。蒋介石死。军阀倒运。
国民匪党。完全反动。口是心非。不能过硬。
洋货越多。国货受困。帝国主义。国仇难共。
白军士兵。饥寒交并。小资产者。税捐极重。
土豪劣绅。重息重租。粮食尽够。他们收存。
地主田地。农民收种。债不要还。租不要送。
伕役可免。田税革命。军队待遇。亟须改订。
军队待遇。很是公正。发给田地。亲耕为令。
敌方官兵。准其投顺。以前行为。可以不问。
士兵拖枪。每枪赏洋。只要服从。不必惊惶。
城市商人。积铢累寸。服从捐例。安心营业。
果进税法。最为适用。苛税苛捐。扫除干净。
对待外人。沙土必争。外资外债。概不承认。
外资外债。概不承认。打倒列强。一律扫除。
打倒列强。一律扫除。帝国主义。从此销声。
统一中华。举国称庆。国民政府。还我自由。
国民政府。还我自由。全国工农。风起云涌。
全国工农。风起云涌。革命成功。尽在民众。
革命成功。尽在民众。大家起劲。布告四方。

军长　朱德
党代表　毛泽东

公历一千九百二十九年　一月　日

此是红军一九二九年一月间由井冈山下山进军时所发布告

毛泽东亲笔批注的石印《四言韵语·红军第四军司令部布告》

六言韵语

中国工农革命委员会布告

一九三〇年十二月

段谢刘李等逆，

叛变起于富田。

带了红军反水，

不顾大敌当前。

分裂革命势力，

真正罪恶滔天。

破坏阶级决战，

还要乱造谣言。

进攻省苏政府，

推翻工农政权。

赶走曾山主席，

捉起中央委员。

实行拥蒋反共，

反对彻底分田。

妄想阴谋暴动，

破坏红军万千。

要把红色区域，

变成黑暗牢监。

AB取消两派，

乌龟王八相联。

口里喊的革命，

骨子是个内奸。

扯起红旗造反，

教人不易看穿。

这是蒋逆毒计，

大家要做宣传。

这是斗争紧迫，

阶级叛逆必然。

不要恐慌奇怪，

只有团结更坚。

打倒反革命派，

胜利就在明天！

这首韵语见于舒龙、凌步机《岁岁重阳》(海南出版社 1993 年 10 月版)。

1930 年 12 月间，红二十军部分官兵为抵制肃反扩大化，滥捕滥杀所谓"AB 团反革命分子"，采取了武装反抗的错误作法，刘敌、谢汉昌等率部由东固冲到富田，包围了省行委，释放了被捕人员，又提出"打倒毛泽东，拥护朱彭黄"的分裂红军的口号。这就是富田事变。

《毛泽东年谱(1893—1949)》(人民出版社、中央文献出版社 1993 年 12 月版)对此作了较详细的记述：1930 年 12 月上旬，"中共红一方面军总前委根据赣西南肃反中提供的线索，派红一方面军总政治部秘书长李韶九到富田指导江西省行委、省苏维埃和红二十军的肃反工作。7 日，李韶九到富田后立即抓了省行委和红二十军的八个主要领导人。9 日，他又到东固帮助红二十军肃反，同一个团政委刘敌谈话时透露要该军肃清 AB 团。刘敌鼓动独立营包围军部逮捕李韶九以及该军军长等，释放以 AB 团嫌疑被捕的红二十军政治部主任谢汉昌。12 日，刘敌、谢汉昌率该军直属队四百余人，乘夜冲向富田，包围江西省行委和省苏维埃政府，放出被怀疑为 AB 团而关押审查的二十余人。这就是由肃反扩大化引起的有严重错误的'富田事变'。富田事变发生后，谢汉昌等把红二十军主力带到赣江以西地区，提出了分裂革命队伍的口号，并制造假信以反对毛泽东，犯了进行挑拨离间和分裂活动的严重错误。"

当时红一方军总前委认定这是 AB 团和取消派联合发起的"反革命叛乱"。毛泽东为了尽快收拾这个局面以便全力对付蒋介石发动的第一次反革命围剿，指示迅速以"中国工农革命委员会"的名义发布了这个布告，以主席毛泽东、常委朱德、彭德怀、杨岳彬、滕代远等署名。

这个布告的第一句中的"段谢刘李"指富田事变中为首的段良弼、谢汉昌、刘敌、李白芳。布告写了他们的"罪恶行动"，指出他们的"反动实质"和"反革命手段"，最后号召红军团结起来，争取胜利。语言通俗，层次清楚，观点鲜明。苏区的老百姓，广大红军战士，识字的人看得懂,不识字的人听得懂。从宣传艺术的角度看,这是非常高明的。然而,回顾历史,实事求是地分析富田事变不能说是反革命事件。正如《毛泽东年谱》中所说,是一起有"严重错误"的政治事件。

【注释】

〔1〕AB团:总部曾设在南昌的,专以破坏共产党组织为目的的反动组织,受蒋介石控制。到"富田事件"发生时,AB团已没有什么势力,可是中共中央及江西的共产党组织,误以为AB团组织仍在革命组织中阴谋活动,以致造成肃反扩大化,酿成"富田事件"。

苏维埃政府布告

一九三一年十二月十九日

军阀豪绅地主,到处压迫穷人。

利用国民政府,要捐要税不停。

地主白占土地,厂主垄断资本。

……

大家要免痛苦,只有参加革命。

……

穷人一致奋起,组织工农红军。

豪绅地主土地,一律分给农民。

免除苛捐杂税,都是有吃有剩。

工人每日工作,只做八个时辰。

……

商人服从法令,生意由你经营。

……

各地工农群众,赶快参加革命。

……

建立工农政府,快把地主田分。

工人组织工会,快同厂主斗争。

大家一致努力,完成中国革命。

　　这首韵语见于中共中央文献研究室编《毛泽东年谱(1893—1949)》(人民出版社、中央文献出版社 1993 年 12 月版)。

　　1931 年 11 月 27 日,毛泽东当选为中华苏维埃共和国临时中央政府人民委员会主席。从此,毛泽东被人们称为"毛主席"。尽管毛泽东此时已受王明"左"倾教条主义者们的严厉批评,被指责为"狭隘的经验论"、"富农路线"和"极严重的一贯右倾机会主义"等等,但他强把不愉快压在心底,极有创造性地进行了新政府的组建,领导政府开展了一系列的工作。12 月 19 日,发布了由他起草的这份《苏维埃政府布告》。

贺一对恋人团圆

一九三四年七月

十年重逢，

喜龙得凤。

历尽劫难，

破镜团圆。

这首韵语见于余伯流、陈钢《毛泽东在中央苏区》（中国书店 1993 年 1 月版）。

1934 年 7 月底，第五次反"围剿"战况日益恶化。搬至瑞金沙洲坝的党中央和中央政府又被敌人发觉，被迫再度转移。中央政府迁驻高围乡云石山古庙。中央局急电要正在粤赣省委所在地会昌调查研究和指导工作的毛泽东返回瑞金。毛泽东从会昌赶到距瑞金西部约十九公里的云石山，住在"云山古寺"。

云山古寺始建于清末。古寺大门有一联云："云山日永长如昼；古寺云深不老春"。寺内住持法号乐能，不过三十来岁，见广学博。毛泽东与他谈诗论文，说佛讲经，十分投机。

一天，乐能将一位被他从山中恶徒追逼下解救出来的少妇月英安顿在寺中，毛泽东知道了，劝乐能将少妇留下来作个贤内助。

洞房之夜，这对新人发现他们竟是十年前的一对恋人。第二天一大早，他们来到毛泽东住处，感激涕零地诉说了他们的遭遇。原来乐能名龙书文，是广东一富家少爷，爱上了丫环凤珠。龙父送龙书文去了波兰留学，赶走了凤珠。龙书文几年后学成归来，听说凤珠已投海自尽，一气之下，到佛山当了和尚。三年后，来到江西瑞金云山古寺，做了住持和尚。凤珠跳海被人救起，流落他乡，不久又被拐骗到瑞金，被迫做了人妻。为抗强暴，深夜逃出，被龙书文相救。十年不见，龙书文已削发为僧，凤珠也红颜尽消，故两人一直没认出来。

结婚那天夜晚，月英流着泪感谢乐能的救命之恩。乐能掏出"绣凤"手帕替月英擦泪，月英望着这块手帕，问乐能这是从哪里来的，乐能忙诉说自己的身世，月英不由得抱着乐能大哭，边哭边将自己手中的"绣龙"手帕拿了出来。原来乐能就是龙书文，月英就是乐能的未婚妻凤珠。乐能和凤珠这时来见毛泽东,乐能便把他们的恋史及遭遇细诉了一遍,并掏出两块"信物"手帕,说:"这一龙一凤,龙就是我,我原叫龙书文。凤就是她,凤珠啊!"。

毛泽东听了感到惊异,高兴地笑着说:"好哇! 十年重逢,喜龙得凤。历尽劫难,破镜团圆! 恭喜! 恭喜!"

乐能、凤珠忙说:"还是搭借你的福气、祥光哪!"

毛泽东笑道:"不要谢我。要谢就谢苏维埃政府吧!"毛泽东又吟出宋代苏轼诗句相赠:"但愿人长久,千里共婵娟!"

乐能忙答曰:"孤云将野鹤,岂向人间住。"

后来,毛泽东和中央红军撤离瑞金后,乐能为报答毛泽东恩情,在白色恐怖下,利用云山寺庙接送和掩护了一批又一批红军游击队员。

大菜小菜

一九三四年十月前

大菜小菜，

每家三袋。

大口小口，

每人三斗。

大缸小缸，

每家一缸。

这首韵语见于李坚真《难忘的教诲》(《学习毛泽东》,上海人民出版社 1979 年 8 月第 1 版)。

文章说:在反击敌人"围剿"与封锁的岁月里,"毛主席还指示我们:除了养猪、养鸡、养鸭之外,还要多养些兔子,解决群众吃肉问题……关于安排群众生活,他当时曾经要求我们逐步做到'大菜小菜,每家三袋(指芥菜、萝卜、豆角、芋梗等菜干,每家每年要储存三袋,每袋几十斤到一百斤);大口小口,每人三斗(指稻谷,不分老少,每人每月要有三斗);大缸小缸,每家一缸(盐)。'我们把毛主席的话向群众一说,大家非常拥护,都照毛主席的办法去做,使根据地的人民和军队战胜敌人的重重封锁,克服了种种困难。"

戏赠洛甫

一九三四年十二月

洛甫洛甫真英豪，

不会行军会摔跤。

四脚朝天摔得巧，

没伤胳膊没伤脑。

这首韵语见于郭晨《万水千山只等闲》（军事科学出版社 1993 年 11 月版）。

洛甫，即张闻天。长征途中，毛泽东见张闻天骑马摔跤，但并未摔伤，随即吟了这首打油诗开玩笑"助兴"。这个小插曲，表明当时毛泽东与张闻天已很亲近，有了很深的友谊，也反映出长征途中，红军从领袖到士兵，都充满乐观主义精神。

【注释】

〔1〕洛甫：即张闻天（1900—1976），化名洛浦，上海南汇人，1925 年参加中国共产党，后派往苏联学习。1930 年底回国。1931 年任中共临时中央常委。1933 年初进入中央苏区工作，1934 年任中华苏维埃共和国中央政府人民委员会主席。参加了举世闻名的二万五千里长征。1935 年遵义会议后，根据中央政治局常委分工，代替博古负总责。建国后任外交部第一副部长、中央政治局委员等职。1959 年在庐山会议上遭到错误批判。后任中国科学院哲学社会科学部经济研究所特约研究员。英豪：英雄豪杰。

〔2〕摔跤：这里指长征途中张闻天从马上摔下来。

题《中国妇女》之出版

一九三九年

妇女解放，

突起异军。

两万万众，

奋发为雄。

男女并驾，

如日方东。

以此制敌，

何敌不倾。

到之之法，

艰苦斗争。

世无难事，

有志竟成。

有妇人焉，

如旱望云。

此编之作，

伫看风行。

这首韵语见之于 1939 年 6 月 1 日延安出版的《中国妇女》杂志创刊号，又见于《中国妇女运动史》（春秋出版社，1989 年 10 月版），又收入《毛泽东题词墨迹选》（人民美术出版社、档案出版社，1984 年 5 月版）和《延安文艺研究》1990 年第 3 期，作于 1939 年。

《中国妇女》是当时的中共中央及中央妇委为指导全国妇女运动而创办的刊物。1939 年 6 月 1 日创刊，终刊于 1941 年 3 月，共出二十二期。这是毛泽东为创刊号的题词。

这首韵语现在所见有一件手书：诗末有"题《中国妇女》之出版　毛泽东"字样。竖写，有标点符号。每四字后为一逗号，每四句后为一句号。

【注释】

〔1〕题:写,这里指题诗或题词,为表示纪念或勉励而写下一首诗或一段话。 《中国妇女》:抗日战争时期中共中央妇女运动委员会主办的刊物。月刊。始创于1939年6月1日。主要内容有:指导妇女运动、研究妇女问题的论文;各地妇女运动、妇女生活情况的通讯;外国妇女运动、妇女生活的介绍;模范妇女的记述与介绍;文学创作、木刻、漫画等。1941年3月终刊。共出二十二期。

〔2〕解放:解除束缚,得到自由和发展。

〔3〕异军:与众不同的军队。 突起异军:即异军突起。《史记·项羽本纪》:"异军苍头特起。"这里指中国妇女解放运动蓬勃兴起。

〔4〕两万万众,当时认为中国有四万万人口,其中妇女约有一半。

〔5〕奋发:精神振作,情绪高涨。 雄:事物当中特出的,这里指成为杰出之人。

〔6〕驾:驾车。 并驾:南朝梁代刘勰《文心雕龙·附会》:"并驾齐驱。"比喻并肩前进。

〔7〕方:方才。 东:用如动词,在东方升起。《诗·小雅·天保》:"如月之恒,如日之升。"比喻正兴旺发展。

〔8〕此:指全国男女同胞共同团结起来,齐心协力。 制:制止,降伏。 敌:指日本帝国主义者。

〔9〕何敌:什么敌人。 倾:倒。 何敌不倾:有什么敌人不能打倒呢?

〔10〕如:达到。 到之之法:即达到制胜敌人的目的的方法。第一个"之"字是"这"的意思。这里指制敌。第二个"之"字,是"的"的意思。

〔11〕艰苦斗争:意思是说达到制敌之法,就是艰苦斗争。

〔12〕世无难事:《西游记》第二回:"世上无难事,只怕有心人。"

〔13〕竟:终于,到底。 有志竟成:即有志者事竟成,只要有志气,事情终于会获得成功。《后汉书·耿弇传》载光武帝刘秀谓弇曰:"有志者事竟成也!"

〔14〕有:这里是助词,无实义。 焉:语气助词,无实义。 有妇人焉:即妇女们之意。

〔15〕如旱望云:像久遇干旱,渴望下雨一样。《孟子·滕文公下》:"民之望之,若大旱之望雨也。"这里是说,妇女们渴望读到专门为她们而办的革命刊物,就像旱天盼望下雨一样。

〔16〕此编:这本刊物。 作:创始。

〔17〕伫:伫立,站着等候,也用来泛指等候。

伫看:等着看,表示期待的意思。 风行:流传得广而快,指《中国妇女》一创刊,就会受到广大读者的欢迎,风行全国。

妇女解放，突起异军，两万万人，奋发为雄。男女并驾，如日方东，以此制敌，何敌不倾。到之之法，艰苦斗争，世无难事，只怕有心。有妇人焉，如旱望云，此编之作，欲我同群。

毛泽东

军队向前进

一九四八年十一月十一日

军队向前进，

生产长一寸。

加强纪律性，

革命无不胜。

这首韵语据《毛泽东年谱》（人民出版社、中央文献出版社，1993 年 12 月版）说，最早见于 1948 年 11 月 11 日，毛泽东致林彪、罗荣桓、刘亚楼、谭政并告东北局及各中央局、各分局、各前委负责同志电。后又见之于《中国青年》杂志 1948 年 12 月创刊号，又见之于《毛泽东题词墨迹选》（人民美术出版社、档案出版社，1984 年 5 月版）。

1948 年 4 月 12 日在河北省阜平县西下关村，毛泽东在致各中央局的电报中提出，要求各中央局在重大问题上要事前请示、事后报告；革命形势的发展，要求把一切可能和必须统一的权力统一于中央。同年 4 月 30 日至 5 月 7 日，毛泽东在河北阜平县城南庄主持召开中央书记处会议。会议研究决定了多项夺取全国胜利的部署。5 月 3 日，毛泽东在会议上提出全党全军的三项任务："军队向前进，生产长一寸，加强纪律性。"不久，毛泽东在西柏坡主持 9 月 8 日至 13 日的中央会议，"检查了过去时期的工作，规定了今后时期的工作任务"，并于 10 月 10 日把这次会议内容通知全党，其中提到："要求我党用最大的努力克服这些无纪律状态和无政府状态，克服地方主义和游击主义，将一切可能和必须集中的权力集中于中央和中央代表机关手里"。11 月 11 日，中央又电告各中央局、各野战军前委（有的题为《毛泽东关于再有一年左右的时间可根本上打倒国民党的指示》）。明确提出："我们的口号是'军队向前进，生产长一寸，加强纪律性，革命无不胜。'"

这首韵语现在所见有两件手书：均无标题。诗末署明作者"毛泽东"。横写，无标点符号。

【注释】

〔1〕五言韵语：全篇以五字或五字为主构成的　韵文。

〔2〕长一寸:这是生产发展形象化的说法。毛泽东《在中共中央政治局会议上的报告和结论》中说,"军队向前进,就要生产长一寸,不这样就没有饭吃。"(《毛泽东文集》第五卷)

〔3〕加强纪律性,革命无不胜:毛泽东《在中共中央政治局会议上的报告和结论》中说,加强纪律性,"上面说了许多条,还必须有这一条,没有这一条,那许多条实行起来都不会顺畅。"(《毛泽东文集》第五卷)

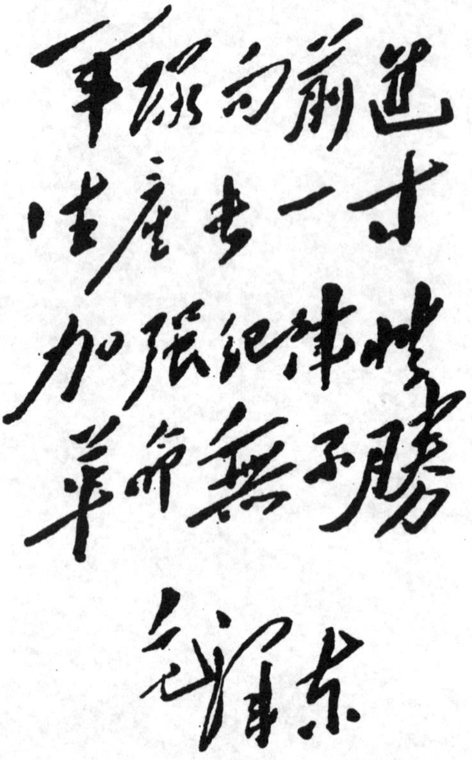

毛泽东手书《五言韵语·军队向前进》（一）

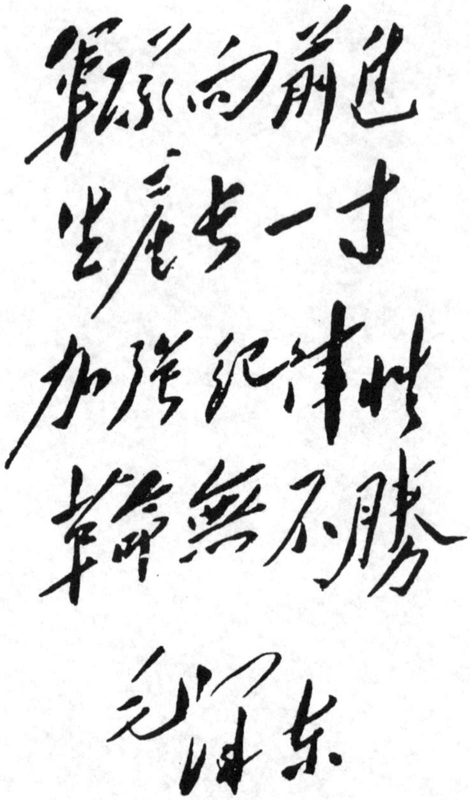

毛泽东手书《五言韵语·军队向前进》（二）

四言韵语

大权独揽

一九五三年

大权独揽，

小权分散。

党委决定，

各方去办。

办也有决，

不离原则。

工作检查，

党委有责。

　　这首韵语见于《工作方法六十条（草案）》。（《建国以来毛泽东文稿》第七册，中央文献出版社 1992 年 8 月版）。

　　1958 年 1 月，在中共中央南宁会议上，毛泽东集中中央和地方许多领导人的意见，起草了《工作方法六十条（草案）》，其中说："（二十八）在省、地、县三级或者在省、地、县、乡四级的干部会议上，讨论一次党的领导原则问题。讨论一下这些原则是否正确：'大权独揽，小权分散。党委决定，各方去办。办也有决，不离原则。工作检查，党委有责。'这几句话里，关于党委的责任，是说大事由它首先作出决定，并且在执行过程中加以检查。'大权独揽'是一句成语，习惯上往往指的是个人独断。我们借用这句话，指的却是主要权力应当集中于中央和地方党委的集体，用以反对分散主义。难道大权可以分揽吗？这八句歌诀，产生于一九五三年，就是为了反对那时的分散主义而想出来的。所谓'各方去办'，不是说由党员径直去办，而是一定要经过党员在国家机关中、在企业中、在合作社中、在人民团体中、在文化教育机关中，同非党员接触、商量、研究，对不妥当的部分加以修改，然后大家通过，方才去办。第三句话里所说的'原则'，指的是：党是无产阶级组织的最高形式，民主集中制，集体领导和个人作用的统一（党委和第一书记的统一），中央和上级的决策。"当时提出这种工作方法，是为了反对分散主义倾向，但是忽视了权力过分集中的倾向。后来在实践中出现了党委包办政权工作，党政不分和以党代政的现象。这是需要加以防止和纠正的。

【注释】

〔1〕揽：把持。

〔2〕各方：各部门。　办：指执行。

〔3〕决：决断，决定。

手里有粮

一九五九年七月五日

手里有粮，

心里不慌。

脚踏实地，

喜气洋洋。

这首韵语见于《马恩列斯毛关于农业若干问题的部分论述》刊载的毛泽东《关于粮食问题的批示》（1959 年 7 月 5 日），后又见于张联华《毛泽东诗词新探》（武汉出版社，1995年 12 月版）。收入中共中央文献研究室编《毛泽东 周恩来 刘少奇 朱德 邓小平 陈云 格言》（中央文献出版社、上海人民出版社，1997 年 1 月版），标题作《粮食问题》（1959 年 7 月5 日）。后又收入《建国以来毛泽东文稿》第八册（中央文献出版社 1993 年 1 月出版）、《毛泽东文集》第八卷（人民出版社 1999 年 6 月出版），两书均题为《粮食问题》，注明"根据手稿刊印"。

《粮食问题》一文是毛泽东为印发粮食部副部长陈国栋关于 1959 年至 1960 年粮食分配和粮食收支计划调整意见的报告写的批语，题目是毛泽东拟的。文中说，"手里有粮，心里不慌，脚踏实地，喜气洋洋。"

"手里有粮"，一作"手中有粮"。

四言韵语

题农村公共食堂

一九六〇年三月

加强领导，

全民食堂，

猪菜丰富，

计划用粮，

指标到户，

粮食到堂，

以人定量，

凭票吃粮，

节余归己，

按月算帐，

明明白白，

账单上墙，

生产生活，

两样都强，

人心振奋，

……

这首韵语见于《在黑龙江省农村公共食堂情况汇报上写的几句话》(1960年3月)（中共中央文献研究室编《建国以来毛泽东文稿》第九册，中央文献出版社1996年1月版）。题目为本书编著者所拟。

这首韵语，写在中共黑龙江省委农村工作部1960年3月5日关于农村公共食堂情况的电话汇报记录上，原编者对原文作了删节。

养生之道

六十年代初

基本吃素，

饭后百步。

遇事不怒，

劳逸适度。

这首韵语见于《毛主席概括的养生法》(1984 年 2 月 21 日《报刊文摘》)，后又见于徐涛《毛泽东的保健养生之道》(《缅怀毛泽东(下)》，中央文献出版社，1993 年 12 月版)、张步真《红墙里的桑梓情》(八一出版社，1993 年版)、何联华著《毛泽东诗词新探》(武汉出版社，1996 年 2 月版)。

《毛主席概括的养生法》说："据《体育报》讯，毛主席曾概括徐特立的养生法，主要有两条，刊登如下：基本吃素，坚持走路，心情舒畅，劳逸适度。(毛主席后来进行了推敲，把它改了两句成为'基本吃素，饭后百步，遇事不怒，劳逸适度。')动为纲、抑喜怒、少量酒、多吃素。"

《毛泽东的保健养生之道》说，"主席告诉我他的一个朋友跟他说过养生之法是：晚饭少吃口，饭后百步走，娶个老婆丑，活到九十九。主席又说：'我也有个原则：遇事不怒，基本吃素，多多散步，劳逸适度。"

《红墙里的桑梓情》说：毛泽东"介绍他的养生秘诀：坚持吃素，多多走路，不要发怒"。《毛泽东诗词新探》也说："基本吃素，经常走路。遇事不怒，劳逸适度。"流行于六十年代初，当时正值经济困难时间，提倡"劳逸结合"，这四句话传为毛泽东的养生之道。

【注释】

〔1〕徐特立(1877—1968)：中国无产阶级革命家、教育家。湖南善化(今长沙)人。1905 年入宁乡师范学校读书。早年曾在长沙周南女校任教。辛亥革命后任湖南省临时参议会副议长。曾赴日进行教育考察。后在湖南第一师范任教。五四运动时期，提倡并亲自参加留法勤工俭学。1924 年夏回国。后任湖南省立第一女子师范校长，并创办农村师范农运讲习

所。1927 年加入中国共产党。同年参加南昌起义。1928 年赴苏联学习。1930 年回国，任中华苏维埃共和国中央执行委员兼教育部副部长。参加了长征。后任八路军驻湘办事处代表、陕甘宁边区政府教育厅长、中宣部副部长、自然科学院院长。建国后，任中宣部副部长、中央人民政府委员、全国人大常委、中共中央委员。著有《徐特立文集》、《徐特立教育文集》。

白天出气

一九六二年一月二十九日

白天出气,

晚上看戏;

两干一稀,

大家满意。

这首韵语见于薄一波《若干重大决策与事件的回顾》(下卷)(中共中央党校出版社1993年6月版)。题目为本书编著者所加。

1962年1月,中共中央召开有七千人参加的工作会议。会议于1月11日开幕,原计划讨论和通过刘少奇代表中共中央对会议所作的书面报告。会议中,议论纷纷,许多与会者要求延长时间,让下面的人能充分说话。因为自1959年庐山会议以后,党内民主生活不正常,有话不敢讲,上下级关系不融洽,下面的人心里有气。中央决定延长会议时间,开"出气会"。1月29日,毛泽东在大会上说,没有民主就没有集中,关键要上下通气。谈到会议如何开时,他说:"白天出气,晚上看戏;两干一稀,大家满意。"意思是,白天开会,让大家讲话,"出气",晚上招待大家看戏;要把伙食弄好,让大家满意。毛泽东说这话时,会场上响起了笑声。

读《十批判书》

一九七三年春

郭老从韩退，不及柳宗元。

名曰共产党，崇拜孔二先。

这首韵语见之于王年一《大动乱的年代》（河南人民出版社，1988 年 12 月版），又见于陈晋《毛泽东与文艺传统》（中央文献出版社，1992 年 3 月版），又见于高凯、于玲主编的《毛泽东大观》（中国人民大学出版社，1993 年 4 月版）。署明写作日期为"一九七三年春"。

据陈晋《毛泽东之魂》说：1973 年 5 月，江青在毛泽东住处，看到桌子上放着郭沫若的《十批判书》大字本。毛泽东给了江青一本，并说"我的目的是为了批判用的"，顺便又念了这首诗。该书又说，"文化大革命"开始以后，在谈话中，毛泽东多次把郭沫若的《十批判书》说作尊孔反法的学术代表著作，并鲜明表示不同意该书的观点。

1968 年 10 月 31 日在扩大的八届十二中全会闭幕会上的讲话中，毛泽东当面说："拥护孔夫子的，我们在座的有郭老，范老也是基本上有点崇孔咯，因为你那个书上有孔夫子的像哪。冯友兰就是拥护孔夫子的咯。我这个人比较有点偏向，就不那么高兴孔夫子。看了说孔夫子是代表奴隶主、旧贵族，我偏向这一方面，而不赞成孔夫子是代表那个时候新兴地主阶级。因此，我跟郭老在这一点上不那么对。你那个《十批判书》崇儒反法，在这一点上我也不那么赞成。但是，在范老的书上，对于法家是给了地位的，就是申不害、韩非这一派，还有商鞅、李斯、荀卿传下来的。这些古董我也不劝同志们回去研究这一套啊。"

7 月 4 日，毛泽东召见王洪文、张春桥时，又特地谈起："郭老在《十批判书》里头自称是人本主义，即人民本位主义，孔夫子也是人本主义，跟他一样。郭老不仅是尊孔，而且还反法。尊孔反法。国民党也是一样啊！林彪也是啊！我赞成郭老的历史分期，奴隶制以春秋战国之间为界。但是不能大骂秦始皇。早几十年中国的国文教科书，就说秦始皇不错了，车同轨，书同文，统一度量衡。"

1973 年 7 月 17 日，会见美籍华裔科学家杨振宁博士时，毛泽东又说："有人骂我，说我是秦始皇。秦始皇焚书坑儒,坑的是一派,只有四百六十多人,他崇尚法家。郭老对历史分期的看法是对的,但是他的《十批判书》是错误,是崇儒反法。法家是前进的嘛!我们的社会要发展、要前进。……秦始皇是统一中国的第一个人。坑儒也不过坑了四百六十人。"

这首韵语和另一首《读〈封建论〉——呈郭老》诗,都是毛泽东在晚年错误地发动"文化大革命"的时代背景下写的。对于这两首作品的评价和分析,当以1981年6月27日党的十一届六中全会通过的《关于建国以来党的若干历史问题的决议》为准。为便于了解毛泽东诗词全貌,附录于此。

对于这首韵语是否为毛泽东所作,目前有两说。中央文献研究室陈晋、吴正裕在他们的著作或谈话中确认毛泽东曾写过这首韵语,而毛泽东的卫士长张耀祠在他所著《回忆毛泽东》(中共中央党校出版社,1996年9月版)一书中认为这首韵语是江青的伪作。张耀祠在该书中说:

"1974年1月,江青乘主席病重期间,不经中央政治局讨论,不请示毛主席,以个人的名义写信给叶剑英同志,打电话给周总理,决定在1月24日和25日召开驻京部队、中央直属机关和国家机关批林批孔动员大会。……'四人帮'在这个大会上不批林,假批孔。实际批的是'走后门',三箭齐发,只瞄一箭,把矛头指向周总理、叶剑英等一大批老同志身上。……会后,江青把两次大会的录音和材料带到钓鱼台,用了三天时间进行精心修改和复制,准备发到各省、市、自治区,企图在全国再次掀起一个批林批孔和批'走后门'的运动,把全国再次搞乱,以便混水摸鱼,达到他们篡党夺权的目的。……主席知道这个情况后,当即指示:'不要发录音,发了录音的要马上收回。'这样,给了'四人帮'当头一棒。1974年1月28日,我们把江青'1.24—1.25'的两次万人大会的讲话录音拿来放了一次,其中江青念了一首诗,说是毛主席写的,现在有许多书刊在写这一段历史时,都引用了这首诗。该诗不长,只有四句,其曰:'郭老从柳退,不及柳宗元,名曰共产党,崇拜孔二先'。我们把录音连放了两次,认真把该诗记录了下来,交给了主席。先后两个工作人员问道:'主席,江青说这首诗是你写的,你看是吗?'主席拿着这首诗,看了看,摇摇头说:'我没有写这样的诗。不知是从何而来。郭老是从旧时代过来的人,也不至于如此。'后来根据工作人员和机要秘书回忆,都说主席没有写这样的诗。大家认为,可能此诗是江青自己杜撰的,用这种形式来欺骗群众,整倒郭老。"

"郭老从韩退",王年 《大动乱的年代》作"郭老从柳退"。

【注释】

〔1〕这首韵语是毛泽东写给郭沫若同志的,表示他不同意郭沫若《十批判书》的观点。郭沫若:见《七律·和郭沫若同志》注。

〔2〕从:由,一说跟从。 韩退:韩退之,即韩愈(768—824):唐代文学家、哲学家,字退之,河南河阳(今河南孟县南)人。自谓郡望昌黎,世称韩昌黎。贞元间进士,任监察御史。后贬为阳山令。赦还后,任国子博士、刑部侍郎。又因谏阻宪宗迎佛骨,贬为潮州刺史。后官至吏部侍郎。卒谥"文",世称韩文公。政治上反对藩镇割据,思想上尊儒排佛。力反六朝以来的骈偶文风,提倡散体,与柳宗元同为古文运动的倡导者。旧时列为"唐宋八大家"之首。有《昌黎先生集》传世。

〔3〕不及:比不上。 柳宗元(773—819):唐代文学家、哲学家,字子厚,河东解(今山西运城县解州镇)人,世称"柳河东"。贞元进士,授校书郎,调蓝田尉,升监察御史里行。参加主张革新的王叔文集团,任礼部员外郎。失败后贬为永州司马。后迁柳州刺史,故又称"柳柳州"。与韩愈皆倡导古文运动,同被列为"唐宋八大家",并称"韩柳"。在哲学上有《天说》、《天对》等重要论著,抨击了当时流行的因果报应思想。但对佛教妥协,有儒、释、道三教调和主张。有《河东先生集》行世。 不及柳宗元:柳宗元在《封建论》一文中,反对春秋以前的奴隶主贵族分封制,认为秦始皇推行郡县制是顺应历史潮流的。毛泽东认为郭老尊孔、否定秦始皇的观点,还比不上柳宗元在《封建论》中的

看法。其实,这是一个学术问题,对孔子和秦始皇的看法都要一分为二,作历史的具体的分析,绝对肯定和绝对否定都是不对的。毛泽东晚年发动文化大革命,评法批儒,是一大失误,因而这里对郭沫若的批评也是不正确的。

〔4〕曰:叫做。 名:名称。 共产党:这里指共产党员。

〔5〕崇拜:尊敬饮佩。 孔二先:即孔二先生,对孔子的谑称,这里因字数、韵律的关系,略去"生"字。孔子(前551—前479):春秋末期思想家、政治家、教育家,儒家的创始人。名丘,字仲尼。排行第二。鲁国陬邑(今山东曲阜东南)人。先世是宋国贵族。少贫且贱。及长,做过委吏和乘田等事。聚徒讲学,从事政治活动。年五十,由鲁国中都宰升任司寇,摄行相事。后又周游列国,终不见用。晚年致力教育,整理《诗》、《书》等古代文献,并把鲁史官所记《春秋》加以删修,成为我国第一部编年体的历史著作。弟子相传先后有三千人,其中著名的有七十二人。孔子曾大力宣传"仁"的学说。在世界观上,对殷周以来的鬼神宗教迷信采取存疑的态度。在认识论和教育思想方面,注重"学"与"思"的结合。首创私人讲学的风气。政治上提出"正名"的主张。提倡"德治"和"教化",反对苛政和任意刑杀。自汉以后,孔子学说成为两千余年封建文化的正统,影响极大。封建统治者,一直把他尊为"圣人"。现存《论语》一书,记有孔子的谈话及孔子与门人的问答。

大事不讨论

一九七三年七月

大事不讨论，

小事天天送。

此调不改动，

势必出修正。

这首韵语见之于王年一《大动乱的年代》（河南人民出版社，1988 年 12 月版），又见于彭程、王芳《中国七十年代政局备忘录》（《长河》1989 年第 1 期）。

1973 年 7 月 4 日毛泽东召见王洪文、张春桥时，批评了外交部的工作。王年一《大动乱的年代》说，这次谈话，毛泽东批评了周恩来分管的外交部对国际局势的看法，说："近来外交部有若干问题不大令人满意。""（我）经常吹什么大动荡、大分化、大改组。（外交部）忽然来一个什么大欺骗，大主宰。总而言之，在思想方法上是看表面，不看实质。""结论是四句话：大事不讨论，小事天天送。此调不改动，势必出修正。"并且提出："将来搞修正主义，莫说我事先没讲。"外交部一个内部材料提到美苏合作，欺骗世人，妄图主宰世界。毛泽东认为与他常说的"大动荡、大分化、大改组"不合，大为不满。

贾思楠《毛泽东人际交往关系实录（1915—1976）》一书中说："毛泽东这次对外交部的批评是由外交部的一期情况简报引起的。毛泽东不同意这期简报对美苏关系的分析。"毛泽东接着又批评了"外交部对日本政局和中日关系的分析错了"。最后，毛泽东说："结论是四句话：大事不讨论，小事天天送。此调不改正，势必出修正。将来搞修正主义，莫说我事先没讲。"

毛泽东这首韵语是在晚年，错误地发动了"文化大革命"的时代背景下写的。这个批评当然也是不正确的，为便于了解毛泽东诗词的全貌，附录于此。

"此调不改动"，一作"此调不改正"。

【注释】

〔1〕五言韵语：每句五字的韵文。

〔2〕大事：指关系党和国家的重要问题。

〔3〕小事：指具体的事务性的事情。

〔4〕此调：指这种工作作风。

〔5〕势必：根据形势推测必然会。　修正：修正主义的省略语。

毛泽东改诗　第一辑

本辑收录诗词共三十五首。系毛泽东为今人修改的诗词。

五古

改陈毅《反攻下汀州龙岩》诗句

一九二九年九月

闽赣路千里,

春花笑吐红。

败军气犹壮,

一鼓下汀龙。

这首诗见陈晋《文人毛泽东》(上海人民出版社 1997 年 12 月版)。

1929 年 6 月,红四军第七次代表大会在龙岩召开,会上毛泽东在井冈山一直担任的红军最高首脑——红四军前敌委员会书记职务被选掉。同年秋,毛泽东患疟疾、脚病、便秘等,他和贺子珍离开了红军,在老乡家养病,一度还住在远离村子的山洞里。朱德和红四军的官兵们曾两度联名写信,请毛泽东回到前线主持工作。11 月下旬,收到接替他任前委书记的陈毅的来信,大意是说,陈到上海中央去了一趟,现已回到部队。我们争论的问题解决了,红四军党的"七大"是陈犯了一个错误,中央认为毛的领导是正确的。此间同志也盼毛回队。同时,陈还召开前委会议,根据中央指示,恢复了毛的前委书记之职。

分手三个月的毛泽东、朱德、陈毅在汀州又见面了。陈还同毛切磋了一番诗词。陈掏出笔记本,展示自己的四句诗:"闽赣路千里,春花笑吐红。败军气犹壮,一鼓下汀龙。"说是要请老毛"斧正"。毛拿出铅笔在"败"字上划了一个圈。后来,陈将这句改为"铁军真成铁"。毛也将新写的《清平乐·蒋桂战争》和《采桑子·重阳》送给陈毅"雅正"。

改梅白《夜登重庆枇杷山》

一九五八年

我来高处欲乘风，

暮色苍茫一望中。

百万银灯摇倒影，

嘉陵江似水晶宫。

这首诗见之于梅白《毛泽东谈诗词》(《匡庐诗词》1986 年 9 月第 1—2 期合刊，转引自《文艺报》)、《毛泽东与梅白谈诗》(1987 年 3 月 26 日《文摘周报》，转引自刘汉民《毛泽东谈诗说艺实录》一书)，又见于丁力主编《毛泽东诗词大辞典》(中国妇女出版社，1993 年 11 月版)。

刘汉民《为梅白改诗说改诗》一文说：1958 年，毛泽东视察三峡，梅白跟随在他身边。毛泽东见梅白写的一首七绝《夜登重庆枇杷山》，颇有兴致。梅白的诗是："我来高处欲乘风，夜色辉煌一望中。几万银灯流倒影，嘉陵江比水晶宫。"毛泽东笑着对梅白说："如果把'辉煌'二字改为'苍茫'，则能显出夜色之动态，为'水晶宫'作伏笔，显得'辉煌'而不那么露。诗贵有含蓄和留有余地。'几万'应改为'百万'，以显示出山城新貌，这里应鲜明，而不应含糊。'流倒影'不如'摇倒影'，也是为了显示夜景之动态，也采取对比手法，写出嘉陵江并不是那么平铺直叙的，而是风翻浪卷，以显示嘉陵江之性格。因之，应改'比'为'似'，这又是用虚笔写实。总之，诗贵意境高尚，尤贵意境之动态，有变化，才能见诗之波澜。这正是唐诗以来格律诗的优越性。你的这首诗就这样组合：'我来高处欲乘风，暮色苍茫一望中。百万银灯摇倒影，嘉陵江似水晶宫。'如何？你比较一下，有比较才能鉴别。诗要改，不但要请人改，而且主要靠自己改。放了一个时候，看了，想了，再改，就有可能改得好一些。这就是所谓'推敲'的好处。当然，也有经过修改不及原作的。"

【注释】

〔1〕梅白：1958 年至 1962 年任中共湖北省委副秘书长时，因工作关系，曾多次与毛泽东谈诗、改诗。《夜登重庆枇杷山》是他在陪同毛泽东视察三峡时写的一首诗。毛泽东帮他作了

修改。梅白这首经毛泽东修改的诗发表后,被收入 1958 年的《中国诗选》。1959 年毛泽东在庐山会议期间,印发了《七律·到韶山》,曾征求梅白的意见。梅白说:"诗的开头一句'别梦依稀哭逝川'里的'哭'字,建议改半个字,即改'哭'为'咒'。"毛泽东欣然接受,戏说这是"半字之师"。

〔2〕乘风:御风或乘风势,为想像之词。

〔3〕苍茫:旷远迷茫的样子。 一望:全在眺望之中。

〔4〕百万:极言其多。 银灯:指电灯。

〔5〕嘉陵江:长江支流名,发源于陕西凤县嘉陵谷,至重庆入长江,全长一千一百一十九公里。

朱履曲

改康生《游庐山仙人洞》曲题

一九五九年

踏白云山上走，

望长江眼底浮，

这神仙到处有。

……

这首散曲小令见陈晋《文人毛泽东》(上海人民出版社 1997 年 12 月版)。

1959 年 6 月 29 日，毛泽东上庐山开中央工作会议。7 月 1 日作《七律·登庐山》。毛泽东为营造宽松的会议气氛，说是开一个"神仙会"。7 月 2 日晚，毛泽东点神话题材的赣剧《思凡》、《惊梦》、《悟空借扇》给与会者看。一上山，就把刚写就的《七律·到韶山》、《七律·登庐山》两首新作抄给秘书胡乔木和延安时期当过他的秘书的湖南省委第一书记周小舟，并附信征求意见。

这两首诗很快就传开了。于是初上山几天，与会者游兴很高，诗风大畅。人们成群结队地到传说吕洞宾修炼的仙人洞等各景点观览，还互相唱和。朱德、董必武等都在山上吟诗不已。康生也作了两首小令。其中一首即这一首，另一首为《普天乐·颂庐山会议》。康生将这两首小令抄呈毛泽东，并附信说："主席：诌了小令两首，寄呈一笑，敬希改正。"毛泽东认真看了，这一首原题《游仙人洞》，毛泽东改为《游庐山仙人洞》。

毛泽东改诗

普天乐

改康生《颂庐山会议》

一九五九年

四方来，

英雄辈，

思钢要铁，

想电求煤。

往来烟云楼，

龙虎风云会，

歌声唱得匡庐醉。

瞻前途万丈光辉：

云蒸霞蔚，

民康物阜，

稻稔粱肥。

　　这首散曲小令见陈晋《文人毛泽东》（上海人民出版社 1997 年 12 月版）。

　　1959 年 7 月，中共中央在庐山召开中央工作会议。康生作了两首小令，一首为《朱履曲·游仙人洞》，另一首即为这一首。康生将这两首小令抄呈毛泽东改正。毛泽东认真看了，将这一首中的"谈钢论铁"改为"思钢要铁"，"议电评煤"改为"想电求煤"，"民丰物阜"改为"民康物阜"。

七绝

改张仙朋《自怨》

一九六〇年十二月

园庭朵朵盛花开，

枝枝都喜春风来。

谁知还有霜冻日，

嫩枝应怨不成材。

这首诗见于张仙朋《我在毛主席身边十三年》（载《毛泽东与山东》，山东省档案馆编，中央文献出版社 2003 年 11 月出版）。该文说：

1960 年底的一天，主席临睡前背诵古诗词，我在旁边记录。过了一会儿，他突然问我："小张，你最近干什么了？"

我说："主席，我也写了一首诗。"

"拿过来我看看。"

"我能背下来，我写给主席吧。"

我就拿了主席办公桌上的一张废宣纸，用主席的铅笔把诗写了下来：

自 怨

书院朵朵花盛开，

自喜甘露春风来。

谁知还有霜冻日，

应怨枝嫩不成材。

这首诗是为了抒发我在党和毛主席的培养下，恨自己只喜欢表扬、经不住批评和成才太慢的思想感情。

毛主席接过去这首诗仔细看了看，拿起铅笔，在上面画了几处，改了几个字，改为现在的诗句。

毛泽东改诗

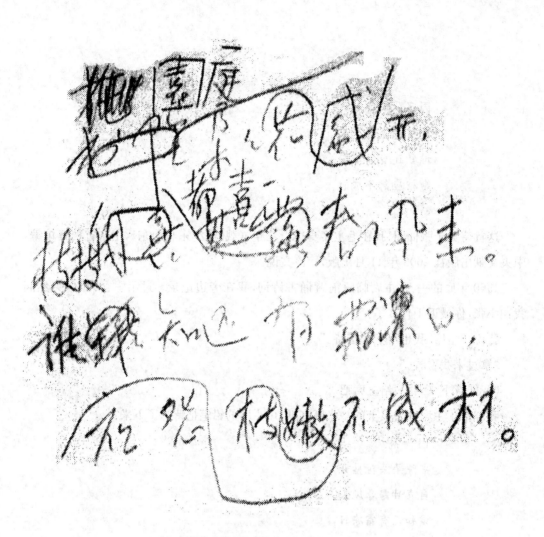

毛泽东亲笔修改的张仙朋《七绝·自怨》

六州歌头

改胡乔木《国庆》

茫茫大陆，

回首几千冬。

人民众，

称勤勇，

挺神功。

竟尘蒙！

夜永添寒重。

英雄种，

自由梦，

义竿耸，

怒血迸。

讶途穷。

忽震春雷，

马列天涯送。

党结工农。

任风惊浪恶，

鞭影指长虹。

穴虎潭龙，

一朝空。

喜江山统，

豪情纵；

锤镰动，

画图宏。

多昆仲，

毛泽东改诗

第 一 辑

六洲共；

驾长风，

一帆同。

何物干戈弄，

兴逆讼，

卖亲朋，

投凶横，

求恩宠，

媚音容。

不道人间，

火炬燃偏猛。

处处春浓。

试登临极目，

天半战旗红，

旭日方东。

这首词最早见于 1965 年 1 月 1 日《人民日报》刊载的胡乔木《词十六首》。《光明日报》、《红旗》等报刊同时作了转载。胡乔木《人比月光更美丽》（人民文学出版社，1988 年 4 月版）收录。胡乔木作于 1964 年 10 月，同年毛泽东修改。

徐及之《毛泽东与胡乔木的诗词交往》（《党的文献》1993 年第 6 期）说：1964、1965 两年间，毛泽东先后为胡乔木修改过四十多首旧体诗词。这些诗词都是胡乔木在杭州西湖疗养期间写的。这是他在旧体诗词方面的初期习作。

1964 年 10 月下旬，胡乔木把他的第一组词十三首自杭州寄给毛泽东。毛泽东收到后，"终日把玩推敲"（胡乔木《人比月光更美丽后记》），反复修改，并亲自批送诗刊发表（后因《诗刊》停刊改送《人民文学》）。毛泽东对《水调歌头·国庆夜记事》、《沁园春·杭州感事》、《菩萨蛮·一九六四年十月十六日原子弹爆炸》（其五）等三首词末句作了修改。

12 月 2 日，胡乔木致函表示感谢，又随信寄去了《人民文学》社寄回的毛泽东修改稿和他续写的三首《水龙吟》，请毛泽东帮他再次修改，并定稿。胡乔木还随信附上了郭沫若就词十三首修改问题给他的一封长信，并对毛泽东说：郭沫若在信中提了许多好的修改意见，他根据郭沫若的意见先作了番修改，但"有些觉得两可的，就只注在上面，请您选定。有几处修改要加说明的，用纸条贴在稿旁，供您参考。"12 月 20 日、27 日、28 日，胡乔木又频频致函毛泽东。

毛泽东收信后,对词十六首又作了修改。修改过程中,他两次指示康生就胡乔木词作与郭沫若商酌,满意后,遂批送《人民日报》发表。

1964 年 10 月 25 日(后改为 12 月 5 日),胡乔木给《人民日报》编辑部写信请发表几首词,毛泽东对这封信加以修改,在信中加写了"请加斧削,如以为可,请予发表"的话。

1965 年 1 月 1 日《人民日报》和《人民文学》1965 年 1 月号登载了《词十六首》,随后,《红旗》杂志、《解放军报》、《光明日报》等报刊作了转载。周振甫两番诠释,王季思专门讲评,陈毅致函祝贺,其规格之高,影响之大,不同一般。

胡乔木在 1965 年 1 月 21 日复大学生耿庆国的信中说:"以前我没有写过词,这次发表的是我初次的习作。"胡乔木又在《人比月光更美丽后记》中说:"试写旧体诗词,坦白地说,是由于一时的风尚。""1964 年 10 月至 1965 年 6 月间写的一组词(《词十六首》)和一组诗词(《诗词二十六首》,今删去其中二首),都是在毛泽东同志的鼓励和支持下写出来的,经过他再三悉心修改以后发表的。我对毛泽东同志的感激,难以言表。经他改过的句子和单词,确实象铁被点化成了金,但是整篇仍然显出自己在诗艺上的幼稚(毛泽东同志曾指出《诗词二十六首》比《词十六首》"略有逊色",这是很对的,所恨的是后来也没有什么长进)。只是因为带着鲜明的政治印记,当时曾先后受到郭沫若、陈毅等前辈的奖誉,还承周振甫先生两番诠释,王季思教授对《词十六首》作了讲评。"

"《国庆》",胡乔木原作"《一九六四年国庆》",毛泽东改。

"回首几千冬",胡乔木原作"沉睡几千冬"。郭沫若指出:"中国社会的发展,并不是几千年间都是在'沉睡'中过来的。"并说:"'千'字,我觉得不好。"建议改为"几秋冬"。

"称勤勇",赵朴初拟改为"勤而勇"。

"挺神功",胡乔木原缺,经郭沫若指出漏一三字句,补上。

"马列天涯送",郭沫若致胡乔木信中说:"您的意思是说天外送来,但照句法解,也可以解为向天外送去,朴初同志认为有语病。我建议:似可改为'马列来仪凤'。"

"一朝空",郭沫若拟改为"一旦空"。

"喜江山统",郭沫若拟改为"喜乾坤统"。

"画图宏",胡乔木原作"彩图宏",依郭沫若改。郭沫若还建议:"率性把整句换为'龙虎从',似乎和上句'锤镰动'对得更好些。"

"旭日方东",胡乔木原作"如日方东",依郭沫若改。

毛泽东改诗

【注释】

〔1〕胡乔木(1912—1992)：江苏盐城人。早年就读于清华大学、北京大学。1930 年加入中国共产主义青年团。1932 年转入中国共产党。1935 年后，任中国科学家联盟书记、中国左翼文化界总同盟书记。1937 年后，任安吴青训班副主任。1941 年任毛泽东秘书、中共中央政治局秘书。1945 年参加起草《关于若干历史问题的决议》。1948 年任新华社社长。建国后，任新闻总署署长、中共中央宣传部副部长、中共中央副秘书长。1977 年任中国社会科学哲学院院长、中共中央副秘书长、毛泽东著作编辑出版委员会办公室主任、中共中央党史研究室主任、中央政治局委员、中顾委委员。1981 年主持起草《中国共产党中央委员会关于建国以来党的若干历史问题的决议》。著有《中国共产党的三十年》、《人比月光更美丽》、《胡乔木文集》等。

水调歌头

改胡乔木《国庆夜记事》

今夕复何夕，

四海共光辉。

十里长安道上，

火树映风旗。

万朵心花齐放，

一片歌潮直上，

化作彩星驰。

白日羞光景，

明月掩重帷。

天外客，

今不舞，

欲何时？

还我青春年少，

达旦不须辞。

乐土人间信有，

举世饥寒携手，

前路复奚疑？

万里风云会，

只用一戎衣。

　　这首词最早见于1965年1月1日《人民日报》刊载的胡乔木《词十六首》。胡乔木《人比月光更美丽》（人民文学出版社，1988年4月版）收录。胡乔木作于1964年10月，同年毛泽东修改。

毛泽东改诗

"万里风云会,只用一戎衣",胡乔木原作"万里千斤担,不用一愁眉",毛泽东改。

"万朵心花齐放,一片歌潮直上,化作彩星驰",郭沫若致胡乔木信说:"心花'拟改为'星花','彩星驰'拟改为'彩云飞'。'驰'是阳平,在此处用阴平,似较响亮。"

改胡乔木《杭州感事》

穆穆秋山，

娓娓秋湖，

荡荡秋江。

正一年好景，

莲舟采月；

四方佳气，

桂国飘香。

玉绽棉铃，

金翻稻浪，

秋意偏于陇亩长。

最堪喜，

有射潮人健，

不怕澜狂。

天堂，

一向宣扬，

笑今古云泥怎比量！

算繁华千载，

长埋碧血；

工农此际，

初试锋芒。

土偶欺山，

妖骸祸水，

西子羞污半面妆。

谁共我，

舞倚天长剑，

扫此荒唐！

这首词最早见于 1965 年 1 月 1 日《人民日报》刊载的胡乔木《词十六首》。胡乔木《人比月光更美丽》（人民文学出版社，1988 年 4 月版）收录。胡乔木原词作于 1964 年 10 月，同年毛泽东修改。

对这首词，胡乔木给《人民日报》编辑部的信中有一段说明："内杭州一首，借指文化革命。但国内至今庙坟尚如此之多，毒害群众，亦觉须加挞伐。令人高兴的是，杭州孤山一带成堆的坟墓，经过广大群众热烈讨论和领导的决定，已经在十二月二日分别情况迁移和平毁，西湖风景区内各种反动的、封建的、迷信的、毫无保存价值的建筑和陈设，也正在有计划地清理和改造。词中的一些话现在对于杭州基本上已经不适用了。杭州一呼，全国响应的日子，想亦不远。"针对"词中的一些话现在对于杭州基本上已经不适用了"，毛泽东批语说，"基本上还适用。"毛泽东在胡乔木的这首词旁批注说："杭州及别处，行近郊原，处处与鬼为邻，几百年犹难扫尽。今日仅仅挖了几堆朽骨，便以为问题解决，太轻敌了，且与事实不合，故不宜加上那个说明，至于庙，连一个也未动。""不宜加上那个说明"，指胡乔木致《人民日报》编辑部信中说的话。

胡乔木 1964 年 12 月 2 日给毛泽东的信中说："沁园春一词在此（指杭州）曾给林乎加和陈冰看过，后来又把其中提出的意见同霍士廉、曹祥仁谈了，得到了他们的完全同意。省委已决定对西湖风景区进行改造。《浙江日报》已登了十几篇读者来信，要求风景区也要破旧立新，彻底整顿，把所谓苏小小墓等类毒害群众的东西加以清理。这是您多年以前就提出的主张，在现在的社会主义革命新高潮中总算有希望实现了，所以在此顺便报告。"毛泽东在这段话旁边，批注说："这只是一点开始而已。"

这首词现在所见有一件手书：即毛泽东亲自修改的胡乔木诗稿。标题为《沁园春·杭州感事》。横写，有标点符号。左旁和下面有毛泽东的批注。

"长埋碧血"，胡原作"长埋泪血"，毛泽东改。

"初试锋芒"，胡原作"小试锋芒"，毛泽东改。

"西子羞污半面妆"，胡原作"西子犹污半面妆"，毛泽东改。

"谁共我，舞倚天长剑，扫此荒唐"，胡原作"天与我，吼风奇剑，扫汝生光"。郭沫若指出"吼"前缺字，"扫汝生光"一句两读，太生硬，建议改为："人共扫，仗吼风奇剑，令汝增光。"并在致胡乔木信中说："'生'改为'增'者，因上面是'西子犹污半面妆'，扫去半面之污,自是增光了。"胡乔木送呈毛泽东的修改稿作"天共我,舞吼风奇剑,扫汝生光!"毛泽东改为:"谁共我,舞倚天长剑,扫此荒唐!"

"娓娓秋湖",赵朴初拟易为"滟滟"或"湛湛"。

"桂国飘香",胡乔木原作"桂国飞香",郭沫若拟改为"桂苑飘香"。

"玉绽棉铃",胡乔木原作"雪裹棉铃",郭沫若拟改为"雪裹银铃"。

"有射潮人健",胡原稿缺首字,依郭沫若补。

"土偶欺山",郭沫若拟改为"土偶僭山"。

"妖骸祸水",郭沫若致胡乔木信中说:"'祸'字似可改为'玷'字。因在旧时代一般把女性诬为'祸水',故拟改。"

毛泽东改诗

0701

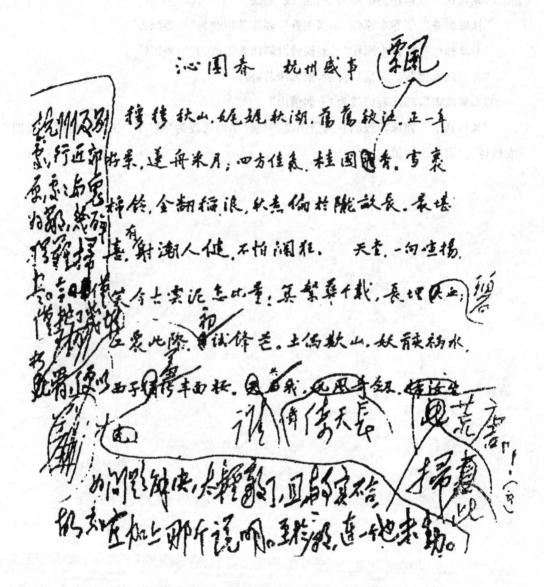

毛泽东亲笔修改和批注的胡乔木《沁园春·杭州感事》

菩萨蛮五首

改胡乔木《一九六四年十月十六日原子弹爆炸》

神仙万世人间锁，
英雄毕竟能偷火。
霹雳一声春，
风流天下闻。

风吹天下水，
清浊分千里。
亿众气凌云，
有人愁断魂。

其 二

昂昂七亿移山志，
忍能夕夕为奴隶！
双手扭乾坤，
教天认主人。

浮云西北去，
孔雀东南舞。
情景异今宵，
天风挟海潮。

其 三

攀山越水寻常事，
英雄不识艰难字。

毛泽东改诗

0 7 0 3

奇迹总人为，
登高必自卑。

登临何限意，
佳气盈天地。
来者尽翘翘，
前峰喜更高。

其　四
西风残照沉昏雾，
东方红处升霞柱。
雾暗百妖横，
霞飞四海腾。

霞旗扬四海，
壮志惊千载：
愿及雾偕亡，
消为日月光！

其　五
从来历史人魔战，
魔存那得风波晏？
此日揽长缨，
遥看天地清。

长缨人卅亿，
垓下重围密。
魔倒凯歌高，
长天风也号。

这五首词最早见于1965年1月1日《人民日报》刊载的胡乔木《词十六首》。胡乔木

《人比月光更美丽》(人民文学出版社,1988年4月版)收录。

《一九六四年十月十六日原子弹爆炸》,胡乔木题目原作《中国原子弹爆炸》,毛泽东改。

"神仙万世人间锁,英雄毕竟能偷火",胡乔木原作"神仙万世人间锁,英雄不信能偷火"。郭沫若致胡乔木信中说:"朴初以为别扭。我建议:改为'人间不受神封锁,英雄毕竟难偷火'。'毕竟'二字是朴初拟的。"

"清浊分千里",原作"清浊何时已",郭沫若拟改为"泾渭明如此!"

其二

"情景异今宵,天风挟海潮",胡乔木原作"风景异今宵,长歌意气豪",毛泽东改。

其三

"英雄不识艰难字",胡乔木原作"此生不晓艰难字",毛泽东改。

"佳气盈天地",胡乔木原作"天地盈佳气",毛泽东改。

"前峰喜更高",胡乔木原作"前山喜更高",依赵朴初改。

其四

"愿及雾偕亡",胡乔木注:"这里的'愿及雾偕亡',是说我们主张,把我们的核武器和帝国主义的核武器一齐销毁。不能作别的解释。"毛泽东批:"不必加注,读者不会误会。"

其五

"长缨人卅亿",胡乔木原作"长缨人廿亿",毛泽东改。

"魔倒凯歌高,长天风也号",胡乔木原作"魔尽凯歌休,濯缨万里流",郭沫若致胡乔木信中说:"'休'字拟改为'悠'。如改为'长'字,则'流'字可改为'江',请斟酌。(凯歌是永恒的,不应停止。)"毛泽东将这两句改为"魔倒凯歌高,长天风也号"。

毛泽东改诗

第 一 辑

改胡乔木《水龙吟七首》

星星火种东传,燎原此日光霄壤。

茅庐年少,斯民在抱,万夫一往。

几度星霜,江河沸鼎,乾坤反掌。

喜当年赤县,同袍成阵,寒风里,生机旺。

破夜洪钟怒响,起征人晓歌齐唱。

东风旗帜,南针思想,北辰俯仰。

雷迅文章,风生谈笑,敌闻胆丧。

唤鹰腾万仞,鹏征八表,看云天壮。

其 二

开天辟地神威,列宁事业前谁偶?

一声炮响,卅年血战,双枝并秀。

边寨惊烽,萧墙掣电,岁寒知友。

笑涎垂虎吻,心劳鼠技,分荆梦,今醒否?

九亿金城深厚,问全球此盟何有?

八方风雨,万邦忧乐,千秋休咎。

任重途长,天看旗帜,地看身手。

要同舟击楫,直须破浪,听风雷吼。

其 三

举头西北浮云,回黄转绿知多少。

当年瑶圃,穴穿狐兔,可怜芳草。

目醉琼楼,神驰玉宇,沉沦中道。

更元奸移位,长城自毁,旌旗暗,迷残照。

绝城不堪终老,怎天涯犹迟归棹?
远行应念,亡羊歧路,甘人虎豹。
珍重家园,良苗望溉,顽荆待扫。
趁投鞭众志,何当共驾,再乾坤造?

其 四
旧时王谢堂前,似曾相识归来燕。
新妆故态,异乡征逐,画堂依恋。
羞贱骄贫,抛亲弃侣,衔泥自羡。
忽火飞梁坠,一朝零落,梦犹怨,君恩浅。

秋去春来何限,怎滔滔竟尊冠冕?
朱门命寄,苍生儿戏,风云色变。
十载簧言,万年粪秽,蝇趋菌衍。
愿孙孙子子,矢清遗孽,奋除妖剑。

其 五
算来反面教员,先生榜样堪千古。
相煎如虏,鞭尸如虎,临危如鼠。
口唱真言,手挥宝箓,若呼风雨。
甚三无世界,两全党国,天花坠,归尘土。

涸辙今看枯鲋,定谁知明朝鲂鲔?
膏肓病重,新汤旧药,怎堪多煮?
恨别弓惊,吞声树倒,相呼旧侣。
看后车重蹈,愁城四望,尽红旗舞。

其 六
居然粉墨登场,十年一觉邯郸梦。

毛泽东改诗

当初直料,雌黄信口,香花永供。

逆子倾家,残红傍路,惊风忽送。

亿连横秦相,称儿晋帝,争道是,真龙种。

惯见蜣丸蚁冢,任纷纭昆仑自耸。

江山有待,一声狮吼,万旗云涌。

天意多情,蜉蝣空怨,地轮飞动。

看连天芳草,莺迁燕返,又春光重。

其　七

问君古往今来,皇皇文化何人造?

千年奴隶,生涯牛马,看人醉饱。

史页新开,天南地北,赤光普照。

说狼羊共处,今谁偏应,膏牙爪,甘镣铐?

革命一声号炮,动河山直穿云表。

风追骐骥,光寒剑戟,奋锄强暴。

作雾蚩尤,含沙鬼蜮,妖氛初扫。

乘摇空雪浪,漫天雹雨,指冰山倒!

这七首词最早见于1965年1月1日《人民日报》刊载的胡乔木《词十六首》。胡乔木《人比月光更美丽》(人民文学出版社,1988年4月版)收录。

这七首词胡乔木作于1964年11月,同年毛泽东修改。

"星星火种东传,燎原此日光霄壤",胡乔木原作"当年火种东传,何期此日光霄壤",毛泽东改。

"喜当年赤县,同袍成阵",胡乔木原作"喜绿阴千里,从前赤地",毛泽东改。

"生机旺",胡乔木原作"生机壮",毛泽东改。

"北辰俯仰",胡乔木原作"北辰同仰",毛泽东改。

"几度星霜",胡乔木原作"几度冰霜",依郭沫若改。

其二

"八方风雨",胡乔木原作"八方晴雨",毛泽东改。

"要同舟击楫,直须破浪,听风雷吼",胡乔木原作"但同舟击楫,直须破浪,听风雷吼",郭沫若致胡乔木信中说:"'但'字有歧义,拟改为'好同舟击楫,冲涛破浪,听风雷吼'。"毛泽东将"但同舟击楫"改为"要同舟击楫"。

"万邦忧乐",胡乔木原作"万邦哀乐",依郭沫若改。

其三

"目醉琼楼,神驰玉宇",胡乔木原作"目醉千珠,魂惊九死",毛泽东改。

"良苗望溉",胡乔木原作"良苗望饮",依赵朴初改。

其四

"忽火飞梁坠",胡乔木原作"忽火飞梁堕",毛泽东改。

"万年粪秽",胡乔木原作"百年粪秽",毛泽东改。

其五

"相煎如虏",胡乔木原作"相煎如釜",毛泽东改。

"膏肓病重,新汤旧药,怎堪多煮",胡乔木原作"新汤旧药,无多滋味,怎堪久煮",毛泽东改。

"看后车重蹈,愁城四望,尽红旗舞",胡乔木原作不详。据《建国以来毛泽东文稿》第十一册《对胡乔木十六首词的批语、修改和书信》说,毛泽东曾改为"幸良师三径,长蛇封豕,作妖魔舞。"后发表时,胡乔木改为这儿句。

其六

"万旗云涌",胡乔木原作"万方旗涌",毛泽东改。

其七

"膏牙爪",胡乔木原作"诛牙爪",毛泽东改。

"动河山",胡乔木原作"动山河",毛泽东改。

"妖氛初扫",胡乔木原作"妖氛直扫",毛泽东改。

"乘摇空雪浪,漫天电雨",胡乔木原作"乘摇空浪猛,前冲后涌",毛泽东改。

六州歌头

改胡乔木《一九六五年新年》（其二）

寒山远望，春暖越重洋。

春潮莽，连天壤，震遐荒。

战歌昂，凌厉山河壮。

干戈掌，方针讲，人民仰，同仇广，阵容强。

触目惊心，败叶纷纷降，兔死狐伤。

直冰崩瓦解，何计逞猖狂？

两大分赃，梦徒香。

纵添兵将，夸大棒，嚣尘上，陷泥塘。

纷说项，宣忍让，舌如簧，愿难偿。

大宇东风旺，无遮挡，任飞扬。

争解放，坚方向，锐锋铓。

何世人间，虎豹容来往？众志金汤。

教红旗遍地，万国换新装，日月重光。

　　这两首词见胡乔木《人比月光更美丽》（人民文学出版社，1988 年 4 月版）。胡乔木作于 1965 年 1 月，同年毛泽东修改了其中的第二首词。

　　1965 年 1 月 1 日《人民日报》发表胡乔木《词十六首》不久，胡乔木又写了词二十七首送呈毛泽东，毛泽东很快看了两遍，但没有立即着手修改。毛认为词二十七首比词十六首略有逊色。在毛着手修改前，胡参照郭沫若等人的意见，对词二十七首又认真修改了一番，将改稿经康生转呈毛泽东。毛看后，很快作了修改，于 9 月 5 日批康生转胡乔木。批语中说："这些词看了好些遍，是很好的。我赞成你改的这一本。我只略为改了几个字，不知妥当否，请你自己酌定。先登《红旗》，然后《人民日报》转载，请康生商伯达、冷西办理。"

　　胡收到毛退回的改稿后，又作了一些修改，并删去其中的读报四首及家书末两首，加上新作律诗五首，定名为《诗词二十六首》，于 9 月 10 日托人一并送呈毛泽东，请他审定。

15日下午三时，毛批转胡："删改得很好，可以定稿。我又在个别字句上作了一点改动，请酌定。另有一些字句，似宜再思再改，如不妥，即照原样。唯'南针仰'一句须改。"

1965年9月5日，毛泽东在胡乔木第二批创作的词二十七首的扉页（《建国以来毛泽东文稿》第十一册《对胡乔木二十七首诗词稿的批语》说，在《六州歌头·一九六五年新年》两首词的左侧）上批注说："有些地方还有些晦涩，中学生读不懂。唐、五代、北宋诸家及南宋某些人写的词，大都是易懂的。"《建国以来毛泽东文稿》的注释说，毛泽东这段批语，指胡乔木词中以下两处：（一）《生查子·家书》一词其二"斗争如海洋，早晚云霞涌。流水不长流，毒菌纷传种。青春只一回，转眼能抛送。铁要炼成钢，烈火投群众"中后两句；（二）《生查子·家书》一词其四中"刮骨去脓疮，剁脚争良玉。风险为人民"三句。详见这两首词的解说。"每"，疑为"某"字之误。

《诗词二十六首》在《红旗》1965年第11期和1965年9月29日《人民日报》发表。

胡乔木送诗词请毛泽东修改，使江青大为不悦。在1966年7月底中央文革小组一次会议上，江青对胡乔木说，"你的诗词主席费的心血太多，简直是主席的再创作。以后不许再送诗词给主席。干扰他的工作。"至此，胡乔木的诗兴戛然而止，在毛泽东逝世前的十年里没有再写诗词。直到1978年3月，他才重新有了写诗词的"雅兴"。

"方针讲"，胡乔木原作"南针仰"，毛泽东改。并在旁边批注说："不使人误以为仰我南针，故改。"

"兔死狐伤"，胡原作"兔死狐藏"，毛泽东改。

"万国换新装"，胡原作"万国舞霓裳"，毛泽东改。并对此处的"霓裳"和《江城子·赠边防战士》中的"天堂"批注说："要造新词，天堂、霓裳之类，不可常用。"

胡乔木《六州歌头二首·一九六五年新年》其一毛泽东未作修改，这首词是：

江山万里，一派好风光。天日朗，人心畅，奋图强。比和帮，大野争驰荡。空依傍，开兴旺，催能匠，添奇象，巧梳妆。刮目相看，古国呈新样，赤帜威扬。美参天大树，傲骨斗冰霜。桀犬徒狂，吠何伤！

莫非非想，全无恙；知风浪，辨康庄。侵凌抗，兵民壮；病虫防，斗争长。文武勤劳尚，披荆莽，事农桑。险同上，甘相让，苦先尝。身在茅庐，举世烽烟望，血热中肠。欲闻鸡起舞，整我战时装，共扫强梁。

梅花引

改胡乔木《夺印》

领袖语,牢记取,百年大计争基础。
背行囊,带干粮,眉飞色舞队队下乡忙。
当年八路今重到,共苦同甘群众靠。
万重山,不为难,不插红旗定是不回还。

社藏鼠,欺聋瞽,不爱贫农爱地主。
话连篇,表三千,偷梁换柱黑网结奸缘。
人间自有青霜剑,慧眼何愁形善变?
起群雄,灭阴风,还我河山长作主人翁。

    这首词见于胡乔木《人比月光更美丽》(人民文学出版社,1988 年 4 月版)。胡乔木作于 1965 年 3 月,同年毛泽东改。

    "不插红旗定是不回还",胡乔木原作"不竖红旗定是不回还",毛泽东改。

江城子二首

改胡乔木《赠边防战士》

其　一

少年心愿在天边。

别家园，度重关，南北东西多少好河山！

为保金瓯颠不破，鞋踏烂，不辞难。

远征才觉道途欢。

北风寒，有何干，雪地冰天为我驻朱颜。

背上枪枝登哨所，千丈壁，起炊烟。

其　二

练兵塞上好风光。

号声忙，踏严霜，猎猎军旗天际看飞扬。

待到刺刀拼过了，挥汗水，对朝阳。

墙头大字写琳琅。

报爹娘，放心肠，多少英姿年少事戎行。

大海航行歌四起，营地乐，胜家乡。

这两首词见于胡乔木《人比月光更美丽》（人民文学出版社，1988 年 4 月版）。胡乔木作于 1965 年 3 月，同年毛泽东修改。

"为保金瓯颠不破，鞋踏烂"，胡乔木原作"为保金瓯风景美，鞋踏破"，毛泽东改。

其二

"练兵塞上好风光。"，胡乔木原作"练兵塞上美风光"，毛泽尔改。

"猎猎军旗天际看飞扬"，胡乔木原作"猎猎军旗意气共飞扬"，毛泽东改。

"多少英姿年少事戎行"，胡乔木原作"多少英姿年少尽戎行"，毛泽东改。

毛泽东改诗

0 7 1 3

"胜家乡",胡乔木原作"胜天堂",毛泽东改,并于 1965 年 9 月 15 日在这首词下方对此处的"天堂"和《六州歌头·一九六五年新年》中的"霓裳"批注说:"要造新词,天堂、霓裳之类,不可常用。"

念奴娇

改胡乔木《重读雷锋日记》（其四）

寻常日记，细观摩满纸云蒸霞蔚。

时代洪流翻巨浪，舒卷英雄如意。

昔恨蛟潜，今欣龙跃，海底奇峰起。

几多学者，语言无此滋味。

颜色涂绘由人，如君红透，羞杀营营辈。

花落结为千粒子，一代红巾争继。

勤洗灰尘，多经风雨，立定上游志。

力争不懈，青春长傲天地。

　　这四首词见于胡乔木《人比月光更美丽》（人民文学出版社，1988 年 4 月版）。胡乔木作于 1965 年 5 月，同年毛泽东对其中第四首作了修改。

　　"细观摩满纸云蒸霞蔚"，胡乔木原作"细观摩满纸珠光宝气"，毛泽东改。

　　"时代洪流翻巨浪"，胡乔木原作"时代洪流腾巨浪"，毛泽东改。

　　胡乔木《念奴娇四首·重读雷锋日记》，毛泽东对前面三首未作修改，这三首词是：

其一

　　飞来何处。凤凰雏腾作一团烈焰！堕地当年阶级苦，小小孤儿尝遍。大地身翻，亲人仇报，我亦开眉眼。千言万语，握枪才是关键。

　　君试共我高翔，人间尽看，何往非前线？四海尚多奴隶血，小我何堪迷恋？身是螺钉，心怀天下，有限成无限。高山松柏，岁寒常忆肝胆。

　　其中的"君试共我高翔，人间尽看，何往非前线？四海尚多奴隶血，小我何堪迷恋？身是螺钉，心怀天下，有限成无限"。胡乔木原作"堪恨利锁名缰，蝇营狗苟，也混英雄汉。天下尚多奴隶血，何日乐园同享？不锈螺钉，投身伟业，有限成无限"。胡乔木改后，1965 年 9 月 15 日，毛泽东在这首词的左侧批注说："改得好。"（本书编著者按：《建国以来毛泽东文稿》第十一册"何日乐园同享？"作"何日乐园同建？"）

毛泽东改诗

其二

山歌一曲。万人传党的恩情胜母。字字珍珠和泪裹,唱出雷锋肺腑。得有今朝,多亏先烈,我敢辞艰苦!为群舍已,傻瓜甘愿为伍。

长记群众中来,群众中去,领袖殷勤语。一朵花开春不算,要看百花齐吐。友爱春风,热情夏日,对敌威于虎。名传"解放",格高光耀千古。

其三

分明昨夜,老人家万种慈祥亲爱。醒后追寻何处是?日月文章永在。最忆良言,全心为党,骄躁悬双戒。不干滴水,只缘身献沧海。

谁令抱被遮泥,潜名寄款,风气千秋改?真理一归群众手,多少奇姿壮采!鼠目光微,蝇头利重,少见徒多怪。红旗浩荡,共奔忘我时代。

采桑子

改胡乔木《反"愁"》(其二)

谁将愁比东流水?

无限波澜,载得风帆,踊跃奔腾直向前。

登天蜀道何须怨?

不上高山,突兀颠连,怎见人间是壮观?

这两首词见于胡乔木《人比月光更美丽》(人民文学出版社,1988 年 4 月版)。胡乔木作于 1965 年 5 月,同年毛泽东修改了其中的第二首词。

"怎见人间是壮观",胡乔木原作"怎见人间多壮观",毛泽东改。

胡乔木《采桑子四首·反"愁"》,毛泽东对其余三首未作修改,这三首词是:

其一

愁来道是天来大。试看长天,一碧无边,那见愁云一缕烟?

欺人妄语愁如海。万顷波翻,万马蹄欢,大好风光总万般。

其三

相思未了今生愿。万里烽烟,怒发冲冠,岂可缠绵效缚蚕?

孤芳绝代伤幽谷。待入尘寰,与众悲欢,始信丛中另有天。

其四

花开何用愁花谢?白发三千,何让春妍?老马知途好着鞭。

生离死别寻常见。美甚神仙,万古团圆?不尽生机赞逝川。

毛泽东改诗

改胡乔木《家书》(其二、其三、其四)

其　二

斗争如海洋,早晚云霞涌。

流水片时停,毒菌争传种。

青春只一回,转眼能抛送。

百炼化为钢,只有投群众。

其　三

牡丹富贵王,弹指凋尘土。

岂是少扶持? 不耐风和雨。

如此嫩和娇,何足名花数?

稻麦不争芳,粒粒酬辛苦。

其　四

纵观天地间,陵谷多奇趣。

东海有长鲸,常与波涛伍。

顺水好行船,终向下游去。

若要觅英雄,先到艰难处。

这四首诗见于胡乔木《人比月光更美丽》(人民文学出版社,1988 年 4 月版)。胡乔木作于 1965 年 5 月,同年毛泽东作了修改。

其二

"流水片时停,毒菌争传种",胡乔木原作"流水不长流,毒菌纷传种",毛泽东将第二句改为"毒菌争传种"。

"百炼化为钢,只有投群众",胡乔木原作"铁要炼成钢,烈火投群众",毛泽东改为"化为百炼钢,只有投群众",并写了批语:"这几句好。但下二句较晦,故改之。""这几句",指"斗争如海洋,……烈火投群众。"(本书编著者按:后来胡乔木将"化为百炼钢"改为"百炼化为钢",可能是为了更符合这一句的平仄格式。)

其三

"如此嫩和娇,何足名花数",胡乔木原作"不耐雨和风,纵美何堪数",毛泽东改为"如此嫩和娇,纵美何足数"(据《建国以来毛泽东文稿》第十一册《对胡乔木二十七首诗词稿的批语》)。

其四

"常与波涛伍",胡乔木原作"敢与波涛伍",毛泽东改。

"顺水好行船,终向下游去。若要觅英雄",胡乔木原作"刮骨去脓疮,剁脚争良玉。风险为人民"。毛泽东看后批注说:"此三句宜改,方免晦涩。"后来胡乔木改为这几句。毛泽东1965年9月15日再阅改后的这三句时,又批注说:"好"。

胡乔木《生查子四首·家书》其一毛泽东未作修改,这首词是:

家书岂万金,四海皆昆仲。养育亦多情,形影常来梦。

屈指渐成人,文武须双重。何事最关心:是否勤劳动?

毛泽东改诗

0 7 1 9

第 一 辑

改胡乔木《七一抒情》

其 一

如此江山如此人，千年不遇我逢辰。

挥将日月长明笔，写就雷霆不朽文。

指顾崎岖成坦道，笑谈荆棘等浮云。

旌旗猎猎春风暖，万目环球看大军。

其 二

滚滚江流万里长，几分几合到汪洋。

源头尽望千堆雪，中道常迴九曲肠。

激浪冲天春汛怒，奔雷动地早潮狂。

层峦叠嶂今安在？一入沧溟喜浩茫。

其 三

历经春夏共秋冬，四季风光任不同。

勤逐炎凉看黄鸟，独欺冰雪挺苍松。

寒虫向壁寻残梦，勇士乘风薄太空。

天外莫愁迷道路，早驱彩笔作长虹。

其 四

六洲环顾满疮痍，豕突狼奔猎者谁？

肝胆誓分兄弟难，头颅不向寇仇低。

自由合洒血成碧，胜利从来竿作旗。

休向英雄夸核弹，欣荣试看比基尼〔原注〕。

胡乔木原注：比基尼，太平洋马绍尔群岛中的珊瑚岛。1946 年美军作为核武器试验基地。当时报载,该岛虽迭经核爆炸,至 1965 年考察时仍草木丛生云。

这四首诗见于胡乔木《人比月光更美丽》(人民文学出版社,1988 年 4 月版)。胡乔木作于 1965 年 6 月,同年毛泽东作了修改。

其一

"旌旗猎猎春风暖",胡乔木原作"旌旗猎猎春风盛",毛泽东改。

其二

"滚滚江流万里长",胡乔木原作"滚滚长江万里长",毛泽东改。

"春汛怒",胡乔木原作"春玉碎"。毛泽东批注说:"宜改。"胡乔木在发表时改。

"一入沧溟喜浩茫",胡乔木原作"沧海云天长浩荡"。毛泽东批注说:"此句宜改。因承上句,不解所谓。"胡乔木在发表时改。

其三

"勇士乘风薄太空",胡乔木原作"勇士乘槎薄太空",毛泽东改。

其四

"六洲环顾满疮痍",胡乔木原作"六洲环顾尚疮痍",毛泽东改。

"兄弟难",胡乔木原作"装饰造"。毛泽东批注说:"三字酌,又不明朗,宜改。"胡乔木在发表时改。

"头颅不向寇仇低。自由合洒血成碧,胜利从来举作旗",毛泽东在这首诗其四右侧批注说:"好句。"

"休向英雄夸核弹,欣荣试看比基尼",胡乔木原作"休向健儿夸核弹,欣欣犹是比基尼",毛泽东改。

毛泽东改诗

第 一 辑

五律

改陈毅《西行》

一九六五年七月二十一日

万里西行急，

乘风御太空。

不因鹏翼展，

那得鸟途通。

海酿千钟酒，

山栽万仞葱。

风雷驱大地，

是处有亲朋。

这首诗见于《诗刊》1978 年 1 月号刊载的毛泽东 1965 年 7 月 21 日致陈毅的信中和《陈毅诗词选集》（人民文学出版社，1977 年 4 月版）。后收入《毛泽东书信选集》（人民出版社，1984 年 12 月版）。

1964 年 10 月至 11 月，陈毅率中国政府代表团出访了亚非六国。出访归来后，正逢第三届全国人民代表大会召开，会议间，毛泽东有一次问他："最近怎么看不到你写的诗发表呢？"他回答说："一年来我走访了近二十个国家，随手写了十几篇诗，现在还没有定稿。等改好之后，我想呈送主席，请主席大笔斧正，行不行？"毛泽东欣然表示同意。于是，陈毅便将自己的诗作了加工修改，于 1965 年春寄呈毛泽东。为了不占用毛泽东过多的时间，他仅抄呈了《六国之行》组诗七首。同年夏，收到毛泽东 7 月 21 日的复信，信中谈了关于诗歌的一系列重要问题，并抄录了为陈毅《六国之行》第一首修改的《西行》这一首诗。

由于陈毅寄呈毛泽东的这首诗的原稿未曾披露，因而无从得知毛泽东作了哪些修改。但据陈毅之子陈昊苏《鹏翼展·风雷动》一文（《解放军文艺》1978 年第 2 期）说：《西行》的基本立意属于陈毅，但经毛泽东修改之后，从形式到内容都有很大提高。比如：鹏翼展、鸟途通、千钟酒、万仞葱，这些都是毛泽东的神来之笔。所以这首诗可以视为是毛泽东和陈毅的共同创作。

陈毅《六国之行》组诗七首:

1964年10月、11月率政府代表团参加阿尔及利亚革命起义十周年庆典,柬埔寨完全独立七周年庆典,应邀访问印度尼西亚,途经巴基斯坦、阿联、缅甸。

其一:(略)

其二:

> 桓桓阿荙尔,革命气豪雄。
>
> 百战驱封豕,千辛制毒龙。
>
> 海滨禾稼美,沙漠石油浓。
>
> 解放凭兵甲,殊方道路同。

其三:

> 开罗枢纽地,联结亚非欧。
>
> 金塔威千古,运河抗万流。
>
> 王朝归瓦砾,友道复丝绸。
>
> 渡口津梁急,春晖涌浪头。

其四:

> 夜过卡拉奇,旧友喜重逢。
>
> 纵论浮云变,深谈反帝同。
>
> 政诤方竞选,颠覆岂能容?
>
> 清晨一挥手,万里又晴空。

其五:

> 勇战柬埔寨,独立天地间。
>
> 复国反法帝,坚心拒美援。
>
> 和平树功业,建设战艰难。
>
> 声誉日洋溢,人民意志坚。

其六:

> 九次访缅甸,殷勤款待忙。
>
> 胞波感情重,江水溯源长。
>
> 雨过天逾碧,风来花送香。
>
> 相期更努力,中立反强梁。

毛泽东改诗

0723

其七：

印度尼西亚，洋洋海国雄。

三千星斗布，非亚往来通。

反帝数世纪，斯民百战功。

准则昭天下，精神重万隆。

改《西行》诗现在所见有一件手书，即 1965 年 7 月 21 日毛泽东致陈毅的信中所抄录的。标题为《西行》。横写，有标点符号。

"山栽万仞葱"，毛泽东手书中作"山裁万仞葱"，其中"裁"当为"栽"字之误。

【注释】

〔1〕五律：五言律诗的简称，见《七律·长征》注。

陈毅（1901—1972）：四川乐至人，字仲弘。1919 年赴法国勤工俭学。1923 年在北京中法大学加入中国共产党。1926 年在四川军队中进行革命活动。1927 年参加南昌起义，任工农革命军第一师党代表。1928 年初，与朱德一起领导湘南起义。后率领起义部队上井冈山。从此与毛泽东等老一辈革命家出生入死，共同奋斗，结下深厚友谊。在革命战争年代，战功卓著。建国后，曾任国务院副总理兼外交部长等党政军要职，屡建奇勋。1972 年 1 月 6 日在北京逝世。一生中，诗作很多，收入《陈毅诗词选集》、《陈毅诗稿》和《陈毅诗词全集》。

西行：指率中国政府代表团访问阿尔及利亚、柬埔寨、印度尼西亚、巴基斯坦、阿联、缅甸等亚非六国。

〔2〕万里：形容路途遥远。 急：指行程匆忙。

〔3〕乘：利用。 乘风：三国魏曹操《气出倡》诗："驾六龙乘风而行，行四海外路。"晋代陆机《鞠歌行》诗："乘风远游腾云端。" 御：驾驭车马等交通工具。 太空：高空。 御太空：即

御于太空。 乘风御太空：《庄子·逍遥游》："夫列子御风而行。"这里指坐飞机出访。

〔4〕因：因为，由于。 鹏：传说中的大鸟，见《念奴娇·鸟儿问答》注，这里喻指飞机。翼：翅膀。

〔5〕得：能。 鸟途：意思是说路途险阻，只有鸟能飞过。南朝齐代谢朓《暂使下都夜发新林至京邑赠西府同僚》："风云有鸟路。"南朝陈代阴铿《和侯司空登楼望乡》："瞻云望鸟道。"

〔6〕海：大海。 酿：造酒。 钟：古代的一种圆形的酒壶。 千钟：极言其多。 千钟酒：晋代成公绥《正旦大会行礼歌》："旨酒千钟。"唐代敬括《花萼楼赋》："大官进千钟之酒。"

〔7〕仞：古代的长度单位，历代说法不同。周制为八尺，汉制为七尺，东汉末为五尺六寸。

万仞：极言其高。《列子·汤问》："太形（行）、王屋二山高万仞。"唐代王之涣《凉州词》："一片孤城万仞山。" 海酿千钟酒，山栽万仞葱：意思是说从飞机上俯瞰大地，大海仿佛酿造的千钟美酒，高山如同栽种在菜畦上的高大的青葱。另有一说，周振甫在《毛泽东诗词欣赏》一书中认为：海指青海，从飞机上向下看，青海只

像一个能酿千杯酒的池子;山指葱岭,岭上有葱,岭上极高,故称万仞。

〔8〕风雷:风与雷,喻指全世界蓬勃兴起的国家独立、民族解放和人民革命运动。 驱:行进。

大地:指世界。 驱大地:即驱于大地。

〔9〕是:凡,所有。 是处:所有地方,也就是处处的意思。 亲朋:亲戚朋友,指同情、支持中国的革命和建设事业,与中国人民友好相处的各国人民。

毛泽东改诗

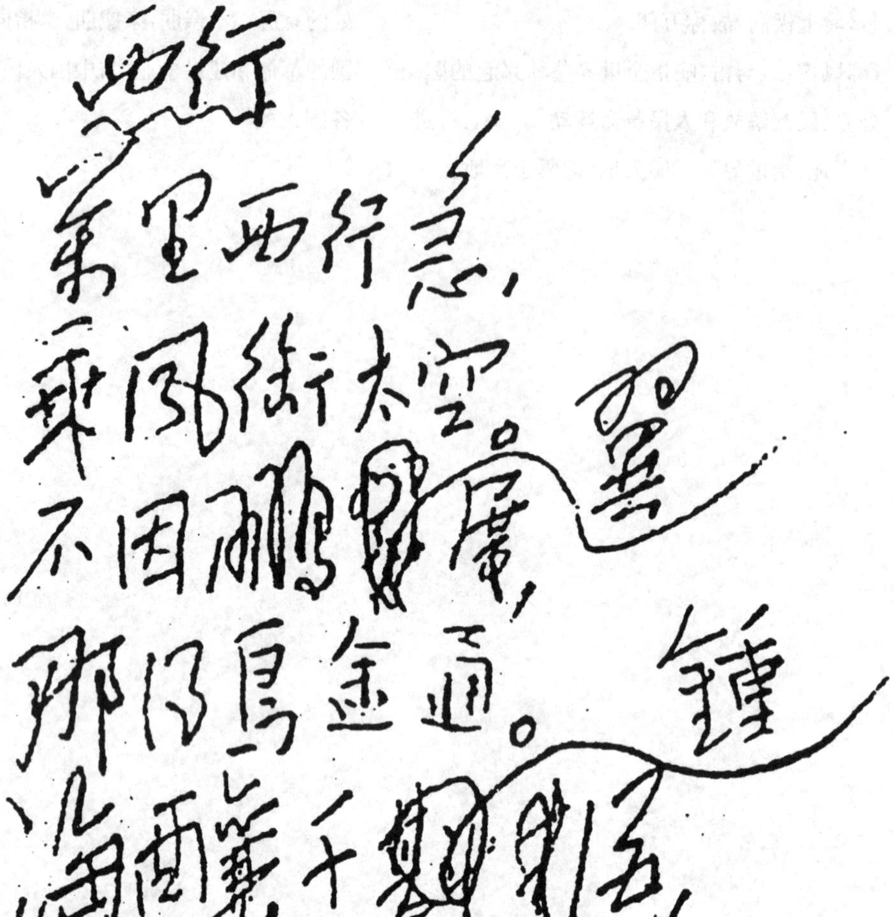

西行

万里西行急，
乘风御太空。
不因鹏翼展，
那得鸟金通。
海酿千钟酒，
山裁万仞葱。
风雷驱大地，
是处有亲朋。

毛泽东手书《五律·改陈毅〈西行〉》

七律

改叶剑英《远望》诗题

一九六五年十二月

忧患元元忆逝翁，

红旗飘渺没遥空。

昏鸦三匝迷枯树，

回雁兼程溯旧踪。

赤道雕弓能射虎，

椰林匕首敢屠龙。

景升父子皆豚犬，

旋转还凭革命功。

这首诗见于 1965 年 10 月 6 日《光明日报》。诗题原作《望远》。1966 年元旦前，毛泽东将此诗写赠毛岸青、邵华时改为《远望》。

1964 年秋，国际上帝国主义和反动派掀起反华浪潮，苏联自斯大林逝世后，赫鲁晓夫从上台到下台也发生了很大变化。当时正在大连棒槌岛的叶剑英有感而发，写了一首七律《望远》。当时，叶剑英写在一张小纸条上，不知怎的，由董必武辗转传到北京，后来发表在 1965 年 10 月 6 日《光明日报》上。当时正是苏联发表赫鲁晓夫下台公报一周年。另据《毛泽东的人际世界》一书说，诗写成后，叶剑英将诗呈送给毛泽东，请他批改。毛泽东阅后大为赞赏，除将标题改为《远望》外，只字未动，随即推荐给《光明日报》的副刊《东风》发表。

毛岸青、邵华《重读〈远望〉志更坚》一文说，1965 年 12 月，毛泽东七十二岁寿辰之际，毛岸青和邵华去祝寿，毛泽东当即挥毫，一字不错地背抄此诗，赠送儿子和儿媳，只是将原题改为《远望》。毛泽东还将诗意一句一句地讲述给他们听。其中毛泽东最欣赏的是："景升父子皆豚犬，旋转还凭革命功"两句。

1977 年 4 月 6 日《人民日报》及《人民文学》1977 年第三期重新发表这首诗时，载有叶剑英同志所写的关于毛主席手书《远望》诗的说明，全文是："《远望》一诗，为刺'北极熊'蜕化变修而作，时在一九六四年秋。一九七六年十二月二十八日，我收到毛岸青、邵华两

毛泽东改诗

同志信,信云:'叶伯伯,记得一九六五年元旦前,我们去看望父亲,父亲挥笔写了伯伯的《远望》诗一首,以教育、鼓励我们革命。'随信惠我影印件一份。我特借得原件,请王冶秋同志加工制版,以为永久珍藏的纪念。　　叶剑英　一九七七年一月十日。"毛岸青、邵华信中所说"一九六五年元旦前",应是"一九七六年元旦前"。

【注释】

〔1〕忧患:忧愁,灾难。　元元:老百姓,人民。　逝翁:去世的老人,这里指革命导师列宁。

〔2〕飘渺:同"缥缈",隐约、高远,若有若无的样子。　没遥空:消失在遥远的高空。　这句的意思是,由于苏联蜕变,列宁主义的红旗已经在它的故乡消失,而由全世界真正的马克思主义者和革命人民继续高举前进。

〔3〕昏鸦:黄昏时的乌鸦,喻当时所说的"苏联修正主义"。　三匝:三周,三圈。　昏鸦三匝迷枯树:这里借以比喻"苏联修正主义"迷恋资本主义。

〔4〕回雁:雁是候鸟,春天往北,秋天回南,故称"回雁"。　兼:加倍。　兼程:加速赶路。　溯:逆流而行,这里作返回讲。　旧踪:这里指资本主义道路。　回雁兼程溯旧踪:这里指苏联由社会主义国家蜕化,正沿着资本主义道路加速进行复辟倒退。

〔5〕赤道:非州横跨赤道,故以赤道借指非洲。　雕弓:刻有纹饰的弓箭。　射虎:典故见于《史记·李将军列传》,其中记有李广英勇射虎

的故事。有一次,他为虎所伤,但还是终于将虎射死。

〔6〕椰林:东南亚诸国境内多椰林,故以椰林借指东南亚。　赤道、椰林:合起来泛指第三世界的革命人民。　屠:杀。　屠龙:《庄子·列御寇》中说,有个叫朱泙漫的向人学屠龙,经过三年的艰苦努力,终于掌握了屠龙技术。诗中仅取其字面含义,这里说第三世界的革命人民敢于拿起原始的武器反击苏美两霸。

〔7〕刘表:字景升,东汉末年为荆州刺史。《三国志·魏书》说他"地方数千里,带甲十余万。"刘死后,其长子刘琦依附刘备,少子刘琮投降曹操,终于"后嗣颠蹶,社稷倾覆。"又据《三国志·吴志》裴松之注说:一次,曹操见孙权训练水军有素,叹道:"生子当如孙仲谋,刘景升儿子若豚犬耳。"诗中以"景升父子"指赫鲁晓夫和勃列日涅夫两任"苏联修正主义"头子。

〔8〕旋转:扭转,这里指改天换地,扭转乾坤。　功:功力。

远望　　　　…捧鐘…

忧患元元忆逝翁，
红旗飘渺没遥空。
昏鸦三匝迷枯树，
回雁兼程溯旧踪。

赤道雕弓能射虎，
椰林匕首敢屠龙。
…父子…驰犬，
…远过革命功。

十月十六日光明日报

毛泽东手书叶剑英《七律·远望》

毛泽东改诗

0 7 2 9

毛泽东改诗　第二辑

本辑收录诗词共十二首。系毛泽东改前人的诗篇或诗句。

七绝

改诗呈父亲

一九一〇年秋

孩儿立志出乡关，学不成名誓不还。

埋骨何须桑梓地，人生无处不青山。

　　这首诗最早见之于刘仁荣《毛泽东从民主主义者到马克思主义者的转变》(《湖南师院学报》1981 年第 1 期)，后又见之于《实践》1984 年第 7 期刊载的戈锋《人生无处不青山——毛泽东〈赠父诗〉赏析》、1984 年 9 月 29 日南京《周末报》刊载的向真《毛泽东改诗赠父亲》一文，还见之于高菊村、陈峰、唐振南、田余粮著《青年毛泽东》(中共党史资料出版社，1990 年 3 月版)、李湘文编著《毛泽东家世》(人民出版社，1993 年 2 月版)、中共中央文献研究室编《毛泽东年谱》(人民出版社、中央文献出版社 1993 年 12 月第 1 版)等书。

　　这首诗的原作者有四说：一、西乡隆盛说。西乡隆盛(1828—1877 年)：日本明治维新时期的政治家和军事家。生于鹿儿岛加治屋町下级武士家庭。1844 年起担任下级官吏。1867 年 12 月 9 日，与大久保等倒幕派发动政变，组织新政府。1868 年被任命为陆海军负责人。1872 年任陆军元帅兼近卫军都督。与大久保、木户一起被誉为"维新三杰"。鼓吹并支持对外扩张侵略。因主张"征韩论"未被采纳，于 1873 年辞职，回鹿儿岛兴办军事政治学校，派学员出国留学，对日本学习西方有促进作用。1877 年举行反对大久保政权的叛乱，败死于鹿儿岛的城山。刘仁荣《关于毛泽东的赠父诗》(《湖南师院学报》1982 年第 2 期)说，该诗系毛泽东改写日本西乡隆盛的诗。据中共中央文献研究室编《毛泽东年谱》注释说："这首诗曾载《新青年》第一卷第五期，原文是：'男儿立志出乡关，学不成名死不还，埋骨何须桑梓地，人生无处不青山。'署名西乡隆盛。"张贻玖著的《毛泽东和诗》也持此说。有人指出，1910 年《青年》杂志于 1915 年 9 月 15 日在上海创刊。(《青年》杂志为《新青年》前身)1910 年毛泽东改写这首诗时《青年》杂志还没有创刊。二、月性说。月性和尚(1817—1856)：号清狂，日本江户时代末期名僧。在周防妙元寺出家，曾因忧国而云游四方，广交名士。擅诗，著有《清狂吟稿》。《将东游题壁》是二十七岁离开故乡时所作，抒发了自己发愤图强的壮志和四海为家的胸怀。此诗对日本后世影响很大，传来中国后，影响也较广。原诗有不同的中文译本。(参见郁之《传抄诗稿种种》、〔香港〕刘济

昆《毛泽东以日本诗言志》裴伟在《毛泽东的离乡别父诗系根据月性的诗改写》(1992年
6月27日《周末报》)中说,西乡隆盛著《大西乡全集》中不载此诗。黄新铭《日本历代名家
七绝百首注》(书目文献出版社,1984年版)选录日本江户时代末期(十九世纪)名僧月性
《题壁》诗曰:"孩儿立志出乡关,学若无成不复还。埋骨何期坟墓地,人间到处有青山。"
2001年10月第二届毛泽东诗词国际学术研讨会上,日本学者竹内实《毛泽东诗词的诗境
与日本志士的"汉诗"》中说,"月性,僧。热心提倡海防策,《将东游题壁》(此诗误传为西
乡隆盛作):'男儿立志出乡关,学若无成不复还。埋骨何期坟墓地,人间到处有青山。'"
三、村松文三说。董学文《毛泽东和中国文学》一书说,这首诗,原是日本明治维新时倒幕
志士村松文三(1828—1874)的作品。四、流行诗说。据向真《毛泽东改诗赠父亲》(1984
年9月29日南京《周末》报)说,广西有一位比毛泽东大两岁的革命烈士黄治峰也在青年
时代改写此诗。他是这样改的:"男儿立志出乡关,报答国家哪肯还。埋骨岂须桑梓地,
人生到处有青山。"黄治峰,广西人,壮族,1928年加入中国共产党。由此可见,毛泽东所
据以改写的原作是一首当时比较流行的诗,其原作者据日本竹内实说,当为月性。

　　这首诗的创作缘起也有两说:一、呈父亲说。李湘文《毛泽东家世》(人民出版社,
1993年2月版)说,1910年秋,十六岁的毛泽东借助亲戚和同族长老,说服一心要把他送
到县城一家米店当学徒以继业发家的父亲,同意他到离家五十里的湘乡县立东山高等小
学堂继续读书。这是他第一次离开家乡,临行前,他根据前人的诗略加修改写了这首诗
献给父亲。诗中表达了毛泽东远大的抱负和志向,也表达了对父亲的深厚感情。毛泽东
将改写好的诗抄在一张纸上,夹在他父亲毛顺生的账簿里,因为账簿是他父亲每天必看
的。毛顺生看了这首诗后告诉了文家,这件事就流传下来了。毛顺生去世后,此诗一直
由表兄文运昌珍藏着。(本书编著者按:文运昌,毛泽东二舅父文玉钦之次子。)建国初期
搜集革命文物时,他母亲文氏家里的人把这首诗交了出来。二、赠表兄说。李锐在《毛泽
东的早期革命活动》(湖南人民出版社,1980年2月版)中说:毛泽东1910年到湘乡县立
东山高小读书,他学习成绩很好,他的作文在全校出了名,连校长都说:"学校取了一名建
国材"。"这个学校并不能满足少年毛泽东的如饥似渴的求知欲。他极想到长沙去。""学
校的校长、老师看到他年纪较大,成绩又好,都主张他去长沙考中学堂,继续深造。""但受
到父亲的阻挠。他请来舅父及以前的老师劝说父亲让他读书。临行时,他抄了一首诗送
给表兄文鉴泉和文运昌。"(文鉴泉,即文涧泉,毛泽东大舅父文玉瑞之次子。)所抄的就是
这首诗。本书编著者按:毛泽东系1911年春去长沙考入长沙湘乡驻省中学,因而如按此
说,当作于1911年春。

　　笔者以为,这首诗可以作为毛泽东对当时流行的一首诗的改作,犹如后来毛泽东曾

毛泽东改诗

多次改鲁迅诗、改李攀龙《怀明卿》、改杜甫《咏怀古迹》、改张元干《送胡邦衡谪新州》一样。

【注释】

〔1〕七绝:七言绝句的简称。 父亲:毛泽东的父亲毛顺生(1870—1920),字顺生,号良弼。生于清代同治九年九月二十一日(1878年10月5日)。十七岁开始当家理事,因负债被迫外出,在湘军当了几年兵,积累了一些银钱。回乡后,赎出其父毛恩普典出的土地,不久又买进一些,增加到二十二亩,每年收八十担稻谷。后来又做稻谷和猪牛生意,资本逐渐增加到两三千元,还自制"毛顺义堂"的流通纸票。他勤劳节俭,精明,善于经营,性情暴躁,对人严厉自私,民国八年十二月初三(1920年1月23日)患急性伤寒去世,时年五十岁。

〔2〕乡关:家乡,故乡。

〔3〕桑梓:古代家宅旁边常栽桑树和梓树,看见桑梓,容易引起对父母的怀念,后因用作故乡的代称。 埋骨何须桑梓地:意思是说,人死之后,何必一定要埋在家乡。

〔4〕青山:象征祖国山河秀丽。 人生无处不青山:意思是接上句说,祖国到处都是秀丽的河山,可以作为安息的地方。这两句也就是大丈夫志在四方,好男儿四海为家的意思。宋代苏轼《予以事系御史台狱,狱吏稍见侵,自度不能堪,死狱中不得一别子由,故作二诗授狱卒梁成,以遗子由》诗中有"是处青山可埋骨,他年夜雨独伤神"之句。宋代陆游《醉中出西门偶书》有"青山是处可埋骨,白发向人羞折腰。"浙江杭州西湖岳飞墓有徐氏女撰写的对联:"青山有幸埋忠骨,白铁无辜铸佞臣。" 毛岸青、邵华《滚烫的回忆》中说,毛岸英在朝鲜牺牲后,毛泽东曾讲过类似这首诗的诗意:"姐姐(指刘思齐)曾请求将岸英哥哥的遗体迁回国内,爸爸(指毛泽东)却摇头说:'青山处处埋忠骨,何必马革裹尸还',不是还有千千万万志愿军烈士安葬在朝鲜吗?"

七绝

改《咏蛙》

一九一〇年秋

独坐池塘如虎踞,绿杨树下养精神。

春来我不先开口,哪个虫儿敢作声?

这首诗最早见于 1987 年 7 月 17 日《羊城晚报》刊载的徐秋良《毛泽东〈咏蛙〉诗》一文,又见之于 1987 年 12 月 16 日《四川广播电视报》刊载的戴国均《毛泽东的咏物诗》一文和 1988 年 4 月 10 日的《中国青年报》刊载的张湘藩《毛泽东〈咏蛙〉诗》,还见于江建高、文辉抗、刘斌珍编《韶山导游》(湖南地图出版社,1991 年版)。高凯、于玲主编《毛泽东大观》据《中国青年报》也将此诗收入书中。陈晋《毛泽东与文艺传统》一书也说,毛泽东早些时候,曾抄写过这首诗。

徐文说:"1910 年秋,毛泽东离开韶山,考入湘乡县立东山高等小学堂读书。读书期间,他写过一首《咏蛙》的诗。"

据林木森编《咱们的领袖毛泽东》(解放军出版社 1992 年 8 月出版)编者注说:"据考证此诗历有流传,原为唐人创作。目前虽尚未查出原作,但至少不能肯定是毛泽东的作品。"

1988 年 5 月 22 日《中国青年报》刊载的黄飞英《〈咏蛙〉诗的作者是谁》一文,认为此诗出于清末湖北英山名士郑正鹄之手。1992 年 3 月 12 日《社会科学报》上刊载的伍宁思的文章和 1994 年 1 月 8 日《周末》报周启源《〈咏蛙〉诗是少年毛泽东改写的》等文也说,《咏蛙》诗是毛泽东改写清末英山(清代英山属安徽,1932 年起属湖北)名士郑正鹄所写的《咏蛙》诗。郑正鹄五短身材,其貌不扬,初任天水县令时,当地一些官绅以此奚落他,特请画工画了一幅《青蛙图》,画面是河边柳荫下蹲着一只张口的青蛙,派人送给郑题诗,目的是讥笑他的五短身材像青蛙。郑正鹄深知官绅们的花招,便当众题了《咏蛙》诗:"小小青蛙似虎形,河边大树好遮荫。明春我不先开口,哪个虫儿敢作声?"郑的这首诗,使得官绅们讨了个没趣。(据《英山县志》载,郑正鹄为官清正,是清末有名的清官。)少年毛泽东从韶山到湘乡县东山高等小学堂读书,由于口音不同,衣着简朴,且入学时年龄偏大,而屡遭同学们的奚落。有感于这种环境,毛泽东便改写郑正鹄的《咏蛙》诗,以此言志。

徐涛《毛泽东诗词全编》认为:"郑之《咏蛙》诗写于 1912 年,而毛之《咏蛙》诗成于 1910 年。从时间上看,毛绝无抄郑诗的可能与必要,故伍宁思的文章殊不足信。只有一种可能,即毛与郑都是参见了前人的成诗而有所更改。称其为改作是可以成立的。"

刘济昆《毛泽东诗词全集》说,有位浙江温州读者来信说,浙南地区民间传说,明代嘉靖年间浙江永嘉(今温州市瓯海县永强区)人张聪少年求学时因性情嬉玩,被老师指责,罚站池塘边杨树下,并罚写一首《咏蛙》七绝诗,老师阅后,认为他是很有作为的人。诗的内容与毛泽东这首诗完全相同。

1993 年,楼适夷以"米翁"笔名在上海《新民晚报》撰文,讲幼年时从晚清一秀才处得知此诗,云严嵩所作。

刘济昆在《咏蛙确为毛泽东诗作》中说,郑正鹄这首诗民国初年流传极广,而且在民间有多种版本。"据诗人楼适夷记忆,他幼时听过以下的诗:'独坐池边似虎形,绿荫树下弹鸣琴,春来我不先开口,谁个虫儿敢出声',说是严嵩幼时的诗。我请教外号'中国通'的香港高旅先生,他说明代大奸臣严嵩没有什么诗传下来。"又说:"据中共中央文献研究室的专家说,有两人证实毛氏写这咏蛙诗。名字我已忘,可能是毛氏的老师毛宇居和谭咏春。"

陈晋《毛泽东与文艺传统》也说,这首诗不能证明是他自己创作的。

易孟醇、易维《诗人毛泽东》说,"诗是湘乡的一位小学教师、毛泽东的表兄文端高 1966 年向笔者提供的。"徐秋良《毛泽东〈咏蛙〉诗》一文误认为是毛泽东入学时写的应试诗。该书又说:"此诗是取唐人曹幽《春暮》'青草地塘独听蛙'诗意衍变的,当无可疑义。"

由此可见,这首诗和《七绝·改诗呈父亲》一样,是毛泽东根据旧诗略加修改而成。原作者尚待进一步考证。

这首诗的写作时间,刘济昆《毛泽东诗词全集)作"一九〇九年",恐误。

"哪个虫儿敢作声",陈晋《毛泽东与文艺传统)作"哪个虫儿敢做声"。

【注释】

〔1〕独:单独。 独坐:这里有雄踞一方的意思。 踞:蹲或坐。 虎踞:指蛙像虎那样蹲着,有赞美之意。

〔2〕绿杨树下养精神:指青蛙养精蓄锐,以逸待劳,伺机捕获猎物。

〔3〕来:助词,无实义。 春来:春天。

七言诗

赏梅

一九三二年冬

春心乐共花争发,

与君一赏一陶然。

这首诗见于余伯流、陈钢《毛泽东在中央苏区》(中国书店 1993 年 1 月版)。

1932 年 12 月,毛泽东来到福建汀州养病,同时探望正在长沙福音医院分娩的妻子贺子珍。这时,他正受到左倾机会主义路线的进一步排挤打击。不久前,10 月在宁都会议上,他连红一方面军总政委的职务也被罢免。来到长汀后,周恩来决定让毛泽东到福音医院附设的"老古井休养所"休养。

贺子珍出月子后的一天,见毛泽东心绪不佳,提议和他到"汀州八景"之一的北山金沙寺散步。

忽然,贺子珍被寺旁一株腊梅吸引住了。她走过去吻着梅花。毛泽东乘兴过去,果见寒风中一株腊梅昂然挺拔,梅花朵朵,斗霜竞放。毛泽东不禁吟咏道:"春心乐于花争发,与君一赏一陶然。"

归途中,毛泽东显得格外爽朗,平日里忧郁的神态一扫而尽,不时露出欣慰的笑容。

毛泽东这时虽然身处逆境,受到王明"左"倾机会主义的排挤打击,离开了党的中央领导岗位,但仍然充满了革命乐观主义精神。

【注释】

〔1〕春心乐共花争发:化用唐代诗人李商隐《无题》中"春心莫共花争发"诗句而成。李商隐《无题》,全诗是:"飒飒东风细雨来,芙蓉塘外有轻雷。金蟾啮锁烧香入,玉虎牵丝汲井回。贾氏窥帘韩掾少,宓妃留枕魏王才。春心莫共花争发,一寸相思一寸灰。"李商隐诗是写相思的,表现了女主人公对爱情的渴望追求,以及相思无望、会合难期的痛苦。末两句是说,自己这颗心不要同春花一同萌发,免得相思无望,徒为所苦。毛泽东在这里将李商隐的诗句反其意而用之。虽只改了一个字,意趣却迥然不同。李的诗句消沉,毛的诗句昂扬,抒发了

诗人春心与梅花同发,人与梅相通:不畏困苦艰辛,乐观刚强的胸襟和情操。

〔2〕君:指贺子珍。 陶然:快乐的样子。唐代白居易《与梦得沽酒闲饮且约后期》:"更待菊黄家酿熟,与君一醉一陶然。" 与君一赏一陶然:这里是说与贺子珍观赏梅花非常快乐。

改李白《赠汪伦》

一九三五年一月

桃花潭水深千尺,不及你我手足情。

祝总司令多抓俘虏,多打胜仗。

这首改诗见许长庚《毛主席送朱总司令上火线》(《伟大的转折》,贵州人民出版社,1984 年版)。

董学文《毛泽东和中国文学》(春风文艺出版社,1994 年 6 月版)说:1935 年 1 月下旬,遵义会议之后,朱德要亲临贵州土城火线指挥作战,毛泽东集合军委纵队的同志列队欢送。朱德激动地说:"不必兴师动众,不必兴师动众。礼重了,礼重了。"毛泽东说:"理应如此,理应如此。"并改造李白《赠汪伦》的诗句说:"桃花潭水深千尺,不及你我手足情嘛。祝总司令多抓俘虏,多打胜仗。"周恩来、洛甫、王稼祥、博古等人也都满脸笑容迎上前去,和朱德亲热地握手话别。

唐代李白《赠汪伦》全诗是:"李白乘舟将欲行,忽闻岸上踏歌声。桃花潭水深千尺,不及汪伦送我情。"

【注释】

〔1〕李白:唐代诗人。 汪伦:唐代安徽泾县贾村人。李白游桃花潭,汪伦酿美酒招待,临别又送行。李白很感激他的感情,写了《赠汪伦》送他。宋代杨齐贤说,直到宋代汪伦的子孙还保存着李白珍贵的赠诗。

〔2〕桃花潭:在今安徽省泾县西南。

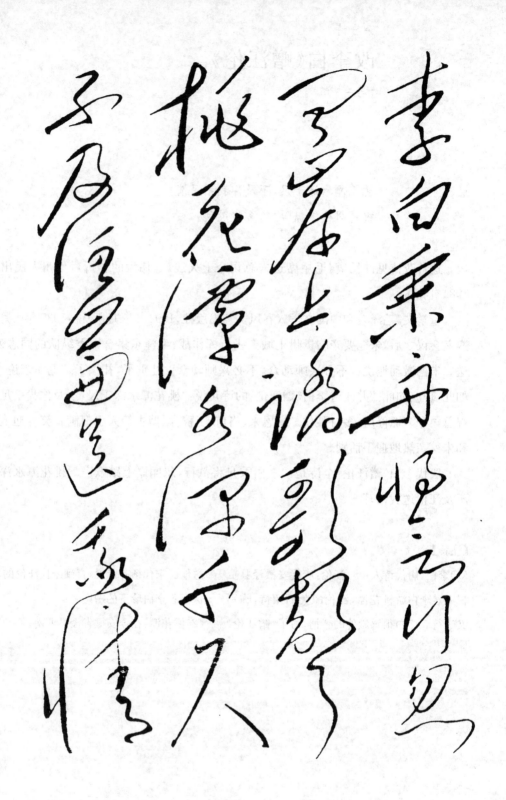

毛泽东手书李白《七绝·赠汪伦》（一）

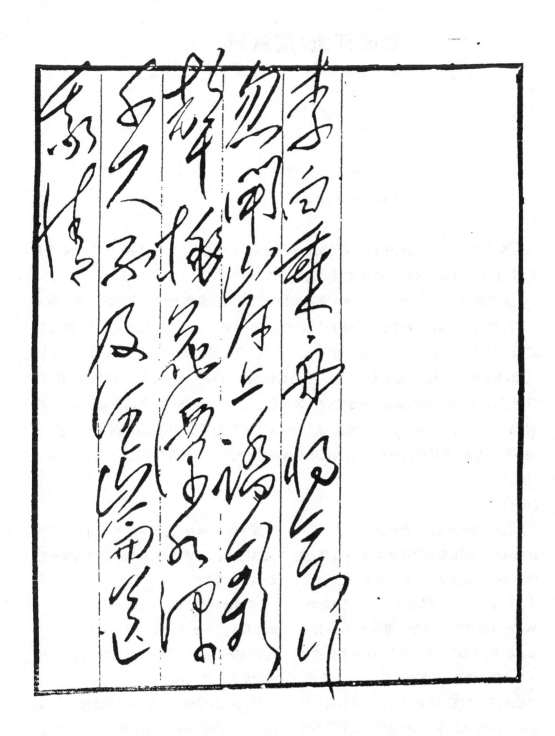

毛泽东手书李白《七绝·赠汪伦》（二）

毛泽东改诗

第 二 辑

四言诗

戏改江淹《别赋》句

一九三九年七月

春草碧色,春水绿波。

送君延安,快如之何!

这首诗见之于陈晋《毛泽东谈文说史·不废婉约》(《瞭望》1991 年第 38 期),又见于陈晋《毛泽东与文艺传统》(中央文献出版社,1992 年 3 月版)。

陈晋说,1939 年 7 月 9 日毛泽东在延安陕北公学向开赴华北抗日前线的同学作题为《三个法宝》的讲演中说:"送给同学们三个法宝:第一个法宝是统一战线,第二个法宝是游击战争,第三个法宝是革命中心的团结。"又说:"南朝梁代的文学家江淹,做了很多好文章,有篇叫《别赋》,里面有很好的话,但是是伤感流泪的话。最为人们所熟记的有'春草碧色,春水绿波,送君南浦,伤如之何',多么伤心流泪,文笔很好。我们今天不需要这样写,改一下,作为:'春草碧色,春水绿波,送君延安,快如之何。'"(南浦,泛指送别之地。)毛泽东去掉了古代文人低沉的离愁别绪,转为快乐地送别同志们从后方到前方去工作。

【注释】

〔1〕四言诗:见《四言诗·祭黄陵文》注。江淹(444—505):南朝梁代文学家,字文通,济阳考城(今河南兰考东)人。历仕宋、齐、梁三代。梁代时官至金紫光禄大夫。少孤贫好学,早年即以文章著名,晚年才思衰退,所作诗文不如前期,人谓"江郎才尽"。诗歌多拟古之作。赋以《恨赋》、《别赋》最为有名。原有集,已散佚,后人辑有《江文通集》。《别赋》:赋篇名,南朝梁代江淹作,叙述征人、思妇等不同人物与家属、亲友远别时的悲伤之情,以申述"黯然销魂者,唯别而已矣"的题旨。全篇虽多哀怨之思,而风格俊拔,并善于运用自然风物来烘托别绪,情景交融,与《恨赋》同为南朝抒情小赋中的名作。

〔2〕碧:青绿色。

〔3〕君:你。 延安:当时中共中央所在地。送君延安:在延安送别奔赴抗日前线或赴全国各地从事革命工作的同志。

〔4〕快:快活,舒畅。 之:这里是语助词,无实义。 如之何:即如何,怎么样。 快如之何:快活得怎么样,犹言快活极了。

毛泽东手书江淹《别赋》句

毛泽东改诗

第　二　辑

青山处处埋忠骨

一九五〇年

青山处处埋忠骨，

何必马革裹尸还。

　　这两句诗见于毛岸青、邵华《滚烫的回忆》（《难忘的回忆——怀念毛泽东同志》，中国青年出版社 1985 年 1 月第 1 版）。

　　1950 年，毛泽东之子毛岸英不幸牺牲在朝鲜战场上。毛岸英之妻刘思齐曾请求将毛岸英的遗体迁回国来，毛泽东摇摇头说："青山处处埋忠骨，何必马革裹尸还。不是还有千千万万志愿军烈士安葬在朝鲜吗？"

　　骆炬《悲痛时刻的毛泽东》（《星火》1991 年第 2、3 期合刊）也说，周恩来对毛泽东说："主席，朝鲜战争结束了，志愿军正在光荣回国。志愿军司令部、政治部打来报告，请求把岸英的遗骨运回来安葬。"毛泽东沉思片刻，一字一顿地说："那么多志愿军战士牺牲在朝鲜，就地安葬，为什么我毛泽东的儿子就特殊？我看还是那句话：青山处处埋忠骨，何必马革裹尸还？"

　　程启发《青山着意化为桥——毛泽东咏山诗词思想艺术初论》说，当金日成首相来电要求将毛岸英安葬在朝鲜国土上时，毛泽东回电："青山处处埋忠骨，何须马革裹尸还。"

【注释】

〔1〕青山处处埋忠骨：宋代陆游《醉中出西门偶书》："古寺闲房闭寂寥，几年耽酒负公朝。青山是处可埋骨，白发向人羞折腰。"宋代苏轼《系御史台狱寄子由》二首之一："圣主如天万物春，小臣愚暗自亡身。百年未满先偿债，十口无归更累人。是处青山可埋骨，他年夜雨独伤神。与君世世为兄弟，再结来生未了因。"诗前有小序："予以事系御史台狱，狱吏稍见侵，自度不能堪，死狱中不得一别子由，故作二诗授狱卒梁成，以遗子由。"杭州西湖岳飞庙联："青山有幸埋忠骨，白铁无辜铸佞臣。""青山处处埋忠骨"，当是化用上述诗句、联语而成。

〔2〕马革裹尸：汉代班固等《东观汉记·马援传》："男儿要当死于边野，以马革裹尸还葬耳，何能卧床上，在儿女子手中邪？"何必马革裹尸还：化用徐锡麟《出塞》诗句而成。徐诗云：

"军歌应唱大刀环,誓灭胡奴出玉关。只解沙场为国死,何须马革裹尸还!"徐锡麟(1873—1907):浙江绍兴人。1904年在上海与蔡元培、陶成章组织光复会,并在绍兴创办大通学堂,训练革命干部。曾用钱捐纳为道员,打入清政府内部,充任安庆警察学堂都监,暗中从事革命活动。1907年与秋瑾约定,于7月中旬在皖、浙两省举行武装起义。因为清政府觉察而不得不提前行动,用枪打死了安徽巡抚恩铭。起义失败后从容就义。

毛泽东改诗

五言诗

改造古代歌谣

一九五七年十一月七日

两个泥菩萨，一起都打碎。

用水一调和，再来做两个。

我身上有你，你身上有我。

这首诗见于李越然《从中南海到克里姆林宫——回忆给毛泽东同志当翻译》(《缅怀毛泽东(上)》,中央文献出版社 1993 年 7 月版)。又见于《毛泽东在外交中引用的一诗一词》(原载《世界知识》,1988 年 7 月 5 日《报刊文摘》转载)。

李越然文章说,1957 的 11 月 7 日,毛泽东在莫斯科参加苏联十月革命胜利四十周年庆典的宴会上,祝酒辞中说:"我们开了两个很好的会,大家要团结起来,这是历史的需要,是各国人民的需要。"然后念了这首"中国古诗"。

这首所谓"中国古诗",是毛泽东以一首中国古歌谣为底本即兴创作的。原诗见明代陈所闻编的《南宫词纪》中的一首民间散曲《汴省时曲·锁南枝》,全文是:"傻俊角,我的哥! 和块黄泥儿捏咱两个。捏一个儿你,捏一个儿我,捏的来一似活托,捏的来同床歇卧。将泥人儿摔破,着水儿重和过,再捏一个你,再捏一个我,哥哥身上也有妹妹,妹妹身上也有哥哥。"《锁南枝》是曲牌名。这首散曲是表现爱情生活的,但显然是根据民间歌谣改作的。毛泽东很喜欢这首民间曲子,至晚在 1932 年以前,他就读过,并多次引用。

《毛泽东哲学批注集》(中共中央文献研究室编,中央文献出版社 1988 年 3 月版)收录了的《读西洛可夫、爱森堡等著,李达、雷仲坚译〈辩证法唯物论教程〉(中译本第三版)一书的批注(1936 年 11 月—1937 年 4 月)》一文,在该书讲到"否定同时是肯定,'死灭'同时是保存。辩证法的否定是过程的发展中之一动因,一方面表现为'扬弃',即表现为旧事物的克服,他方面,把旧事物当作附属的动因而保存着"时,毛泽东在旁批注说,"否定是过程更向上的发展。""一刀两断,斩尽杀绝,不是辩证法否定。""第一个否定造成了第二个否定之可能。""哥哥身上有妹妹,妹妹身上有哥哥。""辩证法否定是过程发展的动因,这种肯定有两方面的表现:一方面表现为扬弃,即克服旧事物之主要的不适于保存的东西;一方面表现为肯定,即把旧事物中某些还暂时适于生存的东西给以合法的地位而保存起来。"毛泽东在这里以这首曲子说明了辩证法的否定观，既是扬弃，又是肯定、保存和融合。

《世界知识》的文章说，1957 年 9 月 18 日，毛泽东会见印度副总统拉达克里希南。两人从和平共处五项原则，谈到哲学、佛学，毛泽东念了一首词：

> 两个泥菩萨，一起都打碎。
>
> 用水调和，再做成两个泥菩萨。
>
> 你身上有我，我身上有你。

毛泽东当时说："这是宋末元初赵孟頫妻所作的词。"据查原书，文字又与毛泽东所说有异。赵孟頫是宋代诗文书画无所不能的全才。赵妻管道升善画竹，著有《墨竹谱》。赵孟頫官运亨通，一朝得志，年近五十时慕恋少艾，也想学名士纳妾。他作了一首曲子给管道升以示意："我为学士，你做夫人。岂不闻王学士有桃叶、桃根，苏学士有朝云、暮云，我便多几个吴姬、越女无过份。你年纪已过四旬，只管占住玉堂春。"可是赵管伉俪情深，管道升不希望有第三者来分享她与赵孟頫的爱情，于是她就作了数百年来脍炙人口的《我侬词》相报："你侬我侬，忒煞多情，情多处热似火。把一块泥，捻一个你，塑一个我。将咱两个，一齐打碎，用水调和，再捏一个你，再塑一个我，我泥中有你，你泥中有我。与你生同一个衾，死同一个椁。"赵孟頫自觉惭愧，打消了纳妾的念头。

以上毛泽东在外交场合所念的一诗一词，内容一样，文字不同，可能是由于当时口头谈话，即兴创作，脱口而出所致。

毛泽东改诗

0747

七绝

戏改李攀龙《怀明卿》

一九七一年

豫章西望彩云间，九派长江九叠山。

高卧不须窥石镜，秋风怒在叛徒颜。

这首诗见于计小为《评舒群的〈毛泽东的故事〉》(《文艺理论与批评》1990 年第 3 期)，
又见于陈晋《毛泽东与文艺传统》(中央文献出版社,1992 年 3 月版)、周彦瑜、吴美潮《毛
泽东与周世钊》(吉林人民出版社,1993 年 4 月版)。

1927 年 10 月 2 日,周世钊日记载:"晚九时王海容乘车来饭店邀同往中南海谒见主
席,十二时才辞出,参加谈话的有汪东兴和唐闻生。主席戏改两诗。"《毛泽东晚年诗情与
林彪》(载《文艺报》)说:周世钊来到中南海,和毛泽东长谈了三个小时。周世钊的日记曾
录有毛泽东当时信手写录明代李攀龙《怀明卿》诗:"豫章西望彩云间,九派长江九叠山。
高卧不须窥石镜,秋风憔悴侍臣颜。"毛泽东说,如将"侍臣"改为"叛徒",将此诗送给林彪
是最恰当不过的。(转引自 1994 年 11 月 1 日《扬子晚报》)

《毛泽东与文艺传统》也说:"有人问周世钊先生,'侍臣'指的是谁? 周说,主席后来
把这两个字改了,改成'叛徒'。""这恰好从一个侧面透露出'林彪事件'以后毛泽东的两
种感情基调。对江山、对理想、对人民的执着的关注,这就是爱;对现实,对他一生所做的
两件大事之一的'文化大革命'的忧虑。"

"明卿":即吴国伦,字明卿,江西兴国人,嘉靖二十九年(1550 年)进士。历仕嘉靖、隆
庆两朝,官至河南左参政,"后七子"之一。嘉靖三十二年(1553 年),兵部员外郎杨继盛因
弹劾奸相严嵩十大罪、五奸被杖下狱;三十四年(1555 年)被杀害。吴国伦倡议众人解囊
为杨送葬,亦得罪严嵩,不久便由兵科给事中谪为江西按察司知事,后量移南康(今江西
星子一带)推官。这时,李攀龙谢病辞官家居。这首诗便是他因怀念远在江西的吴国伦
而作的。

从计文披露的情况来看,毛泽东对李攀龙的这首诗前后作过两次改动:第一次
是将末句"秋风憔悴侍臣颜"改为"秋风怒在侍臣颜";第二次进而改为"秋风怒在叛
徒颜"。

【注释】

〔1〕七绝:七言绝句的简称,见《七绝·为女民兵题照》注。 李攀龙(1514—1570):山东历城(今属济南市)人。字于鳞,号沧溟。嘉靖二十三年(1544年)进士。历仕嘉靖、隆庆两朝,官至河南按察使。承李梦阳、何景明等前七子的遗说,主张复古,与谢榛、梁有誉、宗臣、王世贞、徐中行、吴国伦,合称"后七子",为"后七子"的领袖。著有《沧溟集》。

〔2〕豫章:古地名,其地在淮南江北之界。汉移其名于江南,置郡,属扬州。辖境相当于今江西省。隋平陈,改为县,属洪州,辖境逐渐缩小,故治所在今南昌市,故用来指江西或南昌,这里指江西。 彩:多种颜色。 彩云:多种颜色的云。 彩云间:唐代李白《早发白帝城》诗:"朝辞白帝彩云间。"

〔3〕九派:指江西九江市北的一段长江。这里江水有九个支流,故叫九派。《文苑英华》卷二七二唐代《皇甫冉送李录事赴饶州》:"山从建业千峰远,江到浔阳九派分。" 长江:我国第一大河,源出青海南境唐古拉山之沱沱河,曲折东南流,上游为通天河,由通天河之直达至四川宜宾之间,称金沙江。宜宾至扬州间,始称长江。扬州以下,旧称扬子江,流经西藏、四川、云南、湖北、湖南、江西、安徽、江苏等省,至上海市吴淞口入海。汇入长江之大川甚多,小川则不计其数。 九叠山:江西庐山名胜之一,又名九叠屏,这里指代庐山。唐代李白《庐山遥寄卢侍御虚舟》诗有"庐山秀出南斗旁,屏风九叠云锦帐"之句。 九派长江九叠山:宋代乐史《太平寰宇记》卷说:"庐山……其山九叠,川亦九派。"李攀龙的诗意思是说远望江西

方向,遥想那里有长江九派、庐山九叠,表示怀念吴国伦。毛泽东这里借指江西庐山。

〔4〕高卧:高枕而卧,喻指隐居不仕。 不须:不必。 窥:观看。 石镜:光亮明净,可以照人的山石。《水经注·三九·庐江水》:"有一圆石,悬崖明净。照见人形,……豪细必察,故名石镜焉。" 窥石镜:唐代李白《庐山遥寄卢侍御虚舟》诗有"闲窥石镜清我心"之句。明代罗贯中《三国演义》第四回《废汉帝陈留践位,谋董贼孟德献刀》说,怀有异心的曹操,想举刀刺杀侧身卧在床上的丞相董卓,董卓在千钧一发之际,在衣镜中照见曹操在背后拔刀,因而转危为安,幸免一死。

〔5〕秋风:秋天的风,秋风萧瑟,万木凋零,故有肃杀之气。 怒:生气。 叛徒:通常指革命组织或政党成员中背叛革命投靠敌人,破坏革命事业的分子,这里指林彪及其一伙。 颜:面容。 秋风怒在叛徒颜:李攀龙原诗作"秋风憔悴侍臣颜"。"侍臣",本义是指皇帝身边的亲近侍从之臣。吴国伦本为兵科给事中,官品不高,其实够不上"侍臣"的资格。但因为这个官职在京城朝中,比起京城外的地方官来,离皇帝近,见皇帝的机会多一点。因此,李攀龙美称他为"侍臣"。李攀龙诗的意思是说吴国伦由于心忧朝政,想必面容在秋风中很憔悴了,表现李攀龙对于友人的关切。毛泽东这里是说,林彪只宜高卧睡大觉,不须窥照石镜,因为他在庐山会议上妄图篡夺党和国家领导权的阴谋,已经败露。在秋风萧瑟之中,那种恼羞成怒的脸色一定是很难看的,辛辣地讽刺了林彪的叛徒嘴脸。

七言诗

戏改杜甫《咏怀古迹》(其三)

一九七一年

群山万壑赴荆门，生长林彪尚有村。

一去紫台连朔漠，独留青冢向黄昏。

　　这首戏改诗见于彭程、王芳《中国七十年代政局备忘录》(《长河》1989 年第 1 期)，又见于计小为《评舒群的〈毛泽东的故事〉》(《文艺理论与批评》1990 年第 3 期)，又见于陈晋《毛泽东与文艺传统》(中央文献出版社，1992 年 3 月版)、周彦瑜、吴美潮《毛泽东与周世钊》(吉林人民出版社，1993 年 4 月版)，改于 1971 年 9 月 13 日以后。

　　《毛泽东晚年诗情与林彪》(《文艺报》)说，1972 年 12 月 2 日晚，周世钊来到中南海，和毛泽东长谈了三个小时，毛泽东在吟诵明代李攀龙《怀明卿》诗时，还戏改了杜甫《咏怀古迹》五首其三："群山万壑赴荆门，生长明妃尚有村。一去紫台连朔漠，独留青冢向黄昏。图画省识春风面，环珮空归月夜魂。千载琵琶作胡语，分明怨恨曲中论。"周世钊说：毛泽东将"明妃"改作"林彪"。(转引自 1994 年 11 月 1 日《扬子晚报》)

　　陈晋认为，"把杜诗中的'明妃'，改作林彪。一方面是对祖国大好河山的热爱和眷恋，一方面是对'侍臣'般的'朋友'的蔑视和愤慨，这恰好从一个侧面透露出'林彪事件'以后毛泽东的两种感情基调"。(《毛泽东与文艺传统》)

【注释】

〔1〕七言诗：每句七字的诗歌。　杜甫(712—770)：唐代诗人。

〔2〕群：许多。　万：极言其多。　壑：山谷。　赴：到。　群山万壑：指连绵不断的山。荆门：即荆门山，位于湖北省宜都县西北，长江南岸，与江对岸之虎牙山对峙，上合下开，江水湍急，形势险峻，这里指王昭君是湖北人，林彪的籍贯也正是湖北。

〔3〕林彪(1907—1971 年)：湖北黄岗人，又名育容。1925 年加入中国共产党。历任团长、师长、野战军司令员，中共中央军委副主席，中共中央副主席，国务院副总理兼国防部长等职。"文化大革命"中同陈伯达等组成以他为核心的反革命集团，并勾结江青反革命集团诬陷迫害党和国家领导人，阴谋篡夺党和国家的最高权力。1971 年 9 月 8 日，妄图发动反革命

武装政变,谋害毛泽东。阴谋失败后,9月13日与其妻叶群、其子林立果等乘飞机仓惶出逃,摔死在蒙古温都尔汗。1973年8月20日被开除出党。 尚:还。 生长林彪尚有村:杜甫原诗为"生长明妃尚有村",意思是说明妃早已作古,而生长她的村子依然还在。明妃,即王昭君,字昭君,名嫱,晋代避司马昭讳,改称明妃,明君,湖北秭归人。本为民家女子,汉元帝时被选入后宫,公元前33年,匈奴呼韩邪单于入朝,请和亲,昭君自请出嫁入匈奴。她入匈奴和亲,对匈汉和睦起到促进作用。其一生事迹被引为诗词、戏曲、小说、说唱题材,广为流传。这里是说林彪虽然死了,但他生长的那个地方还在。实际上则反言之,林彪生长的地方还在,而林彪却已折戟沉沙,摔死在蒙古温都尔汗了。

〔4〕一:一旦。 去:离开。 紫台:即帝王宫庭,这里喻指首都北京中南海紫禁城。 朔:北方。 漠:沙漠。 朔漠:指蒙古沙漠地带,原为古代少数民族匈奴人居住的地方,这里指林彪葬身于蒙古沙漠地区。

〔5〕独留:孤孤零零地留下。 冢:坟墓。 青冢:本指王昭君墓,相传冢上草色常青,在呼和浩特市南。 向:面对。 黄昏:天将黑时。

独留青冢向黄昏:本意是说,王昭君一离开汉宫,去了北方沙漠就未能回来,只留下一座青冢在黄昏时光更显得凄凉寂寞,这里毛泽东反其意而用之,讽刺林彪叛党叛国,落得一个可耻的下场。

毛泽东改诗

第 二 辑

戏续李白《梁父吟》

一九七三年七月四日

不料韩信不听话,十万大军下历城。

齐王火冒三千丈,抓了酒徒付鼎烹。

这首戏续李白《梁父吟》见于陈晋《毛泽东之魂》(中央文献出版社,1992 年 3 月版),作于 1973 年 7 月 4 日。

1973 年 7 月 4 日,毛泽东同王洪文、张春桥谈话说:李白《古风》第三首说:"早几十年中国的国文教科书就说秦始皇不错了。车同轨,书同文,统一度量衡。就是李白讲秦始皇,开头一大段,也是讲他了不起,'秦王扫六合,虎视何雄哉!挥剑决浮云,诸侯尽西来',一大篇,只是屁股后头搞了两句:'但见三泉下,金棺葬寒灰。'就是说他还是死了。你李白呢? 尽想做官! 结果充军贵州,走到白帝城普赦令下来了。于是乎'朝辞白帝彩云间'。其实他尽想做官。《梁甫吟》说现在不行,将来有希望。'君不见高阳酒徒起草中','指挥楚汉如旋蓬'。那时是神气十足。我加上几句,比较完全:'不料韩信不听话,十万大军下历城。齐王火冒三千丈,抓了酒徒付鼎烹。'把他下了油锅了。"

毛泽东这段谈话中,共提到了李白三首诗:"秦王扫六合,虎视何雄哉! 挥剑决浮云,诸侯尽西来。""但见三泉下,金棺葬寒灰。"见《古风》五十九首其三。"朝辞白帝彩云间",见《早发白帝城》。"君不见高阳酒徒起草中","指挥楚汉如旋蓬",见《梁父吟》。

这首《梁甫吟》前面的诗句是:

长啸《梁甫吟》,何时见阳春?

君不见朝歌屠叟辞棘津,八十西来钓渭滨。

宁羞白发照清水,逢时壮气思经纶。

广张三千六百钓,风期暗与文王亲。

大贤虎变愚不测,当年颇似寻常人。

君不见高阳酒徒起草中,长揖山东隆准公。

入门不拜骋雄辩,两女辍洗来趋风。

东下齐城七十二,指挥楚汉如旋蓬。

毛泽东这首诗是接着李白《梁父吟》中用郦食其的故事续写的。

【注释】

〔1〕七言诗：每句七字的诗歌。 李白（701—762）：唐代大诗人。

〔2〕不料：没有想到。 韩信（？—前196）：秦汉之际著名军事家，号称"连百万之众，战必胜，攻必取"的常胜将军。淮阴（今江苏淮阴市西南）人。初属项羽，继归刘邦，被任为大将。楚汉战争时，刘邦采其策，攻占关中。刘邦在荥阳、汉皋间与项羽对峙时，派他率军抄袭项羽后路，破赵取齐，占据黄河下游之地。后刘邦封他为齐王。不久率军与刘邦会合，击灭项羽于垓下（今安徽灵璧南）。汉朝建立，改封楚王。与萧何、张良合称汉初三杰。后有人告他谋反，降为淮阴侯。又被告与陈豨勾结在长安谋反，为吕后所杀。 不料韩信不听话：指当时为刘邦手下大将军的韩信引兵东向，欲攻齐国时，为刘邦所用的郦食其抢先说降了齐王，不料韩信仍率兵攻齐，齐王以为是郦食其以缓兵之计欺骗了自己，便把郦食其抛入油锅烹死了。

〔3〕下：攻陷。 历城：故地在今山东省济南市郊。

〔4〕齐王：指田广。田广（？—前203），狄（故地在今山东高青）人。战国齐王族后裔。其父田荣、叔父田横，秦末随从兄田儋起兵反秦。田儋自立为齐王，与秦军作战败死。秦亡后，田荣攻灭项羽新封之三齐王，自立为齐王，旋即被项羽击杀。于是，田横乃立田广为齐王。田广后为汉将韩信擒杀。 火：怒气。 三千丈：极言恼怒之甚。

〔5〕酒徒：指郦食其，（？—前203），秦汉之际陈留高阳乡（今河南杞县）人，自称"高阳酒徒"。家贫落魄，为里监门吏。人皆谓之狂生。秦末农民战争时归刘邦，献计克陈留，封广野君。楚汉战争中，说齐王田广归汉，已宁议，罢守御。韩信从蒯通计乘机袭齐，入临菑，田广以为被郦食其出卖，把他烹死。 付：交给。

鼎：古代炊器，多用青铜铸成，圆形，三足两耳，也有长方四足的，古代统治者亦用作烹人的刑具。 烹：烧煮。

毛泽东改诗

贺新郎

改张元干《送胡邦衡谪新州》

一九七五年四月

梦绕神州路，

怅秋风连营画角，故宫离黍。

底事昆仑倾砥柱，九地黄流乱注，

聚万落千村狐兔。

天意从来高难问，况人情老易悲难诉。

更南浦，送君去！

凉生岸柳催残暑，

耿斜河疏星淡月，断云微渡。

万里江山知何处？回首对床夜语。

雁不到，书成谁与？

目尽青天怀今古，肯儿曹恩怨相尔汝！

君且去，休回顾。

　　这首改词最早见于杨建业《在毛主席身边读书——访北京大学中文系讲师芦荻》(1978
年 12 月 29 日《光明日报》)，后又见于《毛泽东晚年过眼诗文录》(花山文艺出版社，1993 年 5
月版)、张晓辉《毛泽东爱听古诗乐曲》[1994 年 9 月 17 日《人民日报》(海外版)]。

　　据张文说：1974 年春，毛泽东开始觉得自己的眼睛看东西模糊吃力。同年 8 月，毛泽
东在湖北武汉他下榻的东湖宾馆检查眼睛时，确诊为"老年性白内障"。他要读书看报阅
文件都无能为力，只有以耳代目，让身边工作人员为他读文件。他要听古诗古词，身边工
作人员读起来不够"味"，他就要听曲子。党中央十分关心毛泽东的病情，希望能尽量解
除他看不见的痛苦。正是在这种情况下，文化部抽调文艺界名流，为毛泽东录制古诗词
曲子。毛泽东非常爱听为他专门录制的这些古诗词演唱音乐，有时兴之所至，还让改动
古词的几句原词，让录制组重录。张元干《贺新郎·送胡邦衡谪新州》一词录好曲子送到
毛泽东处，很快毛泽东让将原词中的"举大白，听《金缕》"，改为"君且去，休回顾"。

　　刘修明《毛泽东晚年过眼诗文录·前言》中也说：毛泽东晚年曾指定校点注释一些古

代文献,校点注释和印制的时间,是 1972 年秋至 1975 年 9 月中旬,前后经过四年,全部篇目共八十六篇,总字数约八十多万字。1975 年,毛泽东指名要读张元干的作品。4 月 18 日,布置注释张元干的《贺新郎·送胡邦衡待制赴新州》。1976 年初,毛泽东曾将张元干《贺新郎·送胡邦衡待制赴新州》一词的最后二句"举大白,听《金缕》",作了改动,听说改为"君且去,不须顾"。然则,张晓祥《毛泽东听古诗词乐曲》作"休回顾"。

据黄丽镛编著《毛泽东读古书实录》(上海人民出版社,1994 年 6 月版)说,1975 年 4 月 2 日,董必武逝世。毛泽东知道后很难过,一天都没有吃东西,也不说话,整整让放了一天《贺新郎》的唱片。毛泽东时而躺着听,时而用手拍床,神情严肃悲痛,他在沉痛悼念自己的老战友董必武,过了不久,又把词的最后两句改为"君且去,休回顾。"说是原来的两句太伤感了。毛泽东正是用改后的两句话表达他要慰董老的英灵于九泉,使董老放心于国事,放心于党的事业。

又据张贻玖说,毛泽东很喜欢张元干《贺新郎·送胡邦衡谪新州》词,曾经圈画过三次。今并录之,以资稽考。

【注释】

〔1〕贺新郎:词牌名。张元干(1091—1160):字仲宗,号芦川居士,长乐(今属福建)人。南宋爱国词人。曾任将作监丞。在秦桧专权时,致仕回乡,相传后因作《贺新郎·送胡邦衡谪新州》词,遭投降派迫害,削去官籍。著有《芦川词》等。 胡邦衡:名铨,原任枢密院编修。曾在绍兴八年上疏反对南宋统治集团所推行的投降卖国政策,并请斩秦桧及其同伙王伦、孙近,被贬监广州盐仓,调任签书威武军判官。绍兴十二年,秦桧又指使其党羽弹劾胡铨"饰非横议",把他贬谪到新州。 新州:今广东新兴县。 这首词作于胡铨自威武军任所(在福州)赴新州之时,相传当时就流传很广。南宋杨冠卿《客亭类稿》卷十四说,秋日乘船过吴江垂虹桥时,"旁有溪童,具能歌张仲宗'目尽青天'等句,音韵洪亮,听之慨然"。

〔2〕绕:萦绕。 神州:中国的别名,这里指当时被金人占领的中原地区。战国时代,邹衍称中国为赤县神州。 梦绕神州路:在路上连梦魂也萦绕中原。《世说新语·言语》引王导的话说:"当共戮力王室,光复神州。"

〔3〕怅:惆怅,失意悲伤的样子。 连营:连接着的许多军营。 画角:军中用的号角,因涂了色彩故叫画角。 怅秋风连营画角:在秋风中只见金兵营相连,号角劲吹,令人惆怅。

〔4〕故宫:指北宋故都汴京宫殿。 离黍:典出《诗·王风·黍离》,西周故都镐京东迁,宗庙宫室毁坏,长满禾黍,东周大夫途经这里哀故都废为耕地,不忍离去,因此写了这首诗凭吊。首句为"彼黍离离",故用"黍离"作篇名。 故宫黍离:汴京宫殿变成废墟,长满庄稼,一片凄凉景象,改"黍离"为"离黍",是为了押韵。

〔5〕底事:何事,什么原因。 昆仑:即昆仑山,传说山上有支撑天的铜柱。《神异记·中荒经》:"昆仑之山,有铜柱焉,其高入天,所谓天柱也。" 砥柱:山名,也叫底柱山,三门山,在河南省三门峡市,因为高耸黄河急流中,形如石柱,故名,这里借指支撑昆仑山的大柱,比喻

毛泽东改诗

北宋王朝沦亡。

〔6〕九地:九州之地,即谓中原各地。 黄流:黄河水。 黄流乱注:黄河洪水到处泛滥,比喻金兵横行中原,造成灾祸。

〔7〕聚:聚居。 狐兔:指金人。 聚万落千村狐兔:形容金兵所至,千村万落被毁,狐兔出没,一片荒凉景象。 以上三句意思是说,中原沦陷,金人骄纵横行,追究其原因,投降派罪责难逃。

〔8〕天意:指朝廷当权的投降派向金人屈膝求和的意旨。 天意从来高难问:是说投降派高高在上,他们议和的主张使人难以追问。

〔9〕况:何况。 人情老易悲难诉:是说自己年纪渐老,看不到收复中原地区的希望,心中悲愤难以申诉。 这两句化用唐代杜甫《暮春江陵送马大卿公恩命追赴阙下》:"天意高难问,人情老易悲。"

〔10〕更:加上。 浦:水口,江边。 南浦:泛指送别的地方。

〔11〕更南浦,送君去:这两句意用南齐江淹《别赋》:"送君南浦,伤如之何!"意思是说,已经非常悲愤,加上送你贬谪远方,更是愁恨满腔了。

〔12〕催:催促,一作"摧",驱散。 凉生岸柳催残暑:凉气从河岸柳树上散发出来,催走残存的暑气。 这句意思是说,送别时,残暑已尽,凉秋即至。

〔13〕耿:明亮。 斜河:天上银河。 耿斜河疏星淡月:只见朗朗的银河,稀疏的星群,淡淡的月亮。

〔14〕断云:片云,小块的云。 微渡:小块的云彩轻轻地飞过。 以上三句形容深秋的景色。

〔15〕万里江山知何处:意思是说,胡铨远涉万里江山,不知今后落脚在什么地方?

〔16〕回首:回想。 对床夜语:指作者过去曾与胡铨晚上同睡一室,床对着床,亲切谈话。这句是说,张元干同胡铨都是主战派,都擅长写作,在政治上、文学上均为同道。回忆两人曾对床夜语之事,能不益增感慨!

〔17〕雁不到:传说雁能传书信。秋时北方天寒,鸿雁南飞,止于衡阳(在今湖南省),新州在今广东省。

〔18〕书:信。 与:给。 书成谁与:信写好了,交给谁呢? 另有一说,当时主战派人士受到投降派的打击和排挤,流放远方,朋友间多不敢通信。 这两句暗示高压之下,通讯有困难。

〔19〕目尽:极目远望。 目尽青天:放眼观看广阔的天地。 怀今古:怀想古往今来的大事。 这句意思是说应该纵观天下,以古今兴衰治乱为怀。

〔20〕肯:这里是"岂肯""怎肯"的意思。 儿曹:小孩子们,年轻人们。 尔、汝:都是你的意思。 相尔汝:彼此都以尔汝相称,表示亲昵。语意出自韩愈《听颖师弹琴》诗:"昵昵儿女语,恩怨相尔汝。"这句意思是说,怎肯像那些年轻儿女们亲昵地谈一些恩怨和感情呢? 也就是说,不应该只为朋友之间的离别而怨伤。

〔21〕君:你。 且:姑且,暂且。 君且去:你且去吧。

〔22〕休:莫,不要。 休回顾:不要那样三心二意的回顾。 这两句张元干原词是:"举大白,听《金缕》。"大白:酒杯名。《文选》左思《吴都赋》:"飞觞举白。"刘良注:"大白,杯名。"金缕:即《金缕曲》,《贺新郎》又名《金缕曲》,这里指本词而言。张元干原词这两句是说,举起酒杯畅饮,听我唱一曲《贺新郎》词壮怀而别吧,表示满腔悲愤,无可奈何,只能借喝酒写词来消愁。

四言诗

春日游园

一九七六年春

今我来兮,

杨柳依依。

这首诗见于郭金荣《毛泽东的最后一名护士》(《妇女生活》1991年第12期)。

1976年春天的一个早晨,毛泽东在护士孟锦云和秘书张玉凤的搀扶下,沿着花园小径蹒跚而行。看着满园花草和那刚刚透出鹅黄色嫩叶的柳条在轻轻摇曳,毛泽东顺口念道:"今我来兮,杨柳依依。"

黄丽镛《毛泽东读古书实录》(上海人民出版社1994年第1版)也说:"一个春光明媚、风和日丽的早晨,小孟劝毛泽东去花园走走,出乎意料,毛泽东同意了。""来到卧室后面的一个小花园,他们边走边谈话。""他仔细看这花,这草,这石。""久违了,春光。毛泽东顺口念了两句诗:'今我来兮,杨柳依依。'"

这两句诗是毛泽东见景生情,改《诗·小雅·采薇》中"昔我往矣,杨柳依依"而成。毛泽东将此诗句反其意而用之,抒发了烂漫春光中的喜悦。不过,自此之后,他身边工作的人员,再也没有听到毛泽东吟诵他自己即兴而成的诗句了。

【注释】

〔1〕兮:语气词,相当于现代汉语的"啊"。

〔2〕依依:轻柔的样子,语出《诗·小雅·采薇》:"昔我往矣,杨柳依依。今我来思,雨雪霏霏。"是写戍边士兵春天去,到冬天才得回家的痛苦。毛泽东这两句诗的意思是说:今天我来到小花园啊,看到景色这么美好,杨柳枝条迎风轻轻地飘拂。

毛泽东楹联　第一辑

本辑收录楹联共九十二副。系毛泽东的创作联和改编联。

劝人联

一九〇六年

逢恶就莫怕[1]；

逢善就莫欺[2]。

这副对偶句，见于《韶山老人座谈会纪要（一九六四年四月）》，属准对联。高菊村、陈峰、唐振南、田余粮《青年毛泽东》（中共中央党史资料出版社 1990 年 3 月第 1 版），陈国民《毛泽东诗词、对联心解》（北京出版社 1994 年 7 月第 1 版）。收入丙编。该书《前言》中说："丙编六十五副对联和题词，其中有的是同他人合作的，有的是出对、应对，有的则是口头创作。"并注说："本书辑录的对联系广义的对子，并非全是严格的律对。"本书所说"准对联"也是这个意思。

1906 年秋，毛泽东转学韶山井湾里私塾，塾师为堂兄毛宇居，因离家较远，就读寄宿。据同学刘授洪、郭梓材回忆，毛泽东读书时，"记忆力特强，过目不忘"。"老师出'破题文章'，要大家作，他作的快，总是交头卷，还常常帮别人作。"他对人很有礼貌，但对无聊捣蛋的人，则力主制服。他对人常说这两句话。

【注释】

〔1〕恶：指恶人。　　　　　　　　　　〔2〕善：指善良的人。

贺廖廷璇、皮述莲同学新婚联

一九一五年

二月梅香清友；

春风桃灼佳人。

这副对联见于 1988 年 1 月 23 日《湖南日报》、张过《婚联大全》（华岳文艺出版社，1989 年 10 月版）、刘济昆《毛泽东诗词全集》，又见于《知识台历》（湖南科技出版社，1992 年版）1992 年 5 月 19 日。

1915 年春，毛泽东在湖南省立第一师范读书时，第八班同班同学廖廷璇与皮述莲结婚。当时许多同学送了贺联，这是毛泽东送的贺联。

上联写新郎，下联写新娘。二月、春风代指廖、皮结婚的时间，梅、桃，分别形容廖、皮的人品思想。

【注释】

〔1〕廖廷璇：湖南沅江人，毛泽东在湖南第一师范读书时的同班同学，毕业后任湖南沅江县教育科督学，1919 年 3 月病逝。

〔2〕梅香：梅花芬芳的气味。　清友：纯洁之友。

〔3〕灼：明亮。　桃灼：桃花盛开，十分鲜明。语出《诗·周南·桃夭》："桃之夭夭，灼灼其华。之子于归，宜其室家。"以此比喻，祝贺新婚幸福美满。　佳人：美女。

励志联

一九一五年四月

少年学问寡成；

壮岁事功难立。

这副对联见于《致萧子升信》(1915 年 9 月 27 日)(中共中央文献研究室、中共湖南省委《毛泽东早期文稿》编辑组编《毛泽东早期文稿》(1912.6—1920.11)，湖南出版社 1990 年 7 月版)收录。又见于杨庆旺《毛泽东题词与联语纪事》(中央文献出版社 2001 年 4 月第一版)。写作时间据杨庆旺书所说。题目为本书编著者所拟。

1915 年农历二月下旬，一天，杨昌济到湖南第一师范第八班自修室，见毛泽东未穿棉袄，很想将自己紧身小袄脱下给他穿，将自己的长围巾解下给他围在脖子上，但深知毛泽东的倔强和严于律己，杨昌济把自己的感情压抑下来，和蔼地问道："你读书是不是太偏重文科了？"毛回答说："是的，杨先生，我只喜欢文科。我觉得，在目前的中国，一定要从哲学和伦理学入手，才能对社会进行根本的改造。我已满二十一岁了，我想，古往今来，有多少忠臣良将，都是少壮有为，为国家建功立业，而我们这一代，偏偏生逢乱世，正是：少年学问寡成，壮岁事功难立。"之后，毛泽东常书此联自勉。

这年 9 月中旬，毛泽东发出"征友启事"，"邀请有志于爱国工作的青年同我联系"。启事中也写有此联。

9 月 27 日，毛泽东致萧子升信中谈到热心求友之举，说："近以友不博，则见不广，少年学问寡成，壮岁事功难立，乃发内宣，所以效嘤鸣而求友声，至今数日，应者尚寡。兹附上一纸，贵校有贤者，可为介绍。"所附之纸，即征友启事。

11 月 9 日，毛泽东致黎锦熙信，他又写道："两年以来，求友之声甚炽，夏假后，乃作一启事，张之各校，应者亦五六人。近日心事稍快惟此耳。"

挽易昌陶同学联

一九一五年五月

胡虏多反复，千里度龙山，腥秽待湔，独令我来何济世；

生死安足论，百年会有殁，奇花初苗，特因君去尚非时。

这副挽联最早发表于湖南省立第一师范学校编印的《易君咏畦追悼录》，署名"毛泽东"，无标点符号。后收入《毛泽东早期文稿》（湖南出版社，1990 年 7 月版），题为《悼友人易咏畦》，标明写作日期为"一九一五年五月"。又见于廖盖隆、胡富国、卢功勋《毛泽东百科全书》（光明日报出版社，1993 年 10 月版），还见于《青年毛泽东》、《毛泽东年谱》等。此据《毛泽东年谱》所录。写作日期，《毛泽东年谱》作 1915 年 5 月 23 日。

1915 年 5 月，毛泽东在湖南省立第一师范学校读书，他的同学、挚友易昌陶因病去世。由校长张干、学监王季范、教员杨昌济发起，学校于 5 月 23 日开追悼会。师生共送挽诗挽联二百五十六首（副），并编印成册，题为《易君咏畦追悼录》。毛泽东非常悲痛，写了一首《五古·挽易昌陶》，还写了这副挽联表示哀悼。

杨昌济送的挽联是：

遗书箧满，铁笔痕留，积瘁损年华，深悲未遂平生志；

湘水长流，岳云依旧，英灵怀故国，没世宁灰壮士心。

"百年会有殁"，《易君咏畦追悼录》作"百年会有役"，《毛泽东早期文稿》指出其为错字，应作"没"。胡忆肖、胡兴武、畅清《毛泽东诗词白话全译》说，"役"与"疫"同。这句意思是说，人生百年也会因病而死，只是易咏畦有才能，为"奇花初苗"，去世不是时候。《毛泽东年谱》作"百年会有殁"。"殁"同"没"。易孟醇、易维《诗人毛泽东》认为"百年会有役"的"役"字不误，这句是说，局势发展到一定时期（'百年'，在这里表示一个概数），定会有重大的差役或战役需要国民去劳心效力。"

【注释】

〔1〕易昌陶：字咏畦，湖南衡山县人，毛泽东在湖南第一师范学校第八班的同学和挚友。易昌陶，品学兼优，深受老师、同学喜爱。1915 午 3 月，病逝于衡山家中。

〔2〕胡虏：我国古代对北方和西方侵略者的蔑称，这里指日俄帝国主义和西方各国侵略者。

反复:变化无常,不堪信任。《史记·淮阴侯列传》:"齐伪诈多变,反复之国也。"

〔3〕千里度龙山:语出南朝宋代鲍照《学刘公干体五首》(其三):"胡风吹朔雪,千里度龙山。"龙山在今辽宁朝阳县东南。原句意为飞雪千里度龙山而过,写飞雪速度之快,气势之大,这里指日俄和西方各国鲸吞我国领土之速。

〔4〕腥秽:腥膻污浊。《书·酒诰》:"庶群自酒,腥闻在上。"孔传:"纣众群臣用酒,沈荒腥秽,闻在上天。"后用"腥闻"以指丑恶的名声。

湔:清洗。《三国志·魏书·华佗传》:"病若在肠中,便断肠湔洗。"

〔5〕何济世:怎么能济世安民。

〔6〕安足论:何足论。 生死安足论:置生死于度外之意。语出宋代文天祥《正气歌》:"是气所磅礴,凛烈万古存。当其贯日月,生死安足论。地维赖以立,天柱赖以尊。三纲实系命,道义为之根。"

〔7〕殁:死去。《左传·隐公三年》:"得保首领以没。"

〔8〕奇花初苗:指易昌陶正是有才华的青春之年。

〔9〕特:只。 君:指易昌陶。 去:离开,这里指死。 非时:不是时候。

挽吴竹圃同学联

一九一六年五月

吴夫子英气可穿虹，夭阙早知，胡不向边场战死；

贾长沙胜俦堪慰梦，永生何乐，须思道大肿方深！

这副对联见于《追悼录》(湖南省立第一师范 1916 年 5 月刊印)、1990 年 4 月 6 日《湖南政协报》、胡锡龙《毛泽东撰联悼友伤国事》(《民间对联故事》1993 年第 6 期)。此据《毛泽东撰联悼友伤国事》所录。毛泽东在湖南第一师范求学时的同窗好友吴竹圃，系汨罗市桃林寺镇青山村人，自幼勤奋好学。在第一师范读书时，每年寒暑假都不回家，留在学校专心读书，故各科成绩皆名列前茅。吴竹圃十分关心国事，经常与毛泽东等进步同学促膝长谈。1916 年 4 月，吴竹圃一病不起，旋即回家治病，不久竟与世长辞，年方二十岁。噩耗传来，第一师范的师长和同学无不为失去这样一位品学兼优的青年学子而深深悲痛。5 月 7 日学校召开了隆重的追悼大会，毛泽东写了这副挽联。

"须思道大肿方深"，一作"须思道大肿方生"。

易孟醇、易维《诗人毛泽东》中"夭阙早知"作"夭瘀早知"，"须思道大肿方深"作"须思道大成方生"。认为，"夭阙"系"夭瘀"之误，"大肿"系"大成"之误。"夭阙"，出自《庄子·逍遥游》："背负青天，而莫知夭阏者，而后乃将图南"句，有"夭遏、夭折"意。"大成"，出自《礼记·学记》："九年知类通达，强立而不反，谓之大成。"

【注释】

〔1〕吴竹圃(1896—1916)：湖南汨罗人。毛泽东在湖南省立第一师范学校的挚友。1916 年 4 月一病不起，不久病逝。

〔2〕夫子：古代对男子的敬称。《孟子·梁惠王上》："愿夫子辅吾志。"

〔3〕夭阙：夭折，早死之意。

〔4〕贾长沙：即贾谊，见《七绝·贾谊》注。 胜俦：高明的伴侣。

〔5〕肿：这里指痈，一种皮肤和皮下组织化脓性炎症。 《周礼·天官·疡医》："疡医掌肿疡。"郑玄注："肿疡，痈而上生创者。" 大肿方深：意为病入膏肓。

赠萧瑜同学联

一九一六年

相违咫尺数日；

情若千里三秋。

　　这副对联是《致萧子升信（1916年2月19日）》中的两句话，属准对联。萧子升，即萧瑜。见之于《毛泽东早期文稿》（湖南出版社，1990年7月版）。

【注释】

〔1〕萧瑜（1894—1976）：字子升，又名旭东，湖南湘乡人，萧三的二哥。1910年在湘乡县立东山高等小学堂读书时与毛泽东相识。1910年赴长沙入湖南省立优级师范附属中学。1911年考入湖南省立第四师范学校。1913年毛泽东也考入省立第四师范，1914年春省立第四师范学校并入省立第一师范，再度与毛泽东同学。1915年秋毕业后在长沙修业楚怡学校任教。萧1910年加入同盟会。1918年与毛泽东等发起组织新民学会，任总干事。1919年赴法国勤工俭学，1924年回国，历任国民党北平市党务指导委员、北平大学校务委员兼农学院院长、华北大学校长、河北省政府委员兼农矿厅厅长、国民党政府农矿部政务次长等职。1934年在北平故宫博物院任监守时，盗卖文物，携款潜逃。1938年再赴法国，任巴黎大学中国学院副主席、里昂中法大学协会副会长、华法教育会副会长等。1953年定居乌拉圭。据说曾发表攻击毛泽东的言论和文章。毛泽东不忘旧情，多次托人捎信给他，欢迎他回来，被他拒绝。1976年11月21日病逝于乌拉圭。

〔2〕违：离。　相违：相别。　咫：约合八寸。　咫尺：比喻距离很近。　千里：比喻情长。　相违咫尺数日：意指分别数日不见，相距很近，却有"咫尺千里"之感。

〔3〕三秋：三年，形容思念之殷。　情若千里三秋：意指友情如千里之长，似一日不见如隔三秋那样想念之深。　咫尺、千里：出自《南史·竟陵文宣王子良传》所附《萧昭胄传》。《传》言萧昭胄的儿子萧贲"幼好学，有文才，能书善画，于扇上图山水，咫尺之内，便觉万里为遥。"　数日、三秋：化用《诗经·王风·采葛》"彼采萧兮，一日不见，如三秋兮"。

题湖南省立第一师范病故同学追悼会联

一九一七年

为何死了七个同学？
只因不习十分间操！

这副对联见之于《新苗》1958 年第 10 期、宁夏人民出版社《对联艺术》，又见于《毛泽东成长的道路》和高菊村、陈峰、唐振南、田余粮著《青年毛泽东》（中共党史资料出版社，1990 年 3 月版）。此据《青年毛泽东》所录。

1917 年，湖南省立第一师范学校有七名同学先后病逝。进步师生对学校不重视体育课程，连每天上午十分钟的课间操也不能保证极为不满。在学友会主持的追悼大会上，毛泽东撰写并贴出了这副挽联，意在唤起师生记取读死书、死读书、读书死的沉痛教训。

"为何死了七个同学"，刘济昆《毛泽东诗词全集》、罗炽主编《毛泽东诗词辞典》，作"为何死了七位同学"。

【注释】

〔1〕湖南省立第一师范病故同学：指 1917 年湖南省立第一师范学校八班傅传甲等七位同学不幸染上传染病而身亡。

〔2〕十分间操：指十分钟的课间体操。

挽某同学联

一九一七年

与其苟且偷生，生无足道；

非为奋斗而死，死有余哀。

这副对联见之于《湖南党史资料》（季刊）、唐意诚《毛泽东撰联寄深情》）（《民间对联故事》1986 年第 4 期）。

1917 年，毛泽东在湖南省立第一师范学校读书时，某一位同学逝世，毛泽东写了这副挽联。

【注释】

〔1〕某同学：不详。

〔2〕苟且偷生：得过且过，贪图眼前安逸，勉勉强强地活着。宋代王令《与杜子长书》："令贫无资，身术从礼，有责不敢易。受寒饿死，惧辱先人后，故苟且偷生。"

〔3〕生无足道：活着也没有什么值得称道的。

〔4〕非为奋斗而死：不是为实现某种理想而死。

〔5〕死有余哀：即使死了，还有不尽的哀伤。

赠王熙同学联

一九一七年夏

爱君东阁能延客；

别后西湖赋予谁。

这副对联见于于俊道、李捷编《毛泽东交往录》（人民出版社，1991 年 6 月版）刊载的路海江《一段曲折的经历——毛泽东和萧子升》一文、唐意诚的《毛泽东题联赠王熙》（《民间对联故事》1992 年第 4 期）、赵志超的《毛泽东和他的父老乡亲》（湖南文艺出版社，1992 年 5 月版）。

1917 年夏，毛泽东在湖南省立第一师范学校读书时，邀同学萧瑜一同游学。他们游历了长沙、宁乡、安化、益阳、沅江五县。沿途考察一些乡村和城镇，了解风俗民情、社会政治和历史等情况，也会见了一些好友。毛泽东到宁乡王熙同学家拜访时，受到热情款待，他们谈古论今，其乐融融。临走时，毛泽东与王熙握手道别，并留赠了这副对联。

"别后西湖赋予谁"，一本作"别后西湖付与谁"。

【注释】

〔1〕王熙：湖南宁乡人，毛泽东在湖南省立第一师范学校的同班同学。

〔2〕东阁：亦作"东閤"，古代为宰相款待宾客的地方，这里泛指款待宾客之所。　东阁能延客：《汉书·公孙弘传》："时上方兴功业，娄举贤良。弘……数年至宰相封侯，于是起客馆，开东閤，以延贤人，与参谋议。"王先谦补注引姚萧曰："此閤是小门，不以贤者为吏属，别开门延之。"后世"閤"、"阁"形近音同混用。　延客：邀请、引进客人、贤人。　爱君东阁能延客：宋代苏轼《寄馏合刷瓶与子由》："老人心事日摧颓，宿火通红手自焙。小甑短瓶良其足，稚儿娇女共燔煨。寄君东阁闲蒸栗，知我空堂坐画灰。约束家童好收拾，故山梨枣待归来。"

〔3〕西湖：指西洞庭湖，即毛泽东当时游学的西洞庭湖地区。　赋：写作，朗诵。　别后西湖赋予谁：一本作"别后西湖付与谁"。宋代苏轼《和晁同年九日见寄》："仰看鸾鹄刺天飞，富贵功名老不思。病马已无千里志，骚人长负一秋悲。古来重九皆如此，别后西湖付与谁？遗子客愁天有意，吴中山水要清诗。"

题泡尔生《伦理学原理》联

一九一七至一九一八年

河出潼关，因有太华抵抗，而水力益增其奔猛；

风回三峡，因有巫山为隔，而风力益增其怒号。

这是毛泽东对泡尔生《伦理学原理》的批注，属准对联。见于《毛泽东早期文稿》（湖南出版社 1990 年 7 月版）、郑以灵《试析毛泽东外交思想的文化心理》（《厦门大学学报》1992 年第 3 期），收入吴直雄著《毛泽东楹联艺术鉴赏》（当代世界出版社，1995 年 8 月版）。

毛泽东在 1917 年至 1918 年反复精读了泡尔生《伦理学原理》，对这本仅有十万字的著作，就写下了一万五千字的批注。毛泽东对泡尔生关于"抵抗"成就一切事业，"无抵抗则无动力，无障碍则无幸福"的观点十分赞赏，批注说："至真之理。至澈之言。"

泡尔生在《伦理学原理》第四章善与恶中说："世界一切之事业及文明，固无不起于抵抗决胜也。使田自生谷，圃自生蔬，则无所谓稼穑树艺；使气候适应于身体，则无所谓建筑；使一切什器，天造地设，则无所谓工艺。如是，则与方士所谓仙境者无异矣。夫吾等所居之世界，所以异于仙境者，正以有各种抵抗，因而有与此抵抗相应之动作。"针对这一段话，毛泽东写下了这副准对联。

【注释】

〔1〕泡尔生（1846—1908）：德国哲学家、伦理学家。生于施勒斯维兰根荷恩，1871 年毕业于柏林大学，四年后任柏林大学教授。其哲学观点是二元论，伦理思想的特点是调和直觉与经验、动机与效果、义务和欲望。《伦理学原理》：泡尔生著。1900 年，日本学者蟹江义丸将泡尔生《伦理学体系》的《序论》和第二篇《伦理学原理》译成日文，冠以《伦理学原理》之名出版。1910 年，蔡元培将日译本译成中文，由商务印书馆出版。杨昌济在湖南省立第一师范学校讲授修身课时，曾将此书作为教材。毛泽东在听课和阅读该书的过程中，作了大量批注。《伦理学原理》批注原文未注明写作时间。据《湖南省立第一师范学校校志》记载，讲授《伦理学原理》的时间是 1917 年下半年至 1918 年上半年，故推测批注也大致写于这段时间。

〔2〕潼关:关名,在陕西省潼关县北。

〔3〕太华:即西岳华山,在陕西省华阴县南。

〔4〕风回:风力回旋,即旋风。

三峡:即长江三峡,瞿塘峡、巫峡和西陵峡的

合称。

〔5〕巫山:在四川、湖北两省边境,北与大巴山相连,东北—西南走向,海拔一千米至一千五百米,长江穿流其中,遂成三峡。

毛泽东楹联

第 一 辑

挽母联（两副）

一九一九年十月八日

其 一

疾革尚呼儿，无限关怀，万端遗恨皆须补；

长生新学佛，不能住世，一掬慈容何处寻？

其 二

春风南岸留晖远；

秋雨韶山洒泪多。

　　这两副对联存于韶山毛泽东纪念馆。收入《毛泽东早期文稿》，列于《祭母文（一九一九年十月八日）》后半部分，标题为《又灵联》。注明"根据毛泽东的表兄文咏昌手抄件刊印"。中共中央文献研究室编《毛泽东年谱》里写作日期为 1919 年 10 月 8 日。

　　文七妹，湖南湘乡四都唐家坨（后改称棠佳阁，今属韶山市大萍乡）人，生于 1867 年 2 月 12 日（清同治六年正月初八日），一个农民的家庭。因为在同族姐妹中排行第七，所以家中、邻里称她为"七妹"。1880 年，文七妹十三岁时嫁到韶山冲毛家做童养媳，1885 年，文七妹十八岁时，与当时十五岁的毛顺生（又名毛贻昌，号良弼）正式"圆房"成亲。文七妹勤劳俭朴，精明贤惠，操持家务，抚养、教育孩子，终年辛苦劳累。她性情温和，心地善良，富有同情心，乐于帮助别人，对乡里亲友贫弱者，常常给予周济、帮助。毛泽东从小就对母亲的善良和慈爱，充满无限的感激之情。后来，文七妹不幸患病，得了瘰疬（俗欲称病子颈，即颈淋巴腺结核）。毛泽东千方百计安排给母亲治病。又曾回到家乡，亲自照料母亲。文七妹的病情越来越重，不幸于 1919 年 10 月 5 日去世。毛泽东在母亲的灵前饱含热泪写下了《祭母文》和这两副挽联。这两副挽联当时即刻于文七妹墓前。毛泽东的父亲毛顺生逝世后，与文七妹合葬。这两副对联现仍在墓前。

　　这两副挽联，文运昌抄件标题为《毛泽东泣母灵联》，在第二副挽联前着一"又"字。竖写，有标点符号。第一副挽联上下联各分为三句，每句末均用一顿号，全联末用一句号。第二副挽联上下联各一句，上联末不用标点符号，下联末用一句号。

　　"长生新学佛"，唐意诚编注《毛泽东楹联辑注》作"长生斯学佛"。认为其中的'新'字可能是"斯"字之误。因为"新"字与下联的"尚"字不相对,且文意也不通。这句指晚年希望长寿益年而信起佛来了。

"不能住世",唐意诚编注《毛泽东楹联辑注》作"不能往世",并说:"往世,佛家语。佛家谓活着叫往世。""住"字系"往"字之误。

【注释】

〔1〕挽母联:见本联解说部分。 母:指毛泽东的母亲文七妹。

〔2〕革(jí):通"亟",(病)危急。 疾革:病危。《礼记·檀弓上》:"成子高寝疾,庆遗入请,曰:'子之病革矣。'"

〔3〕端:头,头绪。 万端:万千头绪。 万端遗恨皆须补:毛泽东《祭母文》:"致于所恨,必补遗缺。"

〔4〕住世:一说意谓久住人世。这两句是说,母亲生前慈善信佛,却不能久住人世。

〔5〕掬:双手捧取。 一掬慈容:满面慈祥可亲的容貌,似乎可以用手捧取。

〔6〕春风:春天和煦的风,比喻和蔼可亲的形象和给人以教益和帮助的意思。 南岸:韶山冲的一处地名,在毛泽东故居附近。毛泽东父母的坟就在南岸对面山上。 春风南岸:宋代王安石《泊船瓜洲》诗有"春风又绿江南岸,明月何时照我还"之句。 晖:春晖,春天的阳光,比喻母爱。唐代孟郊《游子吟》诗有"谁言寸草心,报得三春晖"之句。 留晖远:比喻母亲的德泽长留人间。

〔7〕秋雨:比喻无穷的哀思,也点明母亲文氏逝世的时间。

挽杨昌济先生联

一九二〇年一月

> 忆夫子易箦三呼，努力努力齐努力；
>
> 恨昊天不遗一老，无情无情太无情。

这副挽联见杨庆旺《毛泽东题词与联语纪事》（中央文献出版社 2001 年 4 月版）。

1919 年底，杨昌济因积劳成疾，住进医院。恰在这时，毛泽东率湖南代表团为驱逐军阀张敬尧第二次来到北京。得悉老师病重的消息后，不顾旅途劳顿，立即到医院看望。以后，又在紧张的工作之余多次前往探视。

杨昌济自知已病入膏肓，将不久于人世，于是强撑病体，给他的好友、北洋军政府教育部长章士钊写信，恳切荐举毛泽东、蔡和森二人。信中说："吾郑重语君，二子海内人才，前程远大。君不言救国则已，欲言救国必先重二子。""毛、蔡二君，当代英才，望善视之！"不久便于 1920 年 1 月 17 日溘然长逝。

杨昌济逝世后，北京和湖南教育界都举行了隆重的追悼会。20 日上午八时，在北京大学校园的小礼堂，为杨昌济举行隆重的追悼会。许多学者都参加了追悼会，不少人送了挽联。蔡元培校长主持，并送了挽联。挽联中说"学不厌，教不倦，本校失此良师"，高度概括了杨昌济的一代师风。毛泽东毕恭毕敬地向挂在灵坛正中的杨昌济遗照三鞠躬后，庄重地宣读由蔡元培、范源濂、杨度、章士钊、黎锦熙、毛泽东等二十九人联名发布的《治丧辞》。

痛失良师和岳父，毛泽东尤感悲恸。猝然降临的巨大打击，使杨昌济一家痛不欲生。身为半子的毛泽东，只好强忍哀伤，竭尽全力帮助料理老师的后事。2 月下旬，杨昌济的灵柩在其夫人向振熙、儿子杨开智、女儿杨开慧和学生陈绍林等人的护送下，从北京起运，返归长沙板仓故里。毛泽东亦于 1920 年春经上海而后返回湖南。

为悼念这位慈父般的良师，毛泽东题写了这幅挽联。

【注释】

〔1〕夫子：旧时对学者或老师的尊称。　箦：华美的竹席。　易箦：更换寝席。《礼记·檀弓上》："曾子寝疾，病，乐正子春坐于床下，曾元、曾申坐于足，童子隅坐而执烛。童子曰：'华而

院,大夫之簧与'?……曾子曰:'然。斯季孙之赐也,我未之能易也。元,起易簧!'"按古代礼制,簧只用于大夫,曾参未曾为大夫,不当用,所以临终时要曾元为之更换。后因以称人病重将死为"易簧"。 三:表示多数或多次。

三呼:多次呼唤、教导,指杨昌济对毛泽东等谆谆教导。

〔2〕昊,大,指天。 昊天:即天。 一老:指杨昌济。

题湖南省立第一师范附属小学礼堂联

一九二〇年九月

世界是我们的；

做事要大家来。

这副对联见于萧三《毛泽东同志的青少年时代和初期革命活动》(中国青年出版社，1980 年 7 月版)、唐意诚《毛泽东青年时期撰联故事》(《民间对联故事》1986 年第 2 期)，又见于刘济昆《毛泽东诗词全集》。写作日期，刘济昆《毛泽东诗词全集》作"一九一九年六月"，恐误。后又见于《毛泽东年谱》(中央文献出版社 1993 年 12 月第一版)。

《毛泽东年谱》："1920 年 9 月"毛泽东"应湖南省教育会长兼第一师范校长易培基聘请，任一师附属小学主事(至一九二一年夏)，被一师校友会推举为会长(连任两年半)。毛泽东在附小教学方面实行一些改革，设园艺、畜牧、印刷等实习课，要学生注意社会实际问题。他题写的一幅对联'世界是我们的，做事要大家来'，挂在附小礼堂，以勉励学生。"主事，即今之校长。又据另外材料说，对联原为毛泽东手书，由学生们刻在竹板上(此说见周彦瑜、吴美潮的《毛泽东与周世钊》，吉林人民出版社，1991 年 4 月版)。

题湖南劳工会联

一九二一年

改造物质生活；

增进劳工知识。

这副对联见于张世安、张腾飞《毛泽东名联趣话》（山东人民出版社 2003 年 11 月第 2 版）。

1920 年冬，长沙城里出现了一个劳工会组织，很受工人们的欢迎，会员发展到各行各业，"遍及百业，会员七千"。为首的是湖南甲种工业学校毕业生黄爱（黄正品）和庞人铨。

1921 年 4 月中旬，毛泽东为呼吁早日释放黄正品，在 5 月 1 日组织七千多名工人和两千多名学生，踏遍长沙大街小巷，举行示威游行。黄正品 5 月 8 日出狱后完全抛弃了无政府主义，继续积极地从事劳工运动。毛泽东欣然命笔为劳工会题宗旨联，使劳工运动得以健康发展。

【注释】

〔1〕劳工："劳动工人"之简称，亦即工人。 劳工会：据中共中央文献研究室编《毛泽东年谱》载：黄爱、庞人铨组织的湖南劳工会成立于 1920 年 11 月 21 日。该会曾受到无政府主义影响，它的第一个主要活动是领导湖南第一纱厂收归公有运动。黄爱、庞人铨后来在毛泽东的帮助之下，摆脱了无政府主义影响，接受了马克思主义，并参加了社会主义青年团。

挽易白沙烈士联

一九二一年八月

无用之人不死，有用之人愤死，我为民国前途哭；

去年追悼杨公，今年追悼易公，其奈长沙后进何？

　　这副对联见于湖南长沙《爱晚报》，又见于《对联》1987年第2期刊载的唐意诚《毛泽东写的三副挽联》一文，又见之于刘济昆《毛泽东诗词全集》。

　　"去年追悼杨公"，萧永义《毛泽东诗词对联辑注》（湖南文艺出版社，1991年3月版）、罗炽主编《毛泽东诗词鉴赏辞典》作"去年追悼陈公"。易孟醇、易维《诗人毛泽东》作"先年追悼陈公"。并说：下联"首二字原为'去年'，似当为'先年'。"

【注释】

〔1〕易白沙（1886—1921）：名坤，字越村，湖南长沙人，家居白沙井附近，反清烈士易培基之弟。袁世凯垮台后，易白沙曾先后应聘为长沙县立师范等校教员，天津南开大学等校教授。尔后与孙中山保持联系。1921年5月间，他只身赴北京，准备伺机刺杀北洋军阀政府首脑，但未成功。于是又乘海轮至广州谒见孙中山，请求组织军队北伐。由于广东形势未稳，亦未如愿。激愤之下，于农历五月初五晚来到明代大儒陈白沙（1428—1500）故里新会县陈村海边蹈海，以死报国，年仅三十五岁。因而毛泽东书此挽联。

〔2〕愤死：悲愤而死。

〔3〕杨公：指杨昌济，杨开慧之父，详见《自勉联》注。有的版本"杨公"作"陈公"，即陈天华（1875—1905），湖南新化人，民主革命志士，《猛回头》、《警世钟》等书的作者。1905年12月，为抗议日本政府勾结清政府，迫害中国进步留日学生，在日本投海以唤醒民众。第二年夏天，灵柩运抵长沙，各界数千人举行公祭，送葬于岳麓山。他是1905年去世的，与联语中的"去年"不合。

〔4〕奈何：怎么办。　长沙：这里指代湖南。

后进：后进之人，后来之人。

挽黄爱、庞人铨联

一九二二年

奋斗为众生，千古伤心是工运；

取义拼一死，九泉含笑亦冤魂。

这副挽联见于杨庆旺《毛泽东题词与联语纪事》（中央文献出版社 2001 年 4 月版）。

1922 年 1 月，湖南长沙第一纱厂工人为要求年终奖金，全体罢工。华实公司贿赂赵恒惕五万元，要他加害长沙劳工会负责人黄爱、庞人铨。1922 年 1 月 16 日深夜，黄、庞与华实公司在劳工会协商调停罢工问题之后，赵恒惕派来军队，将他们二人捕去，未经审问，于 17 日晨四时偷偷押往浏阳门外斩首。这一天正下过大雪，鲜血染红了雪地。赵恒惕随即将劳工会和该会出版的《劳工周刊》一并查封。

黄、庞被杀的消息传出后，毛泽东极为激愤，立即召开会议，布置对赵恒惕的斗争和稳定工人的情绪。这天许多工人停止了工作，跑到劳工会的门口痛哭。下午，在又 村一带挤满工人群众，工人们悲愤极了，自发地冲进内务厅、财政厅等衙门，向赵恒惕政府表示严重抗议。不久以后，在毛泽东亲自主持下，工人群众在船山学社召开了两次黄、庞追悼会，并发行纪念特刊。以后每年 1 月 17 日这天，长沙和全国许多地方，召开黄、庞纪念会，发行纪念刊。1927 年 1 月，湖南人民隆重公葬了黄爱、庞人铨、黄静源、汪先宗四位革命烈士于长沙岳麓山。（黄静源任安源工人俱乐部副主任时，1925 年 10 月在安源被军阀方本仁杀害。汪先宗 1925 年 11 月在株州领导农民运动时，被军阀赵恒惕部队杀害。）

赵恒惕这时将湖南的报纸严密封锁起来，不准刊登与此事有关的任何报道。毛泽东派人到上海等地展开反赵宣传，以湖南工界名义通电全国痛斥赵的罪恶，将赵屠杀黄、庞的经过详情，在上海、广州、北京各地的报纸上发表出来。3 月，毛泽东并特为此事到上海去了一个短时期，动员国内名流学者打电报抗议赵的暴行。赵这时正打着"省自治"的假招牌向全国招摇撞骗，他的"省宪法"刚公布十六天（1922 年 1 月 1 日公布），便施行了屠杀政策。毛泽东领导的广大的反赵宣传运动，使赵恒惕在全国刚建立的一点假名誉马上彻底扫地。赵对此甚为恼火，但又无可奈何。在毛泽东的领导下，1922 年至 1923 年湖南工人运动猛烈开展起来，赵恒惕不敢马上再采取屠杀政策。后来，同赵恒惕进行当面说理斗争时，毛泽东还曾为黄、庞辩护，揭露赵屠杀阴谋。

毛泽东楹联

为了悼念黄、庞二烈士,毛泽东专门题写了这副挽联。

【注释】

〔1〕黄爱(1897—1922):字正品,湖南常德人,湖南甲种工业学校毕业,后在天津读书时曾参加周恩来领导的觉悟社,在毛泽东领导下参加社会主义青年团,积极从事劳工运动,为湖南长沙劳工会负责人。　庞人铨(1897—1922):湖南湘潭人,湖南甲种工业学校毕业,在毛泽东领导下参加社会主义青年团,积极从事劳工运动,为湖南长沙劳工会负责人。

〔2〕众生:泛指人类和一切动物。这里指普通老百姓,人民群众。

〔3〕千古:谓年代久远,这里表示永别。

〔4〕取:求取,取得。　义:正义。　取义:舍生取义之意,即为了正义、真理而牺牲生命。语本《孟子·告子上》:"生,亦我所欲也;义,亦我所欲也。二者不可得兼,舍生而取义者也。"

〔5〕九泉:犹言黄泉,常用以指人死后的埋葬处。

题安源工人夜校联

一九二二年

联络感情，交换知识；
互相帮助，共谋幸福。

这副对联见于张世安、张腾飞《毛泽东名联趣话》（山东人民出版社 2003 年 11 月第 2版）。

1921 年至 1923 年，毛泽东七次去安源发动矿工，开展劳工运动。毛泽东当时担任中共湘区区委书记、中国劳动组合部湖南分部主任。安源煤矿是当是中国共产党湘区区委开展劳工运动的重点。

1921 年冬，毛泽东考察安源工人运动后，即派李立三到安源专门从事工人运动。1922 年 1 月，安源建立了第一所工人补习学校。毛泽东为工人夜校题十六字联："联络感情，交换知识；互相帮助，共谋幸福。"确定了夜校的宗旨。毛泽东第一次给工人夜校讲课，教"工"字时，先在黑板上写一个"工"字，然后解释说，上边的一横线是"天"，下边的一横线是"地"，中间的竖线代表工人阶级自己，工人站在地上，顶天立地，世界的整个天地都是他们的。在教"工人"时，他先写一个"工"，再在旁边写一个"人"，尔后再写一个"天"，说如何把"人"字放在"工"字的下边构成"天"字。他进一步解释说，如果工人团结起来力量就可以顶天。安源一万七千多工友从此有机会增长知识，增进友谊，增强团结，在"共谋幸福"的基础上，于 1922 年 5 月 1 日成立安源路矿工人俱乐部。为公开宣告俱乐部宗旨和争取合法地位，俱乐部主任李立三将上联"交换知识"改为"涵养德性"，并将所改对联镌刻十俱乐部门口，至今犹存，成为供后人瞻仰的历史见证。

题安源路矿工人俱乐部联

一九二二年

有团结精神，有阶级觉悟；
是劳工保障，是人类福星。

这副对联见于杨庆旺《毛泽东题词与联语纪事》（中央文献出版社 2001 年 4 月版）。题目为本书编著者所拟。

1922 年 5 月 1 日，"安源路矿工人俱乐部"正式成立。毛泽东为工会和工人俱乐部题写了这副对联。

又据张世安、张腾飞《毛泽东名联趣话》（山东人民出版社 2003 年 11 月第 2 版）说：1924 年（本书编著者按：当为 1922 年之误）5 月 1 日，中国工人阶级第一座自筹资金建设的建筑——安源路矿工人俱乐部大厦竣工，毛泽东欣然题写此联致贺。当事人将这副对联悬挂于大厦中央的舞台两侧，并在舞台上方配以"全世界无产者联合起来"的横幅。

值得提及的是，安源路矿工人俱乐部在毛泽东主席、李立三主任、刘少奇第二任主任、肖劲光游艺股长的组织指导下，曾多次开展群众性的对联活动。这些群众性的对联活动及上述对联早已载入《安源工人运动史料》及有关文史资料中，成为撰写党史、军史、工运史、地方志难得的资料。

题安源工人俱乐部联

一九二三年

俱人盖世英雄汉；

乐以忘忧让三分。

这副对联见于张世安、张腾飞《毛泽东名联趣话》(山东人民出版社 2003 年 11 月第 2 版)。

1923 年"二七惨案"后，全国工人运动由高潮暂时转入低潮。全国总工会通知各地工会忍痛复工，待机再起。毛泽东提出"盘马弯弓"和"弯弓待发"的策略。为了教育工人采取守势，毛泽东曾为安源工会题嵌名联一副："俱人盖世英雄汉；乐以忘忧让三分。"可谓对此时工会工作的写照。

这副对联充分地肯定了安源工人以往与反动派英勇斗争的巨大成就，称赞他们人人都是盖世英雄汉。提出了当时的斗争策略。暂时的退让，是为了减少眼前的损失，是为了日后更好地对敌发起进攻，这就是毛泽所说的"乐以忘忧让三分"的精神实质。

实践证明，毛泽东的这一斗争策略是十分正确的。据中共中央文献研究室编《毛泽东年谱》载：当时，安源只举行了游行示威，在斗争条件方面也只提出不高的经济要求，很快被矿局所接受。安源工人运动在全国工运低潮时没有受到损失，反而有所发展。

挽罗宗瀚烈士联

一九二六年十月

羡哲嗣政教长才，竟成千古；

叹吾党革命先锋，又弱一个。

这副挽联见于 1992 年 11 月 20 日《湖南政协报》，并收入唐意诚编注《毛泽东楹联辑注》。

这是毛泽东挽国民党左派、湖南省立第一师范的同学和挚友罗宗瀚的对联。1926 年 10 月，罗宗瀚被北洋军阀用毒药暗中毒死。同年冬，在湖南省立第一师范大礼堂举行隆重追悼大会，八百多人参加。各界人士赠送挽联五百多副。毛泽东从广州将此联写给罗宗瀚之父。

【注释】

〔1〕罗宗瀚(1896—1926)：字耻迁，湖南安化县伏口镇(今属涟源市)人。1914 年考入湖南省立第一师范，与毛泽东同学四年。与毛泽东同为该校学生自治会活跃人物，积极参加和支持毛泽东倡办工人夜校，组织新民学会。1919 年冬曾与毛泽东率领驱张代表团赴京，并独立主持"平民通讯社"，兼任"文化书社"驻京总代表。1920 年秋，毛泽东任一师附小主事，他同往任教。次年继毛泽东任一师附小主事，并与何叔衡、谢觉哉、易礼容等合编《湖南通俗时报》。1921 年出任毛泽东创办的湖南自修大学教员。1923 年，中共湘区另组湘江学校，代替被赵恒惕政府查封的自修大学，为十二名校董之一。同年 12 月 20 日，湘江学校在长沙犁头开学，出任第一任校长。1926 年北伐军入湘，湖南省政府改组，他一度出任湖南省建设厅秘书，当时，他是国民党左派，任国民党湖南省党部执行委员，坚持国共合作，支持工农运动。同年 10 月，因积劳成疾，入田秋明诊所治疗，被北洋军阀派人在药中暗下毒药，口鼻出血暴卒，年仅三十岁。

〔2〕哲：才能识见超越寻常的人。 哲嗣：称别人之子的敬词，犹言令嗣，这里指罗宗瀚。

长才：犹通才。《世说新语·赏誉》："太傅府有三才：刘庆孙长才，潘阳仲大才，裴景声清才。"

〔3〕弱：减少的意思。

为刘能诗同学家题春联（三副）

一九二七年春节

其　一

一年好景随春到；

三亿苍生盼日升。

其　二

过乱世新年，何分贵贱；

问苍茫大地，谁主沉浮？

其　三

资水入湘江，涌入洞庭归大海；

天情怀众庶，长怀国运救中华。

　　这三副春联见于张世安、张腾飞《毛泽东名联趣话》（山东人民出版社 2003 年 11 月第 2 版）。这年春节（农历丁卯年）是 1927 年 2 月 2 日，这三副春联的写作时间当写于此前。

　　1926 年 12 月 20 日，毛泽东出席湖南全省第一次工人代表大会和第一次农民代表大会联合举行的欢迎大会后，启程考察湖南农民运动。寒冬腊月，他来到家住湘阴县的一师同学刘能诗家调查西乡农民运动情况，与刘能诗同吃同住同调研，不觉就要过新年了，刘能诗父母真心诚意地留毛泽东在他们家过春节，毛泽东也觉得自己正在专心致志地作调查，中断调查不妥，加之，在老同学家过年跟在自己家一样，便答应在刘家过年，可自己又帮不了什么忙，只好用红纸写春联，于是他写了三副春联。

　　第一副春联贴在横屋门口，第二幅贴在大门两旁，第三幅贴在堂层两旁。其中第二副的下联是他 1925 年所作《沁园春·长沙》词中的佳句："怅寥廓，问苍茫大地，谁主沉浮？"

　　刘能诗（1989—1941），又名裕挚，号景荣，与毛泽东在一师读书时交往甚好，其现年已七十八岁的女儿刘兰香至今还珍藏着刘能诗与毛泽东读书时的照片。1927 年春节后，刘能诗为毛泽东筹集了两个大洋作盘缠，驾船护送他走向新征程。1927 年 3 月，毛泽东发表他经过三十二天考察所写的大作《湖南农民运动考察报告》,促进了全国农民运动蓬勃发展。

　　新中国成立后,毛泽东三次派人看望刘家,得知刘能诗已故,不禁潸然泪下:"刘能诗同学,你对革命有功啊!"

赠杨开慧联

一九二七年秋

前途是光明的；

道路是曲折的。

这副联见于曾维东、严帆《毛泽东的足迹——旧居、革命活动遗址史话》(群众出版社1993年6月第1版)。

该书说，1927年"八七"会议后，毛泽东以中央特派员身份，回湖南组织和领导农民进行秋收起义。毛泽东召开湖南省委和各部门负责人会议，改组湖南省委。接着又召开改组后湖南省委第一次会议，讨论制定秋收起义计划。9月初，湖南省委会议刚刚结束，毛泽东护送妻子回到板仓老家，打算然后去安源领导湘赣边界秋收起义。夜深了，毛泽东和杨开慧坐在床前的小桌子边，许久都沉默不语。还是毛泽东先打破了沉寂："云锦，其它多余的话不必说，相信你在我走后能坚持斗争，把革命的烈火在板仓山区燃烧起来！"转身看了看床上熟睡的岸英、岸青，"孩子和岳母就托付给你了！"说罢，弯下腰去轻轻吻了吻孩子清瘦的小脸蛋，忽然无限伤感涌上心头，"孩子们跟我们受苦了，几年来走南闯北，颠沛流离，真对不住孩子啊！我这一去，天各一方，不知何年何月才能再相见……"杨开慧听到这里，不禁心头一酸，热泪潸潸。但天刚破晓，毛泽东便悄悄起床，换上一身农民衣装，背个小包，轻轻地出了门。当杨开慧在疲惫中睁开眼睛，毛泽东早已离去多时了，床头留下一封信，上面写道："我亲爱的霞：我去了，不管去的有多远，有多久，我总是要回来的，我们不久就会团聚的。要坚信这两句话：前途是光明的，道路是曲折的。大家团结努力，革命一定会成功！润之留笔"。下曲还抄录一首诗，是毛泽东1923年告别杨开慧去上海时写的《贺新郎》。毛泽东此次分别，又重新将其手书赠与杨开慧。

这副联后来在其他场合毛泽东也曾多次讲过。1945年8月毛泽东赴重庆和国民党蒋介石谈判时，10月4日致柳亚子信中说："时局方面，承询各项，目前均未至具体解决时期。报上云云，大都不足置信。前承奉告二语：前途是光明的，道路是曲折的。吾辈多从曲折(即困难)二字着想，庶几反映了现实，免至失望时发生许多苦恼。而困难之克服，决不是那么容易的事。此点深望先生引为同调。"(《毛泽东书信选集》，人民出版社1983年12月第1版)

毛泽东楹联

题遂川公审土豪劣绅大会联

一九二八年一月

　　你当年剥削工农，好就好，利中生利；

　　我今日宰杀土劣，怕不怕，刀上加刀。

　　这副对联见于《红色风暴》第五集刊载的邱恒聪著《毛泽东同志在井冈山》一文、上海人民出版社《井冈烽火》，又见之于陈钢《井冈山斗争时期的对联》（《对联》1988年第4期）和《毛泽东革命的道路》。

　　1928年1月5日毛泽东率领工农革命军队攻克江西遂川县城，1月24日召开成立县工农兵政府的群众大会，公审土豪劣绅郭渭坚，并处以极刑。毛泽东在会上讲了话，并为大会亲笔书写了这副对联。对联贴出后，到会群众无不拍手称快。

　　据《井冈山的武装割据·红了遂川》（革命历史资料丛书，江西人民出版社，1980年5月版）说，"（1928年）大年初一这天，宣传队的同志们仍忙着为将要成立的县工农兵政府作筹备工作。负责宣传工作的同志打算写一幅对联，可是拟了几次，都不太理想。正好，毛泽东同志来了。他问：'明天的大会都准备好了吗？''别的都搞好了，就是大会用的对联还没写好。你看，哪一幅好点儿？'毛泽东同志很有兴致地把大家拟的对联都看了一遍，然后抽出其中一幅，略一思索，挥笔改动了一下，问：'你们看这样行不行？'大家一看，只见——上联是：你当年剥削工农，好就好，利中生利；下联是：我今日宰杀土劣，怕不怕，刀上加刀。大家都拍起手来，叫着说：'好，改得好！就这幅好。'"

　　同书又说，1928年7月12日，在庆祝莲花县工农兵政府成立大会上，挂的对联和毛泽东在遂川写的这副对联内容、句法都差不多，联文是：

　　想当年，剥削工农，利中加利；

　　看今日，镇压反动，刀上加刀。

　　又据汪明敏《革命老区的两副对联佳作》（1991年1月25日《江西政协报》）说，这副对联的原作者是陈正人。陈正人，江西遂川人，1926年入党，1928年任中共江西遂川县委书记。建国后任中共江西省委书记、第八机械工业部部长。原联为：

　　你当年剥削工农，为就为利中生利；

　　我今日斩杀土劣，怕不怕刀上加刀。

毛泽东将上联中"为"字改为"好"字,并分别在上下联中加了一个逗号。(转引自吴直雄《毛泽东"点化"过的几首楹联》,载《党的文献》1996 年第 1 期)

沉翀《风骚长留天地间》(《历史大观园》1989 年第 6 期),这副对联作:想当年剥削工农,好就好,利中生利;到今日斩杀土劣,怕不怕,刀上加刀。

"你当年剥削工农",《毛泽东革命的道路》作"想当年,你剥削工农"。《毛泽东同志在井冈山》作"想当年剥削工农"。

"我今日宰杀土劣",《毛泽东革命的道路》作"看今日,我斩杀土劣"。《井冈山斗争时期的对联》、《井冈山的武装割据》作"我今日斩杀土劣"。

【注释】

〔1〕遂川:县名,在江西省西南部,赣江支流遂　　〔2〕土劣:土豪劣绅的缩称。
川江上游,邻接湖南省。

想当年你剥削工农
好就好利中坐利

到今日我斩杀土劣
怕不怕刀上加刀

毛泽东修改的《题遂川公审土豪劣绅大会联》

为井冈山群众题春联

一九二八年春节前

大刀梭标铲除旧世道；

斧头镰刀开创新乾坤。

这副春联见于杨庆旺《毛泽东题词与联语纪事》(中央文献出版社 2001 年 4 月版)。

1928 年腊月，毛泽东同宛希先由幺六领着去拜访袁文才、王佐。经过一些小村坳，看到绿树丛中显露出来的农舍门口，已经贴上了讨吉利的大红春联。宛希先指着远处一副对联惊奇地说："咦，怎么春联上画的全是圈圈，不见字呀？"毛泽东回答说："哦，莫不是画的什么符吧？"于是，他们怀着好奇的心情前去看个究竟。正巧有一个老乡从门里出来，毛泽东走过去问："老倌哎，你这对子怎么全画圈圈呀？"老乡苦笑着摇摇头说："噢，你问这个呀。没有法子啊！我们山坳，七户人家，断文识字的人没得呀。以前有个老秀才每年来帮写对子。老秀才过世了，唉，各家各户就在红纸上打圈圈，讨吉利啊，嘿嘿。"毛泽东皱皱眉道："以后就好了，要小学堂，小孩大人都要学识字。哦，你把这对子揭下来，我帮你写好吗？"老乡眉开眼笑，说："那敢情好了。不过，要讨多少钱呀？"毛泽东说："分文不讨，只讨吉庆。"老乡高兴地说："这么说，我老倌碰上大贵人了！"于是老乡把他们引到堂屋，张罗借来笔墨，拿来红纸。山坳人家不多，听说来了写对联的秀才，都拿着裁好的红纸赶来求字，把堂屋挤得满满的。有的要写祭土地祖宗山神的，有的要写嫁女讨亲的帖子的。毛泽东拿起毛笔，蘸着墨汁说："今天不写别的，只能帮你们写些过年贴的对子。"说完挥笔写了这副春联。宛希先给众人念了一遍对联，然后说："你们晓得这是什么意思吗？这意思就是我们穷人想翻身，就得团结起来，拿起大刀、梭标跟共产党走，同土豪劣绅斗。"村民们都说："要得，要得！"毛泽东又给每家各写了一副，然后告辞。村民们拿出过年准备的米粉、水酒、熏肉相送，他都婉言辞谢。淳厚热诚的老乡过意不去，一直把他们送到山坳口。正要分手，却见茅坪自卫军的三头目周桂春从坳口那边转过来。周桂春打老远就喊："呀嘿，毛委员！我正要去接你呢。"毛泽东甚是高兴，再次向村民告别，一行人跟着周桂春转出山坳口。村民们这才知道，这位写对联的秀才原来是工农革命军里的毛委员。

"大刀梭标铲除旧世道"，张世安《毛泽东名联趣话》(山东人民出版社 1994 年 1 月第 1 版)作"大刀梭标铲除旧世界"。

题桂东县沙田圩军民大会联

一九二八年四月

旧世界打得落花流水；

新社会建设灿烂光明。

    这副联见于胡为雄《诗国盟主毛泽东》(当代中国出版社 1996 年 7 月版)。题目为本书编著者所加。又见于文军《红军会议对联欣赏》(1997 年 12 月 19 日《光华时报》。写作时间作"1928 年 3 月下旬"。)

    1928 年 3 月 30 日,毛泽东率工农革命军第一团到达桂东县沙田圩,4 月初,发动沙田地区二十多个村子的贫苦农民开展打土豪分田地的运动,帮助建立中共桂东县委员会和县工农兵政府。有一次,在桂东县沙田圩召开军民大会,为了宣传共产党和工农革命军的主张,毛泽东不仅亲自登台演讲,事前还专门为大会撰写了这副对联,镶挂在大会会场台前两根大立柱上。

【注释】

〔1〕旧世界打得落花流水:欧仁·鲍狄埃词、比 尔·狄盖特曲《国际歌》,其中有"旧世界打个 落花流水,奴隶们起来,起来"之句。

挽王尔琢同志联

一九二八年十月

一哭尔琢,再哭尔琢,尔琢今已矣! 留却重任谁承受?
生为阶级,死为阶级,阶级后如何? 得到胜利方始休!

这副对联存于宁冈纪念馆,访问苏春兰记录(1969 年 8 月)。见于严恩萱、杨遵贤《毛泽东对联辑释》(《赣南师专学报》1983 年第 4 期)、1985 年 6 月 27 日《长沙晚报》,收入中共党史人物研究会《中共党史人物传》第 22 卷刊载的《王尔琢》(陕西人民出版社,1985 年 9 月版),又收入廖盖隆、胡富国、卢功勋主编《毛泽东百科全书》(光明日报出版社,1993 年 10 月版),还见于《毛泽东革命的道路》、唐意诚《毛泽东联话寓深情》(《民间对联故事》1986 年第 6 期)、董保存《在历史的漩涡中——与毛泽东有关的往事》(中外文化出版公司,1990 年 3 月版)。

1928 年 8 月 25 日,红四军参谋长兼二十八团团长王尔琢在追捕叛徒时,在江西崇义县思顺墟,被叛徒袁崇全枪杀。王尔琢牺牲后,朱德赶到思顺墟现场,痛哭和悼念战友。10 月上旬,在宁冈砻市举行追悼会。在临时搭起来的小台子中间挂着大横匾,匾上用棉花精心缀成"赤潮澎湃"四个大字。追悼会前毛泽东在宁冈县茅坪村八角楼起草,由陈毅书写了这副挽联,挂在会场两边。追悼会上毛泽东还讲了话,说:"我们红四军参谋长、红二十八团王团长,是八一南昌起义来的。这个人很好,很忠实,打仗很勇敢,指挥很好。"

"一哭尔琢,二哭尔琢,尔琢今已矣",《中共党史人物传》第二十二卷(陕西人民出版社 1985 年 9 月版)、刘济昆《毛泽东诗词全集》作"一哭同胞,二哭同胞,同胞今已矣"。

"留却重任谁承受",刘济昆《毛泽东诗词全集》作"留却工农难承受"。唐意诚《毛泽东联话寓深情》作"留却重任咋承受?"

"阶级后如何",刘济昆《毛泽东诗词全集》和《毛泽东革命的道路》作"阶级念如何"。唐意诚《毛泽东联话寓深情》作"阶级会如何"。念:想法。

"得到胜利方始休",唐意诚《毛泽东联话寓深情》作"得到解放方始休"。罗金昆《生为阶级,死为阶级——缅怀红军初创时期的著名战将王尔琢》(《赣南师院报》1986 年 8 月 24 日)作"得到胜利始方休"。1988 年 7 月 5 日《人民政协报》、刘济昆《毛泽东诗词全集》作"得到解放方甘心"。

〔1〕王尔琢(1901—1928):字蕴琰,湖南省石门县商溪乡王官桥村人。曾在长沙湖南高等工业专科学校(湖南大学前身)附设中学读书。黄埔军官学校第一期毕业。1924年,加入中国共产党。第一次国内革命战争时期任国民革命军第三军第二十六团党代表。1927年参加八一南昌起义。后又参加湘南暴动。1928年4月28日,随朱德上井冈山与毛泽东会师,部队改编为工农红军第四军,任参谋长兼红军第二十八团团长。1928年8月追赶叛徒时遭枪击牺牲。

〔2〕已:止。这里指生命停止。

〔3〕方始休:方才罢休。

题第一次反"围剿"誓师大会联

一九三〇年十二月

敌进我退，敌驻我扰，敌疲我打，敌退我追，游击战里操胜算；

大步进退，诱敌深入，集中兵力，各个击破，运动战中歼敌人。

  这副对联见于《江西宁都地名志》、刘亚楼《伟大的第一步》、郭化若《"诱敌深入"，活捉张辉瓒》（均见《星火燎原（选编之二）》，战士出版社，1979 年 12 月版），郭化若《远谋自有深韬略》（人民出版社，1980 年 3 月版），又见于刘济昆《毛泽东诗词全集》、《毛泽东兵法》。后又见于《毛泽东年谱》（中央文献出版社 1993 年 12 月第一版），写作时间作"1930 年 12 月下旬"。

  1930 年 12 月 25 日，为了粉碎国民党对中央苏区的"围剿"，在江西省宁都县小布河滩的麻糍石下召开了近万人的苏区军民歼敌誓师大会，毛泽东为大会写了这副对联，挂在主席台两旁柱子上。毛泽东主持大会，在会上讲了话，并读了这副对联。（帝人、麦道著《毛泽东和他的军事高参》，红旗出版社，1995 年 11 月第 2 版）

  "游击战里操胜算"：刘济昆《毛泽东兵法》、刘亚楼《伟大的第一步》作"游击战里操胜券"。

  "集中兵力"，《江西宁都地名志》作"集中力量"。

【注释】

〔1〕反第一次大"围剿"：见《渔家傲·反第一次 〔2〕操：把握。 胜算：能够获得胜利的谋略。
大"围剿"》注。

庆祝反"围剿"胜利大会联

约一九三一年二月

敌进我退，敌驻我扰；

敌疲我打，敌退我追。

这副对联属准对联，见于《楹联学刊》1992 年 9 月第 3 期，并收入唐意诚编注《毛泽东楹联辑注》、中央文献研究室编《朱德年谱（一八八六——一九七六）》（中央文献出版社 2006 年 11 月第 1 版）。

据《回忆毛主席》（人民出版社，1976 年版）说，1928 年 1 月，毛泽东召集并主持遂川、万安两县党的联席会议，万安县委书记张世熙说到"与敌人搏战的策略是'坚壁清野，敌来我退，敌走我追、敌驻我扰，敌少我攻'。"毛泽东说："希望万安同志很好运用'敌来我走，敌驻我扰，敌少我攻，敌退我追'十六字诀，准备与反动派作战。"后来毛泽东经常讲述十六字诀。《毛泽东年谱》（中央文献出版社 1993 年 12 月第 1 版）说："1928 年 5 月"，毛泽东"同朱德等根据敌强我弱、以弱胜强只能采用游击战术的原则，总结南昌起义、秋收起义以来革命军多次作战的经验，提出'敌进我退，敌驻我扰，敌疲我打，敌退我追'十六字诀的游击战术，为后来红军整个作战原则的形成奠定了基础。"1929 年 4 月 5 日，毛泽东起草的井冈山前委给中央的信中也曾把这十六字诀写了进去，并将它写进井冈山斗争的总结报告中。

1931 年 2 月 17 日（农历正月初一），在小布召开军民庆祝反"围剿"胜利暨迎春大会，毛泽东写了这几句话，贴在大会主席台两侧。

另据吴吉清《在毛主席身边的日子里》（江西人民出版社，1977 年 8 月版）说，1931 年年底召开的庆祝反"围剿"暨迎新春的大会上，人们把毛泽东对敌斗争的十六字诀撰成这副对联，挂在会场上，以纪念反"围剿"的重大胜利。以上两说有异，录以备考。

【注释】

〔1〕敌进我退，敌驻我扰；敌疲我打，敌退我追：这几句话，又称为"十六字诀的军事原则"，见《星星之火，可以燎原》（《毛泽东选集》，人民出版社，1991 年版，第一卷，第 104 页），《中国革命战争的战略问题》（《毛泽东选集》，人民出版社，1991 年版，第一卷，第 204 页）。

题城岗乡苏维埃政府党支部联

一九三一年八月

　　主义遵马列；

　　政权归工农。

　　这副对联见于胡良山讲述、刘开连整理《毛委员信笔书奇联》(《民间对联故事》1988 年第 4 期)。杨庆旺《毛泽东题词与联语纪事》、张世安、张腾飞《毛泽东名联趣话》收录。

　　1931 年 7 月，蒋介石纠集三十万兵力，亲任总司令，并聘请德、日、英军事顾问，采取"长躯直入"、"分进合击"战术，向赣南、闽西革命根据地发动第三次"围剿"。这时，红军主力远在闽西，且未得到休整和补充，但为了歼灭来敌，他们昼夜兼行，回师赣南，集中于兴国。

　　8 月初，毛泽东率领红军来到江西省兴国县城岗乡。第二天，由乡苏维埃政府党支部书记老胡作向导，观察地形，准备在这一带打好第三次反"围剿"的战斗。中午登上城岗乡制高点白华山。观察地形后，毛泽东已定下锦囊妙计，爽朗地对老胡说："这白华山四边高，中间低，像一口锅，如果白狗子来了，我们就把它们煎死在这里。"随后老胡引着毛泽东来到山顶的书院里。毛泽东用过饭，私塾老师把老胡拉过去，耳语一番，老胡笑着说："让我试试。"毛泽东看着他俩窃窃私语，指了指老胡说："啥子事，不能公开吗？"老胡走近毛泽东身边恳请说："毛委员，这书院是我们党支部开会的地方，新近粉刷了一下，大门少副对子，私塾先生想请您……"不等老胡说完，毛泽东就说："我以为有什么大事，这事不难略。"私塾老师惊喜万分，拿出早已准备好的文房四宝，递给毛泽东。毛泽东接过笔墨，略思一下，写了这副对联。写完，毛泽东对老胡和私塾老师说："戎马倥偬，手生咯。"老胡和私塾老师连声夸赞毛泽东。

　　8 月 6 日在毛泽东、朱德指挥下，红军在这一带取得初战胜利，接着又不断取得胜利，到 9 月 15 日，总共六战五捷，歼敌三万余人，缴枪一万五千余支，打破敌人第三次"围剿"。赣南、闽西两个革命根据地连成一片，中央单命根据地进一步扩大，包括二十一个县，二百五十万人口，进入全盛时期。

　　后来，红军北上抗日，国民党复辟，白华山书院也遭劫难，被烧得干干净净。唯独镌刻着毛泽东书写对联的泡桐木板，没有烧坏一点，仍然嵌在书院大门两侧的墙上。

【注释】

〔1〕主义遵马列：即"遵马列主义"。

挽黄公略同志联

一九三一年九月

广州暴动不死,平江暴动不死,而今竟牺牲,堪恨大祸从天落;

革命战争有功,游击战争有功,毕生何奋勇,好教后世继君来。

这副对联见于中共湖南省湘乡县委宣传部编《黄公略》(湖南人民出版社,1978年12月版)、白雉山《古今楹联选集》(湖北教育出版社,1985年5月版)、曾文军《毛泽东联挽黄公略》(《民间对联故事》1987年第6期)和上海古籍出版社《对联纵横谈》,又见于《青年文摘》1988年第1期和帝人、麦道著《毛泽东和他的军事高参》(红旗出版社,1995年11月第2版)。

《毛泽东联挽黄公略》一文说,1931年9月15日,部队在转移中,黄公略率红三军开赴瑞金,途经江西吉安东固六渡凹山峡,突遇敌机扫射。他一面组织队伍隐蔽疏散,一面指挥对空射击,不幸中弹牺牲。牺牲时年仅三十三岁。9月16日下午四时,红军在兴国莲塘村举行追悼大会,主席台上悬挂着两面鲜艳的镰刀斧头红旗,正中间松柏树枝簇拥着黄公略的遗像。毛泽东亲自主持了大会,朱德等军委首长和全军指挥员、该地的赤卫队员及老乡们参加了大会。毛泽东并亲笔写下这副挽联挂于会场主席台两旁。唐意诚编注《毛泽东盈联辑注》说,这副挽联是毛泽东、朱德联名送的。还有的说,当时曾多次举行追悼黄公略大会。11月,公略县成立那天,又隆重举行了黄公略军长追悼大会。大会主席台两侧挂了这副挽联,对黄公略短暂的一生作出崇高的评价。

"而今竟牺牲",吉水县革命斗争史编纂委员会编《红潮》第一辑(1960年4月1日)、上海古籍出版社《对联纵横谈》、罗炽主编《毛泽东诗词鉴赏辞典》作"如今竟牺牲"。

"堪恨大祸从天落",上海古籍出版社《对联纵横谈》、罗炽主编《毛泽东诗词鉴赏辞典》作"堪恨大鹏从天落"。大鹏,喻黄公略。从天落:指殒命。

【注释】

〔1〕黄公略(1898—1931):中国工农红军指挥员。1898年1月24日出生于湖南湘乡兴让乡桂花树高模冲(今桂花乡朝阳村)一个私塾家庭。曾在黄埔军官学校高级班学习。1927年加入中国共产党。1928年夏领导平江起义。他留在湘鄂赣边区坚持游击战争。1930年任

红三军军长。红三军是赣西南的主力红军。6月，红军第一军团成立，红三军编入第一军团。在一、二、三次反"围剿"战争中，红三军在他领导下，起过极大的作用。1931年9月15日，途经东固六渡坳时，遭敌机袭击，黄公略亲自指挥部队掩蔽，并组织机枪打飞机，敌机的飞弹穿进黄的左腋下，负重伤，抬往黄陂背田墈村，抢救无效，不幸牺牲。当时的中央苏维埃政府，特别划出兴国以北、永丰西边、吉水以南，以东固、富田等地区为中心的十个区成立了公略县。中央军委将一所红军步兵学校命名为公略步兵学校。1932年春，于瑞金城东北面的叶坪建立了公略亭，以示永久纪念。

〔2〕广州暴动：1927年蒋介石、汪精卫先后叛变革命，第一次国内革命战争遭到失败。中国共产党为了挽救革命，12月11日，由张太雷、苏兆征、叶挺、叶剑英等在广州领导工人和革命士兵举行起义。黄公略参加了这次起义。

〔3〕平江暴动：1928年7月22日，共产党人彭德怀、滕代远、黄公略等领导湖南平江的革命士兵和农民举行武装起义，成立了中国工农红军第五军。

〔4〕竟：竟然。

〔5〕堪恨：可恨。 从天落：从天降。

〔6〕革命战争：指第一次国内革命战争。

〔7〕游击战争：指黄公略在平江起义后，率红五军余部留在湘鄂赣边区坚持游击战争。

〔8〕何：多么。 何奋勇：多么奋勇。

〔9〕后世：后代，指后代之人。 君：指黄公略。

戏题兴国"四星望月"菜联

一九三一年秋

上盘下盘，盘叠盘，猪肉、米粉、芋头片，盘盘装好菜；

主料配料，料拌料，酱油、辣椒、蒜头瓣，料料出佳肴。

  这副对联见于刘献璋《毛泽东撰联"四星望月"》（《民间对联故事》1993 年第 6 期）。

  1931 年秋的一天，在中央苏区，毛泽东来到兴国县长冈乡作农村调查。吃午饭的时候，村中刘大娘要用当地人爱吃的拿手菜招待他，她用猪肉片蘸上米粉，下垫芋头片，拌之以酱油、辣椒粉、蒜头瓣等调料分别盛在四个盘子里，三个小盘放在下层，上面叠放一个大盘，一起放在蒸笼里蒸。没多久，就蒸好端在饭桌上。毛泽东看到这大盘叠小盘就感到新鲜，举起筷子一尝，真是鲜美极了，忙问在座的人，这菜叫什么菜？孙大爷回答道："我们这里的人，只知道这么做，却叫不出名字。"这时，陪同来的乡长说："请您起个名吧。"毛泽东说："好说，好说，那我就为这菜撰副对联吧：上盘下盘，盘叠盘，猪肉、米粉、芋头片，盘盘装好菜；主料配料，料拌料，酱油、辣椒、蒜头瓣，料料出佳肴。'横批是：'四星望月'。"在场的群众齐声赞好。

  据舒龙、凌步机《毛泽东在中央苏区纪事（1929.1—1934.10）》说，1929 年 4 月"在兴国期间，陈奇涵等请毛泽东吃饭，四个炒菜加一个粉蒸笼放在桌上，毛泽东给起了一个高雅的名字：'四星望月'。此后，'四星望月'成为兴国招待客人的名菜"。

  又据钟贞培《"四星望月"的来历》（1998 年 2 月 23 日《人民日报》(海外版)）说，相传 1929 年 4 月，毛泽东首次来江西兴国，住在县城横街上的潋江书院。乡亲们一合计，决定请毛泽东吃一餐兴国待客的传统菜"蒸笼粉鱼"。其做法是：先在竹笼里垫上几片青菜叶，再铺上粉干或芋片，大火蒸熟后，再将拌上薯粉的新鲜鱼薄片铺面，浇上一层辣椒、生姜、芝麻擂成的糊汁，盖好稍蒸片刻，即起锅上桌。当天晚上，毛泽东在桌边坐定，见桌上花生米、笋肉丝、雪豆和炒鸡蛋等四碟小菜围着一个热气腾腾的蒸笼。笼盖揭去后，原来是一道菜。他挟起块鱼一尝，又鲜又辣又香，极合湖南人喜辣的口味。毛泽东问道："这菜叫什么名字？"大家说："没啥名字，毛委员看叫个什么名字好呢？"毛泽东兴致盎然地说："孔子曰'名正言顺'嘛！你们看四个小碟子，围着个大蒸笼，就象是四颗星星围着月亮。我看，就称它'四星望月'好不好？"大家轰然叫好。从此，兴国的粉蒸笼就有了个名闻遐迩的名字"四星望月"。现在,这道菜已载入中国名菜谱,还走上了中南海的国宴席。其做法也有"四星"变成了"五星"、"六星",直至"十星",成为"众星捧月",不仅有粉鱼,还有粉肉、粉鸭、粉鹅,菜样繁多,色味俱佳,是兴国人款待客人的上等菜肴。

【注释】

〔1〕主料:做菜的主要材料。　配料:与主料相 〔2〕佳肴:美好的菜肴。
配的做菜的材料。

题黄陂联

一九三一年

黄虎山洞吠白犬；

陂水长流锁蛟龙。

这副嵌名联见于谢仁生、谢凤文《陂水长流人欢笑》(1993 年 11 月 28 日《人民日报》)，收入吴直雄著《毛泽东楹联艺术鉴赏》(当代世界出版社，1995 年 8 月版)。

据杨庆旺编著《毛泽东题词与联语纪事》(中央文献出版社 2001 年 4 月第 1 版)说，这副对联创作于第三次反"围剿"时期。

1930 年 12 月至 1931 年 8 月，毛泽东、朱德率领中国工农红军三次战斗和生活在黄陂。1930 年 12 月上旬，毛泽东首次率红军至黄陂，主持召开了总前委扩大会议，研究第一次反"围剿"的战略反攻问题。1931 年 2 月至 3 月，毛泽东率部在黄陂休整期间，在黄陂下坝召开万人反第二次大"围剿"动员大会。1931 年 8 月 11 日，在反第三次大"围剿"中，毛泽东率部包围驻黄陂的国民党军毛炳文师，歼灭其四个团。毛泽东对黄陂人民和黄陂的山山水水怀有深厚的感情，因而创作了这副嵌名联。

【注释】

〔1〕黄陂：江西省宁都县的一个小镇。

〔2〕黄虎：喻指英勇的红军。　吠：狗叫。　白犬：喻指国民党军队。　吠白犬：即白犬吠。

〔3〕陂水：象征革命人民的力量。　蛟：古代传说中的动物，民间相传以为能发洪水。一说母龙，无角。《楚辞·九思·宋志》："乘六蛟兮蜿蝉。"王逸注："龙无角曰蛟。"　蛟龙：《庄子·秋水》："夫水行不避蛟龙者，渔父之勇也。"这里喻指为害人民的国民党军队。

题第一次全国苏维埃代表大会联（两副）

一九三一年十一月

其 一

工农堡垒；

民主政权。

其 二

学习过去苏维埃运动经验；

建立布尔什维克群众工作。

这两副对联见于张世安、张腾飞《毛泽东名联趣话》（山东人民出版社 2003 年 11 月第 2 版）。

1931 年 11 月 7 日凌晨四点多钟，红都瑞金叶坪村东头树林中红军广场已是欢歌笑语，江西中央苏区代表和红军、全国总工会、海员代表以及朝鲜来宾已进入广场，邻近的群众也打着火把挤进会场，庄严的阅兵典礼即将举行。检阅台上正前方悬挂着两盏明晃晃的汽灯，广场四周的竹竿上、树杈上挂着一盏盏灯笼。检阅台横梁上挂着"第一次全国苏维埃代表大会红军检阅台"的横幅。天幕上悬挂着马克思、列宁的木刻画像，两边是中国工农红军军旗。

旭日冲破战争的阴霾冉冉升起。身穿红军军装、脚穿布鞋的毛泽东、朱德、项英、任弼时、彭德怀、王稼祥、陈毅等步入广场，中国工农红军自诞生以来，第一次接受党和军队领导人的检阅。"红军万岁""苏维埃万岁""中国共产党万岁"的口号声雷鸣般地回荡在广场上空。

当日下午，大会在古老的谢氏家祠叶坪大祠堂开幕，主席台两侧挂着毛泽东撰书的对联"学习过去苏维埃运动经验；建立布尔什维克群众工作"，主席台前的木板上的八个大字的对联"工农堡垒；民主政权"也出自毛泽东之手。会场周围还有毛泽东手书的两幅口号："中华苏维埃共和国万岁！""苏维埃是工农劳苦群众自己管理自己生活的机关，是革命战争的组织者和领导者。"

有六百多名代表出席的"一苏大会"历时十四天（19 日上午选举），于 20 日下午胜利闭幕。毛泽东宣布:中华苏维埃共和国临时中央政府成立了!话音未落,会场内外顿时沸腾起来,掌声、鞭炮声、欢呼声响彻云霄。从此,定都瑞金,改端金为"瑞京",毛泽东当选为中央政府第一任主席。"毛主席"这个称呼最早由任弼时喊出而从此传开。

"一苏大会"结束后,毛泽东随即在叶坪村树林中召开苏维埃中央执行委员会第一次会议。他即席发表演说:"同志们,我们过去握锄把子,扛枪杆子,今天又要握起印把子,过去我们只会种田,会做工,后来学会了打仗,现在我们面前又摆着一个新课题,还要学会治国安民的艺术,要学建设国家的本领。我们现在的中央政府还是临时的,我们甚至连国歌、国旗、国徽都来不及制定出来。这没有什么关系,孩子都生出来了,还怕取不出名字? 没有国歌,就唱《国际歌》,没有国旗,就暂时打红军的军旗嘛。"毛泽东最后说:"同志们,大会选举我为中央执行委员会主席和中央人民委员会主席,我没有别的本事,但有一条:我保证将与同志们一道,认认真真地工作,真心实意地为工农兵大众谋利益,希望同志们团结一致,努力工作,将我们的苏维埃事业推向前进!"

毛泽东楹联

第　一　辑

标题联

一九三四年一月二十七日

关心群众生活；

注意工作方法。

这副对联见于毛泽东《关心群众生活，注意工作方法》(《毛泽东选集》第一卷，人民出版社 1966 年 7 月版)。

毛泽东 1934 年 1 月在江西瑞金召开的第二次全国工农兵代表大会上所作的结论中说："有两个问题，同志们在讨论中没有着重注意，我觉得应该提出来说一说。第一个问题是关于群众生活的问题。……第二个问题是关于工作方法的问题。……"这篇文章编入《毛泽东选集》时用了这两句话作标题。

戏赠周小舟同志联

一九三六年八月

江河移胯下；

蚂蚁做波臣。

这副对联见于 1984 年《学习导报》杂志，又见于《对联》1990 年第 1 期刊载的唐意诚《毛泽东赠联邓小平周小舟》、唐意诚、莫道迟《毛泽东与对联》(《楚风》(双月刊)1990 年第 4 期)、巫祖才《毛泽东制联的对立统一思想》(《对联》1994 年第 1 期)。写作时间，罗炽主编《毛泽东诗词鉴赏辞典》作"约一九三八年"。

据巫祖才说，1936 年 8 月，周小舟从延安启程去新疆宣传抗日。新疆军阀盛世才心狠手辣，不好对付。临别时，毛泽东见小孩撒尿，触景生情，吟成这副对联相赠，鼓励他藐视困难，勇往直前。

唐意诚、莫道迟文则说，1936 年 8 月，周小舟作为中共谈判代表出色地完成了与国民党谈判的任务，被调到中共中央军委，任毛泽东的秘书。周小舟从内心敬仰毛泽东，连写字都仿照毛体的风骨和神韵。有一次，毛泽东看见一个两三岁的小孩在身边撒尿，便对周小舟吟赠了这副对联。周小舟当即领会了毛泽东寓庄于谐、寓教于乐的命意，立志不做随波逐流的"波臣"。两说谨录以备考。

【注释】

〔1〕周小舟(1912—1966)：湖南湘潭人，原名怀求，化名元诚、西苇，1937 年由毛泽东改为现名。1927 年加入共产主义青年团，1935 年加入中国共产党，任中共北平临时市委宣传部长。1936 年到延安，任毛泽东秘书。1937 年到抗日前线冀中区工作，任冀中区委常委、宣传部长、北平市委常委兼宣传部长等职。建国后，任湖南省委宣传部长、中共湖南省委第一书记等职。1959 年被打成"反党集团"成员。1966 年"文化大革命"中被迫害自杀。1981 年平反。

〔2〕胯：腰的两侧和大腿之间的部分，这里指两腿之间。《史记·淮阴侯列传》："信能死，刺我；不能死，出我胯下。"

〔3〕波臣：指水族，古人设想江河湖海中的水族也有君臣之分，其被统治的臣仆奴隶，称为波臣。《庄子·外物》："周顾视车辙中，有鲋鱼焉。周问之曰：'鲋鱼来，子何为者邪？'对曰：'我东海之波臣也，君岂有斗升之水而活我哉？'"波臣，这里是鲋鱼自称，后亦借指淹死的人。

题财经工作联

一九三七年一月

发展经济；

保障供给。

　　这是一副准对联。见于吴吉清《在毛主席身边的日子里》（江西人民出版社，1977 年
8 月版），收入唐意诚编注《毛泽东楹联辑注》。

　　这副准对联现在所见有一件手书：系 1978 年 6 月 20 日邮电部发行的一枚《全国财贸
学大庆学大寨会议》邮票上面所印的毛泽东这副对联手迹。横写，无标点符号。

【注释】

〔1〕发展经济，保障供给：这是 1937 年毛泽东提出的财经工作的总方针，1942 年 12 月毛泽东在《抗日时期的经济问题和财政问题》一文中，再次明确强调了这个总方针。

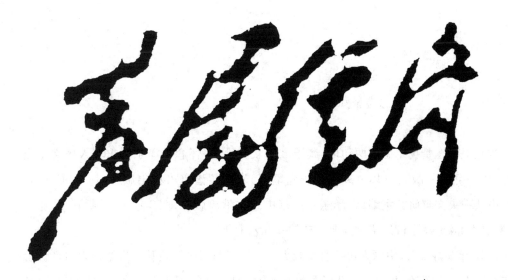

毛泽东手书《题财经工作联》

毛泽东楹联

第 一 辑

赠朱德同志联

一九三七年三月

度量大如海；

意志坚如钢。

这是毛泽东赞扬朱德的两句话，属于准对联。见于《怀念毛泽东同志》（人民文学出版社，1980 年 2 月版）、中共中央文献研究室编《朱德年谱》（人民出版社，1986 年 12 月版）、中共中央文献研究室编《毛泽东年谱》（中共文献出版社 1993 年 12 月版）。写作时间，罗炽主编《毛泽东诗词鉴赏辞典》作"约一九六七年"。

1937 年 3 月 2 日，中国人民抗日军政大学第二期举行开学典礼。朱德发表讲话。毛泽东在会上也讲了话，并为第二队学员题词，内容是："要学习朱总司令：度量大如海，意志坚如钢。"

【注释】

〔1〕朱德：见《四言诗·祭黄陵文》注。

赠毛泽民联

第二次国内革命战争时期

柴米油盐酱醋茶；

枪炮弹药梭标叉。

　　这副对联见于冯都《毛泽民与苏区货币》（《心桥》1994 年第 3 期）。

　　该文说，第二次国内革命战争时期，"当苏维埃中央政府任命毛泽民为'中华苏维埃共和国国家银行'第一任行长时，毛泽东语重心长地对毛泽民说：'润莲（毛泽民的字）啊！希钧（毛泽民之妻钱希钧）当你的家，你当我们苏区几百万人口的家，柴米油盐酱醋茶，枪炮弹药梭标叉，担子不轻哩！'"

【注释】

〔1〕柴米油盐酱醋茶：元代武汉臣《玉壶春》第一折："早晨起来七件事，柴米油盐酱醋茶。"元杂剧《百花亭》第一折："教你当家不当家，及至当家乱如麻。早晨起来七件事，柴米油盐酱醋茶。"

〔2〕枪炮弹药梭标叉：这句与上句"柴米油盐酱醋茶"字数相等，并且也是列举了几件事物，一为生活用品，一为军事物资，同样都是革命根据地不可缺少的东西，作者并非有意作对，而是脱口而出，妙语天成。清代欧阳兆熊引张灿诗云："书画琴棋诗酒花，当年件件不离它。而今七件都变更，柴米油盐酱醋茶"。这首诗写个人生活的变化。但却从来没有人将军旅之事的"枪炮弹药梭标叉"与生活中的"柴米油盐酱醋茶"相对并写入对联过。

题纪念孙中山逝世十三周年
暨追悼抗日阵亡将士大会联

一九三八年三月

国共合作的基础如何？孙先生云：共产主义是三民主义的好朋友；

抗日胜利的原因安在？国人皆曰：侵略阵线是和平阵线的死对头。

　　这副对联见于郭化若《在毛主席身边工作的片断》（1978 年 12 月 28 日《解放军报》）、郭化若《远谋自有深韬略》（人民出版社，1980 年 3 月版），又见于张贻玖《毛泽东和诗》和帝人、麦道著《毛泽东和他的军事高参》（红旗出版社，1995 年 11 月第 2 版）。

　　1938 年 3 月 12 日，延安召开纪念孙中山先生逝世十三周年和追悼抗日阵亡将士大会。前一天夜晚听说第二天要开大会，毛泽东亲自改写挽联稿，大约凌晨一两点钟，毛泽东又派通讯员陆续送来亲自拟的三副挽联稿，由郭化若照着抄写。其中有一副就是这副对联。

　　"国共合作的基础如何"，陈国民主编《毛泽东诗词·对联心解》、薛冲波主编《毛泽东诗词联大观》、张贻玖《毛泽东和诗》、罗炽主编《毛泽东诗词鉴赏辞典》作"国共合作的基础为何"。

【注释】

〔1〕孙中山（1866—1925）：我国伟大的革命先行者、资产阶级民主主义革命家。广东香山（今中山）人。名文，字逸仙，后化名中山樵。1892 年在香港西医书院毕业。早年即有志反清。先组织兴中会，1905 年创立中国同盟会，被推为总理，提出三民主义学说，多次发动武装起义。1911 年 10 月武昌起义后，被推选为中华民国临时大总统。1912 年去职。1914 年组织中华革命党，1919 年将中华革命党改组为中国国民党。1924 年在中国共产党、苏俄共产党的帮助下，实行联俄、联共、扶助农工的三大政策，改组国民党，将旧三民主义发展为新三民主义。1925 年 3 月 12 日在北京逝世。

挽王铭章将军联

一九三八年五月

　　奋战守孤城,视死如归,是革命军人本色;

　　决心歼强敌,以身殉国,为中华民族争光。

　　这副对联见于《对联》1987 年第 5 期、《书林》1987 年第 12 期,《当代民声》1990 年第 2 期,又见于解放军出版社出版的《抗日战争国民党阵亡将领录》一书。

　　1938 年台儿庄战役中,国民党军师长王铭章率部坚守滕县,使部队争得时间完成战斗任务,而王铭章本人却与全师将士壮烈殉难。在武汉,国民政府举行公祭。1938 年 5 月 9 日,王铭章将军的灵柩运抵武汉大智门火车站,武汉各界万人迎灵,来表达对这位奋勇抗日,以身报国的将军的追悼和缅怀。中共中央主席毛泽东和中共中央其他领导人陈绍禹、秦邦宪、吴玉章、董必武联名送了这副挽联。

　　"决心歼强敌",一作"决心歼顽敌"。

【注释】

〔1〕王铭章(1893—1938):四川新都人。早年参加反清爱国运动,后在四川陆军军官学校专攻军事。1935 年任国民革命军第四十一军一二二师师长。1937 年,在山西娘子关重创日军。1938 年 3 月任第四十一军前敌总指挥,在台儿庄(今属枣庄市)战役中,率部坚守滕县,与日军浴血奋战,在 17 日的战斗中不幸中弹牺牲。1984 年 9 月,中华人民共和国民政部正式追认王铭章为革命烈士。

〔2〕奋战:奋勇战斗。　守孤城:指王铭章率部固守滕县。

〔3〕视死如归:将死看得如同归家一样寻常。形容不怕牺牲。《韩非子·外储说左下》:"三军既陈,使士视死如归,臣不如公子成父。"《史记·范雎蔡泽列传》:"是故君子以义死难,视死如归;生而辱不如死而荣。"

〔4〕本色:本来的颜色。

〔5〕强敌:指日寇。

〔6〕殉国:为国难而献出生命。　以身殉国:三国时代蜀国诸葛亮《将苑·将志》:"见利不贪,见美不淫,以身殉国,壹意而已。"《梁书·韦粲传》:"下官才非御侮,直欲以身殉国。"

题抗大联

一九三八年

不但要有革命热忱；

而且要有实际精神。

　　这是毛泽东为抗大的题词，属准对联。手书见于《毛泽东题词墨迹选》（人民美术出版社、档案出版社，1984年5月版）。

　　这副对联现在所见有一件手书：署名"毛泽东"。竖写，无标点符号。

【注释】

〔1〕抗大：即"抗日军政大学"，全名为"中国人民抗日军事政治大学"。1937年初，由"中国抗日红军大学"（简称"红大"）改称，是中国共产党培养抗日军政干部的学校，校址在延安。毛泽东亲任抗大教育委员会主席，并亲自为抗大规定了"坚定正确的政治方向，艰苦朴素的工作作风，灵活机动的战略战术"的教育方针和"团结、紧张、严肃、活泼"的校风。学员以从部队中抽调的干部为主，并招收从全国各地到陕北的知识青年。随着敌后抗日游击战争的蓬勃发展，抗大总校1939年迁至华北敌后根据地，并先后在晋东南、晋察冀、山东、延安、淮北、苏北、晋绥、淮南、苏中、鄂豫皖等抗日根据地建立分校。"抗大"特别注重思想政治教育，要求理论联系实际，边学习，边战斗，边生产。

毛泽东手书《题抗大联》

毛泽东楹联

0 8 1 5

励志联

一九三八年

失败者成功之母；

困难者胜利之基。

这是一副属准对联，见于《毛泽东题词墨迹选》。

这副准对联现在所见有一件手书：横写，有标点符号。上联句末为逗号，下联句末为感叹号。

失败比成功之母，

风浪比胜利之花！

毛泽东手书《励志联》

毛泽东楹联

0 8 1 7

赠吕炎同志联

一九三九年四月

坚定的政治方向，

艰苦的工作作风。

这是毛泽东为吕炎的题词，属准对联，见于《毛泽东手书选集》。

毛泽东在这一题词前还在其他场合多次讲过这一内容的话，或写过类似内容的题词。后来，毛泽东高度概括的这三句话"坚定不移的政治方向，艰苦奋斗的工作作风，机动灵活的战略战术"，成为指导人们思想行动的准则。

中共中央文献研究室编《毛泽东年谱（1893—1949）》（人民出版社、中央文献出版社1993年12月第1版）载：1938年4月9日，"在抗大第四期第三大队开学典礼上讲话。要求学员们在抗大期间学到抗日救国这样一个宗旨。他说：为了实现这一宗旨，第一，要学到正确坚定的政治方向，艰苦奋斗的工作作风，灵活的战略战术，这样便能够最后战胜日本帝国主义；第二，要学作干部，干部要把成千成万的广大人民变为有组织的队伍，没有这样的队伍要战胜日本帝国主义是不可能的；第三，要有不怕任何艰苦，不怕牺牲，向前迈进的决心，革命的过程，像在波涛汹涌的江河中行船，懦弱的人常常动摇起来，不知所措。"

1938年6月，"为抗大毕业证书重新题词：'坚定不移的政治方向，艰苦奋斗的工作作风，机动灵活的战略战术，用以驱逐日本帝国主义，建设新中国。'"

1939年2月11日，"为冯福新题词：'坚定的政治方向，艰苦的工作作风，二者不可缺一。'"

这副准对联现在所见有一件手书：署名"毛泽东"。横写，上联句末为逗号，下联句末无标点符号。

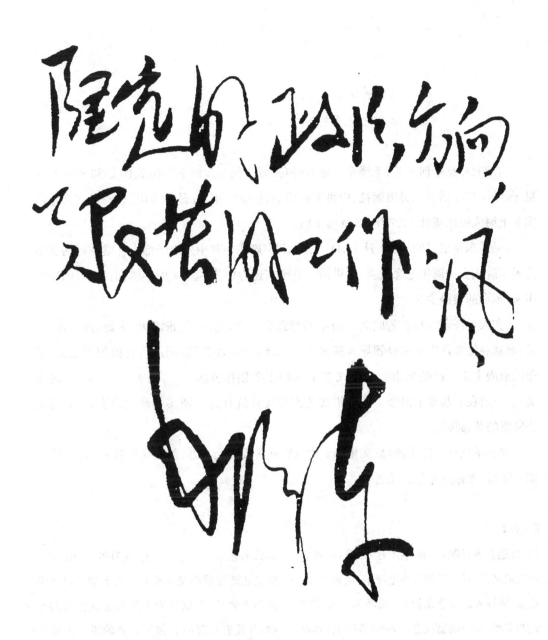

毛泽东手书《赠吕炎同志联》

毛泽东楹联

为延安鲁迅艺术学院成立一周年题词

一九三九年五月

抗日的现实主义；

革命的浪漫主义。

这副对联见于何其芳《毛泽东之歌》(《何其芳文集》，人民文学出版社 1983 年版)，又见于《毛泽东年谱》(人民出版社、中央文献出版社 1993 年 12 月第 1 版)、陈晋《文人毛泽东》(上海人民出版社 1997 年 12 月第 1 版)。

《毛泽东年谱》1939 年 5 月 10 日：毛泽东"出席在中共中央组织部大礼堂举行的鲁迅艺术学院成立一周年纪念大会，并讲话。毛泽东还为鲁艺成立一周年题词：'抗日的现实主义，革命的浪漫主义。'"

《文人毛泽东》说：鲁艺成立一周年的纪念会这天，毛泽东、张闻天、朱德、刘少奇、陈云、李富春等在延安的主要领导人都来了。毛泽东为"鲁艺"题词："抗日的现实主义，革命的浪漫主义。"这是他第一次把文艺上两种主要创作方法——"现实主义"和"浪漫主义"——放在一起提了出来。他希望文艺创作要有抗日这一现实的政治内容，也要有无产阶级的革命理想。

现在所见有一件手迹，见文化部党史资料征集委员会主办《新文化史料》1992 年第六期。竖写，无标点符号。无署名。

【注释】

〔1〕鲁迅艺术学院：1938 年 4 月 10 日，在延安成立的文艺团体，发起人为毛泽东、周恩来、成仿吾、周扬等。办学宗旨是：以马列主义的理论与立场，在中国新文艺运动的基础上，建设中华民族新时代的文艺理论和实际，训练适合今天抗战需要的大批艺术干部，团结与培养新时代的艺术人才，使"鲁艺"成为实现中国共产党文艺政策的堡垒和核心。艺术学院以鲁迅的名字命名，不仅是为了纪念这位伟大的导师，并且表示要向着他所开辟的道路大踏步前进。

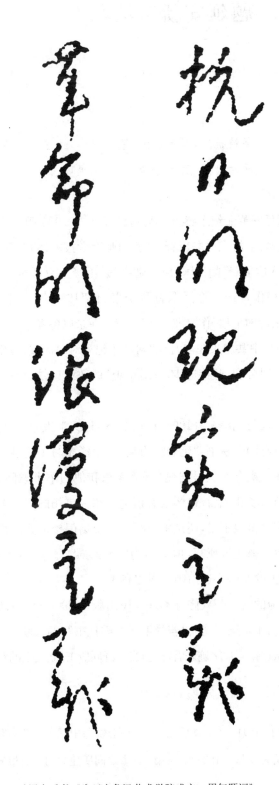

毛泽东手书《为延安鲁迅艺术学院成立一周年题词》

毛泽东楹联

题延安新市场联

一九三九年

坚持抗战，坚持团结，坚持进步，边区是民主的抗日根据地；

反对投降，反对分裂，反对倒退，人民有充分的救国自由权。

这副对联见于《延安革命纪念建筑》（文物出版社，1959 年版），1981 年 5 月 10 日《文汇报》，严恩萱、杨遵贤《毛泽东对联辑释》（《赣南师院学报》1983 年第 4 期），1983 年 12 月 7 日《湖南日报》，收入廖盖隆、胡富国、卢功勋主编《毛泽东百科全书》（光明日报出版社，1993 年 10 月版）。写作日期，《毛泽东百科全书》作"1941 年 3 月"，《文汇报》作"1939 年"。刘济昆《毛泽东诗词全集》作"1939 年 7 月"。谨录以备考。

1939 年 7 月 7 日，中共中央在《为抗战两周年纪念对时局宣言》中提出"坚持抗战，反对投降，坚持团结，反对分裂，坚持进步，反对倒退"的政治口号。毛泽东将其镶嵌于联语中，写了这副对联。

崔向华、世一《舒同与毛泽东》（1996 年 1 月 28 日《文汇报》）说，建"延安新市场"是当时延安的一大盛事。舒同题榜书："延安新市场"。毛泽东写了这副对联。这是目前所知道的两位书家唯一的一次合作。另据樊昊《毛泽东和他的军事顾问》（人民出版社，1990 年 1 月版）说，延安新市场建成后，边区政府请毛泽东为市场的门楼题词，毛泽东因很忙，说："郭化若同志的字写得很不错，还是由他写吧。"市场门楼上方的横匾和两边立柱上刻的对联均为毛泽东授意郭化若所写，但署名为"毛泽东题"。樊昊又说，现在门楼上面横匾已不见，刻在立柱上的对联字迹清晰。录以备考。

樊昊《毛泽东和他的"顾问"》（修订本）（人民出版社 2006 年 6 月版），附录一帧照片，并说："这是 1939 年毛泽东亲拟，郭化若受毛泽东委托书写的长联"。

本书编著者按：从这帧照片字迹来看，横匾当为舒同所书，立柱上的对联为郭化若所书。

【注释】

〔1〕延安新市场：1938 年 10 月，延安被日寇飞机狂轰滥炸，旧市场成为废墟。1939 年在南郊建立新市场。

〔2〕边区：中国民主革命时期，中国共产党在几省之间所建立的革命根据地。这里指陕甘宁、晋绥等边区。

郭化若手书毛泽东《题延安新市场联》

毛泽东楹联

挽郭沫若父郭朝沛先生联

一九三九年七月

> 先生为有道后身，衡门潜隐，克享遐龄，明德通玄超往古；
>
> 哲嗣乃文坛宗匠，戎幕奋飞，共驱日寇，丰功勒石励来兹。

这副对联见于郭沫若兄弟合编《德音录》石刻本，严恩萱、杨遵贤《毛泽东对联辑释》（《赣南师专学报》1983 年第 4 期），《重庆文史资料》第 14 辑，又见于汪林《国共两党要人挽郭沫若父联》（《对联》1989 年第 5 期）。

1939 年 7 月 3 日，郭沫若的父亲郭朝沛在四川乐山老家病逝，享年八十六岁。郭沫若当时在重庆任国民政府军事委员会政治部第三厅厅长，他闻讯后，偕夫人于立群星夜奔回原籍治丧。由于郭朝沛在当地声望很高，加之郭沫若的社会地位和影响，因而治丧期间收到挽联近三百副。其中，既有中国共产党领导人，也有国民党军政要员送的挽联。

毛泽东、陈绍禹、秦邦宪、吴玉章、林伯渠、董必武、叶剑英、邓颖超等以"世侄"的名义联名送了这副挽联。

当时正在苏联治病的周恩来也送了挽联，联文是：

> 功在社稷，名满寰内，当代文人称哲嗣；
>
> 我游外邦，公归上界，遥瞻祖国吊英灵。

陕甘宁边区政府主席林伯渠送的挽联是：

> 公是地上神仙，仁者乐山，智者乐水；
>
> 子为人伦表率，威不能屈，贫不能移。

当时在华北战场抗战的八路军将领林彪、贺龙、刘伯承、陈光、左权、徐向前联名送的挽联是：

> 国难方殷，竟丧长者；
>
> 明德之后，必有达人。

下联语出《左传·昭公七年》："圣人有明德者，若不当世，其后必有达人。"

聂荣臻、吕正操送的挽联是：

> 有子文名满天下；
>
> 惟公潜德式人伦。

八路军八位将军在致郭沫若的唁电中说：

　　先生纯孝性成，知必逾恒哀毁，国家多难，望即墨经从戎，共驱日寇；他日恢复中原，祠前报捷，亦可少慰老封翁于九泉矣。

"明德通玄超往古"，刘济昆《毛泽东诗词全集》作"明德通玄趋往古"。

【注释】

〔1〕郭朝沛（1853—1939）：字膏如。四川乐山人。早年失学，自十三四岁开始从事酿酒、兑换银钱、巢纳五谷等生意，终生为家业奔走于四方，饥渴无常，寒暑不避。在儿辈的教育问题上很费苦心。为人乐善好施，除行医治病外，乡中公益事如兴学校，设义渡，造桥梁，辟道路等都率首倡成，在当地声望很高。

〔2〕先生：对年长有德业者的敬称。《孟子·告子下》："鸱将之楚，孟子遇于石丘，曰：'先生将何之？'" 有道：有才艺或有道德的人。《礼记·春官·大司乐》："凡有道、有德者，使教焉。"郑玄注："道，多才艺者。"《论语·学而》："敏于事而慎于言，就有道而正焉。"何晏集解引孔安国曰："有道，有道德者。"这里指东汉名士郭泰。郭泰，山西人，博学通经，曾为洛阳太学生首领，名声很大。朝廷屡次征召，郭泰皆不就。隐居闭门授徒，生徒数千人。 后身：佛教有"三世"的说法，后身为转世之身。唐代李白《答湖州迦叶司马》："湖州司马何须问，金粟如来是后身。" 先生为有道后身：这里是把郭朝沛比作郭泰转世。

〔3〕衡门：横木为门，指简陋的房屋。《诗·陈风·衡门》："衡门之下，可以栖迟。" 潜隐：潜藏隐状。 衡门潜隐：指郭朝沛终身在乐山生活，不曾谋取官职。

〔4〕克：能够。 享：享有。 遐龄：高龄，长寿。《魏书·常景传》："以知命为遐龄。"

〔5〕明德：完美的德性。《书·君陈》："黍稷非馨，明德惟馨。"《礼记·大学》："大学之道，在明明德。"宋代朱熹《大学章句》："明德者，人之所得乎天，而虚灵不昧，以具众理而应万事者也。" 通玄：通晓玄妙之理。汉代张衡《东巡诰》："皋皋者凤，通玄知时。"

〔6〕哲嗣：犹言"令嗣"，对人子嗣的美称。 宗匠：大师，指学问技艺为众所推崇的人，这里指郭沫若。

〔7〕戎幕：军府。《北齐书·皮景和传论》："皮景和等爱自霸基，策名戎幕……位高望重，咸随本愿，亦各遇其时也。" 奋飞：鸟类振翼飞翔，这里是高举远引的意思。

〔8〕勒：雕刻。 勒石：刻文于石。《隋书·史万岁传》："于是勒石颂美隋德。" 来兹：来年，今后。《吕氏春秋·任地》："今兹美禾，来兹美麦"。

毛泽东楹联

挽杨裕民同志联

一九三九年七月

国家在风雨飘摇之中,对我辈特增担荷;

燕赵多慷慨悲歌之士,于先生犹见典型。

这副对联见于《青年时代》1984 年第 12 期、1989 年《迁安英烈人物专辑》、顾平旦、常江、曾保泉主编《中国对联大辞典》(中国友谊出版公司,1991 年 2 月版)。

1939 年 7 月 21 日,原冀东抗日联军政治部主任、八路军总部干部杨裕民,因长期转战,积劳成疾,不幸逝世。八路军总部由朱德总指挥主持,召开了追悼大会。毛泽东写了这副挽联。

【注释】

〔1〕杨裕民(1889—1939):原名彦伦,字灿如,又名裕民,排行十三。河北省迁安县人。高等工业专门学校毕业,留学美国。回国后在河北省工业学院任教授多年。结交爱国革命人士,积极从事抗日救亡活动。"七七事变"后,在中国共产党领导下,参与策划冀东抗日工作。1938 年被推为冀东抗日联军政治部主任。同年冬,奉八路军朱德总指挥、彭德怀副总指挥电召,去太行山八路军总部工作,1939 年 7 月 21 日在山西屯留因病逝世。

〔2〕风雨飘摇:比喻国家动荡不安。《诗·豳风·鸱鸮》:"予室翘翘,风雨所漂摇。"

〔3〕我辈:我们这些人。 特:特别地。 担荷:用肩挑起。《国语·齐语》:"负任担荷,服牛辂马,以周四方。"这里作名词用。

〔4〕燕:古国名,在今河北省北部、辽宁省西端。 赵:古国名,在今河北省南部和山西省、河南省部分地区。 燕赵:这里泛指河北一带。燕赵多慷慨悲歌之士:语出唐代韩愈《送董邵南序》:"燕赵古称多慷慨悲歌之士。"

挽平江惨案死难烈士联

一九三九年八月一日

日寇凭陵，国难方殷，枪口应当向外；

吾人主战，民气可用，意志必须集中。

　　这副对联见于 1939 年 8 月 13 日延安《新华日报》。挽联前有"新四军平江嘉义留守通讯处遇害同志千古"字样，署名"毛泽东挽"。后收入中共党史人物研究会《中共党史人物传》第十八卷《涂正坤》（陕西人民出版社，1984 年 11 月版）、《中国共产党英烈小传》，又见于廖盖隆、胡富国、卢功勋主编《毛泽东百科全书》（光明日报出版社，1993 年 10 月版）。

　　1939 年 6 月 12 日，国民党制造了轰动全国的"平江惨案"。惨案发生后，中共中央于8 月 1 日在延安南门外体育场隆重举行追悼大会。毛泽东亲自主持大会，在会上发表了《必须制裁反动派》（《毛泽东选集》第三卷）的演说，并送了这副挽联。其他领导人也送了挽联：

　　会场正中悬挂着中共中央的挽联：

在国难中惹起内讧，江河不洗古今憾；

于身危时犹明大义，天地能知忠烈心。

　　周恩来送的挽联是：

长夜辄深思，团结精诚，仍是当今急务；

同胞须猛省，猜疑磨擦，皆蒙日寇阴谋。

　　刘伯承、徐向前送的挽联是：

会集英杰于湘鄂赣边，生而英，死而烈，唯恨抗战方殷，遽尔平江遭暗杀；

竖立旌旗在冀鲁豫境，我渐强，敌渐弱，正期大勋克集，那堪朔北莫幽灵。

　　"枪口应当向外"，唐意诚编注《毛泽东楹联辑注》作"枪口应当对外"。

【注释】

〔1〕平江惨案：1939 年 6 月 12 日，驻湖南平江的杨森奉蒋介石密令，勾结地方反动势力，派国民党第二十七集团军包围新四军平江嘉义通讯处，假借"商谈抗日紧急事宜"，将中共湘鄂赣特委书记、新四军平江留守通讯处主任涂正坤引出办事处。涂正坤刚出大门，即遭枪

毛泽东楹联

杀。随后,敌人冲入留守处,逮捕了抗日干部二十余人,并且当即杀害了特委秘书吴渊、湘鄂赣特委组织部长罗梓铭、省委组织部长曾今声、湘鄂赣特委财政部长吴贺泉以及赵禄英等人。

〔2〕凭陵:同"冯陵",侵扰之意。王俭《太宰褚彦回文碑》:"嗣王荒怠于天位,强臣凭陵于荆楚。"

〔3〕方:正在。 殷:深重。

〔4〕枪口应当向外:塞克词、冼星海曲《救国军歌》:"枪口对外,齐步前进!不伤老百姓,不打自己人!我们是铁的队伍,我们是铁的心,维护中华民族,永做自由人!自由人!"

〔5〕民:人民。 气:气势。

代中共中央撰挽平江惨案死难烈士联

一九三九年八月

　　顽固分子,罪不容诛,挟成见,作内奸,专以残害爱国英雄为能事;

　　共产党员,应该警惕,既坚决,又灵活,乃是对付民族败类之方针。

　　这副挽联见于中共平江县委党史办编《平江惨案史料汇编》,并收入唐意诚编注《毛泽东楹联辑注》。

　　这是毛泽东代中共中央撰写的一副挽联,挂在当时在延安召开的追悼大会上。

【注释】

〔1〕平江惨案:见《挽平江惨案死难烈士联》注。

毛泽东楹联

挽白求恩大夫联

一九三九年十二月

万里跋涉，树立国际和平，堪称共产党员模范；

一腔热血，壮我抗战阵垒，应作医界北斗泰山。

这副挽联见于杨庆旺《毛泽东题词与联语纪事》（中央文献出版社 2001 年 4 月版）。

1939 年 11 月 12 日五时二十分，白求恩逝世。12 月 1 日，延安各界举行追悼白求恩大会。毛泽东在百忙中参加了白求恩追悼会，并代陕甘宁边区政府写下了这副挽联和挽词。挽词是：

学习白求恩同志的国际精神，学习他的牺牲精神、责任心与工作热忱。

12 月 21 日毛泽东还专门写下了《纪念白求恩》一文，号召共产党员学习白求恩的国际主义和共产主义精神。文章最后说："我们大家要学习他毫无自私自利之心的精神。从这点出发，就可以变为大有利于人民的人。一个人能力有大小，但只要有这点精神，就是一个高尚的人，一个纯粹的人，一个有道德的人，一个脱离了低级趣味的人，一个有益于人民的人。"

【注释】

〔1〕白求恩（1890—1939）：加拿大安大略省人。1914 年毕业于多伦多大学医科。1935 年加入加拿大共产党。1936 年德意志法西斯武装干涉西班牙革命时，随加拿大志愿军奔赴马德里，支援西班牙人民的反法西斯战争。1937 年中国抗日战争爆发后，受加拿大共产党和美国共产党的派遣，率领一支由加拿大人和美国人组成的医疗队前来中国。1939 年因抢救伤员感染中毒，医治无效，同年 11 月 12 日在河北唐县逝世。

挽蔡元培先生联

一九四〇年三月

学界泰斗；

人世楷模。

这副对联见于中共中央文献研究室编《毛泽东年谱》(1893—1949)(中央文献出版社1993 年 12 月第 1 版)，又见于严恩萱、杨遵贤《毛泽东对联辑释》(《赣南师专学报》1983 年第 4 期)，顾平旦、曾保泉《对联欣赏》(文化艺术出版社，1983 年 10 月版)，艾克恩《延安文艺运动纪盛》(文化艺术出版社，1987 年 1 月版)。

中国民主主义革命家、教育家和思想家蔡元培，1940 年 3 月在香港病逝。3 月 7 日毛泽东特向蔡元培家属致唁电："孑民先生，学界泰斗，人世楷模，遽归道山，震悼曷极！"(1940 年 3 月 8 日重庆《新华日报》)4 月 14 日，延安文化界在中央大礼堂举行追悼大会，毛泽东送的花圈挽词是"老成凋谢"。

【注释】

〔1〕蔡元培(1868—1940)：字鹤卿，号孑民，浙江绍兴人。1890 年中进士，任翰林院编修。1904 年与陶成章组织光复会，任会长。1905 年加入同盟会。1907 年赴德国留学。1911 年武昌起义后回国。1912 年 1 月，任南京临时政府教育总长。1917 年任北京大学校长。1924 年，在国民党第一次全国代表大会上当选为侯补中央监察委员。1926 年参加国民革命军北伐。1927 年，任国民党南京政府大学院院长、中央研究院院长和监察院院长。1931 年"九·一八"事变后，主张抗日，与宋庆龄、鲁迅等发起成立中国民权保障同盟，任副主席，参与营救被捕的共产党员和其他爱国人士。1937 年上海沦陷后移居香港，赞成国共合作。1940 年 3 月 5 日，在香港病逝。遗著编为《蔡元培全集》。

〔2〕泰斗：泰山北斗的简称。《新唐书·韩愈传赞》："唐兴，……愈遂以六经之文，为诸儒倡。自愈没，其言大行，学者仰之如泰山、北斗云。"旧时泰山为五岳之首，北斗为天上最明之星，故用以比喻名望很高，众人仰慕的人。

〔3〕人世：人间。 楷模：模范，典型。《后汉书·卢植传》："故北中郎卢植，名著海内，学为儒宗，士之楷模，国之桢干。"

挽徐谦先生联

一九四〇年九月

存亡攸关，抗战赖持久，而今正是新阶段；

死生同慨，团结须进步，岂能再抄旧文章。

这副对联见于沉犁《风骚长留天地间》(《历史大观园》1989 年第 6 期)、刘济昆《毛泽东诗词全集》、巫祖才《毛泽东制联的对立统一思想》(《对联》1994 年第 1 期)。

1940 年 9 月 26 日，主张抗战与合作的国民党元老徐谦在香港病逝。毛泽东送了这副挽联。

周恩来，邓颖超也联名送了挽联。联文是：

国难方殷，老成凋谢，愿先生精神不死；

抗战正急，团结濒危，幸同胞万众一心。

【注释】

〔1〕徐谦(1871—1940)：名谦，字季龙，安徽歙县人，清末进士，国民党元老。早年追随孙中山革命，曾任孙中山大元帅府秘书长、司法部长。1919 年出席巴黎和会，拒绝在有损中国主权的条约上签字。拥护孙中山 1924 年提出的"联俄、联共、扶助农工"三大政策，主张国共合作。抗战期间，曾到南洋宣传抗日。弥留之际曾言："国难非团结一致不能成就，政治非根本澄清，国家永无清明之日"。1940 年 9 月病逝于香港。

〔2〕攸：语助词，无义。《诗·大雅·文王有声》："四方攸同。" 攸关：所关。

〔3〕赖持久：有赖于打持久战。

〔4〕新阶段：指抗战爆发、特别是西安事变后国共两党合作抗日。

〔5〕慨：感慨。《诗·王风·中谷有蓷》："有女仳离，慨其叹矣。" 死生同慨：死亡、生存同怀感慨。

〔6〕旧文章：指抗战之前南京国民党政府的反共剿共政策。

挽张冲先生联

一九四一年十一月

大计赖支持，内联共，外联苏，奔走不辞劳，七载辛勤如一日；

斯人独憔悴，始病热，继病疟，深沉竟莫起，数声哭泣已千秋。

这副对联见于 1941 年 11 月 9 日《新华日报》，又见于怀恩《周总理生平大事记》（四川人民出版社，1986 年 6 月版）。

1941 年 8 月 11 日，国共两党谈判，国民党代表张冲病逝。8 月 13 日，毛泽东为张冲逝世发给其家属唁电，电文是："惊闻淮南先生逝世，至深哀悼，特电致唁。"（1941 年 8 月 16 日《解放日报》）。

同年 11 月 9 日在重庆夫子池新生活运动服务所礼堂举行追悼会。毛泽东与吴玉章、陈绍禹、邓颖超等七名中共参政员联名送了这副挽联。

周恩来也送了挽联：

安危谁与共？

风雨忆同舟。

"始病热"，刘济昆《毛泽东诗词全集》、罗炽主编《毛泽东诗词鉴赏辞典》作"始病寒"。

【注释】

〔1〕张冲（1902—1941）：字淮南，浙江乐清人，国民党员。早年专攻俄文，并赴苏联考察，曾与冯玉祥等发起组织中苏文化协会，推行孙中山"联俄、联共、扶助农工"三大政策。1935 年冬国共和平谈判开始接触。1936 年张淮南来到陕北。"西安事变"后国共两党谈判，张淮南作过国民党代表之一，为国共合作、团结抗日作过许多有利于人民的工作。抗日战争期间，任大本营第六部主任秘书，后任军委办公厅顾问处处长。1941 年 3 月兼国民党中组部副部长。1941 年 8 月 11 日病故于重庆。

〔2〕大计：指国共合作团结抗日的大计。

〔3〕七载：七年。1935 年至 1941 年 8 月，七年间张冲为国共合作、团结抗日辛勤工作。

〔4〕斯人：此人。 憔悴：困顿萎靡的样子。斯人独憔悴：语出唐代杜甫《梦李白之二》："冠盖满京华，斯人独憔悴。"这里指张淮南积劳成疾。

〔5〕始病热：开始时发烧，患热病。

〔6〕继发疟：随后患疟疾。

〔7〕深沉竟莫起：病势沉重而逝世。

〔8〕千秋：即千年。 数声哭泣已千秋：几声哭泣悲伤之后，就与先生永别了。

挽刘志丹同志联

一九四三年

群众领袖；

民族英雄。

这副挽联见于陕西省保安县刘志丹墓碑志、中共党史人物研究会《中共党史人物传》第三卷《刘志丹》（陕西人民出版社，1981 年 11 月版）、中央档案馆编《毛泽东手书选集》（北京出版社，1993 年 10 月版），又见于廖盖隆、胡富国、卢功勋主编《毛泽东百科全书》（光明日报出版社，1993 年 10 月版），还见于高凯、于玲主编《毛泽东大观》（中国人民大学出版社，1993 年 4 月版）。《毛泽东手书选集》标明"为刘志丹烈士纪念碑题——一九四三年"。

为了纪念刘志丹，1936 年党中央决定将保安县改名为志丹县。1941 年开始兴建陵园。1942 年刘志丹牺牲六周年时，毛泽东题词："我到陕北只和刘志丹同志见过一面，就知道他是一个很好的共产党员。他的英勇牺牲，出于意外，但他的忠心耿耿为党为国的精神永远留在党与人民中间，不会磨灭的。"1943 年 5 月 2 日，中共中央和陕甘宁边区人民在志丹县为刘志丹举行隆重的公葬典礼。4 月，刘志丹烈士的遗骨由子长县（瓦窑堡）迁葬于志丹县新建成的烈士陵园。4 月 23 日，他的灵榇途经延安时延安各界一千五百多人举行了隆重的公祭大会。大会由当时的西北局书记高岗主持，朱德、任弼时、博古、林伯渠等中央领导讲了话。毛泽东、周恩来、朱德等送了亲笔题写的挽联、挽词。毛泽东写了这副挽联。同年 5 月 2 日，毛泽东还为刘志丹烈士陵园纪念塔题词："革命烈士纪念碑"。（见 1943 年 5 月 6 日《解放日报》）。

这副挽联现在所见有一件手书：上下联写在一行内，横写，无标点符号。下一行有"纪念刘子丹同志　毛泽东"字样。

周恩来送的挽词是：

上下五千年，英雄万万千，人民的英雄，要数刘志丹。

朱德送的挽词是：

红军模范

林伯渠送的挽联是：

长使丹心贯日月,拼将热血洗乾坤;

拯民卫国更忠党,史绩不刊千古存。

彭德怀送的挽词是:

为人民而生,为人民而死,西北之光,民族俊杰。

叶剑英送的挽联是:

懿唯志丹,革命英雄,国际主义奋志坚行;

裹革沙场,虽死犹存,纪念先烈以启后人。

4月19日,子长县公祭刘志丹烈士大会上董必武亲笔题写的挽联是:

志士求仁,飞度黄河勤讨贼;

丹心救国,誓扫倭奴不顾身。

《谢觉哉日记》1943年4月21日载,为政府边参作奉安志丹同志陵联:

龙战当年,巨星遽殒天无色;

鹤归何日,忠骨长埋土亦香。

创始着盖世事功:阶级解放,民族解放,人类解放;

永远是我们模范:志气超群,道义超群,谋略超群。

"又作陵前碑头联":

功业非以前任何人物可比;

精神长活在百万群众当中。

全党向你学习,大家跟着前来,是民族优秀的象征,是阶级解放的标帜,誓完成你未竟事业,誓学习你卓特品能。

【注释】

〔1〕刘志丹(1903年10月4日—1936年4月14日):陕西保安(今志丹县)人。又名景桂。1924年加入中国共产主义青年团。1925年初转为中国共产党员。1926年入广州黄埔军校第四期。同年秋毕业后随军北伐。后被派到西北军马鸿逵部担任党代表兼政治处长。大革命失败后从事中共的地下工作。1928年5月与唐澍等领导渭华起义,曾任西北工农革命军军事委员会主席。1928年秋任中共陕北特委军委书记。1929年7月曾当选为中共陕西省委候补委员。"九·一八"事变后,历任西北反帝同盟军副总指挥兼第二支队长、中国工农红军陕甘游击队总指挥、红二十六军参谋长、陕甘边区红军临时总指挥部副总指挥兼参谋长、红十五军团副军团长兼参谋长。曾遭到"左"倾路线的迫害。1935年10月,中央红军

到达陕北后曾任革命军事委员会西北办事处副主任、红二十八军军长、红军北路军总指挥。1936年3月率红二十八军组成中国工农红军先锋军东渡黄河时,遭到国民党政府军的阻击,于4月14日在山西中阳三交镇牺牲。

毛泽东手书《挽刘志丹同志联》

毛泽东楹联

挽蔡和森、蔡畅母葛太夫人联

一九四三年

老妇人　新妇道；

儿英烈　女英雄。

　　这副挽联见于巫祖才《革命母亲葛健豪联话》(《对联》1992 年第 2 期)、巫祖才《毛泽东制联的对立统一思想》(《对联》1994 年第 1 期)。

　　葛健豪太夫人是蔡和森、蔡畅的母亲，向警予的婆婆。

　　蔡畅送的挽联是：

生我教我，火坑救我，粪土纲常人伟大；

上学留学，桑梓办学，金石知能品洁高。

【注释】

〔1〕蔡和森(1895—1931)：湖南湘乡永丰(今属双峰县)人。早年在湖南省立第一师范学校与毛泽东同学，并一起发起组织新民学会。1919 年赴法国勤工俭学，1921 年回国。曾任中共中央宣传部部长、中央政治局委员。1931 年在广州牺牲。　蔡畅(1900—1990)：湖南湘乡永丰(今属双峰县)人。蔡和森之妹，新民学会会员，1919 年赴法国勤工俭学，1922 年加入中国社会主义青年团，1923 年转入中国共产党。1924 年转赴莫斯科东方大学学习，1925 年回国。曾任中共中央妇女运动委员会书记、全国妇联主席、全国人大常委会副委员长等职。1990 年 9 月在北京逝世。　葛太夫人：即葛健豪(1865 年 8 月 17 日—1943 年 3 月 16 日)，湖南湘乡荷叶(今属双峰县)人。蔡和森和蔡畅的母亲、向警予的婆婆。四十九岁时就

读于湖南女子教员养成所，后在家乡创办湘乡县立第一女子简易职业学校。1919 年随蔡和森、向警予、蔡畅赴法国勤工俭学，1924 年回国后在长沙湖南平民女子职业学校任校长。1943 年 3 月 16 日逝世，享年七十八岁。

〔2〕妇道：为妇的道理。

〔3〕英烈：唐代李白《赠张相镐》(其二)："英烈遗厥孙，百代神犹王。"　儿英烈：指葛健豪之子蔡和森。　英雄：唐代杜甫《投赠哥舒开府翰》："君王自神武，驾驭必英雄。"　女英雄：指葛健豪之女蔡畅和儿媳、蔡和森之妻向警予。

　　向警予(1895—1928)：湖南溆浦人，土家族。1915 年毕业于周南女校，后回溆浦任县立女校校长。1919 年参加新民学会。同年赴法国勤工俭学，并在法国同蔡和森结婚。1921 年回国。1922 年加入中国共产党。同年任中共

中央妇女部长,后又任中央妇女运动委员会书记。1924年领导上海丝厂女工罢工和南洋烟厂工人罢工。1925年去苏联入东方大学学习。1926年底,与蔡和森感情破裂。1927年回国,在武汉总工会宣传部和中共汉口市委宣传部工作。"七·一五"政变后,留在武汉,负责中共湖北省委宣传工作。中共二大、三大当选为中央委员。1928年3月,因叛徒出卖被捕。同年5月1日就义。

毛泽东楹联

赠严炳武同志联

一九四三年

埋头工作；

努力学习。

这是毛泽东为严炳武的题词，属准对联，见于《毛泽东题词墨迹选》。

抗日战争进入相持阶段后，日军作战逐步转向敌后解放区战场，国民党消极抗日积极反共，陕甘宁边区和敌后各抗日根据地在财政经济上日益困难。在这种形势下，中共中央于 1939 年 2 月 2 日在延安召开生产动员大会。毛泽东在会上发出了"自己动手"的号召。1941 年针对经济上的严重困难，党中央再次强调走生产自救的道路。各抗日根据地的党政军学人员和人民群众响应号召，掀起了大规模的生产运动。1942 年 12 月，党中央总结革命根据地经济建设和开展大生产运动的经验，召开了陕甘宁边区高级干部会议。毛泽东为生产英雄们题写了奖状。其中有一则即为这副题词。

这副准对联现在所见有一件手书：有"为严炳武同志书　毛泽东"字样。竖写，上联句末为逗号，下联句末无标点符号。

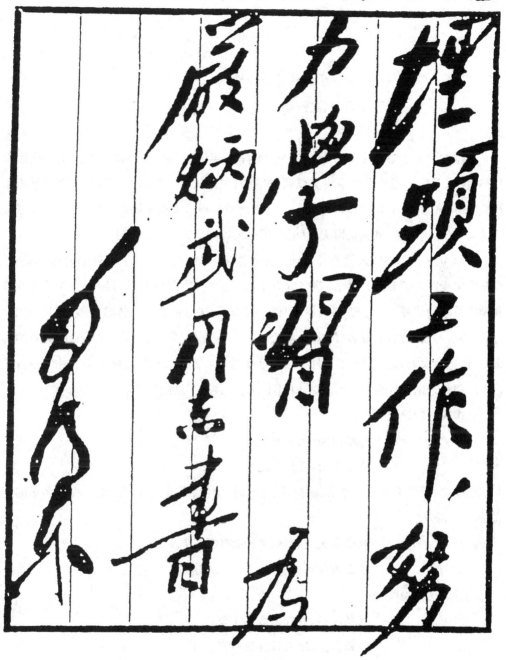

毛泽东手书《赠严炳武同志联》

毛泽东楹联

0 8 4 1

第 一 辑

挽朱德母钟太夫人联

一九四四年四月

为母当学民族英雄贤母；

斯人无愧劳动阶级完人。

这副对联见于中共中央文献研究室《毛泽东年谱》(1893—1949)（中央文献出版社 1993 年 12 月第 1 版）、中共中央文献研究室编《朱德年谱》(1886—1976)（中央文献出版社 2006 年 11 月第 1 版）、1944 年 4 月 12 日《解放日报》，又见于陕西人民出版社《楹联故事选》。又见于沉翔《风骚长留天地间》(《历史大观园》1989 年第 6 期）。

1944 年 2 月 15 日，朱德的母亲钟太夫人逝世，享年八十六岁。噩耗辗转传到延安。在延安纪念"三八"节的大会上，蔡畅宣布了这一消息，号召妇女学习钟太夫人劳动终身和勤俭持家的精神。3 月 25 日，《解放日报》发表了《朱母钟太夫人传略》。朱德 1944 年 4 月 5 日在《解放日报》上发表《母亲的回忆》(1983 年收入《朱德选集》时改题《回忆我的母亲》)，悼念钟太夫人。1944 年 4 月 10 日，延安各界一千多人在杨家岭中央大礼堂举行了追悼朱德母亲逝世大会，毛泽东参加了追悼大会，并送了这副挽联。

党中央送的挽联是：

八路功勋，大孝为国；

一生劳动，吾党之光。

刘少奇、周恩来、陈云、邓发、杨尚昆、任弼时、康生、洛甫、李富春、王若飞联名送的挽联是：

教子成民族英雄，举世共钦贤母范；

毕生为劳动妇女，故乡永保好家风。

谢觉哉送的挽联是：

红星入怀，盖世勋名光子舍；

白云在望，漫天晴澹陨慈辉。

中共中央党校送的挽联是：

惟有劳动人民母性；

能育劳动人民领袖。

【注释】

〔1〕钟太夫人(1858—1944)：一生务农,租赁地主田地耕种,为二十几口的大家庭全家操持家务,抚育子女长大成人。生有十三个儿女,因家境贫寒,无力养活,最后只剩下八个。朱德排行第三。她勤劳俭朴,为人宽厚仁慈,意志坚强,同情穷苦农民,培养朱德读书,鼓励和支持朱德走上革命道路。1944 年 2 月 15 日,八十六岁高龄的钟太夫人因病逝世于四川仪陇县马鞍场。

毛泽东楹联

第 一 辑

挽彭雪枫同志联

一九四五年二月

二十年艰难事业，即将彻底完成，忍看功绩辉煌，英名永垂，一世忠贞，是共产党人好榜样；

千万里破碎河山，正待从头收拾，孰料血花飞溅，为国牺牲，满腔悲愤，为中华民族悼英雄。

这副对联原载 1945 年 2 月 12 日《拂晓报》，见于《革命烈士传通讯》1985 年第 1 期，又见于《毛泽东百科全书》。

1944 年 9 月 11 日，新四军第四师师长兼淮北军区司令员彭雪枫在河南夏邑与日伪军作战中牺牲。1945 年 2 月 7 日，中共中央和八路军总部在延安中央大礼堂举行的追悼彭雪枫大会，毛泽东、朱德、刘少奇、彭德怀、陈毅等联名送了这副挽联。毛泽东还写了挽词。挽词说："雪枫同志在与敌人斗争中牺牲了，全民族和全党都悲痛这个损失。为了补偿这个损失，应该学习雪枫同志的英勇精神，更加努力扩大解放区，扩大八路军、新四军，促成联合政府和联合统帅部，使日本侵略者在有效的联合打击下早日消灭，使独立民主的新中国早日实现。"（见 1945 年 2 月 8 日《解放日报》，又见于《毛泽东年谱》）

中共中央委员会送的挽联是：

为民族，为群众，二十年奋斗出生入死，功垂祖国；

打日本，打汉奸，千百万同胞自由平等，泽被长淮。

（1945 年 2 月 8 日《解放日报》）

在半城开追悼会时，中共中央发来电报，电报中送的挽联是：

遗爱满江淮，八百里河山增颜色；

功勋在党国，千百万同志同仇雠。

在延安追悼会上，刘少奇、陈毅送的挽联是：

淮上哀音，痛毁长城，忆杀敌中原，革故鼎新，解放人民三千万；

全军素缟，永识典型，念服务群众，出生入死，致力革命二十年。

（1945 年 2 月 8 日《解放日报》）

在延安追悼会上，彭德怀送的挽联是：

为革命奋斗,替人民服务,英勇牺牲,无愧共产党员伟大称号;

悲壮志未成,誓倭寇必灭,途程艰苦,愿随全军同志努力反攻。

(1945 年 2 月 8 日《解放日报》)

在延安追悼会上,贺龙与联防军联名送的挽联是:

奋战中原,功在史册;

壮志未竟,我来复仇。

(1945 年 2 月 8 日《解放日报》)

"英名永垂",罗炽主编《毛泽东诗词鉴赏辞典》作"英名永在"。吴直雄著《毛泽东楹联艺术鉴赏》作"英名永成"。

"为中华民族悼英雄",陈国民主编《毛泽东诗词·对联心解》作"为中华民族悼英魂"。

【注释】

〔1〕彭雪枫(1906—1944):河南镇平人,原名修道。1925 年加入中国共产主义青年团,1927 年转入中国共产党。大革命失败后,在北京、天津、烟台、上海等地从事党的地下工作。1930 年参加红军工作。曾任红三军团第二师政委、红三军团第四师政委。长征期间,曾任红五师政委、师长等职。到达陕北后,任红一方面军第二纵队纵队长、红一军团第四师师长。后同叶剑英等前往西安工作。抗日战争爆发后,任八路军总部参谋处处长兼驻太原办事处主任、新四军河南确山后方留守处主任兼中共河南省委军事部长、豫东游击支队司令员兼政委、新四军第四纵队司令员、第四师师长兼淮北军区司令员、中共淮北区委委员。

〔2〕忍:这里作"能"解。 忍看:能看,眼看。

〔3〕收拾:整理。 待从头收拾:宋代岳飞《满江红》:"待从头收拾旧山河,朝天阙。"

〔4〕孰料:谁能料到,哪个能料到。

为中国共产党第七次代表大会题联

一九四五年四月

坚持真理；

修正错误。

这副对联见于杨庆旺《毛泽东题词与联语纪事》（中央文献出版社 2001 年 4 月版）。题目为本书编著者所拟。

1945 年 4 月至 6 月，中国共产党第七次代表大会在延安胜利召开。大会主席台上横额写着"在毛泽东的旗帜下胜利前进"十四个大字，正面挂着鲁迅艺术学院美术系教师王式廓创作的毛泽东、朱德画像。毛泽东为大会题词"同心，同德"贴在主席台对面墙上；"坚持真理，修正错误"写在代表团结胜利的六个"V"字形木制旗座上；"实事求是，力戒空谈"写在七大纪念册上。

挽中国革命死难烈士联

一九四五年六月

为人民而生,为人民而死,你们的事业永与人民同垂不朽;

为胜利而来,为胜利而去,我们的任务是向胜利勇往直前。

这副挽联见于杨庆旺《毛泽东题词与联语纪事》(中央文献出版社 2001 年 4 月版)。题目是本书编著者所拟。

1945 年 4 月 23 日至 6 月 11 日,在延安召开中国共产党第七次代表大会,大会通过了《关于死难烈士追悼大会的决议》。

6 月 17 日,中国共产党第七次代表大会代表及延安各界代表在中央党校大礼堂举行中国革命死难烈士追悼大会。毛泽东和中共中央领导出席了大会。毛泽东主祭,献挽词"死难烈士万岁",亲自题写了这副挽联,并致悼词。悼词刊载于 6 月 19 日《解放日报》。悼词中表达了对无数革命先烈的缅怀之情,高度评价他们为中华民族自由解放的献身精神。悼词中坚信:"中国一定是人民的,中国一定要战胜日本侵略者及其走狗,建立一个独立、自由、民主、统一与富强的新中国,一百年来特别是近二十四年来,一切革命先烈的志愿,一定要胜利地实现。"

朱德写的挽词是:

浩气长存

贺陈嘉庚安全返回新加坡联

一九四五年十一月

华侨旗帜；

民族光辉。

这副对联见于刘济昆《毛泽东诗词全集》，又见于蔡仁龙、郭梁主编《华侨抗日救国史料选辑》(1987 年 7 月版)和于俊道、李捷编《毛泽东交往录》(人民出版社，1991 年 6 月版)。

抗日战争爆发后，陈嘉庚组织领导了"南洋筹赈祖国难民总会"，积极动员南洋华侨捐款、购买救国公债、选送华侨司机回国等。1945 年抗战胜利后，陈嘉庚安全返回新加坡。1945 年 11 月 18 日，为粉粹国民党反动派散布关于陈嘉庚已死的谣言，在重庆七星岗江苏同乡会礼堂，集美校友会、厦门大学校友会、福建同乡会等十个团体五百多位社会各界知名人士联合举行"华侨领袖陈嘉庚安全庆祝大会"。毛泽东送了题写这副对联的贺轴。

【注释】

〔1〕陈嘉庚(1874—1961)：福建厦门市人，爱国华侨领袖。早年侨居新加坡，经营橡胶事业。1910 年加入同盟会。曾募款资助孙中山。1913 年后，在集美创办中小学和水产、商业、农业、幼稚师范、国学专门学校等十所学校。1918 年创办南洋华侨中学。1921 年创办厦门大学。1924 年创办《南侨日报》。"九一八"事变后领导华侨进行救国活动。1940 年 3 月率南洋华侨回国慰劳考察团回国，5 月 31 日访问延安。抗战胜利后，参加爱国民主活动。建国后，曾任中央人民政府委员、政协全国委员会副主席、中华全国归国华侨联合会主席等职。1961 年病逝于北京。

挽"四八"烈士联

一九四六年四月

天下正多艰,赖斗争前线,坚持民主,驱除反动,不屈不挠,惊听凶音哀砥柱;

党中留永痛,念人民事业,惟将悲苦,化为力量,一心一德,誓争胜利慰英灵。

这副对联最早发表于 1947 年 9 月 29 日《冀中日报》,后见于《年轻人》1983 年第 12 期、羊烂《毛泽东同志挽烈士联》(《益阳师专学报》1984 年第 2 期)、《当代民声》1990 年第 2 期。

1946 年春,在重庆同国民党谈判的中国共产党代表、中央委员王若飞、秦邦宪,为了向中共中央汇报请示工作,于 4 月 8 日和新四军军长叶挺、中共中央职工委员会书记邓发、进步教育家黄齐生等十三人飞返延安,因飞机在山西兴县黑茶山失事,不幸殉难。同机遇难的还有八路军军官李治华、赵登俊、魏万吉和叶挺夫人李秀文等。4 月 19 日延安各界三万人在飞机场举行"四八"烈士安葬仪式,中共中央送了由毛泽东起草的这副挽联。

4 月 20 日,《解放日报》发表毛泽东为"四八"烈士的题词:"为人民而死,虽死犹荣。"同时发表了毛泽东《向"四八"被难烈士致哀》一文。文中说:"你们的死是一个号召,它号召全党党员和全国人民团结起来,为和平、民主、团结的新中国而奋斗到底!"

灵堂正中,悬挂着中共中央书记处题送的书匾,上书:

化悲痛为力量

周恩来、邓颖超联名送的挽联是:

因政协枝节横生,丧吾党一批优秀英才,此责任有人应负;

看反动阴谋层出,为祖国百年民主伟业,这斗争我辈当承。

叶剑英送的挽联是:

三十年戎幕同胞,六载别离成永诀;

五千里云天在望,一腔热泪为招魂。

冯玉祥、李德全送的挽联是:

一朝英杰逝；

四野挽歌声。

何香凝送的挽联是：

哭老友战友,哀有为国士先我去；

勉青年壮年,盼后起英豪相继来。

陈毅、张云逸、黎玉等送的挽联是：

观现势,国家多事,人民多难,反动多狂,诸先烈在九泉安能瞑目；

想当年,富贵未淫,贫贱未移,威武不屈,给同志作一贯无上典型。

谢觉哉送的挽联是：

霎时间丧我元良,悲痛极了；

千万人蹈君血迹,战斗起来。

"驱除反动",陈志凌、贺扬《王若飞传》(上海人民出版社 1986 年 8 月第 1 版)作:"驱逐反动"。

"惊听凶音哀砥柱",同上书作"惊听凶音丧砥柱"。

"化为力量",刘济昆《毛泽东诗词全集》、陈志凌、贺扬《王若飞传》(上海人民出版社 1986 年 8 月第 1 版)作"化成力量。"

【注释】

〔1〕赖:有赖,依赖。

〔2〕挠:弯曲,屈服。 不屈不挠:《汉书·叙传下》:"乐昌笃实,不桡不屈。"桡通挠。

〔3〕凶音:犹言"噩耗"。 砥柱:山名,在河南三门峡市。因为柱石屹立在黄河急流之中,这里喻王若飞等人是中国革命的中流砥柱。

〔4〕德:指信念。 一心一德:大家一条心,信念一致。《尚书·泰誓中》:"乃一德一心,立定厥功惟克永世。"

挽李公朴、闻一多联

一九四六年七月

　　继两公精神，再接再厉争民主；

　　汇万众悲愤，一心一德反独裁。

　　这副挽联见于杨庆旺《毛泽东题词与联语纪事》(中央文献出版社 2001 年 4 月版)。

　　1946 年 7 月 11 日，天色阴暗，淫雨连绵。晚七时半，李公朴同夫人张曼筠外出找一位朋友接洽借用电影院开募捐音乐会事宜，事毕便在南屏影院看了一场电影。九时四十五分电影散场，他俩行至南屏街乘公共汽车，随即有穿黄色军服者及便衣数人跟踪上车。李公朴夫妇在青云街大兴街坡脚停车处下车，过学院坡小路回北门街。刚上坡，李公朴即遭特务暗杀倒地。过路的云南大学学生当即将他送至云南大学医院，其时，李公朴已处于时而昏迷时而苏醒状态，终因流血过多，多方抢救无效，于深夜十二时五十二分去世。

　　7 月 13 日，毛泽东和朱德闻讯十分悲痛，联名致李公朴夫人张曼筠表示哀悼。电文刊载于 1946 年 7 月 15 日《解放日报》：

　　惊悉李公朴先生为反动派狙击逝世，无任悲愤！先生尽瘁救国事业与进步文化事业，威武不屈，富贵不淫；今为和平民主而遭反动派毒手，是为全国人民之损失，抑亦为先生不朽之光荣。全国人民必将以先生之死为警钟，奋起救国，即以自救。肃电致唁。

　　1946 年 7 月 15 日上午，李公朴先生治丧委员会在云南大学至公堂召开大会，请李夫人张曼筠报告李公朴的殉难经过，到会者一千余人，里面混杂着许多特务。当时，外面早已风传闻一多已经上了国民党特务的暗杀名单，但他仍然带病出席。为了闻一多的安全，会议主持人本来没有安排他发言，但在李夫人由于悲痛已极，泣不成声，被扶下讲台以后，闻一多突然拍案而起，怒斥凶顽，慷慨激昂地发表了著名的《最后一次演讲》。他的正义的责问声在每一位到会的来宾心中震响。他怒目环视全场，大声喝道："今天，这里有没有特务?"厉声地斥责特务"凭什么要杀死李先生?"在他正义而愤怒的谴责下，在场的有些特务面如土色，不自觉地耷拉下了脑袋。最后，他右手握拳说："我们有这个信心：人民的力量是要胜利的，真理是永远存在的。""我们不怕死，我们有牺牲精神，我们随时准备像李先生一样，前脚跨出大门，后脚就不准备再跨进大门!"他的气吞山河的演讲在会场上掀起了海啸,将听众情绪推上了峰峦之巅。

当天下午,闻一多又主持了《民主周刊》的记者招待会,进一步揭露了暗杀事件的真相,于是引起了反动派的极度恐慌。散会以后,他在返家途中,突遭一群国民党特务袭击,不幸被美制冲锋枪射中十余弹,就这样,为民主运动洒尽了最后一滴血,终年四十七岁。

闻一多遇难的噩耗传出以后,毛泽东和朱德于7月17日从延安联名向昆明发来唁电。电文刊载于7月19日《解放日报》:

惊悉一多先生遇害,至深哀悼。先生为民主而奋斗,不屈不挠,可敬可佩。今遭奸人毒手,全国志士必将继先生遗志,再接再厉,务使民主事业克底于成,特电致唁。

1946年7月26日,延安各界群众在大众剧场举行反内战反特务大会,并追悼李公朴、闻一多、原东北抗日联军第三路军总指挥李兆麟、吉林省四平市中苏友好协会会长于树中、陕西省西安市《泰风工商日报》法律顾问王任等烈士。毛泽东和党中央其他领导人都敬献了挽联,悬挂在会场上。

以后毛泽东在文章和讲话中,又多次称赞李公朴、闻一多为民主献身的精神。

周恩来、邓颖超送的挽联是:

为民主,为和平,为大众,成仁取义;

反独裁,反内战,反特务,虽死犹生。

宋庆龄送的挽联是:

血溅金沙,允有大名光宇宙;

魂招歇浦,愧无巨笔志功勋。

张澜送的挽联是:

昆明为热泪流积,所悲国家人才连遭毒手;

历史是鲜血造成,要争政治民主岂惧杀身。

【注释】

〔1〕李公朴(1900—1946):教授。原籍江苏扬州,生于镇江。早年赴美国留学,回国后致力于民众教育事业,在上海主编《读书·生活》杂志。1931年"九一八"事变后,从事抗日救亡活动和群众文艺教育工作。1936年参加全国各界救国联合会,被推选为负责人之一。同年11月,与沈钧儒、邹韬奋等七人一起在上海被国民党政府逮捕。抗日战争开始后获释。抗日战争时期,在武汉与邹韬奋合编《全国抗战》杂志,宣传抗日救国。1946年7月11日在昆明被国民党特务杀害。当时为中国民主同盟中央委员。 闻一多(1899—1946):诗人、教

授。湖北浠水人。原名亦多,字友三。1927年春在武汉北伐军政治部工作。1928年加入新月社,任《新月》杂志编辑。1932年后在清华大学教授中国文学。其间,潜心古籍研究,在《周易》《诗经》《庄子》《楚辞》的学术研究中有较高成就。1944年,秘密加入中国共产党的西南文化研究会,学习马克思主义。同年,加入民盟,任民盟中央执行委员。抗战胜利后,反对国民党发动反人民的内战。1946年7月15日在昆明被国民党特务暗杀。著作编有《闻一多全集》。

毛泽东楹联

贺黄有凤、赵雪明婚联(两副)

一九四六年十月

其 一

革命到底；

白头偕老。

其 二

一对机要干部；

两个工人阶级。

这是毛泽东祝贺黄有凤、赵雪明结婚讲话时的口占联，属准对联，见于 1990 年 12 月 14 日《中国青年报》，并收入唐意诚编注《毛泽东楹联辑注》。

1946 年 9 月，中央机关机要处代处长黄有凤赴任前，毛泽东十分关切他与赵雪明的婚事，并叫黄有凤将婚期报他，黄有凤说已推迟结婚。由于当时年龄不小了，毛泽东将此事告诉机要处和身边的同志，还成立"结婚促进会"，由毛泽东的机要秘书叶子龙代表组织，找赵雪明所在单位和她本人协商结婚之事。最后商定婚礼定于 10 月 10 日晚饭前，在毛泽东住处门前院子里举行。前去贺喜的有朱德夫妇、任弼时夫妇、王稼祥夫妇，王明及叶子龙等。贺喜的客人落座后，毛泽东站起来主持讲话，一是代表领导和同志们向新郎新娘祝贺，送了一副贺联"革命到底；白头偕老"；二是介绍新郎新娘简历，由于他们两个都是机要干部，所以风趣地称他俩是"一对机要干部；两个工人阶级"。说完，他带头鼓掌祝贺。毛泽东又端起斟满喜酒的大碗提高嗓门说："让我们为了革命的胜利，为了新婚夫妇的幸福，干杯！"接着，毛泽东带头喝酒。

【注释】

〔1〕黄有凤(1914—1989)：江西兴国人。1930 年加入中国共产主义青年团。1932 年参加中国工农红军，同年转入中国共产党。参加了长征。抗日战争时期，任八路军总部机要科科长、中共中央机要科办公室主任。解放战争时期，任中共中央东北局机要处处长、东北民主

联军机要处处长。建国后,历任东北军区司令部机要处处长、中共中央办公厅机要局第一副局长、总参谋部机要局局长。1955 年被授予少将军衔。1989 年在北京逝世。

〔2〕偕:俱,同。《诗·秦风·无衣》:"修我甲兵,与子偕行。"

毛泽东楹联

挽刘胡兰烈士联

一九四七年三月二十五日

生的伟大；

死的光荣。

这副挽联见于 1957 年 1 月 12 日《人民日报》、雷云峰《毛主席为刘胡兰烈士题词经过》(《人文杂志》1983 年 6 月号)，又见于中共党史人物研究会《中共党史人物传》第十八卷刊载的《刘胡兰》(陕西人民出版社，1984 年 11 月版)、《中国现代史词典》。毛泽东手书收入《毛泽东题词墨迹选》、《毛泽东手书选集》。据《毛泽东手书选集》标明"为刘胡兰烈士陵园重写的题词 一九五七年"。

1947 年 1 月 12 日，刘胡兰在山西军阀阎锡山的军队突然袭击文水县云周西村时因叛徒出卖被捕。她在敌人威胁面前，坚贞不屈，从容躺在刚刚铡死六个干部家属和回乡八路军战士的铡刀下，壮烈牺牲，时年仅十五岁。

1947 年 1 月下旬，王震和陈赓率领的部队在晋中一带击溃了阎锡山的主力军。之后，中共中央西北局组织了一个"延安各界慰问团"，赴晋中的孝义、文水等地慰问军队。慰问团在县委组织的情况汇报会上，听到了刘胡兰的事迹。在返回延安途中，慰问团副团长张仲实遇到晋中地委书记解学恭，张向解建议把刘胡兰的典型事例作为教育党员的教材，大力宣传，解采纳了张的建议，并决定在刘胡兰的墓前立一块石碑，请张题写碑文。张谦虚地说："这不合适，等我回到延安向中央领导同志汇报后，请中央领导同志题写为好。"3 月 25 日，张仲实向任弼时汇报慰问团在晋中地区活动情况，并特意汇报了刘胡兰的事迹和晋中地委纪念刘胡兰的决定，最后请示说："纪念刘胡兰烈士一事，最好请毛主席写个匾，或题写几个字，以示表彰。"任弼时同意他的意见。

3 月 26 日，毛泽东听了任弼时的汇报后，心情十分沉痛，并自言自语道："多好的孩子啊！多刚强的好党员啊！"随后，挥笔疾书："生的伟大，死的光荣"。接着，新华社以最快的速度播放了刘胡兰的事迹和毛泽东主席的题词。于是，一个向刘胡兰烈士学习的热潮迅速在人民解放军各部队和全国人民群众中兴起。

刘学琦主编《毛泽东佳话三百篇》说，毛泽东在转战陕北时，经常有国民党部队追踪。任弼时向毛泽东汇报刘胡兰英勇牺牲的经过时，敌人疯狂地追了上来。这时毛泽东已经知道距敌人还有二十里,但他镇定自若,异常沉着。敌人离这里只有七八里时,值班卫士焦急地催毛泽东快走,毛泽东还叫任弼时继续汇报。任弼时声音哽塞,心情沉痛,毛泽东眼睛也湿润了,秘书为他铺好白纸,欣然挥笔,写下了八个大字。交代秘书:"刘胡兰的事迹要向新华社播发,号召全国各解放区,都要组织学习刘胡兰的英雄事迹。"这时,在任弼时的再三催促下,毛泽东才安排了转移,甩掉了敌人。

另据冯印谱、牛牧、李秀平《刘胡兰、女英雄生前身后事》(《法律与生活》1998年第7期,《新华文摘》1998年第9期转载)一文中提到,有人说这一题词为剧作家魏风最初草拟,毛泽东手书。

解放后为了纪念刘胡兰,在刘胡兰的家乡山西省文水县云周西村,修了刘胡兰烈士陵园。1957年1月在刘胡兰英勇就义十周年时,共青团山西省委开展了一系列活动,以纪念刘胡兰烈士。由于毛泽东给刘胡兰的题词在战乱中被丢失,团省委决定派人到北京请毛泽东重写题词。毛泽东看到报告后,很快就重写了题词,由团省委派专人送到了刘胡兰陵园。(《中华人民共和国大事记(1943—1980)》(新华出版社1982年6月版)说,1957年11月1日,毛泽东第二次为刘胡兰烈士亲笔题词。)

另据赵凯《毛泽东为刘胡兰两次题词的考证》(《毛泽东书法艺术》2008年第12期)说,2004年8月,赵凯在央视某频道上看一幅题词,是一部早期介绍刘胡兰的电影。三个月后,终」在一地摊上发现了讲述刘胡兰事迹的这部故事片。片头配音用男声读出了毛泽东的题词。赵凯认为,故事片采用的题词就是毛泽东为刘胡兰的第一次题词。

这副挽联现在所见有两件手书:(一)从左到右横写,无标点符号。署名为"毛泽东"。是毛泽东1947年为刘胡兰烈士的第一次题词。(二)从右到左竖写,无标点符号。署名为"毛泽东题"。是毛泽东1957年为刘胡兰烈士的第二次题词。

【注释】

〔1〕刘胡兰(1932—1947):山西文水县云周西村人,1946年6月加入共产党,为候补党员。曾任村妇救会秘书,区妇救会干事。1947年1月12日因叛徒出卖被捕,被敌人杀害。同年8月1日,中共中央晋绥分局追认她为中共正式党员。

毛泽东楹联

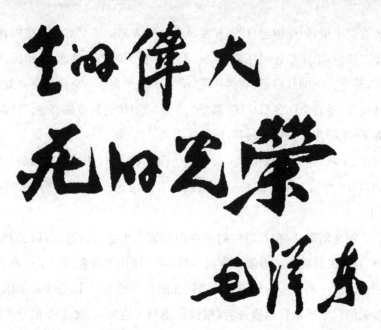

毛泽东手书《挽刘胡兰烈士联》（一）

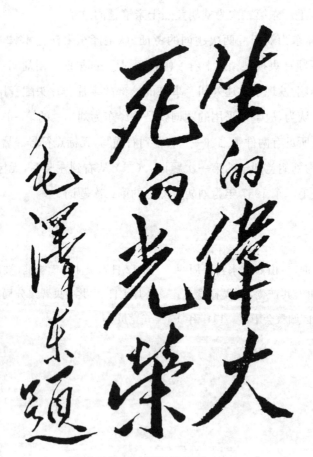

毛泽东手书《挽刘胡兰烈士联》（二）

挽续范亭同志联

一九四七年九月

　　为民族解放，为阶级翻身，事业垂成，公胡遽死？
　　有云水襟怀，有松柏气节，典型顿失，人尽含悲！

　　这副对联见于 1947 年 9 月 29 日《冀中日报》《续范亭诗文集》，又见于《名联鉴赏词典》，还见于高凯、于玲主编《毛泽东大观》(中国人民大学出版社，1993 年 4 月版)。

　　1947 年 9 月 12 日续范亭在山西临县都督庄逝世。9 月 18 日举行葬礼，毛泽东由陕北去电致唁并送了花圈和这副挽联。其他中共领导人也送了挽联。

　　吴玉章送的挽联是：

　　　　取义孙陵，悲愤填膺因救国；
　　　　建功晋北，山河变色在新民。

　　聂荣臻、宋劭文送的是：

　　　　深痛国贼独夫，反蒋倒阎，最后　息犹有余恨；
　　　　热爱自由民主，大声疾呼，病榻六年无时忽忘。

　　贺龙、李井泉、周士第、甘泗淇、张经武、陈漫远送的挽联是：

　　　　十载共艰辛，方幸大业垂成，胜利在望，何期一病竟千古；
　　　　三军齐痛哭，誓将美帝驱逐，蒋贼殄灭，靖平六合告重泉。

　　王震、王恩茂送的挽联是：

　　　　反抗独裁，不屈不挠争民主；
　　　　誓继遗志，一心一意灭蒋贼。

　　《谢觉哉日记》1947 年 9 月 18 日写道："代毛主席挽续老：为民族翻身，为阶级翻身，事业垂成，公胡遽死；眼睛亮得很，骨头硬得很，典型顿失，人尽含悲。"

　　《续范亭文集》(续磊、穆青编选，上海人民出版社 1985 年 7 月第 1 版)标题为《毛主席挽词》，全文为：

　　　　范亭同志　千古
　　　　为民族解放，为阶级翻身，事业垂成，公胡遽死？！
　　　　有云水襟怀，有松柏气节，典型顿失，人尽含悲！

　　　　　　　　　　　　　　　　　　毛泽东　敬挽

毛泽东楹联

据 1987 年 5 月 16 日《周末》孙国权文说,毛泽东送的挽联上款是:"范亭同志千古",下款是:"毛泽东敬挽"。(《续范亭诗文集》上款同,下款作"毛泽东敬")。该文接着说:"最近获知系谢觉哉代笔,并从《谢觉哉传》中得到了证实。谢觉哉为毛泽东代写的挽词原为:'为民族翻身,为阶级翻身,事业垂成,公胡遽死。眼睛亮得很,骨头硬得很,典型顿失,人尽含悲!'后来有两处作了修改。相比之下,修改后的挽词显得对仗工整,气势磅礴,思想性更强。"

【注释】

〔1〕续范亭(1893—1947):山西崞县(今原平)人。早年参加中国同盟会,参加了辛亥革命。后在国民军中工作。1935 年因痛恨国民党政府卖国投降政策,在南京中山陵剖腹自杀,遇救未死。"西安事变"后,回晋抗日,历任山西新军总指挥、晋绥军区副司令员等职。1947 年 9 月 12 日在山西临县都督庄病逝。中共中央接受他临终前 9 月 11 日的请求,追认他为中共正式党员。

〔2〕垂成:将成。

〔3〕公:对续范亭的尊称。 胡:何。 遽死:突然去世。

〔4〕襟怀:胸怀。唐代杜牧《题池州弄水亭》诗有"光洁疑可揽,欲以襟怀贮"之句。 云水襟怀:形容宽广的襟怀。

〔5〕典型:可供人们学习的典型人物。 典型顿失:顿时失去了典型人物。

代中共中央西北局、陕甘宁边区
撰挽李鼎铭先生联（两副）

一九四八年二月

其 一

老成谋国，与本党合作无间；

民主参政，襄边区建设有成。

其 二

抱正义感，反独裁，反内战，反卖国，大声疾呼为救国；

以责任心，倡精兵，倡简政，倡生产，睿思远虑建边区。

这两副挽联见于杨庆旺《毛泽东题词与联语纪事》（中央文献出版社 2001 年 4 月版）。题目为本书编著者所拟。

1947 年 12 月 11 日，李鼎铭在陕甘宁边区政府临时驻地绥德县义合镇，突患脑出血症，医治无效，不幸逝世。

1948 年 2 月 25 日边区政府隆重举行追悼大会，参加追悼会的有边区党政军机关领导及干部、群众约一千余人。

中共中央、毛泽东主席、陕甘宁边区党政军各部门及其他各解放区均送了挽联挽词，表示哀悼。

中共中央的挽词是：

李鼎铭先生在陕甘宁边区政府中，做了许多有益于人民的贡献，人民对他的功绩，将永志不忘。

毛泽东的挽词是：

李鼎铭先生与其他和李先生一样的开明绅士，在中国人民民族民主斗争的困难时期，在日本帝国主义者进攻中国时期，在美帝国主义者援助蒋介石匪帮举行反革命内战时期，抱着正义感，毅然和中国共产党合作，为人民民主事业作了许多有益的工作。一切反对帝国主义侵略，反对蒋介石独裁，赞助人民革命战争，同情消灭封建制度、实现土地

毛泽东楹联

0861

改革的真正爱国的民主的开明绅士,无论过去与现代,都是中国民族革命统一战线的一分子。对于李鼎铭先生的逝世,表示我们的哀悼之意。

一九四八年二月一日　　毛泽东

毛泽东还代中共中央西北局、陕甘宁边区撰写了这两副挽联。

谢觉哉送的挽联是:

> 茹旧含新,自来俊杰识时务;
>
> 知微见著,毕竟聪明属老成。

林伯渠在李鼎铭纪念碑上的题词是:

> 爱国典范

【注释】

〔1〕李鼎铭(1881—1947):陕西米脂人,开明绅士。辛亥革命后,在家乡提倡放足、剪发、禁赌、破除迷信和兴办学校。一生主要从事教育事业,兼业中医。1910 年受聘陕西绥德中学任教员,1917 年受聘榆林中学任教,1923 年任榆林道甲乡署顾问、科长等职。晚年接受革命思想。1941 年被选为米脂县议长,陕甘宁边区参议员、副议长,边区政府副主席,拥护中国共产党的政治主张。曾在 1941 年 11 月边区第二届参议会上提出“精兵简政”的提案,得到毛泽东的称赞,并在这次会议上当选为陕甘宁边区政府副主席。1945 年被推选为陕甘宁边区出席解放区人民代表会议的筹备委员。1947 年病逝。

赠张天义同志联

一九四八年十一月三十日

现在努力学习；

将来努力工作。

这是毛泽东为张天义的题词，属准对联，手书见于《毛泽东题词墨迹选》。

这副准对联现在所见有一件手书：写有"毛泽东　一九四八年十一月三十日"字样。横写，无标点符号。

毛泽东楹联

现在努力学习

将来努力工作

毛泽东

一九四八年十一月三十日

毛泽东手书《赠张天义同志联》

题中国新民主主义青年团
第一次全国代表大会联

一九四九年

加强学习；

发展生产。

这是毛泽东 1949 年为中国新民主主义青年团第一次全国代表大会的题词，属准对联。见于《中国青年》1949 年第 7 期(5 月 4 日出版)，又见于《书家毛泽东》。

这副准对联现在所见有一件手书：全文为"同各界青年一起领导他们　加强学习发展生产　毛泽东"。竖写，无标点符号。

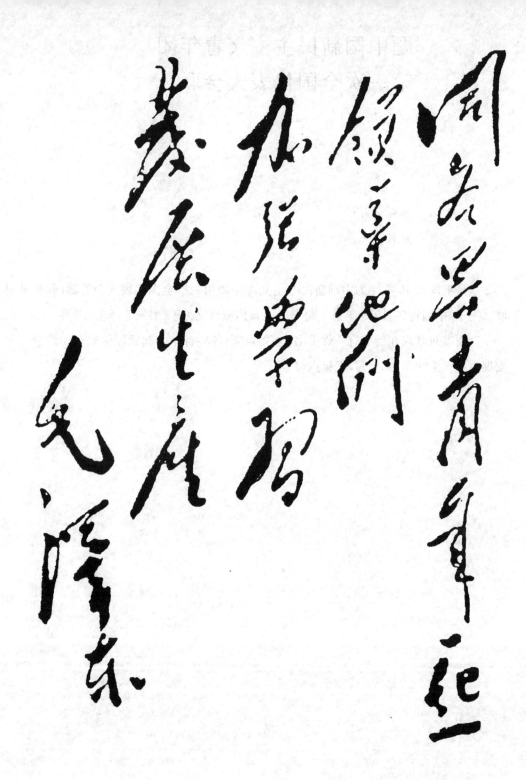

毛泽东手书《题中国新民主主义青年团第一次全国代表大会联》

挽冯玉祥将军联

一九四九年九月

　　　　置身民主；

　　　　功在国家。

　　这副挽联见于杨庆旺《毛泽东题词与联语纪事》(中央文献出版社2001年4月版)。

　　1949年9月1日冯玉祥逝世一周年之际,中共中央在北京隆重举行追悼会。毛泽东亲笔题写了挽联和挽词:

　　　　置身民主,功在国家。

　　　　冯玉祥将军逝世周年纪念谨致悼意。

　　周恩来致悼词说:"冯玉祥先生,从一个典型的旧军人,转变成一个民主的军人,他是经过曲折的道路,最后走向新民主主义的中国。冯先生生前进行反蒋,尤其在美国最后一幕与美帝国主义进行了正面的斗争。"

　　1953年10月15日,冯玉祥将军骨灰安葬仪式在泰山西山麓下他的陵墓前隆重举行,毛泽东第二次亲笔题写挽词:

　　　　冯玉祥将军逝世谨致悼意

　　　　　　　　　　　　　　　　　　　　　　　　　　　毛泽东

　　朱德的挽词是:

　　　　焕章将军千古

　　　　为民主而牺牲

　　　　　　　　　　　　　　　　　　　　　　　　　　　朱德挽

　　周恩来的挽词是:

　　　　纪念冯玉祥将军的最好办法是坚持地进行反对美帝国主义的斗争

　　　　　　　　　　　　　　　　　　　　　　　　　　　周恩来

【注释】

〔1〕冯玉祥(1882—1948):安徽巢县人,原名基善,字焕章。1924年发动北京政变,将所部改组为国民军,并任总司令兼第一军军长,后电邀孙中山北上。同年11月5日取消清废帝溥

仪的皇帝称号,将其逐出故宫。1926 年 9 月率部集体加入中国国民党,并参加北伐。1931 年"九一八"事变后,反对蒋介石的不抵抗政策和法西斯独裁统治,积极主张抗日。1933 年 5 月与中国共产党合作,在张家口组织民众抗日同盟军,并任总司令。后在蒋介石与日军联合进攻下失败。抗日战争胜利后,继续与中国共产党合作,反对蒋介石的内战、独裁与卖国政策。1946 年出国考察水利期间,在美国组织旅美中国和平民主同盟。1948 年初,加入中国国民党革命委员会,任中央常委兼政治委员会主席。同年 7 月在回国途中因轮船失事遇难。

为侨胞题联

一九四九年十月一日

拥护祖国的革命；

改善自己的地位。

这副联语见于毛泽东《给侨胞的题词》(一九四九年十月一日)(载《建国以来毛泽东文稿》第一册,中央文献出版社 1987 年 1 月第 1 版),张世安、张腾飞《毛泽东名联趣话》(山东人民出版社 2003 年 11 月第 2 版)收录。

1949 年 10 月 1 日,中华人民共和国成立,毛泽东主席升起第一面五星红旗。他和他的同志们领导中国人民开创了中华文明的新纪元。

开国大典当日,毛泽东主席为侨胞题词:"侨胞们团结起来,拥护祖国的革命,改善自己的地位。"题词的后两句恰如一副对联,几十年来一直鼓舞着海外侨胞们,他们不断改善自己的地位,拥护和支持祖国的革命和建设,为国人争了光。此联也是党的统战工作的一个重要方针,至今沿用。

题抗美援朝联

一九五〇年十月

抗美援朝；

保家卫国。

这副对联见 1950 年 10 月《人民日报》，并收入田利军等著《巨人之谜》。

1950 年 6 月 25 日，美国帝国主义者唆使南朝鲜李承晚集团进攻朝鲜民主主义人民共和国，后又纠集十五个国家的军队直接投入这场侵略战争，并将战火烧到我国东北边境。毛泽东代表中国政府发出了"抗美援朝，保家卫国"的号召。以彭德怀为司令员兼政治委员的中国人民志愿军于 1950 年 10 月 25 日开赴朝鲜前线，和朝鲜人民军并肩作战。经过三年的浴血奋战，终于打败了美帝国主义，将其赶到"三八"线以南。1953 年 7 月 27 日，美军被迫在停战协定上签字，中国人民的抗美援朝运动以胜利而告终。

毛泽东指出："出兵朝鲜，对朝鲜，对东方，对世界都极为有利，而我们不出兵让敌人压到鸭绿江边，国内国际反动气焰增高，则对各方面都不利，首先是对东北不利，整个东北边防军将被吸住，南满电力将被控制。总之，我认为应当参战，必须参战，参战利益极大，不参战损害极大。我提议，出兵朝鲜，抗美援朝，保家卫国。""这个口号就是好。它同我们民族的利益联系起来了，使全国人民知道，不仅是抗美援朝，还有保家卫国的问题。所以，这个口号把国际主义和爱国主义统一起来了。"后来，毛泽东又将这八个字亲笔写出来。

这副对联现在所见有一件手书：横写，无标点符号。为硬笔书法。

抗美援朝保家衛國

毛泽东手书《题抗美援朝联》

毛泽东楹联

第 一 辑

赠湖南省立第一师范学校同学联

一九五〇年十二月二十九日

要做人民的先生；

先做人民的学生。

　　这是毛泽东为湖南省立第一师范学校同学的题词，属于准对联。手书见于《毛泽东题词墨迹选》，文字又见于《建国以来毛泽东文稿》第一册，第一句末为逗号。

　　1913年春，毛泽东考入湖南省立第四师范。1914年春，第四师范合并于第一师范，毛泽东编入湖南省立第一师范第八班。1914年春至1918年夏在此求学四年半。1920年秋至1921年冬，在一师附小担任主事（即校长）兼师范部国文教员。建国后，1950年12月29日毛泽东亲笔为母校题写校牌"第一师范"，并为湖南第一师范学校同学们题写了此联。据周彦瑜、吴美潮《毛泽东与周世钊》（吉林人民出版社，1993年4月版）说，此联为周世钊草拟，毛泽东书写。

　　这副对联现在所见有两件手书：（一）写有"为湖南第一师范同学们书　毛泽东"字样。竖写，无标点符号。见于《毛泽东题词墨迹选》。（二）署名"毛泽东"。竖写，无标点符号。见于《书家毛泽东》。

【注释】

〔1〕湖南省立第一师范：创建于1903年，始称湖南师范馆。同年11月，与当时尚存的长沙城南书院（创建于宋代）合并为湖南全省师范学堂。1904年改名为中路师范学堂。辛亥革命后改名为湖南公立第一师范学校。1914年春，湖南公立第四师范学校合并于第一师范学校，更名为湖南省立第一师范学校。这时，毛泽东由第四师范转入第一师范就读。

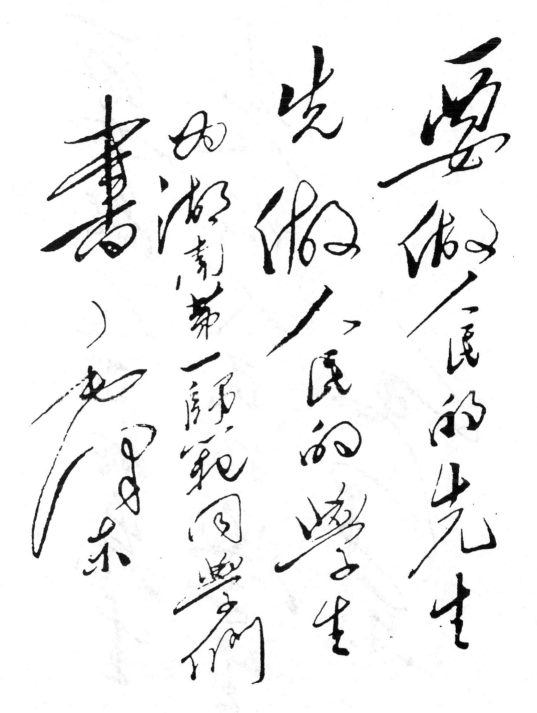

毛泽东手书《赠湖南省立第一师范学校同学联》（一）

毛泽东楹联

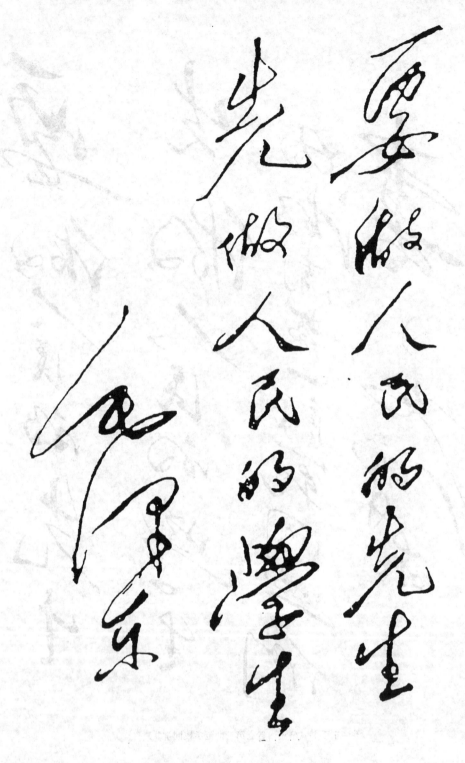

毛泽东手书《赠湖南省立第一师范学校同学联》（二）

题中国人民解放军军事学院成立联

一九五一年一月十五日

努力学习，

保卫国防。

这是毛泽东 1951 年 1 月 15 日为中国人民解放军军事学院成立的题词，属准对联。见于《军事文选》1954 年 1 月第 9 期，后又见于《毛泽东题词墨迹选》、《毛泽东手书选集》。

这副准对联现在所见有一件手书：署名"毛泽东"。竖写，无标点符号。

【注释】

〔1〕中国人民解放军军事学院：今国防大学的前身。1951 年 1 月 15 日于南京成立，刘伯承为第一任院长兼政治委员。军事学院的任务是：认真学习马克思、恩格斯、列宁、斯大林的军事学说和毛泽东军事思想；总结我军丰富的作战经验和学习外国的有益经验；在我国现有军事、政治素质的基础上，训练合成军队的指挥员在现代条件下组织指挥各军兵种协同作战的能力，提高我军军事指挥员、政治工作人员的军事政治理论水平，以加速我军革命化现代化建设。

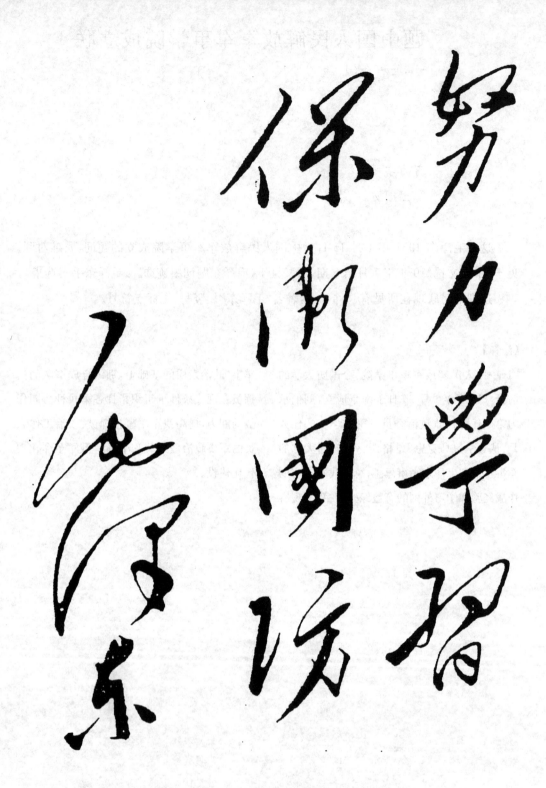

努力学习

保卫国防

毛泽东

毛泽东手书《题中国人民解放军军事学院成立联》

赠陈永康同学、马毛姐同志联

一九五一年

好好学习；

天天向上。

这副联赠陈永康同学的见于王磊《瘦弱男生守"匾"五十年初揭秘》（2002年1月16日《党史信息报》）。

1951年5月3日下午一点多钟，当时还只有八岁的苏州市金阊小学一年级学生陈永康和几个同学在离学校不远的地方玩耍。他们在古城墙上爬上爬下，你追我赶。在同学们纷纷躲藏起来，陈永康准备去寻找他们时，一个理着时髦的分发、穿着一双黑色皮鞋的二十多岁的男青年，走到陈永康面前，给了他一把糖果。陈永康接过糖果时，那个男子又拿出了一包黄色的粉末，让陈永康去放到老师的桌上。陈永康脑子里瞬时出现老师说的，现在社会上有不少坏人总想找机会破坏我们的学校，破坏我们的工厂。陈永康想：这个陌生男人拿着糖果来引诱我，又让我将这个粉末放到老师桌上，会不会他想搞破坏？这时那个男青年又做贼心虚地东张西望。陈永康看着他鬼鬼祟祟的样子，判断他不是好人。于是他镇定地对男青年说，他可以陪男青年一起到学校里去。就在陈永康陪他去学校的路上，陈永康见到四个巡逻的解放军路过。于是他一把抱住那个青年的腿，大喊解放军叔叔快来抓特务。那个男青年，立即挥拳向陈永康击来，直打得陈永康眼冒金星，血流满面。陈永康抱住那个男青年的腿，大喊捉特务就是不放。解放军过来，将那个特务擒获了。当陈永康被解放军护送回家的时候，解放军告诉陈永康的父母，那一包黄色的粉末是一种易燃的炸药。

这以后，小英雄陈永康勇斗特务的故事传开了。陈永康在家养伤时，苏州市团工委前往慰问，并给他写了慰问信。此后，苏州市学联、教育工会在全市召开的镇压反革命工作会议上，代表们向小英雄献礼。苏州市政府特授予他奖状。6月1日儿童节这一天，陈永康来到苏州开明大戏院，在主席台上，苏州市第一任市长王东年亲切地接见了他。学校每天都会收到来电、来信，甚至还有的寄给小英雄陈永康礼物，许多素不相识的工人、农民、解放军来学校慰问小英雄。

这件事传到北京。当时，团中央准备邀请小英雄陈永康去北京，并说毛主席要接见小英雄。只是由于种种原因，这次未能成行，竟成了遗憾。

当时毛泽东亲自为陈永康题的词"好好学习，天天向上"被有关部门制作了锦旗送给了小英雄。同时，团中央还向全国青少年发出"好好学习，天天向上"的号召。那时苏州城里的敌特活动还很猖狂，为了保护小英雄，学校里专门为陈永康安排一间宿舍，每天有专门的老师轮流看护。

小英雄陈永康抓特务的事迹，当时的《新苏州报》还在头版上刊登了通讯。后来苏州市教育局把陈永康的事迹写进了小学生教科书中。

这副联赠给马毛姐同志的见于《毛主席为我起名——影片〈渡江侦察记〉刘四姐的原型、渡江英雄马毛姐》(1993年11月21日《中国妇女报》)。

1949年4月20日夜，毛泽东、朱德命令中国人民解放军百万雄师，强渡长江。年仅十六岁的马毛姐在家乡安徽省无为县参加了渡江第一支船队，因战绩突出，被授予"渡江特等英雄"。她驾驶的那条渔船也成为"渡江第一船"。毛泽东得知渡江战斗中有位年龄最小的女英雄时，于1949年开国大典前和1951年国庆节前，连续两次发邀请信，请马毛姐参加国庆庆典。1951年10月4日，毛泽东派人接马毛姐到家中作客，还特意为没有正式名字的小英雄"马三姐"起名为"马毛姐"。毛泽东说："'马'是你家的姓，名字第一字就跟我姓了。"当毛泽东知道马毛姐上学了，便高兴地在一本笔记本上写道："毛姐：好好学习 天天向上 毛泽东 1951.10.4"。马毛姐将毛泽东送给她的新衣服、笔记本放在母亲特地请木匠做的木箱里，1954年安徽发生特大洪涝灾害时被洪水冲走。

这副准对联的上联和下联本来为毛泽东的两则题词："好好学习"是毛泽东1949年9月10日为《中国儿童》1949年9月创刊号的题词，又见于《辅导员》1958年第6期；"天天向上"是毛泽东1940年4月4日为儿童节的题词，见于1940年4月12日延安《新中华报》。毛泽东将这两则题词合并起来书赠马毛姐，正好成为一副对联。

这副对联现在所见有两则分别为上、下联内容的题词，均有署名"毛泽东"。竖写，无标点符号。

【注释】

〔1〕陈永康：1951年5月3日，当时他年仅八岁，上苏州市金阊小学一年级，他不顾自己年少体弱，同敌蒋特务斗智斗勇，并不顾个人安危，在人民解放军的帮助下，终于擒获敌特破坏分子。初中毕业后在苏州市航运公司任会

计，以后单位需要，他又改行去船上干起清理河道淤泥的工作。先后被单位评为"五好职工"、"先进工作者"。陈永康从不向任何人提起他抓特务的这件事。2001年5月，毛泽东为陈永康题词"好好学习，天天向上"的事情被

媒体公布后,他婉言谢绝了一家个人企业高薪聘请他担任企业的形象代理人,却愉快地接受了他的母校金阊小学(现金门小学)的邀请,担任少先队校外辅导员,鼓励孩子们树立远大理想,长大报效祖国。

〔2〕马毛姐:安徽省无为县马家坝马西村人,1935年出生于一个贫苦渔民的家庭。母亲共生育了十三孩子,活下来的有八人。马毛姐因排行第三,故父母亲和乡亲们都管她叫马三姐。1949年2月,马三姐和哥哥马胜红曾用家里的渔船帮助解放军侦察员渡江侦察,1949年4月20日,她和哥哥马胜红的船,成为四条渡江突击船之一,载着三十多名解放军胜利渡到南岸的铜陵金家渡,成为"渡江第一船"。(另两条船在江心被敌人击沉,一条随他们的船胜利渡到南岸。)1951年10月4日,毛泽东邀请她到家中作客,为她题词:"好好学习,天天向上。"并为她取名"马毛姐"。先后在巢湖炳辉子弟学校、安徽工农干部学校读书。毕业后,先后在合肥市麻纺厂、针织厂、小五金翻砂社、东风服装厂、合肥帽厂、合肥市鞋帽总公司等工作,曾任合肥市鞋帽总公司副总经理等职。1990年离休。多次被评为省市劳动模范、先进工作者,当选为安徽省妇联委员、安徽省第四、五、六届政协委员。

毛泽东楹联

0879

毛泽东手书《为〈中国儿童〉杂志创刊号题词》

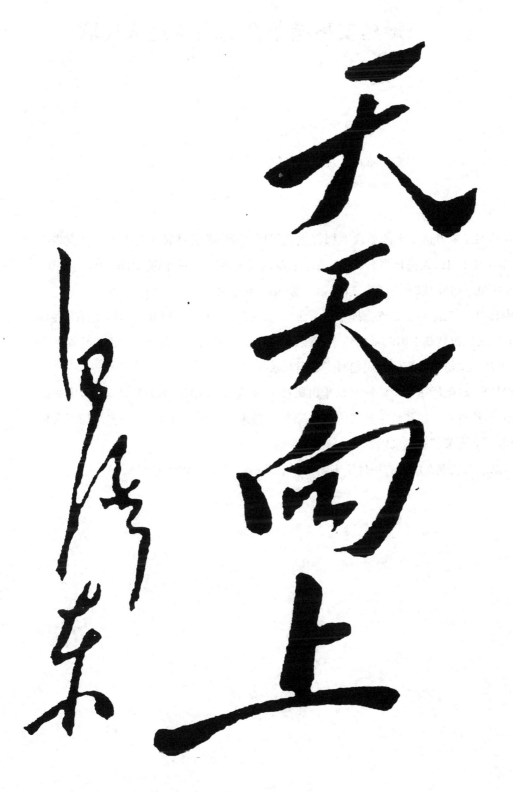

毛泽东手书《为儿童节题词》

毛泽东楹联

0 8 8 1

赠延安枣园革命老根据地人民联

一九五一年八月

发扬革命传统；

争取更大光荣。

这是毛泽东为延安枣园革命老根据地人民的题词，属准对联。毛泽东手书发表于
1951 年 8 月 11 日《人民日报》，收入《毛泽东题词墨迹选》，又见于《学理论》1961 年第 9
期。文字见于《建国以来毛泽东文稿》第二册，第一句末为逗号。

中共中央、毛泽东在延安指挥中国革命长达十三年之久。1949 年 10 月，毛泽东接到
延安老区人民祝贺新中国诞生的贺电，曾热情复电。1951 年，中央派慰问团去延安革命
老区，毛泽东又给延安枣园人民题写了这副对联。

据吴直雄《毛泽东妙用诗词》（京华出版社 1998 年 12 月第一版）说，1950 年，中央派
出慰问团，给枣园人民和整个延安人民每家每户送来了毛泽东的题字——"发扬革命传
统，争取更大光荣。"此说录以备考。

这副准对联现在所见有一件手书：署名"毛泽东"。竖写，无标点符号。

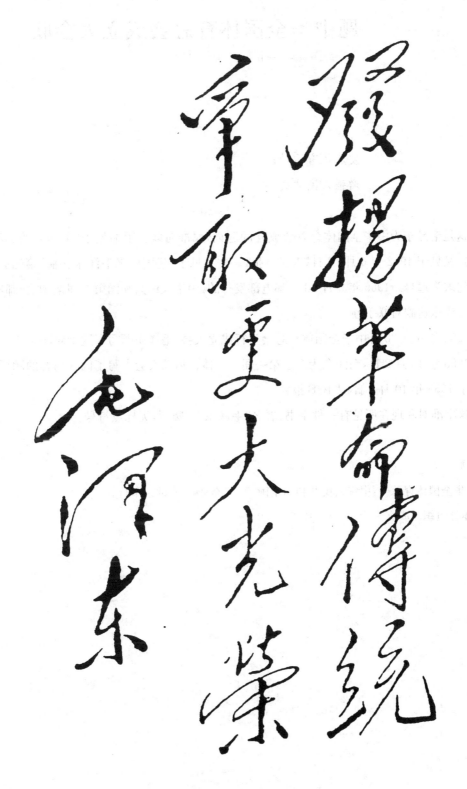

毛泽东手书《赠延安枣园革命老根据地人民联》

毛泽东楹联

题中华全国体育总会成立大会联

一九五二年六月二十日

发展体育运动；

增强人民体质。

    这是毛泽东为中华全国体育总会成立的题词，属准对联。手书见于《毛泽东题词墨迹选》，又见于 1952 年 6 月 22 日《人民日报》。文字见于《建国以来毛泽东文稿》第三册，第一句末为逗号。1965 年 9 月 28 日邮电部发行的《中华人民共和国第二届运动会》邮票上有毛泽东这副对联手迹。

    1952 年 6 月 20 日中华全国体育总会举行成立大会，毛泽东题写了这副对联。

    1955 年 10 月 2 日，毛泽东为全国第一届工人体育运动大会书写了同样内容的题词，刊载于 1955 年 10 月 3 日《人民日报》。

    这副准对联现在所见有一件手书：署名"毛泽东"。竖写，无标点符号。

【注释】

〔1〕中华全国体育总会：中华人民共和国全国性的体育组织。成立大会于 1952 年 6 月 20 日至 24 日在北京举行。

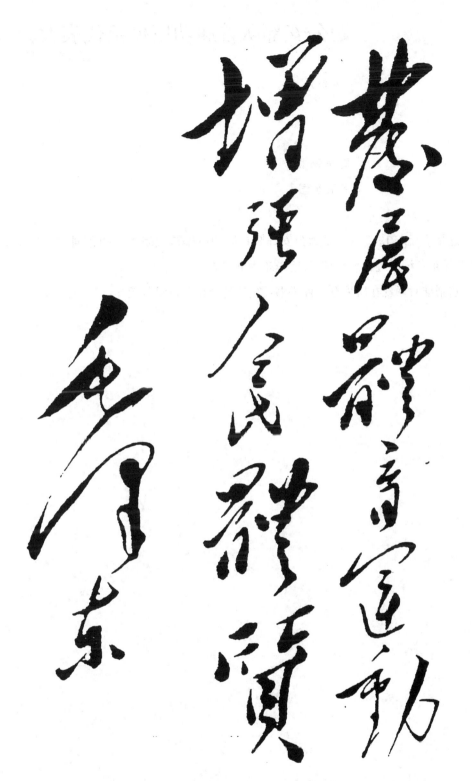

毛泽东手书《题中华全国体育总会成立大会联》

毛泽东楹联

题公安部队首届功臣模范代表大会联

一九五二年八月

提高警惕，

保卫祖国。

  这是毛泽东1952年8月为公安部队首届功臣模范代表大会的题词，属准对联。见于《毛泽东题词墨迹选》，又见于《毛泽东手书选集》。

  这副准对联现在所见有一件手书：署名"毛泽东"。竖写，无标点符号。

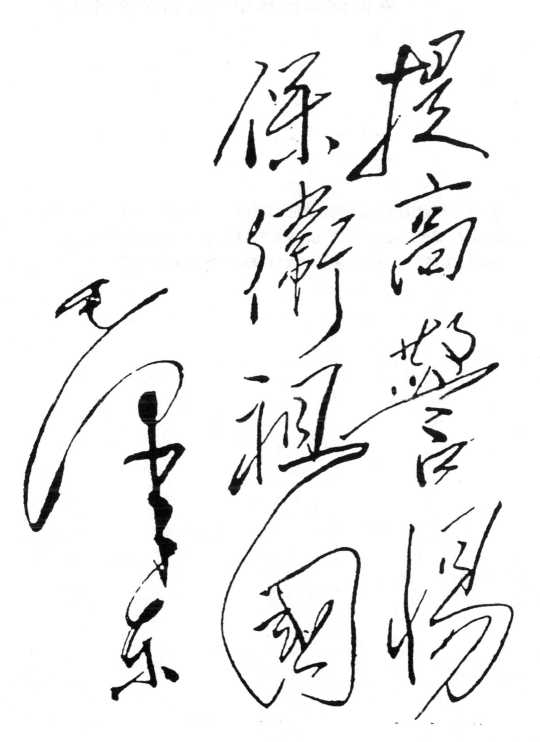

毛泽东手书《题公安部队首届功臣模范代表大会联》

毛泽东楹联

题海南岛海榆中线公路纪念碑联

一九五三年

    加强防卫；

    巩固海南。

    这是毛泽东为海南岛海榆中线公路纪念碑的题词，属准对联。见于 1960 年 4 月 30 日《解放日报》，蒋昌诗、谢应成编著《毛泽东书艺精萃博览》，又见于《毛泽东手书选集》。

    这副准对联现在所见有一件手书：署名"毛泽东"。竖写，无标点符号。

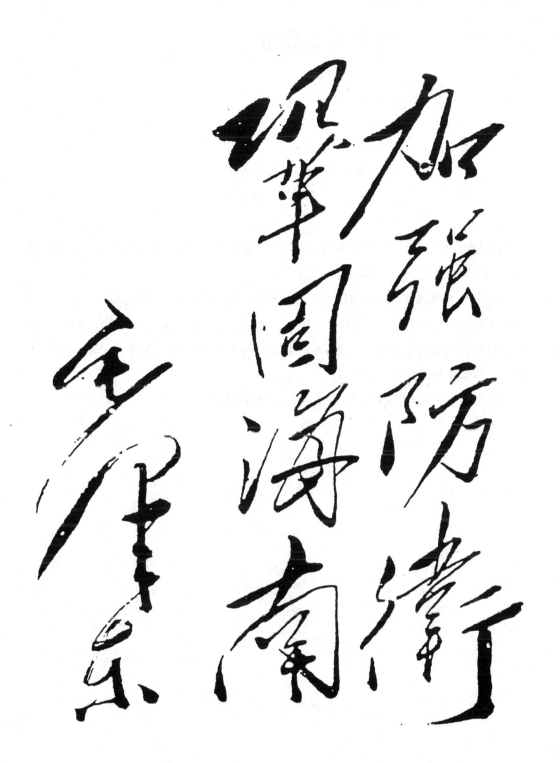

毛泽东手书《题海南岛海榆中线公路纪念碑联》

毛泽东楹联

题肃反工作联

一九五五年五月十二日

提高警惕，肃清一切特务分子；

防止偏差，不要冤枉一个好人。

    这是毛泽东 1955 年 5 月 12 日在最高国务会议上提出的关于肃清反革命运动的工作方针，属准对联。见于《毛泽东手书选集》。

    1955 年，党和政府在全国范围内开展了肃清暗藏的反革命分子的运动。在肃反运动中，中共中央制定和实行了正确的方针政策。毛泽东题写的这副对联，强调在实际工作中，必须坚持调查研究，做到重证据，不轻信口供；坚持严肃与谨慎相结合，严格区别好人和坏人，区别思想问题和政治问题。

    这副准对联现在所见有一件手书：竖写，有标点符号。

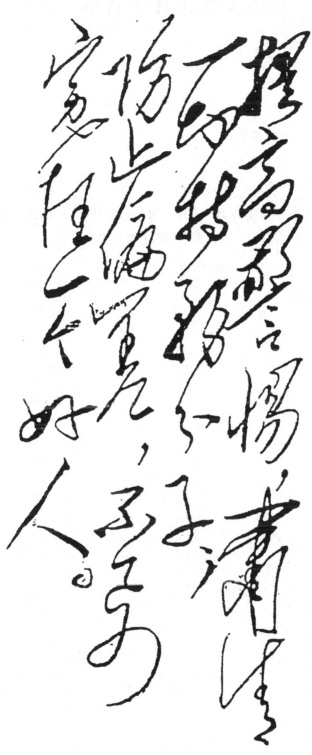

毛泽东手书《题肃反工作联》

毛泽东楹联

0 8 9 1

第 一 辑

科学文化工作方针联

一九五六年四月二十八日

百花齐放；

百家争鸣。

这副对联见于 1956 年 4 月 28 日中共中央召开的知识分子问题会议毛泽东所作的讨论总结，详见本书《毛泽东论诗》。题目为本书编著者所拟。

态度联

一九五六年九月十五日

虚心使人进步；

骄傲使人落后。

这副准对联见于《中国共产党第八次全国代表大会开幕词》(《建国以来毛泽东文稿》第六册,中央文献出版社 1992 年 1 月版)。标题为本书编著者所拟。

毛泽东在中国共产党第八次全国代表大会开幕词中说:"即使我们的工作得到了极其伟大的成绩,也没有任何值得骄傲自大的理由。虚心使人进步,骄傲使人落后,我们应当永远记住这个真理。"这一段话博得了全场热烈的掌声。

据逢先知《毛泽东和他的秘书田家英》(见董边、镡德山、曾自编《毛泽东和他的秘书田家英》,中央文献出版社 1989 年 12 月第 1 版)说,毛泽东所作的"八大"开幕词,是由田家英起草,经过多次修改,最后定稿的。"虚心使人进步,骄傲使人落后",这句话"是田家英的得意之笔,也是毛泽东很满意的一句话"。今天,"它早已成为脍炙人口的格言"。

毛泽东楹联

题丹东拖拉机配件厂联

一九五八年五月十八日

卑贱者最聪明；

高贵者最愚蠢。

这是毛泽东1958年5月18日对丹东市拖拉机配件厂技术人员和工人试制成我国第一台轮式拖拉机鸭绿江一号的批语，属准对联。见于1967年5月30日《辽宁日报》，又见于《书家毛泽东》。

这副准对联，现在所见有一件手书：写有"毛泽东 五月十八日"字样。横写，上联句末为感叹号，下联句末无标点符号。

【注释】

〔1〕卑贱者：指劳动人民。 剥削阶级。

〔2〕高贵者：指与劳动人民相对立的统治者或

卑贱共罪聰明，

高贵尽是愚蠢

毛泽东 五月十八日

毛泽东手书《题丹东拖拉机配件厂联》

毛泽东楹联

文艺方针联

一九六四年九月二十七日

古为今用；

洋为中用。

　　这副准对联见于毛泽东《致陆定一（一九六四年九月二十七日）》《《毛泽东书信选集》1983 年 12 月第 1 版）。

　　毛泽东致陆定一信中说："此件请一阅。信是写得好的，问题是应该解决的。但应采取征求群众意见的方法，在教师、学生中先行讨论，收集意见。"又说："古为今用，洋为中用。此信表示一派人的意见，可能有许多人不赞成。"

【注释】

〔1〕陆定一：当时任中共中央书记处书记、中央宣传部部长。

〔2〕此件：指中央音乐学院一个学生 1964 年 9 月 1 日写给毛泽东的信。这封信对实行音乐革命化、民族化、群众化提出了意见。

题折扇联

一九七一年

各求各志，各行各路；

离凡离圣，离因离果。

这副联见于《山海经》1985 年第 3 期，唐意诚、莫道迟《毛泽东与对联》（见《楚风》1990年第 4 期），又见之于高珊珊编《毛泽东的传说》（河南人民出版社，1993 年 11 月版）。罗炽主编《毛泽东诗词鉴赏辞典》（华夏出版社，1993 年 12 月版）收入"对联评点"。

1971 年林彪集团准备叛逃前夕，周恩来向毛泽东书面汇报了林彪一伙准备叛逃的异常情况。毛泽东圈阅材料后沉思良久，提笔在一把白色丝绸折扇上题了这副对联，写罢即让警卫员送周恩来。警卫员在门口被江青查问，江青看不懂，皱起眉头说了声"老古董"。周恩来接扇，看出了联语是针对林彪的，同时也暗示周恩来要做好准备。这把具有历史意义的折扇，在周恩来逝世以后落到了"四人帮"手里，他们害怕折扇上的对联，将它投进火炉烧掉了。

【注释】

〔1〕林彪：见《七言诗·戏改杜甫〈咏怀古迹〉其三》注。

〔2〕各求各志：《史记·伯夷列传》："道不同不相为谋，亦各从其志也。"隐指与林彪志向不同，所行之路也不同。

〔3〕凡：凡人，指人民。 圣：指神圣的革命事业。

〔4〕因果：本佛家语，指因缘与果报，此处指因果关系，指林彪背离人民的事业，又倒行逆施，不按客观规律行事。

赠邓小平同志联

一九七三年十二月

柔中寓刚;

绵里藏针。

这是毛泽东赞扬邓小平的两句话,属准对联,见于 1989 年 11 月 12 日《文汇读书周报》、唐意诚《毛泽东赠联邓小平周小舟》(《对联》1990 年第 1 期),又见于贾思楠《毛泽东人际关系实录(1915—1976)》(江苏文艺出版社,1989 年 6 月版)。

"文化大革命"中,邓小平受迫害。1973 年 2 月 20 日,邓小平返回北京。3 月 10 日,恢复党的组织生活,任国务院第一副总理。邓小平复出后,再一次受到了毛泽东的器重。

1973 年 12 月 15 日,毛泽东在他的书房里主持召开中央政治局会议,讨论大军区司令员对调的问题。邓小平出席了这次会议。毛泽东把邓小平拉到自己的面前,对中央政治局委员和各大军区司令员宣布说:"现在,请了一个军师,叫邓小平。发个通知,当政治局委员、军委委员。"接着,毛泽东又说了一段意味深长的话:"有些人怕邓小平,但他办事比较果断。你们老上司,我请回来了,政治局请回来了,不是我一个人请回来的。小平同志进政治局,是给政治局添了一位'秘书长'。"他又对邓小平说:"我送你两句话,柔中有刚,绵里藏针,外面和气一点,内部是钢铁公司。过去的缺点,慢慢改一改吧。"

12 月 22 日,中央任命邓小平为中央政治局委员、中央军委委员。

1974 底,毛泽东当着王洪文的面,高度评价邓小平:"人才难得,政治思想强,比你强!"

1975 年 1 月 5 日,中共中央任命邓小平为中央军委副主席兼中国人民解放军总参谋长。1 月 8 日,中共十届二中全会选举邓小平为中共中央副主席。1 月 13 日,第四届全国人民代表大会第一次会议上,邓小平再次被任命为国务院副总理。不久,周恩来住院治疗期间,由邓小平全面主持国务院工作。

"柔中寓刚",罗炽主编《毛泽东诗词鉴赏辞典》(华夏出版社,1993 年 12 月版)作"柔中有刚"。

【注释】

〔1〕邓小平(1904—1997):四川广安人,原名希贤,又名斌。1922 年赴法国勤工俭学。1922 年加入旅欧中国少年共产党。1924 年转入中国共产党。1926 年赴苏联莫斯科中山大学学

习,回国后被派到冯玉祥部的国民联军中山军事学校,任政治处处长兼政治教官,并任学校中共组织负责人。大革命失败后,任中共中央秘书长,参加"八七"会议。1929年12月和1930年2月,在广西先后领导"百色起义"和"龙州起义",创建红七军、红八军,开辟左江、右江革命根据地,相继任中共右江前委书记、红七军红八军总指挥部总政委等职。1931年到江西中央根据地后,任红一军团政治部主任、中央军委总政治部副主任等职。1933年被错误地打成所谓"罗明路线的拥护者"而撤销职务。后在中央军委总政治部工作,主编《红星报》。1934年参加长征,任中共中央秘书长。1935年参加遵义会议。1936年任红一军团政治部主任。抗日战争爆发后,任八路军总政治部副主任。1938年后,任中共中央太行分局书记、中共中央北方局代理书记,同刘伯承共同领导创建太行、太岳、冀南等抗日根据地。1945年当选为中央委员。后任中共晋冀鲁豫中央局书记、晋冀鲁豫军区政委、晋冀鲁豫野战军政委。1947年同刘伯承率军强渡黄河,挺进中原,任中共中央中原局第一书记、中原军区政委、中原野战军政委。1948年任中共淮海战役总前委书记,与刘伯承、陈毅等统率中原野战军和华东野战军进行淮海战役及渡江战役。后任第二野战军政委、中共中央华东局书记。建国后,任中共中央西南局第一书记、西南军政委员会副主席、西南军区政委、西南行政委员会副主席。1952年任政务院副总理。1954年后,任中共中央秘书长、国务院副总理、国防委员会副主席。1955年补选为中共中央政治局委员。1956年当选为中央委

员会总书记。"文化大革命"开始后,被诬为"党内最大的走资派"而受到错误批判,并被解除一切职务。1973年恢复国务院副总理职务。同年当选为中央委员。后又任中央军委副主席、解放军总参谋长。1975年补选为党中央政治局常委、中央委员会副主席,并在周恩来病重后,主持中共中央、国务院日常工作。1976年4月被诬为"天安门事件"的总后台,被撤销党内外一切职务。1977年又重新恢复党内外一切职务。同年当选为中央政治局常委、中央委员会副主席。1978年当选为全国政协主席。1981年当选为中共中央军委主席。1982年当选为中顾委主任。1983年当选为中华人民共和国中央军委主席。1989年辞去中华人民共和国中央军委主席和中华人民共和国国家军委主席职务。从中共十一届三中全会以来,他对新时期党的路线、方针和政策的形成和发展,对许多有关问题的解决和实施,作出了重大贡献。他提出实事求是的思想路线,坚持四项基本原则,强调否定"文化大革命"及其错误指导思想,全面评价毛泽东的历史地位和毛泽东思想,倡导经济体制改革和政治体制改革,提出建设有中国特色的社会主义,并提出"一国两制"的构想,创建了有中国特色的社会主义建设理论。主要论著编为《邓小平文选》。

〔2〕柔中寓刚:《后汉书·臧宫传》:"《黄石公记》曰:柔能制刚,弱能制强。"

〔3〕绵里藏针:这里是说既坚持原则,又机动灵活,外圆内方之意。《醒世姻缘传》第十五回:"当日说知心,绵里藏针。险过远水与遥岑。何事腹中方寸地,把刀戟,摆森森。"

毛泽东楹联

0 8 9 9

毛泽东楹联 第二辑

本辑收录楹联共十四副。系毛泽东所作的应对联。

和邹春培先生应对联（之一）

一九〇二年

> 濯足；（邹春培先生出句）
> 修身。（毛泽东对句）

这是毛泽东和私塾先生的应对联、属课联。最早见于韶山毛泽东同志故居纪念馆整理的《韶山老人座谈会纪要》（1960年4月），后见于汪澍白、张慎恒著《毛泽东早期哲学思想探源》（中国社会科学出版社、湖南人民出版社，1983年11月版），唐意诚《毛泽东八岁应对》（《对联》1985年第2、3期合刊），高菊村、陈峰、唐振南、田余粮《青年毛泽东》（中共党史出版社，1990年3月版），罗炽主编《毛泽东诗词鉴赏辞典》、赵志超《毛泽东和他的父老乡亲》（湖南文艺出版社，1992年5月版）。

1902年春，毛泽东从唐家坨外祖父家回韶山，入南岸私塾读书。启蒙老师是邹春培。据韶山毛泽东同志故居纪念馆整理《韶山老人座谈会纪要（1960年4月）》说，一天，邹春培先生因事外出，嘱学生背书。但是，先生回馆一看，却见毛泽东和几个孩子在塘中戏水。先生好生气恼，把毛泽东和几个孩子叫到跟前，指着他们的泥巴脚丫子，念出上联要他们对，对得好，可免于打板子，毛泽东灵机一动，脱口对出了下联。先生听了，不禁暗暗点头赞叹。

赵志超《毛泽东和他的父老乡亲》说："1957年，毛泽东与一位老友谈起当年的事，解释道："这个'濯足'，就是洗脚。《孟子·离娄》上讲：'清斯濯缨，浊斯濯足矣。'《楚辞·渔父》也说：'渔父莞尔而笑，鼓枻而去，歌曰：沧浪之水清兮，可以濯吾缨；沧浪之水浊兮，可以濯吾足。'那个'修身'，就是修心养性，努力提高自己的品德修养。《礼记·大学》上讲：'欲齐其家者，先修其身。'先生批评我们不该玩水，我们说这样既可以锻炼身体，又可以提高修养。先生当然拿我们没有办法。"

【注释】

〔1〕邹春培：1902年春至1904年秋，毛泽东在韶山南岸私塾读书时的老师。

〔2〕濯足：洗脚。《孟子·离娄上》："清斯濯缨，浊斯濯足矣。"《楚辞·渔父》："渔父莞尔而笑，鼓枻而去。歌曰："沧浪之水清兮，可以濯吾缨；沧浪之水浊兮，可以濯吾足。"

〔3〕修身:修心养性,提高品德修养。《礼记·大学》:"欲齐其家者,先修其身。""欲治其国者,先齐其家。""身修而后家齐,家齐而后国治,国治而后天下平。"《庄子·山木》:"修身以明污。"

毛泽东楹联

0 9 0 3

和邹春培先生应对联（之二）

一九〇三年

牛皮菜；（邹春培出句）

马齿苋。（毛泽东对句）

这是毛泽东和私塾先生的应对联，属课联。见于《湖南党史月刊》第二、三期，又见于龙剑宇《毛泽东巧联对塾师》（《对联》1991年第4期）、赵志超《毛泽东和他的父老乡亲》。

毛泽东从小就具有反抗精神，就读于韶山南岸私塾时，对塾师邹春培体罚学生的做法很反感。有一次，邹春培无理责打一个学生，毛泽东便采取了逃学罢课和离家出走的方式来表示反抗，家里人把他找回来，叫他向先生道个歉，继续读书，他不肯去，理由是："我要找一个不打人的私塾上学。"在父母的劝说下，毛泽东才向邹春培赔不是，继续读书。邹春培勉强答应了，可是他对毛泽东的话却耿耿于怀，想试试毛泽东究竟有多大本事。一天放学后，塾师邹春培领着毛泽东来到一畦菜地边，扯下一茎牛皮菜，让毛泽东带回家去，并交代："明天一早来上学，必须还我一茎与牛皮菜能'对仗'的菜。"毛泽东明白了先生的用意：他只不过是以此来讽刺和挖苦自己说大话，吹牛皮，华而不实。毛泽东叫住邹春培说："老师稍等一会儿。"随即从路边扯出一株马齿苋交还塾师。邹春培接过马齿苋，顿时由衷地赞叹道："牛皮菜对马齿苋，牛马相对，对得好！好！"邹春培终于态度变得温和起来，不再责罚学生了。毛泽东后来在回忆这段往事时，曾风趣地说，这是他"罢课"取得的胜利，也是他"最早的反叛"。

【注释】

〔1〕牛皮菜：学名"叶用恭菜"，又名"莙荙菜"、"厚皮菜"，属藜科，恭菜的一种，二年生，草本。植株矮生或直立，根小，叶片卵形，肥厚，有光泽，色淡绿或浓绿，叶柄有长者也有短者。种子小，肾形、褐色。适应性强，春秋季节栽培为主。

〔2〕马齿苋：马齿苋科。一年生肉质草本，通常匍匐，无毛，茎常带紫色，叶对生，倒卵状楔形。夏季开花，花小型，黄色。蒴果圆锥形，盖裂。生于原野，我国分布甚广。茎、叶可作蔬菜或家畜饲料，中医学上以全草入药，性寒味酸，功能清热、解毒、消肿、主治痢疾、疮疡等症。

和东山小学堂先生应对联

一九一〇年

跳跳跳,跳下地;(东山小学堂先生出句)

飞飞飞,飞上天。(毛泽东对句)

这是毛泽东和东山小学堂先生的应对联,属课联。见于龙剑宇《毛泽东巧联对塾师》(《对联》1991 年第 4 期)

1910 年秋,毛泽东来到湘乡东山高等小学堂读书。一次,课中老师因忘记带一件教具,出教室去拿。毛泽东见老师走出教室,就箭一般跑到讲台前,纵身跳上讲台,学着他看过的一些书中造反人物的样子,向大家作起演说来。猛听屋外脚步声,赶忙跳下,溜回座位。老师回到课堂,严肃地扫视众人一遍,然后说:"今日子不能对出我的对子,我就要追查刚才这个踩坏讲台的人!"他朗声道:"跳跳跳,跳下地。"大家面面相觑,鸦雀无声。只听毛泽东对道:"飞飞飞,飞上天。"老师忘记了责备,情不自禁地赞道:"好!"

和萧三同学应对联

一九一〇年秋

目旁是贵，瞆眼不会识贵人；（萧三出句）
门内有才，闭门岂能纳才子？（毛泽东对句）

这副对联见于赵志超《萧三——第一位写毛泽东传的人》（《退休生活》1991 年第 9 期）、唐意诚《毛泽东巧对萧三》（《民间对联故事》1992 年第 4 期），又见于赵志超著《毛泽东和他的父老乡亲》（湖南文艺出版社，1992 年 5 月版）。

1910 年秋，毛泽东从韶山到外祖父家，考入湘乡县立东山高等小学堂读书。当时萧三于两年前就读该校。此时毛泽东十六岁，萧三十三岁，毛泽东得知萧三有一本《世界英雄豪杰传》，前去借阅。萧三说："我借书很讲究，有三种人不借。"毛泽东说："小弟愿意领教。"萧三立刻数出："无真才实学者不借，庸庸小人者不借，我出上联对不出下联者不借。"毛泽东笑着回答："小弟不敢自命才高博学，但读书心切，请仁兄出上联吧。"萧三便借题发挥，以试其才，说："书中讲的都是英雄豪杰，上联是：'目旁是贵，瞆眼不会识贵人'。"毛泽东略加沉思，从容对出下联："门内有才，闭门岂能纳才子？"萧三听到下联后，满脸羞得通红，低下头说："请恕小弟无礼，贤兄大才，愿为知己，地久天长！"说完马上取书借给毛泽东。从此毛泽东和萧三结成莫逆之交。毛泽东读到这本传记，在书上写了许多批语。圈点、批语最多的是华盛顿、林肯、彼得大帝、卢梭、孟德斯鸠等人的传记。毛泽东慷慨激昂地表示：我们中国也要有这样的人物，我们应该研究富国强兵之道，才不致蹈安南、朝鲜、印度的覆辙。不久，毛泽东将自己的名字取为"子任"，表示要以救国救民作为自己崇高的使命。

另据巫祖才《毛泽东制联的对立统一思想》（《对联》1994 年第 1 期）说，毛泽东本想以"口边有亚，哑嘴岂能呼亚圣"相对，然而他想对句有伤害同学的意思，诙谐有余，庄重不足，随即改成"门内有才，闭门岂能纳才子"。

这副对联的写作时间，有的误作"1909 年秋"。据中央文献研究室编《毛泽东年谱》，毛泽东系 1910 年秋考入湘乡县立东山高等小学堂读书。当以此为准。

【注释】

〔1〕萧三(1896—1983):湖南湘乡人。原名萧子暲,又名萧植蕃,曾用笔名埃弥·萧、爱梅等。萧瑜之弟。1907年入县立东山高等小学堂,后入湖南省立第一师范学校第三班。为新民学会会员,曾与毛泽东同学。1920年赴法国勤工俭学。1922年加入中国共产党。1923年到莫斯科入东方劳动者大学,曾与陈乔年将《国际歌》译成中文,1924年回国。曾任共青团中央组织部部长等职,1927年去苏联养病,任中国左翼作家联盟驻苏代表,并参加国际革命作家联盟的工作,主编《世界革命文学》中文版并从事写作,1939年回国。建国前后从事国际交往工作和文艺活动,曾任中国作协书记处书记等职。

〔2〕瞆:眼瞎。 瞆眼:瞎眼。

和夏默安先生应对联

一九一七年夏

> 绿杨枝上鸟声声,春到也,春去也?(夏默安出句)
>
> 青草池中蛙句句,为公乎,为私乎?(毛泽东对句)

这副对联见于《益阳党史通讯》1985 年第 1 期、吕庆怀主编《益阳风采》,又见于唐意诚的《毛泽东妙对故事》(《民间对联故事》1985 年第 1 期)、陈首涛《毛泽东三访夏默庵》(《湖南党史通讯》1987 年第 1 期)。陈晋《毛泽东之魂》(吉林人民出版社,1993 年 10 月第 1 版)等。

1917 年暑假,毛泽东邀在长沙楚怡小学教书的老同学萧瑜一同游学,进行农村调查。一天,毛泽东去拜访安化县劝学所所长夏默安,夏时年六十四岁,夏默安听说来访者是年轻的学生,认为学问不见得高深,故回避不见。毛泽东并不在意,接着第二次、第三次登门拜访虚心求教。夏默安因而改变态度,决定要试探一下毛泽东的才学深浅。于是开门相见,不讲不问,马上挥笔写了上联置于青案上。毛泽东看到后,稍有所思,立刻应声对出了下联。夏默安看了自感有愧,连声称赞,并以礼相待。在夏默安的陪同下,毛泽东和萧瑜参观了劝学所内陈列的祭孔礼器和古代计时器"银壶滴漏"。饭后,夏默安执意要他们留宿。毛泽东还看了夏默安著的几本书。第二天早上分别时,夏默安送了八块银元给毛泽东作旅费。

1953 年 5 月,毛泽东还记得这一段难忘的交往,曾向安化的地方去信,说"与默庵先生在安化会过一次,请寄《中华六族同胞考说》"。

"绿杨枝上鸟声声"中央文献研究室科研部图书馆编《毛泽东人生纪实》(江苏教育出版社,凤凰出版社 2003 年 12 月第 1 版)作"绿树枝上鸟声声"。

"青草池中蛙句句",《毛泽东人生纪实》作"清水池中蛙句句"。

【注释】

〔1〕夏默安(1853—1928):湖南省安化县羊角塘人,早年毕业于清代两湖学院,任安化县劝学所所长。学识渊博,专治经史之学,有《中华六族同胞考说》、《默庵诗存》、《安化诗钞》等行世。

〔2〕绿杨枝上鸟声声:宋代无名氏《九张机》词

有"桃花枝上，啼莺言语"之句。

〔3〕句：上传语告下为胪，下答上为句。《史记·刘敬叔孙通列传》："大行设九宾，胪句传。" 青草池中蛙句句：宋代赵师秀《约客》有"黄梅时节家家雨，青草池塘处处蛙"之句。

青草池中蛙句句，为公乎，为私乎：《晋书·惠帝纪》："帝之为太子也，朝廷咸知不堪政事，武帝亦疑焉。及居大位，政出群下，纲纪大坏，货赂公行，势位之家，以贵凌物，忠贤绝路，谗邪得志，吏相荐举，天子谓之互市焉。尝在华林园，闻虾蟆声，谓左右曰：'此鸣者为官乎，私乎？'或对曰：'在官地为官，在私地为私。'及天下荒乱，百姓饿死，帝曰：'何不食肉糜？'其蒙蔽者皆此类也。"毛泽东借用这一故事批评夏默安恃才傲物的态度。

毛泽东楹联

第 二 辑

和李立三同志应对联

一九二一年十一月

洞庭有归客；（毛泽东出句）
潇湘逢故人。（李立三对句）

这副对联见于唐意诚《毛泽东联话寓深情》(《民间对联故事》1986 年第 6 期)。

1921 年 11 月中旬，李立三在法国勤工俭学，由于参加爱国进步活动，因而被法当局遣返回到上海，中共中央决定派他回湖南从事工人运动。他拿着党中央的介绍信来到长沙清水塘 23 号毛泽东办公及居住的地方。当时，毛泽东正在伏案疾书，抬头一望，见到是阔别已久的老友，喜出望外。毛泽东的夫人杨开慧也高兴地说："难怪方才喜鹊叫，原来是李兄大驾光临！"毛泽东接着说："这叫做'洞庭有归客'。"李立三立即回答说："潇湘逢故人。"两人握手，相视大笑。

【注释】

〔1〕李立三(1899—1967)：原名隆郅，湖南醴陵人。1919 年赴法国勤工俭学，1921 年回国。同年加入中国共产党。为中国共产党早期领导人之一。1922 年参与并领导安源路矿工人大罢工。1927 年参加南昌起义。中共六大后任中共中央常委兼秘书长。1930 年，犯过"左倾冒险主义"错误。1931 年赴苏工作，1946 年回国。1948 年当选为全国总工会副主席、党组书记。建国后，任中央人民政府委员、劳动部长、中共中央华北局书记、中共中央政治局委员等。1967 年 6 月 22 日病逝。

〔2〕归客：归来之客。 故人：故交，旧友，老朋友。 洞庭有归客；潇湘逢故人：语出南朝梁代柳恽《江南曲》。全诗是："汀州采白蘋，日暖(一作'落')江南春。洞庭有归客，潇湘逢故人。故人何不返？春花复应(一作'将')晚。不道新知乐，只(一作'且'或'空')言行路远。"这里"洞庭"、"潇湘"都代指湖南。

和何长工同志应对联

一九二八年

谷磨磨谷,谷随磨转,磨转谷裂出白米;(何长工出句)
门锁锁门,门由锁开,锁开门敞迎故人。(毛泽东对句)

　　这副对联见于文三毛《毛泽东巧对何长工》(《民间对联故事》1994 年第 1 期)。
　　"秋收起义"后,毛泽东在井冈山将王佐的武装力量正式改编为工农革命军第二团,并将何长工派去任党代表。一天,毛泽东外出散步,见一位老农正在磨房磨谷,便进房帮助。何长工有事来找,见磨谷的磨盘,略加思索出了上联。毛泽东听后,说:"妙对! 妙对! 下联可难配啊! 待我仔细想想。"回到驻地后,毛泽东见警卫员用锁开门,当即触景生情,对何长工说:"我看刚才的上联可以这样对:"接着说出了下联。何长工听了,频频点头称奇。

【注释】

〔1〕何长工(1900—1987):湖南华容人。1918 年毕业于湖南省立长沙甲种工业学校。1919 年参加五四运动。同年赴法国勤工俭学。1922 年加入中国社会主义青年团,同年转入中国共产党。1924 年回国。1927 年参加秋收起义与井冈山根据地的创建工作。1934 年参加长征。建国后任重工业部代部长、地质部副部长和党组书记、中国人民解放军军政大学副校长、军事学院副院长、全国政协副主席等职。

〔2〕谷磨:一种磨谷出米的工具。

〔3〕故人:老朋友。

和乌石垄老者应对联

一九三四年二月

雾锁高山，哪个尖峰可出？（乌石垄老者出句）

火烧原野，这杆红旗敢行。（毛泽东对句）

　　这副对联见于刘献璋《毛泽东撰联播火种》（《民间对联故事》1991 年第 4 期）。

　　1934 年 1 月 16 日，中华苏维埃共和国临时中央政府颁布了《优待红军家属礼拜六条例》。从中央政府到各级地方政府机关都积极参加礼拜六义务劳动。1934 年 2 月的一天，正值星期六，毛泽东来到离中央政府所在地沙洲坝不远的乌石垄的田垄上，帮助红军家属犁地。快到中午时分，红军家属和在田垄春耕的农民一起到路旁的大樟树下歇息喝茶。这时，有一位老者深知毛泽东是个有学问的人，便想向毛泽东讨教。此时，老者看到沙洲山峰云雾缭绕，于是出了一个上联。毛泽东听后，凝视了一下田野，看见插在田头的竞赛红旗，于是指着红旗对出下联。众人听后，齐声喝彩。

【注释】

〔1〕雾锁高山：云雾遮住了高山。　　〔2〕火烧原野：比喻劳动场面火热。

和某私塾先生应对联

一九三四年二月

涓涓溪流，岂能作浪？（某私塾先生出句）

星星火炬，可以燎原。（毛泽东对句）

这副对联见于刘献璋《毛泽东撰联播火种》（《民间对联故事》1991年第3期）。

1934年2月的一天，毛泽东来到离中央所在地不远的乌石垄帮助红军家属犁田。休息时和一老者对句。（见《和乌石垄老者应对联》）恰好有一路过的私塾先生看到热闹非凡，也驻脚在此休息，抑制不住激动的心情，于是对大家说："我出一上联给大家对对。"私塾先生沉思了一下，见路旁一条小溪流有所触动，于是出了上联。在场的群众听后，无人回答。有好些群众的目光投向毛泽东，意思要毛泽东作答。毛泽东深解众意，看了看群众点烟的火柴杆的点点火星，即生灵感，回答了对句。私塾先生听了，夸赞说："妙！妙！"

【注释】

〔1〕涓涓：细水慢流的样子。晋代陶潜《归去来辞》："木欣欣以向荣，泉涓涓而始流。" 溪流：山间的水流。

〔2〕岂能：怎能，哪里能。

〔3〕火炬：火把。 星星火炬：微小的火把。

〔4〕燎原：火烧原野。 星星火炬，可以燎原：《尚书·盘庚上》："恐沉于众，若火之燎于原，不可向迩，其犹可扑灭？"明代居正《答云南巡抚何莱山论夷情》："究观近年之事，皆起于不才武职，贪黩有司及四方无籍奸徒窜入其中者激而构扇之，星星之火，遂成燎原。"

和房东应对联

一九三五年十月十九日

咱这窑洞太小了，地方太小了，对不住首长了；（房东大嫂）

我们队伍太多了，人马太多了，对不住大嫂了。（毛泽东）

这副对联见于张世安、张腾飞《毛泽东名联趣话》（山东人民出版社，2003年11月第2版）。

1935年10月19日，毛泽东率领陕甘支队一纵队进驻吴起镇。深夜，部队到田次湾。由于村小、房少，毛泽东和十几位同志共同睡在一个长工住的小窑洞里。房东大嫂忐忑不安地解释说出两个"太小"三个"了"。毛泽东随和着大嫂的语调，三句话对三句话，三个"了"对三个"了"，两个"太多"对两个"太小"，直把大嫂和这十几位同志逗得哈哈大笑。这确是副幽默的妙对。小小的幽默，大大地缩短了领袖与民众的距离。六天时间，陕甘支队政委毛泽东在这个小窑洞指挥了切尾巴战役，打死打伤敌军六百余人，俘虏一千余人，缴获战马一千六百多匹以及其他战利品。

和郭沫若同志应对联

建国初

丹青意造本无法；（毛泽东）

画圣胸中常有诗。（郭沫若）

这是一副题画联，见于冯蜂鸣《毛泽东与齐白石争画》一文（转引自吴直雄《毛泽东赏画题诗的艺术》，1995 年 10 月 27 日《文艺报》）。

毛泽东与齐白石同是湖南湘潭人，建国前，齐白石虽未见过毛泽东，但从朋友黎锦熙那里知道毛泽东，对毛泽东人品和学识非常敬佩。北京解放后，齐白石收到毛泽东的一封亲笔信，邀请齐白石以无党派人士身份参加新政治协商会议，共商国家大事。

开国大典前夕，齐白石为了表达对人民领袖的爱戴，精心镌刻毛泽东的朱、白两文寿山石名章，由当时文化部门的军代表艾青呈献给毛泽东。不久，毛泽东请郭沫若作陪，在中南海宴请齐白石。席间毛泽东向齐白石敬酒，感谢他的印章和画作。这使齐白石为之一怔，他想，不曾赠过画给毛泽东呀！酒后，毛泽东出示全绫装裱的国画。原来是齐白石练笔后用来包印章的"废品"。齐白石要求要回"废品"重画，毛泽东说，此画笔墨颇具气势，从牛头到牛尾，一笔勾出，足见画家功力过人啊！齐白石还是要求重画，并准备抢回去。郭沫若依据画中树上有五只鸟，取"上五"谐音"尚武"（按：郭沫若的"字"），说画是白石老人送给他的，并准备带走。毛泽东灵机一动，据画上画得茂盛的李子树，谐音"李得胜"（按：毛泽东曾用的化名），说画当是他的。这使齐白石乐开了。最后要求毛泽东、郭沫若在画上题字。毛泽东题字为："丹青意造本无法"，郭沫若续上："画圣胸中常有诗"。正好是一副对联。齐白石喜出望外地将这幅配有题画联的国画带回了家中。

后来，齐白石将自己珍藏多年的 1941 年画的国画精品立轴《鹰》和 1937 年写的对联"海为龙世界，云是鹤家乡"赠给毛泽东，还把自己一方用了近半个世纪的圆石砚送给毛泽东。毛泽东派人给齐白石送去一笔丰厚的润笔费，以示酬谢。齐白石知道毛泽东喜欢他的画，以后每年几乎都有新作送给毛泽东。毛泽东曾挥笔写信致谢。后来，齐白石还满怀敬意地书写了毛泽东《沁园春·雪》词。毛泽东和共产党对齐白石的重视和关怀，焕发了白石老人的艺术青春。齐白石在弥留之际，留下遗言：将他保留的作品和用过的东西，全部献给毛主席。

毛泽东楹联

【注释】

〔1〕齐白石(1864—1957):湖南湘潭人。原名纯芝,字渭清,后改名璜,字顺生,号白石。书画家、篆刻家。早年曾为雕花木工。1888年起兼作画,维持生计,并习诗文、书法、篆刻。中年五次游历南北各地。1917年定居北京,以治印卖画为生。1949年后,曾任中国美协主席,北京艺术专科学校教授、中国画院名誉会长。1953年被文化部授予人民艺术家称号。一生创作了大量诗、书、画、印,成为国画界一代大师。擅长花鸟虫鱼,亦画山水、人物。1957年9月16日在北京病逝。有《齐白石作品集》等行世。

〔2〕丹青:中国古代绘画常用朱红、青色,故称画为"丹青"。 丹青意造本无法:化用宋代苏轼《石苍舒醉墨堂》有"我书意造本无法,点画信手烦推求"之句。

〔3〕圣:谓所专长之事造诣至于极顶。 画圣:绘画艺术大师。 画圣胸中常有诗:化用宋代陆游"此老胸中常有诗"之句。

和符定一应对联

一九五〇年

不过文、老、贫；（符定一）

还要才、德、望。（毛泽东）

  这副应对联见于庄胜贤、秦宇云、尹志清《毛泽东联语浅释》（漓江出版社 1999 年 2 月版）。

  中华人民共和国成立后，中央文史馆不久也成立了，馆长一职一直无人担任。毛泽东考虑再三，提出要博古通今的符定一出任。符定一觉得文史馆比较清闲，馆长之职无所谓"官"，便婉辞说自己"不过文、老、贫"。毛泽东随即补充道："还要才、德、望"。这表明了毛泽东对老师的尊敬、推崇和信托。符定一终于出任了中央文史馆馆长一职。

【注释】

〔1〕符定一（1877—1958）.字宇澄，湖南衡山人，毛泽东的师长。清末毕业于京师大学堂，曾任资政院秘书。辛亥革命后，历任湖南省教育总会会长，第一师范校长、北洋政府财政部次长等职。1946 年夏，应毛泽东之邀访问延安。1949 年出席中国人民政治协商会议第一届全体会议。新中国成立后，任中央文史馆馆长、全国政协委员、政务院文化委员会委员等。著有《联绵字典》、《新学伪经考驳谊》等。

〔2〕文、老、贫：指有文化、年纪大、生活困难。

〔3〕才、德、望：指有才干、道德、名望，是化用唐代史学家刘知己所说，写历史必须有三长，即才、学、识而来。刘知己写联曰："儒者不惟通一孔，史家所有是三长。"

毛泽东楹联

0 9 1 7

第 二 辑

和周恩来同志应对联

一九五六年

橘子洲,洲旁舟,舟行洲不行;(毛泽东出句)

天心阁,阁中鸽,鸽飞阁不飞。(周恩来对句)

　　这副对联见于1992年2月1日《周末》报、《毛泽东周恩来互娱对对联》(1992年2月15日《光明日报》)、萧开寿《毛泽东联娱亲友》[1993年12月20日《人民日报》(海外版)],又见之于罗炽主编《毛泽东诗词鉴赏辞典》(华夏出版社,1993年12月版)写作日期,《毛泽东联娱亲友》作"五十年代中期"。

　　1956年,毛泽东和周恩来一起到湖南视察。一天他们同乘一辆轿车,行至湘江橘子洲头岸边,毛泽东追忆青年时代在这里读书和从事革命活动的情景,不由豪兴勃发,提出和周恩来对对子助兴。毛泽东即景咏出上联。周恩来正在思索时,小车驶到当年毛泽东常和同学们谈论天下大事的天心阁。这时,一群鸽子从阁内飞出。周恩来灵机一动,忙说:"主席,对子的下联我对出来了。"接着念出了下联,毛泽东会心地微笑着。

　　唐意诚《长沙"天水对"作者究竟是谁?》(《对联》1994年第3期)转述柳青平《刘策成先生晚年轶事》(《邵阳文史资料》第五辑)说,1956年冬,刘策成写信给在长沙的老朋友柳明泉,曾谈到,周恩来赞扬过他早年为天心阁石柱书写的对联是"雄劲之对,妙绝当世"。其对联是:"天心阁,阁落鸽,鸽飞阁不飞;水陆洲,洲泊舟,舟流洲不流。"唐贻棣在一封信中说:"刘策成,是毛泽东在湖南省立第一师范学校的历史老师,建国后任中央文史馆馆员。"

　　"舟行洲不行",罗炽主编《毛泽东诗词鉴赏辞典》作"舟走洲难走"。

【注释】

〔1〕橘子洲:见《沁园春·长沙》注。

〔2〕天心阁:楼阁名,在长沙市东南,楼阁坐落在城垣上,是全城最高处,其地现已辟为天心公园。

和毛宇居先生应对联

一九五九年六月二十五日

　　主席敬酒，岂敢岂敢！（毛宇居出句）

　　尊老敬贤，应该应该！（毛泽东对句）

　　这是毛泽东和毛宇居应对的两句话，属准对联，见于李锐著《毛泽东的早期革命活动》（湖南人民出版社，1980 年 2 月版）、唐意诚的《毛泽东妙对故事》（《民间对联故事》1985 年第 1 期）。

　　1959 年 6 月 25 日，毛泽东回到故乡韶山，当晚，毛泽东请当年的老师、同学、朋友和农协、赤卫队员及烈士家属们吃饭。席间，毛泽东向对革命作出过贡献的老人们一一敬酒。当敬到当年在南岸私塾教书的老师毛宇居老人面前时，毛宇居激动不已，连声说："主席敬酒，岂敢岂敢！"毛泽东接着答道："尊老敬贤，应该应该！"

【注释】

〔1〕毛宇居（1881—1964）：湖南湘潭人，又名蕊珠、禹珠、禹居。毛宇居和毛泽东共太高祖父，是毛泽东的堂兄和少年读私塾时的老师。1906 年秋至 1907 年夏，毛泽东在距韶山冲上屋场约五华里的井湾里毛宇居的私塾里读书。毛宇居 1926 年曾加入中国共产党，1927 年大革命失败后脱党。古典文学功底较深，善于写作。1940 年与毛国樵一同编修毛氏宗族四修族谱。建国前一直在乡间教书。建国后任湖南省文史馆馆员。1964 年去世。

毛泽东楹联

第 二 辑

毛泽东楹联　第三辑

本辑收录楹联共二十副。系毛泽东以成语或他人诗词中的联句以及前人的对联赠人的对联。

赠毛泽建继妹联

一九一五年

绳锯木断；

水滴石穿。

　　这副摘句联见于韦棕《衡岳朱凤——记毛泽建烈士》《中华女英烈》（一），人民出版社，1981 年 8 月版）、刘济昆《毛泽东诗词全集》，又见于李姿臻《指点江山激扬文字——毛泽东联语浅析》《南都学坛》1991 年第 2 期），《韶山英烈》（湖南出版社，1991 年版）。

　　这副对联创作背景和写作时间说法不一。罗炽主编《毛泽东诗词鉴赏辞典》说："1921 年初春，毛泽东回韶山时，曾帮助年仅十六岁的继妹毛泽建解除封建包办婚姻，并把她带往长沙崇实女子职业学校就读。当时毛泽东一家住在长沙清水塘，毛泽建常于课余往清水塘堂兄处求教。毛泽东为鼓励她克服困难，发奋学习，在堂妹的笔记本上题这副对联。"

　　又据吴直雄《毛泽东妙用诗词》（京华出版社 1998 年 12 月第 1 版）说："这副联语出自毛泽东赠送毛泽建的一首诗中。"

【注释】

〔2〕毛泽建（1905—1928）：湖南湘潭人，又名达湘。毛泽建与毛泽东共曾祖父，是毛泽东的堂妹。因毛泽东的母亲文七妹未生女儿，1912 年毛泽建过继到毛泽东家。1921 年加入中国社会主义青年团，1923 年加入中国共产党。同年入衡阳省立第三女子师范学校学习。1925 年任湘南学联女生部长。同年与陈芬结婚。1926 年辍学，任中共衡阳县委妇女委员。1927 年 9 月组建衡山游击队，进行武装斗争。同年 10 月调任中共衡山县委组织委员和妇女委员。1928 年 3 月率衡山工农游击队发动南岳暴动，并参加湘南起义。后任耒阳县苏维埃政府妇女界联合会主任、游击队队长。同年夏毛泽建和陈芬在耒阳下塘铺与国民党政府耒阳团防队作战时负伤被俘。不久，陈芬英勇就义。1928 年 8 月 20 日毛泽建在衡山县马王庙坪就义。

〔1〕绳锯木断；水滴石穿：语出宋代罗大经《鹤林玉露·一钱斩吏》："一日一钱，千日千钱。绳锯木断，水滴石穿。"今常用以比喻即使微小之力，经久可成大事。《汉书·枚乘传》："泰山之溜穿石，单极之绠断干。水非石之钻，索非木之锯，渐靡使之然也。"

自勉联

一九二〇年一月

自闭桃源称太古；

欲栽大木拄长天。

    这副对联见于杨开智《粪土当年万户侯——毛主席青年时期革命实践的片断》（1977年9月7日《文汇报》）、钟德灿《毛泽东青少年时期对联》（《对联》1985年第2、3期合刊）。

    1920年1月，毛泽东的岳父杨昌济、父亲毛顺生先后去世，毛泽东准备与杨开慧兄妹扶枢南归和回韶山奔丧，正在这时，李大钊来，要他到上海和陈独秀商量革命事宜，毛泽东即以杨昌济的这副名联激励自己，毅然去了上海。

    又据唐意诚《毛泽东楹联辑注》（湖南楹联学会编《今古对联》丛书之三，1993年12月版）说，1915年上学期，当毛泽东等十七名学生因在学校反对某些不合理的制度被开除出校时，杨昌济等教职员挺身而出，极力担保，曾写此联于校内黑板上，以示感慨。某日，毛泽东来到长沙浏阳门正街杨昌济公寓半仙芋园，进入书房，东面的白粉墙上，挂了一幅中国山水画，旁边贴有此联，落款是"杨昌济自题兼书"。毛泽东早就知道杨先生撰写了这副对联，很钦佩其为人和品德，但亲自书写和挂出此联，毛泽东还是第一次看到，因而特别欣赏和感动。

    "自闭桃源称太古"，杨开智《粪土当年万户侯——毛主席青年时期革命实践的片断》一文作"强避桃源作太古"。

【注释】

〔1〕这是引用杨昌济创作的对联。 杨昌济（1871—1920）：湖南长沙人。原名昌济，字华生，后在国外期间念念不忘祖国，因而改名怀中。戊戌变法时，参加湖南维新活动。1903年留学日本，研习教育学。1909年考入英国厄北淀大学，主攻哲学和伦理学，1912年毕业。1913年返国后，在湖南省立第一师范学校、第四师范学校、高等师范学校、商业专门学校等校任教。毛泽东曾受学于其门下。1918年应蔡元培之邀，赴北京大学任伦理学教授，直至1920年病逝。

挽陈子博同志联

一九二四年

出师未捷身先死；

长使英雄泪满襟。

这是毛泽东挽陈子博的摘句联,见于中共党史人物研究会(《中共党史人物传》第二十五卷《陈子博》(陕西人民出版社,1985 年 11 月版),又见于唐意诚《毛泽东写的三副对联》(《对联》1987 年第 2 期)。

1922 年 1 月 16 日,赵恒惕公然杀害了长沙劳工会领导人黄爱、庞人铨,引起了湖南人民的极大愤怒。一天,赵恒惕坐车经过长沙市坡子街,突然一声巨响,一枚炸弹在赵的车前爆炸,吓得赵恒惕仓惶逃命,他立即命令全城戒严,挨户搜捕。后来才知投弹的是青年陈子博。陈子博在粪池里呆了三天,机智地躲过了敌人的搜查,因大粪中毒而遍身发烂。由于当时时局紧张,无法在长沙就医,只得坐轿回湘乡老家调养。回家后病情加重,不幸于 1924 年 1 月 22 日病故。噩耗传到长沙后,文化书社同年 3 月 15 日举行三天追悼会,各方送哀挽联三百余副。毛泽东送了这副挽联。

【注释】

〔1〕陈子博(1892—1924):湖南湘乡人。早年就读于湘乡驻省中学。1919 年加入新民学会,1920 年参加筹办文化书社,同年加入中国社会主义青年团,当选为长沙执行委员会非宗教运动委员长。1921 年与毛泽东、何叔衡等创建湖南共产主义小组,1921 年 10 月 10 日中共湖南支部成立,毛泽东任书记,陈子博任委员。1922 年,毛泽东因反对赵恒惕离湘后,陈子博代理社会主义青年团长沙执行委员会书记。1922 年 8 月曾组织长沙织造工人罢工。

〔2〕出师:出兵。 捷:胜利,成功。《诗·小雅·采薇》:"岂敢定居,一月三捷。" 出师未捷:指三国时代蜀国诸葛亮伐魏病死军中。出师未捷身先死,长使英雄泪满襟:语出唐代杜甫《蜀相》诗。全诗为:"丞相祠堂何处寻,锦官城外柏森森。映阶碧草自春色,隔叶黄鹂空好音。三顾频烦天下计,两朝开济老臣心。出师未捷身先死,长使英雄泪满襟。"这里用来悼念陈子博不幸逝世。

题军旗联

一九二七年

旗开得胜；

马到成功。

这副成语联见于 1987 年 9 月 13 日《长沙晚报》、唐意诚《毛泽东写的军旗对联》（《对联》1988 年第 4 期）。

1927 年 9 月 9 日，在湘赣边界的浏阳县文家市爆发了秋收起义。为了加强对起义军的宣传鼓动工作，毛泽东独出心裁，亲自在中国工农革命军的军旗上书写了这副对联。

【注释】

〔1〕旗开得胜，马到成功：这是两句成语，意谓旗帜刚一展开就取得胜利，坐骑一冲到就取得成功。出自元代关汉卿《五侯宴》："俺父亲亲手下兵多将广，有五百义儿家将，人人奋勇，个个英雄，端的是旗开得胜，马到成功。"又见于《古今杂剧》元代无名氏《敬德不伏老》。

赠陈彪雄同志联

一九三九年春

请看今日之域中；

竟是谁家之天下。

这是毛泽东为陈彪雄的题词，属准对联。见于《毛泽东手书选集》。

这副对联现在所见有一件手书：署名"毛泽东"。竖写、无标点符号。

【注释】

〔1〕域中：宇内，天下。

〔2〕竟：究竟，到底。　请看今日之域中，竟是

谁家之天下：语出唐代骆宾王《为徐敬业讨武曌檄》。

毛泽东手书《赠陈彪雄同志联》

毛泽东楹联

第 三 辑

讽主观主义者联

一九四一年五月

墙上芦苇，头重脚轻根底浅；

山间竹笋，嘴尖皮厚腹中空。

这副对联见于毛泽东《改造我们的学习》(《毛泽东选集》第三卷)。

毛泽东在该文中说："有一副对子，是替这种人(指主观主义者)画像的"接着抄录了这副对联后又说："对于没有科学态度的人，对于只知背诵马克思、恩格斯、列宁、斯大林著作中的若干词句的人，对于徒有虚名并无实学的人，你们看，像不像？如果有人真正想诊治自己的毛病的话，我劝他把这副对子记下来；或者再勇敢一点，把它贴在自己房子里的墙壁上。马克思列宁主义是科学，科学是老老实实的学问，任何一点调皮都是不行的。我们还是老实一点吧！"

现在所见有一件手书：系《改造我们的学习》一文手稿中所录。横写，有标点符号。其中"底"写作"柢"。

【注释】

〔1〕这副对联系引用明代解缙所创作的对联。

解缙(1369—1415)：江西吉水人。明太祖洪武间进士，授庶吉士，后改御史。成祖时入直文渊阁，进翰林学士，兼右春坊大学士。为人刚正不阿，两次被贬谪。第三次遭奸人诬告下狱，被用酒强行灌醉后埋入雪中活活冻死，年仅四十七岁。曾主持修纂《永乐大典》，工联语，尤长于谐趣联。这副联即为世所传诵。

墙上芦苇，头重脚轻根底浅；

山间竹笋，嘴尖皮厚腹中空。

毛泽东手书《讽主观主义者联》

毛泽东楹联

书鲁迅《自嘲》摘句联

一九四五年十月

横眉冷对千夫指；

俯首甘为孺子牛。

这是毛泽东手书鲁迅《自嘲》摘句。

龚育之、逄先知、石仲泉《毛泽东的读书生活》(生活·读书·新知三联书店,1986年9月版)说:"毛泽东还很爱书写鲁迅的诗。他生前有一段时间,每次练习书法,差不多都要书写鲁迅的诗句。他为什么这样爱好鲁迅的诗句呢? 一次他在书写鲁迅诗句时曾这样说过:书写鲁迅的诗句,既可以进一步理解诗的内容,又可以进一步了解鲁迅。鲁迅的两句诗:'横眉冷对千夫指,俯首甘为孺子牛',他最爱书写。1945年10月在延安时,他就书写过鲁迅的这一诗句。"

现在所见 1945 所 10 月的一件手书,见于王鹤滨《惊世书圣 毛泽东秘书解读毛体墨迹》(长征出版社,2012年3月第2版):联末有"录鲁迅语 毛泽东"字样。竖写,无标点符号。

1958年12月1日,在武昌召开中共八届六中全会期间,著名粤剧演员红线女应邀为全会演出。演出结束后,在毛泽东等领导人登台接见的时候,红线女请求毛泽东给她写几个字,毛泽东高兴地答应了。当晚,他书写了这副摘句联。第二天,叫工作人员转交给了红线女。毛泽东在书写鲁迅诗句的前面写了一段类似小引的文字:"1958年,在武昌,红线女同志对我说,写几个字给我,我希望。我说:好吧。因写如右。"最后落款:"毛泽东 1958年12月1日"。(徐中远《读鲁迅著作》,见《毛泽东的读书生活》,第193—194页)

这副赠红线女联现在所见有一件手书,见于1982年12月27日《人民日报》,中央档案馆《毛泽东手书选集》(北京出版社,1993年10月版),又见于张贻玖《毛泽东的书房》(工人出版社,1987年7月版),还见于徐中远《读鲁迅著作》(《毛泽东的读书生活》,生活·读书·新知三联书店,1986年9月版)。《毛泽东手书选集》标明"为红线女题 一九五八年十二月一日"。上下联连写,竖写。上联后为逗号,下联后为句号。联文后用破折号,标明原作者"鲁迅"。

这副摘句联现在还有一件手书,见于中央档案馆《毛泽东手书选集》(北京出版社,

1993 年 10 月版）。上款为"小张同志"，后面有冒号，下款为"毛泽东"。竖写，无标点符号。

【注释】

〔1〕鲁迅（1881—1936）：见《七绝二首·纪念鲁迅八十寿辰》注。　《自嘲》：鲁迅 1932 年 10 月 12 日所作的一首七律。全诗为："运交华盖欲何求，未敢翻身已碰头。破帽遮颜过闹市，漏船载酒泛中流。横眉冷对千夫指，俯首甘为孺子牛。躲进小楼成一统，管他冬夏与春秋。"《鲁迅日记》本日云："午后，为柳亚子书一条幅云：运交华盖欲何求……。达夫赏饭，闲人打油，偷得半联，凑成一律以请云。"本诗原无题，编入《集外集》时，鲁迅加题为《自嘲》。1932 年 12 月 21 日，鲁迅曾将本诗写在日本和尚杉本勇乘的扇面上，"横眉冷对"写为"横眉冷看"。

〔2〕横眉：怒目而视。　冷对：冷眼相对。　千夫：古官名，古代掌管二千五百人的官叫千夫长，这里喻指敌人。　指：指斥。

〔3〕俯首：低头。　甘：心甘情愿。　为：做，充当。　孺子牛：《左传·哀公六年》："鲍子曰：'汝忘君之为孺子牛而折其齿乎？尔背之也！'"鲁迅这里喻指自己是无产阶级和人民大众的牛。　甘为孺子牛：清代洪亮吉《北江诗话》卷一：同里钱秀才"有三子，溺爱过甚，不令就塾。饭后即引与嬉戏，惟恐不当其意。尝记其柱帖云：'酒酣或化庄生蝶，饭饱甘为孺子牛'。"　横眉冷对千夫指，俯首甘为孺子牛：语出鲁迅《自嘲》诗。毛泽东《在延安文艺座谈会上的讲话》中说："既然必须和新的群众的时代相结合，就必须彻底解决个人和群众的关系问题。鲁迅的两句话，'横眉冷对千夫指，俯首甘为孺子牛'，应该成为我们的座右铭。'千夫'在这里就是说敌人，对于无论什么凶恶的敌人我们决不屈服。'孺子'在这里就是说无产阶级和人民大众。一切共产党员，一切革命家，一切革命的文艺工作者，都应该学习以鲁迅为榜样，做无产阶级和人民大众的'牛'，鞠躬尽瘁，死而后已。"1944 年 1 月 24 日，山东省文协曾给中央总学委打电报，询问《在延安文艺座谈会上的讲话》中解释"千夫"的那句话是否有误，要求"请问明毛主席电示为盼"。2 月 8 日毛泽东在回电中坚持他原来的解释，并说："鲁迅虽用'千夫指'古典的字面，但含义完全变了。"（见童学文《毛泽东和中国文学》，春风文艺出版社，1994 年 6 月版）

〔4〕红线女：1927 年生。广东开平人，幼年在广州、澳门上学，十三岁开始学唱粤剧，工旦角。1942 年参加马师曾剧团。1945 年后，多次到香港、澳门及东南亚地区演出。曾在香港组织真善美剧团，并参加拍摄电影。1955 年从香港回到广州，参加广东粤剧团。后任广东粤剧院副院长、广东粤剧团艺术总指导。当选为中国剧协广东省分会副主席、全国政协委员、全国人大代表。继承和发展粤剧传统唱腔成为粤剧中独树一帜的"女腔"，擅演剧目有《搜书院》、《李香君》等。

〔5〕小张同志：据《毛泽东手书选集》标明"为人民大会堂工作人员"。题联"时间未详"。

毛泽东楹联

0 9 3 1

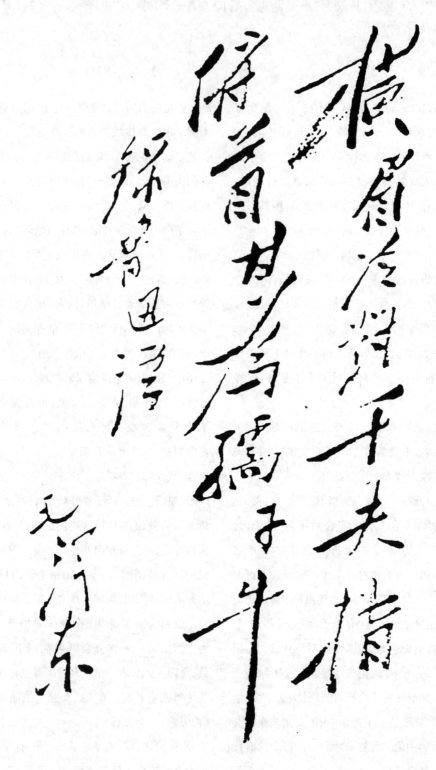

毛泽东手书鲁迅《自嘲》摘句联

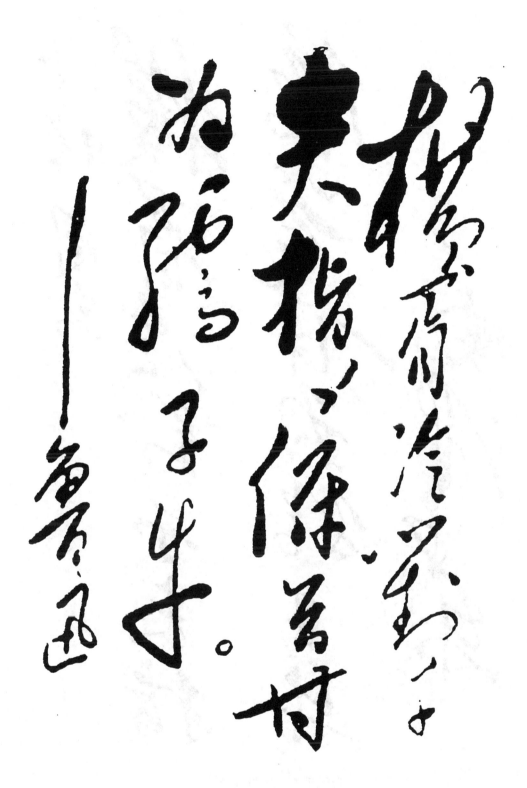

毛泽东手书《赠红线女同志联》

毛泽东楹联

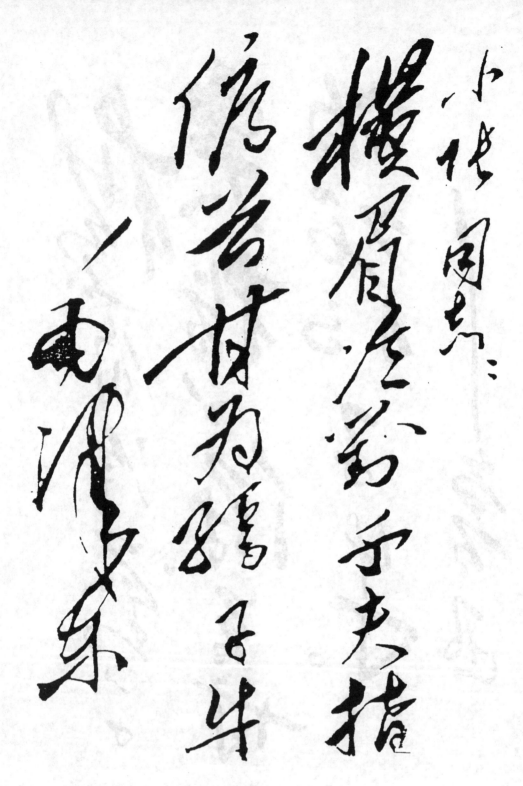

毛泽东手书《赠小张同志联》

贺斯大林同志七十寿辰联

一九四九年十二月

　　福如东海；

　　寿比南山。

　　这副寿联见于 1950 年 1 月 29 日《人民日报》、中央档案馆《毛泽东手书选集》（北京出版社，1993 年 10 版），又见于巫祖才《毛泽东制联的对立统一思想》（《对联》1994 年第 1 期）。

　　1949 年 12 月，斯大林七十寿辰。毛泽东赴莫斯科参加庆祝斯大林七十寿辰活动。除写了这副寿联外，12 月 21 日庆祝会，在会上除苏联各共和国代表讲话外，有十三个国家的代表讲话，毛泽东代表中国第一个致词，受到盛大欢迎，三次全场起立长时间鼓掌。

　　这副寿联现在所见有一件手书：上款为"敬祝斯达（大）林同志七十大寿"字样，下款是"中国共产党中央委员会"。竖写，无标点符号。

【注释】

〔1〕斯大林（1879—1953）：俄国格鲁吉亚戈里人。早年在第比里斯正教中学读书时开始参加革命活动。1898 年加入俄国社会民主工党。1899 年因参加革命活动被学校开除，从此成为职业革命家。曾被捕七次，流放六次。后参加十月革命的领导工作，1918 年后，参加领导反对外国武装干涉和国内战争。1924 年当选为俄共（布）中央委员会书记。同年列宁逝世后，领导全国逐步实现社会主义工业化、农业集体化和机械化。1941 年卫国战争爆发后，领导苏联人民进行反法西斯战争。1945 年荣膺苏联大元帅军衔。战后领导人民恢复和发展国民经济，进行社会主义建设。1953 年因病在莫斯科逝世。

〔2〕福如东海：比喻福如东海水之多。

〔3〕寿比南山：比喻寿命如终南山一样长久。《诗·小雅·天保》："如月之恒，如日之升，如南山之寿，不骞不崩。"《南史·齐豫章王嶷传》："嶷谓上曰：'古来言愿陛下寿比南山，或称万岁，此殆近貌言。如臣所怀，实愿陛下极寿百年亦足矣。'"　福如东海，寿比南山：这是一副通用寿联。明代洪楩《清平山堂话本·花灯轿莲女成佛记》："寿比南山，福如东海，佳期。从今后，儿孙昌盛，个个赴丹墀。"《三侠五义》第四十二回："将八盆松景从板箱抬出一看，却是用松针儿扎成的'福如东海，寿比南山'八个大字，却也做的新奇。"

毛泽东楹联

第　三　辑

敬祝斯达林同志七十大寿

福如东海

寿比南山

中国共产党中央委员会

毛泽东手书《贺斯大林同志七十寿辰联》

赠李达同志联

一九四九年十二月

往者不可咎；

来者犹可追。

　　这副联见于陈力新、李梅彬《毛泽东同志和李达同志的友谊》(1978 年 12 月 23 日《光明日报》，又见于孙琴安、李师贞《毛泽东与名人》(江苏人民出版社，1993 年 2 月第 1 版)，又见于黄丽镛《毛泽东谈古书实录》(上海人民出版社，1994 年第 1 版)。胡忆肖、鲍晓敏、胡兴武《毛泽东诗词白话全译》(湖北教育出版社，2001 年 5 月第 1 版)收入该书附录(一)。(该书"修改说明"说："附录(一)我们总的叫它'两行诗'，注明包括对联、题词等。")

　　1949 年，经刘少奇介绍，毛泽东、李维汉等人作李达的历史证明人，李达被中共中央批准为正式党员。在李达申请重新入党时，毛泽东同意李达重新入党，不要候补期，并愿意作李达的历史证明人。同时也对李达说："早年离开了党，这在政治上摔了一跤，是个很大的损失。往者不可咎，来者犹可追。"

【注释】

〔1〕李达(1890—1966)：号鹤鸣，湖南零陵人。1912 年毕业于日本东京帝国大学。十月革命后，向国内系统介绍马列主义。1920 年 8 月参加上海共产主义小组，主编《共产党》月刊、《新青年》等。1921 年出席中共一大，当选为中央局宣传主任。1923 年秋退出共产党。北伐战争中任国民革命军总政治部编审委员会主席等职。大革命失败后，先后在全国各地任大学教授，仍坚持研究与传播马列主义。1949 年 12 月重新入党。曾先后担任过湖南大学、武汉大学校长、全国政协委员、全国人大常务委员会委员等职。并任中国科学院哲学社会科学学部委员、中国哲学学会会长。1966 年 8 月 24 日，文革初期，被迫害离世。

〔2〕咎：过失、罪错，这里用作动词，"怪罪"、"责怪"的意思。　往者不可咎：过去了的不可怪罪。

〔3〕来者犹可追：未来的还可以追补回来。

往者不可咎，来者犹可追：《论语·微子》："往者不可谏，来者犹可追。"毛泽东这两句就是将《论语·微子》中的两句稍加改易而成。

毛泽东楹联

0 9 3 7

第 三 辑

题第一次全国侦察工作会议联

一九五〇年五月七日

　　知己知彼；

　　百战百胜。

　　这是毛泽东 1950 年 5 月 7 日为第一次全国侦察工作会议的题词，属准对联。见于《毛泽东题词墨迹选》，又见于《毛泽东手书选集》。

　　这副准对联现在所见有一件手书：有署名"毛泽东"。竖写，无标点符号。

【注释】

〔1〕知己知彼：对对方和自己的情况都了解透彻。《孙子·谋攻》："知彼知己，百战不殆。""知彼知己"亦作"知己知彼"。

〔2〕百战百胜：谓每战必胜。《孙子·谋攻》："百战百胜，非善之善者也；不战而屈人之兵，善之善者也。"

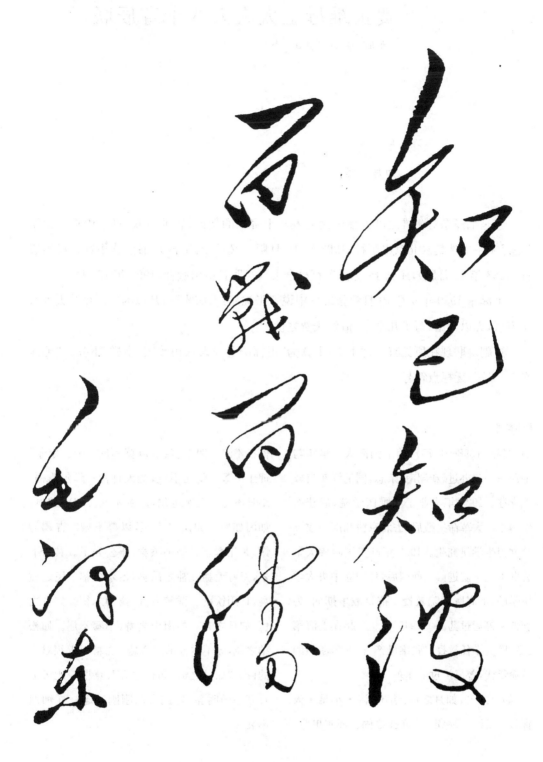

毛泽东手书《题第一次全国侦察工作会议联》

毛泽东楹联

第 三 辑

贺张维母王太夫人八十寿辰联

一九五〇年九月十九日

如日之升；

如月之恒。

这是毛泽东对张维之母王福庆太夫人八十寿辰的贺词，属准对联，见于中央档案馆《毛泽东手书选集》（北京出版社，1993 年 10 月版），又见于《毛泽东书信选集》（人民出版社，1983 年 12 月版），还见于《毛泽东百科全书》（光明日报出版社，1993 年 10 月版）。

毛泽东 1950 年 9 月 19 日致张维信中说："张维兄：来信收读，甚以为慰。令堂大人八十寿辰，无以为赠，写了几个字，借致庆贺之忱。"

这副寿联现在所见有一件手书：上款为"王福庆老夫人八旬致庆"字样，下款为"毛泽东"。竖写，无标点符号。

【注释】

〔1〕张维（1898—1975）：湖南浏阳人。早年与毛泽东一起办过《新湖南》杂志，同毛泽东有较多交往。1924 年毕业于湘雅医学院，后获医学博士。大革命失败后，去北京协和医院攻读公共卫生学研究生。1929 年赴美国哈佛大学公共卫生学院进修。回国后，任国立中央大学医学院、上海医学院教授。抗日战争期间，为新四军筹运过药品。1949 年 9 月起在上海第二军医大学任教授。张维母亲，在斗争激烈的革命年代，曾掩护过毛泽东。

〔2〕如日之升，如月之恒：语出《诗·小雅·天保》。诗云："天保定尔，亦孔之固。俾尔单厚，何福不除。俾尔多益，以莫不庶。天保定尔，俾尔戬谷。罄无不宜，受天百禄。降尔遐福，维日不足。天保定尔，以莫不兴。如山如阜，如冈如陵。如川之方至，以莫不增。吉蠲为饎，是用孝享。禴祠烝尝，于公先王。君曰卜尔，万寿无疆。神之吊矣，诒尔多福。民之质矣，日用饮食。群黎百姓，遍为尔德。如月之恒，如日之升。如南山之寿，不骞不崩。如松柏之茂，无不尔或承。"这是一首群臣祝福君主的诗。"如月之恒，如日之升"，意谓好比天上月亮一样明亮，好比太阳刚刚升起一样灿烂不衰。

王福庵老夫人前致庆

如日之升

如月之恒

毛泽东

毛泽东手书《贺张维母王太夫人八十寿辰联》

毛泽东楹联

赠陈毅同志联

一九五五年

路遥知马力；

事久见人心。

这副对联见于张世安、张腾飞《毛泽东名联趣话》(山东人民出版社，2003 年 11 月第 2 版)。吴直雄《楹联巨匠毛泽东》(广东人民出版社，2003 年 8 月第 1 版)收录。

陈毅从 1943 年起就受到饶漱石的排挤、诬陷。陈毅自己也有怨愤、猜测。1944 年 4 月 9 日毛泽东致信陈毅隐含了他与饶漱石的关系："凡事忍耐，多想自己缺点，增益其所不能；照顾大局，不妨大的原则，多多原谅人家。"1954 年 2 月，时任中共中央组织部长的饶漱石的野心家、伪君子的真面目被彻底揭露，党中央召开了七届四中全会，一致通过了毛泽东建议起草的《关于增强党的团结的决议》。1955 年 3 月，党的全国代表会议通过了《关于高岗、饶漱石反党联盟的决议》。至此，陈毅遭诬陷的真相大白，毛泽东引用此俗语对联安慰陈毅。这时的陈毅"谦逊以自束"，作了自我批评，并写下名诗《手莫伸》。

【注释】

〔1〕陈毅：见《五律·改陈毅〈西行〉》注。

〔2〕路遥知马力，事久见人心：这是我国自古以来的俗语。宋代陈元靓《事林广记》中有："路遥知马力；事久见人心。"《元曲选·争报恩》中有："徐宁云：'恰才姐姐救了我的性命……则愿得姐姐长命富贵，若有些好歹，我少不得报答姐姐之恩，可不道'路遥知马力，日久见人心'。"上述的"日久"与"事久"，意思一样，只是各地习惯说法不一而已。

赠陈云同志联

一九五九年

国乱思良将；

家贫念贤妻。

这是毛泽东引用的一副格言联。见于贾思楠《毛泽东人际交往实录(1915—1976)》
(江苏文艺出版社,1990 年 7 月第 1 版)。又见于《读者导报》1993 年第 10 期(3 月 8 日出
版),并收入唐意诚编注《毛泽东楹联辑注》。又见于李锐《庐山会议实录》(河南出版社,
1994 年 6 月版)。

1959 年 6 月,毛泽东到湖南视察工作,同王任重等发表感想,有感于"浮夸风"的泛
滥,而说了这副对联。陈云主持经济工作时实事求是,先安排市场,后安排基本建设,国
民经济健康发展。国家经历三年困难时期,毛泽东想念陈云。毛泽东又讲了曹操败于赤
壁思念郭嘉的故事。

1959 年庐山会议期间,毛泽东 7 月 11 日晚与周小舟、周惠、李锐谈话时,也曾说道:
"'国乱思良将,家贫思贤妻',这是《三国志·郭嘉传》上的话。曹操打袁绍,吃了大败仗,
于是想念郭嘉。"说陈云当总指挥好。

又据张世安、张腾飞《毛泽东名联趣话》(山东人民出版社 2003 年 11 月第 2 版)说,
1959 年 7 月 2 日晚上,毛泽东在庐山举行中共中央政治局扩大会议期间,请原毛泽东秘
书、中共湖南省委第一书记周小舟,毛泽东的秘书田家英,毛泽东的兼职秘书、水电部副
部长李锐,湖南省委书记周惠四位同志畅谈国内形势。

在美庐住处,毛泽东坐在中间沙发上。毛泽东听到田家英学着劳模罗世发的腔调
说:"水稻要亩产万斤? 哪个鬼儿子哄你,只好把谷子往田里堆!"他便哈哈大笑不止。许
久,又摇摇头,用力在烟缸里按灭烟蒂。毛泽东又说:"1958 年有些事,我有责任。提倡敢
想敢干,'八大'二次会议达到高峰。其中也有些胡思乱想,唯心主义。因此,不能全怪下
面和各个部门。""怪不得下面工作的同志。"

此时室外虽下着小雨,室内却笑声阵阵。毛泽东忽而正色道:"世上没有先知先觉,
没有什么前知五百年,后知五百年的刘伯温。无非是多谋善断,留有余地。《三国志》里
郭嘉传值得一读。郭嘉这个人足智多谋,初在袁绍麾下不得施展。他说袁绍'多端寡要,

好谋无决,欲与共济天下大难',就跑到曹操那里。曹操说他'每有大议,临敌制变。臣策未决,嘉辄成之。平定天下,谋功为高。'可惜他中年夭折。曹操大哭。大跃进出点乱子,不要埋怨。否则就是'曹营之事不好办',或者叫你'欲与共济天下大难'!"

　　毛泽东讲到此吐出一口烟,专心思索片刻,不禁吟出上述对联。7月11日在庐山住处与周小舟、周惠、李锐谈话时又吟出此联。此联恰如其分地反映了毛泽东对形势的忧虑以及他迫切扭转局势的决心和愿望,同时对大家寄予信任和厚望。

【注释】

〔1〕陈云(1905—1995):江苏青浦(今属上海)人。原名廖陈云。1920年到上海商务印书馆当学徒、店员。1925年参加五卅运动。同年加入中国共产党。后在上海从事工人运动,曾参加上海工人三次武装起义。大革命失败后,回乡从事农民运动,1929年回上海,任江苏省委书记、中华全国总工会党团书记。1933年到江西中央革命根据地后,任中华全国总工会中央执行局党团书记。1934年随中央红军参加长征,任中央军委纵队政委。1935年参加遵义会议。同年转赴苏联,向共产国际汇报遵义会议情况。后留苏联,任中央驻共产国际代表团成员。1937年回国后,任中央组织部部长、中央青委书记。解放战争时期,任中共中央北满分局书记、辽东分局书记、东北局副书记兼南满分局书记、中华全国总工会主席。建国后,任政务院副总理、国务院副总理、全国人大常委会副委员长、中共中央副主席、中共中央纪律检查委员会第一书记、中共中央顾问委

员会主任。主要著作有《陈云文选》、《陈云文稿》。

〔2〕国乱思良将,家贫念贤妻:据考证,这两句话并不见于《三国志·魏书·郭嘉传》,而出自清代后期风靡民间的《增广贤文》"国乱思良将,家贫思贤妻。"咸丰时期硕果山人又编定《训蒙增广改本》仍收录此语。但此语,当不始于清代,追溯其源,是由《史记·魏世家》"家贫则思良妻,国乱则思良相"一语演化而来。《史记·魏世家》云:"魏文侯谓李克曰:'先生尝教寡人曰:'家贫则思良妻,国乱则思良相'。今所置非成则璜,二子何如?"毛泽东的说法,大约根据《三国志·魏书·郭嘉传》中的这一记载,后太祖征荆州还,于巴丘遇疾疫,烧船,叹曰:"郭奉孝在,不使孤至此。"奉孝是郭嘉的字。曹操赤壁一战失利,有战略战术之谋的反省,"于是想念郭嘉"裴松之注引《傅子》还说:"太祖又云:'哀哉奉孝!痛哉奉孝!惜哉奉孝!'"

赠经济工作者联

一九五九年

胆欲大而心欲小；

智欲圆而行欲方。

这副对联见于张世安、张腾飞《毛泽东名联趣话》(山东人民出版社,2003 年 11 月第 2 版)。胡直雄《楹联巨匠毛泽东》(广东人民出版社,2003 年 8 月第 1 版)收录。

1959 年 6 月,正当由于"大跃进"而造成国民经济比例严重失调之时,毛泽东在谈话中说,我们过去八年的经济建设都是平衡的,就是去年下半年刮了七八个月的"共产风",没有注意综合平衡,因此产生经济失调的现象。他接着引用唐朝医学家孙思邈的话:"胆欲大而心欲小,智欲圆而行欲方",还引用曹操批评袁绍的话:"志大而智小⋯⋯"以此说明做经济工作应头脑清醒,胆大心细,多思慎行,统筹全局,责任分明,不然就会造成损失。

毛泽东少年时读过的《韶山毛氏族谱》二修二卷有《四方竹》曰:"志欲圆兮行欲方"。

在河南鹤壁市西面五严山上,有一个"医圣洞",其名缘自唐代著名医学家孙思邈曾在此洞住过。其洞有此联语。

【注释】

〔1〕这副对联语出《淮南子·主述训》:"凡人之论,心欲小而志欲大,智欲圆而行欲方,能欲多而事欲鲜。"

〔2〕欲:要。 小:这里是细的意思。 胆欲大而心欲小:意谓人作事要胆大心细。

〔3〕圆:圆满、周全,圆通、灵活。 方:方正,端正,有棱角,讲原则。 智欲圆而行欲方:意谓我们在考虑问题、处理问题时,想得要周到,变通灵活,而所作所为,则须坚持原则,品行端正。

书王勃《滕王阁序》摘句联之一

落霞与孤鹜齐飞；

秋水共长天一色。

这是一副王勃《阁王阁序》摘句联。

1962年9月17日，毛泽东在和毛岸青、邵华的谈话中，一边背诵王勃《秋日登滕王阁饯别序》中的佳句，一边评论起了王勃，说王勃"为文光昌流丽"，尤其欣赏"海内存知己，天涯若比邻"两句。说罢坐到桌前，欣然命笔，挥毫写下了这副联句赠给他们。现在毛泽东手书的这副摘句联悬于滕王阁高约三米的立柱之上。

毛泽东对"初唐四杰"之首的王勃颇为推崇。在读《初唐四杰集》王勃《秋日楚州郝司户宅饯君序》一文时写下了长达一千多字的批注 批注说：王勃"这个人高才博学，为文光昌流丽，反映当时封建盛世的社会动态，很可以读。这个人一生倒霉，到处受惩，在赣州几乎死掉一条命。所以他的为文，光昌流丽之外，还有牢骚满腹一方……为文尚骈，但是初唐王勃等人的新骈、活骈，同六朝的旧骈、死骈，相差十万八千里。他是七世纪的人物，千余年来，多数文人都是拥护初唐四杰的，反对的只有少数。"杜甫称赞"王、杨、卢、骆当时体，轻薄为文哂未休。尔曹身与名俱灭。不废江河万古流"，"是说得对的"。

毛泽东书赠毛岸青、邵华的这副摘句联见于毛岸青、邵华《回忆爸爸勤奋读书和练书法》（《瞭望》1983年第12期）、吴直雄《试说摘句联及毛泽东对联的摘句艺术》（《对联》1993年第4期）。署明书写日期"九月十七日"。竖写，无标点符号。

现在所见还有一件手书：见于中央档案馆编《毛泽东手书选集》（北京出版社，1993年10月版）。上下联连写，竖写，无标点符号。

【注释】

〔1〕毛岸青：毛泽东的次子，杨开慧所生，见《致毛岸英、毛岸青（1941年1月31日）》注。
邵华：毛岸青之妻。1938年生于陕北延安。1960年与毛岸青结婚。在军事科学院工作。曾任全国政协委员。 王勃（649—676）：字子安，绛州龙门（今山西稷山县）人，从小聪明多才，不到二十岁，任朝散郎、沛王府修撰。当时诸王贵戚之间盛行斗鸡，王勃作了一篇《檄英

王鸡》的游戏文章,触怒了唐高宗,因而被逐出王府。此后,他漫游剑南,曾一度任虢州参军,又因性格高傲,得罪同僚而被革职 他父亲王福畤,也由于他的缘故被贬为交趾(安南)令。唐高宗上元二年(675 年),他往交趾省亲、在渡海时溺水而死,年仅二十八岁。滕王阁,是唐高祖的儿子李元婴在洪州任都督时修建的一座阁楼,故址在今江西南昌市赣江边,落成时,李元婴被封为滕王,所以命名为"滕王阁"。

《滕王阁序》:唐高宗时,洪州都督阎某又重新修缮滕王阁,王勃在赴交趾途中,正遇到阎氏于重九日在滕王阁大宴宾客,他应邀参加了宴会,写下的一篇声情并茂,寄寓了生平抱负和无限感慨的传世之作。

〔2〕鹜:鸟名,即家鸭,古亦泛指野鸭。《左传·襄二十八年》:"公膳日双鸡,饔人窃更之以鹜。" 落霞与孤鹜齐飞,秋水共长天一色:语出唐代王勃《滕王阁序》,旧时一般认为这一名句是从庾信《华林园马射赋》中"落花与芝盖齐飞,杨柳共旌旗一色"化出。

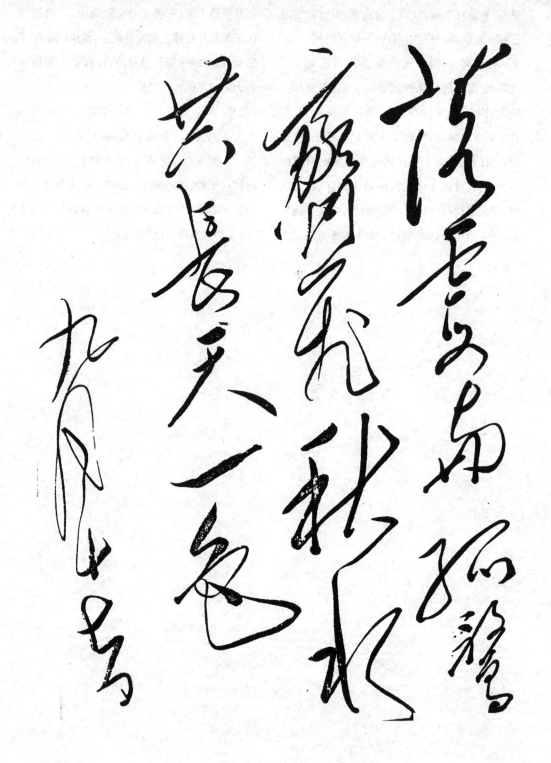

毛泽东手书王勃《秋日登洪府滕王阁饯别序》摘句联之一

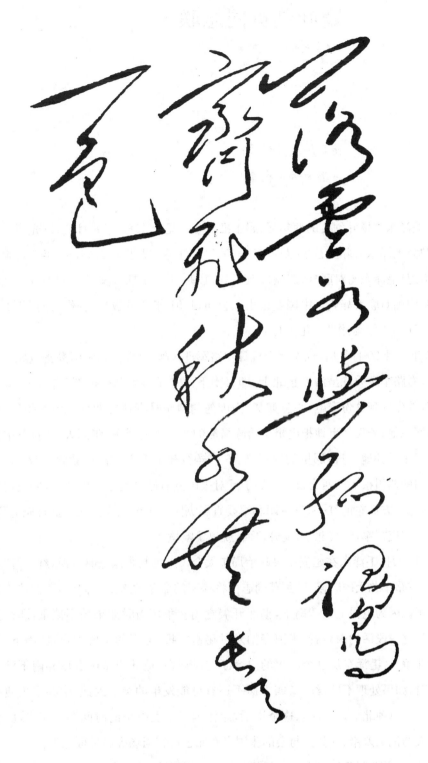

毛泽东手书王勃《滕王阁序》摘句联之一

毛泽东楹联

第 三 辑

赠叶剑英同志联

五十年代末或六十年代初

诸葛一生唯谨慎；

吕端大事不糊涂。

这是毛泽东赞扬叶剑英的两句话，属于准对联。见于 1983 年 8 月 6 日《光明日报》、贾思楠编写《毛泽东人际交往实录(1915—1975)》(江苏文艺出版社，1989 年 6 月版)、唐意诚、莫道迟《毛泽东与对联》(《楚风》(双月刊)1990 年第 4 期)，又见于顾平旦、常江、曾保泉主编《中国对联大辞典》(中国友谊出版公司，1991 年 2 月版)。创作时间，罗炽主编《毛泽东诗词鉴赏辞典》作"一九六七年"。

1935 年 8 月 29 日午后，红军北上抗日左路军进入阿坝地区后，张国焘密电原四方面军领导人，右路军政委陈昌浩停止北上，即日南下。时任前敌总指挥部(右路军)参谋长的叶剑英，首先读到这份密电，心急如焚，当即匆匆地骑马奔往巴西向毛泽东报警，然后又迅速跑回原地，若无其事地把电报交给陈昌浩的秘书。毛泽东、张闻天、博古等中央领导很快到三军团驻地，与在那里的周恩来、王稼祥召开了中央政治局紧急会议(即 1935 年 9 月上旬的四川松潘巴西会议)，开展了反对张国焘右倾分裂主义的斗争，并决定脱离危险地区，把一方面军的红一、三军团和军委直属纵队八千余人编为北上抗日先遣队(即陕甘支队)，连夜行军，继续北上，离开巴西，脱离了险境。

1937 年 3 月，毛泽东在延安中央政治局扩大会议上批判张国焘时曾说，红一、四方面军编成左、右路军北上的时候，叶剑英同志便将秘密的命令偷来给我们看，我们便不得不单独北上了。因为电报上说："南下，彻底开展党内斗争。"当时如果稍不慎重，那么会打起来的。从这一段话的内容看，张国焘拍发过秘密电报，电报的主要内容是"南下，彻底开展党内斗争"。毛泽东从这个电报的内容断定，再耐心地劝说张国焘放弃南下已经不可能。同时，如果处理不好，红一、四方面军还有可能发生冲突。因此，中共中央便率红一方面军主力单独北上。毛泽东这个讲话，距张国焘拍发电报的时间是一年半，应该说不会发生大的记忆差错。同时，与会的张国焘对此也没有当场提出反驳意见。

巫祖才《毛泽东制联的对立统一思想》说：1935 年 8 月，在长征路上，书赠毅然将张国焘企图分裂党的阴谋汇报中央的叶剑英一联："诸葛一生唯谨慎；吕端大事不糊涂。"据陈士榘《从井冈山走进中南海》说:"1967年'八一'前夕,毛泽东离开北京在外地巡视期间,听到老帅被冲击的消息后,便对代总长杨成武说:'叶剑英在关键时刻是立了大功的。'诸葛一生唯谨慎,吕端大事不糊涂。'"另一说:1967年毛泽东在南巡途中谈及叶剑英时,曾对随行人员说:"叶剑英在关键的时候是立了大功的。如果没有他,就没有这个了!"毛泽东说到这里,幽默地摸摸脑壳,又说:"他救了党,救了红军,救了我们这些人。"为此,毛泽东赞扬叶剑英"诸葛一生唯谨慎;吕端大事不糊涂。"

罗炽主编《毛泽东诗词鉴赏辞典》也说,这副对联是1967年某月毛泽东南巡谈及叶剑英在关键时刻是有大功的,稍后,送叶剑英这两句话的。

董学文《毛泽东和中国文学》(春风文艺出版社,1994年6月版)则说:在八届十中全会上,毛泽东送给叶剑英的两句话:"诸葛一生唯谨慎,吕端大事不糊涂",亦可看作一副赠联。

据范硕、丁家琪《叶剑英传》(当代中国出版社,1995年3月出版)说:周恩来于1972年6月在批林整风汇报会议上就密电问题讲了很长的一段话,其中说:"剑英同志先得到张国焘的命令,一得到马上就报告毛主席。毛主席得到这个消息,决心北上。""剑英同志先将密电报告了毛主席,因而脱险,立了大功。这件事情,是毛主席经常讲的,在座的不少同志听到。不是主席总是拿这个古人的事来比喻吗?宋朝不是有位吕端嘛。古人有两句话:'诸葛一生唯谨慎,吕端大事不糊涂'。主席拿这个例子多次说这个事。"陈毅于1964年12月28日,在中央工作会议上,把毛泽东送给叶剑英的两句赞语,写在叶使用的笔记本里:"剑英道兄正之:诸葛一生唯谨慎,吕端大事不糊涂。"徐向前于1977年5月14日叶剑英八十寿辰之际,赠叶一首"七绝",其中写道:"吕端当愧公一筹,导师评论早已定。"聂荣臻在1977年5月14日为叶剑英祝贺八十寿辰,曾赠诗一首:"川西传讯忠心耿,京华除害一身胆。行若吕端识大事,功成绛侯有愧颜。"1986年11月1日聂荣臻又曾于《人民日报》发表题为《吕端大事不糊涂》一文。薄一波1994年7月5日接见广东叶剑英研究会等时说:"记得五十年代末或六十年代初,毛主席多次指定我把北戴河会议上的发言,修改后在中央工作会议上再讲一次,当我讲到旧戏中王佐断臂'为国家尽忠心昼夜奔忙'时,几位同志插话,毛主席突然站起来讲:剑英我送你一句话:'诸葛一生唯谨慎,吕端大事不糊涂'。'吕端大事不糊涂',剑英足以当之!我想主要指这件事,当然还有其他的事!"

据此,毛泽东可能曾多次说过这两句话赞扬叶剑英。时间最早可能在五十年代末或六十年代初。

毛泽东楹联

【注释】

〔1〕叶剑英（1897—1986）：广东省梅县人。1917年入云南讲武堂。参与筹建黄埔军校，任教授部副主任。1927年加入中国共产党。参加领导广州起义。1928年赴莫斯科学习。1930年回国，任中央革命军事委员会参谋长、红军学校校长等。参加了长征。抗日战争时期，任八路军参谋长，1941年任中央军委参谋长。解放战争时期，任中国人民解放军参谋长、北平市市长。建国后，任人民军事委员会副主席、军事科学院院长、中共中央军委副主席兼秘书长、国防部部长、人大常委会委员长、中共中央副主席等职。在1976年粉碎"四人帮"的斗争中起了决定性的作用。著有诗词《远望集》。

〔2〕诸葛：指诸葛亮（181—234），三国蜀汉丞相，阳都人，字孔明。隐居隆中，自比管仲乐毅，人称卧龙。刘备三顾始见之，为备划据荆州、益州，联孙权拒曹操之策。并佐备取荆州，定益州，遂与魏吴成鼎足之势。先辅刘备，后辅刘禅，整官制，修法度，志复中原，有功于世，尤以谨慎用兵著称。为我国历史上著名的政治家和军事家。

〔3〕吕端（933—998）：北宋名相。宋代幽州安次人，字易直。　吕端大事不糊涂：典出《宋史·吕端传》："时吕端蒙正为相，太宗欲相吕端，或曰：'端为人糊涂。'太宗曰：'端小事糊涂，大事不糊涂。'决意相之。"

这是引用明代李贽《藏书》的集句对联。又据吴直雄《毛泽东妙用诗词》（京华出版社，1998年12月第1版）说："这副对联原系李贽的自题联语。"

赠刘兴元同志联(两副)

一九七二年

其 一

能攻心,则反侧自消,自古知兵非好战;

不审势,即宽严皆误,后来治蜀要深思。

其 二

世外人法无定法,然后知非法法也;

天下事了犹未了,何妨以不了了之。

这两副对联见于唐意诚编注《毛泽东楹联辑注》。

1958年3月,毛泽东在成都武侯祠看到清代赵藩写的一副对联时,大加赞赏。陈晋主编《毛泽东读书笔记解析》说,1958年3月,毛泽东游览了成都西郊的杜甫草堂,紧接着,来到武侯祠,他对陪同的负责人说,"武侯祠内楹联随处可见,以诸葛亮殿前清末赵藩所题最负盛名。"毛泽东非常认真地看了此联,反复吟诵。直到晚年,他还提议让四川负责人好好研读此联,以及新都宝光寺何元普一联。

1972年,广州军区司令员刘兴元奉命调任成都军区,收拾"文革"残局。赴四川前,他先到北京见毛泽东。毛泽东在中南海对他说:"你到四川去呀!成都有座武侯祠。你记住,武侯祠的第二道门有一副对联,你可以去看看,好好体会一下,我就没有多的话要说了。"毛泽东又说:"你到四川,先到成都武侯祠看一副对联。你再到新都县宝光寺看另一副对联。"四川成都武侯祠的一副对联,就是指上面的第一副对联,新都县宝光寺的对联,就是指上面的第二副对联。刘兴元去四川后,首先就是去看这两副对联,以求治蜀良策。这件事曾轰动西南各省,增添了人们对武侯祠这副对联作者赵藩的敬仰之情。毛泽东还要求将武侯祠全部对联收集起来,编成小册子。这些对联大都是对诸葛亮一生事业的总结,可为后世之鉴。

清末,岑春煊、刘炳章先后任四川总督,一个宽容失度,一个严酷出奇。1902年,赵藩游武侯祠,借诸葛亮治蜀针砭时政,撰写了这副对联。第二副对联的作者是何元普,生平不详。

【注释】

〔1〕刘兴元(1908—1990)：山东莒县人，1931年参加中国工农红军，同年加入中国共产主义青年团并转入中国共产党。1934年随中央红军参加长征。后任红四方面军卫生部总务处处长、八路军卫生部政治处主任、八路军一一五师教导五旅政治部主任和代政委、山东军区第二师政委、东北野战军五纵队政委、第四野战军四十二军政委。建国后，任中南军区干部部部长、广州军区副政委和第二政委、国防委员会委员、成都军区第一政委和司令员、解放军军事学院政委。1955年被授予中将军衔。中国共产党第九至第十一次全国代表大会上当选为中央委员。1990年在北京逝世。

〔2〕赵藩(1851—1927)：字樾村，一字介庵，别号蝯仙，晚号石禅老人。云南剑川县向湖村人。白族，清代光绪举人。曾任四川臬台、署盐茶道兼通省厘金。辛亥革命后在北京主持临时议席。1917年在广州任南军总裁兼交通部总长。1920年任云南图书馆馆长。为人刚直，富有爱国思想。长于诗词，能书，善联。传世联有多副，尤以光绪二十七年(1901年)撰写的成都武侯祠联闻名于世。另，孙髯所撰昆明大观楼长联，亦为赵藩所补书。此二联后人每每称道。

〔3〕攻心：《三国志·魏书·马谡传》裴松之注引《襄阳记》说，诸葛亮治蜀时曾说："用兵之道，攻心为上，攻城为下；心战为上，兵战为下"。

〔4〕反侧：不顺从。《荀子·王制》："遁逃反侧之民。"杨倞注："反侧，不安之民也。"

赠许世友同志联

一九七三年

随陆缺武；

绛灌少文。

这副联语见于张世安、张腾飞《毛泽东名联趣话》（山东人民出版社，2003年11月第2版），吴直雄《楹联巨匠毛泽东》（广东人民出版社，2003年8月第1版）收录。

1973年12月22日，中共中央军委发布命令：经毛泽东主席、党中央决定，八大军区司令员相互对调。军令如山，八大军区司令当天即走马上任。这次重大军界人事调动，曾引起国内外的广泛关注。

12月12日，毛泽东在政治局会议上作了重要讲话。他批评了"政治局不议政，军委不议军"，并说："我考虑了半年，大军区司令员还是调一调好……"12月20日，中央召开了八大军区司令员对调会议，毛泽东在他的书房接见了参加会议的四十六位高级将领。毛泽东与四位将领作了一番风趣幽默的谈话后开始向全体将领讲话。讲着讲着，他向坐在前排的南京军区司令员许世友问道："我要你读《红楼梦》，你读了没有？""读了。"许世友回答得很干脆。"读了几遍？""一遍。""一遍不够，要读三遍。"毛泽东随口背诵了《红楼梦》第一章。自从毛泽东要求许世友读《红楼梦》后，在座的高级将领们几乎都认真读过这部名著，但无论是做军事工作的，还是做政治工作的，没有一人能大段大段地背诵《红楼梦》。八十岁高龄的毛泽东的这一番即席背诵，令在座的高级将领们敬佩不已。

背完《红楼梦》第一章，毛泽东还要许世友学周勃，再次以此联勉励许世友。此联以助汉高祖刘邦定天下的谋臣随何、陆贾的能文缺武，同西汉初期名将绛侯周勃、灌婴的能武少文，来比衬文武双全的人才，对许寄予厚望。

又据黄丽镛著的《毛泽东读古书实录》载，1973年12月22日，中央军委根据毛泽东12月12日在中央政治局会议上提出大军区司令员对调的建议，发布命令，对八个人军区司令员实行对调。毛泽东接见了各大军区负责人。在接见时，毛泽东把许世友从后排叫到前排。毛泽东对大家说："汉朝有个周勃，是苏北沛县人，他厚重少文。《汉书》上有《周勃传》，你们看看嘛！"在那次接见中，毛泽东还问许世友看过

《红楼梦》没有,许世友回答说看过。毛泽东说:《红楼梦》要看五遍才有发言权,要坚持看五遍。并且指出:"中国古典小说写得最好的是《红楼梦》,你们要搞点文,文武结合嘛!你们只讲武,爱打仗,还要讲点文才行啊!文官务武,武官务文,文武官员都要搞点文学。"

　　毛泽东历来赞赏能文能武。全国解放后,毛泽东外出的专列上带有大量古书,《三国志》是必带的。1958年9月,毛泽东乘专列视察大江南北。一天,毛泽东正在车上阅读《三国志》,张治中和罗瑞卿两位高级将领进来,谈话间毛泽东说:"吕蒙是行伍出身,没有文化,很感不便,后来孙权劝他读书,他接受了劝告,勤读苦读,以后当了东吴的统帅。现在我们的高级军官中,百分之八九十都是行伍出身,参加革命后才学文化的,他们不可不读《三国志》的《吕蒙传》。"毛泽东在八大军区司令员对调时再次号召高级将领们要读读《吕蒙传》。

【注释】

〔1〕许世友(1905—1985):1905年2月28日出生在河南省新县泗水店区许家村一个贫苦农民家庭。1926年加入中国共产主义青年团,1927年转为中国共产党党员。曾任红四军军长、红四军骑兵司令员、山东纵队参谋长、胶东军区司令员、华东野战军第九纵队司令员、山东军区司令员、中国人民志愿军第三兵团司令员、中国人民解放军副总参谋长、南京军区司令员、国防部副部长兼南京军区司令员、广州军区司令员、中央军委常委,九届、十届、十一届中央委员、中央政治局委员、中央顾问委员会副主任等职。1955年被授予上将军衔。许世友原名许士友。在长征途中,毛泽东第一次见到许士友就问:"我经常听到你的名字,没有见到你这个人。你的名字是哪几个字呀!"许世友回答说:"我的幼名叫友德,家谱上是仕字辈,父母给取名叫许仕友。参加红军后,我有空就学认字,才发觉仕字是做官的意思,便把'仕'字改为'士'字。"毛泽东听后对许世友说:"你看把'士'字改用世界的'世'字好不好?这一改你就成世界之友了!"打这以后,就一直改用许世友。许世友后来成为一员威震中外的名将。

〔2〕随:即随何,汉初能辩之士。楚汉相争之时,奉刘邦之命,说服淮南王英布归汉有功。后为护军中尉。 陆:即陆贾,是汉初的政论家和辞赋家。楚(今江苏徐州)人,曾两度奉使南越,说服赵佗接受南越王的封号,臣属于汉。其官至太中大夫,曾向刘邦提出"天下可马上得之,不可马上治之"的著名建议。力主提倡儒学,辅之以老庄"无为而治"的思想。有《新语》等著作。

〔3〕绛:即周勃(? —前169),汉初大臣。沛(今属江苏)人,少时织薄曲为生,并充当办理丧事的吹鼓手。秦末从刘邦起兵,以军功为将军,封绛侯。汉初又从刘邦平定韩王信、陈豨和卢绾的叛乱。惠帝时,任太尉,诛杀吕产、吕禄等人,迎立文帝,任右丞相。 灌:即灌婴

（？—前176），睢阳（今河南商丘商）人。本为贩卖丝绸的小商人。在秦末农民战争中归刘邦，转战各地。汉朝建立，任车骑将军，封颍阴侯。后与陈平、周勃共立文帝，任太尉，不久为丞相。　随陆缺武，绛灌少文：语出《晋书·刘元海载记》："常鄙随、陆无武，绛、灌无文。"

毛泽东楹联

书王勃《滕王阁序》摘句联之二

老当益壮,宁知白首之心;

穷且益坚,不坠青云之志。

这是毛泽东手书唐代王勃《滕王阁序》摘句,因未见其实际应用于某场合,故属准对联。见于中央档案馆编《毛泽东手书选集》(北京出版社,1993 年 10 月版)。

现在所见有一件手书:上下联连写。竖写,有标点符号。上下联各分两句,首句为逗号,第二句(即上下联末)为句号。末尾署明作者"王勃"。

【注释】

〔1〕王勃《滕王阁序》:见《书赠毛岸青、邵华联》注

〔2〕益:更加。 壮:指志气旺盛。

〔3〕宁:难道。 宁知白首之心:怎能在白头时改变心情。

〔4〕穷:遭遇困难。 坚:指节操坚定。

〔5〕坠:坠失。 不坠青云之志:不抛弃远大的志向。

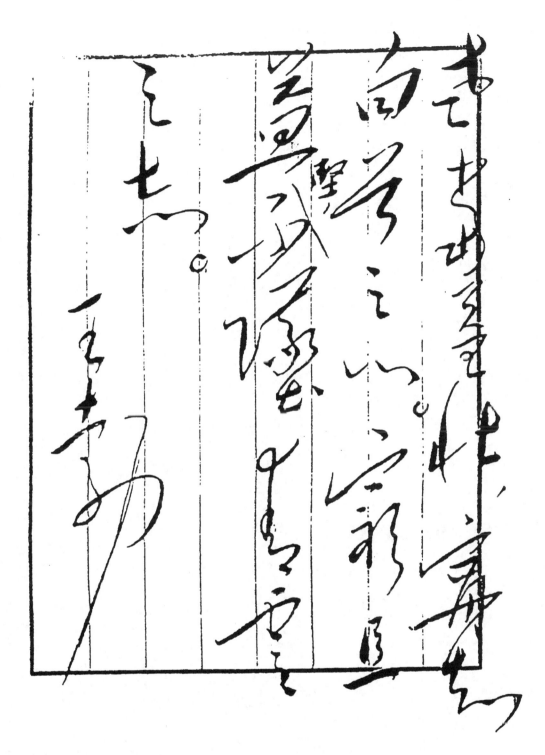

毛泽东手书王勃《滕王阁序》摘句联之二

毛泽东楹联

第 三 辑

毛泽东楹联　附录一

本辑收录楹联共四副。系毛泽东根据旧联改作或戏改的对联。

治学联

贵有恒，何必三更起五更眠；

最无益，只怕一日曝十日寒。

这副对联见于 1983 年 11 月 8 日《青年日报》、1984 年 6 月 17 日《光明日报》，又见于马玉卿、张万禄编著《毛泽东成长的道路》（陕西教育出版社，1986 年 10 月版）、张贻玖《毛泽东的书房》（工人出版社，1987 年 9 月版）、高菊村、陈峰、唐振南、田余粮著《青年毛泽东》（中共党史资料出版社，1990 年 3 月版），后又见于刘济昆《毛泽东诗词全集》。

这副对联系改明代胡居仁所作而成，胡的原联为："苟（一作"若"）有恒，何必三更眠五更起；最无益，莫过一日曝十日寒。"胡居仁（1434—1484），江西余干人，字叔心，明代著名学者，曾主持白鹿书院，著有《居业录》等。

据唐意诚、莫道迟《毛泽东与对联》（《楚风》1990 年第 4 期）说："其时正值考试的紧张阶段，为关心同学们的身体健康，毛泽东将此联写在黑板上，既为自勉，也为互勉。"

"贵有恒，何必三更起五更眠"，《毛泽东成长的道路》作"苟有恒，何必三更眠，五更起"。《青年毛泽东》作"贵有恒，何必三更眠五更起"。《毛泽东制联的对立统一思想》（《对联》1994 年第 1 期）作"贵有恒，何必三更起五更睡"。

"只怕一日曝十日寒"，《毛泽东成长的道路》作"莫过一日曝，十日寒"。

胡忆肖、鲍晓敏、胡兴武《毛泽东诗词白话全译》（湖北教育出版社，2001 年 5 月第 1 版）说：两相比较，可以看出并非原联照抄，而是有意改动。如"苟"改成"贵"，"五更眠五更起"改成"三更起五更眠"，"莫过"改成"只怕"。这些绝不是可有可无的改动。改动后更强调"有恒"，更强调"一日曝十日寒"的无益；而"三更起五更眠"比"三更眠五更起"更合情理。

【注释】

〔1〕恒：恒心。《论语·子路》："人而无恒，不可以作巫医。"

〔2〕更：旧时一夜分成五更，每更大约两小时。 三更：约夜十一时至次日晨一时。 五更：约晨三至五时。

〔3〕曝：晒。 一日曝十日寒：语出《孟子·告子上》："虽有天下易生之物也，一日曝之，十日寒之，未有能生者也。"比喻时而勤奋，时而懈怠，没有恒心。

戏改"两耳不闻窗外事"联

一九三九年五月

两眼不看书外事；

一心只管政治常。

　　这副对联见于毛泽东《在延安在职干部教育动员大会上的讲话》（一九三九年五月二十日）（《毛泽东文集》第2卷，人民出版社1993年12月第1版）。

　　该文说："现在看到我们的有些教员，他手里的一本政治常识，还是中央苏区时代出版的，他对这本书上的东西相当熟，因为他已教过七八十遍了，但是其他东西就不知道了，真是'两眼不看书外事，一心只管政治常'，他不知道结合新的形势把书上的东西加以讲一步的发挥。在民众团体里，在军队中，在支部中，这种情形也有看到。我们现在要打破这种现状，改善我们的工作，就要加紧学习。"

【注释】

〔1〕政治常：指中央苏区编的《政治常识》。

毛泽东楹联

0 9 6 3

戏改孙中山联

一九五八年

钢铁尚未成功；

同志仍须努力。

这副对联见于贾思楠《毛泽东人际交往实录（1915—1975）》（江苏文艺出版社，1990年7月第1版）。

该书说，1958年初以来，毛泽东这位哲学家和诗人头脑里的那些"不可思议的幻想"，像火山爆发般喷涌而出。毛泽东说："干脆点吧！翻一番，何必拖拖拉拉呢？搞一千一百万吨。钢铁尚未成功，同志仍须努力。七亿人口要多少钢？我看一人一吨，搞它七亿吨。粮食比钢少一半，搞三千五百亿公斤。"

1981年5月27日，中国共产党第十一届中央委员会第六次全体会议通过的《关于建国以来党的若干历史问题的决议》指出："1958年，党的八大二次会议通过的社会主义建设总路线及其基本点，其正确的一面是反映了广大人民群众迫切要求改变我国经济文化落后状况的普遍愿望，其缺点是忽视了客观的经济规律。在这次会议前后，全党同志和全国各族人民在生产建设中发挥了高度的社会主义积极性和创造精神，并取得了一定的成果。但是，由于对社会主义建设经验不足，更由于毛泽东同志、中央和地方不少领导同志在胜利面前滋长了骄傲自满情绪，急于求成，夸大了主观意志和主观努力的作用，没有经过认真的调查研究和试点，就在总路线提出后轻率地发动了'大跃进'运动和农村人民公社化运动，使得以高指标、瞎指挥、浮夸风和'共产风'为主要标志的左倾错误严重地泛滥起来。"毛泽东这一段话和这副对联，就是当时这一思想的反映。

戏改孙中山联

革命尚未全成；

同志仍须努力。

这副对联见于毛泽东《关于自己所作诗词的批注》（一九五八年十二月十二十一日）（《建国以来毛泽东文稿》第七册，中央文献出版，1992 年 8 月第 1 版）。

毛泽东批注中说："鲁迅 1927 年在广州，修改他的《古小说钩沉》，然后说道：于时云海沉沉，星月澄碧，饕〔饕〕蚊遥叹，予在广州。从那时到今天，三十一年了，大陆上的饕〔饕〕蚊灭得差不多了，当然，革命尚未全成，同志仍须努力。港台一带，饕〔饕〕蚊尚多，西方世界，饕〔饕〕蚊成阵。安得起全世界各民族千百万愚公，用他们自己的移山办法，把蚊阵一扫而空，岂不伟哉！"

【注释】

〔1〕革命尚未全成；同志仍须努力："革命尚未成功，同志仍须努力"，是 1925 年 3 月孙中山临终遗嘱中的两句话，后来成为人们所喜爱、传诵的名联。毛泽东这副联，就是戏改孙中山的名联而成。

毛泽东楹联

毛泽东楹联　附录二

　　本辑收录楹联共二十八副。系从毛泽东书信、文章、题词、批语、谈话中摘出的对偶句,亦可视为对联。

登高泛海联

一九一三年十月

> 登祝融之峰，一览众山小；
>
> 泛黄勃之海，启瞬江湖失。

这副对联见于《毛泽东早期文稿》（中共中央文献研究室、中共湖南省委《毛泽东早期文稿》编辑组编，湖南出版社 1990 年 7 月第 1 版）。

胡忆肖、鲍晓敏、胡兴武《毛泽东诗词白话全译》（湖北教育出版社，2001 年 5 月第 1 版）收入第四辑。该书"修改说明"说，"这些诗词有其明显的特点，即不完全是毛泽东所作，有改作，有联句，有续诗，虽程度不一，但均系毛泽东与同时代的人或古人共同创作"。

毛泽东《讲堂录（一九一三年十月至十二月）》载："十一月一日 国文 时……闭门求学，其学无用。欲从天下国家万事万物而学之，则汗漫九垓，遍游四宇尚已。游之为益大矣哉！登祝融之峰，一览众山小；泛黄勃之海，启瞬江湖失；马迁览潇湘，泛西湖，历昆仑，周览名山大川，而其襟怀乃益广。读《游五姓湖记》，则见篇中人物，皆一时之豪；吾人读其文，恍惚与之交矣。游者岂徒观览山水而已哉，当识得其名人巨子贤士大夫，所谓友天下之善士也。"

《讲堂录》是毛泽东 1913 年 10 月至 12 月在长沙湖南省立第四师范学校读预科期间的笔记。前面部分主要是修身和国文的课堂笔记，也有少量算术课记录；后面部分则主要是听讲韩愈文章的课堂记录。

修身为杨昌济主讲，国文为袁仲谦主讲。本诗记录在前面部分"国文"课笔记中。《讲堂录》虽是听课笔记，但不时夹有毛泽东的听课心得，这几句是袁仲谦先生所讲，还是毛泽东的心得体会，殊难考定。谨录以备考。

【注释】

〔1〕祝融之峰：即祝融峰，衡山的最高峰，在湖南省衡山县西北。

〔2〕一览众山小：这句诗出自杜甫《望岳》。全诗是："岱宗夫如何？齐鲁青未了。造化钟神秀，阴阳割昏晓。荡胸生层云，决眦入归鸟。会当凌绝顶，一览众山小。"

〔3〕黄勃之海：即黄海、渤海。

〔4〕启瞬：与"一览"同义。 江湖失：意谓江与湖不能与大海相比，似乎消失。

抒怀联

一九一五年

天下者，百姓之天下；

江山者，人民之江山。

　　这副对联见于杨庆旺《毛泽东题词与联语纪事》（中央文献出版社，2001年4月版）。题目为本书编著者所拟。

　　1915年三伏天的一个星期六傍晚，毛泽东和湖南第一师范一百余人游泳队伍游完湘江后，同蔡和森在橘子洲沙滩上漫步，准备夜宿岳麓山。当蔡和森谈及"湘江两岸，是破破烂烂的草棚子。橘子洲头，有几栋红红绿绿的洋人别墅。码头上，停的是外国的兵舰。这就是今天的湘江！"毛泽东深情地说："明天的湘江，是什么样子？应该更加美丽！天下者，百姓之天下；江山者，人民之江山！"

　　后来，毛泽东在《民众的大联合》（三）（1919年8月4日）一文中，也曾说过类似的话，但思想史前进，更深刻了。该文中说：俄国十月革命成功，全世界为之震动。因而推动了欧、亚两洲的人民革命运动，因而发生了中国伟大的"五四"运动，"旌旗南向，过黄河而到长江，黄埔汉皋，屡演活剧，洞庭闽水，更起高潮。天地为之昭苏，奸邪为之辟易。咳！我们知道了！我们醒觉了！天下者我们的天下。国家者我们的国家。社会者我们的社会。我们不说，谁说？我们不干，谁干？刻不容缓的民众大联合，我们应该积极进行！""我们中华民族原有伟大的能力！压迫愈深，反动愈大，蓄之既久，其发必速。我敢说一怪话，他日中华民族的改革，将较任何民族为彻底。中华民族的社会，将较任何民族为光明。中华民族的大联合，将较任何地域任何民族而先告成功。诸君！诸君！我们总要努力！我们总要拼命的向前！我们黄金的世界，光华灿烂的世界，就在前面！"这就是对此联最好的注脚。

赠白浪滔天联(两副)

一九一七年春

其 一

生以精神助之;

死以涕泪吊之。

其 二

高谊贵于日月;

精诚动乎鬼神。

这两副联语见于毛泽东和萧植蕃(即萧三)《致白浪滔天信》(一九一七年春)(载《毛泽东早期文稿》,湖南出版社 1990 年 7 月第 1 版)。

这年春,日本进步人士白浪滔天来长沙参加黄兴葬礼期间,毛泽东和萧植蕃联名写信给白浪滔天,信中说:"先生之于黄公,生以精神助之,死以涕泪吊之,今将葬矣,波涛万里,又复临穴送棺。高谊贯于日月,精诚动乎鬼神,此天下所希闻,古今所未有也。"

这里"生以精神助之,死以涕泪吊之","高谊贯于日月,精诚动乎鬼神",就是两副很好的联语,对白浪滔天支持和帮助中国民主主义革命以及与黄兴深厚的友谊充满了敬仰和赞美之情。

【注释】

〔1〕这封信是毛泽东与萧植蕃(即萧三)在白浪滔天来长沙参加黄兴葬礼期间写的。 白浪滔天(1871—1922):即宫崎寅藏,也作白浪庵滔天,日本熊本县人。早年受日本自由民权思潮熏陶,积极支持和帮助孙中山领导的中国资产阶级民主革命,参加兴中会,与黄兴等交往甚密。在穷困潦倒之际,拒绝东京赤坂警察署长的贿诱,保护孙中山、黄兴和同盟会的机密。1916 年 10 月,黄兴在上海病逝后,灵柩归葬湖南。次年 2 月,白浪滔天由日本来长沙参加黄兴葬礼,四月离开长沙回国。

白浪滔天先生閣下 久欽高誼覿面
無緣遠道聞風令人興起
先生之於黃公生以精神助之死以涕淚
弔之今將葬矣使遠篷萬里又
復臨穴送棺高誼貫於日月精
誠動于鬼神此天下所希聞古今
所未有也栖蕃湘之學生嘗讀詩書
頗立志氣今者願一望見
丰采聆取
宏教惟
先生實賜寵接幸甚幸甚
湖南省立第一師範學校學生 蕭植蕃
毛澤東上

毛泽东手书《致白浪滔天信》（1917年春）

毛泽东楹联

治学联（两副）

一九一七年夏

其 一

庇千山之材而为一台；

汇百家之说而成一学。

其 二

取精用宏；

根茂实盛。

这两副准对联见于毛泽东《〈一切入一〉序》（一九一七年夏），收入《毛泽东早期文稿》（湖南出版社，1990 年 7 月第 1 版）。

《〈一切入一〉序》是毛泽东为萧子升自订的读书札记《一切入一》写的序言。序言说，治学要打好基础，日积月累，"今日记一事，明日悟一理，积久而成学"。"等积矣，又有大小偏全之别，庇千山之材而为一台，汇百家之说而成一学，取精用宏，根茂实盛，此与夫执一先生之言而姝姝自悦者，区以别矣。虽然，台积而高，学积而博，可以为至矣，而未也。有台而不坚，有学而不精，无以异乎无台与学也。学如何精，视乎积之道而已矣。积之之道，在有条理。"

赞"五四"运动联（两副）

一九一九年八月四日

其 一

天地为之昭苏；

奸邪为之辟易。

其 二

圣文神武的皇帝，也是可以倒去的；

大逆不道的民主，也是可以建设的。

　　这两副联语见于毛泽东《民众的大联联合（三）》（一九一九年八月四日）（载《毛泽东早期文稿》，湖南出版社1990年7月第1版）。

　　该文中说："幸〈辛〉亥革命，乃留学生的发踪指示，哥老会的摇旗唤呐，新军和巡防营一些丘八的张弩拔剑所造成的，与我们民众的大多数，毫没关系。我们虽赞成他们的主义，却不曾活动。他们也用不着我们活动。然而我们却有一层觉悟，知道圣文神武的皇帝，也是可以倒去的。大逆不道的民主，也是可以建设的。我们有话要说，有事要做，是无论何时可以说可以做的。"又说："世界战争的结果，各国的民众，为着生活痛苦问题，突然起了许多活动。我〈俄〉罗斯打倒贵族，驱逐富人，劳农两界合立了委办政府，红旗军东驰西突，扫荡了多少敌人，协约国为之改容，全世界为之震动。匈牙利崛起，布达佩斯又出现了崭新的劳农政府。德人奥人截克人和之，出死力以与其国内的敌党搏战。怒涛西迈，转而东行，英法意美既演了多少的大罢工，印度朝鲜，又起了若干的大革命。异军特起，更有中华长城渤海之间，发生了'五四'运动。旌旗南向，过黄河而到长江，黄浦汉皋，屡演活剧，洞庭闽水，更起高潮。天地为之昭苏，奸邪为之辟易。"

　　这里连用了若干联语，高度评价了俄国十月革命给世界革命带来的巨大变化，热情讴歌了我国五四运动蓬勃发展的大好形势。上述两副联语尤具概括性和冲击力。

【注释】

以下为对毛泽东原文稿的注释。　　　　　　〔1〕辛亥革命：是以孙中山为首的资产阶级政党同盟会所领导的推翻清朝专制王朝的革命。1911 年 10 月 10 日,革命党人发动新军在湖北武昌举行起义,接着,各省热烈响应,清朝反动统治迅速瓦解。1912 年 1 月,在南京成立了中华民国临时政府,孙中山就任临时大总统。二千多年的中国封建帝制从此结束,民主共和国的观念从此深入人心。但是资产阶级革命派力量很弱并具有妥协性,没有能力发动广大人民群众进行比较彻底的反帝反封建的革命。辛亥革命的成果迅即被北洋军阀袁世凯篡夺,中国仍然没有摆脱半殖民地、半封建的状态。

〔2〕哥老会:清代以来的民间秘密组织,活动于湖南、湖北、贵州、四川等省。会众多为破产农民、手工业者和流氓无产者,也有地主豪绅参杂其间。最初以"反清复明"为宗旨,太平天国失败后,会众多参加农民起义、反洋教斗争。辛亥革命时,有些会众接受革命党人的影响和领导,多次参加武装起义,以后则常为反动势力操纵和利用。

〔3〕新军:指清末编练的新式陆军。1895 年甲午战争中国失败后,袁世凯在天津小站扩编的新建陆军和张之洞在江苏仿德制编练的自强军是新军之始。1905 年制定陆军军制,将新军编制推行全国,按西法编练,使用新式武器。辛亥革命前夕,同盟会和各地革命分子以新军为活动对象,各省新军中的下级军官和士兵倾向革命的人日益增多。新军是促成武昌起义的重要力量之一。 巡防营:即巡防队,是清末各省的地方部队。巡防队系旧军改编,将校多出自行伍,与新练陆军成为两个系统。

〔4〕委办政府:指 1917 年俄国十月革命后成立的俄罗斯苏维埃共和政府——人民委员会。列宁当选为人民委员会主席。

〔5〕布达佩斯又出现了崭新的劳农政府:指 1919 年 3 月 21 日成立的匈牙利苏维埃共和国政府。这是继苏维埃俄国之后的第二个无产阶级专政的国家政权,在外国帝国主义的武装干涉和内部反革命分子的破坏下,同年 8 月 1 日被颠覆。

〔6〕"五四"运动:指 1919 年 5 月 4 日在北京发生的反帝反封建的爱国运动。这次运动得到了全国人民的响应,迅速发展成为广大群众性的运动。"五四"运动也是反对封建文化的新文化运动。

读书自警联

一九二〇年六月七日

脑子不能入静；

工夫难得持久。

这副联语见于毛泽东《致黎锦熙信》（一九二〇年六月七日）（载《毛泽东早期文稿》，湖南出版社 1990 年 7 月第 1 版）。张世安、张腾飞《毛泽东名联趣话》（山东人民出版社，2003 年 11 月第 2 版）收录。

这封信中说："先生及死去了的怀中先生，都是弘通广大，最所佩服。可惜我太富感情，中了慨慷的弊病，脑子不能入静，工夫难得持久，改变也很不容易改"。这里用一副联语，检讨自己学习的毛病，以作为今后读书的警策。

赠黎锦熙联(两副)

一九二〇年六月七日

其一

上衙门;

下私宅。

其二

作事;

读书。

这两副联语见于毛泽东《致黎锦熙信》(一九二〇年六月七日)(载《毛泽东早期文稿》,湖南出版社 1990 年 7 月第 1 版)。

这封信中说:"先生能指挥日常生活,将'上衙门''下私宅''作事''读书'支配得那样圆满得当,真不容易。我因易被感情驱使,总难厉行规则的生活,望着先生,真是天上。"

这里毛泽东用两对词组,赞扬了黎锦熙将工作和学习安排得有条不紊,圆满得当。这两对词组颇似对课,虽短小却言简意赅,生动活泼,连词性、结构、平仄都对得相当工整,足见毛泽东小学功底之深厚。

【注释】

〔1〕黎锦熙(1890—1978):湖南湘潭人。语言学家。1914 至 1915 年上半年,在湖南省立第一师范学校任教,与杨昌济、徐特立创办宏文图书社编译所,教学之余从事著述。1915 年 9 月赴北京,后在北京师范大学长期从事教学工作。新中国成立后历任全国政协委员、九三学社中央常务委员等职。黎锦熙 1913 年 1 月任湖南省立第四师范学校历史教员,毛泽东在该校预科一班读书。1914 年四师与一师合并,黎教历史和国文,与毛泽东建立了深厚的师生情谊。1915 年 9 月,黎应聘担任教育部教科书特约编纂员、编审员及文科主任,与毛泽东仍鸿雁往来。1918 年 8 月 15 日毛泽东偕第一批赴法勤工俭学青年,到达北京,住在杨昌济家,11 月经杨介绍,到北京大学图书馆当助理员。12 月 29 日毛专程到黎家交谈"办报事及世界问题"。此后每逢星期天毛泽东大都与黎相聚,评论时政、探讨学问和救国救民的真理。

自 1920 年 6 月 7 日致黎信后，天各一方，十六年互无联系。1937 年毛泽东托米脂县人北师大教授马师儒，向时任西北师范学院院长的黎问好，并寄去一本他的新作《论持久战》，重庆谈判时，黎锦熙多次与贺澹江谈起担心蒋介石对毛泽东下毒手，当闻知毛泽东安全返回延安时，黎锦熙才大松了一口气。1948 年人民解放军兵临北平，北师大教务长黄金鳌几次登门叫他登机去台湾都遭黎拒绝。1949 年北平和平解放不久，毛泽东到北师大宿舍看望黎先生和黎师母，请黎出任新中国第一任教育部长，黎锦熙极力辞谢，只担任第一届全国政协委员、北师大校务委员会主席、中国语言文字改革协会副主席、汉字整理委员会主任委员。之后，毛泽东多次在中南海住处宴请黎先生和黎师母。1954 年毛泽东给他写信，"同意推广注音字母"。1972 年底，在毛泽东和周恩来的亲自过问下，黎锦熙由阜城门外白堆子迁居朝阳门内北小街四合院内，从此有了一个安静的治学环境。从 1915 年到 1920 年，毛泽东给黎锦熙的书信保存下来的有六封。毛泽东将其影印，由荣宝斋复制成册赠给黎。此外，他还保存了毛泽东在一师时的作文本、《新民学会会员通信集》等珍贵文献，并于 1951 年献给国家档案馆和历史博物馆。尤其是《湘江评论》第 5 号出版时，毛泽东亲自到印刷厂监印，把刚印出装订好的一本装入信封内寄给北师大黎锦熙先生，等到毛泽东再去印刷厂时，全部刊物已被军阀派兵抄烧完，因此，黎锦熙收到的《湘江评论》第 5 号是幸存的唯一的一本。

毛泽东楹联

纪念巴黎公社联

一九二六年三月十八日

巴黎公社是开的光明的花；
俄国革命是结的幸福的果。

这副联语见于毛泽东《纪念巴黎公社的重要意义》（一九二六年三月十八日）（载《毛泽东文集》第一卷，中央文献出版社 1993 年 12 月第 1 版），张世安、张腾飞《毛泽东名联趣话》（山东人民出版社，2003 年 11 月第 2 版）收录。

这是毛泽东为纪念巴黎公社五十五周年在国民党政治讲习班上的讲演。毛泽东在演讲中说："马克思说：资本家互争利益的国际战争，是无意义的，只有国内阶级战争，才能解放人类。民国三年的欧洲大战，丧失了许多的生命，耗费了无数的金钱，结果得到了什么？民国六年俄罗斯工人起来革命，推翻资本家政府，成功了劳工专政，使世界上另开了一条光明之路，其价值的重大为何如？俄国的十月革命和巴黎公社，是工人阶级以自己的力量，来求人类真正的平等自由，它们的意义是相同的，不过成功与失败不同而已。所以我们可以说：巴黎公社是开的光明的花，俄国革命是结的幸福的果——俄国革命是巴黎公社的继承者。"毛泽东用这副联语，阐明了纪念巴黎公社的重大意义，热情讴歌了俄国十月革命取得的伟大胜利。

国人奋起抗日联（三副）

一九三六年三月一日

其 一

皮之不存，毛将安附；

国既丧亡，身于何有。

其 二

建义旗于国中；

申天讨于禹域。

其 三

以一当十，是我精神；

以十当一，是我实力。

这三副联语见于毛泽东起草、与彭德怀合署的《中国人民红军抗日先锋军布告》（一九三六年三月一日）（载《毛泽东文集》第一卷，中央文献出版社 1993 年 12 月第 1 版），张世安、张腾飞《毛泽东名联趣话》（山东人民出版社，2003 年 11 月第 2 版）收录。

布告中说："本军主张停止一切内战，红军、白军联合起来，一致对日，凡属爱国军人，不论积极地与本军联合抗日，或消极地不反对本军及爱国人民抗日者，本军均愿与之进行协商、协定或谅解。我中华最大敌人为日本帝国主义，凡属食毛践土之伦，炎黄华胄之族，均应一致奋起，团结为国。皮之不存，毛将安附，国既丧亡，身于何有？建义旗于国中，申天讨于禹城。有力出力，有钱出钱，有枪出枪，有知识出知识，以一当十，是我精神，以十当一，是我实力。中华民族之不亡，日本帝国主义之必倒，胜败之数，不辩自明。其有不明大义，媚外残民，甚至抵抗本军者，是自弃于国人，本军当以汉奸卖国贼论罪。"

毛泽东诗人风度、联家风采往往表现在他的日常交往和书信中，并非局限于专门的诗联创作，此布告就是明证。在短短一篇仅五百字的布告中，连用三副联语竟达五十字。"皮之不存，毛将焉附，国既丧亡，身于何有？"说理何等透彻。"建义旗于国中，申天讨于禹城"，何等大义凛然。"以一当十，是我精神，以十当一，是我力量"，既讲出了"中华民族之不亡，日本帝国主义之必败"的道理，又指出了和日本帝国主义斗争的战略战术，是多么的鼓舞人心！

毛泽东楹联

0 9 7 9

抗日救国联（六副）

一九三六年九月二十二日

其　一

盗入门而不拒；

虎噬人而不斗。

其　二

虽旧策之重提；

实救亡之至计。

其　三

当民族危亡之顷；

作狂澜逆挽之谋。

其　四

不但坐言，而且起行；

不但同情，而且倡导。

其　五

致国家于富强隆盛之域；

置民族于自由解放之林。

其　六

买丝争绣，遍于通国之人；

置邮而传，沸于全民之口。

这六副联语均见于毛泽东《给蔡元培的信》（一九三六年九月二十二日）（载《毛泽东文集》第一卷，中央文献出版社1993年12月第1版）。张世安、张腾飞《毛泽东名联趣话》

(山东人民出版社,2003 年 11 月第 2 版)收录。

这封信是 1936 年 9 月 22 日,毛泽东致蔡元培等七十一名"党国故人,学术师友,社会朋旧"的信,申以国家民族大义,动之师友故旧之情,重申中共建立抗日统一战线的主张,呼吁国民党立即停止内战,全民族团结抗日。信中说:"共产党创议抗日统一战线,国人皆曰可行,知先生亦必曰可行,独于当权在势之衮衮诸公或则曰不可行,或则曰要缓行,盗入门而不拒,虎噬人而不斗,率通国而入于麻木不仁窒息待死之绝境"。又说:"孙中山先生联俄、联共与农工政策,行之于一九二五至一九二七年之第一次大革命而有效,国共两党合作之时期,亦即国民党最革命之时期。孙先生革命政策之毁弃,内战因之而连绵不绝,外患乃溃围决堤滔滔不可收拾矣!八月二十五日共产党致国民党书,虽旧策之重提,实救亡之至计。"还说:"从同志从朋友称述先生同情抗日救国事业,闻之而欢跃者,更绝不止我一人,绝不止共产党,必为全民族之诚实儿女,毫无疑义也。然而百尺竿头,更进一步,持此大义,起而率先,以光复会、同盟会之民族伟人,北京大学、中央研究院之学术领袖,当民族危亡之顷,作狂澜逆挽之谋,不但坐言,而且起行,不但同情,而且倡导,痛责南京当局立即停止内战,放弃其对外退让对内苛求之错误政策,撤废其爱国有罪卖国有赏之亡国方针,发动全国海陆空军,实行真正之抗日作战,恢复孙中山先生革命的三民主义与三大政策精神,拯救四万万五千万同胞于水深火热之境,召集各党各派各界各军之抗日救国代表大会,召集人民选举之全国国会,建立统一对外之国防政府,建立真正之民主共和国,致国家于富强隆盛之域,置民族于自由解放之林。若然,则先生者,必将照耀万世,留芳千代,买丝争绣,遍于通国之人,置邮而传,沸于全民之口矣。"

信中在关键处应用联语,加强了说服力和感染力,实一篇之警策。

【注释】

〔1〕蔡元培(1868—1940):号子民,浙江绍兴人。早年反对清朝封建专制统治,是光复会的发起人之一。1905 年加入同盟会,任上海分部主盟员。1917 年 1 月任北京大学校长。"五四"运动期间积极支持学生的爱国行动。1928 年起任中央研究院院长。"九一八"事变后主张抗日,同宋庆龄、鲁迅等发起组织中国民权障同盟,任副主席。

毛泽东楹联

劝蒋介石抗日联

一九三六年十二月一日

失通国之人心；

遭千秋之辱骂。

这副联语见于毛泽东《给蒋介石的信》（一九三六年十二月一日）（载《毛泽东文集》第一卷，中央文献出版社 1993 年 12 月第 1 版），张世安、张腾飞《毛泽东名联趣话》（山东人民出版社，2003 年 11 月第 2 版）收录。

1936 年 12 月 1 日，毛泽东、朱德、周恩来、林彪、王稼祥等十九名中共领袖和红军将领"率中国人民红军同上"，致信蒋介石，分析局势，讲明利害："当前大计只须先生一言而决"，"一思其故"，"一念之转，一心之发，而国仇可报，国土可保，失地可复，先生亦得为光荣之抗日英雄，图诸凌烟，馨香百世"，"吾人敢于至诚，再一次地请求先生，当机立断"，"抗日降日，二者择一。徘徊歧途，将国之为毁，身之为奴。失通国之人心，遭千秋之辱骂。"确是心诚意切的忠告。

挽柯棣华大夫联

一九四二年十二月二十九日

全军失一臂助；
民族失一友人。

这副准对联见于中共中央文献研究室编《毛泽东年谱》(1893—1949)(中央文献出版社,1993年12月第1版)。

1942年12月9日六时十五分,印度援华医疗队柯棣华大夫逝世。

12月30日,延安各界召开了印度援华医疗队柯棣华追悼大会。中共主要领导分别题词、撰文和给他的家属致函,高度评价他的国际主义精神。毛泽东怀着沉重的心情为他题写了挽词：

印度友人柯棣华大夫远道来华,援助抗日,在延安华北工作五年之久,医治伤员,积劳病逝,全军失一臂助,民族失一友人。柯棣华大夫的国际主义精神,是我们永远不应该忘记的。

毛泽东

一九四二年十二月二十九日

朱德的题词是：

生长在恒河之滨,斗争在晋察冀,国际主义医士之光,辉耀着中印两大民族。

周恩来给柯棣华家属的信,赞颂他："是中印两大民族友爱的象征,是印度人民积极参加反对日本黩武主义和世界反法西斯主义的共同战斗的模范"。

【注释】

〔1〕柯棣华(1910—1942)：原名德瓦卡纳思·桑塔拉姆·柯棣尼斯。印度人。柯棣是姓,为了表示援华抗日的决心,他在柯棣的后面加了一个"华"字,即"柯棣华"。他毕业于孟买格兰特医学院,志愿参加印度援华医疗队,到达中国后,在延安、华北等地工作达四年之久,曾担任晋察冀军区规模最大的白求恩国际和平医院第一任院长,并于1942年参加中国共产党。他不但以精湛的医疗技术为抗日根据地军民服务,而且是一位热情洋溢的中印友好活动家,一位中国抗日游击战争的积极实践者。由于长期艰苦的战争生活影响了他的健康,1942年12月9日因癫痫病突然发作,逝世于河北省唐县葛公村,年仅三十二岁。

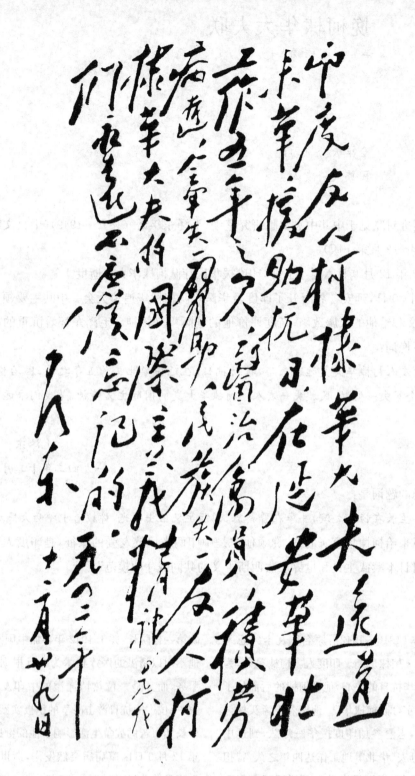

印度友人柯棣华大夫远道

来军医助我抗日在延安工作

历五年之久医治伤员,积劳

病逝,全军失一臂助,民族失一友人.柯

棣华大夫的国际主义精神是永远

值得我们学习的.

毛泽东

一九〇三年十二月九日

毛泽东手书《为援华印度大夫柯棣华题词》

答张澜联

一九四五年九月

　　身在虎口；

　　安如泰山。

　　这副对联见于杨庆旺《毛泽东题词与联语纪事》(中央文献出版社,2001年4月版)。题目为本书编著者所拟。

　　1945年8月28日,毛泽东由延安赴重庆与国民党蒋介石谈判。重庆"特园"餐厅,主人鲜英(字特生,"特园"由此得名)正与中国民主同盟主席张澜共进午餐。中共南方局统战工作负责人徐冰告知张澜:"毛主席将于今天午后到重庆。"张澜、鲜英闻言,惊呆了,清醒后,都表示马上去机场迎接。下午三时半,毛泽东所乘飞机停落在九龙坡机场。《新华日报》负责人之一的乔冠华走到毛泽东身边,介绍毛泽东与迎候的各界人士见面。正当乔冠华逐一介绍时,毛泽东自管走到张澜跟前热情地伸出厚实的大手说:"您是张表老(张澜尊称)吧? 您好!"张澜连忙说:"不敢! 不敢! 润之先生好! 欢迎您光临重庆!"乔冠华走了过来,毛泽东松开紧握着的手说道:"改日长谈"。

　　8月3日下午,毛泽东拜访"特园"。毛泽东仰首观看门额上一块匾,上书"民主之家",落款处是冯玉祥。鲜英一旁解释说:"表老住在这里,民盟总部亦在这里,各界人士共商国事聚会、宴请也常在这里,董必武先生乃赠此徽号。冯玉祥将军间来做客,听到这个名称后,欣然命笔写了这块匾。"毛泽东参观了张澜的卧室,张澜笑谓毛泽东道:"斯是陋室。"毛泽东随口答道:"惟吾德馨,何陋之有!"张澜感佩道:"润之先生,此次您竟会来重庆,是我们意想不到的! 我们这些人都在为您的安全担心啊!"毛泽东道:"此次单刀赴会,来之前,我们是作了充分研究和估计的,我是诸葛亮到东吴,身在虎口,安如泰山啊!"张澜问道:"润之先生,您看此次谈判前途究将如何?"毛泽东一皱眉头,眉尖起个疙瘩。他点上一支烟,深深吞吐了一大口,说道:"国民党一方面要同我们谈判,另一方面却在向我们进攻,包围陕甘宁地区的军队不算,仅直接进攻解放区的已经有八十万军队。"张澜想了一想,郑重道:"现在既然国共谈判了,蒋氏是从来不讲信义的,承认了的也会赖掉,为了不让他赖,我说应该有第三者参加。"毛泽东摇了一下头:"这恐怕他们是不会同意的。"稍停说道:"我看这样吧,以后我叫恩来他们随时向您和诸公报告谈判情况,如何?"

毛泽东楹联

张澜说:"那也好。"正当此时,一名警卫人员进来向毛泽东报告今晚宴会的时间快到了。毛泽东一看手表,笑对张澜、鲜英说:"我们谈话忘了时间,晚上张治中先生邀宴,今天就谈到这里吧,我要告辞了。"毛泽东欣然离去。

10月1日,张澜得悉蒋介石命杜聿明以武力解除了龙云在云南的权力,张澜十分担忧其安全,并由此联想到毛泽东的安全,于是立刻派人去见周恩来,敦促毛泽东早日离渝。10月11日上午,毛泽东离渝飞返延安。毛泽东在机场望见张澜和鲜英赶来送行,立刻排开人群,趋前与张澜握手说,"有劳相送,甚不敢当!"张澜眉开愁云,说:"应该的,应该的!您总算平安归去了!"毛泽东报以感激的眼神说:"多谢关心!"张澜依依惜别道:"二天(四川方言,意即日后)中国实现民主了,我还要到延安去看望您哟!"毛泽东连声笑答:"欢迎,欢迎,欢迎您来延安,延安川人多,会做川菜招待您!"又含笑与鲜英握别:"再见了!我们的孟尝君。"一句话引起大家的一片笑声。

【注释】

〔1〕张澜(1872—1955):中国民主革命家。四川南充人。字表方,清末秀才。辛亥革命前参加立宪派。民国成立后,任四川省省长、成都大学校长、四川安抚委员会委员长。1919年"五四"运动后赞助青年学生赴法勤工俭学。1941年参加发起组织中国民主政团同盟,任主席。抗战胜利后,反对蒋介石发动内战,拒绝参加国民党召开的国民大会。1949年参加中国人民政治协商会议。建国后,任中央人民政府副主席、全国人民代表大会常务委员会副委员长、中国人民政治协商会议全国委员会副主席。1955年2月在北京病逝。

撤离延安联

一九四七年三月

　　　　　存人失地，人地皆存；

　　　　　存地失人，人地皆失。

　　这副对联见于中共中央文献研究室编《毛泽东年谱》(1893—1949)(中共文献出版社,1993年12月版),杨庆旺《毛泽东诗词与联语纪事》(中央文献出版社,2001年4月版)收录。题目为本书编著者所拟。

　　1947年3月初,胡宗南指挥二十五万国民党军进攻陕北,企图占领延安,摧毁我党、政、军中枢。在敌我力量对比十分悬殊的情况下,3月18日晚八时,毛泽东同周恩来率中共中央机关和人民解放军总部撤离延安,转战陕北,领导全国解放战争。1948年4月21日西北野战军收复延安。

　　对于撤离延安,当时许多人想不通,感情上一时转不过来。毛泽东给大家讲道理。他说,我们在延安住了十年,挖了窑洞,种了小米,学了马克思列宁主义,培养了干部,指挥了全国革命,全中国、全世界都知道有个延安,不能不保,但是延安又不能死保,要讲究策略。敌人调来大量的军队,我们部队少,硬拼是要吃亏的,为了保存力量,诱敌深入,消灭敌人有生力量,最后彻底消灭他们,我们要暂时撤离延安。

　　他生动地比方说:"譬如有一个人,武艺较高,他背了一个很重的包袱,包袱里面尽是金银财宝,碰见拦路打劫的强盗,要抢财宝。这个背包袱的人怎么办呢? 如果他舍不得暂时扔下包袱,他的手脚就很不灵便,跟强盗对打起来,就会打不赢,要被强盗打死,金银财宝也丢了。如果他把包袱一扔,轻装上阵,那就动作灵活,能使出全身武艺,跟强盗对打,不但能把强盗打退,还可能把强盗打死,最后也就保住了金银财宝。我们暂时放弃延安,就是把包袱让给敌人背上,使自己打起仗来更主动更灵活,而敌人背着包袱越来越走不动,到那时,我们就能大量消灭敌人。所以说这是:存人失地,人地皆存;存地失人,人地皆失。蒋介石打仗是力争地盘,占领延安,他好开会庆祝。我们就给他地盘。我们打仗,是要俘虏他的兵,缴获他的装备,消灭他的有生力量,来壮大自己。将来人们会看到蒋介石占领延安,决不是他们的胜利,而是搬起石头砸自己的脚,他就更倒霉了。"

　　毛泽东率中共中央和人民解放军总部转战陕北,历时一年一个月零五天。在此期间,毛泽东不但继续指导了全国各个战场的人民解放战争,而且直接指挥了西北战场的人民解放战争,胜利地保卫和发展了陕甘宁边区和西北解放区,最后实现了毛泽东撤离延安时的预言。

《毛泽东年谱》记载说:"在撤离延安之前,毛泽东接见了参加保卫延安的人民解放军部分领导干部,对他们说:敌人要来了,我们准备给他打扫房子。我军打仗,不在一城一地的得失,而在于消灭敌人的有生力量。存人失地,人地皆存;存地失人,人地皆失。敌人进延安是握着拳头的,他到了延安,就要把指头伸开,这样便于我们一个一个地切掉它。要告诉同志们;少则一年,多则二年,我们就要回来,我们要以一个延安换取全中国。"

工商政策和任务联

一九四七年

发展生产，繁荣经济；

公私兼顾，劳资两利。

这副联语见于张世安、张腾飞《毛泽东名联趣话》（山东人民出版社，2003 年 11 月第 2 版）。

1947 年 12 月 25 日，毛泽东在《目前形势和我们的任务》中，就对"不以发展生产、繁荣经济、公私兼顾、劳资两利为目标"，在土地改革运动中侵犯工商业者的错误倾向加以批评和制止。

1948 年 1 月 18 日在《关于目前党的政策中的几个问题》一文中强调"必须避免对中小工商者采取任何冒险政策"，"私人资本主义企业也应当试行这种方法，以达到降低成本、增加生产、劳资两利的目的"。

1948 年 1 月 31 日，毛泽东在《转发朱德给中共中央的信的批语》中说："我党工商业政策和任务，是发展生产，繁荣经济，公私兼顾，劳资两利。如果我党不善于领导工人阶级执行这一任务，提出了过高的劳动条件，重复过去历史上犯过的错误，致使生产降低，经济衰落，公私不能兼顾，劳资不能两利，就是极大的失败。"

毛泽东楹联

为人联

一九五四年九月十五日

老老实实；

勤勤恳恳。

这副对联见于毛泽东《为建设一个伟大的社会主义国家而奋斗》（一九五四年九月十五日），《建国以来毛泽东文稿》第四册（中央文献出版社，1990年9月第1版）收录。

《为建设一个伟大的社会主义国家而奋斗》是毛泽东在中华人民共和国第一届全国人民代表大会第一次会议上的开幕词。其中说："我国人民应当努力工作，努力学习苏联和各兄弟国家的先进经验，老老实实，勤勤恳恳，互勉互助，力戒任何的虚夸和骄傲，准备在几个五年计划之内，将我们现在这样一个经济上文化上落后的国家，建设成为一个工业化的具有高度现代文化程度的伟大的国家。"

1954年9月，齐白石出席全国人大第一届第一次会议后，特地提笔写了毛泽东在开幕词中的八个字："老老实实，勤勤恳恳。"并说："我要把《诗经》中的'文王以宁'改为'中国以宁'。"（张铁民《翰墨春秋》，军事科学出版社，1993年10月第1版）。

赠李讷联

一九六三年一月十五日

学人之长；

克己之短。

这副联语见于毛泽《给李讷的信》(一九六三年一月十五日)(载《建国以来毛泽东文稿》第十册,中央文献出版社 1996 年 8 月第 1 版),张世安、张腾飞《毛泽东名联趣语》(山东人民出版社,2003 年 11 月第 2 版)收录。

1963 年 1 月 15 日,毛泽东致信李讷,对女儿进行鼓励教导。信中说:"读浅,不急,合群,开朗,多与同学们多谈交心,学人之长,克己之短,大有可为。"

【注释】

〔1〕李讷:毛泽东的次女,与江青所生,当时在　北京大学历史系读书。

毛泽东楹联　附录三

　　本辑收录楹联共三十一副。系毛泽东在文章、谈话中引用的成语、谚语、俗语或骈句，以及在练习书法中所写的诗词联句，亦可视同对联。

引精神与体魄之关系联

一九一七年四月

　　文明其精神；

　　野蛮其体魄。

　　这副对联见于毛泽东《体育之研究》(《新青年》第三卷第二号,1917 年 4 月 1 日出版),署名"二十八画生"。《毛泽东早期文稿》(湖南出版社,1990 年 7 月第 1 版)收录。

　　《体育之研究》一文详述体育运动的意义,作用和方法。其中说道:"近人有言曰:文明其精神,野蛮其体魄。此言是也。欲文明其精神,先自野蛮其体魄;苟野蛮其体魄矣,则文明之精神随之。夫知识之事,认识世间之事物而判断其理也,于此有须于体者焉。直观则赖乎耳目,思索则赖乎脑筋,耳目脑筋之谓体,体全而知识之事以全,故可谓间接从体育以得知识。"

引《世说新语·排调》摘句联

一九四一年

盲人骑瞎马；

夜半临深池。

这副摘句联见于毛泽东《自由是必然的认识和世界的改造》（《毛泽东著作选读》下册，人民出版社 1986 年 8 月第 1 版）。

毛泽东在该文中说："老爷们（指主观主义者——引者）既然完全不认识这个世界，又妄欲改造这个世界，结果不但碰破了自己的脑壳，并引导一群人也碰破了脑壳。老爷们对于中国革命这个必然性既然是瞎子，却妄欲充当人们的向导，真是所谓'盲人骑瞎马，夜半临深池'了。"

【注释】

〔1〕盲人骑瞎马，夜半临深池：南朝宋刘义庆《世说新语·排调》："桓南郡、殷仲堪、顾恺之作危语。桓曰：'矛头淅米剑头炊。'殷曰：'百岁老翁攀枯枝。'顾曰：'井上辘轳卧婴儿。'殷有一参军在坐，曰：'盲人骑瞎马，夜半临深池。'殷曰：'咄咄逼人！'仲堪眇目故也。"这里意谓极端危险。

毛泽东楹联

斗争策略联

擒贼先擒王；

打蛇打七寸。

这副对联见于陈新宪《我陪毛泽东同志考察农运的故事》[《邵阳师专学报》（社会科学版）1993年第3期]。

该文说，毛泽东在参观岳北工会旧址和慰问烈士家属的归途中，随行人员中有人提出问题："湖南农民运动为何首先在岳北搞起来，而且声势那么大，震动中外！"毛泽东回答说："首先是岳北人民忍受不了赵恒惕的残酷经济剥削和政治压迫，早有反压迫的要求；二是我们鉴于当时搞工人运动，几起几落，都是孤军作战，虽然在几个大城市得到青年学生的支持，可是忽视了占百分之八十以上的农民群众。丢掉这股大力量，怎么能使革命成功呢？再者，我们当时在策略上也是为着牵制赵恒惕，以巩固安源、水口山、锡矿山及铁路沿线几个主要工运阵地。特别是赵恒惕长期统治湖南，是镇压革命运动的罪魁。赵是岳北白果人，因此，我们在湖南就来一个擒贼先擒王，打蛇打七寸。在我离开湖南之前，湘区从水口和安源抽调几位敢于斗争的同志来到岳北赵恒惕的家乡，像孙猴子一样，一个筋斗栽到铁扇公主的肚子里闹腾起来。好比一把尖刀插进赵恒惕的心脏，赵恒惕确实慌了手脚。我们当时的斗争目标是针对赵恒惕的。这就是湖南农民运动首先在衡山岳北爆发的原因。"

【注释】

〔1〕擒贼先擒王：语出杜甫《前出塞》九首之六。全诗云："挽弓当挽强，用箭当用长；射人先射马，擒贼先擒王。杀人亦有限，列国自有疆。苟能制侵陵，岂在多杀伤。"

〔2〕打蛇打七寸：指击中要害。

引尊师重教联

建国初期

一日为师；

终身是父。

这副对联见于刘光荣《毛泽东的人际艺术》（中共中央党校出版社，1992 年 8 月第 1 版）。

建国初期，"毛泽东刚进北京城，尽管政务繁忙，仍特地拍电报邀请身在南方的徐特立去北京会晤。徐特立到中南海后，毛泽东专备了几样家乡菜为老师洗尘。席上，一碗湘笋，一碗青菜，这是两人都爱吃的菜，毛泽东抱歉地说："没有好菜。"徐老笑着说："人意好，水也甜嘛。"上桌前，徐老对毛泽东说："你是全国人民的主席，应该坐上席。"毛泽东马上谦虚地说："您是主席的老师，一日为师，终身是父，您更应该坐上席。"他硬让徐老坐上席。

【注释】

〔1〕一日为师，终身是父：明代汤显祖《牡丹亭·闺塾》："一日为师，终身是父。"《重订增广贤文》："一日为师，终身是父。"意思是说，对教过自己一天的老师，也得一辈子象孝敬父亲那样去敬重。

引《南史·王伟传》摘句联

一九五七年三月

项羽重瞳,犹有乌江之败;

湘东一目,宁为赤县所归。

这副对联见于杜忠明《毛泽东的对联艺术》(大连出版社,1976年4月版)。

1957年3月19日,毛泽东乘飞机经徐州到南京,途中毛泽东和身边的工作人员林克聊天,问道:"你们读过萨都剌的《彭城怀古》没有?"对方说没有。他就说,萨都剌是蒙古人,出生在现在山西雁门一带,他的诗词写得不错,有英雄豪迈、博大苍凉之气。这首词的词牌叫《木兰花慢》,原题是《彭城怀古》。彭城就是古徐州,就是那个八百岁的彭祖的家乡。徐州地区的沛县就是刘邦的家乡。毛泽东越说兴致越高,林克愈听愈感兴趣。毛泽东说着就用铅笔在林克的一本书的扉页和正文边角写出词的原文:

"古徐州形胜,销磨尽,几英雄。想铁甲重瞳,乌骓汗血,玉帐连空。楚歌八千子弟(兵散),料梦魂,应不到江东。空有黄河如带,乱山起伏如龙。 汉家陵阙起秋风,禾黍满关中。更戏马台荒,画眉人远(张敞),燕子楼空。人生百年如寄耳,应(且)开怀,一饮尽千钟。回首荒城斜日,倚栏目送飞鸿。"

毛泽东全凭记忆写出,只有"子弟"、"应"三字误记。接着,毛泽东就细心地给大家讲解这首词,并由词中的"铁甲重瞳",讲到司马迁的《史记》,并说重瞳子其貌不凡,"铁甲重瞳"指的就是项羽。他骑乌骓马,原来兵多势大、"玉帐连空",可惜有勇无谋,不讲政策,丧失人心,最后兵败垓下,自刎乌江。

讲到这里,毛泽东信笔在林克的书本的下角写下了这副对联,对这段历史进行了评价。接着,毛泽东对下联的"湘东一目"做了解释。"湘东一目"指的是梁武帝年间的湘东王萧绎,他幼年瞎了一只眼,后来好学成才,平定了侯景之乱,即位江陵。然后,毛泽东又对《彭城怀古》的下阕进行了讲解。

引刘禹锡《酬乐天扬州初逢席上见赠》摘句联

一九五九年四月二十四日

　　沉舟侧畔千帆过；

　　病树前头万木春。

　　这副摘句联见于陈晋《毛泽东读书笔记》（广东人民出版社，1996 年 7 月第 1 版），手书见于《毛泽东手书选集》（北京出版社，1993 年 10 月第 1 版）。

　　1959 年 4 月 24 日，毛泽东在一个报告的批示中写道："唐人诗云：沉舟侧畔千帆过，病树前头万木春。再接再厉，视死如归，在同地球开战中要有此种气概。"（陈晋《毛泽东读书笔记解析》，广东人民出版社 1996 年 7 月第 1 版）。

　　现在所见有一件手书，竖写，有标点符号，前一句为逗号，后一句为句号。落款为"刘禹锡句"，句号。

【注释】

〔1〕刘禹锡（772—842）：字梦得，洛阳（今河南洛阳市）人，一作彭城（今江苏徐州市）人。自称系出中山（今河北唐县、定县一带）。贞元九年（793）进士。官监察御史。因参加王叔文政治集团，被贬朗州司马，历连州、夔州、和州、苏州刺史，后任太子宾客，加检校礼部尚书。世称"刘宾客"。早年与柳宗元交谊很深，人称"刘柳"。晚岁与白居易相唱和，并称"刘白"。被同辈称为"诗豪"。有《刘梦得文集》。

〔2〕乐天：即白居易。　《酬乐天扬州初逢席上见赠》：宝历二年（826）冬，刘禹锡由和州（今安徽和县）刺史调回洛阳任分司主客郎中，在北返途中经过扬州，与因病罢苏州刺史回洛阳的白居易相逢。白居易在宴间作《醉赠刘二十八使君》："为我引杯添酒饮，与君把箸击盘歌。

诗称国手徒为尔，命压人头不奈何。举眼风光长寂寞，满朝官职独蹉跎。亦知合被才名折，二十三年折太多。"刘禹锡便写了这首《酬乐天扬州初逢席上见赠》酬答他。诗云："巴山楚水凄凉地，二十三年弃置身。怀旧空吟闻笛赋，到乡翻似烂柯人。沉舟侧畔千帆过，病树前头万木春。今日听君歌一曲，暂凭酒杯长精神。"

〔3〕沉舟、病树：自喻风波失意。　千帆过、万木春：意谓不为一己的升沉萦怀，表现出一种乐观豁达的人生态度。一说，千帆、万木，指飞黄腾达的官场得意者。《唐诗别裁集》评此诗说："沉舟二语，见人事不齐，造化亦无如之何。悟得此旨，终身无不平之心矣。"毛泽东曾批评这段评语："此种解释是错误的。"

毛泽东楹联

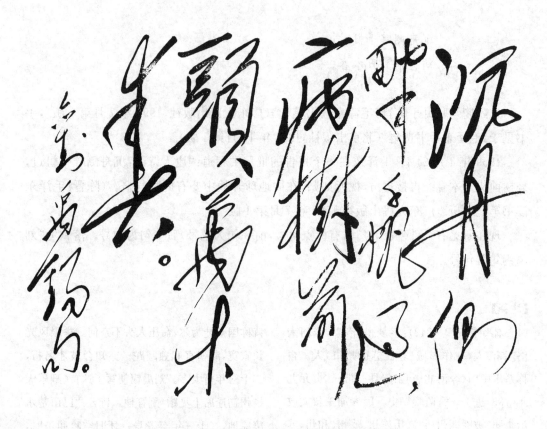

毛泽东手书刘禹锡《七律·酬乐天扬州初逢席上见赠》句

引杨继盛诗摘句联

一九五九年七月四日

遇事虚怀观一是；

与人和气察群言。

这副联见于董志英《毛泽东轶事》(昆仑出版社，1989 年 3 月第 1 版)。

1959 年 7 月 4 日，毛泽东在庐山与王任重、刘建勋、梅白的谈话说，"'遇事虚怀观一是，与人和气察群言。'这是椒山先生的名句。我从年轻时，就喜欢这两句，并照此去做。这几十年的体会是：头一句'遇事虚怀观一是'，难就难在'遇事'这两个字上，即有时虚怀，有时不怎么虚怀。第二句'与人和气察群言'，难在'察'字上面。察，不是一般的察言观色，而是要虚心体察，这样才能从群言中汲取智慧和力量。诗言志，椒山先生有此志，乃有此诗。这一点并无惊天动地之处，但从平易见精深，这样的诗才是中国格律诗中的精品。"

【注释】

〔1〕杨继盛（1516—1555）：字仲芳，号椒山。容城(今河北徐水)人。历任南京吏部主事、兵部员外郎等，因疏劾严嵩十大罪，下狱，遭受酷刑。后谥忠愍。有《杨忠愍集》。

毛泽东楹联

引高启《梅花》摘句联

一九六一年十一月六日

雪满山中高士卧；

月明林下美人来。

　　这副摘句联见于毛泽东致田家英（一九六一年十一月六日上午八时半）信（《毛泽东和他的秘书田家英》，中央文献出版社 1991 年 1 月第 1 版）。

　　毛泽东信中说："田家英同志：有一首七言律诗，其中两句是：雪满山中高士卧，月明林下美人来，是咏梅的，请找出全诗八句给我，能于今日下午交来则最好。何时何人写的，记不起来，似是林逋的，但查林集设有，请你再查一下。"

【注释】

〔1〕高启《梅花》：详见毛泽东致田家英（一九　　六一年十一月六日上午八时半）。

引谭用之《秋宿湘江遇雨》摘句联

一九六一年十二月二十六日

秋风万里芙蓉国；

暮雨千家薜荔村。

这副摘句联见于毛泽东《致周世钊（一九六一年十二月二十六日）》《《毛泽东书信选集》1983 年 12 月第一版），手书见于《毛泽东手书选集》（北京出版社，1993 年 4 月第 1 版）。

毛泽东致周世钊信中说："惠书收到，迟复为歉。很赞成你的意见。你努力奋斗吧。我甚好，无病，堪以告慰。'秋风万里芙蓉国，暮雨朝云薜荔村'。'西南云气来衡岳，日夜江声下洞庭'。同志，你处在这样的环境中，岂不妙哉？"

现在所见有两件手书：（一）竖写，无标点符号。"薜荔"的"荔"字误写作"荔"。（二）即为毛泽东致周世钊（一九六一年十二月二十六日）信中所引。竖写，有标点符号。"暮雨千家薜荔村"中的"千家"误写作"朝云"。

【注释】

〔1〕谭用之：生卒年不详。字藏用，唐末五代时人，仕途失意。诗擅七律。《全唐诗》存录其诗一卷。 《秋宿湘江遇雨》：全诗云："湘上阴云锁梦魂，江边深夜舞刘琨。秋风万里芙蓉国，暮雨千家薜荔村。乡思不堪悲橘柚，旅游谁肯重王孙？渔人相见不相问，长笛一声归岛门。"

〔2〕芙蓉：指木芙蓉，花繁盛，有红、黄、白数色。 秋风万里芙蓉国：湘江两岸盛植木芙蓉，缤纷的繁花在秋风中竞吐芳艳，简直象一个芙蓉的王国。

〔3〕薜荔：一种蔓生常绿灌木，多缘墙而生。 暮雨千家薜荔村：爬满村落篱墙的薜荔枝藤，一经秋雨的洒洗，显得更加苍翠可爱。

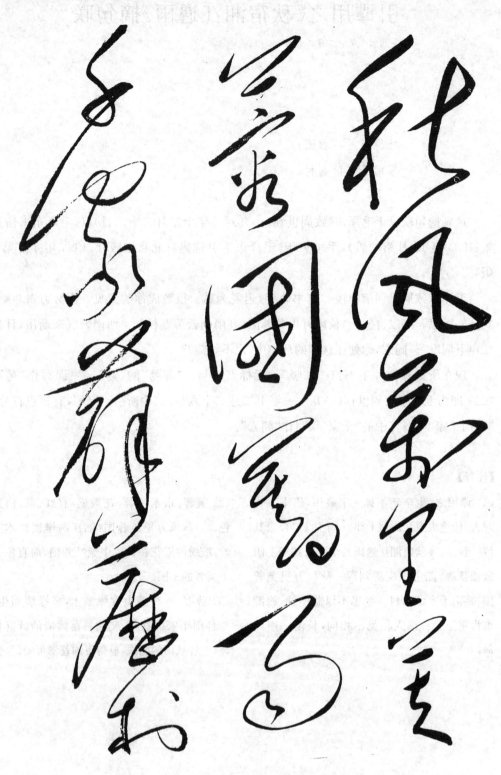

毛泽东手书谭用之《七律·秋宿湘江遇雨》句

引黄道让《重登岳麓》摘句联

一九六一年十二月二十六日

西南云气开衡岳；

日夜江声下洞庭。

　　这副摘句联见于毛泽东《致周世钊（一九六一年十二月二十六日）》（《毛泽东书信选集》，人民出版社1983年12月第1版）。又见于周世钊《难忘的一天》（《难忘的回忆——怀念毛泽东同志》，中国青年出版社1985年1月第1版）。

　　毛泽东致周世钊信中说："惠书收到，迟复为歉。很赞成你的意见。你努力奋斗吧。我甚好，无病，堪以告慰。'秋风万里芙蓉国，暮雨朝云薜荔村'。'西南云气来衡岳，日夜江声下洞庭'。同志，你处在这样的环境中，岂不妙哉？"

　　周世钊文章说，1955年6月20日，毛泽东横渡长江后，又徒步登上矗立在岳麓高峰的云麓宫。毛泽东巡视云麓宫壁间悬挂的诗词对联后，又走到宫外的望湘亭，凭着石栏，眺望美丽的橘洲、湘水，指点飞烟缭绕、红旗招展的长沙市区，眼前呈现一片繁荣兴旺的景象，觉得和过去迥然不同了。回头问："云麓宫壁间、柱上悬挂的'西南云气来衡岳，日夜江声下洞庭'的联语和'一雨悬江白，孤城隔岸青'的诗句如何不见了？"

　　现在所见有一件手书，即毛泽东致周世钊（一九六一年十二月二十六日）信中所引。竖写，有标点符号，"西南云气开衡岳"中的"开"误写作"来"。

【注释】

〔1〕这副对联为清代咸丰进士、诗人黄道让创作、何绍基手书，摘自黄道让《七律·重登岳麓》。诗云："万壑风来乍雨晴，登高一览最忪惺。西南云气开衡岳，日夜江声下洞庭。我发实从近年白，此山似犹旧时青。读书老友今何在，古木秋声爱晚亭。" 黄道让：字歧农，湖南临澧人，清代咸丰庚申进士，能诗，尤长于对联。

引《诗经·木桃》摘句联

一九六五年六月二十六日

投我以木桃；

报之以琼瑶。

这副摘句联见于毛泽东《致章士钊（一九六五年六月二十六日）》（《毛泽东书信选集》，人民出版社 1983 年 12 月第 1 版）。手书见《毛泽东手书选集》（北京出版社，1993 年 10 月第 1 版）。

毛泽东致章士钊信中说："大作收到，义正词严，敬服之至。古人云：投我以木桃，报之以琼瑶。今奉上桃杏各五斤，哂纳为盼！投报相反，尚乞谅解。"

1920 年，毛泽东为了筹备湖南共产党的成立，又想援助一部分同志去欧洲勤工俭学，急需一笔数目较大的钱款，一时无法筹措。当找到章士钊时，他便筹集两万银元，全部交给毛泽东去解决困难。

1960 年以来，章士钊着手撰写《柳文指要》。当他与毛谈到这个设想时，毛听后表示很有兴趣，说自己也喜欢柳宗元的文章，愿先睹为快。于是，年已八十高龄的章士钊经过五年的艰苦努力，完成了近一百万字的《柳文指要》初稿。该书稿分上下两部。章先将上部寄给了毛。毛收到上部书稿后，写了上面所述的回信。

现在所见有一件手书，即毛泽东致章士钊信中所引。竖写，有标点符号。

【注释】

〔1〕章士钊（1881—1973）：字行严，湖南长沙人。北洋军阀时期曾任段祺瑞政府司法总长兼教育总长。1949 年国共和平谈判时，是南京国民党政府代表团成员之一，因国民党政府拒绝在国内和平协定上签字，遂留在北平。建国后，曾任全国人大常委会委员，政协全国委员会常务委员、中央文史研究馆馆长。

〔2〕投我以木桃，报之以琼瑶：这两句诗出自《诗经·木瓜》。全诗是："投我以木瓜，报之以琼琚。匪报也，永以为好也！投我以木桃，报之以琼瑶。匪报也，永以为好也。投我以木李，报之以琼玖。匪报也，永以为好也！"

毛泽东手书《诗经·木瓜》句

毛泽东楹联

引罗隐《筹笔驿》摘句联

一九六七年九月二十四日

时来天地皆同力；

运去英雄不自由。

这副摘句联见于刘华秋《忆毛泽东主席援引罗隐诗》（《党的文献》1998 年第 3 期），手书见于《毛泽东手书选集》（北京出版社，1993 年 10 月第 1 版）。

刘华秋文章说，1967 年 8 月 7 日晚，"中央文革"小组的王力接见外交部驻外使馆参赞姚登山时发表讲话，否定建国以来外交战线所取得的重大成就，说什么"打倒刘邓陈的口号为什么不能喊"，诬称"外交部运动阻力太大"，煽动姚登山起来夺权。

王力"八七讲话"一出笼，就受到周恩来总理的批判，遭到外交部大多数同志的抵制和反对。大家便通过王海容向正在南方视察工作的毛泽东送去一系列材料，并请王海容尽快设法摸清毛泽东的反应。

9 月 24 日凌晨四时，毛泽东从南方乘火车回到北京。早已等候在中南海的王海容向毛泽东汇报了有关情况，当王海容说到王力"八七讲话"不得人心时，毛泽东针对王、关、戚问题，只援引了两句诗"时来天地皆同力，运去英雄不自由"，并说："你回去吧，我要休息了。"

毛泽东援引罗隐这两句诗意思是说，王力、关锋、戚本禹等人，在"文化大革命"开始以来，时来运转，红极一时，似乎天、地、人都协力支持他们，一切都很得手，但曾几何时，他们多行不义必自毙，好运不长，气数已尽，曾经不可一世的"英雄"，将要被历史的车轮压倒，王、关、戚将要完蛋了。果然，10 月 1 日，陈毅陪同毛泽东、周恩来登上了天安门城楼，王、关、戚却被隔离审查后即从此销声匿迹。

又据张贻玖《毛泽东读史》（中国友谊出版公司，1992 年第 1 版）说，毛泽东喜欢读史，且在读史中对梁武帝的功过十分重视，并在《南史·梁武帝纪》中，有许多圈画和批注。

《南史》作者李延寿评论梁武帝说，萧衍即帝位后，除军事、经济上有建树外，还"制造礼乐，敦崇儒雅"。但他"留心俎豆，忘情干戚，溺于释教，弛于刑典"，最后终因宗室子弟相互倾轧残杀，错误地接受北魏侯景的降服，引狼入室，导致梁室的覆灭。开国创业贵为天子的梁武帝，竟卑微屈辱地饿死于侯景的囚室。李延寿对此说道："自古拨乱之君，固已多矣，其或树置失所，而以后嗣失之，未有自己而得，自己而丧。"毛泽东在李延寿的这段评论的天头上，用红铅笔批注道："时来天地皆同力，运去英雄不自由。"表达了对梁武帝这个历史悲剧人物的嗟叹和感慨。

现在所见有两件手书：（一）竖写，无标点符号。（二）即毛泽东在《南史·梁高祖本纪》上的批注所写。

【注释】

〔1〕罗隐（833—909）：原名横，字昭谏，自号江东生，新城（今浙江富阳县）人。早岁即负诗名。曾十应进士举而不中第，乃改名为隐。过了大半生颠沛流离的生活。光启三年（887），始受知于镇海将军节度使钱镠，为掌书记，后迁节度判官、司勋郎中等职。诗多近体，有《罗昭谏集》。　毛泽东在《通鉴纪事本末》卷二二〇中关于罗隐的一段记载批曰："昭谏亦有军谋。"

〔2〕筹笔驿：古驿名，在今四川广元县北。相传诸葛亮出师，曾挥笔运筹于此，故名。罗隐

《筹笔驿》全诗云："抛掷南阳为主忧，北征东讨尽良筹。时来天地皆同力，运去英雄不自由。千里山河轻孺子，两朝冠剑恨谯周。唯余岩下多情水，犹解年年傍驿流。"诸葛亮一生北征南讨，协助刘备创业，怎奈他虽才智忠勇具备，终因"出师未捷身先死"，无法尽用其才，光复汉业。这两句诗，表达了罗隐对诸葛亮的崇敬和惋惜之情。

〔3〕不自由：不由自主，指力不从心。　时来天地皆同力，运去英雄不自由：这两句是说，蜀汉的兴衰与时运相关。

毛泽东楹联

1009

附　录　三

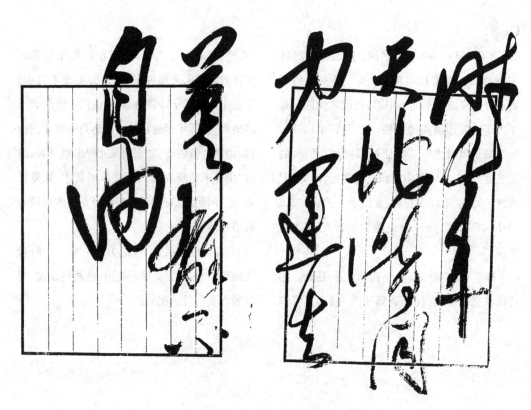

毛泽东手书罗隐《七律·筹笔驿》句

引杜甫《前出塞》摘句联

六十年代末

射人先射马；

擒贼先擒王。

这副摘句联见于毛泽东的护士长吴旭君的回忆《缅怀毛泽东（下）》（中央文献出版社，1993年12月第1版）。

六十年代末，当美国总统换届选举时，毛泽东预测尼克松可能当选，并说准备请他到北京来。吴旭君说，尼克松是反共老手，同他会谈会有舆论压力。毛泽东先让吴旭君背诵了杜甫的《前出塞》，随后讲了前引一段话。

【注释】

〔1〕射人先射马，擒贼先擒王：杜甫《前出塞》九首之六，全诗为："挽弓当挽强，用箭当用长。射人先射马，擒贼先擒王。杀人亦有限，列国自有疆。苟能制侵陵，岂在多杀伤。"这两句意思是说，要射倒人，必须先射其马；要缉拿群贼，必须先捉住贼首。无论做什么事情，要抓住关键，问题就可以迎刃而解了。

赠小李联

一九七五年五月十六日

风云帐下奇儿在；

鼓角灯前老泪多。

这副摘句联见于陈晋《毛泽东之魂》(吉林人民出版社,1993年10月第1版),又见于郭金荣《毛泽东的晚年生活》(教育科学出版社,1993年2月第1版)。

1975年5月16日早上,女医生小李来到躺卧在病床上的毛泽东身旁。说了几句话,毛泽东便说:"上帝也许要发请帖请我去,你要不来看我,我恐怕再也看不见你了。"小李临走时,毛泽东送给她两句话:"风云帐下奇儿在,鼓角灯前老泪多"。又解释:后面一句"就是我此时此刻的心情!"

【注释】

〔1〕风云帐下奇儿在;鼓角灯前老泪多:这两句诗出自清代严遂成《三垂冈》诗。全诗云:"英雄立马起沙陀,奈此朱梁跋扈何!只手难扶唐社稷,连城且拥晋山河。风云帐下奇儿在,鼓角灯前老泪多。萧瑟三重冈畔路,至今人唱《百年歌》。"毛泽东致田家英(一九六四年十二月二十九日)信中说,这首诗"诗歌颂李克用父子"。(见《毛泽东和他的秘书田家英》(增订本),中央文献出版社1996年8月第1版)

严遂成(1694—?):字嵩瞻,一作松占,号海珊。浙江乌程(今浙江吴兴)人。官至雄州知州。善诗,尤以咏史诗见长。有《海珊诗抄》等。

引杜甫《不见》摘句联

敏捷诗千首；

飘零酒一杯。

这副摘句联见于林木森《咱们的领袖毛泽东》(解放军出版社，1992年8月第1版)。

该书说，在李敏将要正式取名时，毛泽东微笑地说："娇娇是你在陕北保安刚生下来时取的小名，现在长大了，进中学了，我要给你取一个正式学名，而且这个名字要有深刻的意义。"娇娇听了毛泽东的话，高兴地伏在椅子上，看爸爸究竟怎样为自己取名。毛泽东打开《论语》中的《里仁》篇，指着其中的一句话，子曰："君子欲讷于言而敏于行。"对娇娇解释说，讷，就是语言迟钝的意思。敏，则解释很多，有好几种解释。如敏捷、聪明。《论语·公冶长》："敏而好学，不耻下问。"敏捷而通达事理。敏，还可作"灵敏迅速""敏捷多智"等解释。杜甫《不见》诗："敏捷诗千首，飘零酒一杯。"娇娇听得入了迷，深深感到爸爸学识渊博，心里暗暗想，在爸爸身边，一定要好好向爸爸学习，做爸爸的好女儿。

【注释】

〔1〕敏捷诗千首，飘零酒一杯：这两句诗出自杜甫《不见》。全诗是："不见李生久，佯狂真可哀。世人皆欲杀，吾意独怜才。敏捷诗千首，飘零酒一杯。匡山读书处，头白好归来。"这两句是说，李白文思敏捷，却一生飘零，落拓失意。

毛泽东楹联

1 0 1 3

书宋之问《灵隐寺》摘句联

楼观沧海日；

门对浙江潮。

这副摘句联见于《毛泽东手书选集》(北京出版社,1993年10月第1版)。

现在所见有一件手书,竖写,无标点符号。

【注释】

〔1〕宋之问(? —712)：一名少连,字延清,汾州(今山西汾阳)人。武后时官尚上监丞。后因谄附张易之而贬泷州参军。不久逃归,入选修文馆学士。又因受贿贬越州长史。睿宗即位后,他被流放钦州,后赐死。宋之问与沈佺期齐名,号称"沈宋体"。 灵隐寺：在浙江杭州市西湖西北,始建于东晋咸和元年(326)。《灵隐寺》是宋之问的名篇。全诗云："鹫岭郁岹峣,龙宫锁寂寥。楼观沧海日,门对浙江潮。桂子月中落,天香云外飘。扪萝登塔远,刳木取泉遥。霜薄花更发,冰轻叶未凋。凤龄尚遐异,搜对涤烦嚣。待入天台路,看余度石桥。"

〔2〕沧海：指东海。

〔3〕浙江：即钱塘江,斜贯今浙江省境,经杭州河口流入杭州湾。以江潮汹涌闻名于世。

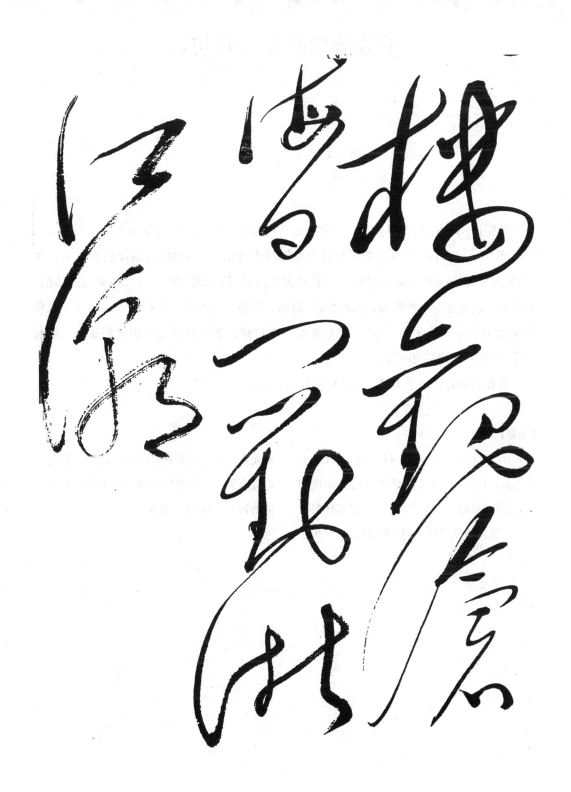

毛泽东手书宋之问《灵隐寺》句

毛泽东楹联

书孟浩然与友人联句联

微云淡河汉；

疏雨滴梧桐。

这副摘句联见于《毛泽东手书选集》（北京出版社，1993年10月第1版）。

唐开元十六年（728），孟浩然到长安参加进士考试。一天晚上，朋友们在秘书省聚会，见月色美好，便提出联句赋诗。当轮到孟浩然时，他吟出"微云淡河汉，疏雨滴梧桐"的名句。这两句诗不假雕琢，写出秋夜的清幽。举座为之惊叹，同时众人感到，这一联佳句出现，随便花多少力气去接续，也只能吃力不讨好。于是联诗之举也就停止了。经此一来，孟浩然的诗名更响亮了。

现在所见有一件手书，竖写，无标点符号。

【注释】

〔1〕孟浩然（689—740）：襄州襄阳（今湖北省襄阳县）人。唐代诗人。早年隐居襄阳鹿门山，后漫游吴越。四十岁时，入长安求仕失意而归。张九龄镇守荆州时，署为从事，不久患疽而死。诗与王维齐名，称为"王孟"。他的诗以五言见长。他是唐代第一位大量创作山水诗的诗人。有《孟浩然集》。

微云淡河汉

疏雨滴梧桐

毛泽东手书孟浩然与友人联句

毛泽东楹联

书杜甫《水槛遣心》摘句联

细雨鱼儿出;

微风燕子斜。

这副摘句联见于《毛泽东手书选集》(北京出版社,1993 年 10 月第 1 版)。
现在所见有一件手书,竖写,无标点符号。

【注释】

〔1〕杜甫(712—770):字子美,自号少陵野老,祖籍襄阳(今湖北襄樊市)。生于巩县(今河南巩县)。为著名诗人杜审言之孙。开元后期,应进士举不第,漫游各地。天宝中寓居长安近十年,郁郁不得志。安史之乱,备受颠沛流离之苦。肃宗朝,官左拾遗,因直言极谏,出为华州司功参军。不久弃官居秦州、同谷,又移家四川成都,筑草堂于浣花溪上。一度在严武幕中任参谋,严武表为检校工部员外郎,故世称杜工部。晚年携家出蜀,飘泊湖南,病死于湘江途中。诗与李白齐名,世称"诗史"。兼备各体,尤以古体、律诗见长,风格多样,而以沉郁顿挫、苍凉雄浑为主。有《杜工部集》。

〔2〕水槛:临水房子的栏杆。 《水槛遣心》:杜甫诗作,共二首。第一首是:"去郭轩楹敞,无村眺望赊。澄江平少岸,幽树晚多花。细雨鱼儿出,微风燕子斜。城中十万户,此地两三家。"

〔3〕细雨鱼儿出,微风燕子斜:这两句意思是说,鱼感细雨而浮游,燕受微风而斜飞,生机满眼,喜悦之情溢于言外。

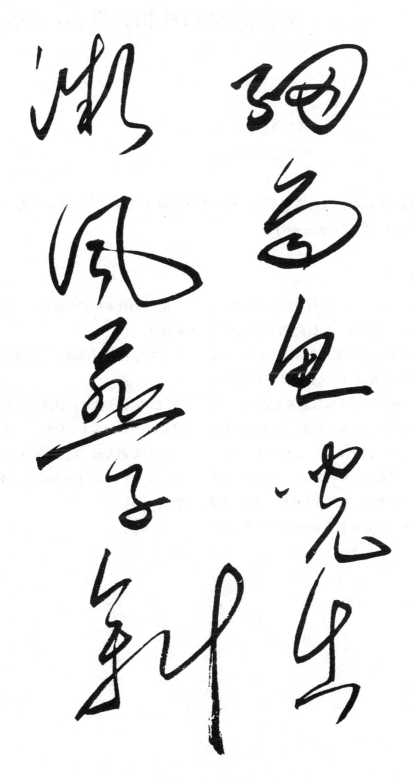

毛泽东手书杜甫《水槛遣心》句

毛泽东楹联

书岑参《奉和杜相公发益昌》摘句联

朝登剑阁云随马；

夜渡巴江雨洗兵。

　　这副摘句联见于《毛泽东手书选集》（北京出版社，1993年10月第1版）。现在所见有两件手书，均竖写，无标点符号。

【注释】

〔1〕岑参（715—770）：江陵（今湖北江陵）人。天宝三年（744）进士。先后在安西节度使高仙芝幕中掌书记，封常清部下为监察御史。肃宗时，经杜甫推荐，任右补阙，后贬为虢州长史。晚年官嘉州刺史。罢官后病死成都旅舍。擅边塞诗，奇警矫健，直追李杜。有《岑嘉州集》。《奉和杜相公发益昌》：大历元年（766）二月，唐代宗命杜鸿渐以宰相兼副元帅，至蜀中平定崔旰之乱。岑参在杜鸿渐幕中任职方郎中，兼殿中侍御史。此诗即赴蜀时应和杜鸿渐之作。

相公：唐代对宰相的尊称。　益昌：今四川昭化县。

〔2〕剑阁：在益昌西南。　云随马：言蜀山高峻，马行快疾。

〔3〕巴江：指嘉陵江。益昌有白水江，剑阁有闻溪水，皆东南流入嘉陵江。　雨洗兵：周武王伐纣，骤遇大雨，散宜生谏曰："此其妖欤？"武王曰："非也，天洗兵也。"后多作用兵的典故。　兵：指兵器。

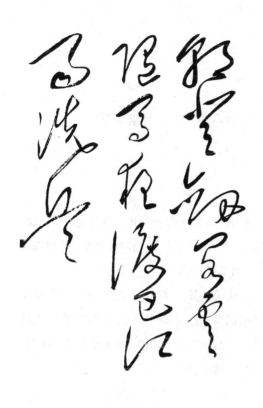

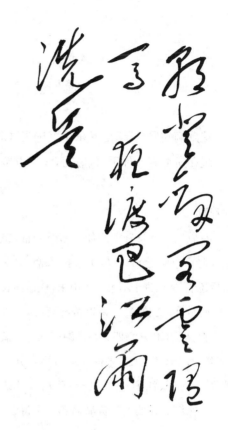

毛泽东手书岑参《奉和杜相公发益昌》句（一）　　　　毛泽东手书岑参《奉和杜相公发益昌》句（二）

毛泽东楹联

书贾岛《忆江上吴处士》摘句联

秋风吹渭水；

落叶满长安。

这副摘句联见于《毛泽东手书选集》(北京出版社,1993年10月第1版)。

现在所见有一件手书,竖写,无标点符号。

【注释】

〔1〕贾岛(779—843):字阆仙,一作浪仙。范阳(今北京市附近)人。早年落拓为僧,名无本,后还俗,屡试进士不第。大中末,任遂州长江主簿,世称"贾长江"。诗以苦吟著称,工五律,影响及于宋代永嘉四灵和江湖诗派。与孟郊齐名,有"郊寒岛瘦"之称。又与姚合并称"姚贾"。有《长江集》。 处士:隐居不仕之人。《忆江上吴处士》:贾岛名篇。全诗云:"闽国扬帆去,蟾蜍空复团。秋风生渭水,落叶满长安。此地聚会夕,当时雷雨寒。兰桡殊未返,消息海云端。"

〔2〕秋风吹渭水,落叶满长安:写当日在长安郊外的渭水送别,转眼已秋风四起,落叶满城了。在时序变迁中,寓"一日不见如隔三秋"之感。 吹:一作"生"。

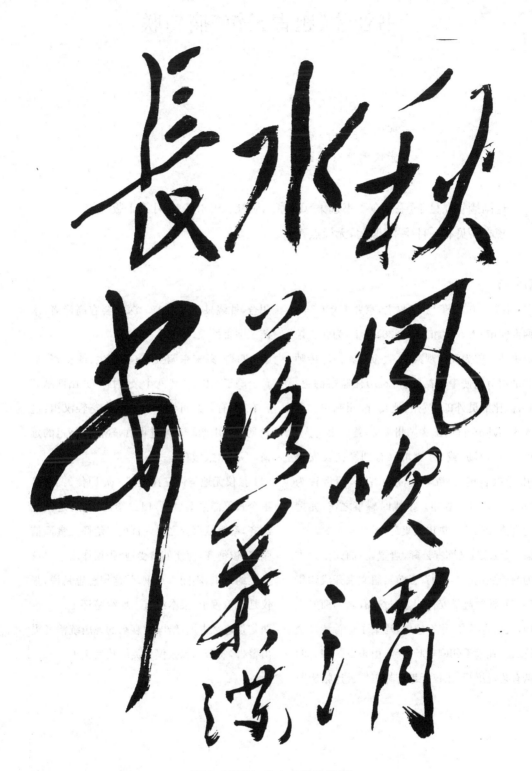

秋风吹渭水，落叶满长安

毛泽东手书贾岛《忆江上吴处士》句

毛泽东楹联

书杜牧《题青云馆》摘句联

四皓有芝轻汉祖；

张仪无地与怀王。

这副摘句联见于《毛泽东手书选集》（北京出版社，1993 年 10 月第 1 版）。

现在所见有一件手书，竖写，无标点符号。

【注释】

〔1〕杜牧(803—852)：字牧之，京兆万年（今陕西西安市）人。大和二年(828)进士，为弘文馆校书郎。曾为江西观察使、宣歙观察使沈传师和淮南节度使牛僧孺的幕僚，历任监察御史，膳部、比部员外郎，黄州、池州、睦州刺史。后入为司勋员外郎，出为湖州刺史，终中书舍人。世称"杜司勋"或"杜樊川"（有别墅在长安樊川，故以名集）。诗与李商隐齐名，后世称为"小杜"，以别于杜甫。多忧时感事之作，尤擅七言律、绝。有《樊川文集》。

〔2〕青云馆：又称青云驿，唐置，在商州南。古为商於之地。《题青云馆》：唐文宗开成四年(839)，杜牧赴长安任职，路过这有名的商於之地，夜宿青云驿，很有感触，写下了这首诗。全诗云："虬蟠千仞剧羊肠，天府由来百二强。四皓有芝轻汉祖，张仪无地与怀王。云连帐影萝

阴合，枕绕泉声客梦凉。深处会容高尚者，水苗三顷百株桑。"

〔3〕四皓：秦末东园公、角里先生、绮里寄、夏黄公隐于商山，年皆八十余，时称"商山四皓。"

有芝：有紫芝可食。 四皓有芝轻汉祖：这句是说商山四皓有紫芝可食，轻视汉高祖的延请，不愿出来做官。

〔4〕张仪无地与怀王：《史记·屈原传》："秦惠王令张仪佯去秦事楚，曰：'秦甚憎齐，楚诚能绝齐，秦愿献商於之地六百里。'楚怀王贪而信张仪，遂绝齐，使使如秦受地，张仪诈之曰：'仪与王约六里，不闻六百里。'"这句意思是说，张仪是政治骗子，根本没有土地给楚怀王。 这两句是追忆古训，给国力衰竭的晚唐统治者提出警告，要警惕像张仪一类的政治骗子。

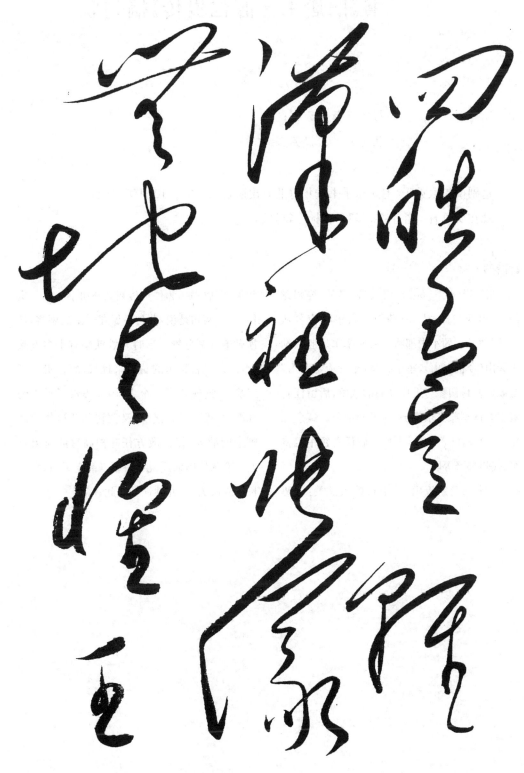

毛泽东手书杜牧《题青云馆》句

毛泽东楹联

书《旧唐书·薛仁贵传》摘句联

将军三箭定天山；

壮士长歌入汉关。

这副摘句联见于《毛泽东手书选集》（北京出版社，1993 年 10 月第 1 版）。

现在所见有一件手书，竖写，无标点符号。

【注释】

〔1〕薛仁贵（614—683）：唐大将，名礼，绛州龙门（今山西河津）人，善骑射。太宗时应募从军，因功升右领军中郎将。后又率军战胜铁勒于天山（今杭爱山），军中有"将军三箭定天山"之歌。乾封初参与进攻高丽的战争，后留任右威卫大将军兼安东都护，封平阳郡公。咸亨元年（670），对吐蕃作战，失败。后任右领军卫将军、代州都督等职。

〔2〕将军三箭定天山，壮士长歌入汉关：这两句见《旧唐书·薛仁贵传》和《新唐书·薛仁贵传》。这两句是说，薛仁贵做郑仁泰的副将，任铁勒道行军总管。当时九姓铁勒有十多万兵众，派几十名骁勇的骑兵来挑战，薛仁贵射了三箭，一连射死了三个人，因而震慑了敌人的气焰，都投降了。接着，又调转部队讨伐漠北剩余的敌人，捉了敌方任叶护高官的兄弟三人。部队传出歌谣说："将军三箭定天山，壮士长歌入汉关"。九姓铁勒从此衰落。

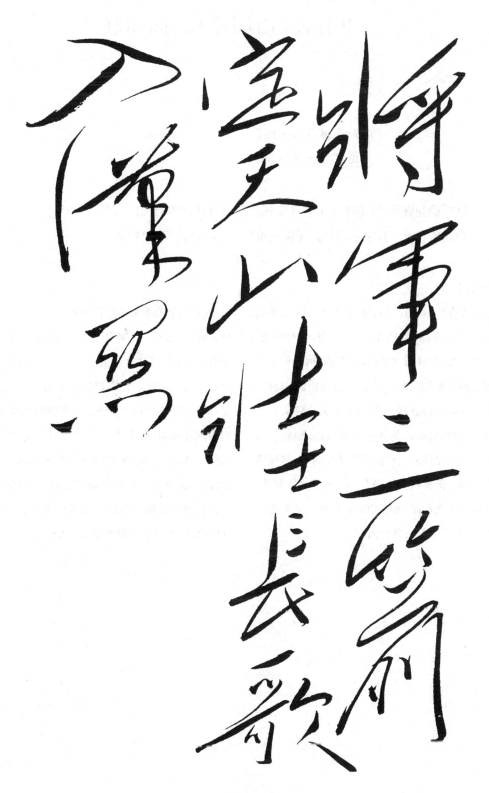

毛泽东手书《旧唐书·薛仁贵传》句

毛泽东楹联

书林逋《山园小梅》摘句联

疏影横斜水清浅；

暗香浮动月黄昏。

这副摘句联见于《毛泽东手书选集》（北京出版社，1993 年 10 月版）。

现在所见有一件手书，竖写，无标点符号。"黄昏"误写作"昏黄"。

【注释】

〔1〕林逋（967—1028）：字君复，钱塘（今浙江杭州）人。隐居西湖孤山，二十年不入城市。终身未娶，所居植梅畜鹤，人因称"梅妻鹤子"。死后赐谥和靖先生。他是宋初杰出的山林诗人。以咏梅诗著称。有《林和靖先生诗集》。《山园小梅》：此篇为林逋咏梅名篇，颔联尤脍炙人口。全诗云："众芳摇落独暄妍，占尽风情向小园。疏影横斜水清浅，暗香浮动月黄昏。霜禽欲下先偷眼，粉蝶如知合断魂。幸有微吟可相狎，不须檀板共金樽。"

〔2〕横斜：形容梅影的错落有致。

〔3〕暗香：幽香。 疏影横斜水清浅，暗香浮动月黄昏：这两句为点化五代南唐江为残句："竹影横斜水清浅，桂香浮动月黄昏。"江的诗句，既写竹又写桂，未能创造出完整的意境，又因为仅存残句，故未能产生多大的影响，鲜为人知。林逋的两句诗，既写出了梅花疏疏落落的特点，又写出了它那清幽的芳香，又用黄昏月色和清沏浅池的幽雅环境烘托出梅花的幽独和高逸，于是成为咏梅的千古绝唱。

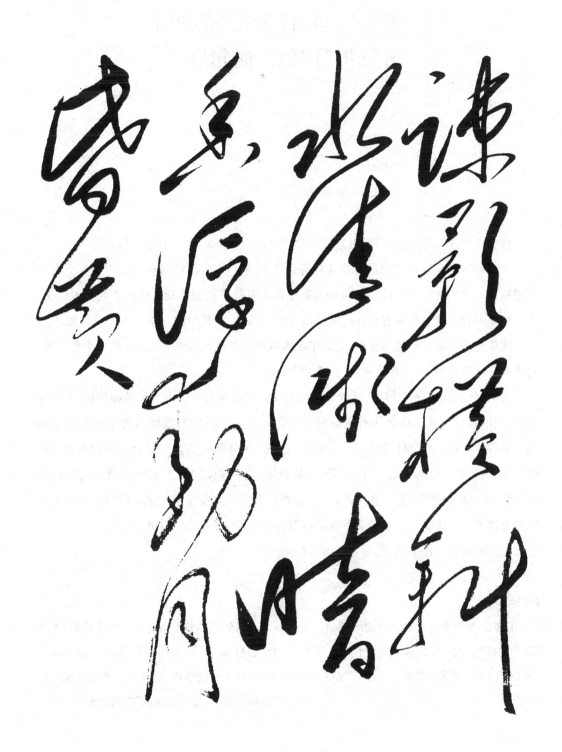

毛泽东手书林逋《山园小梅》句

毛泽东楹联

附 录 三

书王实甫《西厢记》第四本第三折〔四煞〕摘句联

泪添九曲黄河溢；
恨压三峰华岳低。

这副摘句联见于《毛泽东手书选集》（北京出版社，1993年10月第1版）。

《西厢记》是我国著名的古典戏曲作品。它演述了书生张君瑞和相国小姐崔莺莺的恋爱故事。第四本第三折描写张君瑞与崔莺莺十里长亭新婚之别。唱词文调异常优美，文字精练细腻。这一折共有十九段精妙的文字，〔四煞〕是其中的一段。这一段全文是：

这忧愁诉与谁？相思只自知，老天不管人憔悴。泪添九曲黄河溢，恨压三峰华岳低。到晚来闷把西楼倚，见了些夕阳古道，衰柳长堤。

另据回忆录说，1975年，毛泽东对帮助他读古文的北京大学中文系教师芦荻，也常谈起《西厢记》，对这部古典著作有较高的评价。一次，读江淹的《恨赋》，为了解释其中的"溢"字（指《恨赋》中："雄图既溢，武力未毕"），毛泽东还将王实甫《西厢记》第四本第三折的原文，从开头"〔正宫·端正好〕碧云天，黄花地，西风紧，北雁南飞"……直到〔四煞〕结束"到晚来闷把西楼倚，见了些夕阳古道，衰柳长堤。"一大段背了下来。（杨建业《在毛主席身边读书——访北京大学中文系讲师芦荻》，1978年12月29日《光明日报》）

现在所见有一件手书，竖写，无标点符号。

【注释】

〔1〕王实甫：生卒年不可考。一说名德信。大都（今北京市）人。元代著名戏曲作家。所写杂剧有十四种，今存《西厢记》、《丽堂春》、《破窑记》等。

〔2〕三峰华岳：即华岳三峰，谓莲花峰、毛女峰、松桧峰。　泪添九曲黄河溢，恨压三峰华岳低：化用元代李珏《题汪水雲西湖类稿》诗："泪添东海水，愁压北邙低"之句而成。

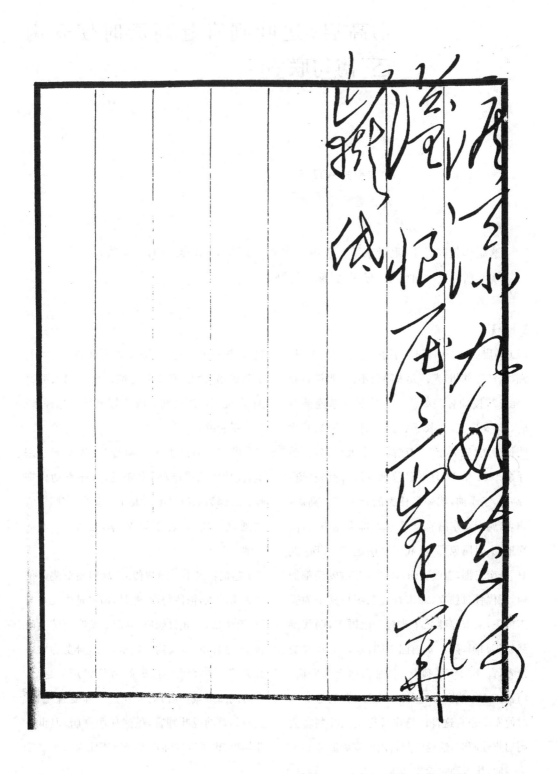

毛泽东手书王实甫《西厢记》第四本第三折［四煞］句

毛泽东楹联

1031

书高启《送叶判官赴高唐时使安南还》摘句联

一官暂遣陪成瑨；

片语曾烦下赵佗。

这副摘句联见于《毛泽东手书选集》(北京出版社,1993年10月第1版)。

现在所见有一件手书,竖写,无标点符号。

【注释】

〔1〕高启(1336—1374):字季迪,号青丘子,长洲(今江苏苏州)人。元末隐居不仕,明初召修《元史》,授翰林院编修。因受罪案牵连被腰斩。诗文皆工,尤长于诗。与刘基、宋濂并称明初诗文"三大家"。有《高太史大全集》。毛泽东1961年11月6日曾录其诗,诗前写道:"高启,字季迪,明朝最伟大的诗人。" 高唐:州名,属山东东昌府。 安南:即今越南,古南交地,秦时属象郡,汉武帝平南越,置交趾、九真、日南三郡,唐改交州,调露元年改安南都护府,五代晋时独立,北宋开宝三年封其王为安南郡王,南宋淳熙元年改封安南国王,明代洪武初年归附,赐其安南国王印,永乐五年置交趾省,宣德二年复独立,中国仍称之为安南。清嘉庆八年改国号越南。 《送叶判官赴高唐时使安南还》:这首诗是作者送友人叶判官去高唐州任职时,恰逢叶判官出使安南归来。一去一回,作者即兴而作,以赠送友人。全诗是:

"铜柱崖前使节过,贡随归骑入京多。一官暂遣陪成瑨,片语曾烦下赵佗。晓拜赐衣辞绛阙,秋催征棹渡黄河。政余好赋登临咏,闻说州人最善歌。"

〔2〕成瑨:《后汉书·党锢传》:"汝南太守宗资,任功曹范滂;南阳太守成瑨,亦委功曹岑晊。二郡为谣曰:'汝南太守范孟博,南阳宗资主画诺。南阳太守岑公孝,弘农成瑨但坐啸。'"

〔3〕赵佗:《汉书·陆贾传》:"高祖使贾赐赵佗印为南越王,佗留与饮,数月,曰:'越中无足与语,至生来,令我日闻所不闻'。贾卒拜佗为南越王,令称臣,奉汉约。高祖大悦,拜贾为大中大夫。" 一官暂遣陪成瑨,片语曾烦下赵佗:古时调离京城一般称为"左迁",即贬官之意。这两句是劝说叶判官,虽然任职高唐,但也并非坏事,也可以像陆贾那样有所作为。

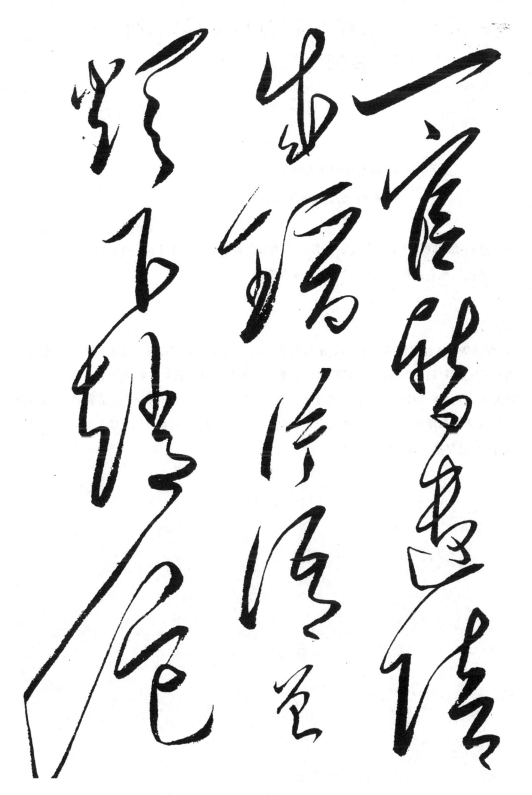

毛泽东手书高启《送叶判官赴高唐时使安南还》句

毛泽东楹联

书曹雪芹《红楼梦》第二回 "智通寺"联

身后有馀忘缩手；

眼前无路想回头。

这副摘句联见于《毛泽东手书选集》(北京出版社,1993 年 10 月第 1 版)。

现在所见有两件手书,均竖写,无标点符号。

【注释】

〔1〕智通寺联:《红楼梦》第二回写贾雨村虽然当上了县太爷,但因"贪酷"而被罢了官,后来经人介绍在扬州给林黛玉当了家庭教师。有一天,他来到郊外见一庙宇,叫"智通寺",寺门两边写的就是这副对联。

〔2〕身后有馀忘缩手:这句是说,虽然吃穿不愁,但只要有机会可乘,绝不肯放过机会。

〔3〕眼前无路想回头:这句是说,眼前没有路了,才想起回头,但已悔之晚矣。

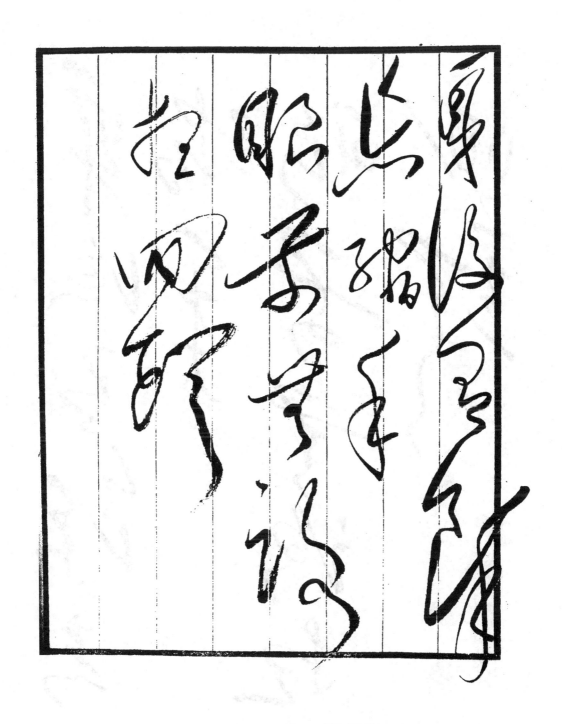

毛泽东手书曹雪芹《红楼梦》第二回"智通寺"联句（一）

毛泽东楹联

附 录 三

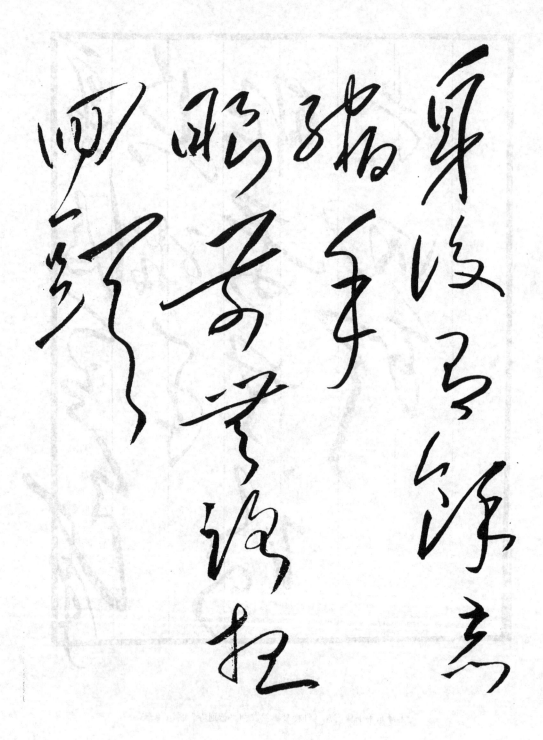

毛泽东手书曹雪芹《红楼梦》第二回"智通寺"联句（二）

书曹雪芹《红楼梦》第五回
宁国府上房内联

世事洞明皆学问；

人情练达即文章。

这副摘句联见于《毛泽东手书选集》（北京出版社，1993年10月第1版）。

现在所见有一件手书，竖写，无标点符号。

【注释】

〔1〕宁国府上房内对联：《红楼梦》第五回写宁府的梅花盛开，请荣府的人过去赏花。宝玉一时有些倦怠，想睡一觉。贾蓉的媳妇秦氏便领他去休息。当走到上房内间时，宝玉抬头看见墙上挂着一幅《燃藜图》。这是一幅画有汉代刘向夜读故事的图画。故事讲述的是汉代学者刘向在天禄阁校阅古书，非常专心致志。到了夜间来了一个穿黄衣服的老人，拄着一根青藜杖，叩门而入。刘向仍坐在暗中读书。老人便点起藜杖的一端，为刘向照明。这是一则鼓励读书的故事。宝玉见了，心里便有些不高兴。再看两边，又有这一副对联，更引起宝玉的反感，说什么也不愿在这里呆了，便又由秦氏领着来到秦氏的卧房。

〔2〕洞明：了解得很透彻。

〔3〕练达：因阅历广而通达人情世故，给人一种老成持重的样子。

毛泽东楹联

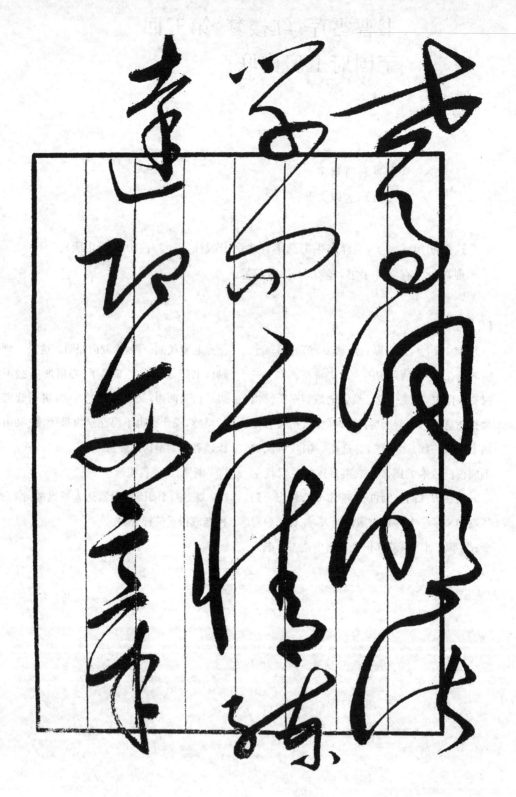

毛泽东手书曹雪芹《红楼梦》第五回宁国府上房内联句

书曹雪芹《红楼梦》第五回
秦可卿卧房联

嫩寒锁梦因春冷；

芳气袭人是酒香。

这副摘句联见于《毛泽东手书选集》(北京出版社,1993年10月第1版)。

现在所见有两件手书,均竖写,无标点符号。

【注释】

〔1〕秦可卿卧房联:此联语为宋代文学家秦观所作。秦观,字太虚,后又改字少游。是宋代婉约派主要词人。《红楼梦》第五回,贾宝玉来到宁府上房看见《燃藜图》和一副对联,十分不快,急忙离开了那里,来到了秦可卿的卧房。一进屋便觉得一股香气袭人,连说"好香!"接着又见墙上挂着唐伯虎画的《海棠春睡图》,图的两边就是秦观的这副对联。

〔2〕嫩寒:微寒。 锁梦:处于梦境中而难以醒来。 春冷:春寒。

〔3〕袭人:向人扑来。 酒香:像酒的香味那样令人陶醉。

毛泽东楹联

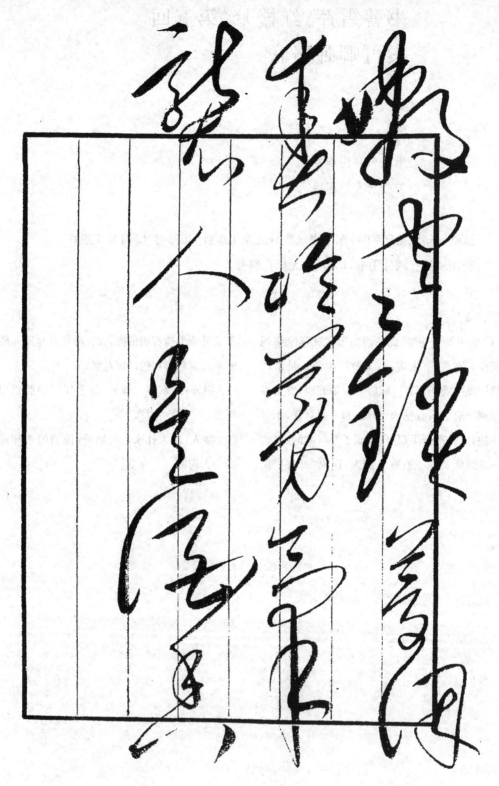

毛泽东手书曹雪芹《红楼梦》第五回秦可卿卧房联句（一）

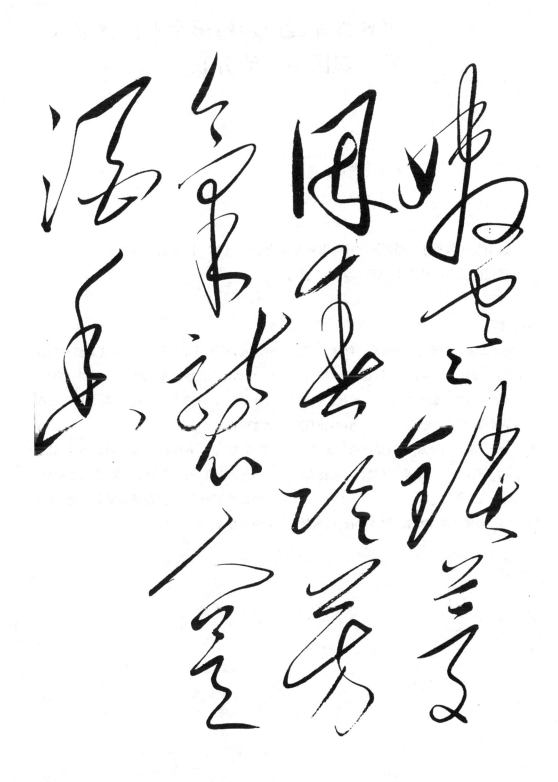

毛泽东手书曹雪芹《红楼梦》第五回秦可卿卧房联句（二）

毛泽东楹联

附 录 三

书曹雪芹《红楼梦》第十七回贾宝玉题大观园蘅芷清芳联

吟成豆蔻诗犹艳；

睡足茶蘼梦也香。

这副摘句联见于《毛泽东手书选集》（北京出版社，1993年10月第1版）。

现在所见有一件手书，竖写，无标点符号。

【注释】

〔1〕贾宝玉题大观园蘅芷清芳联：《红楼梦》第十七回，大观园工程结束后，贾政到园内视察，并给各景点命名。偏巧遇到宝玉，贾政便带宝玉一路过来，每到一处都让宝玉发表命名的意见。……又来到一处景点，这里种植许多名贵的香花。清客先作了两副对联没有什么特点，第三副是宝玉作的。

〔2〕豆蔻：多年生草本植物，初夏开花，初为嫩叶所卷，叶渐展开花渐开，俗称其未盛开的花为"含胎花"，比喻少女，称女子十三四岁为"豆蔻年华"。　吟成豆蔻诗犹艳：指写诗吟咏少女连诗也艳丽动人。

〔3〕茶蘼：落叶小灌木，属蔷薇科。小叶椭圆。夏初开大白花，有香气，供观赏，常依架而生。

　　睡足茶蘼梦亦香：指在茶蘼架下睡觉，做梦也芬芳香甜。

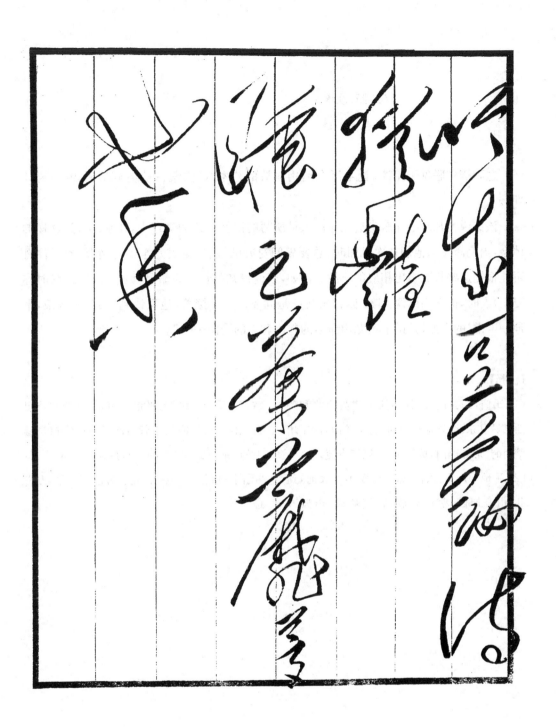

毛泽东手书曹雪芹《红楼梦》第十七回贾宝玉题大观园蘅芷清芳联句

毛泽东楹联

引《龙门瞰图》题画诗摘句联

> 禹门三级浪；
> 平地一声雷。

　　这副摘句联见于于冰《论毛泽东运用典故的艺术》(《内蒙古社会科学》1992 年第 5 期)。

　　该文说:"凡在毛泽东身边工作的人员所写的回忆录式的文章中,几乎都谈过这样的体会:当毛泽东与他们初次见面时,总要先问对方的姓名、籍贯乃至家庭情况,然后便有可能根据这些状况引出相应的典故。例如,当他得知师哲的原籍是韩城(今陕西,汉时称夏阳)人时,他立刻就说:'噢,你和司马迁是同乡。'……接着,他又谈到'禹门三级浪,平地一声雷'的出处,并讲了黄龙山命名的起因和它的走向……"

【注释】

〔1〕禹门:即龙门,地处山西河津县西北和陕西韩城县东北,该地临黄河,有黄龙山,两岸峭壁对峙,形如阙门,黄河至此,巨涛奔流。

〔2〕平地一声雷:宋代《朱熹语类》:"(大河)到此,山开岸阔,豁然奔放,怒气喷风,声如万雷。" 禹门三级浪,平地一声雷:这两句诗出自元代至大年间绘于韩城滩子村薛家祖祠墙上的《龙门瞰图》上的一首题画诗。全诗云:"禹门三级浪,平地一声雷。韩邑第一景,万古最为奇。"

引雅声诗摘句联

犯叔一寒何志此；

梁鸿余热不因人。

这副摘句联见于董志英《毛泽东轶事》(昆仑出版社，1989年3月第1版)。

毛泽东在谈及自己与雅声的交往时说："我在湖北省农民协会和武昌农民运动讲习所同雅声同志多次接触，我们谈中国革命，谈农民运动，都很合拍。谈旧体诗词，也很投机。他和我一样，喜欢唐代三李(李白、李商隐和李贺)，他还喜欢杜牧、王维。"他还说："我们交换过各自写的诗。他的名句我至今还记得。'犯叔一寒何志此，梁鸿余热不因人。'这两句用典，很融洽，很活。我看比李商隐的好。用这种诗的语言，表现诗人在当时的白色恐怖中硬骨头的精神，我很欣赏他的这类诗句，他长于七言，律绝俱佳。"

犯叔一寒何志此："志"当是"至"字之误。

【注释】

〔1〕犯叔：即范叔。战国时魏人范雎为中大夫须贾所害，陷入绝境，几至于死。后来死里逃生，化名张禄逃到秦国，凭借其治国之才做了秦国宰相，准备出兵伐魏。魏派须贾出使秦国。范雎妆扮成仆人去试探须贾，须贾见其衣着破旧，顿起怜悯之心，取一绨袍赠之御寒。范雎见须贾尚存故人之情，乃免其一死。

〔2〕梁鸿余热不因人：《东观汉记·梁鸿》载，东汉人梁鸿，少孤家贫。有一次他的邻居做完饭，要梁鸿趁着热灶热锅接着做饭，梁鸿说："童子鸿不因人热者也。"然后自己重新点火做饭。 犯叔一寒何至此，梁鸿余热不因人：这两句表现了雅声的硬骨头精神和坚定的革命斗志。

毛泽东楹联

本辑收录楹联共三十一副。系他人集毛泽东诗词或题词所成的对联。

毛泽东诗词集句对联(三十副)

一

飞雪迎春到;

心潮逐浪高。

二

江山如此多娇,飞雪迎春到;

风景这边独好,心潮逐浪高。

三

梅花欢喜漫天雪;

玉宇澄清万里埃。

四

独有英雄驱虎豹;

敢教日月换新天。

五

不到长城非好汉;

敢教日月换新天。

六

中华儿女多奇志;

人间正道是沧桑。

七

红旗卷起农奴戟;

曙光初照演兵场。

八

六月天兵征腐恶;

无限风光在险峰。

九

高峡出平湖,云横九派浮黄鹤;

天兵征腐恶,风卷红旗过大关。

十

不周山下红旗乱；

黄洋界上炮声隆。

十一

万马战犹酣，不周山下红旗乱；

行军情更迫，黄洋界上炮声隆。

十二

枯木朽株齐努力；

万水千山只等闲。

十三

长空雁叫霜晨月；

大渡桥横铁索寒。

十四

三十一年还旧国；

百万雄师过大江。

十五

百万工农齐踊跃；

六亿神州尽舜尧。

十六

换了人间，百万工农齐踊跃；

太平世界，六亿神州尽舜尧。

十七

喜看稻菽千重浪；

寥廓江天万里霜。

十八

山舞银蛇，原驰蜡象；

鱼翔浅底，鹰击长空。

十九

北国风光，天高云淡；

乌蒙磅礴，路隘林深。

毛泽东楹联

1049

二十

安得倚天抽宝剑;

只识弯弓射大雕。

二十一

冷眼向洋看世界;

西风落叶下长安。

二十二

借问瘟君欲何往;

冻死苍蝇未足奇。

二十三

牛郎欲问瘟神事;

吴刚捧出桂花酒。

二十四

四海翻腾云水怒;

一山飞峙大江边。

二十五

惜秦皇汉武,略输文采;

数风流人物,还看今朝。

二十六

千秋功罪谁评? 惜秦皇汉武,略输文采;

万里长江横渡,看红装素裹,分外妖娆。

二十七

风景这边独好;

江山如此多娇。

二十八

喜看稻菽千重浪;

跃上葱笼四百旋。

二十九

喜看稻菽千重浪;

遍地英雄下夕烟。

三十

春风杨柳万千条,风景这边独好;

飞起玉龙三百万,江山如此多娇。

毛泽东诗词发表以来,毛泽东诗词集句联甚多,这里所选三十副集联均为郭沫若所作。以见一斑。第一至二十六副,发表于1964年3月20日《光明日报》,标题为《毛主席诗词集句对联》。

郭沫若原注:"人间正道"是说人类社会发展的正常规律,"沧桑"就是变化。我在《百万雄师过大江》一文解释错了。附此更正。

原文上联为一个单句的句末用逗号,两个分句以上的,句末用句号,本书统一改为上联句末用分号。

第二十七至三十副见于唐意诚编注《毛泽东楹联辑注》(湖南省楹联学会1993年11月编印)。第二十七副联唐注:郭沫若为肇庆七里岩书写此联。第二十八和二十九副联,唐注:以上两联,郭沫若1964年5月15日为温州市书联。第三十副联,唐注:郭沫若于1963年6月25日为云南的丽江玉泉得月楼书上联。

唐意诚对以上集联还作如下评注:第一副"飞雪迎春到,心潮逐浪高",1964年5月15日,郭沫若为浙江温州市江心屿"来雪亭"书写此联;还为山西太原晋祠"难老艺苑"书此联,现悬挂至今。第三副"梅花欢喜漫天雪,玉宇澄清万里埃","1964年郭公为湖南省茶叶研究所题赠此联。"第八副"六月天兵征腐恶,无限风光在险峰","此联平仄不协"。第十四副"三十一年还旧国;百万雄师过大江","此联平仄不协。"第二十五副"惜秦皇汉武,略输文采;数风流人物,还看今朝","此联词性不协。"以上仅供参考。

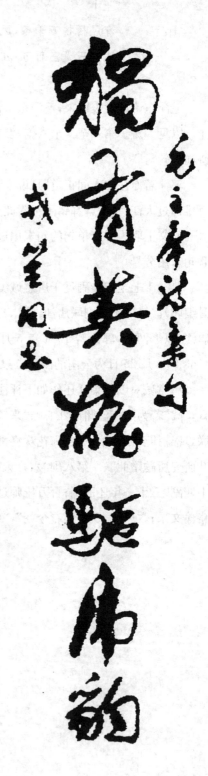

郭沫若手书毛泽东诗词集句对联（一）

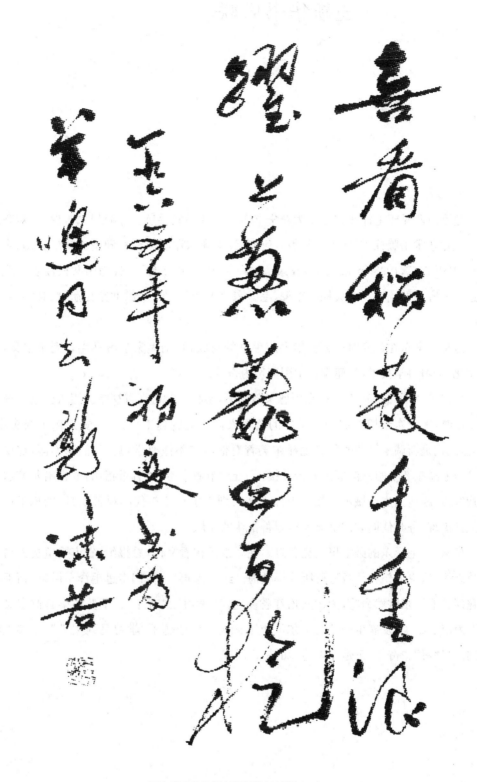

郭沫若手书毛泽东诗词集句对联（二）

毛泽东楹联

题新华书店联

延安时期

学习；

奋斗。

这副对联见于毛泽东在延安为新华书店亲书的题联手迹。（顾平旦、曾保泉《对联欣赏》，文化艺术出版社 1982 年 5 月版），唐意诚《毛泽东楹联辑注》（湖南楹联学会编《今古对联》丛书之三，1993 年 12 月版）收录。毛泽东 1950 年 2 月 27 日为中共松江省委题写的这一内容的两幅字见中央档案馆编《毛泽东手书选集》第二卷（北京出版社，1993 年 10 月版）。

这是毛泽东在延安时期为新华书店手书的对联，勉励大家学习马克思列宁主义，学习文化，学习科学技术，为建设新中国而努力奋斗。

1950 年 2 月 27 日，毛泽东在周恩来陪同下，亲临当时松江省视察。当来到哈尔滨车辆工厂时，毛泽东亲切地询问这个厂的负责人懂不懂管理工厂，厂负责人摇了摇头说："不懂。我是新调来管业务的。"毛泽东笑着对他说："不懂要学习。我们都不懂，都要学习。"当毛泽东登上哈尔滨国际旅行社楼顶平台，俯瞰全市后，着重指出：要把哈尔滨这个消费城市，改造为生产城市。教育干部进城后别忘了战争年代的艰苦岁月，别忘了革命的优良传统，务必使同志们继续保持艰苦奋斗的作风。

夜深了，毛泽东的卧室里还亮着灯。毛泽东还在看文件，看报纸，省市委负责人希望他早点休息，更渴望在他身边聆听谆谆教悔。经考虑再三，他们走进毛泽东卧室，请毛泽东题词。毛泽东欣然命笔，为中共松江省委题了"学习"、"奋斗"、"不要沾染官僚主义作风"，为市委题了"发展生产"，为哈尔滨市第二次团代会题了"学习马列主义"，一共五幅题词。"学习"、"奋斗"正是一副绝妙的格言楹联。

毛泽东为中共松江省委题词之一   毛泽东为中共松江省委题词之二

毛泽东楹联

本辑收录楹联共两副。系他人代毛泽东所撰楹联作品。

毛麓钟先生代毛泽东撰挽父联

一九二〇年一月

决不料一百有一旬，哭慈母又哭严君，血泪虽枯恩莫报；

最难堪七朝连七夕，念长男惠念季子，儿曹未集去何匆。

这副挽联见毛崇文致唐意诚信，收入唐意诚编注《毛泽东楹联辑注》，又见之唐贻棣《韶山楹联与日同辉》（《对联》1994 年第 7 期）。

据韶山毛崇文记载，这是族人毛麓钟代毛泽东撰写的泣父毛顺生灵联。

【注释】

〔1〕毛顺生（1870—1920）：见《七绝·呈父亲》注。　毛麓钟：派名毛贻训，毛泽东的远房伯父，是韶山毛氏家族中唯一的秀才，曾在云南蔡锷部下供过职。1910 年春，毛泽东到韶山东茅塘毛麓钟办的私塾读书。1921 年毛麓钟病逝于韶山东茅塘。

〔2〕一百有一旬：指毛泽东母文七妹于 1919 年 10 月 5 日去世，父毛顺生于 1920 年 1 月 23 日去世，只相隔一百余天。

〔3〕最难堪七朝又七夕：毛顺生死后停了七天七晚，才由亲朋料理出丧。

〔4〕儿曹未集去何匆：毛泽东兄弟未能回家奔丧。

刘霖生先生代毛泽东撰挽八舅母联

一九三七年四月

问到旧栽桃李；

已成大树将军。

这副挽联的残句见于李湘文编著《毛泽东家世》、赵志超著《毛泽东和他的父老乡亲》，并收入唐意诚编注《毛泽东楹联辑注》。

1920 年 11 月，毛泽东父毛顺生去世，刘霖生为姻叔治理丧事。1937 年，在长沙长郡中学任庶务的文运昌，乘该校学生莫立本去延安投奔革命之机，将自己父母去世的消息及刘霖生帮助料理丧事、代毛泽东撰写挽联等事，写信托其转达毛泽东。毛泽东接信后，于 11 月 27 日给文运昌回信，表示对八舅、八舅母的悼念，还问及当时年届七十二岁的刘霖生说："刘霖生先生还健在吗？请搭信慰问他老先生。"新中国成立后，毛泽东十分怀念这位长者，对他的去世深表惋惜。

【注释】

〔1〕八舅母：指毛泽东的二舅母文赵氏（1855—1937），毛泽东的二舅父文玉钦（1859—1929）之妻，表兄文运昌之母，湖南湘乡人。1855 年 3 月 27 日生，1937 年 4 月 2 日逝世。因文玉钦在同族兄弟中排行第八，故毛泽东称他八舅父，称二舅母赵氏为八舅母。

刘霖生（1865—1949）：派名新澍，湖南湘乡县南薰乡祝赞桥（建国后划归韶山区）人。清末秀才，毛泽东姨表兄。曾任清朝长沙府学生员。辛亥革命后，当过湘乡团岸榷运局统计科科长，湘乡县女子职业学校校长，县参议会议员，县临时参议会会长。大革命失败后，他一直隐居乡村。1949 年 9 月，在家乡去世。

〔2〕大树将军：语出《后汉书·冯异传》："诸将并坐论功，异常独屏树下，军中号曰大树将军。" 问到旧栽桃李，已成大树将军：意思是说，今日毛泽东已成国家栋梁，未曾辜负舅父母当年的栽培。

毛泽东楹联

1059

毛泽东论诗词、楹联

本辑收录有关诗词、楹联的文章、书信、谈话共八十三篇。系毛泽东关于诗词的题词、自作诗词的序、跋,和论及自己诗词楹联创作的批注、书信和谈话等。并附录他人关于发表、出版、编选、注释、翻译、修改、订正毛泽东诗词的书信、记录,共三十一篇。

为徐迟题词

一九四五年九月二十二日

诗言志

【注释】

〔1〕这是 1945 年毛泽东在重庆期间为诗人徐迟所写的题词。收入艾克恩《延安文艺运动纪盛》(文化艺术出版社,1987 年 1 月版)。据陈晋《毛泽东与文艺传统》、《毛泽东之魂》说,1945 年 9 月在重庆谈判时,诗人徐迟向毛泽东请教怎样作诗,并请他题词。毛泽东随即写下"诗言志"相赠。建国后,《诗刊》创刊,请毛泽东题词,也是写的这三个字。据马连礼主编、董正春副主编《毛泽东诗词美学论》(山东人民出版社,1994 年 12 月版)说,毛泽东曾三次手书"诗言志"。为徐迟题写的手书发表于《长江文艺》1962 年 5 月号,收入《毛泽东手书选集》。 另据张铁民《翰墨春秋》(军事科学出版社,1993 年 10 月第 1 版)说,在重庆的一次聚会上,诗人徐迟见到毛泽东。他已从流传中得知毛泽东的《沁园春·雪》,就向毛泽东请教诗该怎样写,并想得到毛的题词,作为留念。突然,旁边有人说:"诗当为人民服务!"毛泽东回过头看了一眼插话的人,就坐下来提起毛笔,写了这则题词。后来,在题词的左边郭沫若又抄录了自己唱和《沁园春·雪》的词一首。1962 年第 5 期《长江文艺》刊发题词时,删去了郭沫若加写的墨迹。 徐迟(1914—1996):作家、翻译家。浙江吴兴(今湖州)人。早年肄业于东吴大学,后任编辑、教师等职。建国后历任《人民中国》英文版编辑、《诗刊》副主编、作协武汉分会主席等职。

〔2〕诗言志:语出《尚书·舜典》。

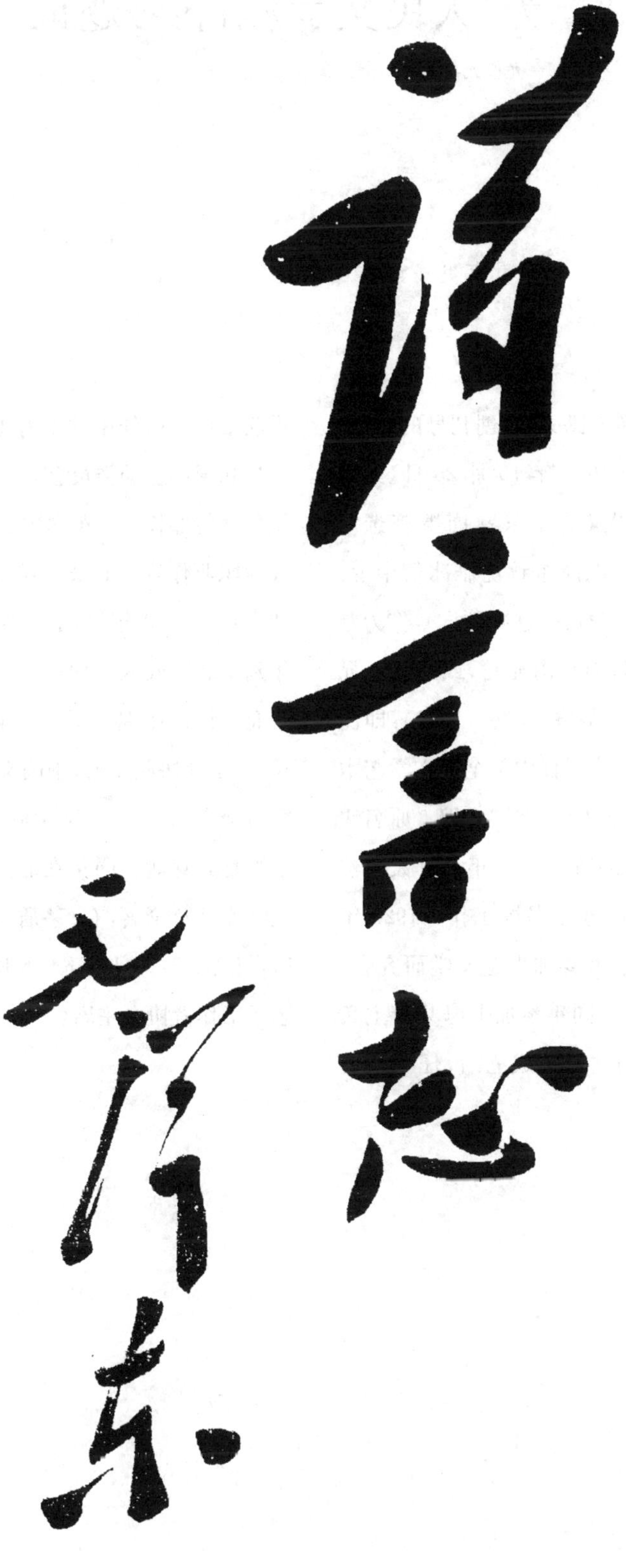

为徐迟题词

为《人民文学》创刊号题词

一九四九年九月二十三日

希望有更多好作品出世

【注释】

〔1〕这是毛泽东为《人民文学》创刊号的题词。毛泽东手书发表于 1949 年 10 月 25 日《人民文学》创刊号，收入《毛泽东题词墨迹选》。1949 年 9 月 23 日，毛泽东致沈雁冰信中说："示悉。写了一句话（按：指这则题词），作为题词，未知可用否？封面宜由兄写，或请沫若兄写，不宜要我写。" 茅盾（1896—1981）：即沈雁冰，浙江桐乡人。当时任中华全国文学艺术工作者协会副主席、《人民文学》主编。原名沈德鸿，字雁冰，笔名茅盾。1916 年北京大学预科毕业后，到上海商务印书馆工作。1920 年任《小说月报》主编，并参加发起文学研究会，提倡写实主义文学。同年参加上海共产主义小组。1921 年中国共产党成立后，任中共中央联络员。后任中共上海地方兼区协委员会委员和国民运动委员会委员长，国民党上海市党部宣传部长。大革命失败后从事文学创作，成为职业作家。1928 年赴日本后，脱离中国共产党。1930 年回国，参加左联工作。1948 年到东北解放区。1949 年参加中国人民政治协商会议的筹备工作。建国后，任文化部部长、全国政协副主席、中国文联副主席、中国作家协会主席。1981 年病危之际，中共中央决定恢复其党籍。同年在北京病逝。著有大量文学作品及论著，有《茅盾文集》、《茅盾全集》行世。沫若：即郭沫若：当时任中华全国文学艺术工作者协会主席。

为《人民文学》创刊号题词

毛泽东论诗词、楹联

综　论

为《延安平剧研究院成立特刊》题词

一九四二年十月

推陈出新

【注释】

〔1〕1942年10月1日,延安平剧研究院在延安杨家岭中央大礼堂举行开学典礼,并举办展览会,出版《延安平剧研究院成立特刊》。毛泽东为特刊写了这则题词,发表于1942年10月12日《解放日报》。手书收入《毛泽东题词墨迹选》。1949年7月29日,中华全国戏曲改进会筹备委员会成立,《人民日报》发表了同年7月28日毛泽东为该会同样内容的题词。见李准、丁振海主编的《毛泽东文艺思想全书》(吉林人民出版社,1992年5月版)。平剧:即京剧,因北京曾改为北平,故京剧也曾叫平剧。

为《延安平剧研究院成立特刊》题词

毛泽东论诗词、楹联

1067

综　论

为中国戏曲研究院题词

一九五一年

百花齐放

推陈出新

【注释】

〔1〕1951 年 4 月 3 日,中国戏曲研究院成立,毛泽东为该院题名并写了这则题词,收入《毛泽东题词墨迹选》。又载于《建国以来毛泽东文稿》第二册,注明"根据手稿刊印"。 中华人民共和国建国初期,中国共产党为改革和发展中国戏曲艺术而提出这一方针,也适用于其他文艺部门。这是抗日战争时期在陕甘宁边区提出的"推陈出新"口号的进一步发展。

〔2〕百花齐放:许多花卉一起开放,常用以比喻形容繁荣景象。

〔3〕推陈出新:去掉旧事物的糟粕,取其精华,以创造新事物。

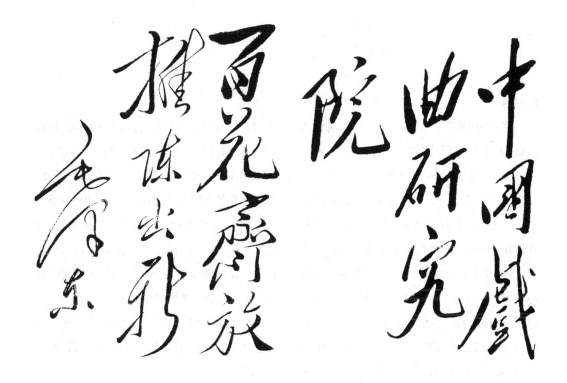

为中国戏曲研究院题词

"双百"方针

一九五六年四月二十八日

百花齐放

百家争鸣

【注释】

〔1〕这则题词见于李琦、穆青、逄先知、郭超人主编《毛泽东》（照片集）（中央文献出版社，1993年11月版）。 这是发展、繁荣社会主义中国的科学、文化、艺术事业的基本方针。是中国共产党于1956年根据中国生产资料所有制方面的社会主义改造基本完成后的具体情况，在承认社会主义社会仍然存在各种矛盾的基础上提出的。 1953年10月间，中国科学院办历史刊物，陈伯达向毛泽东请示方针时，毛泽东提出百家争鸣。 1956年4月28日，中共中央召开知识分子问题会议，毛泽东作讨论总结时说："百花齐放，百家争鸣，我看应当成为我们的方针。艺术问题上百花齐放，学术问题上百家争鸣。" 1957年2月27日，毛泽东在最高国务会议第十一次（扩大）会议上作《关于正确处理人民内部矛盾的问题》的讲话，指出："百花齐放，百家争鸣的方针，是促进艺术发展和科学进步的方针，是促进我国的社会主义文化繁荣的方针。"

〔2〕百家：指学术上的各种派别。《汉书·艺文志》载诸子有一百八十九家，以成数言，称为"百家"。

（毛泽东手书"百花齐放 百家争鸣"）

"双百"方针

毛泽东论诗词、楹联

1071

综　　论

致陆定一

一九六四年九月二十七日

定一同志：

　　此件请一阅。信是写得好的，问题是应该解决的。但应采取征求群众的意见的方法，在教师、学生中先行讨论，收集意见。

毛泽东

九月二十七日

古为今用，洋为中用。

此信表示一派人的意见，可能有许多人不赞成。

【注释】

〔1〕这封信见《毛泽东书信选集》（人民出版社1983 年 12 月第 1 版）、《建国以来毛泽东文稿》第十一册（中央文献出版社，1996 年 8 月第 1版）。注明"根据手稿刊印"。　陆定一（1906—1996）：江苏无锡人。当时任中共中央书记处书记、中央宣传部部长。1925 年加入中国共产党。1926 年毕业于上海交通大学。1927 年起任共青团中央宣传部长、共青团驻少共国际代表。长征途中任红军总政治部宣传部长。后任八路军野战政治部副主任、宣传部长，《解放日报》总编辑。1945 年起任中共中央宣传部长。1946 年出席政治协商会议。1949 年后任中央人民政府文教委员会副主任、中央书记处书记、国务院副总理兼文化部长。"文化大革命"中遭受林彪、江青反革命集团的诬陷迫害。1979 年后任全国政协副主席。曾任中共中央委员、政治局候补委员、中顾委常委。毛泽东写这封信时，陆定一当时任中共中央书记处书记、中央宣传部长。

〔2〕此件：指中央音乐学院一个学生 1964 年 9月 1 日写给毛泽东的信。这封信对实行音乐革命化、民族化、群众化等提出了意见。

致路社

一九三九年一月三十一日

路社常务委员会诸同志：

信件收到了，感谢你们的好意。二月四日已约定别的集会，不能来你处，请加原谅。问我关于诗歌的意见，我是外行，说不出成片段的意见来，只有一点，无论文艺的任何部门，包括诗歌在内，我觉都应是适合大众需要的才是好的。现在的东西中，有许多有一种毛病，不反映民众生活，因此也为民众所不懂。适合民众需要这种话是常谈，但此常谈很少能做到，我觉这是现在的缺点。这一点是否有考虑的价值，请你们斟酌一番。此复，敬祝

努力！

毛泽东

一月三十一日

【注释】

〔1〕这封信原载1939年3月1日出版的《鲁艺校刊》。 路社：是鲁讯艺术学院以文学系学生为主，并吸收其他系诗歌爱好者组成的业余诗歌组织。成立于1938年8月间。为有效地领导和开展各种活动，设立了"路社常务委员会"，主要由天兰、康濯负责。1939年1月卜旬，路社常委会决定2月4日召开诗歌座谈会。有人提议写信给毛泽东，请他来参加指导。于是就以"路社常务委员会"名义给毛泽东发出了邀请信，毛泽东由于已安排了别的活动，不能分身，便于1月31日回了这封信。

致陈毅

一九六五年七月二十一日

陈毅同志：

你叫我改诗，我不能改。因我对五言律，从来没有学习过，也没有发表过一首五言律。你的大作，大气磅礴。只是在字面上（形式上）感觉于律诗稍有未合。因律诗要讲平仄，不讲平仄，即非律诗。我看于你此道，同我一样，还未入门。我偶尔写过几首七律，没有一首是我自己满意的。如同你会写自由诗一样，我则对于长短句的词学稍懂一点。剑英善七律，董老善五律，你要学律诗，可向他们请教。

西 行

万里西行急，乘风御太空。

不因鹏翼展，那得鸟途通。

海酿千钟酒，山裁万仞葱。

风雷驱大地，是处有亲朋。

只给你改了一首，还很不满意，其余不能改了。

又诗要用形象思维，不能如散文那样直说，所以比、兴两法是不能不用的。赋也可以用，如杜甫之《北征》，可谓"敷陈其事而直言之也"，然其中亦有比、兴。"比者以彼物比此物也"，"兴者，先言他物以引起所咏之词也"。韩愈以文为诗；有些人说他完全不知诗，则未免太过，以《山石》，《衡岳》，《八月十五酬张功曹》之类，还是可以的。据此可以知为诗之不易。宋人多数不懂诗是要用形象思维的，一反唐人规律，所以味同嚼腊〔蜡〕。以上随便谈来，都是一些古典。要作今诗，则要用形象思维方法，反映阶级斗争与生产斗争，古典绝不能要。但用白话写诗，几十年来，迄无成功。民歌中倒是有一些好的。将来趋势，很可能从民歌中吸引养料和形式，发展成为一套吸引广大读者的新体诗歌。又李白只有很少几首律诗,李贺除有很少几首五言律诗外,七言律他一首也不写。李贺诗很值得一读,不知你有兴趣否?

祝好!

毛泽东

一九六五年七月廿一日

【注释】

〔1〕这封信最早发表于《诗刊》1978 年第 1 期,后收入《毛泽东书信选集》、《建国以来毛泽东文稿》第十一册,注明"有毛泽东手稿"。手书见于《毛泽东手书选集》。 陈毅:见《七律·改陈毅〈西行〉》注。毛泽东写这封信时,陈任国务院副总理兼外交部长。

〔2〕我对五言律从来没有学习过,也没有发表过一首五言律:其实,毛泽东写过五言律诗,虽未正式发表于报刊,但曾公开于大庭广众之中,如《挽戴安澜将军》即为五律。

〔3〕剑英:即叶剑英,见《赠叶剑英同志联》注。毛泽东写这封信时,叶任政协全国委员会副主席,军事科学院院长兼政治委员。

〔4〕董老:指董必武,见《致董必武(1961 年 9 月 8 日)》注。毛泽东写这封信时,董任中华人民共和国副主席。

〔5〕杜甫:唐代诗人。 《北征》:杜诗名篇,至德二年(757 年),肃宗下诏放杜甫从凤翔回鄜州(今陕西富县)家中探亲时作。

〔6〕敷陈其事而直言之也:见《诗集传·周南·葛覃》朱熹注。

〔7〕比者,以彼物比此物也:见《诗集传·周南·螽斯》朱熹注。

〔8〕兴者,先言他物以引起所咏之词也:见《诗集传·周南·关雎》朱熹注。

〔9〕韩愈:唐代文学家、诗人。 韩愈以文为诗:宋代陈师道《后山诗话》引黄庭坚说:"韩以文为诗。"

〔10〕有些人说他完全不知诗:他指韩愈。宋代张戒《岁寒堂诗话》说:"不爱者以退之于诗本无得。"

〔11〕《山石》:韩诗名篇,贞元十七年(801 年)在洛阳作。

〔12〕《衡岳》:韩诗名篇,全题为《谒衡岳庙遂宿岳寺题门楼》,永贞元年(805 年)由阳山谪所赦回,滞留郴州,后授江陵法曹参军,赴任途经衡山时游衡山所作。

〔13〕《八月十五酬张功曹》:韩诗名篇,永贞元年(805 年)中秋夜作于郴州。

〔14〕李白:唐代诗人。

〔15〕李贺:唐代诗人。

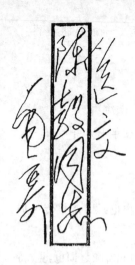

陈毅同志：

你叫我改诗，我不能改。因我对于五言律，从来没有学习过，也没有发表过一首五言律。你的大作，大气磅礴。只是在字面上（形式上）感觉于律诗稍有未合。因律诗要讲平仄，不讲平仄，即非律诗。

我看你于此道，同我有同病，尚未入门。我偶尔写过几首七律，没有一首是我自己满意的。如同你会写自由诗一样，我则对于词学稍懂一点。剑英善七律，董老善五律。你要学律诗，可向他们请教。

西行

万里西行急，
乘风御太空。
不因鹏翼展，
那得鸟途通。
海酿千钟酒，
山裁万仞葱。
风雷驱大地，
是处有亲朋。

只给你改一首，其余不改了。

致陈毅（1965年7月21日）

致臧克家等

一九五七年一月十二日

克家同志和各位同志：

惠书早已收到，迟复为歉！遵嘱将记得起来的旧体诗词，连同你们寄来的八首，一共十八首，抄寄如另纸，请加审处。

这些东西，我历来不愿意正式发表，因为是旧体，怕谬种流传，遗〔贻〕误青年；再则诗味不多，没有什么特色。既然你们以为可以刊载，又可为已经传抄的几首改正错字，那末，就照你们的意见办吧。

《诗刊》出版，很好，祝它成长发展。诗当然应以新诗为主体，旧诗可以写一些，但是不宜在青年中提倡，因为这种体裁束缚思想，又不易学。这些话仅供你们参考。

同志的敬礼！

毛泽东

一九五七年一月十二日

【注释】

〔1〕这封信发表于1957年1月25日出版的《诗刊》创刊号，并发表了这封信的手迹和毛泽东《旧体诗词十八首》。此信后载《建国以来毛泽东文稿》第六册，注明"有手稿"。 臧克家（1905—2004）：山东诸城人，诗人。毛泽东写这封信时，臧任中国作家协会书记处书记，《诗刊》主编。

〔2〕遵嘱将记得起来的旧体诗词，连同你们寄来的八首，一共十八首：这十八首诗词指《沁园春·长沙》、《菩萨蛮·黄鹤楼》、《西江月·井冈山》、《如梦令·元旦》、《菩萨蛮·大柏地》、《清平乐·会昌》、《忆秦娥·娄山关》、《十六字令三首》、《七律·长征》、《念奴娇·昆仑》、《清平乐·六盘山》、《沁园春·雪》、《七律·和柳亚子先生》、《浣溪沙·和柳亚子先生》、《浪淘沙·北戴河》、《水调歌头·游泳》。

〔3〕贻误青年：据张贻玖《毛泽东和诗》（春秋出版社，1987年10月版）说，毛泽东这封信发表后，北京大学一位同学曾给毛泽东写信，指出信中"遗误青年"的"遗"字应改为"贻"字。

毛泽东欣然接受了这位同学的意见，并请《诗刊》编辑部帮他公开订正。肖关在《毛泽东同志改错字》(1985 年 2 月 11 日《北京日报》)一文中说，复旦大学一学生、江苏泰县一小学校长给毛泽东写信，提出"遗"为"贻"字之误。毛欣然接受。

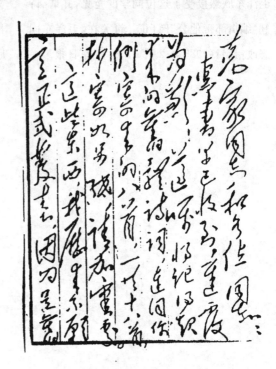

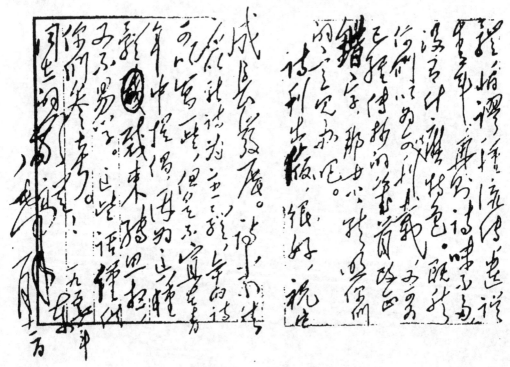

致臧克家等（1957年1月12日）

《诗刊》编辑部编委致毛泽东

一九五六年十一月二十一日

亲爱的毛主席：

中国作家协会决定明年元月创办《诗刊》，想来您喜欢听到这个消息，因为您一向关心诗歌，因为您是我们最爱戴的领袖，同时也是我们最爱戴的诗人。全世界所爱戴的诗人。

我们请求您，帮我们办好这个诗人们自己的刊物，给我们一些指示，给我们一些支持。

在诗歌的园地里，已经显露了百花齐放、百鸟啭鸣的春天来临的迹象，西南的诗人们，明年元旦创刊《星星》诗杂志；《人民文学》、《长江文艺》都准备来年初出诗专号；诗歌在全国报刊上都刊登得很多。这是一个欢腾的时代，歌唱的时代。热情澎湃的诗歌的时代是到来了，《诗刊》因而诞生。

我们希望在创刊号上，发表您的八首诗词。那八首，大都已译成各种外国文字，印在他们的《中国诗选》的卷首。那八首，在国内，更是广泛流传。但是，因为它们没有公开发表过，群众相互抄诵，以致文句上颇有出入。有的同志建议我们：要让这些诗流传，莫如请求作者允许，发表一个定稿。

我们附上那八首诗词的抄稿一份，请加订正，再寄还我们。如果您能手写一首，给我们制版发表，那就更好了。

其次，我们希望您能将外边还没有流传的旧作或新诗寄给我们。那对我国的诗坛，将是一件盛事；对我们诗人将是极大的鼓舞。

《诗刊》是二十五开本，每期一百页，不切边；诗是单行排的，每页二十六行。在编排形式上，我们相信是不会俗气的；在校订装帧等方面，我们会恰当的求其讲究。

我们深深感到《诗刊》的任务，美丽而又重大；迫切的希望您多给帮助；静下来要听您的声音和您的吟咏。

《诗刊》编辑部

　主　编　臧克家

　副主编　严　辰

　　　　　徐　迟

　编　委　田　间

　　　　　沙　鸥

　　　　　袁水拍

　　　　　吕　剑

一九五六年十一月二十一日

【注释】

〔1〕臧克家:见《致臧克家(1957 年 1 月 12 日)》注。　严辰(1914—2003):诗人。原名汉民,江苏武进人。1933 年就读于上海正风文学院。建国后历任《人民文学》编辑部主任、《新观察》主编、作协黑龙江分会副主席、《北方文学》主编、《诗刊》主编。　徐迟:见《为徐迟题词(1945 年 9 月 22 日)》注。　田间(1916—1985):诗人。原名童天鉴,安徽无为人。1933 年就读于上海光华大学。建国后历任中国作协党组成员、创作部副部长、河北省文联主席等职。　沙鸥(1922—1994):诗人。原名王世达,四川重庆人。早年就读于中华大学。建国后曾在北京《新民报》、中央文学讲习所和《诗刊》工作。1962 年起,在黑龙江省文联、重庆市文联专事创作。　袁水拍(1916—1982):诗人。原名光楣,笔名马凡陀。江苏吴县人。1935 年就读于上海沪江大学。建国后历任《人民日报》文艺部主任,中宣部文艺处处长、文化部副部长等职。"文化大革命"后,在中国艺术研究院工作。

吕剑(1919—　):诗人。原名王聘之,山东莱芜人。建国后曾任《人民文学》编辑部主任等。

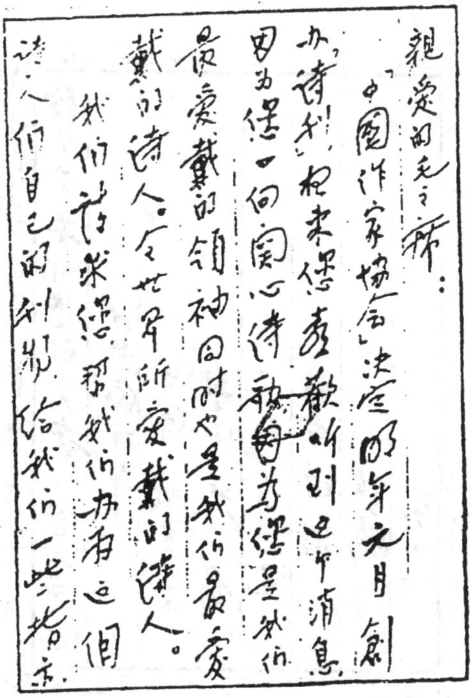

亲爱的毛主席：

中国作家协会决定明年元月创办一个诗刊，想来您喜欢听到这个消息。因为您一向关心诗歌，因为您是我们最爱戴的领袖同时也是我们最爱戴的诗人，也是全世界所爱戴的诗人。我们请求您把您所写的旧体诗词交给我们办为这个诗人们自己的刊物，给我们一些指示，

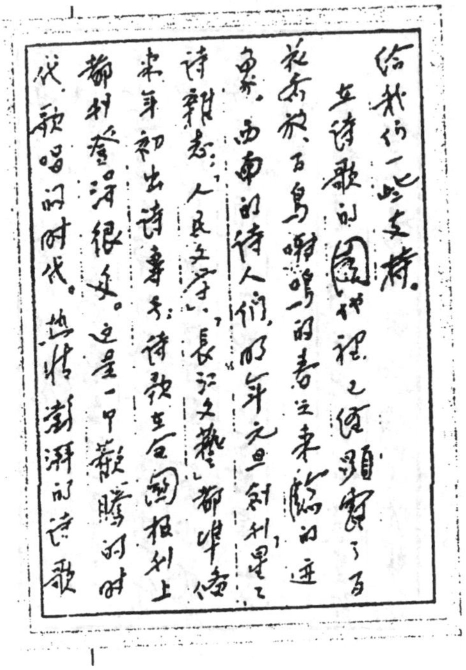

给我们一些支持。

在诗歌的园地里，随着春天来了，百鸟喧鸣的春天来临，花东放，西南的诗人们明年初出诗事会，长江文艺、人民文学、诗刊都即将出刊了。这是一个欢腾的诗歌时代，热情澎湃的时代，代表歌唱的时代。

创时代已到来了，诗刊因子已诞生。我们希望立刻刊出手上您发表的八首诗词，那八首大都已译成香村外国文字，那么他们的《中国新选》的参考，那八首是围由，更是溏过之流传，但是因为安心的没有，南苦袭进群众相互抄诵，以致又与上颂有出入有的同志建议我们：要请送些进住莫办

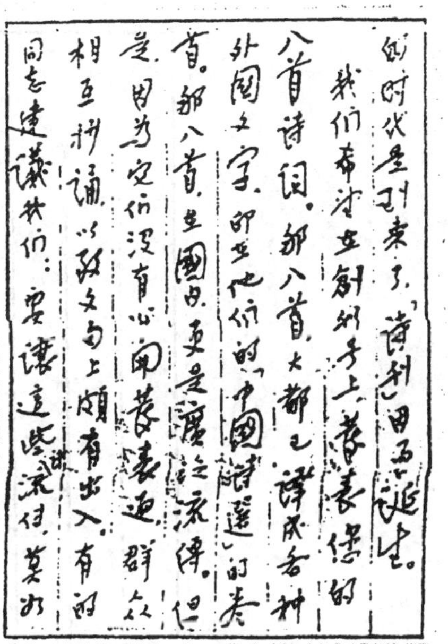

诗您作者发表一个空栏。

我们附上那八首诗词的抄稿一份，如果您能清一清，再寄还我们。如果您能手写一首给我们制版发表，那更好了。

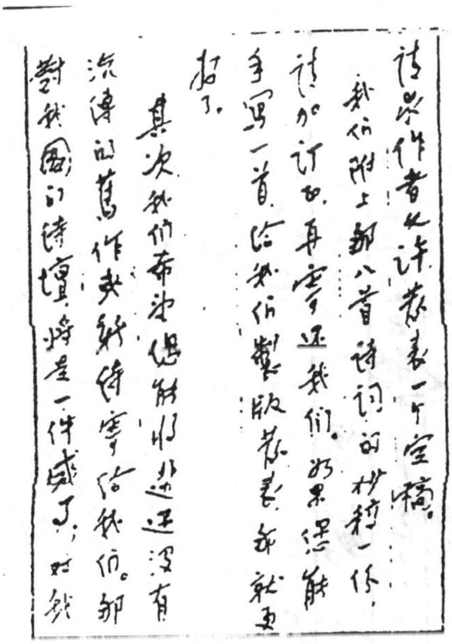

其次我们希望您把过还没有发表的旧作发新待寄给我们，那流传的篇作发表将是一件感了，对我对我国的诗坛……

《诗刊》编辑部致毛泽东（1956年11月21日）

毛泽东论诗词、楹联

综　论

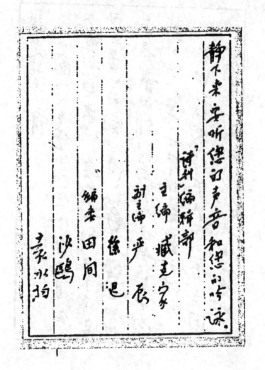
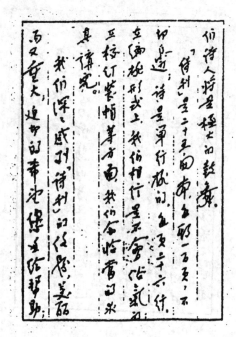

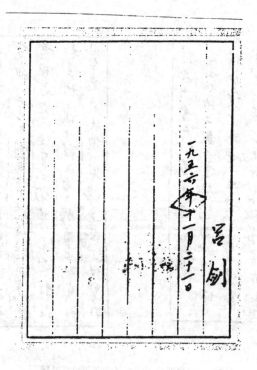

《诗刊》编辑部致毛泽东（1956年11月21日）

致臧克家

一九六一年十一月三十日

克家同志:

惠书收到(两次),因忙未能如愿面谈,还是等一会儿吧。我近日要外出走一遭,不久回来。明年一月内看找得出一个时间,和你及郭沫若同志一同谈一会儿。那时再通知你。

祝好!

毛泽东

1961 年 11 月 30 日

【注释】

〔1〕这封信最早发表于《建国以来毛泽东文稿》第六册,注明"根据手稿刊印"。 臧克家:见《致臧克家等(1957 年 1 月 12 日)》注。臧当时任中国作家协会书记处书记、《诗刊》主编。

〔2〕郭沫若:当时任中国科学院院长、全国文联主席。

致臧克家

一九六一年十二月二十六日

克家同志：

　　几次惠书，均已收到，甚为感谢。所谈之事，很想谈谈。无耐有些忙，抽不〔出〕时间来；而且我对于诗的问题，需要加以研究，才有发言权。因此请你等候一些时间吧。专此奉复，敬颂

　　撰安！

毛泽东

一九六一年十二月廿六日

【注释】

〔1〕这封信见于《毛泽东书信选集》、《建国以来毛泽东文稿》第九册，注明"有手稿"。手书见于《毛泽东书信手迹选》。　臧克家：见《致臧克家等（1957年1月12日）》注。当时任中国作家协会书记处书记、《诗刊》主编。

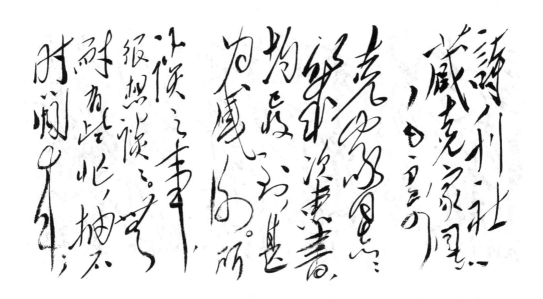

致臧克家（1961年12月26日）

毛泽东论诗词、楹联

综　　论

致臧克家（1961年12月26日）

致田家英

一九六三年十二月五日

田家英同志:

　　"钟山风雨"一诗,似可加入诗词集,请你在会上谈一下,酌定。

　　"小小寰球"一词,似可收入集中,亦请同志们一议。

　　其余反修诗词,除个别可收入外,都宜缓发。

　　《八连颂》另印,在内部流传,不入集中。

毛泽东

十二月五日

【注释】

〔1〕这是毛泽东关于几首诗词是否收入《毛主席诗词》致田家英的信,最早发表于《党的文献》1996年第1期。后又载于《建国以来毛泽东文稿》第十册,注明"根据手稿刊印"。　《毛主席诗词》:指当时正在编辑的毛泽东诗词集,人民文学出版社1962年12月出版,书名为《毛主席诗词》。　田家英(1922—1966):四川成都人,当时任毛泽东的秘书。

〔2〕"钟山风雨"一词:指《七律·人民解放军占领南京》。

〔3〕"小小寰球"一词:指《满江红·和郭沫若同志》。

致田家英

一九六三年十二月六日

田家英同志：

今天或明天开天〈会〉讨论诗词问题，我现再有所删节改正，请康生同志主持，提出意见，交我酌定为盼！

毛泽东

十二月六日五时

【注释】

〔1〕田家英：当时任中共中央政治研究室副主任、毛泽东的秘书。

〔2〕康生(1898—1975)：当时任中共中央政治局候补委员、中央书记处书记、中央文教小组副组长。

致外交部

一九五一年八月二十日

外交部：

  不要送这种诗词。

毛泽东

八月廿日

【注释】

〔1〕这是当时中国驻印度大使袁仲贤关于尼赫鲁催要毛泽东诗词的报告的批语。见于《建国以来毛泽东文稿》第二册(中央文献出版社，1988 年 11 月第 1 版)。　尼赫鲁(1889—1964)：当时任印度政府总理。

毛泽东论诗词、楹联

1 0 9 1

综　论

致周扬

一九六○年七月十九日

一

周扬同志：

文件看过，写得很好。驳人性论及继承遗产这两部分特好，高屋建瓴、势如破竹，读了为之神旺。前两部分和后一部分较弱，能改写一次，使与中间两部分相称，也是势如破竹，神气活现，那就更好。只有几天时间了，是否改得来？有一个办法，会期推到廿五日，如何？请酌定。今日下午我想和我〈你〉谈一次。

毛泽东

七月十九日上午四时

另，有一些小的地方，我给你作了一点修改。

二

对我的诗词那一段颂扬，不适当，请删掉。

【注释】

〔1〕周扬（1908—1989）：湖南益阳人，原名周起应。早年毕业于上海大夏大学，曾留学日本。当时任中共中央宣传部副部长、中国文学艺术界联合会副主席、中国作家协会副主席。

〔2〕文件：指周扬准备在中国文学艺术工作者第三次代表大会上作的报告（一九六○年七月十八日修改稿），题为《社会主义文学艺术的道路》。报告共六个部分：一、为工农兵服务，为社会主义建设事业服务；二、百花齐放、百家争鸣和推陈出新；三、革命现实主义和革命浪漫主义的结合；四、驳资产阶级人性论；五、遗产的批判和继承；六、今后的任务。一九六○年九月四日，《人民日报》登载了这个报告，题为《我国社会主义文学艺术的道路》。

〔3〕会期推到廿五日：全国文学艺术工作者第三次代表大会按原定计划于一九六○年七月二十二日在北京开幕。

〔4〕有一些小的地方，我给你作了一点修改：毛泽东对周扬的报告稿所作的修改，有以下几处：

（一）我国人民当前的政治任务，就是以客观上许可尽可能快的速度把我国建设成为高度工业化的社会主义强国，并准备条件在将来逐步实现向共产主义的过渡。

（二）我们应当在反对帝国主义、保卫世界和平的共同斗争中，和全世界一切爱国的、进步的、革命的文艺家，特别是亚洲、非洲、拉丁美洲的文艺家，紧紧地团结起来，结成广泛的反对帝国主义及其在各国的反动同盟军的革命的文艺统一战线。

（三）将中国人民"在工农业生产和其他各个战线上创造着历史的奇迹"改为"在工农业生产和其他各个战线上创造着伟大的成绩"，将"社会主义建设以前所未有的高速度持续跃进"改为"社会主义建设以高速度持续跃进"，将"中国人民正在迅速改变着自己国家的贫弱落后的面貌"改为"中国人民正在一步一步地改变着自己国家的贫弱落后的面貌"。

（四）将"彻底打破对于文艺的垄断，使文艺为最广大的工农群众所接受和运用"改为"彻底打破少数人对于文艺的垄断，使文艺为最广大的工农群众所接受和运用"。

（五）将"有把马克思列宁主义的普遍真理和中国革命实践相结合的毛泽东思想的指导"改为"有把马克思列宁主义的普遍真理和中国革命的具体实践相结合的毛泽东思想的指导"。

〔5〕对我的诗词的那一段颂扬，不适当：周报报告稿的第三部分中讲到："作为革命现实主义和革命浪漫主义相结合的典范，毛泽东同志的诗词，在文学艺术创作上开辟了前人所没有达到的新的境界。毛泽东同志是中国人民最伟大的领袖，同时又是最伟大的诗人。他的诗篇深刻地刻画了中国人民战胜艰险险阻的惊心动魄的革命历程。他的诗词是革命史诗和革命抒情诗的完美结合。磅礴的诗才和雄伟的革命气魄，浑然一体。中国人民的英雄气概和乐观精神在他的诗中达到了登峰造极的地步，结晶为最新最美的艺术形象。诗与人合而为一，毛泽东同志的诗词，是他的伟大人格的体现。"周扬的报告在《人民日报》公开发表时，根据毛泽东的意见，删去了这段话。

致江青、李讷

一九五七年八月一日

范仲淹的两首词

一首（《苏幕遮》）

碧云天，黄叶地，秋色连波，波上寒烟翠。山映斜阳天接水。芳草无情，更在斜阳外。　黯乡魂，追旅思。夜夜除非，好梦留人睡。明月楼高休独倚。酒入愁肠，化作相思泪。

一首（《渔家傲》）

塞下秋来风景异，衡阳雁去无留意，四面边声连角起。千嶂里，长烟落日孤城闭。　浊酒一杯家万里，燕然未勒归无计，羌管悠悠霜满地。人不寐，将军白发征夫泪。

词有婉约、豪放两派，各有兴会，应当兼读。读婉约派久了，厌倦了，要改读豪放派。豪放派读久了，又厌倦了，应当改读婉约派。我的兴趣偏于豪放，不废婉约。婉约派中有许多意境苍凉而又优美的词。范仲淹的上两首，介于婉约与豪放两派之间，可算中间派吧；但基本上仍属婉约，既苍凉又优美，使人不厌读。婉约派中的一味儿女情长，豪放派中的一味铜琶铁板，读久了，都令人厌倦的。人的心情是复杂的，有所偏但仍是复杂的。所谓复杂，就是对立统一。人的心情经常有对立的成份，不是单一的，是可以分析的。词的婉约豪放两派，在一个人读起来，有时喜欢前者，有时喜欢后者，就是一例。睡不着，哼范词，写了这些。江青看后，给李讷看一看。

一九五七年八月一日

【注释】

〔1〕这封信见于《毛泽东诗词集》。手书见于《毛泽东手书选集》。　江青：见《七绝·为李进同志题所摄庐山仙人洞照》注。　李讷：原籍湖南湘潭，1940年生于陕西延安。毛泽东的次女，江青所生。

〔2〕范仲淹：宋代政治家、文学家、诗人。

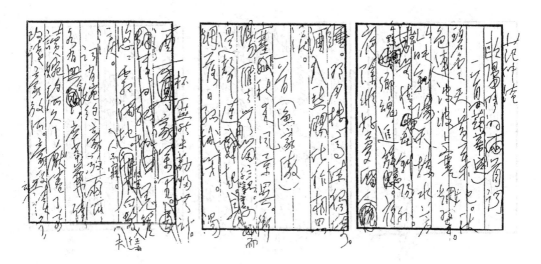

致江青、李讷（1957年8月1日）

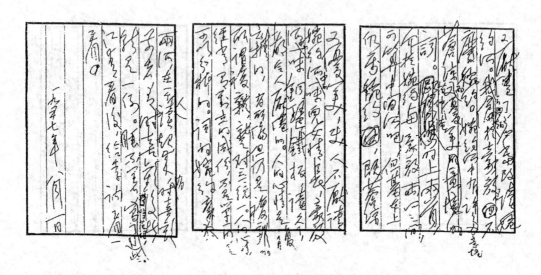

致江青、李讷（1957年8月1日）

致周世钊

一九六四年一月三十一日

惇元兄：

两次惠书及大作两首，另附余同学信，均已收到。寄上2,000元，请分致1,500元赠李先生作医药费，500〔元〕给余同学。拙作解释，不尽相同，兄可以意为之，俟见面时详谈可也。

敬祝平安

毛泽东

1964年1月31日

【注释】

〔1〕这封信见于周彦瑜、吴美潮编著《毛泽东与周世钊》（吉林人民出版社，1993年4月版）。后载于《建国以来毛泽东文稿》第十一册（中央文献出版社，1996年8月第1版），注明"根据手稿刊印"。 周世钊：见《七律·和周世钊同志》注。当时任湖南省副省长。

〔2〕李：可能是李漱清，辛亥革命前是韶山的进步教员，毛泽东常去他家看书、请教。建国后，曾任湖南省文史研究馆馆员。

〔3〕拙作解释，不尽相同，兄可以意为之：据周世钊的女儿周彦瑜、女婿吴美潮《毛泽东与周世钊》（吉林人民出版社，1993年4月版）一书说，《毛主席诗词》1963年12月出版后，注释者众多，各有说法，周世钊为此写了两函，并寄两诗给毛泽东，毛泽东因而写了这封复信。据周世钊说，以后见面时谈了毛泽东诗词的解释问题，毛说以周世钊的解释为准。

惇元兄：

两次惠书及大化南诗，另附柬同学信，均已收到。

寄上2000元，请分致1500元赠夏先生心匧菜费，500给柬同学。拙心解释，不尽招问兄可否言听，俟见雨所详说。敬颂平安

毛泽东
1964年1月31日

致周世钊（1964年1月31日）

致周世钊

一九六八年九月二十九日

惇元兄：

　　此信今天收读，甚慰。前两信都未见，可惜。拙作诗词，无甚意义，不必置理。我不同意为个人作纪念，请告附小。对联更拙劣，不可用。就此奉复，顺祝康好！

　　　　　　　　　　　　　　　毛泽东

　　　　　　　　　　　　　　　九月二十九日

【注释】

〔1〕周世钊：见《七律·和周世钊同志》注。

〔2〕前两信都未见：据周世钊的女儿周彦瑜、女婿吴美潮《毛泽东与周世钊》（吉林人民出版社，1993年4月版）一书说，毛泽东和周世钊通信五六十年，数量甚多，一般都能如期收到。可是两次例外：一次是1945年周世钊写到重庆给毛泽东的信未收到；另一次就是1968年周世钊寄到北京给毛泽东的信未见，以致毛泽东表示可惜。

〔3〕拙作诗词，无甚意义，不必置理：指1968年，周世钊读到各种毛泽东诗词注释本，致函毛泽东，请问应作何处理，哪些注释本比较好。

〔4〕对联更拙劣，不可用：指1918年，毛泽东任湖南一师附小主事时手书、由学生刻在竹子上，悬挂在大礼堂的一副对联："世界是我们的；做事要大家来。"1968年，有人建议再写，刻上。毛泽东表示不愿意为个人作纪念。遂此作罢。

致高亨

一九六四年三月十八日

高亨先生：

寄书寄词，还有两信，均已收到，极为感谢。高文典册，我
很爱读。肃此。

敬颂

安吉！

毛泽东

一九六四年三月十八日

【注释】

〔1〕这封信见于《建国以来毛泽东文稿》第十
一册（中央文献出版社，1996 年 8 月版），又见
于《毛泽东书信选集》（1983 年 12 月版）。注
明"根据手稿刊印"。 高亨（1900—1986）：吉
林双阳人，文字学家。当时任山东大学中文系
教授。

〔2〕词：指 1964 年初高亨所作《水调歌头·呈
毛主席》，初发表于《文史哲》1964 年第 1 期，
后又发表于 1966 年 2 月 18 日《人民日报》。
词云："掌上千秋史，胸中百万兵。眼底六洲风
雨，笔下有雷声。唤醒蛰龙飞起，扫灭魔炎魅
火，挥剑斩长鲸。春满人间世，日照大旗红。

抒慷慨，写鏖战，记长征。天章云锦，织出革
命之豪情。细检诗坛李杜，词苑苏辛佳什，未
有此奇雄。携卷登山唱，流韵壮东风。"

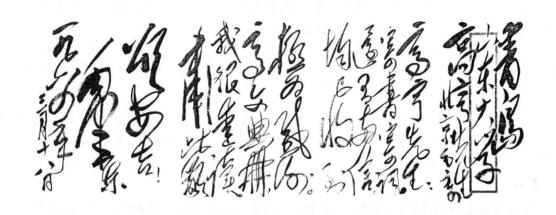

致高亨（1964年3月18日）

致于立群

一九六五年七月二十六日

立群同志：

　　一九六四年九月十六日你给我的信，以及你用很大精力写了一份用丈二宣纸一百五十余张关于我的那些蹩脚诗词，都已看过，十分高兴。可是我这个官僚主义者却在一年之后才写回信，实在不成样子，尚乞原谅。你的字好，又借此休养脑筋，转移精力，增进健康，是一件好事。

　　敬问暑安！

　　并祝郭老安吉！

毛泽东

一九六五年七月廿六日

【注释】

〔1〕这封信见于《毛泽东书信选集》、《建国以来毛泽东文稿》第十一册，注明"有毛泽东手稿"。手书见于《毛泽东书信手迹选》。　于立群(1916—1979)：广西贺县人，书法家，郭沫若夫人。早年在上海从事文艺工作。1938年加入中国共产党。曾协助郭沫若从事抗日救亡运动，参加组织中国妇女联谊会。解放战争时期，随郭沫若在上海、香港两地从事民主运动。建国后，任全国妇联执委、全国人大代表。1979年在北京逝世。

〔2〕郭老：指郭沫若，见《七律·和郭沫若同志》。当时任中国科学院院长。

致于立群（1965年7月26日）

毛泽东论诗词、楹联

1 1 0 3

久有凌云志，重上井冈山。千里来寻故地，旧貌变新颜。到处莺歌燕舞，更有潺潺流水，高路入云端。过了黄洋界，险处不须看。

风雷动，旌旗奋，是人寰。三十八年过去，弹指一挥间。可上九天揽月，可下五洋捉鳖，谈笑凯歌还。世上无难事，只要肯登攀。

毛主席词水调歌头重上井冈山 一九七六年五月廿八日 于立群书

于立群手书毛泽东《水调歌头·重上井冈山》

致毛岸英、毛岸青

一九四一年一月三十一日

岸英
　　二儿：
岸清

　　很早以前，接到岸英的长信，岸清的信，岸英寄来的照片本，单张相片，并且是几次的信与照片，我都未复，很对你们不起，知你们悬念。

　　你们长进了，很欢喜的。岸英文理通顺，字也写得不坏，有进取的志气，是很好的。惟有一事向你建议，趁着年纪尚轻，多向自然科学学习，少谈些政治。政治是要谈的，但目前以潜心多习自然科学为宜，社会科学辅之。将来可倒置过来，以社会科学为主，自然科学为辅。总之注意科学，只有科学是真学问，将来用处无穷。人家恭维你抬举你，这有一样好处，就是鼓励你上进；但有一样坏处，就是易长自满之气，得意忘形，有不知脚踏实地、实事求是的危险。你们有你们的前程，或好或坏，决定于你们自己及你们的直接环境，我不想来干涉你们，我的意见，只当作建议，由你们自己考虑决定。总之我欢喜你们，望你们更好。

　　岸英要我写诗，我一点诗兴也没有，因此写不出。关于寄书，前年我托西安林伯渠老同志寄了一大堆给你们少年集团，听说没有收到，真是可惜。现再酌检一点寄上，大批的待后。

　　我的身体今年差些，自己不满意自己；读书也少，因为颇忙。你们情形如何？甚以为念。

　　　　　　　　　　　　　　　　　　　　毛泽东

　　　　　　　　　　　　　　　　一九四一年一月三十一日

【注释】

〔1〕这封信见于《毛泽东书信选集》。手书见于《毛泽东书信手迹选》。　毛岸英（1922—1950）：原籍湖南湘潭，生于长沙。毛泽东的长子，杨开慧所生。早年因母亲杨开慧牺牲而辗转各地。1936年送往苏联学习。1939年加入苏联列宁共产主义青年团。后曾入伏龙芝军

事学院学习。1943 年加入苏联共产党。曾参加反法西斯战争。1946 年回国并转入中国共产党。后在河北、山东等地参加土改工作。1950 年 10 月参加中国人民志愿军,任志愿军总部秘书,同年 11 月 25 日在朝鲜平安北道遭美机轰炸牺牲。　毛岸青(1923—2007):原籍湖南湘潭。毛泽东的次子,杨开慧所生。曾在中宣部马列主义著作编辑所工作,2007 年因病在北京逝世。毛泽东写这封信时,毛岸英、毛岸青在苏联学习。

〔2〕岸清:即毛岸青。

〔3〕前年:指 1939 年。　林伯渠:详见《四言诗·祭黄陵文》注。

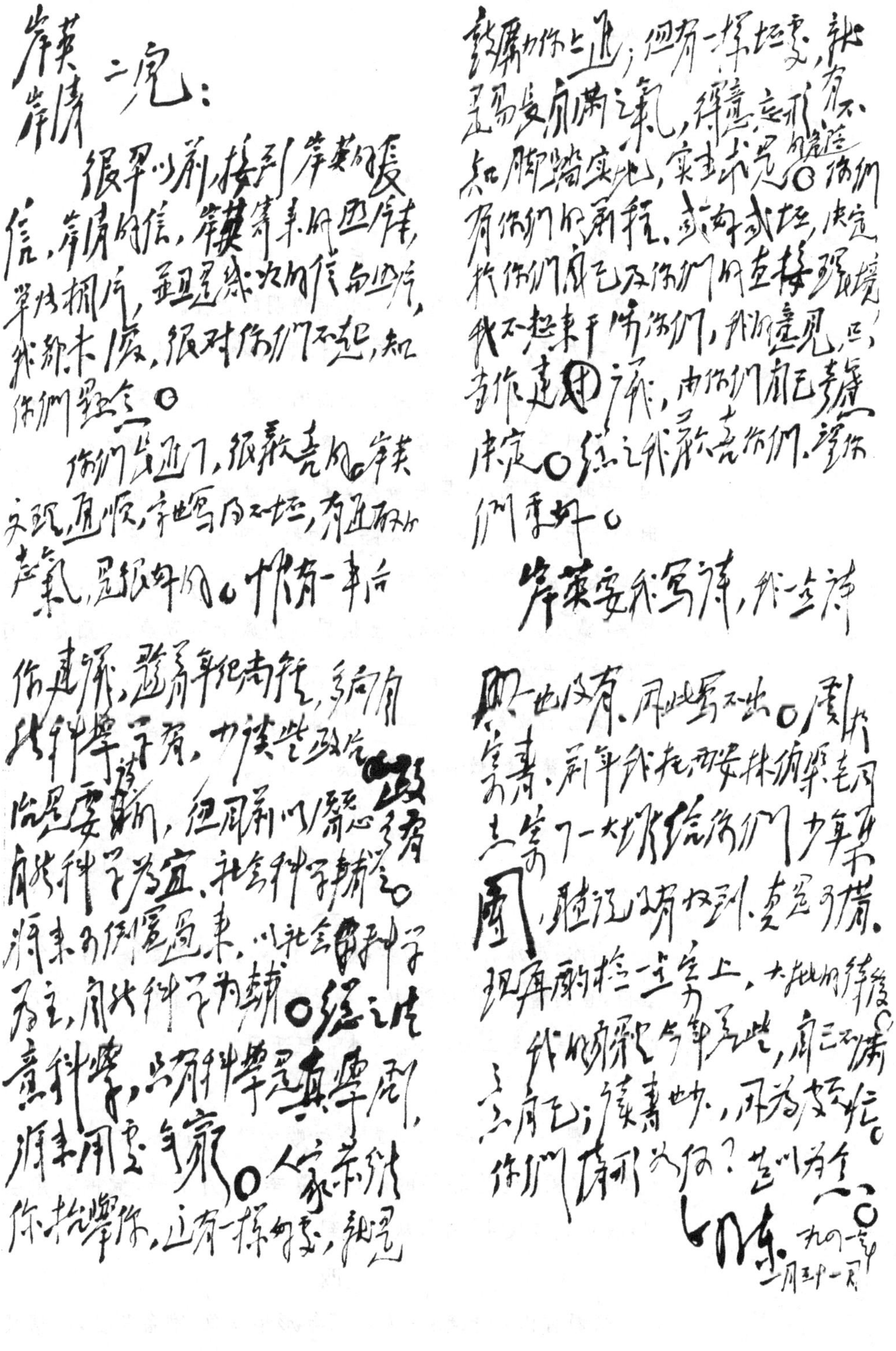

岸英
岸青 二儿：

很早以前，接到你们的长信，岸青的信，岸英寄来的照片，

（信件正文为毛泽东手书草体，字迹难以完全辨认）

致毛岸英、毛岸青（1941年1月31日）

关于自己所作诗词的批注

一九五八年十二月二十一日

一

我的几首歪词，发表以后，注家锋[蜂]起，全是好心，一部分说对了，一部分说的不对，我有说明的责任。

一九五八年十二月，在广州，见文物出版社一九五八年九月刊本，天头甚宽、因而写了下面的一些字，谢诸家，兼谢读者。

鲁迅一九二七年在广州，修改他的《古小说钩沉》，然后说道：于时云海沉沉，星月澄碧，饕[饕]蚊遥叹，予在广州。从那时到今天，三十一年了，大陆上的蚊子灭得差不多了，当然，革命尚未全成，同志仍须努力。港台一带饕[饕]蚊尚多，西方世界饕[饕]蚊成阵。安得起全世界各民族千百万愚公，用他们自己的移山办法，把蚊阵一扫而空，岂不伟哉！

试仿陆放翁曰：人类今闲[娴]上太空，但悲不见五洲同。愚公尽扫饕[饕]蚊日，公祭无忘告马翁。

毛泽东

一九五八年十二月二十一日上时[午]十时

二

击水：游泳。那时初学，盛夏水涨，几死者数，一群人终于坚持，直到隆冬，犹在江中。当时有一篇诗，都忘记了，只记得两句：自信人生二百年，会当水击三千里。

三

心潮：一九二七年，大革命失败的前夕，心情苍凉，一时不知如何是好，这是那年的春季。夏季，八月七号，党的紧急会议，决定武装反斗[击]，从此找到了出路。

四

踏遍青山人未老：一九三四年形势危急，准备长征，心情又是郁闷的。这一首清平乐，如前面那首菩萨蛮一样，表露了同一的心境。

五

万里长征,千回百折,胜利少于困难不知有多少倍,心情是沉郁的。过了岷山,豁然开朗,转化到了反面,柳暗花明又一村了。以下诸篇,反映了这一种心情。

六

水拍:改浪拍。这是一位不相识的朋友建议如此改的。他说:不要一篇内有两个浪字,是可以的。

三军:红军一方面军,二方面军,四方面军。不是海、陆、空三军,也不是古代晋国所作上军、中军、下军的三军。

七

苍龙:蒋介石,不是日本人。因为当前全副精神要对付的是蒋不是日。

八

昆仑:主题思想是反对帝国主义,不是别的。改一句: 截留中国,改为一截还东国。忘记了日本人是不对的。这样,英、美、日都涉及了。别的解释不合实际。

九

雪:反封建主义,批判二千年封建主义的一个反动侧面。文采、风骚、大雕,只能如是,须知这是写诗呵!难道可以谩骂这一些人们吗?别的解释是错的。末三句,是指无产阶级。

十

三十一年:一九一九年离开北京,一九四九年还到北京。

旧国:国之都城,不是 State,也不是 Country。

十一

乐奏:这里误植为"奏乐",应改。

十二

长沙水:民谣:常德德山山有德,长沙沙水水无沙。所谓无沙水,地在长沙城东,有一个有名的"白沙井"。

武昌鱼:三国孙权一度从京口(镇江)迁都武昌,官僚、绅士、地主及其它富裕阶层不悦,反对迁都,造作口号云:宁饮扬州〔建业〕水,不食武昌鱼。那时的扬州人心情如此。现在改变了,武昌鱼是颇有味道的。

十三

上下两韵,不可改,只得仍之。

【注释】

〔1〕这是 1958 年 12 月 21 日毛泽东在广州写在文物出版社出版的《毛主席诗词十九首》上的批注,见于《建国以来毛泽东文稿》第七册。注明:"根据中央档案馆保存的原件刊印"。其中(二)、(三)、(四)、(五)、(六)前半部分和(九)的手书见于《毛泽东手书选集》。(十一)的手书见于陈安吉著《毛泽东诗词版本丛谈》。

〔2〕鲁迅一九二七年在广州,修改他的《古小说钩沉》……:这是毛泽东凭记忆写的。鲁迅 1927 年在广州编校《唐宋传奇集》,作《序例》,文末题记说:"时大夜弥天,璧月澄照,饕蚊遥叹,余在广州。"

〔3〕击水:这是对《沁园春·长沙》所作的批注。

〔4〕心潮:这是对《菩萨蛮·黄鹤楼》所作的批注。

〔5〕踏遍青山人未老:这是对《清平乐·会昌》所作的批注。

〔6〕万里长征……:这是对《忆秦娥·娄山关》所作的批注。

〔7〕以下诸篇:《毛主席诗词十九首》中《忆秦娥·娄山关》排列在《十六字令三首》之前,故以下诸篇指《十六字令三首》、《七律·长征》、《念奴娇·昆仑》、《清平乐·六盘山》。

〔8〕水拍:这是对《七律·长征》所作的批注。

〔9〕一位不相识的朋友:指山西大学教授罗元贞,见《致罗元贞(1950 年 1 月 9 日)》注。

〔10〕三军:这是对《七律·长征》所作的批注。

〔11〕昆仑:这是对《念奴娇·昆仑》所作的批注。

〔12〕苍龙:这是对《清平乐·六盘山》所作的批注。

〔13〕雪:这是对《沁园春·雪》所作的批注。

〔14〕三十一年:这是对《七律·和柳亚子先生》所作的批注。

〔15〕旧国:这是对《七律·和柳亚子先生》所作的批注。

〔16〕乐奏:这是对《浣溪沙,和柳亚子先生》(长夜难明赤县天)所作的批注。

〔17〕长沙水:这是对《水调歌头·游泳》所作的批注。

〔18〕武昌鱼:这是对《水调歌头·游泳》所作的批注。

〔19〕三国孙权一度从京口(镇江)迁都武昌:这是毛泽东凭记忆写的,所说有误。据《三国志·吴书·陆凯传》记载,吴主孙皓要把都城从建业(故城在今南京市南)迁到武昌(今鄂城),老百姓不愿意,有童谣说:"宁饮建业水,不食武昌鱼。"

〔20〕蝶恋花:这是对《蝶恋花,答李淑一》所作的批注。

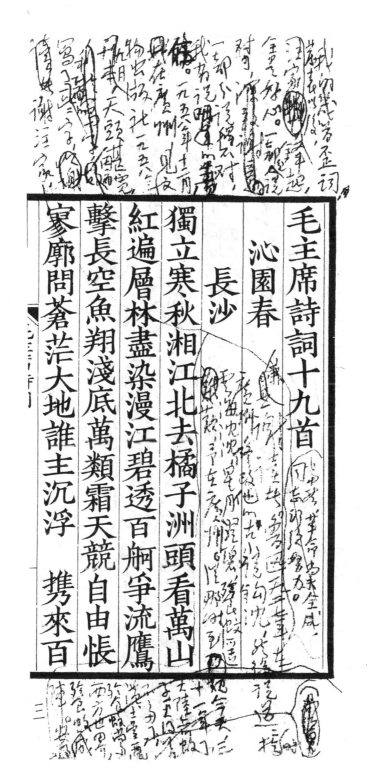

毛主席詩詞十九首

沁園春

長沙

獨立寒秋湘江北去橘子洲頭看萬山
紅遍層林盡染漫江碧透百舸爭流鷹
擊長空魚翔淺底萬類霜天競自由悵
寥廓問蒼茫大地誰主沉浮 攜來百

关于自己所作诗词的批注（1958年12月21日）

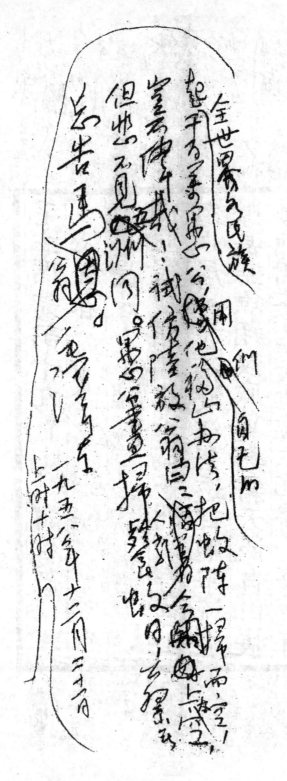

关于自己所作诗词的批注（1958年12月21日）

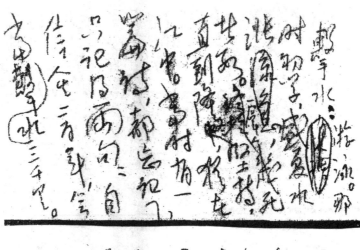

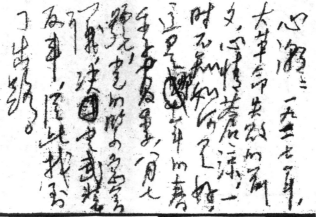

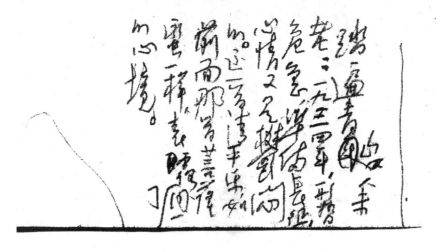

关于自己所作诗词的批注（1958年12月21日）

毛泽东论诗词、楹联

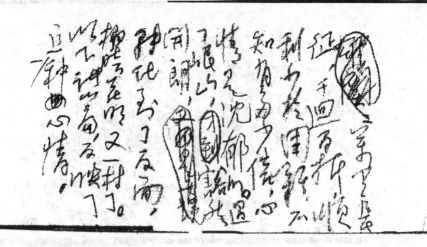

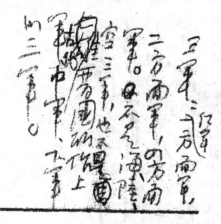

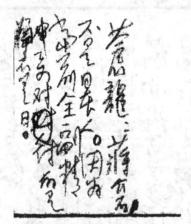

关于自己所作诗词的批注（1958年12月21日）

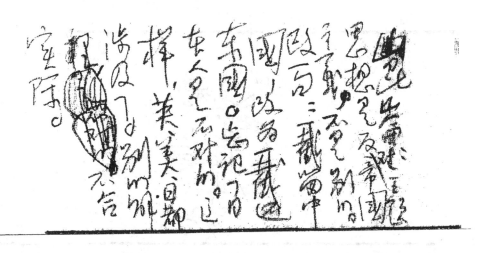

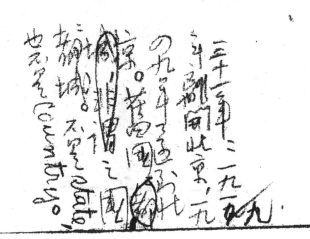

关于自己所作诗词的批注（1958年12月21日）

毛泽东论诗词、楹联

综　　论

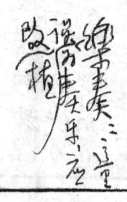

关于自己所作诗词的批注（1958年12月21日）

关于自己所作诗词若干词句的解释

一九六四年一月二十七日

一、"怅寥廓，问苍茫大地，谁主沉浮？"

这句是指：在北伐以前，军阀统治，中国的命运究竟由哪一个阶级做主？

二、"到中流击水"。

"击水"指在湘江中游泳。当时我写的诗有两句还记得："自信人生二百年，会当水击三千里。"那时有个因是子（蒋维乔），提倡一种静坐法。

三、"山下旌旗在望，山头鼓角相闻。"

"旌旗"和"鼓角"都是指我军。黄洋界很陡，阵地在山腰，指挥在山头，敌人仰攻。山下并没有都被敌人占领，没有严重到这个程度。"旌旗在望"，其实没有飘扬的旗子，都是卷起的。

四、"一枕黄粱再现"。

指军阀的黄粱梦。

五、"国际悲歌歌一曲"。

"悲"是悲壮之意。

六、"枯木朽株齐努力。枪林逼，飞将军自重霄入。"

"枯木朽株"，不是指敌方，是指自己这边，草木也可帮我们忙。"枪林逼"也是指自己这边。"枪林逼，飞将军自重霄入"是倒装笔法，就是："飞将军自重霄入，枪林逼。"

七、"莫道君行早"。

"君行早"的"君"，指我自己，不是复数，要照单数译。会昌有高山，天不亮我就去爬山。

八、"离天三尺三"。

这是湖南常德的民谣。

九、"西风烈，长空雁叫霜晨月。……雄关漫道真如铁，而今迈步从头越。"

这首词上下两阕不是分写两次攻打娄山关，而是写一次。这里北有大巴山，长江、乌江之间也有山脉挡风，所以一二月也不太冷。"雁叫"、"霜晨"，是写当时景象。云贵地区就是这样，昆明更是四季如春。遵义会议后，红军北上，准备过长江，但是遇到强大阻力。为了甩开敌军，出敌不意，杀回马枪，红军又回头走，决心回遵义，结果第二次打下了娄山关，重占遵义。过娄山关时，太阳还没有落山。

十、"五岭逶迤腾细浪，乌蒙磅礴走泥丸。"

把山比作"细浪"、"泥丸"，是"等闲"之意。

十一、"天若有情天亦老"。

这是借用李贺的句子。与人间比，天是不老的。其实天也有发生、发展、衰亡。天是自然界，包括有机界，如细菌、动物。自然界、人类社会，一样有发生和灭亡的过程。社会上的阶级，有兴起，灭亡。

十二、"一片汪洋都不见，知向谁边？"

是指渔船不见。

十三、"泪飞顿作倾盆雨"。

是指高兴得掉泪。

十四、"坐地日行八万里，巡天遥看一千河。"

人坐在地球这颗行星上，不要买票，在宇宙里旅行。地球自转的里数，就是人旅行的里数。地球直径为一万二千七百多公里，乘以圆周率，即赤道长，约四万公里，再折合成华里，约八万里。人在二十四小时内走了八万里。

十五、"牛郎欲问瘟神事"。

牛郎织女是晋朝人的传说。

十六、"红雨随心翻作浪，青山着意化为桥。"

"红雨"指桃花。写这句是为下句创造条件。"青山着意化为桥"，指青山穿洞成为桥。这两句诗有水有桥。

十七、"别梦依稀咒逝川，故园三十二年前。……黑手高悬霸主鞭。"

"咒逝川"、"三十二年前"，指大革命失败，反动派镇压了革命。这里的"霸主"，就是指蒋介石。

十八、"冷眼向洋看世界"。

"冷眼向洋"就是"横眉冷对"。

十九、"云横九派浮黄鹤"。

"黄鹤"不是指黄鹤楼。"九派"指这一带的河流,是长江的支流。明朝李攀龙有一首送朋友的诗《怀明卿》:"豫章西望彩云间,九派长江九叠山。高卧不须窥石镜,秋风憔悴侍臣颜。"李攀龙是"后七子"之一。明朝也有好诗,但《明诗综》不好,《明诗别裁》好。

二十、"浪下三吴起白烟"。

"白烟"为水。

二十一、"陶令不知何处去,桃花源里可耕田?"

陶渊明设想了一个名为桃花源的理想世界,没有租税,没有压迫。

二十二、《七律·答友人》中的"友人"指谁?

"友人"指周世钊。

二十三、"九嶷山上白云飞"。

"九嶷山",即苍梧山,在湖南省南部。

二十四、"红霞万朵百重衣"。

"红霞",指帝子衣服。

二十五、"洞庭波涌连天雪"。

"洞庭波",取自《楚辞》中的《九歌·湘夫人》:"洞庭波兮木叶下"。

二十六、"长岛人歌动地诗"。

"长岛"即水陆洲,也叫橘子洲,长沙因此得名,就像汉口因在汉水之口而得名一样。

二十七、"芙蓉国里尽朝晖"。

"芙蓉国",指湖南,见谭用之诗"秋风万里芙蓉国"。"芙蓉"是指木芙蓉,不是水芙蓉,水芙蓉是荷花。谭诗可查《全唐诗》。

二十八、"暮色苍茫看劲松,乱云飞渡仍从容。"

是云从容,不是松从容。

二十九、"僧是愚氓犹可训,妖为鬼蜮必成灾。"

郭沫若原诗针对唐僧。应针对白骨精。唐僧是不觉悟的人,被欺骗了。我的和诗是驳郭老的。

三十、"蚂蚁缘槐夸大国"。

"大槐安国"是汤显祖《南柯记》里的故事。

三十一、"正西风落叶下长安,飞鸣镝。"

"飞鸣镝"指我们的进攻。"正西风落叶下长安",虫子怕秋冬。形势变得很快,那时是"百丈冰",而现在正是"四海翻腾云水怒,五洲震荡风雷激"了。从去年起,我们进攻,九月开始写文章,一评苏共中央的公开信。

三十二、"天地转,光阴迫。一万年太久,只争朝夕。"

你要慢,我就要快,反其道而行之。你想活一万年?没有那么长。我要马上见高低,争个明白,不许搪塞。但其实时间在我们这边,"只争朝夕",我们也没有那么急。

【注释】

〔1〕1963 年 12 月《毛主席诗词》出版后,外国文书籍出版局立即组织翻译出版英译本。1964 年 1 月,毛泽东应英译者的请求,就自己诗词中的一些词句,一一作了口头解释。这是根据英译者当时对毛泽东答复所作记录的要点整理的。最早发表于《毛泽东诗词集》,题为《对〈毛主席诗词〉中若干词句的解释》。 据叶君健《毛泽东诗词的翻译———一段回忆》(见臧克家主编《毛泽东诗词鉴赏》,河北人民出版社 1990 年 8 月第 1 版)说,1960 年后,成立了毛泽东诗词英译定稿小组,由袁水拍任组长,乔冠华、钱钟书和叶君健为组员,叶兼作小组一切事务性的组织和联系工作。任务是修订或重译全部毛诗。1963 年 12 月人民文学出版社和文物出版社,同时出版了《毛主席诗词》单行本,为了全面修订旧译,并翻译新收入的十首,小组又增加了赵朴初,并请英文专家苏尔·艾德勒协助译文的润色工作。英译者当指上述诸人。

胡乔木致毛泽东

一九六六年四月五日

主席：

在主席诗词注释本中，有两三个比较重要的问题需要请示。

（一）《蝶恋花·从汀州向长沙》一首，根据总政治部几位同志的建议，参照《关于若干历史问题的决议》和注，作了如下的注释：

"一九三〇年六月，中央红军由福建汀州（长汀）进军江西。七月，又从江西向河〔湖〕南进军，准备第二次攻进长沙，结果未能攻入。在当时敌我力量对比的条件下，敌人已有准备，进攻长沙是不正确的。但当时由于蒋冯阎在河南大混战，南方湘赣诸省在半年之内，除长沙南昌诸城之外，其余地方都无强敌。所以红军乘此机会，攻取了大片地区，扩大了部队，为粉碎第一次敌人的围剿准备了条件。由于毛泽东同志的说服，中央红军的干部终于改变作战方针，分兵攻取茶陵、攸县、醴陵、萍乡、吉安、峡江、新喻等地，使红军力量和农民土地革命斗争得到了很大的发展。这首词是写红军进军中豪情壮志的。"

这样的注，不知是否适当？请指示。

（二）《水调歌头·游泳》中的"一桥飞架，南北天堑变通途"一句，据袁水拍同志告主席意见，仍作"一桥飞架南北，天堑变通途。"

（三）《七律·送瘟神》中的"千村薜苈人遗矢"，据读者来信建议和查阅有关典籍结果，拟作"千村薜荔人遗矢"（苈只用于葶苈，系十字花科植物，即�菜，苈字不与薜连用，亦不单用）。

以上两处正文的更动，未知可否？请一并指示。

注释本中关于白云山的注，已正郭解之误。现正就全文再作最后一次核校，然后印行之数，在内部征求意见。

敬礼

胡乔木

一九六六年四月五日

【注释】

〔1〕这封信见于《胡乔木书信集》。1966 年 3 月毛泽东在杭州主持党的会议期间,有四位大区第一书记找到胡乔木,要胡请求毛泽东同意出他的诗词注释本,毛泽东勉强答应可以出一简要的注本在内部发行(参见胡乔木 1986 年 5 月 2 日给逄先知、龚育之的信)。胡乔木 4 月 5 日致毛泽东的这封信,就是在这样的背景下写的。关于出版毛泽东诗词注释本之事,后因"文革"迅速兴起、形势发生急剧变化而被搁置。

〔2〕《蝶恋花·从汀州向长沙》一首,……作了如下的注释:毛泽东对这个注作了修改,添加了一些话。人民文学出版社一九八六年出版的《毛泽东诗词选》中,对这条题注稿作了修订。中央文献出版社一九九六年出版的《毛泽东诗词集》中,又作了个别文字的修改。现在的文字是:"一九三○年六月,红军第一军团(开始称第一路军)由福建省汀州(长汀)进军江西省。八月,从江西向湖南进军,在浏阳东北同彭德怀领导的红军第三军团会合,并决定共同组成红军第一方面军。九月,红一方面军进攻长沙未克。守敌强而有备,红军不宜攻坚。同年夏由于蒋、冯(玉祥)、阎(锡山)正在河南等地混战,数月之内江西、湖南一带,除长沙、南昌等大中城市外,都无强敌。因此,毛泽东说服红一方面军的干部改变当时立三路线的党中央指示的夺取湘鄂赣三省省会的冒险方针,分兵攻取茶陵、攸县、醴陵、萍乡、吉安、峡江、新喻(今新余)等地,占领了大片地区,扩

大了部队,为粉碎敌人的第一次'围剿'准备了条件。这首词写的是红军六月、七月进军中的豪迈心情。" 龚育之发表在《百年潮》2002 年第 10 期上的文章《献疑和献曝》,对胡乔木这封信中的一个字提出了质疑,文中说:"一九六六年四月五日《致毛泽东》中有一句话,现在印为'从江西向河南进军',应是'从江西向湖南进军'之误。由福建进军江西,又从江西向湖南进军,才合乎'从汀州向长沙'的诗题。不知是原来的笔误,还是编者辨认的错误。"

〔3〕袁水拍:时任《人民文学》兼《诗刊》杂志编委。他曾向毛泽东反映,有人建议此句中的逗号应标在"一桥飞架"之后。

〔4〕请一并指示:毛泽东在此处批示"可以"。并在胡乔木给毛泽东请示信的信封上写下"已阅。退乔木。"毛泽东关于更动两处毛诗的批示,很快就得到了落实。人民文学出版社 1996 年 9 月重印的《毛主席诗词》(六十四开袖珍本),按照毛泽东的意见作了修改。

〔5〕白云山:指毛泽东 1931 年夏所作《渔家傲·反第二次大"围剿"》中的"白云山头云欲立,白云山下呼声急"句。白云山在江西省吉安县东南,吉安、泰和、兴国三县交界处,距东固西南十七里,是第二次反"围剿"中毛泽东、朱德指挥打第一仗的地方。 郭:即郭沫若。郭沫若在《喜读毛主席的〈词六首〉》(《人民文学》1962 年 5 月号)中说"白云山在江西会昌县东八十里,……这儿已与福建接壤,可以望见武夷了。"并据此认为,"战场已经由吉安东

南八十里的富田镇移到会昌东八十里的白云山下了,是战役快要胜利结束的时候。"《毛泽东诗词选》注释本注明了词中的"白云山"所处的地理位置,说明该词上阕是写第二次反"围剿"战役的第一仗,纠正了郭沫若解释的错误。

胡乔木致毛泽东

一九六六年七月十二日

主席：

诗词注释稿又看了一遍，尽量压缩了一些，送上请阅。诗词注释由作者看很难引起兴味，现在只求少出错误，多少满足广大读者的迫切要求罢了。专此，即致

敬礼

胡乔木

七月十二日

【注释】

〔1〕这封信见于《胡乔木书信集》。关于编毛泽东诗词注释稿的来龙去脉，人民文学出版社原副社长韦君宜在《胡乔木零忆》的文章（载《中国作家》1993年第2期）中有比较详细的记叙，现抄录如下："我在人民文学出版社工作的时候，这时乔木已经是中央领导同志了。我们出版了《毛主席诗词》一书，销路非常好。但是有不少青年读者不大读得懂，要求出个注释本。于是我们社的几个编辑就自己注了一个稿子。我拿着这个稿子去找胡乔木，请他看一看，帮着补充一下。不想这稿子竟引起了他极大的兴趣。他费了很大功夫改了不少，又添了不少，对于那些该注而未注的地方，他都仔细查考，弄清楚再注。例如那首提到黄鹤楼的，我们以为黄鹤楼本来在长江大桥边，现在已经拆了，说拆了就行，不再用注了。乔木却回信给我说：原在什么地方？是大桥南还是大桥北？大桥北是左边还是右边？拆了也得有个

地址，不能马虎。像这样他改了又退，退了又查的有很多处。稿子来回多次，到最后这本注释稿简直成了乔木定稿的，成了他的稿子了。""我以为稿子由他定稿，我们可以放心，就签了字，准备付印了。他却还不满意，把稿子送给毛主席过目。可没想到，毛主席在这本注释稿上批了几行字，说：'诗不宜注。古来注杜诗的很多，少有注得好的，不要注了。'结果我们当然不敢再出，乔木的一番辛苦，全付东流。后来出了许多毛主席诗词注释本，就与这个本子（实际是最好的本子）不是一回事了。"从韦君宜的记述以及胡乔木致毛泽东信的内容来看，胡乔木的这封信当写于1965年或1966年，而后者的可能性更大，因为它可以同1966年4月5日的信相衔接。胡信的手稿没有署年份。此处按推测，暂定为写于1966年。《胡乔木书信集》的编者将信的年份标署为1963年，可以肯定是弄错了。龚育之发表于《百年潮》2002

年第 10 期的文章《献疑和献曝》说:"七月十二日乔木给毛泽东的那封关于诗词注释本的信,被书信集编者断定为写于一九六三年,恐怕是不确定的。按韦君宜的回忆来推测,此信不可能写在一九六三年十二月人民文学出版社出版《毛主席诗词》之前,而只能是在那之后。是不是一九六六年四月五日致毛泽东那封信之后的一封信? 这就不能靠推测,而要靠更多的档案材料和当事人回忆来判定了。"

致陈白尘

一九六二年四月二十四日

白尘同志：

　　请你斟酌修改，然后退我，你为何不给我认真地修改一次呢？要我写字，似乎可以，你们的刊物五月几时出版，几时交稿呢？请告为荷。

毛泽东

四月廿四日

【注释】

〔1〕这是毛泽东关于修改和发表《词六首》致陈白尘的信，最早发表于《建国以来毛泽东文稿》第十册，注明"根据中央档案馆保存的抄件刊印。"　词六首：指《清平乐·蒋桂战争》(1929 年秋)、《采桑子·重阳》(1929 年 10 月)、《减字木兰花·广昌路上》(1930 年 2 月)、《蝶恋花·从汀州向长沙》(1930 年 7 月)、《渔家傲·反第一次大"围剿"》(1931 年春)、《渔家傲·反第二次大"围剿"》(1931 年夏)。这六首词后来在《人民文学》1962 年 5 月号上发表。　陈白尘(1908—1994)：剧作家，原名增鸿，江苏淮阴人。早年就读于上海艺术大学和南国艺术学院。建国后历任上海戏剧电影工作者协会主席、中国作协秘书长，南京大学教授等。当时任《人民文学》副主编。

致陈白尘（1962年4月24日）信封

张天翼、陈白尘致毛泽东

一九六二年四月二十四日

敬爱的毛泽东同志：

手示敬悉。编辑部全体同志知道您将为我们的刊物题字，不胜雀跃之至。

一九四九年您为"人民文学"题的字"希望有更多好作品问世"，对全国作家鼓励很大。中央工作会议后，您能对作家再予鼓舞，一定能进一步推动百花齐放百家争鸣方针的贯彻。谨代表作家们先向您致谢！

"词六首"排印稿"清平乐"中"黄粱"误排作"黄梁"，已代校正。有同志认为"减字木兰花"中"此行何去"下应用问号，我们看似可不必，拟不改。请指示。

"人民文学"五月号在四月底付印，五月十二日出版。题字恳在四月二十七日赐下，以备制版。谨致

最崇高的敬礼！

张天翼

陈白尘

四月二十四日

【注释】

〔1〕张天翼：作家，时任《人民文学》主编。　　　陈白尘：剧作家，时任《人民文学》副主编。

陈白尘致林克

一九六二年四月二十三日

林克同志:

  《词六首》排印稿收到,《人民文学》编辑部全体同志欢欣若狂! 四年来主席未曾忘记我们所作的这点蒐集工作,尤为振奋不已! 请代我们全体编辑同志向主席致以衷心的感谢和最崇高的敬礼!

  主席手稿想已保存。全体编辑有一个奢望:想将主席的手迹影印,在五月号刊物上同时发表。(一部分也好)这是全国人民的共同愿望。但是否可能,请代斟酌,示复。

  《文学动态》已请作协办公室送上,请勿念。

  此致

敬礼

陈白尘

四月二十三日

【注释】

〔1〕陈白尘:见《致陈白尘(1962 年 4 月 24   日)》注。

致臧克家

一九六二年四月二十四日

一

克家同志：

数信收到，甚为感谢！同时在两个刊物发表，不甚相宜，因为是《人民文学》搜集来的。另有几首，可以考虑在《诗刊》上发表。《诗刊》五月号何时排版，请告确期。

你细心给我修改的几处，改得好，完全同意。还有什么可改之处没有，请费心斟酌赐教为盼！

毛泽东

1962 年 4 月 24 日

【注释】

〔1〕这是毛泽东关于修改和发表《词六首》致臧克家的信，最早发表于《建国以来毛泽东文稿》第十册，注明"根据手稿刊印"。 臧克家：当时任《诗刊》主编。词六首：见《致陈白尘（1962 年 4 月 24 日）》注。

〔2〕因为是《人民文学》搜集来的：指 1958 年春《人民文学》编辑部同志搜集的毛泽东过去写的诗词十余首。1962 年 4 月，毛泽东从中选了六首词，略加修改后，交给《人民文学》发表。

致臧克家

一九六二年四月二十七日

二

克家同志：

数信都收到，深为感谢！应当修改之处，都照尊意改了。唯此次拟只在《人民文学》发表那六首旧词，不在《诗刊》再发表东西了；在《诗刊》发表的，待将来再说。违命之处，乞谅为荷！

毛泽东

一九六二年四月廿七日

【注释】

〔1〕这是毛泽东关于修改和发表词六首致臧克家的信。最早发表于《建国以来毛泽东文稿》第十册，注明"根据手稿刊印"。手书见于《毛泽东手书选集》。 臧克家：当时任《诗刊》主编。

〔2〕词六首：见《致陈白尘（1962 年 4 月 24 日）》注。

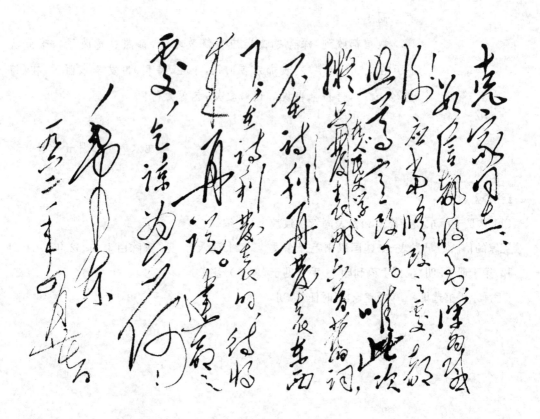

致臧克家（1962年4月27日）

《词六首》序一

一九六二年四月

　　这六首词，年深日久，通忘记了。《人民文学》编辑部搜集起来，要求发表，因以付之。回忆了一下，这些词是在一九二九至一九三一年在马背上哼成的。文采不佳，却反映了那个时期革命人民群众和革命战士们的心情舒快状态，作为史料，是可以的。

【注释】

〔1〕这是毛泽东为《词六首》在《人民文学》1962 年 5 月号发表所写的序，后未发，改刊了另一则较短的序。　《词六首》：指《清平乐·蒋桂战争》、《采桑子·重阳》、《减字木兰花·广昌路上》、《蝶恋花·从汀州向长沙》、《渔家傲·反第一次大"围剿"》、《渔家傲·反第二次大"围剿"》。这篇序最早发表于《毛泽东诗词集》，题为《〈词六首〉引言》。

〔2〕《人民文学》编辑部搜集起来，要求发表：1962 年 1 月 15 日《人民文学》编辑部写信给毛泽东，信中说："最近我们辗转搜寻，找到了您的几首诗词。正因为是辗转搜寻到的，所以不知是否有无讹误，也不知您是否愿意将其发表，或者是不是还需要修改，因此抄寄一份给您，请您指示，并请注上题目和写作年月。"

《词六首》序二

一九六二年四月二十七日

　　这六首词,是一九二九——一九三一年在马背上哼成的,通忘记了。《人民文学》编辑部的同志们搜集起来,寄给了我,要求发表。略加修改,因以付之。

毛泽东

一九六二年四月廿七日

【注释】

〔1〕这是毛泽东在《人民文学》1962年5月号(1962年4月27日出版)发表《词六首》时所写的序。手书同时发表。后载于《建国以来毛泽东文稿》第十册,注明"有毛泽东手稿"。

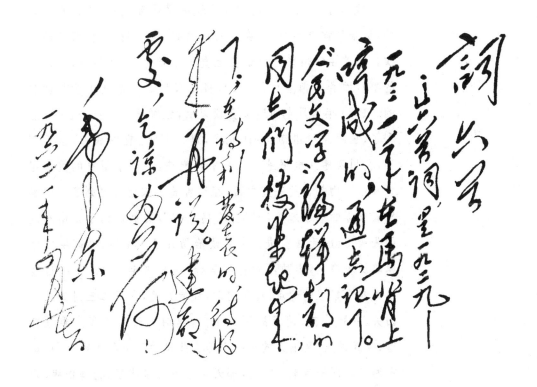

《词六首》序二（1962年4月27日）

对郭沫若《喜读毛主席〈词六首〉》的改文

一九六二年五月

　　我对于《娄山关》这首词作过一番研究,初以为是写一天的,后来又觉得不对,是在写两次的事,头一阕一次,第二阕一次。我曾在广州文艺座谈会上发表了意见,主张后者(写两次的事),而否定前者(写一天),可是我错了。这是作者告诉我的。1935年1月党的遵义会议以后,红军第一次打娄山关,胜利了,企图经过川南,渡江北上,进入川西,直取成都,击灭刘湘,在川西建立根据地。但是事与愿违,遇到了川军的重重阻力。红军由娄山关一直向西,经过古蔺古宋诸县打到了川滇黔三省交界的一个地方,叫做"鸡鸣三省",突然遇到了云南军队的强大阻力,无法前进。中央政治局开了一个会,立即决定循原路反攻遵义,出敌不意打回马枪,这是当年二月。在接近娄山关几十华里的地点,清晨出发,还有月亮,午后二三时到达娄山关,一战攻克,消灭敌军一个师,这时已近黄昏了。乘胜直追,夜战遵义,又消灭敌军一个师。此役共消灭敌军两个师,重占遵义。词是后来追写的,那天走了一百多华里,指挥作战,哪里有时间和精力去哼词呢? 南方有好多个省,冬天无雪,或多年无雪,而只下霜,长空有雁,晓月不甚寒,正像北方的深秋,云贵川诸省,就是这样。"苍山如海,残阳如血"两句,据作者说,是在战争中积累了多年的景物观察,一到娄山关这种战争胜利和自然景物的突然遇合,就造成了作者自以为颇为成功的这两句话。由此看来,我在广州座谈会上所说的一段话,竟是错了。解诗之难,由此可见。

【注释】

〔1〕这篇改文发表于 1991 年 12 月 26 日《人民日报》，题为《毛泽东对郭沫若〈喜读毛主席的《词六首》的修改》。同时发表了手迹照片。后载于《建国以来毛泽东文稿》第十册，注明"根据毛泽东手稿刊印"。写作时间标明为"一九六二年五月"。 郭沫若：见《七律·和郭沫若同志》注。 词六首：见《致陈白尘（1962 年 4 月 24 日）》注。1962 年，毛泽东同意了《人民文学》编辑部的要求，在该刊 5 月号首次公开发表他于 1929 年至 1931 年间在马背上哼成的六首词。为了帮助读者理解这六首词，该刊编辑部在发表前抄送郭沫若，请他写些注释性的文字。郭沫若欣然应允，于 5 月 1 日写成了《喜读毛主席〈词六首〉》一文。5 月 9 日，他收到了编辑部送来的文章清样，立即写信将清样送请毛泽东"加以删正"。毛泽东在审阅这篇文章的清样时，将关于《忆秦娥·娄山关》的内容全部删去，并以郭沫若的口吻，在清样的四边空白改写了这一段文字。

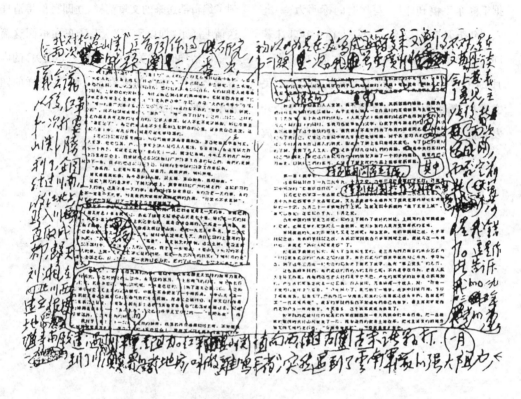

对郭沫若《喜读毛主席〈词六首〉》的改文（1962年）

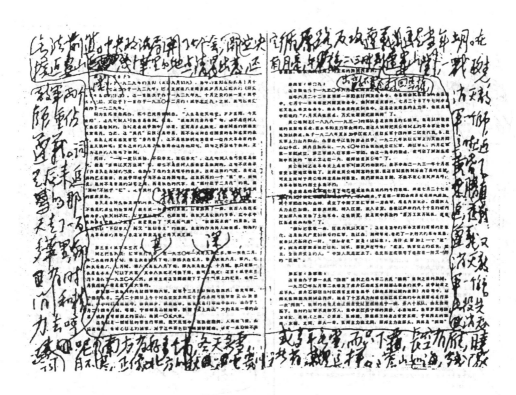

对郭沫若《喜读毛主席〈词六首〉》的改文（1962年）

毛泽东论诗词、楹联

分　　论

对郭沫若《喜读毛主席〈词六首〉》的改文（1962年）

郭沫若致毛泽东

一九六二年五月九日

毛主席：

我应《人民文学》的需要，写了一篇《喜读毛主席的词六首》。因为《人民文学》要在十二日出版，今天才送了小样来，没有来得及先送给主席看看，恐怕有不妥当的地方。闻《人民日报》将转载，如主席能抽得出时间披阅一过，加以删正，万幸之至。顺致

敬礼！

郭沫若

一九六二年五月九日

【注释】

〔1〕这封信见中国郭沫若研究学会《郭沫若研究》1985 年第 1 辑。 郭沫若：见《七律·和郭沫若同志》注。

郭沫若致王戎笙

一九六二年四月二十三日

戎笙同志：

主席这六首词中，如一首，"军阀重开战"，大概是指蒋桂之战吧？1929 年军阀之战颇多。"直下龙岩上杭"，此项如决定，便可决定前者。第三首，"过大关"，是否大庾岭？"下吉安"在何时？"捉了张辉瓒"是在何时何处捉着的？第五首，"白云山"是何处的山？"八百里驱十四日"是在何时？

第六首，关于黄公略的牺牲有无更详细的记载。六首看来是攻长沙事。

以上请你帮忙查考一下。革命博物馆或许有资料。

鼎堂

四月二十三日

【注释】

〔1〕1962 年 1 月 15 日《人民文学》编辑部写信给毛泽东，请求将搜集到的毛泽东的几首诗词在该刊上发表，并请毛泽东注上题目和写作年月。《人民文学》抄呈毛泽东审定的传抄稿没有署明写作年月，因而六首词的排列无序。毛泽东回忆起这几首词作于 1929—1931 年，但每首词的具体写作日期记不清了，所以他交给《人民文学》的征求意见稿，六首词的排序仍未按照写作时间的先后。1962 年 4 月 23 日，郭沫若致其秘书王戎笙的信，嘱其协助查找有关史实和地名。 郭沫若在其秘书王戎笙的协助下，考证清楚了词六首的写作日期，于是上书毛泽东，对词六首的编排次序提出了意见。

毛泽东肯定了郭的考证，正式发表时，编排次序依照写作日期作了调整，依次为：《清平乐》、《采桑子》、《减字木兰花》、《渔家傲》、《蝶恋花》、《渔家傲》，但仍未标上题目和署明写作日期。郭沫若在《喜读毛主席的〈词六首〉》一文中，一一指出了六首词的具体创作日期。1963 年 12 月收入《毛主席诗词》时，全部署明了写作日期，并全部标上了题目。对个别文字作了修改：《减字木兰花·广昌路上》中的"雪里行军无翠柏"改为"雪里行军情更迫"。"此行何去"后的逗号改为问号。《渔家傲·反第一次大"围剿"》作者原注"关于共工头触不周山的故事"后加冒号，文字也小有更改，注文中"共工……他死了没有呢？没有说,因而是没有死,……"改为"共工……他死了没有呢？没有说。看来是没有死,……"。《渔家傲·反第二次大"围剿"》中"白云山头云欲立,白云山下呼声急。枯木朽株齐努力,"其中的标点符号有改动,改为:"白云山头云欲立,白云山下呼声急,枯木朽株齐努力。"

致林克

一九六〇年

林克同志：

现、战二韵，请你细心找一下，在去声。我找了老一会，不见，怪哉！或在上声也未可知。

毛泽东

廿九日

【注释】

〔1〕这封信见《建国以来毛泽东文稿》第九册（中央文献出版社，1996 年 1 月第 1 版）。该书署明此信写于"一九六〇年"，未署明月份。本书编著者推测，当为作者修改《词六首》时推敲该词的用韵是否妥当时所写。由此可见，《人民文学》编辑部二十世纪五十年代末，将搜集的毛泽东诗词传抄稿呈送毛泽东审定后，1960 年毛泽东已着手修改，直到 1962 年才正式发表。　林克：当时任毛泽东办公室秘书。

〔2〕现、战二韵：指毛泽东《清平乐·蒋桂战争》中"军阀重开战"和"一枕黄粱再现"二句的韵脚字。

致罗元贞

一九五二年一月九日

元贞先生：

一月一日来信收到，感谢你的好意。此覆。顺颂

教祺

毛泽东

一九五二年一月九日

【注释】

〔1〕罗元贞：1906年生，广东兴宁人。早年于日本早稻田大学文学院毕业。精诗词，擅联语。建国初期在东北师范大学任教，1951年，他决定调往山西大学任教。可是直到1952年元旦仍未启程。那时他读了流传的毛泽东《七律·长征》诗后，在这年元旦给毛泽东写信，建议将该诗"金沙浪拍悬崖暖"中的"浪拍"改为"水拍"。这是毛泽东1月9日的复信。

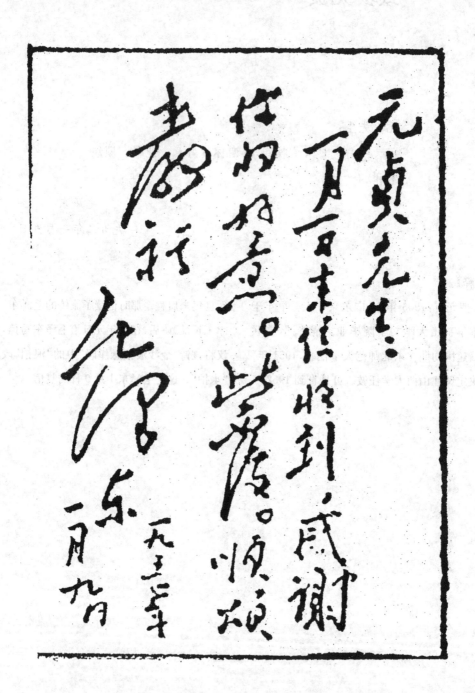

致罗元贞（1952年1月9日）

致董必武

一九六一年九月八日

必武同志：

　　遵嘱写了六盘山一词，如以为可用，请转付宁夏同志。如不可用，可以再写。

　　顺祝健康！

毛泽东
一九六一年九月八日

【注释】

〔1〕这封信见于《毛泽东书信选集》、《建国以来毛泽东文稿》第九册，注明"根据手稿刊印"。手书见于《毛泽东书信手迹选》。 董必武（1886—1975）：湖北黄安（今红安）人，中国共产党的创建人之一。早年赴日本留学并加入同盟会。曾参加辛亥革命。1920年在武汉建立共产主义小组，1921年出席中共一大。1924年领导筹建国民党湖北省党部，任国民党中央候补执行委员。1928年赴苏联学习，1932年回国。任中共中央党校校长、最高法院院长等。1934年参加长征。后任陕甘宁边区政府代理主席。抗战时期和解放战争时期，任中共驻武汉、重庆、南京代表团团长等。1945年作为中国解放区代表出席在旧金山召开的联合国成立大会。建国后，任最高人民法院院长、中共中央监委书记、全国政协副主席、中华人民共和国副主席、代理主席、全国人大常委会副委员长、中央政治局常委等。1975年在北京逝世。著有《董必武诗选》、《董必武选集》。毛泽东写这封信时，董任中共中央政治局委员、中华人民共和国副主席。

〔2〕六盘山一词：指毛泽东1935年10月写的《清平乐·六盘山》。

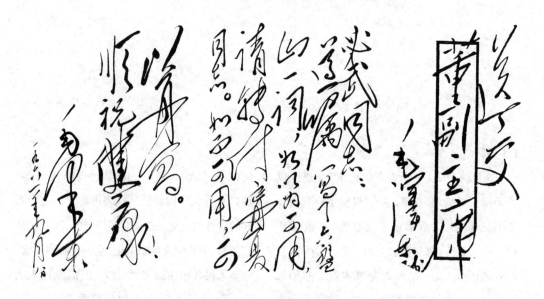

致董必武（1961年9月8日）

致柳亚子

一九四五年十月七日

亚子先生吾兄道席：

　　迭示均悉。最后一信慨乎言之，感念最深。赤膊上阵，有时可行，作为经常办法则有缺点，先生业已了如指掌。目前发表文章、谈话，仍嫌过早。人选种种均谈不到，置之脑后为佳。初到陕北看见大雪时，填过一首词，似于先生诗格略近，录呈审正。敬颂

　　道安！

毛泽东
十月七日

【注释】

〔1〕这封信见于《毛泽东书信选集》。柳亚子：见《七律·和柳亚子先生》注。

〔2〕初到陕北看见大雪时，填过一首词：指毛泽东 1936 年 2 月写的《沁园春·雪》。

致柳亚子（1945年10月7日）

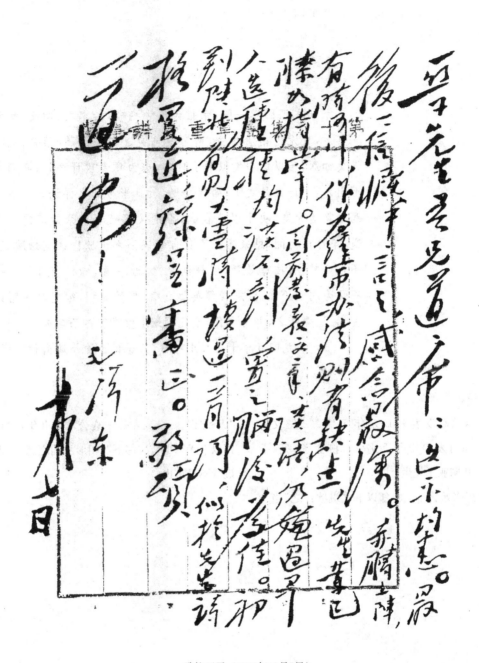

致柳亚子（1945年10月7日）

毛泽东论诗词、楹联

1 1 5 1

柳亚子赠尹瘦石毛泽东手书
《沁园春·雪》和自书所作和词跋

一九四五年十月二十一日

　　毛润之沁园春一阕，余推为千古绝唱，虽东坡、幼安，犹瞠乎其后，更无论南唐小令，南宋慢词矣。中共诸子，禁余流播，讳莫如深，殆以词中类似帝王口吻，虑为意者攻讦之资；实则小节出入，何伤日月之明，固哉高叟，暇日当与润之详论之。余意润之豁达大度，决不以此自歉，否则又何必写与余哉。情与天道，不可得而闻，恩来殆犹不免自郐以下之讥欤！余词坛跋扈，不自讳其狂，技痒效颦，以视润之，终逊一筹，殊自愧汗耳！瘦石既为润之绘像，以志崇拜英雄之概；更爱此词，欲乞其无路以去，余忍痛诺之，并写和作，庶几词坛双璧欤？瘦石其永宝之！

　　一九四五年十月二十一日，亚子记于渝州津南村寓庐。

【注释】

〔1〕这篇跋发表于 1987 年 5 月 16 日《文艺报》，同时发表影印手迹。　柳亚子：见《七律·和柳亚子先生》注。

〔2〕恩来殆犹不免自郐以下之讥欤："之"当为"无"之误。语出《左传·襄公二十九年》："自郐以下无讥焉"。"郐下"，相形见绌之意。"无讥"，不足道也。

柳亚子赠尹瘦石毛泽东的手书《沁园春·雪》与自作和词跋

毛泽东论诗词、楹联

分　　论

柳亚子在纪念册上毛泽东手书《沁园春·雪》和自作和词后所写的跋

一九四五年十月二十三日

余识润之,在一九二六年五月广州中国国民党第二届二中全会会议席上,时润之方任国民党中央宣传部部长也,及一九四五年重晤渝州,握手惘然,不胜陵谷沧桑之感。余索润之写长征诗见惠,乃得其初到陕北看大雪《沁园春》一阕。展读之余,叹为中国有词以来第一作耳,虽苏辛犹未能抗耳,况馀子乎?效颦技痒,辄复成此。并写入纪念册上,附润之骥尾,润之倘不嫌唐突钦?

一九四五年十月二十三日,亚子写于津南村庑下。

【注释】

〔1〕1945 年 10 月 23 日,柳亚子将和毛泽东《沁园春·雪》词誊写在纪念册上毛泽东题写的咏雪词之后,写了这篇跋文。原无标点符号。柳亚子手书素以潦草难以辨识著称,加之文照制版不甚清晰,笔者所见几篇识文个别文字多有不同。其中"叹为中国有词以来第一作耳,虽苏辛犹未能抗耳,况馀子乎?"徐文烈笺、刘斯翰注《柳亚子诗选》引作"叹为中国有词以来第一作手,虽苏辛犹未能抗手,况馀子乎"。福建师范大学毛主席诗词教研组《毛主席诗词学习参考资料》释文作"叹为中国有词以来第一作,高如苏辛犹未能抗耳,况馀子乎?"

致柳亚子

一九四五年十月四日

亚子先生吾兄道席:

　　诗及大示诵悉,深感勤勤恳恳诲人不倦之意。柳夫人清恙有起色否? 处此严重情况,只有亲属能理解其痛苦,因而引起自己的痛苦,自非"气短"之说所可解释。时局方面,承询各项,目前均未至具体解决时期。报上云云,大都不足置信。前曾奉告二语:前途是光明的,道路是曲折的。吾辈多从曲折(即困难)二字着想,庶几反映了现实,免至失望时发生许多苦恼。而困难之克服,决不是那么容易的事情。此点深望先生引为同调。有些可谈的,容后面告,此处不复一一。先生诗慨当以慷,卑视陆游陈亮,读之使人感发兴起。可惜我只能读,不能做。但是万千读者中多我一个读者,也不算辱没先生,我又引以自豪了。

　　敬颂

兴居安吉!

毛泽东

十月四日

【注释】

〔1〕这封信见于《毛泽东书信选集》。手书见于《毛泽东书信手迹选》。　柳亚子:见《七律·和柳亚子先生》注。

〔2〕陆游:南宋诗人。

〔3〕陈亮:南宋思想家、文学家。

〔4〕诲人不倦:语出《论语·述而》:"学而不厌,诲人不倦"。

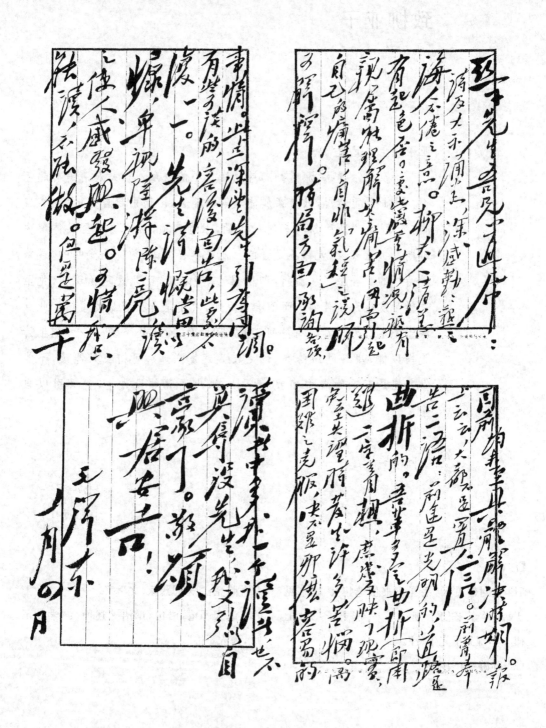

致柳亚子（1945年10月4日）

致柳亚子

一九四六年一月二十八日

亚子先生左右：

很久以前接读大示，一病数月，未能奉复，甚以为歉。阅报知先生已迁沪，在于再追悼会上慷慨陈词，快何如之。印章二方，先生的和词及孙女士的和词，均拜受了；"心上温馨生感激，归来絮语告山妻"，我也要这样说了。总之是感谢你，相期为国努力。贱恙是神经疲劳，刻已向好，并以奉闻。敬颂

道安

毛泽东

一月廿八日

【注释】

〔1〕这封信见于《毛泽东书信选集》。手书见于《毛泽东手书选集》。 柳亚子：见《七律·和柳亚子先生》注。毛泽东写这封信时，柳任反对蒋介石独裁卖国政策的三民主义同志联合会文教委员会主任委员。

〔2〕于再：昆明南菁中学教员，1945年在昆明学生反对内战、要求和平的"一二·一"运动中牺牲。

〔3〕先生的和词：指柳亚子和毛泽东《沁园春·雪》的词《沁园春》。

〔4〕孙女士：即孙荪荃（1903—1965），原名孙祥偈，安徽桐城人、谭平山夫人，爱国民主人士。曾任北平（今北京）《朝报》、《新晨报》副刊主编，北平市第一女子中学校长，河北大学、山西民族革命大学教授。1943年参加发起中国民主宪政促进会，任常务理事兼妇女委员会主任委员。1945年参与组织三民主义同志联合会，为发起人之一。 孙女士的和词：指孙荪荃和毛泽东《沁园春·雪》的词《沁园春》。刊载于1945年12月29日重庆出版的《客观》周刊第8期。随同该词一起刊载的还有柳亚子、郭沫若、易君左的和词，总题为《毛词和章》。孙荪荃的和词题为《毛词和章（三）》，署名"孙荪荃"。全文是：

"三楚兴师，北进长征，救国旗飘。指扶桑日落，寇降累累；神州陆起，独挽滔滔。扫尽倭氛，规（归）还汉土，保障和平武力高。千秋事看江山重整，景物妖娆。 文坛革命词娇，有锄恶生花笔若腰。谱心声万里，直通群众；凯歌一阕，上薄风骚。谁是吾仇，其唯民贼，取彼

凶顽射作雕！同怀抱，把乾坤洗涤，解放今朝。"

〔5〕心上温馨生感激，归来絮语告山妻：这是

柳亚子1945年秋写的《毛主席招谈于红岩嘴办事处，归后有作，兼简恩来，若飞》一诗中的两句。

致柳亚子（1946年1月28日）

致黄齐生

一九四五年十二月二十九日

黄老先生道席：

　　新词拜读，甚感盛意！钱老先生处乞代致候。敬祝六七荣寿，并颂新年健康！若飞寄来报载诸件付上一阅，阅后乞予退还。其中国民党骂人之作，鸦鸣蝉噪，可以喷饭，并付一观。

毛泽东

十二月廿九日

【注释】

〔1〕这封信见于《毛泽东书信选集》。手书见于《毛泽东手书选集》。　黄齐生（1879—1946）：贵州安顺人，教育家。王若飞的舅父。早年任群明社商店经理。曾开展业余教育。1911 年参加贵州辛亥起义。1916 年参加护国反袁运动。1917 年和 1919 年曾率贵州学生赴日和赴法留学，并积极支持旅欧学生的革命活动。回国后任贵州省视学等职。1929 年与陶行知办晓庄师范，后参加乡村教育运动。1937 年组织抗日救国会。同年赴延安考察。积极参加抗日救亡运动和反内战反独裁的民主运动，1946 年 4 月 8 日，与叶挺、王若飞等同乘飞机赴延安，因飞机在山西兴县东南黑茶山失事遇难。毛泽东写这封信时，黄在延安。

〔2〕钱老先生：指钱拯（1884—1968），原籍浙江杭县（今余杭），当时是陕甘宁边区参议会参议员。

〔3〕若飞：即王若飞（1896—1946），贵州安顺人。1919 年 10 月赴法勤工俭学，1922 年 6 月加入中国旅欧少年共产党，10 月加入法国共产党，11 月转入中国共产党。曾任中共中央秘书长、中共驻共产国际代表等职，中共七大上被选为中央委员。1945 年 8 月，随毛泽东、周恩来赴重庆同国民党谈判。次年 4 月 8 日与叶挺、黄齐生等同乘飞机赴延安，因飞机失事在山西兴县东南黑茶山遇难。

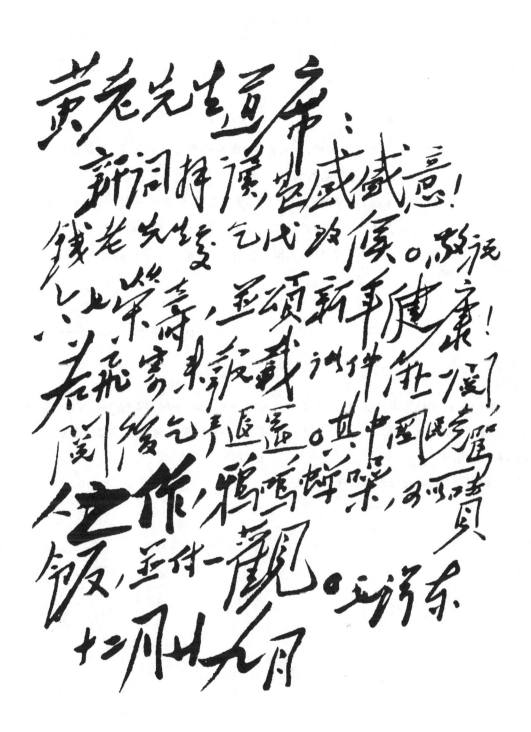

致黄齐生（1945年12月29日）

致柳亚子

一九四四年十一月二十一日

亚子兄：

　　广州别后，十八年中，你的灾难也受得够了，但是没有把你压倒，还是屹然独立的，为你并为中国人民庆贺！"云天倘许同忧国，粤海难忘共饮茶"，这是你几年前为我写的诗，我却至今做不出半句来回答你。看见照片，样子老一些，精神还好罢，没有病罢？很想有见面的机会，不知能如愿否？敬祝

　　健康！

毛泽东上

一九四四年十一月二十一日

【注释】

〔1〕这封信见于《毛泽东书信选集》。手书见于《毛泽东手书选集》。　柳亚子：见《七律·和柳亚子先生》注。

〔2〕云天倘许同忧国，粤海难忘共饮茶：这是柳亚子1941年写的《寄毛润之延安，兼柬林伯渠、吴玉章、徐特立、董必武、张曙时诸公》一诗中的两句。

致柳亚子（1944年11月21日）

致柳亚子

一九四九年五月二十一日

亚子先生：

　　各信并大作均收敬悉，甚谢！惠我琼瑶，岂有讨厌之理。江青携小女去东北治病去了，黄女士的信已代收，我的秘书并已和黄女士通电话，料可获得居处。国史馆事尚未与诸友商量，惟在联合政府成立以前恐难提前设立。弟个人亦不甚赞成先生从事此项工作，盖恐费力不讨好。江苏虚衔，亦似以不挂为宜，挂了于己于人不见得有好处。此两事我都在泼冷水，好在夏天，不觉得太冷否？某同志妄评大著，查有实据，我亦不以为然。希望先生出以宽大政策，今后和他们相处可能好些。在主政者方面则应进行教导，以期"醉尉夜行"之事不再发生。附带奉告一个消息：近获某公诗云："射虎将军右北平，只今乘醉夜难行，芦沟未落登埠月，易水还流击筑声"，英雄所见，略有不同，亦所遭者异耳。孙先生衣冠冢看守诸人已有安顿，生事当不致太困难，此事感谢先生的指教。率复不尽，敬颂兴居佳胜！

毛泽东

五月二十一日

【注释】

〔1〕这封信见于《毛泽东书信选集》。手书见于《毛泽东手书选集》。　柳亚子：见《七律·和柳亚子先生》注。毛泽东写这封信时，柳任中国国民党革命委员会常务委员兼秘书长。

〔2〕黄女士：指黄波拉，黄绍竑的侄女，1949年初为摆脱国民党特务的监视，仓促离开上海，到达北平后食宿等发生困难。为此，柳亚子写信给毛泽东，请求给她以帮助。毛泽东即派秘书对她一家作了安排。

〔3〕醉尉夜行：故事出自《史记·李将军列传》原文为："顷之，家居数岁。广家与故颍阴侯孙屏野居蓝田南山中射猎，尝夜从一骑出，从人田间饮。还至霸陵亭，霸陵尉醉，呵止广。广骑曰：'故李将军。'尉曰：'今将军尚不得夜行，何乃故也！'止广宿亭下。"

〔4〕孙先生衣冠冢：指北京西山碧云寺内的孙中山衣冠冢。

致柳亚子（1949年5月21日）

致黄炎培

一九五六年十二月四日

任之先生：

惠书敬悉。

你们的会议开得很好，谨致祝贺之忱！

批评和自我批评这个方〔法〕竟在你们党内，在全国各地工商业者之间、在高级知识分子之间行通了，并且做得日益健全，真是好消息。社会总是充满着矛盾。即使社会主义和共产主义社会也是如此，不过矛盾的性质和阶级社会有所不同罢了。既有矛盾就要求揭露和解决。有两种揭露和解决的方法：一种是对敌（这说的是特务破坏分子）我之间的，一种是对人民内部的（包括党派内部的，党派与党派之间的）。前者是用镇压的方法，后者是用说服的方法，即批评的方法。我们国家内部的阶级矛盾已经基本上解决了（即是说还没完全解决，表现在意识形态方面的，还将在一个长时期内存在。另外，还有少数特务分子也将在一个长时间内存在），所有人民应当团结起来。但是人民内部的问题仍将层出不穷，解决的方法，就是从团结出发，经过批评与自我批评，达到团结这样一种方法。我高兴地听到民建会这样开会法，我希望凡有问题的地方都用这种方法。

国际间麻烦问题不少，但是总有办法解决的。我是乐观主义者，我想先生也会是这样的。

顺致

敬意！

毛泽东

一九五六年十二月四日

去年和今年各填了一首词，录陈审正，以答先生历次赠诗的雅意。

浪淘沙　北戴河

大雨落幽燕，白浪滔天，秦皇岛外打鱼船，一片汪洋都不见，知向谁边？

往事越千年，魏武挥鞭，东临碣石有遗篇。萧瑟秋风今又是，换了人间。

水调歌头　长江

才饮长沙水，又食武昌鱼。万里长江横渡，极目楚天舒。不管风吹浪打，胜似闲庭信步，今日得宽馀。子在川上曰：逝者如斯乎[夫]！

风樯动，龟蛇静，起宏图。一桥飞架，南北天堑变通途。更立西江石壁，截断巫山云雨，高峡出平湖。神女应无恙，当惊世界殊。

【注释】

〔1〕这封信全文见于《建国以来毛泽东文稿》第六册，注明"根据手稿刊印"。除两首词外，信文见于《毛泽东书信选集》。信文的最后一段和两首诗词的手书发表于 1957 年 1 月 29 日《工人日报》。 黄炎培（1878—1965 年）：字任之，江苏川沙（今属上海）人。1905 年加入同盟会，辛亥革命后，任江苏省教育司司长。1915 年赴美考察。1917 年在上海发起创办中华职业教育社。1918 年创办中华职业学校。抗战时期任国民参政会参政员。1941 年参与筹组中国民主政团同盟。1945 年访问延安。同年发起建立中国民主建国会。长期从事职业教育事业，积极参加抗日救亡和爱国民主运动。1949 年出席中国人民政治协商会议第一届全体会议。建国后，任政务院副总理、全国人大常委会副委员长、全国政协副主席、中国民主建国会副主任委员。著有回忆录《八十年来》、诗集《红桑》等。毛泽东写这封信时，黄任全国人大常委会副委员长、中国民主建国会主任委员。

〔2〕你们的会议：指中国民主建国会在 1956 年 10 月间召开的中央常务委员会扩大会议和在同年 11 月间召开的第一届中央委员会第二次全体会议。

〔3〕去年和今年各填了一首词："去年"应为"前年"，即 1954 年，填的一首词指《浪淘沙·北戴河》。"今年"即 1956 年，填的一首词指《水调歌头·长江》，发表时题目改为《水调歌头·游泳》。

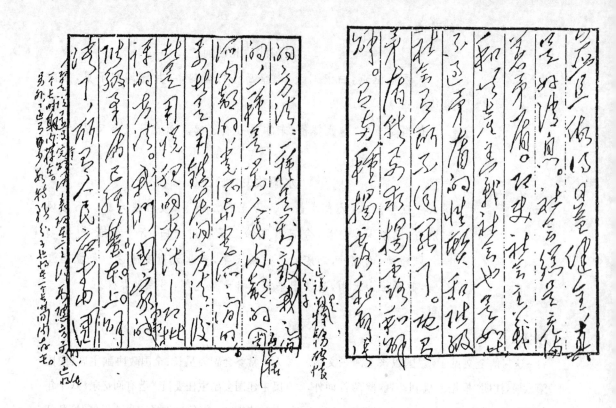

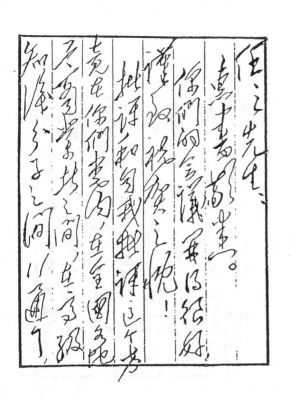

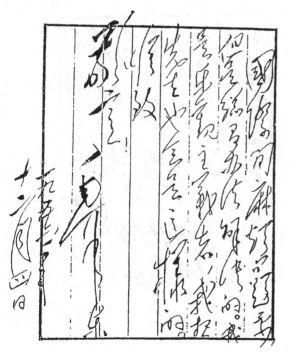
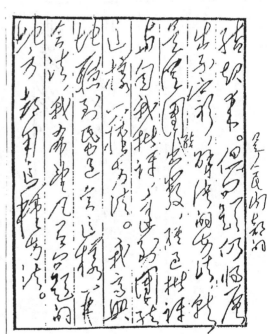

致黄炎培（1956年12月4日）

毛泽东论诗词、楹联

分　　论

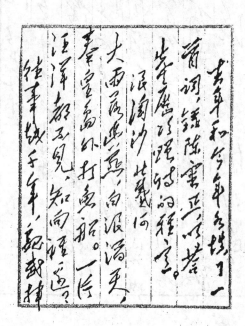
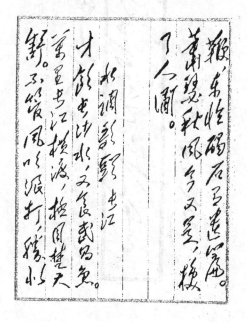
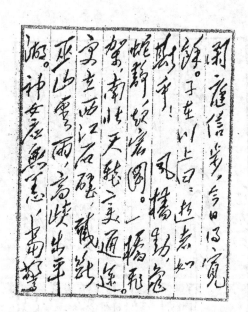

致黄炎培（1956年12月4日）

致李敏、李讷

一九五四年七月二十三日

李敏、李讷,我的亲爱的女儿:

你们的信都收到了,很欢喜。北戴河、秦皇岛、山海关一带是曹孟德(操)到过的地方。他不仅是政治家,也是诗人。他的碣石诗是有名的,妈妈那里有古诗选本,可请妈妈教你们读。我好,勿念。

亲你们!

爸爸

一九五四年七月廿三日

【注释】

〔1〕李敏:毛泽东的长女,贺子珍所生。1936年生,原籍湖南湘潭,生于陕西延安。1940年四岁时从延安赴莫斯科随贺子珍一起生活。1943年开始读苏联五年制小学,1948年秋毕业。同年冬,随贺子珍从莫斯科回哈尔滨,1949年春随姨母贺怡到北京,入北京师范大学附属女子中学,后考入北京师范大学。毕业后,1959年与孔令华结婚。后在国防科委院校局、办公厅、总政所属机关工作。 李讷:毛泽东的次女,江青所生。见《致江青、李讷(1957年8月1日)》注。

娇娇、李讷，我的亲
爱的女儿：

你们的信都收到
了，很欢喜。北戴河、
秦皇岛、山海关一带
是曹孟德（操）到
过的地方。他不仅是
政治家，也是诗人。
他的碣石诗是有名
的，妈妈那里有古诗
选本，可请妈妈教你们
念读。娇娇，勿念。

祝你们！

一九五四年　爸爸
七月廿三日

致李敏、李讷（1954年7月23日）

致黄炎培

任之先生:

　　惠书盛意可感!那些东西,既已发表,不改也可。游长江二小时飘三十多里才达彼岸,可见水流之急。都是仰游侧游,故用"极目楚天舒"为宜。顺致

　　敬意!

毛泽东

一九五七年二月十一日

【注释】

〔1〕这封信见于《毛泽东书信选集》、《建国以来毛泽东文稿》第六册,注明"根据手稿刊印"。手书见于《毛泽东手书选集》。　黄炎培:见《致黄炎培(1956年12月4日)》注。

〔2〕极目楚天舒:指毛泽东1956年12月写的《水调歌头·游泳》中的一句。毛泽东曾在1956年12月4日将这首词书赠黄炎培。

毛泽东论诗词、楹联

1 1 7 3

分　　论

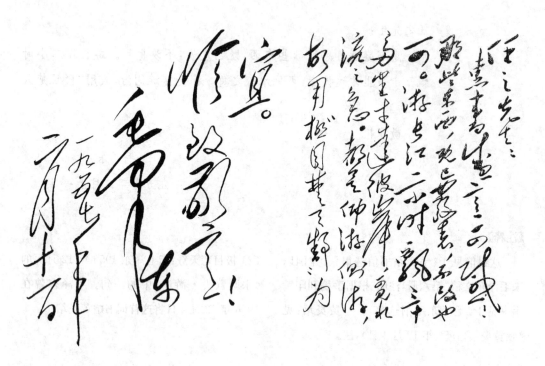

致黄炎培（1957年2月11日）

致林铁

林铁同志:

　　遵嘱写了几个字,不知是否可用? 浪淘沙一词,待后再写。

　　此祝

康吉!

毛泽东

十一月十七日

【注释】

〔1〕这封信见于《毛泽东书信选集》。手书见于《毛泽东手书选集》。 林铁(1904—1989):四川万县人。毛泽东写这封信时,林任中共河北省委第一书记。

〔2〕遵嘱写了几个字:指毛泽东应林铁要求给海河工程写的题词:"一定要根治海河"。

〔3〕浪淘沙一词:指毛泽东 1954 年夏写的《浪淘沙·北戴河》。

毛泽东论诗词、楹联

1175

分　　论

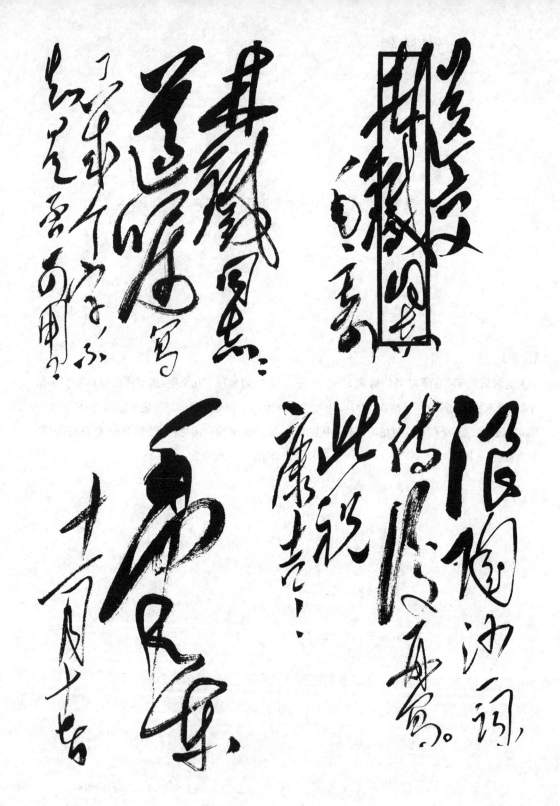

致林铁（1963年11月17日）

致周世钊

一九五六年十二月五日

惇元兄：

两次惠书均已收到，情意拳拳，极为高兴。告知我省察形情，尤为有益。校牌仍未写，因提不起这个心情，但却时常在念，总有一天要交账的。时常记得秋风过许昌之句，无以为答。今年游长江，填了一首水调歌头，录陈审正。

水调歌头　长江

才饮长沙水，又食武昌鱼。万里长江横渡，极目楚天舒。不管风吹浪打，胜似闲庭信步，今日得宽馀。子在川上曰：逝者如斯乎[夫]！

风樯动，龟蛇静，起宏图。一桥飞架，南北天堑变通途。更立西江石壁，截断巫山云雨，高峡出平湖。神女应无恙，当惊世界殊。

暂时不会出国，你们的意见是正确的。

问好！

毛泽东

一九五六年十二月五日

【注释】

〔1〕 这封信见于《毛泽东书信选集》。　周世钊：见《七律·和周世钊同志》注。毛泽东写这封信时，周任湖南省教育厅副厅长，兼湖南省第一师范学校校长。

〔2〕 记得秋风过许昌：指周世钊 1950 年 9 月下旬赴北京参加国庆观礼路过许昌时所作的《过许昌》一诗。全诗如下："野史闻曹操，秋风过许昌。荒城临旷野，断碣卧斜阳。满市烟香溢，连畦豆叶长。人民新世纪，谁识邺中王！"

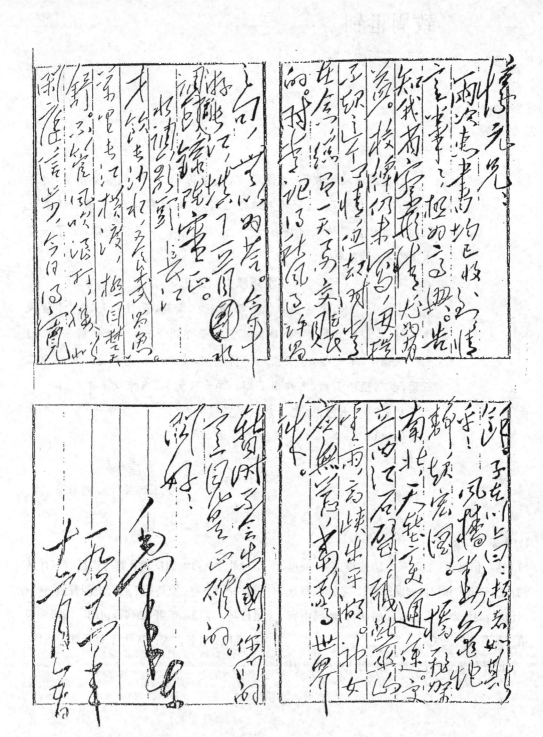

致周世钊（1956年12月5日）

致李淑一

一九五〇年四月十八日

淑一同志：

来信收到。直荀牺牲，抚孤成立，艰苦备尝，极为佩慰。学习马列主义，可于工作之暇为之，不必远道来京，即可达到目的。肖聃午亭两位老先生前乞为致候。顺颂

健康。

毛泽东

一九五〇年四月十八日

【注释】

〔1〕这封信见于《毛泽东书信选集》、《建国以来毛泽东文稿》第一册，注明"根据手稿刊印"。手书见于《毛泽东书信手迹选》。 李淑一：见《蝶恋花·答李淑一》注。毛泽东写这封信时，李在湖南长沙福湘女中任教。

〔2〕直荀：即柳直荀（1898—1932），见《蝶恋花·答李淑一》注。

〔3〕肖聃：即李肖聃（1881—1953），原名猷龙，湖南长沙人，早年留学日本，学者，教育家，民国初年在北京任司法部秘书，新中国成立后任湖南省军政委员会顾问，李淑一之父。

〔4〕午亭：即柳午亭（1877—1957），湖南长沙人，柳直荀之父。

长沙福湘女中
李淑一先生

中央人民政府
人民革命军事委员会

淑一同志、来信收到。直以睽隔，
撫孤成立、艰苦备尝，极为
佩慰。……

致李淑一（1950年4月18日）

致李淑一

一九五七年五月十一日

淑一同志：

惠书收到。过于谦让了。我们是一辈子的人，不是前辈后辈关系，你所取的态度不适当，要改。已指出"巫峡"，读者已知所指何处，似不必再出现"三峡"字面。大作读毕，感慨系之。开慧所述那一首不好，不要写了罢。有《游仙》一首为赠。这种游仙，作者自己不在内，别于古之游仙诗。但词里有之，如咏七夕之类。我失骄杨君失柳，杨柳轻飏直上重霄九。问讯吴刚何所有，吴刚捧出桂花酒。寂寞嫦娥舒广袖，万里长空且为忠魂舞。忽报人间曾伏虎，泪飞顿作倾盆雨。

暑假或寒假你如有可能，请到板仓代我看一看开慧的墓。此外，你如去看直荀的墓的时候，请为我代致悼意。你如见到柳午亭先生时，请为我代致问候。午亭先生和你有何困难，请告。

为国珍摄！

毛泽东

一九五七年五月十一日

【注释】

〔1〕这封信见于《毛泽东书信选集》、《建国以来毛泽东文稿》第六册，注明"根据手稿刊印"。手书见于李琦、穆青、逄先知、郭超人主编《毛泽东画册》（中央文献出版社，1993 年 11 月版）。 开慧：即杨开慧，见《蝶恋花·答李淑一》注。

〔2〕开慧所述那 首：指毛泽东所作《虞美人·枕上》。

〔3〕请到板仓代我看一看开慧的墓：1958 年 7 月 10 日，李淑一遵照毛泽东信中的嘱托，代表毛泽东到板仓为杨开慧扫墓。

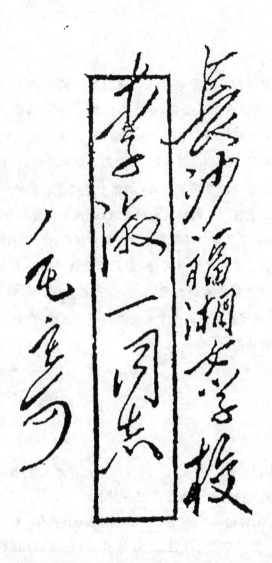

长沙福湘女学校

李淑一同志

毛泽东

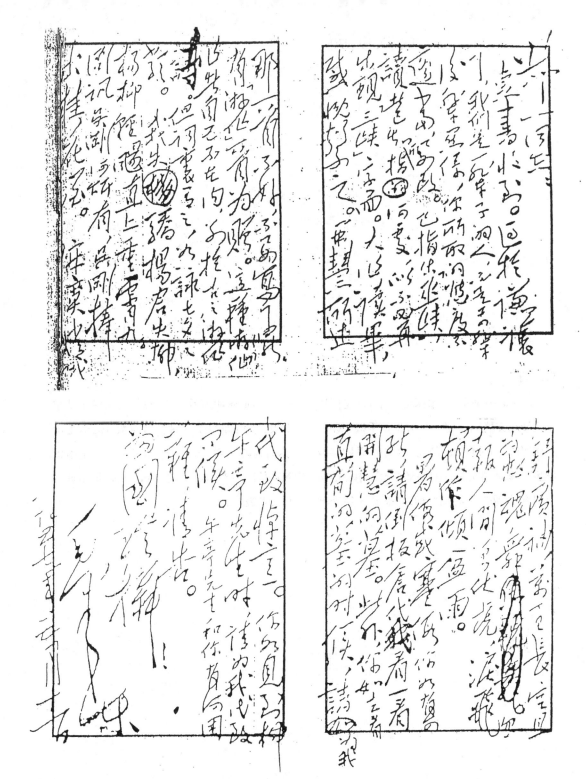

致李淑一（1957年5月11日）

毛泽东论诗词、楹联

1183

分　论

致张明霞

一九五七年十一月二十五日

张明霞同志：

来信早收到，迟复为歉！

《蝶恋花》一词可以在你们的刊物上发表。《游仙》改《赠李淑一》。

祝你们好！

毛泽东

一九五七年十一月廿五日

【注释】

〔1〕这封信手书见于《书家毛泽东》、《建国以来毛泽东文稿》第六册，注明"根据手稿刊印"。

张明霞：当时是湖南师范学院中文系四年级学生。1957年5月11日毛泽东给李淑一的信上附有《蝶恋花·游仙》（即《蝶恋花·答李淑一》）一词，张明霞看到后，写信给毛泽东请求发表。毛泽东写了这封复信同意，因此，毛泽东《蝶恋花·答李淑一》一词首先在《湖南师院》（长沙湖南师范学院院刊）1958年元旦专刊上发表。

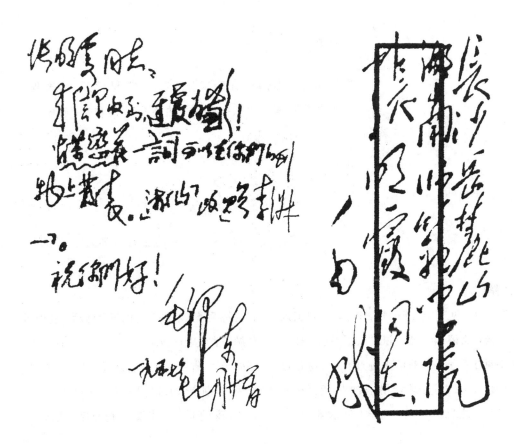

致张明霞（1957年11月25日）

致杨开智、李崇德

一九五〇年四月十三日

子珍
　　同志：
崇德

　　来信收到。你们在省府工作，甚好，望积极努力，表现成绩。小儿岸英回湘为老太太上寿，并为他母亲扫墓，同时看望你们，请你们给他以指教为荷。

　　此问

近佳！

毛泽东

一九五〇年四月十三日

【注释】

〔1〕这封信见于《毛泽东书信选集》、《建国以来毛泽东文稿》第一册，注明"根据手稿刊印"。手书见于《毛泽东书信手迹选》。　杨开智（1894—1982）：字子珍，湖南长沙人，毛泽东夫人杨开慧之兄。早年毕业于北京农业大学。曾支持毛泽东和杨开慧的革命活动。建国后，任湖南省农业厅技术兼研究室主任、省茶叶公司副经理、省茶叶经营管理处副处长、全国政协委员、湖南省政协副主席。1982年1月26日在长沙逝世。　李崇德：杨开智的夫人。

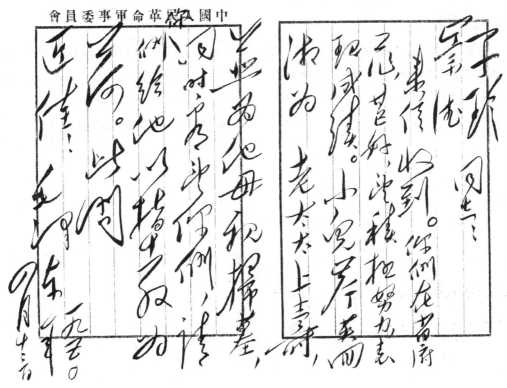

致杨开智、李崇德（1950年4月13日）

毛泽东论诗词、楹联

分　论

致杨开智

一九六二年十一月十五日

开智同志：

　　得电惊悉杨老夫人逝世，十分哀痛。望你及你的夫人节哀。寄上五百元，以为悼仪。葬仪，可以与杨开慧同志我的亲爱的夫人同穴。我们两家同是一家，是一家，不分彼此。望你节哀顺变。

　　敬祝

大安。

毛泽东

一九六二年十一月十五日

【注释】

〔1〕这封信见于《毛泽东书信选集》、《建国以来毛泽东文稿》第十册，注明"根据手稿刊印"。杨开智（1894—1982）：见《致杨开智、李崇德（1950年4月13日）》注。

〔2〕杨老夫人：指杨开慧的母亲向振熙（1870—1962）。1962年，向振熙病逝，毛泽东即给杨开智写了这封信，并用电报发送。

〔3〕杨开慧：见《蝶恋花·答李淑一》注。

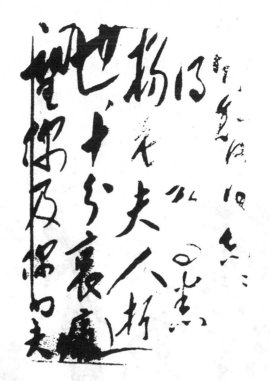

致杨开智（1962年11月15日）

致杨开智（1962年11月15日）

《七律二首·送瘟神》跋

一九五八年七月一日

　　六月三十日《人民日报》发表文章说：余江县基本消灭了血吸虫，十二省、市灭疫大有希望。我写了两首宣传诗，略等于近来的招贴画，聊为一臂之助。就血吸虫所毁灭我们的生命而言，远强于过去打过我们的任何一个或几个帝国主义。八国联军，抗日战争，就毁人一点来说，都不及血吸虫。除开历史上死掉的人以外，现在尚有一千万人患疫，一万万人受疫的威胁。是可忍，孰不可忍？然而今之华佗们在早几年大多数信心不足，近一二年干劲渐高，因而有了希望。主要是党抓起来了，群众大规模发动起来了。党组织，科学家，人民群众，三者结合起来，瘟神就只好走路了。

【注释】

〔1〕这篇跋最早发表于《毛泽东诗词集》。题　　为《〈七律二首·送瘟神〉后记》。

毛泽东论诗词、楹联

分　　论

致胡乔木

一九五八年七月一日

乔木同志：

　　睡不着觉，写了两首宣传诗，为灭血吸虫而作。请你同人民日报文艺组同志商量一下，看可用否？如有修改，请告诉我。如可以用，请在明天或后天人民日报上发表，不使冷气。灭血吸虫是一场恶战。诗中坐地、巡天、红雨、三河之类，可能有些人看不懂，可以不要理他。过一会，或须作点解释。

　　　　　　　　　　　　　　　　毛泽东

　　　　　　　　　　　　　　　　七月一日

【注释】

〔1〕胡乔木：见《六州歌头·改胡乔木〈国庆〉》注。

〔2〕写了两首宣传诗，为灭血吸虫而作：指毛泽东1958年7月1日写的《七律·送瘟神二首》。

〔3〕请在明天或后天人民日报上发表：毛泽东的《七律二首·送瘟神》后来没有在7月份的《人民日报》发表，也许是毛泽东觉得还需要修改，因而改变了迅速予以发表的主意。该诗后来于同年10月3日发表。

乔木同志：

睡不着觉，写了两首宣传诗，为灭血吸虫而作。请你同人民日报文艺组的同志商量一下，看可用否？如有修改，请告诉我。如以可用，请在明天或后天人民日报上发表，不使冷气。灭血吸虫是一场恶战。诗中坐地、巡天、红雨、三河之类，以政为此看不情，以及其他。迟一点，我还想睡。

敬礼。

毛泽东 七月一日

致胡乔木（1958年7月1日）

毛泽东论诗词、楹联

分　　论

胡乔木致毛泽东

一九五八年七月二十五日

主席：

地球赤道长度普通教科书上只说 40,000 公里，准确些的写成 40,076 公里。

按地球赤道直径为 12,756.5 公里（南北极直径少 42.8 公里，为 12,713.7 公里），如乘以 3.1416，则为 40,075.8204 公里，按四舍五入为 40,076 公里。

坐地日行三万里也可考虑索性改为坐地日行八万里。1.这可以算是拗体，唐宋诗中常见。2.按北京音八是阴平，读如巴。

巡天遥渡一千河，遥似可改夜，因为银河本来夜晚才看见，而且太空大部黑暗。夜渡较遥渡更具形象性，更多暗示性。

逐逝波未想出什么意见，已告袁水拍往商郭老。

杜勒斯讲话附上，用后请还。

敬礼

胡乔木

廿五日晚

【注释】

〔1〕这封信见于《胡乔木书信集》

〔2〕坐地日行三万里也可考虑索性改为坐地日行八万里：毛泽东《七律二首·送瘟神》于同年 10 月 3 日发表时，毛泽东接受了胡乔木的意见，将"坐地日行三万里"改为"坐地日行八万里"。

〔3〕巡天遥渡一千河，遥似可改夜：毛泽东《七律二首·送瘟神》发表时，毛泽东将"渡"改为"看"，此句成为"巡天遥看一千河"。

〔4〕逐逝波：系《送瘟神》诗"一样悲欢逐逝波"

一句的最后三字。

〔5〕袁水拍：见《〈诗刊〉编辑部致毛泽东》注释。

〔6〕郭老：即郭沫若，时任中国科学院院长兼哲学社会科学部主任、中国文联主席。

〔7〕杜勒斯讲话：指 1958 年 7 月 1 日美国国务卿杜勒斯在华盛顿举行的记者招待会上的讲话。其主要内容是：一、关于中东黎巴嫩局势；二、关于就停止核试验实行监督的问题；三、关于中美两国大使级谈判问题。

致袁水拍

一九五八年十月二日

水拍同志：

诗二首定稿，请照此发表。可以照我写的字照像刊出，以为如何？字不好，与诗相称，似乎适宜。

敬礼！

毛泽东

十月二日

【注释】

〔1〕这是毛泽东关于发表两首诗致袁水拍的信，最早发表于《党的文献》1996 年第 1 期。总题为《毛泽东关于几首诗词写作、发表的几封信（一九六三年——一九六五年）》。这封信的标题是《关于发表两首诗致袁水拍的信（一九六三年十月二日）》。 这封信中"诗二首"，究竟指哪两首诗，未指明。写信日期，仅署明"十月二日"，未写年份。根据毛泽东建国后发表诗词的情况和信中所说"可以照我写的字照像刊出"判断，笔者以为可能是关于 1958 年 10 月 3 日在《人民日报》上发表《送瘟神二首》（1963 年 12 月人民文学出版社出版《毛主席诗词》时改为《七律二首·送瘟神》）致袁水拍的信。 中共中央文献研究室吴正裕说，可能指《七律·到韶山》和《七律·登庐山》。录以备考。

〔2〕袁水拍：见《〈诗刊〉编辑部致毛泽东》注释。

致周世钊

一九五八年十月二十五日

惇元兄：

　　赐书收到，十月十七日的，读了高兴。受任新职，不要拈轻怕重，而要拈重鄙轻。古人有云：贤者在位，能者在职，二者不可得而兼。我看你这个人是可以兼的。年年月月日日时时感觉自己能力不行，实则是因为一不甚认识自己；二不甚理解客观事物——那些留学生们，大教授们，人事纠纷，复杂心理，看不起你，口中不说，目笑存之，如此等类。这些社会常态，几乎人人要经历的。此外，自己缺乏从政经验，临事而惧，陈力而后就列，这是好的。这些都是实事，可以理解的。我认为聪明、老实二义，足以解决一切困难问题。这点似乎同你谈过。聪谓多问多思，实谓实事求是。持之以恒，行之有素，总是比较能够做好事情的。你的勇气，看来比过去大有增加。士别三日，应当刮目相看了。我又讲了这一大篇，无非加一点油，添一点醋而已。坐地日行八万里，蒋竹如讲得不对，是有数据的。地球直径约一万二千五百公里，以圆周率三点一四一六乘之，得约四万公里，即八万华里。这是地球的自转（即一天时间）里程。坐火车、轮船、汽车，要付代价，叫做旅行。坐地球，不付代价（即不买车票），日行八万华里，问人这是旅行么，答曰不是，我一动也没有动，真是岂有此理！囿于习俗，迷信未除。完全的日常生活，许多人却以为怪。巡天，即谓我们这个太阳系（地球在内）每日每时都在银河系里穿来穿去。银河一河也，河则无限，"一千"言其多而已。我们人类只是"巡"在一条河中，"看"则可以无数。牛郎晋人，血吸虫病，蛊病，俗名鼓胀病，周秦汉累见书传，牛郎自然关心他的乡人，要问瘟神情况如何了。大熊星座，俗名牛郎星（是否记错了？），属银河系。这些解释，请向竹如道之。有不同意见，可以辩论。十一月我不一定在京，不见也可吧！

毛泽东

一九五八年十月廿五日

【注释】

〔1〕这封信见于《毛泽东书信选集》、《建国以来毛泽东文稿》第七册,注明"根据手稿刊印"。周世钊(1897—1976):见《七律·和周世钊同志》注。毛泽东写这封信前,1958年7月周就任湖南省副省长。

〔2〕贤者在位,能者在职:见《孟子·公孙丑上》。

〔3〕士别三日,刮目相看:语出《三国志·吴书·吕蒙传》注引《江表传》:"鲁肃拊蒙背曰:'吾谓大弟但有武略耳。至于今者,学识英博,非复吴下阿蒙。'蒙曰:'士别三日,即更刮目相待。"

〔4〕蒋竹如:湖南湘潭人,毛泽东在湖南省立第一师范学校读书时的同学。新民学会会员,长期从事教育工作。

〔5〕大熊星座,俗名牛郎星:牛郎星不属大熊星座,它是天鹰星座中的α星。大熊星座中的星和牛郎星都属银河系。

致周世钊（1958年10月25日）

致臧克家、徐迟

一九五九年九月一日

臧克家徐迟二位同志:

信收到。近日写了两首七律,录上呈政。如以为可,可上诗刊。

近日右倾机会主义猖狂进攻,说人民事业这也不好,那也不好。全世界反华反共分子以及我国无产阶级内部,党的内部,过去混进来的资产阶级、小资[产]阶级投机分子,他们里应外合,一起猖狂进攻。好家伙,简直要把个昆仑山脉推下去了。同志,且慢。国内挂着"共产主义"招牌的一小撮机会主义分子,不过捡起几片鸡毛蒜皮,当作旗帜,向着党的总路线,大跃进,人民公社举行攻击,真是"蚍蜉撼大树,可笑不自量"了。全世界反动派从去年起,咒骂我们,狗血喷头。照我看,好得很。六亿五千万伟大人民的伟大事业,而不被帝国主义及其在各国的走狗大骂而特骂,那就是不可理解的了。他们越骂得凶,我就越高兴。让他们骂上半个世纪吧! 那时再看,究竟谁败谁胜? 我这两首诗,也是答复那些忘八蛋的。

毛泽东

九月一日

【注释】

〔1〕这是毛泽东关于发表《七律·到韶山》、《十律·登庐山》两首诗致臧克家、徐迟的信。最早发表于《建国以来毛泽东文稿》第八册,注明"根据手稿刊印"。 臧克家:当时任《诗刊》主编。 徐迟:当时任《诗刊》副主编。

〔2〕两首七律:指《到韶山》、《登庐山》,当时均未在《诗刊》上发表,后来收入人民文学出版社1963年12月出版的《毛主席诗词》中。

致胡乔木

乔木同志：

诗两首，请你送给郭沫若同志一阅，看有什么毛病没有？加以笔削，是为至要。主题是为了反右倾鼓干劲的，是为了惩治反党、反总路线、反大跃进、反人民公社的。主题虽好，诗意无多，只有几句较好一些的，例如"云横九派浮黄鹤"之类。诗难，不易写，经历者如鱼饮水，冷暖自知，不足为外人道也。

毛泽东

九月七日

【注释】

〔1〕这封信最早发表于《毛泽东诗词选》，有删节。后全文发表于《建国以来毛泽东文稿》第八册，注明"根据手稿刊印"。 胡乔木（1912—1992）：见《六州歌头·改胡乔木〈国庆〉》注。

〔2〕诗两首：指毛泽东 1959 年 6 月写的《七律·到韶山》和同年 7 月写的《七律·登庐山》。

〔3〕如鱼饮水，冷暖自知：源于"如人饮水，冷暖自知"句。唐代裴休《黄檗山断际禅师传心法要》："明于言下忽然默契，便礼拜云：'如人饮水，冷暖自知，某甲在五祖会中，枉用三十年功夫。'"《景德传灯录》四袁州道明禅师："师曰：'某甲虽在黄梅随众，实未省自己面目。今蒙指受入处，如人饮水，冷暖自知，行者即是某甲师也。'""某甲"是他自称。也作"如鱼饮水，冷暖自知"。

〔4〕不足为外人道也：晋代陶渊明《桃花源记》："此中人语云：'不足为外人道也。'"

致胡乔木

一九五九年九月十三日

乔木同志：

沫若同志两信都读，给了我启发。两诗又改了一点字句，请再送陈沫若一观，请他再予审改，以其意见告我为盼！

毛泽东

九月十三日早上

"霸主"指蒋介石。这一联写那个时期的阶级斗争。通首写三十二年的历史。

【注释】

〔1〕这封信见于《毛泽东书信选集》、《建国以来毛泽东文稿》第八册，注明"有手稿"。手书见于《毛泽东书信手迹选》。 胡乔木(1912—1992)：见《六州歌头·改胡乔木〈国庆〉》注。

〔2〕沫若：即郭沫若，见《七律·和郭沫若同志》注。

〔3〕两诗：指毛泽东 1959 年 6 月写的《七律·到韶山》和同年 7 月写的《七律·登庐山》。

〔4〕霸主：见毛泽东《七律·到韶山》一诗中的"红旗卷起农奴戟，黑手高悬霸主鞭"句。

致胡乔木（1959年9月13日）

郭沫若致胡乔木

一九五九年九月九日

胡乔木同志：

主席诗《登庐山》第二句"欲上逶迤"四字,读起来似有踟蹰不进之感。拟易为"坦道蜿蜒",不识如何。

敬礼!

郭沫若

九、九

【注释】

〔1〕这封信见中国郭沫若研究学会《郭沫若研究》1985年第一辑。 郭沫若:见《七律·和郭沫若同志》注。 胡乔木:见《六州歌头·致胡乔木〈国庆〉》注。

郭沫若致胡乔木

一九五九年九月十日

乔木同志：

　　主席诗"热风吹雨洒南天"句，我也仔细反复吟味了多遍，觉得和上句"冷眼向洋观世界"不大谐协。如改为"热情挥雨洒山川"以表示大跃进，似较鲜明，不识如何。古有成语，曰"挥汗成雨"。

　　顺致

敬礼！

郭沫若

九、十

【注释】

〔1〕这封信见中国郭沫若研究学会《郭沫若研究》1985 年第 1 辑。　郭沫若：见《七律·和郭沫若同志》注。　胡乔木(1912—1992)：见《六州歌头·致胡乔木〈国庆〉》注。

〔2〕主席诗：指《七律·登庐山》。

致钟学坤

一九五九年十二月二十九日

学坤同志：

信收到了，谢谢你。九派，湘、鄂、赣三省的九条大河。究竟哪九条，其说不一，不必深究。三吴，古称苏州为东吴，常州为中吴，湖州为西吴。我甚好，谢谢你的关心。你的工作和学习如何？尽心工作，业余学习，真正钻进去，学一点真才实学，为人民服务。是为至盼！

毛泽东

十二月廿九日

【注释】

〔1〕这封信发表于《毛泽东书信选集》、《建国以来毛泽东文稿》第八册。手书见《毛泽东书信手迹选》。 钟学坤：毛泽东写这封信时，钟是庐山疗养院护士。1959年中共中央召开庐山会议期间，她曾在毛泽东处做保健工作。

〔2〕信收到：指钟学坤1959年9月下旬给毛泽东的信，钟信中向毛泽东请教如何理解《七律·登庐山》一诗等问题。

〔3〕九派、三吴：见毛泽东《七律·登庐山》一诗中的"云横九派浮黄鹤，浪下三吴起白烟"两句。

致钟学坤（1959年12月29日）

致周世钊

一九六一年十二月二十六日

世钊同志：

惠书收到，迟复为歉。很赞成你的意见。你努力奋斗吧。我甚好，无病，堪以告慰。"秋风万里芙蓉国，暮雨朝云薛荔村"。"西南云气来衡岳，日夜江声下洞庭。"同志，你处在这样的环境中，岂不妙哉？

毛泽东

一九六一年十二月廿六日

【注释】

〔1〕这封信见于《毛泽东书信选集》、《建国以来毛泽东文稿》第九册。手书见于《毛泽东手书选集》。 周世钊（1897—1976）：见《七律·和周世钊同志》注。

〔2〕秋风万里芙蓉国，暮雨朝云薛荔村：见谭用之《秋宿湘江遇雨》（《全唐诗》卷七百六十四），下句原为"暮雨千家薛荔村"。

〔3〕西南云气来衡岳，日夜江声下洞庭：这是湖南长沙岳麓山云麓宫望湘亭上一副对联，摘自清末诗人黄道让的七律《重登岳麓》（《雪竹楼诗稿》卷六），上句原为"西南云气开衡岳"。

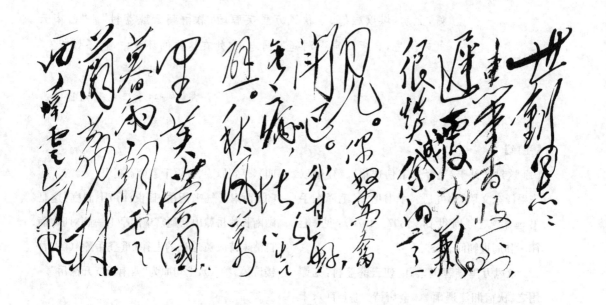

致周世钊（1961年12月26日）

致周世钊（1961年12月26日）

毛泽东论诗词、楹联

分　　论

胡乔木致石西民

西民同志：

在沪时曾问起"芙蓉国"的意义，现查《北京晚报》一月二十六日有一篇答复，节录其意如下：

《佩文韵府》人声部"芙蓉国"条下只引明高启诗"芙蓉泽国临漫雨，禾秀田畴掩冉风"（此诗未查出处，似非指湖南）。但《全唐诗》第七六四卷唐末诗人谭用之《秋宿湘江遇雨》："江上阴云锁梦魂，江边深夜舞刘琨，秋风万里芙蓉国，暮雨千家薜荔村。乡思不堪悲橘柚，旅游谁肯重王孙？渔人相见不相问，长笛一声归岛门。"芙蓉有两义，一指荷花，一指木芙蓉，二说均可通，因木芙蓉据本草亦称出自鼎州，即今湖南常德。

总之，"芙蓉国"即指湖南，作者用典亦出谭用之诗句。全诗是写湖南的大跃进（前五句是写景，但二、四、五句也是暗示，后三句点出主题，长岛即长沙，长沙附近湘江中有一长岛，至今仍在，亦即以得名），与日本毫无关系。

另请代告丕显同志：上海和华东的话剧在北京演出很成功，群众和绝大多数专家都表示满意。文化部和剧协前此对华东会演重视不足，态度不端，现在正在认真检查。遗憾的是中央领导同导同志因忙于中罗会谈，未能观看，这是美中不足的一点。

在沪多承关照，特此志谢。

敬礼

胡乔木

一九六四年三月十三日

〔1〕这封信见于《胡乔木谈文学艺术》、《胡乔木书信集》。

〔2〕西民:即石西民(1912—1987),浙江浦江人,时任中共上海市委宣传部部长。

〔3〕芙蓉国:指毛泽东1961年所作《七律·答友人》中"芙蓉国里尽朝晖"的"芙蓉国"。

〔4〕丕显:即陈丕显(1916—1995),福建上杭人,时任中共上海市委书记处书记。

〔5〕上海和华东的话剧在北京演出:1964年3月,上海人民艺术剧院话剧二团和山东省话剧团在北京演出话剧《一家人》、《激流勇进》、《丰收之后》等。

〔6〕中罗会谈:指1964年3月3日至13日在北京举行的中国与罗马尼亚的两党会谈。

胡乔木致中国外文出版发行事业局负责同志

一九七七年四月二十九日

外文出版事业局负责同志：

四月廿五日信收到。(1)袁水拍的证言我看是可靠的，没有理由怀疑他在一九六三年就说谎。(2)按照我自己的理解，也认为是云从容而非松从容。飞渡才有仍从容的问题，松并不因云之飞渡而飞渡或发生其他动态，故没有仍从容的问题。(3)乱云本是自然界的存在，诗人和读者固可因而发生这样那样的联想，但实在没有在解释时尤其在注释时指实它究竟代表着什么力量甚至什么人的必要。诗一旦变成了谜语，诗也就死亡了。乱云既是飞渡仍从容的主语，诗人当然是对它抱着欣赏而不是厌恶的态度。全诗是写仙人洞的无限风光，如果这风光不包括乱云而只剩下一棵青松，怎能归结到无限呢？以上是我个人的一点看法，仅供参考。

　　敬礼

胡乔木

四月廿九日

【注释】

〔1〕胡乔木的这封信公开披露于徐涛编著的《毛泽东诗词全编》(湖北教育出版社，1993年11月版)。这封信的写作的背景是：毛泽东1961年9月创作的诗《七绝·为李进同志题所摄庐山仙人洞照》中有两句："暮色苍茫看劲松，乱云飞渡仍从容。"自从诗一发表，对于是"松从容"还是"云从容"的问题，就有不同的理解。有人认为，就诗的意境看，应该是在"乱云飞渡"的环境之中，"劲松"傲然挺立的意态。1964年1月，当时参与毛泽东诗词英译工作的袁水拍，曾把英译定稿小组人员在翻译中的疑难词句请示毛泽东，其中一个问题即是关于云从容还是松从容的问题。据袁事后传达说：毛泽东当时口头答复，是云从容，不是松从容(1964年初，袁曾书面整理了毛泽东口头解释的要点)。时间过去了十年，很多注家仍不认

同"云从容"说法,在诗注中仍沿用"松从容"的旧说。于是,袁水拍疑云又起。1974 年 10 月,正在重新恢复毛泽东诗词英译工作的袁水拍,在写给江青的一封信中,顺便又提到了这件事,说当时虽经主席面示是"云从容",但无法确定,希望再次得到明确答复。当时已不能直接接触毛泽东的江青不敢贸然回答,当即通过主席面告或请小张(张玉凤)告诉她。毛泽东圈阅了这封信。张玉凤在复江青的信中肯定地说,毛泽东说是"云从容,他喜欢乱云"(参见《党史文汇》1999 年第 1 期孙东升文章《是云从容,不是松从容》)。后来,袁水拍曾给武汉师范学院中文系《毛主席诗词解说》编写组写信,指出注释"乱云"的不准确。"文革"结束以后,袁水拍因在"文革"后期所犯的错误而受到批判,一些人对袁传出的"云从容"一说再次产生了怀疑。1977 年 4 月,外文出版发行事业局为袁水拍所说"云从容"一事,写信征求胡乔木的意见。胡乔木在这封复信谈了他的理解和看法。

致康生

一九六二年一月十二日

康生同志:

　　八日惠书收到,极高兴。请告郭沫若同志,他的和诗好,不要"千刀当剐唐僧肉"了,对中间派采取了统一战线政策,这就好了。

　　近作《咏梅》词一首,是反修正主义的,寄上请一阅。并请送沫若一阅。外附陆游《咏梅》词一首。末尾的说明是我作的,我想是这样的。究竟此词何年所作,主题是什么,尚有待于考证。我不过望文生义说几句罢了。

　　请代问郭老好!

毛泽东

一九六二年一月十二日

【注释】

〔1〕这封信见于《建国以来毛泽东文稿》第十册(中央文献出版社,1996 年 8 月出版)。注明"根据手稿刊印"。　康生:当时任中共中央政治局候补委员、中央文教小组副组长。

〔2〕郭沫若:当时任全国人大常委会副委员长、中国科学院院长。

〔3〕他的和诗:指郭沫若 1962 年 1 月 6 日在广州作的七律:"赖有晴空霹雳雷,不教白骨聚成堆。九天四海澄迷雾,八十一番殪大灾。僧受折磨知悔恨,猪期振奋报涓埃。金睛火眼无容赦,哪怕妖精亿度来!"这是他读了毛泽东 1961 年 11 月 7 日作的《七律·和郭沫若同志》后写的。

致田家英

一九六一年十一月六日

田家英同志：

　　请找宋人林逋（和靖）的诗文集给我为盼，如能在本日下午找到，则更好。

毛泽东

十一月六日上午六时

【注释】

〔1〕这封信见董边、镡德山、曾自编《毛泽东和他的秘书田家英》（中央文献出版社，1989年12月第1版）。　田家英：当时任毛泽东的秘书。

〔2〕林逋（967—1028）：字君复，钱塘（今浙江杭州）人。北宋诗人。隐居西湖孤山，终身不仕、不娶，赏梅养鹤，人称梅妻鹤子。卒谥和靖先生。有《林和靖集》。

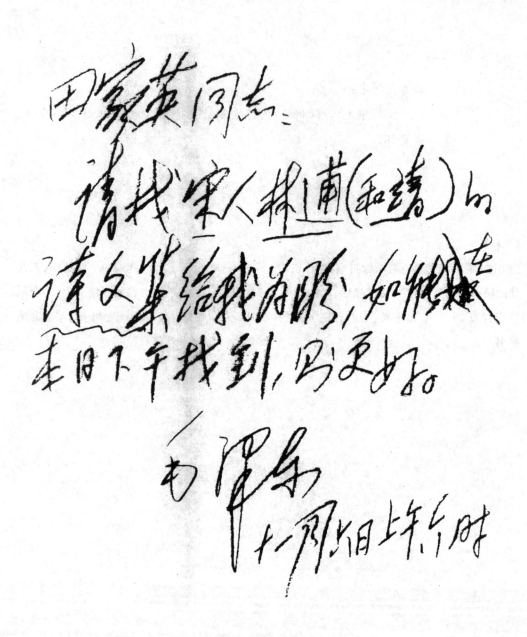

田家英同志：

请找宋人林逋（和靖）的诗文集给我为盼，如能在本日下午找到，当更好。

毛泽东
十一月六日上午六时

致田家英（1961年11月6日）

致田家英

一九六一年十一月六日

田家英同志：

　　有一首七言律诗，其中两句是：雪满山中高士卧，月明林下美人来，是咏梅的，请找出全诗八句给我，能于今日下午交来则最好。何时何人写的，记不起来，似是林逋的，但查林集没有，请你再查一下。

毛泽东

十一月六日上午八时半

【注释】

〔1〕这封信见于董边、谭德山、曾自编《毛泽东和他的秘书田家英》(中央文献出版社，1989年12月第1版)。

〔2〕有一首七言律诗：指明代高启《梅花》九首的第一首，全诗为："琼姿只合在瑶台，谁向江南处处栽。雪满山中高士卧，月明林下美人来。寒依疏影萧萧竹，春掩残香漠漠苔。自去何郎无好咏，东风愁寂几回开。"　高启(1336—1374)，明初诗人，字季迪，号槎轩，又号青丘子，长洲(今江苏苏州)人。少有诗名，与杨基、张羽、徐贲号称"吴中四杰"。明太祖洪武二年(1369年)召修《元史》，授翰林院国史编修。书成，擢户部右侍郎，固辞不就。退

隐青丘，授徒自给。苏州知州魏观颇器重之。洪武七年，魏观在原张士诚宫殿旧址重建郡衙，为人告发，高所作《上梁文》中有"龙蟠虎踞"之句，明太祖盛怒之下，将其腰斩。年仅三十九岁。不久，此案平反。有《高青丘集》。

毛泽东查明这首诗及作者后，当天就以草书写了全诗，并在诗前写道："高启　字季迪，明朝最伟大的诗人。"

〔3〕雪满山中高士卧，月明林下美人来：上句用汉代高士袁安大雪满山，静卧家中，不肯向权贵折腰的典故，下句用隋代赵师雄在罗浮山中月下遇到一位淡妆的美人和他对饮，而酒醒后眼前只有皎洁的梅花的典故。

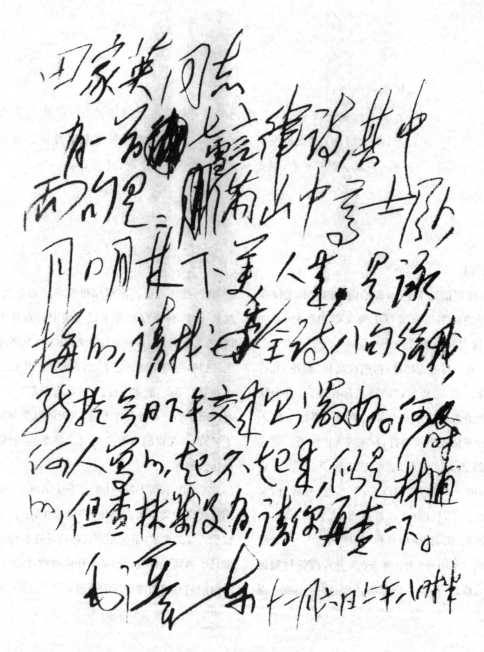

致田家英（1961年11月6日）

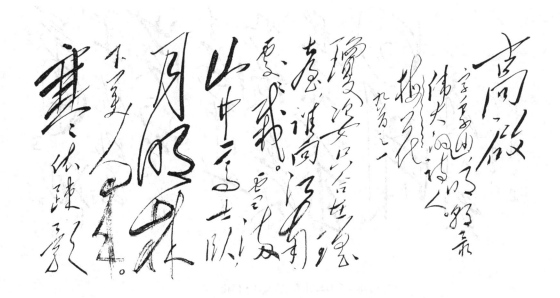

毛泽东手书高启《七律九首·梅花》之一

毛泽东手书高启《七律九首·梅花》之一

致田家英

一九六一年十一月六日

家英同志：

又记起来，是否清人高士奇的。前四句是：琼枝只合在瑶台，谁向江南到处栽。雪里山中高士卧，月明林下美人来。下四句忘了。请问一下文史馆老先生，便知。

毛泽东

六日八时

【注释】

〔1〕这封信见于董边、镡德山、曾自编《毛泽东和他的秘书田家英》（中央文献出版社，1989年12月第1版）。

〔2〕八时：从内容看，这封信当在前封信之后，故"八时"恐有误。

〔3〕高士奇（1644—1703）：字澹人，号江村，钱塘（今浙江杭州）人。清初诗人。曾任詹事府少詹事、礼部侍郎等。能诗，善书法。有《清吟堂集》等著作。

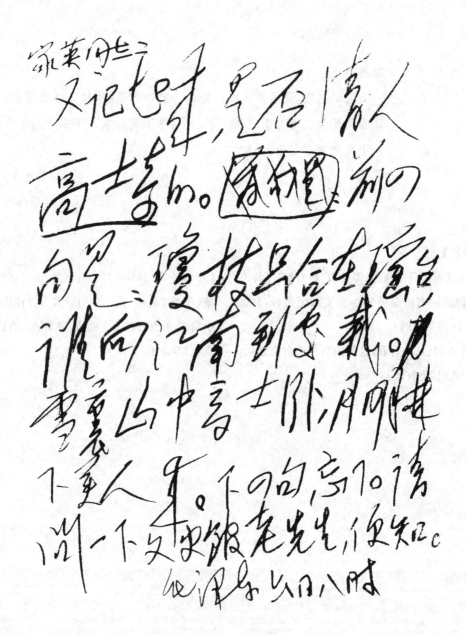

致田家英（1961年11月6日）

《冬云》诗一首及致林克

一九六二年十二月二十六日

一

冬云诗一首

雪压冬云白絮飞,万花纷谢一时稀。

高天滚滚寒流泄,大地微微暖气吹。

独有英雄驱虎豹,更无豪杰怕熊罴。

梅花欢喜漫天雪,冻死苍蝇未足奇。

二

林克同志:

请将诗一首付印,于今天下午印成 50 份,于下午六时前交我为盼。

毛泽东

二十六日晨七时

【注释】

〔1〕本篇见于《建国以来毛泽东文稿》第十册(中央文献出版社,1996 年 8 月版)。 林克:当时任毛泽东办公室秘书。 一:冬云诗一首:注明"根据中央档案馆保存的原件刊印。"

二:毛泽东致林克的信注明"根据手稿刊印"。

〔2〕高天滚滚寒流泄:人民文学出版社 1963 年 12 月出版的《毛主席诗词》中发表时,改为"高天滚滚寒流急"。

书赠周恩来《满江红·和郭沫若》

一九六三年一月九日

书赠恩来同志

一九六三年一月九日

郭词见于一月一日《光明日报》。

满江红　和郭沫若

毛泽东

小小寰球，有几个苍蝇碰壁。嗡嗡叫，几声凄厉，几声抽泣。欲学鲲鹏无大翼，蚍蜉撼树谈何易。正西风落叶下长安，飞鸣镝。

千万事，从来急；天地转，光阴迫。一万年太久，只争朝夕。革命精神翻四海，工农踊跃抽长戟。要扫除一切害人虫，全无敌。

【注释】

〔1〕本篇见于《建国以来毛泽东文稿》第十册（中央文献出版社，1996 年 8 月版）。注明"根据手稿刊印"。

〔2〕《满江红·和郭沫若》：这首词后来发表时作了一些修改。人民文学出版社 1963 年 12 月出版的《毛主席诗词》中，这首词的全文："小小寰球，有几个苍蝇碰壁。嗡嗡叫，几声凄厉，几声抽泣。蚂蚁缘槐夸大国，蚍蜉撼树谈何易。正西风落叶下长安，飞鸣镝。　多少事，从来急；天地转，光阴迫。一万年太久，只争朝夕。四海翻腾云水怒，五洲震荡风雷激。要扫除一切害人虫，全无敌。"见本书《满江红·和郭沫若同志》。

〔3〕郭词：指 1963 年 1 月 1 日《光明日报》发表的郭沫若《满江红·一九六三年元旦书怀》，见本书《满江红·和郭沫若同志》。

林克致臧克家

一九六三年三月二十日

克家同志：

　　主席嘱将他这首《满江红》词送诗刊发表。词内用了三个典即："蚂蚁缘槐夸大国"、"蚍蜉撼树谈何易"、"正西风落叶下长安"。请诗刊作注后，再送主席阅。主席词发表时请附郭老原词。

　　　　致

敬礼！

　　　　　　　　　　　　　　　　　　林克

　　　　　　　　　　　　　　　　一九六三、三、二十

【注释】

〔1〕这封信见于《党的文献》1996年第1期。这是关于发表《满江红·和郭沫若同志》词，毛泽东嘱林克致臧克家的信。林克：当时任毛泽东办公室秘书。

毛泽东论诗词、楹联

分　　论

邓颖超致中共中央办公厅

一九七七年一月二十二日

中央办公厅：

  我们敬爱的伟大领袖和导师毛主席一九六三年一月九日书赠周恩来同志《满江红·和郭沫若》词一首，这首词是未发表前书赠的，发表时将"欲学鲲鹏无大翼"改为"蚂蚁缘槐夸大国"；"千万事"改为"多少事"；"革命精神翻四海，工农踊跃抽长戟"改为"四海翻腾云水怒，五洲震荡风雷激"。

  毛主席一九六五年九月二十五日批送给我两首词《水调歌头》和《念奴娇》（铅印的词），去年元旦发表时亦有修改。

  现将毛主席书赠周恩来同志的《满江红·和郭沫若》词的手稿和批送给我的两首词的手稿送上，请查收。

  毛主席书赠周恩来同志的一首词，和批送给我的两首词，都是初稿，但应按中央决定征集上交。不知初稿给不给复制件，不过我希望能得到复制件，留作珍贵的纪念。如何，请酌。

邓颖超

一九七七年一月廿二日

【注释】

〔1〕这封信见于《党的文献》1996 年第 1 期。 邓颖超：见《致邓颖超（1965 年 9 月 25 日）》注。

致邓颖超并附《词二首》

一九六五年九月二十五日

邓大姐：

　　自从你压迫我写诗以后，没有办法，只得从命，花了两夜未睡，写了两首词。改了几次，还未改好，现在送上请教。如有不妥，请予痛改为盼！

毛泽东

九月廿五日

词二首

毛泽东

水调歌头

一九六五年五月

　　久有凌云志，重上井冈山。千里来寻故地，早已变新颜。到处莺歌燕舞，更有潺潺流水，高路入云端。过了黄洋界，险处不须看。

风雷动，旌旗奋，是人寰。三十八年过去，弹指一挥间。可上九天揽月，可下五洋捉鳖，谈笑凯歌还。世上无难事，只要肯登攀。

念奴娇

一九六五年五月

　　鲲鹏展翅，九万里翻动扶摇羊角。背负青天朝下看，都是人间城郭。炮火连天，弹痕遍地，吓倒蓬间雀。怎么得了，哎呀我要飞跃。

　　借问你去何方，雀儿答道，有仙山琼阁。不见前年秋月朗，订了三家条约。还有吃的，土豆烧熟了，再添牛肉。不须放屁，试看天地翻覆。

【注释】

〔1〕本篇见于《建国以来毛泽东文稿》第十一册（中央文献出版社，1996年8月第1版）。注明"根据手稿刊印"。致邓颖超的信又见于《毛

泽东书信选集》。毛泽东手书见于《毛泽东手书选集》。　邓颖超（1904—1992）：原籍河南光山。生于广西南宁。1919年在天津参加领

导五四运动和参与组织天津女界爱国同志会，并与周恩来、郭隆真等组织觉悟社。1924年加入中国共产主义青年团。1925年转入中国共产党。同年与周恩来结婚。1926年当选为国民党候补中央执行委员。大革命失败后，任中共中央妇委书记。1932年到江西中央革命根据地。1933年后，任中共苏区中央局秘书长。1934参加长征。抗日战争时期，在武汉、重庆从事抗日民族统一战线工作。1945年任中共中央妇委副书记。1946年后任中央妇委代理书记。建国后，任全国妇联副主席、全国人大常委会副委员长、中央政治局委员、中纪委第二书记。1992年在北京逝世。毛泽东写这封信时，邓任中共中央委员、全国人大常委会委员、全国妇联副主席。

〔2〕写了两首词：指本篇所附毛泽东1965年5月写的《水调歌头·重上井冈山》和《念奴娇·鸟儿问答》。

〔3〕词二首：这两首词1976年在《诗刊》一月号公开发表时有所修改，见本书《水调歌头·重上井冈山》和《念奴娇·鸟儿问答》。

邓颖超跋

一九七六年十月

　　一九六五年夏毛主席接见女外宾时,我作为陪见人,曾问主席是否作有新的诗词? 我说很久未读到主席的新作品,很希望能读到主席的新作品。故在主席批送他的词二首的批语中用"压迫"二字。

　　这两首词,在今年正式发表,有几处主席作了核改。

邓颖超注

一九七六年十月

【注释】

〔1〕这篇跋手书见于《毛泽东手书选集》。　　　邓颖超:见《致邓颖超并附〈词二首〉》注。

胡乔木致郭沫若

一九六五年七月二十四日

郭老：

二十三日信收到。不宜改动过多和争取早日发表的意思很对。其他意见也很好。因康老原也嘱先将意见报告主席，争取早日发表，故今早已将郭老建议函送主席处。"飞跃"原是康老提出，我把他和您的看法都告诉主席了。另外还附加了一些个别意见，一并供主席参考。

敬礼

胡乔木

七月二十四日

【注释】

〔1〕这封信见于《胡乔木书信集》，注明"根据胡乔木手稿排印"。1965年5月毛泽东填了《水调歌头·重上井冈山》的词，不久紧接着填了《念奴娇·鸟儿问答》的词。这两首词的初稿经胡乔木之手给了郭沫若，征求他的意见。郭在7月23日给胡回信，内中说："词两首，以后忙着别的事，不曾再考虑。我觉得不宜改动过多，宜争取早日发表。""'飞跃'我觉得可不改，因为是麻雀吹牛。如换为'逃脱'，倒显得麻雀十分老实了。"（郭信可参见《党的文献》

1993年第6期徐及之文《毛泽东与胡乔木的诗词交往》，及北京出版社1998年2月出版的季国平著《毛泽东与郭沫若》）胡在收到郭信的第2天（7月24日），即给郭写了信。

〔2〕"飞跃"原是康老提出：康老，指康生。毛泽东《念奴娇·鸟儿问答》一词中，有"怎么得了，哎呀我要飞跃"句，康生提出可将"飞跃"一词换为"逃脱"，郭沫若不赞成这一修改意见。也许郭并不知道提出建议改"飞跃"一词的人是谁，故胡乔木在信中指明了康生。

致周世钊

一九五五年十月四日

惇元兄:

　　惠书早已收读,迟复为歉。承录示程颂万遗作,甚感,并请向曹子谷先生致谢意。校额诸件待暇当为一书,近日尚未能从事于此。读大作各首甚有兴趣,奉和一律,尚祈指政。春江浩荡暂徘徊,又踏层峰望眼开。风起绿洲吹浪去,雨从青野上山来。尊前谈笑人依旧,域外鸡虫事可哀。莫叹韶华容易逝,卅年仍到赫曦台。

　　顺问

近佳

毛泽东

一九五五年十月四日

【注释】

〔1〕这封信见于《毛泽东书信选集》、《建国以来毛泽东文稿》第五册,注明"根据手稿刊印"。手书见于《学习与研究》1983年第12期和同年12月26日《湖南日报》。　周世钊:见《七律·和周世钊同志》注。

〔2〕程颂万(1865—1932):湖南宁乡人。字子大,一字鹿川,号十发居士。少时露文才,善应对,喜研词章,为张之洞、张伯熙所倚重。曾创办广艺兴公司、造纸厂等。善书法,长于篆、隶、楷。著有《程典》等。

〔3〕曹子谷:即曹籽谷(1876—1960),名典球,湖南长沙人。建国前担任过湖南省教育厅厅长、湖南大学校长。建国后,曾任湖南省政协常委、湖南省文史研究馆副馆长。

〔4〕赫曦台:是湖南长沙岳麓书院的附属建筑之一。

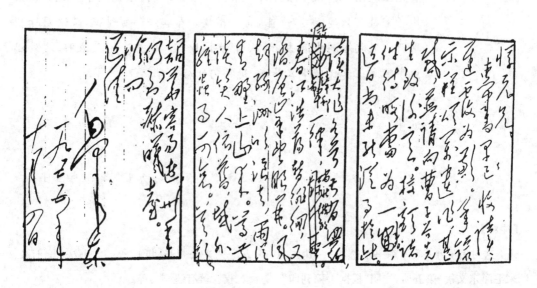

致周世钊（1955年10月4日）

致《东海》编辑部

一九五七年二月十五日

编辑部同志们:

　　记不起了,似乎不像。拉(腊)子口是林彪同志指挥打的,我亦在前线,不会用这种方法打电报的。那几句不宜发表。《东海》收到,甚谢!

毛泽东

一九五七年二月十五日

【注释】

〔1〕这是关于《六言诗·给彭德怀同志》致《东海》编辑部的信。最早发表于《建国以来毛泽东文稿》第六册,注明"根据手稿刊印"。1957年2月6日,《东海》文艺月刊编辑部寄来读者抄录的说是毛泽东在长征途中为庆贺彭德怀率兵攻取腊子口写的一份电报:"山高路远坑深,大军纵横驰奔,谁敢横刀立马? 唯我彭大将军!"他们请毛泽东校阅并准予在《东海》月刊上发表。毛泽东看后于2月15日写了这封回信。由于事隔二十多年,加之来信把写诗的地点、背景弄错了,毛泽东回忆不起这首诗来,未同意发表。据彭德怀回忆,这首诗是毛泽东在红军到达陕北吴起镇时击败追敌骑兵后写给他的,他把诗的末句改为"唯我英勇红军"后将原诗送还了毛泽东。(见《彭德怀自述》,第206—207页)这首诗最早发表在《解放军文艺》1957年4月号上。1986年9月收入《毛泽东诗词选》副编。

致湘生

一九一五年六月二十五日

湘生足下：

  初一日接君书，今二十五日矣，未作复者，吾夏假住处未定也。前友人招往浏阳，继吾不欲往，寓省城又无钱，故止有回家一法。学校试验今日完，吾于课程荒甚。从前拿错主意，为学无头序，而于学堂科学，尤厌其繁碎。今闻于师友，且齿已长，而识稍进，于是决定为学之道，先博而后约，先中而后西，先普通而后专门。质之吾兄，以为何如？前者已矣，今日为始。昔吾好独立蹊径，今乃知其非。学校分数奖励之虚荣，尤所鄙弃，今乃知其不是。尝见曾文正家书有云：吾阅性理书时，又好作文章，作文章时，又参以他务。以致百不一成。此言岂非金玉！吾今日舍治科学，求分数，尚有何事？别人或谓退化，吾自谓进化也。阅足下所定课程及为学之功，使愧慑无地。不知足下之意，学校与自修果已定否？看君欲学英文、数学，又似预备进学校。如言自修，吾举两人闻君。其一康有为。康尝言：吾四十岁以前，学遍中国学问；四十年以后，又吸收西国学问之精华。其一梁启超。梁固早慧，观其自述，亦是先业词章，后治各科。盖文学为百学之原，吾前言诗赋无用，实失言也。足下有志于此乎？来日之中国，艰难百倍于昔，非有奇杰不足言救济，足下幸无暴弃。同学陈子，有志之士，馀不多见。屠沽贾衒之中，必有非常之人，盍留意焉！人非圣贤，不能孑然有所成就，亲师而外，取友为急，以为然乎？读君诗，调高意厚，非我所能。同学易昌陶君病死，君工书善文，与弟甚厚，死殊可惜。校中追悼，吾挽以诗，乞为斧正。去去思君深，思君君不来；愁杀芳年友，悲叹有余哀。衡阳雁声彻，湘滨春溜回；感物念所欢，踯躅南城隈。城隈草萋萋，涔泪侵双题；采采余孤景，日落衡云西。方期沆漭游，零落匪所思；永诀从今始，午夜惊鸣鸡。鸣鸡一声唱，汗漫东皋上，冉冉望君来，握手珠眶涨。关山寒骥足，飞飙拂灵帐；我怀郁如焚，放歌倚列嶂。列嶂青且茜，愿言试长剑；东海有岛夷，北山尽仇怨。荡涤谁氏子，安得辞浮贱；子期竟早亡，牙琴从此绝。琴绝最伤情，朱华春不荣；后来有千日，谁与共平生？望灵荐杯酒，惨淡看铭旌；惆怅中何寄，江天水一泓。郑某处书三本，信一函，今寄来。油纸三十张，钱三百，款小路远，不必汇寄。训学生词一纸，保命丸一纸，可阅也。足下读书有得，望函以见告。余容后呈，敬请课安！

又《明耻篇》一本，本校辑发，于中日交涉，颇得其概，阅之终篇，亦可得新知于万一也。

泽东顿首

六月廿五日

复启者，适得高等师范信，下期设招文史两科，皆为矫近时学绝道丧之弊。其制大要与书院相似，重自习，不数上讲堂，真研古好处也。吴校长，即作训学生辞者，教习闻皆一时名宿。阅其招学通告，固自与他〔校〕不同，吾意与足下宗旨相合，可来考乎？寄上通告一纸，伏乞详詧〔察〕。

泽东又及

【注释】

〔1〕这封信见于《毛泽东早期文稿》。注明"根据手稿刊印"。手书见《书家毛泽东》，有小部分残缺。湘生：情况不详。此信无写作年份，信中所提《明耻篇》系 1915 年夏刊印，而易昌陶的追悼会亦系同年 5 月 23 日举行的。据此，此信当写于 1915 年。

〔2〕曾文正：即曾国藩(1811—1872)，字涤生。湖南湘乡人。清末湘军首领。道光进士。1853 年为镇压太平天国革命，以吏部侍郎身份在湖南办团练，后扩编为湘军。1865 年调任钦差大臣，对捻军作战，战败去职。与李鸿章、左宗棠创办江南制造局等军事工业。有

《曾文正公全集》行世。文中提到的"曾文正家书"，俱收录其中。

〔3〕曾文正家书有云：吾阅性理书时，又好作文章，作文章时，又参以他务，以致百不一成：语见曾国藩咸丰七年(1857 年)十二月十四日《致沅弟》信。原文为："读性理书时，则杂以诗文各集，以歧其趋。在六部时，又不甚实力讲求公事，在外带兵，又不能竭力专治军事，或读书写字以乱其志意。坐是垂老而百无一成。"

〔4〕康有为(1858—1927)：名祖治，字广厦，号长素，又号更生，广东南海人，人称康南海。1895 年中国在甲午战争中被日本打败后，他

联合 1300 多名在北京参加科举考试的举人联名向光绪皇帝上"万言书",要求变法维新,主张改君主专制制度为君主立宪制度。维新运动失败后,逃亡海外,组织保皇会,和孙中山所代表的革命派相对立。他的著作有《新学伪经考》、《孔子改制考》、《大同书》、《康南海先生诗集》等。

〔5〕梁启超(1873—1929):字卓如,号任公,别号沧江,又号饮冰室主人。广东新会人。戊戌维新运动的重要活动家,后逃亡日本,曾创办《清议报》、《新民丛报》,鼓吹立宪保皇,与资产阶级革命派相对立,但他介绍西方资产阶级社会政治学说,对当时知识界有较大影响。五四运动后批判封建文化,提倡民主与科学,为文

流利畅达,为学界推重。他的著作内容宏富,涉及极广,后人编为《饮冰室合集》)。

〔6〕陈子:指陈昌(1894—1930),字章甫,湖南浏阳人。新民学会会员。中共党员。湖南省立第一师范学校学生,与毛泽东同学。1915 年毕业后,任长沙县五美小学教师。1917 年在一师附小任教。后从事工人运动,1926 年任水口山铅锌矿工会主任。1927 年大革命失败后,继续坚持斗争。1929 年去上海,被派往湘西贺龙部工作,途经澧县时被捕,1930 年在长沙就义。

〔7〕易昌陶:见《五古·挽易昌陶》注。

〔8〕《明耻篇》:见《四言诗·题〈明耻篇〉》注。

致湘生（1915年6月25日）

致湘生（1915年6月25日）

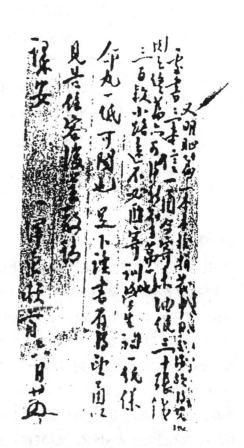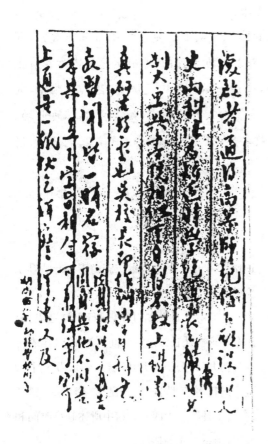

致湘生（1915年6月25日）

毛泽东论诗词、楹联

1 2 3 9

分　论

致文玉瑞、文玉钦

一九一八年八月

七、八二位舅父大人座下：

前在府上拜别，到省忽又数日。定于初七日开船赴京，同行有十二三人。此行专以游历为目的，非有他意。家母在府上久住，并承照料疾病，感激不尽。乡中良医少，恐久病难治，故前有接同下省之议。今特请人开来一方，如法诊治，谅可收功。如尚不愈之时，到秋收之后，拟由润连护送来省，望二位大人助其成行也。

甥叩

【注释】

〔1〕这封信见于《毛泽东早期文稿》。手书见于李湘文编著《毛泽东家世（增订本）》（人民出版社，1996年11月第2版）。 文玉瑞（1853—1920）：湖南湘乡人，毛泽东的大舅父和干爹。文玉瑞在同族兄弟中排行第七，故毛泽东称他七舅父。 文玉钦（1859—1929）：湖南湘乡人，毛泽东的二舅父。在同族兄弟中排行第八，故毛泽东称他八舅父。见《刘霖生先生代毛泽东撰挽八舅母文赵氏联》注。 此信无写作时间。根据信中所提"定于初七日开船赴京，同行有十二三人"一事，此信当写于1918年8月毛泽东为组织湖南青年赴法勤工俭学去北京之前。

〔2〕定于初七日开船赴京，同行十二三人：毛泽东等这次从长沙赴京时间实为1918年农历七月初九（即公历8月15日），到京为8月19日。同行者有罗学瓒、张昆弟、李维汉、罗章龙、萧子升等二十四人。信中所述赴京时间和人数，当系事先的估计。

〔3〕润连：即毛泽民。见《四言诗·祭母文》注。

七、八两位舅父大人座下：前在府上叩别，到省忽又数日。定于初七日开船赴京，同行者三人，此行专以游历为目的，非有他意。家母在府上久住，当蒙照料，兹将家母病情略述。病似并不甚重，现虽稍愈，仍望转初愈之时，今将药方寄回，如法诊治，谅可收功。如尚不愈，之后拟由同弟接近省城求医。

以上诸事统祈代为照料。此后尚望二位大人助其成行也。肃叩

致文玉瑞、文玉钦（1918年8月）

毛泽东论诗词、楹联

分　论

致文玉瑞、夫人文赵氏、
文玉钦、夫人文赵氏

一九一九年四月二十八日

七、八两位舅父大人暨舅母大人尊鉴：

甥自去夏拜别，匆匆经年，中间曾有一信问安，知蒙洞鉴，辰维兴居万福，履瞩多亨，为颂为慰。家母久寓尊府，备蒙照拂，至深感激。病状现已有转机，喉蛾十愈七八，疡子尚未见效，来源本甚深远，固非多日不能奏效也。甥在京中北京大学担任职员一席，闻家母病势危重，不得不赶回服侍，于阳〔历〕三月十二号动身，十四号到上海，因事句留二十天，四月六号始由沪到省，亲侍汤药，未尝废离，足纾〔纾〕廑念。肃颂福安！各位表兄表嫂同此问候。

四、五、十舅父大人同此问安，未另。

愚甥　毛泽东禀
四月二十八

【注释】

〔1〕这封信见于《毛泽东早期文稿》。手书见于《毛泽东手书选集》。　文玉瑞、文玉钦：见《致文玉瑞、文玉钦(1918年8月)》注。　文玉瑞的夫人文赵氏(1854—1924)：毛泽东的大舅母和干妈。　文玉钦的夫人文赵氏(1855—1937)：毛泽东的二舅母，详见《刘霖生先生代毛泽东撰挽八舅母文赵氏联》注。

〔2〕在京中北京大学担任职员：毛泽东时在北京大学图书馆任助理员。

〔3〕四舅父：文玉善(1844—1919)。　五舅父：文玉里(1847—1922)。　十舅父：文玉森(1864—1930)。均为毛泽东堂舅，时在家务农。

两位舅父大人暨

两位舅母大人尊鉴 别自去夏拜别 忽忽经

年 中间曾有一信问安 知蒙

回鉴辰维

兴居万福

雁鸭多亨为颂

尊府偕蒙 兄排玉 深感激 病状现已 家母久寓

贵转机候哪十息七八痒子尚未见

劳 未深本甚深远 国终日不能奏效

也 现在京中北京大学担任职员一席

闻 家母病势危重不曾回服侍

于阳 十二号动身 古令到上海因了

向西二十天四月六号始由沪开往省亲侍

阳桑来雪盛滩足妇 虑念肃颂

福安 各位表兄表嫂因此问候

四五舅父大人因此问安未另

恩甥毛泽东禀
昌英

致文玉瑞、夫人文赵氏、文玉钦、夫人文赵氏（1919年4月28日）

致范长江

一九三七年三月二十九日

长江先生：

　　那次很简慢你,对不住得很! 你的文章我们都看过了,深致谢意!

　　寄上谈话一份,祭黄陵文一纸,藉供参考,可能时祈为发布。甚盼时赐教言,匡我不逮。

　　敬颂

撰祺!

　　　　　　　　　　　　　　　弟毛泽东

　　　　　　　　　　　　　三月廿九日廿四时

【注释】

〔1〕这封信见于《毛泽东书信选集》。手书见于《毛泽东书信手迹选》。　范长江(1909—1970):四川内江人,著名新闻工作者。1937年2月曾以《大公报》记者身份到西安和延安采访,毛泽东曾在延安会见过他。

〔2〕你的文章:指范长江访问西安和延安后,在《大公报》上发表的报道西安事变真相和中国共产党抗日主张的新闻通讯。

〔3〕寄上谈话一份:指1937年3月1日毛泽东同美国作家史沫特莱的谈话。这个谈话发表于同年3月29日至4月3日延安《新中华报》,题为《中日问题与西安事变》。　史沫特莱(1890—1950年):美国人。1928年以《法兰克福日报》特派记者身份来中国,报道过江西苏区的革命斗争、西安事变等消息,又曾前往延安,毛泽东会见过他。

〔4〕祭黄陵文一纸:指中华苏维埃共和国中央政府和人民抗日红军准备在1937年4月5日清明节致祭陕西黄帝陵的祭文。此文后来发表于同年4月6日延安《新中华报》上。

长江先生：

　　那次很潦[草]慢你，对知[不]住得很？你们文章我们都有[收]到了，深致谢忱！

　　寄上谈话一份，录奉惠一份，藉供参考，可能作种种[?]用布。甚胁！时炀　致言，匡我不逮，幸甚幸甚！

敬颂
　　撰祺！

毛泽东

三月廿九日于延安

致范长江（1937年3月29日）

致罗光禄

一九五九年十二月三十日

罗秘书：

　　诗一首,今日上午送交到会各同志,每人一张。何伟、浦寿昌及军委来的那个同志(忘其名),也各送一张。共二十一张。

　　另送江青一张。

　　　　　　　　　　　　　　　　　　毛泽东

　　　　　　　　　　　　　　　　　　三十日早晨

【注释】

〔1〕罗光禄:当时任毛泽东的机要秘书。

〔2〕诗一首:据陈晋《文人毛泽东》说,这封信和次日毛泽东致罗光禄的两信中提到的三首诗,"根据推测,只可能是这年底写的几首《读报诗》"。

致罗光禄

一九五九年十二月三十一日

罗光禄同志：

　　两首诗，每首各五份，请于今日分送陈、田、胡、邓、林克五同志，为盼！

　　　　　　　　　　　　　　　　　　　　　　毛泽东

　　　　　　　　　　　　　　　　　　　　　　三十一日早

【注释】

〔1〕罗光禄：见《致罗光禄（1959 年 12 月 30 日）》注。

〔2〕两首诗：见《致罗光禄（1959 年 12 月 30 日）》注。　陈：指陈伯达。　田：指田家英。　胡：指胡乔木。　邓：指邓力群。他们当时都是毛泽东的秘书。

叶剑英《远望》跋

一九七七年一月十日

　　"远望"一诗,为刺责"北极熊"蜕化变修而作,时在一九六四秋。

　　一九七六年十二月廿八日,我收到毛岸青、邵华同志信,信云:

　　"叶伯伯,记得一九六五年元旦前,我们去看望父亲,父亲挥笔写了伯伯的'远望'诗一首,以教育、鼓励我们革命。"

　　随信惠我影印件一份。我特借得原件,请王冶秋同志加工制版,以为永久珍藏的纪念。

叶剑英

一九七七年一月十日

【注释】

〔1〕这篇跋现在所见有两件手迹,文字完全相同。格式略有不同。　叶剑英:见《致陈毅（1965 年 7 月 21 日）》注。

"远望"一诗为刺岳北极盘旋壁发作而作，时在一九六〇年秋。

　　一九七六年十二月廿八日我的儿毛岸青郭华同志信，信云：

　　「叶伯伯记得一九六二年元旦前我们去看望父亲，父亲挥笔写了你的"远望"诗一首以为赠，鼓励我们革命。

　　随信寄我影印件一份我特借回原件请乔怡秋同志加工制版以为永久珍藏的纪念。

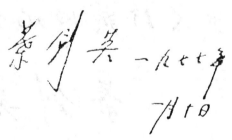

叶剑英 一九七七年
七月十日

叶剑英手书《〈七律·远望〉跋文》（一）

毛泽东论诗词、楹联

分　论

"远望"一诗,为利责北极熊妖化发作而作,时在一九六四年秋。

一九七六年十二月廿八日我收到毛岸青邵华两同志信说:

"叶伯:记得一九六五年元旦前我们去看望父亲,父亲提笔写了你的远望诗一首以教育、激励我们革命。随信寄我影印件一份,我特借此原律诗王冶秋同志加工制版以为永久珍藏的纪念。

叶剑英

一九七七年一月七日

叶剑英手书《〈七律·远望〉跋文》(二)

对胡乔木十六首词的批语、修改

一九六四年十一月二十三日、十二月二日

一

请加斧削。如以为可,请予发表。

二

基本上还适用。

三

万里风云会,只用一戎衣。

四

谁共我,舞倚天长剑,扫此荒唐!

五

杭州及别处,行近郊原,处处与鬼为邻,几百年犹难扫尽。今日仅仅挖了几堆朽骨,便以为问题解决,太轻敌了,且与事实不合,故不宜加上那个说明。至于庙,连一个也未动。

六

情景异今宵,天风挟海潮。

七

不必加注,读者不会误会。

八

魔倒凯歌高,长天风也号。

九

膏肓病重,新汤旧药,怎堪多煮。恨别弓惊,吞声树倒,相呼旧侣。幸良师三径,长蛇封豕,作妖魔舞。

十

乘摇空雪浪,漫天雹雨,指冰山倒!

十一

这只是一点开始而已。

【注释】

〔1〕本篇见于《建国以来毛泽东文稿》第十一册。(一)是毛泽东在中共中央书记处候补书记、中宣部副部长胡乔木1964年10月25日(后改为12月5日)关于请发表几首词给《人民日报》编辑部的信中加写的话。(二)至(十)是毛泽东对胡乔木十六首词的批语和修改。此外,毛泽东还有个别文字上的修改。(十一)是毛泽东在胡乔木12月2日给他的信上写的批语。

〔2〕基本上还适用:这是毛泽东对胡乔木给人民日报编辑部的信中一句话的批语。《建国以来毛泽东文稿》注明"根据毛泽东手稿刊印"。胡乔木的信中说:"内杭州一首,借指文化大革命。但国内至今庙坟尚如此之多,毒害群众,亦觉须加挞伐。令人高兴的是,杭州孤山一带成堆的坟墓,经过广大群众热烈讨论和领导的决定,已经在十二月二日分别情况迁移和平毁,西湖风景区内各种反动的、封建的、迷信的、毫无保存价值的建筑和陈设,也正在有计划地清理和改造。词中的一些话现在对于杭州基本上已经不适用了。"毛泽东针对最后一句写了这个批语。

〔3〕万里风云会,只用一戎衣:这是对胡乔木《水调歌头·国庆夜记事》一词的修改,原文为"万里千斤担,不用一愁眉。"

〔4〕谁共我,舞倚天长剑,扫此荒唐:这是对胡乔木《沁园春·杭州感事》一词的修改,原文为"天共我,舞吼风奇剑,扫汝生光!"《建国以来毛泽东文稿》注明"根据毛泽东手稿刊印"。

〔5〕杭州及别处……连一个也未动:这个批语写在胡乔木《沁园春·杭州感事》一词的旁边。

"不宜加上那个说明"指本篇注胡乔木在信中说的话。《建国以来毛泽东手稿》注明"根据毛泽东手稿刊印"。

〔6〕情景异今宵,天风挟海潮:这是对胡乔木《菩萨蛮·一九六四年十月十六日原子弹爆炸》(其二)的修改,原文为"风景异今宵,长歌意气豪。"本首词题目原为"中国原子弹爆炸",毛泽东将它改为现题。

〔7〕不必加注,读者不会误会:胡乔木在《菩萨蛮·一九六四年十月十六日原子弹爆炸》(其四)"霞旗扬四海,壮志惊千载:愿及雾借亡,消为日月光!"句旁加注说:"这里的'愿及雾借亡',是说我们主张,把我们的核武器和帝国主义的核武器一齐销毁。不能作别的解释。"毛泽东阅后写了这个批注。《建国以来毛泽东文稿》注明"根据毛泽东手稿刊印"。

〔8〕魔倒凯歌高,长天风也号:这是对胡乔木《菩萨蛮·一九六四年十月十六日原子弹爆炸》(其五)的修改,原文为"魔尽凯歌休,濯缨万里流。"

〔9〕膏肓病重……作妖魔舞:这是毛泽东对胡乔木《水龙吟》(其五)的修改,发表时这段又改为:"膏肓病重,新汤旧药,怎堪多煮?恨别弓惊,吞声树倒,相呼旧侣。看后事重蹈,愁城四望,尽红旗舞。"

〔10〕乘摇空雪浪,漫天雹雨,指冰山倒:这是对胡乔木《水龙吟》(其七)的修改,原文为:"乘摇空浪猛,前冲后涌,指冰山倒!"《建国以来毛泽东文稿》注明"根据毛泽东手稿刊印"。

〔11〕这只是一点开始而已:胡乔木12月2日给毛泽东的信中说,沁园春一词在此(指杭州)

曾给林乎加和陈冰看过,后来又把其中提出的意见同霍士廉、曹祥仁谈了,得到了他们的完全同意。省委已决定对西湖风景区进行改造。《浙江日报》已登了十几篇读者来信,要求风景区也要破旧立新,彻底整顿,把所谓苏小小墓等类毒害群众的东西加以清理。这是您多年以前就提出的主张,在现在的社会主义革命新高潮中总算有希望实现了,所以在此顺便报告。毛泽东在这段话旁边,写了这个批语。《建国以来毛泽东文稿》注明"根据毛泽东手稿刊印"。

胡乔木致毛泽东

主席：

　　词稿承您看了，改了，并送《诗刊》（现因停刊改送《人民文学》），这对我是极大的鼓励，非常感激。康生同志告，您说词句有些晦涩，我完全同意，并一定努力改进。三首词结句的修改对我是很大的教育。

　　因为粗心，稿中有一首漏了一句，有一首少抄了两个字。幸同时寄呈郭老，他详细地推敲了，给了我一封长信，除指出以上错漏外，还提了许多修改意见。为了便于您最后改定，我向人民文学社要了清样（结果不知怎的寄来了原稿），想根据郭老的指点先作一番修改。有些觉得两可的，就只注在上面，请您选定。有几处修改要加说明，用纸条贴在稿旁，供您斟酌。此外，我又续写了三首《水龙吟》，重加排次，使这一组词粗具首尾，补足稿中应说而未说的方面，请您审阅。这三首我也另寄郭沫若同志和康生同志了，请他们把修改的意见直接告诉您。

　　《沁园春》一首，在此曾给林乎加同志和陈冰同志看过，后来又把其中提出的意见同霍士廉、曹祥仁两同志说了，得到了他们的完全同意。省委决定对西湖风景区进行改造。《浙江日报》已登了十几篇读者来信，要求风景区也要破旧立新，彻底整顿，把苏小小墓等毒害群众的东西加以清理。这是你多年以前就提出的主张，在现在的社会主义革命新高潮中总算有希望实现了。所以在此顺便报告，并剪附今天的《浙江日报》一纸。此事待有具体结果后再行报告，以便能在北京和其他地方有所响应。

　　敬礼

胡乔木

一九六四年十二月二日

【注释】

〔1〕这是胡乔木在杭州西湖疗养期间收到毛泽东为自己修改的词稿后,向毛泽东表示感谢的一封信。这封信见于胡乔木《书信选辑》(铅印本)、《胡乔木书信集》(人民出版社,1999年9月第1版)。

〔2〕词稿:指胡乔木1964年10月下旬寄请毛泽东阅正的十三首词的未定稿。

〔3〕三首词:指胡乔木《水调歌头·国庆夜记事》、《沁园春·杭州感事》、《菩萨蛮·一九六四年十月十六日原子弹爆炸》(其五)等三首词。

〔4〕有一首漏了一句:指胡乔木《六州歌头·国庆》。

〔5〕有一首少抄了两个字:指胡乔木《沁园春·杭州感事》。

〔6〕给了我一封长信:指《郭沫若致胡乔木(1964年11月20日)》。

〔7〕这一组词:指10月所作十三首词中有《水龙吟》四首,加上11月续写的三首,共七首。

〔8〕《沁园春》一首,……在现在的社会主义新高潮中总算有希望实现了:毛泽东在这段话旁边批注说:"这只是一个开端而已。"

〔9〕林乎加(1916—):山东长岛人,时任中共浙江省委书记处书记。 陈冰(1920—):江苏淮安人,时任中共浙江省委常委兼宣传部长。 霍士廉(1910—1996):山西忻县人,时任中共浙江省委副书记兼浙江省副省长。 曹祥仁(1914—1975):湖北大冶人,时任中共浙江省委书记处书记。

〔10〕省委:指中共浙江省委。

〔11〕苏小小:南齐名妓,其墓在西湖的西泠桥畔。

〔12〕这是你多年以前就提出的主张,在现在的社会主义革命新高潮中总算有希望实现了:毛泽东在此处写批语:"这只是一个开始而已。"

胡乔木致毛泽东

一九六四年十二月二十日

主席：

　　第二次修改稿十九日收到，因清样今早才到，所以回信迟了些。

　　这几首词承您和郭老几次费心修改，去掉很多毛病，增加很多光彩，非常感激。关于不应轻敌的批评，我完全接受，那段话去了很好。

　　在清样上作了一些细小的文字更动，除校正原稿排错的地方外，想尽力所能及，使之比较好懂，不知妥当否？有两处略加说明于下：

　　（一）《水龙吟》第一首结句："看风帆竞驶，鹏程共驾，比云天壮"，终觉不甚称意。为此曾苦思多日，最后才想到了现在的改法："唤鹰腾万仞，鹏征八表，看云天壮"，意思是想表示领袖群伦，高瞻远瞩，奔赴世界革命和世界共产主义的伟大远景。觉得在气魄韵味方面和上文"洪钟"、"南针"、"文章"、"谈笑"等的关合方面，似较原句稍胜。不知想得对否？

　　（二）《水龙吟》第五首结句："幸良师三径，长蛇封豕，作妖魔舞"，揣摩许久，仍不敢说是懂了。我猜测这可能指赫下台了，帝国主义的原形更易暴露了，但赫当政时帝国主义也作了许多妖魔舞。又猜测是指赫虽下台，他的门徒和他仍有三径可通，所以修正主义者们仍作妖魔舞。但这样与全文不甚调和。不敢妄断。因此就很冒昧地重拟了一个自觉较为醒豁的结句，敬供您审阅时酌定。

　　现将改过的清样送上两份（其中一份有些旁注，另一份没有），请定稿后交《人民文学》和《人民日报》编辑部。

　　敬礼

胡乔木

一九六四年十二月二十日

【注释】

〔1〕这封信见于《胡乔木谈文学艺术》(人民出版社,1999年9月第1版)。

〔2〕第二次修改稿:指毛泽东对1964年12月2日胡乔木寄去的包括11月新写《水龙吟》三首在内的《词十六首》及其"引言"的修改稿。

〔3〕关于不应轻敌的批评:批评写在《沁园春·杭州感事》词旁和"引言"旁。

〔4〕重拟了一个自觉较为醒豁的结句:这个结句是"看后车重蹈,愁城四望,尽红旗舞。"定稿用此。

胡乔木致毛泽东

一九六四年十二月二十七日

主席：

改稿因信使往返赶不上新年发表，由一秘书用电话传来，全听懂了。改的地方除两处外，均完全同意，现将这两处的意见用电话传回，托人抄上，如下：

（一）"肺腑如见"的"见"字属霰韵，与全篇所用霁未韵在古今音中均不能通押，故不好用。另，用"如见"与正文"记"字呼应也差些。

（二）"当年赤县，同袍成阵"，似觉不如原句自然亲切、意义含蓄又明白易解。另，改句与下文"寒风里，生机旺"的关合似不够紧凑，"赤县"与"当年"连用也觉有些勉强。因此，这一句我想不改也可。

专此谨复。敬祝

新年快乐

胡乔木

一九六四年十二月二十七日

【注释】

〔1〕这封信见于《胡乔木谈文学艺术》（人民出版社，1999 年 9 月第 1 版）。

〔2〕"肺腑如见"的"见"字：胡乔木《书信选辑》（铅印本）、《胡乔木谈文学艺术》作者自注：《贺新郎·看千万不要忘记》一词中，原句为"记寻常亲家笑面，肺肝如是"，主席曾改为"……如见"，定稿时主席同意改为"……如是"。

〔3〕"当年赤县，同袍成阵"：胡乔木《书信选辑》（铅印本）、《胡乔木谈文学艺术》作者自注：见《水龙吟》（七首）第一首中，原为"喜绿荫千里，从前赤地"，主席第一次改为"喜当年赤土，绿荫千里"，后又改为"喜当年赤县，同袍成阵"。《胡乔木谈文学艺术》编者按：这句定稿用"喜当年赤县，同袍成阵"。

胡乔木致毛泽东

一九六四年十二月二十八日

主席：

"北辰俯仰"一句，把领袖和群众的关系两面都说到了，说活了，实有点铁成金，出奇制胜之妙。现因想到"南针思想"一句（此句以思想居主位，南针居宾位，前后句本不相称）可否仿照改为"南针指掌"，此语除通常解释外，还有领袖指导、群众掌握之意，如此则在内容和形式上都可与"北辰俯仰"一句相配合。"东风旗帜"原也想改为"东风驰荡"，但觉不如原句鲜明，故放弃了。又前句"晓歌齐唱"原作"战歌齐唱"，拟恢复，使意义较明确。

以上均请酌定。

敬礼

胡乔木

一九六四年十二月二十八日

【注释】

〔1〕这封信见于《胡乔木谈文学艺术》（人民出版社，1999年9月第1版）。

〔2〕"北辰俯仰"一句：胡乔木《书信选辑》（铅印本）、《胡乔木谈文学艺术》作者自注：原为"北辰共仰"，主席改为"北辰俯仰"。

胡乔木致《人民文学》、《人民日报》编辑部

一九六四年十二月五日

《人民文学》

　　　　　　编辑部同志们：

《人民日报》

　　近日病中多暇，学习写了几首词，多关时事，略表欢喜之情，并鼓同志之劲。内"杭州"一首，借指文化革命。但国内至今庙坟尚如此之多，毒害群众，亦觉须加挞伐。令人高兴的是，杭州孤山一带成堆的坟墓，经过广大群众热烈讨论和领导的决定，已经在十二月二日分别情况迁移或平毁，西湖风景区内各种反动的、封建的、迷信的、毫无保留价值的建筑和陈设，也正在有计划地清理和改造。词中的一些话现在对于杭州基本上已经不适用了。杭州一呼，全国响应的日子，想亦不远。至于这些词，在艺术上是不成熟的，不少地方还有些难懂，未能做到明白晓畅，以后当努力改进。现送上，请加斧削。如以为可，请予发刊。

　　　　　　　　　　　　　　　　胡乔木

　　　　　　　　　　　　　　　一九六四年十二月五日

【注释】

〔1〕这封信见于《胡乔木谈文学艺术》(人民出版社,1999年9月第1版)、《胡乔木书信集》(人民出版社,2002年5月第1版),原为胡乔木《词十六首》"引言",经毛泽东改为致《人民文学》《人民日报》编辑部的信。

〔2〕令人高兴的是……西湖风景区内各种反动的、封建的、迷信的、毫无保留价值的建筑和陈设,也正在有计划地清理和改造:对这段话,

毛泽东在胡乔木的《沁园春·杭州感事》词旁写了一段批语:"杭州及别处,行近郊原,处处与鬼为邻,几百年犹难扫尽。今日仅挖了几堆朽骨,便以为问题解决,太轻敌了,且与事实不合,故不宜加上那个说明。至于庙,连一个也未动。"

〔3〕词中的一些话现在对于杭州基本上已经不适用了:此处毛泽东批:"基本上还适用。"

郭沫若致胡乔木

一九六四年十一月二十日

乔木同志:

十一月十三日信接到。大作词十三首,仔细拜读了。

今天赵朴初同志来访,我又和他共同研究了一遍。提出如下一些意见,供您参考。

(一)关于《六州歌头》

这首词有两种体式,都是一百四十三字。您填的是贺铸式,只有一百四十字,看来是抄夺了一句。"人民众,称勤勇,黯尘蒙,夜永添寒重",估计在"黯尘蒙"句之上或下,夺去了一个三字句。

词的开头两句:"茫茫大陆,沉睡几千冬?""千"字,我觉得不好。中国社会的发展,并不是几千年间都是在"沉睡"中过来的。改为"几秋冬"如何?

"称勤勇"句,朴初同志拟改为"勤而勇"。

"马列天涯送"句,您的意思是说从天外送来,但照句法解,也可以解为向天外送去,朴初同志认为有语病。我建议:似可改为"马列来仪凤"。

"一朝空"拟改为"一旦空"。"喜江山统"拟改为"喜乾坤统"。"彩图宏","彩"字觉得不大熨贴,改为"画图"如何? 又率性把整句换为"龙虎从",似乎和上句"锤镰动"对仗得更好些。

尾句"如日方东"拟改为"旭日方东"。

(二)关于《水调歌头·国庆夜纪事》

这一首朴初同志很欣赏。我有一些小意见。

"万朵心花齐放,一片歌潮直上,化作彩星驰","心花"拟改为"星花","彩星驰"拟改为"彩云飞"。驰是阳平,在此处用阴平,似较响亮。

(三)关于《沁园春》

上下两阕倒数第二句都少了一个字。

"最堪喜,射潮人健,不怕澜狂。"

"天与我，吼风奇剑，扫汝生光。"

"射潮"上拟添一"有"字。下阕尾三句，拟改为"人共扫，仗吼风奇剑，令汝增光"。"扫汝生光"句太生硬，一句要切成两读，颇可斟酌。"生"改为"增"者，因上面是"西子犹污半面妆"，扫去半面之污，自是增光了。

"四方佳气，桂国飞香"，下句拟改为"桂苑飘香"。

又"雪裹棉铃"，"雪"字似可改为"银"字。

又《沁园春》第二句"娓娓秋湖"："娓娓"二字，朴初拟易为"滟滟"或"湛湛"。

"妖骸祸水"句，"祸"字似可改为"玷"字。因在旧时代一般把女性诬为"祸水"，故拟改。

"土偶欺山"："欺"字拟易为"僭"字。

（四）关于《水龙吟》

第三首"良苗望饮"，"饮"字朴初同志拟改为"溉"。

第四首"万邦哀乐"，"哀"字似可改为"忧"。又"但同舟击楫，直须破浪，听风雷吼"，"但"字有歧义，拟改为"好同舟击楫，冲涛破浪，听风雷吼"。

关于《贺新郎》

"镜里芳春男和女"，"和"字可改为"共"字。

关于《菩萨蛮》

第一首开头两句："神仙万世人间锁，英雄不信能偷火"，朴初以为别扭。我建议：改为"人间不受神封锁，英雄毕竟能偷火"。"毕竟"二字是朴初拟的。又"风吹天下水，清浊何时已？"读起来有些消极意味，下句拟改为"泾渭明如此！"

第三首末句"前山喜更高"，"山"字朴初同志拟改为"峰"。

第五首末二句"魔尽凯歌休，濯缨万里流"，"休"字拟改为"悠"。如改为"长"字，则"流"字可改为"江"，请斟酌。（凯歌是永恒的，不应停止。）

敬礼！

郭沫若

十一月廿日夜

分　论

致吴冷西

一九六四年十二月三十日

送《人民日报》吴冷西同志：

　　请在新年（一月一日）发表为盼。

毛泽东

十二月卅日

　　这封信短信，不可刊出。

【注释】

〔1〕这封信见于《建国以来毛泽东文稿》第十一册。　这是毛泽东为发表胡乔木《词十六首》写给吴冷西的信。胡乔木《词十六首》发表于 1965 年 1 月 1 日《人民日报》、《红旗》杂志 1965 年第 1 期和《人民文学》1965 年 1 月号。

　　吴冷西：当时任新华通讯社社长、《人民日报》总编辑。

致刘白羽

一九六四年十二月三十日

送《人民文学》刘白羽同志：

此件已送《人民日报》于一月一日发表，你们可以转载。

毛泽东

十二月卅日

这封短信，不要刊出。

【注释】

〔1〕这是毛泽东为发表胡乔木《词十六首》写给刘白羽的信，《建国以来毛泽东文稿》第十一册，注明"根据手稿刊印"。胡乔木《词十六首》发表于《人民文学》1965年1月号和1965年1月1日《人民日报》。这封信见于《建国以来毛泽东文稿》。　刘白羽（1916—2005）：小说家，散文家。北京人。建国后历任解放军总政治部文化部副部长、中国作协副主席、文化部副部长等职。当时任中国作家协会副主席等职。

致康生、胡乔木

一九六五年九月五日

康生同志转乔木同志：

　　这些词看了好些遍，是很好的，我赞成你改的这一本。我只略为改了几个字，不知妥当否，请你自己酌定。先登《红旗》，然后《人民日报》转载，请康生商伯达、冷西办理。

毛泽东

九月五日

【注释】

〔1〕这是毛泽东在胡乔木送阅的二十七首词稿上写给康生转胡乔木的信。见于《建国以来毛泽东文稿》第十一册，注明"根据毛泽东手稿刊印"。　康生（1898—1975）：山东诸城（今属胶南）人。时任中共中央政治局候补委员、中央书记处书记。这封信见于《建国以来毛泽东文稿》。

〔2〕这些词：指胡乔木写的二十七首词。

〔3〕我只略为改了几个字：毛泽东这次所作的修改有：将胡乔木《六州歌头·一九六五年新年》（其二）中的"万国舞霓裳"改为"万国换新装"；将胡乔木《江城子·赠边防战士》（其一）中的"为保金瓯风景美，鞋踏破"改为"为保金瓯颠不破，鞋踏烂"；将胡乔木《江城子·赠边防战士》（其二）中的"猎猎军旗意气共飞扬"改为"猎猎军旗天际看飞扬"；将胡乔木《念奴娇·重读雷锋日记》（其四）中的"细观摩满纸

珠光宝气"改为"细观摩满纸云蒸霞蔚"；将胡乔木《生查子·家书》（其二）中的"铁要炼成钢，烈火投群众"改为"化为百炼钢，只有投群众"；将胡乔木《生查子·家书》（其三）中的"不耐雨和风，纵美何堪数"改为"如此嫩和娇，纵美何足数"。

〔4〕先登《红旗》，然后《人民日报》转载：胡乔木后来将二十七首词中的六首删去，另外加上律诗五首，定名为《诗词二十六首》，在《红旗》杂志 1965 年第 11 期和 1965 年 9 月 29 日《人民日报》发表。

〔5〕伯达：即陈伯达（1904—1989），福建广安人。当时任中共中央政治局候补委员、中央政治研究室主任、《红旗》杂志总编辑。　冷西：即吴冷西（1919—2002），广东新会人。当时任新华通讯社社长、《人民日报》总编辑。

对胡乔木二十七首词的批语

一九六五年九月五日

有些地方还有些晦涩，中学生读不懂。

唐、五代、北宋诸家及南宋每〔某〕些人写的词，大都是易懂的。

【注释】

〔1〕这是毛泽东在胡乔木《六州歌头·一九六五年新年》两首词左侧写的批语。见于《建国以来毛泽东文稿》第十一册。

〔2〕有些地方还有些晦涩：指胡乔木词中以下两处：(一)《生查子·家书》(其二)"斗争如海洋，早晚云霞涌。流水不长流，毒菌纷传种。青春只一回，转眼能抛送。铁要炼成钢，烈火投群众"中后两句，毛泽东看后将它改为："化为百炼钢，只有投群众。"并写了批语："这几句好。但下二句较晦，故改之。"(二)《生查子·家书》(其四)中"刮骨去脓疮，剁脚争良玉。风险为人民"三句，毛泽东看后写了批语："此三句宜改，方免晦涩。"胡乔木将它改为"顺水好行船，终向下游去。若要觅英雄"。毛泽东1965年9月15日再阅改后的这三句时，写了批语："好"。

〔3〕唐、五代、北宋诸家及南宋每些人："每"，疑为"某"字之误。

致康生、胡乔木

一九六五年九月十五日

康生同志转乔木同志：

　　删改得很好，可以定稿。我又在个别字句上作了一点改动，请酌定。另有一些字句，似宜再思再改。如不妥，即照原样。唯"南针仰"一句须改。

毛泽东

九月十五日上午三时

【注释】

〔1〕这是毛泽东在胡乔木 9 月 10 日为送阅诗词二十六首给康生的信上写给康生转胡乔木的信。这封信见于《建国以来毛泽东文稿》第十一册，注明"根据手稿刊印"。信中说，词二十七首本多仓卒之作。经主席修改后，我又作了一些修改，并拟删去其中的《定风波·读报》四首（平淡而又过时，改不好）和《生查子·家书》六首中的后两首（有些酸气）。另外，最近写了律诗五首，想补在后面，虽也有些晦涩，但在时间上较新鲜些，不知可用否？请一并阅正，并代转主席为荷。

〔2〕我又在个别字句上作了一点改动：毛泽东这次所作的修改有：将胡乔木《江城子·赠边防战士》（其二）中的"胜天堂"改为"胜家乡"；将胡乔木《七律·七一抒情》（其四）中的"休向健儿夸核弹，欣欣犹是比基尼"改为"休向英雄夸核弹，欣荣试看比基尼"。

〔3〕另有一些字句，似宜再思再改：指胡乔木《七律·七一抒情》（其二）和（其四）中三处文字：对（其二）中"春玉碎"三字，毛泽东看后写了批语："宜改。"胡乔木在发表时将它改为"春汛怒"三字。对（其二）最后一句"沧海云天长浩荡"，毛泽东看后写了批语："此句宜改。因承上句，不解所谓。"胡乔木在发表时将它改为"一入沧溟喜浩茫"。对其四中"装饰造"三字，毛泽东看后写了批语："三字酌，又不明朗，宜改。"胡乔木在发表时将它改为"兄弟难"三字。

〔升〕唯"南针仰"一句须改：毛泽东将胡乔木《六州歌头·一九六五年新年》（其二）中的"南针仰"改为"方针讲"，并在旁边写了批语："不使人误以为仰我南针，故改"。

对胡乔木二十六首诗词的批语

一九六五年九月十五日

一

要造新词，天堂、霓裳之类，不可常用。

二

改得好。

三

好句。

【注释】

〔1〕本篇见于《建国以来毛泽东文稿》第十一册。(一)是毛泽东1965年9月15日在胡乔木《小重山·赠海岛战士》一词下方写的批语。(二)是毛泽东同日在胡乔木《念奴娇·重读雷锋日记》一词左侧写的批语。(三)是毛泽东同日在胡乔木《七律·七一抒情》(其四)右侧写的批语。

〔2〕要造新词，天堂、霓裳之类，不可常用：胡乔木在《江城子·赠边防战士》和《六州歌头·一九六五年新年》词中分别用了"胜天堂"和"万国舞霓裳"，毛泽东看后写了这个批语。

〔3〕改得好：胡乔木将《念奴娇·重读雷锋日记》(其一)中的"堪恨利锁名缰，蝇营狗苟，也混英雄汉。天下尚多奴隶血，何日乐园同享？

不锈螺钉，投身伟业，有限成无限"改为"君试共我高翔，人间尽看，何往非前线？ 四海尚多奴隶血，小我何堪迷恋？ 身是螺钉，心怀天下，有限成无限。"毛泽东看后写了这批语。对这首词(其四)中"如君红透，羞杀营营辈。花落结为千粒子，一代红巾争继"几句，毛泽东看后写批语说："好。"(本书编著者按：《建国以来毛泽东文稿》第十一册"何日乐园同享？"作"何日乐园同建？")

〔4〕好句：指胡乔木《七律·七一抒情》(其四)中的"头颅不向寇仇低。自由合洒血成碧，胜利从来竿作旗。"《建国以来毛泽东文稿》注明"根据毛泽东手稿刊印"。

陈毅致胡乔木

一九六五年一月二十日

乔木同志：

两次收到来信，又收到词二十六首及小梅花一首"欣闻印尼退出联合国"。均读悉。你修〔休〕养期中，以填词自遣，这办法最好。

那天在主席处，主席说，乔木词学苏辛，但稍晦涩，主席又说，中国新诗尚未形成，恐怕还要几十年云云。把这消息告诉您，供您参考。您填的词我是能懂的。我认为旧诗词可以新用，您的作品便是证明。因此您初次习作，便能入腔上调便是成功，中间有几首，我很喜爱。您多写便会更趋熟练，以此为祝！大创作是等着您的，更以此为祝！中国新体诗未完全形成，我亦有此感。我也是主张从旧体诗词略加改变去作试验。我写新诗亦习作旧体，就是想找一个办法有助于新诗的形成。这想法不坏，但实践还跟不上。因而看到您填词，便大喜，以为我们是同路中人也。自然您比较严守词格，这是对的。不依规矩不能成方圆，但也有到了大破规矩的时候，便更好些，这看法也是可以成立的。

从五号伤风至今未愈，终日咳嗽颇苦。医者要我在家休息几天。因而才动笔回信，十分抱歉太迟了。

张茜到句容蹲点去了。

您的词我还要再读一下，有意见再写下送您，无意见便不写了！

利用故宫搞世界人民友好活动事我告总理，他同意已要人去研究办法。春暖后可能开始。

北京今冬至今未下雪，枯燥之至。湖上谅晴朗，祝您身体康复更快。

陈毅

一九六五年一月二十日

〔1〕词二十六首及小梅花一首"欣闻印尼退出联合国":指胡乔木词二十六首及《梅花引》一首共二十七首,作于1964年11月至1965年1月。后几经修改,删去其中六首,又补入七律五首,以《诗词二十六首》为题在1965年9月29日《人民日报》和10月1日出版的《红旗》杂志第11期上发表。

致张维

一九五〇年九月十九日

张维兄：

　　来信收读，甚以为慰。令堂大人八十寿辰，无以为赠，写了几个字，藉致庆贺之忱。

　　顺祝健康！

毛泽东

九月十九日

【注释】

〔1〕这封信见于《毛泽东书信选集》、《建国以来毛泽东文稿》第一册。手书见于《毛泽东书信手迹选》。　张维（1898—1975）：湖南浏阳人。早年同毛泽东有较多交往。1949年9月起在上海第二军医大学任教授。

〔2〕写了几个字：指毛泽东贺王福庆老夫人八十寿辰联："如日之升；如月之恒"。

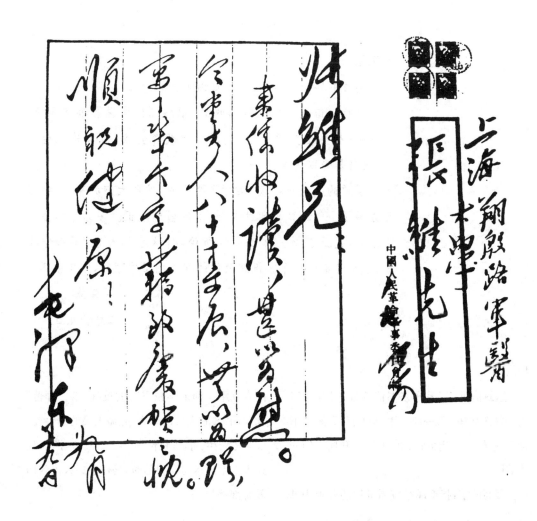

致张维（1950年9月19日）

毛泽东论诗词、楹联

分　论

致周世钊

一九五〇年十二月二十九日

惇元兄：

嘱写的字给你写了，不知可用否？

临行一信，长沙一信，都收到，很感谢！所说各事都同意，可以做（有些是要逐步地做）。师范教育会议，待与马先生一谈，大略是可以的罢。

晏睡的毛病正在改，实行了半个月，按照太阳办事，不按月亮办事了。但近日又翻过来，新年后当再改正。多休息和注意吃东西，也正在做。总之如你所论，将这看作大事，不看作小事，就有希望改正了。祝您及你的同事们工作顺利，新年快乐。

毛泽东

十二月廿九日

【注释】

〔1〕这封信见于《毛泽东书信选集》、《建国以来毛泽东文稿》第一册。手书见于《毛泽东书信手迹选》。 周世钊：见《七律·和周世钊同志》注。

〔2〕嘱写的字：指毛泽东应周世钊的要求为湖南省立第一师范学校书写的校牌"第一师范"和题词"要做人民的先生，先做人民的学生"。

〔3〕马先生：指马叙伦（1884—1970），浙江杭州人。毛泽东写这封信时，马任中央人民政府教育部部长。

致周世钊（1950年12月29日）

卑贱者最聪明，高贵者最愚蠢

一九五八年五月十八日、二十日

一

　　此件印发大会各同志阅读。请中央各工业交通部门各自收集材料，编印一本近三百年世界各国（包括中国）科学、技术发明家的通俗简明小传（小册子）。看一看是否能够证明：科学、技术发明大都出于被压迫阶级，即是说，出于那些社会地位较低、学问较少、条件较差、在开始时总是被人看不起、甚至受打击、受折磨、受刑剹[戮]的那些人。这个工作，科学院和大学也应当做，各省市自治区也应当做。各方面同时并举。如果能够有系统地证明这一点，那就将鼓舞很多小知识分子、很多工人和农民，很多新老干部打掉自卑感，砍去妄自菲薄，破除迷信，振奋敢想、敢说、敢做的大无畏创造精神，对于我国七年赶上英国、再加八年或者十年赶上美国的任务，必然会有重大的帮助。卞和献璞，三[两]刖其足；"函关月落听鸡度"，出于鸡鸣狗盗之辈。自古已然，于今为烈。难道不是的吗？

毛泽东
一九五八年五月十八日

二

小平同志：

　　此件请即照发大会。

毛
五月十八日上午六时

三

送小平印发。

此件有用，印发各同志阅。

昨件"戮"误为"剹"，"三刖其足"，"三"应为"两"。

毛泽东
五月二十日

【注释】

〔1〕这是毛泽东为中共八大二次会议印发倪伟、王光中1958年5月3日关于安东机器厂试制成功三十马力拖拉机给国家计委主任李富春、副主任贾拓夫的报告写的批语。题目是毛泽东拟的。最早发表于《建国以来毛泽东文稿》第七册(中央文献出版社1992年8月第1版)。注明"根据手稿刊印"。

〔2〕此件:指倪伟、王光中的报告。报告中说,安东机器厂是为抗美援朝建立起来的小修理厂,1954至1955年生产任务不足,他们面向农村,为农业生产服务,制造了不少的拖拉机零件。1956年开始作生产拖拉机的尝试,虽然两次试制没有成功,但工人们摸索到了制造内燃机的经验,提高了试制的信心。他们想了各种办法克服技术上、工具上、材料设备上和财务上的困难,没有技术人员就依靠老工人,做发动机喷油嘴没有电火花设备就以手工方法钻孔,终于在1957年2月试制成功一台三十马力单缸轮胎式拖拉机。他们计划今年5月以前再试制两台,下半年生产一百五十台,1959年生产一千五百台,并计划改产捷克的二十五马力拖拉机。

〔3〕小平:即邓小平。

外文出版社关于《毛主席诗词》中
几个难点的调查、讨论结果

从去年年底到今年年初，我们就《毛主席诗词》翻译中的几个疑难问题，先后走访了郭沫若、沈雁冰等同志，听取了他们对这些问题的意见。现参照他们的意见，将讨论结果整理如下：

一、"独立寒秋，湘江北去，橘子洲头。"(《沁园春·长沙》)

此句在翻译处理上有两种意见：

1. 认为应译出"独立"在何处，即译为：在寒秋中，我独立在橘子洲头，看湘江向北流去；2. 认为不必点出"独立"在何处，即译为：在寒秋中，我站立着，湘江向北流过橘子洲头。

经讨论，我们倾向于按第二种意见处理。

(郭沫若、臧克家、周振甫主张第一种意见；冯至主张第二种意见。)

二、"与高辛氏争而王也。"(《渔家傲·反第一次大"围剿"》原注)

此句在理解上有两种意见：

1. 认为共工与高辛氏相争当上了王；2. 认为"争而王也"是为王位而争，共工并没有当上王。

经讨论，我们倾向于按第二种意见处理。

(周振甫主张第一种意见；郭沫若、冯至主张第二种意见。)

三、"而今迈步从头越。"(《忆秦娥·娄山关》)

此句在理解和翻译处理上有两种意见：

1. 认为应理解为"从雄关顶上越过"；2. 认为"从头越"应理解为"重新越过"。

经讨论，我们倾向于按第二种意见处理。

(郭沫若、臧克家、冯至、周振甫、郭化若等一致认为应是"重新越过"的意思。)

四、"安得倚天抽宝剑"。(《念奴娇·昆仑》)

此句在理解上有两种意见：

1. 认为"倚天"是指"人倚天"；2. 认为应是"抽倚天宝剑"。

经讨论，我们倾向于按第二种意见处理。

（郭沫若、臧克家主张第一种意见；周振甫、冯至，郭化若等主张第二种意见。郭化若提到胡乔木曾写过一首关于西湖的词，其中有"谁共我，舞倚天长剑，扫此荒唐"。郭化若认为此句最好，胡乔木告诉他说，此句是经毛主席改过的。）

五、关于柳亚子诗《感事呈毛主席》中的典故，即"说项依刘"和"夺席谈经"指什么，众说不一。

经讨论，我们倾向于"说项依刘"可理解为"说服项羽来依附刘邦"，译文可意译为"说服敌人来投降我很为难"；"夺席谈经非五鹿"一句中的"非"可理解为不是，此句可意译为"我也不是那种善于阿谀奉承的文人"。

（郭沫若、沈雁冰、胡愈之，冯至等均主张"说项依刘"是指项羽、刘邦；周振甫则认为"说项依刘"还是指项斯、王粲。）

六．"我失骄杨君失柳"。(《蝶恋花·答李淑一》)

此句"骄杨"和"柳"，在译法上有两种意见：

1. 主张意译，即译为"骄傲的杨树"和"柳树"；2. 主张译音，大写，作为姓氏，并在注中说明"杨"和"柳"在中文中的双关含义。

经讨论，我们倾向于按第二种意见处理。即译音。

（冯至、周振甫主张第一种意见；郭沫若、臧克家主张第二种意见。）

七、"陶令不知何处去，桃花源里可耕田？"(《七律·登庐山》)此句在理解上有两种意见：

1. 认为对桃花源应持否定态度，即对桃花源里能否耕田表示怀疑；

2. 认为此处对桃花源是持肯定态度，即桃花源里可以耕田，句末虽然用了问号，但意思是肯定的。

经讨论，我们倾向于按第一种意见处理，即对桃花源持否定态度。

（郭沫若主张应按第一种意见处理。他过去曾力主此句是肯定桃

分　　论

花源的,并把桃花源比作人民公社。此次我们走访时,他改变了看法,认为此句是否定桃花源,即桃花源是个乌托邦,主席对桃花源里是否能耕田表示了怀疑。臧克家、冯至亦主张第一种意见。周振甫同志则主张第二种意见。)

八、"乱云飞渡仍从容。"(《七绝·庐山仙人洞》)

此句中的"从容"是形容"劲松"还是"乱云",有两种意见:

1. 认为"从容"是形容"乱云";

2. 认为"从容"是形容"劲松"。

经讨论,我们倾向于按第二种意见处理,即"从容"是指"劲松"。

(郭沫若、臧克家、冯至、周振甫、郭化若等一致认为应按第二种意见处理,即"从容"指"劲松"。目前,英译是按第一种意见处理的,即"从容"指"乱云"。赵朴初认为这是篡改了毛主席的意思。因他曾于一九六四年将有关诗词的解释由田家英转呈毛主席看过,其中关于"乱云"的解释,当时认为"乱云"是指反面形象,即帝修反,"劲松"是指正面形象,主席对此没有提出意见。这句话究竟怎样理解是正确的,有待中央核定。)

九、关于郭沫若诗《看〈孙悟空三打白骨精〉》"一拔何亏大圣毛"一句。

此句郭老自己解释:"何亏"即"何必",意即"孙大圣"何必拔一根毛去救唐僧。这里把唐僧比作赫光头,是应千刀万剐的,没有必要拔毛去救他。

【注释】

〔1〕本篇见于《研究动态》1979第1期。

〔2〕周振甫(1911—2000):古典文学家。早年就读于无锡国学专修学校,长期从事编辑著述工作。

〔3〕冯至(1905—1993):诗人、外国文学研究家。原名承植,字君培,河北涿县(今涿州)人。1927年毕业于北京大学,1930年留学德国。

1939年后历任昆明西南联大、北京大学教授,中国科学院外国文学研究所所长。

〔4〕郭化若(1904—1995):福建闽侯人,早年就读于黄埔军校,后赴苏联入莫斯科炮兵学校学习。建国后,历任南京军区副司令员,军事科学院副院长,中央顾问委员会委员等职。

〔5〕胡愈之(1896—1986):作家、翻译家、出版

家。原名学愈,浙江上虞人。建国后历任国家出版总署署长,文化部副部长、《光明日报》总编辑、全国人大常委会副委员长、全国政协副主席等职。

〔6〕赵朴初(1907—2000):诗人。安徽太湖人,早年就读于苏州东吴大学。建国后历任中国佛教协会会长,中国佛学院院长,全国政协副主席等职。

外文出版社关于《毛主席诗词》中若干理解和译法问题的讨论意见

这是经过反复讨论而归纳出的处理意见,作为参考,不妥之处,仍请提出意见。

一九七七年一月十四日

《沁园春·长沙》

独立寒秋,湘江北去,橘子洲头

1.按中文顺序,不必点出站在何处。2.全句大意:我独立在寒秋之中(或在寒秋中,我独自站立着),湘江向北流过橘子洲头。

鹰击长空,鱼翔浅底,万类霜天竞自由

1."鹰击"之"击"是指"搏击"。2."浅底"按中文直译"浅底"。

3."竞自由"即"比赛自由"。4.全句大意:雄鹰在长空搏击,鱼儿在浅水中滑翔,万物在霜天之下比赛自由。

问苍茫大地,谁主沉浮

1."沉浮"按中文直译,即"沉"与"浮"。2.全句大意:问"在苍茫大地上,谁主宰沉浮?

忆往昔峥嵘岁月稠

1."峥嵘"即"不平凡"之意,"稠"即"许多"。2.全句大意:回忆当年许多不平凡的岁月。

书生意气,挥斥方遒

1."书生",即"学生"、"知识分子";"挥斥"意即"奔放",冲破一切束缚";"方遒"即"正强劲有力"。2.全句大意:我们大胆地抛开一切束缚。

指点江山,激扬文字,粪土当年万户侯

1."指点"即"指着","激扬"即"激昂慷慨"。2.三句并列,重点在第三句。3. 全句人意：指着河山，书写激昂慷慨的文章，我们把当年的万户侯看作粪土。

到中流击水，浪遏飞舟

1. "击水"按中文直译，"水"与"浪"分开。2. 全句大意：到江心击水，浪把飞驶的船都挡住了。

《菩萨蛮·黄鹤楼》

茫茫九派流中国，沉沉一线穿南北

1. "九派"指"九条河流"，"中国"指"国之中"。2. 全句大意：浩瀚的九条河流在国中流过。

龟蛇锁大江

1. 龟蛇大写加定冠词。2. 没有大小写的语种，可意译加注，或译作"龟山"、"蛇山"。3. 全句大意：浩瀚的九条河流在国中流过。

剩有游人处

游人处即指"黄鹤楼"。

《西江月·井冈山》

山下旌旗在望，山头鼓角相闻

1. "在望"即"看得见"，"相闻"即"听得到"。2. "山下""山头"均指我军。3. 全句大意：山下的旗帜可以看得见，山上的鼓号声可以听得到。

早已森严壁垒，更加众志成城

1. "早已"和"更加"不是时间概念，而是表示程度。"早已"即"本来"，"更加"即"再加上"。2. 全句大意，本来我们的防御已像堡垒一样森严，再加上我们万众一心团结得像一座长城。

黄洋界上炮声隆，报道敌军宵遁

1. "炮声"指多数，"报道"指"有消息传来"。2. 全句人意：黄洋界上炮声隆隆，消息传来，敌军夜间逃跑了。

《清平乐·蒋桂战争》

蒋桂战争

1. 按中文直译，"蒋"即："蒋介石"，"桂"即"广西"。2. 全句大意：蒋介石与广西系军阀的战争。

风云突变，军阀重开战。洒向人间都是怨，一枕黄粱再现

1. 此四句次序照中文。2."怨"指"怨恨"（例如:"民怨沸腾"、"怨声载道"）;"黄粱"直译。3. 全句大意:风云急剧变化,军阀重新开战。洒向人间都是怨恨;又一场黄粱梦。

红旗跃过汀江,直下龙岩上杭

1."直下"即"攻下"、"占领"。2. 全句大意:红旗越过汀江,一直到了龙岩和上杭。

收拾金瓯一片,分田分地真忙

1."金瓯一片"即"金瓯的一部分",不要译作"碎片";"真忙"即"忙着分田分地",可直译。2. 全句大意:收复了金瓯的一部分,忙着分田分地。

《采桑子·重阳》

重阳

1."重阳"译作"重九"。2. 加注。

战地黄花分外香

1."黄花"直译,不要译作"菊花"。2. 全句大意:战地的黄花格外香。

《如梦令·元旦》

宁化、清流、归化,路隘林深苔滑

1. 按中文直译。2. 能不附加别的句子成份,尽量不加。

山下山下,风展红旗如画

1."山下山下"即"到山下,到山下去","如画"按中文直译。2. 全句大意:到山下,到山下去,风展红旗这种景色如同一幅画。（"红旗"用多数）

《减字木兰花·广昌路上》

雪里行军情更迫

1."情更迫"指"战士心情急迫"。2. 全句大意:雪里行军,战士们心情更加急迫。

风卷红旗过大关

1. 按中文直译。2. 全句大意:红旗在风中卷动着过了大关。

《蝶恋花·从汀州向长沙》

六月天兵征腐恶

"六月"指"阴历六月","腐恶"指腐朽的恶势力。

万丈长缨要把鲲鹏缚

"鲲鹏"一律译音加注。

赣水那边红一角

"那边"、"一角"均按中文直译,即指"那一片地区"。"一角"
不要译得太死,太局促。

狂飙为我从天落

"为我"应译出。

《渔家傲·反第一次大"围剿"》

前头捉了张辉瓒

"前头"指"前面"或"前边",指方位。

风烟滚滚来天半

1."风烟"不仅指"尘土",还包括敌人烧杀所造成的"烟"。如能将
"风烟"直译更好。"来天半"指"从半空中来"。2.全句大意:风烟滚滚
自半天而来。

昔者共工与颛顼争为帝

"争为帝"即"争当皇帝"。

天柱折,地维绝

1.按中文直译。2."天柱"不是全部折了,"地维"不是全部断了,
但也不要明译为"部分"。

与高辛氏争而王也

暂存疑,待进一步研究。

毛按

按中文直译,即"我的意见"。

《渔家傲·反第二次大"围剿"》

白云山头云欲立,白云山下呼声急

"山头"、"山下"均指我军。

有人泣

"有人"用单数,指蒋介石。

毛泽东论诗词、楹联

1 2 8 5

分　　论

《菩萨蛮·大柏地》

赤橙黄绿青蓝紫

按中文直译,历数七色。

谁持彩练当空舞

1.按中文直译,"当空"即"在空中"(如"皓月当空")。2.全句大意:谁举着彩练在空中舞。

关山阵阵苍

"关山"泛指。

《清平乐·会昌》

莫道君行早

按中文直译,"君"用单数即指"你"。

风景这边独好

"独好"即"唯独这边好"。

战士指看南粤

1."南粤"即"南边的广东"。2.全句大意:战士指着南边的广东。

《忆秦娥·娄山关》

喇叭声咽

1."咽"按中文直译,"咽"意为"低沉"。2.全句大意:喇叭声音低沉。

而今迈步从头越

1.此句应强调"而今",意为"重新开始","从头越""即"重新越过"。2.全句大意:我们重新开始迈步越过。(参阅岳飞《满江红》词:"待从头,收拾旧山河,朝天阙。")

《十六字令三首》

惊回首

此句大意:回过头看感到吃惊。

上有、下有

按中文直译。

《七律·长征》

乌蒙磅礴走泥丸

1.“走”是指乌蒙山脉像泥丸一样滚动。2.全句大意:磅礴的乌蒙山脉像泥丸一样滚滚而过。

金沙水拍云崖暖

1.“暖”指气候,气候“暖”所以“云崖”也“暖”。2.全句大意:金沙水拍着暖和的云崖。

更喜岷山千里雪

1.“更喜”指“岷山千里雪”。2.全句大意:更可喜的是岷山的千里雪。

三军过后尽开颜

“三军”直译,加注。

《念奴娇·昆仑》

莽昆仑

“莽”即“野莽”、“粗犷”之意。

阅尽人间春色

“春色”直译“春天的风光景色”。

江河横溢

“江河”直译,泛指江河。

上下阕的语气问题

1.上阕不用对话口气,客观叙述。2.从下阕开始用对话口气。

安得倚天抽宝剑

此句是“倚天抽宝剑”还是“抽倚天之宝剑”暂存疑,待查。

一截还东国

“还”即“留”,“东国”指“东方国家”。

太平世界

“太平”不要译作“和平”,可选择适当的词来表达。这里的“太平世界”,其含意是指“共产主义社会”而不是“三无世界”。

环球同此凉热

“凉热”直译“凉和热”。

战罢玉龙三百万

“战罢”指玉龙之间之战。

芭蕉扇

按中文直译。

前人

按中文直译。

《清平乐·六盘山》

何时缚住苍龙

1."苍龙"一律译作"黑色的龙"。2."黑色"避免用"黑色人"的黑色,可用"暗谈",如英文的 dark。

《沁园春·雪》

大河上下

"大河"译作"黄河"。

原驰蜡象

1."蜡象"指"高原"。2.全句大意:高原如蜡象奔驰。

欲与天公试比高

"比高"即"比高低"。

看红装素裹

"装""裹"均为动词。"红装"指"晴日的阳光","素裹"指"白雪覆盖"。

引无数英雄竞折腰

"竞"即"争","争相折腰"。

一代天骄

"一代"即"一个时期"。

数风流人物

"风流人物"即"真正伟大的人物"。

秦晋高原

"高原"用多数。

《七律·人民解放军占领南京》

钟山风雨起苍黄

"苍黄"即"突然"。

百万雄师过大江

"大江"直译。

虎踞龙盘今胜昔

1.“今胜昔”直译，即“今天胜过从前”。2.全句大意，虎踞龙盘的南京城的今天胜过它的过去。

天翻地覆慨而慷

“慨而慷”即“慷慨激昂”。

宜将剩勇追穷寇

“剩勇”指“勇气绰绰有余”。

《七律·和柳亚子先生》

饮茶粤海未能忘

“粤海”即“广州”。

索句渝州叶正黄

“索句”即“索取诗章”。

观鱼胜过富春江

“观鱼”直译。

附诗译法

待研究。

《浣溪沙·和柳亚子先生》

长夜难明赤县天

“赤县”直译。“赤”不要与“红军”、“红色根据地”的“红”用同一个字。

诗人兴会更无前

“诗人”，泛指多数。

《浪淘沙·北戴河》

大雨落幽燕

“幽燕”指“北中国”或“北部地区”。

知向谁边

此句指“打鱼船”。

换了人间

此句直译，即“换了一个人间”。

《水调歌头·游泳》

极目楚天舒

“楚”音译加注。

今日得宽馀

"宽馀"主要指"心情",也包括"时间"在内。

子在川上曰：逝者如斯夫

此句在译文中可加上"引号"。

神女应无恙

1."无恙"即"安然无恙"。2.全句大意：假如神女还在的话。

《蝶恋花·答李淑一》

我失骄杨君失柳

"骄杨"和"柳"均按中文直译，作为姓氏译，不要译为"杨树"、"柳树"。

问讯吴刚何所有

"问讯"用被动式，即吴刚被问。

寂寞嫦娥舒广袖

"嫦娥"译作"月的女神"。

桂花酒

osmanthus 加"芳香"(sweet)亦可。

《七律二首·送瘟神》

万户萧疏鬼唱歌

"鬼唱歌"按中文直译。

坐地日行八万里，巡天遥看一千河

此两句不加人称，泛指。

一样悲欢逐逝波

1."悲欢"是指"悲"与"欢"。2.全句大意：悲与欢像流水一样一去不复返了。

红雨随心翻作浪

"红雨"直译。

地动三河铁臂摇

"三河"直译"三条河"，小写。

借问瘟君欲何往

此句能不用引号可不用。

《七律·到韶山》

标题译法

直译,"到"不好处理时可译为"回到"。

别梦依稀咒逝川,故园三十二年前

"咒"即"诅咒"。"三十二年前"指三十二年前的那一年(即 1927 年)。

黑手高悬霸主鞭

"黑手"指反动势力。

敢教日月换新天

1. 直译。2. 全句大意:敢于使日月改变而创造成为新的天。

《七律·登庐山》

一山飞峙大江边

"飞峙"即"高耸好像要飞起"。

热风吹雨洒江天

"洒江天"即"洒在映着天的江上"。

浪下三吴起白烟

"三吴"指长江下游地区。

陶令不知何处去,桃花源里可耕田

此两句如何理解,暂存疑。

《七绝·为女民兵题照》

飒爽英姿五尺枪

"五尺枪"指"枪在手中"。

中华儿女多奇志

"儿女"指"女儿"。

不爱红装爱武装

"红装"指鲜艳的打扮,"武装"指战斗装束(避免用制服)。

《七律·答友人》

帝子乘风下翠微

"帝子"指"公主",用多数(阿文用双数)。

斑竹一枝千滴泪,红霞万朵百重衣

此两句指帝子,"百重衣"指万朵红霞。

毛泽东论诗词、楹联

1 2 9 1

分　　论

我欲因之梦寥廓

"寥廓"即"广阔"（包括时间、空间）。鲁迅诗"心事浩茫连广宇"一句可参照。

芙蓉国里尽朝晖

"芙蓉"指"木芙蓉"（hibiscus）。"国"不要译作"国家"的"国"。

《七绝·庐山仙人洞》

暮色苍茫看劲松，乱云飞渡仍从容

"劲松"用单数。"从容"是指"劲松"，还是指"乱云"的问题，暂存疑。

无限风光在险峰

"险峰"直译，泛指，用多数。

《七律·和郭沫若同志》

一从大地起风雷，便有精生白骨堆

"一从"、"便有"均直译，"一从"即"自从"，"便有"即"就有"。

附诗：

人娇颠倒是非淆

"人妖"、"是非"均颠倒、混淆了。

精逃白骨累三遭

"累"即连续。

一拔何亏大圣毛

此句是说"拔一根毛对孙大圣毫无损害"呢？还是说"亏了孙大圣拔一根毛，救了唐僧"？尚未定，暂存疑。

《卜算子·咏梅》

梅

"梅"，译作 plum，或 mei flower。

已是悬崖百丈冰

"百丈"是形容"冰"的，应为"悬崖百丈冰"之意。

犹有花枝俏

"俏"不仅有"美"的意思，还有"俊俏"的意思，应译足。

俏也不争春

"争春"即"独占春天"之意。

附诗：

只有香如故

"如故"即"不变"、"和以前一样"。

《七律·冬云》

雪压冬云白絮飞

"雪压冬云"即"充满雪的冬云"。"白絮飞"，白絮指雪，即"白雪在飘"。

万花纷谢一时稀

"一时"即"暂时"。

独有英雄驱虎豹，更无豪杰怕熊罴

此两句直译，意即只有英雄驱虎豹，更没有豪杰怕熊罴。

《满江红·和郭沫若同志》

蚍蜉撼树谈何易

"蚍蜉"指"大蚂蚁"。

正西风落叶下长安，飞鸣镝

此两句直译，关于前一句的"长安"的注的问题尚需进一步研究。

只争朝夕

"朝夕"直译，"一朝一夕"言时间之短暂。

附诗：

天垮下来擎得起，世披靡矣扶之直

此两句直译，可用假定式即"如果……"。"披靡"意为"倒下来"。

泥牛入海无消息

"泥牛"用多数（阿文可用双数）。

《水调歌头·重上井冈山》

久有凌云志

1."凌云志"，"凌云"即达到云层，攀上云层；"志"即志向和愿望。

2."云"与下面"高路入云端"的"云"，均应译出。

更有潺潺流水

此句中的"更有"应译出。

可上九天揽月

"揽月"的"揽",不要译为"摘",可根据各语种用适当的词意表达。

谈笑凯歌还

此句在译法处理上应用将来式。

《念奴娇·鸟儿问答》

鲲鹏展翅

"展翅"直译。

背负青天朝下看

"背负"指鲲鹏背朝天,像是背着天一样。

土豆烧熟了,再加牛肉

此两句直译加注,不加 goulash 一词。

不须放屁

如"放屁"一词在本语种中只是单纯指生理现象,则意译为"废话"或"胡说八道";如既有生理现象之意,又有"废话"之意,则可用"放屁"。

【注释】

〔1〕本篇见于《研究动态》1979 年第 1 期。

胡乔木致逄先知、龚育之

一九八六年五月二日

先知、育之同志：

四月二十四日信并各件都看了。毛泽东诗词选书稿惜来得迟了，许多问题在京时未听说，如今很难对谈了。正裕同志对注释稿作了如此认真详细的核对补充，用力之勤，甚可感佩。所校正处当然要照办，毫无疑义，但所增之处多数建议加以删节。这是因为：1、注释太多太繁，使本书类似辞典之类，很觉累赘。且增改过多，对如期出版也造成不小的困难，这当然是次要的。实际上如再要注得多些，亦无不可，但原注释经多方增补，现看来已嫌太多，只是限于时间精力等，现已无能为力了。作者生前多次反对出他的诗词注释本，说大多数注家绝少是成功的，注愈详愈坏。直到一九六六年三月杭州会议时，有四位大区第一书记找到我，要我请求出他的诗词注释本，他才勉强答应可出一简要的注本在内部发行。我们现在虽不一定要一切按他的话办，但注释太多，对这样一本只约五十首的诗词选确有轻重不称，喧宾夺主的缺点。某些细节的考释，说多了，将来再看，也难免会受到时间的淘汰。吴正裕同志所作的大量劳动不会白费，建议另出详注本或毛泽东诗词考释、研究之类的书，不知是否可行？至注释中还有一些意见不一致的地方，已多作简单说明。这些意见当然都还将继续讨论，但为此书不延期出版，不得不提出一些解决办法。究竟如何处理，请你们两位商同正裕同志和人民文学出版社有关负责同志共同决定。2. 挽易昌陶诗仍建议不收，因本书所选各篇都有鲜明的革命色彩，加入此诗则缺少了这种统一性，此诗从艺术上说也不是上乘的作品。当否亦请酌定。3. 吊罗荣桓同志一诗，我看了吴旭君同志的回忆，很难提出可疑之点，证以诗中"君今不幸离人世"一语，断非若干年后才能写出的。现存手稿同意你们的论证。盖中间一段他不可能再想到这首诗，到七十一年后再追想，记忆模糊，参以当时心境，故改处甚多。作者的诗常自书写或重写多次，此诗则为特例，因此作在作者生时决难示人，即林死后犹然,罗处当然不会听说。此中究竟实亦非不可理解,细想想就明白了。因此,建议写作时间不动。

以上不敢擅专,当否统请酌定。希望有关各点不致外传。

胡乔木

五月二日

各件均退,未留底。有疑点或前后不一致、前后位置不当处请自定。

【注释】

〔1〕这封信和后面三封信是就《毛泽东诗词选》的编辑、注释问题胡乔木与逄先知、龚育之的来往书信。见于《胡乔木谈文学艺术》、《胡乔木书信集》,据胡乔木手稿排印。 逄先知(1930—):山东胶州人,时任中共中央文献研究室副主任。 龚育之(1929—2007):湖南湘潭人,时任中共中央文献研究室副主任。龚育之在《百年潮》2002年第10期发表的文章《献疑和献曝》中,回忆了胡乔木1986年5月两次写信的背景。该文写道:"乔木指导人民文学出版社的同志编注《毛泽东诗词选》时,我正在中央文献研究室工作,我们向乔木提供了档案中收藏的毛泽东诗词手稿(包括一些没有发表过的诗词的手稿),以及关于诗词的一些信件和批注。后来乔木把编成的选本及注释,送来要我们提意见。我们请吴正裕同志认真地阅读,详细地提出了修改和补充的意见。""乔木五月二日的信,是回答我们四月二十四日的去信的。……我们除了转送吴的意见以外,主要是对吊罗一诗的写作时间定为一九六三年十二月罗逝世的当时,表示不好理解。因

为我们觉得如果像诗中那样贬斥林彪,同当时的政治情况和毛林关系难以协调(林彪正受毛泽东重视,并在两年多以后被定为毛泽东的接班人),而且罗处当时也不知道有这样一首诗,对毛泽东手迹熟悉的人中也有人认为不大像一九六四年手迹而更像后来七十年代初的手迹。我们觉得,这首诗要么是林彪折戟沉沙以后写的,要么是这以后改写过的。"后来人民文学出版社1986年9月出版的《毛泽东诗词选》,就是按照胡乔木的这些意见办理的。龚育之文章还谈到胡乔木5月2日和14日的两封信为什么在称呼上有区别,他说:"我们的两封去信,第一封是我起草的,我把名签在落款处的最后边,留下前边给逄签,故乔木的回信称逄、龚;第二封是逄起草的,他把名字签在最后边,留下前边给我签,故乔木的回信称龚、逄。"

〔2〕四月二十四日信并各件:随信送胡乔木的有:《毛泽东诗词选》书稿;毛泽东身边护士长、曾帮他保管诗词的吴旭君写的关于《吊罗荣桓同志》一诗写作时间的回忆。胡乔木在退还的

《毛泽东诗词选》稿本上作了详细的批改。

〔3〕正裕：即吴正裕（1935— ），江苏宜兴人，时任中共中央文献研究室毛泽东研究组副组长，参加《毛泽东诗词选》的编辑、注释工作。

〔4〕挽易昌陶诗仍建议不收：1986年9月人民文学出版社出版《毛泽东诗词选》时未收，1996年9月中央文学献出版社出版《毛泽东诗词集》收入副编。

毛泽东论诗词、楹联

分   论

龚育之、逄先知致胡乔木

一九八六年五月八日

乔木同志：

关于毛泽东诗词选，有两个问题，向您请示。

一、关于正、副编的划分，我们认为，根据您在出版说明里说的标准（是否经作者校订定稿），一九七八年经当时中央常委批准发表的《贺新郎》、《吊罗荣桓同志》、《读史》等三篇，应列入副编。因为这几首未必是定稿，特别是吊罗一首，可能是"作者不准备发表的"。人民文学出版社的同志也主张这样挪动。

二、《吊罗荣桓同志》写作年月，经您同意，拟了一个注释。注文如下：

〔一九六三年十二月〕这首诗在作者的手稿上未署写作时间。一九七八年发表时所署写作时间，是根据原在毛泽东同志身边工作的同志的可靠回忆判定的。仅存的一份手稿，从笔迹看是写于七十年代初期。毛泽东同志常对过去作的诗词加以修改。

龚育之、逄先知

1986.5.8

胡乔木致龚育之、逄先知

一九八六年五月十四日

育之、先知同志：

八日信悉。

正副编的分法（这类问题去年未能向你们和人民文学出版社同志说明，实为疏误，请予谅解），实际界限在于诗词的质量，读者当可意会。但用经作者校订定稿与否作为标准，个人认为还是适当的。这也就是不同档次的婉词，而亦符合事实。《贺新郎》作者久经琢磨，念念不忘，生前未发表只是由于私生活问题；《吊罗》《读史》也都可以说是定稿，因为此后作者没有也不可能再作修改。《吊罗》作者生前不愿发表出于当时的政治考虑，现早已时过境迁，且非本书初次正式发表。如认为"不愿发表"意义仍不醒豁，改为认为没有达到自己的艺术要求亦可。这三篇都经中央郑重发表，现列入副编会引起读者的混乱和诘难，使中央的工作缺少应有的连续性严肃性（此与政治路线是非无关），编者也难以举出尚未定稿确凿充足的证据和理由，从而使本书的编辑出版既打破了原有的权威性又无法树立自己的权威性。（中央现虽不会过问这类细节，但出版后可能有读者投书中央质问，则中央势必查究责任。）尤其是把正副编的艺术界限打乱了，这很不利于作者在诗词界的声誉。副编诸作，实际上显然都是作者从艺术上不愿正式发表的，如《秋收起义》，《给彭》、《给丁》诸作作者未必不记得（反彭反丁后当然不会发表，前此送他亦不会入选）；《和柳》、《答周》、《重上井冈山》，同样的题目都写过两篇，但三首发表了，三首则未，可见作者分寸之严。《好八连》〔以及流传一时的《读报》、《辨奏》等篇，现均未收〕作者所以不愿发表则因中有某种戏作成分。《给罗章龙诗》作者生前可能未见，如见了也不会愿意编入选集的，《挽易昌陶》亦然。正编诸作气魄雄大，韵味浓郁，显为副编所不能比拟。私意现在的分法选法似较得体，但亦不敢自专，谨请反复推敲，权衡得失。作者的政治声誉因后期错误太大在知识界很难有大的恢复，但相当一部分知识分子对他

毛泽东论诗词、楹联

的诗词还是很欣赏很以为宝贵的,这自是作品的客观价值使
然,故对本书的处理务望考虑到这部分读者的心理状态,不要
拘泥于某种形式上的界限,而要更多从政治上艺术上的高度决
定取舍和编次,以免使这部分读者也感到失望(注解精简化也
是免得这部分读者觉得被当成中学生;据此,似词牌、七律等解
释仍感太繁)。以上都是个人意见,是否有当,谨供参考,请再
酌定。

吊罗诗年月略予修改,现附上,并请酌定。

胡乔木

五月十四日

【注释】

〔1〕这封信见于《胡乔木书信集》(人民出版社
2002 年 5 月第 1 版)。

〔2〕八日信悉:指 1986 年 5 月 8 日龚育之、逄
先知致胡乔木的信。

〔3〕吊罗诗年月略予修改:胡乔木修改后的这
条注文如下:"〔一九六三年十二月〕这首诗一
九七八年发表时所署的写作时间,是根据原在
毛泽东同志身边工作的同志的可靠回忆判定
的。但现在仅存的一份手稿,从笔迹鉴定当是
七十年代初期据原作的回忆重写的。作者常
对自己的诗词反复书写和修改。"从修改后的
文字看,胡对文献室的原稿删去了第一句,保
留了第二句,修改了第三句,改为:"但现在仅
存的一份手稿,从笔迹鉴定当是七十年代初期
据原作的回忆重写的。作者常对自己的诗词
反复书写和修改。"不过,《毛泽东诗词选》定稿

出版时,又把这第三句全部删去了。

〔4〕读报:指《七律·读报》数首。 辨秦:指
《七律·读〈封建论〉吴郭老》。毛泽东"读报"、
"辨秦"等篇,1986 年人民文学出版社出版《毛
泽东诗词选》、1996 年中央文献出版社出版
《毛泽东诗词集》时,均未收入。2003 年 12
月,吴正裕主编、李捷、陈晋副主编,中央文献
出版社出版的《毛泽东诗词全编鉴赏》,作为
"附录",收录了《七律·读报》"反苏昔忆闹群
蛙"、"托洛茨基到远东"、"托落茨基返故居"三
首,《七律·改鲁迅诗》(曾警秋肃临天下)和
《七律·读〈封建论〉呈郭老》(劝君少骂秦始
皇)共五首。吴正裕在该书《"既反列斯又反
华"——读〈七律·读报〉》(托洛茨基到远东)
一文中说:"《改鲁迅》,就其内容来说,实质上
也是一首'读报有感'诗。"

育之、先知 同志：

八月信悉。

正所编的小辑，② 实际上是关于访问的质量……这方面工程说明……读者的了意会。但用经作为按语白定稿……是适合的。……作为……论证据，念不忘，当编者发表……私生活问题……章罗、读史也都了了说定稿，……此应作……脉再作修改……都经都已发表，说明入新编……会引起法者的疑惑，便中央……人派独为左右的连读（此说与成绩无关），……（说定稿者的）……说明……为定稿……

又明不解经，……

胡乔木致龚育之、逄先知（1986年5月14日）

胡乔木致逄先知

一九八八年三月五日

先知同志：

前年出版的《毛泽东诗词选》，我在出版说明第一节中把副编各首说做作者"没有最后定稿"，很觉勉强。这一节文学也很冗赘。《七律·吊罗荣桓同志》昆鸡注"昆一作群解"一句完全多余。这些都需要修正。现拟了一种改稿，想请人民文学出版社在下次重印时修改，不知可行否？改稿请阅正。

胡乔木

三月五日

【注释】

〔1〕这封信见于《胡乔木书信集》。信中提出了修改《毛泽东诗词选》的出版说明及修改《吊罗荣桓同志》诗一条注释文字的问题。人民文学出版社 1993 年 10 月重印这本诗词选时，已按照胡乔木信中提出的修改稿作了更动。

毛泽东不仅是中国人民的伟大领袖,而且是当代杰出的诗人。柳亚子先生曾以"推翻历史三千载,自铸雄奇瑰丽词"的诗句赞之。毛泽东青少年时代即爱好诗词,与朋友即有诗词唱和及对亲友的悼亡、送别之作。此后在长期的革命战争和建设时期,即使在戎马倥偬和日理万机中,也仍然保持着这样的爱好,乐此不疲。但这一点在很长一段时间却鲜为人知。毛泽东对于自己的诗词以为是旧体,怕贻误青年;或以为诗味不多,因而历来不愿意公开发表。据美国施图尔特·施拉姆《毛泽东》一书载,毛泽东在延安时,曾将其诗词七十首汇集付印,题名《风沙诗词》,印数很少,只送给亲密的朋友。但由于战争环境,这本诗集未能流传下来。直到抗战时期,埃德加·斯诺《红星照耀中国》一书才向世人披露了他的诗作,这就是《长征》诗。此后,再一次为国人所知,轰动整个重庆山城乃至全国的,是在重庆谈判期间,应柳亚子先生"索句"之请而书赠柳亚子先生的《沁园春·雪》,当时赞赏者有之,攻击者有之,成为我国现代文学史上的一件盛事。新中国建立以后,1957年《诗刊》创刊时首次得到毛泽东同意正式发表了《旧体诗词十八首》。毛泽东诗人之名遂风靡全国。此后,又接连发表了《蝶恋花·游仙(赠李淑一)》《送瘟神二首》《词六首》《诗词十首》《词二首》等。从此,毛泽东的诗作,不仅在中国家喻户晓,而且在全世界也广为流传,甚至为外国政治领袖所熟知、引用。

　　毛泽东去世之后,为了缅怀和纪念他的伟大业绩,或在他的忌日,或在他的诞辰,又陆续发表了他的几首诗词。发表最多的一次是1996出版的《毛泽东诗词集》,除将毛泽东生前发表、并经本人亲自审定的诗词全部收录以外,还收入了早已在民间流传,但在毛泽东生前没有发表或不打算发表的二十八首诗词。毛泽东一百一十周年诞辰之际,中央文献出版社出版的《毛泽东诗词全编鉴赏》,作为附录又增加收录了毛泽东诗五首。此外,近几年来多种书籍、报刊中也披露了毛泽东在各个不同时期、包括青少年时代和晚年所写的若干诗词。这样,我们迄今所见的毛泽东诗词已达一百多首。其实,毛泽东一生的诗作远不止于此。在湖南省立第一师范求学时,他曾一次抄给周世钊几十首诗词,可惜大都散失了。在延安所印《风沙诗词》,1946年美国汉学家罗伯特·佩恩到延安多方寻找,始终未能找到,只得到《七律·长征》《清平乐·六盘山》和《沁园春·雪》三首。陈白尘在《回忆〈词六首〉的发表》一文中说,1958年春,《人民文学》编辑部在很短的时间内就收集了近二十首毛泽东诗词,送请毛泽东审订发表,毛泽东只从其中挑出了六首词发表于《人民文学》1962年5月号。当时收集到的近二十首诗词,后来是否都发表了,尚不得而知。六十年代中期,毛泽东常读元曲,他还创作过曲的小令,可惜至今未见发表。

毛泽东创作、修改、审订、发表自己所作诗词的情况,历来也很少为外人所知。个中原因,诚如毛泽东所说:"诗难,不易写,经历者如鱼饮水,冷暖自知,不足为外人道也。"除此之外,也有的出于遵守纪律和保密的需要,即使知情者也守口如瓶,人们只能从个别发表的毛泽东书信中、毛泽东手书中以及与毛泽东交往较多的郭沫若、臧克家、周世钊、李淑一等人的谈话和文章中见出一点端倪。"文化大革命"中,开始流传毛泽东对自己所作诗词的批注和对一些诗词的解释,但那些多系传抄,真伪莫辨,甚至以讹传讹。毛泽东去世以后,大量的回忆录和传记著作以及《毛泽东诗词选》《毛泽东书信选集》《毛泽东诗词墨迹选》等相继出版,提供了许多第一手的材料,使我们对毛泽东诗词创作过程,以及修改、审订、发表情况有了更多的了解。

从我们现在所见到的毛泽东诗词的手稿和发表、出版情况可以充分地看出,毛泽东对于诗词创作的态度是极其严谨审慎、一丝不苟的。我国古代就流传推敲的故事,毛泽东同样如此。他曾经说过,"许多词是在马背上哼成的","那时我过着戎马生活,骑在马背上有了时间,就可以思索,推敲诗的押韵"。臧克家也讲到,毛泽东在《毛主席诗词》出版前,亲自开列名单,征求意见。名单中包括朱德、邓小平、彭真等老一辈无产阶级革命家,也包括若干我国现代著名的诗人。臧克家在这次座谈会上用便条写了二十三条意见,居然被毛泽东采纳了十三条,至于请郭沫若、臧克家以及其他接触较多或身边工作的同志提意见,则更是经常有的事。甚至一些素昧平生的老教授、青年学生写信来提出一些修改和订正的意见和建议,毛泽东也虚怀若谷、从善如流。因而毛泽东的"一字师""半字师"被人们传为美谈。更为可贵的是,毛泽东不仅在创作过程中和创作完成之后做了大量的修改工作,甚至在正式发表和出版多年之后,还不断地进行校正和润色。据在毛泽东身边工作的吴旭君回忆,从1963年3月直到1973年冬,毛泽东对他的全部诗稿重新看过数次,对有些诗词做过多次修改。因而,毛泽东诗词成为中国革命的壮丽史诗和诗坛的千古绝唱,就绝不是偶然的了。

毛泽东对其所作诗词的修改,大致上有五个主要方面。首先是准确地表现作品的思想内涵,进一步深化和挖掘作品的主题,使之能更好地表达作者的立意,抒发作者浓郁深厚的情感。最为著名的例子,要算是《念奴娇·昆仑》中将原作的"一截留中国"改为"一截还东国"。这两个字的改动,力重千钧,表现了毛泽东由昆仑山的多雪而引起的奇特而丰富的想象,不仅要为中国人民消灾,而且要让全世界人民都来共享改造昆仑的成果,为全人类造福。前面讲到了"欧""美",这里再加上"东国",就概括了全世界。这样,就使作品所要表达的主题思想更加完整、全面,展现了无产阶级革命家的博大胸怀,更富有高度的艺术概括力和感染力。再如《贺新郎·读史》,手稿中原先写作"洒遍了,郊原血",后来将"洒"字改为"流"字,这一字之易,加重了诗句的分量,也使形象更加鲜明生动,从而加深了作品所要表现的深刻的历史内涵,正如《毛泽东诗词选》编者在注释中所讲的,这句话指出了"人类过去的历史充满了各种苦难和战争"。在我国历史上不是曾有过血流漂杵的成语吗?同时,这样一改,与本诗中所写的"人世难逢开口笑,上疆场彼此弯弓月"扣得更紧了。再如《七律二首·送瘟神》中"红雨随心翻作浪,青山着意化为桥",郭沫若曾经看到原稿"随心"作"无心","着意"作"有意"。这虽然也是一字之差,但这两句诗的主体却不同了。原来的主体是"红雨""青山",经过这样一改,这两句诗的主体,就成了勤劳、勇敢、智慧的中国人民,热情地讴歌了他们在共产党的领导下,翻身做了主人,又战胜了对人民身体健康危害最大的"瘟神"——血吸虫病,从而在建设社会主义的大道上意气风发、斗志昂扬地阔步前进。

其次,毛泽东通过对其所作诗词的锤炼和润色,使抒情达意更加形象生动,语言更加准确、凝练。《七律·到韶山》,据周世钊说,他看到早年这首诗的末句是"人物风流胜昔年",经过几番修改以后,才定为"遍地英雄下夕烟"。拿原作与修改稿相比较,这两句诗的意境大不一样。原句虽然内容也很好,但毕竟是一个说理的句子,而修改后的诗句却展现了具体生动的形象。毛泽东一贯主张,"诗要用形象思维,不能如散文那样直说"。这一修改,正是毛泽东在自己的创作中实践了这一艺术规律。读了修改后的这个诗句,我们仿佛看到农民经过一天的辛勤劳动,在夕阳的余晖中踏着歌声归来。这是一幅多么富有诗意的美丽的图画!《沁园春·雪》"原驰蜡象"中"驰"原作"驱"。在上古汉语中,"驱"和"驰"这两个字都有"赶马"的意思,段玉裁《说文解字注》:"驰亦驱也,较大而疾耳。"后来,在语言的发展过程中"驱"和"驰"有不同的含义,"驱"保留了原义,"驰"却增加了马的动作的含义,因而在这里将"驱"改作"驰",与诗意就更为贴切、准确,而且将北国的雪中山脉写得仿佛动了起来,使读者可以想象到北国的雪中风光何等雄伟壮丽。

第三,毛泽东对所作诗词的修改,有不少地方是着意调整用字用韵,使之更加符合格律的要求。毛泽东在给陈毅谈诗的一封信中指出:"律诗要讲平仄,不讲平仄,即非律诗。"这表明了他对写作格律诗词的见解。诚然,毛泽东的诗词对传统的格律,有很多突破和创新,但从总体上来看,毛泽东绝大部分诗词都是符合传统诗词的格律要求的。譬如律诗一般在同一首诗中不用同字。特别是对颔联和颈联要求更加严格。《七律·长征》中"金沙水拍云崖暖"一句,其中的"水拍"原作"浪拍",这就同"五岭逶迤腾细浪"中"浪"字相重了。所以后来做了修改。《毛泽东诗词选》中作者自注说明了这一情况:"水拍:改浪拍。这是一位不相识的朋友建议如此改的。他说不要一篇中有两个浪字,是可以的。"这位不相识的朋友,就是山西大学历史系罗元贞教授。这样虽与第二句的"水"字重复,但总比与第三句的"浪"字重复为好,且两个"水"字含义不同。同时,根据我们所见到的最早收集在《中国工农红军第一方面军长征记》中的《毛泽东同志长征诗》所载,这句诗中"云崖"原作"悬崖",后来在《诗刊》正式发表时改为"云崖"。这样修改以后,这一句和下一句"大渡桥横铁索寒"作为律诗的颈联,对仗就更加工整了。"云崖"和"铁索",不仅整个词相对,而且词的内部结构中语素与语素之间也相对。再如《七律·登庐山》中"跃上葱茏四百旋"中的"旋"原作"盘"。按照韵书"盘"属上平声十四寒,"旋"属下平声一先,修改以后,"旋"就与本诗中其他的韵脚"边""天""烟""田"一致起来,同属一个韵,读起来就更加音韵和谐、铿锵有力了。

第四,毛泽东对所作诗词严肃认真、一丝不苟的精神,还表现在对于写作过程中偶尔出现的笔误和排印中出现的错误,只要发现了,都一一地加以纠正,并且连某些词原来有不同的书写形式,也使之统一起来。《沁园春·雪》写赠柳亚子先生的手稿中"原驰蜡象"的"蜡"原作"腊"。有一次臧克家和毛泽东见面时,提出"蜡"字比较好讲,并且正好与"银蛇"映衬,毛泽东欣然接受了臧克家的意见,在正式发表时做了修改。又如《七律二首·送瘟神》:"千村薜荔人遗矢"中"薜荔",原来写作"薜苈",对于这一词如何理解,在毛泽东诗词研究者中,当时还曾有过不同的看法,后来于1957年正式发表时改为"薜荔",这个问题也就迎刃而解了。再如《水调歌头·游泳》写赠黄炎培先生的手稿作"一桥飞架,南北天堑变通途"。这一句按照词谱,上六下五或上四下七均可,而根据句意,这里作上六下五较好。后来正式发表时修改为"一桥飞架南北,天堑变通途"。

第五,毛泽东所作诗词总是精心地制作标题,并且审慎地标明写作日期,这好像看来只是对文字做一些技术性的处理,但实际上对读者了解诗词创作的时代背景,正确地理解诗词的内容和对诗词进行艺术欣赏,都有着重要的意义。《沁园春·雪》《浣溪沙·和柳亚子先生》《词六首》,在最初的手稿中和初发表时,都只有词牌,后来陆续加上了标题。《七律·到韶山》1963年12月出版《毛主席诗词》时还没有标题,过了不几天,1964年1月4日在《人民日报》发表时就加上了现在的题目。特别值得指出的是,这些标题中的每一个字都是经过斟酌的,因而十分精当贴切。《七律·和柳亚了先生》中的"和"原作"赠",《蝶恋花·答李淑一》初发表时作《蝶恋花·游仙(赠李淑一)》。由两个"赠"字改为一"和"一"答",这就告诉了我们:有和作必有原作,有答诗也必有引起创作此诗的缘由。至于《蝶恋花·答李淑一》为什么开始写作"游仙"后来又改为现题呢?我们从毛泽东给李淑一的信中可以看到这样一段话,他说:"这种'游仙'作者自己不在内,别于古之游仙诗。"也许这就是毛泽东之所以改题的原因吧。

毛泽东 1945 年曾应诗人徐迟之邀,书写过一则题词:"诗言志"。这正是"夫子自道"。作为中国无产阶级革命的第一代领袖,他的诗词反映了中国无产阶级革命和直到他去世前社会主义建设的全部历程,展现了中国革命和建设的波澜壮阔的宏伟画卷。作为集无产阶级政治家、军事家、哲学家、思想家和诗人于一身的杰出领袖人物,毛泽东的诗词又是他一生的政治思想,生活追求,哲学观念,思维方式,生活阅历,切身感受,思想境界,人生情致,创造才能和审美情趣的反映。古人说:"诗有史,词亦有史,庶乎自树一帜矣。"这样的评价,毛泽东是当之无愧的。

[本文发表于《光明日报》2013 年 1 月 1 日第 7 版]

主要参考文献

毛泽东诗词及有关著作

《毛主席诗词》,37 首,人民文学出版社,1963 年 12 月第 1 版。

《毛主席诗词》,39 首,人民文学出版社,1976 年 1 月第 1 版。

《毛泽东诗词选》,50 首,人民文学出版社,1986 年 11 月第 1 版。

《毛泽东诗词集》,67 首,中共中央文献研究室编,中央文献出版社,1996 年 9 月第 1 版第 2 次印刷。

《毛泽东诗词集》,67 首,中共中央文献研究室编,中央文献出版社,1996 年 9 月第 1 版。2003 年 12 月重印,注释做了订正和增补,附录增加了毛泽东关于诗歌的一些文稿。

《毛主席诗词墨迹》,文物出版社,1973 年 12 月第 1 版。收录毛泽东诗词 15 首 15 件。

《毛主席诗词墨迹(续编)》,文物出版社,1978 年 12 月第 1 版。收录毛泽东诗词 21 首 18 件。

《毛泽东手书选集(第 1—10 卷)》,中央档案馆编,北京出版社,1993 年 10 月第 1 版。收录毛泽东诗词 38 首 74 件。

《毛泽东硬笔书法》,中央档案馆编,北京出版社,1995 年 1 月第 1 版。收录毛泽东诗词 5 首 6 件。

《毛泽东诗词手迹(上、下册)》,中共中央文献研究室、中央档案馆编,线装书局,1997 年 6 月第 1 版。收录毛泽东诗词 46 首 112 件。

《毛泽东文集(第 1—8 卷)》,中共中央文献研究室编,人民出版社,1993 年 12 月至 1999 年 6 月出版。

《毛泽东早期文稿(1912.6—1920.11)》,中共中央文献研究室、中共湖南省委《毛泽东早期文稿》编辑组编,湖南出版社,1990 年 7 月第 1 版。1995 年 3 月第 2 版。

《建国以来毛泽东文稿(第 1—13 册)》,中共中央文献研究室编,中央文献出版社,1987 年 11 月至 1998 年 1 月出版。

《毛泽东书信选集》,人民出版社,1983 年 12 月第 1 版。

《毛泽东家书》,谢柳青编,中原农民出版社版。

《毛泽东论文艺(增订本)》,人民文学出版社,1992 年 8 月第 4 版。

《毛泽东读文史古籍批语集》,中央文献出版社,1993 年 11 月第 1 版。

《毛泽东哲学批注集》,中共中央文献研究室编,中央文献出版社,1988 年 3 月版。

《毛泽东农村调查文集》,人民出版社,1981 年版。

《毛泽东新闻工作文选》,新华出版社,1983 年 12 月版。

《毛泽东自述》,人民出版社,1993 年 2 月第 1 版。

《毛泽东、周恩来、刘少奇、朱德、邓小平、陈云格言》,中共中央文献研究室编,中央文献出版社、上海人民出版社,1997年1月版。

毛泽东诗词研究及有关著作

安旗:《毛主席〈诗词十首〉浅释》,四川人民出版社,1964年10月第1版。

蔡清富、黄辉映编著:《毛泽东诗词大观》,四川人民出版社,1992年6月第1版,1998年2月第2版。

蔡清富编:《毛泽东诗词名家赏析》,北京师范大学出版社,1993年2月第1版。

陈晋主编:《毛泽东读书笔记解析》,广东人民出版社,1996年7月第1版。

陈晋著:《毛泽东的文化性格》,中国青年出版社,1991年12月版。

陈晋著:《毛泽东与文艺传统》,中央文献出版社,1992年3月版。

陈晋著:《毛泽东之魂》,吉林人民出版社,1993年10月第1版;中央文献出版社,1997年12月第1版。

陈晋著:《文人毛泽东》,上海人民出版社,1997年12月第1版。

陈晋著:《独领风骚——毛泽东心路解读》,万卷出版公司,2004年1月第1版。

陈安吉著:《毛泽东诗词版本丛谈》,中央文献出版社、南京出版社,2003年12月第1版。

陈东林著:《毛泽东诗史》,中共中央党校出版社,1997年3月第1版。

陈一琴主编:《毛泽东诗词笺析》,海峡文艺出版社,1997年2月第2版。

陈国民译注:《毛泽东诗词百首译注》,北京出版社,1997年6月第1版。收录诗词100首。

丁力主编:《毛泽东诗词大辞典》,中国妇女出版社,1993年11月第1版。收录诗词58首。

杜贤荣编著:《毛泽东对联赏析》,中国青年出版社,2004年出版。

福建师大中文系《毛主席诗词》教研组:《毛主席诗词学习参考资料》,福建人民出版社,1979年6月第1版。

佛雏:《毛主席诗词讲疏》,扬州师范学院中文系,1962年12月印行。

广东人民出版社编辑部:《毛主席诗词学习参考资料》,广东人民出版社,1978年1月第1版。

公木:《毛泽东诗词鉴赏》,长春出版社,1996年1月版,收录诗词57首;1999年1月版,收录诗词67首。

高勇主编:《诗雄与雄诗——南郑诗词研讨会诗文集》,中央文献出版社,1995年4月第1版。

郭永文主编、徐永军副主编:《毛泽东诗词故事》,中央文献出版社,1998年11月第1版。

郭思敏主编:《毛泽东诗词辨析》,中央文献出版社,2006年10月第1版。

龚国基著:《毛泽东与诗》,中国文联出版公司,1998年6月第1版。

何火任、蔡清富、吴正裕主编,陈晋、李捷副主编:《毛泽东诗词研究丛刊》第一辑,中央文献出版社,2000 年 10 月第 1 版。

何火任、吴正裕主编:《毛泽东诗词研究丛刊》第二辑,中央文献出版社,2005 年 10 月第 1 版。

何联华著:《毛泽东诗词新探》,武汉出版社,1995 年 12 月第 1 版。

胡国强主编:《毛泽东诗词疏证》,西南师范大学出版社,1996 年 5 月修订版。收录诗词 69 首,对联 35 副。

胡为雄编著:《毛泽东诗词鉴赏》,红旗出版社,2002 年 9 月第 1 版。

胡为雄编著:《诗国盟主毛泽东》,当代中国出版社,1996 年 7 月第 1 版。收录诗词 64 首,对联 29 副。

胡为雄著:《毛泽东诗赋人生》,中共中央党校出版社,2007 年 5 月第 1 版。收录诗词 98 首,对联 36 副。

胡忆肖、胡兴武、畅清编著:《毛泽东诗词白话全译》,武汉出版社,1996 年 4 月第 2 版。收录诗词 90 首。

胡忆肖、鲍晓敏、胡兴武编著:《毛泽东诗词白话全译》,湖北教育出版社,2001 年 5 月第 1 版。收录诗词 115 首,对联 80 副。

黄伊、王德成主编:《毛泽东诗词书法鉴赏(图文珍藏版)》,中国档案出版社,2003 年 12 月第 1 版。

季世昌、费枝美:《毛泽东诗词新解》,中央文献出版社,2003 年 12 月第 1 版。

季世昌:《毛泽东诗词鉴赏大全》,南京出版社,1994 年 12 月第 1 版;1998 年第 2 版,收录诗词 109 首,对联 94 副。

季世昌:《毛主席诗词》(讲解),南京大学出版,1967 年。

季世昌、吴福林、季晨编著:《毛泽东诗词掌故佳话》(《诗人毛泽东》丛书),珠海出版社,1989 年 9 月第 1 版,1998 年 8 月第 2 版。

季世昌编著:《毛泽东诗词(新编足本)》(《世纪风采》专辑),《世纪风采》编辑部,1993 年 12 月出版。

季世昌、费枝美:《书法家毛泽东——毛泽东诗词书法艺术赏析》,江苏美术出版社,2003 年 12 月第 1 版。

季世昌:《毛泽东诗词书法艺术》,中央文献出版社,2007 年 1 月第 1 版。

季世昌、费枝美:《毛泽东诗词新解》,中央文献出版社,2003 年 12 月出版。

季世昌、徐四海:《独领风骚 毛泽东诗词赏析》,社会科学文献出版社,2009 年 10 月出版。

季世昌主编:《毛泽东诗词书法诗意画鉴赏》,商务印书馆国际有限公司,2012 年 9 月出版。

吉林师大中文系著:《毛主席诗词讲解》,吉林人民出版社,1977 年 8 月第 1 版。

江海主编:《民族诗魂——毛泽东诗词研讨会论文集》(《江海诗词》特辑),江苏省诗词协会,1993年12月出版。

江苏省毛泽东诗词研究会编:《高峰·奇葩·旗帜——江苏省毛泽东诗词研究会学术论文集》,江苏古籍出版社,1996年第1版。

江建高著:《毛泽东诗词、诗论与中国现代诗歌》,湖南师范大学出版社,2001年5月第1版。

蒋锡金主编:《毛泽东诗词赏析辞典》,北方妇女儿童出版社,1993年11月第1版。

李晓航编:《毛泽东诗词书目提要》,中国文联出版社,2000年8月第1版。

李安葆编著:《长征诗话》,中国青年出版社,1996年12月第1版。

李子建编著:《毛泽东诗词探索》,河海大学出版社,1991年6月出版。

李子建著:《毛泽东诗词美学新探》,中央文献出版社,2003年4月第1版。

李程骅、程杰合编:《毛泽东诗词学生读本》,接力出版社,1994年4月第1版。

梁瑞郴、游和平:《毛泽东题词趣谈》,长江文艺出版社,2003年9月第1版。

良石、芦白欣主编:《毛泽东诗词书法赏析》,延边大学出版社,2004年9月第1版。

良石主编:《毛泽东诗词书法赏析》,延边大学出版社,2004年1月第2版。

刘汉民编著:《毛泽东诗话词话书话集观》,长江文艺出版社,2002年10月第1版。

刘汉民、舒欣编著:《毛泽东诗词对联书法集观》,长江文艺出版社,2000年4月第2版。收录诗词120首,对联51副。

刘汉民:《毛泽东诗词艺术十美》,长江文艺出版社,1992年1月第1版。

刘汉民编:《毛泽东谈文说艺实录》,长江文艺出版社,1992年5月第1版。

刘汉民著:《诗人毛泽东》,长江文艺出版社,2001年1月第1版。

刘济昆编著:《毛泽东诗词全集》,海风出版社有限公司,1992年12月第1版第4次印刷。收录诗词63首,对联30副。

刘济昆编纂:《毛泽东诗词全集详注》,香港昆仑制作公司,1993年8月第6版。

刘济昆著:《毛泽东诗词演义》,昆仑制作公司,1993年8月第4版。收录诗词66首,对联30副。

刘金琼编著:《毛泽东诗词格律研究》,内蒙古人民出版社,1995年4月第1版。

刘建屏主编、吴伟斌副主编:《新编毛泽东诗词鉴赏》,江苏文艺出版社,2005年1月第1版。

刘志刚编著:《毛泽东诗词书法鉴赏》,内蒙古人民出版社,2004年11月第1版。

鲁歌:《毛泽东诗词论稿》,文化艺术出版社,1983年12月第1版。

路则逢等编著:《毛泽东的诗词艺术》,山东大学出版社,1991年6月出版。

龙剑宇、胡国强著:《毛泽东的诗词人生》,中央文献出版社,2003年1月第1版。

罗炽主编:《毛泽东诗词鉴赏辞典》,华夏出版社,1993年12月第1版。收录诗词58首。

马国征、季世昌主编,王同书副主编:《流韵壮东风——江苏毛泽东诗词研究论文集》,吉林人民出版社,2001 年 8 月第 1 版。

马连礼、耿建华、章亚昕著:《毛泽东诗词纵横论》,山东人民出版社,2000 年 1 月第 1 版。

马连礼主编、董正春副主编:《毛泽东诗词史诗论》,山东人民出版社,1991 年 12 月第 1 版。

马连礼主编、董正春副主编:《毛泽东诗词美学论》,山东人民出版社,1994 年 12 月第 1 版。

孟庆文主编:《毛泽东诗词研究》,福建人民出版社,1981 年 6 月第 1 版。

孟昭诗著:《毛泽东诗词不同稿本赏析》,中国艺苑出版社,2002 年 6 月第 1 版。

孟昭诗著:《毛泽东诗词修改始末与修改艺术》,华夏出版社,2002 年 12 月第 1 版。

山东大学中文系《毛主席诗词》教研组编:《毛主席诗词浅释》,山东人民出版社,1974 年 4 月第 2 版。

唐意诚编注:《毛泽东楹联辑注》,湖南楹联学会编,1993 年 12 月第 1 版。

石磊主编:《毛泽东诗词书法鉴赏》,内蒙古文化出版社,2005 年 1 月第 3 版。

石明辉著:《毛泽东诗词五十首解析及艺术论》,天津教育出版社,1993 年 10 月第 1 版。

苏桂主编:《毛泽东诗词大典》,广西人民出版社,1993 年 8 月第 1 版。收录诗词 82 首。

王臻中、钟振振主编:《毛泽东诗词鉴赏》,江苏古籍出版社,1990 年 10 月第 1 版。

汪漠著:《挥手从兹去——毛泽东的诗人形象与诗性世界》,广西师范大学出版社,2003 年 12 月第 1 版。

吴秋阳编著:《毛泽东诗词格律鉴赏》,珠海出版社,1999 年 9 第 1 版。

吴天石著:《中国革命的伟大史诗——学习毛主席诗词的笔记》,江苏人民出版社,1959 年 12 月第 1 版,1961 年 6 月再版,1978 年 12 月重印。

吴雄选编:《毛泽东诗词集解》,河北人民出版社,1998 年 8 月第 1 版。

吴正裕主编,李捷、陈晋副主编:《毛泽东诗词全编鉴赏》,中央文献出版社,2003 年 12 月第 1 版。收录诗词 72 首。

吴功正主编:《毛泽东诗词鉴赏》,江苏古籍出版社,2001 年 6 月第 1 版。

吴直雄著:《毛泽东妙用诗词》,京华出版社,1998 年 12 月第 1 版。

吴直雄著:《楹联巨匠毛泽东》,广东人民出版社,2003 年 8 月第 1 版。

吴雄选编:《毛泽东诗词集解》,河北人民出版社,1998 年出版。

肖毅、胡敏编著:《毛泽东诗词详析及墨迹欣赏》,湖北教育出版社,2001 年 5 月第 1 版。

萧永义:《毛泽东诗词对联辑注》,湖南文艺出版社,1991 年 3 月第 1 版,1992 年 4 月版。

萧永义著:《毛泽东诗词史话》,东方出版社,1996 年 12 月第 1 版,2004 年 12 月第 2 版。

徐四海编著:《毛泽东诗词鉴赏》,云南人民出版社,2005 年 6 月第 1 版。

徐涛编著:《毛泽东诗词全编》,湖北教育出版社,1993 年 11 月第 1 版,1995 年 10 月第 2 版。收录诗词 84 首。

杨庆旺:《毛泽东题词与联语纪事》,中央文献出版社,2001 年 4 月第 1 版。

易孟醇注释:《毛泽东诗词笺析》,湖南大学出版社,1989 年 7 月第 1 版,1996 年 12 月第 2 版。

易孟醇笺析:《毛泽东诗词笺析》,河南人民出版社,2003 年 12 月第 1 版。

易孟醇、易维著:《诗人毛泽东》,人民出版社,2003 年 11 月第 1 版。

臧克家讲解、周振甫注释:《毛主席诗词十八首讲解》,中国青年出版社,1957 年 10 月第 1 版。

臧克家讲解、周振甫注释:《毛主席诗词讲解》,除 18 首外,增收《蝶恋花·答李淑一》一首,共 19 首。中国青年出版社,1957 年 10 月第 1 版。1958 年第 2 版,又增收《七律二首·送瘟神》,共 21 首。1962 年 4 月第 3 版,第 10 次印刷时,又增收《词六首》,共 27 首。

臧克家主编,蔡清富、李捷副主编:《毛泽东诗词鉴赏》,河北人民出版社,1990 年 8 月第 1 版,1993 年 3 月第 7 次印刷。

臧克家著、郑苏伊编:《在毛主席那里作客》,河北人民出版社,1992 年 5 月第 1 版。

臧克家主编:《毛泽东诗词鉴赏》,河南文艺出版社,2003 年 10 月第 1 版。

张涤华著:《毛泽东诗词小笺(修订本)》,安徽文艺出版社,1991 年 11 月出版。

张仲举编注:《毛泽东诗词全集译注》,陕西人民出版社,2000 年 1 月修订本。

张宪忠、邕思编写:《毛泽东诗词艺术赏析》,辽宁人民出版社,1997 年 1 月第 2 版,第 2 次印刷。

张世安、张腾飞编著:《毛泽东名联趣话》,山东人民出版社,2003 年 11 月第 2 版。

郑广瑾、杨宇郑编:《毛泽东诗话》,河南人民出版社,1999 年 8 月第 1 版。

振甫《毛主席诗词浅释》,上海人民出版社,1961 年 12 月第 1 版。1962 年 10 月第 3 次印刷时,增补《词六首》。

周振甫注释,臧克家、周振甫讲解:《毛泽东诗词讲解》,中国青年出版社,1996 年 12 月第 2 版。收录诗词 67 首。

周振甫著:《毛泽东诗词欣赏》,上海书店出版社,1994 年 10 月第 1 版。

周正举、阎钢著:《毛泽东诗话》,成都科技大学出版社,1993 年出版。

周正举著:《诗文丛话》,巴蜀书社,1999 年 2 月第 1 版。

周西云著:《毛泽东诗词语法解析》,中国人民公安大学出版社,2000 年 9 月第 1 版。

毛泽东诗词研究文章

安旗:《第一等襟抱,第一等真诗——毛主席诗词读后记》,《文艺月报》1958 年第 5 期。

安旗:《略谈革命浪漫主义与革命现实主义相结合》,《星星》1958 年第 8 期。

安旗：《毛主席诗词十首浅释——根据在四川文联毛主席诗词讲座卜的讲稿整理》，《四川文学》1964 年第 4 期。

包霄林、戚鸣：《毛泽东一首诗的诞生》，《家庭》1991 年第 10 期。

陈毅：《1960 年春录〈西江月·井冈山〉题记》，文物出版社《文物·特刊》第 24 期。

陈昊苏：《雄鹰展翅任飞翔》，1978 年 9 月 15 日《光明日报》。

邓叙萍：《读毛主席诗词的一点感受——为庆祝人民解放军三十周年作》，《解放军文艺》1957 年第 7 期。

杜建国：《〈沁园春〉咏雪词的写作经过》，《重庆文史资料选辑》1982 年第 11 辑。

佛雏：《对毛主席诗词的几种误解》，《文艺报》1959 年第 4 期。

佛雏：《毛主席诗词研究（三篇）》，《扬州师范学院学报》1959 年第 1 期。

佛雏：《毛主席诗词研究（二篇）》，《扬州师范学院学报》1959 年第 2 期。

佛雏：《读毛主席〈十六字令三首〉》，《文学知识》1959 年第 11 期。

佛雏：《人在画图中——毛主席诗词札记》，1962 年 3 月 4 日《新华日报》。

佛雏：《战地黄花分外香——读毛主席〈词六首〉》，《江海学刊》1962 年第 9 期。

佛雏：《风雷起大地，日月换新天——读毛主席〈诗词十首〉》，《江海学刊》1964 年第 2 期。

佛雏：《论毛主席诗词的艺术方法》，《雨花》1982 年第 7 期。

郭沫若：《摩登唐吉诃德的一种手法》，《萌芽月刊》1946 年第 7 期。

郭沫若：《浪漫主义和现实主义》，《红旗》1958 年第 3 期。

郭沫若：《郭沫若同志的回信》，《文艺报》1958 年第 7 期。

郭沫若：《郭沫若同志答〈文艺报〉问》，《文艺报》1958 年第 7 期。

郭沫若：《郭沫若同志给本刊编辑部的信》，《星星》1958 年第 10 期。

郭沫若：《"一唱雄鸡天下白"》，《文艺报》1958 年第 11 期。

郭沫若：《当前诗歌中的主要问题》，《诗刊》1959 年 1 月号。

郭沫若：《"坐地"、"巡天"及其他》，1959 年 3 月 4 日《人民日报》。

郭沫若：《喜读毛主席的〈词六首〉》，1962 年 5 月 12 日《人民日报》。

郭沫若、赵朴初：《"枯木朽株"解》，1962 年 6 月 8 日《人民日报》。

郭沫若：《温故而知新》，1962 年 7 月 12 日《人民日报》。

郭沫若：《"百万雄师过大江"——读毛主席新发表的诗词之一》，1964 年 1 月 4 日《人民日报》。

郭沫若：《"桃花源里可耕田"》，1964 年 2 月 2 日《人民日报》。

郭沫若：《"敢教日月换新天"》，1964 年 2 月 8 日《人民日报》。

郭沫若：《"待到山花烂漫时"》，1964 年 3 月 15 日《人民日报》。

郭沫若：《毛主席诗词集句对联》，1964 年 3 月 21 日《光明日报》。注中对《七律·人民解放军占领南京》"人间正道是沧桑"的解释做了更正。

郭沫若:《"不爱红装爱武装"》,1964年4月5日《人民日报》。

郭沫若:《"无限风光在险峰"》,1964年4月11日《人民日报》。

郭沫若:《"寥廓江天万里霜"》,1964年4月12日《光明日报》。

郭沫若:《"芙蓉国里尽朝晖"》,1964年5月16日《人民日报》。

郭沫若:《"玉宇澄清万里埃"》,1964年5月30日《人民日报》。

郭沫若:《"梅花欢喜漫天雪"》,《内部未刊稿》1964年第2期。

郭沫若:《"五洲震荡风雷激"》,《内部未刊稿》1964年第2期。

郭沫若:《"红旗跃过汀江"——喜读毛主席〈清平乐·蒋桂战争〉》,1965年2月1日《光明日报》。

郭沫若:《"到中流击水,浪遏飞舟"》,1966年1月20日《光明日报》。

郭沫若:《"红军不怕远征难"》,1965年7月31日《人民日报》。

胡为雄:《〈毛泽东诗词选〉注释中若干问题商榷》,《党的文献》1991年第6期。

季世昌:《关于正确理解毛泽东诗词的几个问题》,《南京大学学报》1978年第3期。

季世昌:《千锤百炼铸史诗——学习毛主席修改诗词精益求精的精神》,1978年12月24日《新华日报》。

季世昌:《自铸雄奇瑰丽词——略论毛泽东诗词的艺术特色》,1993年10月21日《新华日报》。

季世昌:《试论毛泽东诗词的艺术风格》,1993年11月12日《南京日报》。

季世昌:《新版〈毛泽东诗词集〉有哪些改动?》,1997年7月25日《中国青年报》,《新华文摘》1998年第1期。

鲁歌:《我和〈毛主席诗词〉的两处改动》,《许昌师专学报(社科版)》1991年第3期。

李淑一:《毛主席灿如红日光照人间》,1976年12月22日《人民日报》。

李淑一:《情深似海,光耀千秋——读毛主席为杨开慧同志所作〈贺新郎〉词》,1978年9月12日《解放军报》。

李淑一:《万里长空且为忠魂舞》,1976年12月22日《解放军报》。

李淑一:《忽报人间曾伏虎》,湖南人民出版社编《我们爱韶山的红杜鹃》。

李锐:《毛泽东早年的两首诗》,《读书》1992年2月。

汪遵国:《毛主席〈五律·海鸥将军千古〉读考》,《东南文化》1995年第3期。

王力:《学习〈浪淘沙·北戴河〉》,《语文学习讲座》1965年3月第24辑。

王焰:《毛泽东没有留下手稿的一首诗——纪念〈唯我彭大将军〉写作六十周年》,《中华魂》1995年第6期。

王谨:《从〈虞美人〉到〈蝶恋花〉》,1983年5月22日《解放军报》。

吴旭君：《毛泽东两首诗词的写作时间及其他》，1986年9月28日《光明日报》。

吴正裕：《偏于豪放，不废婉约》，1994年12月26日《人民日报》。

萧涤非：《读毛主席诗词的几点蠡测》，《山东大学学报》1959年第3期。

萧涤非等：《笔谈毛主席诗词十首》，《文史哲》1964年第1期。

颜雄：《激情无限怀遗篇——丁玲谈毛泽东同志〈临江仙〉词》，1980年12月3日《湖南日报》。

杨建业：《在毛主席身边读书》，1978年12月29日《光明日报》。

乐天宇：《关于毛主席〈七律·答友人〉的通信》，《信阳师范学院学报（哲社版）》1983年第1期。

赵朴初：《读毛主席一九二三年作〈贺新郎〉词书感》，《文艺报》1978年第4期。1978年9月9日《人民日报》。

赵朴初：《学习毛主席长征时期诗词——一次学习会上的讲话》，《语文学习讲座》1965年第28期。

赵朴初：《学习毛主席诗词——略释毛主席诗词十首并试论毛主席诗词艺术》，《新闻业务》1964年第3期。

周世钊：《伟大的革命号角，光辉的艺术典范——读毛主席诗词十首的体会》，《湖南文学》1964年7月号。

与毛泽东诗词研究有关的著作和文章

金冲及主编：《毛泽东传》（1893—1949），中央文献出版社，1996年8月出版。

逄先知、金冲及主编：《毛泽东传》（1949—1976）（上、下），中央文献出版社，2003年12月第1版。

逄先知主编：《毛泽东年谱》（1893—1949）（上卷、中卷、下卷），人民出版社、中央文献出版社，1993年12月版。

成仿吾：《长征回忆录》，人民出版社，1977年10月第1版。

邸延生著：《历史的真言——李银桥在毛泽东身边工作纪实》，新华出版社，2000年7月第1版。

董边、镡德山、曾自编：《毛泽东和他的秘书田家英》，中央文献出版社，1989年12月第1版。

龚育之、逄先知、石仲泉：《毛泽东的读书生活》，生活·读书·新知三联书店，1986年9月出版。

郭金荣：《毛泽东的晚年生活》，教育科学出版社，1993年2月出版。

郭化若：《远谋自有深韬略》，人民出版社，1980年3月出版。

湖南人民出版社编:《我们爱韶山的红杜鹃》,湖南人民出版社,1979年5月第2版。

季国平著:《毛泽东与郭沫若》,北京出版社,1998年2月第1版。

李银桥:《在毛泽东身边十五年》,河北人民出版社,1991年6月第1版。

李锐:《庐山会议实录》,春秋出版社,1989年5月第1版。

林克著:《我所知道的毛泽东——林克谈话录》,中央文献出版社,2000年2月第1版。

中国革命博物馆编:《柳亚子文集·磨剑室诗词集》(上、下),上海人民出版社,1985年1月第1版。

中国革命博物馆、上海人民出版社编:《柳亚子文集·磨剑室文录》(上、下),上海人民出版社,1993年12月第1版。

罗章龙著:《亢慕斋诗话》。

罗章龙著:《椿园载记》,生活·读书·新知三联书店,1984年9月第1版。

毛岸青、邵华:《滚烫的回忆》,《人民文学》1983年第12期。

彭德怀:《彭德怀自述》,人民出版社,1981年12月第1版。

山东省档案馆编:《毛泽东与山东》,中央文献出版社,2003年11月第1版。

《田家英与小莽苍苍斋》,生活·读书·新知三联书店。

汪东兴著:《汪东兴日记》,中国社会科学出版社,1993年9月第1版。

吴吉清:《在毛主席身边的日子里》,江西人民出版社,1977年8月出版。

吴冷西:《忆毛主席——我亲身经历的若干重大历史事件片断》,新华出版社,1995年3月出版。

萧瑜著:《我和毛泽东的一段曲折经历》,昆仑出版社,1989年6月第1版。

许全兴著:《毛泽东与孔夫子》,人民出版社,2003年12月第1版。

谢觉哉著:《谢觉哉日记》,人民出版社,1984年4月第1版。

张贻玖:《毛泽东的书房》,中国工人出版社,1987年9月出版。

张贻玖:《毛泽东读史》,中国友谊出版公司,1992年3月出版。

张贻玖:《毛泽东和诗》,中央文献出版社,1998年8月第1版。

张贻玖著:《毛泽东批注历史人物》,鹭江出版社,1993年4月第1版。

张耀祠著:《回忆毛泽东》,中共中央党校出版社,1996年9月第1版。

张玉凤等:《毛泽东轶事》,湖南文艺出版社,1992年4月出版。

周彦瑜、吴美潮:《毛泽东与周世钊》,吉林人民出版社,1993年4月第1版。

王力著:《古代汉语》,中华书局,1981年6月第2版。

王力著:《汉语诗律学(增订本)》,上海教育出版社,1979年11月第2版。

王力著:《诗词格律》,中华书局,2000年4月第1版。

王力著:《诗词格律概要》,北京出版社,1979年10月第1版。

王力著：《诗词格律十讲》，北京出版社，1964年3月第1版。

王力著：《诗词余论》，见王力著《诗词格律十讲》，商务印书馆，2002年12月第1版。

王力著：《音韵学初步》，见王力著《诗词格律十讲》，商务印书馆，2002年12月第1版。

王力：《诗歌的起源及其流变》，见王力著《诗词格律十讲》，商务印书馆，2002年12月第1版。

王力：《中国格律诗的传统和现代格律诗的问题》，见王力著《诗词格律十讲》，商务印书馆，2002年12月第1版。

陈明源著：《常用词牌详介》，人民日报出版社，1987年10月第1版。

后　记

编完《新编毛泽东诗词鉴赏大全》，并没有感到轻松，我只觉得初步完成了毛泽东诗词研究的基础工作。过去由于种种原因，毛泽东生前发表的诗词，仅有三十九首。这当然只是毛泽东一生创作的诗词中的一小部分。随着对毛泽东及其生平思想的研究日益深入地展开，人们越来越想了解这位伟人的一生，越来越想了解这位伟人的感情世界，越来越想了解作为无产阶级革命领袖和诗人所创造的全部的优美的艺术作品。正是在海内外各界人士的这一迫切需要和时代潮流的推动下，我们尝试着向这一方面作出努力。

　　古人讲"立德、立功、立言"为三不朽，毛泽东是当之无愧的。古人又讲文章乃"经世之大业、不朽之盛事"，毛泽东也是当之无愧的。毛泽东一生的成就是伟大的和多方面的，他的著述也是伟大的和多方面的。随着时间的推移，他最伟大的成就，最精彩的著述，将会愈益显示其光辉；而毛泽东诗词，不但是同辈人和当代人无与伦比的，其中的优秀篇章既是前无古人，当然也是会后启来者的，必将成为中华民族文化宝库中永放熠熠光芒的灿烂明珠。我愿以这本书作为一颗小小的铺路石，让我们在现有的毛泽东诗词研究成就的基础上继续前进。

　　这里，有几点需要说明。一是所谓"大全"，乃相对而言，既全又不全。说"全"，确实比过去和现在所见各种毛泽东诗词版本收录多了，容量大了，涉及面亦有所拓宽，即：不仅辑纂诗词作品增加，而且还包括属于诗词同一类型或相近的楹联；不仅有排印的文字，还有毛泽东在该领域同样取得重大成就的书法艺术；不仅有作品，还有本事、本人的解释以及关于诗词的书信；不仅有注释，还有有关的历史地图、文物图片等。这样，也许可以全方位、立体化、多侧面地加深对毛泽东诗词的理解，提高阅读和欣赏的情趣。但书无完书，还很不全。希望能抛砖引玉，有更多的老一辈无产阶级革命家、曾经在毛泽东身边工作过的人员、亲友以及研究者进一步提供新的材料，以不断地臻于完备，使毛泽东诗词这一宝贵的精神财富流传千古。

　　二是要说几句出自肺腑的感激的话。在大学时代，谭佛雏教授曾开设毛泽东诗词研究讲座，他是我学习和研究毛泽东诗词的引路人。我聆听了他的教诲，引起了学习和研究毛泽东诗词的浓厚兴趣。

在南京大学教书时,洪诚教授、裴显生教授、鲁国尧教授为我审阅、修改稿件,刘振中教授帮助绘制有关历史地图,联系印刷事宜,出版了《毛主席诗词注解》。一九九三年,为纪念毛泽东诞辰一百周年时,在南京出版社社长兼总编张增泰,省委党史办陈鸿祥、刘顺发、吴逵隆、责任编辑杨青的帮助和支持下,又出版了《毛泽东诗词》专辑,受到很多研究者和毛泽东诗词爱好者的青睐。此后,我仍不断地对毛泽东诗词进行探索、研究。

今年适逢毛泽东诞辰一百二十周年,承蒙江苏文艺出版社的厚爱,应允出版这本《新编毛泽东诗词鉴赏大全》,我冒着酷暑,对书稿加紧进行了整理、修订,江苏文艺出版社社领导非常关心和支持这本书的出版,责任编辑也付出了大量的劳动,才使这本书得以顺利出版。

在毛泽东诗词研究、编写和出版的过程中,始终得到各级领导和学者专家的关心和帮助,特别令我感动的是,江渭清同志、杜平同志、臧克家先生、程千帆教授、吴调公教授以耄耋之年题词鼓励,周世钊之女周彦瑜、女婿吴美潮也为本书提供了宝贵资料。中国毛泽东词研究会领导贺敬之、逄先知、李捷、陈晋给予了特别的关心和指导,陈晋同志为本书作序,吴正裕编审审阅了书稿,并提出了宝贵的意见和建议,使本书的编排更为科学和合理。《毛泽东书法艺术》主编李树庭提供了毛泽东新发现的诗词手迹。谨表示衷心的感谢。这里还要提到的是,费枝美、季顺昌、季晨、费强长期以来,他们给了我以真诚的关心和帮助,并热心地参加了本书编纂工作。正是由于各方面的关心、支持,本书才得以与广大读者见面。

毛泽东诗词的鉴赏和研究,是一项大工程。由于受篇幅、体例的限制,还有许多宝贵的材料无法包容,加之本人水平和见闻有限,编纂中尽管力求收录诗词有根有据,注释精审准确,但缺漏、疏误,仍在所难免。敬祈广大读者和专家、学者批评指教。

季世昌

二〇一三年十月于南京